Ludewig-Wilhelm Brüggemann

Der gegenwärtige Zustand des königlich preußischen Herzogtums Vor- und Hinter-Pommern

Ludewig-Wilhelm Brüggemann

Der gegenwärtige Zustand des königlich preußischen Herzogtums Vor- und Hinter-Pommern

ISBN/EAN: 9783742893475

Hergestellt in Europa, USA, Kanada, Australien, Japan

Cover: Foto ©ninafisch / pixelio.de

Manufactured and distributed by brebook publishing software (www.brebook.com)

Ludewig-Wilhelm Brüggemann

Der gegenwärtige Zustand des königlich preußischen Herzogtums Vor- und Hinter-Pommern

Ausführliche Beschreibung
des
gegenwärtigen Zustandes
des
Königl. Preußischen Herzogthums
Vor- und Hinter-Pommern.

Des zweiten Theils zweiter Band,
welcher die
Beschreibung der zu dem Gerichtsbezirk
der
Königl. Landescollegien in Cößlin gehörigen
Hinterpommerschen Kreise
enthält,

herausgegeben
von
Ludewig Wilhelm Brüggemann,
Königl. Preuß. Consistorialrath und Hofprediger bey der Schloßkirche in Stettin.

Stettin,
gedruckt bey H. G. Effenbart, Königl. Buchdrucker, 1784.

Hinter-Pommern.

Zwote Abtheilung,

welche die zu dem Gerichtssprengel der Landescollegien in Cöslin gehörigen Kreise, als das Fürstenthum Cammin, das Domcapitul Colberg, den Belgardschen, den Neu-Stettinschen, den Rummelsburgschen, den Schlaweschen, den Stolpschen und den Lauenburg- und Bütowschen Kreis begreift.

I. Das Fürstenthum Cammin.

gränzet gegen Norden an die Ostsee, gegen Osten an den Schlaweschen und Rummelsburgschen Kreis, gegen Süden an Westpreussen, den Neu-Stettinschen und Belgardschen Kreis, gegen Westen an die Neumark und den Greiffenbergschen Kreis und begreift

Das Fürstenthum Cammin.

I. Zwo Immediatstädte, als:

1. Colberg in alten Urkunden Choluberch, Colibere, Colubriech, Colebrege, Colobrega, Gholberg, Colleberghe und Cholberg genannt, die Hauptstadt in dem ehemaligen Bisthum und jetzigen Fürstenthum Cammin und berühmte Hanseestadt, ist eine ansehnliche Festung, wegen ihres Salzwerks und Hafens merkwürdig und hatte zur Zeit der Pommerschen Herzoge auf Landtägen nach den Städten Stralsund, Stettin und Greifswalde den vierten Sitz, ist aber jetzt, ihrem Range nach, unter den Hinterpommerschen Städten die zwote nach Stargard. Sie lieget unter dem 33°, 19′ der Länge und dem 54°, 8′ der Breite, 3 Meilen von Treptow an der Rega, 3 von Cörlin und 5 von Cößlin, an der Persante, welche sich eine halbe Viertelmeile von hier in die Ostsee ergießet. Die Stadt, die durchgängig eine ebene Fläche hat, begreift in ihren Ringmauern 13926 Rheinische Quadratruthen, da ihre Breite von dem Münderthore bis an das Lauenburger 120, ihre Länge aber von dem Gelderthore bis an das Ende der Baustraße 116 Rheinische Ruthen beträgt. Die 3 Thore der Stadt sind das Münderthor, welches nach dem Hafen führet, das Gelder- oder Mühlenthor, woraus die Landstraße nach Stettin und Berlin gehet, und das Lauenburger- oder Steinthor mit der Hauptstraße nach Stolpe und Preußen. Die Festungswerke wurden in den Jahren von 1770 bis 1773 nicht allein ausgebessert, sondern auch mit vortreflichen Aussenwerken allenthalben verwahret, welche nun außer dem alten Canal mit einem neu gegrabenen und tiefen Canal umgeben sind. Von den neuen Schanzen liegt eine vor der Münde an der Ostseite des Hafens mit starken gemauerten Wällen und einem casamattirten weiten und hohen Thurm, von welchem der Strand und die Rhede bestrichen werden können, daß keine Kriegesschiffe und Bombardiergaliotten ohne die größte Gefahr, in den Grund geschossen zu werden, sich nähern dürfen; eine andre an der Westseite des Hafens; eine dritte, die das Münderfeld bestreichet, auf dem Nikolaikirchhofe; und eine vierte gegen die Niederung und das Süderland vor dem Salzberge in der Ecke, wo der Holzgraben sich wieder mit der Persante vereiniget. Insonderheit sind starke neue Festungswerke vor dem Gelder- und Lauenburgerthore aufgeführet. Auf dem Bastion gegen die Domstraße ist ein casamattirtes geräumiges Gebäude, darin 500 Mann im Fall der Noth liegen können, am Ende der Proviantstraße ein casamattirtes langes Brau- und Backhaus, und auf dem Walle ein starker und bombenfester Pulverthurm neu erbauet. Neue maßive Baraken sind zwischen dem ersten und zweyten kleinen Thore dieß- und jenseits der Persante, und am Ende der Proviantstraße, und in den Festungswerken hin und wieder stark gemauerte Durchgänge; außerhalb derselben aber findet man angenehme Lustgärten. Die alten Ringmauern der Stadt sind, seit dieser letzten Befestigung, hin und wieder zum Theil eingefallen, zum Theil eingerißen und an deren Stelle an verschiedenen Orten Casernen und Bürgerhäuser angebauet. Die Gouvernements-Geschäfte werden jetzt von dem Commendanten versehen, nachdem der König seit dem, in dem Jahre 1757, erfolgten Tode des damaligen hiesigen Gouverneurs, des Generallieutenants von Winterfeld, keinen andern wieder ernannt hat. Die Häuser in der Stadt sind größtentheils maßiv mit Giebeln, doch hin und wieder auch nach der neuesten Bauart.

Die Stadt Colberg.

Bauart. Die Anzahl derselben erstreckt sich jetzt in der Stadt mit Einschließung der Domstraße auf 539, in der Lauenburgervorstadt auf 80, in des Geldervorstadt auf 34, in den Pfannschmieden auf 43, auf der Münde 105 und im Stubbenhagen auf 26, überhaupt also auf 827, in welchen, mit Ausschließung des hier in Garnison liegenden und aus 5 Compagnien bestehenden von Viettinghoffschen Garnisonbataillons und einer Artilleriecompagnie, 4189 Seelen angetroffen werden. Die Versicherungsfumme der Stadt in der Feuersocietät beträget jetzt 216372 Rthlr. Derjenige Theil der Stadt, der von dem Geldertore bis an die Mühlenbrücke gehet, heißet die Neustadt und ist von der Persante ganz umflossen. An der Mühlenbrücke lieget die große Korn= und Graupenmühle, welche beide im Jahre 1710 abbrannten, aber bald hernach auch wieder aufgebauet wurden. Die heilige Geistkirche mit dem Hospital lieget an der andern Seite der Mühlenbrücke in der Baustraße, die mit der Neustadt in gerader Linie stehet. Die Börsen= Schliessen= und Badstüberstraße stehen wieder in einer geraden Linie; gleich wie die Wende= Brodtscharren= und Lindenstraße eine andre Linie ausmachen. Zwischen diesen beiden Linien lieget der Markt, und mitten auf demselben das Rathhaus. Die St. Marienkirche stehet zwischen der Brodtscharren= und Nikolaistraße, und diese letztere lieget mit der Domstraße in einer Linie. Von dem Mündertor auf den Markt gehet die Pfannschmiedenstraße, in welche ohnweit dem Mündertor die Proviantstraße ihren Ausgang hat. Dies sind die vornehmsten Straßen. Die Nebenstraße sind in einer Linie von der Proviantstraße bis an die Badstüberstraße die Mönchen= Klosters= und kleine Schmiedestraße; in der andern Linie von der Proviantstraße bis an die Baustraße sind die Böttchergasse, der Caldaunenberg und die große und kleine Schuhstraße. Von dem Markte an bis an die Baustraße gehet die Sattlerstraße. Von der Börse nach dem Lauenburgertore zu, lieget die große Schmiedestraße und längst der Mauer und am Walle stehen kleine Bürgershäuser und Baraken. Unter den öffentlichen weltlichen Gebäuden ist vornehmlich das Rathhaus zu bemerken, welches in dem Jahre 1652 auf dem Fundament des alten abgebrochenen Rathhauses ganz neu aufgeführet, in der Rußischen Belagerung zwar sehr beschädiget, seit dieser Zeit aber wiederhergestellet worden ist; wozu die Stadt Hamburg 100 Stück Louisd'or geschenkt hat. Es ist ein ansehnliches Gebäude von 2 hohen Stockwerken und die 4 Seiten desselben schließen einen offenen mit Fliesen belegten Platz ein, welcher die Börse genannt wird. Unter dem Rathhause und besagten Platze ist der gewölbte hohe und große Rathsweinkeller nebst einigen andern Wohnungen. An der einen Seite hat das Rathhaus einen schönen Thurm mit einer Gallerie, von welchem der Stadtmusikus alle Sonntage Lieder blasen muß. Auf dem Vorderflügel des Rathhauses ist die Rathsession und auf dem andern die Accisekammer, hinterwärts die Hauptwache und auch die Rathswage und in dem obern Stock eine Stube für die Servicecommission eingeräumet, auf welcher auch die XV. Männer nebst ihrem Vorsprach ihre Sessionen halten. Besonders merkwürdig ist die vortreffliche Wasserkunst, wodurch man den Mangel der gegrabenen Brunnen, die wegen des hiesigen salzigen Quellwassers unbrauchbar seyn würden, ersetzet hat. Das Wasser wird durch besondre Röhren durch die ganze Stadt vertheilet und ein Brunnen von dem andern gespeiset. Vermöge des Kunstrades

wird

wird das Waſſer 40 Fuß in die Höhe getragen, von welcher es durch Horizontal-
röhren durch die von einem Brunnen zum andern gelegte Röhren den Druck erhält, daß es sich in alle Brunnen der Stadt ergießen kann. So nützlich und
unentbehrlich diese Erfindung iſt, ſo koſtbar iſt ſie auch zu unterhalten.

Die zwar nicht prächtige, doch große und ansehnliche St. Marien-Kathedral- und
Domkirche iſt ſehr allmählig zu ihrer gegenwärtigen Größe hinangeſtiegen. Sie beſtand
in den älteſten Zeiten nur aus den 3 mittelſten Gängen oder Gewölben, erhielt
aber in dem Jahre 1316 durch Almoſen und Ablaßbriefe ihre Vollendung und in
den nachfolgenden Zeiten durch eine viermalige Vergrößerung ihre jetzige Gestalt.
Zuerſt wurde das Chor, hernach der jetzige ſo genannte Badengang, ferner der Hof-
fengang und endlich die ſo genannte Gerbekammer angebauet. Das Dach der
Kirche, welche anfänglich nur mit Ziegelſteinen bedecket war, wurde in dem Jahre
1450 ganz mit Kupfer gedecket, wovon der Centner damals nur 5 Goldgülden
koſtete. In dem Jahre 1523 wurde auch der Thurm mit Kupfer beleget, und
endlich ließ auch der Cämmerer Mauersberger auf der dritten Spitze des Thurms
ein kupfernes Dach, das darauf noch gefehlet hatte, aus ſeinen Mitteln legen, ſo
daß nur das Chor mit Ziegeln allein bedeckt geblieben iſt. Die Kirche, deren Länge
nach einer genauen Ausmeßung 205, die Breite aber 128 Werkſchuhe beträgt, hat
5 Gänge und Gewölbe neben einander, welche nebſt dem Chor auf 23 von Steinen
gemauerten achteckigten ſtarken und hohen Pfeilern unter einem mit vielem Holzwerke
koſtbar verbundenen Dache ruhen. Das Mauerwerk des Thurms, an welchem
3 Spitzen ſind, wovon die mittelſte weit über die beiden zur Seite hervorraget, iſt
bis an die Glocken 136 Schuh hoch und hat die ſteinerne Wendeltreppe bis dahin
213 Stufen, das Dach bis an die Spitze 38 Schuh, die Spitze bis zur Helm-
ſtange 50 und die Stange 12 Schuh, ſo daß alſo die Höhe des ganzen Thurms
236 Werkſchuhe ausmacht. Außer dem von dem Dekanus Gottfried de Wida ge-
ſchenkten großen aus einem Stücke gegoſſenen und auf 3 Löwen ruhenden meſſin-
genen Leuchter, welcher noch in dem Chore ſtehet, in der Ruſſiſchen Belagerung aber
die 3 Arme auf der einen Seite verlohren hat, iſt die Kirche inwendig noch mit
einer ſchönen Kanzel, mit zween Altären, einer guten Orgel, einem 1355 aus Erz
gegoßenen Taufſteine, mit ſchönen Beichtſtühlen, einem anſehnlichen Rathsſtande,
mit guten Chören und Kirchengeſtühlen, vielen Epitaphien und andern Zierrathen und
inſonderheit auch mit 2 ſchätzbaren von Lukas Cranach verfertigten Gemählden Luthers und Melanchthons, wie auch mit einem von Johann von Rotzenbach 1494 in
dem Geſchmacke von Albert Dürer ſchön gezeichneten Gemählde, welches die weiße
Frau vorſtellet, und außer dem noch mit 3 großen und 5 kleinen prächtigen meſſin-
gernen Kronleuchtern geſchmückt, welche in den ältern Zeiten von angeſehenen und
noch blühenden Familien mit beträchtlichen Vermächtnißen ſind geſchenkt worden,
wovon die Kronleuchter im Stande erhalten, und an den Feſttagen in den Frühpre-
digten zur Winterszeit mit Wachslichtern erleuchtet werden. Die St. Marienkirche,
welche einen Paſtor primarius, einen Archidiakonus und einen Veſperprediger hat,
die gemeinſchaftlich von dem hieſigen Domcapitul und dem Magiſtrate, als den Patronen der Kirche, erwählet und berufen werden, iſt die einzige Parochialkirche der
Stadt.

Die Stadt Colberg.

Stadt. Der Pastor ist zugleich Präpositus der Colbergschen Synode, zu welcher außer den 5 Stadtpredigern noch 8 Landprediger in den Pfarren zu Groß-Jestin, Garrin, Nehmer, Symötzel, Zwielipp, Zernin, Degow und Rützow, aber nur ein Landküster, nemlich zu Groß-Jestin gehören, der zugleich die Kinder aus den zu dieser Pfarre eingepfarrten Dörfern unterrichtet. Denn in den übrigen zu der Colbergschen Synode gehörigen Landpfarren ist bisher, wegen der fehlenden Mittel, weder ein Küster, noch ein beständiger Schulmeister bestellet worden, sondern die Prediger müßen die Küsterdienste versehen, und jedes Dorf, das zu ihren Pfarren gehöret, hält im Winter einen Schulmeister, der außer der freyen Wohnung 5 Rthlr. Lohn und freyes Eßen und Trinken erhält; jedoch werden jetzt in den Eigenthumsdörfern Borck, Büßow, Symötzel, Nehmer und Bodenhagen 5 Schulhäuser erbauet, zu deren jeden Se. Majestät der König 150 Rthlr. an Baukosten geschenket haben. In der hiesigen Marienkirche hält an den Sonn- und Festtagen der Archidiakonus die Frühpredigt, der Pastor primarius die Hauptpredigt und der Vesperprediger und Katechet die Nachmittagspredigt. In der Woche wird am Donnerstage des Morgens von 7¼ bis 8¼ Uhr von dem Pastor primarius und dem Archidiakonus wechselsweise gepredigt. Am Freytage Nachmittags von 1 bis 2 Uhr geschiehet in der Betstunde ein ordentlicher Vortrag und jeder von den 5 hiesigen Predigern hält denselben in der Woche, die ihn trift. Der Pastor primarius und Archidiakonus halten die Beichte in dieser Kirche, nicht aber der Vesperprediger, der anstatt der Einkünfte vom Beichtstuhl, dasjenige, was in seinen Predigten in den Klingebeutel gegeben wird, genießet. Exinuirte Personen in der Stadt haben die Freiheit, sich entweder zu der Marien- oder Garnisonkirche zu halten; wirkliche oder abgedankte Soldaten aber, so lange diese letztern nicht Bürger geworden sind, gehören ohne Ausnahme zur Garnisongemeine. Der Pastor primarius hat allein alle Trauungen bey der Stadtgemeine und der Archidiakonus alle Taufen. Bey den Leichen sowohl in der Stadt, als auch auf den Vorstädten lesen die 4 Prediger, nemlich der Pastor primarius und Archidiakonus der Marienkirche, der Pastor bey der heil. Geistkirche und der Pastor bey der Nikolai- und Georgenkirche die Leichenlektionen. Wenn eine Leichenpredigt in der St. Marienkirche verlanget wird, hält dieselbe der Pastor primarius. Die Vesperpredigerstelle bey dieser Kirche ist in diesem Jahrhunderte zuerst angeordnet worden, weil anfänglich der Generalsuperintendent, da das Consistorium in Colberg war, die Vesperpredigt zu St. Marien hielt, die nachher einer von den Schulcollegen verrichtete. Der Vesperprediger hat insonderheit die Katechismusexamina zu halten und die Schulen zu besuchen; die beiden andern Prediger bey der St. Marienkirche aber, halten auch katechetische Stunden wöchentlich. Nach alten Verträgen müßen die Pfarrwohnungen des Pastor primarius und des Archidiakonus, imgleichen der Schulhof von der Cämmerey erhalten werden; die andern Pfarrgebäude bey der heil. Geist, wie auch bey der Nikolai- und Georgenkirche nebst den Küster- und Schulwohnungen aber werden aus den Mitteln dieser Kirchen gebauet und gebeßert. Bey der St. Marienkirche ist auch eine zahlreiche Bibliothek, die 1677 von dem Licentiaten Valerius Jaschy gestiftet und durch Geschenke von Zeit zu Zeit ansehnlich vermehret worden ist. Der Bibliothekarius ist der Vesperprediger, welcher jährlich für seine Bemühung 8 Rthlr. wie auch zur Anschaffung neuer Bücher einige Thaler erhält. Die unter dem Patronale des Magistrats stehende heil. Geistkirche wurde mit dem dabey liegenden Hospital in dem Jahre 1282, von dem Magistrat mit Bewilligung des Domcapituls gestiftet und erbauet. Zur Zeit des Papstthums war diese Kirche nur eine Kapelle. Nach der Reformation wurde von dem Pastor der Gertrudkirche, welche Gertrud Gmelin 1372 gestiftet hatte, auch nur vierteljährig darinn einmahl für die Hospitaliten geprediget und Communion gehalten. Da aber die St. Gertrudkirche niedergerißen und nicht wieder aufgebauet wurde: so verlegte der Magistrat den Gottesdienst von der St. Gertrudkirche nach der heil. Geistkirche und machte diese letztere zu einer ordentlichen Pfarrkirche, zu welcher das Hospital zum heil. Geist, die Vorstadt vor dem Gelderrthor, die Rathsdörfer Sellnow, Werder, Borkenrehme oder Neu Werder, Bork, Neu-Bork und Necknin, das Amtsdorf Wobrodt und die Coßäthen auf der Altstadt eingepfarret sind. Der Prediger bey dieser Kirche hält in derselben alle Sonn- und Festtage des Vormittags Predigt und Communion, am Mittwoche früh wechselsweise mit dem Prediger zu St. George und St. Nikolai eine Wochenpredigt und des Freytags früh Betstunde. Im Salzberge hält er im Sommer an den Sonntagen und am Mittwoche wöchentlich eine Betstunde. Außerdem muß er auch die Betstunden, Paßions- und Katechismuspredigten in der St. Marienkirche, wie die andern Prediger halten, wenn ihn die Reihe trift. Die Klosterkirche, deren Patron der König ist, wurde in dem Jahre 1481, erbauet, als das Jungfernkloster von dem Bischof Martin von der Altstadt in die Stadt verleget wurde und der Magistrat dem neuen heil. Geisthof dem Convent einräumte. In dem großen Brande von 1630, wurde sie samt dem Kloster eingeäschert, durch die Fürsorge des Herzogs von Croy aber 1640 wiederhergestellet und am 11ten September 1649 eingeweihet. Als der nahe gelegene Pulverthurm den 3 May 1657 durch einen Donnerstrahl entzündet aufflog, wurde sie sehr beschädiget, auf Churfürstliche Kosten aber bald wieder ausgebeßert und nebst dem Klostergebäude in einen guten Stand gesetzet. Sie ist auswendig 80 Fuß lang und 44 Fuß breit, inwendig aber 72 Fuß lang und 36 Fuß breit. Ihre Höhe beträgt bis an die Sparren 22 Fuß und die Seitenwände sind von festen Mauern aufgeführet. Sie hat ein Capital von 3628 Rthlr., 4 Morgen 291 Ruthen Acker und gute Einkünfte von den Kirchenständen und Begräbnißen. Der Archidiakonus der St. Marienkirche ist zugleich Pastor von der Klosterkirche und St. Johanniskapelle auf der Altstadt, hat seine Vocation von dem Könige und wohnet in dem Pfarr- oder Archidiakonat-Hause, so die Cämmerey unterhalten muß. Er hält alle Sonn- und Festtage die Predigt in der Klosterkirche von 12 bis 1 Uhr, und alle Vierteljahr darinn die Communion. Als die Stadt 1653 an das Haus Brandenburg kam, wurde der hiesigen Garnison ein Garnisomprediger zugeordnet und ihm die Klosterkirche zur Haltung des Gottesdienstes angewiesen, welchen er darinn sonntäglich Vor- und Nachmittags jedoch wechselsweise mit dem reformirten Hofprediger besorget. Mit der Klosterkirche ist die Johanniskirche oder Kapelle verbunden, welche Miroslava, die Mutter Herzogs Barnim I. 1222 dem Kloster St. Albrecht bey Danzig schenkte, nem Ingardis, die Wittwe des Herzogs Casimir schriftlich ihre Einwilligung ertheilte. Die Herzoge Barnim I. und Wartislaus III. bestätigten 1236 nicht nur

Die Stadt Colberg.

dieser Kirche den Besiß des Dorfs Pretmin, sondern auch dem Kloster St. Albrecht das Patronatrecht über dieselbe. Der Frater und Bischof Peter legte ihr 1298 das Dorf Rosenbal, welches an dem Colbergschen Stadtwalde nahe an den Ufern der Ostsee lag und von derselben in dem 16ten Jahrhunderte überschwemmet wurde, ingleichen die Dörfer Neckuin, Wobrodt, Buggentin, Sellnow, Bork und die Gärtner zu Colberg bey. Nach einer Urkunde von 1333 trat aber der Convent des Klosters St. Albrecht diese Kirche und das Dorf Pretmin dem Bischofe Friederich von Cammin ab, seit welcher Zeit sie nebst dem dazu gehörigen Beneficium unter dem bischöflichen Patronate verblieb. Nachdem das Kloster in ein landesherrschaftliches Amthaus war verwandelt worden, trat die Johanniskirche in die Rechte der Klosterkirche und das Amthaus und alle dazu gehörige Einwohner sind die Parochie dieser Kirche. Dies ist der Grund, warum der königliche Klosterprediger zugleich Prediger der Johanniskirche und verbunden ist, in derselben alle Vierteljahr den zum Amthause gehörigen Personen das heilige Abendmahl zu reichen. Nachdem sie verfallen war, wurde sie 1670 wiederhergestellet und unter der Regierung des Churfürsten Friederich III. 1690 noch mehr ausgezieret. In der Rußischen Belagerung erlitte sie vielen Schaden, sie ist aber durch freywillige Beyträge der hiesigen Bürgerschaft wieder in einen guten Stand gesetzet. Die reformirte Kirche ließ der Churfürst Friederich Wilhelm in dem Jahre 1663 erbauen. Sie wurde in der Rußischen Belagerung ganz in den Grund geschoßen und ist noch nicht wieder aufgebauet. Daher hält jetzt der reformirte Hofprediger, welcher von dem Königl. evangelischreformirten Kirchendirectorium in Berlin bestellet wird, und den Domhof, den hier ehemals der Bischof besaß, in der Domstraße bewohnet, mit seiner Gemeine in der Klosterkirche den Gottesdienst. Die vor dem Münderthore gelegene St. Nikolaikirche, welche auch die Münder= und Bergkirche genannt wird und jetzt von der neuen Schanze eingeschloßen ist, wurde in dem Jahre 1630 von dem Kaiserlichen Commendanten wegen der Schwedischen Einschließung niedergerißen, durch Fürsorge des Raths, als des Patrons derselben, 1661 wieder aufgebauet, in dem Jahre 1672 bey dem Schwedischen Einfall von neuen abgebrochen, nach der Zeit aber wiederhergestellet. Zu dieser Kirche, welche außer der Miethe von den ihr gehörigen Aeckern, Wiesen und Gärten und andern Hebungen vor einigen Jahren noch ein Capital von 11711 Rthlr. hatte, wofür man ein neuerlich größtentheils liegende Gründe gekauft und dadurch die Einkünfte der Kirche merklich verbeßert hat, halten sich die Einwohner im Pfannschmieden, vor der Münde und im Stubbenhagen, wie auch in dem neu angelegten Rathsdorfe Bodenhagen. Vor dem Lauenburgerthore ist die St. Georgenkirche, die nach einer innerhalb der Kanzel auf einer schwarzen Tafel befindlichen Innschrift 1331 dem heiligen George gewidmet, in der kriegerischen Zeit von 1630 gleichfals von Grunde aus zerstöhret, 1639 aber von dem Magistrat, als dem Patron, wieder erbauet wurde, weil ihm das hiesige Domcapitul schon 1333 das Patronatrecht über diese Kirche abgetreten hatte. Ihre Einkünfte bestehen außer der Acker= und Gartenmiethe und einigen andern Hebungen in den Zinsen von einem Capital von 2980 Rthlr. und das St. Georgenhospital, der Gasthof und die Lauenburger Vorstadt, wie auch das Rathsdorf Bullenwinkel samt dem Holzkathen sind zu derselben eingepfarret. Die St. Nikolai= und Georgenkirche werden von einem Prediger versehen,

[Rnn 2]

ben, welcher darinn alle Sonn- und Festtage wechselsweise die Vormittags- oder die Mittagspredigt und außerdem noch in der heiligen Geistkirche wechselsweise mit dem Prediger derselben die Mittwochspredigt und in der St. Marienkirche die Betstunden und Katechismuspredigten und die Passionspredigt in der Charwoche, wenn ihn die Reihe trift, halten muß. Außer dem Pastor wird von der St. Nikolai- und Georgenkirche noch ein Küster und Organist besoldet. Der Schulhalter bey der ersten Kirche erhält ohne dasjenige, was ihm von derselben und an Schulgelde gereichet wird, noch von dem Könige ein jährliches Gehalt von 150 Rthlr. Zu der St. Marienkirche gehöret die große Schule, die vormahls sehr berühmt war, und worinn auch noch in neuern Zeiten verschiedene Jünglinge so gut gebildet worden sind, daß sie aus derselben mit gutem Nutzen auf Akademien gegangen sind. Der Schulhof lieget nahe an der St. Marienkirche in der Nikolaistraße, und war vor der Reformation der Vicarienhof des Domcapituls. Die Lehrer der Schule sind der Rector, Conrector, Cantor, Baccalaureus und Quintus. Weil aber die Stellen der beiden letzten nur mit geringen Einkünften versehen sind und man zur Besetzung derselben seit einiger Zeit keine geschickte Subjecte hat finden können: so hat man für gut befunden, die Stelle des Baccalaureus mit dem Organistendienste zu St. Marien und die des Quintus mit dem Cantorat vor der Hand zu verbinden. Das hiesige Domcapitul und der Magistrat sind gemeinschaftlich die Patronen der Schule, der Ephorus aber ist der jedesmalige Präpositus und Pastor primarius. Die Einführung des Rectors geschiehet wechselsweise von dem Domcapitul und dem Magistrat und zwar jedesmahl in dem Chor der Marienkirche vermittelst einer feyerlichen Rede. Bey der reformirten Schule ist ein Rector angesetzet. Von den hiesigen Stiftungen für Arme sind das Waisenhaus, das Holkenstift, das Schliessenhospital und das Siechenhaus zu der St. Marienkirche eingepfarret. Das Waisenhaus lieget in der Badstüberstraße und wurde in dem Jahre 1726 mit königlicher Genehmigung von milden Beyträgen und Vermächtnißen erbauet. Es hat auf dem Stadtfelde 37 Pommersche Morgen 51 Ruthen Land, den Morgen zu 456 Ruthen Rheinl. gerechnet, eine Wiese und 2 Stücken Gartenland, wovon die Einnahme 109 Rthlr. 22 Gr. 5 Pf. in dem Jahre 1780 betrug, an Capitalien 3772 Rthlr. 14 Gr. 3 Pf. an Schulgelde für 14 Kinder aus dem Heysen-Bühringschen Vermächtniße 20 Rthlr., von dem Schwederschen Vermächtniße 6 Rthlr. und außer der Einnahme aus den Büchsen an den Thüren in dem Gelder- und Lauenburgerthore und in den Gewerken noch die jährliche Pacht von 8 Morgen Cämmerey-Acker, welche ihm anstatt einiger rückständigen Zinsen sind zugeschlagen worden, wie auch an jährlichen Beneficien 20 Rthlr. zur Charteschule zu heben. In dem Jahre 1775 betrugen diese sämtlichen Einkünfte 524 Rthlr. 20 Gr. 10 Pf., in dem Jahre 1780 aber mit Einschließung des vorjährigen Bestandes 810 Rthlr. 15 Gr. 9 Pf. In dem Waisenhause werden 16 bis 20 Kinder mit Kleidung, Kost und Unterricht frey unterhalten. Aber auch andre Kinder genießen darinn den Unterricht, welcher von dem Schulhalter auf dem Waisenhause, für ein jährliches Gehalt von 40 Rthlr. und freyen Unterhalt, im Lesen, Schreiben und Rechnen, wie auch in der Religion ertheilet wird, theils unentgeldlich, theils für das gewöhnliche Schulgeld, welches berechnet wird. Die Waisenmutter bekömt ebensfals jährlich 40 Rthlr. und freyen

Unter-

Die Stadt Colberg.

Unterhalt und hält die Kinder zum Spinnen und Nähen an. Die Rechnung wird von 2 Administratoren geführet und von dem Magistrat, als dem Patron des Waisenhauses abgenommen. Das Holkenhospital nahe an der St. Marienkirche ist von dem ehemaligen ansehnlichen Geschlechte der von Holken gestiftet worden. Es brannte in dem Jahre 1630, samt dem Kloster und vielen Häusern ab, wurde aber 1638 durch milden Beytrag wieder hergestellet. In dem Hospital sind 8 Stuben, worinn jetzt 12 Personen wohnen, welche theils für ein gewißes Einkaufsgeld, theils unentgeldlich aufgenommen werden, und darinn die vermachten Wohlthaten genießen. Die Administration wurde ehemals von dem Geschlechte der von Holken geführet, nachdem aber diese ausgestorben sind, ist solche auf die Agnaten gekommen, welche die von Braunschweig und Kundenreich als Patronen sind. Das Schliffenhospital wurde von dem Patriciengeschlechte der Schnellen gestiftet, und die Administration davon ist wegen der Anverwandschaft auf die Familie der von Schliffen gekommen, welche auch die Patronen davon sind. Das Vordertheil des Gebäudes in der Lindengaße, ist nach dem Rußischen Bombardement neu wieder aufgebauet worden. In dem Hospital sind 17 Stuben, worinn 20 Personen wohnen, die sich eingekaufet haben. Das Siechenhaus an dem Walle hinter der Mönchenstraße ist für kranke und unvermögende gestiftet. Es wurde in der großen Feuersbrunst in dem Jahre 1630 ganz eingeäschert und hernach wieder aufgebauet, aber bey Auffliegung des Pulverthurms in dem Jahre 1657 und zuletzt durch das Rußische Bombardement sehr beschädiget und beydemahl mit vielen Kosten wieder hergestellet. Es hat an Capital 1000 Rthlr., eine Wiese, ein Stück Acker und 5 Rücken Land, welche 5 Rthlr. 18 Gr. Miethe tragen. Jetzt befinden sich darinn 17 Personen, die sich theils eingekaufet haben, theils umsonst aufgenommen sind, und darinn einige Wohlthaten genießen: der Magistrat ist Patron davon. Das heilige Geisthospital, welches, wie bereits oben gemeldet worden ist, zugleich mit der heiligen Geistkirche in dem Jahre 1282 gestiftet wurde, ist das größte in und bey der Stadt. In demselben sind 33 Stuben und jetzt 48 Personen, die sich mehrentheils eingekaufet haben. In dem Jahre 1766 bestand das Capital dieses Hospitals in 1245 Rthlr., wovon es 62 Rthlr. Zinsen eingenommen hatte. Hiezu kommen noch 20 Rthlr. 14 Gr. an Miethe für ein Stück Acker, eine Wiese und 3 Stücke Gartenland, 11 Rthlr. 16 Gr. an Vermächtnißen, 40 Rthlr. an ungewißen Hebungen und 114 Scheffel 2 Metzen Roggen, welche den Scheffel zu 12 Gr. gerechnet, 56 Rthlr. betrugen, so daß also die ganze Einnahme in dem erwähnten Jahre 190 Rthlr. 6 Gr. ausmachte. Das Hospital ist von alten Zeiten her der St. Nikolaikirche noch 500 Rthlr. schuldig und dazu sehr baufällig. Der Magistrat ist Patron davon, so wie auch von dem St. Georgenhospital, worinn 36 Personen wohnen. Bey der Armencasse, welche einen eigenen Rendanten hat, haben jederzeit, so oft das Armengeld ausgetheilet wird, einer von den Senatoren aus dem Magistrat, einer von den Stadtpredigern und einer von den XV Männern Session. Bey dem Schluße eines jeden Monaths wird das von der Bürgerschaft gesammlete Geld und was in den Armenpfosten und Büchsen und im Klingebeutel eingekommen ist, unter die angenommenen ausgetheilet. Die Armencasse hebt auch von folgenden Vermächtnißen, dem Dewitzschen zu 1000 Rthlr., der Gräfinn von Salis zu 300 Rthlr., des Ge-

gerals

nerals von Schwerin zu 1000 Rthlr., dem Stelter- und Hoyerschen zu 75 Rthlr., dem Ducherowschen zu 600 Rthlr., dem Liebeherrschen zu 266 Rthlr. 16 Gr., der Oberstin von Manteufel zu 300 Rthlr. Die Zinsen, welche nebst 16 Rthlr. jährlichen Zinsen aus dem Schaedeschen Testamente dürftigen Armen von guten Familien gegeben werden. Ehemals wurden die Zinsen von diesen sämtlichen Vermächtnißen von dem Pastor primarius und Archidiakonus vertheilet, sie sind aber seit einiger Zeit der Armencasse einverleibet worden. Die übrigen zahlreichen Vermächtniße für Arme, und insonderheit auch für Studirende, Prediger, Schulbediente rc. rc. sind: 1.) Das Heysen- Burchard- oder Bühringsche, welches, nach der sich auf das Testament des Christian Lorenz Heysen vom 12ten October 1744 gründenden, von seiner Ehefrau, Eleonora Burcharden, nachmaligen verehelichten Kriegesräthinn Bühring gemachten und zwar nicht vollzogenen, doch aber von ihren Erben am 13 Julius 1763 genehmigten und am 11 Januar 1764 von der Königl. Regierung zu Stettin bestätigten letzten Disposition, ein Capital von 4000 Rthlr. ausmacht. Nach der Stiftung sollen die jährlichen Zinsen davon von dem dirigirenden Bürgermeister, dem ersten Prediger bey der St. Marienkirche und dem jedesmaligen Aeltesten des Seeglerhauses mit Zuziehung eines der angesehensten aus der Familie der beiderseitigen Stifter also vertheilet werden, daß davon 2 Arme auf Akademien studirende jeder 50 Rthlr. auf 2 oder 3 Jahre, die von der Heyse- und Burchardschen Verwandschaft studirende Arme aber, welche den Vorzug vor den übrigen haben, allezeit auf 3 Jahre, 5 arme Kaufmannswittwen und Jungfern jede 6 Rthlr. und also zusammen 30 Rthlr., 14 arme Knaben zu Schulgeld, welches an das Waisenhaus bezahlet wird, 20 Rthlr., andre arme, kranke Personen 20 Rthlr., die armen Wittwen der Schulcollegen 10 Rthlr. und endlich der Rechnungsführer und die Curatoren und Collatoren dieser Stiftung 20 Rthlr. erhalten. 2.) Das Vermächtniß des Cämmerers Gabriel Mauersberger von 4000 Fl. oder 2666 Rthlr. 16 Gr. für Studirende und arme Schulkinder. Die Administration wird von der Familie des Stifters geführet. 3.) Das vereinigte von Braunschweig- und Böttchersche Vermächtniß, welches in einem Capital von 2633⅓ Rthlr. und 6 Morgen 295 Quadratruthen Acker nach Pommerschen Maaße bestehet. Die Zinsen davon genießen die Prediger und Schulbediente, die Studirende und nothdürftigsten von der Familie der Stifter und andre Hausarme. Die Administration wird von einem der Herrn von Braunschweig geführet. 4.) Das vereinigte Taschenmacher- und Kundenreichsche Vermächtniß, deßen Capital nach den Stiftungen von 1659 und 1684 zusammen 1566 Rthlr. 16 Gr. beträgt, von deren Zinsen die Prediger und Schulcollegen nebst dem Organisten an der St. Marienkirche jeder 7 Rthlr. und der Präcentor an dieser Kirche 3 Rthlr. 8 Gr. bekommen. Es sind aber diesem Vermächtniße in den folgenden Jahren von einigen der Kundenreichschen Familie noch ansehnliche Capitalien einverleibet worden, von deren Zinsen ein jeder der 4 Stadtprediger auf Ostern 3 Rthlr. 8 Gr. erhält. Die übrigen Zinsen bekommen die Hausarmen, wenn dergleichen von der Familie der Stifter nicht vorhanden sind. 5.) Das Vermächtniß der Dorothea Crolowen, gebohrnen Sadewasser, vom 6 Januar 1708. Das Capital dieser Stiftung beträget 2346 Rthlr., von deren Zin-

Die Stadt Colberg.

sen drey Armen auf Akademien, die Theologie studirenden und der lutherischen Religion zugethanen jungen Leuten, unter welchen die Anverwandte der Stifterin, hienächst arme Handwerksfinder und unter denselben vornehmlich arme Schneiderkinder den Vorzug haben sollen, einem jeden 3 Jahre nacheinander jährlich 21 Rthlr. 16 Gr. von den Patronen und Collatoren dieses Stipendium, dem Domcapitul, dem Magistrat, dem Ministerium und dem Amt der Schneider hieselbst ausgezahlet werden sollen. Von den übrigen Zinsen erhalten jährlich die 4 Stadtprediger ein jeder 1 Rthlr. für die Anhörung einer Gedächtnißrede, die der Stifterinn zu Ehren am Dorotheentage gehalten wird, der Rector der Schule für die Haltung einer solchen Rede 4 Rthlr., der Cantor und die Choralisten 4 Rthlr., die Schneiderältesten 3 Rthlr., die Wittwen der Schulcollegen 15 Rthlr. und das übrige die Hausarmen. Der Administrator dieser Stiftung ist der Syndikus des Domcapituls. 6.) Das Vermächtniß des Bürgermeisters von Schlieffen von dem Jahre 1431, wovon die Armen 58 Rthlr. 17 Gr. bekommen, welche von der Familie des Stifters ausgetheilet werden. 7.) Das von Carsten Ristow, gewesenen Fürstlichen Bischöflichen Stiftsvoigte und Hauptmann und nachmaligen Landrathe des Camminschen Stifts in seinem Testamente vom 30 April 1622 gestiftete Vermächtniß, welches bey der Königl. Kriegescasse zu 5 pro Cent bestätiget ist und 100 Rthlr. Zinsen trägt. Hievon bekommen der Pastor primarius bey der Marienkirche 3 Rthlr. 8 Gr., der Rector der Schule 33 Rthlr. 8 Gr., die St. Marienkirche 3 Rthlr. 8 Gr., zwey Studirende auf Akademien 3 Jahre lang 33 Rthlr. 8 Gr. jeder davon die Hälfte, die Currendeschüler 3 Rthlr. 8 Gr., die Armencasse 13 Rthlr. 8 Gr. und außerhalb Colberg die Kirche zu Bublitz 3 Rthlr. 8 Gr., der Prediger zu Clannin 5 Rthlr. und der Küster daselbst 1 Rthlr. 16 Gr. 8.) Das Jaschesche Vermächtniß von 1000 Rthlr., welches der Consistorialrath und Prediger zu St. Marien auch Rector zu Colberg, Licent. Valerius Jasche in seinem letzten Willen vom 20 Februar 1684 gestiftet hat. Nach der Stiftung werden die Zinsen den Armen von seiner Familie und in deren Ermangelung den Söhnen der hiesigen Prediger und Schulcollegen, wenn sie studiren, von dem Magistrat und dem Geschlecht der Jaschen ausgezahlet. 9.) Das von dem Consistorialrathe und Pastor primarius zu Colberg, D. Bogislaus Lieberherr in seinem zu Berlin am 13 October 1721 errichteten letzten Willen gestiftete Stipendium von 1000 Rthlr. wovon die jährlichen Zinsen auf 3 Jahre 2 Armen der lutherschen Religion zugethanen Studirenden, die in der Stadt und Colbergschen Synode gebohren sind, vorzüglich aber denen, so von den Vätern der beiden Frauen des Stifters Wendland und Ruel abstammen, wenn sie gleich in Colberg nicht gebohren sind, als welche auch nach Befinden doppelte Portionen haben sollen, von den Erben des Stifters ausgezahlet werden. 10.) Das von dem Decanus Caspar Otto von Podewils 1716 gestiftete Vermächtniß von 700 Rthlr., wovon die Zinsen jährlich wahren Nothleidenden durch den Syndikus des Domcapituls, der dafür nach der Stiftung 3 Rthlr. 8 Gr. erhält, ausgezahlet werden. 11.) Das Vermächtniß des Joachim von Rango von 900 Rthlr., das zur Charitéschule des Waisenhauses geschlagen ist. 12.) Das vereinigte Holken- Treter- und Jungkensche Vermächtniß von 692 Rthlr., wovon die Zinsen den Studirenden von der Familie der Stifter, von der von Braunschweig- und Kundenreichschen

Familie

Familie ausgezahlet werden. 13.) Das von dem Cammerrathe Johann Schaeden in dem Jahre 1669 errichtete Testament. Hierinn sind 666 Rthlr. 16 Gr. vermacht, welche bey der Cämmerey zu 5 pro Cent bestätiget sind und 33 Rthlr. 8 Gr. Zinsen tragen, wovon der Pastor primarius 3 Rthlr. 8 Gr., der Archidiakonus 3 Rthlr. 8 Gr., die Armencasse 16 Rthlr., 5 arme Schüler 6 Rthlr. 16 Gr. und die Freunde des Stifters 4 Rthlr. erhalten. Die Curatoren sind, nach der Stiftung, der Magistrat, der Pastor primarius und Archidiakonus. 14.) Das Vermächtniß des Herzogs Bogislaus XIIII. von 666 Rthlr. 16 Gr. für die hiesige Schulcollegen. 15.) Das Vermächtniß des Bürgermeisters Eduard Kundenreich von 620 Rthlr. Capital nebst einem Hause für Prediger- und Schulcollegen-Wittwen und Hausarme. Der Administrator dieses Vermächtnißes ist einer von der Familie des Stifters. 16.) Des Burggerichts-Directors zu Naugard, Jakob Schweder und seiner Wittwe Vermächtniß von 333 Rthlr. 8 Gr., wovon das Schwedersche Fideicommiß an die hiesigen Prediger 5 Rthlr. 8 Gr., an das Waisenhaus 6 Rthlr. und an die St. Marienkirche 5 Rthlr. 8 Gr. zahlet. 17.) Das Vermächtniß der Fräulein Barbara von Schlieffen von 250 Rthlr. wovon die Armen in dem Schlieffenhospital die Zinsen genießen. 18.) Das von der Jungfer Seelmacher in dem Jahre 1734 gestiftete Vermächtniß, welches in einem Capital von 200 Rthlr., 5 Morgen Acker, einem Garten und einem Rücken Gartenland bestehet. Die Zinsen davon bekommen die nächsten armen Freunde der Stifterin, der Administrator aber erhält davon den fünften Theil für die Führung der Administration. 19.) Das von Martin Handler in dem Jahre 1742 gestiftete Vermächtniß von 200 Rthlr., wovon der Vesperprediger die Zinsen bekömmt. 20.) Das Vermächtniß des ehemaligen Archidiakonus bey der hiesigen Marienkirche, M. Joachim Heidemann vom 9 December 1696. Das Capital dieser Stiftung beträget 100 Fl., wovon die jährlichen Zinsen am 9 December, als an dem Namenstage des Stifters, einigen fleißigen Schülern von dem Präpositus ausgetheilet werden. Außer einigen andern Vermächtnißen für Prediger, die auf gewißen Bürgerhäusern in der Stadt haften, ist noch das durch die milden Beyträge der Bürgerschaft gestiftete und aus 3 Stockwerken und 8 Stuben bestehende Zucht- und Arbeitshaus zu bemerken, welches vermittelst eines Ganges mit dem Waisenhause verbunden ist, damit in einem an dem großen Saal desselben befindlichen Gemache die Züchtlinge den Betstunden der Waisenkinder mit beywohnen können. Nach dem durch das Rescript vom 8 September 1734 bestätigten Reglement des Zucht- und Arbeitshauses werden darinn nicht nur alle und jede einheimische und auswärtige ungehorsame und aufsäßige Bettler und Landstreicher, sondern auch solche Delinquenten beiderley Geschlechts, deren Verbrechen keine Leibes- und Lebensstrafe nach sich ziehet, wie auch diejenigen, so durch ihr gottloses und ärgerliches Leben sich der bürgerlichen Gesellschaft unwürdig gemacht haben, angenommen, wenn sie zuvor durch einen richterlichen Spruch zur Zuchthausstrafe verurtheilet worden sind. Auch können Aeltern ihre ungerathenen Kinder, die über 12 Jahre alt sind, oder Meister ihre liederliche Lehrjungen in das Zuchthaus bringen, um dadurch ihre Beßerung zu befördern, jedoch muß solches mit obrigkeitlicher Bewilligung eines jeden Orts geschehen und ihre Verpflegung von den Aeltern oder Lehrmeistern bezahlet werden. Für einen

Die Stadt Colberg.

auswärtigen Verbrecher müßen bey seiner Annahme, wenn er ein Jahr oder darüber in dem Zuchthause bleiben soll, 10 Rthlr., unter ein Jahr aber verhältnißmäßig weniger, an das Zuchthaus und 1 Rthlr. für den Zuchtmeister erleget, auch ein Bette oder Madratze mit gesandt werden. Außerdem aber muß noch Caution bestellet werden, daß wenn der Züchtling während seiner ihm bestimmten Zeit krank werden oder gar sterben sollte, das Zuchthaus in Ansehung der Arzeney- und der Verpflegungs- und Begräbnißkosten schadlos gehalten werde. Für einheimische auf ein Jahr und darüber zum Zuchthause verurtheilte, werden bey ihrer Aufnahme nur 3 Rthlr., unter ein Jahr aber verhältnißmäßig weniger, an den Zuchtmeister aber 1 Rthlr., für ein halbes Jahr 16 Gr. und für ein viertel Jahr und darunter 8 Gr. bezahlet. Die hiesigen muthwilligen Bettler werden unentgeldlich angenommen. Die Züchtlinge müßen, so lange sie gesund sind, sich nicht nur ihren Unterhalt selbst verdienen, die Mannspersonen durch Raspeln des Färbeholzes, welches die hiesigen Kaufleute dazu hergeben, und die Weibspersonen durch Wollspinnen für die hiesigen Wollfabricanten, sondern auch noch monathlich 6 Gr. von ihrem Verdienste an das Zuchthaus abgeben. Der Zuchtmeister erhält, nach dem oben angeführten Reglement des Zuchthauses, außer der freyen Wohnung auch zu seiner Feuerung das nöthige Holz aus dem Stadtwalde. Die bey dem hiesigen Waisenhause bestellten Inspectoren führen auch zugleich und zwar unentgeldlich die Administration und Inspection über das Zuchthaus und die Rechnung wird von dem Magistrat abgenommen, welcher zur Unterhaltung dieser Anstalt jährlich 9 Rthlr. aus den Mitteln der Cämmerey hergiebt. Seit einiger Zeit ist das unterste Stockwerk des Zuchthauses zu einer Spinnschule eingerichtet worden, worinn die Jugend in allen Arten von Spinnereyen drey Monate ohnentgeldlich unterrichtet werden, und der Spinnmeister zur Feuerung der Spinnstube einen Faden Holz und 4 vierspännige Fuder Torf, nach der von dem königlichen Krieges- und Domainencammer Deputationscollegium am 11 May 1779 ertheilten Genehmigung, erhalten soll.

Das hiesige Domcapitul wurde bald nach der Einführung der christlichen Religion gestiftet und in dem Jahre 1277 dem Bischofe zu Camnin, Hermann von Gleichen unterworfen, der demselben vortrefliche Privilegien gab. Besonders aber stiftete sich der Colbergsche Domherr Ludewig von Wida in dem Jahre 1331 am Tage der Kreuzerhöhung durch Errichtung seines Testaments, worinn er die hiesige Marienkirche, als die Dom- und Stiftskirche der Domherren, zur einzigen Erbinn einsetzte, ein unsterbliches Andenken, indem er zum Besten der Domherren, zur Erhaltung des Chors in der St. Marienkirche und zu andern milden Stiftungen ansehnliche Gefälle vermachte. Von den Einkünften dieses Testaments, deßen Vermögen jetzt in den von den Testamentsgeldern gekauften Dörfern Zernin, Damgard und Bartin, in dem Zinßsalze, welchen einige Besitzer der Saltzkothen geben müßen, in den jährlichen Zinsen von den ausgeliehenen Capitalien und in einigen dazu gekommenen Vermächtnißen und Schenkungen bestehet, werden nun zum Theil die Kirchen- und Schulbedienten besoldet und das Chor in der Marienkirche unterhalten. Nach den neuesten in lateinischer Sprache abgefaßten Statuten des Domcapituls, die von dem Churfürsten Friederich III. am 11 December 1698 und von dem Könige Friederich Wilhelm am 12 December 1714 bestätiget wurden, ist der Landesherr der oberste Patron dieses Stifts, das jetzt nur aus

4 Prälaturen, als der Domprobsten, dem Dekanat, dem Cantorat und Scholasticat bestehet, nachdem das Thesaurariat schon vor vielen Jahren eingegangen ist und die Einkünfte desselben den Capitulsbedienten zur Besoldung zugeleget worden sind. So wie dem Dompropste die Aufsicht auf die Erfüllung der Amtspflichten der Glieder des Collegium und die Fürsorge für die Erhaltung der Rechte, Freiheiten, Privilegien und Güter des Capituls anvertrauet worden ist: so gehöret dagegen die Verwaltung der geistlichen Güter und die dem Capitul nach seinen Privilegien oder von undenklichen Jahren her zustehende Gerichtsbarkeit dem Dekanus, welcher auch das Recht hat, die andern Capitularen zusammen zu berufen, die Puncte, worüber berathschlaget werden soll, öffentlich vorzutragen, die Stimmen und Meinungen zu sammlen, den Beschluß der Berathschlagungen zu publiciren und solche denenjenigen, denen sie zu wißen nöthig sind, anzuzeigen, endlich auch den Eid allen, die ins Capitul aufgenommen werden sollen, abzunehmen. Der Cantor soll dahin sehen, daß die Ceremonien in der Kirche wohl und anständig verrichtet werden und sich keine schädliche Veränderungen bey dem Gottesdienste einschleichen. Hienächst hat er im Namen des Capituls den Kirchenvisitationen beyzuwohnen und die Rechnungen der Kirchenprovisoren zu untersuchen. Die Aufsicht über die Schulen und deren zweckmäßige Einrichtung, wohin die in denselben anzustellenden Visitationen und Prüfungen, die Anordnung der lectionen und die Ausbeßerung der Schulgebäude, die nach dem Colbergschen Visitationsrecesse von 1568 dem Magistrat gebühret, zu rechnen sind, ist dem Scholasticus aufgetragen, der auch die Privilegien, Schriften und öffentliche Verhandlungen des Capituls verzeichnen, in einen Kasten verschließen und an einem öffentlichen Orte der Kirche in Verwahrung bringen muß. In wichtigen Sachen, welche die Gerechtsame, Privilegien, Güter und Einkünfte des Capituls und der Kirche betreffen, müßen die Prälaten mit ihren übrigen Collegen alles überlegen und gemeinschaftlich verhandeln. In dem Stargardschen Landtagsabschiede vom 11 Julius 1654 verordnete der Churfürst Friederich Wilhelm, daß das Colbergsche Stift nach dem Camminschen Domcapital den Sitz auf den Kreis- und Landtagen haben solle und als den Domherren der Prälatentitul streitig gemacht worden war, wurde ihnen derselbe von dem Könige Friederich Wilhelm durch das Rescript vom 8 März 1732 aufs neue bestätiget. Das Domcapitul und der Magistrat haben gemeinschaftlich das Patronatrecht über die Marienkirche und die große Schule und wenn vorgedachte Patronen sich bey der Bestellung der Kirchen- und Schulbedienten, wobey sie gleiche Stimmen haben, nicht vereinigen können: so wird ihr Recht, Lehrer zu berufen, nicht von dem Consistorium, sondern von dem Hofgerichte ausgeübet. Das sogenannte Patronengericht, welches in dem Dekanathause von dem Dekanus des Capituls und dem ersten Bürgermeister gehalten wird und wobey den Syndikus des Capituls beständiger Secretarius ist, hat, nach den oben angeführten Statuten des Capituls, die Untersuchung und Entscheidung der Streitigkeiten, die etwa in der Marienkirche wegen der Männer- oder Frauenbänke und Begräbnisse entstehen, imgleichen der Excesse, die in der Kirche und Schule begangen werden. Von den Decreten und Bescheiden des Patronengerichts wird nach einer alten Gewohnheit nicht an das geistliche Consistorium, sondern an das Hofgericht appellirt. Unter den Rechten die von den Bischöfen Hermann, Heinrich, Conrad Magnus gebohrnen Herzog zu Sach-

Die Stadt Colberg. 475

sen, Siegfried, Benedict, Martin und andern nachfolgenden Bischöfen zu Cammin gegeben und bestätiget, auch in beständiger Kraft auf das Capitul gekommen und noch wirklich im Gebrauche sind, ist vornehmlich sowohl die Civil= als Criminalgerichtsbarkeit zu merken, die in den Privilegien das völlige Gericht an Hals und Hand genennet wird, und von dem Capitul nicht nur in den ihm gehörigen Dörfern, sondern auch in der Straße zu Colberg, die Papenstraße genannt, nebst allen darinn belegenen Bürgerhäusern, die von den öffentlichen Lasten, als dem Servis, den Wachen und der Einquartirung befreyet sind, und in den Wohnungen der Canonicorum ausgeübet wird. Ehemals hatte sich auch das Capitul in dem von ihm, dem ehemaligen hiesigen Prediger M. Ambrosius Zitow, geschenkten und in der St. Nikolaistraße gelegenen Hause, nach dem Colbergschen Visitationsrecesse von 1568, die Gerichtsbarkeit vorbehalten, es ist aber solche in der folgenden Zeit dem Magistrat zugeeignet worden. Das Chor in der St. Marienkirche, das aus den Einkünften des Testaments des von Wida erhalten werden soll, die sogenannte Gerberkammer, die nordöstlich an der St. Marienkirche liegt und das Testament des von Wida stehen ebenfalls unter der Gerichtsbarkeit des Capituls, so wie die zu den Testamente gehörigen Dörfer, obgleich der älteste Bürgermeister jederzeit ein Mitadministrator desselben ist. Hiernächst hat das Capitul in Sachen des Ehebruchs, der Hurerey, Weglegung der Kinder, wie auch in allen andern geringen Verbrechen, es mögen solche begangen seyn, von wem sie wollen, mit dem Magistrat durch die ganze Stadt eine concurrirende Gerichtsbarkeit, so daß, wenn die Sache bey dem einem oder dem andern Gerichte zuerst anhängig gemacht wird, das andere von der Erkenntniß der Sache ausgeschloßen bleibt. Über die 3 Pfarren in den Capitulsdörfern Zetrin, Degow und Garrin stehet dem Capitul, außer Zetrin, wovon der älteste Bürgermeister nach dem Testamente des von Wida Mitpatron ist, allein das Patronatrecht zu, so daß die Besitzer der eingepfarrten Dörfer keinen Antheil daran haben. Die dem Domcapitul gehörige Dörfer sind: Tramm, Buggentin, Garrin, ein Theil des Dorfs Mechentin, Seefeld, Zetrin, Damgard, Bartin, Degow, Pretmin und der größte Theil des Dorfs Roffentin. In den Rußischen Belagerungen wurden sie theils abgebrannt, theils verwüstet, sie sind aber von den sequestrirten Capitulsgefällen wieder hergestellet worden. Außer diesen dem Capitul eigenthümlich gehörigen Dörfern genießet es noch ansehnliche Getreidehebungen von andern der Gerichtsbarkeit des Capituls nicht unterworfenen, als: Bussow, Dassow, Fritzow, Gantzow, Groß=Jestin, Groß=Pobloth, Jasde, Kerstin, Claptow, Lülleftz, Lübchow, Lustebuhr, Marin, Malnow, Moltow, Nehmer, Parsow, Pustar, Schötzow, Schwemmin und Semmerow. Die größte unter diesen Hebungen ist die Lülleftzsche, welche auf 92 Scheffel Roggen und 92 Scheffel Hafer festgesetzet und dem Dekanat auf immer zugeleget worden ist. Auch hat das Capitul einige Hebungen aus der Sülze, die auch ein für allemahl auf einen festen Fuß gesetzet worden sind, so daß die Sülze den sämmtlichen Prälaten jährlich 37 Rthlr. 13 Gr. 4 Pf. bezahlet. Es sind aber die Güter und Einkünfte des Capituls von zweyerley Art. Einige sind allen residirenden Prälaten, welche mit Geschäften der Kirche umgehen, gemein; andre aber sind einigen ins besondre zugeeignet worden. Die gemeinen Güter sind von alten Zeiten her bis auf den heutigen Tag in drey gleiche Theile unter den Dekanus,

[O o o 2]

nus, Cantor und Scholasticus getheilet worden. Der Probst erhält dasjenige, was seine Vorgänger und besonders der letzte, als Hinterpommern am 6 Julius 1653 dem Churfürsten Friederich Wilhelm überlaßen wurde, in ruhigem Besitz genoßen haben. Außer diesem Antheil an den allgemeinen Einkünften hat jede Prälatur ihre besondre Einnahme, die zu keiner Vertheilung kommt. So gehöret zur Dompropstey das Dorf Tramm, jedoch mit der Beschwerde, daß der Dompropst jährlich aus dem Trammeschen Holze dem Dekanus eine Gränze Holz verabfolgen läßet. Dem Dekanus ist das halbe Dorf Degow und das Dorf Roßentin mit Ausschließung der 2½ Bauern, welche der Stadt Colberg gehören, der Cantoratprabende die andre Hälfte des Dorfs Degow und dem Scholasticus das Dorf Prettmin mit allen Capitulseinkünften beygeleget worden. Hiezu kommen aus den obengenannten und der Capitulsgerichtsbarkeit nicht unterworfenen Dörfern einige Hebungen an Getreide, die einer jeden Prälatur besonders zugeeignet und mit derselben von undenklichen Jahren her vereiniget sind. Die Geldstrafen, welche den Capitulsunterthanen wegen öffentlicher oder besondrer Verbrechen auferleget werden, wie auch allen Genuß der Gerichtsbarkeit, die Loßkauf- Erlaß- und Aufnahmegelder, die von den Bauern, so oft ihnen die Freiheit geschenkt oder das Recht ertheilet wird, von den Höfen wegzuziehen, oder solche zu beziehen, bezahlet werden, vertheilen der Dekanus, Cantor und Scholasticus unter sich zu gleichen Theilen. Die Capitularen haben in der Papenstraße ihre Behausungen, so daß jede Prabende ihre besondre Wohnung oder Curie hat, welche die Besitzer, so oft es die Nothwendigkeit erfordert, auszubeßern und in gutem Stande zu erhalten verbunden sind. Außer den 4 Prälaturen sind noch einige geringere Beneficien und Prabenden vorhanden, welche mit keiner Würde verbunden sind und deren Besitzer, weder Sitz noch Stimme in dem Capitul haben. Wenn jemand von den Prälaten oder Prabendaten vor dem Feste Johannis des Täufers, nemlich vom ersten Januar bis auf den Johannistag einschließungsweise, d. i. auch den ersten Tag des Januars und den Tag Johannis mit eingeschloßen, stirbt: so haben alsdann des verstorbenen Kanonicus Erben (unter welche die Wittwen nicht gerechnet werden) das Recht, die Einkünfte des ganzen Jahres zu genießen und dieses Jahr wird das Gnadenjahr für die Erben genannt; in dem folgenden Jahre aber bekommt der Nachfolger des verstorbenen die Hebung. Wenn aber ein Prälat nach dem Johannisfeste stirbt, nemlich nach dem Tage Johannis, bis auf den ersten Januar, diesen nicht mitgerechnet, so wird dieses Jahr, darinn er stirbt, ein Deservit genannt. Denn in diesem Falle hat er schon die Einkünfte deßelben Jahres verdienet und die Erben haben daher daßelbe als ein verdientes voraus, sie genießen aber auch die Einkünfte des folgenden Jahres, welches das Gnadenjahr oder Jahr der Erben genannt wird. In diesem Falle wird erst im dritten Jahre die Succession in die Prälatur oder Prabende zugelaßen, so daß der Nachfolger die Einkünfte derselben heben kann. Zu den Lasten des Domcapituls gehören: 1.) die königlichen Paß- Marsch- und Kriegesfuhren, welche zwischen dem königlichen Amte Colberg, dem Domcapitul und dem Colbergschen Stadteigenthum also abwechseln, daß jedesmahl an eines derselben die Reihe in der dritten Woche kommt, und alle darinn vorfallende Fuhren von demselben verrichtet werden müßen, 2.) Die Annatengelder, die nach der Verordnung des Königs Friederich Wilhelm vom 25 December 1725.

Die Stadt Colberg.

1715 dem Potsdamschen Waisenhause zufallen, 3.) Die Jagdzulage, die 82 Rthr. 15 Gr. 1 Pf. beträgt, 4.) Die Lehnpferdegelder zu 65 Rthlr. 7 Gr. 8 Pf., und 5.) Die Verbindlichkeit zur capitularischen Residenz, welche, nach der Verordnung der Königlichen Regierung vom 15 Februar 1732, bey diesem Stifte für jedes Jahr 6 Monathe gehalten werden soll. Das Capitul hat einen Syndikus und Secretarius, welche die Gerechtsame des Stifts wahrnehmen. Das Capitulssiegel stellet 3 neben einander stehende Heiligen vor, deren jeder von dem andern durch eine Säule abgesondert ist und hat die Umschrift: Sigillum capituli ecclesie Colbergensis. Das Jungfernkloster wurde, nach der Stiftungsurkunde von 1278, von dem Bischofe Hermann von Cammin errichtet, welcher das ehemalige Benedictinerkloster auf der Altstadt, nachdem die Canonici einen bessern Sitz in der Stadt empfangen hatten, zu einem Nonnenkloster bestimmte, eine Anzahl Nonnen aus dem im Mecklenburgschen an der Warne unweit Bützow gelegenen Jungfrauenkloster Rühnen kommen ließ, und ihnen außer dem Grunde und Boden, wo vormals die Burg gestanden hatte, die Dörfer Wobrodt, Jasde, Stoikow und einen Theil von Rossentin einräumte. Diese Besitzungen wurden nachher noch vermehret, so daß nach einer Urkunde von 1429, worinn der Bischof Siegfried dem Kloster alle Gerechtsame und Güter bestätigte, demselben die Dörfer Stoikow, Quetzin, Henkenhagen, Boltenhagen, Pleushagen, Wendhagen, Poldemin, Jasde, Fritzow, Putzernin, Schötzow, Zwielipp, Lustebur, Moltow, Ganskow und Wobrodt, ungleichen der Zoll von der Ueberfahrt über die Persante, die Fähre genannt, gehörten. In dem 15ten Jahrhunderte wurde das Nonnenkloster in die Stadt verleget, das Kloster auf der Altstadt abgebrochen und den Nonnen das heilige Geisthospital eingeräumet, welches das jetzige Klostergebäude ist. Die Nonnen fingen zwar in dem Jahre 1499 an, das Kloster auf der Altstadt wieder aufzubauen und bezogen auch dasselbe wirklich, begaben sich aber 1545 wieder in die Stadt, nachdem ihnen der päbstliche Gesandte zu Prag, Hieronymus Verallus 1540, die Erlaubniß dazu unter der Bedingung, daß sie ihr altes Kloster auf der Altstadt nicht verkaufen sollten, ertheilet hatte. In dem Jahre 1603 traten die Stände mit Genehmhaltung der regierenden Herzoge dem Bischofe Franz das Kloster ab, so daß ihm alles, was die Klostergüter über den nothwendigen Unterhalt der Klosterpersonen betragen würden, zur Tilgung der bischöflichen Schulden verbleiben sollte. Nach dem am 4 May 1587 zwischen dem Herzoge und Bischofe Casimir und der Stadt Colberg gestifteten Vergleiche wurde die gegenwärtige Anzahl der Jungfern, welche in dieses Kloster aufgenommen werden, auf 16 festgesetzet, wovon 7 aus der Ritterschaft und 9 aus dem Bürgerstande, nemlich 6 aus Colberg und 3 aus Cößlin genommen werden sollen. Außer den 16 freyen Wohnungen oder Cellen, die für königliche Kosten erhalten werden, und der Befreyung von der Accise, bestehen die jetzigen Hebungen der 16 Conventualinnen, die sie durch den königlichen Amtmann zu Altstadt erhalten, jährlich in 451 Rthlr. 3 Gr. 4 Pf. an Gelde, 220 Scheffeln Roggen und 38½ Fuder Holz, welche die Amtsbauern nebst 65 Fudern Torf auf den Klosterhof zu liefern verpflichtet sind. Die Austheilung dieser Gelder und Deputatstücke geschieht durch die Priorin, deren jährliche Hebung an Gelde und Naturalien 55 Rthlr. 14 Gr. beträgt, dahingegen eine jede Hebung der 15 Conventualinnen sowohl adelichen als bürger-

bürgerlichen Standes jährlich an baaren Gelde 27 Rthlr. 9 Gr., 12 Scheffel Roggen, 2 Fuder Holz, 4 Fuder Torf und an Vergütigung von der Accise 1 Rthlr. 7 Gr., und folglich, wenn der Scheffel Roggen zu 14 Gr., das Fuder Holz zu 6 Gr. und das Fuder Torf zu 3 Gr. gerechnet werden, an Gelde überhaupt 36 Rthlr. 16 Gr. ausmacht. Die Priorin wird, nach dem oben angeführten Vergleiche vom 4 May 1587, von den Klosterjungfern gewählet und von dem Landesherren bestätiget. Diese freye Wahl der Priorinnen wurde von dem Könige Friederich I. durch das Rescript vom 21 December 1704 also bestätiget, daß die bürgerlichen Klosterjungfern nicht weniger als die adelichen, ohne einigen Unterschied, der Würde einer Priorin fähig seyn sollen. Obgleich in eben dieser Verordnung festgesetzet worden war, daß wenn zwo Priorinnen einerley Standes, es sey adelichen oder bürgerlichen, durch die Wahl unmittelbar auf einander gefolget wären, zur Verhütung eines anmaßlichen Vorrechts, die dritte nicht wieder aus eben diesem, sondern nothwendig aus dem andern Stande gewählet und bestellet werden müße: so verordnete doch nachher der König Friederich Wilhelm in dem Rescript vom 29 März 1725, daß künftig jederzeit bey der Wahl einer Priorin zwischen den adelichen und bürgerlichen Conventualinnen ein Wechsel Statt finden und diejenige, welche nach solcher Ordnung die meisten Stimmen haben wird, dazu bestellet werden soll. Die Klosterjungfern dürfen ohne Genehmigung und Vorwißen der Priorin nicht verreisen, die auch den Schlüßel zu der Klosterthüre hat, um solche zur bestimmten Zeit eröfnen und schließen zu laßen, mit den Klosterjungfern wöchentlich 2 mahl des Dienstags und Donnerstags Betstunden hält und über den Empfang der Gelder, die den Jungfern ausgetheilet werden, dem königlichen Amtmann die Quitung ertheilet. Sowohl in der Kloster= als St. Marienkirche haben die Klosterjungfern ihren besondern Stuhl. Wenn eine verheirathet wird, oder mit Tode abgehet: so muß ein solcher Abgang durch die Klostervater Sr. Majestät dem Könige, dem Departement der geistlichen Angelegenheiten in Berlin und der Regierung berichtet werden. Die Einführung einer neuen Conventualin, welche von dem Landesherren, als dem Patron des Klosters ernannt wird, geschiehet in der Wohnung der Priorin in Gegenwart der Klostervater, der Priorin, des königlichen Amtmanns, des Klosterpredigers und der Conventualinnen. Bey ihrer Aufnahme in das Kloster, welche nach königlicher Verordnung mit einem anständigen Aufenthalte in demselben verbunden ist, muß eine jede nicht nur die 50 Gulden so genannte Acceß= oder Baugelder und 25 Gulden Schwestergeld, sondern auch bey ihrer Einführung den Klostervätern, dem königlichen Amtmann und dem Klosterprediger einem jeden einen Ducaten geben. Wenn eine stirbt, wird sie in der Klosterkirche beerdiget und die sämtlichen gegenwärtigen Conventualinnen sind verpflichtet, 4 Wochen der verstorbenen zu Ehren Trauerkleider anzulegen. Das Kloster hatte ehemals 4 Provisoren, als 2 aus der Ritterschaft und 2 bürgerliche, nemlich den ältesten Bürgermeister zu Colberg und den zu Cößlin. In dem Anfange dieses Jahrhunderts erhielten die Provisoren den Namen der Klostervater, ihre Anzahl aber wurde auf 2 heruntergesetzet, so daß jetzt nur einer aus der Ritterschaft und der jedesmalige älteste Bürgermeister in Colberg dieses Amt bekleiden. Der erste wird von dem Kloster erwählet und hienächst, wenn er dieses Amt annehmen will, von der Königlichen Regierung

Die Stadt Colberg.

gierung bestätiget, von welcher auch der andre die Bestätigung erhalten muß. Sie dienen ohne Gehalt und üben allein die Gerichtsbarkeit über das Kloster aus, die ihnen durch das Rescript vom 3 April 1695 bestätiget wurde. Der Herzog und Bischof Casimir hatte bereits am 27 May 1586, dem Kloster gewiße Statuten vorgeschrieben, die neuesten aber, nach welchen es sich achten muß, wurden von dem Churfürsten Friederich III. am 9 April 1696 bestätiget.

Das Magistratscollegium, dem das Wahlrecht seiner Glieder und die obere und niedere Gerichtsbarkeit zustehet, bestand ehemals aus vielen vornehmen und reichen Patriciern, die in den vorigen Jahrhunderten ihre Aemter als Ehrenstellen umsonst verwalteten. Die gegenwärtige Einrichtung dieses Collegium gründet sich auf das rathhäusliche Reglement vom 14 August 1717, nach welchem, da bis dahin 3 Bürgermeister, 1 Syndikus, 3 Cämmerer, 9 Senatoren und 5 Secretarien, als einer bey dem Rathe, einer bey der Cämmerey, einer bey dem Niedergerichte, einer bey der Mühle, und einer bey dem Hafen gewesen waren, diese Anzahl jetzt auf 9 Personen eingeschränkt worden ist, so daß der Magistrat aus einem dirigirenden Bürgermeister, der jederzeit zugleich Landrath ist, einem Justizbürgermeister, der auch Director des Stadtgerichts, einem Bürgermeister, so zugleich Cämmerer ist, 4 Senatoren, wovon der eine Cämmereycontrolleur und zween andre Beysitzer des Stadtgerichts sind, einem Stadtsecretarius und einem Gerichtssecretarius bestehet, welche beide letztern jedoch kein Votum haben. Die Stadt wurde bereits nach ihrem ersten Privilegium von 1255 mit dem Lübischen Rechte bewidmet, nach welchem noch jetzt von dem Magistrat gesprochen wird, dessen Gerichtsbarkeit sich nicht nur über die ganze Bürgerschaft in der Stadt und auf den Vorstädten, sondern auch über das Stadteigenthum, über die Mündervoigtey, die der Magistrat den Seefahrenden zum Besten erbauen und in dem Jahre 1666 den Thurm darauf setzen ließ, wie auch über den Hafen erstrecket. Die Magistratspersonen führten ehemals die Administration der milden Stiftungen und waren Provisoren der Kirchen- und Hospitäler; seit dem aber ihre Anzahl eingeschränkt ist und die Beybehaltung der Provisorate den wenigen zu schwer fiel, ist von den Patronen ein besonderer Administrator aller geistlichen Güter verordnet worden, dessen geführte Rechnung von dem Magistrate jährlich abgenommen und an die Oberrechenkammer zur Revision eingesandt wird. Die Bürgerschaft wurde ehemals von 20 Männern vorgestellet, nach der Verordnung des Churfürsten Friederich Wilhelm vom 7 November 1670 aber ist festgesetzet worden, daß in dieser Stadt ein Ausschuß von XV Männern seyn und die Bürgerschaft vorstellen soll, wovon 5 von den Sülzverwandten, 5 von den Kaufleuten und Schiffern und 5 von den Handwerkern gewählet und deputiret werden sollen. Wenn einer von ihnen abgehet, werden von den übrigen mit Genehmigung der gemeinen Bürgerschaft 2 Personen dem Rathe vorgeschlagen, welcher einen davon an der Stelle des abgegangenen zu erwählen berechtiget ist. In öffentlichen Stadtangelegenheiten werden jederzeit diese XV Männer, denen auf Kosten der ganzen Bürgerschaft ein gelahrter Mann zu einem Vorsprach zugeordnet wird, von dem Rathe mit zugezogen, mit dessen Einwilligung sie auch befugt sind, die sämtliche Bürgerschaft von Sülzverwandten, Kaufleuten und Gewerkern zusammen berufen zu lassen.

lassen, ihre Meinung zu vernehmen und solche dem Rathe zu hinterbringen, der aber, wenn er gleich etwas erhebliches wieder den einen oder den andern dieser XV Männer oder deren Vorsprach einzuwenden haben sollte, doch einen solchen abzusetzen nicht berechtiget ist, sondern die Sache der Entscheidung der Landescollegien überlassen muß. Die Bürgerschaft, die in großen und Mittelbürgern, auch Haupt- und kleinen Gewerken bestehet, wird in 4 Classen getheilet, zu deren ersten der Magistrat und die Kaufmannschaft, zu den andern die Brauer, zu der dritten die 4 Hauptgewerke, als Schuster, Schneider, Bäcker und Schmiede und zu der vierten die übrigen Einwohner gehören. Einen beträchtlichen Vortheil verschaffet das hiesige Salzwerk, dessen Alterthum schon daraus erhellet, daß in dem Jahre 1016 Reinbert von dem Geschichtschreiber Ditmar in seiner Merseburgischen Chronick Præsul salsæ ciuitatis Colbergensis genannt wird. Als der Kaiser Friederich in dem Jahre 1182 die Fürsten von Pommern zu Reichsfürsten und Herzogen machte, ertheilte er den Colbergschen Sülzverwandten das stattliche Privilegium, daß sie mit allen ihren Freiheiten unter des Reiches Schutz und Schirm genommen seyn und was das Salzwesen anbetrift, ihre Gerichtsbarkeit und Zusammenkünfte behalten und die Kothen sowohl auf männliche als weibliche Personen vererben sollten. Die von dem Rathscollegium in dem Jahre 1302 unterschriebenen Privilegien und Statuten der Sülze sind bisher also vertheidiget worden, daß die Sülzverwandten von Anfange an bis jetzt in dem Besitze des Salzberges mit allem Rechte des Eigenthums verblieben und von den Churfürsten von Brandenburg und nachfolgenden Königen von Preussen bey ihrer Sülzengerechtigkeit beschützet worden sind; jedoch müssen sie jährlich einen ansehnlichen Kanon an die hohe Landesobrigkeit und gewisse Abgaben, unter dem Namen des Zinssalzes, an das hiesige Domcapitul, den Magistrat, die Kirchen u. s. w. erlegen. Sie haben von jeher einige Directoren unter sich gewählet, welche die Gerichtsbarkeit in dem Salzberge ausübten, ehemals Salzgrafen genannt wurden und für die Erhaltung der Rechte und Ordnung in der Sülze sorgeten; wie sie auch noch jetzt ihre eigene Sülzdirectoren haben. Vor dem Münderthore auf dem Zillensberge diesseits der Persante befinden sich 3 Salzbrunnen so nahe aneinander, daß nur ein Balken zwischen ihnen lieget. Bey diesen Brunnen standen ehemals die Salzkothen und alles Salz wurde daselbst gesotten. In den folgenden Zeiten hat man die Salzkothen an die andre Seite der Persante nahe an den Holzgraben verleget, weil das Floßholz dort bequemer angebracht werden kann. Nicht weit von der Mündung des Hafens stehen auf dem Salzberge 17 siedende Kothen nebst einem allgemeinen Kothen. Außer denselben sind noch 8 wüste Kothen vorhanden, die nicht wieder erbauet sind. Ein siedender Kothen mit der Pfanne wird 4600 Rthlr. und ein wüster Kothen 1800 Rthlr. werth gehalten. Das Salz, das den wüsten Kothen und Pfannstädten zugeschrieben wird, wird in den stehenden siedenden Kothen gesotten, so daß also die Eigenthümer der ersten ihre Einkünfte davon haben. Die Salzpfannen sind von Eisenblech gemacht, 15 bis 16 Schuh lang und eben so breit, ehemals aber waren sie nur 10 Schuh lang und 8 Schuh breit. Zur Ersparung des Holzes hat man schon vor vielen Jahren Gradirhäuser angeleget, wovon der damalige Sülzendirector Martin Henke der erste Erfinder gewesen ist. Die Gradirhäuser sind lange, hohe und schmale Gebäude, an beiden Seiten und Enden offen

Die Stadt Colberg.

und mit Dornsträuchen ausgefället. Die Sohle wird durch Röhren an dieselben heran geleitet, durch angebrachte Pumpen in eine Rinne unter das Dach hinaufgezogen, aus welcher sie durch die in der Rinne befindliche kleine Ritzen auf die Dornsträuche träufelt und unten in einen großen Trog fällt. Weil nun der Wind von allen Seiten die Dornsträuche durchstreichet, wird das frische Wasser von der Luft verzehret und die Sohle dadurch schwerer. Die auf solche Weise gradirte Sohle wird alsdann in die Salzpfannen geleitet und gesotten. Das Recht, aus den hiesigen Quellen Salz zu sieden, kann niemand durch einen Kauf an sich bringen, sondern stehet nur allein denen zu, die es von ihren Aeltern erben, oder durch eine Heirath in die Familien der Sülzverwandten dazu gelangen. In den alten Zeiten ist das Colbergsche Salz nicht allein in dem ganzen Herzogthum Pommern, sondern auch in der Mark Brandenburg, in Pohlen und in den Seestädten verkauft und abgesetzet worden; jetzt aber ist der Absatz desselben nur in dem Fürstenthum Cammin, als in den Städten Colberg, Cößlin, Cörlin und Bublitz, in den Dörfern des Domcapituls Colberg und des Colbergschen Stadteigenthums, wie auch in den Städten Gützow, Massow und Naugard, und noch in gewißen andern angewiesenen Gegenden dieser Provinz erlaubt. Könnte Colberg so viel Salz absetzen, als es aus den unerschöpflichen Quellen sieden könnte: so würde der Salzberg überaus einträglich seyn. Was den hiesigen Handel insonderheit mit Pohlen anbetrift: so war derselbe, ehe die Stadt Danzig in Aufnahme kam, viel größer als in den folgenden. Da das Hanseatische Bündniß in seinem besten Flor war, wurde der Handel von hier sehr stark nach Bergen in Norwegen und Marstrand in Schweden getrieben. Man konnte dahin Pommersche und Pohlnische Leinewand, allerley Getreide, Malz, Grütze u. s. f. bringen und von dannen eingesalzene Heringe und getrocknete Fische zum Verkauf, nicht allein im Lande, sondern auch in Pohlen und in den benachbarten Provinzen, kommen laßen. Nachdem die berühmte Handelsstadt Julin in dem Jahre 1270 von den Dänen gänzlich war zerstöhret worden, so nahm der Handel nicht nur in Stettin, sondern auch in Colberg immer mehr zu und wurde durch die neuen Ankömmlinge aus den Braunschweigschen und Lüneburgschen Landen seit 1288 noch mehr in Aufnahme gebracht. Aus Pohlen, Cassuben und der Mark Brandenburg war nach Colberg eine große Zufuhre von Roggen, Gerste, Hafer, Grütze, Honig, Wachs, Speck, Wolle, Schaffellen, Leinewand, Pottasche und andern Waaren, welche sämtlich über die Ost= und Nordsee wieder ausgeschiffet wurden. Alte Nachrichten melden auch, daß die Colberger ehemals Bier und Malz, Speck und eingesalzenes Fleisch, Roggenzwieback und dergleichen in großer Menge nach den Niederlanden, insonderheit in dem langwierigen Kriege der Spanier mit den Holländern von 1598 bis 1648, verschiffet und dort mit gutem Vortheil verkaufet haben. Man brachte dagegen ein nicht nur zum einheimischen, sondern auch auswärtigen Verkauf, Gewürz, Wein, Reiß, Toback, Seidenwaaren, Englische, Spanische und Holländische Tücher, Zitze und Cattune, Pelzwerk, Spanisches und Französisches Salz, Pferde, Ochsen, Schaafe, Eisen, Bley, Kupfer und Zinn, Stockfisch, Hering, Leinsaamen, Kälk, Ziegel und Mauersteine und dergleichen: welches alles von hier nach Pohlen und auswärtigen Ländern ging. Die gegenwärtige Beschaffenheit des Seehandels, die verschiedenen Arten und den Werth der ein= und ausgegangenen Gü-

Brügg. Beschr. v. H. Pom. [P p p] ter

Das Fürstenthum Cammin.

ter und die Länder, auf welche sich dieser Handel erstrecket, wird man am besten aus den beygefügten Verzeichnißen übersehen können. (*)

Die hiesige Kaufmannschaft hat vermöge des Odenseeschen Vertrages vom 25 Julius 1560 in dem Sunde die Dänische Zollfreiheit, so daß ein Kaufmann bey der Aus- und Einschiffung seiner Güter weiter nichts als einen Rosenobel erlegen darf; jedoch muß er zuvor bey dem hiesigen Magistrat eidlich dargethan haben, daß solche Güter ihm eigenthümlich zugehören, und für seine Rechnung und auf seine Gefahr durch den Sund gehen. Hierüber erhält er ein Certificat, welches in dem Sunde auf dem Zollhause vorgewiesen werden muß. Auf dem Rathhause hat die Kaufmannschaft ihre eigene Börse und die bey der Schiffahrt und Handlung vorfallende Streitigkeiten werden daselbst von den Aeltesten des Seeglerhauses, die ein Mitglied des Raths zu ihrem Beysitzer haben, entschieden. Das Seeglerhaus wurde 1334 gestiftet und bereits in dem Jahre 1472 und hierauf in dem Jahre 1616 mit gewissen Gesetzen und Statuten versehen, nach welchen es von allen städtischen Lasten befreyet und ihm erlaubet wurde, alle in der Stadt gebraueten Biere wie auch Brandweine zu schenken. Nachdem der Churfürst Friederich Wilhelm dem Seeglerhause nicht nur am 12 May 1663 die Erlaubniß ertheilet, sich künftig eines gewissen Siegels, worinn sich ein Schiff mit der Ueberschrift: Orandum et vigilandum befindet, zu bedienen, sondern auch am 1 Februar 1678 genehmiget hatte, daß der oder diejenigen Wirthe, so in dem Seeglerhause wohnen, die freye Höckerey darinn treiben und allerley Höckerwaaren, sie mögen Namen haben, wie sie wollen, gleich den Amtshöckern, öffentlich verkaufen mögen, wurden die gedruckten neuen Privilegien und Statuten des Seeglerhauses von dem Churfürsten Friederich III. zu Cölln an der Spree am 24 Mätz 1692 bestätiget. Andre Bürger ernähren sich von dem Bierbrauen, dem Brandweinbrennen, von ihren Professionen, von dem Ackerbau und der Viehzucht, von der Seefahrt und dem Fischfange. Die Brauerzunft hat einen Beysitzer und 4 Aeltesten und das Privilegium, daß niemand, auch nicht einmahl zu seiner eigenen Nothdurft Bier brauen darf, dafern er nicht von ihrer Zunft ist. Die Brandweinbrenner haben keine Zunft, aber ziemlichen Abgang. Die Gilten und Gewerke haben jede besondre Privilegien, Aeltesten und Gildemeister, und bey ihren Zusammenkünften einen Beysitzer aus dem Magistrat. Das alte und neue Amt der Raschmacher war in den alten Zeiten sehr zahlreich an Meistern und Gesellen und hatte viele Arbeit, als die Wolle noch nicht so theuer war, wie sie jetzt ist, und die Rasche nach Schweden, Dänemark und Norwegen konnten verfahren werden; nun aber ist es in große Abnahme gerathen. Die Fabrike hingegen, worinn Rasche und Flanelle bereitet und gedrucket, und sonst auch andre wollene Zeuge verfertiget werden, ist in gutem Flor und Ansehen und verschaffet vielen Fabrikanten Gelegenheit, Brodt zu verdienen. Außer dieser Fabrike befinden sich in der Stadt noch 58 Wollfabrikanten. Die Einwohner in den Vorstädten vor dem Lawenburger und Gelderthore ernähren sich von dem Ackerbau und der Viehzucht. Die Stadt hat landwärts 2 Felder, welche durch die Persante geschieden werden. Der Acker ist besonders fruchtbar und in ziemlichen Preise, so daß ein Pommerscher Morgen zu 456 Ruthen Rheinl. gerechnet, zuweilen mit 100 Rthlr. bezahlet wird;

jedoch

In dem Jahre

Benennung der Güter.	Maaß, Gewicht, und deren Werth.	Rthlr.	St.	₽
Amidom	Centner	10	—	—
Baumwolle	dito	24	—	—
Bley	dito	4	12	—
Brandwein	Oxhoft	30	—	—
Butter	Tonnen	3	—	—
Caffee	Centner	18	8	—
Citronen	Kisten	4	—	—
Corluthen	Centner	9	—	—
Eisen	Schiffpf.	12	—	—
Eßig von Wein	Oxhoft	15	—	—
Färbeholz	Centner	10	—	—
Felle von Schafen	Decher	1	16	—
Fische trockene	Centner	5	—	—
Flachs	dito	8	—	—
Getreide Erbsen	Last	48	—	—
— Gerste	dito	36	—	—
— Hafer	dito	24	—	—
— Malz	dito	72	—	—
— Roggen	dito	48	—	—
— Weizen	dito	72	—	—

In dem

Benennung der Güter.	Maaß, Gewicht und Werth.	Rthlr.
Alaun	Tonnen	—
Antimonium	dito	— 6
Arsenicum	Centner	—
Asche Pott- und Wald-	Tonnen	7
Cramine und Serge	Stück	5
Flanell und Rasche	dito	5
Getreide Erbsen	Lasten	48
— Gerste	dito	36
— Hafer	dito	24
— Malz	dito	72
— Roggen	dito	48
— Weizen	dito	72
Glas in Scheiben	Kisten	4
— Bouteillen	Rthlr.	18
Galmey	Tonnen	—
Holz Bauholz	Rthlr.	1
— Brennholz	Faden	3
— Dielen	Schock	30
— Franzholz	dito	4
— Klapholz	dito	3
— Oxhoft Boden	dito	2
— dito Stäbe	dito	3 6
— Pipen dito	dito	3
— Planken	Stück	2
— Schiffsholz	Rthlr.	1
— Tonnenboden	Schock	1 6
— Tonnenstäbe	dito	1
Kramwaaren	Centner	6
Kupfer	dito	—
Leinen	Kisten	300
Mauersteine	Hundert	—
Meßing	Centner	—
Obst grünes	Tonnen	2
Parchent	Stück	5
Porcellaine	Kisten	—
Röthe	Centner	8
Salz	Tonnen	4
Seife schwarze	dito	15
Sensen	Centner	—
Toback	dito	7
Tobackspfeiffen	Kisten	6
Tücher	Stück	7
Weine	Oxhoft	30
Wolle	Centner	—
Schiffe beladen	—	—
— unbeladen	—	—

Hufen beygeleget, die freye Fischerey auf der Persante und in der Ostsee geschenket, einige Abgaben auf die Salzpfannen geleget, der Stadt der Wald, der nach der Ostsee zu an dieselbe stößet, auf immer geschenket und zugleich festgesetzet wird, daß, wenn Streit unter den Bürgern zu Colberg entstünde, der Rath zu Greifswalde darüber erkennen solle. 2.) Das Privilegium des Herzogs Barnim zu Colberg von 1266, welches der Stadt den freyen Heringsfang vor dem Ausflusse der Persante in die Ostsee und in dem Hafen der Persante bis an die Stadt, wie auch überall in der Ostsee, so weit sich an derselben die Gränzen der Aecker, Wiesen und Felder der Stadt erstrecken, ohne Erlegung irgend einiges Zolles, zu ewigen Zeiten ertheilet. 3.) Das Privilegium des Herzogs Bogislaus gegeben zu Colberg 1286 am Tage des heiligen Evangelisten und Märtyrers Markus, das der Stadt die freye Fischerey in dem Salzmeere mit so genannten Sommernetzen von der Stadt an bis an die Swiene beyleget. 4.) Das Privilegium des Peter von Nuenborg und Jasco, Herren der Länder Schlawe und Rügenwalde gegeben zu Colberg 1321 an dem Tage des heiligen Märtyrers Stephanus, worinn sie der Stadt, wegen der vielen von derselben erhaltenen Wohlthaten, die völlige Befreyung von dem Zoll, den die Einwohner der Stadt sonst gegeben hatten, in dem ganzen Gebiete der Länder Schlawe und Rügenwalde versichern. 5.) Das Privilegium des Bischofs Arnold von 1327 an dem Tage aller Heiligen, worinn die Bestätigung des Kaufbriefs ist, nach welchem der Bischof Heinrich und das ganze Capitul zu Cammin 1313 an dem Tage des heiligen Blasius der Stadt die große innerhalb derselben auf der Persante gelegene Mühle und die kleine vor dem Salzthore mit den übrigen dazu gehörigen Mühlen, für 1800 Mark mit Vorbehalt einiger Mühlempächte verkauft haben, so daß niemand zum Nachtheil der vorgedachten Mühlen eine andre erbauen soll. 6.) Das Privilegium des Bischofs Marinus gegeben zu Sellnow bey Colberg 1480 an dem Tage der Himmelfahrt Christi, daß weder ein Hauptmann zu Cörlin, ohne Genehmigung der Stadt Colberg, bestellet und keiner, der nicht aus dem Stifte entsprossen sey, in Diensten seyn, noch das Schloß Cörlin jemals von dem Stifte getrennet oder veräußert werden solle. 7.) Das Privilegium des Bischofs Benedict von 1488 am Freytage nach dem Tage des Märtyrers George, worinn nicht nur der Stadt ihre Privilegien, Freiheiten und das Eigenthum, so sie von alten Zeiten her in und an dem vor der Vorstadt gelegenen Salzberge gehabt hat, mit Ausschließung des Zinses, welcher mit 16 Lasten, und einem Pfunde oder einer Tonne Salz zu der bischöflichen Tafel gegeben werden musste, bestätiget worden, sondern auch der Stadt, damit die Sülze allein in dem Stifte möge in Ansehen erhalten werden, nachgegeben worden ist, wenn andre Salzbrunnen in dem Stifte entstünden, dieselben zu vertilgen, mit dem hinzugefügten Befehl, daß niemand anderes fremdes Salz bey Verlust desselben zu Wasser oder zu Lande einbringen und verkaufen soll. In eben diesem Privilegium wurde der Stadt die Strandgerechtigkeit von der alten Rega an bis Nest mit allen Zubehörungen und Gerechtigkeiten dahin ertheilet, daß niemand anders, als die von dem Rathe gesetzten Vorsteher des Hafens die an den Strand geschlagenen Güter und Waaren in Verwahrung nehmen, solche, wenn es unverderbliche Waaren sind, für den Kaufmann, so den Schiffbruch erlitten hat, aufbehalten, und wenn er komme, sie ihm frey

frey, jedoch gegen Erlegung eines billigen Bergegeldes wieder gegeben sollen; wären es aber verderbliche Waaren, so sollen die Vorsteher des Hafens solche verkaufen, das dafür eingenommene Geld aber, dem Eigenthümer derselben, wenn er sich melde, für ein billiges Bergegeld zustellen: Sollte sich niemand zu dem gestrandeten Gute melden, so solle daßelbe zum Nutzen und zur Besserung des Hafens angewendet werden. 8.) Das Privilegium eben deßelben Bischofs von 1489, worinn den Einwohnern der Stadt die Freiheit ertheilet wird, ihre Schulden auf dem Lande in dem Stifte vermittelst eigenmächtiger Pfändung beyzutreiben. 9.) Das Privilegium des Bischofs Erasmus gegeben zu Cörlin am Freytage nach Otto 1524, welches dem Magistrat das Recht ertheilet, seine Briefe mit rothem Wachse zu siegeln. 10.) Der Vertrag eben deßelben Bischofs mit der Stadt von 1527 am Mittwoche an dem Tage der heiligen Märtyrer Johannis und Pauli, worinn der Stadt ihre Strandgerechtigkeit und übrigen Privilegien bestätiget worden. Dieser Vertrag wurde von dem Domcapitul zu Colberg in eben demselben Jahre und an eben demselben Tage und von den residirenden Domherren der Kirche zu Caminin 1538 am Mittwoche nach Matthiä bestätiget. 11.) Das Privilegium des Churfürsten Friederich Wilhelm gegeben zu Cölln an der Spree am 8 May 1658, worinn nicht nur der Stadt die Gerechtigkeit, eine Apotheke zu halten, bestätiget, sondern auch zugleich festgesetzet wird, daß, außer dieser und den damals schon vorhanden gewesenen 2 Apotheken, keinem vierten mehr die Erlaubniß zur Anlegung einer Apotheke ertheilet werden solle. 12.) Das Privilegium eben deßelben Churfürsten vom 10 Julius 1658, nach welchem dem Magistrate einzig und allein das Recht ertheilet wird, in dem Stadtkeller Rheinischen Wein zu schenken, und sonst niemand dazu befugt seyn soll. 13.) Das Privilegium eben deßelben zu Cölln an der Spree vom 27 September 1660, wodurch, da bisher der Magistrat und die Sülze jährlich 181 Tonnen Salz wegen des Amtes Cößlin und 23¼ Tonnen wegen des Altstädtischen Amtes nebst dem Nachsatze abzutragen verbunden gewesen waren, diese Abgaben auf einen gewißen Kanon und eine jährliche Recognition behandelt worden sind, so daß nemlich (a) an die Hinterpommersche Landrenthey wegen des Cößlinschen Salzzinses 300 Rthlr. an Gelde abgetragen werden, und (b) in die Hinterpommersche Schloßrenthey wegen des Altstädtischen Zinßsalzes 20 Pfund oder vollgepackte Tonnen Salzes und für 6 Pfund oder Tonnen Salzes (wovon jederzeit das Pfund oder die Tonne mit einem Gulden bezahlet werden soll) 6 Gulden oder 4 Rthlr. an Gelde allemahl auf Martini eingeliefert, so daß von den 20 Pfunden oder Tonnen Salzes die hiesigen Klosterjungfrauen die gewöhnlichen 8 Pfund oder Tonnen Salzes erhalten, die übrigen 12 Pfund oder Tonnen Salzes aber in die Churfürstlichen Aemter, oder wohin sie sonst angewiesen worden, verabfolget werden sollen. Die von der Sülze rechtmäßig erlangten Privilegien und Gerechtigkeiten wurden dagegen von dem Churfürsten mit der Versicherung bestätiget, daß weder er noch die nachkommende Herrschaft keine weitere Ansprache wegen des jährlichen Salzzinses machen wolle. 14.) Das Privilegium eben deßelben gegeben zu Königsberg in Preußen am 20 Februar 1663, wodurch, da der Rath sich einer Auflage auf das Korn von einem Thaler auf eine jede Last angemaßet habe, demselben verwilliget wurde, zwar künftig die Hälfte davon, nach wie vor zum Besten der Stadt unweigerlich zu behalten, dahingegen die andre Hälfte in die Pommersche Rentcammer geliefert und die Einnahme und Berechnung dieses Thaters vom Getreide dem regierenden Bürgermeister, dem Herkommen nach, gelaßen werden solle. In eben diesem Privilegium erklärte sich der Churfürst, daß, wenn wieder Verhoffen künftig einiger Streit, in was für Sachen es seyn möge, vorkommen sollte, derselbe nach dem Innhalte der Reichslandes- und Stadtrechtmäßigen hergebrachten Privilegien vor Austrägen erörtert und darinn verfahren werden solle. 15.) Der zwischen eben demselben Churfürsten und der Stadt zu Potsdam am 2 May 1671 gestiftete Vertrag, nach welchem die dem Churfürsten durch Urthel und Recht ganz zuerkannten Mühlenpächte auf 1400 Scheffel halb an Malz und halb an Gerste guten und untadelichen Korns herabgesetzet worden sind, so daß der Magistrat solche, nach der von der Churfürstlichen Amtscämmer ertheilten Anweisung, jährlich verabfolgen laßen und die Mühle jederzeit auf seine Kosten in guten und baulichem Stande erhalten, auch solche seiner besten Gelegenheit nach, jedoch ohne Schaden der Festungswerke, anbauen solle. In eben diesem Vertrage wurde auch genehmiget, daß der Magistrat, zu desto beßerer Abführung der festgesetzten Mühlenpächte und der bey der Mühle anzuwendenden Unkosten, die Mühlenmetze nach den andern im Lande gebräuchlichen Metzen einrichten möge, so daß künftig 16 Metzen auf einen Scheffel gerechnet werden sollen. So soll auch, wie darinn festgesetzet wird, wenn künftig einiges Magazinkorn in Colberg gemahlen werden sollte, davon keine Metze genommen, von dem aber, was die Garnison und der Soldatenstand für sich mahlen laße, diese Metze gleich wie von den andern Einwohnern entrichtet werden. Uebrigens aber sollen zu keinen Zeiten zum Nachtheil der Stadt oder zur Verringerung der Mahlgäste, einige andre neue Waßer- Wind- Schiffs-Roß oder andre Mühlen, so wenig für die Garnison, als für andre Mahlgäste angeleget werden. 16.) Der zwischen den Landständen des Fürstenthums Cammin mit der Stadt Colberg zu Cößlin am 4 May 1680 geschloßene und von der Churfürstlichen Regierung zu Stargard am 15 Julius 1680 bestätigte Vertrag, nach welchem die Stadt Colberg von dem ganzen Quantum der 7327 Hackenhufen, die auf das Fürstenthum Cammin kommen, 1727 Hackenhufen zu versteuern übernommen hat, auch noch verschiedene andre Puncte wegen der Hufen verglichen worden sind. 17.) Der zwischen dem Könige Friederich Wilhelm und den Sülzverwandten am 23 Julius 1714 geschloßene Vergleich, worinn Se. Majestät den am 20 März 1711 bey der Königl. Hofcammer errichteten Vergleich dahin erklärt wißen wollen, daß die Gerechtigkeit, das Salz zu sieden und solches sowohl inner als außerhalb Landes abzusetzen, nicht nur jetzt, sondern auch künftig den Sülzverwandten zu Colberg, ohne einige Hinderung, allein gelaßen werden und verbleiben soll und daher auch die angelegte Kothen wieder aufgehoben und zum Nachtheil der Sülzverwandten dergleichen nicht wieder angeleget werden sollen. Diese erklärten sich dagegen für sich und ihre Nachkommen, außer dem bisherigen jährlichen Kanon der 300 Rthlr. noch jährlich von jeder Last Salz, so in allen Kothen ohne Unterschied gesotten wird, acht Groschen an die Königl. Landreuthen durch den Sülzsecretarius zahlen zu laßen, der sich dagegen durch einen Eid Sr. Majestät verbindlich zu machen habe, alles genau und pflichtmäßig zu verzeichnen. Die übrigen noch vorhandenen Privilegien enthalten bloß Wiederholungen und Bestätigungen der bereits angeführten und sind von folgenden

Die Stadt Colberg.

den Bischöfen, als von Jaromar 1290, Prter 1298 an dem Tage der heiligen Jungfrau Agatha, Heinrich 1304, Conrad 1322 an dem Tage aller Heiligen, Arnold 1327 an dem Tage aller Heiligen, Johann 1344 an dem Tage der Himmelfahrt Mariä, Philipp 1370 an dem Tage der Erhöhung des heiligen Kreuzes, von dem Bischofe Johann und Herzoge zu Oppeln am 20 December 1394, Nikolaus am 12 October 1398, von dem Bischofe und Herzoge von Sachsen Magnus am 22 October 1410, Siegfried 1424 an dem Tage des heil. Apostels Andreas, Henning 1449 an dem Tage der heil. Märtyrer Fabian und Sebastian, Marinus 1480 am Tage der Himmelfahrt Christi, Benedict 1486, Martin 1498 an dem Tage der heil. Jungfrau Luciä, Erasmus 1522, von dem Kaiser Carl V. zu Augsburg am 5 Januar 1548, von dem Bischofe Martin Weiher am 25 October 1552, von den Herzogen von Pommern und Bischöfen von Camnin, als Johann Friederich am 22 Junius 1557, Casimir am 30 October 1574, Franz am 11 März 1604, Ulrich am 29 November 1618, Bogislaus XIIII. am 26 October 1623, von dem Churfürsten Friederich Wilhelm am 23 Februar 1666, von dem Churfürsten Friederich III. am 30 November 1699 und von dem Könige Friederich Wilhelm am 25 Julius 1714 ertheilet worden. Nicht nur die Bursenzunft, oder die Schützengesellschaft auf der Burse, welche bereits seit einigen Jahrhunderten von einigen Rathsitzverwandten und Kaufleuten gestiftet und mit einem gewißen Hause, die Burse genannt, bewidmet worden ist, sondern auch die Schützengesellschaft oder Schützenwallsgilde sind von den Landesherren von Zeit zu Zeit mit verschiedenen Privilegien versehen worden. Die Bursenbrüderschaft feyert ihren Scheibenschuß bald nach Johannis und erhält jährlich von der Accisecasse 60 Rthlr., wovon 10 Rthlr. dem Bursenkönige, der außerdem von der Cämmerey 7 Rthlr., von der Serviscasse 20 Rthlr. erhält und in dem Jahre von dem Servis befreyet ist, ausgezahlet, die übrigen 50 Rthlr. aber zum Gewinn ausgesetzt werden. Die Schützengilde, welche ihren Scheibenschuß am Mittwoche nach Pfingsten hält, bekömmt von der Accisecasse 100 Gulden, wovon 50 Gulden zu dem nächsten Gewinn bestimmt sind und 50 Gulden dem Schützenkönige gegeben werden. Dieser erhält auch noch 7 Rthlr. von der Cämmerey und 12 Rthlr. von der Serviscasse und ist in dem Jahre von der Einquartirung befreyet. Die bürgerlichen Lasten bestehen in der gewöhnlichen Accise, die nach dem Tarif bezahlet wird, in den monatlichen Servisgeldern und in der Fabrikensteuer. Außer einem gewißen Bürgerschoße, welcher der Cämmerey bezahlet werden muß, werden auch zur Bestreitung der bürgerlichen Lasten nach dem Verhältniße der Servisclassification gewiße Anlagen gemacht. Die Bürger, welche den Bürgereid mit Ober- und Untergewehr ablegen und beschwören müßen, daß ihnen daßelbe eigenthümlich gehöre, müßen im Kriege mit auf den Wall gehen und die Stadt vertheidigen, und sind daher in gewiße Compagnien eingetheilet. Auch sind sie verbunden, wenn die Garnison ausmarschiret, die Wachen zu versehen. Die Einwohner an der Münde sind schuldig, die Stadtgraben im Sommer zu reinigen und im Winter aufzueisen, wofür sie jährlich 60 Rthlr. aus der Accisecasse empfangen. Die alten Bürger und ihre Wittwen kaufen sich gemeiniglich in die Hospitäler ein und sind darinn von den Servisgeldern und Wachen, nicht aber von der Accise befreyet. Bey dem hiesigen Königlichen Postamte kommen nach dem gedruckten Verzeichniße

Die

Das Fürstenthum Cammin.

Die Posten an:

Am Sonntage und Mittwoche früh die fahrende Post von Berlin über Treptow.

Am Sonntage und Donnerstage gegen Abend die Preußische fahrende und reitende, auch Berliner reitende Posten über Cörlin.

Und gehen ab:

Am Dienstage und Sonnabende um 11 Uhr Vormittags die fahrende Post nach Berlin, imgleichen die Preußische fahrende und reitende, auch Berliner reitende Posten über Cörlin.

Die Stadt führet in ihrem Wapen eine schwarze Salzpfanne im rothen Felde und gegen über 2 kreuzweise gelegte Pfannhaken. Außer 2 weißen im Wasser schwimmenden Schwänen, stehen mitten in dem Schilde 3 rothe Thürme im weißen Felde neben einander. Den Schild halten 2 wilde um das Haupt und den Leib mit grünem Eppich bekränzte und bewundene Männer mit Keulen. Ueber dem mit einer königlichen goldenen Krone gezierten offenen adelichen Turnierhelm stehet ein großer Federbusch von Pfauen, und an beiden Seiten befindet sich eine weiße und rothe Helmdecke. Das große Stadtsiegel, dessen sich der Rath in wichtigen Sachen zu bedienen pflegt, stellet eine fürstliche Burg mit dreyen Thürmen vor, unter welchen der mittlere mit einer gewölbten Thüre oder Durchfahrt und mit einer davor gewölbten Brücke, darunter ein Fluß durchläuft, über die beiden andern hervorraget. Die Umschrift ist: Sigillum Burgensium de Colberghe. In dem kleinern Siegel stehen 2 kreuzweise gelegte Bischofsstäbe.

Colberg hatte schon in den alten Zeiten vor dem Anfange des eilften Jahrhunderts mit Thürmen besetzte Mauern und wohl verwahrte Thore und war mit einem Erdwall umgeben, zwischen welchem und der Mauer ein tiefer und ziemlich breiter Wassergraben floß, der aber mit der Zeit ausgetrocknet und vergangen ist. Sie stellte also schon damahls eine Festung vor und war im Jahre 1105 so volkreich und mächtig, daß der König Boleslaus von Pohlen den Fürsten Svantibor darinn vergeblich angriff. Denn obgleich Boleslaus sich eines Thors bereits bemächtiget hatte und in die Stadt eingedrungen war, so schlug ihn doch Svantibor nach vielem Blutvergießen wieder hinaus. Die Pohlen stürmeten hernach die Stadt noch acht Tage vergeblich und zogen nach Plünderung und Abbrechung der Vorstadt wieder ab. Wenn und von wem Colberg eigentlich erbauet und mit Mauern, Thürmen und Thoren zuerst versehen worden ist, davon hat man keine Nachrichten, sondern nur Muthmaßungen. Anfänglich stand die Stadt unter dem Schutze der Pommerschen Fürsten und nachmaligen Herzoge und blies unter demselben in gutem Aufnehmen. Der erste christliche Fürst von Pommern Wartislaus machte Colberg in dem Jahre 1136 zu einem Stifte, welches er aber auf keine Weise dem Erzbischofe von Gnesen unterwarf. Der Herzog Barnim vertauschte die Stadt Colberg am 7 October 1248 an Bischof Wilhelm gegen Stargard und die Marggrafen von

Bran

Die Stadt Colberg.

Brandenburg Johann und Otto haben 1255 diesen Tausch bestätiget. Die Herzoge behielten noch einige Gerechtsame an Colberg, die aber 1276 ihr Ende erreichten, da Bischof Hermann an Herzog Barnim 3500 Mark Silbers erlegte und dadurch die Schutzvoigtey, alle Rechte, Seen, Wälder ꝛc. ꝛc. an sich brachte, seit welcher Zeit die Bischöfe erst völlig Herren über Colberg geworden sind. Diesen Verkauf bestätigte Barnims I. Sohn Bogislaus und hernach sein Enkel Wartislaus und wurde darüber ein neues Diplom in dem Jahre 1321 ausgefertiget. So wie die Stadt in den Hanseatischen Bund aufgenommen wurde, so erhielt sie auch das Recht zu münzen. In der Mitte des 15 Jahrhunderts entstanden zwischen dem hiesigen Domcapitul und der Bürgerschaft, die den 1323 verglichenen Zinssatz am Salze dem erstern nicht ordentlich abgetragen hatte und deswegen mit Execution beleget worden war, heftige Unruhen, die viele Gewaltthätigkeit, Mordthaten und 1462 einen Krieg nach sich zogen, worinn der Ritter Dinnies von der Osten, Erbherr auf Woldenburg, der von dem Bischofe in den Bann gethanen Stadt zwar heftig zusetzte, aber wegen der muthigen Anstalten ihres Bürgermeisters von Schleffen nichts entscheidendes ausrichten konnte. In dem Jahre 1530 trug hier Nikolaus Klein aus Lübeck zuerst die Lehren der evangelisch-lutherschen Kirche auf der Kanzel vor. In dem Jahre 1548 huldigte die Stadt Colberg dem Kaiser Carl V. durch ihren Syndikus, weil der Bischof von Cammin verstorben und noch kein anderer Bischof erwählet war und erhielt von ihm die Bestätigung aller Privilegien. In dem Jahre 1558 wurden zu Colberg ein Consistorium und andre hohe Landescollegien errichtet. Der erste evangelische Generalsuperintendent D. George Venediger entwarf mit M. Paul von Rhoda und Paul Rungen die Pommersche Kirchenordnung und als ein Nachfolger Melanchthons beförderte er es, daß das Corpus doctrinæ nach der Lehre Melanchthons in Pommern eingeführet wurde. Zur Zeit der Kaiserlichen Einquartierung in dem 30 jährigen Kriege muste Colberg viel ausstehen. Sie hatte den 5. November 1627 Kaiserliche Truppen einnehmen müssen, welche sich auch darinn gegen die Schweden bis den 8 Februarius 1631 behaupteten. Sie verbesserten zwar die Festung, aber mit der größten Last des Landes. Der Kaiserliche Commendant ließ vor dem Lauenburgerthore die Jacobikirche und die Gasse und Gärten umher abbrechen und den Platz befestigen, wobey Bürger und Bauern gleich den Soldaten arbeiten und Frohndienste thun musten. Bey dem Ausgraben der Todten auf dem Kirchhofe entstand von dem großen Gestank eine Pest, die vom 23 Junius bis den 22 December 1630, 3500 Menschen wegrafte. Außerdem erhöheten die Kaiserlichen die Wälle und legten sonderlich landwärts jenseit der Persante Schanzen an, um sich gegen die Schweden zu halten. So bald diese sich blicken liessen, brachen die Kaiserlichen die noch übrigen Häuser, Scheunen und Gärtenbewährungen auf den Vorstädten, die bis dahin auf vieles Bitten waren stehen geblieben, imgleichen das St. Georgenhospital nebst der dabey liegenden Kirche, ferner die Nikolai- und St. Gertrudkirche, wie auch die Ziegelscheune und alle Kalköfen völlig ab. Hernach setzten sie die umliegenden Dörfer, die Altstadt samt dem stattlichen fürstlichen Gebäude, Necknin, Wabrodt und Sellnow in Brand. Das große Salzhaus bey dem Salzberge, dessen Kothen und Brunnen sie aber unbeschädigt liessen, der große Krug am Hafen und die ganze Münde wurden gleichfals abgebrochen.

Brügg. Beschr. v. H. Pom. [Q qq] In

In diesem Zeitraum war auch in dem Jahre 1629 eine große Feuersbrunst entstanden, darinn 182 Häuser samt der heiligen Geistkirche und dem Hospital abbrannten. In dem folgenden Jahre wurden die sehr wohl gebauete Clandsstraße, Kloster Proviant- und Lindenstraße nebst dem Kloster und der Klosterkirche, dem Schließen- und Holkenhospital und Siechenhause in die Asche geleget. Die Kaiserlichen übergaben hierauf, nach einer fünfmonathlichen Einschließung, aus Hungersnoth, die Festung am 5 Februar 1631 dem Schwedischen Feldmarschall Horn. Die Schweden behielten die Stadt bis 1653 in Besitz, ehe sie solche dem Churfürsten von Brandenburg, als dem rechtmäßigen Erbfolger der ausgestorbenen Pommerschen Herzoge übergaben. In dieser Zeit genoßen die Einwohner beständig Ruhe, konnten ihren Handel zur See fortsetzen, die abgebrannten Wohnungen wieder aufbauen und sich nach der Kaiserlichen Einquartierung erholen. Die Schwedischen Gouverneurs machten aus Colberg mit vielen Unkosten eine Realfestung und versahen es mit breiten und tiefen Graben, in welche sie das Wasser aus der Persaute leiteten, und mit aufgeführten hohen Wällen, Aussenwerken und Blockhäusern. In dem Jahre 1653 am 1 Junius räumeten die Schweden die Stadt dem Churfürsten Friederich Wilhelm ein, nachdem derselbe ihnen den Besitz von Stralsund und Rügen nebst dem übrigen Vorpommern überlaßen hatte. Die Stadt wurde sogleich mit 400 Brandenburgschen Soldaten besetzt. Der Churfürst stiftete darin noch in demselben Jahre, unter Beförderung des Geheimen Kriegesraths und Commendanten Bogislav von Schwerin, eine Pommersche Ritterakademie, welche bey dem Antritt der Regierung des Königs Friederich Wilhelm nach Berlin verleget und in die weitläuftige Anstalt des Cadettencorps verwandelt wurde. Eben dieser Schwerin mußte die Festung in einen noch beßern Vertheidigungsstand sehen. Der Anfang dazu wurde in dem Jahre 1655 gemacht. Das Münderthor wurde mit einem Hornwerke bedecket und der bedeckte Weg mit scharf ausgehenden Winkeln und 2 Ravelinen gegen die Seeseite befestiget. Weil aber die Stadt vor dem Gelderthore nur durch die Mauer, den freyen Strom und ein Paar Redouten vor der Brücke gedeckt war, wobey die vor dem Gelderthore belegene Mühlen und Schleusen nebst der Wasserkunst ziemlich bloß standen und vom Feinde leicht in den Grund geschoßen werden konnten: so ließ Friederich III., nachmaliger erster König in Preußen, eine kleine Auslage oder ein Außenwerk über den Strom machen, mit Baraken für die Besatzung bebauen und mit einem Hornwerke bedecken. Seit der Zeit war die Festung ein Werk von 6 Bastionen und hatte ein ziemlich regelmäßiges Ansehen. Ueberdies bekam sie 2 bombenfeste Pulverthürme, ein Arsenal, Proviantshäuser, ein Gouvernementshaus und eine gemauerte Schanze vor der Münde zur Bedeckung des Hafens. Im Jahre 1657 den 3 May am Sonntage Rogate schlug der Blitz bey einem starken Donnerwetter in dem nahe am Kloster und der Persante belegenen und damahls mit 82 Centnern Pulver angefüllten Pulverthurm, wodurch derselbe in die Luft gesprenget wurde und nicht allein die dabey liegende Baraken nebst dem Stechenhause, dem Kloster und der Klosterkirche und andern Häusern an Dächern und Fenstern vielen Schaden thaten, sondern auch die nahe liegenden Häuser so gar zerschmettert wurden und manche Leute ihr Leben verlohren; weswegen jährlich am Sonntage Rogate ein Buß- und Bettag in Colberg gefeyert wird. Weil man bey dem Schwedischen

Die Stadt Colberg.

Einfall hier eine Belagerung besorgete, hielt es der Gouverneur von Schwerin für rathsam, die nach der Kaiserlichen Einquartierung wieder aufgebaueten Vorstädte und darauf befindliche Kirchen abbrechen zu laßen, wobey doch die Georgenkirche verschonet wurde. Die Kosten zur Ersetzung des Schadens, die durch Abbrechung der Vorstädte und ihrer Kirchen und Hospitäler verursachet wurden, sind gerichtlich verzeichnet und auf 45752 Rthlr. angesetzet worden. 1668 wurden die hohen Landescollegien von Colberg nach Stargard, 1683 wieder nach Colberg und 1686 abermahls nach Stargard verleget. Daher wurden nach dem Rescripte vom 19 Februar 1687 die 400 Scheffel Roggen, welche die Stadt bey der vorigen Versetzung der Regierung von Stargard nach Colberg 1683 abzutragen übernommen hatte, ihr erlaßen, jedoch mit der ausdrücklichen Bedingung, daß die Stadt schuldig seyn solle, die Brücken am Mühlenthore allezeit zu bauen und im guten Stande zu erhalten. Der König Friederich Wilhelm stiftete hier in dem Jahre 1715 das noch jetzt in der Stadt liegende Garnisonbataillon. In dem Jahre 1710 brannte die eine Seite der Vorstadt vor dem Münderthore und im Jahre 1720 die große Mühle gänzlich ab. In dem Jahre 1758 den 3 October wurde Colberg von den Rußen unter dem Commando des Generals von Palmbach zum erstenmahl angegriffen und belagert, durch die Tapferkeit des Commendanten, des Majors und nachmaligen Obersten von Heyden und der Garnison und Bürgerschaft aber, welche mit ihren Compagnien mit zu Walle zog, sahen sich die Feinde, nachdem sie ihre Ammunition verschoßen und die Hälfte ihrer Armee vornehmlich durch Krankheiten verlohren hatten, genöthiget, die Belagerung den 1 November 1758 aufzuheben. Den 26 August 1760 nahm die zwote Belagerung den Anfang. An selbigem Tage legten sich 40 feindliche Schiffe auf der Rhede, darunter 10 Kriegesschiffe, 5 Fregatten, 3 Bombardiergalliotten, 7 Brandern und 15 andre Schiffe waren. Sie hatten 3000 Mann Landtruppen und 400 Seesoldaten an Boort. Hiezu kamen noch den 1 September 8 Schwedische Kriegesschiffe zur Verstärkung. Die Landtruppen setzten die Feinde mit einer beträchtlichen Anzahl von Mörsern, schweren Kanonen und Haubitzen zur Belagerung ans Land. Mit denselben vereinigten sich einige tausend Mann Rußischer Infanterie, welche von ihrer Cavallerie bedeckt wurde. Die Stadt und die Festung wurde von der Flotte und den Bombardiergalliotten sehr übel zugerichtet; den 18 September aber kam der Preußische General Werner mit einem Corps zum Entsatz, worauf die Feinde abzogen. In dem Jahre 1761 wurde die Stadt zu Waßer und zu Lande von den Rußen zum drittenmahl belagert. Die Rußische Flotte legte sich den 14 August 50 Segel stark auf der Rhede, darunter 18 bis 19 Kriegesschiffe und 3 Bombardiergalliotten waren. Diese Flotte wurde noch mit 8 bis 9 Kriegesschiffen von den Schweden verstärket. Die Rußische Armee zu Lande lagerte sich jenseit des hohen Berges etwa 40000 Mann stark unter dem Commando des Grafen von Romanzow. Weil aber ein Preußisches Corps unter den Befehlen des Prinzen Eugens von Wüttemberg vor der Festung lag, so konnte diese nicht eher, als nachdem durch den Mangel an Lebensmitteln veranlaßten Abzug deßelben, genöthiget werden, zu capituliren und sich den 17 December dem General Grafen von Romanzow zu übergeben. Die 6 feindlichen Regimenter, die in die von vielen tausend Bomben größtentheils verheerte Stadt geleget wurden, verursachten ansteckende

Krankheiten, daran 1600 Menschen in kurzer Zeit starben. Der 9te August 1762, an welchem die Rußen gänzlich aus Colberg marschirten und die Preußische Garnison unter dem Obersten von Langenau einrückte, wird jährlich in Colberg gefeyert. Der König gab nach einiger Zeit reichliche Summen zur Wiederaufbauung der Häuser in der ruinirten Stadt und der gänzlich eingeäscherten Vorstadt, zur Wiederherstellung der abgebrannten Rathsdörfer und zur Verbeßerung und Vergrößerung der Festung. Die beschädigten Häuser wurden bald in ihren vorigen Stand gesetzet und die ganz eingeschoßenen neu aufgebauet. Die Vorstadt vor dem Münderthore, welche mit Fleiß zur Vertheidigung der Stadt in der zwoten Belagerung abgebrannt war, wurde in einer geraden Linie und Gaße mit sehr guten Häusern bebauet. Die Wohnungen vor der Münde, die wegen der anzulegenden Festungswerke abgebrochen werden mußten, wurden auf die Reeperbahn verleget und stehen daselbst nun lauter neue Häuser in einer Linie neben einander, so daß jetzt diese Gegend viel ansehnlicher ist, als vor dem Kriege. Die St. Marienkirche, deren kupfernes Dach von den Bomben ganz durchlöchert wurde, deren Gewölbe unter dem Dach einstürzten, und die am Thurm großen Schaden gelitten hatte, ist durch Hauscollecten, die von den Predigern gesammlet wurden, wiederhergestellet worden. Zu dem Eigenthum der Stadt gehören:

1) Folgende Dörfer, als:

(1) **Bodenhagen** 1 Meile von Colberg nordostwärts, an dem Strande der Ostsee, in einer sumpfigten Gegend, ist 1753 in dem Colbergschen Stadtwalde angeleget worden, und bestehet aus 20 Bauerhöfen, von welchen ein jeder 30 Morgen an Lande besitzet, 23 Feuerstellen, und ist zu der auf der Colbergschen Vorstadt gelegenen Nikolai- oder so genannten Münderkirche eingepfarret. Die Einwohner ernähren sich größtentheils von der Viehzucht, weil ihr Acker nur schlecht ist.

(2) **Alt-Bork** 1 Meile von Colberg westsüdwestwärts, hat 13 Vollbauern, 7 Büdner, 31 Feuerstellen, mittelmäßigen Acker, vortrefliche Wiesen, ein kleines Elsenbruch, einen See, welcher von der Colbergschen Cämmerey den hiesigen 13 Bauern auf Erbzins verpachtet ist, ist zu der heiligen Geistkirche in Colberg eingepfarret, und wurde der Stadt Colberg, von den Gebrüdern Henning und Bertram von Heydebreck, nach dem Kaufbriefe von 1337, den der Bischof Friederich von Cammin, nach einer zu Cammin 1387 an dem Tage des heiligen Blasius ausgefertigten Urkunde, bestätigte, mit eben dem Rechte verkauft, mit welchem ehemals der Abt und Convent zu Dobberan, neuerlich aber die genannten von Heydebreck dieses Dorf besessen hatten. In dem Jahre 1346 traten auch die Gebrüder von Ramke, nebst ihren Ehefrauen, ihre an den Dörfern Bork, Groß und Klein-Jestin gehabten Gerechtsame, in Gegenwart des Bischofs Johann, dem Magistrat zu Colberg ab.

(3) **Neu-Bork** sonst auch die Borkschen Spinnkathen genannt, ist eine neuerlich bey dem Dorfe Alt-Bork angelegte Colonie, welche aus 24 Wollspinner-
samb-

Das Eigenthum der Stadt Colberg.

familien, wovon eine jede, nach den geendigten Freyjahren, 4 Rthlr. an Grundgelde, an die Colbergsche Cämmerey zu bezahlen schuldig ist, und 25 Feuerstellen bestehet, und zu der heiligen Geistkirche in Colberg eingepfarret ist.

(4) Neu-Werder ¼ Meile von Colberg westsüdwestwärts, ist gleichfals eine neuerlich angelegte Colonie, welche jetzt aus 12 Wollspinnerfamilien, wovon eine jede der Colbergschen Cämmerey ein gewißes Grundgeld giebet, 1 Holzwärterkathen und mit Einschließung der an der Maykuhle gelegenen Holzwärterwohnung, Grünhausen genannt, aus 14 Feuerstellen bestehet, und zu der heiligen Geistkirche in Colberg eingepfarret ist.

(5) Bullenwinkel ½ Meile von Colberg gegen Osten, in einem niedrigen Thale, und nicht weit von dem Colbergschen Stadtwalde, war ehemals ein kleines Ackerwerk, welches aber in dem 7 jährigen Kriege gänzlich verwüstet, und nicht wieder aufgebauet, sondern mit 5 Bauerhöfen besetzet worden ist, und jetzt mit Einschließung einiger Försterwohnungen, 12 Feuerstellen hat. Die Einwohner, die guten Acker besitzen, sind zu der auf der Colbergschen Vorstadt gelegenen St. Georgenkirche eingepfarret. Nicht weit von diesem Dorfe ist auf Kosten der Colbergschen Cämmerey die Stadtförsterey angeleget worden. Der Magistrat zu Colberg kaufte dieses Gut, nach dem Vergleiche vom 1 May 1645, von Lukas von Damitz auf Möllen und Rützow, und nach dem Vergleiche vom 17 December 1651 von Joachim von Hohenhausen, noch 43 Morgen 21 Ruthen auf dem Stadtfelde gelegenen Acker, welcher diesem Gute beygeleget wurde.

(6) Büssow 1¼ Meilen von Colberg südwestwärts, auf der Landstraße von Treptow nach Cörlin, bestand vor dem letzten 7 jährigen Kriege, aus einem kleinen Ackerwerke, 10 Bauern und 3 Cossäthen, hat aber jetzt 16 Bauerhöfe, wovon der eine das ehemalige kleine Ackerwerk ausmacht, 3 Büdner, mit Einschließung der Holzwärterey Mohrow 24 Feuerstellen, 14¾ steuerbare Landhufen, wovon die Steuern in die adeliche Kreiscasse des Fürstenthums Cammin fließen, schlechten Acker, wenige Wiesen, eine kleine Büchenholzung, welche der Colbergschen Cämmerey gehöret, und ist zu Nehmer in der Colbergschen Synode eingepfarret. Bey dem nicht weit von diesem Dorfe gelegenen Fichtenwalde, die Mohrow genannt, ist eine Holzwärterwohnung, bey welcher sich etwas Land befindet, wovon jährlich eine Pacht von 10 Rthlr. an die Colbergsche Cämmerey bezahlet wird. Ehemals war ¼ dieses Dorfs ein Lehn der von Adebahr, welches Caspar Adebahr, von dem Scholasticus der Cathedralkirche zu Cammin und Dompropste zu Colberg, Joachim von Platen, mit Einstimmung des Bischofs Erasmus, nach dem Lehnbriefe von 1526 bekam. Der Magistrat zu Colberg kaufte diesen Theil, nach dem Vergleiche vom 6 März 1695, von dem Lieutenant Caspar Leo von Adebahr, und wurde damit am 14 Februar 1698 und am 15 Januar 1717 belehnet.

(7) Deep, oder Colberger-Deep zum Unterschiede des Treptowschen Deep genannt, ist eine Fischerlage, welche 1 Meile von Colberg gegen Westen ganz nahe

an der Ostsee lieget, aus 14 Fischern, 9 Büdnern, 1 Schulmeister und 26 Feuerstellen bestehet, und der Versandung sehr ausgesetzet ist. Die Einwohner ernähren sich größtentheils von der Fischerey und dem Torfstechen, und sind zu Langenhagen in der Treptowschen Synode eingepfarret.

(8) Henkenhagen 1¼ Meilen von Colberg gegen Osten, ganz nahe an der Ostsee, hat 6 Vollbauern, 1 Dreyviertelbauer, 2 Halbbauern, 4 Coßäthen, 15 Büdner, mit Einschließung des Ulrichshofs und der Bergschäferey 43 Feuerstellen, fruchtbaren Acker, und ist zu Lassehne in der Cößlinschen Synode eingepfarret. Die Ostsee thut diesem Dorfe großen Schaden. Denn so tief als jährlich der Frost in die hiesigen hohen Sand- und Lehmberge eindringt, so viel stürzet davon im Frühlinge herab, ohne was sonst die Ostsee bey heftigen Stürmen fortreißet. Henkenhagen ist eigentlich ein königliches Amtsdorf, welches der Magistrat zu Colberg, nach dem mit dem Herzoge Bogislaus XIIII. in dem Jahre 1628 errichteten Vergleiche, für eine jährliche Erbpacht von 600 Rthlr. besitzet. Nicht weit von diesem Dorfe liegen 2 Holzkathen, der Ziegenberg und Bolzenhagen, in dem Colbergschen Stadtwalde, welchen der Bischof Hermann 1255, laut der von dem Bischofe Martin Carith 1493 ertheilten Bestätigung, der Stadt Colberg schenkte. Der übrige Theil des Dorfs Henkenhagen, gehöret dem Generalmajor und Oberhofmeister, Grafen Heinrich Adrian von Borcke. S. Henkenhagen, unter den adelichen Gütern des Fürstenthums Cammin.

(9) Die Fischerlage nahe bey dem Dorfe Henkenhagen lieget längst der Ostsee, und bestehet aus 30 Büdnern und 1 Schulmeister, welche zu Lassehne in der Cößlinschen Synode eingepfarret sind, und 44 Feuerstellen. Die Einwohner treiben theils die Fischerey auf der Ostsee, theils dienen sie als Schiffer, Steuermänner und Matrosen, zur See. Der übrige Theil dieser Fischerlage, gehöret dem Generalmajor und Oberhofmeister, Grafen Heinrich Adrian von Borcke. S. Henkenhagen unter den adelichen Gütern des Fürstenthums Cammin.

(10) Groß-Jestin 1½ Meilen von Colberg gegen Süden, auf einem Berge, nicht weit von der Persante, an welcher die Wiesen des Dorfs liegen, und auf der Landstraße von Greiffenberg und Treptow nach Cörlin, hat, außer einem Vorwerke und einer Wassermühle, 1 Prediger, 1 Küster, 16 Bauern, 5 Coßäthen, 8 Büdner, unter welchen sich der Schmied befindet, 2 Krüge, 42 Feuerstellen, und eine zu der Colbergschen Synode gehörige Mutterkirche, zu welcher die adelichen Dörfer Klein-Pobloth, Moltow, Mötzelin und Plauentin eingepfarret sind. Der ehemalige hiesige Prediger, Lukas Kundenreich, ließ nicht nur aus seinen Mitteln die hiesige Küsterwohnung und ein Armenhaus erbauen, sondern errichtete auch 1749 ein Kornmagazin, aus welchem den Einwohnern des Groß-Jestinschen Kirchspiels, unter gewissen Bedingungen, ein Vorschuß an Korn gereichet wird. Durch die Kalk- oder Mergelerde, die man auf der Feldmark des Dorfs Groß-Jestin gefunden hat, sind die Aecker desselben merklich verbessert worden. In der eine Viertelmeile von dem Dorfe gelegenen Holzung, die Kemitz genannt, befindet sich ein Holzwärter, dessen Wohnung der Colbergschen Cämmerey gehöret, an welche derselbe von dem ihm beygelegten Lan-

Das Eigenthum der Stadt Colberg.

Lande, eine jährliche Pacht bezahlet. Der nicht weit von dem Dorfe gelegene See ist dem Vorwerke beygeleget, und zugleich mit demselben verpachtet; die Holzung bey dem Dorfe aber, gehöret der Colbergschen Cämmerey, zu deren Vortheil auch die Mast verpachtet wird. Der Magistrat zu Colberg hat, nach den von den Bischöfen Johann 1347 und Philipp 1370 ertheilten Bestätigungen, das Dorf Groß-Jestin von dem Abte zu Doberan gekauft.

(11) Necknin ½ Meile von Colberg südostwärts, an der Landstraße von Colberg nach Cörlin, hat 9 Bauern, 2 Büdner, 13 Feuerstellen, und ist zu der heiligen Geistkirche in Colberg eingepfarret. Der Bischof Hermann von Cammin schenkte 1287 die eine Hälfte dieses Dorfs, welche Wilhelm Glasenapp und dessen Söhne Bertold und Lubert, vorher von dem Bischofe zu Lehn gehabt hatten, der Stadt Colberg, die andre Hälfte in Necknin aber, verkaufte der Bischof Heinrich, nach einer Urkunde von 1304 für 400 Mark, einigen Bürgern in Colberg. In dem letzten Kriege wurde dieses Dorf, in welchem sich ehemals 7 Bauern, 1 Halbbauer und 1 Cossäthe befanden, völlig abgebrannt und dem Erdboden gleich gemacht, es ist aber nach dem Kriege auf königliche Kosten wieder erbauet worden.

(12) Nehmer 1 Meile von Colberg südwestwärts, an einem Bache, welcher aus einem in der Holzung, die Kemitz genannt, gelegenen See entspringt bey den Dörfern Plauentin, Neurese, Nessin, Nehmer, Spie und Naugard vorbey und in den Campschen See fließet, hat 1 Prediger, 12 Bauerhöfe, 15 Feuerstellen, eine zu der Colbergschen Synode gehörige Mutterkirche, zu welcher die Dörfer Büssow, Spie und Pretmin, eingepfarret sind, auf der Feldmark des Dorfs einige junge Fichten, und war ehemals ein altes Lehn der von Stojentin, ist aber jetzt ein neues Lehn der Stadt Colberg. Der Rath zu Colberg kaufte dasselbe 1606 erblich von Lorenz von Stojentin, und brachte nicht nur die dem fürstlichen Canzler Paul von Damitz ertheilte Anwartung auf dasselbe, mit der lehnsherrlichen Einwilligung des Herzogs Franz vom 31 May 1607 an sich, sondern empfing auch dasselbe am 11 April 1755 als ein neues Lehn, nachdem er seine Rechte wieder bis von dem Hofgerichtspräsidenten Henning Franz von Münchow gemachten Ansprüche, durch die Urthel der Königl. Regierung vom 30 November 1739 und 16 May 1741 und des Ober-Appellationsgerichts vom 4 Julius 1747 behauptet hatte. Nachdem in dem Jahre 1761, während der letzten Belagerung der Stadt Colberg von den Rußen, das ganze Dorf Nehmer, außer der Kirche, war eingeäschert worden, wurde die Nehmersche Pfarre mit der Garrinschen verbunden, sie ist aber nach der Wiederaufbauung dieses Dorfs neuerlich wieder mit einem Prediger besetzet worden.

(13) Rossenthin hat 2½ Bauern, welche der Cämmerey zu Colberg gehören, und 4 Feuerstellen. Den übrigen Theil des Dorfs besitzet das Domcapitul zu Colberg. S. Rossenthin unter den Dörfern des Domcapituls Colberg.

(14) Sellnow in alten Urkunden Selanotwe genannt, ⅛ Meile von Colberg gegen Silden, nicht weit von der Persante, auf der Land- und Poststraße von Colberg nach

nach Treptow, hat 14 Bauerhöfe, 1 Büdner, 1 Schmied, 20 Feuerstellen, und ist zu der heiligen Geistkirche in Colberg eingepfarret. Nach der von dem Bischofe Hermann von Cammin 1280 und dem Bischofe Martin Carith 1498 ertheilten Bestätigung, hat der Magistrat zu Colberg 1236, von dem Ritter von Bork dieses Dorf gekauft, welches ehemals aus einem Vorwerke und 4 Vollbauern bestand, bey der letzten Belagerung der Stadt Colberg aber eingeäschert wurde. Nach dem 7 jährigen Kriege wurden die ehemaligen Vorwerksländereyen mit den von dem Dorfe zusammen den jetzigen 14 Bauerhöfen beygeleget, wovon 4 Höfe mit 4 alten nach dem Kriege noch übrig gebliebenen Wirthen, 10 Höfe aber mit Pohlnischen Familien besetzt sind.

(15) Semmerow 1 Meile von Colberg gegen Süden, in einem Thale, an der Persante, hat 10 Vollbauerhöfe, 1 Krug, 1 Büdnerhaus, 12 Feuerstellen, eine kleine unbeträchtliche Holzung, und ist zu Garrin in der Colbergschen Synode eingepfarret. Dieses Dorf, welches ehemals 1 Vorwerk, 5 Bauerhöfe und 3 Cossäthenhöfe hatte, wurde bey der letzten Belagerung der Stadt Colberg abgebrochen und verwüstet, nach geendigten Kriege aber wieder erbauet.

(16) Spie 1 Meile von Colberg südwestwärts, an einem Bache, dessen Lauf oben bey dem Dorfe Nehmer beschrieben worden ist, auf der Land- und Poststraße von Colberg nach Treptow, wie auch auf der Landstraße von Colberg nach Greiffenberg, hat, außer einer Wassermühle, 8 Bauerhöfe, 11 Feuerstellen, und ist zu Nehmer in der Colbergschen Synode eingepfarret. Das Dorf, welches ehemals ein kleines Vorwerk, 3 Vollbauern, 1 Dreyviertelsbauer und 2 Cossäthen hatte, wurde während der letzten Belagerung der Stadt Colberg gänzlich eingeäschert, nach dem Kriege aber wieder erbauet, und gehörte ehemals dem Geschlechte der von der Osten, die es der Stadt Colberg verkauften.

(17) Simötzel oder Symöitzel, 2 Meilen von Colberg südsüdwestwärts, auf der Landstraße von Regenwalde nach Colberg, hat außer einem Vorwerke und einer Wassermühle, 1 Prediger, 10 Bauern, 4 Cossäthen, 1 Schmiede, 29 Feuerstellen, eine zu der Colbergschen Synode gehörige Mutterkirche, deren Filiale die Dörfer Neurese und Nessin sind, einen kleinen Fichtenwald, worin ein Holzwärter wohnet, einen kleinen See, welcher von der Colbergschen Cämmerey verpachtet wird, und wurde 1456 an die Stadt Colberg verkauft.

(18) Werder ⅞ Meile von Colberg südwestwärts, hat 7 Vollbauern, 3 Büdner, 15 Feuerstellen, und ist zu der heiligen Geistkirche in Colberg eingepfarret. Das Dorf, welches ehemals 1 Vorwerk und 4 Bauern hatte, wurde während des letzten 7 jährigen Krieges dem Erdboden gleich gemacht, nach demselben aber wieder erbauet.

(19) Ulrichshof ein ehemaliges Vorwerk, welches bey dem Dorfe Henkenhagen liegt, wurde nach dem letzten 7 jährigen Kriege abgebauet, und mit 3 Bauern besetzet, welche zu Lassehne in der Cößlinschen Synode eingepfarret sind.

(20) Die

Eigenthum der Stadt Colberg.

(20) Die **Bergschäferey** lieget jenseits des Dorfs Henkenhagen und war gleichfalls ehemals ein kleines Vorwerk, welches aber abgebauet und mit 2 Bauerhöfen besetzet worden ist. Die Einwohner sind zu Lassehne in der Cößlinschen Synode eingepfarret.

2) Zwey Vorwerke, als:

(1) **Groß-Jestin** mit der dazu gehörigen Schäferey, hat 1055 Morgen 175 Ruthen und die Dienste von 16 Bauern und 5 Coßäthen aus dem Dorfe Groß-Jestin.

(2) **Simötzel** hat 1055 Morgen 152 Ruthen und die Dienste von 10 Bauern und 4 Coßäthen aus dem Dorfe Simötzel.

3) Sechs Mühlen, als:

(1 — 3) Die Colbergschen Mühlen, als: 1) Die **Wassermühle** in der Stadt Colberg, welche 6 unterschlägige Gänge mit Panzerwerke und einen besondern Grützgang hat. 2) Die kleine Mühle an dem Geldertthore mit 2 unterschlägigen Gängen, und 3) Die bey derselben gelegene Schneidemühle. Die Zwangsmahlgäste dieser Mühlen sind die Einwohner der Stadt Colberg, der Dörfer Bodenhagen, Alt-Bork, Neu-Bork, Borkenrehme, Bullenwinkel, Deep, Necknin, Sellnow, Werder, der Försterwohnung in dem Stadtwalde nebst den 5 Buschkathen und der Ziegeley.

(4) Die **Wassermühle zu Groß-Jestin**, eine Erbmühle, bestehet aus einem oberschlägigen Gange und hat die Einwohner der Dörfer Groß-Jestin und Semmerow zu Zwangsmahlgästen.

(5) Die **Wassermühle zu Simötzel**, eine Erbmühle, bestehet aus einem unterschlägigen Mahlgange und einem Grützgange. Die Zwangsmahlgäste sind die Einwohner der Dörfer Simötzel und Büssow.

(6) Die **Wassermühle zu Spie**, eine Erbmühle, bestehet aus einem unterschlägigen Gange und hat die Einwohner der Dörfer Spie und Nehmer und die 2½ Bauern in Rossenthin, welche der Colbergschen Cämmerey gehören, zu Zwangsmahlgästen.

4) Eine Ziegeley, lieget nahe bey dem Dorfe Sellnow.

2.) **Cößlin**, in den ältesten Zeiten Cossalitz und nachher Cussalin genannt, lieget an dem Fuße des Gollenberges, eine kleine Meile von der Ostsee, im Grunde und in einer durchgängig ebenen Fläche. Die Stadt ist mit einer Ringmauer, deren Umfang

Das Fürstenthum Cammin.

fang etwa 2600 Schritte beträgt, und welche sich noch in ziemlichen Stande befindet, völlig eingeschlossen. Diese Stadtmauer, welche schon 1292 angeleget wurde, ist vormals von einer ansehnlichen Höhe und mit vielen Wachthürmen versehen gewesen, aber bey verschiedenen Vorfällen bis auf 10 Fuß abgebrochen, und die Thürme, da sie den Endzweck ihrer ersten Anlage nicht mehr erfüllen können, sind gänzlich abgebrochen, und die dadurch gewonnenen Steine theils zur Ausbesserung der Stadtmauer selbst, theils zu andern nutzbaren Behuf und vorzüglich zum Aufbau der Stadt nach dem großen Brande von 1718 gebrauchet worden. Die ehemaligen Stadtwälle und Festungsgraben sind vormals ansehnlich, tief und fischreich gewesen, jetzt aber ausgefüllet und werden theils als Gärten, theils als Wiesen genutzet. Die Stadt hat 3 Thore, das Neue- Mühlen- und Hohethor und vor jedem derselben eine Vorstadt, welche von Ackerbürgern und Bauleuten bewohnet werden. Sie ist bis auf 5 wüste noch aus jenem großen Brande übrig gebliebene Stellen völlig ausgebauet. Die Häuser sind ziemlich gut, von regelmäßiger Bauart, und laufen, so zu sagen, Straßenweise unter einem Dache fort. Man zählet jetzt darinn, außer den öffentlichen Gebäuden, 565 Häuser, wovon sich 482 in der Stadt und 83 in den Vorstädten befinden. Die Versicherungssumme der Stadt in der Feuersocietät beträget 264088 Rthlr. und die Anzahl der sämtlichen Einwohner, 2869 Seelen, mit Ausschließung der hier mit dem Stabe in Garnison liegenden 7 Compagnien des von Billerbeckschen Infanterieregiments. Die Stadt war ehemahls in 4 Quartiere eingetheilet, so daß zu dem ersten die Neuthorsche- große Bau- Ritter- kleine Bau- die Roßmarin- und die Mühlenstraße, zu dem andern die Mauer- Schloß- Babstüber- und Bergstraße, zu dem dritten die Junker- Schmorrenbäger- und heilige Geiststraße und zu dem vierten Quartier die Hochthorsche- Böttcher- kleine Papen- Fleischschar- ren- große Papen- und Stiftsstraße gehörten. Als man diese Eintheilung unbequem fand, wurde sie durch die neue Feuerordnung von 1754 verändert und also festgesetzet: Das erste Quartier nimmt seinen Anfang vom Neuenthor, geht die Neu- thorsche Straße zur linken Hand hinauf, schwenket sich auf dem Markte in gerader Linie zur linken Hand der kleinen Baustraße, bis an die Mauer herunter: dazu werden auch die Häuser gerechnet, die vor dem neuen Thore befindlich sind. Das zweyte Quartier nimmt seinen Anfang an der Mauer zur östlichen Seite der kleinen Baustraße, gehet selbige herauf, schwenket sich auf dem Markte ostwärts in die Babstüberstraße, und zur rechten Hand herauf bis an die Bergstraße: zu selbigem gehören alle Wohnungen vor dem Mühlenthor und was bis an die Mühlenthorsche Trift linker Hand liegt. Das dritte Quartier nimmt seinen Anfang bey dem Hohenthore, gehet den Markt hinauf bis an die Mühlenstraße und begreiffet die Bergstraße auf beyden Seiten, die Schmorrenbäger- und heilige Geistgasse: dazu wird alles das mit gerechnet, was vor dem Mühlenthor bis an die Mühlenthorsche Trift rechter Hand gelegen ist. Das vierte Quartier nimmt seinen Anfang am Hohenthore, gehet die westliche Seite der Hohenthorschen Straße hinauf, auf den Markt, das Rathhaus vorbey, die Neuthorsche Straße durch bis ans neue Thor, und gehören zu selbigem alle Gebäude vor dem Hohenthore. Die Straßen und Gassen, deren überhaupt 19 sind, sind bequem und in einer geraden Linie angeleget. Die vornehmsten davon führen nach dem Markte, welcher ein geräumiges, nach den vier Weltgegenden gerich-

Die Stadt Cößlin.

tetes Viereck darstellet, und mit regelmäßig gebaueten massiven unter gebrochenen holländischen Dache stehenden Häusern von 2 Stockwerken eingeschlossen ist. In der Mitte desselben stehet die in Stein gehauene Bildsäule des Königs Friederich Wilhelm, welche die Pommerschen Landstände zum Beweise ihrer Dankbarkeit für die dem Lande und dieser Stadt erwiesene Gnadenbezeugungen, auf den Vorschlag des Geheimen Staatsministers Friederich Wilhelm von Grumbkow, in dem Jahre 1724. errichten liessen. Der König ist zu Fuß in römischer Kleidung und bewafnet, in der rechten Hand einen Commandostab haltend, auf einem hohen Fußgestell vorgestellet und zu seinen Füßen liegen die Reichskleinodien mit dem geschlungenen Namen F. W. R. Auf der andern Seite des Fußgestelles lieset man eine lange Innschrift; (*) auf der Seite gegen Abend ist im Basrelief die abgebrannte Stadt nebst den fußfällig um Hülfe bittenden Bürgern vorgestellet, mit den Worten: Coslinum incendio deletum restauravit; auf der Morgenseite ein ähnliches Basrelief mit der Victorie, welche das Haupt des Monarchen krönet und ihm eine Landkarte vorhält, mit der Innschrift: Pomeraniam citeriorem usque ad Pœnæ fluvium recuperavit; und an der Nordseite stehet man das Sinnbild des Königes, nemlich den Adler und die Worte: Nec Soli cedit. Dieses Denkmal ist mit einem schönen eisernen Gitter umgeben, auf dessen 4 steinernen Eckpfeilern Trophäen errichtet sind. Neben dieser Statue sind auf der Morgen- und Abendseite große ovale Bassins mit wasserspeyenden Adlern angeleget. Die Stadt hatte ehemals nur Grundbrunnen, aus welchen das Wasser geschöpfet wurde. Man hat aber diese eingehen lassen und die Stadt mit lebendigem Wasser versorget, welches von dem Gollenberge eine Viertelmeile lang in die Stadt und die fast in allen Straßen befindliche Bassins durch verdeckte Röhren geleitet wird. Diese Wasserleitung wurde in dem Jahre 1737 angeleget, wozu der König Friederich Wilhelm 2862 Rthlr. 17 Gr. 5 Pf. geschenkt hatte und noch an 400 Rthlr. aus der Serviscasse genommen wurden. Die vornehmsten öffentlichen weltlichen Gebäude in der Stadt sind das Schloß und das Rathhaus. Das erste stehet auf der Stelle, wo ehedem ein Jungfernkloster gewesen ist, wie denn auch nach der Reformation die Güter und Einkünfte des Klosters demselben beygeleget wurden. Der Herzog Johann Friederich ließ das alte verfallene Kloster gänzlich abbrechen, und weil ihm als Bischofe von Cammin die Stadt zur Hofhaltung sehr angenehm war, entschloß er sich, daselbst ein Schloß zu bauen. Als er aber mitten im Bau begriffen war,

[Rrr 2]

(*) Auf einer mit Gold überzogenen bleyernen Tafel stehen folgende Worte:
D. O. M.
Fridericus Guilielmus Rex Por.
princeps pius fel. aug. p. p.
profligatis hostibus
seruatis ciuibus
pacata patria
imperii finibus prolatis
Ciuitatem hanc ferali incendio
disiectam reparauit
reparatam amplificauit

amplificatam auxit
Optimo Principi
memoriæ sempiternæ causa
monumentum hoc
devoti virtuti maiestatique
eius
Ducatus Pomeraniæ ordines
auctore Frid. Guil. de Grumbkow
ministro status intimo
summoque copiarum præfecto
posuerunt.
A. R. S. CIƆIƆCCXXIV.

war, bekam er 1575 die Stettinsche Regierung und überließ die Ausführung dieses Werks seinem Nachfolger Casimir, welcher es zur Vollkommenheit brachte, hieselbst seinen Hofstaat anrichtete, auch 1582 über dem fürstlichen Gemach einen Thurm mit einer Schlageuhr bauete. Sein Nachfolger, der Herzog und Bischof Franz, legte in dem Fürstengarten ein Lusthaus und eine Rennebahn, um nach dem Ringe zu laufen, an, so daß dieses Schloß der Stadt zur wahren Zierde gereichte. Jetzt sind von demselben nur noch diejenigen Zimmer vorhanden, welche dem Königl. Hofgerichte eingeräumet sind. Der übrige Theil ist nebst dem Thurme abgebrochen, und an dessen Stelle hat man ein Privathaus und ein Gebäude zu der hier errichteten Spinnschule aufgeführet. Anstatt des ehemahligen Schloßthurms hat die Stadt einen neuen Thurm nebst einer Schlageuhr auf dem Mühlenthore erbauen lassen, wozu man die ehemalige der Stadt geschenkte Schloßuhr nebst der Glocke genommen hat. Das erste Rathhaus brannte 1504 mit der Stadt gänzlich ab, worauf bey Wiederaufbauung derselben ein neues mitten auf dem Markte errichtet wurde, welches 1718 in die Asche geleget wurde und mit ihm fast das ganze Stadtarchiv und die schöne Schwedersche Bibliothek, die auf dem großen Saale befindlich war. Nachher wurde bey der neuen Anlage der Stadt gut befunden, das Rathhaus an der Nordseite des Marktes mit den übrigen Häusern in einer Reihe wieder aufzubauen, welches 1720 geschahe. Es hat vor dem Eingange 6 Schwibbogen und unten die Hauptwache, oben aber sind die Land= und Rathsstuben nebst dem Archiv, unter dem Flügel nach der Kirche hin, die Fleisch= wie in der Hochthorschen Straße die Brodtscharren. An der Vorderseite ist das in Stein gehauene Stadtwapen eingemauert.

Die Pfarr= oder St. Marienkirche, deren zuerst in einer Urkunde von 1333 gedacht wird, ist ein dauerhaftes Gebäude, welches in den vielen Feuersbrünsten, die die Stadt betroffen haben, unbeschädigt geblieben ist. Ihre Länge beträgt 70 und ihre Breite 32 Schritte. Sie hat ein gutes Gewölbe, welches von 6 Pfeilern in 2 Reihen getragen wird, so daß die Kirche, an welcher noch 4 Kapellen angebauet sind, in 3 geraume Gänge getheilet ist. Der Thurm, in welchem 4 Glocken hängen, ist mit Kupfer, das Gewölbe aber mit Ziegeln gedecket. Der sogenannte arme Kasten, ist eine Stiftung, welche nach der Matricul von 1591 als Filia zu der Pfarrkirche gehöret. An derselben stehen ein Pastor, ein Archidiakonus und ein Diakonus, welche in Ansehung der Schloßkirche wirkliche Pastoren sind. Der erste wurde in dem Jahre 1747, als hier das Königl. Consistorium gestiftet wurde, zum Consistorialrathe ernannt, und ist jederzeit Präpositus der von dieser Stadt benannten Synode, zu welcher 24 Prediger mit Einschließung des Präpositus gehören. Die unter seiner Inspection stehenden 21 Pfarren werden in 2 Cirkel, nemlich den östlichen und westlichen eingetheilet. Zu dem ersten gehören die Kirchspiele Jamund, Wussecken, Zanow, Wisbuhr, Manow, Seger, Buckow, Geritz und Konikow, zu dem andern aber die Kirchspiele Alt=Belz, Tessin, Cratzig, Varchmin, Schulzenhagen, Strippow, Lassehne, Cordeshagen, Groß=Streitz, Bast, Sorenbohm und Groß=Möllen; jedoch werden bey Besorgung der Gnadenjahre, wovon der Präpositus befreyet ist, Alt=Belz und der hiesige Archidiakonus zu dem östlichen, der Diakonus aber zu dem westlichen Cirkel gerechnet. Das Patronatrecht über die Pfarrkirche, zu welcher die Dörfer Schwerinsthal,

Die Stadt Cößlin.

Meyeringen, Gohrband, Cluß nebst einer Papiermühle, eine Försterey in dem Buchwalde und eine in dem Gollenberge, wie auch der Rothe Krug eingepfarret sind, gehörte nach der Kirchenmatricul von 1555 dem Jungfernkloster, das die Kirche gestiftet hatte. Aus diesem Kloster und dessen Gütern entstand nach der Secularisation das Amt Cößlin, welches sich daher noch jetzt, was die Administration der Kirchengüter und die Abnahme der darüber geführten Rechnungen betrift, in der Ausübung des Patronatrechts, jedoch mit Zuziehung des Magistrats befindet. Dagegen aber wählet dieser für sich ganz allein die sämtlichen Stadtprediger und übrigen Kirchenbedienten, ertheilet denselben ihre Vocationen und Bestallungen und läßet solche unter seiner Unterschrift und dem Stadtsiegel ausfertigen, jedoch muß ihre Bestätigung bey der Königl. Landesregierung gesuchet werden. Aus der ehemahligen Klosterkirche, die lange wüste gelegen hatte, entstand die unter königlichem Patronate stehende Schloßkirche, welche der Herzog und Bischof von Cammin Franz I. erbauen und durch einen Niederländischen Mahler künstlich auszieren ließ. Sie wurde am 24 Junius 1609 zur Ehre der heiligen Dreyeinigkeit eingeweihet, da sie zur Zeit des Papstthums den Jungfern des Cistercienserordens und der heiligen Jungfrau Maria war gewidmet gewesen, und von dem Herzoge Ulrich mit einer schönen Orgel versehen. In dem Jahre 1718 gerieth sie mit in Flammen und brannte bis auf die Mauern aus, wurde aber 1724, jedoch ohne einen Thurm, wiederhergestellet und eingeweihet. Sie ist inwendig ohne allen Zierrath, die Kanzel im Altar, doch alles in gutem Verhältnisse angeleget, auch ein Positiv darinn. Ehedem war sie ganz unter der Erde gewölbet, die Gewölber aber wurden bey dem neuen Bau mit Schutt und Erde ausgefüllet und sind nun Begräbnißstellen darinn angeleget. Rogzow, Dörsentin und Crettenin sind die Amtsdörfer, die nebst der königlichen so genannten Obermühle bey dieser Kirche eingepfarret sind und eigentlich die so genannte Amtsgemeine ausmachen. Nachdem das Gehalt des ehemahligen Schloßpredigers, welches aus den fürstlichen Einkünften gereichet wurde, eingezogen worden ist, wird die Schloßkirche zugleich von dem hiesigen Ministerium mit versehen, das jedoch nur zuweilen darinn der Amtsgemeine das heilige Abendmahl reicht und sich die Hebungen theilet. Die Garnison hält in dieser Kirche ihren ordentlichen Gottesdienst; wenn aber dieser nicht hier ist, so wird darinn von den Predigern des Stadtministeriums der Gottesdienst für die Schloß und Amtsgemeine alle Sonutage eben so besorgt, wie für die Gemeine der St. Marienkirche. Auch wurde durch das Rescript vom 15 April 1705 verstattet, daß der deutschreformirte Hofprediger zu Colberg, in der Schloßkirche den hiesigen und in der Nachbarschaft wohnenden Reformirten zu gewißen Zeiten eine Predigt halten und das heilige Abendmahl reichen, er auch zu solchem Ende mit dem nöthigen Vorspann zu seiner Hin- und Herreise ohnentgeldlich versehen werden soll. Vor den Thoren sind noch einige Kapellen, worinn jetzt nicht mehr Gottesdienst gehalten wird, wovon aber 2 nebst ihren Kirchhöfen zu Begräbnißörtern dienen, als die Nikolaikapelle vor dem Mühlenthore, welche nach einer Urkunde von 1424 damals einen eigenen Vicarius bekam und 1733 inwendig abgeputzt und nebst dem baufälligen Thurm gebeßert wurde; (*)

[R r r 3] die

(*) Seit dem Jahre 1775, ist dem Römischkatholischen Prediger zu Stettin verstattet worden, daß er in der Nikolaikapelle für die unter dem hiesigen Regimente befindlichen Glieder seiner Confession Gottesdienst halten und das Abendmahl austheilen könne.

die Gertrudskapelle vor dem Hohenthore, die ihrer entfernten Lage wegen 1735 zu einem Pulverbehältniße für die Garnison eingerichtet wurde und auf deren Kirchhofe die Soldaten beerdiget werden und die St. Georgenkapelle vor dem Neuenthore, in welcher die Wittwe des Conrad Wilden 1333 zuerst eine Vicarie anrichtete. Vor dem Mühlenthor war auch die Jakobikapelle, die aber, nachdem sie sehr baufällig geworden war, 1735 abgebrochen und das für die verkauften Steine eingenommene Geld dazu angewendet wurde, die Gertrudskapelle vor dem Hohenthore, zu einem Pulvermagazin einzurichten. Die große Schule, in welcher ehemals öffentliche gedruckte Disputationen nach Universitätsgebrauch vertheidiget und öffentliche Reden durch besonders gedruckte Programmen angekündiget wurden, sollte sogar gegen 1700, zu einer hohen Schule, oder so genannten Akademie erhoben werden. Wenigstens that deßhalb der Stadtrath Vorstellungen an die Landstände, um dieses bey dem Churfürsten Friederich III. zu bewürken, der Mangel der Fonds aber scheinet diesem Vorhaben hauptsächlich hinderlich gewesen zu seyn. In dem Jahre 1764 wurde ein in 21 Artikeln abgefaßtes Schulreglement entworfen, welches nebst dem Abriße der zu treibenden Lectionen und den Gesetzen für die Schüler am 4 October 1764 von dem Königl. Consistorium bestätiget wurde. Jetzt bestehet die Schule aus 4 Classen, worinn ehemals ein Rector, Conrector, Cantor und Baccalaureus den Unterricht der Jugend besorgeten. Seit 1773 aber ist mit hoher Genehmigung die Stelle des Baccalaureus nicht wieder besetzet und das Gehalt deßelben zur Verbeßerung der geringen Besoldungen der 3 übrigen Lehrer angewendet worden, welche auch einige Zinsen von den Ristowschen, Schwederschen, Lewenschen und Schwarzschen Vermächtnißen genießen. Die Schule stehet unter dem Patronate des Magistrats, der die Lehrer mit Einstimmung des Präpositus erwählet und beruft; und die Ephoren sind der dirigirende Bürgermeister, der Präpositus und der Stadtsyndikus. Für Studirende sind folgende Stipendien bestimmt: 1) Das von dem Landrathe und Stiftsvogte, Carsten von Ristow in seinem Testamente vom 30 April 1622 gestiftete. Dieser vermachte darinn zum Besten der Stadt Cößlin 3000 Fl., welche die Landstände an sich nahmen und wovon jetzt jährlich 150 Fl. Zinsen aus der Kreiscasse für diese Stadt ausgezahlet und also vertheilet werden, daß davon der Generalsuperintendent für die Aufsicht über dieses Vermächtniß 5 Fl., der Präpositus zu Cößlin 5 Fl., die Prediger als eine Zulage des geringen Gehalts bey der Schloßkirche 25 Fl., der Rector 28 Fl. 8 ß., der Conrector 16 Fl. 16 ß., die Stadtkirche zur Erhaltung des Ristowschen Monuments 2 Fl. 12 ß., die Kirche zu Clannin und Carzin 17 Fl. 12 ß., ein Stipendiat, der studiret, 25 Fl., die Armen in Cößlin 20 Fl. und die Armen in der Schule 5 Fl. empfangen. 2) Das Stipendium der Brauergilde, welche 1619 bey den hiesigen Cämmerey zu ewigen Zeiten 200 Rthlr. bestätigte, damit die Zinsen davon einem studirenden Stadtkinde wenigstens 3 Jahre gereichet werden sollen, jedoch daß eines Gildeverwandten Sohn einem fremden in der Hebung vorgehe. 3) Das von der Gewandschneiderzunft am 14 Junius 1666 gestiftete von 100 Rthlr., deren Zinsen ein studirendes Stadtkind und vorzüglich eines Zunftverwandten Sohn 3 Jahre, und wenn kein anderer vorhanden ist, dem es ertheilet werden mag, noch 3 andre Jahre heben soll. Der Magistrat ist auch Patron von den noch vorhandenen 4 Hospitälern, wovon das St. Jürgenhospital neben der St. Georgen-

Die Stadt Cößlin.

orgenkapelle vor dem Neuenthore liegt. Das Hospital zum heiligen Geist war ehemals in der Stadt die dritte Kirche, welche von einigen wohlhabenden Einwohnern 1319 aufs neue zum gottesdienstlichen Gebrauche eingerichtet wurde. Einige Bischöfe zu Avignon ertheilten ihr 1335 einen Ablaßbrief, welchen der Bischof Friederich von Eichstädt in dem folgenden Jahre bestätigte. Nachdem sie den 27 Februar 1617 gänzlich abgebrannt, ist sie nachher nicht wieder aufgebauet worden. Jetzt stehet daselbst das erwähnte heilige Geisthospital, dem nicht nur die Einkünfte des sogenannten kleinen heiligen Geisthospitals, sondern auch des ehemals in der Papenstraße gelegenen von Otto Manow gestifteten, aber baufällig gewordenen und verkauften Hospitalgebäudes beygeleget sind. Das Zandersche Hospital, so 1516 von Martin Freter gestiftet wurde und daher auch von demselben den Namen zu führen pfleget, lieget in der kleinen Baustraße und bestehet aus einer Wohnung mit einer Stube. In diese Hospitäler werden arme abgelebte Leute, vorzüglich aber Bürger und deren Wittwen für ein festgesetztes Einkaufsgeld, in das vor dem Mühlenthore gelegene St. Katharinenhospital aber, welches auch das Gasthaus genannt wird, frey aufgenommen. Das Rubacksche Hospital in der kleinen Baustraße, das der Bürgermeister Moritz Ruback 1560 gestiftet hatte, wurde 1740 verkauft, so wie auch das Belowsche und Knopsche Hospital, imgleichen die 4 so genannten Gadeskeller, oder freye Wohnungen für arme Leute, schon seit langen Zeiten nicht mehr vorhanden sind. Die Verwaltung und Berechnung der Kirchen- und sämtlichen Hospitalgüter ist für eine jährliche Besoldung einem eigenen Administrator aufgetragen, welcher von dem Magistrat mit Zuziehung des Präpositus gewählet und von dem Königl. Consistorium bestätiget wird. Zur Verpflegung der Armen sind noch einige Vermächtniße vorhanden, die der Magistrat nebst den durch die monathliche Hauscollecte eingesammleten Armengeldern durch einen Deputirten, mit Zuziehung des Präpositus, den Stadtarmen monathlich austheilen läßt. Zu den milden Stiftungen gehöret auch vorzüglich das Schwedersche Stift. Der Oberste Michael von Schweder machte am 20 May 1728 zum Besten der Schwederschen Familie eine Disposition, worinn er 7000 Rthlr. aussetzte, daß davon für vier Jungfern und Wittwen aus der Familie ein bequemes Wohnhaus erbauet werden sollte. Zu ihrem Unterhalte widmete er die Einkünfte von allen seinen Aeckern bey Cößlin mit dem Vorbehalt, daß jährlich davon 50 Fl. unter nothdürftige Hausarmen vertheilet würden, da denn von diesen Einkünften doch noch 108 Fl. zur Präbende übrig blieben. Nach dem Tode seiner Gemahlinn, Charlotta Louisa Schröder, sollten diese Einkünfte noch mit 200 Fl. von 4000 Fl. Capital vermehret werden, wie auch nachher geschehen ist. Diese Disposition wurde durch ein Urthel des Königl. Tribunals in Berlin vom 2 December 1732 in allen Puncten und die Administration des Stifts durch den jedesmaligen Administrator des Schwederschen Fideicommiß bestätiget. In dem Jahre 1737 wurde der Bau des Stifthauses auf der Stelle des ehemahligen Stadthofes, welchen der Magistrat 1734 verkaufte, zu Stande gebracht, und darin auch ein Zimmer für die Schwedersche Bibliothek angeleget. Diese bestehet aus Werken, die man nach dem Brande aus den dazu gelegten Einkünften angeschaft, und denen, so man aus dem Lewschen Vermächtniße erhalten hat. Vor der Hand und bis das Capital mehr angewachsen, werden Jungfern und Wittwen von der Schwederschen Familie, und zwar derjenigen Linie, die an das Schwedische Fideicommiß berechtiget ist, in diesem Stifte aufgenommen. Eine jede derselben bezahlet bey ihrer Aufnahme an das Stift ein Capital von 100 Fl., dagegen erhält jährlich die erste, welche unter dem Namen einer Priorin die Aufsicht führet, 50 Rthlr., die zwote und dritte jede 40 Rthlr., die vierte und fünfte jede 33 Rthlr. 8 Gr. Jede Person hat eine eigene Stube, Kammer und Küche. Die beiden unter dem Hause befindlichen Keller gebrauchen sie gemeinschaftlich und außerdem sind sie von bürgerlichen Auflagen befreyet. Als man noch in dem Bau dieses Stifthauses begriffen war, nemlich den 21 Januar 1736, vermachten der Landrath Gabriel Lew und seine Ehefrau, Katharina Elisabeth Schweder in ihrem wechselseitigen Testamente ein Capital von 3333 Rthlr. 8 Gr., dessen Zinsen nach ihrem beiderseitigen Ableben dazu angewendet werden sollten, daß zuförderst in diesem Stifte noch für vier Personen die nöthigen Zimmer aus- oder neugebauet würden, und wenn diese fertig, sollten die 166 Rthlr. 16 Gr. Zinsen ihnen unter dem Namen der Lewschen Präbende dergestalt vertheilet werden, daß die erste 50 Rthlr., die andre 40 Rthlr., die dritte und vierte jede jährlich 33 Rthlr. 8 Gr. empfinge, zur Erhaltnng der Zimmer aber jährlich 10 Rthlr. ausgesetzt blieben. Die Personen, welche diese Wohlthaten genießen, müssen von des Stifters Aeltervater, dem Cauzler Andreas Lew, oder denjenigen Schwedern abstammen, die an das Schwedersche Fideicommiß berechtiget sind, jedoch sollen die von der Mütter Seite sowohl, als die von der Väter Theil daran nehmen, und wenn gar keine vorhanden sind, auch Fremde von gutem Herkommen nicht ausgeschloßen seyn. Auch hier zahlet eine jede bey ihrem Eintritt 100 Fl. und sind ihnen noch vor dem Neuenthore zween Gärten zum Gebrauche angewiesen, die sie allenfalls vermiethen können. In der folgenden Zeit wurde diese Stiftung von der Landräthin Lewen in ihrem am 11 Januar 1751 errichteten Testamente, oder so genannten Nachwillen dahin geändert, daß diese Lewsche Präbendatinnen nach ihrer Bequemlichkeit in oder außerhalb Cößlin wohnen können, und die zur Erhaltung der Zimmer ausgesetzten 10 Rthlr. unter sich theilen sollen. Außerdem vermachte diese milde Stifterin dem Stifte noch eine halbe Hufe Landes, deren jährliche Miethe den hiesigen Stadtpredigerwittwen, und zwar den dürftigsten, eingetheilet werden soll; ist aber solche nicht vorhanden, so sollen andre Wittwen und Jungfern aus der Familie diese Gelder haben.

Von den Königlichen Landescollegien, die in dieser Stadt ihren Sitz haben, als dem Hofgerichte, Krieges- und Domainencammer-Deputationscollegium, Consistorium und Vormundschaftscollegium, ist bereits in der Einleitung zu dem ersten Theile dieses Werks in dem siebenten Hauptstücke ausführlich gehandelt worden. Was aber das Stadtregiment anbetrift: so wird dasselbe von dem Magistrate verwaltet, in welchem sich von jeher angesehene Männer und viele von Adel befunden haben. Er bestehet aus einem Justizbürgermeister, der zugleich Stadtsyndikus ist, einem Policeybürgermeister, einem Cämmerer und 4 Senatoren, außer welchen noch ein Stadtsecretärius, ein Gerichtssecretarius, und ein Copiist bestellet sind. Ehemals führte der Policeybürgermeister das Directorium bey dem Magistrate. Nachdem aber diese Stelle in dem Jahre 1772 war erlediget worden, wurde dem jetzigen Justizbürgermeister das Directorium von dem Magistrate mit hoher Genehmigung übertragen und

ein

ein besondrer Policeybürgermeister bestellet. Die Anzahl der Senatoren, die sich ehemals auf 7 belief, wurde ebenfalls mit höchster Genehmigung auf 4 heruntergesetzet, und ihnen die erledigten Besoldungen zur Verbeßerung ihres Gehalts beygeleget. Dem Magistrat, der das Recht hat, seine Mitglieder, wie auch sämtliche Stadtoffizianten und Unterbediente zu wählen, stehet sowohl die obere als niedere Gerichtsbarkeit über alle Einwohner der Stadt, in so fern sie nicht zu den Eximirten gehören, imgleichen über sämtliche auf Stadtgrunde belegene Grundstücke, auch über die Stadteigenthumsdörfer und derselben Einwohner zu. Diese Rechtspflege, welche der Magistrat von dem Bischofe Henning 1464 an dem Dienstage vor Himmelfahrt gegen Erlegung eines Kauf= oder Pfandschillings von 1200 Mark Finkenaugenpfennige an sich brachte und darüber die Bestätigung in den nachfolgenden bischöflichen Privilegien erhielt, bekam nachher den Namen des Nieder= oder Stadtgerichts, und bestand aus 3 Rathspersonen, nemlich dem Gerichtsvogt, dem Stuhlrichter und Assessor. Von den Strafgefällen wurden der Cämmerey zween Theile berechnet, den dritten Theil aber bekam der Gerichtsvogt mit seinen Assessoren. Seit 1718 aber müßen solche sämtlich der Cämmerey berechnet werden, welche dagegen die Gefängniße und alle zur Ausübung der peinlichen Gerichtsbarkeit gehörende Anstalten im Stande erhalten muß. Zu gleicher Zeit wurde auch ein beständiger Richter mit Beylegung des Bürgermeistertitels bestellet. Von dem Stadtgerichte, das jetzt aus dem Justitzbürgermeister, 2 Rathsherren als Beysitzern und einem Secretarius bestehet, werden alle Gerichts=Vormundschafts=Hypotheken= und Criminalsachen eingeleitet. Was aber zu politischen, kirchlichen und ökonomischen Stadtangelegenheiten gehöret und die gemeine Stadt betrifft, wird im versammleten Magistrat verhandelt, und daselbst müssen auch die Rechtsaussprüche, imgleichen die Vormundschafts= und Hypothekensachen von dem Stadtgerichte durch den Justitzbürgermeister vorgetragen und nach den mehresten Stimmen abgemacht werden. Die Stadt wurde bereits nach ihrem ersten Privilegium von 1266 mit dem Lübischen Rechte bewidmet, jedoch hat sie die von demselben abweichende rechtskräftig entschiedene Gewohnheit, daß wechselseitige Erbeseinsetzungen unter Eheleuten gültig sind. Das Feldgericht bestehet aus zween Senatoren und zween aus der Gemeine, die theils auf die Sicherheit der Feldmarken sehen, theils alle dahin einschlagende Zwistigkeiten entscheiden, Aecker und Mast tarixen, und andre dergleichen Feld= und Weideangelegenheiten in Ordnung halten müßen. Die so genannte Willkühr oder die neuesten Statuten der Stadt wurden auf Ansuchen der gemeinen Bürgerschaft den 7 September 1666, von dem Magistrat mit Zuziehung der Gemeine und Gewerke auf der Herrenburse von neuen durchgesehen, in 70 Artikel verfaßet, gebilliget und von dem Magistrat publicirt. So hat die Stadt auch ihre Policeyordnungen von den Jahren 1603, 1621, 1684 und vom 14 November 1702. Die Statuten der Bauleute wurden den 12 April 1686 festgesetzet, den 14 May deßelben Jahres bekannt gemacht, und von der Churfürstlichen Regierung den 27 August 1688 bestätiget; die neuesten Feldstatuten aber sind am 28 September 1751 abgefaßet und am 9 März 1752 von dem Königlichen Generaldirectorium bestätiget worden. Die neueste Feuerordnung ist vom 29 März 1754. Außer dem Magistrat sind noch 4 Repräsentanten der Bürgerschaft, welche Viertelsmänner heißen und in öffentlichen Stadtangelegenheiten mit zugezogen werden. Einer davon wird

Das Fürstenthum Cammin.

aus der Kaufmannschaft, einer aus der Brauerzunft und zween werden aus den Hauptgewerken genommen. Sie werden von den Viertelsmännern und Aeltesten dem Magistrate vorgeschlagen und von demselben zu ihren Aemtern bestätiget. Zur Vermeidung allerley Streitigkeiten und besonders zur Bestimmung des Unterschiedes der Gebühren, welche den Predigern zu entrichten sind, machte der Magistrat 1743 eine Classification der Bürgerschaft, die das Königl. Consistorium auch zum Grunde legte, als es 1748 auf Erfordern der Königl. Regierung ein Leichenreglement zu entwerfen hatte. Nach demselben gehören zum ersten Stande sämtliche bey den hiesigen Landescollegien stehende Königl. Räthe, der Stadtmagistrat, Prediger und Schullehrer und übrige Erimirte, die Kaufleute und Brauer, so Kaufmannschaft treiben, Apotheker und Eisenkrämer, zum zweyten Stande Brauer, welche keine Kaufmannschaft treiben, Kramer und Nadler, Concessionarien auf die Braugerechtigkeit, Chirurgi und Bader, Künstler, Handwerker und Zünfte, Postillions und Bauleute, wenn sie eigenthümliche Grundstücke besitzen, auch alle arbeitende Meister, sie mögen hieselbst eine Zunft haben oder nicht, zum dritten Stande alle gemeine Bürger, welche keine eigene Grundstücke besitzen, Tagelöhner, beweibte Handwerksgesellen und alles Gesinde. Die Stadt hat zwar vormahls unmittelbare Seehandlung nach Schweden, Dännemark, Lübek, Stralsund, Danzig ꝛc. ꝛc. getrieben, hat auch noch das Recht dazu, übet es aber gegenwärtig nicht, sondern erhält sich durch inneres Gewerbe und Verkehr. Von Professionisten ist hier eine hinreichende Anzahl und von vielen ist das Amt hier niedergesetzet, zu welchem die Belgarder, Rügenwalder und aus andern Städten sich bekennen und halten. Unter den Bürgern sind ansehnliche Zünfte und Gilden, worunter vorzüglich die Schützen-Gewandschneider- und Brauergilde zu zählen sind. Die Statuten der Schützengilde wurden unter dem Datum Anklam den 18 Julius 1678 von dem Churfürsten Friederich Wilhelm bestätiget. Der Schützenkönig bekömmt außer den Art. 31 der Statuten festgesetzten Vortheilen, noch aus den Mitteln der Gilde 16 Rthlr., wofür er aber die Gesellschaft beym Einbringen bewirthen muß. Die Gewandschneiderzunft hat ein hohes Alter und ist eigentlich ein Handlungscollegium, und die angesehensten Bürger und Magistratspersonen haben sich um die Aufnahme in daßelbe beworben. Die Brauergilde hat ebenfalls ein uraltes Herkommen. 1566 gab ihr der Magistrat besondre Statuten, die, nachdem sie von den damaligen Alterleuten genehmiget worden, 1569 den 2 November des Herzogs Johann Friederich Bestätigung erhielten. Im Jahre 1664 wurden diese Statuten von neuen durchgesehen und mit Zuziehung des Magistrats nach den damaligen Zeitumständen eingerichtet, worüber der Churfürst Friederich Wilhelm den 7 März 1664 aufs neue die Confirmation ertheilte. Diese Statuten sind am 9 May 1765 wieder erneuert und theils verändert, theils erweitert worden. Die Einkünfte der Zunft werden zum Theil zu milden Gaben verwendet. Die Besoldungen der Landescollegien und das Tractament der Besatzung, welche hieselbst verzehret werden, unterhalten das Verkehr der Bürgerschaft, und dieses wird dadurch noch ansehnlicher gemacht, daß viele Fremden durch die Landescollegien hieher gezogen werden, und ihrer Rechtshändel und übrigen Geschäfte wegen sich hieselbst aufhalten und Herberge nehmen müßen und dann bey dieser Gelegenheit ihre sonstige Bedürfniße bey Kaufleuten und Handwerkern besorgen. Auch der Umstand, daß Cöslin auf der Poststraße liegt, und ein

Die Stadt Cößlin.

ansehnliches königliches Postamt sich hieselbst befindet, träget nicht wenig zur Aufnahme und zum Verkehr der Stadt bey, indem dabey nicht nur viele Handwerker und Ackerbürger ihren Verdienst finden, sondern auch durch Passagiers und Extraposten ansehnliche Geldsummen in die Stadt kommen und zum Umlauf gebracht werden. Ackerbau und Viehzucht wird zwar auch in der Stadt, besonders aber von den Einwohnern der Vorstädte getrieben. Der Stadtacker, welchen die Stadt nach der Resolution des Herzogs Bogislaus XIIII. vom 27 Februar 1628 steuerfrey besitzet, ist ansehnlich und fruchtbar und kömt dem Weizenacker gleich. Er ist nicht vermeßen, die jährliche Aussaat aber bestehet in 6600 Scheffeln, wovon 1600 Scheffel zur Wintersaat gerechnet werden. Der Wiesewachs ist gleichfalls beträchtlich und es werden jährlich 500 vierspännige Fuder Heu davon geworben, der gemeinen Viehhütung nicht zu gedenken, worauf jährlich 500 Häupter Rindvieh und 1500 Schaafe ausgetrieben werden. Ein großer Theil dieses Stadtackers und der Wiesen befindet sich gegenwärtig unter dem Pfluge der benachbarten Stadt- und Amtsbauern, denen die Bürgerschaft, welche jetzt größtentheils aus Professionisten bestehet und den Ackerbau nicht treibet, denselben theils Pfands- theils Miethsweise ausgethan hat. Die Stadt besitzet ansehnliche Holzungen in dem Gollenberge, dem so genannten Buchwalde und in den Masłowschen, Steglinschen und Mockerschen Revieren. Der Gollenberg bestehet in Fichten, Eichen und Elsen und gehöret ganz und allein der Cämmerey. Diese genießet das Holz und die Mast, welche ihr berechnet werden, den Genuß von der Jagd aber sowohl in dem Gollenberge als in dem Buchwalde erhält der Magistrat, der solche durch die in diesen Holzungen wohnenden Holzwärter ausüben läßt. In dem Buchwalde, welcher in Eichen und Büchen bestehet, wird die abgestandene Holzung der Cämmerey berechnet, die Bürgerschaft aber genießet darinn nach dem Rechtsspruche vom 12 November 1681, so in dem Reglement wegen Administrirung der Cämmerey vom 12 Junius 1712. §. 30 bestätiget worden ist, die freye Mast, an welcher auch der Magistrat, die Prediger und Schulbedienten und der Eigenthumsprediger zu Jamund nach dem Urbarium von 1712 Antheil haben. Ob nun gleich der Bürgerschaft die Mastnutzung in dem Buchwalde zustehet, so ist ihr doch das Eigenthumsrecht an demselben durch die Rechtssprüche der Pommerschen Krieges- und Domainencammer vom 9 August 1768 und 2 Julius 1771 und des Generaldirectorium vom 29 October 1772 abgesprochen worden. Die Krammärkte werden gehalten 1) am Sonnabende nach Estomihi, 2) am Montage vor Pfingsten, 3) auf Mariägeburt, wenn aber dieser Tag auf einen Sonntag fällt, so wird der Markt den Montag darauf gehalten, 4) am Dienstage vor Michael, wenn aber Michael auf einen Mittwoch fällt, so ist der Markt den Dienstag in der vorhergehenden Woche. Die Viehmärkte fallen 1) auf den Donnerstag vor Fastnacht, 2) den dritten Tag vor Mariäverkündigung, 3) den Tag vor Mariägeburt, fällt aber dieser Tag auf einen Sonntag, so wird der Markt den Tag vorher gehalten, 4) den Tag nach Allerheiligen, und wenn solcher auf einen Sonntag fällt, am folgenden Montage. Dieser Markt wurde der Stadt von dem Herzoge und Bischof Casimir 1599 ertheilet. Die Wollmärkte sind den 15 Junius, den 28 September und den 31 December. Die Wochenmärkte werden alle Mittwoche und Sonnabende gehalten, unter denen insonderheit die beyden Sonnabende vor Michael, welche der große und kleine Hägersonnabend heißen, zahlreich besucht werden, weil alsdann dem Landmann aus dem Hagen frey stehet, seinen Saatroggen zu kaufen, da er außerdem vom Markte kein Korn kaufen darf. Außer den bereits erwähnten Vorrechten hat die Stadt noch folgende Rechte und Freyheiten: 1) Die hohe und niedere Jagdgerechtigkeit. Die Privilegien des Bischofs Magnus von 1410 und des Bischofs Marinus de Fregeno von 1480 verleihen der Stadt die Jagdgerechtigkeit, wie sie solche von Alters gehabt hat. Nachdem solche war in Anspruch genommen worden, wurde durch das Urthel der königl. Regierung vom 11 März 1737 festgesetzt, daß der Magistrat bey der Jagd zu schützen sey. Diese Sentenz wurde durch das Urthel des Hofes vom 28 August 1738 bestätiget, jedoch dabey verordnet, daß dem Oberforstmeister frey bleibe, die Vorjagd im Namen des Königs, jedoch zu rechter Zeit zu üben. Der Magistrat läßt daher noch jetzt die hohe und niedere Jagdgerechtigkeit durch die Stadtschützen in Ausübung bringen, und genießet solche als ein Emolument; und stehet gleich dem Landesherren die Vorjagdgerechtigkeit im Gollenberge und Buchwalde zu, so dürfen doch dabey keine Jagddienste geleistet, oder Kosten dazu von der Stadt hergeschossen werden. 2) Die Strandgerechtigkeit, die jedoch gegenwärtig dahin eingeschränkt ist, daß dem Fürsten das Recht, über gestrandete Güter zu disponiren, zustehet. Die Stadt kaufte den Strand mit allen Nutzungen, der Fischerey und aller daran haftenden Gerechtigkeit von den Jaschonen und Barthusewitzen nach dem Kaufbriefe von 1353, welcher von dem Bischofe Johann 1356 bestätiget wurde. In neuern Zeiten aber ist diese Strandgerechtigkeit in Untersuchung gezogen und nach eingegangener Relation, den 18 September 1724, die Entscheidung dahin ausgefallen, daß der Magistrat in Sachen von gestrandeten Gütern sich keine Erkenntniß oder Untersuchung anmaßen dürfe, sondern die vorkommende Fälle, so bald sie ihm kund werden, dem königlichen Amte anzeigen, auch auf Erfordern, die unter seiner Gerichtsbarkeit wohnende Leute dem Amte stellen müsse; doch bekommen die Stadtunterthanen, nach wie vor, ihr Bergelohn. 3) Das Recht zur Schiffahrt, welches sich ursprünglich auf den Ankauf des Strandes von den Jaschonen und Barthusewitzen gründet, der eine Uebertragung aller Gerechtsame in sich schloß. Weil aber der starke Gebrauch dieses Rechts von andern Städten, sonderlich Colberg, in Wiederspruch gezogen wurde, so ließ Cöslin 1480 diese Befugniß mit klaren Worten in sein Privilegium rücken, so die nachfolgende Bischöfe in ihren Privilegien wiederholet haben. 4) Die Fischereygerechtigkeit auf dem Jamundschen See und auf der Ostsee. Obgleich diese nicht von den Bürgern getrieben wird: so kann der Magistrat doch die Pächter dieser Fischereyen anhalten, die Stadt vorzüglich mit Fischen zu versorgen. Es sind daher zu allen Jahreszeiten allerley Fische, in angenehmer Abwechselung, und was das vorzüglichste ist, recht frisch zu haben. Die Besischung der Ostsee und des Jamundschen Sees haben die Nester und Deepschen Fischer, wovon sie der Cämmerey ihre Auflagen entrichten müssen, wie wohl auch den Jamundschen frey stehet, mit einer Wade zu ihrer Nothdurft an ihrem Ufer zu fischen. Die Winterfischerey mit dem großen Garne auf dem Jamundschen See, nebst dem Aal- und Neunaugenfange im laufenden Tief wird besonders verpachtet und der Cämmerey berechnet. Man hat Exempel, daß mit dem großen Garn auf einen Zug 50 bis 100 Tonnen Fische sind gefangen worden. 5) Das Recht, adeliche Güter zu erwerben, auch die Mühlengerechtigkeit

Die Stadt Cößlin.

igkeit in ihrem ganzen Umfange. 6) Das Recht, den Landtägen und andern das Land angehenden Conventen beyzuwohnen. Die Stadt erhielt, als das Bisthum Cammin dem Herzogthum Pommern einverleibet wurde, auf dem zu Stargard in dem Jahre 1654 gehaltenen Landtage, in der Rangordnung der Hinterpommerschen Städte die 5te Stelle und folget so gleich auf die vorsitzende Stadt Greiffenberg. 7) Das Condirectorium bey dem Contributionswesen des Fürstenthums Cammin. Ehemals hatte die Stadt dieses Vorrecht mit dem Colbergschen Capitul und der Ritterschaft ganz allein, die Stadt Colberg aber hatte damit nichts zu thun. Vor verschiedenen Jahren aber ist die Sache so gefaßet worden, als sie heutiges Tages stehet, nemlich: es bereiset die Repartitionstage das erste Jahr das Capitul, das andre Jahr die Ritterschaft und im dritten Jahre wechseln die beiden Stiftsstädte Colberg und Cößlin ab, so daß alle 6 Jahre die Reihe an eine von beyden kommt. Es verrichtet solches der dirigirende Bürgermeister und erhält dazu die verordnete Diäten. 8) Das Recht, daß 3 Conventualinnenstellen in dem Jungfernkloster zu Colberg mit Jungfern aus Cößlin besetzet werden müßen, welches die Stadt zur Ersetzung des erlittenen Verlustes ihres eingegangenen Jungfernklosters, durch den von dem Herzoge und Bischofe Casimir am 4 May 1587 mit dem Magistrat zu Colberg gestifteten Vertrage erhielt, worinn der mit dem Herzoge Johann Friederich ehemals getroffene Vergleich zum Grunde geleget und aufs neue also bestätiget wurde, daß das Colbergsche Kloster in der Administration der gesammten Stiftsstände, als der Ritterschaft und der beiden Städte Colberg und Cößlin bleiben und diese dergestalt daran Theil nehmen sollten, daß die Zahl der Klosterjungfern 16 ausmache, und dazu 7 aus der Ritterschaft und 9 aus dem Bürgerstande, nemlich 6 aus Colberg und 3 aus Cößlin gelangen sollten. Ehemals wurde auch ein Provisor aus Cößlin bey dem Jungfernkloster in Colberg bestellet, welches aber jetzt nicht mehr geschiehet. 9) Das Recht einen Scharfrichter zu setzen. Man hat zwar der Landesherr selbst seit 1706 den Scharfrichter bestellet, und dieser muß die Meisterey von der Cammer kaufen, weil er den größten Theil seines Unterhalts aus den königlichen Aemtern ziehet, nichts destoweniger wurde es dem Magistrat frey gestellet: ob er einen besondern Scharfrichter annehmen, oder den schon gesetzten mit bestellen wollte? Hierauf ist nun das letztere beliebet und wird dem Scharfrichter vom Magistrat eine eigene Bestallung ertheilet, welches zuletzt den 4 März 1740 geschehen und am 11 Junius 1748 von der königl. Cammer bestätiget worden ist. Ehemals hatte die Stadt auch das Recht zu münzen. Man hatte vor dem Brande von 1718 zum Andenken dieser Gerechtigkeit noch viele kleine Münzen, die zu Cößlin geschlagen waren und den Namen der Rickerlinge führten, auf dem Rathhause verwahrlich beygeleget, sie sind aber damahls verlohren gegangen. Das Münzhaus stand in der großen Papenstraße zur linken Hand, wenn man nach dem Pulverthurm gehet. Die der Stadt von den ehemaligen Bischöfen und Landesherren ertheilte Privilegien sind: 1) Das Fundationsprivilegium des Bischofs Hermann von Cammin vom $\frac{23\ May}{3\ Junius}$ 1266, nach dessen Inhalte der Bischof dem Marquard und Hartmann die Stadt, welche er Cussalin nannte, zur Aufsicht und Verwaltung übertrug und der Stadt 100 Hufen beylegte, wovon 30 Hufen mit aller Freiheit diesen Aufsehern und ihren Nachfolgern beständig eigen seyn sollen. Ueber dieß eignete er der Stadt 10 Hufen in dem Holze, der Buchwald genannt, zu und gab ihren Aufsehern die Freiheit, innerhalb ihrer Feldmark eine Mühle zu bauen, erlaubte der Bürgerschaft das nöthige Brennholz, Heuschlag und Fischerey, jedoch nur innerhalb ihrer Feldmark, außer derselben aber sollte sie mit keiner Schleywade, oder andern großen Garnen fischen, mit kleinem Fischergeräthe hingegen, als Stocknetten und dergleichen sollte ihr solches frey stehen. Ferner schenkte er der Stadt 6 Freyjahre, jedoch behielt er sich die Vogtey und das Sendgericht (d. i. die weltliche und geistliche Gerichtsbarkeit und Rechtspflege) mit allen Rechten und Befugnissen vor, wie wohl er der Stadt den dritten Theil der Einkünfte überließ, ihr auch die Erlaubniß gab, wenn sich innerhalb der Stadtgränzen ein Mangel an Bauholz finden sollte, solches zu hauen, wo es anzutreffen wäre. Endlich wurde auch die Stadt von ihm mit dem Lübischen Rechte bewidmet. 2) Das Privilegium eben desselben Bischofs, gegeben zu Werben 1274 an dem Tage der Reinigung der heil. Jungfrau Maria, in welchem der Bischof der Stadt die Freiheit ertheilte, den Fluß, die kleine Rodesse genannt, in den jetzigen Mühlenbach zu leiten und darauf Mühlen anzulegen, mit der Bedingung, daß dem Bischofe nach 6 Freyjahren, die Hälfte der Einkünfte von diesen neu anzulegenden Mühlen zukommen solle. 3) Das Privilegium eben desselben Bischofs, gegeben zu Colberg 1287, nach welchem er der Stadt den Burgacker, außer 8 Hufen, die er sich behielt und außer noch 10 Hufen, die er dem Jungfernkloster verschrieb, mit Verstattung der gemeinschaftlichen Hütung schenkte. 4) Das Privilegium des Bischofs Jaromar von 1291, an dem Tage der Bekehrung des heiligen Apostels Paulus, wodurch der Stadt die Freiheit eingeräumt wurde, in dem Gollenberge Holz zu fällen, um ihre Brücken und andre Stadtgebäude davon zu errichten. 5) Das Privilegium des Bischofs Peter von 1298, welches die vorher gegebenen Privilegien bestätiget. 6) Das Privilegium des Bischofs Heinrich von 1313, der darinn der Stadt den Gollenberg und 8 Hufen Vorchland schenket. 7) Das Privilegium des Bischofs Johann von 1353, das der Stadt den Ankauf des Jamenschen oder Jamundschen Sees von den Barthusewitzen bestätiget. 8) Das Privilegium des Bischofs Magnus von 1410, an dem Tage der heiligen Apostel Simonis und Judä, in welchem der Stadt alle ihre Gerechtigkeiten, Güter und Dörfer, als Jamund und der Jamundsche See, Puddemsdorf, Nest und der Strand, Gorband und Maskow bestätiget werden. Dieses Privilegium wurde auch von den Bischöfen Siegfried Bock 1422, an dem andern Tage nach der Empfängniß der Jungfrau Maria, und Henning Iven 1447, am Mittwoche nach unserer lieben Frauentage Lichtmeßen, erneuert und bestätiget. 9) Das Privilegium des Bischofs Henning von 1459, an dem Tage Bonifacii des heiligen Bischofs, daß die Einwohner nicht an andern Orten, sondern in der Stadt vor Gericht gefordert werden sollen. Diese Privilegien wurden auch von den folgenden Bischöfen, als Marin de Fregens 1480, am Abende der heiligen Pfingsten, Benedict 1486, an dem Abende des heiligen Johannesfestes, Martin Carlitz 1498, an dem Sonntage nächst der Jungfrauen Luciä, Erasmus Manteufel 1522, am Tage Petriketteufeyer, Bartholomäus Svave 1545, am Montage nach Dionysii, Martin Weyher am 28 October 1552, von den Herzogen Johann Friederich am 25 Junius 1557, Casimir am 2 November 1574, Franz am 10 März 1604, Ulrich am 21 März 1619, Bogislaus XIIII. am 23

Die Stadt Cößlin.

October 1623, von dem Churfürsten Friederich Wilhelm am 3 April 1668, von dem Churfürsten Friederich III. am 28 November 1699 und von dem Könige Friederich Wilhelm am 17 November 1714 bestätiget. Die Orbäre, welche die Stadt bezahlen muß, beträgt 50 Rthlr., die jährlich auf Nikolai an die Landrentheh eingesandt werden. Außerdem müssen nach dem Revisionsbescheide vom 28 September 1745 und dem Rescript vom 31 März 1746 zweydrittel der so genannten geistlichen Brüche berechnet und an die Landrentheh eingesandt werden. Die bürgerlichen Lasten bestehen in der Königl. Accise, Zettul- und Plombengelde, Fabriken- und Aussaatsteuer, Servis, Hausschoß und Brunnengeld. Bey dem hiesigen Königl. Postamte kommen die Posten an und gehen ab:

Sonntags   früh die fahrende Post aus Preußen nach Berlin.
— —   Vormittags die fahrende Post von Berlin nach Preußen.
— —   Mittags die reitende Post von Berlin nach Preußen.
— —   Nachmittags die fahrende Post nach Rügenwalde.
— —   Diese Post gehet vom 1 April bis zum letzten September reitend.
— —   Nachmittags die Botenpost nach Bubliz.

Mittwochs   Vormittags die fahrende Post von Berlin nach Preußen.
— —   Mittags die reitende Post nach Preußen.
— —   Nachmittags die fahrende Post von Rügenwalde.
— —   Abends die reitende Post aus Preußen nach Berlin.
— —   Die reitende Post aus Berlin nach Preußen.
— —   Abends die Botenpost von Bubliz.

Donnerstags früh die fahrende Post aus Preußen nach Berlin.
— —   — die fahrende Post nach Rügenwalde.
— —   — die Botenpost nach Bubliz.

Sonnabends Nachmittags die fahrende Post von Rügenwalde.
— —   Abends die reitende Post aus Preußen nach Berlin.
— —   — die Botenpost von Bubliz.

Die Stadt bediente sich anfänglich eines Siegels, welches eine Kirche mit einem offenen Schwibbogen und darinn einen Bischof mit dem Krummstabe in der linken Hand vorstellte mit der Umschrift: Secretum civitatis Cusselin. Jetzt stellet das Stadtsiegel und Stadtwapen das Haupt des heiligen Täufers Johannes in einer Schüßel vor. In gemeinen bürgerlichen Angelegenheiten gebrauchet die Stadt dieses Zeichen L. Uebrigens hat sie den Vorzug, daß sie sich des rothen Wachses bedienet.

Cößlin wurde nach dem Zeugniße des Isaac Pontanus in dem 6ten Buche seiner Dänischen Geschichte in dem Jahre 1188 von den Deutschen erbauet und war damals eine Burg oder ein Dorf, das der Herzog Bogislaus mit Einwilligung seines Bruders Casimir II, nach einer Urkunde von 1214, unter dem Namen Cossa-

Das Fürstenthum Cammin.

liß dem Kloster Belbuck schenkte. Auf diese Weise kam der Ort zuerst unter den Camminschen Kirchensprengel, und wurde mittelbar dem bischöflichen Stuhl unterworfen; in dem Jahre 1248 aber erhielt der Bischof Wilhelm diese ganze Gegend als ein Kirchengut, indem der Herzog Barnim I. das dem Bischofe Conrad III. 1240 eingeräumte Land Stargard wieder zurück nahm und dagegen seine Hälfte an dem Lande Colberg dem Bischof Wilhelm abtrat, auch ihm nachher die andre von seinem Bruder Wratislav III. geerbte Hälfte überließ. Durch das oben angeführte Privilegium von 1266 wurde von dem Bischofe Hermann, welchem das Kloster Belbuck Cößlin abgetreten hatte, der Anfang zu der städtischen Einrichtung desselben gemacht. Eben dieser Bischof stiftete hier 1278 ein adeliches Jungfernkloster des Cistercienser ordens unter der Aufsicht einer Aebtißinn und Priorin. Bald darauf wurde die Stadt mit den Hinterpommern, in der Mitte des 15ten Jahrhunderts aber mit der Stadt Colberg, insonderheit wegen der Schiffahrt, in große Streitigkeiten verwickelt, die einige mahle in Gewaltthätigkeiten und blutige Kriege ausbrachen, endlich aber durch den von dem Bischofe Siegfried gestifteten und von dem Bischofe Henning 1447 erneuerten Frieden beygeleget wurden. Nachdem der Graf Ludewig von Eberstein, der bereits 7 Jahre das Bisthum Cammin verwaltet, aber die päpstliche Bestätigung nicht hatte erhalten können, sich des Bisthums begeben, jedoch sich die Schlößer Cößlin und Gülzow vorbehalten hatte, ließen sich die Einwohner der Städte Colberg und Cößlin auf Anstiften des Bischofs Marinus de Fregeno verleiten, dem Grafen das Schloß Cörlin abzunehmen, bestürmeten und plünderten es, und machten die Hofleute des Grafen zu Kriegsgefangenen. Sie mußten aber nach dem Vergleiche, welchen Werner von der Schulenburg 1496 stiftete, nicht allein die Gefangenen wieder los geben, sondern auch eine Strafe von 300 Rheinschen Gulden gangbarer Münze erlegen. Zu einer noch weit größern Strafe wurde die Stadt Cößlin 1480 verurtheilet, als einige ihrer Einwohner die Verwegenheit gehabt hätten, den Herzog Bogislav X. auf dem vor der Stadt Zanow gelegenen Schloße zu überfallen und als einen Gefangenen nach Cößlin zu führen, weil einige seiner Leute etliche Kaufleute, unter welchen sich auch Cößliner befanden, beraubet hatten. Die Herzoge und Bischöfe Casimir, Franz und Ulrich machten Cößlin zu ihrer Residenzstadt und der erste legte die Stiftische Canzeley hieher, welche hiernächst nach Colberg und 1686 nach Stargard gebracht wurde. In dem dreyßigjährigen Kriege wurde die Stadt von 1617 bis 1631 mit Kaiserlicher Einquartirung beleget und mit vielen Abgaben beschweret, die durch die nach einigen Jahren erfolgte Ankunft der Schwedischen Truppen nicht vermindert wurden, so daß insonderheit in den Jahren 1639 und 1640 viele Bürger mit ihren Familien davon giengen und sich beynahe 200 eingefallene Häuser und wüste Stellen in der Stadt befanden. In den Jahren 1535, 1585, 1630 und 1653 starben viele Menschen an der Pest und unter den Feuersbrünsten verursachten diejenigen, welche die Stadt den 28 October 1504 und den 23 November 1575 erlitt, ihr den größten Schaden, indem vornehmlich in der ersten nur die Kirche und sehr wenige Bürgerhäuser gerettet wurden. Das große Unglück, welches die Stadt den 11 October 1718 betraf, da das Schloß, die Schloßkirche, das Rathhaus und 297 Privatgebäude im Feuer aufgiengen, rührte das landesväterliche Herz des Königs Friederich Wilhelm, die regelmäßige Wiederaufbauung der Stadt durch ansehnliche

Die Stadt Cößlin.

Geschenke und ihre Aufnahme dadurch noch mehr zu befördern, daß in dem Jahre 1720 hier das Hofgericht eingeführet wurde. In dem Jahre 1747 wurden auch das Consistorium und Vormundschaftscollegium errichtet und das Hofgericht in 2 Senate getheilet, wovon jedoch der eine in dem Jahre 1780 wieder eingegangen ist. In dem letzten 7 jährigen Kriege war Cößlin einige mahl das Hauptquartier der Rußen, welche am 29 May 1760 die 3 Vorstädte ansteckten, so daß 169 Gebäude in die Asche geleget wurden, und nach einer heftigen Canonade und einer am 30 May 1760 geschloßenen Capitulation an dem folgenden Tage in die Stadt einrückten. Nach wiederhergestelleten Frieden ist in dem Jahre 1764 ein Königl. Krieges und Domainencammerdeputationscollegium darinn errichtet worden, welches sich in dem besonders dazu gekauften so genannten Collegienhause versammlet. Zu dem Eigenthum der Stadt gehören:

1) Folgende Dörfer, als:

(1) Cluß oder Groß-Cluß, 1 Meile von Cößlin nordostwärts, jenseit des Gollenberges, nahe an der Stadt Zanow gegen Süden und an dem Nestbache, war ehemals ein Vorwerk, welches 1614 mit Bewilligung des Magistrats, der Gemeine und Gewerke der Stadt Cößlin angeleget wurde. Nachdem es nebst Klein-Cluß, deßen Einwohner ehemals bey diesem Vorwerke Dienste leisten mußten, in dem letzten 7 jährigen Kriege war verwüstet worden, wurde es in dem Jahre 1764 in ein Wollspinnerdorf verwandelt und mit 24 Familien besetzet, welche nur allein Gärten und wenige Wiesen besitzen. Das Dorf bestehet jetzt aus 25 Feuerstellen und ist zu der St. Marien- oder Pfarrkirche in Cößlin eingepfarret. Das nöthige Holz wird den Einwohnern aus dem Gollenberge gereichet.

(2) Deep, ein Fischerdorf, führet seinen Namen von dem fließenden Waßer, dem so genannten Tief oder Deep, durch welches der Jamundsche See seinen Ausfluß in die Ostsee hat. Es lieget 1¼ Meilen von Cößlin gegen Norden, auf dem schmalen Erdstriche, welcher sich zwischen dem Jamundschen See und der Ostsee befindet, und hat 13 Fischerkathen, 1 Schulmeister, 13 Feuerstellen und ist zu Jamund in der Cößlinschen Synode eingepfarret. Die Einwohner sind eben so, wie die zu Nest, zur Fischerey in der Ostsee berechtiget und müßen dafür sowohl als für die Sommerfischerey auf dem Jamundschen See, imgleichen an Kathenpacht eine bestimmte jährliche Abgabe an die Cößlinsche Cämmerey bezahlen. Ihre Feuerung bestehet in Torf, welcher auf dem Grunde der Stadt Cößlin gestochen wird. Dieses Dorf ist gegen das Ende des 14ten oder in dem Anfange des 15ten Jahrhunderts erbauet worden und bestand ehemals aus 27 Fischerkathen, wovon es bey dem in dem Jahre 1552 entstandenen großen Sturm 6 einbüßte. Nach der Matricul von 1628 waren hier 24 halbe Fischerkathen, nach dem Urbarium von 1712 aber 17 Kathen vorhanden.

(3) Gohrband 1 Meile von Cößlin nordostwärts, jenseit des Gollenberges, nahe bey der Stadt Zanow, hat außer einem Vorwerke 3 Vollbauern, 2 Coßäthen, 1 Schulmeister, 2 Büdner, 1 Hirten, 2 Einlieger, 8 Feuerstellen und ist zu der St.

Marien- oder Pfarrkirche in Cößlin eingepfarret. Die Feuerung wird der Dorfschaft aus dem Gollenberge gereichet, an welchem sie aber kein Recht hat, weil derselbe der Stadt Cößlin allein gehöret. In den ältesten Zeiten stand hier ein Schloß, die Burg Gorband genannt. Peter Schwenz verkaufte das Dorf Gohrband, welches der Bischof von Cammin vorher dem Reimar Scallpe zu Lehn gegeben hatte, nach einer Urkunde von 1308 für 100 Mark der Stadt Cößlin. Der Bischof Heinrich Wacholt bestätigte 1313 nicht nur diesen Verkauf, sondern schenkte auch seinen Theil, den er diesseits Gohrband an dem Gollenberge hatte, eigenthümlich der Stadt und diese Schenkung wurde ihr von dem Bischofe Friederich von Eickstädt 1337 bestätiget.

(4) Jamund in alten Urkunden Jamen, Jamele und Jament genannt, ¾ Meile von Cößlin gegen Norden, stößet mit seiner nördlichen Feldmark an den Jamundschen See, welcher durch das so genannte Tief mit der Ostsee verbunden ist, und hat 1 Prediger, 1 Küster, der zugleich Schulmeister ist, 1 Predigerwittwenhaus, 23 Bauern, 2 Halbbauern, 12 Coßäthen, 14 Büdner, 2 Hirten, 12 Einlieger, 58 Feuerstellen, eine zu der Cößlinschen Synode gehörige Mutterkirche, deren Patron der Magistrat zu Cößlin ausschließungsweise ist und zu welcher die Dörfer Labus, Puddemsdorf und Deep und ein Holzwärter in dem Buchwalde eingepfarret sind, und ein kleines Elsenbruch, welches die Bauern zur Feuerung nutzen. Die Jagd auf den Feldmarken dieses Dorfs stehet dem Magistrat zu Cößlin und das Recht der Fischeren in dem Jamundschen See der Cämmerey daselbst zu, welcher die Pacht davon berechnet wird; jedoch gehöret ⅓ von diesem See zu den adelichen Gütern Wussecken, Replow, Kleist und Lase und ein Theil des westlichen Endes desselben dem königl. Amte Casimirsburg und der adelichen Herrschaft zu Möllen. In dem Verhältnisse gegen die königlichen Aemter Cößlin und Casimirsburg muß die Dorfschaft Jamund ⅓ der königlichen Paßfuhren verrichten. Der Bischof Friederich von Eickstädt schenkte 1331 das Dorf Jamund der Stadt Cößlin, welcher es nebst dem Jamundschen See, Puddemsdorf, Nest und dem Strande, Gohrband und Maskow nach dem Privilegium des Bischofs Magnus von 1410 bestätiget wurde. Das Dorf bestand ehemals aus 17 Vollbauern und 14 Halbbauern, nachdem aber in dem Jahre 1628 sechs Halbbauerhöfe abgebrannt waren, wurden die Hufen derselben 6 andern Halbbauern beygeleget und diese dadurch zu Vollbauern gemacht. (*)

(5) Maskow ¼ Meile von Zanow südostwärts und 1 Meile von Cößlin gegen Osten, an dem Fuße des Gollenberges, auf der Landstraße von Cößlin nach Pollnow, gränzet gegen Osten an den Nestbach, und hat außer einem Vorwerke 4 Bauern, 1 Coßäthen, der zugleich Holzwärter ist, 1 Hirten, 6 Feuerstellen, 2 Karpenteiche außer dem Dorfe, welche zum Besten der Cößlinschen Cämmerey verpachtet werden und ist zu Wisbuhr in der Cößlinschen Synode eingepfarret. Die Feuerung erhalten die Einwohner aus dem Gollenberge.

(6) Mey-

(*) Der Präpositus Hacken hat in seiner zu Kopenhagen und Leipzig 1776, in 4. herausgekommenen historisch-critischen Untersuchung sämtlicher Nachrichten von der ehemaligen auf der Pommerschen Küste befindlich gewesenen, und so hochberühmten Seestadt Jomsburg wahrscheinlich zu machen gesucht, daß solche in der Gegend des Dorfs Jamund gelegen habe.

Das Eigenthum der Stadt Cößlin.

(6) Meyeringen ½ Meile von Cößlin nordnordostwärts, an dem nordlichen Ende des Gollenberges, ist eine auf dem Grunde und Boden der Stadt Cößlin in dem so genannten Kickel, nach der von der Königl. Krieges= und Domainencammer am 7 May 1749 ertheilten Genehmigung, neu angelegte und nach dem General von Meyering benannte Colonie, welche aus 10 Bauern, 1 Schulmeister, 1 Hirten, 3 Einliegern und 11 Feuerstellen bestehet und zu der St. Marien= oder Pfarrkirche in Cößlin eingepfarret ist. Die Bauern besitzen ihre Höfe erblich und bezahlen der Cößlinschen Cämmerey einen gewißen jährlichen Erbzins. Die Feuerung erhalten sie für einen Brennzins aus dem Gollenberge.

(7) Nest ein Fischerdorf, 1¼ Meilen von Cößlin, zwischen der Ostsee und dem Jamundschen See, hat 22 Fischer, 1 Schulmeister, 24 Feuerstellen und ist zu Groß-Möllen in der Cößlinschen Synode eingepfarret. Die Einwohner haben das Recht der Fischerey in der Ostsee, und müßen dafür sowohl als für die Sommerfischerey in dem Jamundschen See, imgleichen an sogenannter Kathenpacht eine bestimmte jährliche Abgabe an die Cößlinsche Cämmerey bezahlen. Ihre Feuerung bestehet in Torf, welcher in dem Puddemsdorfschen Moor gestochen wird. Der wenige Acker ist sandig, aber durch den Dünger also verbeßert worden, daß er den Einwohnern Gras, hinlänglichen Hanf uud Küchengewächse liefert. Das Dorf, welches ehemals näher an der Ostsee lag, in dem Jahre 1552 aber durch einen gewaltigen Sturm gänzlich verwüstet und nachher näher an dem Jamundschen See wieder aufgebauet wurde, lieget jetzt nach der Ostsee zu, hinter einem hohen Sandberge, der es schützt und durch die von Zeit zu Zeit gepflanzte Schwarzweiden entstanden ist, die den Sand aufhalten.

(8) Puddemsdorf in alten Urkunden Buddemerstorp und Pudmerstorp genannt, 1 Meile von Cößlin nordnordwestwärts nahe an dem Jamundschen See, hat 5 Bauern, 2 Coßäthen, 1 Schulmeister, 1 Hirten, 8 Feuerstellen, etwas Fichtenholz zur Feuerung und ist zu Jamund in der Cößlinschen Synode eingepfarret. Obgleich dieses Dorf an dem Jamundschen See liegt, so ist es doch nicht zur Fischerey in demselben berechtiget, als welche den Fischerdörfern Nest und Deep zustehet.

(9) Schwerinsthal ¼ Meile von Cößlin gegen Norden, an dem nordlichen Ende des Gollenberges, in einer Gegend, so Kickel, in den alten Urkunden aber Kicker genannt wird, wurde, nach der von der Königl. Krieges= und Domainencammer am 7 May 1749 ertheilten Genehmigung, zugleich mit dem Dorfe Meyeringen auf dem Cößlinschen Stadtgrunde durch Rodung einer Büchen= und Eichenheide neu angeleget und bestehet aus 18 Bauern, 1 Schulmeister, 1 Hirten und 19 Feuerstellen. Die Einwohner dieser Colonie, welcher der König zur Ehre des Generalfeldmarschalls Grafen von Schwerin den Namen Schwerinsthal beyleget, sind zu der St. Marien= oder Pfarrkirche in Cößlin eingepfarret. Die Bauern besitzen eben so, wie die zu Meyeringen, ihre Höfe erblich, bezahlen der Cößlinschen Cämmerey einen gewißen jährlichen Erbzins und erhalten die Feuerung für einen Brennzins aus dem Gollenberge.

(10) Steg=

Das Fürstenthum Cammin.

(10) **Steglin** ¾ Meile von Janow südostwärts und 1½ Meilen von Cößlin ostsüdostwärts, in einer ebenen Gegend, auf der Landstraße von Cößlin nach Pollnow, gränzet gegen Süden an den Nestbach und gehöret theils zu dem Neu-Stettinschen, theils zu dem Schlawischen Kreise. Derjenige Theil dieses Dorfs, welcher zu dem Neu-Stettinschen Kreise gerechnet wird, gehöret der Stadt Cößlin und begreift 6 Bauern, 1 Holzwärter, 2 Büdner, 1 Hirten, 1 Schulmeister, 1 Krug, 10 Feuerstellen, eine zu der Cößlinschen Synode gehörige Kirche, die ein Filial von dem adelichen Dorfe Wisbuhr ist und zu welcher das Dorf Vangerow und das Vorwerk Mocker eingepfarret sind, mit Einschließung des Vorwerks Mocker 3 1⅝ steuerbare Landhufen, wovon die Steuern in die adeliche Kreiscasse des Neu-Stettinschen Kreises fließen und einen Karpenteich, welcher zum Besten der Cößlinschen Cämmerey verpachtet wird. Das Patronatrecht über die Steglinsche sowohl als Wisbuhrsche Kirche gehöret gemeinschaftlich der adelichen Herrschaft zu Wisbuhr und dem Magistrat zu Cößlin. Jeder Theil hat bey der Berufung eines Predigers seine Stimme und unterschreibt die Vocation, daher auch beide Kirchen die Pfarr- und Kirchengebäude erhalten müßen; jedoch trägt Wisbuhr zu den Prediger- Küster- und Predigerwittwengebäuden ⅔, Steglin hingegen nur ⅓ bey, daher auch die Wisbuhrsche Kirche von der Miethe des Wittwenhauses ⅔ und die Steglinsche nur ⅓ erhält. Nach dem zu Wisbuhr am 1 März 1708 zwischen Christoph und Philipp Julius von Schwerin geschlossenen Vergleiche stehet der Herrschaft zu Mocker und Steglin frey, in der Wisbuhrschen Kirche und der Wisbuhrschen Herrschaft in der Steglinschen Kirche ein Gestühl bauen zu laßen. Von beiden Herrschaften werden auch die Kirchenrechnungen abgenommen. In den zu Steglin belegenen Holzungen genießet der Magistrat zu Cößlin die Jagd und die Einwohner dieses Dorfs sind Zwangsmahlgäste der Wisbuhrschen Mühle. Das Vorwerk Mocker und derjenige Theil in Steglin, welcher zu dem Neu-Stettinschen Kreise gehöret, waren ehemals Glasenappsche und wurden nachher Schwerinsche Lehne. Der Hauptmann Philipp Julius von Schwerin verkaufte sie nebst 2 Coßäthenhöfen in Wisbuhr 1718 mit lehnsherrlicher Einwilligung vom 31 October 1719 für 13500 Rthlr. der Stadt Cößlin, deren Magistrat mit diesen Gütern belehnet wurde, die 2 Coßäthenhöfe in Wisbuhr aber 1727 wieder dem Hauptmann Heinrich Christoph von Schwerin verkaufte. S. Steglin unter den adelichen Gütern des Schlawischen Kreises.

2) **Sechs Vorwerke, als:**

(1) **Klein-Cluß** bestehet in dem von Groß-Cluß übrig gebliebenen Acker und ist verpachtet.

(2) **Gohrband** ein steuerfreyes Vorwerk mit einer Feuerstelle und einer Schäferey von 280 Schafen.

(3) **Maskow** mit 1 Feuerstelle und einer Schäferey von 200 Schafen. Dieses Vorwerk wurde 1658 von dem Magistrat zu Cößlin aus 2 verfallenen Bauerhöfen angeleget.

(4) Mo-

Das Eigenthum der Stadt Cößlin.   517

(4) Mocker ein zu dem Neu-Stettinschen Kreise gehöriges und zu Steglin in der Cößlinschen Synode eingepfarrtes Vorwerk, lieget 1⅞ Meilen von Cößlin ostsüdostwärts, an der Landstraße von Cößlin nach Pollnow, welche nahe bey diesem Vorwerke vorbeyführet, und hat 4 Feuerstellen, eine Schäferey von 300 Schafen, keine Dienste, die hohe und niedre Jagd, Eichen- Buchen- und Fichtenholzungen, einen Antheil an dem Patronatrechte über die Steglinsche Kirche und ist zu ⅜ an der Wisbuhrschen Mühle berechtiget.

(5) Der Rothekrug ¼ Meile von Cößlin südostwärts, hat 1 Feuerstelle, keine Dienste und ist zu der St. Marien- oder Pfarrkirche in Cößlin eingepfarret. Das nöthige Brennholz wird dem Pächter von der Cößlinschen Cämmerey gereichet, die Jagd auf der Feldmark aber stehet dem Cößlinschen Magistrat zu. In dem letzten 7 jährigen Kriege wurde dieses Vorwerk gänzlich zerstöhret, 1763 aber wieder aufgebauet.

(6) Der Stadtkathen ein steuerfreyes Vorwerk, ½ Meile von Cößlin nordwestwärts, jenseit des Büchenwaldes, nahe an dem Dorfe Jüdenhagen, hat 1 Feuerstelle und ist zu Groß-Streitz in der Cößlinschen Synode eingepfarret. Ehemals wurden diesem Vorwerke Dienste von der Dorfschaft Puddemsdorf geleistet. Weil aber diese jetzt Dienstgeld giebet, muß die Wirthschaft mit eigenem Gespann von dem Pächter bestellet werden, welchem das nöthige Brennholz aus dem Büchenwalde gereichet wird. Der Stadtkathen war ehemals nur ein Holzkathen, nach dem Urbarium von 1712 aber hat man in dem Jahre 1550 einige Aecker und Wiesen gerodet und hier ein Vorwerk angeleget.

3) Zwo Ziegeleyen, als die Stadtziegeley, welche mit 1 Feuerstelle vor dem neuen Thore der Stadt Cößlin liegt und 2 Brennofen hat, und die 1720 angelegte Ziegeley zu Mocker mit 1 Feuerstelle.

4) Folgende Mühlen als:

(1 — 3) Die große Stadtmühle mit 5 Gängen ist nebst der dazu gehörigen Schneidemühle und der aus 2 Gängen bestehenden Mühle und in dem Jahre 1606 angelegten Niedermühle für eine jährliche Erbpacht verkauft und zu der St. Marien- oder Pfarrkirche in Cößlin eingepfarret. Die große Stadtmühle wurde von dem Magistrat zu Cößlin 1289 erblich dem Müller Johann und von diesem mit Genehmhaltung des erstern 1294 dem Kloster Buckow verkauft, welches solche 1440 für 6950 Mark der Stadt Cößlin verpfändete, 1510 aber derselben die Mühlen völlig durch einen Tausch abtrat, nach welchem die Stadt dagegen dem Kloster die 1444 von den von Kameke gekaufte so genannte Katzenburgsche Heide überließ. Den 22 und 23 May 1601 brannte die große Mühle ganz ab, wurde aber bald wieder aufgebauet. In dem Jahre 1680 wurde sie von neuen aufgeführet und mit 5 Gängen versehen. Die Zwangsmahlgäste der Stadt- und Niedermühle sind: die Einwohner der Stadt Cößlin, der Dörfer und Vorwerke Jamund, Puddemsdorf,

Maskow, Mocker, Nest, Deep, Groß- und Klein-Cluß, Gohrband, Schwerinsthal, Meyeringen, des Stadtkathens und Rothenkruges, der Stadtziegeley und der Holzwärter im Büchenwalde.

(4) Eine Papiermühle mit 1 Feuerstelle wurde in dem Jahre 1764 in dem Gollenberge erbauet und ist zu der St. Marien- oder Pfarrkirche in Cöslin eingepfarret. Die Cößlinsche Cämmerey erhält von dieser Papiermühle eine jährliche Abgabe von 20 Rthlr.

(5) Eine Walkmühle, welche dem Tuchmacheramte in Cöslin gehöret und der Cämmerey eine jährliche Wasserpacht giebet.

(6) Eine Lohmühle. Diese gehöret dem Schustergewerke in Cößlin, welches solche von der Cämmerey gekauft hat.

5) Vier Holzwärterwohnungen, als 2 in dem Gollenberge, wovon die bey Cluß belegene zu der Stadtpfarre, die bey Maskow aber zu Wisbuhr eingepfarret ist, und 2 in dem Büchenwalde, wovon die eine zu der Stadtpfarre, die andre aber zu Jamund eingepfarret ist.

II. Zwo königliche Mediatstädte, als:

1. **Cörlin** lieget 1 Meile von Belgard, 3 Meilen von Colberg, Cößlin und der Neumärkschen Stadt Schlefelbein, 4 Meilen von Treptow an der Rega, auf der Post- und Landstraße von Berlin nach Danzig, an der Persante, welche sich bey der Stadt mit der Radüe und dem so genannten Krummenwasser vereiniget und ist an 3 Seiten mit den erwähnten Flüßen und dem aus der Radüe geleiteten Mühlenbache umgeben. Ueber diese Gewässer sind vor dem Colbergschen und dem Belgardschen Thore ansehnliche Brücken, die ehemals auch mit Zugbrücken versehen waren, da die Stadt sonst ein offener Ort ohne Mauern ist und 3 Zugänge oder Thore hat. Diese werden von den Städten, wohin sie führen, das Colbergsche oder Schloßthor, weil es nahe an dem ehemaligen fürstlichen Schloße ist, das Belgardsche und Cößlinsche genannt. Die Stadt, deren Versicherungssumme jetzt in der Feuersocietät, mit Ausschließung der erst neuerlich erbaueten und noch nicht bey derselben versicherten beiden Thorschreiber- und einiger Bürgerhäuser, 39420 Rthlr. beträgt, hat 3 geräumige und mit guten Steinpflastern versehene Haupt- und 5 Nebenstraßen, mit Innbegriff der Mühle und der 2 Thorschreiberhäuser überhaupt 157 Feuerstellen und 851 Seelen. Unter dieser Seelenzahl sind diejenigen mit begriffen, welche in der vor dem Cößlinschen Thore befindlichen Vorstadt wohnen, nicht aber die Garnison, so jetzt aus 2 Compagnien Cuirasiers des Regiments des Prinzen Ludewig von Württemberg bestehet, für deren Pferde königliche Ställe erbauet sind. Unter den öffentlichen Gebäuden war ehemals das bey der Stadt gelegene fürstliche und bischöfliche Schloß, das nebst der Stadt in Merians Topographie des Herzogthums Pommern in Kupfer gestochen zu sehen ist, das vornehmste,

Die Stadt Cörlin.

Es war ganz mit Wasser umgeben, indem an der einen Seite die Radüe vorbeyfließet, welche sich in der Gegend des ehemaligen Schloßes mit der Persante, die noch vorher das Krummewasser aufgenommen hat, vereiniget; die andre Seite aber war von dem nach dem Mühlenteiche geleiteten Arme der Radüe eingeschloßen, so daß man über eine Brücke, welche noch vorhanden ist, nur einen Zugang zu dem Schloße hatte. Jetzt ist von demselben nichts mehr übrig, als das auf einem erhabenen Orte stehende und zum Brauhause des königlichen Amts eingerichtete Gebäude, dessen Mauern und Gewölbe von seinem Alterthum zeugen. Neben demselben ist in neuern Zeiten die Wohnung für den königlichen Beamten nebst den nöthigen Wirthschaftsgebäuden aufgeführet worden. Ehemals als das Schloß noch stand, war noch ein dazu gehöriges dießeits des Armes der Radüe in der Stadt belegenes Vorwerk oder Ackerhof vorhanden, welcher in der großen Feuersbrunst in dem Jahre 1685 mit in die Asche geleget wurde. Auf dieser Stelle ließ der König Friederich Wilhelm 1724 ein schönes von der Straße etwas zurückgesetztes Haus erbauen, um sich deßelben bey seiner Durchreise nach Preußen zu bedienen, es wurde aber am 30 September 1761 von den Rußischen Truppen abgebrannt und verwüstet. Nachher wurden auf diesem Platze 4 Bürgerhäuser an der Straße in gleicher Linie mit den übrigen erbauet. Das Rathhaus stehet mitten auf dem in der Stadt belegenen Markte und dienet, außer den rathhäuslichen Geschäften, theils zur Hauptwache und Mondirungskammer der hiesigen Garnison, theils zur Acciseeinnahme und zur Stadtwage. Die einzige Kirche in der Stadt führet den Namen der Michaeliskirche. Der Bischof Martin Carith ließ sie 1510 durch den damaligen Bürgermeister und Kirchenvorsteher Claus Rinkhold erbauen, sie wurde aber durch die große Feuersbrunst in dem Jahre 1685 sehr beschädiget, indem nicht nur die über das Mauerwerk hervorragende Spitze ihres Thurms verlohren ging und die Glocken zerschmolzen, sondern auch die innern Zierrathen in der Kirche von den Flammen verzehret wurden. Damals verlohr sie auch die beiden Denkmale, deren Cramer in seiner Pommerschen Kirchengeschichte erwähnet, nemlich das in Lebensgröße auf Holz gemalte Bildniß des Bischofs Martin Carith, welcher hier begraben ist, und die Tafel, worauf das Gastmahl des Herodes und die Enthauptung Johannis gemalt waren. Das in Stein gehauene Monument des Bischofs Martin Weyher in dem Chor wurde ebenfalls sehr beschädiget und nachher völlig weggeräumet, nachdem bey dem eigenen Unvermögen der Stadt, die Familie der von Weyher vergeblich war aufgefordert worden, die Kosten zur Wiederherstellung deßelben herzugeben. Der St. Michaeliskirche wurde nicht nur von dem am 12 November 1772 gestorbenen königlichen Justizamtmann Martin Friederich Hackebarth ein Capital von 500 Rthlr. vermacht, wovon die Zinsen zur Verbeßerung der Besoldungen der Kirchen- und Schulbedienten angewendet werden sollen, sondern es sind ihr auch neuerlich zu ihrer Zierde von dem Churfürstl. Sächsischen Ober-Kriegescommissarius Christian Gabriel Klingemann zu Dresden, der am 4 Februar 1703 in Cörlin gebohren ist, eine große mit breiten goldenen Treßen besetzte Altardecke von grünem Taffet nebst einer solchen Decke auf das Pulpet, ein silberner stark vergoldeter Communionkelch mit einer dazu gehörigen Patene und ein schönes Gemählde des D. Martin Luthers in einem Bruststücke geschenket worden. Außer den nahe bey der Stadt gelegenen Mühlen, als der

Korn- Oel- und Graupenmühle, der Schneidemühle und der Walkmühle sind noch zu der Kirche der Ritterkrug, die königliche Försterey Holzmühle, die städtische Ziegelen, das Vorwerk Hünerheide, der Stadthof, die beiden Holzwärterwohnungen in dem Stadtholze, die königlichen Amtsdörfer Redlin, Cowanz und Garchen und das adeliche Dorf Coseger eingepfarret. Ehemals war bey der Stadtkirche nur ein Prediger und die Nachmittagspredigten wurden von dem Rector gehalten, welcher aber seit 1655 jederzeit zugleich Kapellan oder Diakonus gewesen ist und nach dem Rescript vom 10 Februar 1682 mit dem Pastor zugleich Beichte halten und alle Accidentien mit ihm theilen soll. Die Präpositur der von der Stadt benannten Synode ist jederzeit dem Pastor anvertrauet, zu dessen Inspection 9 Kirchspiele auf dem Lande, wovon aber das eine, nemlich das Parsowsche seit 1741 mit dem Marinschen verbunden ist, und überhaupt mit Einschließung des Präpositus 10 Prediger gehören. Das Patronatrecht über die Kirche stand ehemals den Bischöfen von Cammin zu und kam nach der Secularisation des Stifts an den Landesherren, von welchem daher auch jetzt der Pastor bestellet wird; der Magistrat aber hat nach dem Rescript vom 31 December 1729 das Recht, den Diakonus zu vociren, der zugleich Rector ist. Dieser war in den ältern Zeiten der einzige Lehrer bey der unter dem Patronat des Magistrats stehenden Schule; nachher aber wurde ihm noch ein Gehülfe unter dem Namen eines Collaborators gegeben, bis endlich 1692 noch ein dritter Schulcollege angenommen wurde, der zugleich Cantor bey der Kirche ist und ehemals auch den Organistendienst mit versahe. Da man aber nicht allezeit Subjecte gefunden hat, die beiden Stellen zugleich vorstehen können; so wurde ein besonderer Organist bestellet, der, wenn er dazu die Geschicklichkeit besitzt, 2 Stunden wöchentlich in der Stadtschule Unterricht giebt. Zum Besten der armen Schulkinder sind folgende Vermächtniße bestimmet: 1) dasjenige, welches von dem am 20 März 1769 gestorbenen Cämmerer und königlichen Postsecretair Johann George Klügel gestiftet worden ist, und in einem Capital von 450 Rthlr. bestehet, von deßen Zinsen für 2 arme Waisen oder Kinder dürftiger Leute und zwar für ein jedes Kind 12 Gr. an Schulgelde und dem Präpositus für die Einsegnung eines solchen Kindes 1 Rthlr., dem Cantor aber jährlich 10 Rthlr. bezahlet, und die übrigen Zinsen zum Capital geschlagen werden sollen; 2) ein Vermächtniß, das durch Geschenke von verschiedenen Personen gestiftet und jetzt zu einem Capital von 80 Rthlr. angewachsen ist, wovon die Zinsen zur Bezahlung des Schulgeldes und Anschaffung der nöthigen Schulbücher für arme Kinder des weiblichen Geschlechts angewendet und von dem Diakonus berechnet werden; 3) das von dem Pastor und Präpositus Johann Burtow gestiftete, welches in 2 Rthlr. Zinsen bestehet, wovon der Präpositus 1 Rthlr. und ein studirender Knabe 1 Rthlr. haben sollen, welcher aber nachher zur Besoldung des Cantors ist geleget worden. Die Kirchen- und Schulbediente bekommen ihre Gehalte aus der Kirchen-Hospital- und so genannten Besoldungscasse. Der Magistrat ist in dem Besitze des Patronatrechts über das Hospital St. George, welches auf der Vorstadt stehet. Es war zum Unterhalte für 10 Beginen eingerichtet worden, nachher aber wurden die Hebungen, welche 5 Beginen zu genießen hatten, auf den Vorschlag des Pastors und Präpositus Butow dem ordinirten Rector zugeleget und werden daher auch noch jetzt dem Diakonus gereichet. Der Bischof Martin Weyher

und

Die Stadt Cörlin.

und der Herzog Johann Friderich vermachten dem Hospital zum Unterhalte der Beguinen verschiedene Hebungen, so die Hospitaliten und der Diakonus jetzt von dem königlichen Amte erhalten. Vornehmlich aber wurde das Hospital durch den Genuß der Zinsen von einem Vermächtnisse von 400 Rthlr., das die Wittwe des Senators Jahnke 1683 stiftete, in die jetzigen guten Umstände versetzet. Die kleine Kirche bey dem Hospital wurde, nachdem sie baufällig geworden, und keine Mittel zu ihrer Wiederherstellung vorhanden waren, bereits in dem Anfange des vorigen Jahrhunderts auf den Befehl des Herzogs und Bischofs Franz an den Stiftischen Landrath, Christoph von Manteufel zu Kruckenbeck verkauft, welcher sie abbrechen ließ, um die Materialien davon zu nutzen. Die Armencasse ist durch einen freywilligen monatlichen Beytrag der Einwohner zur Versorgung der Stadtarmen errichtet; die so genannte Cörlinsche Jungfern-Heiraths- und Begräbnißsocietät aber, die von dem Könige Friederich Wilhelm am 25 Junius 1734 war bestätiget worden, ist 1744 gänzlich aufgehoben worden. Der Magistrat, der seine Glieder selbst wählet, bestehet aus dem dirigirenden Bürgermeister, der zugleich die gerichtlichen Geschäfte besorget, einem Cämmerer und 2 Senatoren, wovon der eine auch das Secretariat verwaltet. Hier wird nach dem Lübischen Rechte gesprochen, womit die Stadt in ihren Privilegien bewidmet ist. Die Bischöfe von Cammin hatten sich darinn einen Theil der Gerichtsbarkeit vorbehalten, so daß die bürgerlichen Sachen von dem Magistrat, die peinlichen aber von dem bestellten bischöflichen Official oder Gerichtsvogte, jedoch mit Zuziehung zweener Glieder des Raths, abgemachet wurden. Als aber nach dem am 28 Januar 1691, zwischen dem Churfürstlichen Amtshauptmann wie auch dem Rentmeister an einem, und dem Magistrat und den Stadtältesten am andern Theile errichteten und von dem Churfürsten Friederich III. zu Cölln an der Spree am 31 März 1691 bestätigten Vergleiche, die so genannte Wicke, welche damals aus 14 theils bewohnten, theils wüsten Stellen in der Stadt bestand und in Ansehung des davon zu entrichtenden Grundzinses und der gemeinschaftlichen Gerichtbarkeit zu dem fürstlichen Schloße gehörte, der Stadt einverleibet und mit der Civil- und Criminalgerichtbarkeit übergeben worden war: so wurde von der Churfürstlichen Hinterpommerschen Lehnscanzley am 20 August 1692 festgesetzet, daß die Appellationen von dem Magistrat, welche ehemals an den Amtshauptmann gegangen waren, an das Churfürstliche Hofgericht, nach der bereits am 5 December 1662 getroffenen Verfügung, gehen sollten. Dieses Vorrecht wurde auch nachher in den unten angeführten Privilegien der Könige Friederich I. und Friederich Wilhelm der Stadt ausdrücklich bestätiget. Ihre übrigen Freyheiten und Gerechtigkeiten bestehen in der Jagd auf der städtischen Feldmark und in dem Stadtwalde, der Fischerey auf der Radüe und Persante, dem Rechte Colbergsches Salz zu gebrauchen und der Befreyung von den Krieges- und Paßfuhren, wie auch von den Kreisschulden. Da die Stadt auf der Land- und Poststraße von Berlin nach Preußen liegt und daher viele Posten und Frachtwagen hier ankommen, so haben die Einwohner davon einen Theil ihrer Nahrung; das Hauptgewerbe aber bestehet in den Wollarbeiten der Rasch- und Zeugmacher, außer welchen noch einige Tuchmacher angesetzet worden sind. Die Stadt hat ihre Aecker und Wiesen an der einen Seite vor dem Cöslinschen Thore. Der Acker ist in 3 Felder eingetheilet und erstrecket sich samt dem Stadtholze beynahe auf eine Meile. Er ist nur von mittelmäßiger Güte und größtentheils sandig, der Wiesewachs aber durchgängig gut. In dem aus Büchen und Eichen bestehenden Stadtholze, worinn der Bürgerschaft nach dem Rescript vom 3 Julius 1777 die Mastfreyheit und zwar bey voller Mast auf ein Schwein für jeden Bürger, und bey halber Mast, nach dem Innhalte des angeführten Rescripts, auf die Halbscheid, jedoch so daß für ein jedes Schwein 8 Gr. an die Cämmerey bezahlet werden müssen, zustehet, ist der Stadthof, so in einem Ackerwerke und Kruge für Reisende bestehet, angeleget, welcher nebst 2 darinn befindlichen Holzwärterwohnungen der Stadt gehöret. Auf diesem Stadtfelde lieget auch das königliche Amtsackerwerk Hünerheide mit dem Stadtacker in Gemeinschaft. Vor dem Belgardschen Thore gränzen die Aecker des königlichen Amtsdorfs Redlin bis an die Radüe, so wie vor dem Colbergschen die Aecker des königlichen Amtsvorwerks Cörlin bis an die Persante. Nicht weit von dem Colbergschen Thore ist das aus Eichen und wenigen Büchen bestehende königliche Ritterholz, worinn die königliche Försterey Holzmühle liegt und die Stadt eine Ziegelscheune nebst einer Wohnung für den Ziegler hat. Weil aber solche auf königlichem Grunde und Boden angeleget worden ist, und die Stadt darauf den Lehm zum Ziegelbrennen graben läßet, so muß sie davon jährlich 3 Rthlr. 8 Gr. an Grundgelde bezahlen. Nahe bey der Stadt an dem Ritterholze liegt der so genannte Ritterkrug, der zu dem königlichen Amte gehöret. Zu der an der Stadt nach dem Colbergschen Thore zu gelegenen königlichen Mühle von 2 Korngängen, die auch zu einer Oel- und Graupenmühle angeleget ist und wozu eine Schneidemühle gehöret, sind sowohl die Einwohner der Stadt als der sämtlichen zu dem königlichen Amte gehörigen Oerter als Zwangsmahlgäste geleget. Neben dieser Mühle hat der Magistrat eine Walkmühle zum Besten der Tuchmacher erbauen laßen. Auf der Radüe sind 2 Lachsfänge, wovon der eine zu dem königlichen Amte gehöret, der andre aber nebst dem Aalfange dem Müller verpachtet ist. Auf der Persante wird das königliche Hallische Salz von Colberg auf großen Prahmen nach Cörlin und von hier weiter nach Belgard gefahren, wie denn auch auf der Radüe, der Persante und dem Krummenwasser Schiffs- Bau- und Brennholz nach Colberg und andere umliegende Oerter geflößet wird. Die Jahrmärkte werden gehalten: 1) an: Donnerstage vor dem Palmsonntage: fält aber dieser Markt mit dem Belgardschen Frühjahrsmarkte auf einen Tag, so wird derselbe den Tag nach dem Belgardschen Markte gehalten, 2) am Dienstage vor Himmelfahrt und 3) am Dienstage vor Francisci. Tages vorher ist Viehmarkt. Das älteste noch vorhandene der Stadt von dem Bischofe Martin Carith auf dem Schlosse zu Cörlin 1500 am Montage vor Lichtmeßen in plattdeutscher Sprache gegebenes Privilegium ist mit den folgenden, welche der Herzog Casimir am 5 November 1524, der Bischof Martin Wenher 1552, am Freytage nach aller Heiligen, die Herzoge und Bischöfe Johann Friederich am 26 Junius 1557, Casimir am 5 November 1574, Franz am 23 Januar 1605, Ulrich am 22 März 1619 und Bogislav XIIII. am 22 October 1623 ertheilten, von einerley Innhalte. Die Bischöfe verliehen und bestätigten darinn der Stadt ihre Privilegien und Zubehörungen an Holzungen, Wassern, Weiden, Wiesen, Mooren und Brüchen, behielten sich aber einen Theil der Gerichtbarkeit und der Einkünfte von den nach lübischen Rechte entschiedenen Rechtssachen und in dem Stadtfelde zwölf Hufen, (worauf

Die Stadt Cörlin.

auf in den folgenden Zeiten ein Vorwerk angeleget worden ist) bevor, die ihre Vorfahren von jeher besessen hatten und wovon ihnen oder ihren Amtleuten jährlich die Pacht von der Stadt abgegeben, von dieser auch alle Jahre 5 Gulden oder 20 Mark an Ohrböre an dem heiligen Christabende auf dem bischöflichen Schlosse zu Cörlin entrichtet werden sollten. Die Einwohner sollen, wenn es Zeit und Noth ist, die herrschaftlichen Mühlen, zu denen sie gelegen sind, dammen helfen, und wenn das Stift einem feindlichen Angriffe ausgesetzet werden sollte, zu Hause bleiben und das bischöfliche Schloß und die Stadt bewahren. Sie sollten auch nicht von den bischöflichen Officialen oder Gerichtsvogten außerhalb Cörlin vor Gerichte gefordert werden und wenn sie mit den Nachbaren wegen der Gränzen Streitigkeiten bekommen würden, dabey den Vorritt haben rc. rc. Diese Privilegien wurden, in so weit als die Cörliner dasjenige, was darinn enthalten ist, in rechtmäßigem unstreitigen Besitze und Gebrauche haben, von dem Churfürsten Friederich Wilhelm am 7 May 1668, von dem Könige Friederich I. am 12 März 1701 und von dem Könige Friederich Wilhelm am 21 December 1713 erneuert und bestätiget. Die Schützengilde, die aber bereits seit vielen Jahren aufgehoben ist, erhielt am 8 November 1690 von dem Churfürsten Friederich III. die Bestätigung ihrer Artikel, worinn zugleich festgesetzet wurde, daß derjenige, welcher König wird, 16 Rthlr. aus dem Ueberschuße der Accise haben soll. Die Ohrböregelder, so die Stadt jetzt jährlich entrichten muß, betragen 3 Rthlr. 8 Gr. Die hiesige Amtshauptmannschaft wird von dem Könige vergeben. Bey dem hiessigen ansehnlichen königlichen Postamte kommen die Posten an und gehen ab:

Sonntags die fahrende Post von Berlin, Stettin rc. rc. nach Preußen früh um 4 Uhr.
— — die reitende Post von Berlin, Stettin rc. rc. Vormittags um 9 Uhr.
— — die fahrende Post aus Preußen nach Berlin, Stettin rc. rc. Vormittags um 11 Uhr.
Hierauf gehen nach deren Ankunft die Seitenposten ab, als:
— — die fahrende Post nach Colberg.
— — die fahrende Post nach Schiefelbein.
— — die fahrende Post nach Belgard, Bärwalde, Polzin, Neustettin, Hammerstein und Koniz.

Dienstags kommen an die Seitenposten, als:
— — die fahrende Post von Colberg.
— — die fahrende Post von Schiefelbein.
— — die fahrende Post von Belgard, Bärwalde, Polzin, Neustettin, Hammerstein und Koniz.

Mittwochs die fahrende Post von Berlin nach Preußen früh um 4 Uhr.
— — die reitende Post von Berlin nach Preußen Vormittags um 9 Uhr.
— — der Fußbote nach Belgard hin und zurück.
— — die reitende Post aus Preußen nach Berlin Abends um 11 Uhr.

Donnerstags die fahrende Post aus Preußen nach Berlin, Stettin ꝛc. ꝛc. worauf die Seitenposten wieder abgehen, wie am Sonntage.

Sonnabends kommen die Posten an, wie am Dienstage, auch die reitende Post aus Preußen nach Stettin, Berlin ꝛc. ꝛc. um 11 Uhr Abends.

Das Stadtsiegel stellet im weißen Schilde drey sich vereinigende blaue Ströme vor, worüber ein Bischofshut und zur Seite 2 Bischofsstäbe sich befinden.

Der Ursprung der Stadt ist unbekant, jedoch kam sie bereits in dem Jahre 1240, wie Micrälius meldet, an das Bißthum Cammin. Aus dem Kloster des Karthäuserordens, welches die Herzoginn Adelheit, eine Gemahlinn des Herzogs Bogißlaus V. 1394 hier gestiftet und die Herzoge Wartislaw und Barnim mit vielen Einkünften und Freyheiten beschenkt hatten, entstand nachher das Schloß, worinn die Bischöfe von Cammin oft zu residiren pflegten. In dem Jahre 1395 wurde die Stadt nebst den umliegenden Dörfern in dem Streite des Herzogs Bogißlaus VIII. mit dem Bischofe Nikolaus Bock verheeret und geplündert. Durch die Feuersbrünste vom 20 März 1555 und 23 October 1556 wurde jedesmahl ein großer Theil der Stadt von den Flammen verzehret. Eben dieses geschahe am 18 October 1643, da sie die Kaiserlichen Kriegesvölker an verschiedenen Orten ansteckten, so daß 24 Häuser und unter denselben vornemlich die am Markte gelegenen abbrannten. Das größte Unglück aber betraf sie 1685 den 18 April am Charfreytage, an welchem durch eine heftige Feuersbrunst nicht nur die Kirche, wie bereits oben erwähnet worden ist, sehr beschädiget wurde, sondern auch das Rathhaus, die Pfarre, das Schulgebäude, das zugleich die Wohnung des Rectors und Diakonus war, der Churfürstliche Ackerhof und überhaupt die ganze Stadt, bis auf 8 Häuser an dem Belgardschen Thore nebst dem Hoespital und einigen Scheunen vor dem Cößlinschen Thore, in die Asche geleget wurden. Als am 19 August 1761 die Rußischen Truppen von Cößlin und Belgard her zugleich gegen die Stadt anrückten und die Preußische Besatzung dieselbe nicht gleich nach dem Verlangen des Generals von Romanzow verlaßen wollte, wurde die Stadt und insonderheit das ehemalige Schloß und jetzige Amtsgebäude beschoßen, wodurch die zu dem Amte gehörigen Wirthschaftsgebäude und einige Scheunen vor dem Cößlinschen Thore in Brand gerieten; die weitere Ausbreitung des Feuers aber wurde, nachdem der General von Romanzow in die Stadt gerückt war, durch deßen Veranstaltung verhindert. In eben diesem Jahre am 30 September wurde die Stadt von den Rußen, die sich auf dem alten Schloßgebäude mit Pallisaden und Graben verschanzt hatten, bey der Anrückung einiger Preußischen Truppen, an verschiedenen Orten angestecket, so daß das oben erwähnte königliche Haus, die noch übrigen königlichen Amtsgebäude bis auf das Wohnhaus des Beamten und 15 Bürgerhäuser gänzlich abbrannten, viele andre Gebäude aber theils durch das Feuer, theils durch das Geschütze sehr beschädiget wurden. Ohne Zweifel würde auch die ganze Stadt im Feuer aufgegangen seyn, wenn es nicht endlich dem damaligen Major von Owstin des Wernerschen Husarenregiments geglückt hätte, mit einem Theil seines Commando von der Cößlinschen Seite in die Stadt zu kommen und sie ohngeachtet der

leb-

Die Stadt Cöslin.

lebhaften Canonade der Feinde aus dem alten Schloßgebäude, durch wirksame Anstalten zur Löschung des Feuers, von ihrem Untergange zu retten.

2. Bublitz ehemals Bubulz genannt, lieget in einem Thale, an der Gözel, welche aus einem See bey der Porstschen Schneidemühle entspringt und bey Schloßkämpen in die Radüe fällt, 2 Meilen von Pollnow und der Westpreußischen Stadt Baldenburg, 3 von Neustettin und Rummelsburg, 4 von Cöslin und Belgard, 5 von Schlawe und 8 von Colberg und Stolpe. Die Stadt, deren Versicherungssumme in der Feuersocietät 27421 Rthlr. beträgt, hat 4 Thore, als das Kling-Mühlen-Bach und Rummelsburgsche oder Porstethor, 180 Häuser, wovon 100 mit Ziegeln und 80 mit Stroh gedecket sind, 30 Wollfabricanten, 30 Schuster, 10 Schneider, 5 Bäcker, 4 Schmiede, 3 Schlößer, 4 Tischler, 1 Apotheker, 2 Wundärzte, 2 Böttcher, 1 Huthmacher, 1 Glaser, 1 Gärber, 24 Ackersleute und mit Ausschließung der zu dem königlichen Amte gehörigen Personen überhaupt 1036 Seelen. Noch einige Häuser in der Stadt und vor derselben 9 Feuerstellen nebst einer wüsten Stelle an dem Steindamm, machen die so genannte Schloßfreyheit aus, die zu dem Amte gehöret. Diese Häuser stehen ihren Besitzern eigenthümlich zu, welche die auf einem jeden haftende Abgabe an das Amt geben und nach dem zwischen demselben und der Stadt errichteten und von dem Herzoge Ernst Bogislav von Croy zu Stolpe am 13 November 1681 bestätigten Vergleiche, nicht der Gerichtsbarkeit des Magistrats, sondern des Amts unmittelbar unterworfen sind. Sie sind daher auch so wohl in Ansehung ihrer Personen, als ihrer Güter von allen bürgerlichen Lasten und insonderheit auch von der Contribution und Einquartierung befreyet und dürfen nur die Gebühren für die Kirchen- und Schulbediente bezahlen. Das königliche Amt selbst, welches aus dem Wohnhause des Beamten, 2 Viehställen, einer kleinen Scheune, dem Brauhause und der Wohnung des Amtslandreuters und Pförtners bestehet, liegt an der mitternächtlichen Seite der Stadt. Eigentlich ist mit diesem Amtshause kein Vorwerk verbunden, es hat aber doch auf der Feldflur der Stadt 3 derselben, nemlich den Ackerhof, die Oberschäferey und die Ziegeley, die sich mit den Bürgeräckern in Gemeinschaft befinden und daher auch auf der städtischen Feldflur gemeinschaftliche Heide und Weide, freye Hütung und dergleichen Genießbrauch haben. Auf den beyden bey der Stadt gelegenen und zu dem königlichen Amte gehörigen Mühlen, als der Niedermühle auf der Gozel und der Klinkmühle bey dem Schloße, müßen die Einwohner der Stadt als Zwangsmahlgäste ihr Getreide mahlen laßen, doch sind sie nicht schuldig, zu deren Erhaltung mit Fuhren oder Handdiensten beyzutragen. Die Walkmühle unterhalb der Niedermühle auf der Gozel ist den hiesigen Wollfabricanten geschenket worden, die keinen Wasserzins dafür bezahlen, aber zur Erhaltung derselben die Kosten hergeben müßen. Die Lohmühle wurde 1779 für königliche Kosten zum Besten der hiesigen Lederfabrike neu erbauet. Die einzige Kirche in der Stadt, ist die zu St. Johannis, ein altes von Steinen aufgeführtes Gebäude, in deßen Thurm 3 Glocken hängen und die Stadtuhr ist. Ihre Einkünfte bestehen, außer der Miethe von einigen Gärten und Wiesen, in einer jährlichen Abgabe, die sie von gewißen folgenden Gründen, als von 12¼ Hufen 6 Fl. 4 ßl., von 18 Stücken 5 Fl. 12 ßl., von 5¼ Wördeländern 1 Fl. 17 ßl., von 10 Quercaveln 2 Fl. 12 ßl., von 3 jährlich

lich an den meistbietenden verpachteten Wiesen jetzt 1 Fl. 6 ℔sl., von 2 Gärten 12 ℔sl. und 4½ Hausstellen 4½ ℔sl. erhält. Der Bischof Friederich hatte in dem der Stadt ertheilten ersten Privilegium von 1350 sich und seinen Nachfolgern das Patronatrecht über die Kirche vorbehalten, welches daher nach der Secularisation des Stifts Cammin an den Landesherren kam. Dieser bestellet also noch jetzt so wohl den Pastor als den Diakonus bey der Kirche, zu welcher das Gut Schnackenburg, die Nieder- und die Klinkmühle, der zu dem königlichen Amte gehörige Ackerhof, die Bucht Ravensberg, das Dorf Neuendorf, die Ziegeley, die Bucht Neuhof, die Oberschäferey und das so genannte Fell eingepfarret sind. Dem Pastor ist zugleich die Besorgung des Gottesdienstes in dem ihm beygelegten Filialdorfe Porst und den dazu eingepfarrten Oertern und die Präpositur der Bublitzschen Synode anvertrauet, welche 11 Prediger mit Einschließung des Präpositus begreift. Zu der Pfarre gehören 4 Hufen, 4 Stücken und 4 Quercaveln, so der Präpositus in der Cultur hat, der außerdem jährlich von 19 Hufen 9 Fl. 12 ℔sl., von 13 Stücken 4 Fl. 2 ℔sl., von 12 Quercaveln 3 Fl., von jedem Hause 3 ℔sl. und von jeder zum heiligen Abendmahl zugelaßenen Person 4 Pf. als feststehende Hebungen bekommt. Der Diakonus ist zugleich Rector bey der ebenfalls unter dem Patronate des Königes stehenden Schule, in der auch der Cantor den Unterricht der Jugend besorgen hilft. Beide Lehrer werden aus der königl. Accisecasse und von dem königl. Amte besoldet. Das Schulgebäude wurde zwar in der großen Feuersbrunst, welche die Stadt am 3 März 1682 erlitt, in die Asche geleget, nachher aber größtentheils durch die Freygebigkeit des Herzogs Ernst Bogislav von Croy wieder erbauet. Dem Rector der Schule sind von gewißen liegenden Gründen jährliche Hebungen zugeschlagen worden, als von 4 Hufen zu 12 ℔sl., 1 Rthlr. 12 ℔sl., von 13 Stücken zu 8 ℔sl., 2 Rthlr. 32 ℔sl., von 9 Quercaveln zu 6 ℔sl., 1 Rthlr. 18 ℔sl., von einer Wiese 18 ℔sl. und noch von einer andern 4½ ℔sl. Das ehemalige Beguinenhaus, wozu der Gersthof belegen war, ist eingegangen und außer dem von dem Landrathe und Stiftsvogte, Carsten von Ristow, in seinem Testamente vom 30 April 1622 für die hiesige Kirche gestifteten Vermächtniße eines Capitals von 100 Fl. Pommersch, sind hier keine andre milden Stiftungen vorhanden. Der Magistrat, der seine Glieder selbst wählet, bestehet aus dem dirigirenden Justitzbürgermeister, der zugleich das Policeywesen besorget, einem Cämmerer und 2 Senatoren und spricht, jedoch nur bloß in Erbschaftssachen, nach dem Lübischen Rechte, mit welchem die Stadt bereits bey ihrer ersten Anlage und Stiftung von dem Bischofe Friederich von Eickstädt nach dem unten anzuführenden Privilegium von 1350 bewidmet wurde. Ehemals waren die Einwohner in der zwoten Instanz sowohl in bürgerlichen, als peinlichen Sachen der Gerichtsbarkeit des Schloßgerichts unterworfen. In dem von dem Herzoge zu Croy am 23 November 1681 bestätigten und bereits oben angeführten Vergleiche, wodurch verschiedene Streitigkeiten zwischen dem Amte und der Stadt beygeleget wurden, ist zwar enthalten, daß die klagenden Partheyen, wenn sie sich in bürgerlichen Sachen mit ihrer ersten Klage an das Schloßgericht wenden würden, an den Magistrat verwiesen werden sollten; es wurde aber doch dem Schloßhauptmann in dem Falle, wenn die Kläger sich nicht abweisen laßen, sondern einige Ursachen vorbringen sollten, um welcher willen sie sich der Gerichtsbarkeit des Magistrats zu entziehen bewogen würden, die Entscheidung überlaßen, ob die angeführten Ursachen so beschaffen

Die Stadt Bublitz.

sen wären, daß die Verweigerung der ersten Instanz Statt haben könne oder nicht. Der Schloßhauptmann sollte zwar, nach eben diesem Vergleiche, auf das Anbringen der Partheyen nicht so fort die vor Gericht schwebenden Processe von dem Magistrat abfordern, sondern demselben zuvor die Berichterstattung von der Beschaffenheit der Sachen aufgeben; wenn er es aber nöthig fände, die Acten zu sehen, oder auch der beschwerte Theil sich an ihn wenden würde, so sollte der Magistrat schuldig seyn, ohne Rücksicht auf die sonst üblichen Formalitäten der Processe und Appellationen und ohne Widerspruch, die Originalacten unverzüglich einzuschicken und entweder fernere Verordnung oder sonst zu erwarten, daß die Sache in der höhern Instanz entschieden werde. Der Gerichtsvogt, welchem 2 Beysitzer, einer aus dem Rathe und einer aus der Bürgerschaft zugeordnet wurden, hatte das Recht den Gerichtstagen zu Rathhause beyzuwohnen und das Interesse der Herrschaft wahrzunehmen. Ihm war in dieser Qualität der Sitz nach den beiden Bürgermeistern angewiesen und vor ihn und seine Beysitzer gehörten unmittelbar alle in der Stadt vorfallende kleine Criminalhändel in Real- und Verbalinjurien; jedoch hatte der Magistrat in den kleinen Verbalinjurien, wie auch in kleinen Diebereysachen, so im Felde und in den Gärten vorfielen, mit Zuziehung des Gerichtsvogts die gemeinschaftliche Gerichtsbarkeit, aber nicht über 10 Mark Sundisch und mit den oben in Ansehung der bürgerlichen Sachen bemerkten Einschränkungen. Die Strafen aber, wie sie auch Namen haben mochten, waren dem fürstlichen Hause vorbehalten, wovon das gerichtsvogtliche Amt abhing, worüber der Schloßhauptmann, an welchen auch die Appellationen unmittelbar gerichtet werden musten, die Oberaufsicht und Direction hatte. Bey der Einführung der Justizämter in Pommern wurde auf den Antrag des Magistrats, der die peinliche Gerichtsbarkeit mit allen Lasten und Vortheilen übernahm, das Schloßgericht 1769 aufgehoben und vom Hofe festgesetzet, daß die Stadt künftig in bürgerlichen so wohl als peinlichen Sachen von der ehemaligen Concurrenz der Gerichtsbarkeit frey bleiben und die Appellationen unmittelbar an das Königl. Hofgericht zu Cößlin gehen sollten. Es müssen aber dagegen alle Strafgefälle über 2 Rthlr. von dem Magistrat an das Königliche Justizamt, welches seinen Sitz zu Neustettin hat, berechnet werden. Die Nahrung der Einwohner beruhet theils auf dem Ackerbau, theils auf dem Verkehr der Fabricanten und Handwerker, und da die Stadt in der Nähe viele Seen hat, die sie hinlänglich mit Fischen versorgen und das Holz wohlfeil ist, so kommen die Fabricanten hier recht gut fort und würden sich noch besser befinden, wenn sie mehrern Debit, beßere Wolle und Gespinste und mehrere Capitalien zum Verlag hätten. Auch die Handwerker können bey den wohlfeilen Lebensmitteln ihre Waaren für billige Preise geben und haben daher guten Absatz. Die Stadt hat 77 Hufen, 92 Stücken Acker, 102 Würdeländer, 64 Quercaveln, 8 Kämpe, 90 Wiesen, und obgleich der Acker nur von geringem Ertrage ist, so ist doch dagegen die Viehzucht sehr gut. Die Privilegien, die der Stadt von den ehemaligen Bischöfen von Cammin ertheilet wurden, sind: 1) das Stiftungsprivilegium des Bischofs Friederich von Eickstädt von 1350 am Dienstage nach dem Sonntage Misericordia Domini, das in lateinischer und plattdeutscher Sprache vorhanden ist. Der Bischof erklärte darinn, daß er mit Einstimmung des ganzen Capituls in dem Lande Bublitz, oder, wie es in dem deutschen Privilegium heißet, in der Grund Bublitz, die Stadt, die ebenfalls den Namen

Bub-

Das Fürstenthum Cammin.

Publitz führen sollte, mit folgenden Freyheiten und Rechten anzulegen und zu stiften beschloßen habe. Er bewidmete sie nemlich mit dem Lübischen Rechte, dessen sich ihre Bürger zu ewigen Zeiten, wie auch des Maaßes, der Scheffel und Münze, wie sie die Stadt Colberg hat, bedienen, jedoch an dieselbe in Rechtssachen die Appellationen gehen sollen, schenkte der neu anzulegenden Stadt zum Eigenthum 200 Hufen und zwey Seen, Drabin und Clewen genannt, jedoch so, daß die Hälfte dieser Seen der Stadt, die andre Hälfte aber dem Paul Barzewitz und Gerhard Goldbeck, welchen der Bischof die Aufsicht über die Stadt und den Anbau derselben anvertrauet hatte, und ihren wahren Erben zu ewigen Zeiten gehören sollen. Der Stadt wurde auf 10 Jahre die völlige Befreyung von allen Abgaben und die Versicherung ertheilet, daß der Bischof zur Anfertigung eines Grabens von 40 Fuß um dieselbe, unter dem Beystande ihrer Einwohner, nach und nach und zu gelegener Zeit hülfreiche Hand leisten wolle. Von allen Einkünften und Nutzungen in den Gränzen und dem Eigenthum der Stadt wurde während der erwähnten 10 Jahre die Hälfte ihren oben angeführten Aufsehern, die andre Hälfte aber den Bürgern zur Ausbeßerung der Stadt, nach Verlauf dieser 10 Jahre aber dies alles ihr allein und ihren Bürgern überlaßen. Außer den in dem Eigenthum der Stadt gelegenen 32 Hufen und 8 Morgen Wiesen, welche mit der Befreyung von allem Zins und Schoße den Aufsehern der Stadt zum Besitz angewiesen wurden, belehnte sie auch der Bischof mit der ihm in der Stadt und ihrem Eigenthum zustehenden Rechtspflege, so daß sie einen unter sich oder sonst jemanden mit bischöflicher Genehmigung zum Richter in allen bürgerlichen und peinlichen Sachen bestellen und mit dem Rechte die Verbrechen bis zu 60 Schillingen zu bestrafen zu allen Zeiten belehnet, auch während der 10 Jahre selbst die gröbern Verbrechen zu bestrafen berechtiget seyn sollten, das jedoch nach dieser Zeit den Bischöfen ganz und allein zustehen solle. Eben diesen Aufsehern wurden auch von der auf der Thutzene (Gotzel) zu erbauenden Mühle alle Nutzungen und Pächte verschrieben, wovon aber nach Verlauf der 10 Jahre ihnen und ihren Erben nur die Hälfte, die andre Hälfte aber den Bischöfen gehören solle, wobey zugleich festgesetzet wurde, daß weder auf dem erwähnten Fluße noch auf einem andern andre Mühlen in dem Eigenthum der Stadt angeleget werden dürften, damit das Flößen des Holzes bis nach Cörlin frey und ungehindert geschehen könne. Das Patronatrecht über die Kirche behielt der Bischof sich und seinen Nachfolgern zu ewigen Zeiten bevor. Dieses Privilegium wurde von den folgenden Herzogen und Bischöfen als Casimir am 6 August 1575, Franz am 6 May 1604, Ulrich am 7 Januar 1621 und Bogislaus am 23 October 1623 bestätiget. 2) das am 21 Junius 1621 in lateinischer und deutscher Sprache abgefaßte Privilegium des Herzogs und Bischofs Ulrich, der darinn in Ansehung der Fuhren und Dienstpferde verordnete, daß die Bürger, welche Ackerbau treiben und zu dem Ende Pferde oder Ochsen halten, mit keiner Fuhre beschweret, sondern das ganze Städtlein nur 2 Pferde in beständiger Bereitschaft halten solle, um damit dem Bischofe die nöthigen Dienste und Fuhren zu leisten. Und weil auch die Stadt einige mahle große Feuersbrünste erlitten hatte, und daher die Einwohner darauf bedacht waren, die bisher fast sämtlich mit Rohr und Stroh gedeckten Dächer künftig mit Ziegeln zu verwahren: so wurde ihnen in eben diesem Privilegium das bisher schon von ihnen ausgeübte Recht zur Ziegelbrennerey jedoch also ertheilet, daß ihnen ein

gewiss

Die Stadt Bublitz.

hötelster Ort in dem Bublitzschen Walde, in welchem ihnen von den vorigen Bischöfen das freye Holzungsrecht bisher war zugestanden worden, angewiesen werden solle, um daselbst eine Ziegelscheune zu erbauen und zum Ziegelbrennen nothdürftiges Lager; auch welches Holz, mit nichten aber Eichen und Büchen, so noch nicht ganz vertrocknet wären, oder anderes Bauholz zu hauen, daher ihnen auch das zu fällende Holz in gewißer Maße jährlich von dem Bischofe oder dem bischöflichen Hauptmann zu Bublitz angewiesen werden solle, der auch dahin sehen müße, daß ihnen nicht an einem solchen Orte diese Vergünstigung ertheilet werde, wo sie der Reh- oder andern Jagd nachtheilig werden könne. Dieses Privilegium wurde von dem Herzoge Bogislaus am 23 October 1623 bestätiget. 3) Das Privilegium des Herzogs und Bischofs Bogislaus XIIII. vom 9 Januar 1626, nach welchem der Stadt nicht nur die ihr von dem Herzoge Casimir auf den 19 März und 2 September verliehene Kram- Roß- und Viehmärkte bestätiget, sondern auch noch außerdem 2 Märkte, als auf den 9 Julius Tages nach Kiliani im Sommer und auf den Tag Simonis und Judä den 29 October und also jährlich 4 Kram- Roß- und Viehmärkte zu halten verstattet wurden, wobey sich jedoch der Herzog insonderheit die Zollgerechtigkeit ausdrücklich vorbehielt. Die vorstehenden Privilegien wurden, in so weit sich die Stadt in dem ruhigen Besitze derselben befindet, von dem Churfürsten Friederich Wilhelm am 28 Junius 1668 und von dem Könige Friederich Wilhelm am 6 Junius 1736 bestätiget. Die Märkte, die jetzt in der Stadt gehalten werden, fallen 1) auf den Donnerstag nach Oculi 2) Donnerstag nach dem 3ten Trinitatis 3) Donnerstag nach Aegidii und 4) Donnerstag nach Simonis Judä. Die bürgerlichen Abgaben bestehen in der Accise nebst der Aussaat- Heu- Vieh- und Haussteuer, dem Bürgerschoße, der Naturalfouragelieferung von den Hufen zur Verpflegung der Cavallerie, in gewißen Dienstgeldern, so das Amt erhält und jetzt aus der Accisecaße bezahlet werden und in 7 Rthlr. 4 Lübschillingen Urbrede, die von der ganzen Stadt entrichtet wird. Nach dem mehrmals angeführten Vergleiche zwischen dem Amte und der Stadt vom 23 November 1681 sollen, nach der alten Gewohnheit und nach dem Inhalte der bey dem Amte vorhandenen Nachrichten, der Mühlendamm so wohl zwischen als außer den Brücken von der Stadt, dagegen aber die Bollwerke von beiden Seiten des Waßers von dem Amte gebeßert und im Stande erhalten werden. Die Accise- und Zollgefälle betragen jährlich mit Einschließung der Aussaatsteuer, welche 89 Rthlr. 16 Gr. 3 Pf. ausmacht, 963 Rthlr. 16 Gr. und die Einkünfte der Cämmerey 415 Rthlr. 3 Gr. 5 Pf. Durch die Stadt gehet die Landstraße von Westpreußen nach Colberg, fahrende und reitende Posten aber kommen hier nicht an, jedoch werden die Briefe Sonntags und Donnerstags durch eine Botenpost von Cößlin hieher gebracht, welche Mittwochs und Sonnabends dahin wieder zurück gehet.

Das Wapen der Stadt bestehet in einem Lamm mit einer Fahne, in der ein Kreuz befindlich ist.

Die von Wedel und von Schöning verkauften in dem Jahre 1339 drey Theile von Bublitz, mit Ausschließung des vierten Theils, welchen Henning und Peter Kameke zu der Zeit besaßen und noch behielten, für 1850 Mark an den Camminschen Bischof, Friederich

derich von Eickstädt, welcher nach dem oben angeführten Privilegium von 1350 diesem Orte seine städtische Einrichtung gab und mit demselben nebst dem Schloße und 500 Hufen die Gebrüder Poppen und Wicken von Bartickow belehnete. In dem Jahre 1444 wurde die Stadt von dem Bischofe Siegfried Bock für 5000 Mark dem Mickes Maßow verkauft und zu Lehn aufgetragen, von deßen Nachfolgern sie an die von Glasenapp, von Kleist und von Münchow kam. Von diesen lösete sie der Bischof Ludewig Graf von Eberstein wieder ein und verpfändete sie zuerst dem Caspar Loben, Herren zu Gust, und nachdem dieser sie wieder abgetreten hatte, in dem Jahre 1479 für 750 Rheinsche Gulden, jeden zu 4 Mark Finkenaugen gerechnet, dem Peter Glasenapp und deßen Bruderkindern, von denen sie der Bischof Martin Carith wegen einiger von ihnen in dem Stiftischen und Colbergschen Gebiete verübten Gewaltthätigkeiten wieder einzog. Nachher wurde die Stadt nebst dem Amte dem Herzoge Ernst Bogislav zu Croy und Arschott, des heiligen Römischen Reichs Fürsten, Churfürstl. Brandenburgschen verordneten Statthalter des Herzogthums Preußen, Marggrafen zu Havre, Grafen und Herren zu Fontenoy, Bajon und Dampmartin, wie auch zu Naugard und Maßow, auf seine Lebenszeit überlaßen, deßen Beamten, außer der Oberschäferen, bey dem nahe an der Stadt gelegenen fürstlichen Ackerhofe noch eine neue Schäferey anlegten, die aber, weil es ihr an der nöthigen Weide und Hütung auf dem Bublitzschen Felde fehlete, nach dem darüber entstandenen Rechtsstreite und zwischen den Churfürstlichen Commissarien und der Stadt zu Bublitz am 6 May 1664 geschloßenen Vergleiche, mit der Versicherung, daß sie auch künftig nicht wieder angerichtet werden solle, abgeschaffet wurde, nachdem sich die Stadt erkläret hatte, 15 gute junge milchende Kühe und 15 dreyjährige gute Starken anzuschaffen und damit anstatt der Schafe den Ackerhof zu besetzen. Nach dem zu Königsberg in Preußen am 7 Februar 1684 erfolgten Tode des Herzogs von Croy wurde die Stadt nebst dem Amte dem Churhause Brandenburg eingeräumet. In dem Jahre 1605 am Montage nach Aegidii und am 3 März 1682 erlitt die Stadt große Feuersbrünste, so daß insonderheit in der letzten 215 Häuser und viele Ställe im Feuer aufgingen. Ein ähnliches Unglück, wovon sie die Folgen noch jetzt empfindet, betraf sie den 26 April 1736, da in anderthalb Stunden 59 Wohnhäuser und 17 Scheunen abbrannten und der hiesige Bürgermeister Nadeke selbst ein Opfer des Feuers wurde. Zu dem Eigenthum der Stadt gehören,

1) Das Dorf Neuendorf, welches ⅜ Meile von Bublitz nordostwärts liegt und aus 16 Bauern, 1 Schulmeister und 18 Feuerstellen bestehet. Die Bauern, wovon ein jeder einen jährlichen Kanon von 16 Rthlr. an die Bublitzsche Cämmerey bezahlet, besitzen ihre Höfe erb und eigenthümlich und müßen solche ohne Beyhülfe der Cämmerey selbst erhalten. Das Dorf hat nothdürftige Holzung und Mast, ist zu Bublitz eingepfarret und wurde nach dem Vorschlage des Fürsten Moritz von Anhaltdeßau in dem Jahre 1753 in dem Bublitzschen Stadtwalde nach einer vorgenommenen Rodung neu angeleget. Durch einen mit dem königlichen Amte Bublitz 1753 getroffenen Tausch kam es an die Stadt, welche dagegen dem ersten das Vorwerk oder die Bucht Neuhof abtrat.

2) Das Vorwerk oder die Bucht Ravensberg mit 2 Feuerstellen lieget ⅞ Meile von Bublitz zwischen der Stadt und der Colonie Neuendorf in dem Stadtwalde und

Die Stadt Bublitz.

das ist zu Bublitz eingepfarret. Dieses Vorwerf, dessen Pächter freie Holzung und Mast in dem Stadtwalde erhält und jetzt eine jährliche Pacht von 63 Rthlr. giebt, wurde von dem Bürgermeister Elias Kakelden auf 14 von ihm gekauften bürgerlichen Würdeländern angeleget. In dem zwischen ihm und der Bürgerschaft zu Bublitz am 31 Julius 1632 gestifteten Vergleiche wurde festgesetzet, daß dieser Acker niemals anders als von einem Bürger besessen werden kann und bey diesem Vorwerke jährlich nicht mehr als 12 Morgen mit Roggen und 12 Morgen mit Sommerkorn gesäet werden, der übrige Acker aber zur gemeinen Weide und Brache liegen bleibe; wobey sich die Bürgerschaft in dem Vergleiche vorbehielt, daß wenn diese Bedingungen nicht erfüllet würden, das Vorwerf wieder eingehen und alles in den vorigen Zustand versetzen werden sollte. In den folgenden Zeiten ist es der Cämmerey zugeleget worden.

III. Fünf königliche Aemter, als:

1. Das Amt Colberg. Zu welchem gehören,

1) Sieben Dörfer, als:

(1) Altstadt nahe bey der Stadt Colberg, an der Persante, hat mit Einschliessung des Schulzen 5 Cossäthen, deren Häuser in einer Reihe auf dem Walle der alten Festung angeleget worden sind, und mit Inbegriff der hiesigen Vorwerksgebäude 13 Feuerstellen. Die Cossäthen sind zu der hell. Geistkirche in Colberg, das Vorwerk aber zu der bey Altstadt stehenden Johanniskirche eingepfarret, die ein Filial des Archidiakonus zu St. Marien in Colberg ist.

(2) Jasde 1¾ Meilen von Colberg ostsüdostwärts und 1⅓ Meilen von Cörlin gegen Norden, hat 13 Bauern mit dem Schulzen, 2 Cossäthen, 3 Büdner, 23 Feuerstellen, ist zu Fritzow in der Cörlinschen Synode eingepfarret und gränzet an die Dörfer Fritzow und Poldemin und gegen Süden an die Persante. An der Gränze des Dorfs Jasde gegen Westen befindet sich die so genannte Peusikerbrücke über einen Bach, die Peusike genannt, welche hier in die Persante fällt. Nach einer Urkunde von 1336 an dem Tage Kilians verkaufte die Wittwe des Henning von Heydebreck, Jutta, mit ihren Söhnen Henning und Bertram von Heydebreck die Beede in dem Dorfe Jasde für 120 Mark Finkenaugen dem Kloster zu Altstadt Colberg und dieser Verkauf wurde in eben demselben Jahre von dem Domcapitul zu Cammin an dem Tage des Apostels und Evangelisten Matthäus bestätiget.

(3) Poldemin 2 Meilen von Colberg gegen Osten und 1⅓ Meilen von Cörlin gegen Norden in einem Thale, hat 5 Bauern mit dem Schulzen, 2 Halbbauern, 2 Cossäthen, 1 Büdner, welcher zugleich Holzwärter ist und über die bey diesem Dorfe gelegene königliche Eichen- und Büchenholzung die Aufsicht hat, 12 Feuerstellen, gute Wiesen, Fischerey in der Peusike, ist zu Fritzow in der Cörlinschen Synode eingepfarret und gränzet an die Dörfer Ganzkow, Rützow, Strachmin, Schoekow und

und Jasde. Nach einer Urkunde von 1415 verkaufte Otto Battin das Dorf Potbemin dem Jungferukloster zu Altstadt Colberg.

(4) Quetzin 1½ Meilen von Colberg gegen Osten, auf der Landstraße von Colberg nach Cößlin, hat 1 Freyschulzen, 10 Bauern, 1 Predigercolonus, welcher ein halbes Bauerland hat, 2 Coßäthen, 5 Büdner, 28 Feuerstellen, ein Torfmoor, ist zu Rützow in der Colbergschen Synode eingepfarret und gränzet an die Dörfer Henkenhagen, Stoikow, Rützow und Ganzkow. In dem Jahre 1399 traten die von Damitz alle ihre Gerechtsame, die sie damals noch an dem Dorfe Quetzin hatten, dem Jungfernkloster zu Colberg ab, welches bereits 1361 die Hälfte dieses Dorfs mit 21 Hufen für 1500 Mark Finkenaugen von Heinrich Damitz, einem Bürger zu Colberg und 1372 noch 7 Hufen zu Quetzin von Hermann Damitz zu Dutzzin und dessen Sohne Hermann gekauft hatte.

(5) Stoikow 1¼ Meilen von Colberg gegen Osten, ⅞ Meile von der Ostsee und ⅛ Meile von der Persante, in einer ebenen Gegend, auf der Landstraße von Colberg nach Cößlin, hat außer einem Vorwerke 1 Freyschulzen, 3 Bauern, 2 Krüger, 4 Coßäthen, 5 Büdner, unter welchen sich der Schmied befindet, 1 Holzwärter, welcher über die wenigen bey diesem Dorfe befindlichen Büchen und Eichen die Aufsicht hat, 25 Feuerstellen, sandigten Acker, wenige Wiesen, ist zu Degow in der Colbergschen Synode eingepfarret und gränzet an die Dörfer Quetzin, Degow und Ganzkow. Das Dorf Stoikow wurde nach einer Urkunde von 1224 von Anastasia, der Wittwe des Herzogs Bogislaus I. dem Nonnenkloster zu Treptow an der Rega, von dem Bischofe Hermann aber nebst einigen andern Dörfern 1278 dem Jungfernkloster zu Colberg beygeleget.

(6) Wobrodt oder Wobrow ⅞ Meile von Colberg südostwärts, nahe an der Persante, hat 5 Bauern mit dem Schulzen, 2 Halbbauern, 11 Feuerstellen, ist zu der heiligen Geistkirche in Colberg eingepfarret und gränzet an die Dörfer Bogenthin, Mechnin und Altstadt. Dieses Dorf ist in dem letzten 7 jährigen Kriege bey der Belagerung der Stadt Colberg von den Russischen Truppen abgebrannt und nachher ganz neu wiederum aufgebauet worden. Die Einwohner befinden sich in guten Umständen und ihre Lage trägt insonderheit dazu bey, aus dem von ihnen gepachteten Colbergschen Stadtacker manche Vortheile zu ziehen. Nach einer Urkunde von 1278 wurde dieses Dorf nebst den Dörfern Jasde, Stoikow und einem Theil von Rossenthin dem Nonnenkloster zu Colberg bey seiner Stiftung von dem Bischofe Hermann geschenket.

(7) Zwielipp 1¼ Meilen von Colberg gegen Süden und eben so weit von Cößlin nordwestwärts, ¼ Meile von der Persante, über welche hier die Poststraße von Colberg nach Cöslin vermittelst der so genannten Fährbrücke führet, hat 1 Prediger, 13 Bauern mit dem Schulzen, 2 Coßäthen, 15 Büdner, 1 Predigerwittwenhaus, 1 Schulhaus, mit Einschließung der Fähre 33 Feuerstellen, eine zu der Colbergschen Synode gehörige Mutterkirche, zu welcher die Dörfer Battin und Lustebuhr eingepfarret sind, fruchtbaren Acker, welcher seit einigen Jahren, durch die Düngung desselben

Das Amt Colberg.

mit Kalk sehr verbessert worden ist, gute Wiesen an der Persante und gränzet an die Dörfer Pustahr, Bartin und Damgard. Zwielipp ist ein altes Dorf, welches in einer Urkunde von 1159, worinn der erste Pommersche Bischof, Adelbert, das Kloster Grobe bestätiget, Syelube genannt wird. Nach dem letzten 7 jährigen Kriege wurde auf der Feldmark dieses Dorfs an der Fähre für königliche Kosten eine Ziegelen angeleget, die aber nach einigen Jahren wieder einging, weil sie den Vortheil, den man sich davon versprach, nicht gewährete, auch dadurch den hiesigen Bauern ihre Hütung eingeschränket und der Kalk, den sie zur Verbesserung ihres Ackers zu brauchten, entzogen wurde.

2) Zwey Vorwerke, als:

(1) Altstadt ein ritterfreyes Vorwerk und der Sitz des königlichen Beamten und Generalpächters des Amts Colberg, hat 702 Morgen 32 Ruthen, fruchtbaren Acker, gute Wiesen an der Persante, die Abtriften für das Rindvieh und die Schafe auf das Colbergsche Stadtfeld und die Dienste von den Dorfschaften Zwielipp, Wobrodt, Poldemin, dem Schulzen zu Jasde und den 5 Coßäthen auf der Altstadt. Die zu diesem Vorwerke gehörigen Gebäude wurden in dem letzten 7 jährigen Kriege eingeäschert, in dem Jahre 1770 aber wieder hergestellet.

(2) Stoikow hat 562 Morgen 66 Ruthen, kalten und sumpfigten Acker, die Wiesen an der Persante, welche aber fast sämtlich eine Meile von dem Vorwerke entfernt sind, die Weide für das Rindvieh in der Stoikowschen Holzung und auf dem Colbergschen Stadtfelde, die Abtriften für die Schafe auf die Felder der Dörfer Quetzin, Degow, Zernin, Damgard, Bartin und Henkenhagen, die Dienste von 12 Bauern aus Jasde, 10 Bauern und 2 Coßäthen aus Quetzin und 3 Bauern und 4 Coßäthen aus Stoikow und freyes Brennholz, wie auch den sämtlichen Zaunstrauch zur Bewährung in dem Colbergschen Stadtwalde.

3) Zwey Fährkrüge liegen 1¼ Meilen von Colberg und ⅛ Meile von dem Dorfe Zwielipp an der Persante, über welche hier eine Brücke geschlagen ist, und sind zu Zwielipp in der Colbergschen Synode eingepfarret. Es wird hier der so genannte Fährzoll bezahlet, von dessen Erlegung jedoch die 4 adelichen Dörfer Lustebuhr, Peterwitz, Claptow und Lübchow völlig befreyet sind. Die Dörfer Zwielipp, Wobrodt, Stoikow, Quetzin, Poldemin, Jasde, Zernin, Damgard, Bogenthin, Bartin und Degow sind zwar auch zollfrey, sie müssen aber alle Handarbeiten und Fuhren und insonderheit die Aufeisung zur Winterszeit bey der Fährbrücke umsonst verrichten. Auch müssen die Fährkrüger ihr Bier und den Brandwein von dem Cörlinschen Amte holen, ob sie gleich zu dem Colbergschen gehören.

4) Zwo Mühlen, als:

(1) Die Wassermühle in dem Colbergschen Capitelsdorfe Bogenthin mit einem

nem unterschlägigen Gange, ⅜ Meile von Colberg südsüdostwärts, bestehet aus 1 Feuerstelle und ist zu Zernin in der Colbergschen Synode eingepfarret. Von dieser Mühle, deren Zwangsmahlgäste die Einwohner der Colbergschen Amtsdörfer Altstadt, Wobrodt, Zwiellpp, der beiden Fährkrüge und der Colbergschen Capitulsdörfer Bogenthin, Damgard, Zernin und des Krugs Ströpsack sind, müssen jährlich 9 Scheffel Roggen und 1 Rthlr. an Gelde an das Domcapitul zu Colberg gegeben werden.

(2) Die Stoikowsche Windmühle. Die Zwangsmahlgäste sind die Einwohner der Colbergschen Amtsdörfer Stoikow, Quetzin und Jatow, der Colbergschen Capitulsdörfer Degow und Bartin, des Dorfs Mechentin, des Colbergschen Cämmereydorfs Henkenhagen und die auf den Dünen wohnende Fischer.

2. Das Amt Coeßlin. Zu welchem gehören,

a) Eilf Dörfer, als:

(1) Augustin ¼ Meile von Cößlin südsüdostwärts, hat 6 Vollbauern mit dem Schulzen, 7 Feuerstellen, eine kleine Feldmark, leichten, bergigten, kaltgründigen und eisenmalligen Acker, ist zu Konikow in der Coeßlinschen Synode eingepfarret und gränzet gegen Norden und Osten an das Dorf Cretemin und gegen Süden vermittelst eines Bachs an das Dorf Mersin.

(2) Alt-Belz ¼ Meile von Cößlin gegen Westen, auf der Landstraße von Cößlin nach Colberg, hatte ehemals 17 Bauern, 1 Halbbauer, 4 Coßäthen und 1 Büdner, hat aber jetzt außer 1 Prediger und 1 Küster, nachdem 1771 das ehemalige hiesige Vorwerk abgebauet worden ist, 22 Vollbauern mit dem Schulzen, der einen erblichen Bauerhof besitzet, 2 Halbbauern, 1 Büdner, 1 Holzwärter, 31 Feuerstellen, und eine zu der Cößlinschen Synode gehörige Mutterkirche, deren Filial das Dorf Neu-Belz ist. Ein Theil dieses Dorfs gehörte ehemals dem Geschlechte der von Schmeling, von welcher es gekauft und dem Amte einverleibet wurde.

(3) Cretemin ¼ Meile von Cößlin südostwärts, an der Landstraße von Cößlin nach Bublitz, hat mit Einschließung des Schulzen 6 Vollbauern, 1 Halbbauer, 1 Coßäthen, 1 Büdner, 1 Schulmeister, 10 Feuerstellen und ist zu der Schloßkirche in Cößlin eingepfarret.

(4) Dörsentin ¼ Meile von Cößlin ostsüdostwärts, hat mit Inbegriff des Schulzen 8 Halbbauern, welche seit langer Zeit einen wüsten Hof besitzen und davon die Abgaben entrichten, 2 Coßäthen, 1 Büdner, 12 Feuerstellen und ist zu der Schloßkirche in Cößlin eingepfarret.

(5) Konikow ¼ Meile von Cößlin gegen Süden, auf der Landstraße von Cößlin nach den Städten Belgard, Baerwalde und Polzin, hat 1 Prediger, 1 Schulmeister, der außer der freyen Wohnung und dem Schulgelde kein Gehalt bekömmt,

9 Bau

Das Amt Cößlin.

9 Bauern mit dem Schulzen, der von dem Naturaldienste befreyet ist, 2 Coßäthen, 4 Büdner, 1 Predigerbauer, 20 Feuerstellen, eine zu der Cößlinschen Synode gehörige Mutterkirche, zu welcher die Dörfer Neuklenz und Augustin eingepfarret sind, und wird von dem Cößlinschen Stadtfelde durch einen Graben, der Zahn genannt, abgesondert.

(6) Labus 1 Meile von Cößlin gegen Norden, an dem Jamundschen See, hat 6 Vollbauern mit dem Schulzen, 2 Halbbauern, 2 Coßäthen, 4 Büdnerhäuser, 15 Feuerstellen und ist zu Jamund in der Cößlinschen Synode eingepfarret.

(7) Lüptow 1 Meile von Cößlin ostsüdostwärts, an einem gegen Süden gelegenen See, welcher beynahe eine halbe Meile lang und eine halbe Viertelmeile breit ist, und an dem Fuße des nordwärts gelegenen Gollenberges, hat 6 Bauern mit dem Schulzen, 3 Büdner mit dem Schulmeister, 9 Feuerstellen, sandigen Acker, aber gute den Einwohnern zugehörige Holzungen und ist zu Wisbuhr in der Cößlinschen Synode eingepfarret. Die Einwohner dieses Dorfs musten ehemals bey dem ¼ Meile von demselben entfernten Ackerwerke Vangerow einen beschwerlichen Hofdienst verrichten, von welchem sie aber nach dem Abbau dieses Ackerwerks befreyet worden sind.

(8) Neuklenz oder Neklenz ⅛ Meile von Cößlin südwestwärts, hat mit Inbegriff des Schulzen 10 Vollbauern, welche die Abgaben von einem längst wüste gewesenen Hofe entrichten, 1 Halbbauer, 1 Büdner, 15 Feuerstellen und ist zu Konikow in der Cößlinschen Synode eingepfarret. Die Gebrüder Ulrich und Friederich von Bevenhusen verkauften 1297 dem Nonnenkloster zu Cößlin 13 Hufen in dem Dorfe Neuklenz.

(9) Rogzow ¼ Meile von Coeßlin gegen Osten, nahe an dem Gollenberge, hat 1 Förster, welcher Rechnung führet und nahe bey dem Dorfe auf der Landstraße von Cößlin nach Pollnow wohnet, 4 Vollbauern mit dem Schulzen, 4 Coßäthen, 2 halbe Coßäthen, 9 Büdnerkathen, 22 Feuerstellen und ist zu der Schloßkirche in Cößlin eingepfarret. Nach einer Urkunde von 1284 bestätigte der Bischof Hermann dem Nonnenkloster zu Cößlin das Eigenthum des Dorfs Rogzow, welches das Kloster von Theoderich von Belgard gekauft hatte.

(10) Schwessin 1 Meile von Cößlin gegen Süden, auf der Landstraße von Cößlin nach Belgard, hat 13 Vollbauern mit dem Schulzen, der von dem Naturaldienste befreyet ist, 4 Coßäthen, 1 Holzwärter, 1 Küster, der auch zugleich in Geritz den Gottesdienst besorgen muß, 3 Büdnerkathen, 25 Feuerstellen und eine zu der Cößlinschen Synode gehörige Kirche, die ein Filial von Geritz ist und von welcher der König Patron und der Besitzer des adelichen zu derselben eingepfarrten Guts Merßin Mitpatron ist.

(11) Vangerow ¾ Meile von Zanow südostwärts, hat 9 Bauern mit Inbegriff des Schulzen, der einen Bauerhof erblich besitzet, 3 Büdner, 1 Holzwärter, der unter dem Förster zu Rogzow stehet und die Aufsicht über das Vangerowsche Forst

Das Fürstenthum Cammin.

nem unterschlägigen Gange, ⅛ Meile von Colberg südsüdostwärts, bestehet aus
1 Feuerstelle und ist zu Zernin in der Colbergschen Synode eingepfarret. Von dieser
Mühle, deren Zwangsmahlgäste die Einwohner der Colbergschen Amtsdörfer Altstadt,
Wobrodt, Zwielipp, der beiden Fährkrüge und der Colbergschen Capitulsdörfer Bo-
genthin, Damgard, Zernin und des Krugs Ströpsack sind, müssen jährlich 9 Scheffel
Roggen und 1 Rthlr. an Gelde an das Domcapitul zu Colberg gegeben werden.

(2) Die Stoikowsche Windmühle. Die Zwangsmahlgäste sind die Einwohner der Colbergschen Amtsdörfer Stoikow, Quetzin und Jasde, der Colbergschen Capitulsdörfer Degow und Bartin, des Dorfs Mechentin, des Colbergschen Cämmereydorfs Henkenhagen und die auf den Dünen wohnende Fischer.

2. Das Amt Coeßlin. Zu welchem gehören,

a) Eilf Dörfer, als:

(1) Augustin ½ Meile von Cößlin südsüdostwärts, hat 6 Vollbauern mit dem
Schulzen, 7 Feuerstellen, eine kleine Feldmark, leichten, bergigten, kaltgründigen und
eisermaligen Acker, ist zu Konikow in der Coeßlinschen Synode eingepfarret und gränzet gegen Norden und Osten an das Dorf Cretemin und gegen Süden vermittelst
eines Bachs an das Dorf Mersin.

(2) Alt-Belz ¼ Meile von Cößlin gegen Westen, auf der Landstraße von Cößlin nach Colberg, hatte ehemals 17 Bauern, 1 Halbbauer, 4 Cossäthen und 1 Büdner, hat aber jetzt außer 1 Prediger und 1 Küster, nachdem 1771 das ehemalige
hiesige Vorwerk abgebauet worden ist, 22 Vollbauern mit dem Schulzen, der einen
erblichen Bauerhof besitzet, 2 Halbbauern, 1 Büdner, 1 Holzwärter, 31 Feuerstellen,
und eine zu der Cößlinschen Synode gehörige Mutterkirche, deren Filial das Dorf
Neu-Belz ist. Ein Theil dieses Dorfs gehörte ehemals dem Geschlechte der von
Schmelling, von welcher es gekauft und dem Amte einverleibet wurde.

(3) Cretemin ½ Meile von Cößlin südostwärts, an der Landstraße von Cößlin
nach Bublitz, hat mit Einschließung des Schulzen 6 Vollbauern, 1 Halbbauer,
2 Cossäthen, 1 Büdner, 1 Schulmeister, 10 Feuerstellen und ist zu der Schloßkirche in Cößlin eingepfarret.

(4) Dörsentin ½ Meile von Cößlin ostsüdostwärts, hat mit Inbegriff des
Schulzen 8 Halbbauern, welche seit langer Zeit einen wüsten Hof besitzen und davon
die Abgaben entrichten, 2 Cossäthen, 1 Büdner, 12 Feuerstellen und ist zu der Schloßkirche in Cößlin eingepfarret.

(5) Konikow ¼ Meile von Cößlin gegen Süden, auf der Landstraße von Cößlin nach den Städten Belgard, Baerwalde und Polzin, hat 1 Prediger, 1 Schulmeister, der außer der freyen Wohnung und dem Schulgelde kein Gehalt bekömmt,

Das Amt Cößlin.

9 Bauern mit dem Schulzen, der von dem Naturaldienste befreyet ist, 2 Coßäthen, 4 Büdner, 1 Predigerbauer, 20 Feuerstellen, eine zu der Cößlinschen Synode gehörige Mutterkirche, zu welcher die Dörfer Neuklenz und Augustin eingepfarret sind, und wird von dem Cößlinschen Stadtfelde durch einen Graben, der Zahn genannt, abgesondert.

(6) Labus 1 Meile von Cößlin gegen Norden, an dem Jamundschen See, hat 6 Vollbauern mit dem Schulzen, 2 Halbbauern, 2 Coßäthen, 4 Büdnerhäuser, 15 Feuerstellen und ist zu Jamund in der Cößlinschen Synode eingepfarret.

(7) Lüptow 1 Meile von Cößlin ostsüdostwärts, an einem gegen Süden gelegenen See, welcher beynahe eine halbe Meile lang und eine halbe Viertelmeile breit ist, und an dem Fuße des nordwärts gelegenen Gollenberges, hat 6 Bauern mit dem Schulzen, 3 Büdner mit dem Schulmeister, 9 Feuerstellen, sandigen Acker, aber gute den Einwohnern zugehörige Holzungen und ist zu Wisbuhr in der Cößlinschen Synode eingepfarret. Die Einwohner dieses Dorfs musten ehemals bey dem $\frac{1}{4}$ Meile von demselben entfernten Ackerwerke Wangerow einen beschwerlichen Hofdienst verrichten, von welchem sie aber nach dem Abbau dieses Ackerwerks befreyet worden sind.

(8) Neuklenz oder Neklenz $\frac{1}{2}$ Meile von Cößlin südwestwärts, hat mit Inbegriff des Schulzen 10 Vollbauern, welche die Abgaben von einem längst wüste gewesenen Hofe entrichten, 1 Halbbauer, 1 Büdner, 15 Feuerstellen und ist zu Konikow in der Cößlinschen Synode eingepfarret. Die Gebrüder Ulrich und Friederich von Bevenhusen verkauften 1297 dem Nonnenkloster zu Cößlin 13 Hufen in dem Dorfe Neuklenz.

(9) Rogzow $\frac{1}{2}$ Meile von Coeßlin gegen Osten, nahe an dem Gollenberge, hat 1 Förster, welcher Rechnung führet und nahe bey dem Dorfe auf der Landstraße von Cößlin nach Pollnow wohnet, 4 Vollbauern mit dem Schulzen, 4 Coßäthen, 2 halbe Coßäthen, 9 Büdnerkathen, 22 Feuerstellen und ist zu der Schloßkirche in Cößlin eingepfarret. Nach einer Urkunde von 1284 bestätigte der Bischof Hermann dem Nonnenkloster zu Cößlin das Eigenthum des Dorfs Rogzow, welches das Kloster von Theoderich von Belgard gekauft hatte.

(10) Schwessin 1 Meile von Cößlin gegen Süden, auf der Landstraße von Cößlin nach Belgard, hat 13 Vollbauern mit dem Schulzen, der von dem Naturaldienste befreyet ist, 4 Coßäthen, 1 Holzwärter, 1 Küster, der auch zugleich in Geriz den Gottesdienst besorgen muß, 3 Büdnerkathen, 25 Feuerstellen und eine zu der Cößlinschen Synode gehörige Kirche, die ein Filial von Geriz ist und von welcher der König Patron und der Besitzer des adelichen zu derselben eingepfarrten Guts Mersin Mitpatron ist.

(11) Vangerow $\frac{1}{2}$ Meile von Zanow südostwärts, hat 9 Bauern mit Inbegriff des Schulzen, der einen Bauerhof erblich besitzet, 3 Büdner, 1 Holzwärter, der unter dem Förster zu Rogzow stehet und die Aufsicht über das Vangerowsche Forst

Das Fürstenthum Cammin.

Forstrevier hat, 14 Feuerstellen, ist zu Steglin in der Cößlinschen Synode eingepfarret und gränzet gegen Süden an den Nestbach. Ehemals war in diesem Dorfe ein Vorwerk, welches aber vor einigen Jahren abgebauet worden ist.

2) Drey Vorwerke, als:

(1) Cößlin ein ritterfreyes Ackerwerk mit 1 Feuerstelle, hat 427 Morgen 122 Ruthen. Der Acker, welcher kaltgründig und naß ist, befindet sich auf dem Cößlinschen Stadtfelde, ist in 5 Schläge eingetheilet und durchgängig mit dem Acker der Cößlinschen Bürger vermischt. Die Wiesen liegen bey den Dörfern Schwessin, Neuklenz und Cretemin, sind aber sämtlich einschnittig und das Vorwerk hat mit der Stadt Cößlin eine gemeinschaftliche Weide. 10 Vollbauern aus dem Dorfe Neuklenz und 6 Vollbauern und 2 Halbbauern aus dem Dorfe Labus leisten diesem Vorwerke nach dem Dienstreglement vom 28 August 1769 gemeßene Dienste.

(2) Rogzow ein ritterfreyes Vorwerk, hat 619 Morgen 102 Ruthen, leichten und sandigen Acker, der in 5 Schläge eingetheilet ist, einschnittige Wiesen und gemeßene Dienste von 4 Bauern und 6 Coßäthen aus Rogzow, 8 Bauern und 2 Coßäthen aus Dörsentin, 6 Bauern, 1 Halbbauer und 1 Coßäthen aus Cretemin und 6 Bauern aus Augustin.

(3) Das Vorwerk Schwessin und die mit demselben verbundene Schäferey Konikow, welche ein Pächter gepachtet hat, haben zusammen 792 Morgen 62 Ruthen. 12 Bauern und 4 Coßäthen aus Schwessin, 8 Bauern und 2 Coßäthen aus Konikow leisten zwar gemeßene Dienste, der Pächter muß aber ⅓ der Wirthschaft mit eigenem Gespann bestellen.

3) Die Oberwassermühle zu Rogzow bestehet aus 2 unterschlägigen Mahlgängen und hat die Einwohner der sämtlichen Dörfer des Amts Cößlin zu Zwangsmahlgästen. Auch sind die Einwohner des adelichen Dorfs Bonin als Zwangsmahlgäste dieser Mühle beygeleget worden, wofür der Müller eine jährliche Pacht von 54 Scheffeln Mengkorn an die adeliche Herrschaft zu Bonin geben muß, welche dagegen zur Unterhaltung des gehenden Werks jedesmahl ⅓ an Holze oder Holzgelde beytragen muß, die übrigen ⅔ aber werden aus königlichen Forsten gegeben.

Die Dörfer Augustin, Alt-Belz, Cretemin, Dörsentin, Konikow, Luptow, Neuklenz, Rogzow, Schwessin und Vangerow gehörten ehemals dem Jungfernkloster in Cößlin, wurden aber nach der Aufhebung desselben in das Amt Cößlin verwandelt, welchem nachher auch das Dorf Labus beygeleget wurde.

3. Das Amt Cäsmirsburg hat,

1) Neun ganze Dörfer und an 3 Dörfern Antheile, als:

(1) Alt-

Das Amt Casimirsburg.

(1) Alt-Banzin 1¼ Meilen von Coeßlin westnordwestwärts und ⅛ Meile von dem Dorfe Bast, hat 14 Bauern mit dem dienstfreyen Schulzen, 1 Halbbauer, 1 Coßäthen, 6 Büdner, 24 Feuerstellen, lehmigten Acker, gute Wiesen und ist zu Bast in der Coeßlinschen Synode eingepfarret.

(2) Neu-Banzin 1¼ Meilen von Coeßlin westnordwestwärts, lieget ganz nahe bey dem Dorfe Schreitstacken und wird von demselben durch einen kleinen Bach getrennet, an welchem sich gute Wiesen befinden, die fast sämtlich zu Neu-Banzin gehören, und hat 9 Bauern mit dem Schulzen, 1 Coßäthen, 9 Büdnerhäuser, welche auf der zu diesem Dorfe gehörigen so genannten Barning, woselbst auch ein Holzwärter wohnet, sind erbauet worden, 1 Büdner auf Bauergrunde, 20 Feuerstellen und ist zu Sorenbohm in der Coeßlinschen Synode eingepfarret.

(3) Bast 1 Meile von Coeßlin westnordwestwärts, lag ehemals an einem See, der von dem Dorfe den Namen führte, neuerlich aber in den ⅛ Meile davon entfernten Jamundschen See ist abgelaßen worden, und hat 1 Prediger, 1 Küster, 5 Vollbauern mit dem Schulzen und dem Predigerbauer, 1 Vollcoßäthen, mit Einschließung des Krügers und des Schmieds 10 halbe Coßäthen, von welchen einer auf dem Casimirsburgschen Felde nahe an dem Dorfe Groß-Streitz wohnet und zugleich die Aufsicht über das Vielbeckfche Förstrevier hat, 1 Holzwärter, 2 nach Ablaßung des Bastschen Sees erbauete Häufer für 4 Familien, 29 Feuerstellen und eine zu der Cößlinschen Synode gehörige Mutterkirche, zu welcher die Dörfer Alt-Banzin und Poppenhagen und die königlichen Vorwerke Casimirsburg und Todenhagen eingepfarret sind und gehörete ehemals dem Kloster Dargun, von welchem es der Bischof Martin Carith 1513 kaufte. In der Bastschen Kirche hängt eine Wallfischribbe, woran die lateinische Innschrift meistentheils erloschen, jedoch noch so viel zu lesen ist, daß der Wallfisch 1590 in der Ostsee gefangen und diese Ribbe auf Befehl des Herzogs und Bischofs Casimir in der Kirche aufgehangen worden.

(4) Bauerhufen 1¼ Meilen von Cößlin nordwestwärts, an der Ostsee und ganz nahe bey dem Dorfe Sorenbohm, hat königlichen Antheils 4 Einwohner mit Einschließung des Schulzen und des Krügers, welche etwas steuerbaren Acker haben, 11 Fischer, die als Büdner keinen Acker, außer einigem Gartenlande, besitzen, wofür ein jeder jährlich 16 Gr. Dorfspacht an das Amt bezahlet, 15 Feuerstellen und ist zu Sorenbohm in der Cößlinschen Synode eingepfarret. Zu dem adelichen Antheile gehören 13 dergleichen Fischer oder Büdner, von welchen ein jeder jährlich ebenfalls 16 Gr. Dorfspacht an das königliche Amt bezahlen muß. Bauerhufen soll den Namen von einer wüsten halben Bauerhufe haben, worauf sich 4 Einwohner angebauet haben, die daher auch die Abgaben von einer halben Hufe entrichten. Ehemals ist hier die Fischerey einträglicher gewesen, als jetzt, da nur noch wenige fischen.

(5) Bornhagen 1¼ Meilen von Cößlin nordwestwärts, nahe bey dem Dorfe Sorenbohm und an der Ostsee, hat 3 Vollbauern mit dem Schulzen, der einen dienstfreyen Bauerhof erblich besitzet, 1 Coßäthen, 4 Feuerstellen und ist zu Sorenbohm

bohm in der Cößlinschen Synode eingepfarret. Die nahe Ostsee thut diesem Dorfe durch die von Jahre zu Jahre zunehmende Versandung und Wegreißung eines Theils seiner Aecker vielen Schaden. Ein Bauerhof oder Vorwerk Bornhagen genannt, dessen Hufe zwischen dem Dorfe Bornhagen und Sorenbohm nach der Ostsee herab gehet, gehörte ehemals auch zu diesem Dorfe, wurde aber von dem Herzoge Casimir dem Paul von Damitz zu einem Pathenpfennige geschenket und gehöret jetzt zu dem adelichen Gute Funkenhagen.

(6) **Groß-Möllen** hat königlichen Antheils 1 Bauer, in der Barmo an dem Möllenschen See einen Fischerkathen und mit Einschließung des königlichen Antheils an Klein-Möllen 6 Feuerstellen. Auch hat hier der König mit der adelichen Herrschaft das Kirchenpatronat gemeinschaftlich. Die übrigen Einwohner des Dorfs Groß-Möllen gehören zu dem adelichen Antheile. S. Groß-Möllen unter den adelichen Gütern dieses Kreises.

(7) **Klein-Möllen** hat königlichen Antheils 4 Bauern, welche mit dem einen königlichen Bauer in dem Dorfe Groß-Möllen seit den Zeiten der ehemaligen Herzoge in Pommern an die adeliche Herrschaft zu Möllen für einen festgesetzten Kanon versetzet waren und daher den Namen der Kanonbauern erhielten. Nach dem Jahre 1725 aber wurden sie wieder eingelöset und dem Amte Casimirsburg einverleibet. Auch gehöret noch zu dem königlichen Antheile ein Kathen, der an dem Torfmoore auf dem Bauerlande liegt. S. Klein-Möllen unter den adelichen Gütern dieses Kreises.

(8) **Poppenhagen** 1 Meile von Cößlin westnordwestwärts, hat einen dienstfreyen Schulzen und einen Dienstfreyen Bauer, welche ihre Bauerhöfe erblich besitzen, 4 Vollbauern, 4 Vollcoßäthen, 2 Halbcoßäthen, wovon einer zugleich Holzwärter ist, 9 Büdner, mit dem Schulmeister 21 Feuerstellen, mittelmäßigen Acker, gute Wiesen und ist zu Bast in der Cößlinschen Synode eingepfarret. Ein jeder Wirth hat sein Land bey seinen Hofgebäuden.

(9) **Schreitstacken** 2 Meilen von Cößlin westnordwestwärts, hat 5 Bauern, 2 Büdner auf Bauergrunde, 7 Feuerstellen und ist zu Sorenbohm in der Cößlinschen Synode eingepfarret.

(10) **Sorenbohm** liegt 1½ Meilen von Cößlin westnordwestwärts so nahe an der Ostsee, daß man dieselbe mit einem Büchsenschuße erreichen kann, und hat 1 Prediger, 1 Küster, 13 Vollbauern mit dem Schulzen, 1 Halbbauer, 1 Cossäthen, 13 Büdner, wovon 6 auf Bauergrunde wohnen, 2 Krüge, wovon der eine mitten in dem Dorfe, der andre aber bey dem Eingange desselben auf der so genannten Viehstege liegt, 32 Feuerstellen und eine zu der Cößlinschen Synode gehörige Mutterkirche, zu welcher die Dörfer Bornhagen, Schreitstacken, Neu-Banzin mit der dazu gehörigen so genannten Barning-Bauerhufen, Funkenhagen, Kiepersdorf und Parpart eingepfarret sind. Durch die zunehmende Versandung der Ostsee haben die Einwohner beynahe alle ihre Wiesen und besten Hütungen verlohren.

(11) Klein-

Das Amt Casimirsburg.

(11) Klein-Streitz 1 Meile von Cößlin nordweſtwärts, lieget nahe an dem Dorfe Groß-Streitz, von welchem es durch einen Bach, der aus dem Baßſchen See in den Jamundſchen fließet, getrennet wird, und hat 4 Bauern, die auch den ehemaligen fünften in dem vorigen Jahrhunderte abgebrannten Bauerhof beſitzen und davon die Abgaben entrichten, 4 Feuerſtellen, einen ziemlich guten Boden und iſt zu Groß-Möllen in der Cößlinſchen Synode eingepfarret.

(12) Wolfshagen 1½ Meilen von Cößlin weſtnordweſtwärts, hat 7 Bauern mit dem Schultzen, 2 Coßäthen, 2 Büdner, 6 Büdner auf Bauerngrunde, unter welchen ſich der Schmied befindet, 17 Feuerſtellen, lehmigten Acker, mittelmäßige Wieſen und iſt zu Cordeshagen in der Cößlinſchen Synode eingepfarret.

2) Zwey Vorwerke, als:

(1) Caſimirsburg der Sitz des Königl. Beamten und Generalpächters der Aemter Cößlin und Caſimirsburg, welche in Anſehung der Generalpacht mit einander verbunden ſind, lieget 2200 Schritte von dem Dorfe Baſt, hat 4 Feuerſtellen, 1323 Morgen 36 Ruthen und iſt zu Baſt in der Cößlinſchen Synode eingepfarret. Der in 4 Schläge eingetheilte Acker iſt lehmigt und gut. Die Wieſen werden ſämtlich geworben, die Weide aber iſt knapp. 13 Bauern aus Alt-Banzin, 3 Bauern aus Baſt, 2 Bauern aus Bornhagen, 9 Bauern aus Neu-Banzin, 4 Bauern aus Streitz, 13 Bauern aus Sorenbohm und 5 Bauern aus Schreitſtacken leiſten dieſem Vorwerke gemeſſene Dienſte, die Halbbauern und Coßäthen in den genannten Dörfern aber dienen nur in der Erndte gewiße Tage. Der Herzog und Biſchof zu Cammin Caſimir IX. legte hier 1592 eine Stuterey an und ließ ein zwiſchen 2 Seen angenehm belegenes Schloß erbauen. Von dieſer Zeit an erhielt das ganze Amt, welches ehemals das Amt Baſt genannt wurde, den jetzigen Namen.

(2) Todenhagen ein ritterfreyes Vorwerk, hat 1 Feuerſtelle, 293 Morgen 78 Ruthen, fruchtbaren aber ſumpfigten Acker, der in 4 Schläge eingetheilet iſt, gute Wieſen, die Weide außer der kleinen Brache in dem Wielbeckſchen Holze, die Dienſte von 4 Bauern aus Poppenhagen und iſt zu Baſt in der Cößlinſchen Synode eingepfarret. Das königliche Vorwerk Todenhagen, welches von dem adelichen Dorfe dieſes Namens verſchieden iſt und an die Caſimirsburgſche Feldmark gränzet, wurde 1778 durch den Blitz eingeäſchert und neu erbauet.

3) Zwo Mühlen, als:

(1) Die Waſſermühle zu Baſt beſtehet aus 2 oberſchlägigen Gängen und wird aus Quellen geſpeiſet, welche mehrentheils in und bey dem Dorfe Poppenhagen entſpringen. Die Zwangsmahlgäſte ſind die Einwohner der Dörfer Alt-Banzin, Baſt, Wolfshagen und der Vorwerke Caſimirsburg und Todenhagen.

(2) Die Windmühle zu Sorenbohm hat die Einwohner der Dörfer Neu-

Das Fürstenthum Cammin.

Banzin mit den Büdnern auf der Barning, Bauerhufen, Klein- und Groß-Möllen königlichen Antheils, Bornhagen, Schreitlacken, Klein-Streitz und Sorenbohm zu Zwangsmahlgästen.

4. Das Amt Bublitz. Zu welchem gehören,

1) Folgende Dörfer, als:

(1) **Bischofthum** 1¼ Meilen von Bublitz südostwärts, ½ Meile von der Westpreußischen Stadt Baldenburg südwestwärts und eben so weit von dem Dorfe Casimirshof, hat 1 Frenschulzen, 15 Bauern, 2 Halbbauern, 3 Büdner, 1 Schmied, 1 Schulmeister, 25 Feuerstellen, ist zu Casimirshof in der Bublitzschen Synode eingepfarret und gränzet an die Westpreußische Stadt Baldenburg, an das Westpreußische Dorf Wittenfelde und an die Pommerschen Dörfer Casimirshof und Stepen.

(2) **Casimirshof** lieget 1½ Meilen von Bublitz südsüdostwärts und 1 Meile von der Westpreußischen Stadt Baldenburg südwestwärts, zwischen Wiesen und Gebüsche, nahe an dem großen königlichen Walde, der Zubberow genannt, und an einem Bache, der unter einem angränzenden Berge aus einem tiefen Brunnen in einer Wiese entspringt und mitten durch das Dorf nach der Drenschschen Mühle fließet. Das Dorf hat außer einem Vorwerke, 1 Prediger, 1 Küster, 1 Predigerwittwenhaus, 1 Schulzen, der an Acker nur zu 4 Scheffel Aussaat und eine Wiese von 1½ Fuder Heu hat, 6 Bauern, unter welchen sich aber ein Freymann befindet, dessen Vorfahren den Hof erblich und auf 3 Generationen gekauft haben, so daß der gegenwärtige Besitzer desselben der letzte ist, nach dessen Tode der Hof an das Amt Bublitz zurück fällt, 2 Cossäthen, 1 Unterförster, 1 Schmied, 1 Schäfer, ein Colonistenhaus für 2 Familien, 19 Feuerstellen, eine zu der Bublitzschen Synode gehörige Mutterkirche, zu welcher das Dorf Stepen als ein Filial und das Dorf Grumsdorf als ein Vagans gehören, und die Dörfer Drensch und Bischofthum und die so genannte Wurlmühle eingepfarret sind, und gränzet an die Westpreußische Stadt Baldenburg und an die Pommerschen Dörfer Bischofthum, Stepen, Drensch und Ulrichschäferey oder Linow. Seit undenklichen Zeiten werden bey dem Dorfe Casimirshof in den nassen und zum Theil sumpfigten Wiesen jährlich viele große Fichtenstubben und Wurzeln ausgegraben und getrocknet, deren man sich zur Ersparung des Lichts bedienet. Man siehet daraus, daß in dieser Gegend in den ältern Zeiten ein Wald von großen Fichten gewesen seyn müsse, wovon man jetzt gar keine mehr findet.

(3) **Curow** 1 Meile von Bublitz gegen Norden und eben so weit von Pollnow südwestwärts, auf einem Berge und ½ Meile von der Radüe, an welcher die Wiesen des Dorfs liegen, hat 1 Prediger, 1 Küster, 15 Bauern, 4 Cossäthen, 2 kleine Häuser auf einer dem Prediger zugehörigen Stelle, ein kleines Haus, welches auf der Dorfsfreyheit ist erbauet worden, 3 Bauerkathen, 33 Feuerstellen, eine zu der Bublitzschen Synode gehörige Mutterkirche, deren Filial das Dorf Zeblin ist und zu welcher die Dörfer Ubedel, Lubow, Gervin und Schloßkämpen, die Bevenhusensche Wasser-

Das Amt Bublitz.

Wassermühle und der Sandkrug, ein einzelnes Haus, so ¼ Meile von Curow bey dem Schwarzensee auf der Landstraße von Westpreußen nach Cöslin und Rügenwalde liegt und zu diesem Dorfe gehöret, eingepfarret sind, und gränzet an die königlichen Dörfer Schloßkämpen, Ubedel und Gust und an die adelichen Dörfer Zeblin, Lubow, Zethun und Carzin. Der König hat an der Curowschen Pfarre 3 Theile des Patronatrechts, der Besitzer des Filialdorfs Zeblin aber den vierten Theil.

(4) Drensch 1½ Meilen von Bublitz gegen Süden und ⅓ Meile von dem Dorfe Casimirshof, an fischreichen Seen und an dem großen königlichen Walde, der Zuberow genannt, welcher gegen Norden liegt, auf der Landstraße von Belgard und Bublitz nach den Westpreußischen Städten Hammerstein und Friedland, hat 1 Freyschulzen, 13 Bauern, 2 Büdner, 1 Schmied, 1 Schulmeister, 2 Kathen auf Bauerstellen, einen dem Freyschulzen gehörigen Büdnerkathen, 13 Feuerstellen, ist zu Casimirshof in der Bublitzschen Synode eingepfarret und gränzet an die Dörfer Caßmirshof, Sassenburg und Grumsdorf.

(5) Glienke 1 Meile von Bublitz nordwestwärts und ⅛ Meile von dem Dorfe Schwellin, in einer sandigen Gegend, an einer großen Fichtenheide und an dem so genannten Glienkerbache, der aus einem Walde bey dem Dorfe Dubberteck herkommt und in einiger Entfernung von Glienke bey dem Dorfe Clannin vorbey über das Dorf Griebnitz in die Radüe fließet, auf der Landstraße von Bublitz nach Belgard und Colberg, hat außer einem Vorwerke 2 Halbbauern, 1 Holzwärter, welcher ¼ Meile von Glienke wohnet, 4 Feuerstellen, ist zu Schwellin in der Bublitzschen Synode eingepfarret und gränzet an die adelichen Dörfer Dargen, Dubberteck, Clannin und Wogenthin.

(6) Gust ⅞ Meile von Bublitz gegen Norden und eben so weit von dem Dorfe Goldbeck, an der Gozel, an welcher die Wiesen des Dorfs liegen, und auf der Landstraße von Bublitz nach Polnow und Schlawe, hat außer einem Vorwerke 21 Bauern, 6 Cossäthen, 10 Büdner, unter welchen sich 2 Holzwärter befinden, 1 Schulmeister, 1 Büdner, der auf einer Kirchenstelle wohnet, 42 Feuerstellen, eine zu der Bublitzschen Synode gehörige Kirche, die ein Filial von Goldbeck ist, und gränzet an die adelichen Dörfer Gervin, Zeblin, Hohenborn und Drawehn, an die königlichen Dörfer Curow und Ubedel und an die Stadt Bublitz.

(7) Neubalde oder Neuball 2 Meilen von Bublitz nordnordwestwärts und ¼ Meile von dem Dorfe Carzin, in einer sandigen Gegend, nicht weit von der Radüe, an welcher die Wiesen des Dorfs liegen, und nicht weit von einer nordwärts gelegenen Fichtenheide, hat 5 Halbbauern, unter welchen sich der Holzwärter befindet, 5 Feuerstellen, ist zu Carzin in der Bublitzschen Synode eingepfarret und gränzet an die Dörfer Reckow, Seldel, Carzin und Kösternitz.

(8) Ponicken 2 Meilen von Cöslin südostwärts und eben so weit von Bublitz nordwestwärts, an der Radüe, an welcher die Wiesen des Dorfs liegen, hat,

außer einem Vorwerke 4 Halbbauern, 1 Schäfer, 6 Feuerstellen, ist zu Seidel in der Cößlinschen Synode eingepfarret und gränzet an die adelichen Dörfer Seidel und Carzin.

(9) Porst ⅜ Meile von Bubliz südostwärts, auf der Landstraße von Bubliz nach den Westpreußischen Städten Baldenburg und Hammerstein, ist von 2 Seiten mit fischreichen Seen umgeben, hat 22 Bauern mit den auf dem abgebauetem Vorwerke angesetzten 4 neuen Bauern, 6 Coßäthen, welche keine Hufenpacht, sondern an derselben Statt Hünergeld geben, mit Einschließung des Holzwärters 10 Büdnerkathen, 1 Schmied, 1 Schulmeister, 41 Feuerstellen, eine zu der Bublitzschen Synode gehörige Filialkirche, die von dem Präpositus zu Bubliz curiret wird, und zu welcher das Dorf Ulrichsschäferey oder Linow, das Vorwerk Oberschäferey und die Schneidemühle eingepfarret sind und gränzet an die Stadt Bubliz und an die adelichen Dörfer Trawehn, Carzenburg, Grumsdorf und Wurchow.

(10) Saffenburg hat königlichen Antheils 6 Bauern, 3 Coßäthen, 11 Feuerstellen, 3 Seen, welche von dem Amte Bubliz verpachtet werden und gränzet an die Dörfer Sparsee, Drensch, Wurchow und Stepen. Die zwischen dem Churfürstlichen Beamten zu Bubliz und dem Rittmeister Martin George von Zarth wegen der auf dem Saffenburgschen Felde neu angelegten Schäferey entstandene Streitigkeiten und der vor der Churfürstlichen Regierung deshalb geführte Proceß wurden zu Saffenburg am 13 August 1694 durch einen gütlichen Vergleich beygeleget, welcher von der Churfürstlichen Hinterpommerschen Amtscammer zu Stargard am 5 November 1694 bestätiget wurde. Nach dem Bescheide der Königl. Regierung vom 29 April 1748 sollen die königlichen so wohl als adelichen Unterthanen des Dorfs Saffenburg bey ihrem alten Besitze der Holzung und Hütung auf dem so genannten Wurlberge geschützet werden. Der größte Theil des Dorfs Saffenburg ist adelich. S. Saffenburg unter den adelichen Gütern des Fürstenthums Cammin.

(11) Schloßkämpen 1⅖ Meilen von Bubliz nordnordwestwärts und ¼ Meile von dem Dorfe Curow, zwischen der Radüe und der Gozel, welche sich hier vereinigen, hat außer einem Vorwerke 2 Coßäthen, welche das von dem hiesigen Vorwerke abgenommene Land besitzen und keine Contribution und Reuterverpflegung geben, 1 Schäfer, 4 Feuerstellen, ist zu Curow in der Bublitzschen Synode eingepfarret und gränzet an die Dörfer Lubow, Zethun, Carzin, Griebnitz, Clannin und Curow.

(12) Ubedel 1 Meile von Bubliz nordnordwestwärts und ¼ Meile von dem Dorfe Curow, auf einem Berge, an dessen Fuße die Gozel fließet, auf der Landstraße von Bubliz nach Cößlin und Zanow, hat 10 Bauern, 1 Schmied, der zugleich Krüger ist, 1 Büdner, 12 Feuerstellen, ist zu Curow in der Bublitzschen Synode eingepfarret und gränzet an die Dörfer Schloßkämpen, Curow, Gust, Clannin und Pribbargen.

(13) Ulrichsschäferey oder Linow 1 Meile von Bubliz südostwärts auf der Landstraße von Bubliz nach der Westpreußischen Stadt Baldenburg, welche nahe bey

Das Amt Bubliz.

bey dem Dorfe vorbey führet, hat außer einem Vorwerke 2 Halbbauern, 1 Unterförster, 1 Schäfer, 5 Feuerstellen, ist zu Porst in der Bublitzschen Synode eingepfarret und gränzet an die Westpreußische Stadt Baldenburg und an die Pommerschen Dörfer Drensch, Casimirshof, Porst und Carzenburg.

2) Zehn Vorwerke, als:

(1) Bublitz ein ritterfreyes Vorwerk, nahe an der Stadt Bublitz gegen Westen, hat 2 Feuerstellen, 696 Morgen 66 Ruthen, und ist zu der Stadtkirche in Bublitz eingepfarret. Der Acker, welcher kaltgründig und bergigt ist, lieget auf dem Stadtfelde und ist mit dem Acker der Bublitzschen Bürger in Gemeinschaft. Das Vorwerk hat mit der Stadt Bublitz auf dem Stadtfelde und in dem Stadtbusche eine gemeinschaftliche Weide für das Vieh und die Dienste von 10 Bauern und 4 Cossäthen aus dem Dorfe Gust, welche theils mit Gespann, theils mit der Hand dienen. Auch gehöret jetzt die auf der Feldmark des Dorfs Gust gelegene Hammelschäferey, das Sell genannt, zu diesem Vorwerke.

(2) Casimirshof hat 1616 Morgen 13 Ruthen, die Dienste von 14 Bauern und 2 Halbbauern in dem Dorfe Bischofthum, und von 5 Bauern und 2 Cossäthen in dem Dorfe Casimirshof, für die Schafe wöchentlich 2 Tage die Abtrift auf das Drenschsche Feld und Fischerey in dem nach der Drenschschen Mühle vorbeyfließenden Bache, die aber nicht viel bedeutet. Nahe bey diesem Vorwerke lieget ein mit Wasser, Wiesen und Gebüsche umgebener Wall, auf welchem jetzt große Eichen stehen. Man siehet daselbst noch einige Mauerstücke und Grundsteine eines fürstlichen Schloßes, welches in den ältern Zeiten hier gestanden hat.

(3) Glienke hat 382 Morgen 139 Ruthen und die Dienste von den beiden Halbbauern in Glienke.

(4) Gust hat 637 Morgen 132 Ruthen und die Dienste von 8 Bauern und 2 Cossäthen in dem Dorfe Gust.

(5) Neuhof oder auch die Bucht Neuhof genannt, ein ritterfreyes Vorwerk, nicht weit von der Stadt Bublitz, in dem königlichen Walde, hat 2 Feuerstellen, 275 Morgen 88 Ruthen, die Dienste von 5 Bauern aus dem Dorfe Porst und ist zu der Stadtkirche in Bublitz eingepfarret. Dieses kleine Vorwerk kam durch einen 1753 mit der Stadt Bublitz getroffenen Tausch an das königliche Amt, welches dagegen die Colonie Neuendorf der Stadt abtrat.

(6) Oberschäferey ein ritterfreyes Vorwerk, ¼ Meile von Bublitz gegen Osten, hat 3 Feuerstellen, 581 Morgen 46 Ruthen und die Dienste von 10 Bauern und 2 Cossäthen aus dem Dorfe Porst, zu welchem es auch in der Bublitzschen Synode eingepfarret ist

(7) Pont

Das Fürstenthum Cammin.

(7) Ponicken hat 683 Morgen 86 Ruthen. Die Dienste werden von 4 Bauern aus Ponicken und 3 Bauern aus Neubalde das ganze Jahr hindurch entweder mit Gespann oder mit der Hand verrichtet, nachdem es die Wirthschaftsumstände erfordern. Außer diesen dienet noch ein Halbbauer aus Neubalde das ganze Jahr hindurch allein mit der Hand.

(8) Schloßkämpen ein ritterfreyes Vorwerk, hat 1152 Morgen 69 Ruthen, die Abtriften für die Schafe auf die Curowschen und Ubedelschen Felder, Fischerey in der Rabüe und der Gozel, Spann- und Handdienste von 12 Bauern aus Curow und 8 Bauern aus Ubedel und Handdienste von 4 Coßäthen aus Curow und 2 Coßäthen aus Schloßkämpen. Nahe bey diesem Vorwerke lag ehemals das Schloß Bevenhusen, welches der berühmten Familie von Bevenhusen gehörte. Aus den Burg- oder Schloßäckern, die zu diesem Schloße belegen waren, entstand nachher das Vorwerk Schloßkämpen und die an dem Burgwall gelegene Mühle führet noch jetzt den Namen der Bevenhusenschen Mühle.

(9) Ulrichsschäferey oder Linow nahe an dem Walde, der Zubberow genannt, hat 802 Morgen 164 Ruthen, die Dienste von 12 Bauern aus Drensch und gränzet an die Feldmark der Westpreußischen Stadt Baldenburg, an die Amtsdörfer Casimirshof und Porst und an das adeliche Dorf Klein-Carzenburg.

(10) Die Ziegeley nicht weit von der Stadt Bublitz, zu welcher dieselbe auch eingepfarret ist, war ehemals eine Ziegeley, die aber seit 1770 eingegangen ist. Sie ist jetzt ein kleines Vorwerk, zu welchem 124 Morgen 82 Ruthen gehören.

3) Fünf Mühlen, als:

(1) Die Bublitzsche Niedermühle lieget zwischen der Stadt Bublitz und der Vorstadt gegen Südwest und ist eine Erbmühle mit 2 oberschlägigen Mahlgängen, welche von der Gozel getrieben wird. Auf dieser Mühle und auf der Bublitzschen Klinkmühle wird das Getreide der Einwohner der Stadt Bublitz gemahlen, es sind aber der Niedermühle noch besonders die Einwohner der Dörfer Gust und Glienke, der Vorwerke Oberschäferey, Bublitz, Neuhof, der Ziegeley, der Försterey in dem Oberfier, der Stadtbucht Ravensberg, der Schnackenburg und des der Stadt Bublitz gehörigen Dorfs Neuendorf als Zwangsmahlgäste beygeleget worden.

(2) Die Bublitzsche Klinkmühle an der nordlichen Seite der Stadt Bublitz, ist eine Erbmühle mit einem oberschlägigen Gange. An Mahlgästen gehören zu derselben die Einwohner der Stadt Bublitz, deren Getreide auf dieser und der Bublitzschen Niedermühle gemeinschaftlich gemahlen wird, daher die Niedermühle $\frac{2}{3}$ und die Klinkmühle $\frac{1}{3}$ der Pacht bezahlet.

(3) Die Bevenhusensche Wassermühle, eine Erbmühle mit einem unterschlägigen Gange, lieget nicht weit von dem Dorfe Schloßkämpen und ist zu Curow

in

Das Amt Bublitz.

in der Bublitzschen Synode eingepfarret. Die Zwangsmahlgäste sind die Einwohner der Dörfer Curow, Neubalde, Ponicken, Schloßkämpen und Ubedel.

(4) Die Drenschsche Wassermühle, eine Erb- und Lehnmühle mit einem unterschlägigen Gange, welche von einem kleinen Bache getrieben wird. Die Zwangsmahlgäste sind die Einwohner der Dörfer Bischofthum, Drensch, Gaffenburg königlichen Antheils, Casimirshof und Ulrichschäferey. Die Mühle liegt in dem Dorfe Drensch, der Müller wohnt aber ¼ Meile davon auf der an dem See Virchow gelegenen so genannten Wurlmühle, woselbst er seinen Acker hat und auch ehemals die Mühle gestanden hat. Nahe bey der Wurlmühle lieget zwischen den Seen Virchow und Studnitz der steile und hohe Wurlberg, auf welchem Eichen und Bolchen stehen.

(5) Die Porstsche Wassermühle, eine Erbmühle mit einem oberschlägigen Gange und einer dazu gehörigen Schneidemühle wird von einem Teiche, den die Gozel macht, getrieben, und hat die Einwohner des Dorfs Porst zu Zwangsmahlgästen.

4) Die Försterey in dem so genannten Oberster, lieget an der Gränze des adelichen Dorfs Drawehn, wird von einem Förster bewohnet und ist zu Bublitz eingepfarret.

5. **Das Amt Cörlin.** Zu demselben gehören

3) Vier Dörfer, als:

(1) Cowanz ¼ Meile von Cörlin gegen Westen, auf der Poststraße von Colberg nach Cörlin, hat 1 Freyschulzen, 19 Bauern, 6 Cossäthen, 2 Büdner, unter welchen sich der Schulmeister befindet, 1 Krug, 30 Feuerstellen, ist zu der Cörlinschen Stadtkirche eingepfarret und gränzet an die Dörfer Coseger, Kruckenbeck, Kerstin und Lübchow und an das Vorwerk Cörlin. Auf der Feldmark dieses Dorfs befindet sich ein Moor, worinn Torf gestochen wird.

(2) Dassow ¼ Meile von Cörlin gegen Norden in einer ebenen Gegend, nicht weit von der Persante, hat 14 Bauern mit dem Schulzen, 5 Cossäthen, 1 Cossäthenhof, welchen 2 Bauern besitzen, 7 Büdner, 27 Feuerstellen, ist zu Marin in der Cörlinschen Synode eingepfarret und gränzet an die Stadt Cörlin und an die Dörfer Putzernin, Zürkow, Marin, Schwemmin und Warnin. Die Gränzstreitigkeiten zwischen der Stadt Cörlin und dem Dorfe Dassow wurden nach dem von dem Stiftsvoigte und Hauptmann zu Cörlin, Martin Kleist und dem Rentmeister zu Cörlin, Daniel Krause, in dem Jahre 1594 an dem Montage nach Cantate errichteten Vergleiche entschieden.

(3) Garchen ¼ Meile von Cörlin gegen Süden, an dem Krummen Wasser, auf der Poststraße von Schievelbein nach Cörlin, hat 1 Freyschulzen, 9 Bauern,

1 Coßäthen, 1 Schulhaus, 15 Feuerstellen, ist zu der Cörlinschen Stadtkirche eingepfarret und gränzet an die Dörfer Ratstow, Sager, Schwartow, Malnow und Coseger.

(4) Redlin ¼ Meile von Cörlin südostwärts, hat 1 Freyschulzen, 19 Bauern, 4 Büdner, 1 Schulmeister, 29 Feuerstellen, ist zu der Cörlinschen Stadtkirche eingepfarret und gränzet an die Städte Cörlin und Belgard, an die Dörfer Lülfiz und Rostin und das Belgardsche Eigenthumsvorwerk Uhlenburg. Dieses Dorf, bey welchem die Land- und Poststraße von Belgard nach Cörlin nahe vorbey gehet, lieget in dem Belgardschen Kreise, daher auch die Steuern der hiesigen Einwohner an das Amt Belgard abgegeben werden.

2) Zwey Vorwerke, als:

(1) Cörlin ein ritterfreyes Vorwerk, hat 6 Feuerstellen, 626 Morgen 18 Ruthen, mittelmäßigen Acker, welcher in das Born- Hof- und Cowansche Feld eingetheilet wird, gute Wiesen, die aber von den 3 hier zusammenstoßenden Flüßen, der Persante, Radüe und dem Krummen Wasser oft überschwemmet werden, eine eingeschränkte Weide und gemeßene Dienste von 19 Bauern aus Redlin und 19 Bauern und 6 Coßäthen aus Cowan. Auch müßen die adelichen Dorfschaften Claptow, Peterwiz, Lustebuhr, Kerstin, Leickow, Zürkow, Schözow, Marin, Warnin und Schwemmin bey diesem Vorwerke eine gewiße Anzahl von Morgen pflügen, die ihnen in jeder Pflugzeit von dem Schulzen zu Daßow zugemeßen werden.

(2) Hünerheide ¼ Meile von Cörlin gegen Norden, hat 2 Feuerstellen, 465 Morgen 109 Ruthen, mittelmäßigen Acker, der in 3 Felder, als die Haßelbrache, das hinterste und mittelste Feld eingetheilet wird und sich mit dem Acker der Cörlinschen Bürger überall in Gemeinschaft befindet, gute Wiesen an der Radüe, eine mit der Stadt Cörlin völlig gemeinschaftliche Weide, die Dienste von 14 Bauern und 5 Coßäthen aus Daßow und von 9 Bauern und 1 Coßäthen aus Garchen und ist zu der Cörlinschen Stadtkirche eingepfarret.

3) Drey Mühlen, als:

(1 und 2) Die Cörlinsche Wassermühle, zu welcher auch die nahe dabey gelegene Schneidemühle gehöret, lieget auf der Radüe und bestehet aus 2 Panzermahlgängen, einem Graupen- oder Grüzgange und einer Oelpreße. Die Zwangsmahlgäste sind die Einwohner der Stadt und des Vorwerks Cörlin, der Amtsdörfer Cowan, Daßow, Garchen und Redlin, des Vorwerks Hünerheide, des so genannten Stadtackerhofes, des Holzvorweserkathens in dem Stadtwalde, des so genannten Ritterkruges und der auf der Holzmühle wohnende königliche Förster.

(2) Die Papiermühle zu Garchen, welche von dem so genannten Krummen Wasser getrieben wird. Der Papiermüller hat so viel Land als ein Coßäthe zu Garchen.

3) Die

Das Amt Cörlin.

3) Die Försterey Holzmühle lieget in dem Ritterholze von Cörlin gegen Westen und ist zu der Cörlinschen Stadtkirche eingepfarret.

Die königlichen Aemter Cörlin und Belgard sind jetzt mit einander verbunden und haben einen Generalpächter, welcher auf dem Schloße zu Belgard wohnet.

IIII. Folgende adeliche Güter, als:

1. Barzelin ein adeliches Wohnsitz, 1½ Meilen von Cößlin südsüdwestwärts und eben so weit von Belgard nordostwärts, an der Radüe und an der Landstraße von Cößlin nach Belgard, welche nahe bey dem Dorfe gegen Osten vorbeyführet, hat 1 Ackerwerk, 1 Krug, 4 Bauern, 1 Schulmeister, 1 Schmiede, 15 Feuerstellen und ist zu Geritz in der Cößlinschen Synode eingepfarret. Barzelin ist ein altes Münchowsches Lehn. Anton Reinhold von Münchow verkaufte einen Theil dieses Guts 1717 wiederkäuflich dem Hofrathe Döpke, deßen Sohn, der Lieutenant Johann Wilhelm Döpke denselben, nachdem die Söhne des Anton Reinhold von Münchow mit ihrem Einlösungsrechte waren präcludiret worden, am 26 Junius 1749 dem Hauptmann Jürgen Anton von Münchow abtrat, welcher solchen für seine damalige Curandin, Agnesa Ulrica von Münchow, nachmalige verwittwete Oberstin von Münchow einlösete. Nach dem Vergleiche vom 20 December 1738 war ein anderer Theil dieses Guts nebst den alten Münchowschen Lehnen, als einem Theile des Guts Medlin und Gülz (b) von den Gebrüdern, dem Hauptmann George Anton, Asmus Heinrich, Bogislav Ernst und Rüdiger Daniel von Münchow nach dem Tode ihres Bruders Otto Christoph von Münchow, deßen Wittwe, Margaretha Agnesa gebohrnen von Britzke und ihrer Tochter Agnesa Ulrica von Münchow, nachmaligen verwittweten Oberstin von Münchow überlaßen worden, welche nach dem Tode ihrer Mutter diese Güter allein besaß. Von dem Vormunde ihrer nachgelaßenen Kinder, dem Hauptmann Conrad Friederich von Herzberg wurden das ganze Gut Barzelin, der erwähnte Theil des Guts Medlin und Gülz (b) mit Genehmigung des Königs am 13 und 22 Februar 1769 dem Gränzpostdirector zu Memel, Johann Christian Witt, und von diesem nach dem Vergleiche vom 24 Februar 1773 dem Lieutenant Otto Lorenz von Münchow verkauft, nachdem die Agnaten der von Münchow bereits durch die Rechtssprüche vom 1 Februar und 22 April 1765 waren präcludiret worden. Der andre Theil des Guts Medlin und Cursewanz (a) kamen als alte Münchowsche Lehne von Anton Reinhold von Münchow nach dem brüderlichen Theilungsvergleiche vom 2 October 1736 an seinen Sohn den Oberstlieutenant Ewald Bogislav und wurden nach deßen Tode am 19 December 1767 seinem Brudersohne, dem Lieutenant und jetzigen Ritterschaftsrathe Otto Lorenz von Münchow übergeben, nachdem er sich am 15 April 1766 mit seinen Agnaten wegen dieser Güter auseinander gesetzt und den Lieutenant Otto Alexander Friederich von Münchow nach der Quitung vom 22 Julius 1766 abgefunden hatte, George Abraham Friederich von Münchow aber gestorben war.

2. Neu-Belz ¼ Meile von Cößlin südwestwärts, bestehet in einem adelichen Hofe

Hofe und Vorwerke mit einer Schäferey und hat mit Einschliessung des Dorfs Gieskow 19 Feuerstellen und eine zu der Cößlinschen Synode gehörige Kirche, die ein Filial von Alt-Belz ist und zu welcher die Dörfer Gieskow, Lazig und Datjow (2) und (c) eingepfarret sind. Neu-Belz und Gieskow waren ehemals Lehne der von Budden, sind aber jetzt nebst Datjow (c) und Jüdenhagen (a) alte Schmelingsche Lehne. Nach dem Tode des Joachim Christoph von Schmeling, welcher einen Theil in Gieskow und in Datjow (c) am 30 October 1717 für 1500 Fl. von Hans Michael von Schleffen eingelöset hatte, verglich sich seine Wittwe Anna Sophia gebohrne von Damitz mit ihren Kindern, Katharina Elisabeth, einer Gemahlinn des Christian Erich von Münchow, Ernestina Hedwig, dem Rittmeister und nachmaligen Obersten Christoph Claus und dem Lieutenant Casimir Ernst von Schmeling nach dem Theilungsvergleiche vom 5 Februar 172?, also; daß das Ackerwerk nebst einem Bauer und Coßäthen in Jüdenhagen (a) der Wittwe von Schmeling, Neu-Belz mit seinen Zubehörungen in Gieskow und in Datjow (c) nebst der Wiese bey Streiz, der Kälbergarten genannt und einem Bauer und einem Coßäthen in Jüdenhagen (a) dem Obersten Christoph Claus von Schmeling, der von Joachim Christoph von Schmeling eingelösete Theil in Gieskow und in Datjow (c) aber der Gemahlinn des Christian Erich von Münchow zufielen. Dieser trat solche dem Obersten Christoph Claus von Schmeling ab, welcher einen andern in einem kleinen Ackerwerke bestehenden Theil des Guts Gieskow, nach dem Vergleiche vom 24 October 1737, von Caspar Otto von Schmeling kaufte und also das ganze Gut Gieskow bekam. Nach seinem am 23 December 1745 erfolgten Tode wurden nicht nur die von ihm besessenen Güter, sondern auch derjenige Theil in Jüdenhagen (a), welcher vorher der Wittwe von Schmeling zugefallen war, nach dem Vergleiche vom 15 Julius 1746, seiner Wittwe, der Oberstin Dorothea Elisabeth von Schmeling gebohrnen von Wulffen überlassen. Nach ihrem Tode kamen die Güter Neu-Belz, Gieskow, Datjow (c) und Jüdenhagen (a), nach dem Vergleiche vom 4 August 1762, an ihren einzigen Sohn, den Ritter des Johanniterordens Friederich Wilhelm von Schmeling, welcher Jüdenhagen (a), nach dem Vergleiche vom 7 Februar 1779, erblich dem Claus George von Schmeling verkaufte. Dieser und seine Brüder, der Hauptmann Carl zu Neuenhagen und Casimir von Schmeling sind jetzt, nachdem der Ritter von Schmeling am 28 October 1780 gestorben ist, seine Lehnsfolger.

3. Bizicker 1 Meile von Cößlin westsüdwestwärts, an der Radüe, auf der Poststraße von Cörlin nach Cößlin, hat 2 Ackerwerke, 1 Windmühle, 2 Krüge, 7 Bauern, 1 Halbbauer, 2 Coßäthen, 1 Predigerbauer, 1 Schulmeister, 1 Schmiede, 43 Feuerstellen, eine zu der Cößlinschen Synode gehörige Kirche, die ein Filial von Crazig ist und zu welcher das Dorf Kotlow eingepfarret ist und Fischerey in der Radüe. Bizicker und Crazig waren ehemals Lehne der von Krankspar und wurden nebst dem Schloße Massow und einigen andern Gütern von Henning Krankspar an den Bischof von Cammin Philipp Lumbach von Rehberg, der 1386 starb, verkauft. Jetzt bestehet Bizicker aus 3 Antheilen. Ein Theil des Guts Bizicker (a) wurde als ein Heydebreckssches Lehn Parsowscher Linie, nach dem Vergleiche vom 8 März 1721, auf 17 Jahre dem Ewald von der Golz verkauft, von welchem es der Landrath Conrad Tessen von Heydebreck an-

Die adelichen Güter des Fürstenthums Cammin.

am 26 Februar 1738 wieder einlösete und es, nach dem Vergleiche vom 12 Julius 1743 auf 21 Jahre wiederkäuflich dem Lieutenant Adam Henning von Kameke verkaufte. Nachdem die Wiederkaufsjahre geendiget waren und die Erben des Landraths von Heydebreck, als die Gebrüder, der Geheimerath und Rittmeister von Heydebreck es nicht wieder eingelöset hatten, wurde es durch die Rechtssprüche vom 10 Januar und 2 Julius 1766 erblich dem Lieutenant Adam Henning von Kameke zuerkannt, welcher einen andern Theil dieses Guts, so ein Lehn der von Kameke ist und ehemals zu Crazig gehörte, nach dem Vergleiche vom 23 März 1736, für einen Theil des Guts Pritzke von dem Hofgerichtsrathe Felix Otto von Kameke eingetauschet und diesen ihm, als dem nächsten Agnaten, von den Söhnen des Hauptmanns von Kameke zu Crazig erblich abgetretenen Theil als sein eigenes Lehn erhalten hatte. Nach seinem Tode fiel, nach der von seinen Kindern am 28 December 1773 vorgenommenen Auseinandersetzung, das Gut Blzicker (a) nebst dem Fischerkathen Par=ow dem Hauptmann bey dem Regimente des Prinzen Leopold von Braunschweig, Daniel Henning Wilhelm von Kameke zu. Blzicker (b) ist ein altes Lehn der von Kameke, welches Daniel Friederich von Kameke besitzet. S. Warchmin (a). Bitzler (c) gehöret dem Hauptmann George Albrecht von Kameke.

4. Bonin ein adelicher Wohnsitz, ¾ Meile von Cößlin südostwärts, an einem nordwärts gelegenen See, welcher an das Dorf stößet, hat ein großes und ein kleines Ackerwerk, 6 Bauern, 1 Halbbauer, 1 Coßäthen, 20 Feuerstellen, eine zu der Cößlinschen Synode gehörige und unter dem Patronate des Besitzers des Guts Manow stehende Kirche, die ein Filial von Manow ist, gute Wiesen und Fischerey in einem See. Das Dorf selbst hat eine niedrige Lage, die zu demselben gehörige Kirche aber lieget etwa 500 Schritte von demselben südwärts auf einer kleinen Anhöhe, bey welcher die Landstraße von Cößlin nach Bublitz und Neu=Stettin vorbeygehet. Bey diesem Gute, wovon ein jährlicher Zins von 100 Gulden als die Hälfte des nach dem herzoglichen Lehnbriefe vom 21 September 1629 ehemals allein auf dem Gute Carzin gehafteten Zinses von 200 Gulden an das königliche Amt Bublitz bezahlet werden muß, sind in dem Jahre 1773 für 2500 Rthlr. königliche Gnadengelder beträchtliche Verbesserungen gemacht worden, welche nach dem Anschlage jährlich an neuen Einkünften 219 Rthlr. 16 Gr. einbringen sollen. Der Besitzer des Guts hat sich dagegen verbindlich gemacht, eine zur Besoldung tüchtiger Landschulmeister bestimmte jährliche Abgabe von 50 Rthlr. zu bezahlen. Der Rittmeister George Ernst von Bonin erbte dieses neue Boninsche Lehn von seinem Vater und verkaufte es am 3 März und 27 April 1754 erblich dem Regierungs= und Hofgerichtsrathe Adrian Joachim von Wenden, dessen Erben die Geheimeräthin von Baer gebohrne von Wenden und Carl David von Wenden es nach dem Vergleiche vom 2 Februar 1760 dem Hofgerichtsreferendarius Johann Friederich von Luchsen wieder verkauften. Es gerieth hierauf in Concurs und wurde am 13 September 1768 für das meiste Gebot dem Rittmeister Johann Anton von Zamory zuerkannt.

5. Borkenhagen 2¼ Meilen von Colberg gegen Osten, nahe an Schulzenhagen, hat 4 Bauern, 1 Coßäthen, 1 Krug, 1 Schmiede, 11 Feuerstellen, ist zu Schulzenhagen

hagen in der Cößlinschen Synode eingepfarret und war ehemals ein Lehn der von Wedelstädt, welches Adam und Christoph von Wedelstädt 1659 mit der von dem Churfürsten Friederich Wilhelm am 21 April 1662 ertheilten Genehmigung dem Richard von Froreich verkauften. Jetzt besitzen es die Erben des Majors Richard Heinrich von Froreich. S. Plümenhagen.

6. Alt-Buckow ein adeliches Wohnsitz, 2 Meilen von Belgard ostsüdostwärts, an dem Kautelbache, welcher das Fürstenthum Cammin von dem Belgardschen Kreise scheidet, hat, außer 2 Vorwerken in dem Dorfe, 2 auf der Feldmark desselben gelegene Vorwerke, Brandstädt und Kukahn genannt, und noch 2 kleine Pächtereyen auf dem Schlauderberge, 2 Bauern, 1 Coßäthen, 16 Feuerstellen und ist zu Neu-Buckow in der Cößlinschen Synode eingepfarret. Bey Alt-Buckow sind in dem Jahre 1772 für 1150 Rthlr. königliche Gnadengelder wirthschaftliche Verbeßerungen vorgenommen worden, welche nach dem Anschlage jährlich an neuen Einkünften 83 Rthlr. 13 Gr. 2 Pf. einbringen sollen, wogegen aber eine zu Gnadengehalten für adeliche Wittwen und Waisen bestimmte jährliche Abgabe von 23 Rthlr. auf diesem Gute haftet. Die alten Münchowschen Lehne Alt-Buckow und die in dem Belgardschen Kreise gelegenen Güter Rottow und Schlennin kamen von Anton von Münchow, nach dem Theilungs-vergleiche vom 16 Februar 1736, an seinen Sohn Asmus Christian, welcher sie am 7 März 1736 seinem ältesten Bruder, dem Lieutenant George Heinrich von Münchow überließ.

7. Neu-Buckow 1½ Meilen von Belgard ostsüdostwärts und 2½ Meilen von Cößlin gegen Süden, an dem Kautelbache, auf der Landstraße von Bublitz nach Belgard, hat außer einem Vorwerke in dem Dorfe noch 2 auf der Feldmark desselben gelegene Vorwerke, Solthof und Zabelsberg genannt, 1 Wassermühle, 1 Prediger, 6 Bauern, 1 Schmiede, 20 Feuerstellen und eine zu der Cößlinschen Synode gehörige Mutterkirche, zu welcher die Dörfer Alt-Buckow, Rottow, Schlennin und Mandelatz eingepfarret sind. Bey den Gütern Neu-Buckow und Klein-Satspe sind seit 1772 für 3800 königliche Gnadengelder verschiedene wirthschaftliche Verbeßerungen gemacht worden, welche nach dem Anschlage jährlich an neuen Einkünften 351 Rthlr. 11 Gr. 5 Pf. einbringen sollen, wogegen aber eine zu Gnadengehalten für adeliche Wittwen und Waisen bestimmte jährliche Abgabe von 76 Rthlr. auf diesen Gütern haftet. Das alte Münchowsche Lehn Neu-Buckow kam mit seinen Zubehörungen und einem Bauerhofe in Rottow von Christian Heinrich von Münchow, welcher Carstens Enkel und Bernds Sohn war, nach dem Vergleiche vom 16 Junius 1663, an seine Söhne Daniel Heinrich und Alexander Asmus von Münchow und zunächst an den letzten allein, nach dessen Tode aber an seine beiden Söhne, den Oberstwachtmeister und nachmaligen Generallieutenant Bernd Jürgen und den Hauptmann und nachmaligen Generalmajor Hans Gustav von Münchow, welche sich am 23 März 1724 mit ihren Schwestern also auseinandersetzten, daß dem ersten die von ihrem Vater erworbenen Güter und Münchowschen Lehne Klein-Satspe und ein Theil in Schlennin, und dem letzten Neu-Buckow mit seinen Zubehörungen und einem Bauerhofe in Rottow zufielen. Nach dem Tode des Generallieutenant von Münchow, welcher

Die adelichen Güter des Fürstenthums Cammin.

welcher keine männliche Leibeslehnserben hinterließ, kamen seine Güter an seinen Bruder den Generalmajor von Münchow und nachdem auch dieser keine männliche Leibeslehnserben hinterlaßen hatte, an den nächsten Lehnserben, den Lieutenant George Heinrich von Münchow, der Klein-Satspe, nach dem Vergleiche vom 30 März 1774, dem Lieutenant Carl Wilhelm von Woedtke verkaufte.

8. **Carvin** 1 Meile von Cörlin westsüdwestwärts und 2½ Meilen von Colberg südsüdostwärts, zwischen 2 Bächen, die sich bald in einem vereinigen, der sich ostwärts in die Persante ergießt, an der großen Landstraße von Cörlin über Regenwalde nach Stargard, welche nahe bey dem Dorfe vorbeyführet, hat 4 Vorwerke, 1 Wassermühle, 1 Prediger, 1 Küster, 1 Predigercolonus, 21 Feuerstellen, eine zu der Cörlinschen Synode gehörige Mutterkirche, zu welcher die Dörfer Dumzin, Klein-Jestin, Schwartow und Malnow eingepfarret sind, Holzung, die aber auf dem Dumzinschen Grunde und Boden liegt, Fischerey und ist ein altes Damitzsches Lehn, welches von den von Damitz schon 1321 besessen wurde. Das Patronatrecht über die Carvinsche Kirche haftet auf den 4 Carvinschen Höfen, wie auch auf den Gütern Dumzin und Klein-Jestin. Jetzt bestehet Carvin aus 4 Antheilen. Carvin (a) oder das Mittelgut lösete Claus Jürgen von Damitz von Matthias Friederich von Podewils ein und hinterließ es seinem Brudersohne, dem Oberstlieutenant Johann George von Damitz, welcher es, nach dem Vergleiche vom 13 May 1765 auf 30 Jahre, wiederkäuflich dem Lieutenant Friederich Heinrich von Damitz verkaufte. Nachdem dieser 1769 gestorben war, kam es an den Rittmeister von Damitz, dessen Gläubiger es seit 1772 besitzen. Carvin (b) ist ein Ackerwerk, das Teichgut genannt, welches mit seinen Zubehörungen von Adam Jürgen von Damitz besessen wurde. Nachdem es in Concurs gerathen war, wurde es 1740 dessen Wittwe Ilsa Margaretha gebohrnen von Münchow zuerkannt und von derselben, nach dem Vergleiche vom 25 März 1745, auf 24 Jahre wiederkäuflich dem Gottfried Schwanz verkauft. Nach den geendigten Wiederkaufsjahren trat die einzige Tochter und Erbin der Wittwe des Adam Jürgen von Damitz, die Wittwe von Haube, gebohrne von Damitz ihr Recht, nach dem Vergleiche vom 8 April 1774, dem Verwalter Erdmann Dahlke ab und verkaufte ihm dieses Gut, welcher es wieder, nach dem Vergleiche vom 22 October 1777, dem Lieutenant Johann Bogislav von Kleist und dessen Gemahlinn Friederica Sophia gebohrnen von Werfen verkaufte. Carvin (c), das Ellergut genannt, verkaufte Carl Bogislav von Damitz, nach dem Vergleiche vom 7 April 1718 auf 18 Jahre wiederkäuflich, nachdem er es vorher von den Erben des Lieutenants Jacob Heinrich von Damitz eingelöset und Matthias Friederich von Podewils es bis dahin pfandweise besessen hatte, mit Genehmigung seiner Gemahlinn Margaretha Elisabeth gebohrnen von Budericken, dem Lieutenant Michael von Mäß, von welchem es der Major George Heinrich von Damitz, nach dem Vergleiche vom 20 Januar und 25 März 1736, wieder einlösete und es mit Ausschließung der Mühle in Carvin und des Kruges in Klein-Jestin, nach dem Vergleiche vom 26 März 1749, auf 21 Jahre wiederkäuflich dem Hauptmann Asmus Christian von Münchow verkaufte. In dem Jahre 1776 starb dessen Wittwe gebohrne von Damitz, von welcher ihr einziger Sohn erster Ehe, der Oberste Christian Friederich von Braunschweig dieses Gut erbte. Carvin (d) oder der so genannte

nannte Oberhof oder das Eichgut blieb, nachdem das Teichgut 1745 war verkauft worden, noch in den Händen der Wittwe des Adam Jürgen von Damitz und kam nach ihrem Tode an ihre einzige Tochter und Erbin, die Wittwe von Haube. Nachdem diese 1777 gestorben war, fiel es ihrem einzigen Sohne, dem Lieutnant von Haube als dem jetzigen Besitzer zu.

9. **Groß-Carzenburg** ein Rittersitz liegt zwischen den Städten Bublitz und Rummelsburg von der erstern 1¼ Meilen ostsüdostwärts und von der andern eben so weit westsüdwestwärts, ¼ Meile von der Westpreußischen Gränzstadt Baldenburg, auf der Landstraße von Bublitz nach Rummelsburg, hat 1 Vorwerk, 1 Kornmühle mit 2 Gängen, welche nebst einer Schneidemühle ¼ Meile von dem Dorfe in einem Walde nach Papenzin zu liegt, 1 Ziegeley, 1 Prediger, 1 Küster, 14 Bauern, 2 Halbbauern, 4 Coßäthen, 1 Predigercolonus, 1 Krug, 1 Schmiede, 34 Feuerstellen, eine zu der Bublitzschen Synode gehörige und mit einem Positiv versehene Mutterkirche, deren Filial das Dorf Hölkewiese ist, sandigen und steinigten Acker, wenige Wiesen, aber beträchtliche Holzungen von verschiedenen Arten, gute Fischerey in verschiedenen kleinen Seen, wovon 2 in dem mit Alleen bepflanzten Dorfe liegen und die gemeinschaftliche Fischerey in dem See Papenzin mit den Gütern Papenzin und Sydow und in dem See Tessentin mit der Westpreußischen Stadt Baldenburg und gränzet an diese Stadt und an das Westpreußische Dorf Schönenberg. Bey dem Gute Groß-Carzenburg sind in dem Jahre 1773 für 6300 Rthlr. königliche Gnadengelder ein neues Vorwerk Massowstruhe jetzt Woedtkenhof genannt angeleget, verschiedene Familien angesetzet und andere Verbesserungen gemacht worden, welche nach dem Anschlage jährlich an neuen Einkünften 327 Rthlr. 23 Gr. 9 Pf. einbringen sollen, wogegen aber eine zur Besoldung tüchtiger Landschulmeister bestimmte jährliche Abgabe von 126 Rthlr. auf diesem Gute haftet. Der Küstrinsche Regierungsdirector Andreas Christoph von Münchow erbte die alten Münchowschen Lehne Groß-Carzenburg und Mersin von seinem Vater Bernd Otto und nachdem er solche nach seinem 1758 erfolgten Tode seinen Söhnen, dem Fähnrich Ernst Otto Carl und Ludwig August von Münchow hinterlaßen hatte, geriethen solche in Concurs, so daß durch den Rechtsspruch vom 20 December 1765 Groß-Carzenburg nach geschehener Präclusion der Agnaten dem geheimen Staatsminister Valentin von Massow, Mersin aber dem Major Bogislav Gabriel von Schweder für das meiste Gebot zugeschlagen wurden. Der erste vermachte Groß-Carzenburg in seinem Testamente vom 15 September 1775 seiner Gemahlinn Johanna Friederica gebohrnen Freyin von Krause, welche dieses Gut mit Einwilligung ihrer Kinder, nach dem Vergleiche vom 5 Februar 1779, erblich dem Hauptmann Franz Ludwig Wilhelm von Woedtke und deßen Gemahlinn Maria Elisabeth gebohrnen von Lognay verkaufte. Von dem Gute Groß-Carzenburg gehören 2⅖ steuerbare Landhufen zu dem Fürstenthum Cammin, 2⅖ steuerbare Landhufen aber zu dem Schlawischen Kreise. S. Groß-Carzenburg unter den adelichen Gütern des Schlawischen Kreises.

10. **Klein-Carzenburg** 1 Meile von Bublitz ostsüdostwärts und 1 Meile von der Westpreußischen Stadt Baldenburg nordwestwärts, an welche dieses Dorf gränzet,

Die adelichen Güter des Fürstenthums Cammin.

zet, an 2 kleinen Seen, die in einem Thale liegen, hat außer 4 Vorwerken in dem Dorfe noch 4 auf der Feldmark desselben gelegene Vorwerke, Vettrin, Neuhof, Johannishof und Friederichshof genannt, wovon die 3 ersten an dem See Wettrin, das letzte aber an einem See, der große Sood genannt, liegen, 10 Bauern, 2 Halbbauern, 6 Coßäthen, 1 Schulmeister, 1 Schmiede, 23 Feuerstellen, eine zu der Bublitzschen Synode gehörige Kirche, die ein Filial von Drawehn ist, sandigen Acker, welcher aber guten Roggen trägt, ziemliche Holzungen, Fischerey in vielen Seen und ist ein altes Lettowsches Lehn, welches jetzt aus 4 Antheilen bestehet. Klein-Carzenburg (a) ist ein Vorwerk, welches mit dem von Joachim Friederich von Lettow neu angelegten Vorwerke Friederichshof und einigen Bauern George Wilhelm von Lettow besitzet. S. Drawehn (a). Klein-Carzenburg (b) ist ein Rittersitz, wozu das Vorwerk Neuhof, einige Bauern, Holzung und Kruggerechtigkeit gehören. Der Amtshauptmann Heinrich Ludewig von Lettow erbte Klein-Carzenburg (b) von Joachim Christian von Lettow und verkaufte es, nach dem Vergleiche vom 11 October 1723, auf 20 Jahre wiederkäuflich dem Timotheus von Schmettau, von dessen Sohne Hans Carl Friederich es der Major Friederich Wilhelm von Lettow, nach dem Vergleiche vom 17 April 1744, wieder einlösete. Dieser, welcher auch das alte Lettowsche Lehn Mühlenkamp mit dem dazu gehörigen Gute Drawehn (b) von seinem Vater, dem Amtshauptmann Heinrich Ludewig von Lettow geerbet hatte, verkaufte zwar diese Güter und Klein-Carzenburg (b), nach dem Vergleiche vom 7 May 1764, dem Landrathe Hans Joachim von Kleist, es wurden aber dieselben durch den Rechtsspruch vom 26 April 1776 dem königl. Polnischen Obersten, Heinrich Ludewig von Lettow, der sich zum Vorkauf gemeldet hatte, zuerkannt. Dieser trat 1781 Mühlenkamp und Drawehn (b) seinem Sohne, dem Lieutenant Christian, Klein-Carzenburg (b) aber seinem Sohne, dem Referendarius Ludewig, von Lettow ab. Klein-Carzenburg (c) fiel nach dem Tode des Adam Wedig von Lettow dem Adam Christoph von Lettow zu, dessen Sohn, der Generalmajor Heinrich Wilhelm von Lettow es jetzt besitzet. Klein-Carzenburg (d) wird das kleine Gut genannt und kam von Valentin von Lettow nach dem Theilungsvergleiche vom 27 May 1708 an seinen Sohn, Caspar Ewald, dessen Bruder, der Hauptmann Christian Bogislav von Lettow es erbte und es seinen Söhnen, dem Hauptmann Joachim Christian und dem Lieutenant Otto Bogislav hinterließ, die es dem Friederich von Gustkowsky wiederkäuflich verkauften.

11. Carzin der Sitz des gegenwärtigen Landraths des Fürstenthums Cammin, 2 Meilen von Bublitz gegen Norden und eben so weit von Cößlin südostwärts, hat 1 Vorwerk, 1 Krug außer dem Dorfe auf der Landstraße von Cößlin nach Bublitz, eine auf der Feldmark des Dorfs gelegene Wassermühle, wovon ⅓ zu dem Gute Clanin gehöret, 16 Bauern, 1 Küster, 1 Schmiede, 29 Feuerstellen, eine zu der Bublitzschen Synode gehörige Kirche, die ein Filial von Clanin ist und zu welcher die Dörfer Neubalde, Reckow und Neuesorge und das Vorwerk Nadebahr eingepfarret sind, eine große Fichtenheide gegen Süden und einen beträchtlichen Eichenwald gegen Norden, worinn sich wilde Schweine, Rehe ꝛc. befinden und gute Fischerey. Bey den Gütern Carzin, Clanin und Reckow sind in dem Jahre 1772 für 5900 königliche Gnadengelder ansehnliche Verbesserungen gemacht worden, welche nach dem Anschlage jährs

jährlich an neuen Einkünften 421 Rthlr. 8 Gr. einbringen sollen, dagegen aber eine zu Gnadengehalten für adeliche Wittwen und Waisen bestimmte jährliche Abgabe von 118 Rthlr. aus den Einkünften dieser Güter bezahlet werden muß. Nach dem herzoglichen Lehnbriefe vom 21 September 1629 haftet auf dem Gute Carzin ein jährlicher Zins oder eine Recognition von 200 Gulden, wovon aber jetzt die Hälfte mit 100 Gulden von Carzin, die andre Hälfte aber mit 100 Gulden von dem Gute Bonin an das königliche Amt Bublitz bezahlet werden muß. Das ehemalige alte Boninsche Lehn Carzin kam von dem Dekanus Anton von Bonin an seinen Sohn, den Cammerrath Christoph Ulrich, deßen Sohn der Geheimerath George es seinen Söhnen hinterließ, welche es so lange ungetheilt besaßen, bis es nach dem brüderlichen Theilungsvergleiche vom 19 August 1738, dem Philipp Friederich von Bonin zufiel. Nach seinem Tode kam es an seinen einzigen Bruder, den Lieutenant Christoph Wedig von Bonin, welcher es, nach dem Vergleiche vom 13 Julius 1752, erblich seinem Vaterbruder, dem Generallieutenant Anshelm Christoph von Bonin verkaufte. Es wurde hierauf durch das Rescript vom 12 Februar 1755 allodificiret und kam von dem Generallieutenant von Bonin an seinen einzigen nachgelaßenen Sohn, den Hauptmann Friederich Wilhelm und nach deßen Tode an deßen einzigen unmündigen Sohn, Christian Friederich Ferdinand Anshelm, deßen Mutter die verwittwete Hauptmannin Louisa Charlotta von Bonin es nebst dem Gute Clanin mit Genehmigung des Cößlinschen Vormundschaftscollegium und Einwilligung des Hofes, nach dem Vergleiche vom 8 und 10 May 1762, dem Rittmeister und jetzigen Landrathe Friederich George Christoph von Hellermann verkaufte.

12. Clanin 1½ Meilen von Bublitz nordnordwestwärts und 2½ Meilen von Cößlin südostwärts, hat 1 Vorwerk, ⅓ von der Carzinschen Wassermühle, 1 Prediger, 1 Küster, 14 Bauern, 21 Feuerstellen und eine zu der Bublitzschen Synode gehörige Mutterkirche, deren Filial das Dorf Carzin ist und zu welcher das Dorf Criebnitz eingepfarret ist. Das Gut Clanin, wozu das Vorwerk Heidkesser oder Hütgenffer und das so genannte grüne Haus gehören, wovon das erstere ¼ Meile von Clanin gegen Norden nicht weit von der Radüe, das andre aber ⅓ Meile von Clanin gegen Norden an dem Glienkerbache an einer Fichtenheide liegt, war ehemals ein Lehn der von Ristow, welches der Stiftsvoigt Antonius von Bonin an sein Geschlecht brachte, nachher aber wurde es theils ein Boninsches, theils ein Böhnsches Lehn. Friederich Wilhelm von Bonin verkaufte den Boninschen Theil, nach dem Vergleiche vom 20 Julius 1677, erblich dem Alexander Jürgen von Münchow, deßen Sohn George Friederich den Böhnschen Theil, nach dem Vergleiche vom 26 September 1733, erblich von Felix Lorenz von Böhn kaufte und, nachdem er 1743 mit dem ganzen Gute Clanin war belehnet worden, daßelbe, nach dem Vergleiche vom 26 August 1746, seinem Sohne, dem Hauptmann Otto Casimir von Münchow verkaufte, von welchem es der Generallieutenant Anshelm Christoph von Bonin, nach dem Vergleiche vom 16 September 1753, erblich kaufte. Durch das Rescript vom 12 Februar 1755 wurde es zugleich mit dem Gute Carzin allodificiret, mit welchem es hienächst, wie oben in der Beschreibung deßelben gemeldet worden ist, denselben

Die adelichen Güter des Fürstenthums Cammin. 555

Besitzern zufiel, bis es endlich an den jetzigen, den Landrath Friederich George Christoph von Hellermann kam.

13. **Claptow** ein adelicher Wohnsitz, 1 Meile von Cörlin nordnordwestwärts und 2 Meilen von Colberg ostsüdostwärts, an der linken Seite der Persante, welche gegen Norden die Gränze der Feldmark dieses Dorfs bestimmt, hat 2 Vorwerke, 1 Schäferey, die Heideschäferey genannt, welche nebst einer zu diesem Dorfe gehörigen Wassermühle auf der Feldmark desselben liegt, 1 Prediger, 1 Schulmeister, 8 Bauern, 2 Coßäthen, 1 Schmiede, 25 Feuerstellen und eine zu der Cörlinschen Synode gehörige und unter dem Patronate der Besitzer der Güter Claptow, Lübchow und Lustebuhr stehende Mutterkirche, zu welcher das Dorf Lübchow als ein Kapellendorf gehöret und das Dorf Peterwitz eingepfarret ist. Der Oberste Wedig von Bonin besaß die alten Ramelschen Lehne Claptow und Peterwitz, nachdem er die Hälfte von Claptow nebst etlichen Bauerhöfen in Peterwitz samt der Heideschäferey, nach dem Vergleiche vom 11 November 1650 und 25 Julius 1662, mit dem Lehnrechte von den Erben des Christian von Ramel mit Einwilligung der Peter Joachim von Ramel, und die andre Hälfte von Claptow nebst einem Bauer zu Peterwitz, einem zu Lustebuhr und einem zu Lübchow, nach dem Vergleiche vom 20 Julius 1658, erblich von Henning von Ramel gekauft hatte. Nach dem Tode des Obersten Wedig von Bonin, kamen diese Güter an seinen Enkel Wedig Bogislav von Bonin, dessen Sohn Ernst Bogislav sie erbte, und nachdem er, nach dem Vergleiche vom 23 October 1747, seinen Bauerhof in Lübchow dem Regierungsrathe Samuel Gottlieb Löper gegen den ihm dagegen abgetretenen Bauerhof in Claptow vertauschet hatte, die Güter Claptow und Peterwitz seiner Wittwe Clara Maria gebohrnen von Briesen hinterließ, deren nachgelaßene Söhne, Joachim Friederich Bogislav und der Lieutenant Caspar Otto von Bonin sich am 10 Junius 1774 also auseinandersetzten, daß solche dem letzten zufielen.

14. **Cordeshagen** oder **Curdshagen** 2 Meilen von Cöslin gegen Westen, 2 Meilen von Cörlin nordnordostwärts und 2½ Meilen von Colberg ostsüdostwärts, auf der Landstraße von Colberg nach Cöslin, hat 2 mitten in dem Dorfe gelegene Vorwerke, Niederhof und Altenhagen oder Endehof mit einer Schäferey, 1 Windmühle bey dem Vorwerke Niederhof, 6 Coßäthen auf der Feldmark des Dorfs, Schmollenhagen genannt, 1 Prediger, 1 Küster, 23 Bauern, 1 Halbbauer, 1 Coßäthen, 2 Predigerbauern, 1 Krug, 50 Feuerstellen, eine zu der Cöslinschen Synode gehörige Mutterkirche, zu welcher das Vorwerk Hohenfelde und das königliche Amtsdorf Wolfshagen eingepfarret sind, lehmigten und fruchtbaren Acker, gute Wiesen und herrschaftliche Holzungen, so sich von dem Endehofe bis an das große Torfmoor bey Schmollenhagen erstrecken und der Tempel an der Barchminschen Gränze nahe am Wege, der Vogelgesang, die Dickte und die Wüsteney an der Strippowschen Gränze und dem Wege nach Cörlin genannt werden, mitten in dem Dorfe einen See, welcher 12 Morgen enthält und ist ein altes Lehn der von Kameke, welches der Geheime Oberfinanz- Krieges- und Domainenrath Alexander Friederich Graf von Kameke besitzet. S. Hohenfelde.

[Aaaa 2] 15. Co-

Das Fürstenthum Cammin.

15. Coseger ein Rittersitz ½ Meile von Cörlin westsüdwestwärts, an der linken Seite der Persante, auf der großen Straße von Cörlin über Regenwalde nach Stargard, hat 1 Vorwerk, 1 Schäferey, 6 Bauern mit dem Schulzen, 2 Coßäthen, 1 Krug, 1 Schulmeister, 17 Feuerstellen und ist zu der Cörlinschen Stadtkirche eingepfarret. Nach dem Tode des Hofraths von Podewils fiel dieses alte Podewilsche Lehn seinem nächsten Agnaten, Christoph Friederich und deßen Brudersöhnen zu, welche es, nach dem Vergleiche vom 21 April 1740, dem ersten überließen, nach deßen Tode es an seinen einzigen Sohn, den Hauptmann Adam Christoph Friederich von Podewils kam.

16. Crampe ein adelicher Wohnsitz, 1¾ Meilen von Bublitz nordwestwärts, hat außer einem Vorwerke in dem Dorfe noch ein kleines Vorwerk Fichthof genannt, welches ⅛ Meile von Crampe gegen Norden an einer Fichtenheide liegt, 1 Wassermühle, 5 Voll- und 2 Halbbauern, 1 Schmiede, 16 Feuerstellen, eine große Fichtenheide und ist ein zu Schwellin in der Bublitzschen Synode eingepfarrtes Dorf und altes Versensches Lehn, welches der Lieutenant Ernst Heinrich von Versen besitzet. S. Burzlaff unter den adelichen Gütern des Belgardschen Kreises.

17. Crazig ein Rittersitz 1⅞ Meilen von Cößlin gegen Westen, eben so weit von Belgard gegen Norden und eben so weit von Cörlin nordostwärts, hat außer einem Vorwerke mit einer Schäferey in dem Dorfe, noch ein auf der Feldmark deßelben gelegenes Vorwerk, Neuenfelde genannt, mit 2 Feuerstellen, 1 Wassermühle, 1 Windmühle, 1 Prediger, 1 Küster, 5 Bauern, 5 Coßäthen, 1 Predigerbauer, 1 Krug, 1 Schmiede, 30 Feuerstellen, eine zu der Cößlinschen Synode gehörige und unter dem Patronat der Besitzer der Güter Crazig, Bizicker, Kottlow und Barchmin stehende Mutterkirche, zu welcher das Dorf Bizicker als ein Filial gehöret und das Dorf Nassow eingepfarret ist und gute Holzungen. Die alten Kamekenschen Lehne Crazig und Barchmin (b) wurden nach dem Tode des Hauptmanns Heinrich Casimir von Kameke, nach dem Theilungsvergleiche vom 2 December 1735, also unter seine Söhne getheilet, daß Barchmin (b) und Leßin (a) nebst deßen Zubehörungen dem Hauptmann George Albrecht von Kameke und Crazig dem Bogislav Casimir von Kameke zufielen. Dieser starb 1744 und hinterließ keine männliche Leibeserben, so daß seine beiden Brüder, der Hauptmann, George Albrecht und der Landrath Felix Otto von Kameke das Gut Crazig erbten, welches der letzte von ersten allein abtrat.

18. Cursewanz 2 Meilen von Cößlin gegen Süden, hat 2 Vorwerke, 4 Bauern, 7 Feuerstellen, ist zu Seeger in der Cößlinschen Synode eingepfarret und ist ein altes Münchowsches Lehn, welches aus 2 Antheilen bestehet. Cursewanz (a) gehöret dem Ritterschaftsrathe Otto Lorenz von Münchow. S. Barzelin. Cursewanz (b) besitzet die Oberstlieutenant Dorothea Augusta von Lettow gebohrne von Kleist. S. Nassow (a).

19. Damitz 1¾ Meilen von Cörlin gegen Westen, hat 9 Bauern, 1 Coßäthen, 2 Krüge, 17 Feuerstellen, eine zu der Treptowschen Synode gehörige Kirche, die ein

Filial

Die adelichen Güter des Fürstenthums Cammin.

Filial von Drosedow ist und zu welcher das Dorf Leßlin eingepfarret ist und bestehet aus 2 Antheilen. Damiß (a) hat 4 Bauern, 1 Coßäthen, 1 Krug und ist ein Manteufelsches Lehn, welches jetzt die Gläubiger des verstorbenen Hauptmanns Immanuel von Tilly besitzen. S. Leßlin (a). Damiß (b) hat 5 Bauern, 1 Krug und gehöret dem Rittmeister Friederich Lebrecht Rudolph von Schladen. S. Leßlin (b).

20. Dargen 1½ Meilen von Bublitz nordwestwärts, in einer ebenen mit kleinen Bächen reichlich versehenen Gegend, hat außer 2 Vorwerken in dem Dorfe, 3 auf der Feldmark deßelben gelegene Vorwerke, als Dasow, Neu-Dasow und die Brückenkrüge an der Radüe, 1 Wassermühle, 5 Bauern, 3 Halbbauern, 5 Coßäthen, 1 Schmiede, 1 Schulmeister, mit Einschließung des Dorfs Jaßthum 27 Feuerstellen, Holzung und ist ein zu Schwellin in der Bublitzschen Synode eingepfarrtes Dorf, welches George Caspar von Bonin besitzet. Außer den bereits in dem Jahre 1772 bey den Gütern Dargen und Wogenthin vorgekommenen Verbeßerungen, S. Wogenthin, muß für die in dem Jahre 1776 abermals zur Verbeßerung des Guts Dargen angewandte 2000 Rthlr. königliche Gnadengelder, wovon die jährliche Einkünfte nach dem Anschlage 169 Rthlr. 11 Gr. 6 Pf. betragen sollen, eine zu Gnadengehalten für adeliche Wittwen und Waisen bestimmte jährliche Abgabe von 40 Rthlr. von dem Besitzer dieses Guts bezahlet werden.

21. Datjow ¾ Meile von Cößlin gegen Westen, in einer nach dem Dorfe Alt-Belz zu bergigten und sandigten Gegend, und an dem südwärts gelegenen Datjowschen See, welcher ½ Meile lang und ¼ Meile breit ist und wohlschmeckende Fische führet, hat 3 Vorwerke, 2 Bauern, 3 Coßäthen, 9 Feuerstellen, Holzung und Fischerey in dem Datjowschen See und bestehet aus 3 Antheilen, wovon Datjow (a) und (c) zu Neu-Belz Datjow (b) aber zu Teßin in der Cößlinschen Synode eingepfarret sind. George Gabriel von Schweder besaß das ehemalige Barchminsche Lehn Datjow (a), wozu ein Vorwerk und 2 Coßäthen nebst einem Halbbauer in Lazig oder Lazig (b) gehören, und nachdem er das Heydebrecksche Lehn Todenhagen (a), nach dem Vergleiche vom 15 April 1707, auf 10 Jahre wiederkäuflich von Carsten von Heydebreck gekauft hatte, hinterließ er diese Güter seinen Kindern, die sich am 21 und 28 Julius 1739 also verglichen, daß solche seinem Sohne, dem Major Bogislav Gabriel von Schweder überlaßen worden. Datjow (b), wozu ein Vorwerk und 2 Bauern gehören, ist ein neues Münchowsches Lehn, welches die Erben des Majors Richard Heinrich von Froreich besitzen. S. Plümenhagen. Bey dem Gute Datjow (b) sind in dem Jahre 1772 für 1271 Rthlr. königliche Gnadengelder verschiedene Verbeßerungen gemacht worden, welche nach dem Anschlage jährlich an neuen Einkünften 121 Rthlr. 8 Pf. einbringen sollen, dagegen aber eine zu Gnadengehalten für adeliche Wittwen und Waisen bestimmte jährliche Abgabe von 25 Rthlr. 10 Gr. auf diesem Gute haftet. Datjow (c) bestehet in einem Vorwerke und einem Coßäthen und ist ein altes Schmelingsches Lehn, welches die Lehnsfolger des Ritters des Johanniterordens Friederich Wilhelm von Schmeling besitzen. S. Neu-Belz

22. Drawehn das Stammhaus der von Zettow, 1 Meile von Bublitz nordostwärts,

558   Das Fürstenthum Cammin.

oſtwärts und 2 Meilen von der Weſtpreußiſchen Stadt Baldenburg weſtnordweſtwärts, auf einem Berge, an einem See und auf der Straße von Baldenburg nach Cößlin, hat außer 2 Vorwerken in dem Dorfe noch verſchiedene auf der Feldmark deſſelben gelegene Vorwerke und Kathen, als das ſo genannte Cößlinſche Gut, welches ehemals ein Kloſtergut war und nachher dem Magiſtrat in Cößlin gehörte, das Zimmer, den Bötenkathen, den Holzwärterkathen, einen Kathen bey dem Hammerbache und den Trebbinſchen Kathen bey einem See gleiches Namens, 1 Prediger, 1 Küſter, 10 Bauern, 4 Halbbauern, 2 Coßäthen, 2 Krüge, mit Einſchließung des Dorfs Mühlenkamp 46 Feuerſtellen, eine zu der Bublitzſchen Synode gehörige Mutterkirche, deren Filial das Dorf Klein-Carzenburg iſt und zu welcher die Dörfer Hohenborn und Mühlenkamp eingepfarret ſind und Fiſcherey in vielen Seen. Zu den Gütern Drawehn, Mühlenkamp und Klein-Carzenburg gehöret ein Eichen- und Büchenwald, der mit dem Breitenborgſchen, Groß-Carzenburgſchen und Südowſchen Walde zuſammenhängt und ſich bis Pollnow erſtrecket. Auf der Feldmark des Dorfs Drawehn findet man Torf in den Möhren, ein reiches Kalkgebürge, deſſen Kalk weit verfahren wird, und Eiſenſteine; daher hier ehemals auch ein Eiſenhammer geweſen iſt, wovon die Spuren noch an dem Hammerbache zu ſehen ſind. Börnſtein wird in großen Stücken auf dem Lande, an den Seen und in Moräſten und Bächen gefunden. Drawehn iſt ein altes Lettowſches Lehn, welches aus 2 Antheilen beſtehet. Adam von Lettow verkaufte, nach dem Vergleiche vom 7 Januar 1712, einen Theil des Guts Drawehn (a) erblich dem Oberſtlieutenant Chriſtian von Lettow als ſeinem Lehnsfolger, deſſen Sohn George Wilhelm von Lettow nicht nur dieſen Theil und das alte Lettowſche Lehn Hohenborn von ſeinem Vater, ſondern auch einen andern Theil des Guts Drawehn (a) und das alte Lettowſche Lehn Klein-Carzenburg (a) von ſeinem Vaterbruder Joachim Friederich erbte. Drawehn (b) beſitzet der Lieutenant Chriſtian von Lettow. S. Klein-Carzenburg (b).

23. Drenow 1¾ Meilen von Treptow gegen Oſten, hat 1 Vorwerk, 1 Waſſermühle, welche ¼ Meile von dem Dorfe auf dem Zarbenſchen Bache liegt und von Matthias Döring von Somnitz am 16 November 1747 erblich verkauft wurde, 1 Schäferey, 11 Bauern, 1 Halbbauer, 2 Coßäthen, 1 Schmiede, 33 Feuerſtellen, gute Holzungen und iſt zu Zarben in der Treptowſchen Synode eingepfarret. Bey dem Gute Drenow ſind ſeit 1772 für 3600 Rthlr. königliche Gnadengelder verſchiedene Brücher und Ländereyen urbar gemacht und ein neues Vorwerk, Charlottenhof genannt mit 3 Bauern und einigen Büdnern angeleget worden. Für dieſe Verbeſſerungen, welche nach dem Anſchlage jährlich an neuen Einkünften 227 Rthlr. 19 Gr. 6 Pf. einbringen ſollen, muß eine jährliche Abgabe von 72 Rthlr. aus den Einkünften des Guts bezahlet werden. Dieſes Somnitzſche Lehn fiel nach dem 1740 erfolgten Tode des Friederich von Somnitz ſeinem einzigen Sohne Matthias Döring zu und wurde von demſelben, nach dem Vergleiche vom 18 März 1748, erblich dem Kriegescommiſſarius Paul Granz verkauft, von welchem es der Sohn ſeiner verſtorbenen Tochter, welche mit dem Oberſten von Schnell vermählt geweſen war, Paul Leopold von Schnell erbte und es ſeinen 2 Stiefſchweſtern, den Töchtern des Oberſten von Schnell, als der Fräulein Friederika Sophia Abigail und der Gemahlinn des Haupt-

[Die adelichen Güter des Fürstenthums Cammin.

Hauptmanns Hans Volrad von Kroßgl, Charlotta Augusta Christiana gebohrnen von Schnell hinterließ, die sich mit Genehmigung des Cößlinschen Vormundschaftscollegium vom 6 October 1770 also auseinandersetzten, daß der letztern dieses Gut zufiel.

24. Dubberteck ⅓ Meile von Bublitz nordwestwärts, auf der Landstraße von Bublitz nach Belgard und Colberg, hat 2 Vorwerke in dem Dorfe, außer welchen sich noch die in dem herrschaftlichen Dubberteckschen Walde gelegenen kleinen Vorwerke oder so genannte Buschpächtereyen, als die Eulenburg, der Lilienhof, der Junkerhof, der Jaunkenkathen und der Alanschenkathen befinden, wovon die 4 erstern zu Dubberteck (a), der letztere aber zu Dubberteck (b) gehören, 6 Bauern, 1 Krug, 15 Feuerstellen, ist zu Goldbeck in der Bublitzschen Synode eingepfarret und bestehet aus 2 Antheilen. Dubberteck (a) ist ein Boninsches Lehn. Es kam von Valentin von Bonin nach dem Erbvergleiche vom 2 November 1730 an seinen ältesten Sohn, den Hauptmann Anton George, dessen nachgelaßene Söhne, der Lieutenant bey dem Gablenzschen Regimente, Friederich George Valentin und der Lieutenant bey dem Artilleriecorps in Berlin, Carl Bogislav von Bonin sich also auseinandersetzten, daß dem erstern durch das Loos dieses Gut zufiel. Bey demselben sind in dem Jahre 1774 für 800 Rthlr. königliche Gnadengelder verschiedene Verbesserungen gemacht worden, welche nach dem Anschlage jährlich an neuen Einkünften 34 Rthlr. einbringen sollen, dagegen aber eine zur Besoldung tüchtiger Landschulmeister bestimmte jährliche Abgabe von 16 Rthlr. auf diesem Gute haftet. Dubberteck (b) ist ein Allodialgut, welches Caspar George von Bonin besitzet. S. Griebnitz. Auch bey dem Gute Dubberteck (b) sind in dem Jahre 1773 für 1100 Rthlr. königliche Gnadengelder wirthschaftliche Verbesserungen gemacht worden, welche nach dem Anschlage jährlich an neuen Einkünften 121 Rthlr. einbringen sollen. Die zur Besoldung tüchtiger Landschulmeister bestimmte jährliche Abgabe, welche dagegen auf diesem Gute haftet, beträget 22 Rthlr.

25. Dumzin ein Rittersitz, 1 Meile von Cörlin südwestwärts und 3 Meilen von Colberg südsüdostwärts, auf der Poststraße von Naugard nach Cörlin, hat außer einem Vorwerke in dem Dorfe noch ein auf der Feldmark desselben an dem so genannten langen Berge in neuern Zeiten angelegtes Vorwerk Heinrichsfelde genannt, 6 Bauern, 1 Schulmeister, 18 Feuerstellen, gute Holzungen und Torfgruben und ist zu Carvin in der Cörlinschen Synode eingepfarret. Dumzin, ehemals Damizlna genannt, ist das älteste Stammhaus der von Damiz, welches Gerhard von Damiz schon 1243 besaß. Jetzt besitzen die Gläubiger des Rittmeisters von Damiz dieses alte Damizsche Lehn. S. Groß-Möllen.

26. Fritzow 1 Meile von Cörlin gegen Norden und 2 Meilen von Colberg ostsüdostwärts, an der rechten Seite der Persante, welche gegen Süden die Gränze der Feldmark dieses Dorfs bestimmt, auf der Nebenstraße von Cößlin über Crazig, Marin, Fritzow und Degow nach Colberg, imgleichen auf der Landstraße von Bublitz über Naffow, Marin, Fritzow und Degow nach Colberg hat 1 Vorwerk, 1 Prediger,

ger, 6 Bauern, 1 Pfarrbauer, 1 Schulhaus, 1 Krug, 21 Feuerstellen und eine zu der Cörlinschen Synode gehörige Mutterkirche, zu welcher die Dörfer Jasde, Poldemin und Leickow eingepfarret sind. Mit den Gütern Fritzow und Putzernin wurde Henning von Damitz nebst seinen Brüdern Hermann und Friederich 1345 von dem Bischofe Johann, Herzoge zu Niedersachsen belehnet. Jetzt ist Fritzow größtentheils ein altes Damitzsches Lehn, welches nach dem Tode des George Heinrich von Damitz seinem nächsten Lehnsfolger, dem Lieutenant Anton Bogislav von Damitz zufiel. Dieser verkaufte es, nach dem Vergleiche vom 3 November 1772, mit Einwilligung seiner 3 Brüder und mit der von ihrem nächsten Lehnsfolger Eggerd George von Damitz am 15 December 1772 ertheilten Genehmigung, erblich der Wittwe des Hauptmanns Anton Christian von Blankensee, Jlsa Catharina Maria gebohrnen von Münchow, welche bereits vorher, nach dem Vergleiche vom 15 August 1770, einen in 2 Bauerhöfen und einem Coßäthenhofe bestehenden Theil dieses Guts, so ehemals zu Putzernin gehörte, erblich von dem Generallieutenant Dubislav Friederich von Platen gekauft hatte und das ganze Gut Fritzow ihren 4 Kindern, als dem Lieutenant Anton George, Dorothea Catharina Lebrecht verehelichten Müller, der Fräulein Christiana Beata und dem Lieutenant Bernhard Friederich von Blankensee hinterließ, die sich am 27 Julius 1774 also verglichen, daß es ihrer Schwester Dorothea Catharina Lebrecht und deren Ehemann Johann Christoph Müller zufiel.

27. Junkenhagen ein Stammhaus der von Damitz, 2 Meilen von Cößlin westnordwestwärts, nahe an der Ostsee, hat außer einem Vorwerke in dem Dorfe noch ein auf der Feldmark desselben geleges Vorwerk oder einen Bauerhof Bornhagen genannt, 1 Windmühle, 6 Bauern, wovon 3 ein jeder ¾ Hufe Landes, 3 aber ein jeder ⅜ Hufe Landes haben, 5 Coßäthen, 1 Predigerbauer, 1 Predigerhalbbauer, 1 Schulmeister, 37 Feuerstellen, Fischereh in der Ostsee und ist zu Sorenbohm in der Cößlinschen Synode eingepfarret. Junkenhagen hatte ehemals eine Kirche, welche die Ostsee fortgerißen hat und ist jetzt ein dem Generalmajor Peter Christoph von Zitzwitz gehöriges Allodialgut. S. Groß=Möllen.

28. Gandelin 1½ Meilen von Treptow gegen Osten, hat 1 Vorwerk, 1 Schäferen, 5 Bauern, 8 Feuerstellen und ist ein zu Zarben in der Treptowschen Synode eingepfarrtes Allodialgut, welches die Gemahlinn des Rittmeisters von Gaudecker, Sophia Wilhelmina gebohrne Baroneße von Hertefeld besitzet. S. Kerstin.

29. Ganzkow ein Vorwerk, 1½ Meilen von Colberg südostwärts und ¼ Meile von der Persante, hat, mit Einschließung eines Schulhauses, einer Schmiede und der neu erbaueten Häuser auf der Feldmark, 19 Feuerstellen, gute Aecker, Wiesen und Weide, Fischereh und ist zu Degow in der Colbergschen Synode eingepfarret. Der Werth dieses Guts hat seit 1773 einen beträchtlichen Zuwachs erhalten, indem für 11700 Rthlr. Königliche Gnadengelder wüste Ländereyen und Brücher urbar gemacht, das Vorwerk erweitert und verschiedene Colonisten= und Einliegerfamilien auf der Feldmark angesetzet worden sind. Für diese Verbeßerungen, welche nach dem Anschlage jährlich an neuen Einkünften 620 Rthlr. 3 Gr. 8 Pf. einbringen sollen, muß eine zur Besoldung tüchtiger

Die adelichen Güter des Fürstenthums Cammin.

tiger Landschulmeister bestimmte Abgabe von 234 Rthlr. jährlich von dem Besitzer dieses Guts bezahlet werden. Die Söhne des Hans Barthold von Walter, welche dieses alte Lehn der von Podewils Narvinscher Hauptlinie, nach dem Vergleiche vom 27 Januar 1725, auf 30 Jahre wiederkäuflich besaßen, verglichen sich am 11 März 1737 also, daß dasselbe den Gebrüdern Joachim Friederich und Peter George von Walter zufiel. Diese traten es, nach dem Vergleiche vom 22 März und 29 December 1742, ihrem ältesten Bruder, dem Fähnrich Heinrich Christian von Walter ab, welcher es am 27 September 1755 und 15 Januar 1756 erblich dem Hauptmann Martin von Gerlach verkaufte, dessen Wittwe und Schwestern es am 18 Julius 1764 seinem Bruder, dem Geheimen Ober-Finanz-Krieges- und Domainenrathe Friederich Wilhelm von Gerlach überließen, nach dessen in dem Jahre 1780 erfolgten Tode es seine Erben besitzen.

30. Geritz oder Gehrz 1 Meile von Cößlin südwestwärts, an einem Bache, Redesch genannt, welcher gegen Norden zwischen diesem Dorfe und dem Dorfe Gieskow fließet, hat 1 Vorwerk, 1 Prediger, 2 Bauern, 1 Coßäthen, 6 Feuerstellen und eine zu der Cößlinschen Synode gehörige Mutterkirche, zu welcher das Dorf Schwessin als ein Filial gehöret und die Dörfer Thunow, Gülz, Barzelin und das Vorwerk Streckenthin eingepfarret sind. Nach einer Urkunde von 1300, verkauften die Gebrüder Ulrich und Friederich von Bevenhusen das Patronatrecht über die Kirche zu Geritz und 2 Hufen in Alten-Belz dem Nonnenkloster zu Cößlin. Jetzt ist Geritz ein altes Woldensches Lehn, welches der Major Phillipp Ferdinand von Wolde besitzet. S. Thunow.

31. Gervin 1 Meile von Bublitz gegen Norden, an einem Walde, auf der Landstraße von der Westpreußischen Stadt Baldenburg nach Cößlin und Rügenwalde, hat 1 Vorwerk, 1 Wassermühle, 4 Bauern, 15 Feuerstellen, Holzung und ist zu Curow in der Bublitzschen Synode eingepfarret. Das Gut Gervin, zu welchem die wüste Feldmark Resekow gehöret, war ehemals ein Glasenappsches Lehn und wurde nachher, nachdem die von Glasenapp es nach dem Vergleiche vom 3 April 1724 den Erben des Landraths Bernd von Münchow abgetreten hatten, ein neues Münchowsches Lehn, welches dem Hofgerichtspräsidenten Henning Franz von Münchow gehörte. Jetzt besitzen es die nachgelaßenen Kinder der Hauptmännin von Ueckermann. S. Zarnefanz unter den adelichen Gütern des Belgardschen Kreises.

32. Gieseckow ¾ Meile von Cößlin südwestwärts, an der Redesch, einem Bache, welcher zwischen diesem Dorfe und dem Dorfe Geritz fließet, hat 1 Vorwerk, 5 Bauern, 4 Coßäthen, mit Einschließung des Dorfs Neu-Belz 19 Feuerstellen und ist ein zu Neu-Belz in der Cößlinschen Synode eingepfarretes Dorf und altes Schmelingsches Lehn, welches die Lehnsfolger des Ritters des St. Johanniterordens, Friederich Wilhelm von Schmeling besitzen. S. Neu-Belz.

33. Goldbeck ¼ Meile von Bublitz nordwestwärts, an einem Bache, welcher aus dem bey dem hiesigen Ackerhofe gelegenen Teiche entspringt, durch das Dorf

in den Mühlenteich fließet, und nachdem er die hiesige Mühle getrieben hat, in die Gojel fällt, auf der Landstraße von Bublitz nach Belgard und Colberg, wie auch auf der Poststraße von Bublitz nach Cößlin, hat 2 Vorwerke, 1 Wassermühle, 1 Prediger, 1 Küster, 1 Predigerwittwenhaus, 8 Bauern, 2 Halbbauern, auf der Feldmark 1 Holzwärterkathen, 25 Feuerstellen, eine zu der Bublitzschen Synode gehörige Mutterkirche, deren Filial das Dorf Gust ist und zu welcher die Dörfer Pribbargen und Dubberteck und die 2 so genannte Zemkenkathen in dem Gramenzschen Walde eingepfarret sind, gute Holzungen und ist ein Allodialgut, welches Johann Joachim Carl von Wenden besitzet. S. Griebnitz.

34. Griebnitz ein adelicher Wohnsitz, 1¾ Meilen von Bublitz nordnordwestwärts, auf der Poststraße von Cößlin nach Bublitz, hat, außer einem Vorwerke in dem Dorfe, noch ein auf der Feldmark deselben an einem Eichenwalde gelegenes Vorwerk Kahlberg genannt, 1 Wassermühle, die von dem Glienkerbache getrieben wird, der nahe an dem so genannten grünen Hause und dem Heidekesser vorbeyfließet und in die Rabüe fällt, 8 Bauern, 1 Schulmeister, 15 Feuerstellen, beträchtliche Holzungen, wenige Fischerey, den alleinigen Besitz der Hütung auf dem Kahlberge, bey welchem nach dem Rechtsspruche der Königl. Regierung vom 30 April 1749 der Besitzer des Guts wider das Amt Bublitz so lange geschützet werden soll, bis von beiden Theilen ein anderes ausgemacht worden ist, und ist zu Clanin in der Bublitzschen Synode eingepfarret. Nach dem Testamente des Hans Jürgen von Zarth vom 29 Januar 1729 wurden die von ihm besessenen alten Zarthschen Lehne Griebnitz nebst dem dazu gehörigen Vorwerke Kahlberg, Sassenburg nebst der Plötzkerheide, Stepen, Pribbargen nebst den 4 Buschkathen, Dorfstätte genannt, und Goldbeck also unter seine nachgelassenen Söhne getheilet, daß dem ältesten, dem Cammerjunker Joachim Felix das Gut Griebnitz mit dem Vorwerke Kahlberg und dem Rechte des Mitpatronats zu Goldbeck, dem 2ten, dem Major Hans Jürgen das Gut Sassenburg nebst der Plötzkerheide, dem dritten, dem Hauptmann Friederich Wilhelm das Gut Stepen und jüngsten, dem Lieutenant Paul Anton das Gut Pribbargen nebst den 4 Buschkathen, Dorfstätte genannt, und Goldbeck zufielen. Nachdem die beiden letztern gestorben waren, kamen die ihnen zugefallenen Güter an ihre beiden ältesten Brüder, welche durch das Rescript vom 17 Februar 1751 die Allodification ihrer Güter Griebnitz, Sassenburg, Stepen, Pribbargen, Goldbeck und des alten Zarthschen Lehns Dubberteck (b) erhielten und nach ihrem Tode Sassenburg, Stepen, Pribbargen und Goldbeck den Kindern des Cammerjunkers von Zarth hinterließen, nachdem dieser nach der Ehestiftung vom 12 Junius 1754 seiner mit Caspar George von Bonin vermählten Tochter, Clara Henrietta das Gut Dubberteck (b), das jetzt nach ihrem Tode ihr Ehemahl allein besitzet, zum Brautschatze mitgegeben, das Gut Griebnitz aber mit dem Vorwerke Kahlberg und dem Rechte des Holzfällens in der Dorfstätte, nach dem Vergleiche vom 15 May 1755, erblich seinem Schwiegersohne, Carl David von Wenden verkauft hatte. Als dieser 1764 gestorben war, kam das Gut Griebnitz an seinen einzigen Sohn und Erben, Johann Joachim Carl von Wenden, der auch die Güter Sassenburg, Stepen, Pribbargen und Goldbeck, nach dem Vergleiche vom 6 November 1780 und mit der von dem königl. Vormundschaftscolle-

glum zu Cößlin am 12 September 1780 ertheilten Genehmigung, von den Kindern des Cammerjunkers von Zarth kaufte.

35. **Grumsdorf** ein Rittersitz 1 Meile von Bublitz südsüdwestwärts, in einer angenehmen mit einem Walde umgebenen Gegend, an dem See Virchow, in welchem ein großer hoher Wall liegt, worauf mastragende Eichen stehen und unzählige Reiher ihren Auffenthalt haben, hat außer einem Vorwerke in dem Dorfe noch einen Ackerhof, die neue Welt genannt, welcher ¼ Meile von dem Dorfe gegen Morgen in einem Walde liegt, 1 Wassermühle außer dem Dorfe, 8 Bauern, 2 Coßäthen, 1 Schulmeister, 22 Feuerstellen, eine zu der Bublißschen Synode gehörige Kirche, die als ein Vagans jetzt mit Wurchow verbunden ist, große Holzungen und Fischerey in dem See Cölpin und in einem Theile des zu dem königlichen Amte Bublitz gehörigen Sees Virchow. Bey diesem Gute sind neuerlich für 1700 Rthlr. königliche Gnadengelder verschiedene Verbeßerungen vorgenommen worden, welche nach dem Anschläge jährlich an neuen Einkünften 105 Rthlr. 8 Gr. einbringen sollen, wofür aber eine jährliche Abgabe von 34 Rthlr. auf diesem Gute haftet. Das Dorf Grumsdorf, welches Peter von Somnitz auf einer wüsten Feldmark, die er von den Herzogen von Pommern gekauft hatte, erbauete und das in dem Neu-Sittinschen Kreise gelegene Gut Gönne sind alte Somnitzsche Lehne. Der Amtmann Oppermann kaufte Grumsdorf 1730 von dem Lieutenant Lorenz Rudolph von Somnitz, deßen nachgelaßene Söhne, der Lieutenant Caspar Lorenz, der Lieutenant und jetzige Major Friederich Rudolph, der Lieutenant Ludewig Dubislav, der Fähnrich und nachmalige Hauptmann Matthias Christoph und der Fähnrich Carl Gottfried von Somnitz es wieder einlöseten und sich am 16 August 1752 unter sich und mit ihrer Mutter, Gerttrud Elisabeth gebohrnen von Brietzke also auseinandersetzten, daß Gönne nebst einem Theil in Sparsee durch das Loos dem ältesten Bruder, dem Lieutenant Caspar Lorenz, Grumsdorf aber dem 4ten Bruder, dem Hauptmann Matthias Christoph zufielen, welcher aber, nach dem Vergleiche vom 17 August 1752, mit seinem ältesten Bruder einen Tausch traf, so daß er ihm Grumsdorf überließ und dagegen Gönne nebst dem Theil in Sparsee bekam. Nach dem Tode des Lieutenant Caspar Lorenz von Sommnitz traten die Gebrüder, der Hauptmann Matthias Christoph und der Fähnrich Carl Gottfried von Somnitz das Gut Grumsdorf, nach dem Vergleiche vom 5 und 15 August 1755, ihrem ältern Bruder, dem Major bey dem Kowalskyschen Regimente, Friederich Rudolph von Somnitz ab, der jetzt auch nach dem Tode seines Bruders, des Hauptmanns, das Gut Gönne mit seinem Bruder, dem jetzigen Lieutenant Carl Gottfried, gemeinschaftlich besitzet.

36. **Gülz** 1½ Meilen von Cößlin südwestwärts, in einer ebenen Gegend, nicht weit von der Radüe, an welcher die Wiesen des Dorfs liegen, hat 2 Vorwerke, 4 Bauern, 1 Coßäthen, 9 Feuerstellen und ist ein zu Geritz in der Cößlinschen Synode eingepfarrtes Dorf und altes Münchowsches lehn, welches aus 2 Antheilen bestehet, wovon Gülz (a) dem Rittmeister George Christoph von Heydebreck, S. Maßow (b), und Gülz (b), dem Ritterschaftsrathe Otto Lorenz von Münchow gehöret, S. Barzelin.

37. **Henkenhagen** hat, in so fern es zu den adelichen Gütern des Fürstenthums

Das Fürstenthum Cammin.

Cammin gerechnet wird, 2 Vollbauern, 1 Dreyviertelbauer, 2 Coßäthen, 1 Krug, Bey welchem und dessen Verlage von Lassehne aus der Besitzer dieses Guts nach dem Rescript vom 25 Junius 1748 ferner soll geschützet werden, 18 Feuerstellen, 5⅞¾ steuerbare Landhufen, die Jagdtgerechtigkeit in dem Colbergschen Walde bis an die Malchow und gehöret dem Generalmajor und Oberhofmeister, Heinrich Adrian Grafen von Borcke. Den übrigen Theil des Dorfs Henkenhagen besitzet die Stadt Colberg. S. Henkenhagen unter den Eigenthumsdörfern der Stadt Colberg.

38. Höllewiese 1 Meile von Rummelsburg westsüdwestwärts, 2 Meilen von Bublitz ostsüdostwärts und ⅞ Meile von der angränzenden Westpreußischen Stadt Baldenburg nordostwärts, in einer niedrigen und sumpfigten Gegend, auf der Landstraße von Bublitz nach Rummelsburg, hat 2 Vorwerke, ein Vorwerk in einem Walde, Louisenhof genannt, 5 Bauern, 8 Halbbauern, 2 Krüge, 1 Schmiede, 1 Schulmeister, 26 Feuerstellen, eine zu der Bublitzschen Synode gehörige Kirche, die ein Filial von Groß-Carzenburg ist und zu welcher 2 Buschkathen, die Gramhäuser genannt, eingepfarret sind, viele Holzungen von verschiedener Art und bestehet aus 2 Antheilen. Höllewiese (a) ist ein altes Münchowsches Lehn, welches ehemals aus 3 Antheilen bestand. Der Neumärksche Regierungsdirector Andreas Christoph von Münchow kaufte den einen Theil, nach dem Vergleiche vom 30 November 1745, von Claus Albrecht von Lettow und dessen Gemahlinn Dorothea Maria von Gutzmerow und den andern Theil, nach dem Vergleiche vom 5 Januar 1746, erblich von dem Hauptmann Christian Bogislav von Lettow, dessen Gemahlinn Eva Catharina gebohrne von Versen und Schwestern Helena Sophia vermählte von Bandemer und Anna Hedwig von Lettow diesen Verkauf genehmigten. Der dritte Theil, welchen die Stadt Cößlin, nach dem Gränzvergleiche vom 24 November 1703 und dem darin angeführten Kaufbriefe, seit 1444 besessen hatte, wurde von dem Magistrat zu Cößlin am 16 April 1712 der Wittwe des Hans von Wobeser auf Kowalk, Anna Maria gebohrnen von Massow, von derselben Tochter Clara Hedwig von Wobeser und deren Gemahl Jacob Christian von Massow am 28 May 1743 dem Peter Rüdiger von Rudelofsky und dessen Gemahlinn Sophia Esther gebohrnen von Froreich, von diesen am 24 December 1749 dem Neumärkschen Regierungsdirector Andreas Christoph von Münchow und endlich von diesem nebst den beiden oben angeführten Theilen, nach dem Vergleiche vom 3 September 1757, erblich dem Major Bogislav Lorenz von Lettow verkauft. Höllewiese (b), ein adelicher Wohnsitz, ist ein altes Lettowsches Lehn. Die Wittwe des Dinnies von Lettow auf Papenzin, Anna gebohrne von Wobeser, trat es mit Einwilligung ihres Sohnes, George von Lettow auf Klein-Schwirsen, nach der Ehestiftung vom 29 Junius 1635, mit dem Rechte der Fischerey auf dem Papenzin (ausgenommen die Mardnenzüge) und auf den Camminschen Seen, ihrer mit dem Lucas von Wortmann auf Crisvan vermählten Tochter, Judith von Lettow ab, deren nachgelassene einzige Tochter es zum Brautschatze ihrem Gemahl Daniel von Scholten zubrachte. Von diesem kam es an seinen einzigen Sohn Claus von Scholten, dessen beide Söhne, der Major Alexander und Hauptmann Christian Friederich von Scholten es, nach dem Vergleiche vom 20 März 1743, dem Carl Friederich von Liebermann
und

Die adelichen Güter des Fürstenthums Cammin.

und deßen Gemahlinn Christiana Maria gebohrnen von Kleist aus dem Schönauschen Hause in Polen abtraten, die es jetzt nach dem Tode ihres Gemahls mit ihren Kindern gemeinschaftlich besitzet.

39. Hohenborn ein Rittersitz, 1 Meile von Bublitz nordostwärts, auf einem Berge und auf der Straße von der Westpreußischen Stadt Baldenburg nach Cößlin, hat 1 Vorwerk, 1 Wassermühle, 3 Bauern, 3 Halbbauern, 1 Krug, 1 Schmiede, 15 Feuerstellen und ist ein zu Drawehn in der Bublitzschen Synode eingepfarrtes Dorf und altes Lettowsches Lehn, welches George Wilhelm von Lettow besitzet. S. Drawehn (a).

40. Hohenfelde ein Rittersitz und Vorwerk mit einem Schloße, 2 Meilen von Cößlin westnordwestwärts, auf einem hohen Berge, hat 1 Schäferey, 1 Windmühle, 1 Schmiede, 13 Feuerstellen, lehmigten und fruchtbaren Acker, gute Wiesen, einen großen und schönen Lustgarten und ist zu Cordeshagen in der Cößlinschen Synode eingepfarret. Auch gehöret zu diesem Vorwerke das in einer anmuthigen Gegend mit Holzungen und Wiesen umgebene Vorwerk Amalienhof, ehemals Magdalenenhof genannt, mit 2 Holzkathen. Die Güter Hohenfelde, Cordeshagen und Strippow sind alte Kamekensche Lehne, welche nach dem Tode des Staatsministers Ernst Bogislav von Kameke sein einziger Sohn, der Hauptmann Friederich Heinrich Graf von Kameke erbte. Strippow wurde bey der öffentlichen Feilbietung deßelben, nach dem Decret des Cößlinschen Hofgerichts vom 29 Junius 1753, erblich dem Schloßhauptmann Friederich Paul Grafen von Kameke zuerkannt, der auch als der einzige Sohn das Gut Strachmin, so theils ein altes, theils ein von den von Damitz herrührendes neues Kamekensches Lehn ist, an welchem nicht alle, sondern nur einige von Kameke die gesamte Hand haben, nebst dem zu Strachmin gehörigen Gute Warnin (c) von seinem Vater dem Grandmaitre von Kameke geerbet hatte. Nachdem der Hauptmann Friederich Heinrich Graf von Kameke 1757 in der Schlacht bey Prag geblieben und sein einziger Sohn in der Minderjährigkeit gestorben war, verglichen sich seine Lehnsfolger, als der Schloßhauptmann Friederich Paul Graf von Kameke und die Gebrüder George Friederich und Arnold Friederich von Kameke am 3 December 1765 wegen der Güter Hohenfelde und Cordeshagen also, daß solche der Schloßhauptmann Graf von Kameke bekam, dessen nachgelaßene 2 Söhne und eine Tochter, sich am 22 Januar 1770 auseinandersetzten, da denn die Güter, Hohenfelde, Cordeshagen, Strippow, Strachmin und Warnin (c) dem Geheimen Ober-Finanz-Krieges- und Domainenrathe Alexander Friederich Grafen von Kameke zufielen. Bey Hohenfelde besitzet auch der Generalmajor und Oberhofmeister, Heinrich Adrian Graf von Borcke einen Coßäthen, eine kleine Fichtenholzung und ein Torfmoor.

41. Jaztthum 1 Meile von Bublitz gegen Westen, an der Straße von Bublitz nach Pollnow, welche nahe bey diesem Dorfe vorbeyführet, hat 1 Vorwerk, 4 Halbbauern, 5 Buschkathen, wovon der Jußfolk und Klewerhof die vornehmsten sind, mit Einschließung des Dorfs Dargen 27 Feuerstellen, gegen Osten und Süden einen großen Wald, welcher der Jaztthumsche Busch genannt wird und ein Theil von dem so genannten großen Bublitzschen oder Wurchowschen oder Gramenzschen oder

oder Schmenzinschen Büsche ist und ist ein zu Wogenthin in der Bublitschen Synode eingepfarrtes freyes Rittergut und altes Boninsches Lehn, welches George Caspar von Bonin besitzet. S. Wogenthin.

42. Klein-Jestin 1¼ Meilen von Cörlin westsüdwestwärts und 2¼ Meilen von Colberg südsüdostwärts, auf der großen Landstraße von Cörlin über Regenwalde nach Stargard, hat 1 Vorwerk, 3 Bauern, 1 Krug, 1 Schmiede, 8 Feuerstellen und ist ein zu Carvin in der Cörlinschen Synode eingepfarrtes Dorf und altes Damitzsches Lehn, welches jetzt die Gläubiger des Rittmeisters von Damitz besitzen. S. Groß-Möllen.

43. Jüdenhagen ¾ Meile von Cößlin nordwestwärts und eine kleine Viertelmeile von dem Dorfe Groß-Streitz, hat 3 Vorwerke, 6 Bauern, 16 Coßäthen, 1 Schulmeister, 28 Feuerstellen, gute Aecker und Wiesen und ist zu Groß-Streitz in der Cößlinschen Synode eingepfarret. Jüdenhagen ist ein altes Schmelingsches Lehn, welches Wulf Schmeling, nach einer Urkunde von 1368, an dem Tage Viti und Modesti kaufte. Jetzt bestehet dieses Dorf, welches sich nordostwärts bis an den Cößlinschen Büchenwald erstrecket, aus 2 Antheilen und adelichen Wohnsitzen. Jüdenhagen (a) besitzet Claus George von Schmeling. S. Neu-Beltz. Jüdenhagen (b) wurde mit dem dazu gehörigen Gute Todenhagen (c) von dem Hofrathe Range, nach dem Werrgleiche vom 21 Februar 1725, auf 19 Jahre wiederkäuflich dem Obersten Martin Heinrich von Born verkauft, von dessen Schwiegersohne, dem Rittmeister Lorenz Richard Moritz von Born es der Hauptmann Gerhard Wedig von Schmeling wieder einlösete, und nachdem er 2 Kathen, welche der Lieutenant von Kameke zu Bitzker bisher als Zubehörungen des Guts Kotlow besessen hatte, nach den Sentenzen des Königl. Hofgerichts zu Cößlin vom 16 April, 22 August und 1 December 1755, für 200 Rthlr. wieder eingelöset hatte, verkaufte er dieses Gut, nach dem Vergleiche vom 21 Januar 1764, dem Major Johann Carl von Froreich, nach dessen Tode seine Güter und unter denselben Plümenhagen, Jüdenhagen (b) und Todenhagen (c) bey der öffentlichen Feilbietung derselben am 13 December 1771 dem Major Richard Heinrich von Froreich zuerkannt wurden. Dieser vertauschte Jüdenhagen (b) und Todenhagen (c), nach dem Vergleiche vom 9 April 1772, gegen das Gut Zoven seinem Bruder, dem Hauptmann Lorenz Wedig von Froreich, nach dessen Tode diese Güter, nach dem zwischen seinen 7 hinterlaßenen Kindern am 13 September 1780 errichteten Theilungsvergleiche, dem Lieutenant Johann Heinrich von Froreich überlaßen wurden.

44. Kaltenhagen 2⅛ Meilen von Colberg gegen Osten, nahe an Schulzenhagen, hat 2 Vorwerke, 4 Bauern, 2 Dreyviertelbauern, 1 Halbbauer, 2 große und 2 kleine Coßäthen, 21 Feuerstellen, lehmigten und fruchtbaren Acker und ist zu Schulzenhagen in der Cößlinschen Synode eingepfarret. Die Wiesen, welche zu Kaltenhagen, Schulzenhagen und Borckenhagen gehören, werden durch einen ziemlich großen Bach von den Timmenhagenschen und Laffebuschen Wiesen geschieden. Kaltenhagen, wozu auch Altenhagen gehöret, welches in einer kleinen Holzung liegt und aus 2 Coßäthenhöfen bestehet, hat folgende Besitzer. Kaltenhagen (a) ist ein altes Damitzsches Lehn,

Die adelichen Güter des Fürstenthums Cammin.

Lehn, welches jetzt im Concurs und unter der Administration der Königl. Krieges- und Domainencammer stehet. S. Groß-Möllen. Kaltenhagen (b) war ehemals ein Wedelstädtisches Lehn und wurde nachher ein neues Lehn der von Froreich. Der Lieutenant Lorenz Wedig von Froreich kaufte, nach dem Vergleiche vom 6 Februar 1748, die so genannte Dilgenhufe und den Endehof, wie auch eine halbe Hägerhufe Ritteracker in Kaltenhagen von seinem Bruder dem Rittmeister Richard Heinrich von Froreich, S. Schulzenhagen (c), und verkaufte dieses Gut am 30 Junius und 21 Julius 1753 erblich dem Major Joachim Rüdiger von Zitzewitz und dessen Gemahlinn Eva Anna Felizina gebohrnen von Bohmsdorf, welche dasselbe, nach dem Tode ihres Gemahls und nachdem es durch das Rescript, vom 23 Februar 1756 und der vorher durch den Rechtsspruch vom 9 October 1754 erfolgten Präclusion der von Froreich, war allodificiret worden, in Besitz nahm und es ihren Kindern, dem Cornet Friderich August Carl Rüdiger und Louisa Charlotta Elisabeth von Zitzewitz hinterließ. Nach dem Theilungsvergleiche vom 5 December 1776, bekam die letzte dieses Gut allein, welches sie, nach dem Vergleiche vom 13 Junius 1777, dem Rittmeister George Christoph von Heydebreck verkaufte. Kaltenhagen (c) bestehet in einem Bauershofe, welchen die Erben des Majors Richard Heinrich von Froreich besitzen. S. Plümenhagen. Kaltenhagen (d) bestehet in einem Bauerhofe, welchen der Major George Christoph von Damitz, nach dem Vergleiche vom 2 September 1766, dem Major Richard Heinrich von Froreich verkaufte, mit dessen Kindern sich der Lieutenant Ewald von Damitz, als Erbe des Majors von Damitz, am 24 — 26 April 1778 also verglich, daß er diesen Bauerhof zurücknahm. Kaltenhagen (e) ist ein dem Gute Pleushagen gehöriges Damitzsches Lehn, welches der Lieutenant Eggerd George von Damitz besitzet. S. Schulzenhagen (b).

45. **Karkow** ein adelicher Wohnsitz, 1⅜ Meilen von Cörlin gegen Westen und 2 Meilen von Colberg gegen Süden, nicht weit von der Holzung, die Kämitz genannt, hat 1 Vorwerk mit einer Schäferey, 1 Windmühle, eine Kalkhütte und eine Ziegelscheune in der Kämitz, 4 Bauern, 2 Cossäthen, 1 Schmiede, 16 Feuerstellen, Holzung, Mast und Fischerey in der Kämitz und ist zu Wartekow in der Cörlinschen Synode eingepfarret. Bey Karkow sind in dem Jahre 1774 für 1200 Rthlr. königliche Gnadengelder verschiedene Verbesserungen vorgenommen worden, welche nach dem Anschlage an neuen Einkünften jährlich 70 Rthlr. einbringen sollen. Der Besitzer des Guts muß dagegen eine zur Besoldung tüchtiger Landschulmeister bestimmte jährliche Abgabe von 24 Rthlr. bezahlen. Karkow ist ein altes Blankenburgsches Lehn, welches Friederich Leopold Christian von Blanckenburg von seinem Vater dem Oberstlieutenant Christian Heinrich erbte und es 1745 seinem nächsten Lehnsfolger, dem Lieutenant Claus von Blankenburg hinterließ, dessen nachgelassene Kinder erster und zwoter Ehe sich am 31 Januar und 4 Februar 1775 also auseinandersetzten, daß dieses Gut dem Sohn erster Ehe, George Friederich von Blankenburg überlassen wurde, nach dessen Tode es jetzt sein Stiefbruder, der Lieutenant Carl Leopold von Blankenburg besitzet.

46. **Kerstin** ein Rittersitz ⅞ Meile von Cörlin nordwestwärts und 2⅛ Meilen von Colberg südostwärts, auf der Poststraße von Colberg nach Cörlin, hat, außer einem

Das Fürstenthum Cammin.

einem Vorwerke mit einer Schäferey in dem Dorfe, ein auf der Feldmark nach Colberg zu 1773 für königliche Gnadengelder neu erbauetes und mit Einliegern besetztes Vorwerk, Johannsthal genannt, welches ehemals eine Schäferey war und Jarmel genannt wurde, 1 Prediger, 1 Küster, 8 Bauern, 1 Predigercolonus, 2 Coßäthen, 1 Schmiede, 31 Feuerstellen, eine zu der Cörlinschen Synode gehörige Mutterkirche, zu welcher das Dorf Krukenbeck als ein Kapellendorf gehöret, das Dorf Groß Pobloth aber und das Vorwerk Krühne eingepfarret sind und gute Regalien und Holzungen. Der Werth der Güter Kerstin und Krukenbeck hat in dem Jahre 1774 einen beträchtlichen Zuwachs erhalten, indem für 4200 Rthlr. königliche Gnadengelder verschiedene Verbesserungen vorgenommen worden sind, die nach dem Anschlage an neuen Einkünften jährlich 250 Rthlr. 14 Gr. 7 Pf. einbringen sollen, dagegen aber eine jährliche Abgabe von 84 Rthlr. auf diesen Gütern haftet. Die alten Manteufelschen Lehne Kerstin, Krühne, Krukenbeck und Gandelin fielen nach dem Tode des Landraths Christoph Arnd von Manteufel seinem einzigen Sohne, dem Cabinetsminister, Ernst Christoph Reichsgrafen von Manteufel zu und wurden von demselben, nachdem sie mit Einstimmung des nächsten Agnaten, George Friederich von Manteufel am 14 September 1731 waren allodificiret worden, nach dem Vergleiche vom 30 April und 11 Junius 1748 unwiederruflich seinem Schwiegersohne, dem Oberstlieutenant Balthasar Friederich Freyherren von der Goltz und dessen Gemahlinn Henrietta Johanna Constantia Reichsgräfin von Manteuffel, von dieser aber, nach dem Vergleiche vom 5 Julius 1764, der Gemahlinn des Rittmeisters, Johann Siegmund von Gaudecker, Sophia Wilhelmina gebohrnen Baronesse von Hertefeld verkauft.

47. **Kiepersdorf** 2 Meilen von Cößlin westnordwestwärts und ¼ Meile von dem Dorfe Funkenhagen, hat 4 Bauern, 6 Feuerstellen und ist ein zu Sorenbohm in der Cößlinschen Synode eingepfarrtes Bauerdorf, welches aus 2 Antheilen bestehet. Kiepersdorf (a) mit 3 Bauern ist ein Allodialgut, welches der Generalmajor Peter Christoph von Zitzwitz besitzet. Kiepersdorf (b) mit 1 Bauer ist ein altes Damitzsches Lehn, welches der Lieutenant Eggerd George von Damitz besitzet.

48. **Kleist** ¼ Meile von Zanow nordwestwärts, gränzet gegen Süden an den Nestbach, hat 1 Vorwerk, 6 Bauern, 2 Coßäthen, 18 Feuerstellen und ist ein zu Wusseken in der Cößlinschen Synode eingepfarrtes Dorf und Allodialgut, welches die Erben des Königl. Polnischen Generalmajors, Carl Friederich Ernst Freyherren von Cocceji besitzen. S. Wussecken.

49. **Kotlow** 1 Meile von Cößlin westsüdwestwärts, hat 1 Vorwerk, 4 Bauern, 2 Coßäthen, 10 Feuerstellen, ist zu Bitzicker in der Cößlinschen Synode eingepfarret und ist mit Ausschließung zweyer Höfe ein altes Kamekensches Lehn, welches der Prälat Adam Henning von Kameke besaß. Sein Enkel, der Lieutenant Adam Henning von Kameke kaufte, nach dem Vergleiche vom 8 März 1770, die 2 Höfe in Kotlow, die bisher Zubehörungen von Neuenhagen gewesen waren, von dem Hauptmann Carl Alexander von Schmeling, so daß er das ganze Gut Kotlow bekam und das Geschlecht der von Schmeling am 23 November 1772 mit seinem Lehn-

Die adelichen Güter des Fürstenthums Cammin.

lehnrechte präludiret wurde. Nach dem Tode des Lieutenant Joachim Henning von Rameke setzten sich seine Kinder am 28 December 1773 also auseinander, daß dieses Gut und die Güter Barchwindhagen (b) und Barchmin (c) dem Hauptmann bey dem von Möllendorfschen Regimente, Jobst Heinrich von Rameke, zufielen.

50. **Krukenbeck** ⅛ Meile von Cöslin gegen Westen und 2⅛ Meilen von Colberg südsüdostwärts, in einer mit Holzungen umgebenen ebenen Gegend, hat 1 Vorwerk, 1 Schäferey, 7 Bauern, 2 Coßäthen, 1 Schulmeister, 21 Feuerstellen, eine von Hans von Manteufel 1595 erbauete und zu der Cöslinschen Synode gehörige Kapelle, in welcher der Gottesdienst von dem Prediger zu Kerstin besorget wird, gute Regalien und Holzungen und ist ein Allodialgut, welches die Gemahlinn des Rittmeisters von Gaudecker, Sophia Wilhelmina gebohrne Baronesse von Herzefeld besitzet. S. Kerstin.

51. **Krühne** ein ritterfreyes Vorwerk mit einem Ackerhofe, einer Wassermühle und 3 Coßäthenhöfen, lieget 2 Meilen von Colberg südsüdostwärts, an der linken Seite der Persante, welche gegen Norden die Gränze der Feldmark dieses Vorwerks bestimmt, in einem mit Holzungen umgebenen Thale und ist zu Kerstin in der Cöslinschen Synode eingepfarret. Dieses Vorwerk, welches Hennig Manteufel am 11 November 1494, an dem Tage des Bischofs Martin von dem Probste, Dechant und den Domherren der Collegiatkirche zu Colberg für 300 Rheinsche Florene kaufte und an das Geschlecht der von Manteufel brachte, ist jetzt ein Allodialgut, so die Gemahlin des Rittmeisters von Gaudecker, Sophia Wilhelmina gebohrne Baronesse von Herzefeld besitzet. S. Kerstin.

52. **Lappenhagen** 2 Meilen von Colberg gegen Osten, hat 3 Halbbauern, 6 Feuerstellen und ist ein zu Lassehne in der Cöslinschen Synode gehöriges und eingepfarrtes Dorf, welches der Generalmajor und Oberhofmeister, Heinrich Adrian Graf von Borke besitzet. S. Lassehne.

53. **Last** ein Fischerdorf, 1 Meile von Zanow nordwestwärts zwischen der Ostsee und dem Jamundschen und Buckowschen See, hat 1 Vorwerk, 8 Fischerwohnungen, 10 Feuerstellen und ist zu Wussecken in der Cöslinschen Synode eingepfarret. Dieses Dorf, zu welchem die Strandfischerey gehöret, ist ein Allodialgut, welches der Oberste und Generaladjutant Johann Friederich Heinrich Freyherr von Cocceji besitzet. S. Wussecken.

54. **Lassehne** ein Rittersitz mit einem herrschaftlichen Schloße und Garten, 2 Meilen von Colberg gegen Osten, in einer ebenen Gegend, stößet nordwestwärts an die Ostsee und hat 2 Vorwerke, als Rothenhof und Höschen, 1 Wassermühle, 1 Windmühle, 1 Prediger, 1 Küster, 10 Bauern, 2 Pfarrbauern, wovon der eine 2 Hufen, der andre aber nur eine Hufe hat, 1 Predigerwittwenhaus, 2 Krüge, 1 Schmiede, 39 Feuerstellen, eine zu der Cöslinschen Synode gehörige Mutterkirche, zu welcher die Dörfer Henkenhagen, Wendhagen, Lappenhagen, die Fischerlage bey dem Dorfe Henkenhagen, das Vorwerk Ulrichshof, die Bergschäferey, das mitten in einer Holzung

Brügg. Beschr. v. H. Pom. [Cccc] gele-

gelegene und zu Laffehne gehörige so genannte Ritterlaute mit 5 Coßäthen und einem Holzvoigte und die in den Jahren 1779 und 1780 von dem gegenwärtigen Besitzer des Guts Laffehne bey dem so genannten langen Holze erbauete Colonie von 8 Büdnerfamilien oder kleinen Coßäthen eingepfarret sind, schwarzen, lehmigten und fruchtbaren Acker, gute Wiesen, die aber oft von dem durch dieselben fließenden Bache, so bey dem herrschaftlichen Schloße in die Ostsee fällt, überschwemmet werden, Strom- und Strandgerechtigkeit und Holzungen in dem so genannten langen Holze und der Wüsteney. Laffehne war ehemals mit seinen Zubehörungen Wendhagen und einem Theile in Henkenhagen ein altes Kamekensches Lehn, ist aber jetzt ein Borkisches Lehn. Die von Kameke verkauften dieses Gut dem Generalmajor Bogislav Freyherren von Schwerin, dessen Bruder, der Staatsminister, Otto Freyherr von Schwerin noch 2 Bauern in Laffehne, nach dem Vergleiche vom 22 Februar 1679, erblich von Jürgen Lorenz und Adam Henning von Kameke kaufte und das ganze Gut Laffehne seinem Sohne, dem Freyherren Friederich Wilhelm von Schwerin hinterließ. Dieser trat die Güter Zachan, Groß-Schlatikow, Zadelow und Laffehne mit seinen Zubehörungen, wie auch das ehemalige alte Wenherrsche Lehn Timmenhagen, welches der Oberste Moritz Friederich Freyherre von Schwerin mit den Zubehörungen Nitkenhagen, Camphof und Lappenhagen am 4 August 1680 erblich von Franz von Wenherr gekauft hatte, nach dem commissarischen Vergleiche vom 27 September 1706 erblich, nach dem Tode seines Vaterbruders, des Obersten Moritz Friederich Freyherren von Schwerin, dessen nachgelassenen Wittwe, Sophia Hedwig gebohrnen Freyinn von Mardefeld und damaligen Gemahlinn des Generallieutenants Johann George von Tettau ab, deren Schwiegersohn, der Generalfeldmarschall Adrian Bernd Graf von Borcke, durch das Rescript vom 29 Junius 1722 als Lehnsträger und künftiger Lehnmann in Ansehung der Güter Laffehne, Timmenhagen und ihrer Zubehörungen zur Erbfolge für sich und seine Leibeserben männlichen und weiblichen Geschlechts verstattet und am 14 September 1722 mit diesen Gütern belehnet wurde. Er nahm solche, nach dem Tode der Generallieutenantv. on Tettau 1738, in Besitz, worauf sein nachgelassener einziger Sohn, der Generalmajor und Oberhofmeister Heinrich Adrian Graf von Borcke, nach dem von seiner Mutter, Antoinette Hedwig Gräfinn von Borcke gebohrnen Freyinn von Hallart, am 6 März 1744 errichteten Testamente und nach dem mit seinen Geschwistern am 9 Januar 1752 getroffenen Theilungsvergleiche diese Güter bekam.

55. Lazig 1 Meile von Cößlin südwestwärts, hat 1 Vorwerk, 6 Bauern, 2 Halbbauern, 2 Coßäthen, 19 Feuerstellen und ist ein zu Neu-Velz in der Cößlinschen Synode eingepfarrtes Dorf, welches aus 2 Antheilen bestehet. Lazig (a) ist ein Gut, zu welchem mit Ausschließung des zu Lazig (b) gehörigen Halbbauern, das ganze Dorf Lazig und einige Cavels in der Massowschen Holzung gehören. Nachdem der Hauptmann Henning Dettlof von Münchow seine Leibeserben hinterlassen hatte, kam dieses Münchowsche Lehn an seine Brüder, Christian Erich und Felix Adrian, und wurde von denselben, nach dem Vergleiche vom 31 März 1740, erblich ihrem Vetter Friederich Wilhelm von Münchow überlassen, welcher, nachdem er des Henning Dettlof von Münchow Wittwe, Elisabeth Eva gebohrne von Plötz nach dem

Die adelichen Güter des Fürstenthums Cammin.

Vergleiche vom 24 März 1741 abgefunden hatte, dieses Gut seiner Wittwe Jst Hedwig gebohrnen von Kameke hinterließ, die es nach der Ehestiftung vom 10 November 1770 auf ihre Lebenszeit besitzet. Daßig (b) bestehet in einem zu Datzow (a) gehörigen Halbbauer, welchen der Major Bogislav Gabriel von Schweder besitzet: S. Datzow (a).

56. Leickow ⅔ Meile von Cörlin gegen Norden und 2¼ Meilen von Colberg ostsüdostwärts, an der rechten Seite der Persante, welche gegen Süden die Gränze der Feldmark dieses Dorfs bestimmt, hat 5 Bauern, 10 Feuerstellen und ist ein zu Fritzow in der Cörlinschen Synode eingepfartes Dorf und altes Münchowsches Lehn, welches die Oberstlieutenant Dorothea Augusta von Lettow gebohrne von Kleist besitzet. S. Naffow (a).

57. Leppin ein Rittersitz 1⅔ Meilen von Cörlin südwestwärts und 3¾ Meilen von Colberg südsüdostwärts, in einem Thale, auf der Landstraße von Colberg nach Schiefelbein, hat 1 Vorwerk, 1 Schäferey, 5 Bauern, 3 Coßäthen, 15 Feuerstellen und eine zu der Cörlinschen Synode gehörige, aber bereits seit 1768 eingefallene Kirche, die ein Filial von Rogzow ist. Bey dem Gute Leppin sind seit dem Jahre 1773 für 1900 Rthlr. königliche Gnadengelder verschiedene Verbesserungen vorgenommen worden, wovon die jährlichen neuen Einkünfte nach dem Anschlage 177 Rthlr. 14 Gr. 2 Pf. betragen sollen, dagegen aber eine zur Besoldung tüchtiger Landschulmeister bestimmte jährliche Abgabe von 38 Rthlr. auf diesem Gute haftet. Es ist dasselbe ein altes Blankenburgsches Lehn, welches der Fähnrich Henning Dionysius Ludewig von Blankenburg besitzet. S. Petershagen.

58. Lestin 1⅔ Meilen von Cörlin gegen Westen, hat 2 Vorwerke, 2 Schäfereyen, die Hälfte der hiesigen Wassermühle, deren andre Hälfte zu dem Gute Romahn gehöret, 1 Schmiede, 2 Holzwärterkathen in der Lestinschen Heide, 12 Feuerstellen, Holzungen und Fischerey, ist zu Damitz in der Treptowschen Synode eingepfarret und bestehet aus 2 Antheilen. Lestin (a) hat 1 Vorwerk, 1 Schäferey, und einen Antheil an der Wassermühle. Die Manteufelschen Lehne Lestin (a) und Damitz (a) wurden von Hans Jürgen von Manteufel und seinem Sohne Jürgen Heinrich, nach dem Vergleiche vom 28 November 1694, wiederkäuflich dem Rathe und Landvoigte zu Greiffenberg, Heinrich von Kameke verkauft, von welchem sie an seinen Sohn, den Hauptmann Heinrich Casimir von Kameke und nach dessen Tode, nach dem brüderlichen Theilungsvergleiche vom 2 December 1735, mit einem Theile in Barchmin an seinen Sohn, den Hauptmann George Albrecht von Kameke kamen. Dieser verkaufte Lestin (a) und Damitz (a), nach dem Vergleiche vom 10 December 1744 dem Carl Dubislav von Eickstedt, von welchem solche am 4 November 1755 von Heinrich Erdmann von Manteufel, als dem Vormunde der Söhne des George Heinrich von Manteufel wieder eingelöset und von dem ältesten Sohne, dem Hauptmann Carl Bogislav von Manteufel nach dem Tode seiner beiden Brüder, des Lieutenant George Anton und des Fähnrichs Johann Henning von Manteufel, nach dem Vergleiche vom 25 März 1761 in Ansehung der Lehne folget

folget auf 30 Jahre, sonst aber erblich dem Major und nachmaligen Oberstlieutenant Franz Bernhard von Blumenthal, von diesem aber nach dem Vergleiche vom 1 März 1766 dem Hauptmann Immanuel von Tilly verkauft wurden, nach deßen Tode seine Gläubiger noch jetzt diese Güter besitzen. Lestin (b) hat 1 Vorwerk, 1 Schäferey, einen Antheil an der Wassermühle und 1 Schmiede. Die Güter Lestin (b) und Damitz (b) waren ehemals alte Manteufelsche Lehne, welche Hans Christian von Kleist, nach dem Vergleiche vom 9 September 1735, von dem Rathe Johann Julius von Koven kaufte und bey der Landeshuldigung zu Cößlin am 19 September 1743 mit denselben belehnet wurde. Von ihm wurden diese Güter mit Einwilligung seiner Gemahlinn, Prisca Katharina von Kleist, nach dem Vergleiche vom 15 März 1748, erblich dem Hauptmann George Heinrich von Damitz und von diesem, nach dem Vergleiche vom 20 Januar 1778, dem Rittmeister Friederich Lebrecht Rudolph von Schladen verkauft.

59. Lubow 1 Meile von Bublitz nordnordostwärts, auf einem Berge, hat 1 Vorwerk, 6 Bauern, 2 Coßäthen, 1 Schulmeister, 10 Feuerstellen, Holzung, Fischerey in 3 kleinen Seen und ist zu Curow in der Bublitzschen Synode eingepfarret. Lubow war ehemals ein Lehn der von Knuth und wurde nachher dem Anton von Natzmer und seinem Bruder als ein neues Lehn gegeben. Nach dem Tode des Generalfeldmarschalls Dubislav Gneomar von Natzmer kam es an den Dubislav von Natzmer, deßen einziger Sohn, Carl Friedrich von Natzmer, Ritter des St. Johanniterordens, dieses Gut erbte und die Allodification deßelben erhielt.

60. Lübchow ½ Meile von Cößlin nordwestwärts und 2½ Meilen von Colberg südostwärts, an der linken Seite der Persante, welche gegen Norden die Gränze der Feldmark dieses Dorfs bestimmt, hat 1 Vorwerk, 1 Schäferey, auf der Feldmark des Dorfs eine Wassermühle und Kuhpächterey, 8 Bauern, 2 Coßäthen, 1 Halbbauer, 1 Schulmeister, 31 Feuerstellen, mittelmäßige Holzungen und war ehemals zu Claptow in der Cößlinschen Synode eingepfarret, hat aber seit 1707 eine Kapelle, in welcher der Prediger zu Claptow den Gottesdienst besorget. Das Dorf Lübchow, deßen Acker mit Mergel vortheilhaft gedünget wird, war ehemals ein altes Ramelsches Lehn. Der Lieutenant Joachim Christoph von Ramel verkaufte es, nach dem Vergleiche vom 23 September 1737, dem Hofrathe und nachmaligen Regierungsrathe, Samuel Gottlieb Löper, welcher am 23 October 1747 einen zu diesem Gute gehörigen Bauerhof in Claptow an Ernst Bogislav von Bonin für einen von demselben in Lübchow bisher besessenen Bauerhof vertauschte, und nachdem dieses Gut durch das Rescript vom 6 May 1747 gegen Erlegung des erhöheten Lehnskanons war allodificiret worden, den am 9 December 1748 ausgefertigten Allodialbrief erhielt. Nach seinem in dem Jahre 1778 erfolgten Tode fiel dieses Gut, nach dem von ihm errichteten Erbrecesse vom 6 May 1773, seiner Wittwe Sophia Louisa gebohrnen Ludeloff zu.

61. Lustebuhr, ein Rittersitz, 2 Meilen von Colberg südostwärts und 1 Meile von Cößlin nordwestwärts, hat außer einer Schäferey in dem Dorfe noch eine Verwalterey bey der Fähre, 1 Wassermühle, die Hopfermühle genannt, 5 Bauern, 14 Feuerstellen,

Die adelichen Güter des Fürstenthums Cammin.

stellen, fruchtbaren Acker, nach dem Kaufbriefe vom 16 December 1748, Holz und Mastungen, Jagden, Fischerey in der Persante, in einem Bache und in Teichen, die Brau und Brandweinbrennereygerechtigkeit, das Recht des Mitpatronats zu Claptow, wo die Herrschaft dieses Guts auch ihr eigenes Erbbegräbniß besitzet und ist zu Zwielipp in der Colbergschen Synode eingepfarret. Erdmann Christian von Ramel erbte dieses alte Ramelsche Lehn von seinem Vater Peter Christian und verkaufte es, nach dem Vergleiche vom 16 December 1748, mit Einwilligung seiner Gemahlinn Barbara Elisabeth gebohrnen von Flemming erblich mit dem Lehn dem geheimen Justizrathe Ludewig Heinrich von Broich, dessen nachgelaßene Schwester, Carolina Isabella von Broich, verwittwete von Eichmann, es jetzt besitzet.

62. **Malnow**, ¼ Meile von Cörlin westsüdwestwärts und 2¾ Meilen von Colberg südostwärts, auf der großen Landstraße von Cörlin über Regenwalde nach Stargard, hat 1 Vorwerk, eine auf der Feldmark des Dorfs zwischen Malnow und Schwartow gelegene Kuhpächteren Höfchen genannt, 1 Wassermühle, 4 Bauern, 1 Krug, 1 Schulhaus, 11 Feuerstellen und ist zu Carvin in der Cörlinschen Synode eingepfarret. Außer der auf dem Schwartowschen Felde an der Malnowschen Kruglampswiese gelegenen und, nach dem Vergleiche vom 26 September 1736, gekauften Holzcavel, gehören noch zu diesem Gute die 3 auf dem Schwartowschen Felde gelegenen Holzcaveln, die an Malnow gränzen und ehemals zu dem Gute Gamzow gehörten. Christoph Friederich von Podewils kaufte solche, nach dem Vergleiche vom 3 August 1726, auf 24 Jahre wiederkäuflich von Hans Balthasar von Walter zu Ganzkow. Da aber die Einlösung derselben nicht erfolgt war und der geheime Finanzrath von Gerlach solche hatte in Anspruch nehmen wollen, wurde er damit durch die Rechtssprüche vom 15 Junius 1768, 14 October 1768 und 21 April 1769 abgewiesen. Das Gut Malnow ist ein altes Podewilssches Lehn, welches nach dem Tode des Christoph Friederich von Podewils an seinen einzigen Sohn, den Hauptmann Adam Christoph Friederich von Podewils kam.

63. **Manow** ein Rittersitz 1 Meile von Cöslin südostwärts, auf der Post- und Landstraße von Cöslin nach Bublitz und Neu-Stettin, hat 1 Vorwerk, 1 Schäferen, 1 Wassermühle, 1 Prediger, 1 Küster, 4 Cossäthen, 1 Krug, 1 Schmiede, 23 Feuerstellen, eine zu der Cöslinschen Synode gehörige Mutterkirche, deren Filiale die Dörfer Seidel und Bonin sind und zu welcher das Dorf Zewelin eingepfarret ist, Fischerey in dem Manowschen See, in dem nach Wisbuhr zu gelegenen Achter- oder Hintersee, worinn das Recht der Fischerey so wohl der Manowschen als Wisbuhrschen Herrschaft zustehet und in dem See Cölpin, der auf dem Rosnowschen Felde liegt, aber zu dem Gute Manow gehöret, vortreffliche Holzungen und Wiesen und war ehemals ein Lehn der von Manow. Die alten Glasenappschen Lehne Grünhof, Rosnow, Manow, 12 Bauern in Zewelin, ein Theil von Seidel und Viverow (b) wurden unter die Gebrüder George Caspar und den Rittmeister Peter von Glasenapp, nach dem Testamente ihres Vaters vom 22 Julius 1724, also getheilet, daß Grünhof und Rosnow dem ersten, Manow, 12 Bauern in Zewelin, ein Theil von Seidel und Viverow (b) aber dem andern zufielen, welcher nicht nur mit seinen Brüdern George Caspar

[Eeee 3] par

Das Fürstenthum Cammin.

par und Joachim von Glasenapp einen andern Theil des Guts Selbel, so ehemals ein altes Glasenappsches Lehn war, nachher aber an die von Schwerin verkauft wurde, nach dem Vergleiche vom 22 Julius 1739, von dem Hauptmann Felix Bogislav von Schwerin, und für sich die Güter Grünhof und Rosnow, nach dem Vergleiche vom 21 September 1748, von seinem Bruder George Caspar von Glasenapp erblich kaufte, sondern auch 2 Bauerhöfe in Jewelin, welche Münchowsche Lehne sind, pfandweise an sich brachte und bey seinem Leben die Güter Grünhof, Rosnow, Manow, ganz Zewelin, ganz Selbel und Viverow (h) am 26 Februar 1765 seinem einzigen Sohne Otto Casimir von Glasenapp abtrat, nach dessen Tode solche nach dem Auseinandersetzungsvergleiche vom 27 — 29 April 1780, zwischen seiner Wittwe, Margaretha Clara Wilhelmina gebohrnen von Glasenapp und ihren 3 Kindern, seinem unmündigen Sohne Paul Friederich August von Glasenapp, mit der am 9 September 1780 ertheilten Genehmigung des Königl. Vormundschaftscollegium zu Cößlin, überlaßen wurden.

64. Marrin 1 Meile von Cörlin gegen Norden und 2½ Meilen von Colberg ostsüdostwärts, in der Mitte auf der Nebenstraße von Cößlin über Bißicker, Crajig, Marrin, Fritzow und Degow nach Colberg, hat in dem Dorfe zwey Vorwerke und noch ein auf der Feldmark gelegenes Vorwerk Ruhbaßen genannt, 1 Wassermühle, 1 Windmühle, 1 Prediger, 1 Küster, 11 Bauern, 4 Coßäthen, 1 Krug, 1 Schmiede, 37 alte Feuerstellen und eine zu der Cörlinschen Synode gehörige Mutterkirche, zu welcher die Dörfer Dassow, Puzernin, Zürkow, Schöjow und Warnin eingepfarret sind. Nach einer Urkunde von 1278 ertheilte der Bischof von Cammin, Herrmann, den Klosterjungfern zu Colberg das Patronatrecht über die Kirche zu Marrin, welches nach der Marrinschen Kirchenmatricul von 1562 und der Visitation von 1607 dem Bischofe von Cammin gehörte, jetzt aber dem Könige zustehet. Mit dem Marrinschen Kirchspiel ist auch seit 1741 das Dorf Parsow, welches ehemals zu Crajig eingepfarret war und nachher eine Kirche, auch einen eigenen Prediger erhielt, imgleichen das ehemals schon zu Marrin eingepfarret gewesene und hienächst zu der Parsowschen Kirche gelegte Dorf Schwemmin dadurch verbunden worden, daß der Marrinsche Prediger diese kleine Parsowsche Pfarre jetzt zugleich mit versiehet. In dem Dorfe Marrin befindet sich das so genannte Kaspel oder Kuhgericht, welches ordentlich aus 14 Personen bestehet, die theils Schulzen, theils Kirchenvorsteher in den Dörfern Marrin, Dassow, Zürkow, Schöjow, Warnin und Schwemmin sind, und insonderheit die wegen Versäumung oder Verwahrlosung des Viehes entstandenen Streitigkeiten entscheidet. Wenn eine Streitsache von dieser Art vorfällt, wird solche, wenn es Unterthanen betrifft, von den Herrschaften auswärtiger Oerter schriftlich, wenn es aber freye Leute sind, mündlich von den Partheyen dem Marrinschen Schulzen angezeiget. Dieser meldet es dem Prediger, welcher als beständiger Secretarius dieses Gerichts, von der Kanzel den zur Abmachung der Streitsache bestimmten Sonntag bekannt macht. An solchem finden sich die Gerichtspersonen und streitende Partheyen nach geendigtem Gottesdienste im Thurm ein, worauf nach gepflogener Berathschlagung das Urtheil so gleich eröffnet wird, welches der Schulze schriftlich abfaßet und es den Partheyen einhändiget. Die Kirche erhält dafür 2 Gr., der Prediger für die Bekanntmachung
von

Die adelichen Güter des Fürstenthums Cammin.   575

von der Kanzel 2 Gr. und die sämtlichen Gerichtspersonen zusammen 12 Gr., so sie unter sich theilen. Dieses Gericht hat sich bisher in solchem Ansehen erhalten, daß ein jeder stets mit dessen Ausspruche zufrieden gewesen ist. Die Aecker des Dorfs Marrin, worinn sich 2 große mit einander verbundene Teiche mit wohlschmeckenden Karauschen befinden, sind durch den bey dem Gute Pujernin befindlichen vortreflichen Conchylienmergel überaus verbeßert worden. Vornehmlich hat der Werth des Guts Marrin seit 1774 dadurch einen beträchtlichen Zuwachs erhalten, daß für 11600 Rthlr. königliche Gnadengelder in dem Dorfe 6 Büdnerfamilien hinzugekommen, das Vorwerk Kuhhagen erweitert und 2 Vollbauern, 4 Coßäthen und 2 Büdnerfamilien dabey angesetzet; ein neues Vorwerk oder Hammelschäferey, Rivolsdorf genannt, auf der Landstraße nach Bublitz über Massow, angeleget und dabey 2 Coßäthen und 6 Büdnerfamilien, auch in dem Jahre 1780 abermahls 6 Büdnerfamilien, in dem Dorfe Marrin angesetzet worden sind, wodurch bis jetzt die Zahl der Feuerstellen zu 66 angewachsen ist. Für diese Verbeßerungen, welche, mit Ausschließung der letzten 6 Büdnerfamilien, nach den gewachten Anschlägen jährlich 643 Rthlr. 21 Gr. 7 Pf. einbringen sollen, muß jährlich eine zur Besoldung einiger Landschulmeister bestimmte Abgabe von 232 Rthlr. von diesem Gute, bezahlet werden. Es ist daßelbe ein Münchowsches Lehn. Alexander Philipp von Münchow verkaufte die eine Hälfte deßelben am 20 September 1710 und hienächst, nach dem Vergleiche vom 10 November 1734 wiederkäuflich den Erben des Consistorialraths Liebeherr, von welchen solche der Hauptmann Albrecht Friederich von Münchow, und von dessen Tochter der Cammerherr Alexander Wilhelm von Münchow zu Zerrehne einlösete. Dieser verkaufte diese Hälfte des Guts, nach dem Vergleiche vom 31 März 1769, erb- und eigenthümlich dem Heinrich von Braunschweig, dessen Wittwe, Johanna Regina gebohrne Kakopp, jetzt verehelichte Justizräthin Wißmann, nicht nur diese Hälfte bekam, sondern auch schon vorher die andre Hälfte dieses Guts, nach dem Tode ihres Vaters, des Kaufmanns, Daniel Kakopp, geerbet hatte, welcher solche, nach dem Vergleiche vom 2 October 1732 wiederkäuflich auf 21 Jahre von dem Hauptmann Christian Dettlof von Münchow kaufte. Nachdem die Justizräthin Wißmann auch das Gut Pujernin, welches mit dem dazu gehörigen Gute Zürckow (b) ehemals ein Beneficium des Domcapituls zu Colberg war, nachher aber ein Damitzsches Lehn wurde, und endlich als ein neues Lehn an den Generalmajor Hans Friederich von Platen gekommen und dessen ältesten Sohne, dem Generallieutenant Dubislav Friederich von Platen zugefallen war, von demselben, nach dem Vergleiche vom 16 August 1773, unwiderruflich gekauft hatte, setzte sie sich am 5 Januar 1781 und, nach dem Vergleiche vom 10 Januar 1781, mit ihrem Ehemann, dem Justizrathe, August Friederich Hermann Wißmann dergestallt auseinander, daß dieser das Gut Marrin bekam, sie aber das Gut Pujernin und Zürckow (b) für sich und ihre Kinder erster Ehe, George Ferdinand und Susanna Elisabeth von Braunschweig unter gewißen Bedingungen, als dem freyen Genießbrauche dieser Güter für sich und ihren Ehemann auf Lebenszeit u. s. w. behielt.

65. Mechentin 1¾ Meilen von Colberg südostwärts, nahe an der Persante, in einem Thale, hat adelichen Antheils 2 Vorwerke, der Ober- und Niederhof genannt, 1 Wassermühle, 2 Bauern, 3 Coßäthen, 16 Feuerstellen, 2⅔ steuerbare Landhufen, frucht-

fruchtbaren Acker, hinreichenden Kalk zur Düngung desselben, gute Wiesen, ist zu Degow in der Colbergschen Synode eingepfarret und ist jetzt ein aus 2 Antheilen bestehendes altes Lehn der von Parleben. Nach dem Tode des Joachim Christoph von Parleben kam es an seine Söhne, von welchen, nach den brüderlichen Theilungen vom 16 August 1714 und 11 Julius 1720, Peter Heinrich den Oberhof oder Mechentin (a) und Henning Christian den Niederhof oder Mechentin (b) bekam. Der letzte hinterließ Mechentin (b) seinem einzigen Sohne Carl Friederich, dessen Vaterbruder, Peter Heinrich, es 1743 erbte. Nachdem dieser gestorben war, verglichen sich seine Söhne am 22 December 1755 also, daß Mechentin (a) dem ältesten Sohne, dem Major Hans Christian, und Mechentin (b) dem 2ten Sohne, dem Rittmeister Carl Heinrich von Parleben zufielen. Mechentin (a) gerieth in Concurs und wurde am 10 December 1773 dem Ernst Wilhelm von Schöning zugeschlagen, der es am 3 August 1775 dem geheimen Oberfinanz- Krieges- und Domainenrathe, Friederich Wilhelm von Gerlach abtrat, dessen Erben es jetzt besitzen. Zwey Bauern in Mechentin gehören dem Domcapitul zu Colberg. S. Mechentin unter den Dörfern des Domcapituls Colberg.

66. Mersin ein Rittersitz, 1 Meile von Cößlin gegen Süden, an einem Bache, die Redesch genannt, in einer ebenen Gegend, hat 1 Vorwerk, 1 Wassermühle, die außer dem Dorfe liegt, 14 Bauern, 1 Halbbauer, 1 Schulmeister, 22 Feuerstellen, das Recht des Mitpatronats an der Schweßinschen Kirche, Fichtenholzung wie auch Torf, Fischerey in der Redesch und ist zu Schweßin in der Cößlinschen Synode eingepfarret. Bey dem Gute Mersin sind seit dem Jahre 1773 für 4700 königliche Gnadengelder verschiedene Verbesserungen vorgenommen worden, wovon die Einkünfte nach dem Anschlage jährlich 331 Rthlr. betragen sollen; es muß aber dagegen eine zur Besoldung einiger Landschulmeister bestimmte jährliche Abgabe von 94 Rthlr. von dem Besitzer dieses Guts bezahlet werden. Es ist dasselbe ein altes Münchowisches Lehn, welches der Major Bogislav Gabriel von Schweder besitzet. S. Groß-Carzenburg.

67. Groß-Möllen ein Rittersitz, 1 Meile von Cößlin nordwestwärts, stößet gegen Norden an die Ostsee und lieget ziemlich niedrig an einer so genannten Gras- und Rohrkoppel, woraus ein kleiner Bach in den Jamundschen See fließet, der aber nach Westen zu der Möllensche See heißet und sich durch Gränzpfäle von jenem unterscheidet. Das Dorf hat, mit Ausschließung eines zu dem königlichen Amte Casimirsburg gehörigen Bauern, 1 Vorwerk, 1 Prediger, 1 Küster, 5 Bauern, 1 Predigerbauer, 6 Coßäthen, 1 Predigerwittwenhaus, einen auf der Feldmark des Dorfs gelegenen Fischerkathen, Hatten genannt, einen Coßäthen in der Baunow, 23 Feuerstellen, eine unter dem Patronate des Königes und des Besitzers des adelichen Antheils an diesem Dorfe stehende und zu der Cößlinschen Synode gehörige Mutterkirche, zu welcher die Dörfer Klein-Möllen, Klein-Streitz und Nest eingepfarret sind, fruchtbaren Acker, wenige Holzung und Fischerey in dem Möllenschen See. Nicht weit von der Groß-Möllenschen Kirche befand sich ehemals die Fischerlage Witte, die aber, nachdem sie wegen der öftern Ueberschwemmungen abgebrochen und auf dem Klein-Möllenschen Felde bey Bauerhufe erbauet worden ist, Röder genannt wird. Die Einwohner die-

Die adelichen Güter des Fürstenthums Cammin.

ser Fischerlage bezahlen der Herrschaft zu Groß-Möllen eine gewisse Dorfschpacht und leisten auch in der Erndte einige Tage Dienste. Groß-Möllen ist ein Stammhaus der von Damitz, welches Hermann von Damitz 1333 von Henning Schlieff kaufte. Paul Joachim von Damitz trat die alten Damitzschen Lehne Groß- und Klein-Möllen dem Major George Heinrich von Damitz, als dem Lehnsfolger ab, welcher auch die alten Damitzschen Lehne Dumzin, Klein-Jestin, Funkenhagen, Bornhagen, Parpart (b) und Kiepersdorf (a) besaß und nach seinem 1753 erfolgten Tode diese sämtlichen Güter seinen Söhnen Samuel Friederich Heinrich, George Siegmund Bogislav und Paul Wilhelm Caspar von Damitz hinterließ. Nachdem die beiden letzten gestorben waren, fielen diese Güter dem ersten, dem Ritter Samuel Friederich Heinrich von Damitz zu und wurden nach dessen Tode dem Rittmeister Ewald Christian von Damitz zuerkannt, welcher auch nach dem Tode des Hauptmanns George Heinrich von Damitz das alte Damitzsche Lehn Kaltenhagen (a) als der einzige Lehnsfolger bekam. Die Güter Funkenhagen, Bornhagen, Parpart (b) und Kiepersdorf (a) geriethen in Concurs und wurden, nachdem sie am 10 April 1776 für das meiste Gebot dem Obersten und Commandeur des von Bitterbeckschen Regiments und jetzigen Generalmajor, Peter Christoph von Zitzwitz waren zuerkant worden, in dem Jahre 1777 allodificiret, die sämtlichen übrigen vorhin genannten Güter aber werden jetzt von den Gläubigern des Rittmeisters von Damitz besessen. S. Groß-Möllen in dem Königl. Amte Casimirsburg.

68. **Klein-Möllen** 1½ Meilen von Cößlin nordwestwärts, stößet gegen Norden an die Ostsee und lieget an dem so genannten Strandbruche, welches zu einer Wiese ist gemacht worden und sich bis an das Dorf Bauerhufen erstrecket. Das Dorf hat adelichen Antheils, außer einem Vorwerke in dem Dorfe, noch ein kleines auf der Feldmark gelegenes Vorwerk Barning genannt, 9 Bauern, 4 Coßäthen, 1 Schulmeister, 20 Feuerstellen, mittelmäßigen Acker, ein großes Torfmoor, welches vielen Dorfschaften wegen des Holzmangels zu Statten kommt, und ist ein zu Groß-Möllen in der Cößlinschen Synode eingepfarrtes altes Damitzsches Lehn, welches jetzt die Gläubiger des Rittmeisters von Damitz besitzen. S. Groß-Möllen. 4 Bauern in dem Dorfe Klein-Möllen sind königlich. S. Klein-Möllen unter den Dörfern des Königlichen Amts Casimirsburg.

69. **Moizelin** 2 Meilen von Colberg gegen Süden, hat 2 Vorwerke, 2 Coßäthen, 1 Schmiede, 8 Feuerstellen, einige Kaveln Fichtenholz, Fischerey in dem großen Kemitzersee und ist zu Groß-Jestin in der Colbergschen Synode eingepfarret. Herrmann Rhödinger verkaufte Moizelin nach einer Urkunde von 1312 dem Domcapitul zu Colberg, mit welchem Stephan von Karkow 1335 einen Vergleich schloß, daß er künftig sein Gut Moizelin zu einem ordentlichen Lehn von dem Capitul und dem Probste zu Colberg nehmen und zur Recognition der Subjection jährlich 38 Mark Slavischer Münze auf Martini erlegen wolle. Jetzt ist es ein altes Blankenburgsches Lehn. Ein Theil dieses Guts, zu welchem ein Rittergut mit einem Bauer und 2 ganzen und einem halben Coßäthen in Moizelin, ein Bauer in Moltow, einige Holzcaveln in der Kemitz und auf den Groß-Podlotschen und Mozellnschen Feldern, die Fischereygerechtigkeit in dem Kemitzersee und das Patronatrecht zu Groß-Jestin gehör-

gehörten, wurde von den Vormündern des Jähnrichs und nachmaligen Majors Christian Friederich von Blankenburg, nach dem Vergleiche vom 25 May 1718, wiederkäuflich dem Lieutenant Anton Henning von Puttkammer, von diesem am 21 Januar 1722, dem Oberstlieutenant George Heinrich von Blankenburg verkauft und von dessen Lehnsfolgern am 18 März 1737 seiner Wittwe Anna Sophia von Dewitz überlassen, von welcher zwar dieser Theil, nach dem Vergleiche vom 3 April 1751, dem Hauptmann Adam George von Rüchel, nachdem vorher der Major Christian Friederich von Blankenburg durch den Rechtsspruch vom 15 May 1748 mit der Einlösung war präcludiret worden, verkauft, von den Erben der Oberstlieutenant von Blankenburg aber nachher, nach dem Vergleiche vom 31 December 1751, dem Henning Bernd von Blankenburg zu Klein-Pobloth, welcher daran Anspruch gemacht hatte, überlassen. Dieser trat diesen Theil seinem Bruder, dem Hauptmann Dionysius Friederich von Blankenburg ab, welchem auch die Brüder des Oberstlieutenants George Heinrich von Blankenburg, nach dem brüderlichen Vergleiche vom 4 December 1759, ihre Rechte an dem andern Theile dieses Guts, nachdem sie solche wieder den Oberstlieutenant Christian Heinrich von Blankenburg behauptet hatten, abgetreten hatten. Das ganze Gut Moitzelin gerieth hierauf in Concurs und wurde, mit Genehmigung des Königs, von dem Cößlinschen Hofgerichte am 27 Junius 1768 für das meiste Gebot dem Posementier, Franciscus Wolf zu Stettin zuerkannt.

70. Moitzelwitz 2 Meilen von Regenwalde nordostwärts und 3 Meilen von Cörlin südwestwärts, hat 1 Vorwerk, 7 Bauern, 1 Predigerbauer, 1 Halbbauer, 3 Coßäthen, 29 Feuerstellen, eine zu der Cörlinschen Synode gehörige und unter dem Patronate des Besitzers des Guts Moitzelwitz (a) stehende Kirche, die ein Filial von Petershagen ist und Holzungen, die in Eichen, Büchen, Birken und Elsen bestehen. Das Dorf gränzet an das Neumärksche Dorf Schleppig und an das Neumärksche Vorwerk Wierhof und ist ein altes Blankenburgsches Lehn, welches aus 2 Antheilen bestehet. Moitzelwitz (a) besitzen die Erben des Landraths von Blankenburg zu Schleppig. Moitzelwitz (b), oder 3 Bauern und 1 Coßäthen in Mohzelwitz gehören dem Pastor Ludewig von Blankenburg. S. Petershagen.

71. Moltow ein adelicher Wohnsitz, 1½ Meilen von Colberg gegen Süden, hat 1 Vorwerk, 5 Bauern, 1 Coßäthen, 9 Feuerstellen, wenige Holzung und Fischerey und ist zu Groß-Jestin in der Colbergschen Synode eingepfarret. Bey dem Gute Moltow, welchem durch die neuerlich entdeckte Kalk- und Mergelerde ein großer Vortheil zugewachsen ist, sind seit 1776 für 2900 Rthlr. königliche Gnadengelder verschiedene Verbesserungen vorgenommen worden, wovon die jährlichen Einkünfte nach dem Anschlage 167 Rthlr. 21 Gr. 3 Pf. betragen sollen; es muß aber dagegen eine zu Gnadengehalten für adeliche Wittwen und Waisen bestimmte jährliche Abgabe von 58 Rthlr. von dem Besitzer dieses Guts bezahlet werden. Es ist ein Blankenburgsches Lehn und kam von Bernd von Blankenburg an seinen Sohn Curt Christoph, dessen Brüder, der Hauptmann Dionysius Friederich und Henning Bernd von Blankenburg sich am 14 December 1748 also verglichen, daß der erste dem letzten dieses Gut abtrat. Nachdem es in Concurs gerathen war, wurde es 1766 für das meiste

Die adelichen Güter des Fürstenthums Cammin.

meiste Gebot dem Hauptmann Johann Caspar von Briesen zuerkannt und von demselben, nach dem Vergleiche vom 10 Junius 1774, dem Lieutenant Joachim Friederich Bogislav von Bonin verkauft.

72. **Mühlenkamp** ein Rittersitz und Vorwerk mit 4 Coßäthen, 1 Schmiede, 1 Holzwärterkathen und guten Holzungen, lieget 1 Meile von Bublitz ostnordostwärts, an einem fischreichen Bache, welcher gute Wiesen macht und ist zu Drawehn in der Bublitzschen Synode eingepfarret. Bey Mühlenkamp ist auf einem abhängigen Berge eine alte mit starken von Feldsteinen aufgeführten Wällen und mit tiefen Graben versehene große Schanze, welche das Schlößchen heißt und ehemals zur Bedeckung des Weges gegen die feindlichen Anfälle der Polen gedienet hat. Mühlenkamp ist ein altes Lettowsches Lehn, welches der Lieutenant Christian von Lettow besitzet. S. Klein-Carzenburg (b).

73. **Nadebahr** ein ritterfreyes Vorwerk, 2½ Meilen von Bublitz gegen Norden, ist ein zu Carzin in der Bublitzschen Synode eingepfarrtes Ramelsches Lehn, welches ehemals zu dem Gute Reckow gehörte, jetzt aber von dem Major Bogislav Lorenz von Lettow besessen wird. S. Natzlaff unter den adelichen Gütern des Schlawischen Kreises.

74. **Nassow** 1¼ Meilen von Cöslin südwestwärts und eben so weit von Cörlin nordostwärts, an der Radüe, welche durch dieses Dorf fließet und hier mit einer Brücke versehen ist, auf der Poststraße von Cörlin nach Cöslin, hat 2 Vorwerke, 4 Bauern, 2 Coßäthen, 1 Krug, 1 Schmiede, 23 Feuerstellen, gute Eichen- und Fichtenholzungen, Fischerey in der Radüe, die Brückenzollgerechtigkeit nach dem Rechtsspruche der Königl. Regierung vom 19 November 1755, jedoch mit der Einschränkung, daß nach den Rechtssprüchen der Königl. Regierung vom 17 Junius 1754 und 24 Januar 1755 die Pächter und Bauern des Königl. Amts Bublitz, wenn sie von dem Beamten und nach dem weitern Bescheide der Königl. Regierung vom 23 October 1754 von den vereideten Schulzen mit Freypäßen gehörig versehen sind, von der Erlegung des Brückenzolls befreyet seyn sollen, und ist ein zu Crazig in der Cößlinschen Synode eingepfarrtes Dorf, welches mit dem ehemaligen hiesigen Schloße und den Dörfern Bitzicker, Crazig und einigen andern Oertern von Henning Kranzspar dem Bischofe von Cammin, Philipp Zumbach von Rehberg, verkauft wurde, jetzt aber ein altes Münchowsches Lehn ist und aus 2 Antheilen bestehet. Nassow (a) bestehet in einem Vorwerke nebst 4 Bauern, dem Kruge und der Schmiede. Der Rittmeister Bogislav Joachim von Münchow, ein Sohn des Thomas und Enkel des Carsten von Münchow, bekam die alten Münchowschen Lehne Nassow (a) und Leickow, nach dem mit seinem Bruder Daniel Wenz am 5 May 1657 geschloßenen Theilungsvergleiche, und hinterließ sie seinem Sohne Christian Henning, nach dessen Tode solche an dessen einzigen Sohn Bogislav Henning, und nachdem auch dieser gestorben war, an die Lehnsfolger Christian Erich, Friederich Wilhelm und Felix Adrian von Münchow kamen. Diese verglichen sich am 24 März 1740 also, daß diese Güter dem Christian Erich von Münchow zufielen, welcher auch das alte Münchowsche Lehn Curzewanz (b)

[Dddd 2] nach

nach dem Vergleiche vom 21 Februar 1735 mit dem Lehnrechte von dem Lieutenant Christian Henning von Münchow zu Nassow gekauft hatte, und die Güter Nassow (a), Leikow und Cursewanz (b) seiner Wittwe, Elisabeth Louisa gebohrnen von Steinkeller, hinterließ, die solche mit dem Vormunde ihrer Kinder, nach dem Vergleiche vom 20 März 1755, auf 30 Jahre wiederkäuflich der Oberstlieutenant Dorothea Augusta von Lettow gebohrnen von Kleist verkaufte. Nassow (b) bestehet in einem Rittersitze und Vorwerke nebst 2 Coßäthen und ist zu ⅔ an der bey der Königl. Regierung erstrittenen Zollgerechtigkeit von der Nassowschen Brücke, zu deren Erhaltung Nassow (a) ⅔, Nassow (b) aber ⅓ beytragen muß, berechtiget. Die alten Münchowschen Lehne Nassow (b), Gülz (a) und ein Theil des im Neu Stettinschen Kreise gelegenen Guts Balin kamen von Ewald von Münchow an seinen Sohn, den Lieutenant Rüdiger Andreas von Münchow, und fielen nach dessen Tode seinem Bruder George Friederich von Münchow zu, welcher die Wittwe des Lieutenant Rüdiger Andreas von Münchow, Charlotta Eleonora gebohrne von Heydebreck, nach dem Vergleiche vom 27 May 1750 abfand. Nach dem Tode des George Friederich von Münchow nahm Friederich Wilhelm von Münchow zu Lazig diese Güter, nachdem er am 12 November 1764 und 9 März 1767 zur Einlösung derselben war verstattet worden, in Besitz und verkaufte sie, nach dem Vergleiche vom 10 November 1770, erblich seinem Sohne, dem Oberstlieutenant Bernhard Friederich von Münchow, der den oben erwähnten Theil des Guts Balin 1777 dem Cammerherren von Zastrow in Cölpin, Nassow (b) und Gülz (a) aber 1779 dem Rittmeister George Christoph von Heydebreck verkaufte.

75. Naugard 1 Meile von Colberg südwestwärts, hat 1 Vorwerk, 2 Bauern, 1 Coßäthen, 8 Feuerstellen, drey in dem Popiel gelegene Holzcaveln, welche Ernst Ludewig von Güldenklee, nach dem Vergleiche vom 6 März 1711, von Jakob George von Damitz und dessen Gemahlin, Maria Elisabeth von Borck für 200 Gulden kaufte und ist zu Zarben in der Treptowschen Synode eingepfarret. Dieses ehemalige Lehn der von Güldenklee wurde, nach dem am 1 April 1741 erfolgten Tode des Ernst Ludewig von Güldenklee, als des letzten seines Geschlechts, dem Hauptmann Otto Ernst von Korff zu einem Lehn ertheilet und von demselben, nachdem es am 29 September 1742 war allodificiret worden, mit dem Gute Papenhagen, nach dem Vergleiche vom 17 Januar 1743, der Wittwe des Ernst Ludewig von Güldenklee, Barbara Hedwig gebohrnen von Damitz verkauft, nach dessen Tode diese Güter, nach ihrem Testamente und der Disposition vom 4 Februar 1743 und 22 December 1744, den Enkeln ihrer Schwester, den 3 Kindern des Obersten Christoph Claus von Schmeling, als Friederich, Wilhelm und dessen 2 Schwestern zufielen, von welchen dieselben durch ihre Mutter Dorothea Elisabeth von Wussen und ihre Vormünder am 29 August 1749 ihrem Vaterbruder, dem Major und nachmaligen Obersten Casimir Ernst von Schmeling verkauft wurden. Von diesem kaufte der Oberstlieutenant Franz Bernhard von Blumenthal, nach dem Vergleiche vom 26 März 1764, das Gut Naugard, welches bey der öffentlichen Feilbietung desselben vor dem Königl. Hofgerichte zu Cößlin am 3 November 1775 dem Hauptmann Carl Alexander von Schmeling zuerkannt wurde.

76. Nedlin 1½ Meilen von Cößlin gegen Süden, an der Radüe und auf der Straße

Die adelichen Güter des Fürstenthums Cammin.

Straße von Polzin nach Cößlin, hat 2 Vorwerke, 1 Wassermühle, 4 Bauern, 1 Coßäthen, 1 Krug, 11 Feuerstellen, Holzung, Fischerey in der Radüe und ist ein zu Seeger in der Cößlinschen Synode eingepfarrtes Dorf und altes Münchowsches Lehn, welches der Ritterschaftsrath Otto Lorenz von Münchow besitzet. S. Barzelin.

77. Nessin 1½ Meilen von Colberg südwestwärts, auf der Landstraße von Treptow nach Cörlin, wie auch von Regenwalde nach Colberg, hat 2 Vorwerke, 1 Wassermühle, welche nebst dem so genannten Sandkruge etwa 300 Schritte von dem Dorfe liegt, 6 Bauern, 1 Schmiede, 15 Feuerstellen, eine zu der Colbergschen Synode gehörige Kirche, die ein Filial von Simoitzel ist, Holzungen und Fischerey. Der Bischof Hermann verkaufte 1269 für 70 Mark Denarien dem Abte und Convent zu Dargun das Dorf Nessin, welches jetzt ein altes Manteufelsches Lehn ist. Nachdem der Würtembergsche Oberhofmarschall Christoph von Manteufel und dessen Gemahlinn Benigna Salome gebohrne von Daulingen gestorben waren und des erstern Schwester Diona Cäcilia von Manteufel vermählten von Wachholz älteste Tochter, welche mit dem Rittmeister von Wurmsen zu Strasburg vermählet wurde, sich daselbst der ganzen Allodialerbschaft angemaßet und ihren Geschwistern Jakob und Agnesa Diona von Wachholz nichts davon hatte zukommen laßen, verglichen sich die beiden letzten in Ansehung des Guts Nessin also, daß ⅔ desselben oder Neßin (b) dem Jakob von Wachholz und ⅓ oder Nessin (a) seiner Schwester Agnesa Diona, einer Gemahlinn des Jakob Joachim von Wachholz zufielen. Diese verkaufte Nessin (a), nach dem Vergleiche vom 11 September 1733, dem George Friederich von Wachholz, dessen ältester Sohn, der Lieutenant Ewald Christoph es, nach dem Theilungsvergleiche vom 18 Februar 1749, bekam. Nachdem es in Concurs gerathen war, wurde es am 24 Junius 1768 für das meiste Gebot dem Heinrich von Braunschweig zuerkannt, dessen Wittwe Juliana Regina gebohrne Kakopp, welche jetzt mit dem Justizrathe Wißmann verehlicht ist, es nach dem Vergleiche vom 29 September 1773, ihrer Schwester, der verwittweten Landräthin Meyer, gebohrnen Kakopp verkaufte. Neßin (b) kam von Jacob von Wachholz an seinen Sohn Joachim Friederich und nach dessen und seines Bruders, des Cammerherren George Christoph Tode, an ihren Bruder den Hauptmann Ewald Jakob; von welchem es sein mittlerer Sohn, der Lieutenant Jakob Ewald erbte und es seinen Söhnen, George Wilhelm und dem Lieutenant Ewald Christoph hinterließ, der sich nach dem Tode des ersten am 6 Januar 1775 mit seinen 3 Schwestern, als der Predigern Köhn Eleonora, der vermählten von Steinwehr Dorothea Hedwig Henrietta und der Fräulein Carolina Wilhelmina von Wachholz also auseinander setzte, daß ihm dieses und die übrigen väterlichen Güter zufielen.

78. Neuenhagen 1 Meile von Cößlin nordwestwärts, nahe bey dem Dorfe Groß-Streitz, in einer niedrigen und ebenen Gegend, hat außer einem Vorwerke in dem Dorfe noch ein auf der Feldmark desselben gelegenes Vorwerk, die Barning genannt; 5 Bauern, 2 Coßäthen, 20 Feuerstellen, fruchtbaren Acker, gute Wiesen und ist zu Groß-Streitz in der Cößlinschen Synode eingepfarret. Mit den Dörfern Neuenhagen und Klein-Streitz wurde der geheime Rath und Eilfttkämser Andreas von Bulgrin, von dem Herzoge und Bischofe von Cammin, Ulrich, belehnet. Nachdem

der letzte des Bulgrinschen Geschlechts, Andreas Franciscus von Bulgrin am 31 December 1658 gestorben war, wurde Neuenhagen ein Schmelingsches Lehn, welches jetzt aus 2 Antheilen bestehet. Neuenhagen (a) bestehet in einem Rittersitze und Vorwerke nebst dem Vorwerke Barning, 3 Bauern und 2 Cössäthen und wurde mit seinen Zubehörungen, als Groß-Streitz (b), 2 Höfen in Kotlow und einem Theil in Jüdenhagen, die Barning genannt, von dem Landrathe von Schmeling mit lehnherrlicher Einwilligung vom 26 Julius 1721 auf 30 Jahre wiederkäuflich dem Hauptmann Gerd Heinrich von der Golz und von diesem dem Geheimenrathe Christoph Herrmann von Schweder verkauft, dessen nachgelaßener Sohn, Philipp Ernst dieses Gut mit seinen Zubehörungen am 30 März und 10 April 1752 erblich dem Lehnsfolger, dem Obersten Casimir Ernst von Schmeling abtrat. Nach dessen Tode fiel es am 11 August 1769 durch das Loos seinem ältesten Sohne, dem Hauptmann Carl Alexander von Schmeling zu, welcher die 2 Höfe in Kotlow nach dem Vergleiche vom 8 März 1770 dem Lieutenant Adam Henning von Kameke verkaufte. Bey dem Gute Neuenhagen (a) sind seit 1779 für 4358 Rthlr. 10 Gr. 1 Pf. Königliche Gnadengelder verschiedene Verbesserungen vorgenommen worden, wovon die jährlichen Einkünfte nach dem Anschlage 259 Rthlr. 1 Gr. 11 Pf. betragen sollen, dagegen aber eine jährliche Abgabe von 87 Rthlr. 4 Gr. 1 Pf. von dem Besitzer dieses Guts von Trinitatis 1782 an bezahlet werden muß. Neuenhagen (b) bestehet in 2 Bauerhöfen, die der Lieutenant bey dem von Winterfeldschen Regimente, Carl George Ludewig von Schmeling besitzet.

79. Neurese 1½ Meilen von Colberg südsüdwestwärts, hat außer 2 Vorwerken in dem Dorfe noch ein kleines auf der Feldmark gelegenes Vorwerk, welches den Besitzern dieses Guts gemeinschaftlich gehöret, 6 Bauern, 19 Feuerstellen, eine zu der Colbergschen Synode gehörige Kirche, die ein Filial von Simoitzel ist, Holzungen, Fischerey in einem Bache und in Teichen und bestehet aus 2 Antheilen, wovon ein jeder mit einem adelichen Wohnsitze die Hälfte des Dorfs ausmacht. Der Bischof Herrmann verkaufte nach einer Urkunde von 1266 dem Abte zu Dargun das Dorf Neurese, mit welchem der Herzog Casimir 1615 den Jürgen von Froreich belehnte, der es dem Cammerrathe Simon Fischer verkaufte. Jetzt ist es ein Manteufelsches Lehn, welches der Landrath und Hofgerichtsassessor auch Bürgermeister zu Colberg, Ewald Joachim von Eichmann besaß, nachdem er einen Theil desselben, nach dem Vergleiche vom 3 October 1704, erblich von Heinrich Christoph von Manteufel und dessen Gemahlinn Elisabeth Emerentia gebohrnen von Münchow, einen andern Theil, nach dem Vergleiche vom 21 Januar 1707, erblich und mit dem Lehn von Hans Jürgen von Kleist und dessen Gemahlinn Barbara Erdmuth von Parleben und den dritten Theil, nach dem Vergleiche vom 12 März 1712, erblich samt dem Lehnrechte von Joachim Henning von Kleist gekauft hatte. Nach dem Tode des Landraths von Eichmann fiel dieses Gut, nach dem Theilungsvergleiche seiner 4 Söhne vom 8 Junius 1736, dem ältern Sohne, Matthias Friederich von Eichmann zu, welcher aber die eine Hälfte dieses Guts oder Neurese (b), nach dem Vertrage vom 11 November 1754, seinem Bruder, dem Kriegsrathe Immanuel Ernst von Eichmann abtrat und die andre Hälfte oder Neurese (a) behielt. Nachdem Matthias Friederich von Eich-

Eichmann am 4 Februar 1760 gestorben war und eine Wittwe Hedwig Elisabeth gebohrne von Damitz und eine Tochter Sophia Henrietta Hedwig vermählte von Kamecke und jetzige Gemahlinn des Hauptmanns Gustav Immanuel von Drosedow hinterlaßen hatte, verglich sich die Mutter mit der Tochter am 25 März 1760 also, daß die erste der letzten das Gut Neurese (a) überließ. Neurese (b) fiel nach dem Tode des Kriegesraths von Eichmann, welcher keine Kinder hinterlaßen hatte, seiner Wittwe Carolina Isabella gebohrnen von Broich zu.

80. Parnow 1¼ Meilen von Cößlin gegen Westen, in einem Thale und an einem See, welcher von diesem Dorfe den Namen führet und zwischen demselben und dem Dorfe Teßin liegt, hat 3 Vorwerke in dem Dorfe, ein auf der Feldmark deßelben gelegenes Vorwerk, die Waldverwalterey genannt, 1 Wassermühle, die außer dem Dorfe liegt, 7 Bauern, 1 Halbbauer, 4 Coßäthen, 1 Schulmeister, 37 Feuerstellen, eine zu der Cößlinschen Synode gehörige Kirche, die ein Filial von Teßin ist, Holzungen, Fischerey in dem Parnowschen See und ist ein altes Heydebreckisches Lehn, welches aus 5 Antheilen bestehet. Parnow (a) besaß Hans Friederich von Heydebreck und nach ihm sein Sohn Joachim Friederich. Nachdem es von deßen Erben wieder käuflich der Wittwe des Landraths Christian von Heydebreck war verkauft worden, kam es von derselben an den von Wachholz und von diesem an den Lieutenant Daniel Friederich von Kameke, von deßen Erben es Henning Philipp von Heydebreck am 12 November 1714 wieder einlösete und es am 4 May 1747 seinen Gläubigern abtrat. Nachdem die Agnaten des Geschlechts der von Heydebreck waren citiret worden, hatte zwar Christoph Friederich von Heydebreck dieses Gut für den gewürdigten Werth in Besitz genommen, es gerieth aber nachher in Concurs und wurde am 2 März 1764 für das meiste Gebot dem Rußisch-Kaiserlichen Hauptmann Bernhard Theodor von Schatz zugeschlagen. Bey dem Gute Parnow (a) sind in dem Jahre 1773 für 1000 Rthlr. königliche Gnadengelder verschiedene Verbeßerungen vorgenommen worden, wovon die Einkünfte jährlich nach dem Anschlage 40 Rthlr. betragen sollen, es muß aber dagegen eine zur Besoldung einiger Landschulmeister bestimmte jährliche Abgabe von 20 Rthlr. von dem Besitzer dieses Guts bezahlet werden. Parnow (b) erbte Johann Christoph von Heydebreck, nach dem mit seinem Bruder Henning Friederich am 26 Junius 1708 getroffenen Vergleiche und hinterließ es seinem einzigen Sohne, dem Hofgerichtsrathe Otto Christoph von Heydebreck, welcher, nachdem er sich mit seiner Schwester, Charlotta Sophia Helena, einer Gemahlinn des Johann Bernd von Heydebreck, auseinander gesetzet hatte, der Besitzer dieses Guts wurde, das jetzt seinen Erben gehöret. Für die ebenfalls bey Parnow (b) in dem Jahre 1773 für 600 Rthlr. königliche Gnadengelder vorgenommene Verbeßerungen, die nach dem Anschlage jährlich an neuen Einkünften 24 Rthlr. einbringen sollen, haftet auf diesem Gute eine zur Besoldung einiger Landschulmeister bestimmte jährliche Abgabe von 12 Rthlr. Parnow (c) erbte der Major Johann Bernd von Heydebreck von seinem Vater Henning Friederich. Parnow (d) besitzet der Rittmeister George Christoph von Heydebreck. S. Teßin (b). Parnow (e), welches in einem Büdner bestehet, gehöret dem Hauptmann bey dem von Möllendorfschen Regimente, Zabel Heinrich von Kameke.

81. Par-

Das Fürstenthum Cammin.

81. Parpart 2 Meilen von Cößlin westnordwestwärts, an der Ostsee, hat 2 Halbbauern, 2 Coßäthen, 8 Feuerstellen und ist ein zu Goreubohm in der Cößlinschen Synode eingepfarrtes Dorf, welches aus 3 Antheilen bestehet. Parpart (a) ist ein zu dem Gute Schulzenhagen (b) gehöriges altes Damißsches Lehn, welches der Lieutenant Eggerd George von Damiß besitzet. S. Schulzenhagen (b). Parpart (b) ist ein Allodialgut, welches dem Generalmajor Peter Christoph von Zitzwitz gehöret. S. Groß-Möllen. Parpart (c) bestehet in einem zu dem Gute Schulzenhagen (a) gehörigen Coßäthen, welchen der Lieutenant Ewald von Damiß besitzet. S. Schulzenhagen (a).

82. Parsow 1 Meile von Cörlin nordostwärts und 2 Meilen von Cößlin westsüdwestwärts, nicht weit von der Radüe, hat 2 Vorwerke, 11 Coßäthen, 1 Schäferey, 1 Predigercoßäthen, 1 Schmiede, 1 Schulmeister, einen nicht weit von dem Dorfe gelegenen Krug, welcher der Danzkrug genannt wird, 26 Feuerstellen und eine zu der Cörlinschen Synode gehörige Mutterkirche, die ehemals einen eigenen Prediger hatte, seit 1741 aber nebst dem zu derselben eingepfarrten Dorfe Schwemmin mit dem Marrinschen Kirchspiele ist verbunden worden. Bey der Parsowschen Kirche sind 2 Vermächtniße vorhanden, als das eine von 200 Rthlr., wovon der Prediger nach der Matrical von 1623 die jährlichen Zinsen empfängt, und das andre von 100 Rthlr., wovon die jährlichen Zinsen, dem Schulmeister für den freyen Unterricht armer Kinder ausgezahlet werden. Parsow wurde mit einigen andern Dörfern nach einer zu Colberg ausgefertigten Urkunde von 1227 von dem Herzoge Barnim und seiner Mutter Jugert, dem von der Herzoginn Anastasia gestifteten Jungfernkloster zu Treptow an der Rega geschenket. In den folgenden Zeiten wurden die Güter Parsow, Schwemmin und ein Theil in Warnin Parsowsche Lehne, die Jacob von Hendebreck, nachdem das Geschlecht der von Parsow erloschen war, als neue Lehne empfing. Der Landrath Conrad Tessen von Hendebreck erbte einige Theile in Parsow, Schwemmin und Warnin, oder Parsow (a), Schwemmin (a) und einen Theil von Warnin (a) von seinem Vater, dem Landrathe Christian, die andern Theile dieser Güter aber, als Parsow (b), Schwemmin (b) und Warnin (b) als der nächste Lehnsfolger von dem Hauptmann Christian Otto von Heydebreck; und nachdem er einen andern Theil von Warnin (a) am 13 Januar 1721 erblich und mit dem Lehnrechte von dem Staatsminister Ernst Bogislav von Rameke gekauft und solchen von der Pfandinhaberinn Barbara Adelheid von Zitzwitz vermählten von Kleist am 25 Julius 1721 eingelöset hatte, erhielt er durch das Rescript vom 12 März 1744 die Allodification der von ihm nunmehro besessenen ganzen Güter Parsow, Schwemmin und Warnin (a) und (b). Er überließ hierauf, nach dem Vergleiche vom 3 May 1748, Parsow (b), Schwemmin (b) und Warnin (b), außer dem Damkruge und der Schenke, seiner Schwiegermutter, Agnesa Eleonora gebohrnen von Rameke, als der Wittwe des George Andreas von Heydebreck und verkaufte Parsow (a) am 23 Junius 1749 auf 30 Jahre wiederkäuflich seiner Schwester, Anna Maria von Heydebreck, verwittweten Landräthin von Wolde, Warnin (a) aber am 23 Februar 1750 erblich seinem Schwiegersohne, dem Hauptmann Wilhelm Ulrich von Schmiedseck. Nach dem Tode der Wittwe von Rameke kamen Parsow (b), Schwemmin (b) und Warnin (b) an ihre beiden Töchter, Charlotta

Die adelichen Güter des Fürstenthums Cammin.

lotta Eleonora vermählte Kriegesräthin von Hirſch und des Landraths Conrad Teſſen von Heydebreck Wittwe, Louiſa Dorothea gebohrne von Heydebreck, welche dieſe Güter den Söhnen erſter Ehe des Landraths Conrad Teſſen von Heydebreck, als dem Geheimenrathe Ernſt Conrad und dem Rittmeiſter George Chriſtoph von Heydebreck abtraten. Dieſe verglichen ſich am 18 November 1763 wegen dieſer Güter und des von ihrem Vater geerbten Guts Schwemmin (a) alſo, daß der Geheimerath von Heydebreck Schwemmin (a) und (b) oder ganz Schwemmin, der Rittmeiſter von Heydebreck aber Parſow (b) nebſt dem von Schwemmin (a) abgenommenen und zu Parſow (b) gelegten Danzkruge, imgleichen Warnin (b) erhielt. Das ganze Gut Schwemmin wurde hierauf von dem Geheimenrathe von Heydebreck am 15 September 1764 dem Landrathe Hans Joachim von Kleiſt und von dieſem am 17 Januar 1765 erblich dem Geheimen Finanz- Krieges- und Domainenrathe Friederich Wilhelm von Gerlach verkauft, welcher, nach dem Vergleiche vom 20 September 1772, einen bisher zu Parſow (b) gehörig geweſenen Hof in Schwemmin von dem Rittmeiſter George Chriſtoph von Heydebreck erblich kaufte. Dieſer, welchem die Landräthin von Wolde Parſow (a) am 7 Januar 1766 erblich abgetreten hatte und Warnin (a) bey der öffentlichen Feilbietung deſſelben am 28 April 1773 war zuerkannt worden, beſitzet noch jetzt Warnin (a) und (b), verkaufte aber Parſow (a) und (b) oder ganz Parſow nebſt dem Danzkruge, nach dem Vergleiche vom 7 May 1779, erblich dem Geheimen Finanz- Krieges- und Domainenrathe Friederich Wilhelm von Gerlach, nach deſſen 1780 erfolgten Tode, jetzt ſeine Erben die Güter Schwemmin und Parſow beſitzen.

83. **Petershagen** ein adelicher Wohnſitz, 2 Meilen von Regenwalde nordoſtwärts und 3 Meilen von Cörlin ſüdweſtwärts, in einem Thale und an einem Bache, welcher ſich an der Gränze dieſes Dorfs in die Molſtow ergießet, hat, außer einem Vorwerke in dem Dorfe, die auf der Feldmark deſſelben gelegenen Vorwerke, als die ſo genannten Pommerſchen Höfe, das Driengut, Johannisthal, die Schäferey Petersfelde, ehemals die Heldeſchäferey genannt, und die Feldkathen Bruhnkathen und Burgwall, 1 Waſſermühle, 1 Prediger, 1 Küſter, 8 Bauern, 1 Halbbauer, 1 Coßäthen, 1 Krug, 1 Schmiede, 39 Feuerſtellen, eine zu der Cörlinſchen Synode gehörige Mutterkirche, deren Filiale die Dörfer Moizelwitz und Schlenzig ſind, wovon das letzte, zu welchem die Neumärkſchen Vorwerke Vierhof und Schwarzſee eingepfarret ſind, in der Neumark liegt und zu der Schiefelbeinſchen Inſpection gehöret, Holzungen, Fiſcherey in 2 Seen und gränzet an die Neumärkſchen Dörfer Meſeritz und Schlenzig. Bey den Gütern Petershagen und Moizelwitz (b) ſind ſeit 1773 für 9600 Rthlr. königliche Gnadengelder beträchtliche Verbeßerungen gemacht worden, wovon die jährlichen Einkünfte, nach dem Anſchlage 682 Rthlr. 16 Gr. 10 Pf. betragen ſollen, es muß aber dagegen eine zur Beſoldung einiger Landſchulmeiſter beſtimmte jährliche Abgabe von 192 Rthlr. von dem Beſitzer dieſer Güter bezahlet werden. George Heinrich von Blankenburg löſete das alte Blankenburgſche Lehn Petershagen und das dazu gehörige Gut Moizelwitz (b), nach den Vergleichen vom 28 April 1721 und 28 Auguſt 1737, von dem von Kameke und von Galbrecht ein, und hinterließ es nebſt den alten Blankenburgſchen Lehnen Leppin, Rogzow, Moizelwitz (a) und dem dazu gehörigen Gute Stoltenberg (b) ſeinen Söhnen, welche ſich am 12 Ju-

nius 1738 also verglichen, daß Leppin und Roggow dem Prälaten Henning Anshelm von Blankenburg, Moitzelwitz (a) und Stoltenberg (b) dem Landrathe George Heinrich von Blankenburg zu Schlenzig in der Neumark und Petershagen und Moitzelwitz (b) dem jüngsten Sohne Peter Ludewig von Blankenburg durch das Loos zufielen. Der Landrath von Blankenburg lösete auch das zu Moitzelwitz (a) gehörige Ackerwerk Steinburg, nach dem Vergleiche vom 16 Januar 1743, von dem Major von Puttkammer ein, trat aber den zu Moitzelwitz (a) gehörigen vierten Theil der Mühle und Schmiede zu Petershagen, nach dem Vergleiche vom 5 September 1752, seinem Bruder Peter Ludewig von Blankenburg ab und hinterließ Moitzelwitz (a) und Stoltenberg (b) seinen Erben. Die Güter Leppin und Roggow fielen nach dem Tode des Prälaten von Blankenburg, nach dem Auseinandersetzungsvergleiche seiner Kinder vom 11 — 15 August 1780, seinem Sohne, dem Fähnrich bey dem Woldeckschen Regimente, Henning Dionysius Ludewig von Blankenburg zu.

84. **Peterwitz** 1 Meile von Cörlin nordwestwärts und 2 Meilen von Colberg südostwärts, an der linken Seite der Persante, welche gegen Norden die Gränze der Feldmark dieses Dorfs bestimmt, hat 1 Vorwerk, 8 Bauern, 15 Feuerstellen und ist ein zu Claptow in der Cörlinschen Synode eingepfarrtes Dorf, welches der Dekanus Ludewig von Wida, nach der von dem Bischofe Conrad in dem Jahre 1319 ertheilten Bestätigung, von Hilbert Glazenap kaufte und es dem Wulf von Schmeling für dessen Antheile in Zetnin, nach der Bestätigungsurkunde des Bischofs Arnold von dem Jahre 1330, vertauschte. Jetzt besitzet der Lieutenant Caspar Otto von Bonin dieses Gut. S. Claptow.

85. **Plauentin** 1¼ Meilen von Colberg gegen Süden und eben so weit von Cörlin gegen Westen, hat 1 Vorwerk, 5 Bauern, 11 Feuerstellen, Holzungen, welche in Fichten, Eichen, Ellern und Birken bestehen und, außer einem Antheile an dem Remitzschen Holze, die Oberlandsfichten, die Steinbacherfichten, die Schieselwurth, das Koppelbruch, der Wiesenberg und die Spentzerfichten genannt werden, Fischerey in 2 Seen, in einem Bache und 4 Karauschenteichern und ist zu Groß-Jestin in der Colbergschen Synode eingepfarret. Dieses ehemalige Blankenburgsche Lehn wurde nachher ein Krockowsches und endlich ein neues Kameekensches Lehn, mit welchem Paul Wedig von Kameke und seine männliche Erben am 25 Julius 1714 belehnet wurden. Jessen Ulrich von Bonin kaufte es am 13 Julius 1719 erblich von Paul Wedig von Kameke und hinterließ es seinen beiden Söhnen, welche mit demselben belehnet wurden. Nach dem Theilungsvergleiche vom 17 August 1748 bekam es der jüngste Sohn, der Lieutenant Otto Wedig von Bonin, welcher es anfänglich, nach dem Vergleiche vom 19 Februar 1750, wiederkäuflich auf 25 Jahre, nachher aber mit Einwilligung seines Bruders, des Lieutenant Ulrich Bogislav, am 1 December 1750 erblich und mit dem Lehnrechte dem Hauptmann und nachmaligen Obersten, Caspar von Cronenfels verkaufte. Es wurde hierauf durch das Rescript vom 30 October 1752 allodificiret und fiel, nach dem Tode des Obersten von Cronenfels, nach dem von ihm am 11 Junius 1756 errichteten Testamente, seiner Wittwe gebohrnen von Bonin zu, die es, nach dem Vergleiche vom 19 November 1764, er-

Die adelichen Güter des Fürstenthums Cammin.

erblich dem Major Johann George von Rüsell verkaufte, deßen Wittwe, Beata Sophia gebohrne Kortbeck, welche jetzt mit dem Oberforstmeister Friederich Wilhelm von Blankensee vermählt ist, es nach dem Testamente ihres ersten Gemahls vom 18 Junius 1766 erbte.

86. Pleushagen 2¼ Meilen von Colberg nordostwärts, nahe an dem Strande der Ostsee, hat 1 Vorwerk, 1 Halbbauer, 1 kleinen Coßäthen, 4 Fischerkathen, 7 Feuerstellen, lehmigten und fruchtbaren Acker, Fischerey in der Ostsee und ist ein zu Schulzenhagen in der Cößlinschen Synode eingepfarrtes Dorf und Damitzsches Lehn, welches aus 2 Antheilen bestehet. Pleushagen (a) begreift das Vorwerk, 1 Coßäthen, 2 Fischerkathen und gehöret dem Eggerd George von Damitz. S. Schulzenhagen (b). Pleushagen (b) bestehet in einem Halbbauer und 2 Fischerkathen, welche der Lieutenant Ewald von Damitz besitzet.

87. Plümenhagen ein Rittersitz, ⅞ Meile von Cößlin westnordwestwärts, in einem Thale, zwischen den Dörfern Alt-Betz und Todenhagen, hat 1 Vorwerk, 2 Bauern, 4 Coßäthen, einige Colonistenhäuser, 13 Feuerstellen, lehmigten und fruchtbaren Acker, eine ziemliche Mastholzung und ist zu Tessin in der Cößlinschen Synode eingepfarret. Bey dem Gute Plümenhagen sind seit dem Jahre 1772 für 1929 Rthlr. königliche Gnadengelder verschiedene Verbeßerungen gemacht worden, wovon die jährlichen Einkünfte nach dem Anschlage 122 Rthlr. 17 Gr. 4 Pf. betragen sollen, es haftet aber dagegen eine zu Gnadengehalten für adeliche Wittwen und Waisen bestimmte jährliche Abgabe von 38 Rthlr. 14 Gr. auf diesem Gute. Die Wittwe des Hans Siegmund von Varchmin besaß dieses ehemalige Varchminsche Lehn, welches nach ihrem Tode an ihre Erbin, die Hauptmannin von Kleist und nachher an dem Obersten Hans Ernst von Varchmin kam. Dieser verkaufte es, nach dem Vergleiche vom 15 November und 22 December 1766, dem Major Johann Carl von Froreich, welcher es, nach der am 28 October 1767 erfolgten Præclusion der Agnaten, als ein Eigenthum bekam, und das Varchminsche, nachmalige Belowsche und jetzige neue Münchowsche Lehn Datzow (b), das Friederich Wilhelm von Münchow, ein Sohn des George Detlof zu Tessin und Lazig, nach dem Vergleiche vom 30 December 1729 erblich vom Lorenz Joachim von Below gekauft und, nach dem Lehnbriefe vom 9 Februar 1737, als ein neues Lehn bekommen hatte, von Friederich Wilhelm von Münchow und dessen Gemahlinn, Ilsa Hedwig gebohrnen von Kameke, nach dem Vergleiche vom 18 Februar 1767, kaufte. Nach dem Tode des Majors Johann Carl von Froreich, wurden die von ihm besessenen Güter Plümenhagen, Jüdenhagen (b) und Datzow (b) öffentlich feil geboten und am 13 December 1771 dem Major Richard Heinrich von Froreich zuerkannt, welcher, nach dem Vergleiche vom 15 Märtz 1754, von dem Major George Christoph von Damitz deßen 2 Bauerhöfe in Borckenhagen für einige ihm abgetretene Stücke in Schulzenhagen (c) und, nach einem andern Vergleiche vom 15 Märtz 1754, die in der so genannten Dielwurth liegende Wiese, imgleichen die so genannte Kätherwiese, die zwischen der Dielwurth und dem ersten Borckenhagenschen Bauerhofe liegt, für einige Ellerbruchswiesen eintauschte. Ein Bauerhof in Borckenhagen und ein Bauerhof in Kaltenhagen oder Kaltenhagen (c) wurden 1677 für eine Anforderung den Capitularen und Provisoren der Marienkirche zu Colberg zugeschlagen, welche ihr Recht

an denselben, nach dem Vergleiche vom 8 April 1701, dem Ewald von Damitz abtraten. Nachdem aber die von Froreich diese beiden Bauerhöfe als ehemalige Wedelstedtsche Lehne in Anspruch genommen hatten, und die Erben des Ewald von Damitz durch den Rechtsspruch vom 7 May 1749 waren schuldig erkannt worden, solche den Erben des Richard von Froreich wieder abzutreten, verkaufte sie der Major George Christoph von Damitz, nach dem Vergleiche vom 15 März 1754, dem Major Richard Heinrich von Froreich, welcher noch einen Bauerhof in Borckenhagen und einen Hof in Schultzenhagen, die bisher zu Kaltenhagen gehöret hatten, nach dem Vergleiche vom 2 October 1771, von dem Rittmeister Ewald Christian von Damitz kaufte und der Besitzer des ganzen Guts Borckenhagen wurde. Nach seinem Tode besitzen jetzt seine 4 Kinder, als Ludewig Heinrich, Louisa Charlotta, Haus Wilhelm und Friederich Ernst von Froreich noch gemeinschaftlich die Güter Plümenhagen, Datzow (b), Borckenhagen, Kaltenhagen (c) und Schultzenhagen (c), wovon das Gut Plümenhagen durch das Rescript vom 19 Junius 1772 allodificiret wurde.

88. Pobanz ein Rittersitz, 2 Meilen von Bublitz nordwestwärts und eben so weit von Belgard ostsüdostwärts, in einer angenehmen fast von allen Seiten mit Holzungen umgebenen Gegend, nicht weit von dem gegen Süden fließenden Kautelbache und an der Landstraße von Bublitz nach Belgard, welche an der andern Seite des Dorfs nahe bey demselben vorbeyführet, hat 1 Vorwerk in dem Dorfe, auf der Feldmark desselben die Vorwerke Grandhof und Grünhöfchen, 6 Bauern, 17 Feuerstellen, gute Holzungen und ist ein zu Schwellin in der Bublitzschen Synode eingepfarrtes Dorf und altes Lehn der von Versen, welches der Rittmeister Lorenz Wilhelm von Versen besitzet. S. Tietzow unter den adelichen Gütern des Belgardschen Kreises.

89. Groß-Pobloth 1 Meile von Cörlin gegen Westen, 2¼ Meilen von Colberg südostwärts, auf der Straße von Cörlin nach Treptow, hat 1 Vorwerk, 8 Bauern, 2 Coßäthen, 1 Krug, 19 Feuerstellen und ist zu Kerstin in der Cörlinschen Synode eingepfarret. Bey dem Gute Groß-Pobloth sind seit 1774 für 1300 Rthlr. königliche Gnadengelder verschiedene Verbeßerungen vorgenommen worden, wovon die jährlichen Einkünfte nach dem Anschlage 129 Rthlr. 3 Gr. 6 Pf. betragen sollen, es haftet aber dagegen eine zur Besoldung einiger Landschulmeister bestimmte jährliche Abgabe von 26 Rthlr. auf diesem Gute, welches ein Blankenburgsches Lehn ist. Nachdem die Söhne des Bernd von Blankenburg die Lehnsfolge der Moizelinschen und Groß-Poblothschen Güter wieder den Oberstlieutenant Christian Heinrich von Blankenburg behauptet hatten, traten sie ihre an diesen Gütern und insonderheit auch an einem Theile des Guts Groß-Pobloth erlangten Rechte am 4 December 1739 ihrem Bruder, dem Hauptmann Dionysius Friederich von Blankenburg ab, welcher diesen Theil des Guts Groß-Pobloth am 13 Februar 1743 auf 21 Jahre den Geschwistern Eva Hedwig und Charlotta Louisa von Münchow verwittweten von Braunschweig verkaufte. Nach dem Tode der ersten kam solcher an die letzte allein, von welcher der Prälat von Blankenburg, als Curator der Söhne des Hauptmanns Dionysius Friederich von Blankenburg, nicht nur diesen Theil, nach dem Vergleiche vom 4 May 1765, einlösete,

sondern

Die adelichen Güter des Fürstenthums Cammin.

sondern auch den andern Theil des Guts Groß-Pobloth, welcher mit dem dazu gehörigen Feldgute Groß-Vorbeck von Bernd von Blankenburg an seinen Sohn, den Fähnrich Christian Heinrich gekommen und nach dessen Tode, nach dem Urthel des Cößlinschen Hofgerichts vom 31 Januar 1760, seinem Bruder Henning Bernd von Blankenburg zugefallen, aber nachher in Concurs gerathen war, für den gewürdigten Werth desselben, nach dem Rechtsspruche des Cößlinschen Hofgerichts vom 22 Februar 1765, für die Söhne des Hauptmanns Dionysius Friederich von Blankenburg, als den Hauptmann Friederich und den Fähnrich Bernd Philipp Christoph annahm. Diese verglichen sich am 30 December 1767 also, daß das ganze Gut Groß-Pobloth dem Hauptmann Friederich von Blankenburg zufiel, welcher dasselbe am 3 December 1781 dem Obersten und Commandeur des von Winterfeldschen Regiments, Christian Ludewig von Kenitz verkaufte, nachdem er das Feldgut Groß-Vorbeck bereits am 17 September 1770 und 2 December 1771 erblich mit der am 20 May 1771 ertheilten Genehmigung des Hofes, der Wittwe des Johann Immanuel Löper, Elisabeth gebohrnen Blank zu Colberg und ihrem Sohne, dem jetzigen Prediger zu Strippow, Martin Christian Löper, verkauft hatte, dem es seine Mutter am 1 Februar 1773 abtrat.

90. **Klein-Pobloth** ein Rittersitz, 2 Meilen von Colberg südsüdostwärts, hat 1 Vorwerk mit einer Schäferey, 4 Bauern, 2 Coßäthen, 11 Feuerstellen, Fichten- und Elsenholzungen und ist zu Groß-Jestin in der Colbergschen Synode eingepfarret. Klein-Pobloth ist ein altes Damitzsches Lehn. Nachdem Henning Bernd von Blankenburg es von seinem Vater Bernd geerbet hatte, gerieth es in Concurs und wurde zwar den Gebrüdern, dem Lieutenant Friederich und dem Fähnrich Bernd Philipp von Blankenburg aus dem Moitzelinschen Hause, die durch den Rechtsspruch vom 11 May 1765 zur Einlösung desselben waren verstattet worden, gegen Erlegung des gewürdigten Werths übergeben, durch deren Curator, den Prälaten von Blankenburg aber mit Genehmigung des Königl. Vormundschaftscollegium, nach dem Vergleiche vom 25 April 1766, dem Hauptmann Johann Caspar von Briesen verkauft.

91. **Priddargen** ¾ Meile von Bublitz nordnordwestwärts und ¼ Meile von dem Dorfe Goldbeck, auf der Poststraße von Cößlin nach Bublitz, hat 1 Vorwerk, 3 Bauern, 1 Coßäthen, 6 Feuerstellen und noch 4 Buschkathen, Dorfstätte genannt, wovon der Landrath von Hellermann einen Buschkathen besaß, solchen aber 1781 dem jetzigen Besitzer des Guts Priddargen verkaufte, so daß demselben jetzt die Dorfstätte ganz gehöret, gute Eichen- und andre Holzungen, einen Antheil an dem Patronatrechte zu Goldbeck und ist ein zu Goldbeck in der Bublitzschen Synode eingepfarretes Allodialgut, welches Johann Joachim Carl von Wenden besitzet. S. Griebnitz.

92. **Pustar** 1¼ Meilen von Colberg in Süd-Südost zu Süd, hat 3 Ackerwerke, 13 Feuerstellen und ist zu Zernin in der Colbergschen Synode eingepfarret. Das Dorf gränzet gegen Süden an die Persante, deren Wiesen ihm Kalk zur Düngung geben und war ehemals ein altes Lehn der von Pustar, welches jetzt aus 3 Antheilen bestehet. Felix Kundenreich kaufte Pustar (a), nach dem Vergleiche vom 3 April 1694, von Peter Ewald von Pustar und Pustar (c), oder den so genannten neuen Hof,

Hof, nach dem Vergleiche vom 28 März 1707, von den Erben des Jürgen von Puſtar und hinterließ beide Theile seiner Wittwe, welche solche am 1 April 1737 dem Chriſtian Selle abtrat. Durch das Reſcript vom 25 Julius 1744 wurde das ganze Lehn-Puſtar dem Major Henning Alexander von Kahlden ertheilet, welcher 1747 den Besitzern dieses Guts seine Rechte abtrat, auch zu ihrem Beſten die Allodification des ganzen Guts durch das Rescript vom 6 Junius 1747 bewirkte. Nach dem Tode des Christian Selle, welcher auch, nach dem Vergleiche vom 18 November 1747 den von dem Schloßrentmeister Stürmer besessenen Theil in Puſtar kaufte, kam dieser Theil nebst Puſtar (a) und (c) an seinen Schwiegersohn Heinrich Kuhze, welcher Puſtar (c) nebſt dem ehemaligen Stürmerschen Theil, nach dem Vergleiche vom 16 März 1765, dem Amtmann Peter Lewezow verkaufte, dessen Wittwe, Barbara Sophia gebohrne Zander, es jetzt im Namen ihrer 6 unmündigen Kinder besitzet, Puſtar (a) aber am 17 Junius 1776 seiner geschiedenen Ehefrau Lucia gebohrnen Selle jetzt verehelichten Brand abtrat. Puſtar (b) wurde von Franz Caspar und dem Oberstlieutenant Claus Magnus von Puſtar am 3 April 1694 erblich dem Felix Kundenreich, von diesem am 30 März 1705 dem Heinrich Wilhelm von Puſtar, von dessen Wittwe und Erben am 9 Januar 1730 dem Conſiſtorialrathe Bogislav Liebeherr und von dessen Erben am 15 November und 20 December 1730 dem Kriegescommiſſarius Matthäus Henſel verkauft, welcher es nach seinem in dem Jahre 1759 erfolgten Tode seiner einzigen Tochter, Anna Sophia, als der Ehefrau des Bürgermeisters zu Colberg, Johann George Madeweis hinterließ.

93. Puzernin ¾ Meile von Cörlin nordnordwestwärts, an der rechten Seite der Persante, welche gegen Mittag die Gränze dieses Dorfs bestimmt, hat in demselben ein Ackerwerk, 1 Wassermühle, 2 Bauern, und an der Daſſowschen Gränze noch ein Ackerwerk und 2 Feldkathen, 10 Feuerſtellen, und außer den zu dieſem Gute gehörigen Bauern und Kathen in Zirkow oder Zürkow (b) noch einige Beneficiengelder aus dem königlichen Cößlinſchen Amtsdorfe Neklenz und dem adelichen Gute Moizelin, wie auch einige Getreidehebungen aus den adelichen Gütern Bulgrin und Rabuhn, 3 Karpenteiche in dem Dorfe und unbeträchtliche Fischerey in der Persante. Bey dem Dorfe Puzernin, welches zu Marrin in der Cörlinſchen Synode eingepfarrt iſt, sind, mit Ausschließung des Guts Zürkow (b), seit 1774 für 1100 Rthlr. königliche Gnadengelder 4 Coßäthen angesetzet worden, dagegen aber für dieſe Verbesserung, welche nach dem Anschlage jährlich 60 Rthlr. einbringen soll, eine zur Besoldung einiger Landschulmeister bestimmte jährliche Abgabe von 22 Rthlr. auf dieſem Gute haftet. Auf der Feldmark desselben findet man guten Conchylienmergel, welcher zur Düngung des Ackers mit großem Nutzen angewendet wird. Puzernin ist ein neues Platenſches Lehn, welches die Juſtizräthin Wißmann mit ihren Kindern erster Ehe besitzet. S. Marrin.

94. Rabuhn ein adelicher Wohnsitz, 1¼ Meilen von Cörlin weſtſüdweſtwärts und 2¼ Meilen von Colberg südsüdoſtwärts, hat 1 Vorwerk, 1 Schäferey, 6 Bauern, 1 Schmiede, 16 Feuerſtellen, außer einem Fichtenkampe noch eine Kavel Holz in der Remitz und ist zu Ramelow in der Cörlinſchen Synode eingepfarret. Bey dem Gute Rabuhn

Die adelichen Güter des Fürstenthums Cammin.

Rabuhn sind seit 1774 für 2900 Rthlr. königliche Gnadengelder verschiedene Verbesserungen vorgenommen worden, wovon die jährlichen Einkünfte nach dem Anschlage 249 Rthlr. 10 Gr. 6 Pf. betragen sollen, es haftet aber dagegen eine zur Besoldung einiger Landschulmeister bestimmte jährliche Abgabe von 58 Rthlr. auf diesem Gute, so ein altes Damitzsches Lehn ist. Verschiedene Höfe in Rabuhn, welche die von Damitz von Zeit zu Zeit dem Steuerrathe Johann von Westorp verkauften, wurden von demselben, nach dem Vergleiche vom 3 September 1725, und ein Theil in Rabuhn von dem Hauptmann George Heinrich und dessen Bruder, dem Hauptmann Anton Arnd von Damitz, nach dem Vergleiche vom 30 Julius 1726, dem Postmeister Wilhelm Philipp Ludeloff verkauft, welcher mit seinem Schwiegersohne, dem Hofrathe Löper, diese Theile wieder am 15 November 1745 dem Carl Heinrich von Liebeherr abtrat. Ein andrer Theil dieses Guts wurde von Adam Jürgen von Damitz wiederkäuflich auf 30 Jahre seinem Schwiegersohne, dem Lieutenant Heinrich Joachim von Wreech, von dessen Wittwe Hedwig Erdmuth gebohrnen von Damitz aber, nach dem Vergleiche vom 16 Februar 1754, ebenfalls dem Carl Heinrich von Liebeherr verkauft, welchem der Hauptmann Heinrich Adolph von Damitz am 9 Julius 1750 sein Lehnrecht an diesem Theile und an dem so genannten Nieder- oder Untergute abgetreten hatte. Der von Liebeherr besaß also das ganze Gut Rabuhn, welches, nachdem es in Concurs gerathen war, von dem Cößlinschen Hofgerichte am 27 Januar 1766 für das meiste Gebot dem Landrathe Caspar Friederich von Ramel zuerkannt wurde.

95. **Ramelow** 1½ Meilen von Cörlin westsüdwestwärts und 2⅕ Meilen von Colberg südsüdostwärts, an der großen Landstraße von Cörlin über Regenwalde nach Stargard, wie auch an der Landstraße von Polzin nach Colberg, welche nahe bey dem Dorfe vorbeyführen, hat 2 Vorwerke, 2 Schäfereyen, einen neu angelegten Ackerhof an der Poststraße nach Cörlin, 1 Prediger, 1 Küster 7 Bauern, wovon der eine 2 Bauerhöfe besitzet, 2 Cossäthen, einen auf der Feldmark des Dorfs an der Colbergschen und Cörlinschen Landstraße gelegenen Krug, 22 Feuerstellen, eine zu der Cörlinschen Synode gehörige Mutterkirche, deren Filial das Dorf Wartekow ist und zu welcher das Dorf Rabuhn eingepfarret ist und einen kleinen nahe an dem Dorfe gelegenen Eichen- und Büchenwald, einen Fichtenkamp, wie auch einige Kaveln Holz in der Kemitz. Für die bey dem Dorfe Ramelow seit 1773 für 3200 Rthlr. königliche Gnadengelder vorgenommene Verbesserungen, wovon die jährlichen Einkünfte, nach dem Anschlage 338 Rthlr. 9 Gr. 3 Pf. betragen sollen, muß eine zur Besoldung einiger Landschulmeister bestimmte jährliche Abgabe von 64 Rthlr. von dem Besitzer dieses Guts bezahlet werden. Es war dasselbe ehemals ein Lehn der von Adebahr, welches an die von Güntersberg kam, nachdem es Jacob von Güntersberg zum Brautschatze mit Scholastika Adebahr, einer Tochter des Caspar Adebahr, als des letzten Nachkommen des Adebahrschen Geschlechts von der Ramelowschen Linie, bekommen hatte; jetzt aber ist es ein Blankenburgsches Lehn. Ein Theil desselben, welcher dem Joachim von Wedel und nachher dem Oberstlieutenant Christian Heinrich von Blankenburg als ein neues Lehn war gegeben worden, kam an dessen Sohn, Carl Heinrich von Blankenburg, dessen Vormund das ganze Gut Ramelow, nach dem Vergleiche vom 24 März 1738, wiederkäuflich auf 30 Jahre dem Geheimenrathe Christoph

Das Fürstenthum Cammin.

stoph Hermann von Schweder verkaufte. Dieser hinterließ einen einzigen Sohn, Philipp Ernst, welcher, nach dem mit seiner Schwester, Dorothea Charlotta, am 18 April 1743 getroffenen Vergleiche, dieses Gut erhielt. Nachdem der Lieutenant Nicolaus von Blankenburg das Lehnrecht auf dieses ganze Gut, als ein altes Blankenburgsches Lehn, durch die Rechtssprüche vom 3 März, 31 May und 21 Junius 1752 erstritten hatte, kam dasselbe nach dem Tode des Philipp Ernst von Schweder, an dessen Schwester, die Oberstin Dorothea Charlotta von Wartenberg, welche es mit Bewilligung des nächsten Lehnsfolgers Claus von Blankenburg, nach dem Vergleiche vom 4 October 1762, dem Prälaten Anshelm Henning von Blankenburg abtrat, nach dessen Tode es nach dem Auseinandersetzungsvergleiche seiner Kinder vom 11 — 15 August 1780 seinem Sohne, dem Fähnrich bey dem Woldeckschen Regimente, Henning Dionysius Ludewig von Blankenburg, zufiel.

96. Reckow 2¼ Meilen von Bublitz gegen Norden und ⅜ Meile von dem Dorfe Carzin, hat 1 Vorwerk, eine auf der Feldmark des Dorfs auf einem Berge nahe an dem See Nitzmin angelegte und aus 8 Coßäthen bestehende Colonie Neusorge genannt, 1 Wassermühle, die ⅜ Meile von Reckow nach Osten liegt und von einem kleinen Bache getrieben wird, so aus dem See Nitzmin entspringt, bey dem Dorfe Reckow nahe vorbey nach dem Carzinschen Kruge gehet und hierauf in die Radüe fällt, 10 Bauern, 26 Feuerstellen, Holzungen, gute Fischerey und ist zu Carzin in der Bublitzschen Synode eingepfarret. Die Vormünder der Kinder des George Richard von Ramel verkauften das Ramelsche Lehn Reckow, nach dem Vergleiche vom 5 April 1726, auf 20 Jahre wiederkäuflich dem Peter Lorenz von Walter, dessen nachgelaßene Töchter, Ilsa Maria von Walter verehelichte Amtmannin Gantzen und Anna Louisa von Walter, dem Magisters Daniel Richter, Predigers zu Clannin Ehefrau daßelbe, nachdem das Geschlecht der von Ramel mit dem Rechte der Wiedereinlösung deßelben durch den Rechtsspruch vom 3 May 1747 war präcludiret worden, nach dem Vergleiche vom 26 September 1748, erblich dem Oberstwachtmeister Jürgen Lorenz von Kleist verkauften. Nach dessen Tode und, nach dem brüderlichen Vergleiche vom 2 Januar 1751, fiel es seinem ältesten Sohne, dem Hauptmann Ewald Friederich zu, welcher es am 7 Junius 1754 seinem nächsten jüngern Bruder, dem Lieutenant Martin George von Kleist wieder abtrat, deßen Wittwe sich mit seinem Bruder, dem Hauptmann Anton von Kleist vermählte. Dieser bekam, nach dem Vergleiche vom 10 Julius 1763, dieses Gut nebst den in dem Belgardschen Kreise gelegenen Gütern Kowalk und Zarnekow, worauf Reckow von ihm, nach dem Vergleiche vom 26 September 1763, dem Cammergerichtsrathe, Johann Leo von Schlieff und von diesem, nach dem Vergleiche vom 24 März 1770, dem Landrathe Friederich George Christoph von Hellermann verkauft wurde.

97 Repkow 1 Meile von Zanow nordnordwestwärts, hat 1 Vorwerk, 1 Wassermühle, die Schübbensche Mühle genannt, die ehemals zu dem Gute Wussecken gehörte, nach dem Testamente der Großcanzlerin von Cocceji vom 3 May 1765, aber zu dem Gute Repkow geleget wurde, 7 Vollbauern, 2 Halbbauern, 5 Coßäthen, 1 Schmiede, 18 Feuerstellen und ist ein zu Wussecken in der Cößlinschen Synode eingepfarretes Allodi-

Die adelichen Güter des Fürstenthums Cammin. 593

Alloblalgut, welches die Erben des Königl. Polnischen Generalmajors Carl Friedrich Ernst Freyherrn von Cocceji besitzen. S. Wussecken.

98. Rogzow 2 Meilen von Cörlin südwestwärts und 3 Meilen von Colberg süd-südostwärts, in einer ebenen Gegend, auf der Landstraße von Colberg nach Schiefelbein und Polzin, hat ein Vorwerk und eine Schäferey in dem Dorfe, auf der Feldmark desselben aber die Vorwerke Schleps, die große und die kleine Meyerey, 1 Wassermühle, die nahe bey dem Dorfe in einem tiefen Thale liegt und von einem kleinen Bache getrieben wird, der sich in das krumme Wasser ergießet, 1 Prediger, 1 Küster, 11 Bauern, 3 Coßäthen, 2 halbe Coßäthen, 1 Krug, 1 Schmiede, 35 Feuerstellen und eine zu der Cörlinschen Synode gehörige Mutterkirche, deren Filiale die Dörfer Leppin und Stoltenberg sind. Zu dem Gute Rogzow gehöret auch der auf der Poststraße von Naugard nach Cörlin gelegene so genannte Postgasthof, welchem der Acker des bereits seit vielen Jahren eingegangenen Vorwerks Damerow ist beygeleget worden. Ehemals bestand der Postgasthof nur aus einem Wirthshause und einer Wohnung für die Postillons; seit 1773 aber sind bey demselben noch ein Vorwerk, 6 Büdnerhäuser nebst einer Schmiede und überhaupt 9 Feuerstellen erbauet worden. Für diese und verschiedene andre bey dem Dorfe Rogzow für 13300 Rthlr. königliche Gnadengelder vorgenommene beträchtliche Verbeßerungen, wovon die jährlichen Einkünfte, nach dem Anschlage 897 Rthlr. 1 Gr. 1 Pf. betragen sollen, haftet eine zur Besoldung einiger Landschulmeister bestimmte jährliche Abgabe von 266 Rthlr. auf diesem Gute. Es ist dasselbe ein altes Blankenburgsches Lehn, welches der Fähnrich Henning Dionysius Ludewig von Blankenburg besitzet. S. Petershagen.

99. Rosnow 1½ Meilen von Cößlin südsüdostwärts, an der Rabile, auf der Landstraße von Pollnow, Neu-Stettin und Bublitz nach Cößlin und Colberg, hat außer einem Vorwerke in dem Dorfe noch ein auf der Feldmark desselben gelegenes und zu Seidel in der Cößlinschen Synode eingepfarrtes Vorwerk und freyes Rittergut Grünhof genannt, 1 Wassermühle, 17 Bauern, 1 Krug, 1 Schmiede, 1 Schulmeister, 20 Feuerstellen, Holzungen, Fischerey in Seen und Teichen und ist ein zu Seeger eingepfarrtes altes Glasenappsches Lehn, welches Paul Friederich August von Glasenapp besitzet. S. Manow.

100. Rützow 2 Meilen von Colberg gegen Osten, in einem Thale, auf der Landstraße von Colberg nach Cößlin, hat 4 Ackerhöfe, 1 Prediger, 2 Bauern, 2 Halbbauern, 2 Krüge, 1 Predigerwittwenhaus, 30 Feuerstellen, eine zu der Colbergschen Synode gehörige Mutterkirche, zu welcher das Dorf Quetzin eingepfarret ist, fruchtbaren Acker, gute Wiesen und Weide, außer einem Birkenbruche 2 Kaveln masttragendes Holz auf der Fritzowschen Feldmark, Fischerey in einem See und in Karzauschenteichen und ist ein altes Damitzsches Lehn, welches Heinrich von Danritz nebst seinem Bruder Hermann, nach dem Kaufbriefe von 1321, an sein Geschlecht brachte. Jetzt bestehet dieses Gut aus 4 Antheilen. Rützow (a) ein adelicher Wohnsitz kam von Hans von Damitz an seine Vettern Dumitzscher Linie, welche es am 15 August 1731 dem Lieutenant Christian Heinrich von Damitz abtraten, dessen nachgelassene

Brügg. Beschr. v. H. Pom. [Ffff] Söhne

Söhne Lorenz Wilhelm und Carl Friederich es so lange ungetheilt besaßen, bis es dem ersten allein zufiel. Kützow (b) verkaufte der Lieutenant Eggerd George von Damitz erblich, nach dem Vergleiche vom 30 December 1768, dem Geheimen Ober-Finanz- Krieges- und Domainenrathe, Friederich Wilhelm von Gerlach, dessen Erben es jetzt besitzen. S. Schulzenhagen (b). Kützow (c) kam von George von Damitz an seine Wittwe und Erben, von welchen es der Hauptmann Henning Daniel von Damitz als der nächste Agnate, nach dem Vergleiche vom 6 Februar 1712, an sich brachte. Er ließ bereits bey seinem Leben am 17 Julius 1754 seine Brudersöhne als die nächsten Lehnsfolger über dieses Gut loosen, da es denn dem Hauptmann Friederich Wilhelm von Damitz zufiel, der es nach dem Tode des Hauptmanns Henning Daniel von Damitz 1764 in Besitz nahm. Kützow (d) kam nach dem Tode des Friederich von Damitz und dessen ältesten Sohnes, des Lieutenant Hans George an dessen übrige beyde Brüder, den Hauptmann Henning Daniel und Friederich Wilhelm von Damitz, die sich in Abwesenheit ihres Bruders Christian Heinrich am 28 October 1716 also auseinandersetzten, daß dieses Gut dem Friederich Wilhelm von Damitz zufiel, dessen nachgelaßene Söhne, der Lieutenant Henning Wedig und Friederich Wilhelm sich am 7 Februar 1747 also verglichen, daß der erste dieses Gut bekam, nach dessen am 4 Julius 1775 erfolgten Tode es jetzt von dem Königl. Krieges- und Domainencammer Deputationscollegium administriret wird.

101. Saffenburg 1¼ Meilen von Bublitz gegen Süden, nicht weit von dem nordwärts gelegenen großen See Virchow, hat adelichen Antheils 1 Vorwerk, eine auf der Feldmark des Dorfs angelegte Schäferey, 7 Bauern, 2 Halbbauern, 6 Coßäthen, wovon 2 zu dem Neu-Stettinschen Kreise gehören, 1 Schulmeister, 1 Schmiede, 19 Feuerstellen, eine zu der Bublitzschen Synode gehörige Kirche, die ein Filial von Wurchow ist, das dem Besitzer dieses Guts ausschließungsweise zustehende Patronatrecht, nach den Rechtssprüchen der Königl. Regierung vom 21 März und 20 Junius 1753, wie auch nach der Tribunalsentenz vom 13 April 1754, nach deren Inhalte das königliche Amt Bublitz, dafern ein dem Amtsbauern, zu dem Bau und zur Unterhaltung der Kirchengebäude, kein baarer Beytrag erfordert wird, an der Abnahme der Kirchenrechnungen Antheil zu nehmen, solche zur Einsicht zu erfordern und Erinnerungen darüber zu machen, nicht befugt ist, 3¼⅛ steuerbare Landhufen, Holzungen, gute Fischerey und ist ein Allodialgut, welches Johann Joachim Carl von Wenden besitzet. S. Griebnitz. Der übrige Theil des Dorfs Saffenburg ist königlich. S. Saffenburg unter den Dörfern des königl. Amts Bublitz.

102. Groß-Satspe ein Rittersitz, 1¼ Meilen von Belgard gegen Osten und 2 Meilen von Cöslin gegen Süden, hat 2 Vorwerke, 5 Bauern, 4 Coßäthen, 1 Schulmeister, 22 Feuerstellen und ist zu Seeger in der Cöslinschen Synode eingepfarret. Für die bey Groß-Satspe seit dem Jahre 1774 für 1700 Rthlr. königliche Gnadengelder vorgenommene Verbeßerungen, wovon die jährlichen Einkünfte, nach dem Anschlage 134 Rthlr. 18 Gr. 7 Pf. betragen sollen, haftet eine zur Besoldung einiger Landschulmeister bestimmte jährliche Abgabe von 34 Rthlr. auf diesem Gute, welches ein altes Manchowsches Lehn ist. Als sich die Gebrüder Adam Friederich und der
Haupt-

Die adelichen Güter des Fürstenthums Cammin. 595

Hauptmann George Anton von Münchow am 14 Februar 1694 wegen ihrer väterlichen Güter auseinandersetzten, fiel ein Theil dieses Guts dem ersten und nach dessen Tode seinem Sohne, dem Major Henning Günther von Münchow zu, welcher den andern Theil dieses Guts, nach dem Vergleiche vom 27 October 1742, von dem Cornet Adam Alexander von Münchow und dessen Mutter, Eva Dorothea gebohrnen von Blankenburg kaufte und also das ganze Gut Groß-Satzpe bekam. Seine Wittwe Vigilanta Sophia gebohrne von Schönbeck, verglich sich mit ihren Kindern am 30 April 1754 mit Genehmigung des Cößlinschen Vormundschaftscollegium also, daß sie dieses Gut annahm.

103. Klein-Satzpe ein adelicher Wohnsitz, 1½ Meilen von Belgard gegen Osten, an einem Bache, die Kautel genannt, die bey dem Dorfe Medlin in die Radüe fällt, hat 1 Vorwerk, 3 Bauern, 2 Coßäthen, 10 Feuerstellen und ist ein zu Seeget in der Cößlinschen Synode eingepfarrtes Dorf und Münchowsches Lehn, welches der Lieutenant Carl Wilhelm von Woedtke besitzet. S. Neu-Buckow.

104. Schnackenburg ein nahe bey der Stadt Bublitz gegen Süden gelegenes Vorwerk und Allodialgut, bestehet in einigen Hufen Landes mit Wohnungen, Garten und Wiesen und ist zu der Bublitzschen Kirche eingepfarret. Der Roßbereuter des Herzogs und Bischofs Franz, Namens George Heinrich Hofstedter, kaufte einiges Land auf dem Bublitzschen Stadtfelde und legte darauf dieses Ackerwerk an, welches, nach dem von dem Herzoge Franz zu Cößlin am 11 Februar 1616 ertheilten Privilegium, aus besonderer Gnade, gänzlich von der Gerichtsbarkeit der Stadt Bublitz, von allen bürgerlichen Lasten und Unpflichten, als Schoß, Scharwerk, Schatzung, Accise und Steuern befreyet ist und alle bürgerliche Privilegien, Freiheiten und Gerechtigkeiten hat, so daß die Besitzer desselben alle und jede Handthierungen gleich andern Bürgern treiben können. Von dem Roßbereuter Hofstedter kam dieses Freygut an seine Enkel George Nikolaus und Franz Friederich Hofstedter, von welchen es dem Lieutenant Lorenz Christian von Kleist und hierauf dem Landrathe Adam Casimir von Glasenapp, von dessen Wittwe Elisabeth Sophia gebohrnen von Münchow und ihrem Sohne, dem Hauptmann Otto Casimir von Glasenapp am 26 November 1748 dem Obersten Joachim Ernst von Bonin, von dessen Wittwe, Dorothea Sophia gebohrnen von Zitzwitz, am 22 November 1755 dem Hauptmann Christian Friederich von Scholten, von diesem am 22 August 1761 dem Rittmeister Johann von Scharasso, von diesem am 9 Julius 1763 dem Commerciencierrathe Christian Koblitz, von diesem am 18 März 1765, dem Major Ernst Ewald von Kleist, von diesem und seiner Gemahlinn, Magdalena Louisa gebohrnen von Kleist am 3 Junius 1771 dem Oberstlieutenant Joachim Reinhold von Glasenapp, von diesem am 12 November 1772 dem George Samuel Göden, und endlich von diesem und seiner Ehefrau, Anna Dorothea gebohrnen Sturzenbecher, nach dem Vergleiche vom 10 May 1777, erblich dem Lieutenant Fabian Henning von Horn verkauft wurde.

105. Schözow 1¼ Meilen von Cörlin gegen Norden, in einer ebenen Gegend, nahe an der Landstraße von Colberg nach Cößlin, zwischen den Dörfern Martin und Fritzow, hat außer einem Vorwerke in dem Dorfe noch ein kleines auf der Feldmark dessel-

Das Fürstenthum Cammin.

deſſelben gelegenes Vorwerk, 1 Windmühle, 5 Bauern, 3 Coſſäthen, 22 Feuerſtellen und iſt zu Marrin in der Cörlinſchen Synode eingepfarret. Für die bey dem Gute Schöszow ſeit 1776 für 521 Rthlr. königliche Gnadengelder vorgenommene Verbeſſerungen, haftet eine zu Gnadengehalten für adeliche Wittwen und Waiſen beſtimmte jährliche Abgabe von 10 Rthlr. 10 Gr. 1 Pf. auf dieſem Gute, welches ehemals ein Lehn des Geſchlechts der von Sager war, und nachdem dieſe ausgeſtorben waren, ein neues Lehn der von Cronenfels wurde. Die Gebrüder Chriſtoph Auguſt und Georg Wilhelm von Cronenfels verglichen ſich am 20. December 1729 alſo, daß der erſte die eine Hälfte dieſes Guts, und der andre die zwote Hälfte deſſelben bekam. Nachdem auch der letzte ſeine Hälfte, nach dem Vergleiche vom 1 Februar 1739 dem erſten verkauft hatte, erfolgte, nach dem Reſcripte vom 18 Januar 1780, die Allodiſication des ganzen Guts, welches nach dem Tode des Chriſtoph Auguſt von Cronenfels ſeinen 5 Töchtern, als Chriſtiana Henrietta Carolina, Caſparina Wilhelmina, Vigilanta, Charlotta, Sophia Louiſa Dorothea und Auguſta von Cronenfels zufiel, und von den 4 letzten, nach dem Vergleiche vom 11 April 1781, den Gebrüdern dem Cammergerichtsrathe Ludewig Auguſt Wilhelm und dem Krieges- und Domainenrathe Carl Friederich Leopold von Gerlach verkauft wurde.

106. Schübben ¾ Meile von Zanow nordnordweſtwärts, hat 1 Vorwerk, 11 Bauern, 2 Coſſäthen, 19 Feuerſtellen und iſt zu Zuchen in der Cöſlinſchen Synode eingepfarret. Schübben gränzet gegen Süden an die Stadt Zanow, gegen Weſten an dem Neſtbach, gegen Oſten an das zu dem Rügenwaldeſchen Amte gehörige Dorf Karnkewitz, gegen Norden an das Dorf Zuchen und iſt ein altes Heydebreckſches Lehn, welches die verwittwete Krieges- und Domainenräthin Charlotta Eleonora von Hirſch gebohrne von Heydebreck beſitzet. S. Zuchen.

107. Schulzenhagen 2¼ Meilen von Colberg gegen Oſten, hat 3 Vorwerke, 1 Prediger, 4 Bauern, 2 Predigerbauern, 3 große Coſſäthen, deren Höfe an dem Ende der Hufen des Dorfs zwiſchen den Gränzen von Schulzenhagen und Parpart liegen, 2 kleine Coſſäthen, 1 Krug, 23 Feuerſtellen, eine zu der Cöſlinſchen Synode gehörige Mutterkirche, zu welcher die Dörfer Timmenhagen, Kaltenhagen, Pleushagen, Sorkenhagen und die Vorwerke Rützenhagen und Altenhagen eingepfarret ſind, lehmigten und fruchtbaren Acker, vortreffliche Wieſen und beſtehet aus 3 Antheilen. Schulzenhagen (a), ein Ritterſitz, iſt mit dem dazu gehörigen Gute Parpart (c) ein altes Damnitzſches Lehn, welches der Major George Chriſtoph von Damnitz von ſeinem Vater Ewald erbte und es, nach dem Vergleiche vom 14 September 1766, ſeinem Bruder, dem Lieutenant Ewald von Damnitz verkaufte. Schulzenhagen (b) ein Ritterſitz, iſt mit dem dazu gehörigen Gute Parpart (2) ein altes Damnitzſches Lehn. Eggerd von Damnitz trat dem Hans Jürgen von Zarth einen Theil dieſes Guts, das kleine Gut oder das Höfchen genannt, ab, welches Richard Joachim von Froreich am 14 May 1703 kaufte, deſſen Söhne auch den andern Theil dieſes Guts, das große Gut genannt, pfandweiſe beſaßen und ſich am 20 December 1734 alſo verglichen, daß Schulzenhagen (b) und Parpart (2) dem vierten Sohne, Heinrich Caſimir von Froreich überlaſſen wurden. Die Lieutenants Eggerd George und George Heinrich von Damnitz
löſe-

Die adelichen Güter des Fürstenthums Cammin.

bseter diese Güter nebst einer Wiese in Altenhagen und einer in Kaltenhagen am 24 October 1741 ein, wobey sich doch die von Froreich von dem großen Gute die Dilgenhufe und von dem kleinen die Kirchenwiese vorbehielten. Der Lieutenant George Heinrich von Damitz und seine Brüder, Anton Bogislav, George Christoph, Ewald und Paul Ernst traten ihre Rechte dem Lieutenant Eggerd George von Damitz ab, der auch das ehemalige alte Kamekensche und jetzige Damitzsche Lehn Pleushagen (a) mit dem dazu gehörigen Gute Kaltenhagen (e), nach dem Theilungsrecesse vom 15 November 1732, erhalten hatte, nach welchem ein Theil des alten Damitzschen Lehns Rützow (b) seinem Bruder, dem Hauptmann Christoph Heinrich von Damitz zugefallen war, nach dessen Tode sein Bruder, der Lieutenant Eggerd George von Damitz nicht nur denselben 1736 erbte, sondern auch den andern Theil von Rützow (b) 1745 von Johann Engelbrecht Müller einlösete. Er verkaufte hierauf das ganze Gut Rützow (b), nach dem Vergleiche vom 30 December 1768, dem geheimen Ober Finanz- Krieges- und Domainenrathe Friederich Wilhelm von Gerlach erblich jedoch also, daß er sich das so genannte Höfchen in Schulzenhagen und den dazu belegenen großen Ort, einen Coßäthenhof in Kaltenhagen, den Krug in Schulzenhagen, den Fischerkathen in Henkenhagen, den bereits durch einen Proceß verlohrnen Predigerbauer in Fritzow, die Mühlencavel, die Bachwiese, die so genannte Legewiese an dem Kaltenhagenschen Bache, und die Fritzowsche Holzcavel vorbehielt, als welche Stücke bisher zu Rützow (b) gehöret hatten, nun aber zu dem Gute Pleushagen geleget wurden. Am 15 September 1781 trat der Lieutenant Eggerd George von Damitz seinen Söhnen die Güter Pleushagen und Schulzenhagen (b) ab, wovon das erste dem Lieutenant Otto Christoph von Damitz, und das letzte dem Eggerd George von Damitz durch das Loos zufielen. Schulzenhagen (c) war ehemals ein altes Wedelstedtsches, ist aber jetzt ein Froreichsches Lehn. Nachdem zwischen dem ehemaligen Besitzer desselben, Christoph Friederich von Heydebreck und den von Froreich wegen der Lehngerechtigkeit ein Rechtsstreit entstanden war, wurde dieses Gut von dem Kaiserlichen Cammergerichte am 18 September 1733 den von Froreich zuerkannt. Nach dem Vergleiche vom 21 Februar 1743, wurde es mit der so genannten Dilgenhufe und dem Endehof in Kaltenhagen, wie auch dem Hofe des Jakob Otte in Borckenhagen erblich von den Söhnen des Richard Joachim von Froreich, den Söhnen des Richard Lorentz von Froreich, nemlich Paul Ernst, Lorenz Wedig und dem Rittmeister und nachmaligen Major Richard Heinrich, von diesen aber am 7 October 1743 dem letzten überlaßen, welcher die Dilgenhufe und den Endehof, auch eine halbe Hägerhufe Ritteracker in Kaltenhagen, nach dem Vergleiche vom 6 Februar 1748, seinem Bruder, dem Lieutenant Lorenz Wedig von Froreich verkaufte, einen Hof in Schulzenhagen und einen Hof in Borckenhagen aber, die bisher Zubehörungen von Kaltenhagen gewesen waren, am 2 October 1771 von dem Rittmeister, Ewald Christian von Damitz kaufte und das Gut Schulzenhagen (c) seinen 4 Kindern hinterließ, die es noch gemeinschaftlich besitzen.

108. Schwartow ¼ Meile von Cörlin südsüdwestwärts und 9 Meilen von Colberg südostwärts, auf der Poststraße von Naugard nach Cörlin, hat 2 ritterfreye Vorwerke und Rittersitze, das Kamekensche und Zandersche Gut genannt, 4 Coßäthen, 2 Krüge,

2 Krüge, 1 Schulmeister, 16 Feuerstellen, gute Holzungen, wovon jedoch, nach dem Vergleiche vom 26 September 1736, eine auf dem Schwartowschen Felde an der Malnowschen Krugkämpen nahe gelegene Holzcavel für 100 Rthlr. dem Christoph Friederich von Podewils zu Malnow verkauft wurde, Fischerey in Teichen und ist ein zu Carvin in der Cörlinschen Synode eingepfarrtes Dorf und altes Podewilsches Lehn. Der Major Peter Ernst von Podewils verkaufte es, nach dem Vergleiche vom 19 May 1738, erblich der Majorin von Galbrecht gebohrnen von Manteufel, deren nach gelaßene Kinder sich am 17 September 1749 also verglichen, daß dem ältern Sohne, dem Cornet Joachim Ernst, das so genannte Kamekensche Gut oder Schwartow (a), dem jüngsten Sohne, Christian Ludewig Erdmann von Galbrecht aber, das so genannte Zandersche Gut oder Schwartow (b) zufielen, welches nachher der erste käuflich an sich brachte. Nachdem dieser 1778 gestorben ist und keine Kinder nach gelaßen hat, stehet das ganze Dorf bis jetzt noch unter der Aufsicht des Königl. Hofgerichts zu Cößlin.

109. Schwellin 1¼ Meilen von Bubliz nordwestwärts, 2¼ Meilen von Belgard ostsüdostwärts und eben so weit von Cößlin südsüdostwärts, in einer ebenen Gegend, auf der Landstraße von Bubliz nach Belgard und Colberg, welche sich hier also theilet, daß die Straße nach Belgard bey dem Dorfe Pobanz vorbey nach Neu Buckow, die Straße nach Colberg aber nach dem nächsten Dorfe Seeger führet, hat außer einem Vorwerke in dem Dorfe ein auf der Feldmark deßelben neu angelegtes Vorwerk, die Brille genannt, 1 Prediger, 1 Küster, der jährlich ein königliches Gnadengehalt von 40 Rthlr. erhält, 6 Bauern, 1 Krug, 1 Schmiede, 13 Feuerstellen und eine zu der Bublizschen Synode gehörige Mutterkirche, deren Filiale die Dörfer Wogenthin und Tiezow sind und zu welcher die Dörfer Groß und Klein Voldekow, Datzen, Crampe, Pobanz, Glienke und Warnin eingepfarret sind. Die Patronen der Schwellinschen Kirche sind der Besitzer von Schwellin, wie auch die Besitzer der zu dieser Kirche gehörigen Filiale und eingepfarrten Dörfer. Bey den Gütern Schwellin und Klein Voldekow sind seit 1772 für 5000 Rthlr. Königliche Gnadengelder beträchtliche Verbeßerungen vorgenommen worden, die nach dem Anschlage jährlich an neuen Einkünften 294 Rthlr. 3 Gr. 6 Pf. einbringen sollen, es haftet aber dagegen eine zu Gnadengehalten für adeliche Wittwen und Waisen bestimmte jährliche Abgabe von 100 Rthlr. auf diesen Gütern. Für die zur Verbeßerung des Guts Schwellin abermals von dem Könige geschenkten 1300 Rthlr. Gnadengelder, wovon die jährlichen Einkünfte, nach dem Anschlage 144 Rthlr. 1 Gr. betragen sollen, muß eine zur Besoldung einiger Landschulmeister bestimmte jährliche Abgabe von 46 Rthlr. aus den Einkünften dieses Guts bezahlet werden. Schwellin und die in dem Belgardschen Kreise gelegenen Güter Klein Voldekow und das Feldgut Gissolk sind alte Kleistsche Lehne. Lorenz Christian von Kleist trat mit seiner Gemahlinn Maria Elisabeth gebohrnen von Kleist am 29 März 1746 diese Güter erblich seinem jüngsten Sohne, dem Hauptmann Hans Bernd von Kleist ab, dessen Geschwister, Ernestina Agnesa, Louisa Eleonora, der Lieutenant Andreas Joachim und der Rittmeister und nachmahlige General major und Chef des Leib Carabinierregiments, Reimar von Kleist mit Gelde abgefunden wurden. Der letzte kaufte diese Güter nach dem Concurs, welcher über Ver

Vermögen seines Bruders, des Hauptmanns Hans Gerd entstanden war und verkaufte sie wieder, nach dem Vergleiche vom 19 September 1766, erblich dem Generallieutenant Friederich Wilhelm von Löfshöfel, deßen Wittwe, die Frau Elisabeth Louisa gebohrne von Brösigke, sie jetzt, nach dem am 14 Februar 1780 erfolgten Tode ihres Gemahls besitzet.

110. Schwemmin 1 Meile von Cöslin, nordnordostwärts, in einem Thale, nicht weit von der Radüe, hat 1 Vorwerk, 1 Windmühle, 10 Bauern, 1 Halbbauer, 3 Coßäthen, 1 Schulmeister, der jährlich ein königliches Gnadengehalt von 40 Rthlr. erhält, 27 Feuerstellen und ist zu Parsow in der Cöslinschen Synode eingepfarret. Für die bey dem Dorfe Schwemmin seit 1773 für 1600 Rthlr. königliche Gnadengelder vorgenommene Verbeßerungen, wovon die jährliche Einkünfte nach dem Anschlage 101 Rthlr. 12 Gr. betragen sollen, haftet eine zur Besoldung einiger Landschulmeister bestimmte jährliche Abgabe von 32 Rthlr. auf diesem Gute, welches ehemals zu Marrin eingepfarret war, wo auch noch jetzt die Einwohner in Schwemmin ihre Todten begraben und ein Allodialgut ist, so die Erben des geheimen Ober-Finanz, Kriegs, und Domainenraths Friederich Wilhelm von Gerlach besitzen. S. Parsow.

111. Seeger ein Rittersitz 2 Meilen von Cöslin, gegen Süden, an der Radüe, auf der Landstraße von Bublitz nach Colberg, hat außer einem Vorwerke in dem Dorfe noch 2 auf der Feldmark desselben gelegene Vorwerke, Klein-Zabelsberg und Neuhof genannt, 1 Wassermühle, 1 Prediger, 1 Küster, 9 Bauern, 1 Schmiede, 21 Feuerstellen, eine zu der Cöslinschen Synode gehörige Mutterkirche, zu welcher die Dörfer Groß- und Klein-Satzpe, Zerrehne, Neblin, Rosnow und Cursewanz eingepfarret sind, gute Holzungen und Fischereien. Der Fähnrich George Friederich von Münchow erbte das alte Münchowsche Lehn Seeger mit seinen Zubehörungen, als den Vorwerken Klein-Zabelsberg, Neuhof und dem Holzkathen zu Naffow von seinem Vater Ewald und verkaufte es, nach dem Vergleiche vom 15 Junius 1756, erblich dem Landrathe Hans Joachim von Kleist, worauf die Präclusion verschiedner Ignasen, jedoch mit Vorbehalt des Näherrechts der in Kriegesdiensten sich befindenden Geschlechtsvettern, durch den Rechtsspruch vom 6 December 1756 erfolgte. Der Landrath von Kleist verkaufte das Gut Seeger mit seinen Zubehörungen, nach dem Vergleiche vom 27 October 1764, dem Generalmajor Hans Gustav von Münchow, nach deßen Tode es, nach dem von ihm am 2 November 1766, errichteten Testamente und der darauf am 19 Julius 1768 vorgenommenen Auseinandersetzung an seine Wittwe, nach deren Tode aber an nachfolgende 6 Erben, als den Oberstlieutenant Bernhard Gustav von Schnell, deßen Schwester, die Fräulein Catharina Ursula von Schnell, Elisabeth Agnesa gebohrne von Eickstedt vermählte von Manteufel zu Rottnow, die Fräulein Anna Dorothea von Eickstedt, die Fräulein Margaretha Sophia Lucretia von Eickstedt und die Fräulein Catharina Maria von Eickstedt am 4 Februar 1769 dergestalt kam, daß ein jeder auf ⅙ an diesem Gute berechtiget ist; jedoch trat der Oberstlieutenant von Schnell seinen ihm zugefallenen Theil seiner Schwester, der Fräulein Catharina Ursula von Schnell ab.

112. Seidel 1¼ Meilen von Cößlin südostwärts, an der Landstraße von Cößlin nach Bublitz und Neu-Stettin, welche etwa 100 Schritte von diesem Dorfe gegen Süden vorbeyführet, hat 1 Vorwerk, 1 Wassermühle, 17 Bauern, 1 Schulmeister, mit Einschließung der in einer Holzung an der rechten Seite der Radüe gelegenen und zu diesem Gute gehörigen so genannten Brückenkruge, 25 Feuerstellen, eine zu der Cößlinschen Synode gehörige Kirche, die ein Filial von Manow ist und zu welcher das Dorf Ponicken und das Vorwerk Grünhof eingepfarret sind; Holzung und Fischerey und ist ein altes Glasenappsches Lehn, welches Paul Friederich August von Glasenapp besitzet. S. Manow.

113. Steepen ein Rittersitz, 1¼ Meilen von Neu-Stettin nordnordostwärts und 2 Meilen von Bublitz südsüdostwärts, auf der Landstraße von Labes, Polzin und Bärwalde nach Danzig, wie auch auf der Landstraße von Belgard und Bublitz nach den Westpreußischen Städten Hammerstein, Conitz und Friedland, hat 1 Vorwerk, 1 Wassermühle, die eine halbe Viertelmeile von dem Dorfe gegen Westen an einem See liegt, 11 Bauern, 4 Halbbauern, 3 Cossäthen, 1 Schulmeister, 1 Schmiede, 24 Feuerstellen, eine zu der Bublitzschen Synode gehörige Kirche, die ein Filial von Casimirshof ist, gute Holzungen und fischreiche Seen. Das Dorf gränzet an die Westpreußischen Dörfer Wittenfelde, Ebersfelde und Schönau und an die Pommerschen Dörfer Dolgen, Casimirshof, Gassenburg und Sparsee und ist ein Allodialgut, welches Johann Joachim Carl von Wenden besitzet. S. Griebnitz.

114. Stoltenberg 2¼ Meilen von Cößlin südsüdwestwärts und 3¼ Meilen von Colberg südsüdostwärts, an dem Krummenwasser und auf der Landstraße von Schlefelbein nach Colberg, hat 1 Wassermühle, 11 Bauern, 3 Halbbauern, 1 Krug, 20 Feuerstellen, eine zu der Cößlinschen Synode gehörige Kirche, die ein Filial von Roglow ist, wenige Holzung und Fischerey. Das Dorf gränzet an die Neumärkschen Oerter, als das Vorwerk Schwarzsee, die Dörfer Falkenberg, Technow und Greuzig und das Vorwerk Viethof, welches das Recht der Hütung auf dem Stoltenbergschen Felde hat und ist ein Blankenburgsches Lehn, welches aus 2 Antheilen bestehet. Stoltenberg (a), welches den grösten Theil des Dorfs begreift, so daß nur ein Bauer und 2 Halbbauern zu Stoltenberg (b) gehören, wurde von George Heinrich von Blankenburg mit lehnsherrlicher Einwilligung vom 6 October 1718, dem Referendarius Mauersberger verkauft. Dieser hinterließ es seiner Wittwe, deren Erben sich am 1 December 1763 also verglichen, daß dieses Gut dem Hauptmann bey der königlichen Garde, Friederich Wilhelm von Tuchsen durch das Loos zufiel. Stoltenberg (b) ist ein zu Moizelwitz (a) gehöriges Gut, welches die Erben des Landraths George Heinrich von Blankenburg besitzen. S. Petershagen.

115. Strachmin ein Rittersitz 2¼ Meilen von Colberg ostsüdostwärts und 2¼ Meilen von Cößlin gegen Westen, auf der Landstraße von Colberg nach Cößlin, hat 1 Vorwerk, 1 Wassermühle, 8 Bauern, 6 Halbbauern, 2 Cossäthen, 1 Krug, bey dessen Verlage die Herrschaft zu Strachmin, nach dem Bescheide der Königl. Regierung vom 21 November 1746 ferner soll geschützet werden, 1 Schmiede, 36 Feuerstellen,

Die adelichen Güter des Fürstenthums Cammin.

stellen, eine auf einem hohen Berge gelegene und zu der Cößlinschen Synode gehörige Kirche, die ein Filial von Strippow ist, guten Acker, Eichen- und Büchenholzungen, wie auch Fischerey. Das Domcapitul zu Colberg verkaufte 1316 seine 10 Hufen in Strachmin und was es aus dem Kruge, der Mühle und an Hünern jährlich daselbst zu heben hatte, für 25 Mark jährlichen Einkommens dem Thessamis von Strachmin. Jetzt ist dieses Gut theils ein altes, theils ein von den von Damitz herrührendes neues Kamekensches Lehn, welches der Geheime Oberfinanz- Krieges- und Domainenrath, Alexander Friederich Graf von Kameke besitzet. S. Hohenfelde.

116. Streckentin 1½ Meilen von Cößlin gegen Süden, in einem Walde, nahe an der Landstraße von Cößlin nach Belgard, welche bey dem hiesigen Kruge vorbey führet, wie auch an der Landstraße, die gegen Osten von Cößlin nach Polzin gehet, ist ein zu Geritz in der Cößlinschen Synode eingepfarrtes ritterfreyes Vorwerk mit einem Cosäthenhofe und ein altes Woldensches Lehn, welches der Major Philipp Ferdinand von Wolde besitzet. S. Thunow.

117. Groß-Streitz 1 Meile von Cößlin nordwestwärts und ⅞ Meile von dem Dorfe Groß-Möllen, in einer ebenen und fruchtbaren Gegend, wird von dem königlichen Dorfe Klein-Streitz durch den Bastschen Bach getrennet, der in den Jamundschen See fällt und hat 3 Vorwerke, 1 Windmühle, wovon 2 Theile zu Neuenhagen, ein Theil zu Groß-Streitz und ein Theil zu Jüdenhagen gehören, 1 Prediger, 1 Küster, 8 Bauern, 1 Pfarrbauer, 4 Cosäthen, 1 Schmiede, eine neuerlich auf der Feldmark des Dorfs erbauete Wohnung für 2 Familien, der Kickick genannt, 20 Feuerstellen, eine zu der Cößlinschen Synode gehörige Mutterkirche, zu welcher die Dörfer Jüdenhagen und Neuenhagen, der adeliche Hof nebst den dazu gehörigen Personen in dem Dorfe Todenhagen und der der Stadt Cößlin gehörige so genannte Stadtkathen eingepfarret sind, Holzung und Fischerey in dem Streitzer Bache, nicht aber in dem Jamundschen See, ob sich gleich die hiesigen Wiesen bis an denselben erstrecken, und ist ein Schmelingsches Lehn, welches aus 2 Antheilen bestehet. Ein Theil des Guts Groß-Streitz (a) fiel nach dem Tode des Burchard Heinrich von Schmeling seinem jüngsten Sohne zwoter Ehe, Otto Wedig und nachher dessen ältesten Bruder erster Ehe, dem Obersten Nicolaus von Schmeling zu, nach dessen Tode dieser Theil an dessen Bruder den Major Gerd Heinrich und von diesem an dessen noch übrig gebliebenen einzigen Bruder, den Hauptmann Siegfried Henning von Schmeling kam, welcher diesen Theil, nach dem Vergleiche vom 26 März 1764, erblich dem Hauptmann Caspar Otto von Schmeling verkaufte. Dieser hatte bereits den andern Theil des Guts Groß-Streitz (a) und Todenhagen (b) als alte Schmelingsche Lehne theils von seinem Vater George Bogislav geerbet, theils von seinem Bruder Bogislav Friederich am 22 October 1737 gekauft und hinterließ seine Güter seiner Wittwe und 7 Kindern, die sich am 5 — 8 März 1777 also auseinandersetzten, daß Groß-Streitz (a) dem Lieutenant bey dem von Winterfeldschen Regimente, Carl George Ludewig, Todenhagen (b) aber dem Lieutenant bey dem von Billerbeckschen Regimente, Otto Wilhelm Bogislav von Schmeling überlaßen wurden. Groß-Streitz (b) ist ein zu Neuenhagen (a) gehöriges Gut, welches der Hauptmann Carl Alexander von Schmeling besitzet. S. Neuenhagen (a).

Das Fürstenthum Cammin.

118. Strippow, 2¼ Meilen von Cößlin westnordwestwärts und eben so weit von Colberg ostsüdostwärts, auf der Landstraße von Cößlin nach Colberg, hat 3 Vorwerke, 1 Prediger, 1 Küster, 10 Bauern, 5 Halbbauern, unter welchen sich der Krüger befindet, 1 Predigerbauer, auf der Feldmark des Dorfs, 1 Holzwärterkathen und 2 Büdner, 44 Feuerstellen, eine zu der Cößlinschen Synode gehörige Mutterkirche, deren Filial das Dorf Strachmin ist, lehmigten und fruchtbaren Acker, Holzung und ist ein altes Kamekenschse Lehn, welches der geheime Oberfinanz- Krieges und Domainenrath, Alexander Friederich Graf von Kamele besitzet. S. Hohenfelde.

119. Teßin 1 Meile von Cößlin gegen Westen, an dem Parnowschen See, welcher zwischen den Dörfern Teßin und Parnow liegt und ¼ Meile. lang und eben so breit ist, auf der Landstraße von Cößlin nach Colberg, hat 2 Vorwerke, 1 Prediger, 1 Küster, 1 Bauer, 3 Halbbauern, 4 Coßäthen, 1 Krug, einen auf der Feldmark des Dorfs gelegenen Kathen, der Knisterkathen genannt, 17 Feuerstellen, eine zu der Cößlinschen Synode gehörige Mutterkirche, deren Filial das Dorf Parnow ist und zu welcher die Dörfer Todenhagen, Plümenhagen und Datzow (b) eingepfarret sind, Holzung und Fischerey und bestehet aus 2 Antheilen. Teßin (a) ist ein altes Münchowsches Lehn. Es fiel nebst dem Gute Iazig, nach dem brüderlichen Theilungsvergleiche vom 5 May 1657, nach dem Tode des Thomas von Münchow seinem Sohne Daniel Venz zu, von welchem es an dessen Sohn George Detlof und von diesem an dessen Sohn, Friederich Wilhelm von Münchow kam, dessen Erben es jetzt besitzen. Teßin (b) ist ein altes Heydebreckschses Lehn. Nach dem Tode des Christian Friederich von Heydebreck erbte es sein einziger Sohn Christoph Friederich, der auch das von seinem Vater am 29 December 1700 verpfändete alte Heydebrecksche Lehn Parnow (d), nach dem Vergleiche vom 28 März 1739, wieder einlösete. Beide Güter geriethen aber in Concurs und wurden von dem Cößlinschen Hofgerichte am 26 October 1763 für den gewürdigten Werth derselben, dem Rittmeister George Christoph von Heydebreck zuerkannt.

120. Thunow ein Rittersitz, 1¼ Meilen von Cößlin südwestwärts, an der Radüe, welche gegen Westen vorbeyfließet, in einer ebenen Gegend, hat 1 Vorwerk, 1 Wassermühle, 1 Windmühle, 7 Bauern, 1 Halbbauer, 1 Coßäthen, 1 Schulmeister, den Krug zu Streckentin, welcher, nach dem Vergleiche vom 28 Julius 1750, zu dem Gute Thunow ist geleget worden, mit Einschließung des Vorwerks Streckentin 18 Feuerstellen, Holzung, Fischerey und ist ein zu Geritz in der Cößlinschen Synode eingepfarrtes Dorf, welches ehemals ein Lehn der von Bulgrin war. Nach dem Tode des Marx von Wolde fielen, nach dem brüderlichen Theilungsvergleiche vom 8 September 1722, die alten Woldenschen Lehne Thunow, Geritz und Streckentin dem Geheimenrathe Gerd Heinrich von Wolde, die in dem Belgardschen Kreise gelegenen Güter und alten Woldensche Lehne, als einige Theile in Bergen und in Volkow oder Bolkow (a) aber dem Bogislav Ernst von Wolde zu, welcher das zu dem Gute Bolkow gehörige und auf der Wusterbartschen Feldmark gelegene Feldgut und Woldensche Lehn Heyde am 27 May 1723 von dem Regierungsrathe Hans Joachim von

Kleist

Die adelichen Güter des Fürstenthums Camnin.

Kleist und deßen Gemahlim Maria Agnesa gebohrnen von Kleist einlösete, einen Theil von Bolkow oder Bolkow (b) aber, nach dem Vergleiche vom 27 Januar 1733 von dem Hauptmann Joachim Ewald von Kleist kaufte. Nach dem Tode des Geheimenraths von Wolde kamen die Güter Thunow, Geriß und Streckentin an seine Brüder, den Landrath Caspar und Bogislav Ernst von Wolde, nach dem brüderlichen Theilungsvergleiche vom 24 Februar 1741 aber an den letzten allein, der auch die in dem Belgardschen Kreise gelegenen alten Woldenschen Lehne Wusterbart (b) und Lankow (a) von seinem Bruder, dem Landrathe Caspar erbte und die Güter Thunow, Geriß, Streckentin, ganz Bolkow, Heyde, einen Theil von Bergen, Wusterbart (b), Lankow (a) und das in dem Belgardschen Kreise gelegene alte Woldensche Lehn Lasbeck (b) seinen Lehnsfolgern, den Gebrüdern, dem Hauptman Carl Erdmann und dem Major Philipp Ferdinand von Wolde hinterließ, denen auch der Generalmajor Primislaus Ulrich von Kleist 3½ Bauern in Bergen mit 7 Hufen am 21 October 1754 abtrat, die sie am 24 September 1756 zu Lehn nahmen. S. Ballenberg. Nachdem sie auch 1732 einen Theil des in dem Neu-Stettinschen Kreise gelegenen alten Woldenschen Lehns Bärwalde (a) nach dem Tode des Capitain-Lieutenant, Jürgen Lorenz von Wolde, als deßen Lehnsfolger und Vaterbrudersohne geerbet hatten, verglichen sie sich am 28 Julius 1750 also, daß Wusterbart (b), Lasbeck (b), Lankow (a), Bergen, Bolkow (b) und der oben erwähnte Theil von Bärwalde (a) dem Hauptmann Carl Erdmann von Wolde, Thunow, Geriß, Streckentin und Bolkow (a) aber dem Major Philipp Ferdinand von Wolde zufielen, welcher sich, nach dem Tode seines Bruders des Hauptmanns Carl Erdmann, mit deßen Wittwe gebohrnen von Gerlach und mit George Heinrich von Zastrow, als dem Curator ihrer Stieftochter am 31 December 1762 also auseinandersetzte, daß er auch die Güter Wusterbart (b), Lasbeck (b), Lankow (a), Bergen, Bolkow (b) und ganz Bärwalde (a), wovon der Hauptmann Carl Erdmann einen Theil, nach dem Vergleiche vom 5 Junius 1749, von dem Generalfeldmarschalllieutenant Casimir Wedig von Zastrow gekauft hatte, in Besitz nahm, Wusterbart (b), Lasbeck (b) und Lankow (a) aber, nach dem Vergleiche vom 4 März 1763, erb- und eigenthümlich dem Hauptmann und gegenwärtigen Landrathe, Friederich Wilhelm von Winterfeld verkaufte.

121. Timmenhagen 2⅓ Meilen von Colberg gegen Osten, hat, außer einem Vorwerke in dem Dorfe, noch 2 zu demselben gehörige Vorwerke, Nitkenhagen und Camphof genannt, 5 Bauern, 4 große und 6 kleine Coßäthen, 1 Krug, 24 Feuerstellen, lehmigten und fruchtbaren Acker, vortrefliche Viehweiden und ist ein zu Schulzenhagen in der Cößlinschen Synode eingepfartes Borckisches Lehn, welches der Generalmajor und Oberhofmeister, Heinrich Adrian Graf von Borcke besitzet. S. Lassehne.

122. Todenhagen 1 Meile von Cößlin westnordwestwärts, in einem Thale, hat 3 adeliche Vorwerke, 11 Bauern, 24 Feuerstellen, fruchtbaren Acker und ziemliche Holzungen. Das Dorf ist zu Teßlin, der adeliche Hof der von Schmeling aber und diejenigen, die an dem herrschaftlichen Tische speisen, sind zu Groß-Streitz in der Cößlinschen Synode eingepfarret. Todenhagen bestehet aus 3 Antheilen. Todenhagen (a) bestehet in einem Vorwerke und 2 Bauern und ist ein Heydebreckisches Lehn, welches

der

der Major Bogislav Gabriel von Schweder besitzet. S. Datzow (a). Todenhagen (b) bestehet in 2 Vorwerken, als dem großen Hofe, das Niedergut, und dem kleinen Gute, der Oberhof genannt, und 6 Bauern und ist ein altes Schmelingsches Lehn, welches der Lieutenant Otto Wilhelm Bogislav von Schmeling besitzet. S. Groß-Streitz (a). Bey dem Gute Todenhagen (b) sind seit 1774 für 1800 Rthlr. königliche Gnadengelder wüste Brücher urbar gemacht, eine Holländerey angeleget und 4 Büdnerfamilien angesetzet worden. Für diese Verbeßerungen, wovon die jährlichen Einkünfte, nach dem Anschlage 161 Rthlr. 16 Gr. betragen sollen, muß eine zur Besoldung einiger Landschulmeister bestimmte jährliche Abgabe von 36 Rthlr. von dem Besitzer dieses Guts bezahlet werden. Todenhagen (c) begreift 3 Bauern und ist ein zu Jüdenhagen (b) gehöriges Schmelingsches Lehn, welches der Lieutenant Johann Heinrich von Froreich besitzet. S. Jüdenhagen (b).

123. Trienke 2 Meilen von Treptow südostwärts und eben so weit von Colberg gegen Süden, hat 3 adeliche Ackerwerke, 4 Schäfereyen, die Hälfte der Drosedowschen Wassermühle, deren andre Hälfte zu dem Gute Drosedow gehöret, 1 Ziegeley, ein auf der Feldmark gelegenes Vorwerk Zauchram genannt, mit einer Schäferey und einem Holzwärterkathen, 1 Kalkofen, 5 Bauern, 1 Krug, bey deßen Verlage die Herrschaft zu Trienke, nach dem Bescheide der Königl. Regierung vom 29 November 1746, ferner soll geschützet werden, 1 Schmiede, 1 Schulmeister, 32 Feuerstellen, eine zu der Treptowschen Synode gehörige Kirche, die ein Filial von Drosedow ist, Holzungen, gute Fischerey in 2 Seen und ist ein altes Manteufelsches Lehn, welches ehemals aus 3 Antheilen bestand. Teßin Erdmann von Manteufel verpfändete einen Theil, welcher etwa die Hälfte des Dorfs ausmachte, nach dem Vergleiche vom 10 April 1739, auf 24 Jahre von Ostern 1739 bis dahin 1763 dem Daniel Kakopp, deßen Schwiegersohn, der Landrath Salomon Meyer zu Colberg denselben 1750 zum Brautschatze mit bekam und ihn seiner Wittwe gebohrnen Kakopp hinterließ. Ein andrer Theil wurde von Henning von Manteufel mit einigen Zubehörungen in Drosedow und Neureße, nach dem Vergleiche vom 10 November 1685, wiederkäuflich dem Hans Caspar von Briesen überlaßen, deßen Sohn Christian Joachim von Briesen, ihn erbte. Den dritten Theil verkaufte Wilke Henning von Manteufel, nach dem Vergleiche vom 12 December 1705, auf 30 Jahre dem Hauptmann Anton von Jvatzhof, deßen Enkelinn, Antoinetta Juliana, eine Gemahlinn des Lieutenant Erdmann Magnus von Pustar, ihn auf die anderweit verschriebenen 30 Jahre, nach dem Vergleiche vom 13 März 1745, dem Christian Joachim von Briesen überließ. Die nachgelaßenen Kinder deßelben, als der Hauptmann Hans Caspar, der Lieutenant Ernst Christian von Briesen und die Wittwe von Bonin gebohrne von Briesen, verkauften die beiden von ihrem Vater geerbten Theile dieses Guts, mit königlicher Einwilligung vom 16 Junius 1761, nach dem Vergleiche vom 6. November 1762, erblich der verwittweten Landräthin Meyer gebohrnen Kakopp, die also jetzt das ganze Gut Trienke besitzet.

124. Darchmin 1¼ Meilen von Cößlin gegen Westen, auf der Landstraße von Cößlin nach Colberg, hat 3 Vorwerke, 1 Wassermühle, 1 Windmühle, eine neuerlich an dem Leimbache angelegte Ziegeley, 1 Prediger, 1 Schulmeister, 7 Bauern, 5 Halbbauern, 1 Predigerbauer, 2 Coßäthen, 1 Krug, 32 Feuerstellen, eine unter dem Patronate

Die adelichen Güter des Fürstenthums Cammin.

tronate der Besitzer der Güter Varchmin (a) und (b) stehende und zu der Cößlinschen Synode gehörige Mutterkirche, zu welcher das Dorf Varchminshagen eingepfarret ist, gute Holzungen, welche Cavelsberg, Leimbach, Heidenholz, Seebach und Obenholz genannt werden, Fischerey in dem Schwarzen= und Burgwaldsee, ein gutes Torfmoor an dem Schwarzensee und bestehet aus 3 Antheilen. Varchmin (a) ein adelicher Wohnsitz, Bitzicker (b) und Varchminshagen (a) sind alte Lehne der von Kameke. Nach dem Tode des Carl Bogislav von Kameke fielen ein Theil in Varchmin (a), das große Gut genannt, und Bitzicker (b) seinem nächsten Lehnsfolger, dem George Heinrich von Kameke zu, dessen Söhne Daniel Friederich und Friederich Wilhelm diese Güter erbten und nachdem sie nicht nur einige von Friederich von Kameke herrührende Theile in Varchmin (a) und in Varchminshagen (a), nach dem Vergleiche vom 13 Januar 1735, von dem Lieutenant Adam Henning von Kameke eingelöset, sondern auch von demselben noch einige andre Theile in Varchmin (a) und in Varchminshagen (a), welche dieser als sein eigenes Lehn besaß, am 1 Februar 1735 gekauft hatten, sich am 13 März 1744 also verglichen, daß Varchmin (a) und Bitzicker (b) mit einem dazu gehörigen Halbbauer in Strachmin, dem ältesten Sohne Daniel Friederich, das Gut Varchminshagen (a) aber dem jüngsten, dem nachmaligen Landrathe Friederich Wilhelm von Kameke zufielen, nach dessen Tode dasselbe, nach dem von ihm am 17 December 1770 errichteten Testamente, ebenfalls seinem einzigen Bruder und nächsten Lehnsfolger, Daniel Friederich von Kameke, eingeräumet wurde. Varchmin (b) ist ein altes Kamekensches Lehn, welches der Hauptmann George Albrecht von Kameke besitzet. S. Cratzig. Varchmin (c) bestehet in einem Bauer und ist ein altes Kamekensches Lehn, welches der Hauptmann Zabel Heinrich von Kameke besitzet. S. Varchminshagen (b).

125. **Varchminshagen** nahe bey dem vorhergehenden Dorfe, von welchem es nur durch einen kleinen Bach, so ostwärts der rothe Bach genannt wird, geschieden wird, hat 2 Vorwerke, 1 Wassermühle, 4 Bauern, 1 Halbbauer, 2 Coßäthen, auf der Feldmark des Dorfs die Kathen Leistkenhagen, Cavelsberg, Siedenwische, die hohle Bach und Katzenhelle genannt, 18 Feuerstellen, Holzung und Fischerey und ist ein zu Varchmin in der Cößlinschen Synode eingepfarretes Dorf und altes Kamekensches Lehn, welches aus 3 Antheilen bestehet. Varchminshagen (a) gehöret dem Daniel Friederich von Kameke. S. Varchmin (a). Varchminshagen (b) und das alte Kamekensche Lehn Varchmin (c) erbte der Lieutenant Adam Henning von Kameke von seinem Vater Jacob Heinrich und verkaufte sie, nach dem Vergleiche vom 1 Februar 1735, den Söhnen des George Heinrich von Kameke, als Daniel Friederich und Friederich Wilhelm, welche sich am 13 März 1744 also verglichen, daß dem ersten Varchmin (c) und dem letzten Varchminshagen (b) zufielen. Nach dem Rechtsspruche vom 10 December 1753, wurden diese Güter nebst dem Pretzelshofe von dem Vormunde der nachgelaßenen Söhne des Lieutenant Adam Henning von Kameke, als des Zabel Heinrich und Daniel Henning Wilhelm von Kameke, wieder eingelöset, welche sich am 28 December 1773 also auseinandersetzten, daß die Güter Varchminshagen (b). Varchmin (c) und Kotlow dem Hauptmann bey dem Möllendorfschen Regimente, Zabel Heinrich von Kameke zufielen. Varchminshagen (c) bestehet in einem Coßäthen, welchen

welchen der Hauptmann George Albrecht von Kameke besitzet. Vor dem 30 jährigen Kriege lag zwischen den Dörfern Varchmin und Varchminshagen nordwärts ein Dorf, welches Wallenhagen hieß und gänzlich zerstöret worden ist, so daß jetzt diese Gegend mit Holzungen und Gebüschen bewachsen ist.

126. **Viverow** 1½ Meilen von Cößlin südostwärts, ist ein zu Wisbuhr in der Cößlinschen Synode eingepfarrtes freyes Feldgut oder Vorwerk mit einiger Holzung und bestehet aus 2 Antheilen. Viverow (a), ein adelicher Wohnsitz, und das in dem Schlawischen Kreise gelegene Gut Kösternitz (b) sind alte Kamelsche Lehne. Nach dem Tode des George Richard von Kamel theilten sich seine Söhne diese Güter und den Antheil an Rattaick (b) am 8 Januar und 4 Februar 1743 also, daß die beyden ältesten, die Lieutenants Peter Christian und Philipp Friederich die Güter Viverow (a) und Kösternitz (b) behielten und dem jüngsten den Antheil an Rattaick (b) überließen. Nachdem die beiden ältesten Brüder und die Wittwe des erstern gestorben waren, nahmen die beiden Töchter desselben, die Frau Louisa Elisabeth Carolina vermählte von Zastrow und die Frau Louisa Hedwig Henrietta vermählte von Liebermann, weil sich keine Lehnsfolger gemeldet hatten, die Güter Viverow (a) und Kösternitz (b) in Besitz. Die letzte hinterließ einen einzigen Sohn, Ewald Wilhelm Christian von Liebermann, welcher mit seiner Mutterschwester der vermählten von Zastrow am 29 April 1778, mit Genehmigung des Königl. Vormundschaftscollegium vom 6 Junius 1778, also auseinandergesetzet wurde, daß ihm Viverow (a) und seiner Mutterschwester Kösternitz (b) durch das loos zufielen. Viverow (b) ist ein altes Glasenappsches Lehn, welches Paul Friederich August von Glasenapp besitzet. S. Manow.

127. **Groß-Vorbeck** 1½ Meilen von Cörlin gegen Westen und 2½ Meilen von Colberg gegen Süden, an der Holzung, die Kämitz genannt, ist ein zu Wartekow in der Cörlinschen Synode eingepfarrtes und mit einer Schäferey verbundenes Vorwerk, zu welchem nach dem Kaufbriefe vom 17 September 1770, ein Coßäthenhof, die 2 Holzcaveln in der Kämitz nebst dem dazu belegenen See, die Fischerey in der Kämitz, in so weit Groß-Vorbeck daran berechtiget ist, die auf dem Groß-Poblothschen Felde belegene Wiesen und andre Zubehörungen sind geleget worden. Dieses Vorwerk gehörte ehemals zu dem Gute Groß-Pobloth und ist ein Blankenburgsches Lehn, welches der Prediger Martin Christian Löper zu Strippow besitzet. S. Groß-Pobloth.

128. **Warnin** 1½ Meilen von Cörlin nordnordostwärts, in einer ebenen Gegend, nahe an der Straße von Cößlin nach Colberg, zwischen den Dörfern Crajiz und Marrin, hat 3 Vorwerke, 5 Bauern, 1 Coßäthen, 17 Feuerstellen und ist ein zu Marrin in der Cörlinschen Synode eingepfarrtes Dorf, welches aus 3 Antheilen bestehet. Warnin (a), wozu ein Theil der wüsten Feldmark Neuenfelde gehöret und Warnin (b) begreift mit Ausschließung des zu Warnin (c) gehörigen Vorwerks das ganze Dorf und ist ein Allodialgut, welches der Rittmeister George Christoph von Heydebreck besitzet. S. Parsow. Warnin (c) ist ein zu Strachmin gehöriges Gut, welches der geheime Oberfinanz Krieges- und Domainenrath, Alexander Friederich Graf von Kameke besitzet. S. Hohenfelde.

129. War-

Die adelichen Güter des Fürstenthums Cammin.

129. **Wartekow** 1¼ Meilen von Cörlin westsüdwestwärts und 2 Meilen von Colberg gegen Süden, nicht weit von der Holzung, die Kämitz genannt, auf der Landstraße von Colberg nach Polzin und Schiefelbein, hat außer 2 Vorwerken und 2 Schäfereyen in dem Dorfe noch ein auf der Feldmark deßelben gelegenes Vorwerk, Klein-Vorbeck genannt, 2 Bauern, unter welchen sich der Krüger befindet, 3 Halbbauern, 14 Feuerstellen, eine unter dem Patronate der Besitzer der Güter Wartekow und Karkow stehende und zu der Cörlinschen Synode gehörige Kirche, die ein Filial von Kamelow ist und zu welcher das Dorf Karkow und das Vorwerk Groß-Vorbeck eingepfarret sind, Holzung, Mast und Fischerey in dem See Kämitz. Auf der Feldmark des Dorfs, wird Kalk- und Ziegelerde, so theils gebrannt, theils zur Düngung auf den Acker gefahren wird, gegraben. Wartekow ist ein altes Blankenburgsches Lehn, welches von Christian Ernst von Blankenburg an seinen einzigen Sohn, den Obersten Christian Friederich kam und nachdem derselbe 1758 bey Königsgrätz geblieben war, deßen einzigen Sohne Dieterich von Blankenburg zufiel, nach deßen Tode seine Mutter, die Oberstin von Blankenburg, gebohrne Gräfin von Schlippenbach dieses Gut erblich besitzet, nachdem die von Blankenburg mit ihren Ansprüchen durch die Rechtssprüche des Königl. Hofgerichts zu Cöslin vom 10 August 1768 und 24 May 1769 sind abgewiesen worden. Für die bey Wartekow seit 1773 für 2700 Rthlr. königliche Gnadengelder vorgenommene Verbeßerungen, wovon die jährlichen Einkünfte nach dem Anschlage 295 Rthlr. 10 Gr. 7 Pf. betragen sollen, haftet eine zur Besoldung einiger Landschullmeister bestimmte jährliche Abgabe von 54 Rthlr. auf diesem Gute. Ein Dreyviertelbauerhof, der außer dem Dorfe Wartekow liegt und ehemals zu dem Gute Rabuhn gehörte, wurde dem Generalmajor und Oberhofmeister, Heinrich Adrian Grafen von Borcke verkauft, der ihn noch jetzt besitzet.

130. **Wendhagen** 2 Meilen von Colberg ostnordostwärts, zwischen Laßehne und Henkenhagen, nahe an der Ostsee und an dem Fuße hoher Sandberge, hat 4 Bauern, 2 Halbbauern, 2 Coßäthen, 10 Feuerstellen, schwarzen, fruchtbaren Acker, und ist ein zu Laßehne in der Cöslinschen Synode eingepfarrtes und gehöriges Dorf, welches der Generalmajor und Oberhofmeister Heinrich Adrian Graf von Borke besitzet. S. Laßehne.

131. **Wißbuhr** ein adelicher Wohnsitz, 1¼ Meilen von Cöslin ostsüdostwärts, hat 2 Vorwerke, 1 Wassermühle, die Nestmühle genannt, die nebst einer neu angelegten Schäferey auf der Feldmark des Dorfs liegt, 1 Prediger, 1 Küster, 6 Bauern, 2 Coßäthen, 1 Krug, verschiedene in der Wisbuhrschen Holzung für königliche Gnadengelder neu erbauete Häuser, 36 Feuerstellen, eine unter dem Patronate des Besitzers dieses Guts und des Magistrats zu Cöslin stehende und zu der Cöslinschen Synode gehörige Mutterkirche, zu welcher das Dorf Stegelin als ein Filial gehöret und die Dörfer Lüptow und Maskow und das Vorwerk Viverow eingepfarret sind, gute Holzungen, Fischerey in verschiedenen bey Wisbuhr gelegenen Seen, als dem Achtersee, Teßin, Roggen, Brünick, Papensee und Debrow und gränzet gegen Norden an den Nestbach. Für die zur Verbeßerung dieses Guts seit 1773 angewandten 4200 Rthlr. königliche Gnadengelder; wovon die jährlichen Einkünfte, nach dem Anschlage 284 Rthlr.

Das Fürstenthum Cammin.

284 Rthlr. 18 Gr. 3 Pf. betragen sollen, muß eine zur Besoldung einiger Landschulmeister bestimmte jährliche Abgabe von 84 Rthlr. von dem Besitzer dieses Guts bezahlet werden, welches theils ein Schwerinsches, theils ein altes Glasenappsches Lehn ist. Der Oberste Felix Bogislav von Schwerin erbte als der einzige Sohn das erste von seinem Vater, dem Hauptmann Heinrich Christoph und hinterließ 3 Söhne, als Friederich Wilhelm Christoph, Wilhelm Heinrich Ferdinand Leopold und Friederich Wilhelm Felix und eine Wittwe Sophia Friederica gebohrne von Bredow, nach deren Tode sich ihre beiden noch lebenden Söhne am 8 August 1772 also auseinandersetzten, daß das Schwerinsche Lehn dem Major Friederich Wilhelm Christoph von Schwerin zufiel, welcher auch das alte Glasenappsche Lehn, so der Rittmeister Peter von Glasenapp von seinem Vater geerbet und nebst allen seinen übrigen Gütern am 26 Februar 1765 seinem einzigen Sohne, Otto Casimir von Glasenapp abgetreten hatte, von demselben, nach den zu Manow am 15 Februar 1774 und zu Potsdam am 12 März 1774 errichteten Verträgen, kaufte.

132. **Wogenthin** ein Rittersitz, 1¼ Meilen von Bublitz westnordwestwärts, an einem Eichenwalde, hat außer einem Vorwerke in dem Dorfe, auf der Feldmark desselben die neue Colonie Friederichshuld, die ⅜ Meile von Wogenthin südwestwärts, dem Mixberge gerade gegen über lieget und aus 2 Bauerhöfen und 2 Häusern für 4 Familien bestehet, das in einem Thale nahe an der Glienkenschen Fichtenheide gelegene Vorwerk Fichthof, das neu angelegte Vorwerk Friederichsfeld, die sogenannte Gründsche Wassermühle, die ⅜ Meile von dem Dorfe an dem Kautelbadye an dem Fuße eines hohen Berges liegt, 1 Ziegeley, 5 Vollbauern, 2 Halbbauern, 1 Coßäthen, 1 Krug, 1 Schmiede, 1 Schulmeister, 39 Feuerstellen, eine zu der Bublitzschen Synode gehörige Kirche, die ein Filial von Schwellin ist und zu welcher das Dorf Jaßthum eingepfarret ist und gute Holzungen. Nicht weit von Wogenthin liegen die so genannten Kautelberge, woraus der Kautelbach entspringt, der, so weit er gehet, die Gränze zwischen dem Fürstenthum Cammin und dem Belgardschen Kreise macht. Auch ist bey diesem Dorfe der so genannte Mixberg zu merken, welcher mit Fichtenbäumen besetzt ist und an 3 bis 4 Meilen weit kann gesehen werden. Der Werth der Güter Wogenthin und Dargen ist durch die in dem Jahre 1772 für 4500 Rthlr. königliche Gnadengelder vorgenommene Verbeßerungen, wovon die jährlichen Einkünfte nach dem Anschlage 238 Rthlr. 6 Gr. 9 Pf. betragen sollen, erhöhet worden, es haftet aber dagegen eine zu Gnadengehalten für adeliche Wittwen und Waisen bestimmte jährliche Abgabe von 90 Rthlr. auf diesen Gütern. Für die seit dem Jahre 1774 abermals für 1100 Rthlr. königliche Gnadengelder bey den Gütern Wogenthin und Jaßthum gemachte Verbeßerungen, die an neuen Einkünften jährlich nach dem Anschlage 72 Rthlr. einbringen sollen, muß eine zur Besoldung einiger Landschulmeister bestimmte jährliche Abgabe von 22 Rthlr. von dem Besitzer dieser Güter bezahlet werden. Der Hofgerichtspräsident George Bogislav von Bonin erbte einen Theil des Guts Dargen von dem Landrathe Bogislav von Bonin, welchen dieser nach den Kaufbriefen vom 10 Julius 1717 und 14 May 1720 erblich von Peter von Kleist gekauft hatte, und nachdem er einen andern Theil des Guts Dargen nach dem Vergleiche vom 12 April 1741 erblich von George

Hein-

Die adelichen Güter des Fürstenthums Cammin.

Heinrich von Kleist gekauft hatte, trat er am 11 October 1753 das alte Boninsche Lehn Wogenthin seinem Sohne George Caspar von Bonin ab und vermachte in seinem Testamente vom 23 März 1764 seinem Enkel George Friederich Felix von Bonin das ganze Gut Dargen und das alte Boninsche Lehn Jarchum, welches aber, nachdem das angeführte Testament durch die Urthel vom 14 Junius 1765 und 23 März 1767 war aufgehoben worden, ebenfalls dem George Caspar von Bonin zuerkannt wurden.

133. Wussecken ein Rittersitz, 1 Meile von Janow nordwestwärts, gränzet gegen Süden an den Nestbach und gegen Westen an den Jamundschen See, wovon Ztel zu den Gütern Wussecken, Repkow, Kleist und Lase gehöret, hat 1 Vorwerk, 1 Wassermühle, 1 Prediger, 1 Küster, 11 Bauern, 3 Coßäthen, 29 Feuerstellen, eine zu der Cößlinschen Synode gehörige Mutterkirche, zu welcher die Dörfer Repkow, Kleist und Lase eingepfarret sind, Holzungen, Strandgerechtigkeit, Fischerey und war in ältern Zeiten wegen der vielen Wallfahrten, die hieher geschahen, berühmt. Wussecken, Lase, Kleist und ein Theil in Repkow waren ehemals alte Lehne der von Bulgrin, nach deren Abgange der Generallieutenant von Beschefer also mit diesen Gütern belehnet wurde, daß sie als weibliche Lehne auch seinen Töchtern zufallen sollten. Er vermachte sie daher in seinem Testamente vom 17 October 1730 seiner ältesten Tochter, Johanna Charlotta von Beschefer, deren Gemahl, der Großcanzler Samuel Freyherr von Cocceji ihr Lehnsträger war und das von Heydebrecksche und von Zarthsche Lehn in Repkow von dem Landrathe Conrad Tessen von Heydebreck, nach dem Vergleiche vom 23 August 1733 kaufte, auch die von Zarth am 13 Februar 1734 absand. Durch das Rescript vom 10 May 1752 wurden diese Güter allodificiret und, nach dem Testamente der Großcanzlerinn von Cocceji vom 3 May 1765, also unter ihre Söhne getheilet, daß Wussecken und Lase ihrem 2ten Sohne, dem ehemaligen Gesandten an dem Königl. Schwedischen Hofe und gegenwärtigen Obersten und Generaladjutanten, Johann Friederich Heinrich Freyherrn von Cocceji, Repkow und Kleist aber dem jüngsten Sohne, dem Königl. Polnischen Generalmajor Carl Friederich Ernst Freyherren von Cocceji zufielen, nach deßen Tode seine Güter an seine 5 Erben, als an seine beiden Brüder, den Oberamtsregierungspräsidenten zu Glogau, Carl Ludewig und den Obersten Johann Friederich Heinrich Freyherren von Cocceji, an seine Schwester, die Generallieutenant von Platen Sophia Susanna Charlotta gebohrne Freyin von Cocceji und seine Schwesterkinder, den Oberamtsregierungsreferendarius Carl Philipp Ernst Freyherren von Wernezobre und die Baroneße Amalia von Wernezobre kamen.

134. Zeblin oder Zebbelin ein Rittersitz, ½ Meile von Bublitz gegen Norden, auf einem Berge, hat 1 Vorwerk, 1 Wassermühle, die nicht weit von dem Dorfe gegen Norden auf der Landstraße von Bublitz nach Pollnow und Schlawe liegt und von der Rabüe getrieben wird, 10 Bauern, 3 Coßäthen, 1 Krug, 1 Schmiede, 20 Feuerstellen, eine zu der Bublitzschen Synode gehörige Kapelle, die ein Filial von Curow ist, Holzungen, Fischerey und ist der Geburtsort des berühmten Dichters, des Majors Ewald Christian von Kleist. Auf der Feldmark dieses Dorfs liegen auch die

so genannten Zeblinschen Buschgüter, die aber von Joachim Ewald von Kleist in den Jahren 1726 und 1732 dem Hauptmann Bernd von Kleist verkauft wurden und jetzt zu dem in dem Belgardschen Kreise gelegenen Gute Schmenzin gehören. Das ehemalige Kleistsche Lehn Zeblin wurde von Joachim Ewald von Kleist 1735 wiederkäuflich auf 30 Jahre dem Hans Paul von Hambold, von diesem am 2 März 1739 dem Heinrich Ludewig von Meseritz und von diesem am 15 April 1744 auf die noch übrigen Wiederkaufsjahre dem Peter von Puttkammer verkauft, dessen Wittwe Barbara Maria gebohrne von Heydebreck ihr Pfandrecht an diesem Gute, so wie der Lieutenant Ewald Christian von Kleist sein Lehnrecht an demselben am 4 Januar und 18 Februar 1748 dem Hauptmann Matthias Reimar von Kleist abtraten. Nach dessen Tode wurde dieses Gut von seiner Wittwe, Christiana Maria gebohrnen von Reder, mit der am 30 Junius 1757 ertheilten Genehmigung des Hofes, am 26 August 1757 dem Hauptmann Johann Joachim von Kleist und von diesem am 24 December 1757 für einen Pfandschilling auf 25 Jahre dem Curt Heinrich von Wussow verkauft, welcher sein Recht an diesem Gute am 12 May 1759 dem Johann Carl Birkholz, und weil dieser zu dem Besitze desselben die königliche Genehmigung nicht erlangen konnte, am 27 Julius 1762 dem Major Lebrecht Otto von Gerlach abtrat und verkaufte. Von diesem wurde dieses Gut, nachdem das Geschlecht der von Kleist mit dem Vorkaufs- und Wiedereinlösungsrechte am 22 May 1765 war präcludiret worden, dem David Knack verpfändet.

135. Zerrehne, ein Rittersitz, 2 Meilen von Cößlin gegen Süden, hat 1 Vorwerk, eine auf der Feldmark des Dorfs gelegene Wassermühle, 5 Bauern, 6 Coßäthen, 1 Krug, bey welchem die Landstraße von Bublitz nach Colberg vorbeyführet, 1 Schulmeister, 1 Schmiede, 52 Feuerstellen und ist zu Seeger in der Cößlinschen Synode eingepfarret. Zu dem Gute Zerrehne gehöret auch das auf der Feldmark desselben gelegene Vorwerk Zabelsberg, welches ein freyes Rittergut ist. Es ist das älteste Lehn der von Münchow in dem Fürstenthum Cammin und deren Stammhaus, aus welchem sie alle herkommen; daher auch alle 6 Linien der von Münchow, die ihren Namen von dem Dorfe Mönchow auf der Insel Usedom angenommen haben, jede den sechsten Theil der Lehnsgerechtigkeit an Zabelsberg haben. Für die bey Zerrehne seit 1772 für 6500 Rthlr. königliche Gnadengelder vorgenommene beträchtliche Verbesserungen, wovon die jährlichen Einkünfte, nach dem Anschlage 472 Rthlr. 14 Gr. 30 Pf. betragen sollen, muß eine zu Gnadengehalten für adeliche Wittwen und Waisen bestimmte jährliche Abgabe von 130 Rthlr. von dem Besitzer dieses Guts bezahlet werden. Zabelsberg fiel nach dem Tode des Alexander Adam von Münchow seinem einzigen Sohne, dem Major George Friederich zu, welcher auch das alte Münchowsche Lehn Zerrehne als Lehnsfolger von dem Oberstlieutenant Anton von Münchow 1742 erbte und nach seinem 1768 erfolgten Tode beide Güter seinem einzigen Sohne, und männlichen Erben dem Cammerherrn Alexander Wilhelm von Münchow hinterließ, der solche, nach der mit seiner Mutter Johanna Christiana gebohrnen von Conradt und seiner Schwester am 6 May 1764 vorgenommenen Auseinandersetzung, in Besitz nahm und, nach dem Vergleiche vom 5 December 1774, das sämtliche Holz an Eschen, Eichen und Birken ohne Ausnahme in seinen bestimmten Gränzen und Maß-

Die adelichen Güter des Fürstenthums Cammin. 611

Mahlen von dem so genannten Michaelsgrunde bis an die Loßkermühle an beiden Seiten des Mühlenbachs, von dem Lieutenant George Heinrich von Münchow für 800 Rthlr. kaufte.

136. Zethun ein Rittersitz, ⅜ Meile von Pollnow südwestwärts, an einem kleinen fischreichen See, hat 1 Vorwerk, 5 Bauern, 1 Halbbauer, 2 Coßäthen, 16 Feuerstellen, ziemliche Holzungen, gute Fischerey und war ehemals zu Curow, ist aber seit 1712 zu Gerbin in der Schlawischen Synode eingepfarret. Für die bey dem Gute Zethun seit einigen Jahren für 1600 Rthlr. königliche Gnadengelder vorgenommene Verbeßerungen, wovon die jährlichen Einkünfte, nach dem Anschlage überhaupt 80 Rthlr. betragen sollen, muß eine jährliche Abgabe von 32 Rthlr. von dem Beßher dieses Guts bezahlet werden, welches außerdem an das königl. Amt Bublitz, wegen einer alten Domainenansprache, einen jährlichen Kanon von 20 Rthlr. geben muß. Zethun ist ein altes Glasenappsches Lehn, welches Joachim von Glasenapp von seinem Vater Joachim erbte und es seinem einzigen Sohne, Friederich Ewald von Glasenapp hinterließ.

137. Zewelin ¼ Meile von Cößlin südostwärts, in einer ebenen Gegend, hat ein kleines Vorwerk, 14 Bauern, 1 Schulmeister, 19 Feuerstellen und ist ein zu Manow in der Cößlinschen Synode eingepfarrtes Bauerdorf, welches größtentheils ein altes Glasenappsches, theils aber auch ein Münchowsches Lehn ist und dem Paul Friederich August von Glasenapp gehöret. S. Manow.

138. Zuchen ein Rittersitz ⅜ Meile von Zanow gegen Norden, hat 1 Vorwerk, 1 Windmühle, 7 Bauern, 8 Coßäthen, 1 Krug, 1 Schulmeister, 26 Feuerstellen, eine zu der Cößlinschen Synode gehörige Mutterkirche, zu welcher nach der Kirchenmatricul von 1618 die Kirche in der Stadt Zanow als ein Filial gehöret und das Dorf Schübben eingepfarret ist, das Patronatrecht in Zanow und Zuchen und gränzet ostwärts an das adeliche Dorf Repkow und an das zu dem Rügenwaldeschen Amte gehörige Dorf Wandhagen, gegen Süden an das Dorf Schübben, gegen Westen an den Nestbach und gegen Norden an das adeliche Dorf Kleist. Der Landrath Jacob Adrian von Heydebreck lösete das alte Heydebrecksche Lehn Zuchen von den von Schwerin ein und hinterließ es nebst dem alten Heydebreckschen Lehne Schübben seinem Bruder und Lehnsfolger, dem Landrathe Conrad Teßen von Heydebreck, welcher diese beiden Güter nebst einem Antheil an der Mockerschen Heide am 7 Julius 1741 auf 20 Jahre wiederkäuflich dem wirklichen Geheimen Staatsminister und Oberpräsidenten Philipp Otto von Grumbkow verkaufte, nach deßen Tode dieselben, nach dem brüderlichen Theilungsvergleiche vom 11 November 1752, seinem ältern Sohne, dem Oberstlieutenant und nachmaligen Generalmajor, Philipp Wilhelm von Grumbkow überlaßen wurden. Dieser verkaufte diese Güter mit der von den Gebrüdern von Heydebreck, nach dem Vergleiche vom 20 Januar 1763, ertheilten Einwilligung in den erblichen Verkauf derselben, am 16 März 1763 dem Krieges- und Domainenrathe Christian Albrecht von Hirsch, deßen Wittwe, Charlotta Eleonora gebohrne von Heydebreck sie jetzt besitzet.

139. Zürkow 1 Meile von Cörlin gegen Norden, in einem Thale, hat 6 Bauern, 17 Feuerstellen und ist ein zu Marrin in der Cörlinschen Synode eingepfarrtes Bauerdorf, welches aus 2 Antheilen bestehet. Zürkow (a) hat 4 Bauern und ist ein altes Blankenburgsches Lehn. Es fiel nach dem Tode des Bernd von Blankenburg, und nachdem dessen Gemahlinn am 11 April 1729 einen Bauerhof gekauft hatte, nach dem Theilungsrecesse vom 26 October 1734 seinem Sohne, dem Hauptmann Dionysius Friederich von Blankenburg zu, welcher dieses Gut am 23 October 1741 dem Generallieutenant von Platen verkaufte. Nachdem aber die Vettern und Gebrüder von Blankenburg, nemlich der Lieutenant Curt Christoph und Henning Bernd zu dem Vorkaufsrechte waren verstattet worden und am 17 April 1743 dem Generallieutenant von Platen den Kaufpreiß bezahlet hatten, nahmen sie dieses Gut in Besitz, welches, nach dem Tode des Lieutenant Curt Christoph von Blankenburg, dessen Bruder, dem Henning Bernd von Blankenburg allein zufiel. Die Gebrüder, der Lieutenant Friederich und der Fähnrich Bernd Philipp von Blankenburg aus dem Hause Moitzelin lösten es hierauf, nach dem Rechtsspruche des Cößlinschen Hofgerichts vom 11 März 1765, für den gewürdigten Werth wieder ein und verkauften 2 Höfe dem Freymann Hans Schünemann, einen Hof dem Freymann Joachim Christian Schünemann und einen Hof dem Freymann Jacob Conrad, nach dem Vergleiche vom 13 Februar 1767 auf 24 Jahre mit Vorbehalt der Gerichtsbarkeit und Jagd. Zürkow (b) hat 2 Bauern und ist ein neues Platensches Lehn, welches jetzt die Justizräthin Wißmann mit ihren Kindern erster Ehe besitzet. S. Marrin.

II. Das Domcapitul Colberg

macht einen besondern Kreis in dem Herzogthum Pommern aus und hat folgende Dörfer, als:

1. Bartin 1½ Meilen von Colberg südostwärts, hat 6 Vollbauern, 2 Halbbauern, 2 Coßäthen, 6 Einlieger, 16 Feuerstellen, und ist zu Zwielipp in der Colbergschen Synode eingepfarret. Nach einer Urkunde von 1332 verkaufte der Bischof Friederich mit Einwilligung des Domcapituls zu Cammin und besonders des damaligen Dekanus Johann Bolentin, die Dörfer Bartin und Damgard, welche ehemals zu dem Dekanat des Domcapituls zu Cammin gehörten, für 1600 Mark Denarien, an das Testament von Wiba und das Capitul zu Colberg.

2. Bogentin in alten Urkunden Buggentin genannt, 1 Meile von Colberg südsüdostwärts, an der Persante, hat eine zu dem königlichen Amte Colberg gehörige Wassermühle, von welcher aber jährlich 9 Scheffel Roggen und 1 Rthlr. an Gelde an das Domcapitul zu Colberg gegeben werden müssen, 9 Vollbauern, 10 Feuerstellen, fruchtbaren Acker und ist zu Zernin in der Colbergschen Synode eingepfarret. Nach einer Urkunde, welche sich in einem Bestätigungsbriefe des Bischofs Philipp von 1379 befindet, übergab die Herzoginn Anastasia, des Herzogs Bogislous I. Wittwe, dieses Dorf ihrem Prinzen Casimar, der dasselbe mit allen seinen Zubehörungen, mit Genehmigung seiner Mutter, der Marienkirche zu Colberg zur Zeit des Bischofs

Bischofs Sigewin schenkte. Diese Schenkung wurde nicht nur von der nachgelassenen Wittwe des Casimar, der Herzoginn Ingardis, als der Mitregentinn und Vormünderinn ihres Prinzen Wartislaus III. in einer Urkunde ohne Jahrzahl, die aber etwa in das Jahr 1221 fällt und den Capitularen zu Colberg zugleich die Dörfer Garrin und Sabow beyleget, sondern auch von dem Herzoge Wartislaus III. 1262 bestätiget. Die Gränzstreitigkeiten zwischen den Dörfern Bogentin und Pustar wurden durch den Receß von dem Jahre 1363, die Streitigkeiten wegen der Fischerey in der Persante aber 1564 an dem Mittwoche nach Quasimodogeniti durch einen Spruch entschieden, nach welchem den Bogentinschen Einwohnern zwar mit Staffwaden, aber mit keinem grossen Garn zu ziehen erlaubt seyn soll. Sie waren ehemals zu der Colbergschen St. Gertrudkirche eingepfarret und ihr Weg nach derselben wurde ihnen durch eine über die Persante nicht weit von der Altstadt geschlagene Brücke erleichtert. Nachdem aber diese Brücke nebst der Kirche 1630 von den Kaiserlichen Truppen war abgebrochen worden, wurde das Dorf Bogentin der Gertrudkirche abgenommen und der Zerninschen beygeleget. Dies ist der Grund, warum der Prediger bey der heil. Geist- und ehemaligen Gertrudkirche in Colberg noch jetzt jährlich einen Scheffel Roggen von einem jeden Bauer und ¼ Scheffel von dem Müller in Bogentin erhält, da hingegen der Prediger zu Zernin nur ⅛ Scheffel kleines Maaß von einem jeden empfängt.

3. Damgard 1½ Meile von Colberg in Süd-Südost zu Ost, hat 9 seit dem 7jährigen Kriege errichtete Bauerhöfe, 9 Feuerstellen, fruchtbaren Acker und ist zu Zernin in der Colbergschen Synode eingepfarret. In der Matricul des Capituls findet man eine Nachricht von der Gränze der Dörfer Zernin, Bartin, Damgard und Bogentin, wie sie in dem Jahre 1520 von dem Bischofe Martin Carith gezogen worden ist. In dem Jahre 1761 wurde das Dorf Damgard von den Russischen Truppen dem Erdboden gleich gemacht und nachher wieder aufgebauet.

4. Degow 1 Meile von Colberg südostwärts, ¼ Meile von der Persante und 1 Meile von der Ostsee, auf der kleinen Landstraße von Colberg nach Cößlin, in einer ebenen Gegend, hat 1 Prediger, 10 Bauern, 5 Halbbauern, 4 Coßäthen, 1 Predigerwittwenhaus, 21 Feuerstellen, eine zu der Colbergschen Synode gehörige Mutterkirche, zu welcher die Dörfer Stoikow, Mechentin und Ganzkow eingepfarret sind, saubigen Acker und wenige Wiesen. Die einzigen Patronen der hiesigen Kirche sind der Dekanus und Cantor des Capituls zu Colberg, denen auch allein die Gerichtsbarkeit über dieses Dorf zustehet, welches 1334 durch einen Tausch an den Bischof Friedrich kam, der sich genöthiget sahe, es nach einer Urkunde von 1336 den Executoren des Stegheltzschen Testaments zu verkaufen. Der Streit wegen des Torfmoors, so zwischen den Dörfern Degow und Ganzkow liegt, wurde durch einen zwischen den Prälaten des Domcapituls und dem Besitzer des Guts Ganzkow, Adam von Podewils, am 7 October 1657 geschlossenen Vergleich beygeleget.

5. Garrin 1 Meile von Colberg gegen Süden, hat 1 Prediger, 1 Freyschulzenhof mit 4 Hufen, 20 Bauern, 9 Coßäthen, 1 Schmiede, 31 Feuerstellen, eine zu

der Colbergschen Synode gehörige Mutterkirche, deren Patron das Domcapitul zu Colberg allein ist und zu welcher die Dörfer Rossenthin, Seefeld und Semmerow eingepfarret sind, eine kleine Fichtenholzung und wurde nach der bereits oben bey Bogentin angeführten Urkunde von der Herzoginn Ingardis dem Domcapitul zu Colberg geschenket.

6. Mechentin hat 2 dem Domcapitul zu Colberg gehörige Bauerhöfe mit 1⅝ steuerbaren Landhufen und 2 Feuerstellen. Mechentin gehörte ehemals dem Domcapitul zu Cammin, der Bischof Heinrich verkaufte aber mit Einwilligung desselben, nach einer Urkunde von 1314 vier Hufen in diesem Dorfe an das Domcapitul zu Colberg. Der größte Theil des Dorfs ist adelich. S. Mechentin unter den adelichen Gütern des Fürstenthums Cammin.

7. Pretmin ½ Meile von Colberg südwestwärts, hat 12 Bauern, 6 Coßäthen, 20 Feuerstellen und ist zu Nehmer in der Colbergschen Synode eingepfarret. Dieses Dorf gehörte ehemals zu der Johanniskirche auf der Altstadt Colberg. Die Herzoge Barnim I. und Wartislaus III. bestätigten 1236 nicht nur dieser Kirche den Besitz des Dorfs Pretmin sondern auch das Patronatrecht über dieselbe dem Kloster St. Albrecht, welches 1333 Pretmin dem Bischofe Friederich von Cammin abtrat.

8. Rossenthin ½ Meile von Colberg gegen Süden, in einem Thale, nahe an der Persante, hat, in so fern es dem Domcapitul zu Colberg gehöret, 6¼ Vollbauern, 1 Halbbauer, 11 Feuerstellen, 3⅞ steuerbare Landhufen und ist zu Garrin in der Colbergschen Synode eingepfarret. Rossenthin gehörte ehemals den von Ramel, die es an Conrad Witte und die beiden Bürger in Colberg, Conrad von Munster und Hinz nach dem Kaufbriefe von 1302 verkauften, welcher Kauf von dem Bischofe Heinrich 1304 bestätiget wurde. Die Besitzer des Dorfs schenkten von Zeit zu Zeit einen Theil desselben nach dem andern dem Domcapitul zu Colberg. Ein Theil in Rossenthin gehöret dem Magistrat zu Colberg. S. Rossenthin unter den Eigenthumsgütern der Stadt Colberg.

9. Seefeld 1 Meile von Colberg südsüdwestwärts, an einem kleinen See, hat 7 Bauern, 9 Coßäthen, 19 Feuerstellen, ein kleine Holzung von Eichen und Birken und ist zu Garrin in der Colbergschen Synode eingepfarret. Der Bischof Hermann schenkte nach einer Urkunde von 1280 das Dorf Seefeld, welches zu den Slavischen Zeiten Woluzne hieß, eigenthümlich dem Domcapitul zu Colberg, zur Ersetzung des dem Bischofe dagegen abgetretenen Zehnten des Dorfs Bork. In dem Jahre 1462 wurde Seefeld, bey den damaligen Streitigkeiten der Stadt Colberg mit dem Dinnies von der Osten, verwüstet, von dem Decanus und nachmaligen Bischofe Martin Carith aber aus seinen eigenen Mitteln, nach der mit dem Capitul 1496 getroffenen Verabredung, völlig wieder aufgebauet. Der langwierige Streit, den das Domcapitul mit dem Magistrat zu Colberg wegen der Gränze der Dörfer Seefeld und Groß Jestin vor dem bischöflichen Hofgerichte führte, wurde endlich am 29. August 1570 durch einen gütlichen Vergleich beygeleget, den der Herzog und Bischof von Cammin, Johann Friederich, in eben demselben Jahre und das Camminsche Domcapitul am 21 September 1571 bestätigten.

10. Tramm

Das Domcapitul Colberg.

10. Tramm ¾ Meile von Colberg südostwärts, in einem Thal, hat 12 Bauern, 2 Halbbauern, 15 Feuerstellen, fruchtbaren Acker, eine mittelmäßige Holzung, worinn sich eine Holzwärterwohnung befindet, das Recht eine Windmühle anzulegen und ist zu Zernin in der Colbergschen Synode eingepfarret. Die Einkünfte des Dorfs Tramm, welches in der Urkunde des Bischofs Hermann von 1276, worinn er die Güter und Privilegien des Domcapituls zu Colberg bestätiget, schon als ein Eigenthum desselben angeführet wird, gehören allein dem Dompropste. In dem Jahre 1761 wurde dieses Dorf, bey der letzten Belagerung der Stadt Colberg, von den Rußischen Truppen dem Erdboden völlig gleich gemacht, es ist aber nachher wieder aufgebauet worden.

11. Zernin in alten Urkunden Cernyn genannt, 1 Meile von Colberg südostwärts und ¼ Meile von der Ostsee, zwischen welcher und dem Dorfe der ¼ Meile von demselben entfernte Colbergsche Stadtwald lieget, hat einem nicht weit von dem Dorfe gelegenen Krug, Strobsack genannt, 1 Prediger, 1 Freyschulzenhof, 15 Bauern, 2 Halbbauern, 9 Caßäthen, 1 Predigerwittwenhaus, 30 Feuerstellen, eine unter dem Patronate des Domcapituls und des ältesten Bürgermeisters zu Colberg stehende und zu der Colbergschen Synode gehörige Mutterkirche, zu welcher die Dörfer Tramm, Bogentin, Damgard und Pustar eingepfarret sind, fruchtbaren Acker, aber wenige Wiesen. Der Bischof Conrad verkaufte im Jahre 1319 den ihm gehörigen Antheil von 10 Hufen in Zernin für 300 Mark dem Capitul zu Colberg, der übrige Theil von Zernin aber, welchen Wulf Schmeling besaß, wurde von demselben, nach der von dem Bischofe Arnold 1330 ertheilten Bestätigung, an den Canonicus Ludewig von Wida für dessen Dorf Peterwitz vertauscht. Dem Dorfe Zernin ist das Feld, die Metlow genannt, seit 1308 beygeleget worden, als der Bischof Heinrich dem Capitul das Dorf Dargheliz und den halben Zehnten zu Renow abnahm, um solche der Cörlinschen Castellanen beyzulegen, und dagegen dem Colbergschen Capitul den halben Zehnten in Pustar und 3 Drömt Hafer in Blsicker und das Feld Metlow bey Zernin ertheilte. Die Kirche in Zernin wurde 1281 von dem Bischofe Hermann eingeweihet, welcher sie mit guten Einkünften versahe und zu derselben die Dörfer Damgard, Pustar, Tramm und Coylow einpfarrete. Coylow war ein kleines in dem Colbergschen Stadtwalde gelegenes Dorf, welches in dem 30 jährigen Kriege völlig zerstöhret worden ist.

III. Der Belgard-Polzinsche Kreis

gränzet gegen Norden und Osten an das Fürstenthum Cammin, gegen Süden an den Neu-Stettinschen Kreis, gegen Westen an die Neumark und begreift

I. Eine Immediatstadt, nemlich:

Belgard in der Slavonischen Sprache Bialgrod, das ist, weiße Burg, und ehemals auch Belegarde, ist ganz mit Wasser umgeben und lieget gegen Mittag an der Persante, gegen Mitternacht aber an einem großen Mühlenbache, die Leitznitz genannt,

Der Belgardsche Kreis.

nannt, welcher die Stadt und das zwischen derselben und der alten Vorstadt gelegene Schloß von der letzten scheidet und etwa 2000 Schritte von der Stadt hinter der Scharfrichterey in die Persante fällt, 1 Meile von Cörlin, 3 Meilen von Cößlin, Polzin und der Neumärkschen Stadt Schiefelbein, 4 von Colberg und Bublitz, 5 von Treptow an der Rega, 6 von Neu-Stettin und 2½ Meilen von der Ostsee. Die Stadt ist mit einer vortreflichen, starken Mauer umgeben, die sich, ihres hohen Alterthums ohnerachtet, noch in gutem Stande befindet, und hatte ehemals auch tiefe Wassergraben und hohe Wälle, welche man aber abtragen und die morastigen Gegenden auf der neuen Vorstadt damit ausfüllen ließ, damit die neuen Straßen in gerader Linie angeleget werden konnten. Von den beiden Thoren wird das eine gegen Morgen das Hohe- und das andre gegen Abend das Mühlenthor genannt. Das erste führet zur neuen, das andre aber zur alten Vorstadt. Auf dem hohen Thore befinden sich, außer der Wohnung für den Gefangenwärter und Armenvoigt, noch 2 Gefängniße für Verbrecher, dergleichen auch auf dem Mühlenthore angeleget sind. Außerdem sind noch 5 Wasserpforten in der Mauer angebracht, die zu dem Mühlenbache und den Wassergraben führen. Jede Vorstadt hat aber auch 2 Thore, als die alte Vorstadt das Cörlinsche und das Stargardsche oder Schiefelbeinsche Thor, und die neue Vorstadt das Cößlinsche und Heuthor, aus welchem der Weg nach Polzin, Bublitz und Neu-Stettin gehet. So wohl vor dem Cörlinschen, als dem Heuthore, sind die Wege auf beiden Seiten mit verschiedenen Arten von Obst- und andern nutzbaren Bäumen in gerader Linie auf ½ Meile weit besetzet. Nahe um die Stadt sind 16 öffentliche Brücken, und 3 bis 4 Reihen von Weiden umgeben die äußere Seite der Stadtmauer. Die Straßen und Gaßen der Stadt werden die Hohethorsche- Heer- Herren- Neue- Bader- Nachtwächter- Neue- Rüther- Prediger- Kirchen- Wasserpforts- Tuchmacher- Stadthofs- und Hospitalgaße; auf der neuen Vorstadt die St. Petri Kirchen- die St. Gertrud- und Gärbergaße, die Scheunengaßen daselbst aber die Gertrud- Scheunen- Färber Scheunengaße oder der Färbergang, die Jakobs Scheunen- und die Kotzen Scheunengaße und auf der alten Mühlenthorschen Vorstadt die Breite- St. Georgenkirchenstraße die Schnackenburgsscheunengaße, der Vogelgesang und der Wandrahmengang genannt. In der Stadt und in den Vorstädten zählet man 333 Feuerstellen, welche zu 70023 Rthlr. in der Feuersocietät versichert sind und mit Ausschließung der hier mit dem Stabe in Garnison stehenden 4 Compagnien des Cuirassierregiments des Prinzen Ludewig von Würtenberg, von 1582 Seelen bewohnet werden. In einiger Entfernung von den Vorstädten stehen 157 Scheunen, hinter denen sich die fruchtbarsten Gärten befinden. In der Stadt und in den Vorstädten sind 17 öffentliche Brunnen von gesundem Wasser, und mitten auf dem vierecktigten mit 4 Pumpen versehenen Markte stehet das maßive Rathhaus, das 1679 mit dem Sprützenhause und mit den Fleisch- und Brodscharren erbauet und mit einem Thurm, worauf sich eine Uhr befindet, gezieret worden ist. Das hiesige Schloß, das jetzt die Wohnung des königlichen Beamten ist, wählte der Herzog Wartislav IV. zu seiner Residenz, nachdem er sein festes Schloß zu Anklam den Augustinermönchen zu einem Kloster eingeräumet hatte; nachher aber wurde hier von dem Könige und Herzoge Erich ein Schloßhauptmann bestellet. Ihm war das Schloß- und Burggericht über den Belgardschen und Polzinschen Kreis anvertrauet, das aber am 19 December

Die Stadt Belgard. 617

der 1661 eingezogen und dem Hofgerichte in Cößlin und 1720 dem Cößlinschen zu gleget wurde. Die St. Marien- oder Pfarrkirche wurde zwar, nachdem sie am 6 May 1506 eingeäschert worden, 1517 wieder mit einem Thurm versehen, weil er aber oft von dem Blitze getroffen worden war, so fand man für gut, ihn 1561 wieder abzubrechen und niedriger zu bauen. In dem Jahre 1677 am 4 May brannte die Kirche abermals ab, so daß nur ihre Mauern stehen blieben. Der Thurm, worinn 5 Glocken hängen, ist ganz mit Kupfer gedecket, und die Kirche mit einer schönen Kanzel, Taufe und Altar, insonderheit aber mit einer vortreflichen von dem berühmten Orgelbauer Marx in Berlin in dem Jahre 1775 erbaueten Orgel gezieret und mit ansehnlichen Einkünften und liegenden Gründen versehen. Sie hat an Acker zu 124 Scheffel Aussaat, gute Wiesen und Gärten und 5 Häuser, als 2 Prediger- und 2 Predigerwittwenhäuser, nebst dem Küsterhause wie auch 2 Scheunhöfen, welche von den beiden Predigern gebraucht werden. Nach der Kirchenmatricul und dem Visitationsabscheide vom 25 Junius 1591, gehöret das nahe bey der Stadt gelegene Dorf Groß-Panknin, worinn ehemals der Römischkatholische Probst wohnte, mit allen seinen Zubehörungen und mit aller Gerechtigkeit zu dem Pfarramte. Dieses Dorf bestehet jetzt aus 7 Halbbauern, die den zu dem Pastorate gehörigen Acker bestellen, dem Pastor ihre Pächte an Korn und Hünern geben und ihm die vorgeschriebenen Dienste leisten müssen. Die zu der Kirche eingepfarrten Oerter sind das Schloß, das Dorf und der Ackerhof Vorwerk, die Dörfer Denzin, Roggow und Köfternitz, die Unterförsterey an dem königlichen Holze, das Dorf Groß-Panknin, die Scharfrichterey bey der Stadt, die Uhlenburg, die Sandmühle, die Loh- und Walkmühle, die beiden Holzkathen oder Stadtförstereyen, die Dörfer Lülfitz, Rostin, Klein-Panknin und Canzow mit dem Vorwerke Oberhof und mit Ausschließung des so genannten Niederhofes, der Wassermühle und einiger jenseits der Teipel oder des Nonnenwassers gelegenen Holzwärterkathen, als welche zu Standemin eingepfarret sind, und die Ziegeley. Der König ist nach der Kirchenmatricul Patron der Marienkirche und bestellet den Pastor, welcher zugleich Präpositus der Belgardschen Synode ist, die mit Einschließung des Präpositus und des Westpreußischen Predigers zu Groß-Poppelow, deßen Filial Collatz zu Pommern und dieser Synode gehöret, 17 Prediger begreift; das Recht aber den Diakonus zu vociren, wurde dem Magistrat durch das zu Cölln an der Spree den 14 September 1700 ausgefertigte Rescript bestätiget. Der Präpositus, der, außer den sonntäglichen Predigten, am Donnerstage eine Betstunde und am Freytage eine Wochenpredigt hält, hat allein alle Trauungen zu verrichten und die Leichen- und Standreden zu halten; das Opfer von dem Bräutigam und der Braut aber erhält der Diakonus. Dieser wird nach dem Innhalte seiner Vocation mit Einrathen des Präpositus vocirt und verrichtet allein alle Taufen in der Stadt und bey den Eingepfarrten. Er muß in der Marienkirche alle Sonntage die Frühpredigt, auch wechselsweise die Vesperpredigt, am Montage und Dienstage eine Betstunde, am Mittwoche eine Wochenpredigt, außer derselben aber noch in den Sommertagen am Mittwoche Nachmittags mit der Jugend in der Kirche eine Katechisation und in der vor der Stadt gelegenen St. Petrikirche in den Sommertagen, einen Sonntag um den andern, die so genannte Mittagspredigt halten. Der König ist nach der Kirchenmatricul auch Patron des zu der Marienkirche gehörigen Reichen- oder Lohnkastens, der von 25

Beneficien, so ehemals die Römischcatholischen Geistlichen zu ihrer Besoldung hatten, errichtet worden ist. Diese Casse hat ansehnliche Capitalien, an Acker zu 103 Scheffel Aussaat, gute Wiesen, 30 Kohlgärten, einige feststehende Hebungen von verschiedenen Häusern und Aeckern und an Meßkorn 34 Scheffel Roggen, 7 Scheffel Gerste und 124 Scheffel Hafer. Von diesen Einkünften werden die Prediger, Schul- und Kirchenbedienten, imgleichen der Administrator der Marienkirche und des Lohnkastens und die Wittwen der Prediger und Schullehrer besoldet. Die St. Georgenkirche, auf deren Kirchhofe die Leichen aus den zur St. Marienkirche eingepfarrten Dörfern, als Vorwerk, Camzow, Denzin, Roggow, Püllsitz und Rostin begraben werden, lieget auf der alten Vorstadt und ist ein altes von Steinen aufgeführtes Gebäude, welches bey den vielen Feuersbrünsten, die die Stadt betroffen haben, noch immer verschont geblieben ist. Ehemals war dabey ein Hospital, das aber jetzt mit dem neu erbaueten Stifte auf der neuen Vorstadt, St. Gertrud, verbunden ist. Die Einkünfte dieser Kirche, worinn der Präpositus von Ostern bis Michael alle 14 Tage von 12 bis 1 Uhr predigen muß, bestehen in den Zinsen von ausgeliehenen Capitalien und in den Pachten von den ihr zugehörigen Aeckern, Wiesen und Gärten. Auf der neuen Vorstadt lieget die St. Petrikirche, die nebst ihrem Thurm in Holz und Fachwerk bestehet. Sie wurde an dem Ende des vorigen Jahrhunderts anstatt der eingefallenen St. Jakobskirche, jedoch auf einem andern Platze, erbauet und erhielt auch 1756 einen neuen Thurm, nachdem der alte den Einfall gedrohet hatte. Die Garnison hält in dieser Kirche, welche einige Capitalien und Wiesen nebst 2 Gärten hat, ihren Gottesdienst und der Diakonus muß darinn, wie bereits oben erwähnet worden ist, von Ostern bis Michael alle 14 Tage von 12 bis 1 Uhr predigen. Auf ihrem Kirchhofe werden nicht nur die Leichen von der neuen Vorstadt, imgleichen aus den Dörfern Groß- und Klein-Panknin und Köstermitz begraben, sondern auch der Garnison ist daselbst ein Platz zur Beerdigung ihrer Todten angewiesen. Der Magistrat ist Patron so wohl von der St. Georgen- als St. Petrikirche. In der Stadt sind 2 öffentliche Schulen, deren Lehrer besoldet werden und freye Wohnung haben. Die erste ist die unter dem Patronate des Magistrats stehende große oder lateinische in 4 Classen vertheilte Stadtschule, worinn ein Rector, ein Cantor und ein Baccalaureus die Jugend in der Religion, im Schreiben und Rechnen, in der lateinischen, griechischen und hebräischen Sprache, imgleichen in der Geschichte, Erdbeschreibung ꝛc. unterrichten und diejenigen, welche studiren wollen, so weit bringen, daß sie mit Nutzen ein Gymnasium, auch wohl eine Universität beziehen können. Die andre, die nur einen Lehrer hat, ist die große deutsche Schule für Knaben und Mädchen. So bald die Knaben gut lesen können, werden sie aus dieser Schule in die lateinische versetzet. Außer diesen beiden öffentlichen Schulen ist noch von dem Baccalaureus eine besondre Schule in seinem Hause für Jungfern und kleine Kinder angesehener Einwohner angeleget worden. Auf einer jeden Vorstadt wird auch im Winter eine Schule für kleine Kinder gehalten, deren Lehrer aber kein Gehalt bekommen, sondern sich von dem Schulgelde und ihrer Profeßion ernähren müßen. Die Stipendien für Studirende sind: 1.) das mit dem Lohnkasten verbundene so genannte St. Gertrudsbeneficium, das jährlich an Ackermiethe und feststehenden Hebungen 16 Rthlr. beträgt und von dem Magistrat und Präpositus einem armen studirenden rendem Stadtkinde auf 3 Jahre gegeben wird. 2.) Das Pumlowsche von dem Dorfe Pumlow benannte Stipendium, so ehemals eine Vicarie bey der Marienkirche war. Es wurde nach der hiesigen Kirchenmatricul von 1591 von dem Herzoge Johann Friederich gestiftet und bestehet in einer jährlichen Hebung von 6 Rthlr. 9 Gr. 4 Pf., die einem studirenden von der Königl. Regierung ertheilet wird. 3.) Das am 25 Junius 1591 von dem Magistrat, der Geistlichkeit und vielen Gilden und Gewerken für hiesige arme studirende gestiftete so genannte neue Beneficium, das von dem Herzoge Johann Friederich am 28 October 1596 bestätiget wurde. Nach dem Innhalte der Stiftung sollen der Magistrat und der Präpositus die Patronen und Inspectoren dieses Beneficium seyn und es einem studirenden auf 3 Jahre ertheilen. In dem in der Stadt gelegenen Hospital zum heiligen Geiste, welches in einem Hause von 8 Stuben, 8 Kammern, einem Garten von 8 kleinen Rücken Land und den nöthigen Holzkammern hinter dem Garten bestehet und Capitalien, Aecker und Wiesen besitzet, werden alte Bürger und deren Ehefrauen aufgenommen, die darinn ein jährliches Begingengeld bekommen. Auf der neuen Vorstadt lieget das Stift St. Gertrud, das in dem Jahre 1765, da die halbe neue Vorstadt im Feuer aufging, mit abbrante, in dem Jahre 1771 aber wieder neu erbauet und mit dem Hospital St. George von der alten Vorstadt, so bereits eingegangen war, verbunden wurde. In dieses Stift, das aus 14 Stuben und eben so viel Kammern, einem großen Saal und einem Garten von 16 Kohlrücken bestehet, werden ehrbare und abgelebte Bürger für ein geringes Einkaufsgeld, die Wittwen der Schullehrer aber umsonst aufgenommen und darinn so, wie in dem Hospital zum heiligen Geist, mit einem gewissen Beginengelde verpfleget. Der Magistrat ist Patron von beiden Stiftungen, wie auch von dem Armenkasten, welcher ansehnliche Capitalien, an Acker zu 95 Scheffel Aussaat, 8 Wiesen und 34 Kohlgärten hat, so daß sich dessen jährliche Einkünfte über 400 Rthlr. belaufen. Davon erhalten nicht nur die Stadtarmen nach Maasgabe ihres Standes und ihrer Dürftigkeit monathlich etwas gewisses, sondern es werden auch davon arme Waisen mit Unterhalte versorget, für arme Kinder die Schulgelder und für ganz Arme, wenn sie krank sind, die Arzeney, und wenn sie sterben, die Begräbnißkosten bezahlet. Aus einer zwoten kleinen von der Bürgerschaft errichteten Armencasse, wozu jeder Bürger monathlich einen von den Stadtältesten eingesammleten Beytrag von 1. 2. 4 bis 6 Gr. giebt und das in den sonntäglichen Vesperpredigten in dem Klingebeutel eingekommene Geld genommen wird, erhalten reisende Arme, Handwerksbursche und invalide Soldaten, jeder auf einen Tag 2 Gr; sie dürfen aber so wenig, als andre Arme, in der Stadt betteln, sondern müssen solche noch an demselben oder an dem folgenden Tage verlassen. In dem rathhäuslichen Reglement vom 23 May 1720 ist die Einrichtung des Magistratscollegium gegründet, das aus dem dirigirenden Bürgermeister, einem Justizbürgermeister, der zugleich Syndikus ist, einem Cämmerer, 2 Senatoren, wovon der eine zugleich Cämmereycontrolleur ist, und einem Stadt- und Gerichtssecretarius bestehet, seine Glieder selbst wählet und täglich seine Seßionen auf dem Rathhause hat. Die Stadt ist nach ihren Privilegien ausdrücklich mit der höhern und niedern Gerichtsbarkeit und bereits nach ihrem ältesten Privilegium von 1299 mit dem Lübischen Rechte bewidmet; jedoch hat sie auch ihre besondere Statuten, die in 57 Artikeln verfaßet sind und größtentheils Policeysachen betreffen. Der Magistrat

[Ji ii 2]

hat

Der Belgardsche Kreis.

hat die hohe, mittlere und niedere Jagd auf dem Stadtfelde und den Feldmarken der Cämmereydörfer, die Fischerey in der Persante aber gehöret auf der einen Seite dem königlichen Amte oder den Amtsbauern und auf der andern der hiesigen Bürgerschaft. Die Niederlagsgerechtigkeit, welche die Stadt noch jetzt besitzet, wurde ihr in dem unten angeführten Privilegium des Herzogs Bogislaus VI. von 1307 geschenket, und der Zoll auf der Persante, der ehemals dem Amte zugehörte, aber bereits seit einigen Jahrhunderten der Stadt zustehet, beträgt nach einem sechsjährigen Durchschnitt 22 Rthlr. 5 Gr. 10 Pf. Die 4 Stadtaltermänner aus der Brauerzunft müssen auf gute Ordnung in der Stadt mit Acht haben. Das Feldbauamt bestehet in einigen Bürgern, die dazu bestellet sind, die Aecker, Wiesen und Weide bey der Stadt in ihrer Aufsicht zu haben, damit niemanden zu nahe geschehe. Die Stadt lieget in einer der besten und fruchtbarsten Gegenden in Hinterpommern und hat besonders so viele Weide und Wiesen, als sich so leicht keine andre Hinterpommersche Stadt rühmen kann. Die Viehzucht und die so genannten Fettweidereyen sind daher vortreflich, der Ackerbau zuträglich und das Stadtholz ansehnlich. Der Cämmerey gehören an Acker zu 133 Scheffel Aussaat auf dem Stadtfelde, einige Wiesen auf demselben und das in der Stadt gelegene und aus den Mitteln der Cämmerey in dem Jahre 1754 erbauete Commendantenhaus. Nach dem von dem Generaldirectorium am 27 Januar 1781 bestätigten Cämmereyetat dieser Stadt für die Jahre 17$\frac{8}{9}$ beträgt die jährliche Einnahme 2241 Rthlr. 13 Gr. $\frac{2}{3}$ Pf., die Ausgabe aber 2184 Rthlr. 4 Gr. 7$\frac{1}{4}$ Pf. Die Märkte werden gehalten: 1.) den 20 und 21 März Kram- Pferde- und Viehmarkt. Wenn der 20ste März auf einen Sonnabend fällt, so fängt der Markt den 19ten an; fällt der 20ste auf den Sonntag, so ist der Anfang des Markts den 21sten, fällt aber der 20ste oder das Fest Mariäverkündigung in die Marterwoche, so wird der Markt am Mittwoche vorher gehalten, 2.) den Donnerstag nach dem Sonntage Trinitatis, 3.) den Donnerstag nach Galli. Die 2 ersten Tage sind zugleich Vieh- und Pferde- und alle 3 Tage Krammärkte. Noch sind 2 große Wochenmärkte, nemlich am Mittwoche nach Invocavit und auf Georgii. Vorzüglich berühmt sind die Pferde- und Viehmärkte, die auf öffentlichen Stadtfelde gehalten werden und zu welchen sich Personen von weit entfernten Orten einfinden. Die der Stadt ertheilte Privilegien sind: 1) das Privilegium des Herzogs Bogislaus IIII. von 1299, worinn der Stadt das lübische Recht und ihren Einwohnern die völlige Befreyung von der Erlegung des Zolls auf der Persante zu ewigen Zeiten ertheilet wird, die Gränzen der Stadt beschrieben werden, und ihr der Wald, Zuchewort genannt, geschenket wird. 2) das Privilegium des Herzogs Bogislaus VI. von 1307 an dem Tage der Himmelfahrt Jesu Christi, welches der Stadt die Niederlage von allen Waaren schenket, so daß niemand in derselben das Vorkaufsrecht wider ihren Willen ausüben soll. Diese Privilegien wurden von dem Herzoge Erich II. 1463, nach dem Tage der Enthauptung des heiligen Johannes bestätiget. 3) das Privilegium des Königs von Dännemark und Herzogs von Pommern, Erich, gegeben zu Rügenwalde 1454 am andern Sonntage nach Ostern, worinn die Stadt mit ihren Lehngütern, als Lüllefitz, Rostin, Klein-Panknin, Clempin, 8 Hufen zu Raffin, dem Antheil an dem Vorwerke und halb Camzow mit allen Freyheiten und Gerechtigkeiten und dem höchsten und sedesten Gerichte an Hand und Hals belehnet wird. Der
Her-

Die Stadt Belgard.

Herzog Bogislaus X. bestätigte dieses Privilegium 1478, an dem nächsten Sonntage nach der Geburt Mariä. 4) das Privilegium des Herzogs Bogislaus X. von 1477 an dem Sonnabende vor dem Sonntage des heiligen Märtyrers George, worinn die Stadt außer den in dem vorhergehenden Privilegium genannten Lehngütern Lüllefiß, Rostin, Klein-Panknin, Clempin, 8 Hufen zu Naffin und dem Antheil an dem Vorwerke, noch mit 2 Hufen zu Roggow und halb Schetterow belehnet wird. 5) das Privilegium eben deßelben Herzogs gegeben zu Ueckermünde am Sonntage Judica 1484, worinn der Magistrat dem Herzoge die Wurth auf dem Vorwerke, die bey der Soltenbecke an dem Herrdehause belegen ist, abtritt, um solche zu ewigen Zeiten bey dem fürstlichen Schloße Belgard zu gebrauchen, der Herzog aber dagegen dem Magistrat gewiße jährliche Pächte von einigen Höfen verschreibet. Die vorstehenden Privilegien wurden von den Herzogen Jürgen und Barnim 1524, Philipp am 23 August 1540, Johann Friederich am 22 Februar 1575, Barnim am 18 Februar 1601, Bogislaus XIII. am 20 April 1605, Philipp II. am 6 May 1608, Franz I. am 28 September 1618, Bogislaus XIIII. am 1 October 1621, von dem Churfürsten Friederich Wilhelm am 28 März 1668, von dem Churfürsten Friederich III. am 19 December 1699 und von dem Könige Friederich Wilhelm am 12 September 1719 bestätiget. In den Privilegien der Herzoge Franz I. und Bogislaus XIIII. wurde auch zugleich der am 17 Junius 1612 geschloßene Vergleich bestätiget, nach welchem der fürstliche Hauptmann auf Belgard und Erbherr zu Naffin, Hans Hechthausen, einen ihm in dem Dorfe Klempin von dem Herzoge Philipp abgetretenen Bauer, der aber jetzt wieder dem Amte Belgard gehöret, dem Magistrat, dieser aber dagegen dem ersten einen Bauer in Naffin überließ. Eben dieser Vergleich wurde auch nebst demjenigen, wodurch der Magistrat von dem Oberstlieutenant, Heinrich von Bünow, am 5 Februar 1651 einen Bauerhof in dem Dorfe Denzin gekauft hatte, der aber in dem Anfange dieses Jahrhunderts zu dem Amte Belgard eingezogen wurde, in den Privilegien der Churfürsten Friederich Wilhelm, Friederich III. und des Königes Friederich Wilhelm, bestätiget. 6) das Privilegium des Churfürsten Friederich Wilhelm vom 8 May 1685, worinn der Magistrat zu ewigen Zeiten über diejenigen Fälle, Streitigkeiten und Verbrechen, die bey den dreyen öffentlichen Jahrmärkten vorfallen und den Magistrat oder andre Stadteinwohner, Bürger und Unterthanen entweder paßive allein, oder auch aktive und paßive zugleich betreffen, die Erkenntniß und Bestrafung ertheilet, solche aber in Zollsachen, und wenn entweder Bürger oder Stadtunterthanen dabey Betrügereyen vornehmen, oder sich sonst ungebührlich verhalten sollten, ohne Unterschied der Beklagten und Intereßenten, unter welcher Gerichtsbarkeit sie auch stehen mögen, den Beamten allein verbleiben soll, welchen auch die Erkenntniß über die an den Jahrmarktstägen errichteten Verträge und begangenen Verbrechen solcher Personen, die zur Gerichtsbarkeit der Stadt nicht gehören, ferner allein vorbehalten wird. Der weitläuftige Vergleich vom 26 May 1664, in welchem verschiedene Streitigkeiten zwischen dem Amte und der Stadt, als wegen des Mühlenbachs, Mühlenteichs und Mühlenhofes, der Wiesen, Hütung, Mast und Holzung auf der so genannten Schetterow, der Gränzen der Stadt mit einigen Amtsdörfern, der Hütung der Darkowschen Schäferey auf dem Klempinschen Felde, der Hütung der Roggowschen Schäferey auf dem Stadtfelde u. s. w. beygeleget wurden, ist von dem Churfürsten

Der Belgardsche Kreis.

fürsten Friederich Wilhelm am 18 März 1669 bestätiget worden. Die nachher abermals zwischen der Stadt und dem Amte Belgard über verschiedene Puncte entstandene Streitigkeiten wurden durch das von dem königl. geheimen Rathe zu Berlin am 29 März 1704 gesprochene rechtskräftige Urtheil, worinn der oben angeführte Vergleich vom 26 May 1664 überall in seiner gültigen Kraft gelassen wurde, entschieden. Die bürgerlichen Lasten bestehen in der Accise, dem Servis, Dammschoß, Brunnengelde und Nachtwächterlohn. Die Posten kommen hier an.

Sonntags und Mittwochs Abends um 7 Uhr von Cörlin die Berliner und Preußische Post.

Montags und Freytags früh um 8 Uhr die Fußpost von Polzin.

Dienstags und Sonnabends Vormittags um 11 Uhr die fahrende Post von Neu-Stettin.

und gehen ab:

Montags und Freytags Vormittags um 9 Uhr die Fußpost nach Polzin.

Dienstags und Sonnabends um 12 Uhr die Neu-Stettinsche Post nach Cörlin, die am Mittwoche und Sonntage Abends um 7 Uhr zurück kommt und nach einer Stunde nach Neu-Stettin gehet.

In ihrem Wapen führet die Stadt einen Greiff, der auf den Hinterfüssen stehet und die Vorderklauen aufwärts richtet und ausstrecket.

Belgard ist eine alte und war bereits in dem eilften Jahrhunderte eine feste Stadt, die durch den Bischof Otto von Bamberg in dem Jahre 1124 zur christlichen Religion gebracht wurde. Die erste urkundliche Nachricht von ihr findet man in dem Bestätigungsbriefe, den der erste Pommersche Bischof Adelbert in dem Jahre 1159 dem Uesedomschen Kloster Grobe über die demselben von dem Fürsten Ratibor I. 1151 bey seiner Stiftung geschenkten Güter und Einkünfte ertheilte. Bis 1184 war die Stadt noch Vorpommersch; um diese Zeit aber bemächtigten sich die Hinterpommerschen Fürsten Sambor und Mestewin unter dem Beystande der Polen des Landes Belgard, dessen Gränzen sich bis an Polen erstreckten. Nicht lange hernach wurde eine besondre Herrschaft daraus, die der Fürst Swantipoll III. seinem Schwestersohne, dem Mecklenburgschen Prinzen Pribislav IV. ertheilte, der sich in einer Urkunde vom Jahre 1289 einen Herrn des Landes Dobberin und des Landes Belgard in Cassuben nennet und bald die Oberherrschaft der Vorpommerschen Herzoge erkennen muste. Nachdem er 1315 gestorben war und keine Erben hinterlassen hatte, wurde das Land Belgard völlig dem Herzoge Wartislav IV. eröfnet, der die Burg Belgard zu seiner Residenz, die er sonst zu Anklam gehabt hatte, erwählte und 1321 das Land Belgard dem Bisthum Cammin zu Lehn auftrug. Als die beiden besondern regierenden Häuser Pommern und Wolgast gestiftet wurden, fiel das Land Belgard dem ersten zu und wurde durch die fernere Ländertheilung dieses Hauses dem Pommerschen

Die Stadt Belgard.

merschen Herzoge und Nordischen Könige Erich zugewandt und zu dessen Zeit durch einen Bespruck Ramel, als Landeshauptmann, verwaltet. Nach dem Tode des Königs Erich, kam es 1459 durch Vermittelung des Marggrafen Friederich zu Brandenburg an das Stettinsche Haus, und nachdem der letzte Herzog desselben, Otto III. 1464 gestorben war, wieder an das Wolgastsche und wurde hiernächst von Sieverd Wopersnow, als Voigt oder Amtmann, im Namen des Herzogs Erich II. und hiernächst unter der Regierung seines Sohnes und Nachfolgers, des Herzogs Bogislav X. oder des Großen, von Adam Podewils administriret. Unter der Regierung der Herzoge George und Barnim war Hans Borck Hauptmann zu Belgard, der sich nebst dem Neu-Stettinschen Hauptmann Zabel von Wolde, durch Vertilgung der öffentlichen Straßenräuber, die die Hinterpommerschen Länder viele Jahre her verwüstet hatten, einen unsterblichen Namen machte. Vermöge der Erbtheilung zwischen den Herzogen Philipp I. und Barnim X. von 1532 und 41 wurde das Land Belgard der Stettinschen Regierung beygeleget und verblieb auch bey derselben, bis 1625, da nach dem Tode des Herzogs Philipp Julius, die sämmtlichen Pommerschen Lande unter der Regierung des letzten Pommerschen Herzogs Bogislavs XIIII. vereiniget wurden. Die Stadt, welche nach dem alten Anschlage 10 Mann zu Roß und 40 zu Fuß aufbringen muste, hat einigemahle durch Feuersbrünste sehr gelitten. In dem Jahre 1506 brannte sie nebst der Kirche und dem Rathhause ganz ab. In dem Jahre 1676 wurde der dritte Theil der Stadt und in dem folgenden der noch übrige nebst der Kirche und dem Rathhause eingeäschert, so daß nur die Mauern der Kirche und die Schulgebäude bey derselben stehen blieben. In dem Jahre 1765 im Julius wurde die alte Vorstadt und an dem folgenden Tage die Hälfte der neuen nebst allen Scheunen beider Vorstädte von dem Feuer verzehret. Zu dem Eigenthum der Stadt gehören:

1) Folgende Dörfer, als:

(1) **Klempin** oder **Clempin** ⅜ Meile von Belgard ostsüdostwärts, auf einem Berge und auf dem Wege von Belgard nach dem adelichen Dorfe Sietkow, von welchem Klempin ohngefähr 1000 Schritte liegt, hat 11 Bauern, 1 Coßäthen, 15 Feuerstellen, mittelmäßigen Acker, wenige Wiesen, eine kleine Büchenholzung, einige kleine Fichtenkämpe, wenigen Torf, und ist zu Sietkow in der Belgardschen Synode eingepfarret. Außer den angezeigten 11 Bauern befindet sich noch ein Bauerhof in diesem Dorfe, den aber die Stadt Belgard in dem vorigen Jahrhunderte an das königliche Amt Belgard versetzt hat. S. Klempin unter den Dörfern des königlichen Amts Belgard.

(2) **Lüllfitz** ¼ Meile von Belgard nordwestwärts, an der Radüe, welche etwa 2000 Schritte von dem Dorfe fließet, hat 21 Bauern, 4 Coßäthen, 2 Büdner, 1 Schulmeister, 30 Feuerstellen, vortrefflichen Acker, gute Wiesen, eine kleine Eichenholzung, einige Fichtenkämpe, hinlänglichen Torf zur Feuerung, wenig beträchtliche Fischerey in der Radüe und ist zu der St. Marienkirche in Belgard eingepfarret.

(3) **Klein-Panknin** ⅛ Meile von Belgard gegen Norden, an dem Stadtholze, und

und nahe bey dem Dorfe Groß-Panknin, von welchem es nur etwa 150 Schritte entfernet ist, hat 5 Bauern, 1 Coßäthen, 7 Feuerstellen, wenigen aber guten Acker, wenig Holzung noch Fischerey, wenigen Torf zur Feuerung und ist zu der St. Marienkirche in Belgard eingepfarret. Nach der Belgardschen Kirchenmatricul von 1540, gehörte das Dorf Klein-Panknin zu der Vicarie der Marienkirche in Belgard.

(4) Rostin ½ Meile von Belgard gegen Westen, an der Persante, die an der südlichen Seite des Dorfs nahe vorbey fließet, hat 16 Bauern, 2 Coßäthen, 2 Büdner, 1 Schulmeister, 22 Feuerstellen, leichten und etwas sandigen Acker, wenige Birken- und Fichtenholzungen, etwas Torf zur Feuerung, Fischerey in der Persante und ist zu der St. Marienkirche in Belgard eingepfarret. Ehemals war in diesem Dorfe ein Vorwerk, dessen Aecker und Wiesen unter die sämtlichen Bauern eingetheilet wurden.

2) Das Vorwerk Uhlenburg ⅛ Meile von Belgard gegen Westen, zwischen Belgard und Cörlin, hat nur 1 Feuerstelle und ist auf Zeitpacht ausgethan. Die Bauern und Coßäthen in dem Dorfe Lülfitz müssen dem Pächter dieses Vorwerks, der zu der St. Marienkirche in Belgard eingepfarret ist, in der Roggenerndte einige Dienste leisten, und die sämtlichen Wirthe der Belgardschen Cämmereygüter für ein kleines Geschenk eine zu diesem Vorwerke gehörige und auf dem Belgardschen Grunde gelegene Wiese abmähen, und das Heu davon einfahren.

3) Eine Ziegeley, zu welcher die Einwohner der Dörfer Klempin, Lülfitz und Rostin das nöthige Brennholz aus adelichen Forsten unentgeldlich anfahren müßen.

4) Zwo Mühlen, als:

(1) Die Sandmühle, eine Wassermühle, lieget von Belgard gegen Westen auf dem Stadtfelde, etwa 500 Schritte von der alten Vorstadt, auf dem Wege nach Cörlin, und wird von dem oben erwähnten Bache, die Leiniß genannt, getrieben. Die zu dieser Mühle gelegten Zwangsmahlgäste sind die Einwohner der Dörfer Lülfitz, Rostin und Klein-Panknin, der Pächter des Vorwerks Uhlenburg, und die Einwohner des so genannten vordersten und des hintersten Holzkathens.

(2) Die Loh- und Walkmühle, bey welcher auch 1779 eine Oelmühle angeleget wurde, lieget an der andern Seite des Baches, woran die Sandmühle lieget und gehöret der Belgardschen Tuchmacherzunft. Diese Mühlen sind zu der St. Marienkirche in Belgard eingepfarret.

5) Zwey Holzkathen, als:

(1) Der so genannte vorderste Holzkathen, lieget eine halbe Viertelmeile von Belgard gegen Westen in der Stadtholzung nahe an dem Dorfe Groß-Panknin.

(2) Der

Das Eigenthum der Stadt Belgard.

(2) Der hinterste Holzkathen lieget ⅜ Meile von Belgard gegen Westen an der Radüe, in der Holzung Neuendorf, an welcher die Stadt Belgard, nach dem am 19 April 1735 mit den von Münchow getroffenen Vergleiche, worinn die Gränzen bestimmt sind, einen Antheil hat. Beide Holzkathen sind zu der Marienkirche in Belgard eingepfarret.

Der St. Marienkirche zu Belgard gehöret das Dorf Groß-Panknin, das eine halbe Viertelmeile von Belgard westnordwestwärts lieget, aus 7 Halbbauern und 8 Feuerstellen bestehet, und zu der St. Marienkirche in Belgard eingepfarret ist. Die hiesigen Bauern müßen den Acker des Präpositus zu Belgard bestellen, und demselben gewiße vorgeschriebene Dienste, so wie dem königlichen Amte Belgard gewiße Fuhren, leisten, auch die Contribution und Fouragegelder an daßelbe Amt geben, deßen Gerichtsbarkeit sie auch unterworfen sind.

II. Eine adeliche Mediatstadt, als:

Polzin in alten Urkunden Polnzig und Polzwyn genannt, lieget ⅜ Meile von dem Westpreußischen Dorfe Groß-Popplow, 2 Meilen von Bärwalde und der Neumärkschen Stadt Schiefelbein, 3 von Belgard und den Neumärkschen Städten Dramburg und Falkenburg, 4 von Neu-Stettin und Cörlin und 6 von Colberg, in einem mit vielen Bergen und Wäldern umgebenen angenehmen und fruchtbaren Thale, an einem Bache, die Wugger genannt, welche die Stadt von der so genannten Klappe, oder einem Theil der Colbergschen Vorstadt, deren andrer Theil nahe an der Stadt in einem Grunde liegt und daher die Niederung genannt wird, scheidet, bey der Stadt 2 Kornmühlen und eine Schneidemühle treibt und verschiedene Arten von Fischen, insonderheit aber auch Lachsforellen, Schmerlen und Neunaugen führet. Die Stadt hat als ein offener Ort weder Mauern noch Wälle, die 3 Thore aber werden das Colbergsche, Belgardsche und Tempelburgsche genannt. Man zählet jetzt darinn, mit Ausschließung der beiden bey derselben gelegenen adelichen Vorwerke, und da nur noch 3 wüste Stellen vorhanden sind, die bebauet werden können, 221 Häuser, die in Fachwerk erbauet und in der Feuersocietät zu 32074 Rthlr. versichert sind, an Einwohnern 1410 Seelen und überhaupt 12 Straßen und Gaßen. Die 3 Hauptstraßen führen nach dem Markte, in deßen Mitte das ebenfalls von Fachwerk erbauete Rathhaus stehet, worinn sich die Stadtwage, die Acciesstube und das Wollmagazin für die hiesigen Wollfabricanten befinden. Auf dem Markte siehet man auch die hölzerne Statue des Rolands, welche zwar in den Feuersbrünsten, die die Stadt betraffen haben, unversehrt geblieben, in dem letzten siebenjährigen Kriege aber sehr beschädiget und vor einigen Jahren umgefallen ist, jedoch ist man jetzt im Werke, dieses Denkmahl durch Errichtung einer neuen Säule zu erhalten. Die zu der Belgardschen Synode gehörige Kirche ist von Mauersteinen erbauet und hat einen Thurm, worinn 4 Glocken hängen, die ein angenehmes Geläute machen. In dem Jahre 1769 wurden bey dem großen Zuwachse der Gemeine, in der Kirche an der mitternächtlichen Seite 2 Chöre übereinander erbauet und die Kanzel auf dem Altar angebracht. Zu den Alterthümern in der Kirche gehöret das Epitaphium des Bischofs von

von Cammin, Erasmus von Manteufel, welches in Metal oder Glockengut gegossen ist und vor dem Altar auf dem Gewölbe liegt. Der Bischof ist in Lebensgröße in seinem völligen Ornat mit dem Bischofshute und Stabe vorgestellet. An der linken Seite ist sein Wapen und an den vier Ecken stehen die vier Evangelisten mit den Thieren und Namen. (*) Die adelichen Dörfer Buslar und Lnzig sind die Filiale der Kirche, zu welcher das Vorwerk Ziegelwiese, die adelichen Güter Jagettow, Alt-Sanzkow, Gutkow, Hohen-Wardin und Devesberg, das zu dem königlichen Amte Draheim gehörige Dorf Neu-Liepenfier, die adelichen Vorwerke Groß und Klein-Hammerbach, die so genannte Stadtziegeley und 2 Wassermühlen eingepfarret sind. Das Patronatrecht über die Kirche, die Schule und das Hospital stehet den Besitzern der beiden bey der Stadt gelegenen adelichen Vorwerke und jetzt der Wittwe des Generallieutenants Anton von Krokow, gebohrnen Freyin von Lüder und dem Hauptmann Friederich Heinrich von Manteufel zu Hohen-Wardin zu, von denen daher auch der einzige Prediger bey der Kirche und die Lehrer bey den beiden Schulen bestellet werden. In der ersten besorget der Rector, der zugleich Cantor ist, den Unterricht der Knaben, und in der andern der Organist den Unterricht der Jungfern. Das Hospithl St. George, von dessen Stiftung keine Nachrichten vorhanden sind, lieget in demjenigen Theil der Colbergschen Vorstadt, der die Klappe genannt wird, bestehet aus 4 Stuben und ist für arme bürgerliche Personen beiderley Geschlechts bestimmt. Die Armen, die darinn aufgenommen werden, bekommen Holz und Brodtgelder und das in den Festtagen gesammlete Klingebeutelgeld, und haben jeder einen Rücken Land in dem Hospitalgarten und am Montage den so genannten Umgang in der Stadt. Die Rechnung wird von einem Provisor geführet und von den Patronen und dem Prediger abgenommen. Bey dem Magistrat, der in dem dirigirenden Justizbürgermeister, einem Policeybürgermeister, der zugleich Cämmerer und Secretarius ist und 2 Senatoren bestehet, ist in bürgerlichen Sachen, nach dem Recesse vom 21 November 1699, die erste Instanz; die Appellationen aber gehen an das hiesige Burggericht der oben genannten adelichen Patronen, welchen auch durch die Rechtssprüche der Königlichen Regierung vom 11 März 1694, 26 Junius 1696 und 10 October 1701 die Criminalgerichtsbarkeit, mit Ausschliessung des Magistrats, zuerkannt wurde. Das Lübische Recht ist auch hier eingeführet. Die 4 Viertelsmänner, die aus der Bürgerschaft erwählet und von dem Magistrat in Eidespflicht genommen werden, müssen in öffentlichen Stadtsachen mit den vereideten Gewerksältesten mit zugezogen werden. Die Einwohner theilen sich in 3 Stände. Zu dem ersten gehören ausser den obrigkeitlichen Personen, dem Prediger und den Schuldienern, die Kaufleute und der Apotheker; zu dem andern die Brauer und Brandweinbrenner und sämtliche Gewerke, als: Schuster, Schneider, Rasch- und Tuchmacher,

---

(*) Um das Bildniß stehen diese Worte:
WO WOLL WIE SIL LIGEN UN VERWESEN,
UN SIN DOCH ARME SUNDER GEWESEN.
IS LOVEN WIE DOCH EIN EWIG LEVEN,
WELCH IS IN CHRISTO IS GEGEVEN.

Unter den Füßen stehet:
ANNO 1544 AM SONDAGE NA S. PAVLUS BEKERINGE IS IN GODT ENTSLAPEN DER HOCHWIRDIGE IN GODT VATTER UN DE HERR HERR ERASMUS MANDÜVEL BISCHOF TNO CAMMIN DEM DE AL. EWIGE GODT DÖRCH CHRISTO SINEN SÖN GNEDIG UND BARMHERTIG SI. AMEN.

Die Stadt Polzin.

macher, Bäcker, Garnweber und Schmiede und die übrigen einzelnen Profeßionen und zu dem dritten die Ackerleute, Tagelöhner und alles Gesinde. Außer dem Handel, welchen die hiesige Kaufleute mit den hier verfertigten Raschen und Tüchern nach Colberg und Danzig treiben, ernähren sich einige Einwohner auch von dem Ackerbau. Durch den bereits oben angeführten Receß vom 21 November 1699, wurden verschiedene Streitigkeiten, die zwischen den adelichen Herrschaften und dem Magistrat wie auch der Bürgerschaft entstanden waren, beygeleget, so daß darinn den erstern das unstreitige und einzige Eigenthumsrecht des Polzinschen Busches und alle davon abhängende Herrlichkeiten und Gerechtigkeiten, insonderheit die Jagd mit Schießen, Hetzen und Rehstellen, die Erhebung des Mastgeldes, u. s. w. einzig und allein zuerkannt, die der Bürgerschaft und den sämtlichen Einwohnern zustehende Holzungs-Weide- und Mastgerechtigkeit näher bestimmt und verschiedene andre Streitigkeiten, welche die in dem Polzinschen Busche belegenen Teiche, die Gränzen mit einigen benachbarten adelichen Gütern und noch einige andre Dinge betreffen, verglichen wurden. Bey den gemeinen Landesauflagen, als den Marschfuhren, Lieferungen und dergleichen, wird die Stadt, als der vierte Körper in dem vereinigten Belgard- und Polzinschen Kreise, mit zugezogen und nach ihrem steuerbaren Hufenstande, der in 25 Landhufen bestehet, mit in Anschlag gebracht. Bey wichtigen Vorfällen, wenn die Stadt mit in Anschlag kommen soll, wird auch der Magistrat zu den Kreistagen eingeladen, denen alsdann der regierende Bürgermeister oder ein anderes Mitglied des Magistrats im Namen desselben und der Bürgerschaft beywohnet. Die so genannte Stadtziegeley war zwar ehemals eine Ziegeley, ist aber jetzt ein Kathen, von dem die Cämmerey eine gewiße Pacht bekommt. Nach dem von dem Generaldirectorium am 24 Januar 1781 bestätigten Cämmereyetat dieser Stadt von Trinitatis 17$\frac{78}{79}$ beträgt, die Einnahme der Cämmerey 179 Rthlr. 22 Gr. 10 Pf., die Ausgabe aber 152 Rthlr. 6 Gr. 10 Pf. Die Kramudärkte werden 1) am Dienstage nach Lätare, 2) am Dienstage nach dem ersten Sonntage nach Trinitatis, 3) am Dienstage nach Bartholomäi, 4) am Dienstage nach Galli, die Viehmärkte aber an dem Montage vor einem jeden Krammarkte gehalten. Fällt Bartholomäi oder Galli auf den Montag der Dienstag, so wird der Viehmarkt am Montage und der Krammarkt am Dienstage gehalten. Die Lasten der Bürgerschaft bestehen in der Königl. Accise, dem Zoll, Zettul und Plombengelde, der Nachschußaccise und den Fabrikensteuergeldern, imgleichen der Naturalfouragelieferung für die Cavallerie, dem Hülfsservis, der nach Cößlin entrichtet wird, dem jährlichen Hausschoß, den Predigergebühren und den Speisegeldern für die Schulbedienten. Da die Stadt nicht auf einer Poststraße liegt: so werden die Briefe am Montage und Freytage durch einen Postboten nach Belgard hin und wieder zurückgebracht. Das Stadtwapen ist getheilet und stellet in der einen Hälfte das Wapen der von Manteufel als der Herrschaften, nemlich einen rothen Balken im weißen Felde, und in der andern Hälfte einen Weinberg mit Stöcken und Trauben vor.

Etwa um das Jahr 1510, war Polzin noch ein Dorf und Arnhausen, eine Meile davon, eine Stadt mit einem großen Schloße, wohin die Polzinschen Einwohner aus den großen Seen bey Claushagen, den 5 Seen, dem jetzigen Stadtsee, Klokow,

Der Belgardsche Kreis.

Tüß und den vielen Karpenteichen in dem Polzinschen Busche den Herren von Manteufel Fische liefern und verschiedene Dienste leisten mußten. Man hat noch eine Verordnung gefunden, worinn den Schultzen und Gerichten in Polzin anbefohlen wird, wegen Erhenkung einer Weibsperson, welche an dem Marktage in der Stadt Arnhausen Dieberey begangen hatte, auf der Gerichtsbank zu erscheinen und ihre Gebührnisse und Pflichten zu beobachten. In der Mitte des sechszehnten Jahrhunderts aber, als des Bischofs von Cammin, Erasmus von Manteufel Brudersohn, Cort von Manteufel, als einziger Erbe, nicht nur die Polzinsche Gegend, sondern auch fast alle Dörfer um Belgard, Colberg und Naugard besaß, machte er Polzin zu einer Stadt, Arnshausen aber wurde ein Dorf. Man findet daher auch in einigen Pommerschen Landcharten Polzin wie ein Dorf, Arnhausen aber wie eine Stadt gezeichnet. Als in den folgenden Zeiten über das Vermögen der von Manteufel ein Concurs entstanden war, kam ein Theil der Polzinschen Güter durch Kauf an die von Krokow. Die ältern Nachrichten von der Stadt Polzin sind in den großen Feuersbrünsten, welche sie 1500, 1600 und 1705 den 10 August erlitt, mit verlohren gegangen. Außer dem in dem Polzinschen Busche auf einem hohen Berge gelegenen und mit einer steinernen Mauer umgebenen Burgwalle, der ehemals eine Festung gewesen, ist noch zu bemerken, daß man zwar, nach den auf Befehl des Königs Friederich Wilhelm in dem Jahre 1713 vorgenommenen Untersuchungen, in Vorschlag gebracht habe, auf dem Polzinschen Felde, wo an verschiedenen Orten Eisenstein gefunden wird, einen Eisenhammer anzulegen, jedoch damit nicht zu Stande gekommen sey. Nahe an der Stadt nach der Mittagsseite zu, befindet sich das adeliche Schloß, welches der Generallieutenant Anton von Krokow vor einigen Jahren ganz neu und massiv erbauen ließ. Jetzt wird es von seiner Wittwe, der Generallieutenant Augusta Louisa Henrietta gebohrnen Freyin von Lüder, bewohnet.

Eine Viertelmeile von der Stadt Polzin gegen Südwest ist der Mineralische Brunnen und das Bad, das in dem Jahre 1688 zu Ende des Maymonaths entdecket wurde und seit vielen Jahren so wohl äußerlich als innerlich, zum Baden, zu Dunstbädern und zum Getränk mit großem Nutzen ist gebrauchet worden. Für die Brunnengäste sind an dem Bade 5 Gebäude vorhanden, worinn auch der Koch und der Brunnenwärter ihre Wohnungen haben. In diesen Gebäuden findet man einen Speisesaal, 24 Cellen, wovon eine jede mit einem Cammin, einer Badewanne, einem Tische, 2 Schemmeln und einer Bettstelle versehen ist, und 3 Küchen, wo das Wasser in Grapen gewärmet und darauf an den bestimmten Ort zum Baden gebracht wird. Außer den 3 Brunnen bey dem Bade, die mit einer viereckigten hölzernen Umfaßung und Bedeckung umgeben sind, findet man noch in dem Garten des Predigers zu Polzin und nahe an deßen Wohnung eine mineralische Quelle, die wie ein Brunnen eingefaßt und in der Stadt die stärkste an mineralischen Theilen ist. Die Röhren, wodurch das mineralische Wasser läuft, sind mit einer gelbigten ockerhaften Erde belegt. Das weiße Leinenzeug wird von diesem Wasser gelb. Auf der Erde, worüber dieses Wasser läuft, als auch auf dem nahe an dem Brunnen belegenen Sumpf, welcher mit vielen kleinen mineralischen Quellen versehen ist, bemerket man vielen dunkelgelben ockerhaften fetten Schlamm. Die Erde ist hier an den meisten Orten

Die Stadt Polzin.

mit einer Eisenerde vermengt. In dem nahe vorbeyfließenden Taubenbache, der durch das Thal seinen Lauf hat, wo die mineralischen Quellen entspringen und von dem Bache aufgenommen werden, findet man nicht nur oft verschiedene Arten versteinerter Körper, sondern auch viele Arten von Steinen, besonders viele kleine schwarze Steine, die, wenn sie zerschlagen werden, schwefelhaft riechen, und wenn man sie ins Feuer wirft, mit einem starken Knall zerspringen und einen schwefelhaften Geruch geben. Das mineralische Wasser ist die meiste Zeit ziemlich klar, schmeckt säuerlich, dintenhaft und eisenschlackigt und ist also andern Stahlbrunnen ähnlich. Wenn dieses Wasser mit Milch vermischt, auch mit einander gekocht wird: so siehet man die Milch gar nicht in Stücken zusammen rinnen, sondern sie bleibet flüßig, wie vorher. Vermischt man dieses Wasser mit einem (alcali) laugenhaften Salz, als unter andern mit dem Oleo tartari per deliquium: so bemerkt man zwar kleine Perlen oder Bläschen, aber keine ordentliche Gährung, noch eine Veränderung der Farbe, sondern das Wasser bleibt klar. Eben dieses wird man auch bey der Vermischung mit einem flüchtigen laugenhaften Salz gewahr. Wird dieses Wasser mit Muskatenwein vermischt: so erscheint eine angenehme etwas bläulichte Farbe, als wenn etwas Dinte darein gegossen wäre. Kommet klarer saurer Wein unter das Wasser: so bemerkt man einige kleine Bläschen oder Perlen. Wenn man es einige Stunden zusammen vermischt stehen läßet: so wird es etwas gefärbt, als wenn Dinte dazu gekommen wäre. Wird das Wasser mit dem scharfen Salpeter oder Salzgeist (spiritu nitri vel spiritu salis) vermischt: so erscheinen kleine Bläschen wie Perlen und das Wasser bleibt klar, ohne daß man eine ordentliche Gährung gewahr wird. Wenn man das scharfe Oleum vitrioli unter das Wasser gießet: so bemerket man aufsteigende Blasen, wie Perlen und eine kleine Gährung, wobey das Glas ziemlich warm wird. Gießet man den Violensyrup unter das mineralische Wasser: so ist es blau und behält die Farbe von Violensyrup, wie selbiger ist. Schüttet man pulverisirte Galläpfel darunter: so erscheint eine braune dintenhafte Farbe. Man bemerket auch bey diesem Wasser eine Fettigkeit, weil es die Gläser fettig macht, und besonders auf der Oberfläche eine buntartige Haut sich setzet, wenn es eine Weile unbewegt stehet. Auch bemerkt man das öhligte auf den Quellen, deswegen es sich mit dem Regen- oder ordinären süßen Wasser nicht gleich geschwind vermischt. Es ist schwerer als das ordentliche süße Wasser und verhalten sich beyde gegen einander beynahe wie 1 zu 2 oder 3, bald noch mehr wie 1 zu 5. Wenn die Luft etwas dicke als früh des Morgens und spät des Abends ist: so bemerkt man einen schwefelhaften Geruch bey den Quellen. Wenn man früh des Morgens oder spät des Abends ein Glas voll Wasser schöpft und unter die Nase hält: so empfindet man ein Reitzen und Kribbeln in der Nase. Wenn Leute, die keine flüchtige Getränke jemals getrunken haben, etwas häufig des Morgens von diesem Wasser trinken, so werden sie vergnügt, frölich und als berauscht und der Umlauf ihrer Säfte wird stärker und geschwinder. Im Winter auch bey der stärksten Kälte frieren diese Wasser niemals. In der größten Kälte scheinen sie warm und dunsten, welches von ihrem beständigen Ausflusse aus der Erde nicht nur, sondern auch von ihren flüchtigen Theilen herrühret. Wenn dieses Wasser klar aus den Brunnen geschöpft wird und es eine Weile stehet: so wird es trüber und schwerer als es war, und je länger es steht, desto trüber wird es, indem die flüchtigen Theile vergehen, die übrigen schweren Theile aber näher zusammen kommen, daß die Lichtstrahlen nicht so frey, wie vorher, durchfallen können. Geruch und Geschmack ist auch nicht so stark, wie vorher, da es aus der Quelle kam. Je länger dieses Wasser steht, desto weniger und langsamer wird es von den Galläpfeln gefärbet. Mischt man die gestoßenen Gallöpfel mit gekochten Wasser, das eine Weile offen gekocht hat: so wird das Wasser nur trübe und das Pulver fällt auf den Grund, das Wasser ist klar und gelbliche, nicht dunkelbraun, wie das ungekochte wird. Wenn dieses Wasser verfahren wird und nicht wohl vermacht ist: so findet man die Versuche und Wirkungen weit schwächer als bey der Quelle. Dies geschieht aber auch bey weitem Wege in vermachten Gefäßen. Man bemerkt, daß die angestellte Proben mit dem Wasser, als auch die wirkende Kraft bey den Kranken zuweilen stärker sind, und das Wasser zuweilen mehrere mineralische Theile mit sich führet. Besonders hat man wahrgenommen, daß, wenn in der Luft ein Gewitter ist und kein Regenwasser es verdünnet hat, es am meisten mit mineralischen Theilen versetzt ist. Auch zeigen der Geschmack und die Versuche, daß das Wasser in den drey benannten Brunnen nicht allezeit gleich stark und kräftig sey, sondern bald hat der erste, bald der zweyte, bald der dritte Brunnen in der Stärke, Kraft und häufigern Vermischung mineralischer Theile den Vorzug. Dumstet und destillirt man dieses Wasser, so geht ein leichtes Wasser mit dem flüchtigen Wesen (spiritu) ab. Es folgen einige öhligte harzige Theile und bleibt ein Mittelsalz zurück nebst erdigten Theilen, davon einige eisenartig, die vom Magneten angezogen werden, andre aber eine feine alcalinische Erde sind und mit dem Sauren aufwallen. Wenn man die ockerhafte Erde, die sich in den Röhren und Gefäßen ansetzt, und den ockerhaften Schlamm, der sich an einigen Orten findet, trocknet: so findet man, daß wenn derselbe erhitzt und am Flammfeuer ist, flammigt brennt. Es ziehen sich einige Theile nach dem Magnet hin. Vermischt man sie mit Violensyrup: so kommt eine braune Farbe hervor. Vermischt man sie mit einem flüchtigen laugenhaften Salz odern andern laugenhaften aufgelösten Salz: so bemerkt man keine starke Veränderungen. Gießet man eine Säure, als den scharfen Salpeter oder Salzgeist auf: so entsteht eine Aufwallung ohne Veränderung der Farbe. Gießet man den Kupferwassergeist oder deßen Oel darauf: so entsteht eine Aufwallung und die röthliche Farbe wird dem Eisen ähnlicher. Aus diesen Wahrnehmungen erhellet deutlich, daß das Polzinische Mineralwasser folgende Bestandtheile hat, nemlich 1) einen sehr flüchtigen, sich ausdehnenden sauren Geist, (spiritum sulphureum) der zwar häufig ist, aber doch sehr bald abdunstet, deswegen man sogar bemerkt, daß, wenn das Wasser nur eine halbe Meile offen gefahren und bewegt wird, es viel von diesem flüchtigen Wesen verliehret; 2) ein feines leichtes Wasser; 3) einen Eisenvitriol, einen feinen zarten crocum martis oder einige eisenhaltige Theile. Es ist aber kein Kupfervitriol und es sind keine Theile vom Kupfer in diesem Mineralwasser; 4) einige feine erdigte Theile, so alcalisch oder laugenhaft sind; 5) ein Mittelsalz und 6) ein fettiges harziges Wesen, so einige ein Bergoel nennen. Aus diesen angezeigten Bestandtheilen läßet sich leicht beurtheilen, wie die Kraft und Wirkung dieses mineralischen Wassers beschaffen sey und in welchen Fällen man Hülfe erwarten könne. Da es den Körper und deßen geschwächte Theile merklich stärket, und die Fibern oder Fäserchen, wegen der darinn befindlichen martialischen, eisenhaltigen und flüchtigen sauren Theile, etwas zusammenzieht, so kann es viele Krankheiten

heben

Die Stadt Polzin.

heben und abwenden. Das leichte Waſſer, das Mittelſalz und das flüchtige Weſen löſet den Schleim auf und verdünnet die zähen Feuchtigkeiten, dringt in die feinſten Adern und befördert den nöthigen Umlauf der Säfte. Es hebt alſo auch die Verſtopfung der Eingeweide und Gelenke. Es verdünnet und verändert die Schärfe des Geblüts und des ganzen Körpers. Es reiniget aber nicht allein das Geblüt durch den hervorgebrachten Schweiß, der beſonders nach einiger Bewegung ſich zeiget, und durch den häufigen Abgang des Urins, ſondern auch Magen und die Gedärme durch den bey einigen befördernden Stuhlgang. Die wiedernatürliche Hitze wird auch durch dieſes Waſſer gedämpft. Bey dem Baden iſt es auch wegen ſeiner Schwere ſehr nutzbar; denn es drückt und wirkt auf die Oberfläche des Körpers und bringt das Blut und die Feuchtigkeit des Leibes in mehrere Bewegung und gleichen Umlauf. Die verſtopften Gefäße werden durch das Baden mehr geöfnet. Die Haut wird von den Unreinigkeiten und dem Schweiße gereiniget und geſäubert. Die Säfte des Körpers werden verdünnet, daß die Abſonderung und ein gelinder Schweiß Statt finden kann. Der Gebrauch dieſes mineraliſchen Waſſers iſt alſo nützlich im Anfange der Schwindſucht, Waſſerſucht, Hypochondrie, Hectic, in einigen zurückgebliebenen auch zu häufigen Blutflüßen. Beſonders hat es herrlichen Nutzen gezeiget in krampfigten und gelähmten Zufällen, ſie mögen von Schlagflüßen oder Schwäche der Nerven entſtanden ſeyn, imgleichen in offenen Schaden und Ausſchlägen, bey triefenden ſchwachen Augen, ſchwachen Magen und Gedärme, bey Verſchleimung des Geblüts, in der Bleichſucht und ſcorbutiſchen Zufällen, in der Melancholie, Auszehrung, bey denen, ſo oft mit Flüßen geplagt ſind, bey den Fiebern und der Steifigkeit der Glieder und Gelenke u. ſ. w. Auch iſt es gut wieder den Stein und das Podagra, welches, wenn es zurückgetrieben wird, oft wieder in die äußerlichen Theile kommt. Viele Kranke, welche andre Stahlbrunnen beſucht haben, haben dem Polziniſchen Mineralwaſſer vor jenen in der Stärke und guten Wirkung den Vorzug gegeben. Der ehemalige Doctor der Arzneygelahrheit Thlbeſius verſichert in Dähnerts Pommerſchen Bibliothek B. 2. S. 59. daß er ſelbſt in dem Jahre 1733 den Freyenwaldeſchen Geſundbrunnen geprüft und nur halb ſo ſtark an mineraliſchen Theilen, wie den Polziniſchen geſunden habe, und daß der Lauchſtädter, nach der von ihm in dem Jahre 1751 an der Quelle in Gegenwart eines Arztes aus Halle vorgenommenen Unterſuchung, nur zwey Drittheil mineraliſchen Gehalts gegen den Polziniſchen beſitze. In dem Jahre 1712 wurde dieſer Brunnen dadurch beſonders berühmt, daß der Herzog von Curland, Ferdinand, ſich mit einem anſehnlichen Gefolge hier einfand und das mineraliſche Waſſer ſo wohl innerlich als äußerlich 6 Wochen mit vieler Juſtiedenheit und Nutzen gebrauchte, auch ſich ſo wohl darnach befand, daß er auf der Rückreiſe von Rom wieder hieher kam. In den neuern Zeiten hat man in manchen Jahren 60 bis 70 Familien gezählet, die ſich dieſes Brunnens bedienet haben. Es iſt daher zu wünſchen, daß noch Mittel möchten ausfündig gemacht werden, damit zu beſſerer Bequemlichkeit für die Kranken und Brunnengäſte mehrere Zimmer, wie auch Stallungen für Pferde und Wagen könnten erbauet werden, die von Natur ſchöne Gegend durch Kunſt angenehmer und bequemer gemacht und den armen Kranken auch Verpflegung und Hülfe geſchaft würde. Die Gelder, welche bey dem Brunnen einkommen und zur Brunnencaſſe von dem Brunneninſpector berechnet werden, ſollen

zur

zur Erhaltung der Gebäude, der Inventarienstücke und der sonst nothwendigen Verbeßerungen angewandt werden. (*)

III. Das königliche Amt Belgard. Zu demselben gehören:

1. Folgende Dörfer, als:

1) **Boißin** 1 Meile von Belgard gegen Süden, an der Persante, die etwa 50 Schritte von dem Dorfe gegen Süden fließet, auf der Poststraße von Cörlin nach Polzin, wie auch an der nahe bey demselben vorbeygehenden Landstraße von Belgard nach Polzin, hat königlichen Antheils 12 Bauern, 3 Coßäthen, 1 Schulmeister, 19 Feuerstellen, eine zu der Belgardschen Synode gehörige und unter dem Patronate des Königes stehende Kirche, die ein Filial von Lenzen ist und zu welcher das Dorf Ristow und die beiden Feldkathen, der Springkrug und der Heidekrug eingepfarret sind, und gränzet an die Dörfer Roggow, Dubberow, Ristow, Zarnefanz und Naffin. Das Dorf Boißin hat einen See, welcher an der königlichen Fichten- oder so genannten Dowenheide lieget. Die hohe- mittlere und niedere Jagd bey diesem Dorfe, wie auch etwas Fichten- und weiches Holz zur Feuerung, imgleichen die Fischerey in der Persante gehören zu dem königlichen Amte Belgard, 2 Bauerhöfe aber in diesem Dorfe zu dem adelichen Kreise. Auf Befehl des Herzogs Johann Friederich, wurden die Gränzstreitigkeiten zwischen den Dörfern Boißin und Dubberow von den fürstlichen Commissarien, dem Hauptmann zu Belgard und Neu-Stettin Tessen Kleist und Hans von Wolde zu Wusterbart durch den Vergleich vom 17 Junius 1574 beygeleget. S. Boißin unter den adelichen Gütern des Belgardschen Kreises.

2) **Darkow** ½ Meile von Belgard gegen Osten, auf einer kleinen Anhöhe, und an einem Moore, welches sich von Pumlow bis nach Belgard erstrecket, hat außer einem Vorwerke oder einer Schäferey, 9 Bauern, 3 Coßäthen, 1 Büdner, 15 Feuerstellen, ist zu Sietkow in der Belgardschen Synode eingepfarret und gränzet an die Dörfer Pumlow, Dubberow, Klempin, Schlennin und die Stadt Belgard.

3) **Denzin** ¼ Meile von Belgard gegen Süden, an der linken Seite der Persante, hinter dem Dorfe Vorwerk und dem Ackerhofe desselben Namens in gerader Linie, hat königlichen Antheils 10 Bauern mit dem Schulzen, 1 Coßäthen, 12 Feuerstellen, gute Aecker und Wiesen, ist zu der St. Marienkirche zu Belgard eingepfarret und gränzet an die Stadt Belgard und an die Dörfer Vorwerk, Roggow, Naffin, Grüssow und Lenzen. Drey Bauerhöfe und ein Coßäthenhof in dem Dorfe Denzin gehören zu dem adelichen Kreise, und namentlich zu dem Gute Zarnefanz. S. Denzin unter den adelichen Gütern des Belgardschen Kreises.

4) Klem-

(*) Mehrere Nachrichten von dem Polzinschen Gesundbrunnen findet man in J. E. Dähnerts Pommerschen Bibliothek B. 2. S. 56 — 60, in D. Zückerts systematischen Beschreibung aller Gesundbrunnen und Bäder Deutschlands. 1778 und vornehmlich in des D. Barmwassers Nachricht von den mineralischen Wassern in und bey Polzin. Stettin 1773 in 8.

Das Amt Belgard.

4) **Klempin** oder **Clempin** hat königlichen Antheils nur einen Bauerhof, welcher von der Stadt Belgard in dem vorigen Jahrhunderte an das königliche Amt Belgard versetzt worden ist. Die sämtlichen übrigen Einwohner dieses Dorfs gehören der Belgardschen Cämmerey. S. Klempin unter den Eigenthumsgütern der Stadt Belgard.

5) **Kösternitz** oder **Cösternitz** ½ Meile von Belgard gegen Norden, hat 14 Bauern mit dem Schulzen, 2 Coßäthen, 1 Unterförster, welcher etwa 1000 Schritte von dem Dorfe nordwestwärts an der Kösternitzschen und Puschowschen Heide wohnet, 26 Feuerstellen, gute Aecker, Wiesen und Hütungen, ist zu der St. Marienkirche zu Belgard eingepfarret und gränzet an die Stadt Belgard und an die Dörfer Klein-Panknin, Lüllfitz, Pustchow, Silesen und Pumlow. Bey dem Dorfe Kösternitz ist in dem Jahre 1781 ein Elsenbruch gerodet worden, wo eine Kuhpächterey, die Buchhorst genannt, mit 8 Büdnerfamilien angeleget werden soll.

6) **Lenzen** ½ Meile von Belgard südwestwärts, in einer niedrigen Gegend, hat außer einem Vorwerke, 1 Prediger, 1 Küster, 12 Bauern mit dem Schulzen, 3 Coßäthen, 3 Büdner, 1 Förster, welcher mitten in der Lenzenschen Heide wohnet, mit Einschließung der den Bauern gehörigen Speicher 35 Feuerstellen, eine zu der Belgardschen Synode gehörige Mutterkirche, deren Filiale die Dörfer Zarnefanz und Voißin sind, und zu welcher das Dorf Grüssow eingepfarret ist und gränzet an die Dörfer Denzin, Nassin, Grüssow, Lazig, Standemin, Camissow und Vorwerk. Hinter dem hiesigen königlichen Vorwerke nach Norden zu ist ein kleiner See, worinn sich allerley Arten von Fischen, als Karpfen, Karauschen, Schleie, Hechte, Barsche, Plötzen, Aale, Aalquappen befinden. Hinter dem See ist die königliche Eichenheide, und unmittelbar hinter derselben nach Norden fließet die Persante. An dieser Seite, wo der See lieget, ist die Gegend sehr morastig und tief. Auch sind daselbst 2 Torfmoore. Der Oberste Siegfried von Damitz brachte das Dorf Lenzen an sein Geschlecht, 1683 aber wurde es von dem Churfürsten Friederich Wilhelm dem Amte Belgard beygeleget.

7) **Pumlow** hat königlichen Antheils 6 Bauern mit dem Schulzen, 1 Büdner und also überhaupt 7 Feuerstellen. Die Steuern dieser königlichen Bauern, welche ehemals einigen von Adel gehörten und weder Hofwehren haben, noch Naturaldienste leisten, fließen in die adeliche Belgardsche Kreiscasse. Der übrige Theil dieses Dorfs ist adelich. S. Pumlow unter den adelichen Gütern dieses Kreises.

8) **Pustchow** ¼ Meile von Belgard nordnordostwärts, in einer etwas niedrigen Gegend, an einer grossen nordwärts gelegenen Heide, hat 1 Freyschulzen, 7 Bauern, unter welchen der Dorfschulze begriffen ist, 2 Halbbauern, 3 Coßäthen, 1 Büdner, der zugleich Unterförster ist, 1 Schulmeister, 15 Feuerstellen, ist zu Bulgrin in der Belgardschen Synode eingepfarret, und gränzet an die Dörfer Kösternitz, Nassow, Bulgrin und Silesen. Die Gränzstreitigkeiten zwischen den Dörfer Pustchow und Nassow wurden von den fürstlichen Commissarien, als dem Scholasticus und Domherren

Herren zu Cammin, Pribislaus Kleist, dem Hauptmann zu New-Stettin Nikolaus Puttkammer, Peter Kleist zu Zatkow, Laurentius Parsow zu Parsow und Carsten Rameke zu Curdshagen, durch den 1557 am Dienstage nach Egidii errichteten Vergleich, untersucht und beygelegt.

9) **Roggow** ¼ Meile von Belgard gegen Süden, an der linken Seite der Persante, hat außer einem Vorwerke, 13 Bauern mit dem Schulzen, 2 Coßäthen, 1 Büdner, 1 Schulmeister, 21 Feuerstellen, gute Aecker und Wiesen, ist zu der Belgardschen St. Marienkirche eingepfarret, und gränzet an die Stadt Belgard und an die Dörfer Sietkow, Boißin, Naffin und Denzin. Der Vergleich vom 4 Junius 1548, nach welchem die Gränzstreitigkeiten zwischen den Dörfern Roggow und Sietkow durch den Bischof Bartholomäus von Cammin waren beygeleget worden, wurde von dem Herzoge Barnim am 9 Junius 1558 bestätiget. Nachdem zwischen beiden Dörfern abermals neue Gränzstreitigkeiten entstanden waren, wurde auf Befehl des Herzogs Franz von den fürstlichen Räthen Paul Damiß und Henning Below zu Belgard am 5 October 1620 ein Vertrag errichtet, worinn zwar der Vergleich von 1548 bestätiget, jedoch in verschiedenen Puncten noch näher bestimmt wurde. In diesem letztern Vertrage war noch eine Gemeinschaft bey dem alten gelaßen worden, vermöge welcher die Dorfschaft Roggow auf dem unstreitigen Boden des Dorfs Sietkow, über die Gränzpfäle und Steine hinweg, mit allem Vieh in Gemeinschaft mit dem von Sietkow hüten konnte, so daß beide Dorfschaften auf dem gemeinschaftlichen Orte, welcher der Ballenberg heißet und beständig von dem in Belgard in Garnison stehenden Regimente zum Exercierplatze gebraucht worden ist, weder Torf stechen, noch die trockenen Plätze mit Korn besäen durften. Mit Einwilligung beider Dorfschaften wurde dieser gemeinschaftliche Ort durch die Gemeinheits-Auseinandersetzungscommißion getheilet, indem eine neue Gränze gezogen und am 28 August 1779 ein Vergleich errichtet wurde, der am 6 Junius 1782 die Bestätigung des Hofes erhielt. Jetzt wird der erwähnte Exercierplatz für das Regiment des Prinzen Ludewig von Würtemberg der Herrschaft zu Sietkow jährlich mit 60 Rthlr. von der Königl. Cammer bezahlet.

10) **Silesen** 1 Meile von Belgard nordostwärts, in einer ebenen Gegend, auf der Landstraße von Belgard nach Cößlin, hat königlichen Antheils, 10 Bauern, 3 Coßäthen, unter welchen sich der Schmied befindet, 19 Feuerstellen, ist zu Bulgrin in der Belgardschen Synode eingepfarret und gränzet an die Dörfer Kösternitz, Puschow, Bulgrin, Butzke und Pumlow. S. Silesen unter den adelichen Gütern dieses Kreises.

11) **Vorwerk** lieget gegen Süden ganz nahe an der Stadt Belgard, von welcher dieses Dorf nur durch einen Damm und 4 Brücken über einen Bach und die Persante unterschieden ist, hat außer einem Vorwerke 8 Bauern mit dem Schulzen, 2 Coßäthen, 14 Feuerstellen, gute Wiesen an der Persante, ist zu der St. Marienkirche zu Belgard eingepfarret und gränzet an die Stadt Belgard und an die Dörfer Denzin und Lenzen.

2. Vier

Das Amt Belgard.

4. Vier Vorwerke, als:

1) **Darkow** liegt von dem Dorfe Darkow in einiger Entfernung, nach dem Dorfe Klein-Dubberow zu, ist eigentlich eine Schäferey und hat 399 Morgen 34 Ruthen, die gemeinschaftliche Weide mit dem Dorfsviehe auf dem so genannten Darkowschen Moor, woran jedoch die Stadt Belgard gleichfalls berechtiget ist, die Abtriften für das Gellvieh auf die Kösternitzschen, Klempinschen und Silesenschen Feldmarken wöchentlich 2 Tage und auf die Pumlowschen Feldmarken wöchentlich 1 Tag, die Dienste nach Vorschrift des Dienstreglements von 9 Bauern und 2 Coßäthen aus Darkow, einem königlichen Bauer aus Klempin und 10 Bauern und 2 Coßäthen aus Silesen. Dieses Vorwerk ist ganz ritterfrey und giebt daher weder Contribution noch Cavalleriegelder.

2) **Lenzen** hat 942 Morgen 14 Ruthen, gute Äcker und Wiesen, die gemeinschaftliche Weide mit dem Dorfe auf der Feldmark desselben und in der Lenzenschen Heide, keine Abtriften für die Schafe auf die benachbarten Feldmarken und gewiße gemeßene Dienste von 12 Bauern und 3 Coßäthen aus Lenzen, 9 Bauern und 1 Coßäthen aus Denzin und 14 Bauern und 2 Coßäthen aus Kösternitz.

3) **Roggow** hat 598 Morgen 163 Ruthen, die Abtriften für die Schafe auf das Belgardsche Stadtfeld und die Boißinsche Feldmark und gemeßene Dienste von 13 Bauern und 2 Coßäthen aus Roggow und 12 königlichen Bauern und 3 königlichen Coßäthen aus Boißin.

4) **Der Ackerhof Vorwerk** lieget etwa 1000 Schritte von der Stadt Belgard gegen Süden hinter dem Dorfe Vorwerk, an der Persante, ist zu der St. Marien-kirche zu Belgard eingepfarret und hat 436 Morgen 52 Ruthen, gute Äcker und Wiesen an der Persante, die Abtriften für die Schafe wöchentlich 2 Tage auf das Denzinsche Feld und gewiße gemeßene Hülfsdienste von 7 Bauern und 2 Halbbauern aus Puschow und 8 Bauern und 2 Coßäthen aus dem Dorfe Vorwerk.

3. Zwey Krüge, als:

1) **Der Springkrug**, oder Campin- oder Cappinkenkrug lieget 1 Meile von Belgard auf dem Boißinschen Felde, gerade der Boißinschen Wassermühle über gegen Süden, an dem Fuße des so genannten Cappinberges und an der Landstraße nach Neu-Stettin und Bärwalde, hat 70 Morgen 69 Ruthen und ist zu Boißin in der Belgardschen Synode eingepfarret. Der hiesige Krüger ist bisher zugleich königlicher Holzwärter gewesen, jetzt aber soll in der Dowenheide an dem so genannten Ellernsoll eine besondre Wohnung für einen Unterförster erbauet werden.

2) **Der Heidekrug** lieget etwa 100 Schritte von der Boißinschen Wassermühle, und ist zu Boißin in der Belgardschen Synode eingepfarret.

Der Belgardsche Kreis.

4. Folgende Erbmühlen, als:

1) Die Belgardsche Schloßmühle, bestehet aus 4 unterschlägigen Panzergängen, und wird von einem kleinen Bache gespeiset. An Zwangsmahlgästen sind zu derselben die Einwohner der Stadt Belgard mit ihren Vorstädten, das hiesige königliche Amt, und die Einwohner der Dörfer Kösternitz und Groß-Panknin geleget worden.

2) Die Boißinsche Wassermühle, bestehet aus einem oberschlägigen Gange und erhält das Mahlwasser aus dem Boißinschen See, welcher an der königlichen Fichten- oder so genannten Dowenheide lieget. Die Mahlgäste sind die königlichen so wohl als adelichen Einwohner des Dorfs Boißin.

3 — 4) Die Roggowsche Wassermühle, eine aus 2 unterschlägigen Gängen bestehende Erbmühle, lieget mit einer dazu gehörigen Schneidemühle, zwischen den Dörfern Denzin und Roggow, und wird von dem kleinen Flusse, die Muglitz genannt, getrieben. Die Zwangsmahlgäste sind die Einwohner der Dörfer Denzin, Lenzen, Roggow, Puschow, Vorwerk und Klempin.

5) Die Silesensche Wassermühle, bestehet aus einem oberschlägigen Gange und hat die Einwohner des Dorfs Silesen zu Zwangsmahlgästen.

Das Amt Belgard wurde, nach der zu Duisburg am 1 September 1651 ausgefertigten Verschreibung, dem Königl. Schwedischen Reichsrathe, Generalfeldzeugmeister und Kriegsrathe, Grafen Arswed Wittenberg von Debern, Freyherrn zu Coimporky, Herren zu Jltes und Ullesta, für die von demselben dem Churfürsten Friederich Wilhelm vorgeschossenen 33333 Rthlr. 9 Gr. auf 9 Jahre verpfändet, gegen das Ende des vorigen Jahrhunderts aber wieder eingezogen und hierauf der Churfürstin Dorothea, gebohrnen Herzogin zu Schleßwig, Holstein rc. für einen gewißen Pfandschilling auf eine kurze Zeit eingeräumet. Jetzt sind die königlichen Aemter Belgard und Cörlin mit einander verbunden und haben einen Generalpächter, der auf dem Schlosse zu Belgard wohnet. Die adelichen Dörfer Bergen, Burzlaff, Crößin, Döbel, Grüßow, Klekow, Lazig, Muttrin, Naffin, Ristow, Schim, Schlennin, Groß-Tychow, Biezow, Wuzow, Zarneganz und Zarkow und die Buzkesche Wassermühle geben theils gewiße Geld- theils gewiße Getreydepächte an das Amt Belgard. Auch sind die 7 Halbbauern in dem der St. Marienkirche zu Belgard gehörigen Dorfe Groß-Panknin der Gerichtsbarkeit dieses Amts unterworfen, welchem sie gewiße Fuhren leisten und die Contribution und Fouragegelder an dasselbe geben müssen.

IIII. Folgende adeliche Güter, als:

1. Arnhausen ein Schloß und altes Stammhaus der von Manteufel, 1 Meile von Polzin westnordwestwärts, 2 Meilen von Belgard südsüdwestwärts und 5 Meilen von Colberg südostwärts, an der Neumärkschen Gränze, hat außer 2 Vorwerken in dem Dorfe, auf der Feldmark deßelben 2 neu angelegte Vorwerke, wovon das eine

in

Die adelichen Güter des Belgardschen Kreises

in dem so genannten Gastgrunde nahe an der Neumärkschen Gränze, das andre aber nach dem Dorfe Groß-Rambin zu liegt, ein auf der Arnhausenschen Heide nebst einem Coßäthenhofe angelegtes freyes Feldgut, Heyde genannt, eine Kornmühle und eine Schneidemühle, die von der Muglitz getrieben werden, 1 Schäferey, 1 Prediger, 1 Küster, 8 Bauern, 1 Halbbauer, 1 Coßäthen, 1 Krug, 1 Schmiede, 25 Feuerstellen, eine zu der Belgardschen Synode gehörige Mutterkirche, zu welcher die Dörfer Battin, Groß- und Klein-Rambin und Jeseritz eingepfarret sind, die Dörfer Retzin und Langen und das Kapellendorf Zwirnitz aber als Filiale gehören, Eichen- und Buchenholzungen wie auch weiches Holz und Fischerey in der Muglitz und in dem Mühlenteiche. Nach dem von dem Marggrafen zu Brandenburg Johann George und den Herzogen von Pommern Johann Friederich und Ernst Ludewig zu Falkenburg in der Woche Exaudi 1580 geschloßenen Vergleiche, sind die Gränzstreitigkeiten zwischen den Dörfern Arnhausen und Nelep, imgleichen zwischen den Dörfern Podewils und Dolgenow und Klötzin beygeleget und entschieden worden. Für die bey dem Gute Arnhausen in dem Jahre 1773 und den Gütern Arnhausen und Lutzig, wovon das letzte zu dem Neustettinschen Kreise gerechnet wird, in dem Jahre 1776 für 3550 Rthlr. königliche Gnadengelder vorgenommen Verbeßerungen, wovon die jährlichen Einkünfte nach den Anschlägen 328 Rthlr. 12 Gr. 2 Pf. betragen sollen, haftet eine jährliche Abgabe von 71 Rthlr. auf diesen Gütern. Arnhausen war ehemals eine Stadt und ein altes Manteufelsches Lehn, welches aus 3 Antheilen bestand. Ein Theil, zu welchem das Schloßgut und das so genannte kleine Gut gehören, wurde nach dem Tode des Matthias Ludewig von Zastrow, von deßen Brüdern Otto Rüdiger und dem Hauptmann Friederich Wilhelm, ihrem mittlern Bruder, George Heinrich von Zastrow, nach dem Vergleiche vom 2 März 1754, überlaßen. Einen andern kleinern Theil dieses Guts, welcher ⅓ von den Arnhausenschen neuen Gebäuden oder der so genannten neuen Baut oder Bucht ausmachte, trat George von Glasenapp 1700, seiner Frauen Schwester, Barbara von Zastrow ab, die solchen ihrem Gemahl dem Hauptmann Carl Magnus von Klitzing vermachte. Sein Sohn, der Hauptmann George Friederich von Klitzing, verkaufte ihn, nach dem Vergleiche vom 8 April 1750, erblich der Gemahlinn des Hauptmanns Friederich Bernd Heinrich von Damitz, Louisa Agnesa gebohrenen von Grape, deren nachgelaßene Söhne, die Lieutenants Siegmund Heinrich Bogislav und Johann George Leopold von Damitz, sich am 17 November 1769 also verglichen, daß der letzte dem ersten als dem ältern Bruder diesen Theil mit dem dazu gehörigen und von ihrer Mutter auf der Feldmark dieses Dorfs angelegten Vorwerke Friederichsburg abtrat, worauf derselbe bey der gerichtlichen Feilbietung am 21 August 1775, dem George Heinrich von Zastrow zuerkannt wurde. Ein dritter kleiner Theil dieses Guts kam von George von Glasenapp an seine Tochter Eva Elisabeth und an deren Gemahl Bernd Ewald von Manteufel, deßen nachgelaßener Sohn, der Lieutenant George Friederich von Manteufel, ihn mit seinen übrigen Gütern bey seinem Leben am 31 Julius 1766 seinem Sohne, dem Lieutenant und nachmaligen Hauptmann Friederich Heinrich von Manteufel abtrat. Dieser verkaufte diesen Theil, nach dem Vergleiche vom 25 Februar 1768, dem George Heinrich von Zastrow, der also jetzt das ganze Gut Arnhausen besitzet. Das zu demselben gehörige Feldgut Heyde ist eigentlich ein Manteufelsches Lehn, welches, nach

Der Belgardsche Kreis.

dem es mit dem Gute Arnhausen zugleich in Concurs gerathen und von Zeit zu Zeit verschiedenen Besitzern zugefallen war, an Sophia Gertrud von Podewils kam, von deren Kindern, als George Ewald und Rüdiger Ernst von Zastrow es, nach dem Vergleiche vom 14 October 1737, wiederkäuflich auf 30 Jahre dem Prediger Gotthilf Daniel Schlutius, von diesem am 16 März 1739 dem George Gottlieb Vogt und von diesem am 30 April 1743 der Dorothea von Wussow überlaßen wurde. Es gerieth hierauf abermals in Concurs und wurde von dem Cößlinschen Hofgerichte am 20 Januar 1755 dem George Heinrich von Zastrow zuerkannt, der es zwar nach dem Vergleiche vom 5 November 1766 dem Rüdiger Ernst von Zastrow überließ, es aber am 16 März 1767 von demselben wieder zurück kaufte.

2. **Ballenberg** 1½ Meilen von Belgard gegen Süden, hat 1 Vorwerk, 1 Schäferen, 5 Bauern, 1 Halbbauer, 1 Schmiede, 1 Schulmeister, 9 Feuerstellen, wenige Holzung, Fischeren in Teichen und ist ein zu Woldisch-Tychow in der Belgardschen Synode eingepfarrtes Dorf, welches nebst 3½ Bauern mit 7 Hufen in Bergen ehemals ein Zozenowsches Lehn war. Die Lehnsfolger des Peter von Zozenow verkauften es am 1 März 1694 für 11563 Gulden des Caspar von Wolde Söhnen, Marx und Zabel Balthasar und begaben sich für 400 Gulden ihrer Lehngerechtigkeit und aller Ansprache an dieses Gut. Marx von Wolde verkaufte es am 28 März 1713 seinem Sohne, dem Hauptmann Lorenz Jürgen von Wolde, deßen Wittwe Hedwig Elisabeth gebohrne von Kameke, die sich nachher mit dem Major Caspar Erdmann von Sydow vermählte, dieses Gut erbte. Nachdem es in Concurs gerathen war, wurde das Lehn von Ballenberg nebst dem dazu gehörigen Gute in Bergen und Zwirnitz durch das Rescript vom 2 May 1750 dem Hauptmann und nachmahligen Generalmajor und Commendanten zu Colberg, Primislaus Ulrich von Kleist ertheilet, der die 3½ Bauern mit 7 Hufen in Bergen am 21 October 1754 erblich den Gebrüdern von Wolde zu Thunow abtrat, das Gut Ballenberg aber, welches durch das Rescript vom 12 November 1754 allodificiret wurde, nebst Zwirnitz, nach dem Vergleiche vom 16 November 1774, dem Major bey dem Regimente des Prinzen Leopold von Braunschweig, Joachim Rüdiger von Kleist verkaufte.

3. **Battin** 1¼ Meilen von Polzin nordwestwärts, hat 1 Vorwerk, 1 Schäferen, auf der Feldmark des Dorfs einen Buschkathen Grainhausen genannt, 6 Bauern, 6 Halbbauern, 1 Krug, 1 Schmiede, 18 Feuerstellen, wenige Holzung, Fischeren in Teichen, nach dem Theilungsvergleiche vom 1 Junius 1758 einen Kirchenstand und ein Begräbniß zu Arnhausen und gränzet an die Neumärkschen Dörfer Klötzin und Melep. Battin ist ein zu Arnhausen in der Belgardschen Synode eingepfarrtes Dorf und altes Podewilsches Lehn, welches die Gemahlinn des Generalmajors Friederich Wilhelm von Podewils, Eleonora Carolina gebohrne von Woisky besitzet. S. Crampe.

4. **Bergen** 1½ Meilen von Belgard gegen Süden, auf einem hohen mit ergiebigen Aeckern und Wiesen versehenen Berge, wovon der Ort ohne Zweifel den Namen führet, an der linken Seite der Persante, hat nur 2 Vorwerke, ein Feldgut Grün=

Die adelichen Güter des Belgardschen Kreises.

Grünhof genannt, bey welchem die Landstraße von Belgard nach Polzin nahe vorbeyführet, 3 Feuerstellen, Holzungen, Fischerey in der Persante und ist ein zu Woldisch-Tychow in der Belgardschen Synode eingepfarrtes Woltensches Lehn, welches der Major Philipp Ferdinand von Wolde besitzet. S. Thunow unter den adelichen Gütern des Fürstenthums Cammin.

5. Boißin hat adelichen Antheils 2 Bauerhöfe oder 2 Feuerstellen, welche als ein zu dem Gute Klein-Dubberow gehöriges altes Kleistsches Lehn von dem Major Otto Bogislav von Kleist besessen werden. S. Klein-Dubberow. Der übrige Theil des Dorfs Boißin ist königlich. S. Boißin unter den Dörfern des königlichen Amts Belgard.

6. Bolkow 1 Meile von Polzin gegen Norden und 2 Meilen von Belgard gegen Süden, in einer ebenen Gegend, auf der Landstraße von Belgard nach Polzin und Tempelburg, wie auch auf der Poststraße von Cörlin nach Polzin, hat außer 2 Vorwerken in dem Dorfe noch 2 Feldgüter, Strießniey und Rieggen genannt, 7 Bauern, 1 Schulmeister, 13 Feuerstellen, ziemliche Holzungen, Fischerey in Teichen und ist zu Woldisch-Tychow in der Belgardschen Synode eingepfarret. Der gegenwärtige Besitzer des Dorfs Bolkow, zu welchem auch das auf der Wusterbartschen Feldmark gelegene und zu Wusterbart eingepfarrte Feldgut Heyde gehöret, ist der Major Philipp Ferdinand von Wolde. S. Thunow.

7. Bramstädt 1 Meile von Polzin südsüdwestwärts, hat eine auf der Feldmark des Dorfs gelegene Wassermühle, 12 Bauern, 8 Cossäthen, 1 Krug, 1 Schmiede, 1 Küster, ein Feldgut, der Rohrberg genannt, 24 Feuerstellen, eine zu der Belgardschen Synode gehörige Kirche, die ein Filial von Reinfeld ist und zu welcher die adelichen Dörfer Klockow und Alt-Hütten und die zu dem königlichen Amte Draheim gehörigen Dörfer Hütten, Alt- und Neu-Liepenfier, Lehmaningen, Schmidtenthin, Schmalzenthin und Zemmin eingepfarret sind, wenige Holzung, Fischerey und bestehet aus 2 Antheilen. Bramstädt (a), wozu 2 Bauerhöfe und ein Cossäthenhof gehören, wurde als ein in Concurs gerathenes Manteufelsches Lehn den Vorfahren des Capitain Lieutenant Philipp Reinhold von Krockow verkauft, welcher die zu diesem Dorfe gehörige Mühle am 6 May 1738 erblich für 800 Rthlr. und eine jährliche Mühlenpacht von 9 Rthlr. 16 Gr. verkaufte. Nach dem Vergleiche vom 8 August 1763, fiel Bramstädt (a) seinem Sohne dem Oberstlieutenant und nachmaligen Generalmajor Wilhelm von Krockow zu, der es am 2 Januar 1769 seinem Bruder, dem Generallieutenant Anton von Krockow verkaufte, dessen Wittwe Augusta Louisa Henrietta gebohrne Freyin von Lüder es jetzt besitzet. S. Polzin (b). Bramstädt (b) ein adelicher Wohnsitz, hat 10 Bauern, 7 Cossäthen, 1 Krug, 1 Schmiede und gehörte ehemals zu den Polzinschen Gütern. Ernst von Puttkammer kaufte es von dem Landrathe von Krockow und hinterließ es seinen Söhnen, die sich am 18 December 1741 also verglichen, daß es dem jüngsten Sohne, dem Lieutenant Peter George von Puttkammer überlaßen wurde. Dieser trat es seinem ältesten Bruder, Daniel Christian von Puttkammer ab, dessen Erben es jetzt besitzen.

8. Bul-

Der Belgardsche Kreis.

8. **Bulgrin** 1¼ Meilen von Belgard nordostwärts, an der Radüe, die gegen Osten in einer Entfernung von einigen hundert Schritten vorbeyfließet, hat 2 Vorwerke, als das so genannte große Gut, wozu die nahe dabey liegende Schäferey gehöret, die auch das kleine Gut genannt wird, weil sie vor einigen Jahren noch ein besondres Vorwerk oder Gut war, und das so genannte Obergut, so aus dem Lande von 3 Bauerhöfen bestehet und ebenfalls eine Schäferey hat, 1 Windmühle, 1 Prediger, 1 Küster, 8 Bauern, 3 Coßäthen mit dem Schmiede, einen auf der Feldmark des Dorfs an der Radüe gelegenen Krug, der Ardhenkrug genannt, über welchen die Landstraßen von Belgard nach Cöslin und von Bubliß nach Colberg führen, den Alempekathen, der von seinem Bewohner den Namen führet, einen nahe an der Massowschen Heide gelegenen Holzwärterkathen, 1 Krug, 26 Feuerstellen, eine zu der Belgardschen Synode gehörige Mutterkirche, zu welcher die Dörfer Bußke, Silesen und Pustchow eingepfarret sind, gute Wiesen an der Radüe, Fichten- und weiches Holz, Fischerey in der Radüe und in verschiedenen Teichen, und war ehemals ein Lehn der von Krankspar, mit welchem Henning Krankspar von dem Herzoge Erich am Tage Egidii 1463 belehnet wurde. Nachdem das Geschlecht der von Krankspar mit Henning Krankspar als dem letzten Nachkommen deßelben erloschen war, wurde das Gut Bulgrin von dem Herzoge Bogislaus XIII. am 12 Februar 1606 den von Ramel als ein neues Lehn ertheilet. Nach dem Tode des Ernst Alexander von Ramel fielen, nach dem brüderlichen Theilungsvergleiche vom 7 November 1746, die eine Hälfte von Bulgrin oder der so genannte große Hof oder das Obergut seinem Sohne dem Hauptmann Henning Christian von Ramel, die andre Hälfte von Bulgrin oder der so genannte Niederhof aber und 3 Bauerhöfe in Silesen dem ältesten Sohne, dem Erblandküchenmeister und Landrathe Caspar Friederich von Ramel zu, der auch für seinen gehabten Antheil an dem Gute Ritzerow, nach dem Vergleiche vom 10 December 1764, den seinem Bruder zugefallenen Theil von Bulgrin erhielt. Er verkaufte hierauf das Gut Bulgrin, woran der Generallieutenant und Commendant zu Berlin von Forcade mit seinen Kindern beiderley Geschlechts die Mitbelehnschaft und gesamte Hand erhalten hatte, nebst dem Belgardschen Schloß- und Mühlenkorn und der Jagd auf dem Silesenschen Felde, so weit es adelich ist, jedoch mit Ausschließung der 3 Bauerhöfe in Silesen, nach dem Vergleiche vom 1 December 1773 erb- und unwiederruflich dem Major Johann Joachim Gneomar von Kleist zu Nemitz, der durch das Rescript vom 29 November 1777 die Allodification des Guts Bulgrin bewirkte, nachdem vorher die männ- und weiblichen Erben des Generallieutenant von Forcade mit ihren Widersprüchen durch die Urthel vom 16 Januar 1775, 23 Junius 1775 und 19 Februar 1776 waren abgewiesen worden. Auch trat der Landrath von Ramel, der nachher die sich in dem obigen Vergleiche vorbehaltenen 3 Bauerhöfe in Silesen gewißen Eigenthümern verkauft hatte, das Recht zur Wiedereinlösung derselben, nach dem Vergleiche vom 17 März 1779, dem Major von Kleist ab.

9. **Burzlaff** ein Rittersitz, 2 Meilen von Belgard südostwärts, hat 2 Vorwerke, 1 Schäferey, eine auf der Feldmark des Dorfs gelegene Wassermühle, 8 Bauern, 2 Coßäthen, 1 Holzwärter, 1 Schulmeister, 2 auf der Feldmark des Dorfs angesetzte Colonistenfamilien, 16 Feuerstellen, gute Wiesen, Eichen- Fichten- und weiches Holz, Fische-

Die adelichen Güter des Belgardschen Kreises.

Fischerey in Teichen und ist zu Groß-Tychow in der Belgardschen Synode eingepfarret. Für die bey dem Gute Burzlaff seit 1772 für 1300 Rthlr. königliche Gnadengelder vorgenommene Verbeßerungen, wovon die jährlichen Einkünfte nach dem Anschlage 87 Rthlr. 17 Gr. 6 Pf. betragen sollen, muß von dem Besitzer dieses Guts eine jährliche Abgabe von 26 Rthlr. bezahlet werden. Burzlaff, Klein-Crößin (b) und ein Theil in Mandelatz, so in einem Vorwerke und 2 Bauerhöfen bestehet, sind Versensche Lehne, welche Caspar Franz Casimir von Versen besaß. Er starb am 8 Junius 1727 und hinterließ eine Wittwe, Sophia Eleonora gebohrne von Kleist nebst einem Sohne Jürgen Erdmann und 4 Töchtern. Nachdem der Sohn am 9 November 1741 gestorben war und keine Leibeserben hinterlaßen hatte, kam die Lehnsfolge dieser Güter an die Vettern von Versen zu Crampe und Tiezow, die ihr Lehnrecht dem Ernst Casimir von Versen aus dem Hause Crampe abtraten. Dieser nahm diese Güter auch In Besitz, nachdem er sich am 30 December 1756 mit der Wittwe und den Erben des Caspar Franz Casimir von Versen auseinander gesetzet hatte und hinterließ diese Güter und das in dem Fürstenthum Cammin gelegene alte Versensche Lehn Crampe, welches er von seinem Bruder Lorenz Reinhold von Versen 1756 geerbet hatte, seinen Söhnen, dem Fähnrich Ernst Heinrich und dem Lieutenant Christoph Casimir von Versen, die sich untereinander und mit ihrer Schwester Christiana Sophia vermählten von Woedtke am 11 Junius 1776 also auseinander setzten, daß der Lieutenant Christoph Casimir von Versen die Güter Burzlaff, Klein-Crößin (b) und das Versensche Lehn in Mandelatz, der Fähnrich und jetzige Lieutenant Ernst Heinrich von Versen aber das Gut Crampe erhielt. Der andere Theil des Guts Mandelatz, zu welchem das Feldgut Kiefheide gehöret, ist ein altes Kleistsches Lehn. Es wurde von der Wittwe des Hauptmanns Sebastian Heinrich von Kleist am 9 May 1719, wiederkäuflich dem Caspar Franz Casimir von Versen verkauft, von deßen Wittwe aber wieder, nach dem Vergleiche vom 23 September 1746, den Gebrüdern, dem Hauptmann Casimir Henning und dem Lieutenant Sebastian Heinrich von Kleist überlaßen. Diese besaßen es so lange gemeinschaftlich, bis der letzte am 1 November 1748 sein Recht dem ersten abtrat, deßen nachgelaßener einziger Sohn, der Fähnrich George Heinrich von Kleist, es erbte und es nach dem zu Cöslin am 21 Januar 1778 und zu Bunzlau in Schlesien am 14 Februar 1778 errichteten Vergleiche, auf 25 Jahre dem Lieutenant Christoph Casimir von Versen verkaufte, der also jetzt das ganze Gut Mandelatz besitzet.

10. Buslar ½ Meile von Polzin gegen Norden, auf der Landstraße von Polzin nach Belgard und Cöslin, wie auch auf der Poststraße von Cörlin nach Polzin, hat 1 Vorwerk, 13 Vollbauern, 2 Halbbauern, 1 Krug, 2 Holzwärter, 1 Schmiede, 1 Schulmeister, eine auf der Feldmark des Dorfs gelegene Holzwärterwohnung, die den Besitzern dieses Guts gemeinschaftlich gehöret, 24 Feuerstellen, eine zu der Belgardschen Synode gehörige Kirche, die ein Filial von der Stadt Polzin ist, Eichen und Fichten wie auch weiches Holz, Fischerey in einem Bache und in 2 Seen, wovon der eine Betzin und der andre der Schwarzesee genannt wird und bestehet aus 3 Antheilen. Buslar (a) begreift das Vorwerk, 6 Vollbauern, 1 Halbbauern, 2 Coßäthen, 1 Holzwärter, den Krug und die Schmiede, und gehöret dem Lieutenant Heinrich Chris-

Christoph von Manteufel. S. Quisbernow. Buslar (b) hat 5 Vollbauern, 1 Halbbauer, ist ein altes Manteufelsches Lehn, welches der Hauptmann Friederich Heinrich von Manteufel besitzet. S. Hohen-Wardin. Buslar (c) hat 2 zu dem Gute Groß-Devesberg gehörige Vollbauerhöfe, welche der Hauptmann Christian Ernst von Borck besitzet. S. Groß-Devesberg.

11. Butzke 1 Meile von Belgard nordostwärts, in einer niedrigen Gegend, hat jetzt 1 Vorwerk, 1 Schäferey, eine auf der Feldmark des Dorfs gelegene Wassermühle 5 Bauern, 1 Coßäthen, 1 Holzwärter, 14 Feuerstellen, Eichen und weiches Holz, Fischerey in einem kleinen größtentheils abgelaßenen See, in der Kautel, Radüe, 2 großen Teichen in dem Dorfe und 3 Teichen nahe bey demselben und ist zu Bulgrin in der Belgardschen Synode eingepfarrtes Dorf, welches nordostwärts an die Radüe und ostwärts an die Kautel, imgleichen an die Dörfer Klein-Satspe, Schlennin, Darkow, Pumlow, Silesen und Bulgrin gränzet und ehemals ein altes Lehn der von Butzke war, so aus 2 Antheilen bestand. Butzke (a), als die eine Hälfte des Dorfs, kam von Heinrich Bogislav von Butzke an seine nachgelaßenen Söhne, Joachim Christian und Ulrich Henning, von welchen es der letzte dem ersten überließ, nach dessen Tode es zum Besten seiner 3 Töchter, Dorothea Agnisa, Sophia Ludovica und Maria Christiana, durch das Rescript vom 9 May 1764 allodificiret, und nachdem es in Concurs gerathen war, am 19 Januar 1767 für das meiste Gebot dem Lieutenant Anton George von Blankenburg zuerkannt wurde, der es dem Major Johann Joachim Gneomar von Kleist verkaufte. Butzke (b), als die andre Hälfte dieses Dorfs, kam nach dem Tode des Lorenz Wolf von Butzke an seinen Sohn, den Obersten Friederich Wilhelm und wurde nach deßen Tode, als des letzten seines Geschlechts, ein eröfnetes Lehn, welches der König durch das Rescript vom 1 Junius 1763 zum Besten der Wittwe des Obersten von Butzke, Sophia Eleonora gebohrnen von Blankensee, allodificirte. Nach ihrem Tode erbten ihre beiden Töchter und einzige Erben, Maria Sophia Wilhelmina und Friederika Louisa von Butzke dieses Gut und verkauften es ebenfalls dem Major Johann Joachim Gneomar von Kleist zu Remiß, der also jetzt das ganze Gut Butzke besitzet.

12. Camissow oder Camzow ⅞ Meile von Belgard westsüdwestwärts, an der linken Seite der Persante und an dem Nonnenbache, hat 2 Vorwerke, der Ober- und der Niederhof genannt, wovon das erste in dem Dorfe, das andre aber nebst einer Wassermühle und einigen Holzwärterkathen jenseit des Nonnenbachs liegt, 1 Schäferey, 1 Ziegeley, 4 Bauern, 14 Coßäthen und Büdnerwohnungen, 1 Schulmeister, 25 Feuerstellen, fruchtbaren Acker, Holzungen und Fischerey in der Persante und in dem Nonnenbache. Das Vorwerk, der Niederhof genannt, nebst der Wassermühle und einigen Holzwärterkathen ist zu Standemin, der übrige Theil des Dorfs Camissow aber zu der Belgardschen St. Marienkirche eingepfarret. Camissow war ehemals ein altes Wobernowsches Lehn, welches vor ihnen die von Tesmar besaßen. Die eine Hälfte dieses Guts fiel, nach dem Tode des Nicolaus Friederich von Wobersnow seinen Söhnen, dem Lieutenant Johann Friederich und Claus Heinrich und endlich dem letzten allein zu, welcher dieselbe am 10 Mårz 1741 auf 30 Jahre dem Ober-
amt

Die adelichen Güter des Belgardschen Kreises. 643

amtmann Daniel Oppermann verkaufte. Der Generalmajor Moritz Franz Casimir von Woberenow, der nicht nur diese Hälfte, nach dem gerichtlichen Vergleiche vom 24 Januar 1742, wieder von dem Oberamtmann Oppermann eingelöset, sondern auch die andre Hälfte dieses Guts von seinem Vater Moritz George von Wobersnow, nach dem Vergleiche vom 24 December 1734, bekommen und den Retzinschen Wald am 7 Julius 1738 erblich von dem Lieutenant George Friederich von Manteufel zu Wardin gekauft hatte, hinterließ das ganze Gut Camissow und einen Theil in Natztow seinem einzigen männlichen Erben und Lehnsfolger, dem Lieutenant George August von Wobersnow. Dieser verkaufte, nach dem Vergleiche vom 25 November 1773, dem Hauptmann Anton von Kleist die Güter Camissow und Natztow, die nach erfolgter Präclusion der Agnaten durch das Rescript vom 29 November 1777 allodificiret wurden.

13. Collatz wird größtentheils zu dem Neu-Stettinschen Kreise gerechnet, zu dem Belgardschen Kreise aber gehören 1 Vorwerk, 6 Bauern, 2 Coßäthen und überhaupt 9 Feuerstellen. Das ganze Gut ist ein altes Manteufelsches Lehn, welches der Hauptmann Gerhard Ewald von Manteufel besitzet. S. Collatz unter den adelichen Gütern des Neu-Stettinschen Kreises.

14. Crampe ein freyes Rittergut und adelicher Wohnsitz, 2 Meilen von Belgard südsüdwestwärts, bestehet in einem Vorwerke, einer Wassermühle, einer Holzwärterwohnung, 2 Büdnerwohnungen und überhaupt 5 Feuerstellen und hat Holzungen und Fischerey in dem Monnenbache. Das Vorwerk ist zu Podewils, die Wassermühle aber zu Klein-Reichow in der Belgardschen Synode eingepfarret. Der Hauptmann Ewald von Podewils erbte die alten Podewilsschen Lehne Battin und Crampe nebst den zu dem letzten Gute gehörigen 2 Bauerhöfen in Glötzin und einem Coßäthenhofe in Podewils von seinem Vater Jürgen Ernst und hinterließ sie seinem jüngsten Sohne, dem geheimen Legationsrathe Ludewig Christian von Podewils, der sie, nach dem Theilungsvergleiche vom 1 Junius 1758, bekam und sie am 10 Februar, 15 und 18 März 1776 unwiederruflich dem Generalmajor Friederich Wilhelm von Podewils und dessen Gemahlinn Eleonora Carolina gebohrnen von Woisky verkaufte. Diese begab sich zwar am 15 December 1776 ihres Miteigenthums an diesen Gütern, trat aber wieder in den Besitz derselben, nachdem sie von ihrem Gemahl am 20 März und 29 April 1780 die Güter Crampe, Battin, Klein-Reichow und Glötzin gekauft hatte, wovon sie das Gut Glötzin wieder, nach dem Vergleiche vom 1 May 1780, dem Generalmajor Carl Erdmann Freyherren von Reitzenstein, Klein-Reichow 1782 dem Lieutenant von der Gröben und den einen Coßäthenhof in Podewils 1781 dem Bogislav George Friederich Wendland verkaufte.

15. Klein-Crößin 2 Meilen von Belgard südostwärts, in einer niedrigen Gegend, an einem kleinen Bache, der das Dorf von der Ost- nach der Nordseite umfließet und hier außer andern Fischen reich an fetten Aalen ist, hat 2 Vorwerke, 1 Schäferey, 3 Halbbauern, 1 Coßäthen, 7 Feuerstellen, Fischerey in einem kleinen See und ist ein zu Muttrin in der Belgardschen Synode eingepfarrtes Dorf, welches

aus

Der Belgardsche Kreis.

aus 2 Antheilen bestehet. Zu Klein-Crößln (a) gehören 1 Vorwerk, die Schäferey, 1 Halbbauer und der Cosäthe, nebst einem Bauer in Groß-Tychow und 3 Holzcaveln in Zülow. Die Gebrüder Joachim Daniel, Dinnies Christoph, Peter Heinrich und Caspar Henning von Kleist verkauften dieses alte Kleistsche Lehn, nach dem Vergleiche vom 1 September 1690, dem Ewald Joachim von Kleist, dessen einziger Sohn, der Dekanus und nachmalige Hofgerichtspräsident, Ewald George von Kleist es erbte. Seine Wittwe Magdalena Lucretia Juliana gebohrne von Platen verkaufte zwar, nach dem Vergleiche vom 14 September 1754, dieses Gut mit den 3 Holzcaveln in Zülow, imgleichen die Güter Viezow und Wuzow erblich dem Oberstlieutenant Johann Diterich Arnold Grafen von Ritberg, es wurde aber der Major Erdmann Gottlieb von Kleist, der das Gut Klein-Crößln (a) als Lehnsfolger in Anspruch genommen hatte, durch den Rechtsspruch vom 3 May 1756 zur Wiedereinziehung desselben verstattet. Er verkaufte hierauf dasselbe am 7 und 24 Junius 1756 erblich seinem Schwager, dem Hauptmann Franz Lorenz von Kleist, der dasselbe mit 2 Theilen in Groß-Tychow, nach dem Vergleiche vom 14 May 1767 dem Hauptmann Anton von Kleist verkaufte. Nachdem aber der Oberste Peter Christian von Kleist als der nächste Lehnsfolger dieses Gut in Anspruch genommen hatte, trat ihm der Hauptmann Anton von Kleist sein Recht, nach dem Vergleiche vom 10 März 1768 ab, worauf die übrigen Agnaten durch den Rechtsspruch des Cößlinschen Hofgerichts vom 28 April 1769 präcludiret wurden. Nach dem Tode des Obersten von Kleist wurde dieses Gut, nach dem Bescheide des Königl. Vormundschaftscollegium zu Cößlin vom 13 Februar 1779, seiner Wittwe, Maria Charlotta gebohrnen von Rezow überlaßen, deren Erben es jetzt besitzen. Klein-Crößin (b), hat 1 Vorwerk, 2 Halbbauern und ist ein Versensches Lehn, welches der Lieutenant Christoph Casimir von Versen besitzet. S. Burzlaff.

16. Damen 1 Meile von Polzin nordostwärts, 1½ Meilen von Bärwalde nordwestwärts und etwa eine halbe Viertelmeile von der Damitz oder Dame, die das Damensche Feld an der Abendseite von einem Theile der Wusterbartschen, Lasbeckschen und Lankowschen Feldmarken scheidet und sich dem Dorfe Viezow gegen über in die Persante ergießet, auf der Straße von Belgard nach Tempelburg wie auch an der Straße von Polzin nach Cößlin, die nahe bey diesem Dorfe gegen Westen vorbeyführet, hat 5 Vorwerke, 5 Schäfereyen, 8 Bauern, 10 Halbbauern, 1 Küster, 1 Schmiede, mit Einschließung der sämtlichen auf der Feldmark dieses Dorfs gelegenen Vorwerke 43 Feuerstellen, eine zu der Belgardschen Synode gehörige Kirche, die ein Filial von Muttrin ist und zu welcher die zu dem Gute Collatz gehörigen Feldvorwerke Groß-Naurin und Ziegenborn, die auf dem Damenschen Felde liegen, eingepfarret sind, einen Büchenwald, der Katschenhagen oder Kozenhagen genannt, einige Elsenbrücher, Fischerey in der Persante und in der Damitz, die Kruggerechtigkeit, welche jetzt den sämtlichen Besitzern dieses Guts zustehet, und ist ein altes Kleistsches Lehn. Die Gebrüder Tessen, Asmus, Adrien und Daniel von Kleist wurden von dem Herzoge Johann Friederich, nach einer Urkunde vom 20 September 1576, die von dem Herzoge Bogislaus XIIII. am 1 October 1631 bestätiget wurde, mit einem Wehr auf der Persante zwischen Damen und Zatkow belehnet. Jetzt bestehet

Die adelichen Güter des Belgardschen Kreises.

stehet das Dorf Damen aus 3 Antheilen. Zu Damen (a) gehören ein Rittersitz, die Grobke genannt, 2 Vorwerke, 2 Schäfereyen, 3 Bauern, 3 Halbbauern, 1 Schmiede und die beiden Feldgüter Curow und Sand. Ein Theil des Guts Damen (a), nemlich der Rittersitz, die Grobke nebst den dazu gehörigen Bauern und Halbbauern, wurde von dem Rathe Johann Julius von Koven, nach dem Vergleiche vom 9 September 1735, für das in dem Fürstenthum Cammin gelegene Gut Lestin an Hans Christian von Kleist vertauscht und von deßen nachgelaßenen Sohne, Lorenz Heinrich zugleich mit dem übrigen Theile des Guts Damen (a) in Concurs gesetzet, welches hierauf dem Rathe Johann Julius von Koven 1751 gerichtlich zuerkannt wurde. Dieser vermachte daßelbe in dem mit seiner Gemahlinn, einer gebohrnen von Köppern, am 24 und 25 Julius 1763 errichteten wechselseitigen Testamente, nach ihrem beiderseitigen Tode, den Bruderkindern seiner Gemahlinn, den Geschwistern von Köppern, die, nachdem sie durch die Urthel vom 5 August und 7 November 1767, auch 9 December 1768 zu dem Besitze dieses Guts waren verstattet worden, daßelbe nach dem Vergleiche vom 30 Junius 1765 dem Kriegesrathe Carl Lorenz von Bohlen verkauften, deßen Erben es jetzt besitzen. Damen (b) bestehet in einem Vorwerke, einer Schäferey, 3 Bauern, 4 Halbbauern, den Feldgütern Klein-Nemrin und Sand, wovon das letzte von dem oben bey Damen (a) angeführten Feldgute dieses Namens verschieden ist, und einem Antheil an Katschenhagen der Burgwald genannt. Der Lieutenant Steffen Claus von Kleist, ein Sohn des Christoph Friederich, besaß dieses Gut und hinterließ es seinen Söhnen, die sich am 27 August 1733 also verglichen, daß der Major Nicolaus Valentin von Kleist dieses Gut nebst einem Theil in Riekow, sein Bruder, der Lieutenant Christoph aber das in dem Schlawischen Kreise gelegene Gut Nemitz bekam. Nachdem beide gestorben waren, kam das Gut Damen (b) mit seinen Zubehörungen an die Söhne des Lieutenant Christoph von Kleist, den Fähnrich und jetzigen Lieutenant des Pomeiskeschen Regiments, Johann Gottlieb Christoph und Franz Leopold von Kleist, die sich am 21 December 1768 also auseinander setzten, daß das Gut Damen (b) allein dem ersten, die in demselben gehörigen Feldgüter Nemrin und Sand und ein Antheil an Katschenhagen aber durch das Loos dem letzten zufielen, der auch diese Feldgüter am 12 September 1776 seinem Bruder, dem Lieutenant Johann Gottlieb Christoph verkaufte. Damen (c) begreift 2 Vorwerke, wovon das eine gemeiniglich das hohe Haus genannt wird, 2 Schäfereyen, 2 Bauern, 3 Halbbauern und die Feldgüter Beuckhof und Rauden. Der Hauptmann Bernd Erdmann von Kleist erbte einen Theil dieses Guts von seinem Vater Martin Joachim, welcher denselben für seinen Antheil an Kowalk, nach dem Vergleiche vom 5 April 1715 von Franz Jürgen von Kleist eingetauschet hatte, und kaufte einen andern Theil dieses Guts am 4 Februar 1726 wiederkäuflich auf 30 Jahre von Daniel Heinrich von Kleist und das Feldgut Rauden, einen halben Bauerhof in Damen wie auch ein Drittheil an dem Zilzenhofe, nach dem Vergleiche vom 10 Februar 1738, auf 30 Jahre wiederkäuflich von Balzer Christian von Kleist. Nach dem Tode des Hauptmanns Bernd Erdmann von Kleist wurde dieses Gut von seinem Sohne, dem Hauptmann Friederich Carl von Kleist, nach dem Vergleiche vom 25 Februar 1746, deßen Mutter Hermina Elisabeth Carolina gebohrnen von Schmerheym überlaßen und von derselben nachher wieder ihrem Schwiegersohne, dem Lieutenant Franz Lorenz von Kleist verkauft. Nachdem sich hierauf der Hauptmann Friederich Carl von Kleist zur Einlösung dieses Guts gemeldet und dasselbe durch die Rechtssprüche vom 12 Februar und 12 Julius 1751 erstritten hatte: so wurde daselbe von seinen Gläubigern, nach dem Rechtsspruche vom 17 Julius 1772, seinem Sohne, dem Fahnjunker und jetzigen Fähnrich Friederich Bernd Christian Heinrich von Kleist überlaßen.

17. Damerow ein freyes Rittergut und adelicher Wohnsitz, 2 Meilen von Polzin westnordwestwärts, in einem Thale, an der Rega, hat 3 Vorwerke, welche das große, mittlere und kleine Gut genannt werden, 2 Schäfereyen, 3 Coßäthen, 11 Feuerstellen, einen Birkenwald, Fischeren in der Rega und ist ein zu Alt-Schlage in der Belgardschen Synode eingepfarrtes Dorf, welches an das Neumärksche Dorf Nelep gränzet und schon in den ältesten Zeiten ein Lehn der von Ramel war. Die Gebrüder Olde und Betike Ramel belehnten, nach einer auf dem Schloße Slawe 1322, ausgefertigten Urkunde, den Barthus von Damerow und deßen Erben mit 8 Hufen zu Damerow und 2 Hufen zu Roggelin oder Reglin dergestallt, daß er und seine Erben ein Pferd halten sollten, womit sie den von Ramel, wenn ihr Schloß angegriffen würde, oder sie Krieg hätten, dienen und Beystand leisten sollten. Der Oberstlieutenant Bernd Ludewig von Sydow kaufte dieses Gut nebst dem dazu gehörigen und an der Rega gelegenen Vorwerke, der Frosch-Reglin genannt, mit lehnsherrlicher Einwilligung vom 3 März 1735, erb- und eigenthümlich von Erdmann Christian von Ramel und trat es wieder dem Obersten Caspar Heinrich von Stechow ab, der es, nach dem Vergleiche vom 4 März 1738, dem Hauptmann Anton Friederich von Zozenow für deßen Antheil am Alt-Schlage vertauschte. Nach dem Tode des Hauptmanns von Zozenow besitzen seine Wittwe, Helena Louisa gebohrne von Schlieffen und deren Kinder, Eleonora Helena, Dorothea Charlotta jetzt vermählte von Münchow, Erdmann Otto Ferdinand, Henrietta Sophia Louisa, Albertina Clara Elisabeth, Ernst Leopold Alexander und Gotthilf Friederich von Zozenow dieses Gut noch ungetheilt.

18. Denzin hat adelichen Antheils 3 Bauern, welche durch die Urthel der königlichen Regierung vom 14 September und 5 November 1753 von dem Mühlenzwange zu der Roggowschen Mühle freygesprochen wurden, 1 Coßäthen, 4 Feuerstellen, die mit dem königlichen Amte Belgard gemeinschaftliche hohe, mittlere und niedere Jagd, Fischereny in der Persante und war ehemals ein Hechthausensches und nachher ein neues Münchowsches Lehn, welches die Kinder erster Ehe des Hauptmanns Franz Alexander Conrad Christian von Ueckermann besitzen. S. Zarnefanz. Der übrige Theil des Dorfs Denzin ist königlich. S. Denzin unter den Dörfern des königlichen Amts Belgard.

19. Dewsberg ein freyes Rittergut ¼ Meile von Polzin nordwestwärts, bestehet aus 3 in dem Polzinschen Busche angelegten Gütern oder Vorwerken, welche Groß- Mittel- und Klein-Dewsberg genannt werden, einer Schäferey, 6 neu angesetzten Coßäthensfamilien, 11 Feuerstellen und ist zu der Polzinschen Stadtkirche in der

Die adelichen Güter des Belgardschen Kreises.

der Belgardschen Synode eingepfarret. Das Gut Dewsberg, welches Eichen- wie auch weiches Holz zur Feuerung und Fischerey in einem Bache und in Teichen hat, bestehet aus 2 Antheilen. Groß- und Mittel-Dewsberg mit dem dazu gehörigen Gute Buslar (c) und dem so genannten Rupenkathen, war eigentlich ein Manteufelsches Lehn, welches den von Krockow am 23 December 1680 zugeschlagen wurde. Der Capitain Lieutenant Philipp Reinhold von Krockow verkaufte es, nach dem Vergleiche vom 22 Julius 1740, dem Hauptmann Friederich Achatz von Borck, nach dessen Tode es an seine Brudersöhne, den Hauptmann Christian Ernst und den Lieutenant Rudolph Friederich Julius von Borck kam, die sich am 23 December 1763 also verglichen, daß der letzte sein daran gehabtes Recht dem ersten abtrat. Für die bey Groß- und Mittel-Dewsberg seit dem Jahre 1773 für 1400 Rthlr. königliche Gnadengelder urbar gemachte Brücher und Ländereyen und 4 angesetzte Coßäthenfamilien, wovon diesem Gute jährlich nach dem Anschlage an neuen Einkünften 73 Rthlr. zuwachsen sollen, muß von dem Besitzer desselben eine jährliche Abgabe von 28 Rthlr. bezahlet werden. Klein-Dewsberg und das dazu gehörige Gut Lutzig, in so fern dasselbe zu dem Belgardschen Kreise gehöret, sind Krockowsche Lehne. Sie wurden von dem Landrathe und Hofgerichtsassessor Döring Jacob von Krockow, nach dem Vergleiche vom 4 August 1716, für 1624 Rthlr. dem Christoph Friederich von Barsdorf, von dessen Nachfolger in der Ehe aber, Eustachius Heinrich von Rüchel, dessen Gemahlinn und Stieftochter, Elisabeth Dorothea von Barsdorf und zwar im Namen der letzten durch ihren Vormund Jodocus Christian von Briesen, nach dem Vergleiche vom 20 Januar 1723 für 1650 Rthlr. erblich dem Ehrenreich Ludwig von Wachholz verkauft, von welchem sie an seinen Sohn, den Hauptmann Lorenz Christoph von Wachholz, und von diesem an seinen einzigen Sohn, den Major bey der königlichen Garde, Ludwig Christoph von Wachholz kamen, nach dessen 1781 erfolgten Tode jetzt seine Erben diese Güter besitzen. Auch bey dem Gute Klein-Dewsberg sind seit 1774 für 700 Rthlr. königliche Gnadengelder wüste Ländereyen und Brücher urbar gemacht, und 2 Coßäthenfamilien angesetzet worden. Für diese Verbesserungen, wovon die jährlichen Einkünfte nach dem Anschlage 32 Rthlr. betragen sollen, muß von dem Besitzer des Guts eine jährliche Abgabe von 14 Rthlr. bezahlet werden.

20. **Dimkuhlen** oder **Dümkür** ein freyes Rittergut, 1¼ Meilen von Bublitz westnordwestwärts, an einem Walde, hat 2 Vorwerke, 1 Schäferey, ein Vorwerk Sandhof genannt, welches nebst einigen Ackerwerken oder Pachthöfen, als dem Holzwärterkathen, dem Zemkeukathen und dem Mönchowshofe auf der Dimkuhlschen Feldmark liegt, 11 Feuerstellen, Holzung und Fischerey und ist zu Kowalk in der Belgardschen Synode eingepfarret. Christian Wilhelm von Kleist kaufte einen Theil des Guts Dimkuhlen von dem von Kleist zu Warnin und hinterließ ihn seinem einzigen Sohne, dem Major Ernst Ewald von Kleist, welcher diesen Theil, nach dem Vergleiche vom 25 März 1765, dem Hauptmann Anton von Kleist verkaufte. Dieser, welcher bereits 1763 den andern Theil in Dimkuhlen bekommen hatte, (S. Kowalk) besitzt jetzt das ganze Gut Dimkuhlen.

21. **Döbel** 1¼ Meilen von Bärwalde gegen Norden, an der Persante, welche
nahe

Der Belgardsche Kreis.

nahe bey dem Dorfe an der Mittagsseite desselben vorbenfließet und hier mit einer Brücke versehen ist, auf der Landstraße von Polzin nach Bublitz und von Bärwalde nach Belgard, hat 2 Vorwerke, 2 Schäfereyen, 5 Bauern, 1 Krug, 1 Schmiede, 13 Feuerstellen, Holzung, Fischerey in der Persante und ist ein zu Muttrin in der Belgardschen Synode eingepfarrtes Dorf, welches aus 2 Antheilen bestehet. Döbel (a) bestehet in einem Vorwerke, einer Schäferey, 5 Bauern, dem Kruge und der Schmiede. Die alten Kleistschen Lehne Döbel (a) und Muttrin (a) fielen nach dem Tode des Rittmeisters Dubislav Bernd von Kleist, nach seiner Disposition vom 12 Julius 1742, seinem Sohne Ewald Friederich zu und wurden, nachdem sie in Concurs gerathen waren, durch den Rechtsspruch vom 9 October 1775, der vermählten Landräthin von Woldeck, Barbara Louisa gebohrnen von Seiger zuerkannt. Döbel (b), wozu ein Vorwerk und eine Schäferey gehöret, ist ein altes Kleistsches Lehn, welches Friederich Wilhelm von Kleist besitzet. S. Muttrin (b).

22. Drenow 2 Meilen von Bärwalde nordnordostwärts, an einem Fichtenwalde, der an die Holzung, der Zülow genannt, stößet, hat 1 Vorwerk, 1 Schäferey, 4 Bauern, 2 Coßäthen, 1 Schulmeister, 1 Holzwärter, 10 Feuerstellen, gute Fichtenholzungen, Fischerey in Teichen und in einem Bache und ist ein zu Naseband in der Belgardschen Synode eingepfarrtes Dorf und Kleistsches Lehn. Es fiel nach dem Tode des Pribislav von Kleist, nach dem Theilungsvergleiche vom 12 Julius 1698, seinem zweyten Sohne, dem Lieutenant und nachmahligen Obristlieutenant Carl Ulrich zu, deßen Wittwe und Kinder sich am 25 May, 14 Julius und 14 August 1753 also auseinandersetzten, daß dieses Gut dem Generalmajor und Commendanten zu Colberg, Primislaus Ulrich von Kleist überlaßen wurde, der es, nach dem Vergleiche vom 21 Januar 1780, dem Hauptmann Anton von Kleist verkaufte.

23. Groß-Dubberow 1 Meile von Belgard südostwärts, auf einem Berge, an dem linken Ufer der Leitznitz und nahe an dem Dorfe Klein-Dubberow, von welchem es nur durch die Mühlenbrücke geschieden wird, hat 1 Vorwerk, 2 Schäfereyen, 9 Bauern, 4 Coßäthen, 1 Krug, 1 Schulmeister, 22 Feuerstellen, wenige Holzung, Fischerey in der Leitznitz und ist ein zu Sietkow in der Belgardschen Synode eingepfarrtes Dorf und altes Kleistsches Lehn, welches aus 2 Antheilen bestehet. Groß-Dubberow (a) begreift das Vorwerk, 1 Schäferey, 5 Bauern, 2 Coßäthen, 1 Krug, 1 Schulmeister und wurde zwar von dem Vater des Hofgerichtspräsidenten Henning Franz von Münchow gekauft und zum neuen Lehn genommen, von Peter von Kleist aber wieder, nach den Rechtssprüchen vom 31 October 1701, 16 März und 2 November 1705 auch 8 März 1706, als ein zu der Familie der von Kleist gehöriges Lehn erstritten. Der Hofgerichtspräsident von Münchow verkaufte dieses Gut mit Einwilligung seiner Gemahlinn Louisa Henrietta gebohrnen Freyin von Fuchs, nach dem Vergleiche vom 9 März 1748, dem Joachim Friederich von Kleist, nach deßen Tode es an seinen Bruder Christoph Heinrich von Kleist kam. Groß-Dubberow (b) begreift 4 Bauern, 2 Coßäthen, 1 Schäferey und ist ein zu Klein-Dubberow gehöriges Gut, welches der Major Otto Bogislav von Kleist besitzet. S. Klein-Dubberow.

24. Klein-

Die adelichen Güter des Belgardschen Kreises.

24. **Klein-Dubberow** ein Rittersitz, 1 Meile von Belgard ostsüdostwärts, in einem Thale, an dem rechten Ufer der Leitznitz, hat 1 Vorwerk, 1 Wassermühle, auf der Feldmark des Dorfs ein Vorwerk, der Jundel genannt, welches in einer Schäferen, einer Holzwärterwohnung und in der Wohnung eines herrschaftlichen Feldwächters bestehet, den so genannten Seekrug, der mitten in der Holzung Koppin, auf der Poststraße von Belgard nach Neu-Stettin liegt, 5 Bauern, 1 Försterhaus, 1 Schulmeister, 1 Schmiede, 19 Feuerstellen, das den von Kleist, als Besitzern dieses Guts, zustehende alleinige Patronatrecht über die Sietkowsche und Pumlowsche Kirche, wenige Eichenholzung, aber einen beträchtlichen Fichtenwald, der von einem seiner hohen Berge den Namen Koppin führet, Fischeren in 2 großen in eben diesem Walde gelegenen Seen, wie auch in der Leitznitz, ist zu Sietkow in der Belgardschen Synode eingepfarret und gränzet an die Dörfer Groß-Dubberow, Mandelatz, Buzlaff, Voißin, Roggow und Sietkow.   Klein-Dubberow und die dazu gehörigen Güter Groß-Dubberow (b) und Voißin adelichen Antheils sind alte Kleistsche Lehne, die von Werner von Kleist in der brüderlichen Theilung an den Hauptmann George Ernst von Kleist kamen und nach deßen Tode seinen Lehnsfolgern, den Hauptleuten Wilhelm Christian und Ewald Heinrich, dem Rittmeister Nicolaus Ludewig, dem Lieutenant und jetzigen Major Otto Bogislav und Franz George Gebrüdern von Kleist und ihrem Vetter, dem Hauptmann Ernst Bogislav von Kleist, nach den Sentenzen vom 16 und 28 November 1777 zuerkant wurden, nach dem brüderlichen und vetterlichen Vergleiche vom 6 April 1782, aber dem Major Otto Bogislav von Kleist zufielen.

25. **Ganzkow** 1¼ Meilen von Belgard gegen Süden, an einem Bache, der mitten durch das Dorf fließet und reich an Forellen ist, hat 3 Ackerwerke, 1 Schäferen, 1 Coßäthen, 1 Schulmeister, auf der Feldmark des Dorfs die Holzwärterwohnungen Judegrund und Friederichshof genannt, 9 Feuerstellen, gute Fichten- und Elsenholzungen und ist ein zu Klein-Reichow in der Belgardschen Synode eingepfarretes und zu Arnhausen gehöriges Manteufelsches Lehn, welches in Concurs gerieth. Der Doctor Tobias Bogislav Rückert kaufte einen Theil dieses Guts, der in 2 Ackerhöfen oder ⅔ dieses Dorfs bestand, nach dem Vergleiche vom 23 April 1739 von den Erben des Caspar Heinrich von Zastrow, wie auch von dem Lieutenant George Heinrich von Manteufel, einen andern Theil, so in einem Ackerwerke und einem Coßäthenhofe oder etwa in ⅓ des Dorfs bestand, mit lehnsherrlicher Einwilligung vom 3 Januar 1736, von dem Director von Dreger und einen Antheil an dem so genannten Nagelshofe, nach dem Vergleiche vom 20 März 1736, von Maria Elisabeth von Glasenapp und hinterließ dieses ganze Gut seinen Erben, als des Präpositus und ersten Predigers zu Belgard, Christoph Friederich Thym, einzigen Sohne, dem Königl. Hofgerichtsreferendarius Bogislav Friederich und deßen Mutterschwester, des Doctors der Arzneygelahrheit wie auch Stadt- und Landphysicus zu Belgard, David Theophilus Barnwasser Ehegenoßinn, Anna Louisa Henrietta gebohrnen Rückert, die es, nach dem am 7 October 1762 errichteten Theilungsvergleiche, gemeinschaftlich besitzen.

26. **Glötzin** ein adelicher Wohnsitz, 1¼ Meilen von Belgard südsüdwestwärts, hat 1 Vorwerk, 1 Schäferen, 1 Ziegelen, 3 Bauern, 1 Coßäthen, 1 Schulmeister, 1 Schmie-

1 Schmiede, auf der Feldmark des Dorfs die neu angelegten Vorwerke Carolinenhof und Brandsorge, die Rozogsche Mühle, die zwar eigentlich auf der Podewilsschen Feldmark liegt, aber stets zu dem Dorfe Glötzin gehöret hat, ¼ von der so genannten Neuen- oder Zietlowschen Mühle, 21 Feuerstellen, ziemliche Holzungen, Fischerey in Teichen und in einem Bache und ist ein zu Klein-Reichow in der Belgardschen Synode eingepfarrtes Dorf, welches an das Neumärksche Dorf Dolgenow gränzet und ein altes Podewilsches Lehn ist. Der Werth desselben hat durch die seit dem Jahre 1773 für königliche Gnadengelder vorgenommene Verbeßerungen einen beträchtlichen Zuwachs erhalten. Der Generalmajor Friederich Wilhelm von Podewils, welcher einen Theil dieses Guts von seinem Vater, dem Obersten Peter Ernst geerbet und einen andern Theil, nach dem Vergleiche vom 26 März 1767, von dem Regimentsquartiermeister Franz Wilhelm Messerschmidt eingelöset hatte, verkaufte das ganze Gut Glötzin nebst den Gütern Battin, Crampe und Klein-Reichow am 20 März und 29 April 1780 seiner Gemahlinn Eleonora Carolina gebohrnen von Woisky, die das Gut Glötzin wieder, nach dem Vergleiche vom 1 May 1780, dem Generalmajor Carl Erdmann Freyherrn von Reißenstein verkaufte.

27. Grüssow ein adelicher Wohnsitz, ⅞ Meile von Belgard südwestwärts, in einer niedrigen Gegend, an einer Holzung, der Liepenberg genannt, auf der Landstraße von Belgard nach Schiefelbein und Dramburg, hat 2 Vorwerke, 2 Schäfereyen, 3 Bauern, 1 Coßäthen, 1 Krug, 1 Schulmeister, 1 Schmiede, auf der Feldmark des Dorfs ein neu angelegtes Vorwerk nebst verschiedenen Colonistenhäusern, den so genannten Wolfskrug, der in dem Liepenberge an dem Monnenbache liegt, 18 Feuerstellen, gute Holzungen, Fischereyen in Teichen und Bächen und ist zu dem königlichen Amtsdorfe Lenzen in der Belgardschen Synode eingepfarret. Für die bey dem Gute Grüssow seit 1772 für 3800 Rthlr. königliche Gnadengelder vorgenommene Verbeßerungen, wovon die jährlichen Einkünfte, nach dem Anschlage 204 Rthlr. 17 Gr. 1 Pf. betragen sollen, muß eine jährliche Abgabe von 76 Rthlr. von dem Besitzer dieses Guts bezahlet werden, welches ehemals ein Hechthausensches Lehn war, jetzt aber ein Münchowsches Lehn ist. Nach dem Tode des Carl von Kameke besaßen es seine Söhne so lange ungetheilt, bis es einem derselben, dem Lieutenant Anton Julius von Kameke, durch den Rechtsspruch des Cößlinschen Hofgerichts vom 20 September 1754, zugleich mit dem Gute Lazig (b) zuerkannt wurde.

28. Gutzow ½ Meile von Polzin gegen Süden, ist ein ritterfreyes in dem Polzinschen Walde gelegenes Gut, welches aus 4 Pachthöfen, 2 Bauern, 1 Schäferey, 7 Feuerstellen bestehet und gute Weide, aber wenige Wiesen, etwas weiches Holz zur Feurung und Fischerey in einem See und in einem Bache hat. Das Dorf ist zu Polzin in der Belgardschen Synode eingepfarret und gehöret als ein altes Manteufelsches Lehn dem Hauptmann Friederich Heinrich von Manteufel. S. Ho feu-Warbin.

29. Hammerbach ein nahe an der Polzinschen Feldmark gelegenes Vorwerk und freyes Alltergut mit 1 Feuerstelle, hat wenige Wiesen, aber gute Weide in dem
Pol-

Die adelichen Güter des Belgardschen Kreises. 651

Polzinschen Walde, etwas weiches Holz zur Feuerung, Fischerey in einem Bache und ist ein zu Polzin in der Belgardschen Synode eingepfarrtes Krockowsches Lehn, welches die Generallieutenant Augusta Louisa Henrietta gebohrne Baronesse von Lüder besitzet. S. Polzin (b). Ein anderes Vorwerk, Klein-Hammerbach genannt, welches ebenfalls zu Polzin eingepfarret ist, gehöret dem Hauptmann Christian Ernst von Borck.

30. Alt-Hütten ¾ Meile von Polzin südwestwärts, ist ein freyes in dem Polzinschen Walde gelegenes Rittergut, welches aus 8 Pachthöfen oder eben so vielen Feuerstellen bestehet, gute Weide aber wenige Wiesen, Buchen- und weiches Holz, Fischerey in Teichen und in einem Bache hat und zu Bramstädt in der Belgardschen Synode eingepfarret ist. Alt-Hütten ist ein Krockowsches Lehn, welches die Generallieutenant Augusta Louisa Henrietta gebohrne Baronesse von Lüder besitzet. S. Polzin (b).

31. Jagertow ¼ Meile von Polzin gegen Osten, hat 1 Vorwerk, mit welchem der Krug verbunden ist, 1 Schäferey, 15 Bauern, 1 Schmiede, 1 Schulmeister, 23 Feuerstellen, Eichen- Buchen- und weiches Holz, Fischerey in einem See und in einem Bache, welcher durch das Dorf fließet, gute Kalkbrüche, wie auch eine weiße kliebrichte Erde, die auf der Feldmark dieses Dorfs gegraben und von den Töpfern von entfernten Orten her geholet wird und ist ein zu Polzin in der Belgardschen Synode eingepfarrtes Dorf, welches aus 2 Antheilen bestehet. Zu Jagertow (a) gehören das Vorwerk, die Schäferey, 10 Bauern, die Schmiede und der Schulmeister, jedoch werden das Vorwerk nebst der Schäferey und 4 Bauern zu dem Neu-Stettinschen Kreise gerechnet. S. Jagertow unter den adelichen Gütern des Neu-Stettinschen Kreises. Der Hauptmann Christian Alexander von Manteufel erbte die alten Manteufelschen Lehne Jagertow (a) und das dazu gehörige Vorwerk Klein-Poppelow von seinem Vater Franz Heinrich und hinterließ solche, nach seinem 1758 erfolgten Tode seinem Bruder, dem Obersten Franz Christoph von Manteufel, dessen einziger Sohn und Erbe, der Hauptmann Friederich George Christian, das Gut Jagertow (a) am 20 September 1768, Klein-Poppelow aber am 20 Januar 1775 dem Generallieutenant und Ritter des schwarzen Adlerordens, Heinrich von Manteufel verkaufte, der schon vorher 2 Bauerhöfe in Jagertow, die bisher zu dem Gute Ziegelwiese gehöret hatten, nach dem Vergleiche vom 26 März 1770, erblich von dem Hauptmann Friederich Heinrich von Manteufel gekauft hatte und den 10 Julius 1778 starb. Seine Brudersöhne und nächsten Lehnsfolger, als der Major Hans Heinrich und der Hauptmann Gerhard Ewald von Manteufel verglichen sich am 31 Januar 1779 also, daß sie die sämtlichen von dem Generallieutenant von Manteufel geerbten Güter in 2 Caveln, als die Poppelowsche und Collatzsche theilten, wovon der Major Hans Heinrich von Manteufel die Poppelowsche erhielt, die in Groß- und Klein-Poppelow, ⅔ von der Poppelowschen Mühle und Jagertow (a) bestehet. Jagertow (b) hat 5 Bauerhöfe und ist ein zu Polzin (b) gehöriges Krockowsches Lehn, welches die Generallieutenant Augusta Louisa Henrietta von Krokow gebohrne Baronesse von Lüder besitzet. S. Polzin (b).

32. Jese

Der Belgardsche Kreis.

32. **Jeseritz** ¾ Meile von Polzin nordwestwärts, bestehet in einem Vorwerke, einem Coßäthenhofe, überhaupt 2 Feuerstellen und ist ein zu Arnhausen in der Belgardschen Synode eingepfarrtes altes Zozenowsches Lehn, welches der Hauptmann Gerhard Ewald von Manteufel besitzet. S. Collatz unter den adelichen Gütern des New-Stettinschen Kreises.

33. **Kiekow** 1½ Meilen von Bärwalde gegen Norden, in einer etwas bergigten Gegend, hat 1 Vorwerk, 1 Schäferey, eine auf der Feldmark des Dorfs gelegene Wassermühle, 7 Bauern, 1 Halbbauer, 1 Schulmeister, 1 Holzwärter, 16 Feuerstellen, eine zu der Belgardschen Synode gehörige Kirche, die ein Filial von Groß-Tychow ist, Eichen- Fichten- und Elsen-Holzungen, Fischerey in einem Bache und in Teichen und ist ein altes Kleistsches Lehn. Ein Theil dieses Guts kam nebst dem Gute Damen (b) von Steffen Nicolaus von Kleist, nach dem Theilungsvergleiche vom 27 August 1733, an seinen Sohn, den Major Nicolaus Valentin und hierauf an den Rittmeister Dubislav Bernd von Kleist, welcher auch den andern Theil dieses Guts besaß und das ganze Gut Kiekow bey seinem Leben am 12 Julius 1742 seinem Sohne, Adam Heinrich von Kleist abtrat, dessen Wittwe, die jetzige Gemahlinn des Landraths von Woldeck, Barbara Louisa gebohrne von Seiger jetzt dieses Gut besitzet.

34. **Klockow** ein freyes in dem Polzinscher Walde gelegenes Rittergut, ¾ Meile von Polzin gegen Süden, bestehet aus 7 Pachthöfen, 1 Coßäthen, 1 Windmühle, 1 Ziegeley, 10 Feuerstellen, hat gute Weide aber wenigen Heuschlag, Büchen- und weiches Holz, Teich- und Bachfischerey, guten Kalk und ist zu Bramstädt in der Belgardschen Synode eingepfarret. Ernst von Puttkammer kaufte das Gut Klockow von dem Landrathe von Krockow und hinterließ es seiner Wittwe Regina von Wojen und seinen Söhnen Michael Friederich und Peter George von Puttkammer, die es 1736 als ein neues Lehn empfiengen. Der eine Theil dieses Guts, welcher das Berggut genannt wird, wurde von der Wittwe von Puttkammer, Regina von Wojen und von ihrem Sohne Michael Friederich von Puttkammer am 2 April 1735 auf 12 Jahre wiederkäuflich dem Prediger in Wobesnow, Samuel Bernhardi verkauft, der andre Theil aber von den Söhnen des Ernst von Puttkammer, Daniel Christian und Michael Friederich am 18 December 1741 ihrem jüngsten Bruder, dem Lieutenant Peter George von Puttkammer überlassen und hernach dessen Schwestern, Sophia Erdmuth und Elisabeth Adelheid von Puttkammer am 5 May 1749 und 27 November 1750 gerichtlich zuerkannt, nachdem vorher die Agnaten durch den Rechtsspruch vom 21 September 1750 präkludiret worden. Es wurde hierauf dieser Theil bey der gerichtlichen Feilbietung desselben und nachdem die von Manteufel so wohl als die von Krockow mit ihrem vermeinten Rechte daran durch den Rechtsspruch vom 15 März 1765 waren abgewiesen worden, am 4 August 1756 dem Major von Klitzing zugeschlagen, welcher nicht nur diesen Theil, sondern auch das von dem Prediger Samuel Bernhardi 1747 gekaufte Berggut und also das ganze Gut Klockow am 19 December 1763, dem Generallieutenant Anton von Krockow abtrat. Durch den Rechtsspruch vom 20 Februar 1765, wurden auch die Söhne des Ernst von Puttkammer mit ihrem Einlösungsrechte abgewiesen. Jetzt besitzet die Wittwe des Gene-

Die adelichen Güter des Belgardschen Kreises. 653

Generallieutenant von Krockow, Augusta Louisa Henrietta gebohrne Baronesse von Lüder dieses Gut. S. Polzin (b).

35. Kowalk 2 Meilen von Bublitz gegen Westen, an einem kleinen Bache, hat 1 Vorwerk, 1 Schäferen, 4 Bauern, 2 Coßäthen, 1 Schulmeister, 10 Feuerstellen, eine zu der Belgardschen Synode gehörige Kirche, die ein Filial von Naseband ist und zu welcher das Dorf Dimkuhlen eingepfarret ist, Fichten- und weiches Holz zur Feuerung und Fischerey in einem Bache. Das Gut Kowalk, zu welchem auch die Feldmark Hansfelde und ein Antheil an der Hasselmühle gehören, ist nebst einem Theile in Dimkuhlen ein altes Kleistsches Lehn. Der Major Jürgen Lorentz von Kleist kaufte einen Theil desselben nebst dem Gute in Dimkuhlen am 1 August 1714 von seinem Vater Jürgen, einen andern Theil aber am 1 Februar 1717 von Frantz Jürgen von Kleist und hinterließ solche seinen Söhnen, die sich am 2 Januar 1751 also auseinandersetzten, daß das Gut Kowalk nebst dem Theil in Dimkuhlen und das Gut Jarnekow, durch das Loos dem zweyten Sohne, dem Lieutenant Martin George von Kleist zufielen, dessen Wittwe sein Bruder der Hauptmann Anton von Kleist heirathete und, nach dem Vergleiche vom 11 Julius 1763, Kowalk nebst dem dazu gehörigen Theil in Dimkuhlen und die Güter Jarnekow und Neckow bekam, wovon das letzte jetzt dem Landrathe Friederich George Christoph von Hellermann gehöret.

36. Langen ⅞ Meile von Polzin westnordwestwärts, hat 4 Vorwerke, 1 Schäferen, 5 Bauern, 6 Halbbauern, 2 Coßäthen, 1 Schulmeister, 1 Schmiede, 1 Holzwärter, 21 Feuerstellen, eine zu der Belgardschen Synode gehörige Kirche, die ein Filial von Arnhausen ist und zu welcher das Dorf Groß-Wardin eingepfarret ist, Eichen- wie auch weiches Holz zur Feuerung, Fischerey in Teichen und in einem Bache und bestehet aus 2 Antheilen. Langen (a), ein adeliches Wohnsitz, begreift das ganze Dorf Langen mit Ausschließung des zu Langen (b) gehörigen Vorwerks. Der eine Theil war ehemals ein Manteufelsches Lehn, welches nebst den Polzinschen Gütern, wozu er gehörte, den von Krockow zuerkannt wurde. Es wurde hierauf von dem Burgrichter Ernst Bogislav von Krockow am 27 Märtz 1694 dem Martz von Wolde und von dessen Erben am 6 April 1716 erblich dem George Matthias von Podewils verkauft, dessen Wittwe Dorothea Maria gebohrne von Massow ihn ihren beiden Söhnen, dem Hauptmann Henning George und dem Major bey dem Falkenhaynschen Regimente Christoph Friederich von Podewils hinterließ, die mit demselben am 20 November 1771 belehnet wurden und sich am 30 November 1772 also auseinandersetzten, daß der letzte diesen Theil erhielt. Der andre Theil des Guts Langen (a) ist ein altes Manteufelsches Lehn. Es kam von Gernd von Manteufel, der 1604 gebohren wurde, an seinen einzigen Sohn Eccard, von diesem an seinen einzigen Sohn Bernd Ewald und von diesem an seinen einzigen Sohn George Friederich von Manteufel, von welchem dasselbe am 31 Julius 1766 bey seinem Leben dem Hauptmann des Rosenschen Regiments, Friederich Heinrich von Manteufel überlaßen und von diesem am 9 Märtz 1770 dem Hauptmann Christoph Friederich von Podewils verkauft wurde, nach dessen am 11 November 1779 erfolgten Tode, jetzt seine einzige Tochter, Wilhelmina Henrietta Christiana von Podewils das ganze Gut Langen (a) besitzet. Langen (b) begreift ein Vor-

Der Belgardsche Kreis.

Vorwerk, so aus 3¼ Bauernhöfen bestehet und ist ein zu dem Gute Groß-Wardin gehöriges Podewilsches Lehn, welches die nachgelassenen Söhne der Hofgerichtspräsidentin von Kleist, Magdalena Lucretia Juliana gebohrnen von Platen besitzen. S. Groß-Wardin.

37. **Lankow** 1¼ Meilen von Polzin gegen Norden, nicht weit von der Damitz, welche gegen Morgen fließet und auf der Feldmark dieses Dorfs gegen Norden in die Persante fällt, hat 2 Vorwerke, 2 Schäfereyen, 3 Bauern, 6 Feuerstellen und ist zu Woldisch-Tychow in der Belgardschen Synode eingepfarret. Die Besitzer des Dorfs Lankow, welches ein altes Woldensches Lehn ist und aus 2 Antheilen bestehet, haben gemeinschaftlich die hohe, mittlere und niedere Jagd, etwas Eichenholz, wie auch weiches Holz zur Feuerung, imgleichen Fischerey in der Persante und Damitz. Lankow (a) bestehet in den beiden Vorwerken und Schäfereyen und 2 Bauern. Ein Theil dieses Guts wurde von dem Amtshauptmann George Friederich von Kamekr, welcher ihn mit seiner Gemahlinn Sophia Elisabeth als der einzigen Tochter eines von Wolden bekommen hatte, wiederkäuflich dem Ulrich Lorenz von Versen, von dessen Sohne George aber 1735 nebst dem Gute Ristow auf 30 Jahre dem Eccard Wilhelm von Kleist und von diesem, nach dem Vergleiche vom 15 September 1736, dem Landrathe Caspar von Wolden verkauft. Dieser besaß auch den andern Theil dieses Guts, welches endlich, wie in der Beschreibung des Guts Wusterbart (b) ist gemeldet worden, an den Landrath Friederich Wilhelm von Winterfeld kam, der es jetzt besitzt. Lankow (b) bestehet in einem zu dem Gute Wusterbart (a) gehörigen Bauerhofe, welchen die Gebrüder, die Lieutenants Friederich Wilhelm Otto und Moritz Heinrich von Wolden besitzen. S. Wusterbart (a).

38. **Lasbeck** 1 Meile von Polzin gegen Norden und 2 Meilen von Belgard gegen Süden, hat 2 Vorwerke, 1 Schäferey, 12 Bauern, 1 Coßäthen, 16 Feuerstellen und ist ein zu Wusterbart in der Belgardschen Synode eingepfarrtes und aus 2 Antheilen bestehendes altes Woldensches Lehn, dessen Besitzer gemeinschaftlich die hohe, mittlere und niedere Jagd, eine Eichenholzung, hinter welcher die Damitz fließet, wie auch weiches Holz zur Feuerung und Fischerey in der Damitz haben. Lasbeck (a) bestehet in 3 Bauern und 1 Coßäthen und ist ein zu Wusterbart (a) gehöriges Gut, welches die Gebrüder, die Lieutenants Friederich Wilhelm Otto und Moritz Heinrich von Wolden besitzen. S. Wusterbart (a). Lasbeck (b), wozu die beiden Vorwerke, die Schäferey und 9 Bauern gehören, besitzet der Landrath Friederich Wilhelm von Winterfeld. S. Wusterbart (b).

39. **Lazig** 1 Meile von Belgard südwestwärts, an dem Nonnenbache, hat 2 Vorwerke, 2 Schäfereyen, 2 Bauern, 6 Coßäthen, 1 Schulmeister, auf der Feldmark des Dorfs ein Vorwerk mit einer Schäferey auf dem Liepenberge nebst einer Holzwärterwohnung, 20 Feuerstellen, Eichen- und Büchen- wie auch weiches Holz zur Feuerung, Fischerey in dem Nonnenbache und ist ein zu Standemin in der Belgardschen Synode eingepfarrtes Dorf, welches jetzt aus 2 Antheilen bestehet. Lazig (a) ist die eine Hälfte des Dorfs, zu welcher 1 Vorwerk, 1 Schäferey, 1 Bauer, 3 Coßä-

Die adelichen Güter des Belgardschen Kreises.

3 Coßäthen, imgleichen das Vorwerk und die Schäferey auf dem Liepenberge nebst der Holzwärterwohnung gehören. Ein Theil dieses alten Podewilschen Lehns, das Blankenburgsche Gut genannt, wurde nach dem Concurs, welcher über das Vermögen des Hauptmanns von Podewils entstanden war, dem Balthasar Siegmund von Tschammer zuerkannt, von dessen Tochter Johanna Sophia vermählten von Schweinchen aber, deren erster Gemahl der Hauptmann von Podewils gewesen war, am 19 Januar 1739 dem Hofgerichtsdirector und Regierungsrathe Friederich von Dreger verkauft und von diesem am 19 August 1743 für das Gut Schinz der Wittwe des Franz Hoyer überlaßen, deren Erben es nebst einigen Theilen in Glötzin und in Klein-Reichow am 18 August 1763 dem Regimentsquartiermeister Franz Wilhelm Messerschmidt verkauften. Ein andrer Theil dieses Guts, das Buddengut genannt, wurde, nachdem er in Concurs gerathen war, dem Oberstlieutenant Michael Christoph von Brockhusen zuerkannt, dessen Sohn Carl Christoph sein Recht an diesem Gute am 31 März 1728 der Wittwe des Joachim Grastrüger verkaufte. Nachdem diese 1758 gestorben war, kam es an ihre einzige Erbin, die verwittwete Räthin Messerschmidt, die es am 9 August 1773 ihrem Sohne, dem Regimentsquartiermeister bey dem von Thunschen Dragonerregimente, Franz Wilhelm Messerschmidt abtrat. Lazig (b), oder das so genannte Straußengut, bestehet in einem Vorwerke, einer Schäferey, 1 Bauer und 3 Coßäthen und war ehemals ein Podewilsches Lehn. Nachdem der Hauptmann von Podewils es in Concurs gesetzet hatte, wurde es am 14 Julius 1721 dem Carz von Kameke und, nach dessen Tode durch den Rechtsspruch des Cößlinschen Hofgerichts vom 20 September 1754 zugleich mit dem Gute Grüssow für das meiste Gebot, seinem Sohne, dem Lieutenant Anton Julius von Kameke zuerkannt, welcher nebst seinen 4 Brüdern am 31 August 1746 mit dem Gute Lazig (b) war belehnet worden und dasselbe am 10 April 1779 seinem Schwiegersohne, dem Hauptmann bey dem von Blumenthalschen Regimente, Otto Christoph von Schurff verkaufte. Für die bey dem Gute Lazig (b) seit einigen Jahren für 500 Rthlr. königliche Gnadengelder vorgenommene Verbeßerungen, wovon die jährlichen Einkünfte, nach dem Anschlage 20 Rthlr. betragen sollen, muß eine jährliche Abgabe von 10 Rthlr. von dem Besitzer dieses Guts bezahlet werden.

40. **Luzig** gehöret größtentheils zu dem Neu-Stettinschen Kreise, zu dem Belgardschen Kreise aber werden 6 Feuerstellen, nemlich 2 zu dem Gute Klein-Dewsberg gehörige Bauern, welche die Erben des Majors Ludewig Christoph von Wachholz besitzen, und auf der Feldmark dieses Dorfs 4 Buschkäthen gerechnet, welche George Heinrich von Zastrow besitzet. S. Klein-Dewsberg wie auch Luzig unter den adelichen Gütern des Neu-Stettinschen Kreises.

41. **Mandelatz** 1¼ Meilen von Belgard südostwärts, hat 2 Vorwerke, auf der Feldmark des Dorfs ein Feldgut Kiesheide genannt, 4 Bauerhöfe, 2 Coßäthenhöfe, 9 Feuerstellen, weder Eichen noch Büchenmast, aber etwas Fichten und weiches Holz zur Feuerung, Fischerey in einem Bache und ist ein zu Neu-Buckow in der Cößlinschen Synode eingepfarrtes Dorf, welches theils ein Versenches, theils ein altes Kleistsches Lehn ist und dem Lieutenant Christoph Casimir von Versen gehöret. S. Burzlaff.

42. Mut-

Der Belgardsche Kreis.

42. **Muttrin** 1¼ Meilen von Polzin nordostwärts, eben so weit von Bärwalde gegen Norden, und 2¼ Meilen von Belgard südsüdostwärts, in einer sumpfigten und morastigen Gegend, an der Persante, die in einer kleinen Entfernung von dem Dorfe südwestwärts vorbeyfließet, und nicht weit von der Poststraße, die von Belgard nach Neu-Stettin führet und die Gränze zwischen der Muttrinschen und Klein-Tröstinschen Feldmark bestimmt, hat 2 Vorwerke, 2 Schäfereyen, 1 Prediger, 1 Schulmeister, 1 Predigerwittwenhaus, 8 Bauern, 8 Cossäthen, 1 Schmiede, 2 Holzwärter, die zugleich Cossäthen sind, auf der Feldmark des Dorfs eine Wassermühle, ein Vorwerk, der Brückenkathen genannt, welches an einer Brücke über die Persante liegt, 28 Feuerstellen, eine zu der Belgardschen Synode gehörige und unter dem Patronate der Besitzer der Güter Muttrin, Döbel und Zatkow stehende Mutterkirche, deren Filial das Dorf Damen ist und zu welcher die Dörfer Döbel, Zatkow und Klein-Tröstin und der dem Grafen von Rittberg zu Viezow gehörige so genannte Lazenzerkrug eingepfarret sind, wenige Eichen- Büchen- und Fichtenholzungen, aber gutes weiches Holz zur Feuerung, Fischerey in der Persante, in einem kleinen See und in einem Bache und bestehet aus 2 Antheilen. Muttrin (a) bestehet in einem Vorwerke, einer Schäferey, 6 Bauern, 3 Cossäthen, wovon der eine zugleich Holzwärter ist und dem Brückenkathen und ist ein altes Kleistsches Lehn, welches die vermählte Landräthin von Woldeck, Barbara Louisa gebohrne von Seiger besitzet. S. Döbel (a). Muttrin (b) begreift 1 Vorwerk, 1 Schäferey, 2 Bauern, 5 Cossäthen, wovon der eine zugleich Holzwärter ist, 1 Schmiede und die Wassermühle. Muttrin (b) und das dazu gehörige Gut Döbel (b) sind alte Kleistsche Lehne. Sie kamen von Hans von Kleist zu Borntin an seinen Sohn, Pribislav und fielen zwar nach dessen Tode, nach dem Theilungsvergleiche vom 12 Julius 1698, seines verstorbenen Bruders Hans Jacob Sohn, dem Christoph Jürgen von Kleist zu, wurden aber von demselben seinem Vetter Adam Heinrich von Kleist, als des Pribislav ältesten Sohne, so gleich wieder überlaßen. Nach dessen Tode erbte sein Sohn, Jacob Henning von Kleist diese Güter, dessen 4 nachgelaßene Söhne solche am 8 Februar 1753 und 18 Julius 1753 ihrem mittlern Bruder, Peter von Kleist abtraten. Nachdem dieser gestorben war und keine Leibeserben hinterlaßen hatte, erbte sein einziger noch lebender Bruder, Friederich Wilhelm von Kleist diese Güter.

43. **Naffin** ½ Meile von Belgard gegen Süden, nicht weit von dem Nonnenbache, hat 1 Vorwerk, 1 Schäferey, 6 Bauern, 1 Schulmeister, auf der Feldmark die Vorwerke auf der Tarpenow und auf der Gippe, wovon das letztere auch eine Schäferey hat, 1 Krug, 14 Feuerstellen, wenige Holzung, Fischerey in dem Nonnenbache und ist ein zu Zarnefanz in der Belgardschen Synode eingepfarrtes Dorf, welches die Kinder erster Ehe des Hauptmanns Franz Alexander Conrad Christian von Ueckermann besitzen. S. Zarnefanz.

44. **Nantow** oder **Natstow** 1 Meile von Belgard westsüdwestwärts und 1¼ Meilen von Cörlin, südsüdostwärts, hat 2 Vorwerke, 1 Schäferey, 6 Bauern, 2 Cossäthen, 20 Feuerstellen, gute Weide, Eichen- Büchen- und weiches Holz und gränzt gegen Norden an die Persante und gegen Westen an das Krummewasser. Das Dorf

Die adelichen Güter des Belgardschen Kreises.

Dorf ist zu Narsin, die beiden Vorwerke in demselben aber sind zu Standemin in der Belgardschen Synode eingepfarret. Natzow war ehmals ein altes Wobersnow, sches Lehn. Die eine Hälfte deßelben fiel, nach dem Tode des Nicolaus Friederich von Wobersnow, nach dem brüderlichen Vergleiche vom 5 Januar 1724, seinen Söhnen, dem Rittmeister George Adrian und dem Lieutenant Christoph Rüdiger von Wobersnow und nach dem Tode des letzten dem ersten allein, nach deßen Tode aber seinem einzigen nachgebliebenen Bruder Claus Heinrich von Wobersnow zu, von deßen Wittwe und Erben der Lieutenant George August von Wobersnow solche als der nächste Lehnsfolger wieder einlösete. Die andre Hälfte dieses Guts lösete der Generalmajor Moritz Franz Cäsimir von Wobersnow, welchem sein Vater Moritz George, nach dem Vergleiche vom 24 December 1734, das Recht dieselbe einzulösen abgetreten hatte, am 24 März 1739 von Heinrich Baltzer von Brockhausen ein und hinterließ solche nebst dem Gute Camißow seinem einzigen männlichen Erben und Lehnsfolger, dem Lieutenant George August von Wobersnow, welcher, nach dem Vergleiche vom 25 November 1773, das ganze Gut Natzow und das Gut Camißow dem Hauptmann Anton von Kleist verkaufte. Nachdem die Präclusion der Agnaten erfolgt war, wurden diese beiden Güter durch das Rescript vom 29 November 1777 allodificiret.

45. Neuhof, ein freyes auf der Feldmark des Dorfs Podewils an der Neumärkschen Gränze angelegtes Rittergut und adeliches Wohnsitz, 2 Meilen von Belgard südwestwärts, hat 2 Vorwerke, 2 Coßathen, 4 Feuerstellen, wenige Holzung, Fischerey in Teichen und in einem Bache. und ist zu Podewils in der Belgardschen Synode eingepfarret. Die Güter Neuhof, Klein-Rambin und Groß-Reichow sind alte Podewilsche Lehne. Nach dem Tode des Lieutenant Ewald von Podewils fielen die Güter Neuhof und Klein-Rambin seinen Brudersöhnen und Lehnsfolgern, dem Hauptmann Ewald und Joachim Ernst von Podewils zu, so daß, nach dem brüderlichen Vergleiche vom 12 Januar 1731, der erste Neuhof und der letzte Klein-Rambin bekam, nach deßen am 3 May 1752 erfolgten Tode auch Klein-Rambin seinem einzigen Bruder, dem Hauptmann Ewald von Podewils zufiel. Dieser hatte auch einen Theil des von Matthias Heinrich von Podewils in Concurs gesetzten Guts Groß-Reichow von George Ernst von Manteufel und Christoph Heinrich von Briesen, die in die Rechte der Gläubiger getreten waren, und noch einen andern Theil dieses Guts, die vierte Classe genannt, der in einem besetzten und einem wüsten Bauerhofe bestand und dem Ernst Bogislav von Wedel war überlaßen worden, von deßen Gläubigern am 18 April 1738 gekauft und also auch das ganze Gut Groß-Reichow an sich gebracht. Er trat hierauf mit Einwilligung seiner Gemahlinn, Sophia Louisa gebohrnen von Beerfeld die Güter Neuhof und Groß-Reichow am 2 Januar 1749 seinem ältesten Sohne, dem gewesenen Lieutenant und nachmaligen Landrathe Ernst Friederich von Podewils ab, welcher auch nach dem Tode seines Vaters Klein-Rambin, nach dem mit seinem Bruder, dem geheimen Legationsrathe Ludewig Christian von Podewils am 1 Junius 1758 errichteten Theilungsvergleiche, bekam, Groß-Reichow aber am 24 März 1776 wiederkäuflich auf 20 Jahre dem Oberamtmann Carl Friederich Wendland verkaufte. Nach dem am 28 May 1782 erfolg-

ten Tode des Landraths von Podewils fielen die Güter Neuhof und Klein-Rambin seinem Bruder, dem geheimen Legationsrathe Ludewig Christian von Podewils zu.

46. **Podewils** das Stammhaus der von Podewils von der Pommerschen Linie, 1¼ Meilen von Cörlin gegen Süden und 2 Meilen von Belgard westsüdwestwärts, auf der Land- und Poststraße von Cörlin nach Schiefelbein, wie auch auf der Landstraße von Belgard nach Regenwalde, in einer ebenen Gegend, hat 2 Vorwerke, 1 Schäferey, 8 Bauern, 2 Coßäthen, 1 Krug, 1 Schmiede, 1 Schulmeister, 1 Holzwärter, auf der Feldmark des Dorfs das Vorwerk, Bruch genannt, 18 Feuerstellen, eine zu der Belgardschen Synode gehörige Kirche, die ein Filial von Rarfin ist und zu welcher die Rittergüter Neuhof und Crampe, mit Ausschließung der Wassermühle zu Crampe, und die so genannte Neuemühle, wovon die Hälfte zu dem Gute Podewils gehöret, eingepfarret sind, Eichen- Buchen und weiches Holz, Teich- und Wachsfischerey und ist ein altes Podewilsches Lehn, welches an das Neumärksche Dorf Dolgenow gränzet und in dem so genannten großen und kleinen Gute bestehet. Der Regierungsrath Franz Wilhelm von Podewils erbte das letzte 1720 von dem Major George Joachim von Podewils und verkaufte es am 28 April 1746, nebst einem Theile in Klein-Reichow auf 24 Jahre der Wittwe des Franz Hoyer, die es aber am 10 April 1747, mit Ausschließung des einen Theils in Klein-Reichow, den beiden Brüdern, Bogislav George Friederich und Heinrich Wilhelm von Podewils, als den nachgelaßenen Söhnen des Landesdirectors George Friederich von Podewils wieder abtrat, nachdem der Vormund derselben, der Hauptmann von Rüchel das Näherrecht für dieselben behauptet hatte. Ihnen fiel auch das von Anshelm von Podewils in Concurs gesetzte und von ihrem verstorbenen Vater gekaufte so genannte große Gut zu, worauf sich ihre Mutter, die verwittwete Landesdirector Maria Helena von Podewils gebohrne von Münchow am 2 September 1748 und 18 April 1749, also mit ihren Kindern auseinandersetzte, daß der älteste Sohn, der Lieutenant Bogislav George Friederich das in dem Greiffenbergschen Kreise gelegene Gut Cantreck mit seinen Zubehörungen, (S. Cantreck) der andre Sohn aber, der Hauptmann Heinrich Wilhelm von Podewils das Gut Podewils bekam. Nach seinem Testamente vom 9 Januar 1758 fiel das ganze Gut Podewils seinem jüngsten Bruder Adrian von Podewils und nach dessen Disposition vom 1 September 1760, seiner ältesten Schwester, der verwittweten Majorin Sophia Dorothea von Wrede gebohrnen von Podewils zu, die dasselbe, nach dem Vergleiche vom 24 März 1762, ihrer jüngsten Schwester, Maria Louisa gebohrnen von Podewils, als der Ehefrau des Oberamtmanns Carl Friederich Wendland abtrat, dessen nachgelaßener einziger Sohn, Bogislav George Friederich Wendland, dieses Gut erbte und 1781 von der Gemahlinn des Generalmajors Friederich Wilhelm von Podewils, Eleonora Carolina gebohrnen von Woisky, einen Coßäthenhof, der bisher zu dem Gute Crampe gehöret hatte, kaufte und solchen in einen Bauerhof verwandelte."

47. **Polzin** ist ein ritterfreyes nahe an der Stadt Polzin gelegenes Gut, welches aus 2 Antheilen bestehet. Polzin (a) ist mit dem dazu gehörigen Vorwerke Ziegelwiese ein altes Manteufelsches Lehn, welches der Hauptmann Friederich Heinrich von Man-

Die adelichen Güter des Belgardschen Kreises.

Manteufel besitzet. S. Hohen-Wardin. Polzin (b), oder das Polzinsche Schloß, bestehet aus 2 Vorwerken, oder dem so genannten großen und kleinen Schloßgute, wozu eine Schäferey, 2 auf der Wugger gelegene Kornmühlen, die Ober- und Unter-Wuggermühle genannt, nebst einer Schneide- Loh- und Walkmühle, eine Kalkbrennerey und Ziegeley, eine Schmiede, 1 Holzwärter und überhaupt 8 Feuerstellen gehören. Für die bey Polzin (b) seit 1774 für 4400 Rthlr. königliche Gnadengelder vorgenommene Verbeßerungen, wovon die jährlichen Einkünfte nach dem Anschlage 231 Rthlr. betragen sollen, haftet auf diesem Gute eine zur Besoldung einiger Landschulmeister bestimmte jährliche Abgabe von 88 Rthlr. Das Polzinsche Schloß hat keine besondre Feldmark, sondern die dazu gehörigen Aecker und Wiesen sind nicht nur mit den Aeckern und Wiesen des Besitzers des Guts Polzin (a) sondern auch der Polzinschen Bürgerschaft vermenget. Die hohe, mittlere und niedere Jagd auf dem Polzinschen Stadtfelde und in dem Polzinschen Busche gehöret gemeinschaftlich den beiden Besitzern des Guts Polzin, die auch die Weide und etwas weiches Holz in dem Polzinschen Busche mit der Stadt Polzin gemeinschaftlich haben. Die Teich- und Bachfischerey ist theils gemeinschaftlich, theils aber gehöret sie auch ausschließungsweise zu dem Polzinschen Schloße. Polzin (b), Jagertow (b), Alt-Hütten und das bey Polzin gelegene Vorwerk Hammerbach waren ehemals Manteufelsche Lehne, welche in Concurs geriethen und von den von Krockow gekauft wurden. Der Capitain Lieutenant Philipp Reinhold von Krockow trat bey seinem Leben die Güter Polzin (b), Jagertow (b), Alt-Hütten und die Colonie Neu-Sanzkow (b), nach dem Vergleiche vom 30 März 1754, seinem Sohne, dem Obersten und nachmaligen Generallieutenant Anton von Krockow ab, der sich nicht nur mit seinem Bruder, dem Oberstlieutenant und nachmaligen Generalmajor Wilhelm von Krockow, nach dem Tode ihres Vaters am 8 August 1763 also verglich, daß er diese sämtlichen Güter behielt und das Vorwerk Hammerbach noch dazu bekam, sondern auch ¼ von der Unter-Wuggermühle bey Polzin, nach dem Vergleiche vom 30 November 1763, für 1666 Rthlr. 16 Gr. von dem Lieutenant George Friederich von Manteufel zu Hohen-Wardin, die zu dem Gute Buslar (a) ehemals gehörige Ober-Wuggermühle aber am 24 November 1773 für 1000 Rthlr. von dem Lieutenant Heinrich Christoph von Manteufel zu Quisbernow kaufte. Nach dem am 7 September 1778 erfolgten Tode des Generallieutenant von Krockow kamen die von ihm besessenen Güter Polzin (b), Jagertow (b), Alt-Hütten, Hammerbach, Brainstädt (a), Neu-Sarzkow (b), Klockow und Ritzerow, nach dem zwischen ihm und seiner Gemahlinn Augusta Louisa Henrietta gebohrnen Freyin von Lüder am 2 April 1778 errichteten Testamente, an ihren Sohn, den Lieutenant Christian Ludewig Friederich von Krockow, jedoch also, daß die Mutter während ihrer Lebenszeit in dem Besitze, der freyen Disposition und dem Genießbrauche dieser Güter verbleibt.

48. Pumlow ⅞ Meile von Belgard ostnordostwärts, an einem Moore, welches sich bis an das Darkowsche Moor erstrecket, hat adelichen Antheils 2 Vorwerke, 1 Schäferey, 5 Bauern, 1 Coßäthen, 3 Büdner, 13 Feuerstellen, eine zu der Belgardschen Synode gehörige und unter dem alleinigen Patronate der von Kleist, als Besitzer des Dorfs Klein-Dubberow stehende Kirche, die ein Filial von Sietkow ist und grän-

jet an die Dörfer Kösternitz, Silesen, Butzke, Klein-Satzpe und Darkow. Pumlow ist größtentheils ein altes Kleistsches Lehn, welches Hans Christoph von Blankensee, nach dem Vergleiche vom 14 Februar 1704, erblich von Wilhelm Christian von Kleist durch einen Tausch für das in der Neumark gelegene Gut Klützkow bekam und es seinem einzigen Sohne, dem Hauptmann Anton Christian von Blankensee hinterließ. Ein andrer Theil dieses Guts, welcher in 3 Bauerhöfen und einer wüsten Coßäthenstelle bestand und ehemals ein altes Lehn der von Krankspar, nachher aber ein neues zu dem Gute Bulgrin gehöriges Ramelsches Lehn war, wurde nach dem Concurs, so über das Vermögen des Matz Podewils entstanden war, 1661 dem Valentin von Wedel zuerkannt und kam hierauf an deßen Sohn, den Dänischen Oberstlieutenant Valentin Matthias von Wedel, von diesem aber an seine Schwestertöchter Agnesa Eleonora, Augusta und Charlotta Juliana gebohrne Bornmann. Diese traten mit ihren Ehemännern, dem Königl. Dänischen Major George Christoph von Barner, Ernst Bogislav von Waldow und dem Königl. Dänischen Hauptmann Gottfried Siegmund Biereck am 9 April, 25 August und 8 September 1696 mit lehnsherrlicher Einwilligung vom 30 September 1696 diesen Theil dem Regierungsrathe Paul von Ramel ab, deßen Enkel, des Erblandküchenmeisters Ernst Alexander Söhne, als der Fähnrich Caspar Friederich, Henning Christian und Anton Ernst, nach dem Vergleiche vom 29 December 1752, dieses neue Ramelsche Lehn erblich und mit ihrem Lehnrechte dem Hauptmann Anton Christian von Blankensee verkauften, der die Allodification deßelben durch das Rescript vom 1 April 1754 erhielt und nicht nur diesen allodificirten Theil, sondern auch denjenigen Theil dieses Guts, so von Wilhelm Christian von Kleist herrühret und noch jetzt ein Lehn ist, seiner Wittwe Jlsa Catharina Maria gebohrnen von Münchow hinterließ, deren nachgelaßene Kinder, als der Lieutenant Anton George, Catharina Dorothea Leberecht verehelichte Möller, die Fräulein Christiana Beata, jetzt vermählte von Bonin zu Moltow und der Lieutenant Bernhard Friederich von Blankensee noch jetzt dieses Gut ungetheilt besitzen, davon aber 4 Bauerhöfe, 1 Coßäthenhof und 3 Büdnerkäthen in dem Jahre 1773 auf 40 Jahre verschiedenen Einwohnern in diesem Dorfe verpfändeten. Der übrige Theil deßelben gehöret dem Könige, welcher gemeinschaftlich mit den adelichen Besitzern die hohe, mittlere und niedere Jagd hat. S. Pumlow unter den Dörfern des königlichen Amts Belgard.

49. Quisbernow ein Rittersitz, 1 Meile von Polzin nordnordwestwärts und 2 Meilen von Belgard südsüdwestwärts, hat 2 Vorwerke, 1 Vollbauern, 1 Halbbauer, 1 Coßäthen, 9 Feuerstellen, eine zu der Belgardschen Synode gehörige Kirche, die ein Filial von Wusterbart ist, Fichtern und weiches Holz, imgleichen Teich- und Bachfischerey. Die Güter Quisbernow und Buslar (a) sind größtentheils alte Manteufelsche Lehne, einige Theile aber in denselben sind Lehne der von Jojenow. Die Wittwe des Heinrich von Manteuffel kaufte am 7 Februar 1728 das in Concurs gerathene Gut Buslar (a) und hinterließ es nebst dem Gute Quisbernow ihrem Sohne Ewalt Heinrich von Manteufel, deßen nachgelaßener einziger Sohn, der Lieutenant Heinrich Christoph diese Güter erbte und die bey Polzin gelegene Ober-Wuggermühle, die ehemals zu Buslar (a) gehörete, nach dem Vergleiche vom 24 November 1773 für 3000 Rthlr dem Generallieutenant Anton von Krockow verkaufte.

50. Groß-

Die adelichen Güter des Belgardschen Kreises.

50. **Groß-Rambin** ein adelicher Wohnsitz, 1¼ Meilen von Polzin nordnordwestwärts, hat 1 Vorwerk, 1 Schäferey, 4 Bauern, 2 Coßäthen, 1 Schmiede, nebst dem Feldgute Wolzin, welches an der Battinschen Gränze liegt und einem in einer kleinen zu Groß-Rambin gehörigen Holzung gelegenen Holzwärterkathen, Woldkathen genannt, 13 Feuerstellen, Eichen- und weiches Holz, Fischerey in der Muglitz und ist zu Arnhausen in der Belgardschen Synode eingepfarret. Die auf der Feldmark des Dorfs Groß-Rambin gelegene Wassermühle gehöret nicht zu diesem Gute, sondern dem Hauptmann Friederich Heinrich von Manteufel zu Hohen-Wardin. Groß-Rambin war ehemals ein altes Manteufelsches Lehn, welches aber die von Podewils schon lange besessen haben. Nach dem Tode des Ewald von Podewils fiel es seinem Brudersohne, dem Lieutenant Matthias Heinrich von Podewils zu und wurde, nachdem es in Concurs gerathen war, am 22 May 1739 den Gläubigern zuerkannt, die es nach dem Vergleiche vom 29 November 1752 dem Lieutenant Felix Heinrich von Braunschweig verkauften. Es wurde hierauf von den Söhnen des oben gedachten Lieutenant Matthias Heinrich von Podewils, als dem Lieutenant Joachim Ernst und dem Fähnrich und jetzigen Hauptmann Christoph Bogislav von Podewils wieder eingelöset und fiel nach dem 1757 erfolgten Tode des ersten dem letzten allein zu.

51. **Klein-Rambin** nahe bey dem vorhergehenden Dorfe Groß-Rambin nordwestwärts, hat 1 Vorwerk, 5 Bauern, 1 Coßäthen, 1 Schulmeister, 9 Feuerstellen, welches Holz zur Feuerung, Fischerey in einem Bache und ist ein zu Arnhausen in der Belgardschen Synode eingepfarrtes altes Podewilsches Lehn, welches der geheime Legationsrath Ludewig Christian von Podewils besitzet. S. Neuhof.

52. **Karsin** 1 Meile von Cörlin südsüdwestwärts und 1½ Meilen von Belgard westsüdwestwärts, an dem Krummenwasser, welches zwischen dem ganzen Karsinschen Kirchspiele und den zu dem Fürstenthum Cammin gehörigen Dörfern die Gränze macht, hat ein adeliches Schloß und Vorwerk, 1 Schäferey, 1 Wassermühle, 1 Prediger, 1 Küster, 8 Bauern, 3 Coßäthen, 1 Predigercolonus, 1 Krug, 1 Schmiede, 2 Holzwärter, 23 Feuerstellen, eine in dem Jahre 1735 von dem General der Cavallerie, Hans Friederich von Platen von Steinen erbauete, in der Belgardschen Synode gehörige und unter dem Patronate der Besitzer der Dörfer Karsin, Sager und Zietlow stehende Mutterkirche mit einem maßiven Thurm, deren Filial das Dorf Podewils ist und zu welcher die Dörfer Sager, Natzow und Zietlow, mit Anschließung der beiden Vorwerke in Natzow, eingepfarret sind, gute Wiesen, beträchtliche Eichen- Büchen- und Fichtenholzungen, wie auch welches Holz und Fischerey in Teichen and in dem Krummenwasser. Für die von S. Majestät dem Könige zur Verbesserung dieses Guts und Erbauung eines Vorwerks, welches auf der Karsinschen Feldmark liegt und den Namen Friederichswerk erhalten hat, neuerlich geschenkten 5200 Rthlr., wovon die jährlichen Einkünfte nach dem Anschlage 330 Rthlr. 21 Gr. 3¼ Pf. betragen sollen, muß eine jährliche Abgabe von 52 Rthlr. an die Kreiscasse bezahlet werden. Karsin war ehemals ein altes Podewilsches Lehn. George Heinrich von Podewils verkaufte es mit lehnsherrlicher Einwilligung vom 28 December 1729 dem Generalmajor und nachmaligen General der Cavallerie, Hans Friederich von Platen, dessen

jüngster Sohn, der Lieutenant und nachmalige Generalmajor Leopold Johann von Platen es, nach dem brüderlichen Theilungsvergleiche vom 28 September 1743, bekam und es, nach dem Vergleiche vom 10 December 1770, dem Generallieutenant von der Cavallerie und Chef eines Dragonerregiments, Dubislav Friederich von Platen verkaufte. Das Gut wurde hierauf durch das Rescript vom 15 October 1775 allodificiret, nachdem vorher das ganze Geschlecht der von Podewils mit seinem Lehnrechte an demselben durch den Rechtsspruch vom 9 August 1775 war präcludiret worden.

53. Redel ein adelicher Wohnsitz, 1 Meile von Polzin gegen Westen, auf der Landstraße von Polzin nach Schiefelbein, hat 1 Vorwerk, 1 Schäferey, 6 Bauern, 2 Coßäthen, 1 Krug, 1 Schmiede, 1 Schulmeister, auf der Feldmark des Dorfs die Buschkathen, das Schenkengut und die Ziegelscheune genannt, 17 Feuerstellen, eine zu der Belgardschen Synode gehörige Kirche, die ein Filial von Zizenow ist, Eichen-Büchen- und weiches Holz, Fischerey in Teichen und in der Muglitz und war ehemals ein Lehn der von Redel, die Afterlehnleute der von Zozenow waren, wurde aber nachher theils ein Manteufelsches, theils ein Glasenappsches, theils ein Zozenowsches Lehn. Der Landrath Adam Caßmir von Glasenapp, der es von seinem Vater geerbet hatte, verkaufte es, nach dem Vergleiche vom 4 März 1724, erblich dem Hauptmann und nachmaligen Major Hans Heinrich von Zastrow, der auch nachher das kleine Gut in diesem Dorfe, so die von Kriesen von den von Manteufel zu Lehn gehabt hatten und nachdem sie ausgestorben waren, nicht wieder vergeben sondern eingezogen worden war, am 17 November 1730 erblich von George Friederich von Manteufel kaufte. Der Major von Zastrow verkaufte hierauf mit seiner Gemahlinn Philippina Wilhelmina gebohrnen von Versen am 4 und 19 August 1745 und nach dem Tode des ersten, die letzte für sich und ihre Kinder am 7 Januar 1749 dieses ganze durch das Rescript vom 6 April 1742 allodificirte Gut erblich dem Oberstlieutenant Gotthilf Christian von Kleist, dessen nachgelaßene Söhne Gotthilf Christian Ernst und Bogislav Christlieb dieses Gut so lange ungetheilt besaßen, bis sie sich am 8 November 1772 mit ihrer Mutter, der verwittweten Oberstlieutenant von Kleist gebohrnen von Kleist also verglichen, daß sie ihren beiden Söhnen ihr eigenthümliches in der Neumark gelegenes Gut Alt-Wurow abtrat, dagegen aber das Gut Redel sich auf ihre Lebenszeit zum Leibgedinge vorbehielt. Dieser Vergleich wurde am 25 August 1774 dahin erläutert, daß der jüngere Sohn, der Lieutenant Bogislav Christlieb das Gut Alt-Wurow allein behalten, der ältere aber, als der Lieutenant Gotthilf Christian Ernst von Kleist das Gut Redel nach dem Tode der Mutter bekommen sollte, die sich aber doch bey ihrem herannahenden Alter am 23 Januar 1777 also mit ihrem ältern Sohne verglich, daß sie ihm dieses Gut schon bey ihrem Leben abtrat.

54. Groß-Reichow 1½ Meilen von Belgard westsüdwestwärts, an der kleinen Straße von Belgard nach Stargard, welche nahe an dem Dorfe gegen Osten vorbeyführet, hat 1 Vorwerk, 4 Bauern, 9 Feuerstellen, wenige Holzung, Bachfischerey und ist ein zu Klein-Reichow in der Belgardschen Synode eingepfarrtes altes Podewilsches Lehn, welches der Oberamtmann Carl Friederich Wendland besitzet. S. Neuhof.

55. Klein-Reichow 1¼ Meilen von Belgard südwestwärts, hat 3 Vorwerke,
4 Bau-

Die adelichen Güter des Belgardschen Kreises. 663

4 Bauern, 1 Schäferey, 1 Schulmeister, 11 Feuerstellen, eine auf einem hohen Berge gelegene, zu der Belgardschen Synode gehörige und unter dem Patronate der Besitzer der Güter Klein= und Groß=Reichow, Glötzin, Lazig, Schinz und Ganzkow stehende Kirche, die ein Filial von Standemin ist und zu welcher die Dörfer Groß=Reichow, Glötzin und Ganzkow und die Crampesche Wassermühle eingepfarret sind, wenige Holzung, Bachfischerey und ist ein altes Podewilsches Lehn, welches ehemals aus 4 Antheilen bestand. Der Oberste und Commendant zu Friederichsburg, Peter Ernst von Podewils, lösete einen Theil am 28 März 1744 von der Wittwe des Franz Hoyer, Anna Dorothea gebohrnen Volzen, den andern Theil am 11 Julius 1744 von dem Kriegscommissarius Friederich Dubislav, den dritten aber am 9 Märtz 1752 von den Geschwistern der Fräulein Eva Hedwig und Charlotta Louisa von Münchow und dem Ehemann der letztern, dem Lieutenant Felix Heinrich von Braunschweig ein und hinterließ diese 3 Theile seinen Kindern, dem Lieutenant Sebastian Carl Alexander, der Hauptmannin von Beggerow Henrietta Sophia und der Fräulein Anna Sophia Christiana von Podewils, wovon die beiden letztern diese Theile am 23 August 1773 dem Generalmajor Friederich Wilhelm von Podewils und dessen Gemahlinn Eleonora Carolina gebohrnen von Woisky verkauften. Nachdem der Generalmajor von Podewils auch den vierten Theil dieses Guts am 17 Junius 1776, von dem Verwalter Daniel Müller zu Dewsberg eingelöset hatte, verkaufte er am 20 März und 29 April 1780 das ganze Gut Klein=Reichow nebst den Gütern Crampe, Battin und Glötzin seiner Gemahlinn Eleonora Carolina gebohrnen von Woisky, die Klein=Reichow wieder, nach dem Vergleiche vom 21 Januar 1782, dem Lieutenant bey dem von Kalkreuthschen Dragonerregimente, Carl Ernst von der Gröben, erblich für 8000 Rthlr. verkaufte.

56. Reinfeld 1½ Meilen von Polzin westsüdwestwärts, an der Rega, die ¼ Meile von diesem Dorfe in der Neumark aus 2 Seen, dem Ritziger= und Klanziger=see entspringt und hier die Gränze zwischen Pommern und der Neumark macht, hat 2 Vorwerke, 1 Schäferey, eine auf der Feldmark des Dorfs gelegene Wassermühle, welche der Lieutenant Ludewig von Wigny am 16 Januar 1766 erblich dem Mühlenmeister Christoph Berg für 1100 Rthlr. verkaufte, 1 Prediger, 1 Küster, 8 Bauern, 6 Cossäthen, 1 Schmiede, 1 Holzwärter, auf der Feldmark des Dorfs die alten Feldgüter Rothe=Riege und Rübenland und 7 neu angelegte Feldgüter oder Ackerhöfe, als Schmitzkenberg, Papenhof, Helenenhof, Casimirshof, Alwistenhof, der Ellerberg und die Ziegelscheune, 31 Feuerstellen, eine zu der Belgardschen Synode gehörige Mutterkirche, deren Filial das Dorf Bramstädt ist und zu welcher das adeliche Dorf Ritzerow und das Neumärksche, der Cämmerey zu Schiefelbein gehörige Dorf Brunow eingepfarret sind, gute Wiesen, hinreichende Eichen= und Büchenholzungen, wie auch welches Holz, Fischerey in der Rega, in 2 Bächen, als dem Papen= und Splittbache und in Teichen und gränzet an das Neumärksche Dorf Brunow. Für die bey dem Gute Reinsfeld seit 1772 für 6400 Rthlr. königliche Gnadengelder vorgenommene Verbeßerungen, wovon die jährlichen Einkünfte, nach dem Anschlage 292 Rthlr. betragen sollen, hastet eine jährliche Abgabe von 128 Rthlr. auf diesem Gute, welches ehemals ein altes Rammelsches Lehn war. Arnd, Beteke,

Curt, Claus Ramel und die Gebrüder Sivert und Carl Wopersnow verkauften die wüste Feldmark Reinfeld, nach einer an dem Mittwoche nach der heiligen 3 Könige Tage 1462 ausgefertigten Urkunde, wiederkäuflich für 349 Rheinsche Gulden den geistlichen Herren und Brüdern des Karthäuserklosters Gottesfriede vor Schiefelbein und gaben ihnen so viel Zimmerholz und Sageblöcke in der wüsten Feldmark Ritzerow, als sie zur Erbauung ihrer Kirche, Cellen und anderer Gebäude des Klosters nöthig haben würden. Jetzt ist Reinfeld ein neues Damnitzsches Lehn. Joachim Christoph von Ramel verpfändete einen Theil deßelben am 27 Julius 1730 auf 24 Jahre dem Wolf Ernst von Unger, deßen Wittwe Veronica Elisabeth gebohrne von Brockhusen ihn, nach dem Vergleiche vom 15 April 1733, dem Cammerherren Carl Christoph von Damnitz abtrat, der auch den andern Theil dieses Guts, das große Gut genannt, von dem Hauptmann Joachim Christoph von Ramel 1728 gekauft hatte. Die nachgelaßenen Söhne des Cammerherren von Damnitz, der Lieutenant Hans Christoph Siegmund und der Fähnrich Carl Ludewig, verkauften hierauf das große Gut, nachdem sie von dem Anspruche der von Ramel an daßelbe durch den Rechtsspruch der Königl. Regierung vom 19 September 1749 waren entbunden worden, nach dem Vergleiche vom 25 August 1751, erblich dem Krieges- und Domainenrathe Christian Albrecht von Hirsch, welchem auch der Fähnrich Carl Ludewig von Damnitz den ihm von seinem ältern Bruder, dem Lieutenant Hans Christoph Siegmund am 15 März 1753 überlaßenen andern Theil dieses Guts, nach dem Vergleiche vom 4 Junius 1754, so wie auch der Hauptmann Joachim Christoph von Ramel sein Erb- und Lehnrecht an demselben am 10 September 1754 verkaufte. Das ganze Gut wurde hierauf von dem Kriegesrathe von Hirsch am 23 October 1762 dem Lieutenant Ludewig von Vigny und von diesem am 9 Februar 1768 dem Generalmajor Otto Casimir von Versen verkauft und für deßen Gut Haselberg in dem Ober-Barninschen Kreise vertauscht. Nach dem 1773 erfolgten Tode des Generalmajors von Versen überließ seine Tochter erster Ehe, die vermählte Reichsgräfin von Sparr dieses Gut, nach dem Vergleiche vom 25 Julius 1775, ihrer Stiefmutter, der Wittwe des Generals von Versen, Elisabeth Helena Louisa gebohrnen von der Osten, die in ihrem Testamente vom 13 Julius 1781 den ältesten Sohn ihres Bruders des Königl. Cammerherren von der Osten zu Plate, und den Lieutenant bey dem Möllendorffschen Infanterieregimente, August Wilhelm Heinrich von der Osten, zum Universalerben ihres Vermögens einsetzte, der daher jetzt nach ihrem Tode dieses Gut besitzet, welches jedoch nach dem Innhalte des oben angeführten Testaments bis zu seiner Großjährigkeit unter der Aufsicht seines Vaters stehen soll.

57. Retzin 1¼ Meilen von Polzin nordnordwestwärts, hat 3 Vorwerke, 1 Schäferey, 12 Bauern, 1 Coßäthen, 1 Schmiede, ein auf der Feldmark des Dorfs gelegenes ritterfreyes Vorwerk, Granzin genannt, 20 Feuerstellen, eine zu der Belgardschen Synode gehörige Kirche, die ein Filial von Arnhausen ist und gehöret jetzt 2 Besitzern. Retzin (a), ein adelicher Wohnsitz, wozu 3 Vorwerke, 1 Schäferey, 7 Bauern, 1 Coßäthe und die Schmiede gehören, bestehet aus 2 Theilen. Der eine Theil, welchen Bernd Dieterich von Glasenapp 1702 als ein Glasenappsches Lehn besaß, wurde am 10 Februar 1717 dem Ernst Bogislav von Wedel, von diesem dem Major Caspar Erdmann von Sydow, von diesem am

8 März

Die adelichen Güter des Belgardschen Kreises.

8 März 1731 der Erdmuth Felicina Louisa von Lattorf vermählten von Kameke und von dieser am 14 Februar 1743 auf 9 Jahre dem Verwalter Martin Trapp verkauft. Der Hauptmann Carl Bogislav von Watter, welcher, nach dem Vergleiche vom 29 März 1732, von Carl Diterich von Glasenapp, mit Einstimmung deßen Bruders Joachim Melchior, das Lehnrecht für 93 Rthlr. gekauft und die Belehnung auch erhalten hatte, verpfändete hierauf, nachdem er die Wittwe von Kameke abgefunden hatte, diesen Theil, nach dem Vergleiche vom 1 Ortober 1753, auf 12 Jahre dem erwähnten Trapp, von deßen Erben er nach geendigten Pfandjahren denselben am 29 Januar 1765 wieder einlösete und ihn am 28 Januar 1767 dem Lieutenant Henning Christian von Münchow erblich verkaufte. Der andre Theil dieses Guts war ehemals ein Woldensches Lehn und wurde der Wittwe des Majors Caspar Erdmann von Sydow, die vorher mit dem Hauptmann Lorenz George von Wolde vermählt gewesen war, in der Theilung mit deßen Brüdern, nach dem Vergleiche vom 8 September 1722, überlaßen und von ihr am 15 May 1737 dem Lieutenant Johann Conrad Schiebel, von diesem am 2 December 1737 dem Regimentsquartiermeister und nachmaligen Postmeister Johann George Haucke, von diesem am 20 Februar 1751 deßen Schwestersohn, dem Kaufmann Carl Rudolph Schwarz zu Cößlin und von deßen Wittwe Dorothea Maria gebohrnen Ludewig am 12 Februar 1755 dem Major Joachim Christoph von Ramel verkauft, nach deßen Tode dieser Theil in Concurs gerieth und von dem Cößlinschen Hofgerichte am 16 September 1767 dem Lieutenant Henning Christian von Münchow zuerkannt wurde, der jetzt das ganze Gut Retzin (a) besitzet. Retzin (b), wozu das Vorwerk Granzin, 5 Bauerhöfe in Retzin, 2 Bauerhöfe in Luzig, ingleichen die Wardinsche Holzcavel gehören, war ehemals ein Glasenappsches Lehn. Es kam von Reinhold von Glasenapp an seine Tochter Margaretha Hedwig, eine Gemahlinn des George Casimir von Zitzwitz, die es am 2 May 1716 ihrem Vaterbrudersohne Joachim Reinhold von Glasenapp überließ, deßen Wittwe Margaretha Hedwig, es am 29 März 1734, dem Fähnrich Peter Augustin von Lentz abtrat. Nach seinem Tode kam es, nach dem Vergleiche vom 31 Januar 1746, an seinen Bruder, den Lieutenant Adam George von Lentz und hierauf an deßen nachgelaßene einzige Tochter und Erbin Anna Louisa, des Hauptmanns Johann Ehrenreich von Weyherr Gemahlinn, welche dieses durch das Rescript vom 24 August 1773 allodificirte Gut, am 17 December 1777 den Hauptleuten Henning George und Christoph Friederich Gebrüdern von Podewils verkaufte, von welchen es jetzt der erste, nach dem am 11 November 1779 erfolgten Tode des letzten, mit deßelben nachgelaßenen einzigen Tochter, Wilhelmina Henrietta Christiana von Podewils besitzet.

58. Ristow ein Rittersitz, 1¾ Meilen von Belgard gegen Süden, an der Persante, auf der Poststraße von Cößlin nach Polzin, hat 1 Vorwerk, 1 Schäferey, eine auf der Feldmark des Dorfs gelegene Wassermühle, 5 Bauern, 2 Cossäthen, 1 Krug, 13 Feuerstellen, Eichen- Büchen- und weiches Holz, Fischerey in einem See und in der Persante und ist zu dem königlichen Amtsdorfe Boißin in der Belgardschen Synode eingepfarret. Dieses Gut, welches Eccard Wilhelm von Kleist 1735, nebst einem Theile des Guts Lankow wiederkäuflich von Jürgen von Werssen kaufte, besitzet jetzt der Notarius Gottfried Zülow.

Der Belgardſche Kreis.

59. Ritzerow 1¾ Meilen von Polzin ſüdweſtwärts, an der Rega, hat 8 Acker-höfe, 1 Holzwärterwohnung, 9 Feuerſtellen, beträchtliche Eichen: Büchen: und Fichten-holzungen, wie auch weiches Holz, Fiſcherey in der Rega, iſt zu Reinfeld in der Bel-gardſchen Synode eingepfarret und gränzet an das Neumärkſche Dorf Ritzig. Ritze-row war ehemals ein altes Lehn der von Ramel, welches nach dem Abgange ihrer Afterlehnleute, der von Ritzerow, von dem Herzoge Johann Friederich am 11 Octo-ber 1587 dem fürſtlichen Cammerrathe George Ramel und deſſen Bruderſöhnen Heinrich, George und Paul ertheilet wurde. Ernſt Alexander von Ramel erbte es von ſeinem Vater dem Regierungsrathe Paul von Ramel und hinterließ es ſeinen Söhnen, die ſich am 7 November 1746 alſo theilten, daß die eine Hälfte dieſes Guts dem älteſten Sohne, dem nachmaligen Landrathe Caspar Friederich von Ramel und die andre dem jüngſten, dem nachmaligen Hauptmann Henning Chriſtian von Ramel zufiel. Nachdem dieſer, nach dem Vergleiche vom 10 December 1764, auch die andre ſeinem Bruder zugefallene Hälfte dieſes Guts für den ihm abgetretenen Antheil an Bulgrin erhalten hatte, verkaufte er dieſes ganze Gut am 22 Auguſt 1763 erblich dem Generallieutenant Anton von Krockow, worauf die Präcluſion der von Ramel am 21 September und 5 November 1764 erfolgte. Jetzt beſitzt die Wittwe des Generallieutenant von Krockow, Auguſta Louiſa Henrietta gebohrne Freyin von Lüder dieſes Gut. S. Polzin (b).

60. Rottow 2 Meilen von Belgard oſtſüdoſtwärts an der linken Seite des Kautelbachs, dem Dorfe Neu-Buckow gegen über, hat 1 Vorwerk, 1 Schäferey, 5 Bauern, 10 Feuerſtellen, Fichten: und weiches Holz, Fiſcherey in der Kautel und in Teichen und iſt ein zu Neu-Buckow in der Cößlinſchen Synode eingepfarretes altes Münchowſches Lehn, welches der Lieutenant George Heinrich von Münchow beſitzt. Für die zur Verbeßerung dieſes Guts ſeit 1772 angewandten 150 Rthlr. königliche Gnadengelder, wovon die jährlichen Einkünfte nach dem Anſchlage 19 Rthlr. 2 Gr. 9¼ Pf. betragen ſollen, muß eine jährliche Abgabe von 3 Rthlr. von dem Beſitzer dieſes Guts bezahlet werden. S. Alt-Buckow in dem Fürſtenthum Cammin.

61. Sager ⅞ Meile von Cörlin gegen Süden und 1 Meile von Belgard gegen We-ſten, an dem Krummenwaſſer, welches hier mit einer Brücke verſehen iſt und die Gränze zwiſchen dieſem Dorfe und dem Cörlinſchen Amtsdorfe Garchen macht, auf der Poſt-ſtraße von Cörlin nach der Neumärkſchen Stadt Schieſelbein, hat 1 Vorwerk, 1 Schä-ferey, 6 Bauern, 2 Coßäthen, 1 Schulmeiſter, 2 Holzwärter, 12 Feuerſtellen, Eichen: Büchen und weiches Holz, Fiſcherey in dem Krummenwaſſer und in Teichen und iſt zu Karfin in der Belgardſchen Synode eingepfarret. Das Gut Sager, wovon die von Po-dewils ehemals einen Theil beſaßen, kam von dem General der Cavalerie Hans Friede-rich von Platen, nach dem Theilungsvergleiche ſeiner Söhne vom 28 September 1743, an den mittelſten Sohn, den Kriegesrath und nachmaligen Dekanus George Ernſt von Platen, deßen nachgelaßener einziger Sohn, Ernſt Friederich Samuel, es jetzt beſitzet.

62. Alt-Sanzkow ein freyes in dem Polzinſchen Buſche gelegenes Rittergut, 1 Meile von Polzin ſüdweſtwärts, beſtehet aus 7 Pachthöfen, 2 Coßäthenhöfen, 1 Schäferey,

Die adelichen Güter des Belgardschen Kreises.

serey, 10 Feuerstellen und ist ein zu der Polzinschen Stadtkirche in der Belgardschen Synode eingepfarrtes Dorf, welches gute Weide, aber wenige Wiesen hat, an das Neumärksche Dorf Brunow gränzet und ein altes Manteufelsches Lehn ist. Der jetzige Besitzer desselben ist der Hauptmann Friederich Heinrich von Manteufel, welcher die gemeinschaftliche hohe, mittlere und niedere Jagd in dem Polziuschen Busche, Büchen und weiches Holz, wie auch Teich- und Bachfischerey hat. S. Hohen-Wardin.

63. Neu-Sanzkow ein freyes in dem Polzinschen Busche gelegenes Rittergut, 1¼ Meilen von Polzin südwestwärts, bestehet aus 15 Pachthöfen und eben so viel Feuerstellen und ist ein zu Zuchen in der Belgardschen Synode eingepfarrtes Dorf, welches 2 Besitzer hat. Neu-Sanzkow (a), wozu 4 Pachthöfe gehören, ist ein altes Manteufelsches Lehn, welches der Hauptmann Gerhard Ewald von Manteufel besitzet. S. Collatz unter den adelichen Gütern des Neu-Stettinschen Kreises. Neu Sanzkow (b) bestehet in 11 Pachthöfen und war ehemals ein Lehn der von Zozenow, welches von ihren Afterlehnleuten, den von Rebel besessen wurde und nach dem Tode des Cuno von Rebel an dessen Schwiegersohn, Alexander Magnus von Briesen kam. Der Oberste von Zozenow trat seine Lehngerechtigkeit daran dem Hauptmann Joachim von Glasenapp ab, dessen Recht nachher Döring Jacob von Krockow durch einen Kauf an sich brachte und nach dem Vergleiche vom 9 April 1695, worinn er auch den Lieutenant Tessen Christian von Zozenow wegen seiner Erb- und Lehngerechtigkeit mit 400 Gulden abfand, das Zozenowsche Recht erblich kaufte. Nach seinem Tode verkaufte sein Bruder, der Capitain Lieutenant Philipp Reinhold von Krockow dieses Gut bey seinem Leben, nach dem Vergleiche vom 30 März 1754, seinem Sohne dem Obersten und nachmaligen Generallieutenant Anton von Krockow, der die 2 Buschkathen, so bisher zu dem Gute Groß-Dewsberg gehöret hatten und von dem Hauptmann Christian Ernst von Borck am 18 März 1775 dem Generallieutenant von Manteufel waren verkauft worden, von diesem am 16 December 1775 kaufte und zu dem Gute Neu-Sanzkow (b) brachte, welches jetzt seine Wittwe, Augusta Louisa Henrietta gebohrne Freyin von Lüder besitzet. S. Polzin (b). Die Besitzer des Guts Neu-Sanzkow haben gemeinschaftlich die hohe, mittlere und niedere Jagd, Eichen- und weiches Holz, wie auch Teich- und Bachfischerey.

64. Schinz 1 Meile von Belgard südwestwärts, auf einem Berge, hat 1 Vorwerk, 1 Schäferey, eine auf dem Nonnenbache gelegene Wassermühle, 1 Kalk- und Ziegelbrennerey, 3 Bauern, 12 Feuerstellen, etwas Fichten- und weiches Holz, Fischerey in Teichen und dem Nonnenbache und ist ein zu Standemin in der Belgardschen Synode eingepfarrtes Podewilsches Lehn, welches ehemals aus 3 Gütern bestand. Franz Hoyer kaufte alle 3 Güter wiederkäuflich von den Vettern Matthias Friederich, Lorenz Christoph und dem Hauptmann Ewald von Podewils und hinterließ das ganze Gut Schinz seiner Wittwe, die sich am 19 August 1743 mit dem Hofgerichtsdirector Friederich von Dreger also verglich, daß sie ihm daselbe für seinen Antheil an dem Gute Lazig abtrat. Nach dem Tode des Hofgerichtsdirectors von Dreger besaßen seine Kinder Friederich und Charlotta Philippina verehelichte Menzel das Gut Schinz so lange gemeinschaftlich, bis sie sich am 7 Januar 1763 also auseinandersetzten, daß

die letzte dem ersten die Güter Altenwall nebst Zacherin, Lanzen und Schinz abtrat. Dieser verkaufte das Gut Schinz, nach dem Vergleiche vom 4 October 1763, mit der von Sr. Majestät dem Könige am 31 December 1763 und nach dem Rescript vom 4 Januar 1764 ertheilten Genehmigung und mit lehnsherrlicher Einwilligung vom 20 März 1764 auf 25 Jahre, dem Lieutenant Johann Conrad Icker, der es mit Einwilligung des Hofes vom 22 May 1777, nach dem Vergleiche vom 1 Julius 1777, auf die noch übrigen 12 Jahre bis 1789 dem Hofrathe und dirigirenden Bürgermeister zu Belgard, Daniel Wilhelm Filius verkaufte, nach deßen am 6 Junius 1780 erfolgten Tode es jetzt seine Wittwe besitzet.

65. Alt-Schlage ein Rittersitz, in alten Urkunden Slaw genannt, 1½ Meilen von Polzin gegen Westen, in einem Thale, nahe an der Rega, welche hier die Gränze zwischen Pommern und der Neumark macht, auf der Landstraße von Schiefelbein nach Polzin, hat 1 Vorwerk, 1 Schäferey, 8 Bauern, 4 Halbbauern, 1 Schulmeister, 1 Krug, 1 Schmiede, auf der Feldmark des Dorfs das Vorwerk Roggelin und die zu Zieserow eingepfarrte Holzwärterey Curdshof genannt, die an das Neumärksche Dorf Brunow gränzet, 20 Feuerstellen, eine zu der Belgardschen Synode gehörige Kirche, die ein Filial von Ziezenow ist und zu welcher das Dorf Damerow eingepfarret ist, gute Wiesen, Eichen- und weiches Holz, Fischerey in der Rega und hatte ehemals ein festes Schloß und war schon in den ältesten Zeiten ein Lehn der von Ramel, wie aus einer zu Colberg am 12 October 1373 ausgefertigten Urkunde erhellet, worinn der Bischof von Cammin, Philipp, den Vergleich bestätiget, nach welchem der älteste des Geschlechts der von Ramel jederzeit Marschall des Stifts Cammin seyn soll und sich die Gebrüder Arnd und Betcke Ramel zu Peterwitz nnd Claptow die von ihrem Vater Oldemar geerbten Güter also theilen, daß Arnd alle Lehngüter zwischen Colberg und Belgard, Betcke aber die damals durch den Krieg größtentheils verwüsteten 6 Feldmarken Slaw, Curdshof, Damerow, Roggelin, Reinfeld und Ritzerow bekam. Ein Theil des Guts Alt-Schlage wurde als ein Lehn der von Ramel von dem Lieutenant Joachim Christoph von Ramel, mit lehnsherrlicher Einwilligung vom 3 März 1735, erb- und eigenthümlich dem Oberstlieutenant Bernd Ludewig von Sydow und von diesem dem Obersten Caspar Heinrich von Stechow verkauft, welchem auch der Hauptmann Anton Friederich von Zozenow, nach dem Vergleiche vom 4 März 1738, einen andern Theil dieses Guts, der ehemals ein Zozenowsches Lehn war, für das Gut Damerow überließ. Nach dem Tode des Obersten von Stechow gerieth dieses ganze Gut in Concurs und wurde von dem Cößlinschen Hofgerichte am 13 October 1751 für das meiste Gebot der Oberstin Henrietta von Stechow gebohrnen Freyin von Cloudt zuerkannt, die daßelbe, nach dem Vergleiche vom 15 August 1752, erblich dem Rittmeister Peter Ernst von Wobeser und deßen Gemahlinn Antoinetta Sophia Charlotta gebohrnen von Borck verkaufte, worauf es durch das Rescript vom 30 April 1753 allodificiret wurde.

66. Schlennin 1¼ Meilen von Belgard gegen Osten, an der linken Seite des Kautelbachs, hat außer 2 Vorwerken, 1 Schäferey und 2 Bauerhöfen, die in dem Dorfe liegen, noch ein auf der Feldmark deßelben, seit 1772 für 3000 Rthlr königliche

Die adelichen Güter des Belgardschen Kreises.

nicht Gnadengelder angelegtes neues Vorwerk mit 2 Bauerhöfen, wovon die jährlichen Einkünfte nach dem Anschlage 247 Rthlr. 8 Gr. 2⅔ Pf. betragen sollen und von dem Besitzer dieses Guts eine jährliche Abgabe von 60 Rthlr. bezahlet werden muß, 9 Feuerstellen, etwas Fichten- und gutes weiches Holz, aber keine Mastung, Fischerey in Teichen und in der Kautel und ist ein zu New-Buckow in der Cößlinschen Synode eingepfarrtes altes Stammhaus der von Thun, welches der Ritter Heinrich von Thun bereits in dem Jahre 1318 besaß.   Jetzt ist dieses Dorf ein altes Münchowsches Lehn, welches dem Lieutenant George Heinrich von Münchow gehöret. S. Alt-Buckow in dem Fürstenthum Cammin.

67. Schmenzin ein adelicher Wohnsitz, 1½ Meilen von Publitz nordwestwärts, in einer waldigten Gegend, auf der Straße von Polzin nach Bublitz, hat 2 Vorwerke, 1 Schäferey, 1 Windmühle, 7 Bauern, 2 Coßäthen, 1 Krug, 1 Schmiede, 1 Schulmeister, 1 Holzwärter, auf der Feldmark des Dorfs das Vorwerk Friederichshof und die in einem Walde gelegenen Buschkathen oder Feldgüter, als Freyenstein, Hammelschäferey, Kalkberg, Vierhof, Hobeberg, die hintersten Buschkathen, Dammkathen und Lindenhof genannt, 35 Feuerstellen, eine zu der Belgardschen Synode gehörige Kirche, die ein Filial von Naseband ist und zu welcher die zu dem Gute Warnin gehörige Pachterey Geisberg nebst 2 Buschkathen eingepfarret ist, gute Wiesen, beträchtliche Eichen- Büchen- und Fichtenholzungen wie auch weiches Holz, Teich- und Bachfischerey und ist theils ein altes Kleistsches, theils ein Versensches Lehn. Ein Theil des Kleistschen Lehns kam von Reimar von Kleist, nach dem brüderlichen Theilungsvergleiche vom 16 Februar 1714, an seinen Sohn den Obersten Andreas Joachim von Kleist, der nicht nur diesen Theil am 13 April 1724, sondern auch den Versenschen Antheil, so er am 6 Julius 1717 von Jürgen von Kleist gekauft hatte, mit zweyen von dem Amtshauptmann Gerd Wedig von Glasenapp am 19 August 1717 tauschweise an ihn gekommenen Buschkathen, am 25 September 1731 seinem Bruder, dem Hauptmann Bernd von Kleist überließ. Dieser kaufte noch verschiedene Theile dieses Guts, nemlich einen Bauerhof in Schmenzin am 3 Julius 1719 von Christian Wilhelm von Kleist, einen Theil des Feldguts Kahlberg oder Vierhof genannt am 24 Julius 1719 von Franz George von Kleist, den übrigen Theil des Guts Kahlberg mit 2 dazu gehörigen Bauern und einem Coßäthen in Schmenzin, imgleichen den Brahmkathen nebst 5 Holzcaveln und dem Antheil an dem Streitholze am 1 November 1720 von Dubislav Bernd von Kleist, eine Holzcavel mit einem Kathen, so von Joachim von Kleist herrühret und an der Boninschen und Zarthenschen Gränze liegt, am 11 October 1721 von seinem Bruder George Heinrich von Kleist und den Corsankenhof mit der so genannten Versenschen Holzcavel am 7 May 1733 erblich von George von Versen. Nach dem Tode des Hauptmanns Bernd von Kleist setzte sich sein jüngster Sohn, der Hauptmann Franz Heinrich von Kleist am 13 December 1763 mit seinen Geschwistern, der Fräulein Amalia Bernhardina, der Frau Catharina Sophia Augusta vermählten Hauptmannin von Borck, der Fräulein Magdalena Wilhelmina, der Fräulein Dorothea Philippina, dem Hauptmann Joachim Friederich und dem Lieutenant Alexander Jürgen Wilhelm von Kleist also auseinander, daß er durch das Loos dieses ganze Gut erhielt. Die

[Pp pp 3]   jetzt

jetzt zu demselben gehörigen und auf der Feldmark des Dorfs Zeblin gelegenen so genannten Zeblinschen Buschgüter, die ehemals zu dem Dorfe Zeblin gehörten, sind von allen Abgaben und gemeinen Lasten befreyet und Lehnstücke der von Kleist, an welchen dieses ganze Geschlecht die gesamte Hand hat. Nach dem Tode des Hauptmanns Bernd von Kleist, der sie von Joachim Ewald von Kleist erblich und zwar den so genannten Freyenstein und Hammelschäferey am 24 April 1726 und den Lindenhof mit 4 Buschkathen am 4 Junius 1732 gekauft hatte, fielen sie seinem Sohne, dem Hauptmann Franz Heinrich von Kleist zugleich mit dem Gute Schmenzin zu.

68. Sietkow ein adelicher Wohnsitz, ¼ Meile von Belgard südostwärts, in einem Thale, an der Leitznitz, hat 2 Vorwerke, 1 Schäferey, 1 Wassermühle, die der Müller erblich besitzet, 1 Prediger, 1 Küster, 8 Bauern, 3 Coßäthen, 1 Schmiede, ein auf der Feldmark des Dorfs gelegenes Vorwerk, Grünhof genannt, 30 Feuerstellen, eine zu der Belgardschen Synode gehörige Mutterkirche, deren Filial das Dorf Pumlow ist und zu welcher die Dörfer Groß- und Klein-Dubberow, Klempin und Darkow eingepfarret sind, Eichen- Fichten und weiches Holz, Fischerey in Teichen und in der Leitznitz und gränzet an die Stadt Belgard und an die Dörfer Klempin, Groß- und Klein-Dubberow, Burzlaff, Boißin und Roggow. Das alleinige Patronatrecht über die Sietkowsche und Pumlowsche Kirche stehet den von Kleist, als Besitzern des zu der Sietkowschen Kirche eingepfarrten Dorfs Klein-Dubberow zu und wurde, nachdem es von dem Herzoge Bogislaus nach dem zu Gützkow am Dienstage nach Judica 1484 ausgefertigten Lehnbriefe dem Jürgen von Kleist zu Zanow und dessen Nachkommen, Brüdern und Vettern zur gesamten Hand war verliehen worden, denselben durch die zu Stargard eröffneten Urthel vom 12 September 1712 und 23 December 1720 wie auch durch den zu Cöslin am 26 October 1763 geschloßenen Vergleich bestätiget. Sietkow bestand ehemals aus 2 Gütern, wovon das große ein Woldensches und das kleine ein Versensches Lehn war. Das erste wurde von dem von Wolden, nach dem Vergleiche vom 9 May 1713, wiederkäuflich auf 30 Jahre dem Commissariatsrathe und nachmaligen Regierungsrathe Hans Joachim von Kleist und dessen Gemahlinn Maria Agnesa gebohrnen von Kleist, das andre aber von Caspar Franz Casimir von Versen am 10 Januar 1721 erblich dem Bogislav Ernst von Wolde verkauft und von diesem am 27 May 1723 dem erwähnten Regierungsrathe von Kleist überlaßen, welcher nebst seinem Vetter dem Oberstlieutenant Andreas Joachim von Kleist mit dem Gute Sietkow belehnt wurde und daselbe seiner Wittwe Maria Agnesa gebohrnen von Kleist hinterließ. Nachdem diese am 8 October 1759 gestorben war, setzten sich ihre Kinder und Erben am 15 und 16 August 1763 also auseinander, daß dieses Gut dem Major Rüdiger Christian von Kleist zufiel, der es, nach dem Vergleiche vom 18 Julius 1768, erblich des Hauptmanns Franz Lorenz von Kleist Wittwe, Anna Francisca gebohrnen von Kleist verkaufte. Diese trat es zwar am 15 und 18 October 1771 ihrem ältesten Sohne dem Lieutenant Otto Joachim Bernd Heinrich von Kleist ab, es wurde ihr aber von demselben am 4 April 1778 wieder überlaßen.

69. Silesen hat adelichen Antheils 3 Feuerstellen oder 3 Bauerhöfe, die zwar

Die adelichen Güter des Belgardschen Kreises. 671

an Eigenthümer verkauft sind, zu deren Einlösung aber der Major Hans Joachim Gneomar von Kleist zu Nemitz berechtiget ist. S. Bulgrin. Der übrige Theil des Dorfs Silesen ist königlich. S. Silesen unter den königlichen Dörfern des Amts Belgard.

70. Standemin 1 Meile von Belgard südwestwärts, an dem Nonnen- oder Stieperbache oder der Teipel, auf der Straße von Belgard nach Stargard, hat ein altes von Steinen aufgeführtes adeliches großes Wohnhaus, welches ehemals ein Nonnenkloster war, 2 Vorwerke, 2 Schäfereyen, eine Wassermühle mit einem Gange, die nicht weit von dem Dorfe liegt, 1 Prediger, 1 Küster, 5 Bauern, 2 Coßäthen, 1 Krug, auf der Feldmark des Dorfs ein neu angelegtes Vorwerk an dem Moorbruche, einen Colonistencoßäthenhof auf dem Mühlenberge und eine Schmiede, die Nonnenschmiede genannt, 27 Feuerstellen, eine zu der Belgardschen Synode gehörige und nach der Kirchenmatricul vom 5 Julius 1591, unter dem Patronate der Besitzer der Güter Standemin, Camissow und Natzow stehende Mutterkirche, deren Filial das Dorf Klein-Reichow ist und zu welcher die Dörfer Latzig und Schinz, der Miesderherrenhof zu Camissow nebst der Wassermühle und 3 Einliegerkathen und die beiden Herrenhöfe oder Vorwerke zu Natzow eingepfarret sind, Eichen- Büchen- und weiches Holz und Fischerey in dem Nonnenbache. Die Kirche in diesem Dorfe ist ansehnlich und wurde 1750 ganz neu von Steinen aufgeführet, der ganz massive Thurm aber ist bereits 1572 erbauet worden. Für die bey diesem Gute seit 1772 für 3600 Rthlr. königliche Gnadengelder vorgenommene Verbesserungen, wovon die jährlichen Einkünfte, nach dem Anschlage 221 Rthlr. 16 Gr. betragen sollen, muß eine zu Gnadengehalten für adeliche Wittwen und Waisen bestimmte jährliche Abgabe von 72 Rthlr. von dem Besitzer dieses Guts bezahlet werden. Es ist ein altes Wobersnowsches Lehn, welches ehemals aus 3 Antheilen bestand. Ein Theil, so den Rittersitz, der Niederhof genannt, nebst den dazu gehörigen 2 Bauern und 3 Coßäthen, die ganze Schmiede, die halbe Mühle und den ganzen Krug begriff, wurde von den Gebrüdern Jürgen Joachim und Hans Friederich von Wobersnow, nach dem Vergleiche vom 24 October 1732, auf 12 Jahre wiederkäuflich von Ostern 1733 bis 1745 dem Hauptmann Heinrich von Plötz verkauft, dessen Wittwe sich mit dem Major Adolph Heinrich von Lockstedt vermählte und diesen Theil demselben zum Brautschatze zubrachte, von dessen Erben der Major Johann Friederich Ludewig von Wobersnow denselben am 9 October 1771 mit Einwilligung des Königl. Vormundschaftscollegium zu Cößlin vom 28 December 1771 einlösete. Ein andrer Theil dieses Guts, welcher in einem kleinen ritterfreyen Gute bestand, so aus dem Ritteracker der beyden großen Güter in diesem Dorfe zusammen geleget und von Jürgen Joachim und Hans Friederich Gebrüdern von Wobersnow, nach dem Vergleiche vom 11 Julius 1729, wiederkäuflich der Maria Elisabeth von Glasenapp war verkauft worden, kam nach dem Tode derselben an ihre Erben, von welchen der Major Johann Friederich Ludewig von Wobersnow am 30 März 1769 auch diesen Theil einlösete. Der dritte Theil dieses Guts, welcher in dem so genannten Obergute, der halben Mühle, einem Bauer und einem Coßäthen bestand, fiel nach dem Tode des Joachim Friederich von Wobersnow seinen Söhnen, dem Oberstlieutenant George Joachim und dem Hauptmann

mann Hans Friederich und nach dem Tode des letzten dem ersten allein zu; welcher nach dem zu Memel am 13 August 1766 errichteten Vergleiche diesen Theil seinem Sohne, dem Major Johann Friederich Ludewig von Wobersnow überließ, nach deßen Tode sein einziger Sohn, der Lieutenant Ernst Friederich von Wobersnow das ganze Gut Standemin erbte, die zu demselben gehörige Mühle aber, nach dem Vergleiche vom 26 Februar 1773, erblich dem Müller Heinrich Jacob Schütz verkaufte. Nachdem das Gut Standemin in Concurs gerathen war, wurde es am 11 März 1782 dem Major von Puttkammer zu Brutzen verkauft, nach deßen am 15 April 1782 erfolgten Tode es seine Erben besitzen.

71. Tiezow ein Rittersitz, 2 Meilen von Bublitz nordwestwärts, an einem kleinen See, welcher besonders reich an Karpfen ist, hat, außer einem Vorwerke und einer Schäferey in dem Dorfe, das kleine Vorwerk Casimirshof, welches ½ Meile von demselben südwestwärts nicht weit von der Warninschen Haßelmühle liegt, die ebenfalls ¼ Meile von Tiezow gegen Westen in einem Walde an dem Kautelbache gelegene Kuhpächterey Dornkathen genannt, an der südlichen Seite des Dorfs in einiger Entfernung von demselben in einem Walde eine Waßer- und Schneidemühle, 1 Ziegeley, 6 Bauern, 3 Coßäthen, 1 Schulmeister, 29 Feuerstellen, eine zu der Bublitzschen Synode gehörige Kirche, die ein Filial von Schwellin ist, gute Wiesen, beträchtliche Eichen- und Fichtenholzungen, wie auch welches Holz zur Feuerung und Fischerey in der Kautel und in Teichen. Für die zur Verbeßerung der Güter Tiezow und Pobanz in dem Jahre 1773 und abermals in dem Jahre 1776 geschenkten 5000 Rthlr. königliche Gnadengelder, wovon die jährlichen Einkünfte, nach den Anschlägen überhaupt 367 Rthlr. 11 Gr. 7 Pf. betragen sollen, muß eine jährliche Abgabe von 100 Rthlr. von dem Besitzer dieser Güter bezahlet werden. Tiezow ist ein altes Lehn der von Versen. Der Oberste und nachmalige Generalmajor Otto Casimir von Versen trat es, nach dem Vergleiche vom 27 Julius 1763, seinem jüngern Bruder, dem Rittmeister Lorenz Wilhelm von Versen ab, welchem auch das nach dem Tode des George von Versen in Concurs gerathene alte Versensche Lehn Pobanz von dem Cößlinschen Hofgerichte am 15 November 1747 war zuerkannt worden, nachdem er es für den gewürdigten Werth angenommen hatte.

72. Groß-Tychow ein adelicher Wohnsitz, 2 Meilen von Belgard südostwärts, in einer ebenen Gegend, hat 3 Vorwerke, 3 Schäfereyen, 1 Prediger, 1 Küster, 18 Bauern, 2 Coßäthen, 1 Krug, 1 Schmiede, auf der Feldmark des Dorfs die Colonie Johannsberg oder Hansberg, die Vorwerke, das Berggut, Marienhöfschen, Vogelsang und Bamnitz genannt, die Hammelschäferey Wilhelmshof, das kleine Feldgut die Papenwiesen, einen Holzwärterkathen und Krug, eine Kornwassermühle, eine Schneidemühle, die Kuhpächterey Charlottenau, eine Ziegeley, 55 Feuerstellen, eine zu der Belgardschen Synode gehörige Mutterkirche, deren Filial das Dorf Klekow ist und zu welcher die Dörfer Zarnekow und Burzlaff eingepfarret sind, gute Wiesen, zwo große Holzungen, der Zülow und das Flachsland genannt und Teich- und Bachfischerey. Für die bey den Gütern Groß-Tychow und Klein-Crößin seit dem

Jahre

Die adelichen Güter des Belgardschen Kreises.

Jahre 1772 für 7000 Rthlr. königliche Gnadengelder vorgenommene Verbeßerungen, wovon die jährlichen Einkünfte 577 Rthlr. 1 Gr. 6 Pf. betragen sollen, muß eine zu Gnadengehalten für adeliche Wittwen und Waisen bestimmte jährliche Abgabe von 140 Rthlr. von dem Besitzer dieser Güter bezahlet werden. Groß-Tychow bestand ehemals aus 3 Antheilen. Das Kleistsche Lehn Groß-Tychow (a) fiel nach dem Tode des Hauptmanns Caspar Henning von Kleist, seinem einzigen Sohne, dem Hauptmann Erdmann Gottlieb zu, der dasselbe, nach dem Vergleiche vom 23 Februar 1754, dem Hauptmann Franz Lorenz von Kleist und zwar erblich verkaufte, so daß die Agnaten mit dem Näherrechte durch den Rechtsspruch vom 9 October 1754 präcludiret wurden. Groß-Tychow (c) ist ebenfalls ein altes Kleistsches Lehn. Nachdem der Regierungsrath Hans Joachim von Kleist einen Theil davon am 16 März 1716, wiederkäuflich auf 30 Jahre von der Wittwe des Caspar Henning von Kleist, Sabina Elisabeth von Bonin und ihren Kindern, einen Theil am 18 Januar 1715 erb- und eigenthümlich von dem Lieutenant Friederich Wilhelm von Kleist, einen Theil, so der Hauptmann Sebastian Heinrich von Kleist am 16 April 1711 von dem Oberstlieutenant Christian Casimir von Kleist gekauft hatte, am 15 März 1715 von der Wittwe des erwähnten Hauptmanns, Lucia Juliana von Kleist, und noch einen andern Theil am 3 December 1716 von Christian Wilhelm von Kleist gekauft hatte, hinterließ er Groß-Tychow (c) seiner Wittwe Maria Agnesa gebohrnen von Kleist und seinen Söhnen, den Hauptleuten Franz Lorenz und Dionysius Wilhelm und den Lieutenants Hans Joachim und Rüdiger Christian, von welchen der erste diesen Theil nebst Groß-Tychow (a) und Klein-Crößin (a), nach dem Vergleiche vom 14 May 1767, erblich dem Hauptmann Anton von Kleist verkaufte. Dieser trat sein Recht an diesen Gütern am 10 März 1768 dem nächsten Agnaten, dem Obersten Peter Christian von Kleist ab, worauf die übrigen Agnaten von dem Cößlinschen Hofgerichte am 28 April 1769 präcludiret wurden. Der dritte Theil des Guts Groß-Tychow, so in dem Land- und Hypothekenbuche mit (b) bezeichnet ist, war ehemals ein altes Versensches Lehn, welches von Christoph Wilhelm von Versen an seinen Sohn Christoph Friederich kam. Nachdem dieser gestorben und sein abwesender Bruder Carl Ludewig für todt war erkläret worden, wurde dieser Theil am 28 September 1768 dem Rittmeister Lorenz Wilhelm von Versen, als dem Lehnsfolger zuerkannt, der ihn am 28 November und 8 December 1769 den 3 Schwestern des verstorbenen Christoph Friederich von Versen, als den Fräulein Anna Juliana, Elisabeth Louisa und Barbara Eleonora überließ. Nach dem Tode der letzten wurde dieser Theil von den beiden ersten, nach dem Vergleiche vom 25 Julius 1772, der vermählten Oberstin von Kleist, Maria Charlotta gebohrnen von Retzow verkauft, welche, nachdem das Geschlecht der von Versen mit seinem Lehnrechte durch den Rechtsspruch vom 2 Julius 1773 war präcludiret worden, nach dem Tode ihres Gemahls, des Obersten Peter Christian von Kleist, auch Groß-Tychow (a) und (c) und Klein-Crößin (a), nach dem Bescheide des Königl. Vormundschaftscollegium zu Cößlin vom 13 Februar 1779, in Besitz nahm und diese Güter nach ihrem in dem Jahre 1781 erfolgten Tode ihren Kindern hinterließ.

73. **Woldisch-Tychow** 1½ Meilen von Belgard gegen Süden und eben so weit

weit von Pohln gegen Norden, an der Persante, die gegen Osten und Nerden bey diesem Dorfe vorbeyfließet, auf der Landstraße von Belgard nach Polzin und Tempelburg, wie auch auf der Poststraße von Cörlin nach Polzin, hat 1 Vorwerk, 1 Schäferey, eine auf der Feldmark des Dorfs gelegene Wassermühle, welche dem Landrathe Friederich Wilhelm von Winterfeld zu Wusterbart gehöret, 1 Prediger, 1 Küster, 1 Predigercolonus, 4 Bauern, 1 Coßäthen, 1 Krug, mit Einschließung des zu diesem Dorfe gehörigen Feldkathens, Joachimshof genannt, 13 Feuerstellen, eine zu der Belgardschen Synode gehörige und unter dem Patronate der Besitzer der Güter Woldisch-Tychow, Ballenberg, Bolkow und Bergen stehende Mutterkirche, deren Filial das Dorf Viezow ist und zu welcher die Dörfer Bolkow, Bergen, Ballenberg, Lankow und Wutzow und das zu dem Gute Viezow gehörige Ackerwerk Lazenz eingepfarret sind, Eichen- Fichten- und weiches Holz, Fischerey in der Persante und in einem Bache und auf der Feldmark etwas Kalk. Peter Ernst von Kleist kaufte dieses Gut am 27 September 1685 erblich von Otto Casimir von Bonin und hinterließ es seinem Sohne, dem Hauptmann Joachim Ewald, dessen nachgelaßene Söhne die Hauptleute Joachim Rüdiger und Friederich Wilhelm und des Otto Friederich von Kleist Vormund, Eccard Wilhelm von Kleist, daßelbe nebst ihrer Schwester Amalia Constantia von Wussow, nach dem Vergleiche vom 9 März 1754, ihrer Stiefmutter, der Hauptmannin Helena Sophia von Kleist gebohrnen von Petersdorf überließen, mit deren Erben sich ihre Stiefsöhne, die Hauptleute Joachim Rüdiger und Friederich Wilhelm Gebrüder von Kleist am 10 Januar 1764 also auseinandersetzten, daß der erste, der jetzt Oberstlieutenant bey dem Regimente des Prinzen Leopold von Braunschweig ist, dieses Gut bekam, nachdem ihm sein Bruder, der Hauptmann Friederich Wilhelm von Kleist, sein Recht bereits am 20 December 1763 abgetreten hatte.

74. Viezow ein Rittersitz, 2 Meilen von Belgard südsüdostwärts, in einer anmuthigen Gegend, welche durch die gegen Süden und Westen fließende Persante, so bey dem zu diesem Gute gehörigen Vorwerke Grünwiese mit einer Brücke versehen ist, und durch die gegen Norden gelegenen vortreflichen Holzungen verschönert wird, hat 1 Vorwerk, 1 Schäferey, 8 Büdnerwohnungen, 1 Schulmeister, auf der Feldmark des Dorfs eine Wassermühle, das zu Woldisch-Tychow eingepfarrte Ackerwerk Lazenz, das Ackerwerk Neuhof nebst der zu Viezow gehörigen großen Schäferey, den an der Landstraße von Belgard nach Neu Stettin gelegenen und zu Muttrin eingepfarrten Lazenzerkrug mit einem Vorwerke und einer Schäferey, die neuen Ackerwerke Grünwiese und Sachsenhof, den neuen Pachthof Buchhof und die Hammelschäferey Zips, 21 Feuerstellen, eine zu der Belgardschen Synode gehörige Kirche, die ein Filial von Woldisch-Tychow ist, gute Wiesen, beträchtliche Eichen- und Fichtenholzungen, wie auch weiches Holz und Fischerey in 2 Seen und in der Persante. Für die in dem Jahre 1773 bey dem Gute Viezow und in dem Jahre 1776 bey den Gütern Viezow und Wutzow für 6000 Rthlr. königliche Gnadengelder vorgenommene Verbeßerungen, wovon die jährlichen Einkünfte nach den Anschlägen überhaupt 476 Rthlr. 6 Gr. 9¼ Pf. betragen sollen, muß vor dem Besitzer dieser Güter eine jährliche Abgabe von 120 Rthlr. bezahlet werden, die theils zur Besoldung einiger Landschul-

Die adelichen Güter des Belgardschen Kreises.

Schulmeister, theils zu Gnadengehalten für adeliche Wittwen und Waisen bestimmt ist. Viezow und Wutzow waren ehemals alte Kleistsche Lehne. Einige Theile derselben hinterließ der Landrath Ewald Joachim von Kleist, nachdem er den so genannten Zatkowschen Holzgrund, nach dem Vergleiche vom 28 März 1705, für 1100 Fl. von Franz George von Kleist wieder zu diesem Gute gebracht und den Lazenzerkrug am 13 April 1708 von Franz Jürgen von Kleist gekauft hatte, seinem Sohne, dem Dekanus und nachmaligen Hofgerichtspräsidenten Ewald George von Kleist, der einen andern Theil dieses Guts mit einigen Zubehörungen in dem Dorfe Wutzow, nach dem Vergleiche vom 30 Julius 1733, von Hans Christian von Kleist kaufte. Nach dem Tode des Hofgerichtspräsidenten von Kleist wurden diese Theile von Viezow und Wutzow nebst Klein-Crößin von seiner Wittwe Magdalena Lucretia Juliana gebohrnen von Platen und ihren Söhnen Friederich Bernhard George, Johann Ludewig und Samuel Friederich von Kleist, unter dem Beystande des Vormundes derselben, des Regierungsraths von Wenden, nach der durch die Rechtssprüche vom 28 September 1750 und 28 April 1751 erfolgten Präclusion der Gläubiger und Agnaten, so sich nicht gemeldet hatten, am 14 und 17 September 1754 erblich dem Oberstlieutenant und jetzigen Obersten Johann Dieterich Arnold Grafen von Rittberg verkauft. Einige andre Theile in Viezow und in Wutzow fielen nach dem Tode des Tessen Heinrich von Kleist, seinem Sohne Anton George zu, dessen Wittwe zwoter Ehe, Juliana Elisabeth gebohrne von Köller, der Lieutenant Jacob Heinrich von Kleist heirathete und mit ihrer Einwilligung diese Theile, nach dem Vergleiche vom 16 May 1755, erblich dem Obersten Grafen von Rittberg verkaufte, der noch jetzt die ganzen Güter Viezow und Wutzow besitzet.

75. **Groß-Voldekow** ein adelicher Wohnsitz, 1½ Meilen von Bublitz westnordwestwärts, hat 1 Vorwerk, eine auf der Feldmark des Dorfs neu angelegte Colonie für 2 Familien, 4 Bauerhöfe, einige in dem Groß-Voldekowschen Walde gelegene Buschkathen, 18 Feuerstellen, einen großen Fichtenwald, Fischerey in Teichen und in einem Bache und ist zu Schwellin in der Bublitzschen Synode eingepfarret. Für die in dem Jahre 1772 zur Verbeßerung der Güter Groß-Voldekow und Groß-Dubberow (a) geschenkten 700 Rthlr. königlichen Gnadengelder, wovon die jährlichen Einkünfte nach dem Anschlage 40 Rthlr. betragen sollen, muß von dem Besitzer dieser Güter eine jährliche Abgabe von 14 Rthlr. bezahlet werden. Groß-Voldekow ist ein Kleistsches Lehn. Andreas Joachim von Kleist erbte einen Theil dieses Guts von seinem Vater Lorenz Christian und kaufte einen andern Theil desselben, nach dem Vergleiche vom 15 März 1717, von Franz Jürgen von Kleist und noch einen andern Theil, nach dem Vergleiche vom 28 May 1717, von Hans Erdmann von Kleist zu Gißolk. Nach seinem Tode fiel dieses ganze Gut, nach dem Vergleiche vom 31 Januar 1743, durch das Loos seinem jüngsten Sohne, Joachim Friederich von Kleist und hierauf dessen nachgelaßenen einzigen Bruder, Christoph Heinrich zu, der es seinem ältesten Sohne Friederich Felix abtrat.

76. **Klein-Voldekow** ein adelicher Wohnsitz, 1½ Meilen von Bublitz nordwestwärts und ⅛ Meile von dem Dorfe Schwellin, an der Kautel, die bis zu dem ¼ Meile von hier belegenen Dorfe Tiezow gute Wiesen macht und auf der

einen

einen Seite mit einem Eichen- auf der andern aber mit einem Fichtenwalde umgeben ist, hat außer einem Vorwerke in dem Dorfe, auf der Feldmark desselben ein Vorwerk Gissolk genannt, die Colonie Sichtberg, die aus 6 Häusern bestehet, worinn 11 Familien wohnen, das Grabenmohr ein Haus für 2 Familien, die so genannte Kalkscheune, die in einer neu erbaueten kleinen Kuhpächterey bestehet, 1 Wassermühle, 3 Halbbauern, 1 Schulmeister, der jährlich ein königliches Gnadengehalt von 40 Rthlr. erhält, 29 Feuerstellen, gute Wiesen, Eichen- und Fichtenholzunger, wie auch weiches Holz, Fischerey in der Kautel und in Teichen und ist ein zu Schwellin in der Bublitzschen Synode eingepfartetes Dorf und altes Kleistsches Lehn, welches die Wittwe des Generallieutenant von Löllhöfel besitzet. Das von demselben in Klein-Voldekow vor einigen Jahren erbauete adeliche Wohnhaus ist eines der ansehnlichsten Gebäude in dem Belgardschen Kreise. S. Schwellin unter den adelichen Gütern des Fürstenthums Cammin.

77. Groß-Wardin ½ Meile von Polzin gegen Westen, hat 2 Vorwerke, 1 Schäferey, 2 Coßäthen, auf der Feldmark des Dorfs das Vorwerk Klein-Wardin und 3 neu angelegte Bauerhöfe, 12 Feuerstellen, Eichen- Büchen- und weiches Holz, Fischerey in einem Bache und ist zu Langen in der Belgardschen Synode eingepfarret. Für die bey dem Gute Groß-Wardin seit 1772 für 1700 Rthlr. königliche Gnadengelder vorgenommene Verbesserungen, wovon die jährlichen Einkünfte nach dem Anschlage 82 Rthlr. betragen sollen, haftet eine zu Gnadengehalten für adeliche Wittwen und Waisen bestimmte jährliche Abgabe von 34 Rthlr. auf diesem Gute. Es war ehemals nebst Langen (b) ein Lehn der von Glasenapp, von welchen es dem Peter Augustin von Lenz erblich und von diesem, nach dem Vergleiche vom 5 Februar 1734, wieder erblich dem Hauptmann Joachim Ewald von Kleist verkauft wurde. Nachdem dieser am 23 Januar 1739 mit diesem Gute war belehnet worden, verkaufte er es am 12 August 1745 erblich dem Hauptmann Carl Christoph von Podewils, der ebenfalls mit demselben belehnet wurde. Es wurde hierauf, nachdem es in Concurs gerathen war, nebst den dazu gehörigen Buschkathen und der Verwalterey in Langen oder Langen (b) am 3 Julius 1754 für das meiste Gebot dessen Gemahlinn zuerkannt, die es, nach dem Vergleiche vom 4 November 1764, der verwittweten Hofgerichtspräsidentin von Kleist, Magdalena Lucretia Juliana gebohrnen von Platen verkaufte, nach deren am 23 März 1780 erfolgten Tode es ihre Söhne, als der Lieutenant Friederich Bernhard George, der Major bey der Polnischen Kronarmee Johann Ludewig und der Lieutenant bey dem Bosseschen Dragonerregimente, Friederich Samuel von Kleist besitzen.

78. Hohen-Wardin ein ritterfreyes Gut und adelicher Wohnsitz, ¼ Meile von Polzin gegen Westen, bestehet in einem Vorwerke, einer Schäferey, einigen Buschkathen und überhaupt 11 Feuerstellen, hat gute Weide, aber wenige Wiesen, Eichen- und weiches Holz, See- und Bachfischerey und ist zu Polzin in der Belgardschen Synode eingepfarret. Zu dem Gute Hohen-Wardin gehöret auch die Groß-Rambinsche Wassermühle, wovon ein Theil, nach dem Vergleiche vom 2 May 1736, für 55 Rthlr. von Barbara von Zastrow gekauft wurde, der andre Theil aber schon vorher

Die adelichen Güter des Belgardschen Kreises.

her zu diesem Gute gehöret hatte, zu welchem auch der am 14 März 1727 von Bernd Dieterich von Glasenapp gekaufte Luzigerholzkathen kam. Hohen-Wardin, Gurkow, Polzin (a) nebst dem dazu gehörigen Vorwerke Ziegelwiese und Buslar (b) und das Gut Alt-Sanzkow sind alte Manteufelsche Lehne, welche der Lieutenant George Friederich von Manteufel bey seinem Leben am 31 Julius 1766 seinem Sohne, dem Lieutenant und jetzigen Hauptmann Friederich Heinrich von Manteufel abtrat.

79. **Warnin** ein adelicher Wohnsitz, 1¼ Meilen von Bublitz westnordwestwärts, in einer ebenen Gegend, hat 1 Vorwerk, 1 Schäferey, eine Wassermühle, die Hasselmühle genannt, die ⅞ Meile von dem Dorfe gegen Westen in einem Walde liegt, eine nicht weit von dieser Mühle in einem Walde neu angelegte Hammelschäferey, 4 Bauern, 1 Coßäthen, 1 Schmiede, 1 Schulmeister, 16 Feuerstellen, etwas Eichenholz und Mastung, ansehnliche Fichtenholzungen, wie auch weiches Holz zur Feuerung, Fischerey in Teichen und in einem Bache und ist ein zu Schwellin in der Onblitzschen Synode eingepfarrtes Dorf und Kleistsches Lehn, welches Joachim Ewald von Kleist zu Zeblin, nach dem Vergleiche vom 26 October 1713, auf 30 Jahre wiederkäuflich dem Friederich Wilhelm von Versen zu Tiezow verkaufte. Dieser trat es am 6 May 1716 dem Andreas Joachim von Kleist zu Pobanz und Groß-Voldekow ab, der von Martin Joachim von Kleist, dessen in Warnin belegenes Vorwerk, so damals Moritz Geske bewohnte, vorher aber Alexander George von Münchow besaß, nach dem Vergleiche vom 28 Februar 1717 erblich kaufte. Nach seinem Tode fiel dieses ganze Gut, nach dem brüderlichen Vergleiche vom 31 Januar 1743, seinem ältesten Sohne Christoph Heinrich von Kleist durch das Loos zu.

80. **Wusterbarth** 1 Meile von Polzin gegen Norden und 2 Meilen von Belgard gegen Süden, an der Damitz, welche bey dem Dorfe Lankow in die Persante fällt, hat 3 Vorwerke, 3 Schäfereyen, 1 Prediger, 1 Küster, 1 Predigercolonus, 9 Bauern, 4 Coßäthen, 1 Krug, 1 Schmiede, 1 Holzwärter, auf der Feldmark des Dorfs die Vorwerke Zabelshof und Nemrin, die Schäferey Buckow, 2 Wassermühlen, die Ober- und Niedermühle genannt und 1 Krug, 36 Feuerstellen, eine zu der Belgardschen Synode gehörige Mutterkirche, deren Filial das Dorf Quisbernow ist und zu welcher das Dorf Lasbeck und das auf der Wusterbartschen Feldmark gelegene und zu dem Gute Volkow gehörige Feldgut Heyde eingepfarret sind, gute Wiesen, 2 Eichenwälder, der Schlawen und Dechow genannt, wie auch weiches Holz, Fischerey in Teichen und in der Damitz und ist ein altes Woldensches Lehn, welches aus 2 Antheilen bestehet. Zu Wusterbart (a) gehören ein Vorwerk, eine Schäferey, 1 Bauer, 2 Coßäthen, das Vorwerk Nemrin und die Niedermühle, die auch die Dechowsche Mühle genannt wird und aus einer Korn- und Schneidemühle bestehet. Wusterbart (a) und die dazu gehörigen Güter Lasbeck (a) und Lankow (b) kamen von Heinrich von Wolde an seinen Sohn den Oberstlieutenant Wilhelm Heinrich und fielen nach dessen Tode seinen Söhnen, den Lieutenants Friederich Wilhelm Otto und Moritz Heinrich zu, die diese Güter noch gemeinschaftlich besitzen. Wusterbart (b), der Sitz des gegenwärtigen Landraths des Belgard- und Polzinschen Kreises, bestehet aus 2 Vorwerken, 2 Schäfereyen, 8 Bauern, 1 Krug, 2 Coßäthen, 1 Schmiede und

1 Holzwärter, wozu noch auf der Feldmark des Dorfs das Vorwerk Zabelshof, die Schäferey Buckow, ein Krug und die Obermühle gehören. Für die bey den Gütern Wusterbart (b) und Lasbeck (b) seit 1772 für 1300 Rthlr. königliche Gnadengelder vorgenommene Verbeßerungen, wovon die jährlichen Einkünfte nach dem Anschlage 123 Rthlr. 6 Gr. betragen sollen, muß eine zu Gnadengehalten für adeliche Wittwen und Waisen bestimmte jährliche Abgabe von 26 Rthlr. von dem Besitzer dieser Güter bezahlet werden. Der Landrath Caspar von Wolde besaß Wusterbart (b) mit den dazu gehörigen Gütern Pankow (a) und Lasbeck (b), nachdem er einen Theil in Wusterbart von seinem Vaterbruder Zabel Balthasar von Wolde geerbet und einen andern Theil, das Schloßgut genannt nebst der Obermühle und den übrigen Zubehörungen von dem Regierungsrathe Hans Joachim von Kleist eingelöset hatte und hinterließ diese Güter seinem Bruder Bogislav Ernst von Wolde, nach deßen Tode sie an die Lehnsfolger die Gebrüder den Hauptmann Carl Erdmann und den Major Philipp Ferdinand von Wolde kamen, von welchen sie der letzte nach dem Tode des ersten, nach dem Vergleiche vom 4 März 1763, erb- und eigenthümlich dem Hauptmann und jetzigen Landrathe Friederich Wilhelm von Winterfeld verkaufte.

81. Wußow 1½ Meilen von Belgard südsüdostwärts, an der Persante, welche nahe bey dem Dorfe gegen Süden fließet, hat 2 Vorwerke, 2 Schäfereyen, 8 Bauern, 1 Coßäthen, 1 Schmiede, 1 Schulmeister, auf der Feldmark des Dorfs das Vorwerk Dieck mit einer Schäferey und das Feldgut Zuchen, 21 Feuerstellen, gute Wiesen, etwas Fichten und weiches Holz, Fischerey in der Persante und in einem See und ist ein zu Woldisch-Tychow in der Belgardschen Synode eingepfarrtes Dorf, welches der Oberste Johann Dieterich Arnold Graf von Rittberg besitzet. S. Viezow.

82. Zarnefanz ein adelicher Wohnsitz, 1 Meile von Belgard gegen Süden, an der Muglitz, hat 1 Vorwerk, 1 Schäferey, 1 Wassermühle, 8 Bauern, 1 Coßäthen, 1 Schmiede, 1 Schulmeister, auf der Feldmark des Dorfs die Vorwerke Hechthausen und Sellnow und den sogenannten Teipelkrug, 31 Feuerstellen, eine zu der Belgardschen Synode gehörige Kirche, die ein Filial von dem königlichen Amtsdorfe Penzen ist, gute Wiesen, Eichen Fichten und weiches Holz und Fischerey in Teichen und in der Muglitz. Für die bey den Gütern Zarnefanz, Naffin und Denzin seit 1772 für 5200 Rthlr. königliche Gnadengelder vorgenommene Verbeßerungen, wovon die jährlichen Einkünfte nach dem Anschlage 324 Rthlr. 2 Gr. 8 Pf. betragen sollen, haftet eine jährliche Abgabe von 104 Rthlr. auf diesen Gütern, die ehemals Lehne der von Hechthausen waren. Der Hofgerichtspräsident Henning Franz von Münchow besaß diese Güter wie auch das in dem Fürstenthum Cammin gelegene Gut Gervin als neue Münchowsche Lehne, an welchen auch die männlichen Nachkommen des Landraths Bernd von Münchow die gesammte Hand erhielten. Nachdem die nachgelaßenen Söhne des Präsidenten von Münchow, als Casimir Wilhelm und Carl Bernd Friederich sie gemeinschaftlich beseßen und keine Leibeserben hinterlaßen hatten, setzten sich ihre 4 Schwestern am 31 März 1764 also auseinander, daß die Güter Zarnefanz, Naffin und Denzin der Gemahlinn des Hauptmanns Franz

Alexan-

Die adelichen Güter des Belgardschen Kreises.

Alexander Conrad Christian von Ueckermann, Charlotta Henrietta Friederika gebohrnen von Münchow, Gervin aber ihrer Schwester, der Fräulein Franzlina Louisa von Münchow zufielen. Nach dem Tode der Hauptmannin von Ueckermann kamen Zarnefanz, Naffin und Denzin an ihre 7 Kinder, als Franz George, Wilhelm, Carl Anton Friederich, Christian Ludewig, Carolina Christiana Louisa, Carl Friederich August, Bernhard Ferdinand und Friederich Franz von Ueckermann, welchen auch die Fräulein Franzlina Louisa von Münchow in ihrem Testamente das Gut Gervin vermachte. Durch die Rechtssprüche vom 11 October 1769 und 11 Februar 1770 wurde das Geschlecht der von Münchow mit seinem Lehnrechte an den Gütern Zarnefanz, Naffin, Denzin und Gervin präcludiret.

83. Zarnekow ein adelicher Wohnsitz 1¼ Meilen von Bublitz gegen Westen, in einer ebenen Gegend, hat 1 Vorwerk, 1 Schäferey, 7 Bauern, 1 Coßäthen, 1 Schmiede, 1 Schulmeister, 1 Holzwärter, 14 Feuerstellen, Eichen Fichten und weiches Holz, Teich- und Bachfischereyen und ist ein zu Groß-Tychow in der Belgardschen Synode eingepfarrtes altes Kleistsches Lehn. Ein Theil dieses Guts oder 3 Bauerhöfe in demselben wurden von dem Hauptmann Joachim Ewald von Kleist am 20 May 1718 erblich dem Rittmeister Dubislav Bernd von Kleist und von demselben wieder am 29 Julius und 18. September 1737 erblich dem Hauptmann Matthias Reimar von Kleist verkauft. Dieser hatte einen andern Theil dieses Guts von seinem Vater Joachim Henning von Kleist geerbet und einen Bauerhof am 26 August 1738 von dem Major Jürgen Lorenz von Kleist gekauft, welchen er hierauf das ganze Gut Zarnekow, nach dem Vergleiche vom 31 October 1749, erblich verkaufte. Nach dem Tode des Majors von Kleist fiel dieses Gut, nach dem brüderlichen Theilungsvergleiche vom 2 Januar 1751, seinem zweyten Sohne dem Lieutenant Martin George zu, dessen Wittwe sein Bruder der Hauptmann Anton von Kleist heirathete und, nach dem Vergleiche vom 11 Julius 1763, die Güter Zarnekow und Kowalk und das in dem Fürstenthum Cammin gelegene Gut Reckow bekam, wovon das letzte jetzt dem Landrathe Friederich George Christoph von Hellermann gehöret.

84. Zatkow ein adelicher Wohnsitz, 1¼ Meilen von Bärwalde nordnordwestwärts und 2 Meilen von Belgard südsüdostwärts, in einer ebenen Gegend, hat 3 Vorwerke, 2 Bauern, 5 Halbbauern, 1 Coßäthen, 1 Schulmeister, 1 Holzwärter, auf der Feldmark des Dorfs 1 Wassermühle und 3 Vorwerke, Sechshufen, Sandhof und Sabinenhof genannt und mit Einschließung derselben und der 6 neu erbaueten Büdnerwohnungen 27 Feuerstellen, Eichen Fichten und Elsenholzungen, Fischerey in der Persante und in einem Bache und ist ein zu Muttrin in der Belgardschen Synode eingepfarrtes altes Kleistsches Lehn, welches aus 2 Antheilen bestehet. Zatkow (a) fiel nach dem Tode des Hans Jürgen von Kleist, nach dem Theilungsvergleiche vom 6 Februar 1744, seinem mittelsten Sohne, dem Lieutenant Reimer durch das Loos zu, nach dessen und des ältesten Bruders, des Lieutenant Ewald Heinrich Tode, deren jüngster noch einziger Bruder, der Lieutenant und jetzige Hauptmann Hans Joachim von Kleist dieses Gut erbte. Für die bey demselben seit 1774 für 1800 Rthlr. Königliche Gnadengelder vorgenommene Verbesserungen, wovon die jährlichen Einkünfte

fünfte nach dem Anschlage 132 Rthlr. 4 Gr. betragen sollen, haftet eine jährliche Abgabe von 36 Rthlr. auf diesem Gute. Zatkow (b) bestehet in einem ritterfreyen Gute oder Vorwerke, zu welchem weder Bauern noch Coßäthen gehören, und fiel nach dem Tode des Philipp von Kleist seinem einzigen Sohne zu, der es noch jetzt besitzet.

85. Ziegelwiese ein nahe an der Stadt Polzin gelegenes ritterfreyes Vorwerk mit 2 Coßäthen und überhaupt 3 Feuerstellen, hat keine besondre Feldmark, sondern die dazu gehörigen Aecker und Wiesen sind mit den Aeckern und Wiesen der Stadt Polzin so wohl als auch denen des Guts Polzin (b) vermenget. Das Vorwerk ist zu Polzin in der Belgardschen Synode eingepfarret und gehöret als ein altes Manteufelsches Lehn dem Hauptmann Friederich Heinrich von Manteufel. S. Hohen-Wardin.

86. Zietlow 1½ Meilen von Cörlin südsüdwestwärts und 2 Meilen von Belgard südwestwärts, an dem Krummenwasser, auf der Landstraße von Belgard nach Regenwalde, hat 2 Vorwerke, 1 Schäferey, 6 Bauern, 1 Coßäthen, 1 Schmiede, 1 Holzwärter, auf der Feldmark des Dorfs einen Krug, der an dem hier mit einer Brücke versehenen Krummenwasser liegt, ½ von der so genannten Neuenmühle, wovon die Hälfte zu dem Gute Podewils, ¼ aber zu dem Gute Glökin gehöret, 17 Feuerstellen, eine Kapelle, die nach der von dem Herzoge Philipp am 10 December 1606 ertheilten Genehmigung von den Gebrüdern Lorenz und Michael von Podewils neu erbauet wurde und worinn alle 14 Tage geprediget wird, Eichen- Fichten- und weiches Holz, Fischerey in Teichen und in dem Krummenwasser und ist ein zu Karsin in der Belgardschen Synode eingepfarrtes Dorf, welches an die Neumärkschen Dörfer Greuzig und Dolgenow gränzet. Zietlow ist ein altes Podewilsches Lehn, mit welchem der fürstliche bischöfliche Cammerherr zu Cammin, Peter von Podewils 1524 belehnet wurde. Es kam von Michael Heinrich von Podewils an seine Söhne George Heinrich und Michael Friedrich und wurde hierauf von George Heinrich und Bogislav Carl von Podewils am 29 November 1746 auf 30 Jahre dem Christian Remter verkauft, dessen nachgelaßene zwo Töchter es jetzt besitzen. Ehemals muste von diesem Gute eine jährliche Abgabe des so genannten Riepenkorns, die in 9 Scheffeln Roggen und 9 Scheffeln Hafer des kleinen Colbergschen Maaßes bestand, an das alte Schloß zu Neuhausen gegeben werden. Nachdem aber der Pfandgesessene Christian Remter dafür dem Matthias Ludewig von Zastrow, dem Lieutenant George Friederich von Manteufel zu Wardin und dem Hauptmann Bernd Friederich von Dantiß, nach dem Vergleiche vom 12 May 1752, ein für allemahl 120 Rthlr. bezahlet hat: so ist dadurch das Gut Zietlow auf immer von dieser Abgabe befreyet worden.

87. Ziezenow oder Ziezeneff 1½ Meilen von Polzin westsüdwestwärts, an der Rega, welche eine halbe Viertelmeile von dem Dorfe gegen Westen fließet und hier die Gränze zwischen Pommern und der Neumark macht, hat 2 Vorwerke, 2 Schäfereyen, eine auf der Feldmark des Dorfs gelegene Wassermühle, welche von Matthias Döring von Somnitz am 2 Junius 1757 dem Rittmeister Peter Ernst von Woberer und von diesem am 29 Merz 1774 dem Müller August Wilhelm Kittel erb- und eigenthümlich verkauft wurde, 1 Prediger, 1 Küster, 1 Predigercolonus, 1 Kathen, so dem Prediger zuge-

Die adelichen Güter des Belgardschen Kreises

zugehöret und auf Pfarrgrunde stehet, 14 Bauern, auf der Feldmark des Dorfs eine Holzwärterey, der Tesmarsberg genannt, 23 Feuerstellen, eine zu der Belgardschen Synode gehörige Mutterkirche, deren Filiale die Dörfer Alt-Schlage, Redel und Zuchen sind und zu welcher der zu dem Gute Alt-Schlage gehörige so genannte Curdshof eingepfarret ist, Eichen, Fichten und weiches Holz, Fischerey in der Rega, Schmiedegerechtigkeit, gränzet an das Neumärksche Dorf Brunow und bestehet aus 3 Antheilen. Ziezenow (a), wozu ein Vorwerk, eine Schäferey, 5 Bauern, eine Schmiede und das Vorwerk, der Tesmarsberg genannt, gehören, wurde als ein Glasenappsches Lehn von Joachim Melchior und Carl Dieterich von Glasenapp am 26 Januar 1732 erblich dem Major Adam George von Rüchel verkauft, von welchem dieses Gut, nachdem die Lehnsvettern und Gesamthänder durch den Rechtsspruch vom 18 May 1735 waren präcludiret worden, am 4 Julius 1735 zu einem neuen Lehn genommen und am 23 Junius 1755 erblich seinem Schwiegersohne Matthias Döring von Somnitz, von diesem aber, nach dem Vergleiche vom 23 Januar 1762, mit königlicher Genehmigung auf 20 Jahre, dem Verwalter Martin Trappe verkauft wurde, deßen Erben es jetzt besitzen. Ziezenow (b) ist ein altes Ramelsches Lehn und bestehet aus 5 Bauerhöfen, wovon 2 Bauerhöfe nebst der Hälfte des Guts Reinfeld 1728 von dem Hauptmann Joachim Christoph von Ramel seinem Schwager dem Cämmerherren Carl Christoph von Damnitz und von deßen Söhnen, jedoch ohne die Hälfte des Guts Reinfeld, nach dem Vergleiche vom 5 März 1745, auf 6 Jahre wiederkäuflich dem Major Adam George von Rüchel verkauft wurden, welcher 3 Bauerhöfe, die ehemals zu dem Gute Alt-Schlage gehörten, von dem Rittmeister Peter Ernst von Wobeser kaufte und solche nebst den beiden andern Bauerhöfen seiner Wittwe gebohrnen von Schnell hinterließ. Diese gab diese 5 Bauerhöfe ihrer Tochter, der Fräulein Sophia Hedwig zum Brautschatze mit, als solche mit dem Lieutenant Gotthilf Christian Ernst von Kleist zu Redel vermählet wurde, der aber diese 5 Bauerhöfe wieder 1781 dem Eigenthümer, George Heinrich Trapp verkaufte. Ziezenow (c), ein adelicher Wohnsitz, wozu ein Vorwerk, eine Schäferey und 4 Bauerhöfe gehören, ist ein Zozenowsches Lehn, welches von Martin Christian von Heydebreck und deßen Gemahlinn Euphrosina von der Linden 1688 dem Johann Henke und von diesem am 7 Januar 1698 seinem Bruder, dem Prediger Martin Henke zu Ziezenow, überlaßen wurde, dem es der Lehnsfolger Teßen Christian von Zozenow, nach dem Vergleiche vom 17 Junius 1701 auf 30 Jahre einräumte. Nachdem es der Lieutenant Anton Friederich von Zozenow wieder eingelöset hatte, wurde es von ihm am 23 Februar 1732 auf 9 Jahre dem Hauptmann Anton Arnd von Damitz verpfändet und von diesem auf sein Pfandrecht, mit Einwilligung des Lieutenant Anton Friederich von Zozenow, nach dem Vergleiche vom 12 November 1734, wieder dem Hauptmann Carl Bogislav von Watter überlaßen, deßen Wittwe Barbara Herrata gebohrne von Ganzkow es jetzt besitzet.

88. Zuchen ein adelicher Wohnsitz, 1 Meile von Polzin westsüdwestwärts, in einer bergigten Gegend, nicht weit von einem großen fischreichen See, hat 2 Vorwerke, 1 Schäferey, 7 Bauern, 2 Coßäthen, wovon der eine auf Kirchengrunde wohnet, 11 Feuerstellen, eine zu der Belgardschen Synode gehörige Kirche, die ein Filial

von Zizenow ist und zu welcher das Dorf Neu-Gantzkow eingepfarret ist, wenig Eichen und weiches Holz, Fischerey in einem See und in einem Bache und gränzet an das Neumärksche Dorf Brunow. Zuchen war ehemals ein Lehn der von Zebel, ist aber jetzt theils ein Manteufelsches, theils ein Glasenappsches Lehn. Das erste kam von Eccard von Manteufel an seinen Sohn Bernd Ewald, und hierauf an dessen nachgelaßenen einzigen Sohn, den Lieutenant George Friederich von Manteufel, welcher seine Tochter Sophia Louisa mit dem Lieutenant Johann Carl von Alten Bockum vermählte und am 17 April 1765, dieses Gut in Zuchen seiner Tochter und seinem Schwiegersohne zum Brautschatze erblich abtrat. Die andre Hälfte dieses Guts oder das Glasenappsche Lehn fiel, nach der Disposition des Burgrichters Otto Casimir von Glasenapp vom 4 October 1702, seinem ältesten Sohne erster Ehe, dem Landrathe Adam Casimir zu, welcher dasselbe am 9 Junius 1719 auf 30 Jahre wiederkäuflich dem Prediger zu Dolgen, Johann Conrad Colberg, verkaufte, dessen Erben, nachdem die 30 Jahre verflossen waren, am 7 Februar 1749, die lehnsherrliche Einwilligung zum Besitze dieses Guts auf 25 Jahre erhielten und dasselbe nach dem Vergleiche vom 15 Januar 1753 auf die noch übrigen Jahre dem Eigenthümer Christian Prey verkauften. Dieser verkaufte es wieder am 28 März 1778 dem Lieutenant Johann Carl von Alten Bockum, der also jetzt dieses ganze Gut besitzet.

89. Zwirnitz 1½ Meilen von Polzin gegen Norden, hat 2 Vorwerke, 1 Schäferey, 1 Wassermühle, die von der Wittwe des Majors Caspar Erdmann von Sydow, nach dem Vergleiche vom 12 May 1736, dem Müller für 500 Rthlr. verkauft wurde, 6 Bauern, 12 Feuerstellen, eine Kapelle, worinn der Käster alle 14 Tage ablieset und vierteljährig eine Predigt und Abendmahl gehalten wird, wenig Eichen und weiches Holz, Teich- und Bachfischerey und ist zu Retzin in der Belgardschen Synode eingepfarret. Zwirnitz war ehemals theils ein Hechthausensches, theils ein Zozenowsches Lehn. Mit dem ersten wurden die von Münchow belehnet, die aber ihr Recht am 17 September 1722 für 500 Fl. den Erben des Matz von Wolde abtraten. Das andre wurde 1605 von den von Zozenow verpfändet und 1740 dem Obersten von Stechow ertheilet. Der Hauptmann Lorentz George von Wolde besaß dieses Gut und hinterließ es seiner Wittwe, die sich mit dem Major Caspar Erdmann von Sydow vermählte, nach dessen Tode es in Concurs gerieth. Das Lehn davon wurde durch das Rescript vom 2 May 1750 dem Generalmajor und Commendanten zu Colberg, Primislaus Ulrich von Kleist ertheilet, welcher am 5 May 1751 die wirkliche Belehnung empfieng und dieses durch das Rescript vom 12 November 1754 allodificirte Gut zugleich mit dem Gute Ballenberg, nach dem Vergleiche vom 16 November 1774, dem Major bey dem Regimente des Prinzen Leopold von Braunschweig, Joachim Rüdiger von Kleist verkaufte.

IV. Der Neu-Stettinsche Kreis

gränzet gegen Norden an den Belgardschen Kreis und das Fürstenthum Cammin, gegen Osten und Süden an Westpreußen, gegen Westen an Westpreußen und die Neumark und begreift

L. Drey

Der Neu-Stettinsche Kreis. Die Stadt Neu-Stettin.

I. **Drey Immediatstädte,** als:

1. **Neu-Stettin** liegt in einer ebenen Fläche, zwischen den beiden zu dem königlichen Amte Neu-Stettin gehörigen Seen Streizig und Wilm, wovon 3 Ausflüsse, deren einer die hiesige Malz- und Schrootmühle treibt, durch die Stadt von einem See zu dem andern ihren Lauf haben, 2 Meilen von Bärwalde, Ratzebuhr und der Westpreußischen Stadt Hammerstein, 3 von Bublitz und der Westpreußischen Stadt Jastrow, 4 von Tempelburg und Polzin, 5 von Rummelsburg, 6 von Belgard und 1½ Meilen von der Westpreußischen Gränze. Die Küddow fließet eine Meile von der Stadt gegen Osten und ½ Meile von derselben gegen Westen entspringt die Persante bey dem Dorfe Persanzig. Die Stadt hat keine Mauern und weil die Moräste und Seen solche an den beiden Seiten bis an die Gärten einschließen, nur 2 Thore, von welchen das gegen Osten das Preußische und das gegen Westen das Colberger genannt werden. Von den 3 Straßen, welche ehemals die Länge der Stadt durchliefen und durch 5 Querstraßen durchschnitten waren, sind 2 bis auf wenige Häuser eingegangen und die wüsten Stellen in Gärten verwandelt worden. Mitten in der Stadt ist ein ziemlich großer Marktplatz mit 3 öffentlichen Brunnen und in dessen Mitte das 1716 erbauete Rathhaus mit einem kleinen Thurme, worauf sich eine Schlaguhr befindet. Von dem Markte gehet quer durch die Stadt gegen Mitternacht eine bewohnte Straße, eine andre aber gegen Mittag führet nach dem auf einem Hügel an dem See Streizig gelegenen und mit Wasser umflossenen Schlosse, wohin man über eine lange Brücke gehet. Dieses Schloß, welches ehemals die Residenz verschiedener Herzoge von Pommern und noch zuletzt der Fürstinn Hedwig, Wittwe des Herzogs Ulrich von Pommern und Bischofs von Cammin, und gebohrnen Prinzeßinn von Braunschweig-Lüneburg war, wurde 1309 zuerst von dem Herzoge Wartislaus IV., als dem nachmaligen Stifter dieser Stadt, erbauet, der Herzog und Bischof Ulrich aber ließ es, nach der in dem Vordertheil des Schloßes unter dem fürstlichen Pommerschen in Stein sauber ausgehauenen Wapen befindlichen Inschrift, 1619 von Grunde aus neu und massiv aufführen. Die Straße, worinn ehemals die fürstlichen Bedienten gewohnet haben, wird die Schloßfreiheit genannt. Die 7 Familien, welche auf derselben und dem ehemaligen fürstlichen Schloßgarten wohnen, stehen unter der Gerichtsbarkeit des hiesigen königlichen Amts und genießen noch jetzt das Vorrecht, daß sie mit keiner Naturaleinquartierung können beleget werden. Die Anzahl der Häuser in der Stadt belief sich vor der Zerstöhrung, welche sie durch Krieg und Brand erlitten hat, an 400, jetzt aber sind mit Einschließung des zu dem Eigenthum der Stadt gehörigen Vorwerks, Ziegeley genannt, nur 276 Feuerstellen vorhanden, welche zu 26855 Rthlr. in der Feuersocietät versichert sind und ohne die hier in Garnison liegende Eskadron des Hohnstockschen Husarenregiments, von 1502 Seelen bewohnet werden. Die St. Nikolaikirche ist jetzt die einzige Kirche in der Stadt, nachdem so wohl die Schloß- als auch die so genannte Kreuzkirche und eine Kapelle, so auf dem Jürgensberge soll gestanden haben, bereits vor langer Zeit eingegangen sind. Nach der Kirchenverbeßerung wurde anfänglich der Acker auf dem Neu-Stettinschen Felde, welcher dem Kloster Mariemthron gehöret hatte, der hiesigen Kirche geschenket, wie aus dem von dem Herzoge Barnim zu Alt-Stettin am Dienstage

nach

nach Michaelis 1559 dem fürstlichen Rathe und Hauptmann zu Neu-Stettin, Claus Puttkammer ertheilten Gnadenbriefe erhellet, worinn dieser mit dem übrigen Theile des Marienthronschen Klosterfeldes belehnet wird, und hiernächst sind auch, nach dem von den Räthen des Herzogs Johann Friederich zu Neu-Stettin am 9 März 1588 gehaltenen Protocoll, dem zufolge das Gut Marienthron nebst dem Dorfe Hütten von den Erben des Claus Puttkammer wieder eingezogen und dem Amte Neu Stettin beygeleget wurde, die letzten von der Klosterkirche zu Marienthron übrig gebliebenen Steine mit fürstlicher Genehmigung zur Erbauung der Neu-Stettinschen Kirche angewendet worden. Sie wurde 1639 von der Fürstinn Hedwig mit einem kostbaren Ornat beschenket und muste zwar 1769 wegen ihrer Baufälligkeit abgebrochen werden, sie ist aber für königliche Kosten 1778 wieder aufgebauet worden. In dieser Kirche, zu welcher ehemals auch die Dörfer Persanzig und Dallentin eingepfarret waren, befindet sich das Gemählde des Herzogs Philipp II. in Lebensgröße, wie er nach seinem in dem Jahre 1618 erfolgten Tode auf dem Paradebette gelegen hat. Der Pastor oder erste Prediger an der Nikolaikirche besorget auch den Gottesdienst in dem ihm beygelegten Filialdorfe Groß-Küdde wie auch in dem dazu eingepfarrten Dorfe Klein-Küdde und ist zugleich Präpositus der Neu-Stettinschen Synode, die mit Einschließung desselben und des Westpreußischen Predigers zu Schönau, dessen Filial Dolgen zu Pommern und zu dieser Synode gehöret, nach der Matricul von 1590 aber ein Filial des Präpositus zu Neu-Stettin war, aus 24 Predigern bestehet. Das königliche Amtsdorf Sparsee, zu welchem das adeliche Dorf Gönne und das königliche Amtsvorwerk Galow nebst den dabey auf dem Damm angesetzten Familien eingepfarret sind, ist ein Filial des Diakonus, zu dessen Gemeine noch das zu der Neu-Stettinschen Kirche eingepfarrete Dorf Stretzig und die Dorfschaft Thurow gehören, als welcher von dem fürstlichen Superintendenten D. Jakob Faber und dem fürstlichen Hauptmann Nicolaus Puttkammer, im Namen des Landesherren, zu Neu-Stettin am 9 September 1605 die Erlaubniß zur Erbauung einer Kapelle unter der Bedingung ertheilet wurde, daß darinn von dem Kapellan jährlich viermahl, jedoch nur in der Woche, Gottesdienst gehalten, die heil. Sakramente gereichet und Katechisationen angestellet werden sollen, da jetzt der Diakonus alle 6 höchstens 8 Wochen am Sonntage zu Thurow prediget und Beichte und Abendmahl hält. Die Dorfschaft Thurow verpflichtete sich dagegen nicht nur, dem Kapellan außer dem gewöhnlichen Meßkorn und zwar ein jeder Bauer noch einen großen Scheffel Roggen und dem Schulmeister seinen Hafer zu geben, auch den Kapellan mit Pferden und Wagen abzuholen und wieder in seine Behausung zu bringen, sondern sich auch von der Neu-Stettinschen Kirche, zu welcher die Dorfschaft eigentlich gehöre, nicht zu trennen, zum Bau und zur Ausbesserung derselben, eben so wie sie von alten Zeiten her dazu verbunden gewesen wäre, mit Fuhren und andern Zuthaten das ihrige beyzutragen und ihre Gestühle in der Kirche, so wie auch die zu erbauende Kapellaney nach dem Innhalte der bestätigten Matricul in guten Stande zu erhalten. So wohl der Pastor, als auch der Diakonus, werden von dem Landesherren, welchem das Patronatrecht über die St. Nikolaikirche nach der zu Neu-Stettin am 6 Junius 1570 gehaltenen Kirchenvisitation und der Matricul von 1590 zustehet, erwählet und berufen. Das fürstlich Hedwigsche Gymnasium wurde am 15 October 1640

Die Stadt Neu-Stettin.

von der oben erwähnten Fürstinn Hedwig gestiftet, die bereits bey ihrem Leben die Zinsen von 5550 Gulden Pommersch zum Besten des Gymnasiums und des hiesigen Hospitals vermacht hatte. In ihrem Testamente vom 10 Januar 1647, welches von ihr am 8 May 1650 mit einigen Veränderungen bestätiget und von dem Churfürsten Friederich Wilhelm, als dem in dem letzten Testamente eingesetzten Erben, zu Königsberg in Preussen am 8 März 1656 und hierauf zu Cleve am 13 September 1661 genehmiget, zum Theil aber auch näher bestimmet wurde, vermachte sie überhaupt zu milden Stiftungen die 14000 Gulden Pommersch, (*) die sie dem Herzoge Bogislaus XIV. auf das Amt Zachan 1629 vorgestrecket hatte. Sie verordnete, daß nach ihrem Tode, ausser den bisherigen Lehrern, noch 2 andre, als ein Rector und Conrector, gehalten und von der angezeigten Summe die Zinsen von 2950 Gulden zur Besoldung eines Rectors, die Zinsen von 2350 Gulden aber zur Besoldung eines Conrectors angewendet werden sollten, für welchen so wohl als den Rector sie bequeme freye Wohnungen gekauft hatte. Nachdem das Gymnasium sehr in Verfall gerathen war, wurde zwar die Verlegung desselben nach Cößlin in Vorschlag gebracht, durch das Rescript vom 22 Julius 1757 aber verworfen. Das Departement der geistlichen Angelegenheiten in Berlin genehmigte am 26 May 1772 den Vorschlag der Königlichen Regierung, nach welchem das Gymnasium künftig mit der Stadtschule unter der Benennung eines Fürstlich Hedwigschen Gymnasium eine vereinigte Schulanstallt ausmachen, solche aus 3 Lehrern bestehen, die beiden obern davon den Titul Rector und Conrector haben und behalten, der unterste aber ferner Cantor und Organist bleiben, die Stelle des bisherigen Conrectors eingezogen, dessen Arbeit und Gehalt zwischen dem Rector, dem Subrector, welchem künftig jederzeit der Titul Conrector beyzulegen sey, und dem Cantor also vertheilet werden sollen, daß von den 12 wöchentlichen Lehrstunden des Conrectors, jeder 4 übernehme und dagegen von dem Gehalte des 141 Fl. oder 94 Rthlr. der Rector und der Conrector jeder 30 Rthlr. der Cantor aber 25 Rthlr. zur Verbeßerung ihres bisherigen zur Zeit der Stiftung bestimmten Gehalts erhalten. Die 30 Fl. oder 20 Rthlr. so genannte Berechnungsgelder werden zur Bestreitung der kleinen Reparaturen der Gebäude und zu andern kleinen Ausgaben angewandt. Der Rector, der nach dem Innhalte seiner Vocation, außer einem Gehalte von 148 Rthlr. die Befreyung von aller Contribution und Land- und Kriegesbeschwerungen, freye Wohnung und Holzung und freye Fischerey mit dem Wurf- und Stacknetze genießet, wird dem Hofe von der Königl. Regierung präsentiret und von derselben, nach erfolgter Bestätigung, berufen. Der

Sub-

(*) Nach der oben angeführten Churfürstlichen Bestätigung vom 8 März 1656 sollen von dem Capital der 14000 Fl. die Zinsen zu 840 Fl. von dem Neu-Stettinschen Amte, worauf die Hypothek von Zachan übertragen werden ist und beständig haftet, jährlich folgendergestallt aus gezahlet und vertheilet werden, als nemlich

Capital   Zinsen.
von 1000 Fl. den Armen im Hospital — 120 Fl.
— 2950 Fl. dem Rector — — 177 Fl.
— 2350 Fl. dem Conrector — — 141 Fl.
von 500 Fl. dem Pastor in Neu-Stettin 30 Fl.
— 300 Fl. dem andern Prediger in Neu-Stettin — — 18 Fl.
— 200 Fl. der Rügenwaldeschen Kirche, (worinn die Gebeine der hochsel. Stifterinn ruhen) — — 12 Fl.
— 5000 Fl. der studirenden Jugend — 300 Fl.
— 500 Fl. zu Berechnungskosten — 30 Fl.
— 200 Fl. dem Landschaftssyndicus — 12 Fl.

14000 Fl. Pommr.   840 Fl. Pommr.

Sub-nunmehrige Conrector, der ordiniret ist, erhält, außer der ihm von der Königl. Regierung am 31 August 1740 bewilligten Verbeßerung seines Gehalts mit 18 Rthlr., die ihm jährlich aus den hiesigen milden Stiftungen, als der Reichen- und Armenkirchencasse und der Schülerbüchse gereichet werden, noch die ihm von dem eingezogenen Conrectorgehalte nach dem Rescripte vom 26 May 1772 zugelegten 30 Rthlr. und wird von den Curatoren des Gymnasiums und dem Magistrat, mit Einwilligung des Präpositus, zugleich zum Adjunctus desselben bey der Kübbeschen Kirche berufen. Wenn aber die Curatoren und der Magistrat sich bey der Wahl des Conrectors, welcher auch das Predigen und Katechisiren mit dem Präpositus abwechselnd in der Kübbeschen Kirche besorgen muß, nicht vereinigen können: so wird von jedem Theile ein Candidat vorgeschlagen und einer davon den befundenen Umständen nach von dem Königl. Consistorium zu Stettin bestätiget. Die Vocationen zu dem Cantorats und dem Organistendienste wurden ehemals von dem hiesigen Königl. Burggerichte und dem Magistrat mit Einstimmung des Ministeriums ertheilet; jetzt aber werden der Cantor und der Organist von dem Magistrat, mit Einstimmung des Präpositus, berufen und von der Königlichen Regierung bestätiget. Nach der Kirchenmatricul von 1590 erhält der Cantor aus dem Persanziger Kirchspiele den so genannten Cantorhafer, weil er ehemals an den Sonn- und Festtagen in der Kirche zu Persanzig das Singen verrichten muste. Ob er nun gleich, nachdem ein besondrer Küster zu Persanzig angenommen worden ist, demselben jährlich 18 Scheffel von seinem Hafer hat abgeben müßen: so werden doch schon seit langer Zeit und noch jetzt die Predigten zu Persanzig und Eschenriege an dem 2ten Tage der 3 hohen Festtage von dem Cantor gehalten. Durch das Rescript vom 19 October 1757 wurde bestätiget, daß nach den Dispositionen der Stifterinn von den sämmtlichen Landständen jederzeit aus ihrem Mittel der Regierung ein oder zwey fromme, gottesfürchtige, gewißenhafte, ehrliebende und wo möglich, gelehrte leute, so in oder nicht weit von dem Neu-Stettinschen Districte angesessen sind, zu Mitcuratoren dieser Stiftung in Vorschlag gebracht werden sollen, welche die Aufsicht über dieselbe umsonst übernehmen müßen und ihre Bestallungen von der Königl. Regierung erhalten. Die Inspection über diese vereinigte Schulanstalt, in welcher jährlich einmahl ein öffentliches Examen gehalten wird, ist dem Präpositus also aufgetragen worden, daß er nicht nur auf die Lehrer, sondern auch auf die gehörige Verwendung der so genannten Berechnungsgelder Acht haben, von der Lehre und dem Lebenswandel der Lehrer jährlich an das Consistorium Bericht abstatten und solchem die Nachweisung der Berechnungsgelder beyfügen muß, für welche Bemühung er die von dem vertheilten Conrectorgehalte noch übrigen 9 Rthlr. jährlich genießet. Das Gymnasium, worinn von Zeit zu Zeit verschiedene adeliche so wohl als bürgerliche junge Leute es in den Sprachen und Wißenschaften so weit gebracht haben, daß sie mit Nutzen auf Akademien gegangen sind, hat seinen jetzigen blühenden Zustand der patriotischen Fürsorge Sr. Excellenz, des Geheimen Staats- und Cabinetsministers von Herzberg zu verdanken, der ehemals selbst in dieser Lehranstalt den ersten Grund zu seinen gelehrten Kenntnißen geleget und nicht nur bereits seit 1776 einem jeden der beiden ersten Lehrer jährlich 50 Rthlr. hat auszahlen, sondern auch zum Besten der Schulbibliothek aus eigenen Mitteln viele nützliche Bücher anschaffen laßen.

Die

Die Stadt Neu-Stettin.

Die unter den 14000 Gulden des Hedwigschen Vermächtnißes begriffene 5000 Gulden zu Stipendien sind für 4 hülfsbedürftige adeliche und bürgerliche Pommersche junge Leute, vorzüglich aber für die Nachkommen des Hauptmanns Peter von Somnitz, so auf Universitäten, Gymnasien und Pädagogien studiren, ausgesetzet. Die von diesem Capital fallende Zinsen, welche zu 6 pro Cent 200 Rthlr. betragen, werden also vertheilet, daß ein adelicher studirender jährlich 33 Rthlr. 8 Gr. und ein bürgerlicher 13 Rthlr. 8 Gr. auf 5 Jahre zu genießen hat. Die Collation dieser Stipendien, die nach dem Rescripte vom 26 November 1772 auch den auf andern Pädagogien, Gymnasien und Universitäten studirenden gleichfalls die bestimmte Zeit über gereichet werden sollen, ist dem Senior der Nachkommen des damals lebenden Peter von Somnitz beygeleget worden und wird nach der neuesten von der Königl. Regierung getroffenen Einrichtung folgendergestalt dabey verfahren. Die Collationsscheine werden an den Präpositus, der zum Administrator der Stipendien ist gesetzet worden, abgegeben, welcher solche nebst den Quitungen und Zeugnissen der Stipendiaten an die Königliche Regierung zur Genehmigung einsendet. Wenn solches geschehen ist und die Königliche Regierung die Stiftungsmäßige Verwendung der Gelder dem Beamten zu seiner Rechtfertigung attestiret hat: so zahlet er die 200 Rthlr. jährliche Stipendiengelder an den Präpositus und dieser hiernächst an einen jeden der Stipendiaten besonders aus. Die Stipendientabelle wird jetzt jährlich an die Königliche Regierung von dem Collator eingesandt, nach der Stiftung aber soll derselbe die Berechnung der Stipendiengelder jährlich dem jedesmaligen Landschaftssyndikus einschicken, der solche in Gegenwart der Landräthe oder ihrer Deputirten nachlegen, die Quitung darüber ertheilen, und dafür und für einige andre Bemühungen, die er etwa hiebey noch zu übernehmen haben möchte, von der Hauptsumme der 14000 Fl. jährlich von einem Capital von 200 Fl. die Zinsen zu 12 Fl. Pommersch erhalten soll. Von eben derselben Fürstinn Hedwig wurde auch in dieser Stadt ein Hospital oder Armenhaus für arme und unvermögende Leute aus dem Amte Neu Stettin gestiftet, so daß solche nach dem Innhalte der oben angeführten Stiftungsbriefe, nach Abzug der zur Unterhaltung des Hospitalgebäudes von Zeit zu Zeit erforderlichen Baukosten die jährlichen Zinsen von 2000 Floren von der Hauptsumme des Vermächtnißes zu genießen haben sollen. Diese Zinsen müßen daher auch noch jetzt jährlich von dem hiesigen königlichen Amte mit 80 Rthlr. an das Hospital bezahlet werden, worinn die Aufnahme der Armen, nach dem Willen der Stifterinn, von dem hiesigen Amtshauptmann und den beiden jedesmaligen Predigern geschehen soll, jetzt aber von dem Präpositus und dem Königlichen Beamten abhängt. Der Entwurf einer Hospitalordnung für dieses Armenhaus ist von der Churfürstlichen Regierung am 27 Junius 1699 bestätiget worden. Die so genannte Armenschülerbüchse wurde am 1 October 1613 von dem Herzoge Philipp II. gestiftet, welcher die Sammlung freywilliger Beyträge vermittelst einer Büchse bey öffentlichen Ausrichtungen in der Stadt, als Hochzeiten und Kindtaufen, zum Nutzen der armen Schüler, damit sie davon öffentlich unterrichtet werden könnten, verordnete. Hiezu kamen bald darauf einige Geschenke an Gelde und Acker, die von einigen von Adel und bürgerlichen Standes dieser Stiftung zugewandt wurden. Zu Aufsehern über dieselbe waren ehemals der Burgrichter, Präpositus, Rector und andre verordnet und die Rechnung wurde

wurde von dem Kirchenvorsteher geführet. Nachdem aber das Burggericht von hier nach Cößlin war verleget worden, wurde die Aufsicht dem Präpositus und Rector, hiernächst auch den Beamten anvertrauet. Der erste besorget daher jetzt die sichere Bestätigung der Capitalien, läst den zu der Armenbüchse gehörigen Acker bestellen und führet die Rechnung, die bey der Abnahme der Kirchenrechnung zugleich mit vorgeleget wird; der Rector aber hat die Büchse und berechnet dasjenige, was darinn jedesmahl bey öffentlichen Ausrichtungen gesammlet wird. Außer dem Schulgelde, welches für 16 bis 20 arme Schüler aus dieser Stiftung bezahlet wird, werden noch aus derselben dem Sub- und jetzigen Conrector 6 Rthlr. als ein bestimmtes jährliches Gehalt, dem Cantor für das Anschreiben der Lieder jährlich 1 Rthlr. 8 Gr. und einem Gymnasiasten, welcher hier studiret hat und auf die Akademie gehet, wenn das Vermögen der Stiftung es verstattet, 10 Rthlr. gereichet. Auch hat bisher die Armenschülerbüchse einige Beyträge zur Unterhaltung der Kirche und des St. Jürgenkirchhofes hergeben müssen. Außer der Reichencasse, worinn das eigentliche Kirchenvermögen berechnet wird, ist hier noch eine andre milde Stiftung, die Armencasse genannt, vorhanden, woraus theils die Kirchen- und Schulbediente besoldet, theils 12 armen Bürgern oder deren Wittwen und zwar einer jeden Person jährlich 1 Rthlr. 8 Gr. und also überhaupt 16 Rthlr. gereichet werden. Das Patronatrecht über das Gymnasium und die sämtlichen vorhin genannten milden Stiftungen stehet dem Könige zu. In dem Jahre 1733 wurde zwar auch in dieser Stadt, nach einer im Druck davon herausgegebenen Nachricht, ein so genanntes Collegium philadelphicum zum Besten der Wittwen und Waisen, nach dem Muster der in den Städten Stolpe, Schlawe, und Cößlin bereits gestifteten Anstalten von dieser Art, mit der von dem Könige Friederich Wilhelm am 13 Junius 1733 ertheilten Genehmigung, errichtet; es ist aber diese Stiftung, die einen Director, 6 Inspectoren und einen Secretarius zu Vorstehern hatte, von keiner langen Dauer gewesen und zugleich mit den übrigen philadelphischen Collegien in Pommern durch ein Rescript des Hofes gänzlich aufgehoben worden. Der Magistrat bestehet aus einem dirigirenden Bürgermeister, einem Justizbürgermeister, einem Cämmerer, 2 Senatoren und einem Gerichtssecretarius; die Unterbedienten aber sind ein Ober- und ein Unterdiener und 2 Nachtwächter. In dem Anfange des vorigen Jahrhunderts waren die Mitglieder des Raths noch mit keinem Gehalte versehen; jedoch erhielten sie auf ihre Bitte von dem Herzoge Bogislaus XIV. am 20 November 1623 die Begnadigung, daß jedesmahl zwey von ihnen und zwar jährlich wechselsweise von allen und jeden Abgaben und Lasten befreyet waren. Dieses Vorrecht wurde ihnen zwar auch von dem Churfürsten Friederich Wilhelm eigenhändig zu Cölln an der Spree am 26 Januar 1660 bestätiget, nach dem Bescheide der Churfürstlichen Regierung vom 18 April 1673 aber bereits auf ein gewißes eingeschränkt und nach der bald darauf eingeführten Accise gänzlich aufgehoben, so daß die Regierung dagegen am 16 Julius 1685 den hiesigen Viertelsmännern und der Bürgerschaft befahl, jährlich gewiße Gehalte, nemlich damals für einen Bürgermeister 36, für einen administrirenden Cämmerer 15 und einen Secretarius 12 Rthlr. zusammen zu bringen. Der Magistrat hat das Wahlrecht seiner Glieder, welches ihm nach der Constitution des Herzogs Johann Friederich für diese Stadt vom 8 März 1595 beygeleget,

Die Stadt Neu-Stettin

geleget, und nachdem es von dem ehemaligen hiesigen Burggerichte war streitig gemacht worden, von der Königl. Regierung am 28 December 1707, durch das Rescript des Hofes vom 15 Februar 1708 und nochmals von der Königl. Regierung am 18 April 1711 bestätiget wurde. Die obere und niedere Gerichtsbarkeit stehet ebenfalls dem Magistrat zu und die Appellationen von seinen Erkenntnißen gehen an das Königliche Hofgericht in Cößlin. Ehemals gehörte dem Landesherren die Hälfte der Gerichtsbarkeit, der Herzog Johann Friederich trat aber solche, nach dem mit der Stadt am 30 Julius 1578 getroffenen Vergleiche, dem Magistrat ab, welcher dafür, und für die ihm überlaßene Wahl und Bestellung des Gerichtsvoigts, jährlich auf Michael 15 Fl. an den hiesigen fürstlichen Rentmeister bezahlen muste. In der bereits oben angeführten Constitution eben deßelben Herzogs vom 8 März 1595 wurde dieser Vergleich bestätiget und zugleich festgesetzet, daß der Gerichtsvoigt künftig 6 Beysitzer haben und die Appellation von demselben an das fürstliche Burggericht und von diesem an das Hofgericht gehen solle. Der Gerichtsvoigt hatte die Erkenntniß in allen gerichtlichen und peinlichen Sachen, vor den Magistrat aber gehörten die Policey- und das Stadtregiment betreffende Angelegenheiten. Da die ältesten Urkunden und Privilegien der Stadt verbrannt sind: so läßt sich nicht mit Gewisheit bestimmen, mit welchem Rechte sie anfänglich bewidmet gewesen sey; und ob gleich in der Constitution des Herzogs Johann Friederich für diese Stadt vom 8 März 1595 wahrscheinlich dafür gehalten wird, daß sie in den ältesten Zeiten mit dem Lübischen Rechte belehnet gewesen seyn möge: so war doch daßelbe schon damals seit vielen Jahren nicht beobachtet und dagegen das Kaiserrecht eingeführet worden. Durch ein zu Colberg am 3 October 1662 eröfnetes Urthel aber wurde erkannt, daß hier das Lübische Recht, nach welchem auch noch jetzt gesprochen wird, und die darin gegründete Gemeinschaft der Güter Statt finden solle; die wirkliche Belehnung mit demselben aber, welche der Magistrat, um so manchen eingeschlichenen Mißbräuchen abzuhelfen, bey dem Churfürsten Friederich Wilhelm, nach dem Rescripte deßelben an die Hinterpommersche Regierung vom 20 August 1668, gesucht hatte, ist nicht erfolgt. Zur Entscheidung der in die Feldwirthschaft einschlagenden Streitigkeiten ist ein besonderes Feldgericht angeordnet. In städtischen und Policeysachen, wie auch bey dem Serviswesen, wozu ein besonderer Billetier angesetzet ist, werden die verordneten 4 Viertelsherren gebraucht. Ein besonderes Vorrecht dieser Stadt vor den übrigen Pommerschen Städten bestehet darinn, daß die hiesige aus 40 Gliedern bestehende Brauerzunft, nach dem ihr von dem Herzoge Ulrich ertheilten Privilegium vom 4 April 1620, welches von dem Herzoge Bogislaus XIV. am 18 October 1623, von dem Churfürsten Friederich Wilhelm am 30 Julius 1663, von dem Churfürsten Friederich am 7 April 1693 und von dem Könige Friederich Wilhelm am 1 Junius 1715 ist bestätiget worden, von alten Zeiten her berechtiget ist, alle Krüge in einem Bezirke von zwo Meilen um die Stadt mit Bier und Brandwein zu verlegen, so daß außer denenjenigen, die mit besondern landesherrlichen Begnadigungen versehen sind und den in der Verordnung der Churfürstlichen Regierung vom 11 August 1664 davon ausgenommenen und namentlich angeführten Oertern, als Ratzebuhr, Flederborn, Wallachsee und Zacherin, alle Edelleute, Prediger, Verwalter, Schulzen, Krüger, Müller, Schäfer, Bauern ꝛc. ꝛc. in dem erwähnten District zwar zu ihres eigenen Hauses Nothdurft brauen können, das Bier und den Brandtwein zum Schank und Verkauf aber, ingleichen zu Ausrichtungen bey großen Hochzeiten, Kindtaufen und Begräbnißen, bey Vermeidung einer Strafe von 10 Rthlr. und Confiscation des Getränkes, aus der Stadt Neu-Stettin holen müßen. Diese Begnadigung, die der Stadt nach dem Innhalte der oben angeführten Privilegien deshalb ist ertheilet worden, weil in derselben nur ein geringer Handel getrieben wird, sie auch mit keinen Eigenthumsgütern versehen ist, ist zwar zum öftern bestritten, durch viele rechtskräftige Urthel aber von der hiesigen Brauergilde, als wieder den von Kleist wegen des Guts Nabbatz am 28 November 1749 und 7 November 1755, wieder die von der Osten, von Kleist, von Bonin, von Vangerow und von Lemke in Ansehung ihrer Güter Gellen, Crangen, Wulflazig, Plietenitz, Barkenbrügge, Born, Vangerow, Gllenke, Soltenitz, Dolgen und Trabehn, am 4 Julius 1753, 20 September 1754 und 30 April 1755, wieder den Generalmajor von Kleist, wegen des Guts Naßen-Glienke am 16 Januar und 24 April 1756, wieder den von Kleist wegen der Güter Grünhof, Barkenbrügge, Steinfort und Dieck am 23 Januar und 2 April 1756, wieder die Herrschaften zu Wulflazig, Dieck und Hannver am 25 August und 1 November 1756 und wieder den Lieutenant von Bonin wegen der Güter Gellen, Crangen, Steinfort und Prelang am 25 August und 1 November 1756 und 6 May 1757 behauptet worden. Den langwierigsten Streit hat die Stadt mit den von Glasenapp zu Gramenz und Wurchow wegen des Krugverlages geführet, als welcher denselben durch die Urthel vom 11 May und 24 October 1597 und das Urtel des Reichscammergerichts zu Speyer vom 18 May 1603 und ferner durch die Urthel vom 12 December 1694, 7 May 1695, 18 October 1707, 30 August und 15 October 1749 abgesprochen wurde. Diese Urthel wurden zwar durch die Tribunalssentenz vom 11 Januar 1751 bestätiget, jedoch wurde darinn zugleich den von Glasenapp verstattet, den Beweis zu führen, daß das Gut Gramenz nicht in dem District der 2 Meilen um die Stadt belegen sey. Nachdem sich nun bey der vorgenommenen Vermeßung, bey welcher das Maaß einer Meile zu 22500 Fuß (oder 1875 Ruthen Rheinl.) durch die Urthel vom 21 Julius und 18 September 1752 festgesetzet worden war, ergeben hatte, daß die Güter der von Glasenapp, als Gramenz, Zechendorf, Lübgust, Storkow, Flackenheide, Walm und Wurchow über 2 Meilen von der Stadt entfernt sind; so wurden solche von der Ansprache der hiesigen Brauergilde nach den Urtheln vom 6 November 1752, 9 April und 19 December 1753 gänzlich freygesprochen. Auch sollen die Herrschaft zu Cölpin nach dem Urthel vom 21 November 1746, die Erben des von Seiger zu Plietenitz nach dem Urthel vom 18 März 1750 und der Hauptmann von Hertzberg zu Lottin nach dem Urthel vom 24 October 1737 bey der Krugverlagsgerechtigkeit wieder die Stadt geschützet werden, so daß insonderheit die von derselben neu gesuchte Klage wieder die von Hertzberg zu Lottin und andre in dem District von 2 Meilen belegene Hertzbergsche Lehngüter, nach den Rescripten des Hofes vom 1 Januar und 8 Julius 1753 nicht verstattet worden ist. Die in dieser Sache von dem Neu-Stettinschen Accifeamte wider das hiesige Domainenamt angebrachte Klage ist durch die Urthel der Pommerschen Regierung vom 30 März und 6 Julius 1778, welche durch die derselben am 24 November deßelben Jahres von dem Tribunal zugestellte

Revis-

Die Stadt Neu-Stettin.

Revisionssenteny bekräftiget worden sind, also entschieden worden, daß das Domainen-amt nicht befugt ist, innerhalb 2 Meilen von der Stadt die Krüge selbst zu verlegen, sondern dazu und zu den Ausrichtungen der königlichen Pächter und Unterpächter bey großen Hochzeiten, Kindtaufen und Begräbnissen, das Bier und der Brandtwein aus der Stadt genommen werden muß. Weil aber das Erndtebrauen hauptsächlich die Erhaltung der Wirthschaft zur Absicht hat, und daher nach der alten gemeinen Gewohnheit zum nothdürftigen Hausbrauen gehöret; so ist dem Domainenamt das Recht zuerkannt worden, das nöthige Erndtebier selbst zu brauen und den Erndtebrandwein selbst zu brennen. Weil die Stadt nicht weit von der ehemaligen Polnischen Gränze liegt, so wurde sonst mit Malz, Ockerasche, Tüchern und Raschen ein einträglicher Handel getrieben, der aber einige Abnahme erlitten hat, nachdem der hier angränzende vormalige Polnische Distrikt unter dem Namen von Westpreußen den Preußischen Staaten einverleibet worden ist. Außer den gewöhnlichen Handwerkern von allerley Art, befindet sich hier auch ein Kupferschmied und ein Glockengießer und seit einigen Jahren, ist auf Befehl Sr. Majestät des Königes eine Polnische Leibbindenfabrike angeleget worden. Der städtische Acker, der sehr ergiebig ist, so daß viel Weitzen gesäet wird, erstrecket sich über eine halbe Meile weit und der Wiesewachs und die Viehweiden sind beträchtlich. Die Stadt hat einen eigenen Wald von Büchen und Eichen, worinn der Bürgerschaft die Mastung gehöret, jedoch nicht so viel eigenes Holz, als sie zu ihren Bedürfnißen gebrauchet; dieser Mangel aber wird theils durch die nahen königlichen Wälder, worinn man das Holz für einen mittelmäßigen Preis kaufen kann, theils durch verschiedene auf der Feldmark befindliche sehr ergiebige Torfmöhre ersetzt, die so wohl der Stadt als der Garnison zur nöthigen Feuerung dienen. Der Stadt gehören eigenthümlich 3 kleine Seen und da nahe bey derselben die 2 königlichen Seen, als der Wilm und Streizig, nicht weniger der Versantzig, und viele andere Seen liegen, aus welchem die Fische in den durch die Stadt gehenden Canälen lebendig hieher gebracht werden: so ist ein reicher Ueberfluß von allerley guten Fischen, als Bleye, Hechte, Barsche ꝛc. vorhanden. Vorzüglich aber werden viele Maränen gefangen, die auch nach andern Städten zum Verkauf gebracht werden. Die Jagdgerechtigkeit auf der städtischen Feldmark gehöret nicht der Stadt, sondern dem Könige und wird daher von dem hiesigen königlichen Amte verpachtet. Die Cämmerey hat, außer vielen Aeckern, Wiesen und Gärten, ein eigenes kleines Vorwerk die Ziegeley genannt, welches ⅞ Meile von der Stadt ost-südostwärts in dem Stadtwalde an einem kleinen See liegt und zu der Stadtkirche eingepfarret ist. Die Malz- und Schrootmühle in der Stadt gehöret zu dem Amte Neu-Stettin, zur Anlegung der hiesigen Walkmühle aber, die ein Eigenthum der Stadt ist, wurde die Erlaubniß dem Magistrat von dem Churfürsten Friederich Wilhelm zu Königsberg in Preußen am $\frac{7}{17}$ Februar 1679 ertheilet. Von den Privilegien, welche die Stadt von den ehemaligen Landesherren erhalten hat, sind noch folgende vorhanden: 1) Das von dem Herzoge Bogislaus XIIII. auf dem fürstlichen Schloße zu Neu-Stettin am 18 October 1623 ertheilte Privilegium, worinn der auf Befehl des Herzogs Philipp vom 12 Julius 1617 und des Herzogs Ulrich vom 12 October 1618 von dem stiftischen Landrathe und nachmaligen fürstlichen Neu-Stettinschen Hauptmann und Hofmeister, Peter Sommitz zu Grumsdorf abgestattete

Der Neu-Stettinsche Kreis.

Bericht, nach welchem nach Maaßgabe des auf fürstlichen Befehl am 24 September 1580 von Tessen Kleist und Claus Somnitz gehaltenen Gränzzuges, die Gränzen der Stadt mit den zu dem Amte Neu-Stettin gehörigen Dörfern bezogen und die alten Gränzmahle erneuert worden sind, bestätiget, auch der Stadt der fernere Besitz des Ortes längst des Sees Streizig und des Weges, so von Neu-Stettin nach Streizig gehet, worüber nach dem Berichte des Hauptmanns von Somnitz war gestritten worden, überlaßen, jedoch dem Herzoge und dem fürstlichen Hause der Kathen vor Streizig auf der linken Hand von Neu-Stettin zu gänzlich, nach wie vor, vorbehalten wird. 2) das Privilegium eben deßelben Herzogs gegeben zu Rügenwalde am 9 December 1625, worinn die Stadt, auf immer, wegen ihrer geringen Einkünfte und des Unvermögens der Bürgerschaft, von allen Paßfuhren, der bisherigen Gewohnheit gemäß, gänzlich befreyet, ihr aber dagegen auferleget wird, jährlich 2 last Hafer, bey Verlust dieses Privilegium, an das Amt Neu-Stettin zu geben. 3) das Privilegium des Churfürsten Friederich Wilhelm vom 25 October 1679, worinn der Stadt, außer den ihr bereits von dem Herzoge Philipp am 14 October 1617 ertheilten 3 öffentlichen Jahrmärkten, noch ein vierter gegeben wird. Diese 4 Märkte sind jetzt auf den Mittwoch vor Lätare, Mittwoch vor Johannis, Mittwoch vor Michael und Mittwoch vor der Weihnachtswoche festgesetzet, so daß jedesmahl an dem Dienstage vorher Vieh- und Pferdemarkt gehalten wird; die beiden Wollmärkte aber fallen auf den 3 Julius und den 25 October. 4) das Privilegium des Königs Friederich I. vom 17 May 1704, nach welchem dem Magistrat das Recht ertheilet worden ist, allerley Weine und fremde Biere schenken und verkaufen zu laßen und nach eigenem Gefallen entweder dieses Recht für eine billige Vergütigung einem andern zu überlaßen oder auch selbst einen Stadtkeller anzulegen und darinn Weine und fremde Biere verkaufen zu laßen, welches sonst niemanden, als nur allein dem Magistrat verstatter seyn solle. Die hiesige Schützengilde, so aber eingegangen ist, hatte gewiße Articul und Gesetze, welche am 12 April 1695 also bestätiget wurden, daß demjenigen, welcher König geworden war, 25 Rthlr. aus der Accise gereichet werden müßten. Durch die Stadt führen die Landstraßen von der Westpreußischen Stadt Hammerstein über Kübbe und Streizig nach Colberg, von der Westpreußischen Stadt Landeck über Lottin und Streizig nach Colberg und über Lottin und Gönne nach Cößlin und aus der Neumark und von Frankfurt an der Oder über Hütten und Kübbe nach Danzig. Eine große Poststraße gehet hier zwar nicht, die fahrende Nebenpost aber, welche von dem Cörlinschen Postamte abhängt, kommt hier an:

Montags um 7 Uhr Morgens und Freytags um 8 Uhr Morgens.

und gehet ab:

Montags um 1 Uhr Mittags und Freytags gleichfalls um 1 Uhr Mittags.

Das Wapen der Stadt stellet einen Greiff vor, der in der linken Klaue einen Fisch hält.

Die Stadt Neu-Stettin.

Neu-Stettin ist nach einer Inschrift, (*) die man in der hiesigen 1769 abgebrochenen Kirche an einem verborgenen Orte gefunden hat, von dem Herzoge Wartislaus IIII. in dem Jahre 1313 angeleget worden. Die Nachricht des bekannten Pommerschen Geschichtschreibers Micrälius, daß die Stadt nebst dem Schloße in dem Jahre 1309 von dem genannten Herzoge zur Befestigung des Landes an der Polnischen Gränze erbauet worden sey, läßt sich mit der angeführten Inschrift vereinigen, wenn man annimmt, daß man mit der Anlage des Schloßes, als einer Schutzwehre gegen die Polnische Gränze, davon Micrälius schreibt, zuerst den Anfang gemacht habe, und hierauf erst die Stadt selbst, wovon allein die Inschrift redet, erbauet worden sey. Sie wurde nach dem Muster der an der Oder gelegenen Hauptstadt Stettin angeleget, die seit dieser Zeit den Namen Alt-Stettin führet, und hatte damals eine andre Lage als jetzt, nemlich nahe an dem See Streizig, da wo der Moßinsche Bach in denselben fällt und nur einige Bogenschüße weit von dem Dorfe Streizig, welcher Ort noch jetzt die Stadtstätte genannt wird und etwa ¼ Meile von der Stadt gegen Westen liegt, in dem Jahre 1372 aber wurde sie von den Herzogen Bogislaus V. und Barnim V. erweitert und an demjenigen Orte erbauet, wo sie noch jetzt liegt. Schon in dem Jahre 1321 war sie nebst dem dazu gehörigen District als ein Lehn dem Bißthum Cammin unterworfen worden, jedoch kam sie in den folgenden Zeiten wieder unter die unmittelbare Herrschaft der Herzoge von Pommern und war in dem Anfange des vorigen Jahrhunderts die Residenz der Pommerschen Fürstinn Anna, die den 30 Januar 1616 starb. Nach dem Tode des Herzogs und Bischofs Ulrich, der ebenfalls hier residiret hatte, wurde das von ihm besessene Amt Neu-Stettin zu einem Wittwensitze seiner Wittwe, der Fürstinn Hedwig angewiesen, die bereits bey ihrem Leben während ihrer Residenz auf dem hiesigen fürstlichen Schloße, die Aufnahme der Stadt sehr beförderte und sich in derselben nach ihrem Tode, der am 5 Julius 1650 erfolgte, durch das oben angeführte ansehnliche Vermächtniß, ein unsterbliches Andenken gestiftet hat. Nachdem die Stadt am 2 Julius 1653 dem Churfürsten Friederich Wilhelm war übergeben worden, wurde hier die Huldigung am 19 November 1665 von dem Churfürstlichen Canzler angenommen. Das Burggericht, welches auf dem hiesigen Schloße gehalten wurde und aus einem Burgrichter und Protonotarius bestand, erreichte in dem Jahre 1729, ein Ende, als das Hofgericht in Cößlin errichtet wurde. Die Stadt war ehemals, volkreicher als jetzt; sie ist aber, außer den Bedrückungen, welche sie durch die öftern Einfälle der Polen und vornehmlich auch in dem 30 jährigen Kriege von den Kaiserlichen und Schwedischen Truppen erlitten hat, insonderheit in den Jahren 1602, 1636 und 1657 durch die Pest entvölkert und durch häufige Feuersbrünste verwüstet worden. Nachdem sie 1540 am Tage Palmarum ganz abgebrannt war und 1547 abermals an dem Tage Palmarum eine große Feuersbrunst erlitten hatte, wurden am 28 März 1682 wieder drey Theile der Stadt und am 13 April 1696 der noch übrig gebliebene Theil in die Asche geleget. Nach diesem letzten Unglück erhielt sie von dem Churfürsten Friederich III., nach dem Rescript vom 25 Julius 1696

(*) Die Inschrift lautet also: Fundatum Principe Wartislao 4. anno Domini 1313. est Neosedinum ab illustrissimo serenissimoque

1696, nicht nur einigen Zuschub an Dach: und Mauersteinen aus der Neu-Stettinschen Amtsziegeley, sondern auch eine fünfjährige Befreyung von der Accise und von allen Abgaben und Lasten. 1710 wurden durch die Anzündung eines Gewitters über 50 Häuser eingeäschert und 1760 die Stadt, als sie die von den Rußischen leichten Truppen verlangte Contribution nicht ganz aufbrachte, von denselben rein ausgeplündert und alle Habseligkeit der Einwohner nebst dem Vieh nach Polen geschleppet. Zur Folge muste die Stadt ehemals nach dem alten Anschlage 15 Mann aufbringen.

    2. **Tempelburg** in alten Polnischen Urkunden auch Czaplin, Czaplinko und Czaplinek genannt, lieget zwischen 2 Seen, als dem kleinen See Czaplin oder Zepplin und dem großen See Drazig, 1 Meile von der Neumärkschen Stadt Falkenburg, 2 Meilen von Bärwalde, 3 von Polzin, 4 von Neu-Stettin, 6 von Belgard und gränzet an Westpreußen und die Neumark und zwar an die Feldmarken der Westpreußischen Dörfern, Brozen und Heinrichsdorf und des Neumärkschen Dorfs Plago. Die Stadt, die mit keiner Ringmauer umgeben ist, hat 3 Thore, als das Danziger, Cronsche und Draheimsche, 12 breite und bequeme Straßen, einen viereckigten ziemlich großen Markt, worauf das Rathhaus stehet, 291 Feuerstellen, die jetzt zu 57912 Rthlr. in der Feuersocietät versichert sind und an Einwohnern, mit Ausschließung einer hier in Garnison liegenden Eskadron des Hohnstockschen Husarenregiments, 1376 Seelen. Unter dieser Anzahl sind verschiedene der römischkatholischen Religion zugethane Einwohner, deren hier in dem Jahre 1776 überhaupt 116 gezählet wurden, aber keine Juden begriffen, als welche nach einem besondern Privilegium, wo mit diese Stadt, wie unten angeführet werden wird, bewidmet ist, in derselben nicht geduldet werden. Die beyden Kirchen sind die evangelischlutherische und die römischkatholische, die den Namen der heiligen Dreyfaltigkeitskirche führet. Ehemals war die ganze Starostey Draheim mit evangelischlutherschen Predigern besetzt, deren sich 2 in der Stadt, die zu der Starostey gehörte, und 4 auf dem Lande, in den Dörfern Neu-Wuhrow, Pöhlen, Lubow und Scharpenort befanden. Nachdem aber die römischkatholische Geistlichkeit solche 1625 vertrieben und sich 12 lutherische Kirchen, nemlich eine in der Stadt und die übrigen in der Starostey Draheim zugeeignet hatte, wurden die evangelischen Einwohner dergestallt in ihrer Religionsübung eingeschränket, daß ihnen auch nicht einmahl verstattet wurde, einen Prediger von ihrem Glaubensbekenntniße zu alten, kranken und sterbenden Personen kommen zu laßen. Der Churfürst Friederich Wilhelm bemühete sich zwar, nachdem er die ihm 1657 nach dem Bydgostschen Vertrage verpfändete Starostey Draheim 1668 mit gewafneter Hand in Besitz genommen hatte, den evangelischen Einwohnern ihre Gewißensfreiheit zu verschaffen. Weil aber in dem angeführten Vertrage bedungen worden war, daß die römischkatholische Religion in ihrem damaligen Zustande erhalten werden sollte: so konnte man nicht viel ausrichten, jedoch wurde der Plebanus Kuck, nachdem ihm der Churfürst ein jährliches Gnadengehalt von 100 Rthlr. bewilliget hatte, dahin bewogen, daß er den Zutritt evangelischer Prediger zu alten, kranken und sterbenden Personen erlaubte. Um eben diese Zeit wurde auch ein reformirter Prediger für die Garnison in Drahzim angesetzet und nachdem man bereits in dem An-

Die Stadt Tempelburg.

fange des Jahres 1706 den Versuch gemacht hatte, durch einen benachbarten Neumärkschen lutherschen Prediger in dem öffentlichen Rathhause predigen und das heilige Abendmahl austheilen zu laßen: so wurde auch auf die Bitte des Magistrats von dem Könige Friederich I. am 31 März und 31 December 1706 bewilliget, das neu zu erbauende Rathhaus also einzurichten, daß darinn zugleich der lutherche Gottesdienst gehalten, auch ein ordentlicher berufener evangelischer Prediger in der Stadt bestellet werden könne. Hierauf wurde nun der am 25 Januar 1707 berufene erste lutherche Prediger Roloff zu seinem Amte eingeführet und am 28 October 1716 von dem Könige Friederich Wilhelm den Einwohnern der Stadt und des Amts Draheim befohlen, alle geistliche Amtsverrichtungen von keinem andern, als ihrer Religion zugethanen Prediger vornehmen zu laßen. Da aber dies von einem Prediger allein nicht geschehen konnte, so wurde der von dem königlichen Amte Draheim, dem hiesigen Magistrat und der ganzen Stadt gethane Vorschlag, daß der damalige Rector der Schule, Olböter, ordiniret und zum zweiten Prediger ernannt werden möchte, in der von Berlin unter dem 25 Julius 1718 ergangenen königlichen Verordnung wegen der Einrichtung des evangelischlutherschen Gottesdienstes und Kirchenwesens zu Tempelburg und in der Starostey Draheim, genehmiget. In dem Jahre 1719 wurde der zweite luthersche Prediger der Tempelburgschen Gemeine und des ihm zugleich beygelegten Kirchspiels Neu-Wuhrow ordentlich berufen und den sämtlichen Einwohnern deßelben so wohl zu Neu-Wuhrow als auch in dem dazu gehörigen Filialdorfe Claushagen vorgestellet, ihm auch durch das Rescript vom 3 April 1719 die Erlaubniß ertheilet, einen Beichtstuhl in der Kirche zu Tempelburg zu halten und diejenigen, die bey ihm zur Beichte gehen wollen, anzunehmen. Da den durch das Rescript vom 14 May 1731 bestätigten Verordnungen des König Friederich Wilhelm vom 19 Junius 1728, 5 August 1729 und 9 Junius 1730 wurde das Gehalt der 130 Rthlr., welche der nach Minden berufene reformirte Prediger zu Draheim gehabt hatte, deßen Stelle nicht wieder besetzt wurde, unter die beiden Prediger zu Tempelburg also vertheilet, daß dem ersten 80 Rthlr. und dem andern 50 Rthlr. davon beygeleget wurden. Nach der großen Feuersbrunst, so die Stadt in dem Jahre 1725 erlitt, wurde die Wiederaufbauung derselben und insonderheit auch der Kirchen- Prediger- und Schulhäuser der Neumärkschen Krieges- und Domainencammer aufgetragen. Der König Friederich Wilhelm schenkte nach dem Rescript vom 7 Julius 1725 fünf hundert Rthlr. zum Bau der lutherschen Kirche, zu welcher der erste Grundstein am 19 Julius 1726 geleget wurde. Sie bestehet nebst dem Thurm, wozu damals auch 3 Glocken zum Dienste der evangelischen Gemeine angeschaffet wurden, in Fachwerk und ist jetzt schon sehr baufällig. Das Patronatrecht über diese Kirche stehet nach dem Innhalte der hiesigen Kirchenmatricul vom 4 August 1718, dem Könige und das Recht des Mitpatronats dem Magistrat zu, weil dieser das erste Gotteshaus aus seinen Mitteln erbauet hat. Die beiden lutherschen Prediger werden von dem geistlichen Departement in Berlin durch ein Rescript an die königliche Regierung ernannt, die hierauf dem königlichen Beamten zu Draheim besiehlet, demselben die Vocation zu ertheilen und solche vom dem Magistrat zu Tempelburg unterschreiben und mit dem Stadtsiegel untersiegeln zu laßen. Die Prediger werden daher, wie es in den Vocationen heißt, „von dem königlichen Preußischen Amte Draheim

„im

„imgleichen von dem Rathe und der Gemeine zu Tempelburg Namens und anstatt „Sr. Königl. Majestät. welchem hierinn das ius patronatus zustehet, vociret.„ Die Kirche hat keine Grundstücke und ihre Einkünfte, die in dem Jahre 1780 überhaupt 73 Rthlr. 21 Gr. 2 Pf. betrugen, bestehen außer den Zinsen von einigen ausgeliehenen kleinen Capitalien, in der Miethe von den Kirchenbänken und in dem Klingebeutel, Glocken= und Grabgelde. Davon werden nicht nur die feststehenden jährlichen Ausgaben, als dem Organisten an Gehalte 18 Rthlr., dem ersten Prediger für die Abnahme der Kirchenrechnung 2 Rthlr. 12 Gr. und eben demselben für Schreibmaterialien 2 Rthlr., den Kirchenvorstehern an Gehalte 2 Rthlr. 12 Gr., dem Küster 2 Rthlr, dem Schorsteinfeger 16 Gr. und für die Intelligenzzettel 1 Rthlr. bezahlet, sondern auch die Kosten zur Erhaltung der Kirche und noch andre unbestimmte Ausgaben bestritten. In dem Rescript vom 9 Februar 1726 wurde verordnet, daß die Abnahme der Kirchenrechnungen, deren sich bisher der römischkatholische Plebanus angemaßet hatte, künftig durch einen königlichen Bedienten mit Zuziehung des evangelischen Predigers geschehen solle. Jetzt wird die Kirchenrechnung von 2 Vorstehern unter der Aufsicht des ersten oder Oberpredigers geführet und in dessen Gegenwart von dem königlichen Domainenbeamten zu Draheim, im Namen des Königs als Patrons, und von dem hiesigen Magistrat als Mitpatron abgenommen. Nach dem Bescheide der königlichen Regierung vom 9 Januar 1742 soll der Beamte zu Draheim den Tag zur Abnahme der Rechnung jährlich in der ersten Adventswoche bestimmen und solchen dem Magistrat so wohl als dem Oberprediger bekannt machen, die sich alsdann nebst den Provisoren dazu auf dem Tempelburgschen Rathhause einfinden müßen. Durch eben diesen Bescheid ist das Decret vom 30 August 1740 aufgehoben und das freye Geläute und Begräbniß den hiesigen Magistratspersonen so wohl als dem Beamten zu Draheim, jedoch nur allein für ihre Personen, nicht aber für ihre Frauen und Kinder verstattet worden. Da die beiden lutherschen Prediger zu keiner Synode gehören und daher nicht, wie die übrigen Prediger in Pommern, unter der Aufsicht eines Präpositus stehen: so werden die Verordnungen der königlichen Landeskollegien dem Oberprediger besonders zugesandt. Außer den Accidentien bekommt derselbe jährlich von dem königlichen Amte Draheim die ihm nach obiger Meldung von dem Gehalte des ehemaligen reformirten Predigers zu Draheim beygelegten 80 Rthlr., aus der Accise 50 Rthlr. und an Getreide 25 Scheffel Roggen und eben so viel Scheffel Malz. Der andre Prediger, der zugleich Rector der Schule ist, erhält kein Getreide, seine baaren Einkünfte bestehen aber, mit Ausschließung der Accidentien, in 50 Rthlr., die ihm als ein Theil des Gehalts des ehemaligen reformirten Predigers zu Draheim von dem königlichen Amte daselbst, und in 25 Rthlr., die ihm aus der Accisecasse bezahlet werden. Die Unterhaltung der Pfarrwohnungen der lutherschen Prediger lieget nach der Kirchenmatricul von 1718 dem Magistrat ob, der auch durch die Urthel vom 3 Julius und 14 August 1748 dazu schuldig erkannt worden ist. Die beiden evangelischen Prediger sollen, nach einem zwischen ihnen am 7 May 1732 errichteten und durch den oben angeführten Bescheid der königlichen Regierung vom 9 Januar 1742 bestätigten Vergleich, in Ansehung der sonntäglichen Früh= und Nachmittagspredigten so wohl in der Stadt als in der ehemaligen reformirten in einem kleinen Saale des Draheim=

heimschen Schloßes befindlichen Schloß und jetzigen Filialkirche, zu welcher das Dorf Schneidemühle und der so genannte Kalk; und Jungfernwerder eingepfarret sind, ab; wechseln. Weil aber jetzt das Schloß abgebrochen wird, so fällt dies in Ansehung der Schloßkirche weg, bis daß aus ihren Materialien eine andre kleine Kirche auf; gebauet werden wird. In der ehemaligen Starosten Draheim sind überhaupt 11 römischkatholische Kirchen, die mit den dazu eingepfarten Dörfern von alten Zeiten her in 4 Kirchspiele oder Pfarren eingetheilet sind, als Pöhlen mit den Filialdörfern Groß-Schwarzsee und Zicker, Lubow mit den Fillaldörfern Rackow und Neblin, Scharpenort mit den Filialdörfern Flackensee und Klein-Schwarzsee und Neu-Wuhrow mit dem Filialdorfe Claushagen und Neuendorf, wo jedoch keine Kirche ist, sondern alle 14 Tage in einem Hause abgelesen wird. Der hiesige römischkatholische Probst erhält noch jetzt das Meßkorn und andre Einkünfte von diesen unter seiner Inspection stehenden Pfarren, wovon aber, was die bey den evangelischen Einwohnern vorfal; lenden geistlichen Amtsverrichtungen betrift, die Kirchspiele Pöhlen, Lubow und Scharpenort dem hiesigen Oberprediger, das Kirchspiel Neu-Wuhrow aber dem zwei; ten lutherschen Prediger sind beygeleget worden. Ob sich nun gleich in dem Amte Draheim nur wenige Einwohner befinden, die der römischkatholischen Religion zu; gethan sind, indem deren, nach einem von dem Beamten zu Draheim an die königs; liche Regierung eingesandten Verzeichnisse vom 10 Januar 1776, damals überhaupt 25 Personen und darunter nur 13 Wirthe gezählet wurden: so ist doch nur allein denen 4 lutherschen Schulmeistern oder Küstern, die anstatt der ehemaligen 4 luther; schen Prediger in den Dörfern Pöhlen, Lubow, Scharpenort und Neu-Wuhrow übrig geblieben sind, erlaubt, daß von ihnen an den Sonn; und Festtagen eine Predigt den versammleten Gemeinen in den erwähnten Kirchen vorgelesen wird; die luther; schen Prediger aber dürfen darinn weder predigen, noch andre gottesdienstliche Hand; lungen vornehmen. Sie müßen sich aber doch vierteljährig nach den ihnen beygeleg; ten Amtsdörfern begeben, an den dazu bestimmten Orten predigen und das heilige Abendmahl in den Schulzen; oder Bauerhäusern mit vieler Unbequemlichkeit aus; theilen, auch so wohl die sonntägliche Reise nach Draheim als die vierteljährigen Reisen nach den ehemaligen Starostendörfern für ihre eigene Kosten verrichten. Jetzt werden von ihnen alle Amtsverrichtungen bey den lutherschen Einwohnern in der Stadt und der ehemaligen Starosten Draheim, die sich sonst der katholische Probst angemaßet hatte, vorgenommen und seit 1768 erhalten sie auch von ihren Gemeinen die Stolgebühren, die bis dahin der katholische Probst ebenfalls bekom; men hatte. In dem Bescheide der königlichen Regierung vom 9 Januar 1742 ist festgesetzet, daß wenn der Bräutigam römischkatholisch und die Braut evangelischer Religion ist, die Trauung von dem Plebanus, wenn aber der Bräutigam sich zu der evangelischen und die Braut zu der römischkatholischen Religion bekennet, die Trau; ung von einem evangelischen Prediger geschehen solle und in solchen Fällen das Aufgebot in der katholischen und evangelischen Kirche zugleich geschehen könne. Die erwähnten 4 lutherschen Schulmeister in dem Amte Draheim, die einiges Land zu ihrem Unterhalte haben, werden zwar von dem königlichen Amte Draheim gewählet, müßen aber dem hiesigen römischkatholischen Probste zur Bestätigung präsentiret wer; den, der einem jeden derselben jährlich 12 Scheffel Roggen geben muß. Seit eini;

gen Jahren sind in dem Amte Draheim und zwar in den Dörfern Groß-Schwarz-see, Rackow, Klein-Schwarzsee, Zicker, Neuendorf, Draheim, Claushagen und Liepenfier noch 8 Schulhalter und ein jeder mit einem königlichen Gnadengehalte von 80 Rthlr. angesetzet worden, die nicht von dem Plebanus, sondern von dem Beamten zu Draheim und dem hiesigen Oberprediger mit Genehmigung des Königl. Consistorium zu Stettin berufen werden. Die hiesige römischkatholische Kirche, bey der ein Probst oder Plebanus angesetzt ist, war in der Feuersbrunst von 1725 ein Raub der Flammen geworden, wurde aber nebst der Plebaney bald darauf wieder erbauet. Mit der Bestellung des Probstes ist es bisher also gehalten worden, daß derselbe von dem Könige von Pohlen ernannt und dem Bischofe zu Posen präsentiret, von diesem aber so wohl als von dem neu ernannten Probste, die Bestätigung und nöthige Verfügung wegen der Einführung desselben, bey Sr. Majestät dem Könige von Preußen durch eine Bittschrift gesucht worden ist. Nach dem, zu Tempelburg am 30 November 1768, gehaltenen Protocoll, verpflichtete sich der jetzige Probst Ginter vor seiner Einführung zu folgenden ihm vorgeschriebenen Puncten: 1) sich aller Amtsverrichtungen bey den Evangelischen so wohl in der Stadt, als auch in den ursprünglich zur Staroftey Draheim gehörigen Dörfern zu begeben, 2) daß er, da in dem §. 7. des in dem Jahre 1768 über die Religionsangelegenheiten zu Warschau geschloßenen Tractats der römischkatholischen Geistlichkeit ausdrücklich verboten ist, keine Stolgebühren von den Dißidenten mehr zu fordern, und solches darinn als ein Mißbrauch erkläret wird, er sich aller Stolgebühren bey lutherschen und reformirten Personen, so wohl in der Stadt als den sämtlichen ursprünglich zur Staroftey Draheim gehörigen Dörfern, künftig und auf beständig begebe, solche auch von jetzt an, unter keinem Vorwande ferner verlange oder fordere, 3) sich allemahl mit dem gebührenden Respekt so wohl gegen Sr. Majestät allerhöchste Person als auch dero Pommersche Regierung, wie nicht weniger gegen das königliche Amt Draheim zu bezeigen, 4) daß ihm zwar die Seelencur in geistlichen Dingen von seiner Gemeine allein gänzlich überlaßen würde, Se. Königl. Majestät sich aber ausdrücklich die politischen Dinge und was zur Gerichtsbarkeit gehöre, vorbehielten, als worinn sich der Plebanus keinesweges mischen und das geringste anmaßen-müße, 5) daß darunter deßen (incolae) Leute allerdings mit verstanden würden, die die Gerichtsbarkeit des Amts anerkennen müßen, 6) daß eben dieselben, ohne Anweisung und Vorwißen der königlichen Forstbedienten, bey der darauf gesetzten Strafe, kein Holz holen müßen, ihnen jedoch das nothdürftige gegeben und angewiesen werden soll, 7) daß, da die Schulmeister in den Dörfern zum Nutzen der evangelischen Einwohner gehalten werden, um denselben den nöthigen Unterricht zu geben, ohne Vorwißen des Amts kein Schulmeister weder angenommen noch abgesetzt werden müße, 8) daß ihm die Stolgebühren von seiner katholischen Gemeine verbleiben sollen, er es jedoch bey den alten festgesetzten Gebühren laßen und ein mehreres nicht fordern müße und 9) daß, wenn er wieder Vermuthen einige gegründete Ursache zu klagen haben sollte, er sich zuförderst in der ersten Instanz bey der Pommerschen Regierung zu melden habe; wenn er aber daselbst nicht gehöriges Recht erlangen könnte, ihm frey stehe, seine Beschwerden bey Sr. Königl. Majestät selbst anzubringen. Hierauf geschahe die Einführung des Probstes durch einen Rath der königlichen Regierung, der,

nach=

Die Stadt Tempelburg.

nachdem er dem Plebanus die königliche Bestätigung eingehändiget hatte, ihn in Begleitung des Beamten zu Draheim und des hiesigen Magistrats zu der römisch-katholischen Kirche führte. An der Kirchthüre kamen ihnen 2 römisch-katholische Geistliche entgegen, die dem neuen Probste nach katholischem Gebrauche die Schlüßel zur Kirche überreichten, so dann wieder in dieselbe hineingiengen und die Thüre zunachsten. Nachdem hierauf der Probst auf die Knie gefallen war und ein kurzes Gebet verrichtet hatte, wurde die Thüre wieder eröfnet und er von dem Regierungsrathe in die Kirche geführet, in welcher das Te Deum laudamus angestimmet, von dem Probste eine Messe gelesen und von dem einen katholischen Priester eine Predigt über das ordentliche Evangelium, nach Endigung derselben aber von dem eingeführten Probste eine kurze Rede vor dem Altar gehalten wurde, worinn er Sr. Majestät dem Könige für die gnädige Ertheilung des Plebanats dankte. Eben diese Feyerlichkeiten waren auch bey der Einführung der ehemaligen Pröbste durch den Amtshauptmann, in den Jahren 1726 und 1736 beobachtet worden. In die katholischen Dorfskirchen der Starostey Draheim wird der Probst nicht eingeführet, auch sind die Schulzen und Gerichte von den Amtsdörfern bey der Einführung der Pröbste in die Tempelburgsche Kirche, wie ehemals wohl verlangt worden ist, niemals zugegen gewesen. Dem jetzigen Probste, der noch mehrere Plebaneyen hat und zu Schönlank in Westpreussen wohnet, wurde durch das Rescript vom 24 December 1768 die Erlaubniß ertheilet, für seine Kosten und unter eben denselben Verbindlichkeiten, die er selbst übernommen hat, einen Vicarius zu halten, der daher jetzt seine Stelle vertritt. Die jährlichen Einkünfte des Probstes betragen, nach einem 1775 an die königliche Regierung eingesandten Verzeichnisse, dessen Richtigkeit von dem Amte Draheim bescheiniget worden ist, an Meßkorn aus der Stadt Tempelburg und dem Amte Draheim überhaupt 350 Scheffel Roggen, 33 Scheffel Gerste, und 7 Scheffel Hafer, wozu noch an jährlichen Pächten von dem Pfarracker, 9 Scheffel Roggen, 4 Scheffel Gerste, 4 Scheffel Hafer und 1 Scheffel Erbsen kommen. Die baaren Gefälle bestehen, ausser den Stolgebühren, die jährlich höchstens 8 Rthlr. betragen, in 10 Rthlr. königlichen Neujahrsgeldern von dem Amte Draheim und in 15 Rthlr. Zins von den Pfarrbauern zu Pöhlen und Zicker. Von den angeführten Kornhebungen erhalten die 4 Lutherschen Schulmeister zu Neu-Wuhrow, Pöhlen, Lubow und Scharpenort ein jeder 12 Scheffel Roggen, der katholische Küster zu Tempelburg 12 Scheffel Roggen, der Glöckner daselbst 8 Scheffel Roggen und die Kirchenwäscherinn 6 Scheffel Roggen. Die übrigen jährlichen Geldausgaben des Probstes betragen an Fuhrlohn für die Einholung des Meßkorns 23 Rthlr. 8 Gr., für den Tempelburgschen katholischen Küster 12 Rthlr., für den Glöckner 6 Rthlr., für den Cantor und Schulknaben für das Singen in der Christnacht und für die Aufführung der Paßion am Charfreytage 4 Rthlr., für den Orgeltreter 5 Rthlr. 16 Gr., für den Unterhalt und die Kleidung eines Knaben zum Meßdienen etwa 24 Rthlr., an Reparaturkosten bey der katholischen Kirche im Durchschnitt 25 Rthlr. an Schornsteinfeger-Nacht- und Feldwächtergeld 1 Rthlr. 12 Gr., an Hausmiethe von dem Pächter des Pfarrackers 8 Rthlr. und an Erndtebier für demselben 1 Rthlr. 8 Gr. Der Cantor und Organist bey der katholischen Kirche ist jederzeit Lutherscher Religion und muß zugleich als Schullehrer die lutherische Jugend im Lesen, Schreiben, Rechnen und

und besonders in der Religion, nach dem Inhalte seiner Vocation, unterrichten, die ihm von dem katholischen Probste ertheilet und in so fern er zugleich lutherscher Schullehrer ist, von dem Magistrat und dem Oberprediger mit unterschrieben wird. Zur Vermeidung alles Aergernißes soll der Cantor, nach dem Rescript vom 16 May 1738, bey dem Singen in der katholischen Kirche, keine andre von seinen Schülern mit dahin nehmen und zum Singen gebrauchen, als solche, die sich zur katholischen Religion bekennen. In der Stadt sind jetzt 4 luthersche Schulen, wovon die eine von dem Rector, als dem zweiten Prediger, die andre, wie kurz vorher angeführet worden ist, von dem Cantor und Organisten bey der katholischen Kirche, die dritte von dem erst seit einigen Jahren bey der lutherschen Kirche angesetzten Organisten, der von derselben, außer den Accidentien, ein jährliches Gehalt von 18 Rthlr. und vierteljährig durch eine Collecte von einem jeden Hause in der Stadt 1 Gr. erhält, und die vierte von einem Schulmeister gehalten werden, dem der Unterricht der Mädchen anvertrauet ist. Hospitäler oder andre milde Stiftungen sind hier nicht vorhanden. Der Magistrat, der das Wahlrecht seiner Glieder und die obere und niedere Gerichtsbarkeit hat, bestehet in einem dirigirenden Bürgermeister, der zugleich Richter ist und die Policengeschäfte besorget, einem Cämmerer, einem Senator und einem Stadt- und Gerichtssecretarius und spricht nach dem hier eingeführten Lübischen Rechte, obgleich die Stadt in den ihr von den Königen von Pohlen ertheilten Privilegien ausdrücklich mit dem Magdeburgschen Rechte ist bewidmet worden. Was den Gerichtsstand dieser Stadt anbetrift: so gehört die Verwaltung der landeshoheitlichen Gerechtsame in Ansehung des katholischen Kirchenwesens in der Stadt und in dem Amte Draheim, auch der königlichen Patronatgerechtsame in Besetzung der Stellen der beiden lutherschen Stadtprediger vor die königliche Regierung; in Civilsachen aber stehen die Stadt und das Amt Draheim unter der Gerichtsbarkeit des königlichen Hofgerichts zu Cößlin und die Appellationen von dem Magistrat gehen an daßelbe. Die lutherschen Kirchen- und Schulsachen gehören nicht vor das königliche Consistorium zu Cößlin, sondern da bisher die sämtlichen das Religionswesen der Stadt und des Amts Draheim angehende Acten bey der Regierung und dem Consistorium in Stettin verhandelt worden sind: so werden, nach dem von der königlichen Regierung am 12 Januar 1781 dem Oberprediger ertheilten Befehl, jetzt die Rechnungen der Tempelburgschen lutherschen Kirche zur Revision an das Stettinsche Consistorium, auch die sonst in Kirchen- und Schulsachen verordneten Berichte an daßelbe eingesandt. In Ansehung der Domainen- Policen- und Accisesachen war die Stadt in dem Anfange dieses Jahrhunderts der Neumärkschen Krieges- und Domainencammer zu Küstrin unterworfen; jetzt aber gehöret sie, was die Domainen- und Policensachen betrift, zu dem Bezirke des königlichen Krieges- und Domainencammer Deputationscollegium zu Cößlin, und was die Accisesachen betrift, unter die Accise- und Zolldirection und das Accise- und Zollgericht zu Stettin, obgleich der Factor der hiesigen königlichen Salzfactorey, von welcher jährlich 150 bis 160 Lasten Salz nach Pommern und der Neumark debitiret werden, noch jetzt seine Caution bey der Neumärkschen Krieges- und Domainencammer bestellen muß. Die Stadt hat einen Auftreibezoll in den Viehmärkten, der nebst einer Nebensteuer, die von den sämtlichen Einwohnern eingehoben wird, in der Cämmereycasse berechnet wird, eine

Hol-

Die Stadt Tempelburg.

Hoßung, die ¼ Meile von der Stadt liegt und der Stadtbusch heißt, die Jagd auf ihren Feldmarken und das Recht der Fischerey in den umliegenden Seen, als dem Drazig, dessen Länge 1½ Meilen, die größte Breite aber etwa ½ Meile ausmacht, dem Mühlensee, Groß- und Klein-Dolgen, Mändling, Zapplin oder Zepplin, Rohrsee, Groß- und Klein-Plage und Lanke. Durch das Urthel der königlichen Regierung vom 12 Januar 1750, das vorher an das Cabinetsministerium eingesandt und von demselben durch das Rescript vom 20 December 1749 war genehmiget worden, wurde der katholische Probst mit dem von ihm behaupteten Eigenthumsrechte an dem See Zapplin, weil solches gerade zu wieder die Privilegien der Stadt stritte, abgewiesen und der Magistrat und die Stadt zwar bey dem Besitze dieses Sees geschützet, jedoch der Magistrat schuldig erkannt, nach wie vor den dritten Ketzer zum Besten der katholischen Kirche jedesmahl richtig abzuführen, der Plebanus aber bey der Fischerey zu seinem häuslichen Gebrauche, nach Maaßgabe des Rescripts vom 5 May 1728, also geschützet, daß dem Magistrat und der Bürgerschaft deshalb alle Stöhrung bey einer willkührlichen Strafe untersagt wurde. Dieses Urthel wurde durch ein anderes von der königlichen Regierung am 31 August 1750 eröffnetes und vorher von dem Cabinetsministerium durch das Rescript vom 25 May 1750 genehmigtes Urthel, mit der Erklärung bestätiget, daß, da der Magistrat vermeine, daß dem katholischen Probste nur zur Winterszeit, wenn mit dem Garn auf dem See gefischet wird, der dritte Fisch gebühre, das erste Urthel allgemein und von allen Zeiten, wenn auf dem See gefischet wird, verstanden werden solle und der Plebanus, da ihm, nach dem Vergleiche vom 10 November 1668, der ruhige Genuß der Fischerey mit einer Klippe auf dem See Drazig und andern Seen verbleiben solle, dergleichen Fischerey aber nicht anders mit 2 Kähnen geschehen könne, solchen Leuten, die er zu diesen seinen eigenen Klippen gebraucht, etwas an Fischen für solche Arbeit zu ihrem Genuße, nicht aber zum Verkauf oder zum Unterhalt der Klippe abgeben könne. Durch eben diese Urthel wurde auch zugleich die Streitigkeit wegen des so genannten Papenhofes entschieden und der Magistrat da bey wieder den katholischen Probst geschützet, weil sich aus den Acten ergeben habe, daß die Bürger schon in dem vorigen Jahrhunderte sich in dem ruhigen Besitze dieses Landes, gegen Erlegung und Abführung der dritten Garbe an die katholische Kirche, so oft das Land besäet worden, befunden und nachdem der damalige Starost sich dessen anzumaßen gesucht und dadurch der Kirche diesen Vortheil entzogen, die Bürgerschaft aber darüber mit Beschwerde gefüiret und weitläuftige Commißionen erhalten, auch das Land wieder erstritten habe, der Magistrat nach dem Vergleiche von 1667 aus frommer Absicht der Kirche dafür 11 Pohlnische Gulden oder 3 Rthlr. 16 Gr. hiesigen Geldes, als einen immer währenden jährlichen Kanon versprochen habe, der auch der Kirche bisher gereicht worden und noch ferner gereicht werden müße. Die Einwohner ernähren sich, außer dem Ackerbau, von ihren Profeßionen, von denen sich hier verschiedene Gewerke befinden; die Stadt hat aber, nachdem ein Theil von Pohlen unter dem Namen von Westpreußen den Preußischen Staaten einverleibet worden ist, einen großen Theil ihrer Nahrung verlohren, den sie sonst von der Zufuhre aus Pohlen erhielt. Das Stadtfeld bestehet, wenn man alle 3 Felder und die sämtlichen dazu gehörigen Holzungen und Seen mit rechnet, nach der in dem Jahre 1711 vorgenommenen Ausmeßung, überhaupt in 372 Hufen nach Rheinländischen Maaße. Der Acker selbst ist steinigt und bergigt und nur von mittelmäßiger Güte. Nach dem Rescript an die Neumärksche Krieges- und Domainencammer vom 2 März 1724, wurde die Stadt bey ihren Gränzen, so wie solche in ihren Privilegien und in den Rechtssprüchen von 1647 und 1648 gegründet und die Gränzmahle in dem Jahre 1648 von Ort zu Ort erneuert worden sind, geschützet; jedoch sollen die Dörfer Klein-Schwartzsee und Neuhof an der ihnen zustehenden Hütung auf der so genannten Feldmark Karsebaum im geringsten nicht von der Stadt beeinträchtiget werden. Dies wurde auch durch das von der juristischen Facultät zu Leipzig gesprochene und von dem königlichen Hofgerichte zu Cößlin am 8 September 1738 eröfnete Urthel, ingleichen durch die Tribunalssentenz, die zu Stettin am 9 December 1750 bekannt gemacht wurde, bestätiget, das Amt Draheim aber, nicht nur in eben diesen Urtheln, sondern auch in den Urtheln der königlichen Regierung vom 29 März und 4 August 1751, schuldig erkannt, sich der Hütung mit dem Amtsvieh auf den Tempelburgschen Stadtfeldern zu enthalten. Die Stadt besitzet keine Landgüter und die Einkünfte ihrer Cämmerey sind daher nur geringe; jedoch hat sie 2 Wassermühlen, wovon die eine von einem Ausflusse aus dem Rohrsee und die andre von einem Ausflusse aus dem Zapplin getrieben wird, 3 Windmühlen, eine Walkmühle, die dem hiesigen Tuchmacher gewerke und eine Ziegeley, die einem hiesigen Bürger eigenthümlich gehöret. Die Wasser- und Windmühlen haben zwar auch ihre eigenthümlichen Besitzer, sie müssen aber doch der Cämmerey eine jährliche Pacht geben. Die Jahrmärkte sind 1) Freytags vor Lätare Vieh- und Sonnabends Krammarkt, 2) Donnerstags vor Trinitatis Vieh- und Freytags Krammarkt, 3) Donnerstags vor Margarethen Vieh- und Freytags Krammarkt, 4) Donnerstags nach Mariä Geburt Vieh- und Freytags Krammarkt, 5) Donnerstags nach Francisci Vieh- und Freytags Krammarkt, 6) Donnerstags vor Nicolai Vieh- und des Freytags Krammarkt; fällt aber Francisci oder Nicolai auf einen Donnerstag, so wird der Markt an demselben Tage gehalten. Die der Stadt von den Königen von Pohlen in lateinischer Sprache ertheilte Privilegien sind: 1) der von dem Könige Stephan zu Warschau am 14 Februar 1580 ertheilte Bestätigungsbrief des zu Peterkow gegebenen aber mit keiner Jahrzahl versehenen Privilegium des Königs von Pohlen, Alexander, welcher darinn die zu dem Schloße Draheim gehörige Stadt Tempelburg, gemeiniglich Czaplinko genannt, zu mehrerer Beförderung ihrer Aufnahme, mit dem Deutschen so genannten Magdeburgschen Rechte, und zwar mit Ausschließung aller Polnischen Rechte, Gewohnheiten und Gebräuche, belehnet, und ihre sämtlichen Bürger und Einwohner von der Gerichtsbarkeit, Gewalt und Strafe aller Wojwoden, Hauptleute, Ober- und Unterrichter des Königreichs Pohlen, so wohl in Ansehung der geringern als gröbern Verbrechen, worauf Leib- und Lebensstrafe gesetzt ist, gänzlich befreyet und die Erkenntniß und Bestrafung in allen solchen Fällen dem jedesmaligen Stadtrichter allein beyleget, der, wenn er in der Verwaltung der Gerechtigkeit nachläßig befunden und von dem Könige durch eine mit dem königlichen Siegel versehene Verordnung zur Rechenschaft gefordert werden sollte, seine Verantwortung nicht anders, als nach dem vorerwähnten deutschen Magdeburgschen Rechte abzugeben gehalten seyn solle. Dieses Privilegium ist von dem Könige Sigismund III. auf dem allgemeinen Reichstage zu War-

Die Stadt Tempelburg.

Warschau am 16 April 1589 und von dem Könige von Pohlen Uladislaus IV. auf dem zu Cracau gehaltenen allgemeinen Reichstage am 22 Februar 1633 bestätiget worden. 2) Der von eben demselben Könige Uladislaus IV. zu Cracau am 25 Februar 1633 ertheilte Gnadenbrief, worin nicht nur nochmals das obige von dem Könige Stephan am 14 Februar 1580 gegebene Privilegium, sondern auch der zu Cracau 1591 ertheilte königliche Bescheid, daß die Appellationen von den Erkenntnißen des Stadtrichters in allen Sachen nicht an den Starosten zu Draheim, sondern an den König allein gerichtet werden sollen und jener die hiesigen Einwohner mit Gefängnißstrafe zu belegen nicht befugt ist, ungleichen die der Stadt nach dem Privilegium des Königs von Pohlen, Sigismund August, zu Peterkow am 15 Marz 1565 ertheilten beiden Jahrmärkte vor dem St. Margarethen: und Michaelisfeste nebst den ihr beygelegten Wochenmärkten bestätiget werden. In eben diesem Gnadenbriefe ist noch enthalten: (a) daß alle Abgaben, welche die Stadt an das Schloß Draheim zu geben schuldig sey, in einer Summe von 166 Rthlr. und 2 Florenen der in dem Reiche gangbaren Münze, nach dem zwischen dem damaligen Draheimschen Starosten und der Bürgerschaft geschloßenen Vergleiche bestehen sollen, nach welchem zwar die letzte von allen dem Draheimschen Schloße bisher geleistetem Diensten befreyet, jedoch auf demselben, wenn die Republik sich in Gefahr befindet, persönlich mit 200 gewafneten Bürgern zu erscheinen verpflichtet seyn, (b) daß das Schustergewerk bey den ihm von dem Könige Sigismund August so wohl als auch den ehemaligen Starosten ertheilten Gerechtsamen geschützet und der Verkauf der Schuhe allen auswärtigen Schustern, ausgenommen in den Jahrmärkten, die auf den St. Margarethen und Michaelistag fallen, untersagt seyn, (c) daß den Einwohnern, um sie desto mehr, wenn die Gränzen des Reichs sich in Gefahr befinden, zur Ergreiffung der Waffen und Beschützung des Draheimschen Schloßes zu ermuntern, außer der Fischerey, welche die Bürgermeister und alle Bürger in den bey der Stadt gelegenen Seen mit den Netzen, Wlok genannt, bereits von alten Zeiten her, zu treiben berechtiget gewesen sind, auch die freye Fischerey in dem See Czaplin verstattet seyn, (d) daß die Stadt nach der bisherigen Gewohnheit die freye Weide in den Wäldern Helmelbusch, Langebarch und Langoschebusch, jedoch ohne Nachtheil aller derjenigen, die einiges Recht an den ermähnten Wäldern zu haben behaupten, genießen, (e) daß das Patronatrecht dem Könige zustehen solle u. s. w. 3) Das Privilegium eben desselben Königs Uladislaus IV. gegeben zu Warschau am 6 December 1637, daß, da von je her keine Juden in dieser Stadt geduldet worden sind, denselben auch künftig zu immerwährenden Zeiten kein Wohnsitz weder in der Stadt, noch in den nahe bey derselben gelegenen unter der Gerichtsbarkeit der Draheimschen Starosten stehenden Oertern verstattet und denselben durchaus nicht jemals vergönnet werden solle, in der Stadt den Handel oder irgend ein andres Gewerbe, es sey unter welchem Vorwande es immer wolle, außer in den gewöhnlichen öffentlichen Jahrmärkten, zu treiben. Wenn ein Jude etwas dawieder zu unternehmen sich unterstehen würde, so soll der Magistrat die völlige Gewalt haben, ihn abzuhalten und fortzujagen, auch wenn er sich zu wiederspenstig beweisen würde, zur gebührenden Strafe zu ziehen. 4) Der von eben demselben Könige zu Warschau am 10 März 1638 ertheilte Bestätigungsbrief, worinn

Der Neu-Stettinsche Kreis.

worinn ein gewisser Vergleich, der zwischen dem Draheimschen Starosten, Johannes Sandivogius von Czarnkow Czarnkowski und der Stadt auf dem Schloße zu Draheim 1625 in Ansehung der freyen Weide und der Holzungs- und Mastfreiheit in einigen zu der Starostey gehörigen Wäldern geschloßen worden, genehmiget wird; 5) Der Bestätigungsbrief eben deßelben Königs gegeben zu Warschau am 23 November 1640, worinn eine von dem Magistrat, den Aeltesten der Gewerke und der ganzen Gemeine zu Tempelburg am 2 October 1640, nach dem Beyspiel anderer benachbarten Städte, einmüthig errichtete Willkühr genehmiget wird, nach welcher ein Bierbrauer von einem jeden Gebräude, wenn solches ausgeschenkt und verkauft ist, 2 Gulden Polnisch, ein Bäcker von einem jeden Scheffel Korn oder Weitzen, wenn das Getreide gemahlen und gebackt ist, 6 Groschen Polnisch, ein Fleischhauer von einem Ochsen oder einer Kuh 15 Groschen Polnisch, von einem jeden Schwein 9 Groschen, von einem Kalbe 4 Groschen und von einem Hammel oder Schafe 3 Gro-

(*) In den Acten der Stettinschen Lehnscanzley, in welchen sich die oben angeführten Privilegien der Stadt Tempelburg befinden, sind noch 3 dergleichen vorhanden, die von den Königen von Pohlen, als Uladislaus IIII. zu Warschau am 2 Januar 1646, Michael zu Cracau am 26 October 1669 und Johann III. zu Dantzig am 27 September 1677 dieser Stadt in lateinischer Sprache ertheilet worden sind. Bey der Bidimation der beiden letztern Privilegien, die bloß allgemeine Bestätigungen der vorhergehenden enthalten, hat der ehemalige Lehnssecretarius und nachmalige geheime Finanzrath Friederich von Dreyer bemerket, daß solche ungültig sind, weil nemlich die Starostey Draheim mit der Stadt Tempelburg bereits 1657 nach dem Bydgostschen Vertrage, dem Churhause Brandenburg war verschrieben worden. Besonders verdienet hier angemerket zu werden, daß nicht nur der Stiftungsbrief der Stadt Tempelburg, welchen der Herzog zu Dantzig und Pommern, Subislaus, 1186 in deutscher Sprache verliehen haben, sondern auch die Bestätigung deßelben, die von dem Könige von Polen, Sigismund I. zu Cracau 1507 ertheilet seyn soll und in dem oben angeführten Privilegium des Königs Uladislaus IIII. von 1646 enthalten ist, in dem Anfange des 17ten Jahrhunderts von dem diplomatischen Betrüger, Christoph Stempel Janikowsky, nebst mehrern falschen Urkunden erdichtet worden sind. Ob nun gleich die deutsche Schreibart in dem vorgegebenen Stiftungsbriefe sich so wenig für die Zeit schicket, worinn er geschrieben seyn soll und viele historische Fehler darinn vorkommen, wohin z. B. die Erwähnung der Mark Brandenburg zu rechnen ist, welches die jetzige Neumark seyn müste, die aber damals und noch lange nachher zu Pommern ge-

hörte und nicht Mark hieß: so habe ich doch nicht selten und selbst in den Regierungsacten, die sich sub Tit. 28. P. 2. R. C. St. N. 147. fol. 31. N. 175. (a) Vol. I. fol. 33. befinden, Spuren gefunden, daß man diesen Stiftungsbrief für ächt gehalten habe. Ich will daher demselben seinem ganzen Inhalte nach hier mittheilen, damit man sich desto leichter von dem Gegentheil überzeugen könne:

„Wir Subislaus von Gottes Gnaden Herzog zu „Dantzig, Pommern, aus belibebung, und zulaß „Unsers Fürstl. Raths, wie auch unsers ganzen „Hochlöblichen Ritter Standes haben Wir als „auf einem wolgelegenen Orte, an der Marck „Brandenb. Greintz zwischen denen zweyen Seen, „von Uns Tháplinek und Dratzig genand, eine „Stadt gestiftet, mit Nahmen Tempelburg, Wir „mit gegenwärtigem Privilegio auf Ewige jahre „ergeben, und verschrieben, Adeliche Freyheiten „Unser itzigen Herrschafft, wie auch vorkömliches „Rechte, allerley Handel, so woll an Silber, Gold „und andern unterschiedenen theuren Waaren, „als auch an Korn, Früchten, und allerhand Waaren die man erfunden mag, nach ihrem gefallen „zu treiben und zu gebrauchen, bey welcher Gerechtigkeit Sie Krafft diesem Unsern Privilegio zu „allen künfftigen Zeiten fest und sicher verbleiben „sollen."

„Dieser Stadt Tempelburg übergeben Wir auf „Ewige jahre, Hundert und Achtzig Hueffen Lau„des güter Maße an Feldern und unterschied„lichen Wäldern, sambt denen mit diesen Stadt„grunde gelegenen Seen Tháplinek und Dratzig, „mit allen denen Ufern biß an die Büchene Cämpe „so in dieser See Dratzig stehen thut, welche „Cämpe gleichwie Sie mit Wasser umbher schwem-

Die Stadt Tempelburg.

3 Groschen Polnisch, und ein jeder, so mit Weinen, Salz, Hering, oder andern dergleichen Waaren handelt, ingleichen die Höcker, von einem jeden Orhoft Wein 3 Floren Polnisch, von der Tonne Hering 12 Groschen und von der Tonne Salz 9 Groschen Polnisch in den gemeinen Kasten auf dem Rathhause geben und die Rechnungen über diese zum gemeinen Besten der Stadt bestimmten Gelder von gewissen vereideten Personen geführet und vierteljährig dem Magistrat vorgeleget werden sollen. 6) Das von dem Könige Johann Casimir zu Warschau am 15 May 1649 ausgefertigte Privilegium, welches eine allgemeine Bestätigung aller der Stadt und den Gewerken in derselben ertheilten Privilegien enthält. (*) In den der Stadt von dem Churfürsten Friederich Wilhelm zu Marienwalde am 28 August 1669 ertheilten Gnadenbriefe, der von dem Churfürsten Friederich zu Cölln an der Spree am 14 April 1696 bestätiget worden ist, wurde der Stadt die Versicherung ertheilet, daß sie bey ihren Gerechtigkeiten geschützt werden solle, und zugleich verordnet, daß die

Brügg. Beschr. v. H. Pom. [Uuuu]

„met, mit allen ihren Wäldern so darauf stehen, und Schnur gerade von gedachten Cärapen, ihre Grentze an der Marck Brandenburg nehmen thun, ebenmäßige dieser Stadt Tempelburg auf Ewige Jahre zugehören soll, nebst benanten Seen Thaplineez ergeben, und verschreiben wir auch hiermit dieser Stadt Tempelburg auf Ewige Jahre folgend beschriebene, und von uns zu eigenem Gedächtnüße geneukte Seen, als nemblich Klein Maedtlingl, groß und klein Dolgen, groß und klein Plage, Lancken, mit welchen Seen E. Raths dieser Stadt Tempelburg zu vorigen Zeiten verwalten, und den Nutzen für sich und der Stadt daraus suchen soll, so wohl des Sommers als des Winters, mit allerley Netzen, Winter-Garn, und Fischer Geräthe, wie es mag erfunden werden, so wohl jetzunder als auch hernacher in allen künftigen Zeiten, worinnen sich niemand unterstehen soll ihnen verhinderlich zu seyn, den also solches nach Unserm Fürstl. willen beruhen soll; Dieser Stadt Tempelburg nach Nohtdurfft undt Stadt gebrauch wir auch verbönen thun, gewiße Jahrmärckte zu gewißen Zeiten, und Feyertagen, als nemblich der erste Jahrmarckt seyn soll, am Sontage Lactare ein Marckt von allerley wahren, und viehe, der andere aber dem negsten Sontage nach Marien Gebuhrt der Mutter Gottes, und der dritte den Sontag vor Nicolj, welche Märckte jährlich sollen gehalten werden, so lange die Stadt stehen wird, und kein Monarche von Unsern Nachkömlingen wird ihnen solches verweigern noch verbieten mögen; Den dritten pfenning der Marckt Gelder wird ein Rahte dieser Stadt Tempelburg, in Unser Draheimsches Hauß richtig abzugeben schuldig seyn, welches Geld zu Unser Fürstl. Taffel soll angewendet werden, und solches soll sowoll Unsern Fürstl. Nachkömlingen als uns itzo erfolget werden; dergleichen auch die Kwarten, als nemblich zwantzig gewöhnliche Marck an Gelde, soll die gemelte Stadt Unserm Fürstl. Hause Draheim, jährlich auf Marien Gebuhrt abzulegen schuldig seyn, nachdem Sie solches ordentlich abgeleget, sollen Sie in allen ihrem Handel und Gewerbe, als Bier, Brandtwein, Meche, Brau- und Schanck, wie auch allen andern hanthierungen frey und ungehindert gelassen werden, aller ihrer Gründen, sowoll an Landen als Wassern wie die seynd: Ströhmen, Mühlen, Sümpffen, Seen, allerley Fischerey und nutzen, so von Gott auf diesem Stadtgrunde erschaffen, oder noch in künfftig mögen erfunden werden, sollen Sie frey ungehindert geniessen des rauhen Feldes, Wälder, Sträuche, Sie mögen umbgraben zu ihrem nutzen, ihre Wohnungen erweitern, die Stadt mit Mauren befestigen und umbringen, nach des Raths beliebung, solches alles und jedes was hierinnen beschrieben und geordnet, geloben wir krafft die ses Unseren Fürstl. Privilegio, und allen Unsern Fürstl. Nachkömlingen zu allen künfftigen zeiten vollkömlich fest, und unverbrüchlich zu halten, und diese unsere Stadt Tempelburg in Frieden zu beschützen; Zu Versicherung dessen Unser Fürstlich Siegel und unterschreibung Unserer Fürstl. hand unten an gesetzet worden, Geben in unser Stadt Tempelburg am Abend vor der Allerheiligsten Jungfrauen unde Mutter Gottes Marie Gebuhrt im Jahr des Herren, Ein tausend Ein hundert Sechs und Achtzig. „Subislaus Dux Gedanens. et Pomeraniæ.„

(L. S.)

die Draheimschen Haupt- und Amtleute keine Gerichtsbarkeit über den Magistrat, die bürgerliche Gemeine und die sämtlichen Einwohner zu Tempelburg ausüben, auch alle Draheimsche Gränzen und sonst alles in dem Stande unverrückt lassen sollen, als es zu der Zeit gewesen ist, da der Churfürst zum Besitz der Starostey gekommen. Die weitläuftigen in lateinischer Sprache abgefaßten Commißionsprotocolle und Bescheide, von den Jahren 1638, 1645, 1647 und 1648, die in beglaubten Abschriften den Acten der Stettinschen Lehnskanzley wegen der Privilegien dieser Stadt beygefüget sind, betreffen verschiedene Streitigkeiten derselben mit den ehemaligen Draheinschen Starosten wegen einiger Aecker, Wiesen, Hütungen, Wälder, Gränzen und dergleichen und können nicht nur zu einer nähern Kenntniß des damaligen Zustandes der Stadt, sondern auch noch jetzt zur Entscheidung in solchen streitigen Fällen dienen, welche die Gerechtsame der Stadt und des jetzigen Amts Draheim angehen. Eine grosse Land- und Poststraße gehet nicht durch diese Stadt, sondern die Stargardsche Post kömmt wöchentlich zweymahl, als des Mittwochs die fahrende, und Sonntags die Fußpost hier an und geht von hier wieder durch die Neumärkschen Städte Falkenburg, Drawburg und Nörenberg nach Stargard zurück.

Das Wapen der Stadt bestehet in einer Burg oder Thor, über welchem ein Reiher ruhet, weil ehemals an dem Orte, wo jetzt die Stadt stehet, ein Reiherbruch oder eine kleine Holzung gewesen ist, worauf viele Reiher genistet haben; daher der Name des Reiherbruchs oder der Reiherburg entstanden ist.

Die Stadt wurde nebst dem Schloße Draheim in dem 13ten Jahrhundert von den Tempelherren angeleget und gehörte ehemals zu der königlichen Polnischen Starostey Draheim, die mit Ausschließung der in den nachfolgenden Zeiten zu derselben gelegten Neumärkschen und Pommerschen Oerter, von dem Könige von Pohlen, Johann Casimir, mit Einwilligung der Reichsstände, nach dem zu Bydgost den 6 November 1657 errichteten Vertrage, für 120000 Rthlr. an den Churfürsten von Brandenburg, Friederich Wilhelm, jedoch unter der Bedingung verpfändet wurde, daß die römisch-katholische Religion in derselben in ihrem damaligen Zustande erhalten und das Patronatrecht über die in derselben gelegene geistliche Güter den Königen von Pohlen verbleiben sollte. Nachdem die Einräumung der Starostey unter allerley Einwendungen war verzögert worden, wurde sie endlich am 24 August 1668, von dem Churfürsten Friederich Wilhelm wirklich in Besitz genommen, seit welcher Zeit sie unter der Herrschaft der nachfolgenden Könige von Preußen geblieben ist. Nach dem 5ten Articul des zwischen Sr. Majestät dem Könige von Preußen und Sr. Majestät dem Könige und der Republik Pohlen den 18 September 1773, zu Warschau geschloßenen und im Druck herausgegebenen Tractats, begaben sich Se. Majestät, der König, und die Stände von Pohlen und Litthauen namentlich und ausdrücklich des Rechts, die Herrschaft Draheim wieder einzulösen, welches sich auf den angeführten Bydgoster Vertrag gründet. Sie traten Sr. Majestät dem Könige von Preußen alle Rechte, welche sie noch auf diesen Distrikt haben oder machen könnten, ab und gaben ihre Einstimmung, daß besagte Se. Majestät, Dero Erben und Nachfolger beyderley Geschlechts diesen Distrikt auf ewig und unwiederruflich, frey, mit allem

Eigen-

Eigenthumsrechte und Souverainität bestehen könne, dergestalt, daß die Krone Pohlen niemals einigen Anspruch, weder unter dem Titul der Wiedereinlösung, des Rückfalls oder unter irgend einem andern Namen daran machen könne noch wolle. Nach dem 8ten Artikul eben desselben Tractats sollen die Römischkatholischen in den abgetretenen Provinzen, eben so wie in den Districten Lauenburg, Bütow und Draheim, alle ihre Besitzungen und Eigenthum, in Ansehung des Weltlichen, behalten; und in Ansehung der Religion völlig in statu quo; das heißt: bey eben derselben freyen Ausübung ihres Gottesdienstes und der Kirchenzucht, mit allen und eben denselben Kirchen und geistlichen Gütern erhalten werden, welche sie zur Zeit ihres Ueberganges unter die Herrschaft Seiner Preußischen Majestät im Monate September 1772 besessen haben; und Se. Majestät und Dero Nachfolger wollen sich ihrer Souverainitätsrechte zum Nachtheil des status quo der Römischkatholischen Religion in obenwähnten Ländern nicht bedienen. Die Stadt Tempelburg war ehemals der Gerichtsbarkeit des Amts Draheim unterworfen, sie wurde aber von derselben durch das oben angeführte Privilegium des Churfürsten Friederich Wilhelm von 1669 befreyet und dadurch zugleich für eine Immediatstadt erkläret. In dem Jahre 1725 den 15 Junius wurde durch eine heftige Feuersbrunst beynahe die ganze Stadt in die Asche geleget. Ein ähnliches Unglück betraf sie in dem Jahre 1765, da nur wenige Häuser gerettet wurden, jedoch sind die abgebrannten nachher durchgehends wieder erbauet worden. So wohl durch die feindlichen Einfälle der Rußischen Truppen in dem letzten siebenjährigen Kriege, als auch durch die letzte Feuersbrunst sind die meisten rathhäuslichen Nachrichten verlohren gegangen und die in der Beschreibung dieser Stadt angeführte Urkunden und Verordnungen sind sämtlich aus den Stettinschen Landesarchiven genommen.

3. Ratzebuhr lieget 1 Meile von den Westpreußischen Städten Landeck und Jastrow, 2 Meilen von Neu-Stettin und der Westpreußischen Stadt Hammerstein und 4 Meilen von Tempelburg, in einem mit Bergen umgebenen Thale, an der Czarna oder dem so genannten Zahnflusse, der mitten durch die Stadt fließet und bey Landeck in die Küddow fällt, und hat weder Mauern noch Thore, eine Straße, worinn sich, außer dem Rathhause und der darinn angelegten Acisecasse, 139 Feuerstellen befinden, die jetzt zu 14990 Rthlr. in der Feuersocietät versichert und wovon 22 mit Ziegeln, 117 aber mit Strohdächern versehen sind, 175 Bürger und unter denselben 85 Tuchmacher, 8 Schuster und 6 Schneider, die sämtlich ihre eigenen Gewerksprivilegien haben, 40 Ackerbürger, die nicht ganze Landhufen, sondern nur halbe oder so genannte Hakenhufen nebst einigen Caveln besitzen, 12 Viertelhäfner oder ehemalige Coßäthen und 17 Einlieger, die sich von ihrer Handarbeit ernähren. Außer denselben befinden sich in dieser Stadt noch 2 Güter, wovon das eine $\frac{1}{2}$, das andre aber, so jetzt ein Gasthof ist, $\frac{3}{4}$ des ehemaligen Lehnschulzenhofes ausmacht, und 2 Krüge, wovon der eine $\frac{1}{4}$ und der andre $\frac{3}{4}$ des ehemals hier gewesenen Lehnkruges begreift. Die Anzahl der Einwohner bestehet überhaupt in 1016 Seelen. Die mit geringen Einkünften versehene und zu der Neu-Stettinschen Synode gehörige Mutterkirche brannte 1658 zugleich mit dem ganzen Orte ab, wurde aber 1663 nebst dem Thurm, worinn 2 Glocken hängen, mit gemauerten Fachwerke wieder erbauet,

1733 ausgebessert und inwendig gemahlet und 1778 abermals ausgebessert. Der einzige Prediger, welcher von dem Könige, als dem Patron der Kirche bestellet wird, besorget auch den Gottesdienst in dem ihm beygelegten adelichen Filialdorfe Lünzow. Bey der ebenfalls unter königlichen Patronat stehenden Schule ist ein Rector angesetzet, der alle Sonntage Nachmittags predigen muß und dafür eben so viel Meßkorn an Roggen, mit Ausschließung der Gerste, als der Prediger, nur mit dem Unterschiede bekommt, daß dasselbe dem Prediger mit dem Pfarrscheffel, dem Rector aber mit dem Berlinerscheffel zugemeßen wird. Ein Rectorathaus wurde 1778 erbauet. Ein Hospital oder andre milde Stiftungen sind nicht vorhanden. Ehemals war dieser Ort ein zu dem königlichen Amte Neu-Stettin gehöriger Marcktflecken, worinn sich 40 Halbbauern und 11 Coßäthen befanden, die als Amtsunterthanen dem Vorwerke Zamborst Naturaldienste leisten und alle ihre Abgaben an das Amt geben musten. Weil aber die Besetzung dieser Höfe dem Amte viele Mühe machte, indem die Bauern, denen die Amtslasten zu beschwerlich waren, und die auch sonst bey den Märschen gleich andern Einwohnern in den Städten wirkliche Einquartirungen tragen musten, oft heimlich nach Pohlen davon liefen und die Höfe einige Jahre wüste blieben: so wurde zum Besten der Unterthanen und zur Verbeßerung der Nahrung dieses Fleckens, die damals durch das angränzende Pohlen befördert wurde und wegen der ansehnlichen Tuchfabrike sehr beträchtlich war, von der Pommerschen Krieges- und Domainencammer in Vorschlag gebracht, diesen Flecken von der Gerichtsbarkeit des Amts, auch der Verbindung mit demselben und folglich die Unterthanen von der Unterthänigkeit ganz zu befreyen und ihre bisherige Abgaben für sie aus der Accisecasse bezahlen zu laßen, dagegen aber die Aussaatacciße, Viehsteuer und Handlungsaccise nach den allgemeinen bey der Acciße angenommenen Grundsätzen einzuführen. Dieser Vorschlag wurde von Sr. Majestät dem Könige überall genehmiget, so daß nach dem Rescripte vom 9. Januar 1753, die bisherigen hiesigen Amtsunterthanen von der Unterthänigkeit gänzlich befreyet und ihnen ihre Höfe und Aecker, welche sie schon eigenthümlich besessen hatten, zu veräußern, zu theilen und nach Gefallen damit zu schalten und zu walten, frey gegeben, sie also künftig das Bürgerrecht genießen und unter einem Magistrat, nicht aber unter dem Amte stehen, auch die hier sich befindenden so genannten Freyen, als der Gerichtsvoigt, die 2 Schulzenhöfe und der Müller von dem Amte gänzlich abgenommen, dagegen aber aus der Accisecasse nicht nur alle Abgaben an daßelbe, so damals 403 Rthlr. 22 Gr. betrugen, für sie an das Amt bezahlet, sondern auch die Naturaldienste dem Generalpächter mit 143 Rthlr. 16 Gr. vergütiget werden sollen. Nachdem diese Verordnung durch das Rescript vom 11 April 1754 nochmals bestätiget und diesem Flecken die Immedietät zugestanden worden war: so wurde am 30 Junius 1754, so wohl der Magistrat als die Bürgerschaft von dem Krieges- und Domainen- und Steuerrathe Culemann in Eidespflicht genommen und mit den nöthigen auf die neue städtische Einrichtung sich beziehenden Vorschriften versehen. Der Magistrat, der die obere und niedere Gerichtsbarkeit hat und sein Gehalt theils aus den Einkünften der Cämmerey, theils von dem Grund und Bürgerschoß erhält, den die Bürgerschaft zusammen bringen muß, bestehet jetzt in einem dirigirenden Bürgermeister, der so wohl die Policey als die gerichtlichen Sachen besorget, einem Cämmerer und

3 Sena-

Die Stadt Ratzebuhr.

3 Senatoren, wovon der eine zugleich Fabrikeninspector ist. Da die Stadt eben so wie die andern Immediatstädte gänzlich der obern Gerichtsbarkeit der Landescollegien unterworfen ist: so gehen auch die Appellationen von dem Magistrat an das königliche Hofgericht in Cößlin. Besondre Stadtrechte sind hier nicht und die Einwohner müssen sich nach den allgemeinen Landesgesetzen und insonderheit nach dem hier angenommenen Lübischen Rechte, und wenn eine Feuersbrunst entstehet, nach der von dem Magistrat am 10 October 1756 entworfenen und im Druck herausgegebenen Feuerordnung richten. Die verordneten 4 Städtältesten sind verpflichtet, für das Beste der Bürgerschaft und der Stadt zu sorgen. Die Hauptnahrung hängt von den Tuchmachern ab, welche noch in den neuesten Zeiten jährlich durch den Verkauf ihrer Tücher, vornehmlich in den Städten Königsberg und Danzig, im Durchschnitt 48000 Rthlr. in die Stadt brachten, die theils in derselben blieben, theils zum Ankauf der Wolle angewandt wurden. Diese ist hier von vorzüglicher Güte und wird für billige Preise so wohl in der hiesigen Gegend, als auch in Westpreußen von den Fabrikanten gekauft, deren Verkehr hier deshalb so beträchtlich ist, weil die Nähe der Stadt Danzig den Absatz ihrer Waaren erleichtert; die Lebensmittel hier wohlfeil sind und die Bürger nothdürftiges Holz, aus den der Stadt eigenthümlich gehörigen und größtentheils in Fichten und Buchen bestehenden Holzungen, unentgeldlich bekommen. Zum Besten der Tuchmacher ist auch ein königliches Wollmagazin angeleget worden. Die Handwerker und Ackerbürger ernähren sich theils von ihrem Handwerke, größtentheils aber von dem Ackerbau. Auf den von dem Herzoge Philipp am 18 März 1615 ertheilten Befehl, wurde von den fürstlichen Hauptmann zu Neu-Stettin Peter Somnitz zu Grumsdorf, Otto Rüdiger Glasenapp zu Altenwall und dem fürstlichen Neu-Stettinschen Burggerichtsnotarius George Plönzig am 27 April 1615 eine Vermeßung der Ratzebuhrschen Feldmark vorgenommen, nach welcher in dem ersten Felde nach dem Oltenewerder 1261 Morgen 14 Ruthen, in dem Wockunschen Felde nach Wallachsee wärts 820 Morgen 77 Ruthen, in dem dritten Felde nach dem Tulz 2350 Morgen 59 Ruthen, und folglich in allen drey Feldern, den so genannten Knutsdort mit eingerechnet, 4443 Morgen 150 Ruthen herausgebracht wurden. Nach der Vermeßung von 1725 hatte ein Bauer 155 Morgen 124 Ruthen und ein Coßäth 69 Morgen 159 Ruthen. Der städtische Acker ist größtentheils nur von mittelmäßiger Güte und an vielen Orten sandig und gränzet an die Dörfer Wallachsee, Flederborn, Burzen, Pinnow, Hasenfier, Barkenbrügge, Barenbusch, Oltenke und Lütnzow und an die Westpreußische Stadt Landeck. Die Gränzstreitigkeiten zwischen den Dörfern Ratzebuhr, Flederborn und Wallachsee wurden durch den von dem fürstlichen Hauptmann Peter Somnitz zu Wallachsee am 9 September 1613 errichteten und von dem Herzoge Philipp am 7 April 1614 bestätigten Verrtrag, diejenigen Streitigkeiten aber, welche die Stadt Ratzebuhr wegen der Gränzen längst des Czarnefließes in den so genannten Tiefenbrüchern mit dem adelichen Dorfe Barenbusch seit dem 16ten Jahrhunderte geführet hatte, durch einen mit den von Hertzberg in dem Jahre 1780 getroffenen Vergleich beygeleget, nach welchem die Tiefenbrücher, die nach der in dem Jahre 1781 geschehenen Vermeßung 4597 Magdeb. Morgen 58 Ruthen enthalten, unter die Interessenten getheilet wurden. Fischerey hat die Stadt nicht, indem die 3 kleinen Seen bey derselben unrein

[Uu uu 3] und

Der Neu-Stettinsche Kreis.

und sumpfig und mit altem Holze erfüllet sind. Der Herzog Johann Friedrich hätte bereits, nach dem Gnadenbriefe vom 15 Julius 1597, den Einwohnern 3 Jahrmärkte, als den ersten an dem Sonntage Jubica, den andern an dem Sonntage nach Johanni und den dritten an dem Sonntage nach Martini und an dem Tage zuvor bewilliget, worüber auch der Herzog Philipp am 15 May 1613 die Bestätigung ertheilte; jetzt aber hat die Stadt 4 Jahrmärkte als: 1) drey Tage vor Palmarum, 2) drey Tage vor alten Johannis Krammarkt, 3) drey Tage vor alten Michael Vieh- und Krammarkt und 4) an dem Mittwoche nach Neu-Martini Vieh- und Krammarkt. Die bürgerlichen Abgaben und Lasten bestehen außer der Accise, in dem Bürger- und Grundschoße, welcher ohngefähr 150 Rthlr. beträgt und an die Cämmerey bezahlet wird und in der Naturallieferung von 47 Hufen, die bis zur Zeit der eingeführten Accise versteuert werden mußten und noch unter dem Hufenstande des Amts Neu-Stettin mit begriffen sind. Die Stadt muß daher auch noch jetzt in Ansehung derselben zu den so genannten Abfuhren und den übrigen Naturalkriegeslasten das ihrige mit beytragen und darinn dem Amte zu Hülfe kommen; die Contribution und Cavalleriegelder aber bezahlet sie eben so wenig als die ehemaligen Domainenabgaben und Naturaldienste. Die erstern werden monathlich von der Kriegescaße bezahlet, und obgleich die letztern jetzt mit 666 Rthlr. 16 Gr. in dem Amtsetat stehen: so werden doch auch solche aus dem Ertrage der Accise durch die Kriegescaße vierteljährig dem Amte ersetzet. Die oben erwähnten 2 Güter, die aus dem ehemaligen Lehnschnitzenhofe entstanden sind und die beiden Krüge, die ehemals den hier gewesenen Lehnkrug ausmachten, waren in den vorigen Zeiten mit verschiedenen Privilegien und insonderheit die Krüge mit dem Rechte der freyen Brauerey und Brandweinbrennerey versehen, jetzt aber sind sie, wie die übrigen Einwohner, der Accise, Vieh- und Aussaatsteuer unterworfen. Außerhalb der Stadt liegen noch und gehören zu derselben: 1) zwo Mahlmühlen auf der Carne, als die Ober- und Niedermühle, jede mit 2 oberschlägigen Gängen. Die Pächte von diesen Mühlen, die ihre Besitzer aus ihren eigenen Mitteln im Stande erhalten müßen, werden an das Amt Neu-Stettin gegeben, welches jedoch keine Gerichtsbarkeit über dieselbe hat; 2) eine auf der Carne gelegene Walkmühle, welche der König für die hiesigen Fabricanten hat erbauen laßen und sie ihnen eigenthümlich geschenkt hat und 3) eine Ziegeley, die von dem Bürgermeister Stockmann für gewiße ihm bewilligte Freyjahre ist erbauet worden und jetzt der Cämmerey gehöret. Eine Poststraße führet nicht durch diese Stadt, die Briefe aber werden wöchentlich 2 mahl durch einen Fußboten von Neu-Stettin abgeholet.

Die Stadt führet in ihrem Wapen den geflügelten Pommerschen Greiff, welcher in der rechten Klaue einen Zweig hält, und hat zwey Adler zu Schildhaltern mit der Umschrift: Königl. Preuß. Pommersche Immediatstadt Ratzebuhr.

Der Herzog Barnim der ältere ließ das Dorf Ratzebuhr in einer zu dem Neu-Stettinschen Amte gehörigen Gegend, die theils wüste war, theils in einer Fichtenheide bestand, zugleich mit den Dörfern Hasenfier und Lümzow in dem Anfange des 16ten Jahrhunderts anlegen. Von dem Herzoge Johann Friederich wurde dieses Dorf

Die Stadt Ratzebuhr.

Dorf durch die ihm 1597 geschenkten 3 Jahrmärkte zu einem Marktflecken gemacht, welchem seine vortheilhafte Lage für die Fabricanten, die ehemaligen Bedrückungen der Protestanten in Pohlen und der Verdienst, welchen die Reisenden verschaffen, indem die Straße von Danzig und Königsberg in Preußen nach Stettin, Berlin, Frankfurt, Leipzig, Breslau und allen berühmten Handelsplätzen in Deutschland hier durchgehet, bald eine beträchtliche Anzahl von Einwohnern und vornemlich von Fabricanten zuzogen. Die gute Nahrung, die der Ort dadurch bekam, der, nach den Einrichtungsacten des Amts Neu-Stettin von dem Jahre 1742, einen Lehnkrug, einen Lehnschulzenhof, 40 Halbbauern und 12 Coßäthen hatte und der einzige zollbare Ort ist, den die Frachten auf der oben bemerkten Straße durch Pommern berühren, veranlaßte zuerst die Einführung der Accise und verursachte auch, daß man von Zeit zu Zeit daran arbeitete, diesem Flecken ganz ein städtisches Ansehen zu geben, welches denn auch in dem Jahre 1754 geschahe, als er zu einer Immediatstadt erhoben wurde. In dem Jahre 1658 wurde Ratzebuhr bey dem Einfall der Pohlen ganz eingeäschert und am 26 März 1748 abermals durch eine große Feuersbrunst heimgesucht. In dem letzten 7 jährigen Kriege, in welchem die Stadt 23 mahl Plünderungen erfahren hat, wurde sie zuerst unter allen Pommerschen Städten von den Rußen betreten, von deren 7000 Mann leichter Cavallerie unter der Anführung des Generals von Demikow am 20 Junius 1758 hier einrückten, die Stadt 24 Stunden lang plünderten und eine große Verwüstung in derselben anrichteten.

II. Eine adeliche Mediatstadt, nemlich:

1. **Bärwalde** von einigen auch Beerwalde und in dem Stadtsiegel von 1626 Berwolde genannt, eine Mediatstadt bey an diesem Städtlein, der Pieleburgschen Heide und dem Copriebensche Busche berechtigten 4 adelichen Geschlechter von Glasenapp, von Wolde, von Zastrow und von Münchow, lieget zwischen Bergen in einem sumpfigten mit Wiesen umgebenen Thale, 2 Meilen von Neu-Stettin, Tempelburg und Polzin, 3 von Bublitz, 4 von Belgard, Ratzebuhr und der Westpreußischen Stadt Hammerstein, 5 von Cößlin, Cörlin und Pollnow, 6 von Rummelsburg, 7 von Zanow, 8 von Colberg, Rügenwalde und Schlawe und 11 von Stolpe, an 2 Bächen, wovon der eine aus dem so genannten Cölpinschen Küchensee entspringt, mitten durch die Stadt und über die Weißenburgsche Mühle durch das adeliche Dorf Wusterhanse fließet, die Wusterhansesche Mühle treibt und nahe bey derselben in die Persante fällt, der andre aber, oder das so genannte Hoierfließ bey dem Buschgute Groß-Schmitz entspringt, durch die Hoierwiesen fließet und sich nahe bey den Häusern der Stadt mit dem Priebkowschen Bache vereiniget. Die Stadt, die mit keiner Ringmauer versehen ist, hat 4 Thore, als das Neu-Stettinsche, Polzinsche, Belgardsche und Neuerthor, aber nur eine Straße und mitten in derselben den Marktplatz und das Rathhaus, 105 Wohnhäuser, welche nebst 38 Scheunen jetzt in der Feuersocietät zu 13860 Rthlr. versichert und wovon 77 mit Ziegeln, 28 aber mit Stroh gedecket sind, überhaupt 539 Seelen und unter denselben 113 Bürger, eine nahe an dem Markte gelegene, mit einem Thurme und 3 Glocken versehene und zu der Neu-Stettinschen Synode gehörige Mutterkirche, deren Filial das Dorf Valm ist und

zu

zu welcher die adelichen Buschgüter Klein- und Groß-Schmilz, Osterfelde, Ziegeley, Groß- und Klein-Grabunz, Rothenfließ, Linde, Gönne, Strohwiep, Knick, Sorenhof und Schwurk, imgleichen die Heegsche und die Welkenburgsche Mühle eingepfarret sind, 2 Prediger, nemlich einen Pastor und einen Diakonus, die nach der Kirchenmatrikul von den oben genannten 4 adelichen Geschlechtern, als den Patronen der Stadt und der Kirche, erwählet und berufen werden, eine Schule mit 2 Lehrern, als dem Diakonus, der zugleich Rector und Cantor ist und einem Baccalaureus, die als Schullehrer von den Patronen, dem Pastor, Gerichtsverweser, Magistrat und den Provisoren der Kirche vociret werden, und weder ein Hospital noch einige andre besondre Armenanstalten. Das vereinigte adeliche und Magistratsgericht, das in dem Namen der 4 adelichen Geschlechter die obere und niedere Gerichtsbarkeit verwaltet, bestehet jetzt aus einem Gerichtsverweser, der zugleich Gerichtshalter oder Stadtrichter ist und von den Patronen bestellet und besoldet wird, dem Policeybürgermeister und einem Cämmerer, der zugleich Beysitzer des Gerichts und Secretarius ist, der Magistrat aber, dessen Mitglieder als der Policeybürgermeister, der Cämmerer und ein Senator ebenfalls von den Patronen gewählet werden, ist darinn von dem vereinigten adelichen und Magistratsgerichte unterschieden, daß von dem erstern die Policeygeschäfte und von dem letztern die Institzsachen verwaltet werden. Die ehemaligen Streitigkeiten wegen der peinlichen Gerichtsbarkeit zwischen den an diesen Städtlein berechtigten 4 adelichen Geschlechtern und dem Magistrat und Richter, wurden durch den zu Alt-Stettin am 7 Junius 1645 errichteten Vergleich also beygeleget, daß neben den 4 adelichen Geschlechtern oder ihren aus jedem Geschlechte, nach Veranlassung der am 18 November 1619 durch fürstliche Commissarien gemachten Verordnung, deputirten Gerichtsverwesern, der Magistrat und Richter die Criminalgerichte mit besetzen und verwalten, in ihrem Namen mit erkennen und richten, die Urthel gehörig vollziehen und zu dem Ende gewiße Personen, die sich am besten dazu schicken würden, jedoch nicht über 3 oder 4, außer dem Gerichtsschreiber, dazu deputiren sollten. In eben diesem Vergleiche wurden die Gränzen dieses peinlichen Gerichts also bestimmt, daß daßelbe über diejenigen Verbrechen, die entweder auf dem Grunde und Boden des Städtleins, oder von solchen Personen begangen werden, die in demselben wohnen und in bürgerlichen Sachen unter dem Magistrat und Richter stehen, erkennen, jedoch nicht auf die Höfe und Häuser der adelichen Herrschaften und die denselben gehörige Cossäthenhöfe ausgedehnet werden, in Ansehung der bürgerlichen Sachen aber, es bey der oben erwähnten Verordnung vom 18 November 1619 verbleiben sollte. Dieser Vergleich wurde nicht nur zu Cleve von dem Churfürsten Friederich Wilhelm durch ein Rescript vom $\frac{4}{15}$ April 1666, sondern auch nebst einem andern Vergleiche vom 1 April 1620, der ebenfalls die Bestallung des Gerichts und die Verwaltung der Justiz in diesem Städtlein betrift, nach dem von dem Magistrat wider die 4 adelichen Geschlechter in Ansehung der Gerichtsbarkeit erhobenen Rechtsstreite, durch die Urthel der Pommerschen Regierung vom 28 April 1739 und des Oberappellationsgerichts vom 27 Februar 1742, zum Vortheil der Herrschaft bestätiget. Weil aber derselben in dem Vergleiche vom 1 April 1620, ausdrücklich war vorbehalten worden, wegen der Verwaltung der Justiz eine Veränderung, so oft es nöthig seyn möchte, zu treffen: so wurde am 3 Januar 1743, mit Einwilligung aller Inte-
ressen

deſſenten von der Herrſchaft, jedoch abermals mit dem Vorbehalte einer Aenderung, ſo oft es nöthig ſeyn möchte, ein von der Königl. Regierung am 15 Februar 1743 beſtätigter Vereinigungsreceß geſchloßen, nach welchem zur Abkürzung der Proceſſe und Inſtanzen und zur Erleichterung der Unterthanen, ſo wohl die peinliche als bürgerliche Gerichtsbarkeit der Herrſchaften und des Magiſtrats vereiniget wurde, ſo daß ſolche von einem niedergeſetzten und vereideten Gerichte in dem Namen der Herrſchaft ausgeübet wird. Von dieſer wird zu dem Ende ein geſchickter und erfahrner Rechtsgelehrter zum Gerichtsverweſer beſtellet, welchem ehemals aus dem Magiſtrat der Gerichtshalter, der Stadtrichter und die beiden Bürgermeiſter zugeordnet waren. Alle peinliche und bürgerliche Sachen werden vor dieſem Gerichte angebracht und entſchieden, ſo daß ehemals alle Vierteljahre von dem Gerichtsverweſer, der nicht in der Stadt wohnte, Gericht gehalten und ſolches jedesmahl 8 Tage vorher von der Kanzel bekannt gemacht werden, der Gerichtshalter und die beiden Bürgermeiſter aber wöchentlich 2 Gerichtstage halten, die klagenden Partheyen hören und den Proceß bis zum Entſcheidungsurthel einleiten, als dann aber zur Abfaßung deſſelben die Acten an dem nächſtfolgenden vierteljährigen Gerichtstage dem Gerichtsverweſer vorlegen muſten. In bringenden Fällen und wenn die eine oder die andre Parthey die Beſchleunigung des richterlichen Spruchs verlangte, muſten die Acten dem Gerichtsverweſer auf Koſten des darum anhaltenden Theils auf der Poſt, oder aber durch den Gerichtsdiener zur Abfaßung der Sentenz eingeſandt werden. Den klagenden Partheyen ſtand es im Gegentheil frey, ihre Klagen bis zu dem öffentlichen vierteljährigen Gerichtstage zu verſchieben und bey dem Gerichtsverweſer anzubringen, welcher dann die Sache ſelbſt hören oder die Einleitung derſelben dem Gerichtshalter überlaßen konnte; einem Beklagten aber wurde nicht verſtattet, den Proceß durch die Verſchiebung deſſelben bis zu dem nächſten öffentlichen Gerichtstage aufzuhalten, es wäre denn, daß er über eine nicht recht verhörte Sache zu klagen ſich getrauet hätte. Die Verfahrungsart bey dieſem Gerichte gründet ſich auf die Proceßordnung und andre königliche Verordnungen, imgleichen auf die rathhäusliche Conſtitution von 1688 und die Entſcheidung wird nach dem Unterſchiede der Einwohner entweder nach dem Lübiſchen oder gemeinen Rechte abgefaſſet. In peinlichen Sachen werden ebenfalls die königlichen Edicte und die Criminalordnung zur Richtſchnur angenommen. Weil aber der Gerichtsverweſer ehemals nicht gegenwärtig war, ſo muſte der Gerichtshalter nebſt den beyden Bürgermeiſtern das Denunciationsprotocoll ſo fort aufnehmen, für die ſichere Aufbewahrung des Beklagten nach Beſchaffenheit ſeines Verbrechens gehörige Sorge tragen, und das Protocoll ſo gleich an den herrſchaftlichen Gerichtsverweſer zur fernern Veranlaßung einſenden, welches jetzt, da derſelbe in der Stadt wohnet, und die Gerichtstage, ſo oft es erforderlich iſt, von dem vereinigten adelichen und Magiſtratsgerichte gehalten werden, von ſelbſt wegfällt. Vor dieſem Gerichte müßen ſich alle Einwohner des Städtleins, mit Ausſchließung der darinn wohnenden adelichen Perſonen, der Acciſe und übrigen königlichen Bedienten, wie auch der geiſtlichen und anderer eximirten Perſonen, als welche der unmittelbaren Gerichtsbarkeit des Landesherren unterworfen ſind, ſo wohl in peinlichen als bürgerlichen Sachen, nach dem Innhalte des Vergleichs vom 1 April 1620, einlaßen und obgleich nach dieſem Vergleiche und nach demjenigen vom 7 Junius 1645, die hieſi-

Brügg. Beſchr. v. H. Pom. [Xfff] gen

gen adelichen Rittersitze und Höfe davon ausgenommen sind: so ist doch in dem angeführten Receße festgesetzet worden, daß die Verwalter, Schäfer und das Gesinde der adelichen Ritterhöfe in bürgerlichen Sachen, wohin auch Injurien und Schlägereyen gerechnet werden, in so fern die Einwohner des Städtleins daran Antheil haben, ebenfalls die Gerichtsbarkeit des bestellten Gerichts, so wie auch in Gränz- Hütungs- und andern Feldsachen erkennen sollen. In diesen letztern Sachen sind auch so gar die residirenden Herrschaften, wenn sie deshalb mit einem Bürger oder der Bürgerschaft in Uneinigkeiten gerathen, der Erkenntniß und Entscheidung dieses Gerichts unterworfen. Nicht weniger müßen auch die herrschaftlichen Bauern, die auf dem Grunde und Boden der Stadt mit den Bürgern in Feld- oder Injuriensachen in Uneinigkeit gerathen, sich demselben gestellen und daselbst den rechtlichen Ausspruch erwarten; jedoch bleibet in diesem Fall einer jeden Herrschaft frey, alsdann dem Gerichte mit beyzuwohnen, und so viel die Execution betrift, wird solche wider deren Leute durch den Gerichtsdiener und die ihm von der Herrschaft zugeordnete Personen verrichtet. In Ansehung der Sporteln wurde zwar dieses Gericht nach dem oben angeführten Vereinigungsrecesse an die Sportulordnung der Constitution von dem Jahre 1733 verwiesen, jetzt aber werden nach den ergangenen neuern königlichen Verordnungen die Sporteln also getheilet, daß davon der Gerichtsverweser $\frac{1}{3}$, der Bürgermeister $\frac{1}{3}$ und der Cämmerer $\frac{1}{3}$ bekommen. Von den Strafgefällen sollen die Patronen $\frac{1}{3}$, der Gerichtsverweser $\frac{1}{3}$ und die beiden Beysitzer zusammen $\frac{1}{3}$ erhalten, es haben aber die Patronen ihren Antheil dem Gerichtsverweser zu seinem Gehalte mit beygeleget. Der Gerichtsdiener erhält jetzt nur diejenigen Sporteln, die ihm in dem jedesmaligen Falle zuerkannt werden. Von diesem Gerichte findet endlich keine Appellation anders Statt, als an das Königl. Hofgericht, und zwar nach dem angeführten Vergleiche und der Hofgerichtsordnung Tit. 32. § 8. nur alsdann, wenn die Summe über 20 Fl. Pommersch beträgt. Bey dem Feldgerichte ist der Policeybürgermeister Feldinspector, bey welchem sich 2 herrschaftliche Verwalter und 2 Stadtältesten als Köhrherren, von Walpurgis an bis nach der Erndte des Sonntags nach der Vesperpredigt versammlen und die in die Feldwirthschaft einschlagende Sachen, nach der von den Patronen und der Stadt am 20 April 1743 errichteten Feldordnung, abmachen. Da der Handel nur von 2 Kaufleuten und einem Schutzjuden getrieben wird, die alles im Kleinen verkaufen und der Fabricanten nur wenige, als 11 Rasch- 8 Tuch- und 1 Hutmacher sind, die bey dem eingeschränkten Verkehr jetzt überhaupt nur etwa 300 Stein Wolle verarbeiten, da sonst ein Raschmacher solche allein in seiner Werkstätte verarbeitet hat: so ernähren sich die Einwohner theils von ihrem Handwerke, theils von dem Ackerbau. Der Acker von mittelmäßiger Güte bestehet in 3 Feldern und ist mit den nahe bey der Stadt gelegenen 6 Vorwerken und 9 Coßäthenhöfen, die nebst dem grösten Theil der Wiesen bey der Stadt den adelichen Herrschaften gehören, durchgängig in Gemeinschaft. Die Stadt hat keine Mühle und weder Holzung noch Fischerey, indem sich keine Seen bey derselben befinden. Die Jagdgerechtigkeit wird von den Patronen ausgeübet, die Accise aber und der Zoll, welchen sich der Churfürst Friederich Wilhelm in dem bereits oben angeführten Rescript vom $\frac{18}{9}$ April 1666 allein vorbehalten hat, gehören dem Könige. Der Herzog Johann Friederich hatte am 17 März 1592 zuerst in dieser Stadt

zwo

Die Stadt Bärwalde.

zwo Jahrmärkte verordnet, denen der Churfürst Friederich Wilhelm der dritte nach dem Rescript vom 19 November 1663 beyfügte und am 25 April verordnete, daß das Städte- und Marktgeld, so wie es an allen Orten gebräuchlich sey, dem Magistrat, um solches zu dem gemeinen Besten anzuwenden, zuflößen, und die Miethe für die niedergesetzten Waaren demjenigen, in dessen Hause sie stehen, gegeben werden solle. Nachdem die Stadt in den folgenden Zeiten noch einen vierten Jahrmarkt erhalten hatte, wurde ihr endlich auch 1766 von dem Könige der fünfte an dem Mittwoche nach dem zweyten Adventssonntage zu ihrer bessern Aufnahme und zur Vermehrung des königlichen Interesse bewilliget. Diese 5 Märkte werden jetzt 1) am Mittwoche vor Fastnacht, 2) Mittw. vor Jubilate, 3) Mittw. vor Bartholomäi, 4) Mittw. vor Galli und wenn Gallen auf den Mittwoch fällt, an demselben Tage und 5) Mittw. nach dem 2ten Advent und zwar also gehalten, daß die Viehmärkte jedesmahl auf den Mittwoch, die Krammärkte aber auf den folgenden Tag, als den Donnerstag, fallen. Unter diesen Märkten ist der Viehmarkt, der auf Galli gehalten wird, vorzüglich berühmt. Die Lasten, so auf der Bürgerschaft haften, bestehen in den königlichen Accise- und Zollgefällen, der Fabrikensteuer, dem Hülfsservis, den Fouragelieferungen für die Cavallerie, den Besoldungen für die Kirchen- und Schulbedienten und in gewißen Cämmereygefällen, und da die Stadt weder Grundstücke noch Capitalien besitzet, so müßen die Kosten zur Besoldung des Magistrats und zu andern nöthigen Ausgaben durch Ausschreibungen von den Einwohnern zusammen gebracht werden. Nach dem bereits oben angeführten Vergleiche vom 7 Junius 1645, und den Verordnungen der Churfürstlichen Regierung zu Colberg vom 30 Junius 1658 und 1 May 1661, sollen die bürgerlichen Güter und Häuser, welche die von Adel und andre durch Kauf, Tausch oder sonst an sich bringen, dadurch keineswegs der Herrschaft der Stadt entzogen und von den bürgerlichen Lasten und Abgaben befreyet werden, sondern in ihrer Qualität verbleiben. Posten kommen hier nicht an, die Briefe aber werden wöchentlich zweymahl durch einen Fußboten von dem Dorfe Groß-Crößin abgeholet.

Das Gerichtssiegel, welches die Umschrift hat: Berwaldisches adeliches Gerichtssiegel, enthält die eigenthümlichen Wapen der an dieser Stadt berechtigten 4 adelichen Geschlechter von Glasenapp, von Wolde, von Zastrow und von Münchow und wird zum Beweise der ihnen zustehenden Gerichtsbarkeit allen gerichtlichen Ausfertigungen beygedruckt. Das Stadtsiegel, welches nur in besondern Stadtsachen, Cameral- und Policeyangelegenheiten 2c. 2c. gebraucht werden darf, stellet einen Bären vor, der sich an einen vieläftigen Baum lehnet und ist mit der Umschrift versehen: Sigillum Civitatis Berwolde. An. 1626. Das erstere Siegel hat der Gerichtsverweser, das andre aber der Bürgermeister in seiner Verwahrung.

Nach der hiesigen Kirchenmatricul war Bärwalde schon vor dem Jahre 1590 eine Stadt; in welchem Jahre sie aber eigentlich von den mit dem so genannten Coprlebenschen Busche und der Pieleborgschen Heide belehnten 4 adelichen Geschlechtern von Glasenapp, von Wolde, von Zastrow und von Münchow erbauet worden sey, läßt sich mit Gewißheit nicht bestimmen, indem in dem letzten 7 jährigen Kriege von den Rußen das rathhäusliche Archiv verwüstet worden und selbst die wenigen oben angeführten ältern Urkunden nicht aus demselben, sondern aus den Stettinschen Landesarchiven genommen sind. Wahrscheinlich ist die Stadt nebst vielen andern Oertern dieser Gegend, die in dem 15ten und 16ten Jahrhunderte angeleget wurden, auch erst um diese Zeit in einem großen Walde, worinn sich ehemals viele Bären aufhielten, erbauet worden und hat ohne Zweifel eben daher so wohl ihren Namen als auch ihr Wapen bekommen; obgleich einige behaupten wollen, daß sie von einem Bernd von Wolde, der vornehmlich zur Ausrottung der Bären und Urbarmachung dieser Gegend viel beygetragen habe, durch eine Abkürzung Berwolde genannt worden sey, wie sie in dem angeführten Stadtsiegel heißt.

III. Zwey königliche Aemter, als:

1. **Das Amt Neu-Stettin.** Zu welchem gehören:

1) Folgende Dörfer, als:

(1) **Barenberg** 1 Meile von Neu-Stettin westsüdwestwärts und 1¼ Meilen von Bärwalde südostwärts, auf einer Anhöhe, ganz nahe an dem so genannten Amts-Hüttenbusche, hat einen Freyschulzenhof, welcher unter 4 Wirthe zu gleichen Theilen getheilet ist, 4 Feuerstellen, einige Eichen und Büchen, ist zu Persanzig in der Neu-Stettinschen Synode eingepfarret und gränzet an die Dörfer Mossin, Graben und Kucherow.

(2) **Groß-Crößin** 3 Meilen von Neu-Stettin nordwestwärts und eben so weit von Belgard südostwärts, an der Persante, hat, außer einem Vorwerke, 1 Prediger, 1 Freyschulzen, 1 Küster, 22 Bauern, außer einem Bauerhofe, so sich bey dem Vorwerke befindet, 4 große und 4 kleine Coßäthen, 3 Büdner, ein Hirtenhaus, so aus 2 Feuerstellen bestehet, 1 Schmiede, 1 Predigerspeicher, 1 Bauerspeicher, 42 Feuerstellen, eine zu der Neu-Stettinschen Synode gehörige Mutterkirche, deren Filial das Dorf Borntin ist und zu welcher das Vorwerk Schwartow, die Sandmühle und das Dorf Vilnow eingepfarret sind, keine Holzung und gränzet an die Dörfer Vilnow, Zuchen, Züllenhagen, Balsanz, Döbel und Kiekow. In dem Dorfe Groß-Crößin ist eine Poststation und das Predigerhaus ist zugleich das Posthaus, indem die von Cörlin nach Neu-Stettin fahrende Post hier wöchentlich 2 mahl durchgehet. Auch werden von hier die Briefe wöchentlich 2 mahl nach der Stadt Bärwalde durch einen Postboten abgeholet. Groß-Crößin war ehemals ein Lehn der von Tribbemer, nach deren Abgange es dem Amte Neu-Stettin einverleibet, von dem Herzoge Johann Friederich aber, nach der 1590 am Michaelistage ertheilten Verschreibung, dem Obercämmerer und fürstlichen Rathe Peter Kameke zu Lassehne verliehen wurde. Dieser trat dagegen das Dorf Darz, welches er außer 11 Hufen, so Joachim Stettin daselbst besaß, und 5 Hufen, die, nach der oben erwähnten Verschreibung, der Kirche zu Rehsfeld zuständig seyn sollen, für 9500 Gulden von Jost und Curt von Dewitz zu Da-

Das Amt Neu-Stettin.

ber erblich gekauft hatte, dem fürstlichen Hause und Amte Friederichswalde gänzlich unter der Bedingung ab, daß er und seine Erben das Dorf Groß-Crößin, worinn, nach dem damals aufgenommenen Inventarium, 24 Bauern mit dem Freyschulzen, eine Kirche mit 2 Hufen, ein Pfarrhof mit 2 Hufen, etlichen Kämpen, Kaveln und Wiesen, eine Küsterey, 6 Coßäthen und 2 Mühlen waren, so lange besitzen sollten, bis ihnen die oben erwähnte Summe der 9500 Gulden wieder ausgezahlet seyn würde. Nachdem aber auf den Antrag der Pommerschen Landstände war beschlossen worden, daß alle und jede verdußerte Tischgüter wieder eingezogen werden sollten, wurde das Dorf Groß-Crößin nach dem Befehl des Herzogs Barnim vom 29 April 1600 dem Amte Neu-Stettin wieder einverleibet.

(3) Eschenriege 3599 Ruthen (*) oder nach der gewöhnlichen Berechnung 1 Meile von Neu-Stettin westnordwestwärts und eben so weit von Bärwalde ostsüdostwärts, an dem so genannten Repplinschen Busche, hat 15 Wirthe unter welchen sich 9 alte Bauern mit dem Schulzen, 4 neue Bauern, die auf dem hiesigen abgebaueten Vorwerke angesetzet wurden und 2 Coßäthen, die zu Bauern gemacht worden sind, befinden, so daß die sämtlichen 15 Wirthe in Ansehung der Aecker, Wiesen und übrigen Zubehörungen einander gleich gemacht worden sind, 3 Büdner, 1 Holzwärter, 1 Schulmeister, 1 Schmiede, 19 Feuerstellen, eine zu der Neu-Stettinschen Synode gehörige Kirche, die ein Filial von Persanzig ist und gränzet an die Dörfer Klingbeck, Storckow, Kussow, Dallentin, Sparsee und Persanzig. Das Dorf Eschenriege, welches ohne Zweifel seinen jetzigen Namen von den vielen Eschenbäumen, die ehemals bey den hiesigen sumpfigten Oertern, die man in Pommern Riegen nennt, gestanden haben, erhalten hat, wurde in den ältern Zeiten Repplin genannt und 1579 auf einem Theile der Feldmark Repplin von dem fürstlichen Cammerrathe Jürgen Ramel auf Befehl des Herzogs Johann Friederich angeleget, der einen Theil dieses Dorfs, nach einem 1591 am Walpurgistage ausgefertigten Gnadenbriefe, dem Hauptmann zu Colbatz, Richard Kleist zu Dubberow also abtrat, daß er solchen nach 65 Jahren für 2000 Gulden wieder zurückgeben sollte. Von Richard Kleist kam dieser Theil an seinen Sohn Hans Friederich, welchem die obige Begnadigung von dem Herzoge Philipp am 16 December 1613, imgleichen von dem Herzoge Bogislaus XIIII. am 2 August 1631 zugleich mit der Genehmigung des am 25 October 1624 zwischen den Dörfern Eschenriege und Persanzig gezogenen Gränzzuges bestätiget wurde. Ein anderer Theil des Dorfs Eschenriege wurde nachher dem Hauptmann zu Neu-Stettin, Peter von Somnitz geschenket, der dritte Theil aber von dem Herzoge Bogislaus XIIII. am 27 April 1630 der Cammerjungfer Elisabeth von Natzmer, die bey der Pommerschen Herzogin Elisabeth, gebohrnen zu Schleßwig und Holstein, in Diensten stand, unter der Bedingung ertheilet, daß sie solchen für eine billige Abfindung dem Casimir von Glasenapp überlaßen sollte, der auch von dem Herzoge Bogislaus XIIII. am 19 Januar 1633 die Belehnung darüber erhielt und diesen Theil seinem Sohne, dem Landrathe Gerd Wedig von Glasenapp hinterließ.

[Xfff 3]   Die

(*) Die hier und bey einigen andern Dörfern des Neu-Stettinschen Kreises angezeigte Entfernung derselben von der Stadt Neu-Stettin nach der Ruthenzahl gründet sich auf eine am 15 August 1752 vorgenommene Vermessung, wobey die Ruthe zu 12 Fuß Rheinl. gerechnet worden ist.

Der Neu-Stettinsche Kreis.

Dieser erhielt darüber von dem Churfürsten Friederich Wilhelm am 22 Januar 1660 nicht nur die Bestätigung, sondern auch die Versicherung, daß der andre Theil des Dorfs Eschenriege, den die Erben des Richard von Kleist besaßen, ihm ebenfalls eingeräumet werden solle, wenn er diesen 2000 Fl. würde bezahlet haben. Nach dem Rescript des Churfürsten Friederich Wilhelm vom 2 August 1680 wurde aber das Dorf Eschenriege wieder eingezogen und dem Amte Neu-Stettin einverleibet, jedoch werden noch jetzt die Steuern, welche dieses Dorf aufbringen muß, von der Neu-Stettinschen adelichen Kreiscasse gehoben und berechnet.

(4) Flederborn 1 Meile von Ratzebuhr gegen Süden, an der Wallachseeschen Heide, nicht weit von der Küddow, hat 1 Lehnschulzen, 1 Lehnkrüger, 2 Freyen, 24 Bauern, 3 ganze und 4 halbe Coßäthen, 12 Büdner, 1 Predigerwittwenhaus, 1 Müllerhaus, 1 Schulmeister, der jährlich ein königliches Gnadengehalt von 80 Rthlr. erhält, 1 Schmiede, 54 Feuerstellen, eine zu der Neu-Stettinschen Synode gehörige Kirche, die ein Filial von Wallachsee ist, mittelmäßige Aecker und Wiesen, einen eigenen Buchenwald nebst einigen Ellern und gränzet an die Westpreußische Stadt Jastrow, an das Westpreußische Dorf Strasfurt, an die Pommerschen Stadt Ratzebuhr und an die Pommerschen Dörfer Burzen, Pinnow und Wallachsee. Seit 1766 ist das Dorf Flederborn mit einem privilegirten Tuchmachergewerke versehen, so jetzt aus 20 Gewerksmeistern bestehet, die theils in Büdnerhäusern, theils bey den Bauern wohnen, deren Häuser größtentheils 2 Stuben haben. Der Lehnschulze ist jetzt zugleich königlicher Fabrikeninspector. Die kleine Landstraße aus Westpreußen nach Danzig gehet durch das Dorf Flederborn, daher hier auch ein zu Ratzebuhr gehöriger Nebenzoll angeleget worden ist. Dieses Dorf ist in der Mitte des 16ten Jahrhunderts erbauet worden. Auf den von dem Herzoge Philipp am 18 März 1615 ertheilten Befehl wurde von dem fürstlichen Hauptmann zu Neu-Stettin Peter Somnitz zu Grünsdorf, Otto Rüdiger Glasenapp zu Altenwall und dem fürstlichen Neu-Stettinschen Burggerichtsnotarius George Plönzig in dem Jahre 1615 eine Vermessung der Flederbornschen Feldmark vorgenommen, nach welcher in dem ersten Felde zwischen den Tulzen, so an die Wallachseesche Gränze stößet, 505 Morgen 54 Ruthen ohne die Wiesen, in dem andern Felde nach dem Ziegenbrüchern 606 Morgen 125 Ruthen ohne die Wiesen, in dem dritten Felde nach der Tusche oder unter den Bergen 555 Morgen 65 Ruthen, mit Ausschließung des großen Tulzes, so damals nicht vermessen worden ist und also in allen 3 Feldern, mit Ausschließung des Tulzes, 1666 Morgen 244 Ruthen heraus gebracht wurden.

(5) Gellin ¾ Meile von Neu-Stettin südwestwärts, an dem Gellinschen See, der ehemals in seiner Oberfläche 3600 Magdeburgsche Morgen enthielt, 1781 aber für königliche Kosten 12 Fuß abgelassen worden ist, auf der Landstraße von Neu-Stettin nach Tempelburg, hat 1 Freyschulzen, 2 Freyen, unter welchen sich der Krüger befindet, 10 Bauern, 6 Coßäthen, 1 Kirchencoßäthen, 1 Schulmeister, der jährlich ein königliches Gnadengehalt von 80 Rthlr. erhält, 1 Schmiede, ein kleines Kirchenhaus, 25 Feuerstellen, gute Aecker und Viehweiden, ist zu Hütten in der Neu-

Das Amt Neu-Stettin.

Neu-Stettinschen Synode eingepfarret und gränzet an die adelichen Dörfer Gellen und Dieck und die königlichen Dörfer Graben und Hütten.

(6) Graben 1 Meile von Neu-Stettin westsüdwestwärts und 3 Meilen von Tempelburg ostnordostwärts, lieget ziemlich hoch an einem kleinen See und an dem so genannten Amts-Busche, hat 4 Wirthe oder Freyen, welche einen getheilten Freyschulzenhof besitzen, 4 Feuerstellen, gute Aecker und Viehweiden, ist zu Hütten in der Neu-Stettinschen Synode eingepfarret und gränzet an die königlichen Dörfer Gellin, Barenberg, und Moßin und an das adeliche Dorf Gellen.]

(7) Hütten ½ Meile von Neu-Stettin südwestwärts, 3½ Meilen von Tempelburg ostnordostwärts und 2 Meilen von der Westpreußischen Stadt Hammerstein gegen Westen, an 2 kleinen Seen, dem Vorder- und Hintersee genannt, auf der Landstraße von Neu-Stettin nach Tempelburg, hat 1 Prediger, 1 Lehnschulzen, 1 Küster, der jährlich ein königliches Gnadengehalt von 76 Rthlr. erhält, 2 dienstfreye Bauern, 9 Dienstbauern, 2 Coßäthen, 1 Büdner, 1 Schmiede, 22 Feuerstellen, eine zu der Neu-Stettinschen Synode gehörige Mutterkirche, zu welcher die Dörfer Gellin, Labenz und Graben und das ehemalige Kloster und jetzige königliche Vorwerk Marienthron nebst der nahe dabey gelegenen königlichen Amts-Ziegelscheune eingepfarret sind, gute Aecker und Viehweiden und gränzet an die Stadt Neu-Stettin und an die Dörfer Labenz, Dieck, Gellin und Moßin. Aus dem von den Räthen des Herzogs Johann Friederich zu Neu-Stettin am 9 März 1588 gehaltenen Protocoll, nach welchem das Gut Marienthron nebst dem Dorfe Hütten von den Erben des Claus Puttkammer wieder eingezogen und dem Amte Neu-Stettin einverleibet wurde, erhellet, daß dieses Dorf zu der Zeit den Namen Stubben-Hütte geführet habe und von dem erwähnten Claus Puttkammer 25 Jahre vorher neu angeleget worden seyn soll. Damals waren in diesem Dorfe 10 Hüfener, wovon ein jeder zwo Hufen hatte, und 4 Coßäthenhöfe, wovon aber der eine wüste war. Die Einwohner hielten sich ehemals mit den Einwohnern der jetzt zu dieser Pfarre gehörigen Oerter zu der Neu-Stettinschen Kirche, wie aus dem Kirchenvisitationsabscheide von 1590 zu ersehen ist, in dem Jahre 1601 aber erhielten sie eine eigene Kirche und einen eigenen Prediger.

(8) Knacksee 1¾ Meile von Ratzebuhr gegen Westen und 1⅜ Meilen von Neu-Stettin südsüdwestwärts, in einer mit Holzungen umgebenen Gegend, an einem mitten in dem Dorfe gelegenen kleinen See, Knacksee genannt, von welchem daßelbe den Namen führet, und nahe an einem großen See, auf welchem die Mühle des Dorfs liegt, hat 2 Lehnschulzen, 1 Lehnkrüger, 1 Lehnmüller, 10 Bauern, 2 Coßäthen, 1 Schulmeister, 1 Schmiede, welche der Dorfschaft gehöret, 18 Feuerstellen, eine zu der Neu-Stettinschen Synode gehörige Kirche, die ein Filial von Zamborst ist, sandigen Acker und gränzet an die Dörfer Groß-Born, Plietnitz, Barkenbrügge und Steinfort. Das Dorf Knacksee wurde gegen das Ende des 16ten Jahrhunderts angeleget.

(9) Groß-

Der Neu-Stettinsche Kreis.

(9) Groß-Küdde 1 Meile von Neu-Stettin gegen Osten und eben so weit von der Westpreußischen Stadt Hammerstein nordwestwärts, an dem See Vilm, der sich von Neu-Stettin bis hieher erstrecket, und an der Küddow, welche das Dorf in 2 Theile theilet, so daß der Theil des Dorfs gegen Westen Groß-Küdde und der gegen Osten Klein-Küdde heißet, $\frac{1}{2}$ Meile von der Westpreußischen Gränze und auf der Landstraße aus Westpreußen über Hammerstein nach Colberg und von Frankfurt an der Oder und der Neumark über Neu-Stettin nach Danzig, hat 1 Lehnschulzen, 3 Lehnkrüger, 28 alte und 7 neue Bauern, 9 Coßäthen, 1 Schulmeister, der jährlich ein königliches Gnadengehalt von 80 Rthlr. erhält, 4 Kirchencoßäthen, 8 Büdner, 1 Schmiede, 60 Feuerstellen, eine zu der Neu-Stettinschen Synode gehörige Kirche, die ehemals einen eignen Prediger hatte, seit 1696 aber ein Filial des Präpositus zu Neu-Stettin ist und zu welcher das Dorf Klein-Küdde eingepfarret ist, fruchtbaren Acker und gränzet an die Stadt Neu-Stettin und an die Dörfer Soltenitz, Sparsee und Klein-Küdde.

(10) Klein-Küdde an der linken Seite der Küddow nahe bey dem vorhergehenden Dorfe Groß-Küdde, hat 1 Lehnschulzen, 1 Lehnkrüger, 12 Bauern, 2 dienstfreye Halbbauern, 2 dienende Halbbauern, 10 Coßäthen, unter welchen sich der Holzwärter befindet, 4 Büdner, 1 Schulmeister, 1 Schmiede, einen dem Krüger zugehörigen Rathen, 32 Feuerstellen, ist zu Groß-Küdde in der Neu-Stettinschen Synode eingepfarret und gränzet an die Westpreußische Stadt Hammerstein und an die Dörfer Dolgen und Groß-Küdde.

(11) Labenz $\frac{3}{4}$ Meile von Neu-Stettin südsüdwestwärts, an dem so genannten Koppelsee, hat 1 Lehnschulzen, 1 Lehnmüller, 4 Bauern, 1 Coßäthen, welcher 2 Coßäthenhöfe besitzet, 8 Feuerstellen, guten Acker, mittelmäßige Weide, ist zu Hütten in der Neu-Stettinschen Synode eingepfarret und gränzet an die Dörfer Thurow, Wulflatzig, Dieck und Hütten.

(12) Moßin 1 Meile von Neu-Stettin westnordwestwärts und 1$\frac{1}{2}$ Meilen von Bärwalde südostwärts, hat 2 Lehnschulzen, 11 Bauern, 4 Coßäthen, 1 Holzwärter, 1 Schulmeister, 1 Schmiede, 20 Feuerstellen, ist zu Persanzig in der Neu-Stettinschen Synode eingepfarret und gränzet an die Dörfer Streitzig, Hütten, Gellin, Graben, Barenberg, Kucherow und Persanzig.

(13) Persanzig nach einer 1752 vorgenommenen Vermessung 1881 Ruthen oder nach der gewöhnlichen Berechnung 1 Meile von Neu-Stettin nordwestwärts und 1$\frac{1}{2}$ Meilen von Bärwalde westsüdwestwärts, an dem See Persanzig, aus dem die Persante, von welcher dieses Dorf den Namen hat, entspringt, auf der Post- und Landstraße von Neu-Stettin nach Cörlin, hat 1 Prediger, 1 Küster, 1 Lehnschulzen, 2 Lehnkrüger, 1 Lehnmüller, 18 Dienstbauern, 7 dienstfreye Bauern, 1 Coßäthen, 1 Büdner, 1 Schmiede, 1 Schäferkathen, 46 Feuerstellen, eine zu der Neu-Stettinschen Synode gehörige Mutterkirche, deren Filiale die Dörfer Eschenriege und Raddatz sind, und zu welcher die Dörfer Moßin, Barenberg, Klingbeck, Dallentin, die Colonien Neu-Persanzig und Neu-Dallentin oder Henningsthal und die Vorwerke Ober-

Ober- und Nieder-Pankow, Neuendorf, Brandschäferey und Eichen eingepfarret sind und gränzet an die Dörfer Raddatz, Klingbeck, Eschenriege, Dallentin, Streitzig, Moßin und an die Vorwerke Pankow und Eichen. Die Gränzstreitigkeiten zwischen den Dörfern Persanzig und Raddatz wurden auf Befehl des Herzogs Johann Friederich von dem fürstlichen Hauptmann Melchior Dobbersitz und dem Rentmeister Claus Sommitz am 11 Julius 1581, die Gränzstreitigkeiten zwischen den Dörfern Persanzig und Eschenriege aber von dem fürstlichen Neu-Stettinschen Hauptmann, Peter Somnitz, so wie solche vorher von den fürstlichen Amtleuten und Commissarien, nach der von dem Herzoge Johann Friederich am 22 Julius 1591 ertheilten Bestätigung, waren verglichen worden, nach dem Vergleiche vom 22 September 1614 beygeleget.

(14) Neu-Persanzig ist eine zu Persanzig in der Neu-Stettinschen Synode eingepfarrte Colonie, welche neuerlich nahe bey dem Dorfe Persanzig ist angeleget worden. Nachdem das zwischen Moßin, dem Raddatzschen See, Persanzig und Streitzig und dem Vorwerke Eichen gelegene Rasnickbruch gerodet und urbar gemacht und ein Theil davon der Dorfschaft Streitzig und dem Vorwerke Eichen oder Streitzig für eine billige Abgabe beygeleget worden war, wurde der Ueberrest für 12 angesetzte Holländerfamilien bestimmt, die in 6 Häusern wohnen, wovon ein jedes für 2 Familien eingerichtet ist. Nach dem Abbau des Vorwerks Persanzig wurden von dessen Zubehörungen diese 12 Holländer zu Halbbauern gemacht und noch 2 neue ganze Bauern angesetzt.

(15) Soltenitz 1 Meile von Neu-Stettin südostwärts, 2 Meilen von Ratzebuhr gegen Norden und eben so weit von der Westpreußischen Stadt Landeck nordnordwestwärts und 1 Meile von der Westpreußischen Stadt Hammerstein gegen Westen, ¼ Meile von der Küddow, auf der Landstrasse von Neu-Stettin nach den Westpreußischen Städten Landeck und Friedland, hat königlichen Antheils, ausser einem Vorwerke, 1 Prediger, 1 Küster, 2 Lehnschulzen, 2 Lehnkrüger, 1 Lehnmüller, 11 Bauern, 3 Cößäthen, 2 Büdner, 1 Predigerwittwenhaus, 1 Schäfer, 1 Schmiede, die theils zu dem königlichen, theils zu dem adelichen Antheil gehöret, 25 Feuerstellen, eine zu der Neu-Stettinschen Synode zugehörige Mutterkirche, deren Filial das Dorf Vangerow ist und zu welcher die Dörfer Trabehn, Groß und Klein-Hertzberg, das Vorwerk Neuhof, die Pächterey Zedlitzhof, die Soltenitzsche Schäferey, die Soltenitzsche Wassermühle, die Thurowsche Hammermühle und das adeliche Vorwerk Hohenholz eingepfarret sind und grenzet an die Stadt Neu-Stettin und an die Dörfer Groß-Küdde und Trabehn. Der König ist nach der Matrikel Patron des ganzen Soltenitzschen Kirchspiels und beruft allein den hiesigen Prediger, obgleich die meisten zu dieser Pfarre gehörigen Dörfer adelich sind. Die gesuchte Belehnung mit dem Mitpatronatrechte an der Kirche zu Soltenitz wurde den an Soltenitz und Trabehn berechtigten von Lemke, nach der zu Cölln an der Spree am 12 November 1693 ausgefertigten Churfürstlichen Verordnung, abgeschlagen, es würde ihnen aber darinn verstattet, daß dem Soltenitzschen Prediger erlaubt seyn solle in dem zu Trabehn zu einer Kapelle einzurichtenden Begräbnißzimmer monatlich einmahl zu predigen und jährlich etwa 4 mahl das heil. Abendmahl auszutheilen, auch die Begrabung ihrer

ihrer Todten mit den gewöhnlichen Ceremonien zu verrichten, jedoch unter der Bedingung, daß die von Lemke, ihrem Versprechen gemäß, der Kirche zu Soltenitz nicht das allergeringste von ihren Gefällen abnehmen, sondern alles, was sie schuldig sind, zur Erhaltung der Kirche beytragen, auch wenn sie ihre Todten in Trabehn begraben, für jeden Todten die gewöhnlichen Gefälle der Kirche in Soltenitz, eben so, als wenn es im vorigen Stande geblieben wäre und sie keine Kapelle erhalten hätten, gehörig erlegen und das adeliche Gewölbe in der Soltenitzschen Kirche in solchem fertigen Stande erhalten sollen, daß die Kirche deshalb zu klagen nicht die geringste Ursache haben möge. Die Gränzstreitigkeiten zwischen dem fürstlichen Antheile an dem Dorfe Soltenitz und dem Antheile, den die von Lemke an diesem Dorfe haben, wurden auf Befehl des Herzogs Johann Friederich von dem Neu-Stettinschen Hauptmann Melchior von Dobberitz und dem Rentmeister Paul Neumann untersucht und durch den zu Neu-Stettin auf dem fürstlichen Hause am 14 Januar 1584 geschlossenen Vergleich beygeleget. Der übrige Theil des Dorfs Soltenitz ist adelich. S. Soltenitz unter den adelichen Gütern dieses Kreises.

(16) Sparsee 1 starke Meile von Neu-Stettin gegen Norden, 2 Meilen von Bublitz gegen Süden und eben so weit von der Westpreußischen Stadt Hammerstein nordwestwärts und 3 Meilen von Ratzebuhr gegen Norden, lieget theils an der Küddow, theils an einem bey dem Dorfe gelegenen See, auf der Straße von Bublitz nach Neu-Stettin, wie auch auf der Landstraße von Labes, Polzin und Bärwalde nach Dantzig, hat königlichen Antheils 1 Lehnschultzen, 1 Krüger, 1 Lehnmüller, 6 Dienstbauern, 11 dienstfreye Bauern, unter welchen sich der Holzwärter befindet, 4 neue auf dem Vorwerkslande angesetzte Bauern, 6 Halbbauern, 4 Coßäthen, unter welchen sich der Küster befindet, 2 Büdner, 1 Schmiede, mit Einschließung der zu dem Dorfe Gönne gehörigen 4 adelichen Bauern, 40 Feuerstellen, eine zu der Neu-Stettinschen Synode gehörige Kirche, die von dem Diakonus zu Neu-Stettin curiret wird und zu welcher das adeliche Dorf Gönne und das königliche Vorwerk Galow eingepfarret sind, leidten Acker, mittelmäßige Weide und gränzet an die Dörfer Dallentin, Gönne, Groß-Küdde, Sassenburg und Stepen. Wegen der Gränze zwischen den Dörfern Storkow, Escheuriege, Sparsee und Gönne wurde am 1 Julius 1583 von den fürstlichen Amtleuten, dem Hauptmann Melchior Dobberitz und dem Rentmeister Paul Neumann ein Vertrag errichtet. Auch wurden die langwierigen Gränzstreitigkeiten zwischen den Dörfern Wurchow, Gönne, Sparsee, Dolgen, Sassenburg und Stepen durch den zu Alt-Stettin am 1 Julius 1594 geschlossenen und von den Herzogen Johann Friederich und Casimir genehmigten Vergleich entschieden und beygeleget. Die nachher zwischen den Dörfern Escheuriege, Sparsee und Gönne entstandene Gränzstreitigkeiten erreichten dadurch ein Ende, daß der von dem fürstlichen Alt-Stettinschen Hauptmann Hans Jastrow und dem fürstlichen Neu-Stettinschen Hauptmann Peter Somnitz am 21 Junius 1624 gethane Vorschlag von dem Herzoge Bogislaus XIIII zu Rügenwalde am 18 August 1624 bestätiget wurde. Ein Theil des Dorfs Sparsee ist adelich. S. Sparse unter den adelichen Gütern des Neu-Stettinschen Kreises.

(17) Stre-

Das Amt Neu-Stettin.

(17) **Streizig** nach einer 1752 vorgenommenen Vermessung 1000 Ruthen oder nach der gewöhnlichen Berechnung ¼ Meile von Neu-Stettin nordwestwärts, 1¼ Meile von Bärwalde ostsüdostwärts und 3 Meilen von Bublitz gegen Süden, an einem See, welcher von dem Dorfe den Namen führet, auf der Land- und Poststraße von Cörlin nach Neu-Stettin, hat 1 Freyschulzen, 14 Bauern, wovon 2 jeder noch einen halben Bauerhof besitzen, 1 Coßäthen, der zugleich Holzwärter ist und ebenfalls noch einen halben Bauerhof besitzet, 1 Schulmeister, 1 Schmiede, 23 Feuerstellen, mittelmäßige Aecker und Viehweiden, ist zu dem Diakonat zu Neu-Stettin eingepfarret und gränzet an die Dörfer Persanzig und Moßin, an das Vorwerk Marienthron und an das Neu-Stettinsche Stadtfeld.

(18) **Thurow** ¾ Meile von Neu-Stettin südsüdostwärts, 2 Meilen von Ratzebuhr nordnordwestwärts und eben so weit von der Westpreußischen Stadt Landeck nordwestwärts, hat eine ebene Lage, einen Teich in dem Dorfe, 1 Lehnschulzen, 1 Lehnkrüger, 11 Bauern, 4 Coßäthen, unter welchen sich der Holzwärter befindet, 3 Büdner, 1 Schulmeister, 1 Schmiede, 24 Feuerstellen, eine zu der Neu-Stettinschen Synode gehörige Kapelle, worinn der Diakonus zu Neu-Stettin, zu dessen Gemeinde dieses Dorf gehöret, jährlich 4 mahl in der Woche den Gottesdienst besorget, und gränzet an die Stadt Neu-Stettin und an die Dörfer Wulflatzig, Lottin, Labenz und Hütten. Die Gränze zwischen dem Dorfe Thurow und dem dazu gehörigen Busche und dem adelichen Dorfe Lottin wurde von den verordneten Commissarien, dem Regierungsrathe von Wenden und dem Kriegesrathe von Hirsch nach dem Protocoll vom 25 April 1749 festgesetzet. Auch wurde der von der Königl. Regierung und der Königl. Krieges- und Domainenkammer zwischen der Dorfschaft Thurow und der adelichen Dorfschaft Wulflatzig wegen der Gränze und Mithütung in dem Thurowschen Busche geschlossene Vergleich von Sr. Majestät dem Könige am 24 August 1777 bestätiget.

(19) **Wallachsee** ¼ Meile von Ratzebuhr südostwärts, nahe an einer Fichtenheide, die Wallachseesche Heide genannt, an einem Berge, nicht weit von der Küddow, die ohngefehr eine halbe Viertelmeile davon gegen Osten fließet, und hier Pommern und Westpreussen von einander scheidet, hat 1 Prediger, 1 Küster, der jährlich ein königliches Gnadengehalt von 76 Rthlr. erhält, 1 Lehnschulzen, 1 Lehnkrüger, 19 Bauern, 7 Coßäthen, 2 Büdner, 1 Holzwärter, 1 Schmiede, 2 Kirchencoßäthen, 36 Feuerstellen, eine zu der Neu-Stettinschen Synode gehörige Mutterkirche, deren Filial das Dorf Flederborn ist und zu welcher die Landeckschen 2 Krüge eingepfarret sind, mittelmäßigen Acker, wenige Wiesen, eine eigene Holzung, die in Büchen und Ellern bestehet und gränzet an die Stadt Ratzebuhr, an die Westpreußische Stadt Landeck, die ⅞ Meile von hier jenseits der Küddow liegt, und an die Dörfer Flederborn und Burzen. Das Dorf Wallachsee, welches in der Mitte des 16ten Jahrhunderts angeleget wurde, ist mit 2 Seen umgeben, die ihre Namen von dem Dorfe haben. Die Gränzstreitigkeiten zwischen den Dörfern Ratzebuhr, Flederborn und Wallachsee wurden durch den von dem fürstlichen Hauptmann Peter Somnitz zu Wallachsee am 9 September 1613 errichteten und

von dem Herzoge Philipp am 7 April 1614 bestätigten Vertrag beygeleget. Auf den von eben diesem Herzoge am 18 März 1615 ertheilten Befehl wurde von dem fürstlichen Hauptmann zu Neu-Stettin Peter Somnitz zu Grumsdorf, Otto Rüdiger Glasenapp zu Altenwall und dem fürstlichen Burggerichtsnotarius George Plötzig am 30 April 1615 eine Vermessung der Wallachseeschen Feldmark vorgenommen, nach welcher in dem ersten Felde nach Ratzebuhr 445 Morgen 210 Ruthen, in dem andern Felde, das Zarnestromsche Feld genannt, 534 Morgen, in dem dritten Felde nach dem Tutz 447 Morgen 200 Ruthen und also in allen dreyen Feldern 1427 Morgen 110 Ruthen befunden wurden.

(20) Zamborst in alten Urkunden Samborst genannt, 1½ Meilen von Ratzebuhr südwestwärts und ¾ Meile von der Westpreußischen Stadt Jastrow nordwestwärts, nahe an einem zu Westpreußen gehörigen Büchenwalde, auf einer Anhöhe, hat außer einem Vorwerke, 1 Prediger, 1 Küster, 1 Lehnschultzen, 1 Lehnmüller, 2 Freyen, 13 Bauern, 3 Coßäthen, 1 Schäfer, 1 Schmiede, 1 Kirchencoßäthen, 1 Büdner, 29 Feuerstellen, eine zu der Neu-Stettinschen Synode gehörige Mutterkirche, deren Filial das Dorf Knacksee ist, fruchtbaren Acker, wenige Wiesen und Viehweiden, weder Holzung noch Fischerey und gränzet an das Pommersche Dorf Pinnow und gegen Osten, Süden und Westen an die Westpreußische Stadt Jastrow und die Westpreußischen Dörfer Jagdhaus und Briesenitz. Das Dorf Zamborst wurde etwa um das Jahr 1580 auf einer wüsten Feldmark, die ehemals ein Eichenwald war, angeleget. Der Herzog Johann Friederich ertheilte die Samborskysche oder Zamborstsche Feldmark, um solche zu bebauen, als ein Lehn am 26 Julius 1579 dem fürstlichen Jägermeister Melchior Dobbersitz, der aber solche, nach dem von eben demselben Herzoge am Sonntage Lätare 1586 ausgefertigten Lehnbriefe, dem Hauptmann zu Neu-Stettin, Jacob Kleist zu Zatkow verkaufte. Dieser vollendete den von dem Jägermeister Dobbersitz angefangenen Bau dieses Dorfs, legte darinn 1590 eine Kirche an, indem die Einwohner sich vorher zu der damaligen evangelischen Kirche in der Stadt Jastrow gehalten hatten, vertauschte aber 1613 Zamborst für das Gut Dolgen an den Herzog Philipp II von Pommern. Seit dieser Zeit gehöret das Dorf Zamborst, welchem die Pommersche Fürstin Hedwig 1646 das beynahe 2 Meilen von demselben entfernte Dorf Knacksee, so ehemals einen eigenen Prediger hatte, als ein Filial beylegte, zu dem Amte Neu-Stettin.

2) Acht Vorwerke, als:

(1) Brandschäferey ein ritterfreyes Vorwerk, ¾ Meile von Neu-Stettin nordwestwärts und 2 Meilen von Bärwalde südostwärts, hat 2 Feuerstellen, 961 Morgen, 118 Ruthen, fruchtbaren Acker, gute Weide und die Dienste von den Bauern in dem Dorfe Persanzig, zu welchem dieses Vorwerk auch eingepfarret ist.

(2) Groß-Crößin hat 621 Morgen, 11 Ruthen, sandigen Acker und die Dienste von 19 Bauern und den 4 grossen Coßäthen in dem Dorfe Groß-Crößin.

(3) Lich n

Das Amt Neu-Stettin.

(3) Eichen oder Streizig, ⅞ Meile von Neu-Stettin westnordwestwärts, 2 Meilen von Bärwalde ostsüdostwärts und 3 Meilen von Bublitz südsüdwestwärts, hat 2 Feuerstellen, 1002 Morgen, 125 Ruthen, leichten und sandigen Acker, gute Weide, die Abtriften für die Schafe auf die Felder der Dörfer Persanzig, Streizig und Moßin, die Dienste von 11 Bauern und 4 Coßäthen aus Moßin, einige Hülfsdienste in der Erndte von 18 Bauern aus den Dörfern Knacksee, Graben und Barenberg und ist zu Persanzig in der Neu-Stettinschen Synode eingepfarret. Die Freyschulzen zu Moßin und Knacksee verrichten alle zusammen genommen jährlich 1½ Wollfuhre.

(4) Galow ein ritterfreyes Vorwerk, ⅞ Meile von Neu-Stettin nordnordwestwärts, 2⅜ Meilen von Bublitz gegen Süden und eben so weit von der Westpreußischen Stadt Hammerstein nordwestwärts, nicht weit von dem Wilmsee, hat 9 Feuerstellen, 1310 Morgen, 133 Ruthen, fruchtbaren Acker, gute Viehweiden, die Abtriften für die Schafe auf die Feldmark des Dorfs Sparsee, gewiße Dienste von der Dorfschaft Klein-Küdde, 13 Bauern aus Streizig, 6 Bauern aus Sparsee und von 6 Colonisten, die seit einigen Jahren an dem sogenannten Galowschen Damm angesetzet worden sind und ist zu Sparsee in der Neu-Stettinschen Synode eingepfarret. Die Gränzstreitigkeiten zwischen der Stadt Neu-Stettin und der ehemaligen Dorfschaft Galow wurden auf Befehl des Herzogs Barnim durch den von dem fürstlichen Marschall zu Stettin Rüdiger Massow, dem Hauptmann zu Alt- und Neu-Stettin Claus Puttkammer, Pribislav Kleist zu Vorrentin und Otto Glasenapp zu Gramenz am Dienstage nach Kreuzerhöhung zu Neu-Stettin 1551 geschloßenen Vergleich beygeleget.

(5) Marienthron ein ritterfreyes Vorwerk, ⅞ Meile von Neu-Stettin südwestwärts, auf einem Berge, an dem südlichen Ende des großen Neu-Stettinschen Sees, der Streizig genannt, hat 2 Feuerstellen, 704 Morgen, 148 Ruthen, gute Aecker und Viehweiden, die Abtriften für die Schafe auf die Hüttenschen und Gellinschen Felder, die Dienste von 9 Bauern und 2 Coßäthen aus Hütten, 10 Bauern und 4 Coßäthen aus Gellin und gewiße Hülfsdienste von 4 Bauern und 1 Coßäthen aus Labenz. Die Schulzen und Krüger in den oben genannten 3 Dörfern verrichten zusammen jährlich 2 Wollfuhren, jede mit 2 Pferden, bis Colberg oder Landsberg an der Warthe. Das Vorwerk Marienthron ist zu Hütten in der Neu-Stettinschen Synode eingepfarret und war ehemals ein Kloster, welches, nach der zu Rügenwalde 1362 ausgefertigten Stiftungsurkunde, von den Herzogen und Gebrüdern Bogislaus, Barnim und Wartislaus in dem Jahre 1356 war gegründet und mit Augustinermönchen aus Stargard besetzet, von dem Bischofe Johann zu Cammin aber zur Ehre der heiligen Jungfrau Maria, Marienthron genannt worden. Nachdem das Kloster nach der Kirchen-Verbesserung von den Mönchen verlaßen und wüste geworden war, wurde zwar das Klosterfeld mit Ausschließung desjenigen Ackers auf dem Neu-Stettinschen Felde, welcher der Kirche zu Neu-Stettin war geschenket worden, von dem Herzoge Barnim, nach dem zu Alten-Stettin am Dienstage nach Michaelis 1559 gegebenen Gnadenbriefe, dem fürstlichen Rathe und Hauptmann zu

Neu-Stettin, Claus Puttkammer und dessen männlichen Leibeslehnserben als ein neues Lehn ertheilet; jedoch wurde bereits 1560 dieser Begnadigung, weil solche den Erbverträgen zuwider sey, so wohl von den Pommerschen Landständen als auch dem Herzoge Philipp widersprochen, und das Gut Marienthron als ein altes zu dem Amte Neu-Stettin gehöriges Tischgut nebst dem ¼ Meile davon gelegenen Dorfe Stubbenhütte, jetzt Hütten genannt, auf Befehl des Herzogs Johann Friederich, von den fürstlichen Räthen am 9 Merz 1588 in Besitz genommen und dem Amte Neu-Stettin einverleibet. Von der Klosterkirche war schon damals nichts mehr vorhanden, als wovon die letzten Steine zur Erbauung der Neu-Stettinschen Kirche waren gebraucht worden.

(6) Neuhof, ein ritterfreyes Vorwerk, ¼ Meile von Neu-Stettin südsüdwestwärts, in einem Büchen- und Eichenwalde, hat 2 Feuerstellen, 801 Morgen 80 Ruthen, fruchtbaren Acker, gute Wiesen und Weide, die Abtriften für die Schafe auf die Soltenitzschen und Thurowschen Felder, die Dienste von 11 Bauern und 3 Coßäthen aus Thurow und 10 Bauern und 3 Coßäthen aus Soltenitz. Die Schulzen und Krüger in eben diesen Dörfern verrichten jährlich 1½ Wollfuhre. Bey dem Vorwerke Neuhof, welches zu Soltenitz in der Neu-Stettinschen Synode eingepfarret ist, ist neuerlich eine kleine Kuhpächterey Zedlitzhof genannt, angeleget worden, die nur aus einem Pächter bestehet und zu Soltenitz eingepfarret ist.

(7) Die Soltenitzsche Schäferey, ein ritterfreyes Vorwerk, ½ Meile von Neu-Stettin südostwärts und ¼ Meile von dem Dorfe Soltenitz, wohin dieses Vorwerk eingepfarret ist, in einem Büchen- und Eichenwalde, hat 2 Feuerstellen, 731 Morgen 38 Ruthen, größtentheils sandigen Acker, die Wiesen an der Küddow, die Abtriften für die Schafe auf das Groß-Küddesche Feld, wie auch jedesmahl in dem dritten Jahre auf das eine angränzende Neu-Stettinsche Stadtfeld, und die Dienste von 29 Bauern und 6 Coßäthen aus Groß-Küdde.

(8) Zamborst hat 1333 Morgen 120 Ruthen und die Dienste von 13 Bauern und 2 Coßäthen aus Zamborst, 24 Bauern und 5 Coßäthen aus Flederborn und 18 Bauern und 7 Coßäthen aus Wallachsee. Die Bauern zu Flederborn und Wallachsee leisten bestimmte Dienste.

3) Die Landeckschen 2 Krüge mit 2 Feuerstellen liegen ⅛ Meile von Katzebuhr gegen Osten, nahe an der Brücke, welche über die Küddow nach der Westpreußischen Stadt Landeck führet, und nahe an der Wallachseeschen Heide und sind zu Wallachsee in der Neu-Stettinschen Synode eingepfarret. Nicht weit von hier ergießet sich die Czarne in die Küddow.

4) Die königliche Amtsziegeley etwas weiter als ⅛ Meile von Neu-Stettin südwestwärts, nahe an dem Vorwerke Marienthron und an einem See, der Filsco genannt, in dem so genannten Klosterbusche, ist zu Hütten in der Neu-Stettinschen Synode eingepfarret.

5) Fol-

5) Folgende Mühlen, welche außer der Windmühle zu Streitzig, sämtlich Erb- und Lehnmühlen sind, als:

(1) Die Crößinsche Obermühle mit einem oberschlägigen Gange und

(2) Die Crößinsche Sandmühle, die auf dem Crößinschen Felde gegen Osten liegt und ebenfalls einen oberschlägigen Gang hat. Die Zwangsmahlgäste der Crößinschen Ober- und Sandmühle sind die Einwohner des Dorfs Groß-Crößin.

(3) Die Eschenriegesche Wassermühle mit einem oberschlägigen Gange hat die Einwohner des Dorfs Eschenriege zu Zwangsmahlgästen.

(4) Die Flederbornsche Wassermühle lieget ¼ Meile von dem Dorfe Flederborn auf der Küddow und bestehet aus 2 unterschlägigen Mahlgängen. Die Zwangsmahlgäste sind die Einwohner der Dörfer Flederborn und Wallachsee.

(5) Die Knackseesche Wassermühle mit einem unterschlägigen Gange lieget auf der Plietenitz und hat die Einwohner des Dorfs Knacksee zu Zwangsmahlgästen.

(6) Die Küddosche Wasser- und Schneidemühle lag ehemals auf der Küddow, ist aber in dem Jahre 1780 bey der Ablassung eines Theils des Wümsees weggeworfen und auf dem sogenannten Dalgenfließe 1781 wieder erbauet worden. Die Zwangsmahlgäste sind die Einwohner der Dörfer Groß- und Klein-Küdde.

(7) Die Labenzsche Wassermühle mit einem oberschlägigen Gange lieget an dem Dieckschen See und hat keine Zwangsmahlgäste, indem die Einwohner der Dörfer Gellin, Hütten und Labenz die Freiheit haben, ihr Getreide mahlen zu lassen, wo sie wollen und dafür gewisse Mühlenpächte an Gelde bezahlen. Die Labenzsche Mühle kann wegen Mangels des Wassers nur im Frühlinge und Herbste mahlen, daher sie auch nur 8 Scheffel Mühlenpächte und für die ihr beygelegten Ländereyen ein gewisses Dienstgeld giebt.

(8 — 9) Die zwo Persänziger Wassermühlen, als die Ober- und Untermühle, jede mit einem oberschlägigen Gange, liegen auf der Persänte. Die Zwangsmahlgäste sind die Einwohner des königlichen Dorfs Persänzig und der adelichen Dörfer Dalentin und Klingbeck; jedoch sind die Einwohner des letztern Dorfs jetzt von dem Mahlzwange befreyet und geben dagegen gewisse Getreidepächte an das Amt.

(10 — 11) Die 2 Wassermühlen zu Ratzebuhr als die Ober- und Niedermühle, jede mit 2 oberschlägigen Gängen, liegen auf der Czarne und haben die Einwohner der Stadt Ratzebuhr zu Zwangsmahlgästen. Diese beiden Mühlen geben zwar ihre Pächte an das Amt Neu-Stettin, sind aber nicht der Gerichtsbarkeit desselben, sondern des Magistrats zu Ratzebuhr unterworfen.

(12) Die

(12) Die Soltenitzsche Wassermühle 1¼ Meilen von Neu-Stettin und ½ Meile von dem Dorfe Soltenitz, hat 2 unterschlägige Mahlgänge und lieget auf der Küddow. Es befindet sich dabey eine Schneide- und Walkmühle, jedoch wird die letztere nicht mehr gebraucht. Zu der Kornmühle sind die Einwohner des Dorfs Soltenitz als Zwangsmahlgäste geleget worden.

(13) Die Sparseesche Wassermühle mit einem unterschlägigen Gange, liegt auf der Küddow. Die Zwangsmahlgäste sind die Einwohner des Dorfs Sparsee, der Vorwerke Galow und Brandschäferey, imgleichen die an dem Galowschen Damm angesetzte 6 Colonisten und noch 2 an dem Vilmsee wohnende Fischerfamilien.

(14) Die Neu-Stettinsche Malz- und Schrootmühle lieget in der Stadt Neu-Stettin.

(15) Die Thurowsche Wassermühle 1¼ Meilen von Neu-Stettin und ½ Meile von dem Dorfe Soltenitz, hat 2 unterschlägige Gänge und lieget auf der Küddow. Es befindet sich dabey noch eine Schneide- und eine Walkmühle. Zu Zwangsmahlgästen hat diese Mühle, die zu Soltenitz eingepfarret ist, die Einwohner des Dorfs Thurow und der Vorwerke Neuhof und Marienthron, zu freywilligen Mahlgästen aber noch einige Bürger und Bäcker aus der Stadt Neu-Stettin.

(16) Die Streizjger Windmühle ist anstatt der hier vor einigen Jahren abgebrannten Wassermühle erbauet worden und hat die Einwohner der Dörfer Mozin und Streizig und des Vorwerks Eichen zu Zwangsmahlgästen.

In dem Amte Neu-Stettin werden jetzt für königliche Kosten, unter der Aufsicht des Königl. Geheimen Oberfinanz- Krieges- und Domainenraths Schütz, der bereits seit einigen Jahren durch die Ausführung seiner auf den Wohlstand dieser Provinz abzielenden und von Sr. Majestät dem Könige genehmigten Vorschläge sich so grosse Verdienste erworben hat, wichtige Verbesserungen vorgenommen. Ausser derjenigen, die, wie bereits oben erwähnet worden, durch die Anlage der Colonie Neu-Persanzig zu Stande gekommen ist, wird jetzt der Vilmsee, der ganz zu dem königl. Amte Neu-Stettin gehöret und in seiner Oberfläche 10300 Magdeburgsche Morgen enthält, 9 Fuß abgelassen. Zu dem Ende ist die Küddesche Wassermühle abgebrochen und dagegen auf dem so genannten Dolgenfliesse wieder eine neue Wassermühle erbauet worden. Der Küddowfluß ist von unten herauf theils in seinem alten Bette, theils durch neue Canäle dergestalt nach dem Nivellement vertiefet worden, daß der Fachbaum der vor dem See erbaueten Ablaßarche 12 Fuß unter den gewöhnlichen Wasserstande des Sees zu liegen gekommen ist. Durch diese Ablassung wird nicht nur bewirket, daß die beträchtlichen zu dem Amte und zur Stadt Neu-Stettin gehörige Wiesen und Brücher, die über 4000 Magdebursche Morgen enthalten und ehemals beständigen Ueberschwemmungen ausgesetzet waren, trocken und nutzbar werden, sondern es werden auch dadurch an 6000 Morgen an Lande gewonnen, das fast durchgehends von guter Beschaffenheit ist und worauf Holländereyen und Familien angesetzet werden sollen, indem bereits

reits in dem Herbſte des Jahres 1782 auf dem trocken gewordenen Vorlande, ohngeachtet der See erſt 6 Fuß abgelaufen iſt, an 20 Winſpel Wintergetreide ausgeſäet worden ſind. Der Gellinſee, der in ſeiner Oberfläche 3600 Magdeburgſche Morgen enthielt, iſt 12 Fuß abgelaſſen worden. Sein Abfluß gehet durch das Dorf Crangen über die Crangenſche Mühle in den ſo genannten Lindeſchen See. Das durch dieſe Ablaſſung aus dem Waſſer hervorgezogene Land beträgt etwa 2000 Morgen und kann theils zu Acker, theils zu Wieſen gebraucht werden. Längſt den adelichen Gütern Gellen und Dieck, kann der Boden, weil er größtentheils ſandigt und ſteinigt iſt, nur zur Hütung genutzet werden. Das bey dem Amtsdorfe Gellin aus dem Waſſer hervorgekommene Land iſt den Einwohnern deſſelben zu ihrem beſſern Unterhalte von Sr. Königl. Majeſtät überlaſſen worden, auf dem übrigen Theile aber werden 25 neue Familien angeſetzet, wovon eine jede 30 Morgen Grundſtücke erhält. Die Häuſer für dieſelben werden für königliche Koſten erbauet.

2. **Das Amt Draheim.** Zu demſelben gehören:

1) Folgende Dörfer, die in die ſogenannten Staroſteydörfer und in die Pommerſchen und Neumärkſchen Oerter eingetheilet werden.

A. Die Staroſteydörfer ſind:

(1) **Bewerdieck** 1¼ Meilen von Tempelburg gegen Oſten und 1 Meile von Draheim, in einem mit groſſen Sandbergen und Fichten umgebenen Thale, hat 2 Freyſchulzen, 2 Freyleute, 3 Vollbauern, 2 Halbbauern, 1 Coßäthen, 1 Büdner, 14 Feuerſtellen, iſt zu Pöhlen eingepfarret und gränzet an die Dörfer Rackow, Winkel, Pöhlen und Groß-Schwarzſee. Bey dem Dorfe Bewerdieck liegen 4 Seen, als der Tütz, der Baſtian, der Hundeſee und der groſſe Kämmerer, der eine Meile lang iſt und einen mit Eichen und Buchen bewachſenen Werder von 4 Morgen einſchließet. Auſſer demſelben iſt in dieſem See noch ein Werder, ſo ehemals mit dem feſten Lande durch einen Steindamm verbunden geweſen, der jetzt aber einige Fuß verſunken und nur bey klaren Wetter noch deutlich zu erkennen iſt. Auf dieſen Werder ſoll ehemals eine Burg geſtanden haben.

(2) **Calenberg** ¾ Meile von Tempelburg nordweſtwärts, ½ Meile von Draheim, zwiſchen 2 Armen des groſſen Sees Draztg, die groſſe und kleine Lanke genannt, dem Mittelbuſche gegen über, hat 4 Freyſaſſen, 3 Büdner, 7 Feuerſtellen, iſt zu Clausthagen eingepfarret und gränzet an das Weſtpreußiſche Dorf Wahrlang und an die Dörfer Neu-Wuhrow und Bulgrin.

(3) **Claushagen** ¾ Meile von Tempelburg gegen Norden, ¼ Meile von Draheim, nahe an dem See Prößin und eine halbe Viertelmeile von dem groſſen See Drazig, in einer niedrigen und fruchtbaren Gegend, hat 3 Freyſchulzen, 4 Freyleute, 12 Halbbauern, 1 Förſter, der einen halben Bauerhof beſitzet, 5 groſſe Coßäthen, 3 kleine Coßäthen, 14 Büdner, unter welchen ſich der Schmied befindet, 1 Schulmeiſter,

meister, der jährlich ein königliches Gnadengehalt von 80 Rthlr. erhält, 46 Feuerstellen, eine römischkatholische Kirche, die ein Filial von Neu-Wuhrow ist und zu welcher die Dörfer Gönne, Prößin, Hammer, Neuendorf und Calenberg und ursprünglich auch das Dorf Schneidemühle, welches sich aber jetzt zu der Draheimschen Kirche hält, eingepfarret sind und gränzet an die Dörfer Hütten, Bulgrin, Prößin, Neuendorf und Draheim.

(4) Döberitz $\frac{1}{4}$ Meile von Tempelburg gegen Osten und $1\frac{1}{4}$ Meilen von Draheim, hat 2 Freyschulzenhöfe, die in einem Thale eine kleine Ellern- und Birkenholzung haben, 2 Feuerstellen, ist zu Scharpenort eingepfarret und gränzet an die Westpreußischen Dörfer Brotzen und Wallbruch, von welchen es durch einen Bach, die Döberitz genannt, abgesondert wird, und an die Dörfer Neuhof und Scharpenort.

(5) Draheim $\frac{1}{4}$ Meile von Tempelburg gegen Norden, zwischen den beiden Seen Drazig und Sareben, die nahe an die Amtsgebäude stossen, hat außer einem Vorwerke 9 Cossäthen, unter welchen sich der Landreuter und der Krüger befinden, 16 Büdner, 1 Schulmeister, der jährlich ein königliches Gnadengehalt von 80 Rthlr. bekommt, 1 Schmied, 34 Feuerstellen, eine Kirche, die ein Filial von Tempelburg ist und zu welcher der so genannte Kalk- und Jungfernwerder eingepfarret sind und gränzet an die Stadt Tempelburg und an die Dörfer Schneidemühle, Zicker, Neuendorf und Claushagen. Die Draheimsche Kirche, worinn die beiden Prediger zu Tempelburg sonntäglich wechselsweise den Gottesdienst besorgen, befand sich ehemals in einem kleinen Saale des hiesigen Schloßes, das von den Amtsgebäuden nur durch eine Brücke, unter welcher die aus dem Sareben kommende Drage in und durch den See Drazig fließet, und durch einen kleinen Garten abgesondert ist, jetzt aber abgebrochen wird. Von den Materialien des Schloßes soll eine neue Kirche erbauet werden. Nahe bey dem Schloße an dem See Drazig ist eine Halbinsel, die der Königswerder genannt wird.

(6) Flackensee eine starke Meile von Tempelburg gegen Osten, zwischen den Seen Flackensee und Schulzensee, hat 2 Freyschulzen, 1 Freymann, 7 Vollbauern, mit Einschließung der Zacharischen Mühle 11 Feuerstellen, eine römischkatholische Kirche, die ein Filial von Scharpenort ist und gränzet an die Dörfer Zacharin, Altenwalde, Neblin und Scharpenort.

(7) Gönne 2 Meilen von Tempelburg gegen Norden, $1\frac{1}{4}$ Meilen von Draheim, in und nahe an dem so genannten Streitbusche, durch welchen dieses Dorf von den Westpreußischen Dörfern Popplow und Brutzen abgesondert wird, in einem mit guter Weide versehenen Walde, hat 4 Freyschulzen, 4 Feuerstellen, ist zu Claushagen eingepfarret und gränzet an die Amtsdörfer Prößin, Neuendorf, Groß-Schwarzsee und die wüste Feldmark Falkenhagen.

(8) Hammer $\frac{1}{4}$ Meile von Tempelburg gegen Norden, und $\frac{1}{4}$ Meile von Draheim, in einem Thale, an der Drage, hat 4 Freyschulzen, 4 Cossäthen, 8 Feuerstellen,

Das Amt Draheim.
731

ist zu Claushagen eingepfarret und gränzet an die Dörfer Draheim, Claushagen, Neuendorf und Schneidemühle.

(9) Heinrichsdorf ¼ Meile von Tempelburg gegen Westen und 1 Meile von Draheim, jenseit des großen Sees Drazig, und nicht weit von dem See Crößin, der größtentheils zu Draheim, theils aber auch zu Falkenburg gehöret, auf der Poststraße von Dramburg und Falkenburg nach Tempelburg, hat königlichen Antheils 1 Freyschulzen, 1 Frenkrüger, 10 Halbbauern, 12 Feuerstellen, deren Einwohner sich zu der Heinrichsdorfschen Kirche halten und gränzet an die Städte Tempelburg und Falkenburg. Den übrigen Theil des Dorfs Heinrichsdorf, der zu Westpreußen gehöret, besitzet der Cammerherr Freyherr von der Golz.

(10) Lubow 1 Meile von Tempelburg gegen Osten und 1¼ Meilen von Draheim, an einem See, der von dem Dorfe den Namen führet, hat 2 Freyschulzen, 7 Freysaßen, 6 neue Freyleute, die das Land von dem hiesigen seit 1765 abgebauten Vorwerke besitzen, 1 Vollbauer, 19 Halbbauern, 6 große Coßäthen, 4 Büdner, 1 Schmied, 1 Schulmeister, 47 Feuerstellen, eine römischkatholische Mutterkirche, deren Filiale die Dörfer Rackow und Neblin sind und gränzet an die Dörfer Altmühle, Altenwalde, Neblin, Klein-Schwarzsee und Rackow.

(11) Neblin 1 Meile von Tempelburg gegen Osten und 1¼ Meilen von Draheim, an den Seen Mutrow und Neblin, auf der Landstraße von Tempelburg nach Neu-Stettin, hat 2 Freyschulzen, 1 Freysaßen, 3 Vollbauern, 1 Halbbauer, 3 Coßäthen, 6 Freyleute, die auf wüsten Höfen wohnen, 15 Feuerstellen, eine römischkatholische Kirche, die ein Filial von Lubow ist und gränzet an die Dörfer Altenwalde, Flackensee, Lubow, Klein-Schwarzsee und Scharpenort.

(12) Neuendorf 1 Meile von Tempelburg gegen Norden und ⅞ Meile von Draheim, an der Drage, die aus dem See Präßin und mitten durch dieses Dorf fließet, hat 4 Freyschulzen, 7 Freysaßen, 6 Bauern, 1 großen und einen kleinen Coßäthen, 5 Büdner, unter welchen sich der Unterförster befindet, 1 Schulmeister, der jährlich ein königliches Gnadengehalt von 80 Rthlr. bekommt, 25 Feuerstellen, ist zu Claushagen eingepfarret und gränzet an die Dörfer Hammer, Prößin und Groß Schwarzsee.

(13) Neuhof ¼ Meile von Tempelburg gegen Osten und 1 Meile von Draheim, hat 8 Coßäthen, die 2 Höfe versteuern, 8 Polnische Familien oder neue Freyleute, die das Land von dem 1766 hier abgebauten Vorwerk zu gleichen Theilen besitzen, 16 Feuerstellen, ist zu Klein-Schwarzsee eingepfarret und gränzet an das Westpreußische Dorf Brozen und die Amtsdörfer Scharpenort, Klein-Schwarzsee und Döberitz.

(14) Pöhlen 1 Meile von Tempelburg nordostwärts und ⅞ Meile von Draheim, an einem kleinen See, der Schulzensee genannt, hat 4 Freyschulzen, 2 Freykrüger, 30 Halbbauern, 1 Coßäthen, 1 Pfarrbauer, 4 Büdner, unter welchen sich der Küster

oder

oder Schulmeister befindet, 1 Schmied, mit Einschließung der sogenannten Kuhlbarsmühle 45 Feuerstellen, eine außer dem Thurm bereits seit einigen Jahren eingefallene römischkatholische Mutterkirche, deren Filiale die Dörfer Groß-Schwarzsee und Zicker sind und zu welcher das Dorf Bewerdieck und die so genannte Kuhlbarsmühle eingepfarret sind und gränzet an die Dörfer Wuckel, Groß-Schwarzsee, Bewerdieck und die Kuhlbarsmühle.

(15) Prößin ¾ Meile von Tempelburg gegen Norden und ⅞ Meile von Draheim, an dem See Prößin und dem Schlensee, hat 1 Freyschulzen, 5 Freysassen, 1 Büdner, 8 Feuerstellen, ist zu Claushagen eingepfarret und gränzet an die Dörfer Neuendorf, Gönne und Claushagen.

(16) Rackow 1 Meile von Tempelburg ostnordostwärts und eben so weit von Draheim, an den Seen Rackow und der Kämmerer genannt und an dem Rackowschen Busche, hat 3 Freyschulzen, 2 Freykrüger, 2 Freysassen, 16 Halbbauern, 9 große Coßäthen, unter welchen sich der Unterförster und der Müller befinden, 2 Büdner, 1 Schulmeister, der jährlich ein königliches Gnadengehalt von 80 Rthlr. bekommt, 1 Schmied, 37 Feuerstellen, eine römischkatholische Kirche, die ein Filial von Lubow ist und gränzet an die Stadt Tempelburg und an die Dörfer Lubow, Bewerdieck und Altmühle.

(17) Scharpenort 1 Meile von Tempelburg gegen Osten und 1¾ Meilen von Draheim, nahe an den Seen Neblin, Mittelsee, Raykable und Zeebs, hat 2 Freyschulzen, 11 Vollbauern, 1 Schmied, 1 Schulmeister, 15 Feuerstellen, eine römischkatholische Mutterkirche, deren Filiale die Dörfer Flackensee und Klein-Schwarzsee sind und zu welcher das Dorf Döberitz und die Zacharinsche Wassermühle eingepfarret sind und gränzet an die Dörfer Neblin, Neuhof, Döberitz, Flackensee und Zacharin.

(18) Schneidemühle ¾ Meile von Tempelburg gegen Norden und ⅞ Meile von Draheim, an dem Fuße hoher Berge, nahe an dem See Sareben, an welchem dieses Dorf gegen Süden und Westen liegt, hat 4 Freyschulzen, 2 Freysassen, unter welchen sich der Unterförster befindet, 4 Bauern, 2 Büdner, 15 Feuerstellen, und gränzet an die Dörfer Hammer, Neuendorf, Groß-Schwarzsee, Draheim und Zicker. Das Dorf Schneidemühle, welches sich jetzt zu der Draheimschen Kirche wegen der Nähe derselben hält, ist eigentlich zu Claushagen eingepfarret, wo auch noch jetzt die Todten beerdiget werden.

(19) Groß-Schwarzsee 1 Meile von Tempelburg nordostwärts und ¾ Meile von Draheim, an einem See, der von dem Dorfe den Namen führet, hat 4 Freyschulzen, 7 Freysassen, 9 Freyleute, unter welchen sich der Unterförster befindet, 6 Bauern, 5 Büdner, 1 Schulmeister, der jährlich ein königliches Gnadengehalt von 80 Rthlr. bekommt, 1 Schmied, 31 Feuerstellen, eine römischkatholische Kirche, die ein Filial von Pöhlen ist und zu welcher das Dorf Klöpperßer eingepfarret ist und gränzet an die Dörfer Pöhlen, Bewerdieck und Schneidemühle.

(20) Klein-

Das Amt Draheim.

(20) **Klein-Schwarzsee** ¾ Meile von Tempelburg gegen Osten und 1¼ Meilen von Draheim, an einem kleinen See, der von dem Dorfe den Namen führet, hat 4 Freyschulzen, 2 Freysassen, unter welchen sich der Krüger befindet, 14 Halbbauern, 3 Büdner, 1 Schulmeister, der jährlich ein königliches Gnadengehalt von 80 Rthlr. bekommt, 1 Schmied, 25 Feuerstellen, eine römischkatholische Kirche, die ein Filial von Scharpenort ist, und zu welcher das Dorf Neuhof eingepfarret ist und gränzet an das Westpreußische Dorf Brozen, die Stadt Tempelburg und die Amtsdörfer Neuhof und Neblin.

(21) **Neu-Wuhrow** 1¼ Meilen von Tempelburg nordwestwärts und 1¼ Meilen von Draheim, nicht weit von dem See Neu-Wuhrow, hat ausser einem Vorwerke 2 Freyschulzen, 2 Freyleute, 7 Vollbauern, 15 Halbbauern, 9 grosse Cossäthen, unter welchen sich der Unterförster befindet, 8 kleine Cossäthen, 13 Büdner, 1 Schmied, 1 Schulmeister, 62 Feuerstellen, eine römischkatholische Mutterkirche, deren Filial das Dorf Claushagen ist und gränzet gegen Westen an das Neumärksche Dorf Alt-Wuhrow, gegen Osten an Schmidtenthin, gegen Süden an Bulgrin und das Westpreußische Dorf Wahrlang und gegen Norden an Zemmin und Schmalzenthin.

(22) **Zicker** ⅛ Meile von Tempelburg nordnordostwärts und eben so weit von Draheim, an 2 kleinen Seen, der grosse und der kleine Zicker genannt, wird in Ober- und Nieder-Zicker eingetheilet, hat 4 Freyschulzen, 4 Freysassen, 4 Halbbauern, 21 Töpfer, die sich hier wegen der vielen vorhandenen Töpfererde angesetzet haben und zu dem Gewerke der Töpfer in Tempelburg gehören, 2 Pfarrbauern, 9 Büdner, 1 Schulmeister, der jährlich ein königliches Gnadengehalt von 80 Rthlr bekommt, 44 Feuerstellen, eine römischkatholische Kirche, die ein Filial von Pöblen ist und gränzet an die Stadt Tempelburg und an die Dörfer Groß-Schwarzsee, Schneidemühle und Draheim.

B. Die Pommerschen und Neumärkschen Oerter sind:

(1) **Bulgrin** 1½ Meilen von Tempelburg nordwestwärts, ½ Meile von Draheim und etwa 100 Schritte von dem grossen See Drazig, hat nur 1 Freyschulzenhof, der eigentlich zur Neumark gehöret, von welchem aber ausser der Contribution 10 Rthlr. an Erbzins von dem Eigenthümer desselben an das Amt Draheim entrichtet werden. Dieses kleine zwischen Bergen gelegene Gut, welches in der Nähe eine Büchen- und Eichenholzung hat, gränzet an die Dörfer Claushagen, Hütten, Neu-Wuhrow und Calenberg und ist zu der Neumärkschen Teschendorfschen Kirche eingepfarret. Aus dem Gränzvergleiche, der zwischen dem Churfürsten Johann George und den Herzogen von Pommern, Johann Friederich und Ernst Ludewig, zu Falkenburg in der Woche Exaudi 1580 geschlossen wurde, erhellet, daß das Dorf Bulgrin zu dem damaligen Falkenburgschen Amte gehöret habe. Nachher hatte es zwar der Draheimsche Starost Czarnikowski etwa um das Jahr 1628 an sich gezogen, es wurde aber demselben wieder abgenommen, und weil es zur Neumark gehöret, von der Starostey Draheim abgesondert.

(2) Züt-

Der Neu-Stettinsche Kreis.

(2) Hütten 1 Meile von Tempelburg nordwestwärts und ¾ Meile von Draheim, hat 2 Freyschulzenhöfe, 2 Feuerstellen, ist zu Bramstädt in der Belgardschen Synode eingepfarret und gränzet an die Dörfer Bulgrin, Schmidtenthin, Claushagen, Alt-Liepenster und Lehmanningen.

(3) Klöpperfier 1⅛ Meilen von Tempelburg nordostwärts und 1 Meile von Draheim, zwischen vielen Steinhügeln, hat 7 Wirthe, wovon 6 jeder 48 Morgen, einer aber 56 Morgen 29 Ruthen Acker und Wiesen haben, 7 Feuerstellen und ist zu Groß-Schwarzsee eingepfarret. Das Dorf Klöpperfier wurde 1752 nach einer in der königlichen Amtsforst vorgenommenen Rodung an der Pöhlenschen und Groß-Schwarzseeschen Feldmark angeleget.

(4) Lehmanningen 1 Meile von Polzin südsüdostwärts und 2 Meilen von Tempelburg gegen Norden, hat 4 Wirthe, von welchen ein jeder 63 Magdeburgsche Morgen an Lande hat, 4 Feuerstellen und ist seit 1769 zu Bramstädt in der Belgardschen Synode eingepfarret. Das Dorf ist seit 1752 auf Pommerschen Boden bey dem Dorfe Alt-Liepenster angeleget worden.

(5) Alt-Liepenster 1 Meile von Polzin gegen Süden und 1¼ Meilen von Tempelburg gegen Norden, an den Seen Groß- und Klein-Liepen und nicht weit von den so genannten 5 Seen, die nahe an einander liegen, hat 41 Freyleute, die in einzelnen in dem Liepenfierschen Walde zerstreueten Kathen wohnen und zu Bramstädt in der Belgardschen Synode eingepfarret sind, 41 Feuerstellen und gränzet gegen Osten an den zwischen dem Westpreußischen Dorfe Groß-Poppelow und dem Amte Draheim streitigen Wald, gegen Süden an Lehmanningen, gegen Westen an Schmidtenthin und gegen Norden an Schmalzenthin und Neu-Liepenster. Die Dörfer Alt- und Neu-Liepenster haben einen gemeinschaftlichen Schulmeister, der jährlich ein königliches Gnadengehalt von 80 Rthlr. erhält.

(6) Neu-Liepenster ¾ Meile von Polzin gegen Süden und 2 Meilen von Tempelburg gegen Norden, an dem See Klein-Klockow, in einer bergigten Gegend, hat 23 Freyleute, die auf dem von den von Krockow zu Polzin im Anfange dieses Jahrhunderts gekauften Lande angesetzet worden sind und eben so, wie die Einwohner des Dorfs Alt-Liepenster, in einzelnen in dem Liepenfierschen Walde zerstreuten Kathen wohnen, 23 Feuerstellen und gränzet an die Dörfer Klockow, Gurkow, Alt-Liepenster und Neu-Wuhrow. Die Einwohner, die gute Weide, auch ziemlich fruchtbaren Acker haben und sich theils zu der Polzinschen, theils zu der Bramstädtschen Kirche in der Belgardschen Synode halten, geben keine Steuren, sondern nur einen gewissen Ackerzins an das Amt Draheim.

(7) Schmalzenthin eine seit 1752 angelegte Colonie, 1⅛ Meilen von Tempelburg westnordwestwärts und 1 Meile von Draheim, hat 10 Einwohner, wovon 8 jeder 70 Morgen, 2 aber zusammen 70 Morgen Acker haben, 10 Feuerstellen, ist zu Bramstädt in der Belgardschen Synode eingepfarret und gränzet an die Dörfer Zemmin und Neu-Wuhrow.

(8) Schmid-

Das Amt Draheim.

(8) **Schmidtenthin** 1¼ Meilen von Tempelburg gegen Norden, zwischen vielen Bergen und Brüchern, hat 8 Einwohner, von welchen ein jeder 83 Magdeburgische Morgen Acker besitzet, 8 Feuerstellen und ist seit 1769 zu Bramstädt in der Belgardschen Synode eingepfarret. Dieses Dorf ist 1752 auf der Stelle der ehemaligen Holländerey Eschebruch und auf dem in dem Alt-Liepenfierschen Walde gerodeten Lande erbauet worden.

(9) **Zemmin** 1¼ Meilen von Pohzin gegen Süden und 2 Meilen von Tempelburg gegen Norden, an einem See, der von dem Dorfe den Namen führet, in einer bergigten mit Gebüschen umgebenen Gegend, hat 17 Freyleute, 6 Büdner, 23 Feuerstellen, ist zu Bramstädt in der Belgardschen Synode eingepfarret und gränzet an die Dörfer Alt- und Neu-Wuhrow, Schmidtenthin und Bramstädt. Nach der Bramstädtschen Kirchenmatricul von 1591 war das Dorf Zemmin schon damals zu Bramstädt eingepfarret und wurde von den von Glasenapp und von Zozenow besessen; der Polnische Starost zu Draheim Johannes Sandivogius von Czarnikow Czarnkowski aber hatte dasselbe etwa um das Jahr 1628, als der 30 jährige deutsche Krieg auch in Pommern sich ausbreitete, mit Gewalt den von Zozenow abgenommen und nach dem 1637 erfolgten Tode des letzten Pommerschen Herzogs Bogislaus XIIII. noch andre Gränzörter an sich gezogen. Nachdem der Churfürst Friederich Wilhelm diese Oerter mit gewafneter Hand den Pohlen wieder abgenommen hatte, wurde dem Landvoigte Döring Jacob von Krockow am 7 May 1654 die Anwartung auf das Zozenowsche Lehn Zemmin ertheilet, jedoch traten die von Krockow, nach dem Vergleiche vom 19 April 1685, ihr Recht, so sie an Zemmin erlangt hatten, imgleichen die Dörfer Alt- und Neu-Liepenfier, Hütten und Eschebruch, jetzt Schmidtenthin genannt, für eine gewisse Summe dem Churhause Brandenburg ab.

2. **Drey Vorwerke, als:**

1) **Draheim** ein ritterfreyes Vorwerk und der Sitz des königlichen Beamten und Generalpächters des Amts Draheim, hat 1696 Morgen 57 Ruthen, mittelmäßigen Acker, die Abtriften für die Schafe, nach dem Urbarium von 1668, auf die sämtlichen Feldmarken des Amts Draheim, von welchen jedoch nur wegen der Entlegenheit von den Feldmarken der Dörfer Zicker, Groß-Schwarzsee, Hammer, Schneidemühle, Neuendorf und Claushagen Gebrauch gemacht werden kann, und die Dienste von 12 Halbbauern aus Claushagen, 4 Halbbauern aus Zicker, 13 Halbbauern aus Pöhlen, 6 Bauern aus Groß-Schwarzsee, 14 Halbbauern aus Klein-Schwarzsee, den Coßäthen aus Hammer und Neuendorf, 4 Bauern aus Schneidemühle, 5 grossen Coßäthen aus Claushagen und 6 Coßäthen aus Draheim. Die alte Festung zu Draheim, die in einer viereckigten Mauer auf einer Anhöhe zwischen den Seen Sareben und Drazig liegt und ehemals mit Garnison und einem Commendanten versehen war, wird jetzt abgebrochen und die Materialien werden zum Bau einer neuen Kirche angewendet.

2) **Der Kalkwerder** ist eine in dem grossen See Drazig gelegene Insel, die ehemals mit Büchen besetzt war, seit 1742 aber gerodet und durch Erbauung der

nöthigen Wirthschaftsgebäude zu einem besondern Vorwerke gemacht worden ist, welches ein Verwalterhaus und 3 Fischerwohnungen und in seiner Fläche 117 Morgen 146 Ruthen begreift, aber keine Dienste hat und ehemals dem Vorwerke Draheim beygelegt war. Jetzt ist es ein besonderes Vorwerk, zu welchem mit Einschließung der ebenfalls in dem See Drazig gelegenen Insel der Jungfernwerder genannt, auf welcher ein Fischer wohnet, 4 Feuerstellen gehören. Der Eichenwerder, der auch in dem See Drazig liegt, aber nicht bebauet ist, wird von dem Jungfernwerder aus bestellet und besäet. Die Einwohner des Kalk- und Jungfernwerders sind zu Draheim eingepfarret.

3) Neu-Wuhrow ein ritterfreyes Vorwerk, hat 825 Morgen 161 Ruthen größtentheils bergigten und steinigten Acker, keine Abtriften für die Schafe auf fremde Feldmarken und die Dienste von 7 Vollbauern, 15 Halbbauern, 8 großen und 8 kleinen Coßäthen aus Neu-Wuhrow.

3. Acht Mühlen, die ihren Besitzern erblich gehören, als:

1) Die Bewerdiecksche Wassermühle mit einem oberschlägigen Gange, erhält das Wasser aus dem See Tütz und hat die Einwohner des Dorfs Bewerdieck zu Zwangsmahlgästen.

2) Die Kuhlbare Wassermühle mit einem oberschlägigen Gange 1½ Meilen von Tempelburg nordnordostwärts, wird von dem Kuhlbaresee gespeiset und ist zu Pöhlen eingepfarret. Die Zwangsmahlgäste sind die Einwohner der Dörfer Pöhlen, Groß-Schwarzsee und Gönne.

3) Die Neuendorffsche Wassermühle mit einem unterschlägigen Gange, lieget auf der Drage und hat die Einwohner der Dörfer Claushagen, Prötzin und Neuendorf zu Zwangsmahlgästen.

4) Die Windmühle zu Neuhof, welche 1779 ist erbauet worden. Die Zwangsmahlgäste sind die Einwohner der Dörfer Neuhof, Döberitz, Schärpenort und Klein-Schwarzsee.

5) Die Rackowsche Wassermühle mit einem unterschlägigen Gange, lieget eine halbe Viertelmeile von dem Dorfe Rackow, an dem See Rackow, und hat die Einwohner der Dörfer Rackow und Lubow zu Zwangsmahlgästen.

6) Die Schneidemühlesche Wassermühle mit 2 oberschlägigen Gängen, wird von der Drage getrieben und hat die Einwohner der Dörfer Draheim, Hammer, Schneidemühle und Zicker, und des Kalk- und Jungfernwerders zu Zwangsmahlgästen.

7) Die Neu-Wuhrowsche Wassermühle mit einem oberschlägigen Gange, deren Zwangsmahlgäste die Einwohner der Dörfer Neu-Wuhrow und Alt-Kiepenfier sind.

8) Die

8) Die Zacherinsche Wassermühle mit einem unterschlägigen Gange, nahe bey dem Dorfe Zacherin und ¼ Meile von dem Dorfe Flackensee, erhält das Wasser aus den 3 zwischen Scharpenort, Neblin und Flackensee gelegenen Seen und ist zu Scharpenort eingepfarret. Die Zwangsmahlgäste sind die Einwohner der Dörfer Flackensee und Neblin.

Da die Dörfer Zemmin, Alt- und Neu-Riepenfier, Hütten und Eschebruch, jetzt Schmidrenthin genannt, welche die von Krockow an dem Ende des vorigen Jahrhunderts dem Churfürsten Friederich Wilhelm abtraten, ursprünglich zu Pommern gehören: so wurden solche nicht nur, nach dem Rescript vom 20 Junius 1735, in Ansehung der geistlichen Seelencur dem römischkatholischen Probste zu Tempelburg abgenommen und der Pommerschen Kirche zu Bromstädt wieder beygeleget, sondern auch von der eigentlichen damals noch verpfändeten Starostey Draheim abgesondert, und um alle Verwirrung, wenn solche wieder eingelöset werden sollte, zu vermelden, von dem Beamten zu Draheim besonders berechnet. Dies ist der Grund, warum das Amt Draheim bisher in die Starosteydörfer und in die so genannten Pommerschen und Neumärkschen Stücke oder Oerter, zu welchen letztern insonderheit Bulgrin gehöret, eingetheilet worden ist. Nachdem sich aber die Krone Pohlen nach dem 3ten Artical des mit Sr. Majestät dem Könige von Preußen zu Warschau am 18 Sept. 1773 geschloßenen Tractats, des ihr nach dem Bydgostischen Vertrage von 1657 zustehenden Rechts, die Starostey Draheim wieder einzulösen, begeben und solche dem Könige eigenthümlich und zu ewigen Zeiten abgetreten hat: so ist bey der letzten in dem Jahr 1781 vorgenommenen neuen Einrichtung des Amts Draheim festgesetzt worden, daß diese Eintheilung künftig nicht mehr Statt finden, sondern die ehemaligen Starostey- und Pommerschen und Neumärkschen Oerter in einen Etat gebracht werden sollen.

IIII. Folgende adeliche Güter, als:

1. Altenwalde oder Altenwall 1½ Meilen von Tempelburg ostnordostwärts, 2 Meilen von Bärwalde gegen Süden und 2½ Meilen von Neu-Stettin südwestwärts, auf einer Anhöhe, an dem See Dolgen, durch welchen die Pilow fließet, auf der Landstraße von Tempelburg nach Neu-Stettin, hat 1 Vorwerk, welches aus 3 in eine Wirthschaft gezogenen Rittersitzen bestehet, 1 Prediger, 1 Küster, 20 Halbbauern, 1 Schmiede, auf der Feldmark des Dorfs eine auf der Pilow gelegene Wassermühle und einen Krug, 31 Feuerstellen, eine zu der Neu-Stettinschen Synode gehörige Mutterkirche, zu welcher das Dorf Zacherin als ein Filial gehöret und das Dorf Altmühle eingepfarret ist, fruchtbaren Acker, eine kleine Fichtenheide, Fischerey in Seen und gränzet an das Westpreußische Dorf Dobelage. Die Dörfer Altenwalde, Bärbaum, Altmühle, Pieleborg, Nemmin, Dummersitz und Linde wurden von den 4 an dem Städtlein Bärwalde, dem Copriebeuschen Busche und der Pieleborgschen Heide berechtigten Geschlechtern von Wolde, Glasenapp, Jastrow und Münchow, nach einer von ihnen in der Mitte des 16ten Jahrhunderts gemeinschaftlich vorgenommenen Rodung der Pieleborgschen Heide angeleget und 1577 unter dieselben

Brüggg. Beschr. v. H. Pom. [Aaaaa] mit

Der Neu-Stettinsche Kreis.

mit Einstimmung der Pommerschen Herzoge erblich getheilet. Nachdem das Dorf Altenwalde 1563 war angeleget worden, wurde hier auch 1572 eine Kirche erbauet, die 1601 an einen höhern und bessern Ort verleget, in dem Anfange dieses Jahrhunderts nebst der Pfarre aber durch eine Feuersbrunst eingeäschert wurde, worauf die jetzige Kirche 1737 neu ist erbauet worden. Altenwalde war ehemals nebst dem dazu gehörigen Dorfe Zacherin ein Lehn der von Glasenapp, welches aber bereits vor langer Zeit von den von der Gramenzschen Linie abstammenden von Glasenapp erblich verkauft worden und nachher verschiedenen Besitzern zugefallen ist. Der Dompropst Samuel von Oesterling verkaufte es nach dem Vergleiche vom 5 März 1733 zugleich mit dem alten Kleistschen Lehne Lanzen dem Regierungsrathe und nachmaligen geheimen Finanzrathe Friederich von Dreger, welchem auch der Major Wilhelm Heinrich von Wolde sein Lehnrecht an den Gütern Altenwalde, Zacherin, Altmühle und Zolnow am 29 September 1746 abtrat. Noch dem Tode des geheimen Finanzraths von Dreger besaßen seine Kinder Friederich und Charlotta Philippina von Dreger verehlichte Menzel die Güter Altenwalde, Zacherin und Lanzen so lange gemeinschaftlich, bis der erste am 7 Januar 1763 seine Schwester mit baren Gelde abgefunden hatte und der einzige Besitzer dieser Güter geworden war. Er verkaufte hierauf dieselben nebst dem Rechte, die Güter Altmühle und Zolnow einzulösen, nach dem Vergleiche vom 16 December 1763 und mit königlicher Einwilligung vom 23 Januar 1764 dem Polnischen Beamten Martin Bergan, der diese Güter in Concurs setzte. Nach dem Rechtsspruche vom 30 August 1769 wurden sie nebst dem Einlösungsrechte an den Gütern Altmühle und Zolnow für das meiste Gebot dem Hauptmann Ewald Aegidius von Kleist zugeschlagen und in seinem Testamente vom 21 Januar 1776 seinem Brudersohne, dem Hauptmann Franz von Kleist vermacht, von diesem aber der Wittwe des Hauptmanns Ewald Aegidius von Kleist, Sophia Elisabeth gebohrnen von Oesterling, nach dem Vergleiche vom 23 Julius 1776, wieder überlaßen. Zu dem Gute Altenwalde gehörte ehemals auch die zwischen den Dörfern Wuckel, Altmühle, Rackow und Bewerdieck gelegene Feldmark Pommershof, welche von dem geheimen Finanzrathe Friederich von Dreger mit einem Vorwerke bebauet wurde und in 627 großen Pommerschen Morgen nebst der dazu gehörigen Jagd, Gerichtsbarkeit, Fischerey und Kirchengestühlen in der Altenwaldeschen Kirche bestehet, auch von allen Abgaben, als der Contribution, den Lehnpferdegeldern, dem Meßkorn u. befreyet ist. Der geheime Finanzrath von Dreger verkaufte das Gut Pommershof nebst dem dazu gehörigen und auf der Feldmark desselben neu angelegten Vorwerke Petersmark nach dem Vergleiche vom 22 August 1750 erblich für 1000 Rthlr. dem Lieutenant Peter Ludewig von Pliwerling; es sind aber die Gebäude von den beiden ehemals zu Altenwalde eingepfarrten Vorwerken Pommershof und Petersmark bereits seit geraumer Zeit abgebrannt und noch nicht wieder aufgebauet worden, so daß jetzt die dazu gehörige Feldmark von der Dorfschaft Rackow nachweise genutzet wird.

2. **Altmühle** ein adelicher Wohnsitz, 1½ Meilen von Tempelburg nordostwärts, eben so weit von Bärwalde gegen Süden und 1½ Meilen von Neu-Stettin westsüdwestwärts, zwischen 2 Seen, dem Broder gegen Westen und dem Strehin gegen

Die adelichen Güter des Neu-Stettinschen Kreises. 739

gen Osten, hat 1 Vorwerk, 3 Cossäthen, das Feldgut Zolnow, welches ein Ueberrest von einer daselbst gewesenen Mühle ist und an dem See Zolnow liegt, 6 Feuerstellen, leichten Acker, etwas Fichtenholz, Fischerey in Seen und ist zu Altenwalde in der Neu-Stettinschen Synode eingepfarret. Die Erben des Andreas Joachim von Puttkammer besaßen in dem Jahre 1724 das in Concurs gerathene Woldensche Lehn Altmühle und überließen es am 28 December 1730 dem Oberamtmann Stenzler, der es am 16 April 1731 dem Wolf Heinrich von Renzel abtrat. Von diesem lösete es der Hauptmann und nachmalige Major Wilhelm Heinrich von Wolde 1740 als ein Lehn ein und verkaufte es nach dem Vergleiche vom 27 September 1742 nebst dem dazu gehörigen ⅞ des Patronatsrechts an der Altenwaldeschen Kirche und Pfarre dem Hofgerichtsdirector Friederich von Dreger also, daß dieser die Wahl behalten sollte, ob er es erblich oder wiederkäuflich besitzen wolle. Es wurde aber 1743 wieder dem Hauptmann Carl Erdmann von Wolde, der das Vorkaufsrecht ausgeübet hatte, überlaßen und von ihm nach dem Vergleiche vom 6 May 1744 auf 24 Jahre der Fräulein Maria Barba von Münchow verpfändet. Jetzt besitzet die Wittwe von Glasenapp gebohrne von Münchow dieses Gut.

3. **Bärbaum** ein Rittersitz, 2 Meilen von Neu-Stettin westsüdwestwärts, eben so weit von Tempelburg und Bärwalde, zwischen den großen Seen von Pieleborg und Altmühle, ist ein in der Pieleborgschen Heide angelegtes und zu Pieleborg in der Neu-Stettinschen Synode eingepfarrtes freyes Feldgut mit einer Schäferey, 1 Cossäthen, 3 Feuerstellen, guten Fichtenholzungen und Fischerey. Bärbaum und die dazu gehörigen 3 Bauern in Linde, 7 Cossäthen in Pieleborg und ein Theil der Pieleborgschen Mühle, oder Linde (b) und Pieleborg (b) waren ehemals alte Zastrowsche Lehne, mit welchen nachher die von Rothberg belehnet wurden, die sie an Wenz George von Manteufel verkauften. Dieser verkaufte sie wieder nach dem Vergleiche von 1698 an Conrad Friederich von Hertzberg, von welchem sie sein Sohn Caspar Moritz erbte der auch drey von den auf der Feldmark des Dorfs Groß-Hertzberg gelegenen 4 Feldgütern Klein-Hertzberg genannt besaß. Jetzt besitzet dieses alles dessen jüngster Sohn, der Hauptmann Conrad Friederich von Hertzberg.

4. **Bärwalde** oder die bey der Stadt Bärwalde gelegenen Bärwaldeschen Vorwerke, welche folgenden Besitzern gehören, als: Bärwalde (a) begreift 2 Vorwerke, das Feldgut Strohwiep, die Weitzenburgsche Wassermühle und eine von den auf der Oerdenschen Feldmark gelegenen Wassermühlen und ist ein altes Woldensches Lehn, welches der Major Philipp Ferdinand von Wolde besitzt. S. Thusnow unter den adelichen Gütern des Fürstenthums Cammin. Bärwalde (b), wozu 2 Vorwerke, die Buthe und die Freyheit genannt, die Feldgüter Groß- und Klein-Grabunz und Rothenfließ, wie auch die Hetzsche Wassermühle gehören, ist ein altes Glasenappsches Lehn, welches nach dem Tode des Franz Lorenz von Glasenapp seinen Söhnen, dem Lieutenant Johann Franz George und Paul Ernst August Wilhelm und nachher dem ersten allein zufiel. Bärwalde (c) bestehet in einem Vorwerke oder Rittergute, welches Otto Rüdiger von Zastrow als ein Zastrowsches Lehn besitzet. S. Wusterhanse. Zu den Bärwaldeschen Vorwerken werden auch gerech-

[Aaaaa 2]

net

Der Neu-Stettinsche Kreis.

net 1) das alte Jastrowsche Lehn Osterfelde mit den dazu gehörigen Buschgütern Groß- und Klein-Schmilz und Ziegeley, welche der Cammerherr Andreas Wedig von Jastrow besitzet. S. Balm. 2) die freyen Feldgüter Sorenhof und Schwurk. Das erste wurde von Franz von Jastrow, nach dem Vergleiche vom 25 October 1730, wiederkäuflich auf 24 Jahre dem Prediger Wolf, und von dessen Wittwe Hedwig Elisabeth gebohrnen Hering am 7 October 1744 für 1100 Rthlr. dem Prediger Franz Christian Hollatz zu Rehwinkel verkauft. Das andre ist ein Glasenappsches Lehn, welches nach dem Tode des Heinrich Reinhold von Glasenapp seinem jüngsten Sohne, dem Hauptmann George Eggert von Glasenapp zufiel, und von diesem, nach dem Vergleiche vom 19. November 1749, nebst der freyen Hütung auf der Grabunz wiederkäuflich auf 24 Jahre für 1200 Rthlr. ebenfalls dem Prediger zu Rehwinkel, Franz Christian Hollatz verkauft wurde, nach dessen Tode sich sein Sohn, der Bürgermeister Timotheus Gottlob Hollatz zu Bärwalde mit seinem Bruder, dem Prediger Hollatz zu Schwanebeck am 2. Januar 1766 also verglich, daß er die Güter Sorenhof und Schwurk für 2270 Rthlr. annahm.

5. Balsanz, ein Rittersitz 1 Meile von Bärwalde gegen Norden, 1½ Meilen von Polzin gen Osten, 3 Meilen von Belgard südsüdostwärts und eben so weit von Publitz westsüdwestwärts, hat 1 Vorwerk, 8 Bauern, 6 Coßäthen, 1 Krug, 1 Schmiede, 1 Schulmeister, der zugleich Küster ist, auf der Feldmark des Dorfs ein Vorwerk Casimirshof, genannt und eine Wassermühle, 16 Feuerstellen, eine zu der Neu-Stettinschen Synode gehörige Kirche, die ein Filial von Wusterhanse ist und wegen ihrer geschmackvollen Verzierungen für eine der schönsten Dorfskirchen in Pommern gehalten wird. Eichen- Büchen- Fichten- und Birkenholzungen, Fischerey in der Persante und ist ein altes Glasenappsches Lehn, welches die Gebrüder George Wedig und Heinrich Friederich von Glasenapp besitzen. S. Gramenz.

6. Barenbusch, 2 Meilen von Neu-Stettin gegen Süden und ¼ Meile von Rätzebuhr nordwestwärts, hat mit Ausschließung des Vorwerks Strümmelkamp 5 Vorwerke oder Rittergüter, 7 Halbbauern, 7 Coßäthen, 1 Schmiede, 1 Schulmeister, 23 Feuerstellen, eine zu der Neu-Stettinschen Synode gehörige Kirche, die ein Filial von Lottin und zu welcher das Feldgut Strümmelkamp eingepfarret ist, gute Eichen- Büchen- und Fichtenholzungen, Fischerey in dem See Brockenzien und ist ein altes Hertzbergsches Lehn, welches jetzt 4 Besitzern gehöret. Barenbusch (a), wozu 2 Vorwerke gehören, kam nach dem Tode des Lieutenant George Caspar von Hertzberg nebst Lottin (d) zum Concurs und wurde 1769 für das meiste Gebot dem Hans Jürgen von Hertzberg zuerkannt, nach dessen Tode sein Sohn, der Hauptmann bey dem Grenadier-Bataillon von Borck, Moritz Wilhelm von Hertzberg, diesen Antheil bekam. Barenbusch (b) mit einem Vorwerke und der Hälfte dieses Dorfs besitzet der Staats- und Cabinetsminister Ewald Friederich von Hertzberg, welcher auf der weitläuftigen Feldmark dieses Dorfs 1754 ein neues Vorwerk angeleget und demselben den Namen Strümmelkamp gegeben hat. Barenbusch (c) mit einem Vorwerke wurde 1652 von Carsten von Hertzberg an Frombold von Seiger und von desselben Erben 1703 an des Majors von Schönbeck Wittwe verkauft, deren Tochter

Die adelichen Güter des Neu-Stettinschen Kreises.

res dem Hauptmann Hans Casimir von der Osten zubrachte und es 1750 ihren Schwesterkindern von Wangerow und von Lemke vermachte, von deren Erben es endlich Caspar Wilhelm von Hertzberg aus Lottin wieder kaufte. BarenBusch (d) bestehet in einem Vorwerke und Cosäthen und wurde von dem neuerlich in Berlin gestorbenen Major von Hertzberg in seinem Testamente einem Lieutenant von Wangerow vermacht, der auch Lottin (g) besitzet. Das Dorff Barenbusch gränzet längst des Czarneflieses in dem so genannten Tiefenbrüchern mit der Stadt Ratzebuhr und den Dörfern Pinnow und Hasenfier und hat seit dem 16ten Jahrhunderte wegen dieser Gränze mit der Stadt Ratzebuhr große Streitigkeiten gehabt, in welchem Joachim von Hertzberg, des Staatsministers Ururältervater im Jahre 1599 erschlagen wurde. Diesen Gränzstreit hat der Staatsminister von Hertzberg im Jahre 1780 mit der Stadt Ratzebuhr durch einen Vergleich beygeleget; die Tiefenbrücher sind zwischen den Interessenten geteilet worden und dieses große und fruchtbare Bruch, welches nach der in dem Jahre 1781 geschehenem Vermeßung 4597 Magdeburgsche Morgen und 58 Ruthen enthält, wird nunmehro auf Sr. Königl. Majestät Befehl und mit königlicher Beyhülfe mittelst Aufräumung des Czarneflieses urbar gemacht und mit Colonien besetzt.

7. Barken ehemals Wustrafe genannt, eine starke Meile von Neu-Stettin gegen Süden, ist ein aus 4 kleinen Gütern oder Vorwerken und 5 Feuerstellen bestehendes, ehemals auf der Feldmark von Lottin angelegtes und zu diesem Dorfe in der Neu-Stettinschen Synode eingepfarretes Gut und altes Hertzbergsches Lehn, welches fruchtbaren Acker, aber weder Holtzung noch Fischerey hat und an das Dorf Wulflatzig gränzet. Barken (a), welches in einem Vorwerke bestehet und eigentlich das Lehn der ersten von Hertzbergschen Linie und also des Staatsministers von Hertzberg ist, wurde von seines Uräldtervaters Aegidius, von Hertzberg Wittwe und dem Vormundern seiner Erben in dem Jahre 1630 für 1000 Floren Pommersch an Hans Blauen verpfändet. Nächster besaß es Dorothea Agnes von Glasenapp verwittwete von Hertzberg und nachher verehelichte von Wranken, nach deren Tode es Ernestina von Glasenapp, eine Gemahlin des Paul Wedig von Kamek erbte. Der Vormund der nachgelaßenen Kinder deßelben verkaufte es, nach dem Vergleiche vom 2 Februar 1741, an Michael Ewald, dessen Schwiegersohn Samuel Kopplin es eine Zeitlang besaß und es 1770 seinem Schwager, dem Freymann Samuel Ewald abtrat. Barken (b) begreift ein kleines Vorwerk und wurde von Maria Barbara von Münchow nach dem Vergleiche vom 1. Julius 1748 an Lorenz Friederich Dittmar verkauft, dessen nachgelaßener Sohn, Wilhelm Gottlieb Dittmar, es jetzt besitzet. Barken (c) bestehet aus 2 kleinen Vorwerken, welche der Major George Christoph von Hertzberg besitzet. S. Lottin (d).

8. Barkenbrügge 2 Meilen von Neu-Stettin südwestwärts, gränzet an Barenbusch und lieget zwischen hohen Bergen an dem Czarnefließe, welches dieses Dorf in 2 Theile theilet, so daß der südliche Theil, zu welchem mit Einschließung des Radatzschen oder Wittenbergschen Kruges 16 Feuerstellen gehören, ein Hertzbergsches, der nördliche aber mit 8 Feuerstellen ein Boninsches Lehn ist. Das ganze Dorf

Dorf hat 5 kleine Vorwerke, 8 Bauern, 3 Coßäthen, 1 Schmiede, mit Einschließung des auf der Feldmark gelegenen alten Vorwerks, Raddanzer oder Wittenbergscher Krug genannt, aber welches dem Staats- und Cabinetsminister von Hertzberg gehöret, überhaupt 24 Feuerstellen, eine zu der Neu-Stettinschen Synode gehörige Filialkirche, in welcher die Prediger zu Lottin und Plietenitz wechselsweise den Gottesdienst besorgen und bestehet aus folgenden Antheilen, wovon die 5 ersten alte Hertzbergsche Lehne sind. Barkenbrügge (a) kam von dem Lieutenant George Caspar von Hertzberg an seine Söhne, und wurde, nachdem über ihr Vermögen Concurs entstanden war, 1769 dem Lieutenant Hans Jürgen von Hertzberg als meistbietenden zuerkannt. Dieser verkaufte zwar einen ganzen und 2 halbe Bauerhöfe 1770 an die Landräthin von Woldeck gebohrne von Seiger, der Major George Christoph von Hertzberg lösete aber von derselben am 27 October 1781 diesen Antheil wieder ein. Barkenbrügge (b) ein Hertzbergsches Lehn zu dem Theile des Staatsministers von Hertzberg gehörig, wurde von dessen Großvater Caspar Rüdiger von Hertzberg 1674 an den Prediger Hasse zu Hasenfier verkauft, von welchem es an dessen Erben, den Prediger Rhensius kam, dessen Erben es noch jetzt besitzen. Barkenbrügge (c) gehört gleichfalls zu der ersten Linie der von Hertzberg, es war aber verpfändet. Der Hauptmann Caspar Detlof von Hertzberg lösete es 1739 von den von Seigerschen Erben ein, verpfändete es aber wieder an den Cornet Hans George von Bandemer, von dessen Söhnen der Staatsminister von Hertzberg dieses Gut durch den Vergleich vom 31 May 1781 wieder einlösete. Barkenbrügge (d) tauschte Dubislav Lorenz von Hertzberg 1707 von seinem Bruder Dinnies Rüdiger und trat es 1714 seinem Sohne Bernd Heinrich ab, dessen nachgelaßener Sohn, der Major George Heinrich es erbte. Nachdem dieser 1759 gestorben war, erhielt es seine Mutter, des Bernd Heinrich von Hertzberg Wittwe auf ihre Gerechtsame, nach deren 1760 erfolgten Tode es an ihre Tochter des Oberförsters von Wenkstern Ehefrau kam, von welcher es der Major Peter Rüdiger von Hertzberg einlösete, es aber am 15 September 1780 zugleich mit Barkenbrügge (e) dem Major George Christoph von Hertzberg verkaufte. Barkenbrügge (e) kaufte Frombold Wilhelm von Seiger 1726 von einem von Hertzberg und hinterließ es seiner Tochter, Barbara Louisa von Seiger verehlichten von Woldeck. Der Major Peter Rüdiger von Hertzberg lösete es den 14 October 1766 und 1768 noch 2 zu diesem Gute gehörige Coßäthenhöfe wieder ein und verkaufte daßelbe den 15 September 1780 erblich dem Major George Christoph von Hertzberg. Barkenbrügge (f), das dazu gehörige und auf der Feldmark dieses Dorfs gelegene Vorwerk Grünhof, welches aber zu Wulflatzig eingepfarret ist, Plietenitz und Dieck (b) sind Boninsche Lehne. Sie wurden dem Frombold Wilhem von Seiger nach dem mit seinem Schwiegervater Berud Eccard von Bonin am 8 Februar 1718 und mit dessen Wittwe und Sohne am 1 October 1731 getroffenen Vergleiche, unter der Bedingung sie wieder einzulösen, überlaßen. Nachdem auch das alte Boninsche Lehn Hammer (b) nebst dem dazu gehörigen Gute Steinfort (c) von Casimir Henning von Glasenapp am 15 Februar 1695 erblich dem Caspar Otto von Seiger und von deßen Erbin Helena Sophia von Seiger am 25 November 1730 dem Frombold Wilhelm von Seiger war verkauft worden, fielen nach deßen Tode die Güter Barkenbrügge (f) Grünhof, Plietenitz,

Dieck

Die adelichen Güter des Neu-Stettinschen Kreises.

Dieck (b) Hammer (b) und Steinfort (c) seinen beiden Kindern, Joachim Caspar und der Wittwe des Adam Heinrich von Kleist und jetzigen Landräthin von Woldeck, Barbara Louisa gebohrnen von Seiger und nachdem der erste in der Schlacht bey Hohen-Friedeberg geblieben war, der letztern allein zu.

9. Bernsdorf 1 Meile von Bublitz südwestwärts, und nach einer 1752 vorgenommenen Vermeßung 6220 Ruthen von Neu-Stettin, ist ganz mit Wäldern umgeben, hat 26 Coßäthen, 1 Schmiede, 1 Schulmeister, 27 Feuerstellen, gute Wiesen und Viehzucht, beträchtliche Büchenholzungen und ist zu Wurchow in der Bublitzschen Synode eingepfarret. Das Dorf Bernsdorf, zu welchem auch $\frac{1}{3}$ des Wurchowschen Busches und der Kathen auf dem Barenberge gehören, ist ein altes Glasenappsches, Lehn welches die Gebrüder George Wedig und Heinrich Friederich von Glasenapp besitzen. S. Gramenz.

10. Groß-Born 2 Meilen von Neu-Stettin südwestwärts, hat 3 Vorwerke, 5 Bauern, 1 Coßäthen, 1 Schmiede, 1 Schulmeister, 13 Feuerstellen, eine zu der Neu-Stettinschen Synode gehörige Kirche, die ein Filial von Plietenitz ist, größtentheils leichten Acker, wenige Fichten, keine Fischerey, gränzet an die Westpreußischen Dörfer Zipnow und Dodelage und bestehet jetzt aus 3 Antheilen. Groß-Born (a), begreift die Hälfte des Dorfs und bestehet aus 2 Theilen, wovon die von Puttkammer nach dem Vergleiche vom 10 December 1677 einen Theil besaßen. Andreas von Puttkammer gab ihn seiner Tochter Anna zum Brautschatze mit, die ihn mit ihrem Gemahl Peter Rüdiger von Kleist mit lehnsherrlicher Einwilligung vom 5 März 1681 dem Cammerrathe und Amtman zu Draheim, Jacob von Pötter verkaufte. Dieser hinterließ 5 Töchter, als Catharina Magdalena, Anna Dorothea, Sophia Hedwig, Eva Barbara und Sabina Elisabeth von Pötter, von welchen die älteste Catharina Magdalena ihren Antheil nach dem Testamente vom 9 Julius 1731 ihrer Schwester Sabina Elisabeth von Pötter vermachte, die auch nach dem Tode ihrer übrigen Schwestern deren Antheil bekam und diesen Theil des Guts Groß-Born (a) nach der Ehestiftung vom 8 Januar 1733 ihrem Gemahl Christoph Bogislav von Münchow zum Brautschatze zubrachte und ihn nachher als seine Wittwe allein besaß. Nach ihrem Tode kam dieser Theil durch eine Schenkung unter den Lebendigen, welche durch die Rechtssprüche vom 8 Januar und 30 April 1766 bestätiget wurde, an den Inspector zu Landsberg Johann Frey und dessen Ehefrau Christina Dorothea gebohrne Dreyer. Die Dreyerschen Erben verkauften hierauf diesen Theil am 4 Januar 1763 dem Andreas Wiese, der die Wittwe des Amtmanns Sydow gebohrne Dreyer heirathete und diesen Theil, nach dem Vergleiche vom 15 May 1776, bey seinem Leben seinem Sohne Johann Jacob Wiese abtrat, jedoch sich mit seiner Ehefrau gebohrnen Dreyer, so lange einer von ihnen beyden noch am Leben seyn würde, den Hof, den er in dem Jahre 1776 inne hatte, als ein Leibgedinge vorbehielte. Einen andern Theil des Guts Groß-Born (a), der in 2 Bauerhöfen bestand, hatte der Lieutenant von Zitzewitz am 5 April 1740 dem Lieutenant Franz Heinrich von Keith verkauft, der den einen Bauerhof oder Groß-Born (b) am 10 Februar 1748 erb- und eigenthümlich dem Verwalter Valentin Treder verkaufte, dessen

Der Neu-Stettinsche Kreis.

deßen Bruder der Freymann Heinrich Treder ihn jetzt besitzet, und nach seinem Tode den andern seiner Gemahlinn Barbara Juliana gebohrnen von Glasenapp hinterließ; nach deren Testamente vom 1 May 1771 ihn der Lieutenant Johann Franz George Bogislav von Glasenapp erbte. Dieser verkaufte ihn am 23 December 1774 mit königlicher Einwilligung vom 17 März 1774 dem Eigenthümer Andreas Wiese, der ihn zugleich mit dem andern Theile des Guts Groß-Born (a) seinem Sohne Johann Jacob Wiese unter der oben angezeigten Bedingung abtrat. Groß-Born (c) bestehet in 2 Bauerhöfen und wurde von den Gebrüdern Christian Ulrich und Christoph Bogislav von Münchow am 17 December 1727 ihrer Schwester Catharina Hedwig von Münchow bey ihrer ersten Verheirathung an Lorenz Hasse zum Brautschatze mitgegeben, nach deßen Tode sie den Peter Schülke heyrathete, deßen Sohn Michael Joachim Schülke jetzt dieses Gut besitzet.

11. Borntin 3 Meilen von Neu-Stettin nordwestwärts, in einem zwischen vielen Sandbergen gelegenen Thale, an der Persante, hat 1 Vorwerk, 1 Wassermühle, 8 Bauern, 5 Coßäthen, 5 Büdner, 1 Krug, 1 Schmiede, 1 Schulmeister, 1 Hirtenhaus, mit Einschließung der zu diesem Dorf gehörigen Vorwerke Groß-Nemrin, ehemals Vierhof genannt, und Jungfernhof, 24 Feuerstellen, eine zu der Neu-Stettinschen Synode gehörige Kirche, die ein Filial von Groß-Crößin ist, Holzungen und Fischerey in der Persante. Für die bey diesem Gute seit 1776 für 2325 Rthlr. königliche Gnadengelder vorgenommene Verbesserungen, wovon die jährlichen Einkünfte nach dem Anschlage 288 Rthlr. 19 Gr. 6 Pf. betragen sollen, muß eine zu Gnadengehalten für adeliche Wittwen und Waisen bestimmte jährliche Abgabe von 46 Rthlr. 11 Gr. von dem Besitzer dieses Guts, George Heinrich von Zastrow bezahlet werden. S. Wusterhanse. Das jetzt zu dem Gute Borntin gehörige Vorwerk Groß-Nemrin ist ein Kleistsches Lehn, welches Lorenz Christian von Kleist besaß. Nachdem es in Concurs gerathen war, wurde es am 2 May 1739 dem Hans Joachim von Kleist zuerkannt, deßen Witwe Margaretha Amalia und nachmalige Gemahlinn des Albrecht Christian Carl von Borck es nach dem Vergleiche vom 14 Junius 1762 erblich dem Hauptmann Friederich Wilhelm von Zastrow verkaufte, der dazu am 4 März 1771 noch den bisher zu Groß-Nemrin gehörig gewesenen so genannten Fritzenkathen von dem Generallieutenant Heinrich von Manteufel kaufte. Nach dem Tode des Hauptmanns von Zastrow fiel es zugleich mit dem Gute Borntin seinem Bruder George Heinrich von Zastrow zu.

12. Burzen ein Rittersitz ½ Meile von Ratzebuhr südwestwärts, hat 1 Vorwerk, 13 Bauern, 7 Coßäthen, 1 Krug, 1 Schmiede, 1 Schulmeister, 25 Feuerstellen, eine zu der Neu-Stettinschen Synode gehörige Kirche, die 1623 einen Prediger bekam, der in Burzen wohnte, seit 1711 aber ein Filial von Hasenfier ist, fruchtbaren Acker, gute Weide, Büchen- und Fichtenholzungen, aber keine Fischerey und gränzet an den Czarnefluß und an die Westpreußische Stadt Jastrow. Dieses ehemalige Lehn der von Falk und von Münchow besaß der Landrath Aegidius Christoph von der Osten als ein neues Ostpreußisches Lehn. Nach dem Theilungsvergleiche vom 9 März 1742 fiel es seinem Sohne, dem Landrathe Gerhard Casimir

Die adelichen Güter des Neu-Stettinschen Kreises. 745

Casimir zu, deßen nachgelaßener Sohn, der Hofgerichtsreferendarius Aegidius George Wilhelm von der Osten, sich am 12 und 13 Julius 1773 mit seiner Mutter und seinen Schwestern auseinander setzte und dieses Gut erhielt.

13. Cölpin ein Rittersitz, ¾ Meile von Bärwalde südsüdostwärts, 2 Meilen von Neu-Stettin gegen Westen und eben so weit von Tempelburg nordostwärts, hat 2 Vorwerke, 1 Windmühle, 1 Lohgärberey, 1 Ziegeley, 1 Prediger, 1 Küster, 8 Bauern, 1 Halbbauer, 8 Coßäthen, 1 Krug, 1 Schmiede, auf der Feldmark des Dorfs das Vorwerk Neuhof und das zu Bärwalde eingepfarrte Feldgut Knick mit einem kleinen dazu gehörigen Ackerwerke Sonntag genannt, 30 Feuerstellen, eine zu der Neu-Stettinschen Synode gehörige Mutterkirche, deren Filiale die Dörfer Wuckel und Eichenberge sind, gute Eichen- und Büchenholzungen und Fischerey in 2 Seen. Die erste Kirche in Cölpin wurde am 14 Junius 1581 von Claus von Zastrow erbauet, der Bau der jetzigen aber, die sehr gut eingerichtet ist, 1748 von dem Churpfälzischen Generalfeldmarschallieutenant Casimir Wedig von Zastrow zu Stande gebracht. Dieser erbte das alte Zastrowsche Lehn Cölpin von seinem Vater Bernd Christian und kaufte 1) das Woldensche Lehn Klein-Knick, so aber seit einigen Jahren eingegangen ist, am 24 März 1746 von dem Hauptmann Carl Erdmann von Wolde, welchem auch sein Bruder, der Lieutenant Philipp Ferdinand die Vollmacht dazu ertheilet hatte; 2) das alte Glasenappsche Lehn Groß-Knick am 13 Junius 1749 von Franz Lorenz von Glasenapp, der daßelbe von seinem Vater Franz Eggerd geerbet hatte; 3) einen Theil des alten Kleistschen Lehns Gißolk am 29 Julius 1754 erblich mit dem Lehnrechte von dem Lieutenant Bogislaus Heinrich von Kleist, der denselben von seinem Vater, dem Obristlieutenant eben deßelben Namens geerbet hatte und 4) einen andern Theil des alten Kleistschen Lehns Gißolk, so in 4 Bauerhöfen bestand, am 28 September 1754 erblich von dem Hauptmann Leopold von Kleist, nachdem dieser Theil von Joachim Daniel von Kleist an seinen nachgelaßenen Sohn, den Generalfeldmarschall Henning Alexander gekommen und nach deßen Tode von seinem jüngsten Sohne Christoph Wilhelm deßen ältern Bruder, dem Hauptmann Leopold von Kleist nach dem brüderlichen Theilungsvergleiche vom 7 März 1750 war überlaßen worden. Der Hannöversche General en Chef, Ludwig von Zastrow erbte hierauf die Güter Cölpin, Groß- und Klein-Knick und das ganze Gut Gißolk von seinem Bruder, dem Churpfälzischen Generalfeldmarschallieutenant Casimir Wedig von Zastrow, der unbeerbt gestorben war, und hinterließ diese Güter seinem einzigen Sohne, dem Königl. Cammerherrn Andreas Wedig von Zastrow.

14. Callatz ein adelicher Wohnsitz, ⅞ Meile von Polzin ostnordostwärts und ⅛ Meile von der Damitz, welche dieses Dorf von dem Westpreußischen Dorfe Groß-Poppelow scheidet, auf der Landstraße von Tempelburg nach Cößlin, hat, in so fern es zu dem Neu-Stettinschen Kreise gehöret, 1 Vorwerk, 18 Bauern, 2 Coßäthen, 1 Krug, 1 Schmiede, 1 Schulmeister, auf der Feldmark des Dorfs eine Waßermühle, die zu Damen in der Belgardschen Synode eingepfarrten Vorwerke Groß-Nemrin und Ziegenborn und die 3 Kathen, der Neilskathen Heidekathen und der Sandhof

Sandhof genannt, 34 Feuerstellen, eine zu der Belgardschen Synode gehörige Kirche, die ein Filial von dem in Westpreußen gelegenen Dorfe Groß-Poppelow ist, gute Eichen- und Fichtenholzungen wie auch weiches Holz und Fischerey in einem See und in der Damiz. Collaz und das dazu gehörige in dem Belgardschen Kreise gelegene Gut Neu-Sanzkow (a) sind alte Manteufelsche Lehne. Nachdem des Ewald von Manteufel Söhne erster und letzter Ehe sich am 18 Januar 1730 also verglichen hatten, daß die sämtlichen Lehne und Güter ihres Vaters ungetheilt beysammen bleiben sollten, fielen das Gut Collaz und ein Theil von Neu-Sanzkow (a) wie auch das in dem Belgardschen Kreise gelegene alte Zozenowsche Lehn Jeseriz den Söhnen erster Ehe, dem Generallieutenant Heinrich und Gerd von Manteufel und nach dem Tode des letzten dem ersten allein zu. Dieser kaufte am 25 August 1761 die andre Hälfte von den 3 Buschkathen und dem Holze bey Neu-Sanzkow und am 7 May 1764 einen Hof in Collaz von dem Hauptmann Friederich George Christian von Manteufel, der diese Theile als der einzige Sohn von seinem Vater, dem Obersten Franz Christoph geerbet hatte. Nach dem Tode des Generallieutenant von Manteufel verglichen sich seine Brudersöhne und nächsten Lehnsfolger, als der Major Hans Heinrich und der Hauptmann Gerhard Ewald von Manteufel am 31 Januar 1779 also, daß sie die sämtlichen von ihrem Vaterbruder geerbten Güter in 2 Caveln, als die Poppelowsche und Collazsche theilten, wovon der Hauptmann Gerhard Ewald von Manteufel die letzte erhielt, die in Collaz, Groß-Nemrin, Jeseriz und Neu-Sanzkow (a) bestehet. Das zu dem Gute Collaz gehörige Vorwerk Groß-Nemrin ist ein Kleistsches Lehn, welches der Lieutenant Lorenz Heinrich von Kleist besaß. Nachdem es in Concurs gerathen war, wurde es am 17 May 1737 dem Königl. Polnischen und Churfächsischen Generallieutenant Bernd Jürgen von Münchow zuerkannt, nach dessen Testamente es an seinen Bruder und Universalerben, den Königl. Großbrittannischen und Churfürstlichen Braunschweigschen Hannöverschen Generalmajor von der Infanterie Hans Gustav von Münchow kam, der es nach dem Vergleiche vom 31 May 1763 dem Generallieutenant Heinrich von Manteufel verkaufte. Dieser verkaufte am 4 März 1771 dem Hauptmann Friederich Wilhelm von Zastrow den zu Groß-Nemrin gehörigen sogenannten Fritzenkathen, der hierauf zu Klein-Nemrin geleget wurde. Der übrige Theil des Dorfs Collaz gehöret zu dem Belgardschen Kreise. S. Collaz unter den adelichen Gütern des Belgardschen Kreises.

15. Coprieben ½ Meile von Bärwalde südwestwärts und 1 Meile von Polzin südostwärts, in einem an der einen Seite mit hohen Bergen und an der andern mit einem fischreichen See umgebenen Thale, auf der Nebenstraße von Bärwalde nach Polzin, hat 2 Vorwerke, 2 Wassermühlen, 1 Prediger, 1 Küster, 12 Cossäthen, auf der Feldmark die Vorwerke oder Feldgüter Parchlin, Joachimsthal und Grünhof und mit Ausschließung derselben 20 Feuerstellen, eine zu der Neu-Stettinschen Synode gehörige Mutterkirche, zu welcher das Dorf Klotzen als ein Filial und Groß- und Klein Tarmen als in Kapellendorf gehören, die Dörfer Lucknitz, Pazig und Priebkow aber eingepfarret sind, fruchtbaren Acker, eine gute Eichenholzung, einen Antheil an dem Copriebenschen Busche, an welchem auch das Königl.

Die adelichen Güter des Neu-Stettinschen Kreises.

königliche Amt Draheim berechtiget ist und gränzet gegen Westen an die Westpreußischen Dörfer Poppelow und Brutzen. Die alten Woldenschen Lehne, als ein Theil von Coprieben mit den dazu gehörigen Feldgütern Parchlin, Grünhof und Joachimsthal und ein Theil von Pazig, welche nach dem Tode des Oberstlieutenants Friederich Bogislav von Wolde seinem einzigen Sohne dem Cornet Erasmus Philipp zugefallen waren, wurden bey der öffentlichen Feilbietung am 25 October 1748 dem Prälaten Joachim Bogislav von Laurens, und nachdem sie nach dessen Tode abermals in Concurs gerathen waren, 1751 für das meiste Gebot erb- und eigenthümlich dem Otto Heinrich von Glasenapp zuerkannt. Dieser besitzet jetzt auch die übrigen Theile der Güter Coprieben und Pazig, die als alte Glasenappsche Lehne von Heinrich Reinhold von Glasenapp an seinen jüngsten Sohn den Hauptmann George Eggerd gekommen waren.

16. **Crangen** 1½ Meilen von Neu-Stettin südwestwärts, 2 Meilen von Bärwalde südostwärts, eben so weit von Ratzebuhr westnordwestwärts und 2⅔ Meilen von Tempelburg ostnordostwärts, an einer kleinen Holzung, auf der Landstraße von Neu-Stettin nach Tempelburg, hat 1 Vorwerk, 12 Bauern, 1 Coßäthen, 1 Krug, 1 Schmiede, 1 Schulmeister, auf der Feldmark des Dorfs ein ritterfreyes Vorwerk Stibboborn genannt, welches seine eigene Feldmark hat, und eine Wassermühle, die auf einem Bache liegt, der in den großen See Pieleborg fällt, 15 Feuerstellen, eine zu der Neu-Stettinschen Synode gehörige Kirche, die ein Filial von Gellen ist, Büchenholzungen und Fischerey in einem See. Die Güter Crangen, Gellen, Steinfort (a), Prelang und Zemmin sind alte Boninsche Lehne. Sie fielen nach dem Tode des Bernd Eccard von Bonin, nach dem brüderlichen Theilungsvergleiche vom 2 October 1731, seinem Sohne Adam Henning zu, der auch mit seinem Bruder Joachim Ernst das Boninsche Lehngut Stibboborn am 2 September 1737 von dem Landrathe Egidius Christoph von der Osten einlösete und die Güter Crangen, Gellen, Steinfort (a), Prelang, Stibboborn und Zemmin seinen 5 Söhnen, als Ernst Henning, Wilhelm, Johann Friederich, George Heinrich und Adam Henning hinterließ. Diese setzten sich wegen des väterlichen und mütterlichen Nachlaßes am 9 December 1771 und wegen der Nachlaßenschaft ihres Vaterbruders, des Obersten Bernd Eccard von Bonin, am 10 December 1771 also auseinander, daß die sämtlichen oben genannten Güter dem Fähnrich bey der königlichen Garde George Heinrich von Bonin durch das Loos zufielen, der sie 1781 seinem Bruder, dem Lieutenant Johann Friederich von Bonin erb- und eigenthümlich abtrat.

17. **Dallentin** ein adelicher Wohnsitz, ¾ Meile von Neu-Stettin nordwestwärts, 1½ Meilen von Bärwalde gegen Osten und 2 Meilen von Bublitz südsüdwestwärts, hat 1 Vorwerk, 27 Halbbauern, 10 Coßäthen, 1 Krug, 1 Schmiede, 1 Schulmeister, auf der Feldmark des Dorfs, die aus einem Vorwerke, 4 Bauern und 3 Büdnerhäusern bestehende Colonie Neu-Dallentin oder Henningsthal genannt, 45 Feuerstellen, fruchtbaren Acker, Eichen- und Fichtenholzungen, Fischerey in einem See und ist zu Persanzig in der Neu-Stettinschen Synode eingepfarret. Für die in dem Jahre 1772 für 5000 Rthlr. königliche Gnadengelder angelegte Colonie Neu-

Neu-Dallentin, wovon die jährlichen Einkünfte nach dem Anschlage 409 Rthlr. 19 Gr. 9 Pf. betragen sollen, muß eine zu Gnadengehalten für adeliche Wittwen und Waisen bestimmte jährliche Abgabe von 100 Rthlr. von dem Besitzer dieses Guts bezahlet werden, welches ein altes Kleistsches Lehn ist und ehemals aus 3 Antheilen bestand. Ein Theil wurde von Hans Joachim von Kleist am 2 April 1718 auf 12 Jahre wiederkäuflich dem Rittmeister Zabel Rüdiger von Münchow und von dessen Wittwe Barbara Hedwig gebohrnen von Zastrow und ihrem Sohne Daniel Heinrich von Münchow am 18 November 1748 dem Generalfeldmarschall Henning Alexander von Kleist verkauft. Nachdem derselbe nicht nur den andern Theil, welcher von des Peter von Kleist Tochter, Elisabeth Christiana, mit Einstimmung der Lehnsagnaten Christian, Christian Heinrich, Alexander und Daniel Christian von Kleist am 26 Februar 1686 dem Lieutenant Johann von Braun und von dessen Wittwe Gertrud Margaretha Helena gebohrnen Rothberger am 13 Februar 1691 erblich dem Lieutenant Wolf Ernst von Schnell zu Ginow war verkauft worden, von diesem am 10 April 1749 eingelöset und den dritten Theil dieses Guts, so nach dem 1733 erfolgten Tode des Franz Hans von Kleist seinen 3 Söhnen, als Asmus Heinrich, dem Major Zabel George und Friederich Henning Siegmund zugefallen war, von dem Major Zabel George von Kleist am 10 May 1749 gekauft hatte, hinterließ er das ganze Gut Dallentin seinen Söhnen, von welchen es nachher der Major Leopold von Kleist allein bekam. Von diesen wurde es am 7 December 1752 erblich seinem Schwager, dem Kriegesrathe und jetzigen Landrathe George Ernst von Kleist und von diesem am 20 März 1764 erblich dem Hauptmann Henning Christian von Ramel verkauft.

18. Dieck ehemals Teiche genannt, 1 Meile von Neu-Stettin südsüdwestwärts, an 2 Seen, der große und kleine Remerow genannt, hat 2 Vorwerke, 8 Bauern, 3 Coßäthen, 1 Schmiede, 15 Feuerstellen, eine zu der Neu-Stettinschen Synode gehörige Kirche, die ein Filial von Wulfsatzig ist, fruchtbaren Acker, Fischerey in den bey dem Dorfe gelegenen Seen und bestehet aus 2 Antheilen. Dieck (a) ein adelicher Wohnsitz begreift ein Vorwerk und 3 Bauern. Die Güter Dieck (a), Hammer (a) und das dazu gehörige Gut Steinfort (b) waren ehemals Boninsche Lehne. Bernd Eccard von Bonin verkaufte sie am 15 März 1703 erblich dem Bogislav Friederich von Schnell, dessen nachgelassene Söhne, Christian Ernst und Bernd Gustav mit denselben belehnet wurden. Nach dem Theilungsvergleiche vom 4 September 1753 fielen Hammer (a) und Steinfort (b) dem ersten, dem Oberstlieutenant Christian Ernst, und Dieck (a) dem letzten, dem Obristlieutenant Bernd Gustav durch das Loos zu, welchem auch Hammer (a) und Steinfort (b), nachdem solche gerichtlich gewürdiget und feilgeboten waren, durch den Rechtsspruch vom 14 März 1776 zuerkannt wurden. Nach seinem Tode wurden die Güter Dieck (a), Hammer (a) und Steinfort (b) von seiner Wittwe, der Oberstlieutenant von Schnell, gebohrnen von Grävenitz, besessen, welche die Allodification derselben durch das Rescript vom 22 October 1780 erhielt. Nach ihrem Tode erbte solche nach ihrem Testamente vom 1 September 1781 die Baronesse Louisa Ferdinandina Johanna Sophia von Gemmingen, die sie 1781 dem Rittmeister von Günther verkaufte.

Dieck

Die adelichen Güter des Neu-Stettinschen Kreises. 749

Dies (b) hat ein Vorwerk, 5 Bauern, 2 Coßäthen und ist ein Bonińsches Lehn, welches die Landräthin von Woldeck, Barbara Louisa gebohrne von Seiger besitzet. S. Barkenbrügge. (O.)

19. Dolgen 1½ Meilen von Neu-Stettin nordostwärts, an einem großen See, welcher von dem Dorfe den Namen führet, hat 1 Vorwerk, 4 Bauern, 2 Coßäthen, 1 Krug, 1 Schmiede, 1 Schulmeister, 8 Feuerstellen, eine zu der Neu-Stettinschen Synode gehörige Kirche, die nach der Matricul von 1590 ein Filial des Präpositus zu Neu-Stettin war, jetzt aber bereits seit dem vorigen Jahrhunderte ein Filial von der zu der Konitzschen Inspection gehörigen Mutterkirche in dem angränzenden Westpreußischen Dorfe Schönau ist, Eichen, und Fichtenholzungen, Fischerey in einem See und wurde auf Befehl des Herzogs Johann Friederich von dem fürstlichen Hauptmann Nicolaus Puttkammer angeleget; der Herzog Philipp von Pommern vertauschte es aber an Jacob von Kleist für dessen Lehngut Zamborst und dessen Sohn Peter von Kleist wurde, nach dem zu Alt-Stettin am 28 September 1621 ausgefertigten Lehnbriefe, von dem Herzoge Bogislaus XIIII. mit dem Gute Dolgen belehnet. Von diesem Peter von Kleist kam es endlich an den Hauptmann Christian Ewald von Kleist, dessen nachgelaßener einziger Sohn, der Fähnrich von der Garde, Christian Felix von Kleist es erbte. Nach dessen Tode wurde es von seinen 5 Schwestern am 8 Februar 1776 mit Einwilligung ihrer Mutterbrüder, des Obersten Peter Christian und des Majors Felix Friederich von Kleist, die sich ihres Näherrechts begaben, dem Landrathe des Neu-Stettinschen Kreises, George Ernst von Kleist verkauft.

20. Dummerfitz 2 Meilen von Neu-Stettin südwestwärts, an dem Ufer des großen Sees Pieleborg, in einer ebenen Gegend, hat 1 Vorwerk, 1 Windmühle, 11 Bauern, 2 Coßäthen, 1 Krug, 1 Schmiede, 15 Feuerstellen, eine zu der Neu-Stettinschen Synode gehörige Kirche, die ein Filial von Pieleborg ist, und zu welcher das adeliche Gut Sanort und das Vorwerk Eulenburg eingepfarret sind, Büchenholzungen, Fischerey in dem See Pieleborg und ist ein Sydowsches Lehn, welches die Wittwe Ernestina Henrietta von Sydow gebohrne Freyin von der Goltz mit ihren Kindern besitzet. S. Sanort.

21. Eichenberge ein Rittersitz, 1 Meile von Bärwalde südsüdostwärts, 2 Meilen von Neu-Stettin gegen Westen und eben so weit von Tempelburg nordostwärts, in einer ebenen Gegend, hat 1 Vorwerk, 8 Halbbauern, 1 Krug, 1 Schmiede, 1 Schulmeister, 2 Feldgüter, die Eichenbergsche Rathen genannt, 16 Feuerstellen, eine zu der Neu-Stettinschen Synode gehörige Kirche, die ein Filial von Cölpin ist, wenige Eichen, aber gute Büchenholzungen, Fischerey in Seen und ist ein Münchowsches Lehn. Der Oberstlieutenant Asmus Friederich von Münchow machte aus demselben am 27 Februar 1727 ein Majorat, welches am 7 August 1738 bestätiget wurde. Nach solchem Majoratsrechte erbte es sein Brudersohn Daniel Heinrich von Münchow, der es seinem ältesten Sohne, dem Hauptmann Alexander Zabel Ernst von Münchow abtrat.

[B bbbb 3] Flacken-

22. Hackenheide ein Bauerdorf ¾ Meile von Bärwalde nordostwärts und 1¾ Meilen oder nach einer 1751 vorgenommenen Vermeßung 5668 Ruthen von Neu-Stettin nordwestwärts, an der Persante, auf der Land- und Poststraße von Cörlin nach Neu-Stettin, hat 18 Bauern, 3 Cossäthen, 1 Krug, 1 Schmiede, 1 Schulmeister, 22 Feuerstellen, fruchtbaren Acker, aber weder Holzung noch Fischerey und ist ein zu Gramenz in der Neu-Stettinschen Synode eingepfarrtes Dorf, welches größtentheils ein altes Glasenappsches Lehn, theils aber auch ein Allodialgut ist, welches die Gebrüder George Wedig und Heinrich Friederich von Glasenapp besitzen. S. Gramenz.

23. Gellen 1 Meile von Neu-Stettin südwestwärts, 2 Meilen von Bärwalde südostwärts, eben so weit von Ratzebuhr nordwestwärts und 3 Meilen von Tempelburg ostnordostwärts, zwischen 2 seit 1781 größtentheils abgelaßenen Seen, wovon der eine gegen Osten, Olgellen genannt, königlich, der andre gegen Norden aber adelich ist, in einer mit hohen Bergen umgebenen Gegend, auf der Landstraße von Neu-Stettin nach Tempelburg, hat 1 Vorwerk, 1 Prediger, 1 Küster, 8 Bauern, 1 Cossäthen, 1 Schmiede, 12 Feuerstellen, eine zu der Neu-Stettinschen Synode gehörige Mutterkirche, zu welcher das Dorf Crangen als ein Filial gehöret und das kleine Dorf Zemmin eingepfarret ist, Birken- Eichen- und Büchenholzungen, Fischerey in Seen und ist ein altes Boninsches Lehn, welches der Lieutenant Johann Friederich von Bonin besitzet. S. Crangen.

24. Gissolk ½ Meile von Bärwalde südostwärts, auf der Straße von Bärwalde nach Neu-Stettin, hat 1 Vorwerk, 1 Forsthaus, 7 Bauern, denen noch 2 Cossäthenhöfe sind beygeleget worden, 3 Cossäthen, 1 Schulmeister, 11 Feuerstellen, ziemliche Holzungen und ist ein zu Juchow in der Neu-Stettinschen Synode eingepfarrtes Dorf, welches der Königl. Cammerherr Andreas Wedig von Jastrow besitzet. S. Cölpin.

25. Naß-Glienke 1½ Meilen von Neu-Stettin südsüdostwärts, an der Ollenke, welche mitten durch das Dorf fließet, hat 2 Vorwerke, 8 Bauern, 2 Cossäthen, 1 Schmiede, 11 Feuerstellen, eine zu der Neu-Stettinschen Synode gehörige und 1690 erbauete Kirche oder Kapelle, worinn der Prediger zu Lottin vierteljährig 2 mahl am Sonntage prediget und das heilige Abendmahl austheilet, der Küster zu Lottin aber an den übrigen Sonntagen ablieset, fruchtbaren Acker, wenige Büchenholzung, keine Fischerey und ist ein altes Kleistsches Lehn, welches der Oberstlieutenant Anton von Kleist und hierauf dessen Wittwe gebohrne von Lepel besaß, die es nach dem Vergleiche vom 22 Januar 1763 ihrem Stiefsohne, dem Hauptmann Carl Caspar von Kleist verkaufte.

26. Trocken-Glienke ein zu dem Gute Vangerow gehöriges Bauerdorf, ½ Meile von Ratzebuhr gegen Norden und 2½ Meilen von Neu-Stettin südsüdostwärts, hat 14 Bauern, 1 Schmiede, 14 Feuerstellen, fruchtbaren Acker, gute Weide und ist ein zu Vangerow in der Neu-Stettinschen Synode eingepfarrtes altes

Die adelichen Güter des Neu-Stettinschen Kreises.

altes Vangerowsches Lehn, welches aus 2 Antheilen bestehet, wovon Trocken-Glienke (a) oder die eine Hälfte des Dorfs mit 7 Bauern dem Heinrich Henning Carl von Vangerow und Trocken-Glienke (b) oder die andre Hälfte des Dorfs mit 7 Bauern dem Lieutenant Carl Gottlieb von Vangerow gehöret. S. Vangerow (a) und (b).

27. Gönne 1¼ Meilen, oder nach einer 1752 vorgenommenen Vermeßung 3325 Ruthen von Neu-Stettin nordnordwestwärts, 1½ Meilen von Bublitz südsüdwestwärts, 2 Meilen von Bärwalde gegen Osten und 2½ Meilen von der Westpreußischen Stadt Hammerstein nordwärts, auf der Straße von Neu-Stettin nach Bublitz und Cößlin, hat 1 Vorwerk, 3 Coßäthen, 1 Krug, auf der Feldmark des Dorfs in einem Walde ein neu angelegtes Vorwerk, 9 Feuerstellen, beträchtliche Eichen- und Fichtenholzungen, Fischerey in Seen und ist zu Sparsee in der Neu-Stettinschen Synode eingepfarret. Für die bey dem Gute Gönne in den Jahren 1773 und 1776 für 2000 Rthlr königliche Gnadengelder vorgenommene Verbeßerungen, wovon die jährlichen Einkünfte nach den Anschlägen überhaupt 108 Rthlr. 2 Gr. 3 Pf. betragen sollen, muß eine theils zur Besoldung einiger Landschulmeister, theils zu Gnadengehalten für adeliche Wittwen und Waisen bestimmte jährliche Abgabe von 40 Rthlr. von den Besitzern dieses Guts bezahlet werden, welches der Major bey dem Kowalskyschen Regimente, Friederich Rudolph von Somnitz und sein Bruder der Lieutenant Carl Gottfried als ein altes Somnitzsches Lehn besitzen. S. Grumbsdorf unter den adelichen Gütern des Fürstenthums Cammin.

28. Gramenz ein ansehnliches Dorf 1 Meile von Bärwalde nordnordostwärts, 2 Meilen oder nach einer 1752 vorgenommenen Vermeßung 6428 Ruthen von Neu-Stettin nordnordwestwärts, 2 Meilen von Polzin gegen Osten und eben so weit von Bublitz westsüdwestwärts, in einem Thale, nahe an der Persante, auf der Landstraße von Bublitz nach Bärwalde, hat 3 Vorwerke, 2 Wassermühlen, 1 Prediger, 1 Küster, der zugleich Organist ist, 15 Bauern, 25 Coßäthen, 2 Krüge, 2 Schmieden, 1 Predigercolonus, 2 in dem Gramenzschen Walde und zu Goldbeck in der Bublitzschen Synode eingepfarrte Pächtereyen, die Zemkenkathen genannt, 96 Feuerstellen, eine zu der Neu-Stettinschen Synode gehörige Mutterkirche, zu welcher die Dörfer Lübgust, Storkow, Flackenheide, Zuchen, Grünenwalde, Zechendorf und Kussow und die Binningsche Mühle eingepfarret sind, fruchtbaren Acker, gute Weide und Holzungen, Fischerey in der Persante und bestand ehemals aus 3 Antheilen. Der Amtshauptmann Gerd Wedig von Glasenapp besaß die alten Glasenappschen Lehne Gramenz (b) nebst einigen dazu gehörigen Theilen in Lübgust, in Storkow und in Flackenheide und das ehemalige Kreistsche Lehn Grünenwalde und hinterließ solche seinem nächsten Lehnsfolger, dem Generalfeldmarschall Caspar Otto von Glasenapp. Dieser trat am 7 Julius 1742 seinen Lehnsfolgern den Gebrüdern dem Landrathe Adam Casimir, Heinrich Christoph und Paul Wedig von Glasenapp diese Güter ab, welche der letztere allein erhielt, nachdem er sich mit den beiden erstern am 4 Februar und 14 August 1743 verglichen hatte. Ihm waren auch nicht nur nach dem Tode seines Vaters des Raths und Burgrichters zu Belgard, Otto Casimir von Glasenapp, die alten Glasenappschen Lehne Balfanz und Zülkenhagen zugefallen,

fallen, sondern er bekam auch nach dem Tode seines Vetters, des Generalfeldmarschalls Caspar Otto von Glasenapp, am 6 October 1747 durch das Loos die alten Glasenappschen Lehne Bernsdorf und Zuchen (c) nebst der zu dem letzten Gute gehörigen Schäferey Janikow und einigen Bauern in Flackenheide. Die alten Glasenappschen Lehne Gramenz (a), ein Theil von Flackenheide, Kussow (a), Lübgust (a), Storkow (b), Wruckenhütten, Zechendorf (a) und Zuchen (b) kamen nach dem Tode des Joachim Reinhold von Glasenapp, an seine Söhne, die sich am 31 Julius 1734 also verglichen, daß das Gut Lübgust (a) mit einigen Bauern in Storkow und einem Vorwerke in Wruckenhütten dem Ernst Joachim von Glasenapp, die sämtlichen übrigen Güter aber seinem Bruder, dem Hauptmann Leopold Casimir von Glasenapp zu fielen. Nachdem dieser auch die seinem Bruder Ernst Joachim zugefallenen Güter nach dem Vergleiche vom 8 Februar 1748 gekauft hatte und 1758 vor Schweidnitz geblieben war, kamen die von ihm besessenen Güter an seinen Brudersohn und nächsten Lehnsfolger Otto Reinhold von Glasenapp und nach dessen 1760 bey Torgau erfolgten Tode, an den Hauptmann Caspar Otto von Glasenapp, mit dessen Wittwe, Kunigunda Sophia Agnesa gebohrnen von Strelitzka, sich sein nächster Lehnsfolger, der Oberstlieutenant Joachim Reinhold von Glasenapp, am 12 August 1769 auseinandersetzte und diese Güter in Besitz nahm, solche aber nach dem Vergleiche vom 11 May 1771 dem Paul Wedig von Glasenapp verkaufte. Gramenz (c) mit einigen dazu gehörigen Bauern in Flackenheide, Lübgust (b) mit einigen Bauern in Storkow, Zuchen (a) das Vorwerk Schwartow und Zechendorf (b) waren ehemals Lehne der von Loden, nach deren Abgange solche dem Obersten Friederich Casimir von Botzheim und nach dessen Tode als eröffnete Lehne dem Oberstlieutenant Joachim Ewald von Massow ertheilet wurden. Dieser verkaufte solche, nachdem sie nach dem Allodialbriefe vom 7 August 1738 waren allodificiret worden, am 18 October 1746 dem Hofgerichtsdirector und nachmaligen geheimen Finanzrathe Friederich von Dreger, dessen nachgelassene Kinder, Friederich und Charlotta Philippina verehelichte Menzel, diese Güter am 26 August 1750 in Besitz nahmen, sie aber nach dem Vergleiche vom 20 Januar 1760 erblich dem Paul Wedig von Glasenapp verkauften. Nach dessen am 14 December 1776 erfolgten Tode setzten sich sein einziger Sohn und seine 3 Töchter am 17 Februar 1777 also aus einander, daß die Güter Gramenz (a) (b) und (c), Balfanz, Zülkenhagen, das ganze Dorf Flackenheide, Bernsdorf, Grünenwalde, Schossgütten, und Steinburg mit den Buschgütern Neuhof und Neuhütten, dem Hauptmann Joachim Casimir von Glasenapp und nach dessen Tode nach dem Auseinandersetzungsvergleiche vom 1 März 1782 seinen Söhnen George Wedig und Heinrich Friederich, die Güter Kussow (a) Storkow (b), Wruckenhütten und Zechendorf (a) und (b) der vermählten Hauptmannin von Kleist zu Schmenzin, Sophia Louisa gebohrnen von Glasenapp, und nach deren Tode ihren Kindern, als Paul Bernd August, George Joachim Wilhelm, Barbara Hedwig Magdalena, Catharina Amalia Friederica, Charlotta Henrietta Sophia, Augusta Ulrica Philippina und Juliana Antoinetta Johanna von Kleist, Lübgust (a) und (b) wovon der Theil (a) durch das Rescript vom 28 April 1780 allodificiret wurde, der Gemahlinn des Hauptmanns Carl Friederich von Ingersleben, Helena Amalia gebohrnen von Glasenapp und Zuchen (a) (b) und (c) oder das ganze Gut Zuchen

und

Die adelichen Güter des Neu-Stettinschen Kreises. 753

und das Vorwerk Schwattow der vermählten und jetzigen verwittweten von Glasenapp zu Manow, Margaretha Clara Wilhelmina gebohrnen von Glasenapp zufielen.

29. Grünewalde ein Bauerdorf, 2 Meilen von Bublitz gegen Westen und
3 Meilen von Belgard nordostwärts, in einem Thale, hat 20 Bauern, 8 Cossäthen,
1 Schmiede, 1 Schulmeister, 37 Feuerstellen, auf der Feldmark des Dorfs das
freye aus 2 Vorwerken bestehende Rittergut Steinburg, 10 Buschkathen, deren
Bewohner sich größtentheils von der Viehzucht ernähren, das Gut Schofhütten
von 7 Höfen und 2 Kathen, und einen Pachthof, der aus der ehemaligen Wassermühle entstanden ist, mittelmäßigen Acker, aber gute Wiesen und Holzungen, keine
Fischerey und ist ein zu Gramenz in der Neu-Stettinschen Synode eingepfarrtes
Dorf und Glasenappsches Lehn, welches die Gebrüder George Wedig und Heinrich
Friederich von Glasenapp besitzen, deren Vater, der Hauptmann Joachim Casimir
am 22 September 1777 mit diesem Gute war belehnet worden. S. Gramenz.

30. Hasenfier 1 Meile von Ratzebuhr westsüdwestwärts und 2½ Meilen von
Neu-Stettin gegen Süden, auf der Landstraße von Ratzebuhr nach Danzig, hat
2 Vorwerke, 1 Wassermühle, die ¼ Meile von dem Dorfe auf der Plietenitz liegt,
1 Prediger, 1 Küster, 31 Bauern, 6 Cossäthen, 1 Krug, 1 Schmiede, 42 Feuerstellen, eine zu der Neu-Stettinschen Synode gehörige Mutterkirche, deren Filiale
die Dörfer Pinnow und Burzen sind, fruchtbaren Acker, gute Weide, Büchen- und
Fichtenholzungen, Fischerey in dem Pinnowschen See und gränzet an die Westpreussi-
schen Dörfer Zipnow und Briesenitz. Die Dörfer Hasenfier und Pinnow, wovon
das erstere auf Befehl des Herzogs Barnim des ältern zugleich mit den Dörfern
Ratzebuhr und Kumzow angeleget wurde, waren ehemals fürstliche Domainengüter,
welche der Herzog Johann Friederich am 24 Julius 1582 für das jetzt zu dem
Königlichen Amte Satzig gehörige Dorf Ravenstein dem Wedig von der Osten vertauschte. Gegen das Ende des vorigen Jahrhunderts verkaufte Hans Wedig von
der Osten, der sich zu der Römisch-katholischen Religion wandte und nach Polen
begab, sein Gut Hasenfier dem Obersten von Podewils. Von dieser Zeit an ist
es ein Podewilsches Lehn, welches jetzt der Königl. Cammerherr Friederich Werner
Graf von Podewils besitzet. S. Suckow unter den adelichen Gütern des Schlawischen Kreises.

31. Groß-Herzberg 1½ Meilen von Neu-Stettin südostwärts, an dem Küddowflusse, hat eine darauf belegene und dem Müller von der ersten von Hertzbergschen
Linie verpfändete Wassermühle, die Mirmühle genannt, 4 Vorwerke oder Rittergü-
ter, 5 Bauern, 5 Cossäthen, 1 Schmiede, 15 Feuerstellen, eine Kapelle, Fischerey
in der Küddow und ist ein zu Soltenitz in der Neu-Stettinschen Synode einges
pfarrtes Dorf und altes Hertzbergsches Lehn, welches jetzt aus 4 Antheilen bestehet.
Groß-Hertzberg (a), wozu 2 Vorwerke, 3 Bauern und 4 Cossäthen gehören, ist die
Hälfte des Dorfs und das Lehn des Staatsministers von Hertzberg, dessen Aeltervater
Caspar Rüdiger von Hertzberg es im Jahre 1653 für 3000 Rthlr. an Hans von
Massow verkaufte. Von diesem kam es an die Gebrüder von Rotenburg und 1717
an

an eine von Grape, hiernächst an deren Schwiegersohn, den Rittmeister Moritz Heinrich von Hertzberg, von welchem es in dem Jahre 1734 an die von Wedelstädt, von dem Major George Caspar von Wedelstädt aber 1781 an den aus Cottin herstammenden Caspar Wilhelm von Hertzberg zu Bärenbusch (c) verkäuflich wurde. Zu diesem Gute gehörte ehemals die jenseit der Küddow belegene kleine Feldmark Rappe genannt, welche Hertzog Johann Friederich von Pommern 1586 an Asmus Hertzberg verlieh. Diese Belehnung ist auch von den folgenden Hertzogen von Pommern in den Jahren 1605, 1613, 1623, 1668 und 1703 denen von Hertzberg erneuert und bestätiget worden; nichts desto weniger hat man nach 1719 die Rappe als ein Domainenstück eingezogen. — Groß-Hertzberg (b) hat ein Vorwerk und einen Bauer und wurde 1697 von Ewald Jacob von Hertzberg für 500 Rthlr. wieder käuflich dem Bürgermeister Woncke und von dessen Söhnen 1715 einem von Bachdemer verkauft. Von diesem löste es 1716 Ewald Jacob von Hertzberg wieder ein, von welchem es 1749 an Friederich Schlecker, und von dessen Erben 1765 an Johann Gottfried Heller verkauft wurde, dessen nachgelaßene Tochter, die Ehefrau des Freyschulzen Laberenz zu Moßin in Westpreußen es jetzt besitzet. — Groß-Hertzberg (c), ein Lehnstück des Staatsministers von Hertzberg, begreift Vorwerk und einen Coßäthen und wird jetzt pfandweise von dem Müller Mir besessen. Groß-Hertzberg (d) wozu ein Bauer gehöret, besitzet der Hauptmann Conrad Friederich von Hertzberg zu Bärbaum. Diesem gehören auch drey von den auf der Feldmark des Dorfs Groß-Hertzberg, gelegenen 4 Feldgütern Klein-Hertzberg genannt; (S. Bärbaum) das eine aber besitzet Caspar Wilhelm von Hertzberg als ein zu Groß-Hertzberg (a) gehöriges Gut.

32. Jagertow wird größtentheils zu dem Belgardschen Kreise gerechnet, zu dem Neu-Stettinschen aber gehören ein Vorwerk und 4 Bauern und überhaupt 4 Feuerstellen, welche der Major Hans Heinrich von Manteufel besitzet. S. Jagertow unter den adelichen Gütern des Belgardschen Kreises.

33. Juchow ein Rittersitz, 1 Meile von Bärwalde südsüdostwärts und 1¼ Meilen von Neu-Stettin gegen Westen, hat 1 Vorwerk, 1 Prediger, 1 Küster, der jährlich ein königliches Gnadengehalt von 80 Rthlr. erhält, 13 Bauern, 2 Coßäthen, 1 Predigercolonus, 1 Krug, 1 Schmiede, mit Einschließung der zu diesem Gute gehörigen Feldgüter oder Vorwerke Zemmens oder Zamens, Wedage ehemals Salkenhagen genannt, und des sogenannten Baggen oder Buschkäthens, 34 Feuerstellen, eine zu der Neu-Stettinschen Synode gehörige Mutterkirche, deren Filial das Dorf Lanzen ist und zu welcher die Dörfer Kucherow, Schneidemühle, Gissolk und das zu dem Gute Rabbaß gehörige Vorwerk Bramstädt eingepfarret sind, Büchenund Fichtenholzungen und Fischereyen in Seen. Für die seit dem Jahre 1773 nicht nur bey dem Gute Juchow sondern auch bey den dazu gehörigen Vorwerken Zemmenz und Wedage für 5300 Rthlr. königliche Gnadengelder vorgenommene Verbeßerungen, wovon die jährlichen Einkünfte nach den Anschlägen überhaupt 437 Rthlr. 15 Gr. 6 Pf. betragen sollen, muß eine zur Besoldung einiger Landschulmeister bestimmte jährliche Abgabe von 106 Rthlr. von dem Besitzer dieses Guter bezahlt

Die adelichen Güter des Neu-Stettinschen Kreises. 755

zehlet werden. Juchow ist ein altes Kleistsches Lehn, welches nach dem Tode des Jürgen Heinrich von Kleist seinen Söhnen zufiel. Nach dem brüderlichen Theilungsvergleiche vom 12 Januar 1748 wurde es von dem jüngern Bruder, dem Kriegesrathe George Ernst von Kleist dem ältern Bruder, dem Hauptmann und jetzigen Generallieutenant und Gouverneur von Spandau, Henning Alexander von Kleist überlaßen. Zemmenz ist ebenfalls ein altes Kleistsches Lehn, welches von des Franz Hans von Kleist nachgelaßenen 3 Söhnen, dem Oberstlieutenant Asmus Heinrich, dem Major Jobst George und dem Oberstlieutenant Henning Friederich Siegmund am 1 März 1744 erblich den Gebrüdern, dem Hauptmann und jetzigen Generallieutenant Henning Alexander und dem Kriegesrathe George Ernst von Kleist verkauft und von dem letzten nach dem Vergleiche vom 28 Julius 1751 dem ersten erb= und eigenthümlich überlaßen wurde. Das Kleistsche Lehn, Wedage oder Falkenhagen, welches ehemals als ein Buschkathen mit dem dazu belegenen Acker und der Holzung zu dem Gute Rabbatz gehörte, wurde zwar von dem Generalfeldmarschall Henning Alexander von Kleist, am 10 April 1749 dem Wulf Jürgen von Schnell verkauft, jedoch wieder eingelöset und von dem Sohne des Generalfeldmarschalls von Kleist, dem Hauptmann Leopold nach dem Vergleiche vom 6 April 1752 erblich dem Hauptmann und jetzigen Generallieutenant von Kleist verkauft.

34. Klingbeck 1 Meile von Bärwalde gegen Osten und nach einer 1752 vorgenommenen Vermeßung 3423 Ruthen oder nach der gewöhnlichen Berechnung 1¼ Meilen von Neu-Stettin nordwestwärts, an der Persante, auf der Land- und Poststraße von Cörlin nach Neu-Stettin, hat 1 Vorwerk, 11 Bauern, 9 Coßäthen, 1 Krug, 1 Schmiede, 1 Schulmeister, auf der Feldmark des Dorfs eine Wassermühle, 23 Feuerstellen, Holzung, Fischerey in der Persante und ist zu Persanzig in der Neu-Stettinschen Synode eingepfarret. Klingbeck war ehemals ein altes Glasenappsches Lehn. Die Vormünder des Gerd Wedig von Glasenapp verkauften es nach dem Vergleiche vom 10 November 1691 erblich und mit dem Lehnrechte dem Alexander von Kleist; beßen einziger Sohn Christian Asmus es erbte und mit demselben belehnet wurde. Nachdem derselbe gestorben war und keine männliche Leibeserben hinterlaßen hatte, fiel dieses Gut seinem einzigen Brudersohn, dem Lieutenant und jetzigen Hauptmann Bogislav Heinrich von Kleist zu.

35. Klotzen ein adelicher Wohnsitz, 1 Meile von Bärwalde nordwestwärts und eben so weit von Polzin gegen Osten, hat 1 Vorwerk, 15 Bauern, 1 Krug, 1 Schmiede, 1 Schulmeister, auf der Feldmark des Dorfs die alten Vorwerke Zeblin nebst der Zeblinschen Wassermühle, Neuhof und Fredehof oder Friedehof, das neu angelegte Vorwerk Linz mit 4 Bauern und die neue Pächterey, Rappe genannt, 25 Feuerstellen, eine zu der Neu-Stettinschen Synode gehörige Kirche, die ein Filial von Coprieben ist, gute Holzungen, aber keine Fischerey. Für die bey dem Gute Klotzen und demjenigen Theile des Guts Paßig, welcher ein altes Woldensches Lehn ist, seit 1772 für 5200 Rthlr. königliche Gnadengelder vorgenommene Verbeßerungen, wovon die jährlichen Einkünfte nach dem Anschlage 413 Rthlr. 18 Gr. 6 Pf. betragen sollen, muß von dem Besitzer dieser Güter eine zu Gnadengehalten

[Ccccc 2] für

für adeliche Wittwen und Waisen bestimmte jährliche Abgabe von 104 Rthlr. bezahlet werden. Heinrich Christoph von Glasenapp erbte das Glasenappsche Lehn Klötzen von seinem Vater dem Rathe und Burgrichter zu Belgard, Otto Casimir und hinterließ es seinen Söhnen, die sich am 21 Januar 1766 also auseinandersetzten, daß das Gut Klötzen nebst den Feldgütern Zeblin, Neuhof und Friedehof dem Otto Heinrich von Glasenapp zufiel.

36. Kucherow ein Bauerdorf, 1 Meile von Neu-Stettin gegen Westen, hat 10 Bauern, welchen das Land von den ehemals hier gewesenen 4 Coßäthen beygeleget worden ist, 1 Schmiede, 1 Schulmeister, 15 Feuerstellen, etwas Eichen- und Fichtenholz, Fischerey in Seen und ist ein zu Juchow in der Neu-Stettinschen Synode eingepfarrtes altes Kleistsches Lehn, welches der Hauptmann Bogislav Heinrich von Kleist besitzet. S. Nadbah.

37. Kussow 1 Meile von Neu-Stettin nordnordwestwärts, hat 37 Coßäthen, 2 Schmiede, 1 Schulmeister, 39 Feuerstellen, Büchen- und Fichtenholzungen, Fischerey in 2 kleinen Seen und ist ein zu Gramenz in der Neu-Stettinschen Synode eingepfarrtes altes Glasenappsches Lehn, welches aus 2 Antheilen bestehet. Kussow (a) hat 12 Coßäthen und gehöret der vermählten Hauptmannin von Kleist zu Schmenzin, Sophia Louisa gebohrnen von Glasenapp. S. Gramenz. Kussow (b) hat 25 Coßäthen und gehöret dem Lieutenant bey dem von Pfuhlschen Regimente, Otto Leopold von Glasenapp, welchem es am 19 October 1781 gerichtlich zuerkannt wurde.

38. Lanzen 1½ Meilen von Neu-Stettin westsüdwestwärts, zwischen 2 Seen, Sundorf und Zemmin genannt, hat 1 Vorwerk, 4 Coßäthen, wovon der eine 2 Coßäthenhöfe besitzet, auf der Feldmark des Dorfs das von dem geheimen Finanzrathe von Dreger erbauete Vorwerk Dregershof, welches in dem lanzenschen Walde und an der sogenannten Baggenwiese liegt und daher auch der Baggenkathen genannt wird, 7 Feuerstellen, eine zu der Neu-Stettinschen Synode gehörige Kirche, die ein Filial von Juchow ist und zu welcher das Vorwerk Klein-Zemmin oder Ellerkamp eingepfarret ist, fruchtbaren Acker, gute Weide, beträchtliche Holzungen und vornemlich viele Büchen, Fischerey in Seen und ist ein altes Kleistsches Lehn, welches die Wittwe des Hauptmanns von Kleist, Sophia Elisabeth gebohrne von Oesterling besitzet. S. Altenwalde.

39. Linde ein Bauerdorf, 2 Meilen von Neu-Stettin südwestwärts und eben so weit von Tempelburg ostnordostwärts, an der südlichen Seite des großen Sees Pieleborg, in einer sandigen Gegend, nahe an der Landstraße von Tempelburg nach Neu-Stettin, hat 11 Bauern, wovon der eine 2 Höfe und 2 andre das Land von 1½ Coßäthenhöfen besitzen, 1 Holzwärter, auf der Feldmark des Dorfs die auf der Pilow gelegene sogenannte Pilowsche Mühle, die aber zu Zacharin eingepfarret ist, 12 Feuerstellen, eine zu der Neu-Stettinschen Synode gehörige Kirche, die ein Filial von Pieleborg ist, sandigen Acker, aber gute Schafweide und Bienenzucht, Fichtenholzungen, Fischerey in dem See Pieleborg und bestehet aus 3 Antheilen. Linde (a) hat

Die adelichen Güter des Neu-Stettinschen Kreises.

hat 6¼ Bauern, welche Heinrich Henning Carl von Wangerow besitzet. S. Wangerow (a). Linde (b) bestehet in 3 zu dem Gute Bärbaum gehörigen Bauern, welche der Hauptmann Conrad Friederich von Hertzberg besitzet. S. Bärbaum. Linde (c) begreift 1½ Bauern und ist ein zu dem Gute Nemmin (a) gehöriges altes Jastrowsches Lehn, welches der Hauptmann Alexander Zabel Ernst von Münchow besitzet. S. Nemmin (a).

40. Lottin, eine starke Meile von Neu-Stettin südsüdostwärts und eine kleine Meile von Ratzebuhr gegen Norden, hat in dem Dorfe selbst 9 adeliche Vorwerke, 1 Prediger, 1 Küster, der jährlich ein königliches Gnadengehalt von 72 Rthlr. erhält, 20 Halbbauern, 13 Coßäthen, 4 Büdner, 1 Krug, 2 Schmieden, 53 Feuerstellen, eine zu der Neu-Stettinschen Synode gehörige Mutterkirche, zu welcher die Güter Barenbusch, Natz-Glienke und die Hälfte des Dorfs Barkenbrügge als Filiale gehören und das Dorf Barken, die 4 Vorwerke Joduth, die 4 Vorwerke oder Buschgüter Steinburg und die Vorwerke und Buschgüter Babylon und Hohebüche eingepfarret sind, fruchtbaren Acker, gute und viele Weide und eine so weitläuftige Feldmark, daß außer dem an sich großen Dorfe Lottin, auf derselben die kleinen Dörfer Barken und Joduth, und die Vorwerke und Buschgüter Babylon oder Grünwald, Steinburg und Hohebüche angeleget sind, und noch mehrere angeleget werden könnten. Lottin ist ein altes Lehn derer von Hertzberg, welche dieses Dorf nebst den Dörfern Barenbusch, Barkenbrügge, Barken, Joduth, Groß- und Klein-Hertzberg im Anfange des 15ten Jahrhunderts in einem großen Walde angeleget und sowohl von der Zeit an, als vorher und bis jetzt von den Herzogen von Pommern zu Lehn besessen haben. (*) Das Geschlecht derer von Hertzberg, oder von Hirschberg, nach ihrem redenden Wapen, welches einen aus einem Schachbrett hervorspringenden Hirsch vorstellet, hat im 11ten und 12ten Jahrhunderte in Franken, Ober- und Nieder-Sachsen geblühet, ist aber im 13ten Jahrhunderte zum Theil mit dem deutschen Or-

den,

(*) Zu dessen Beweis und Erläuterung will ich die beiden ältesten Lehnbriefe der Familie von Hertzberg, welche im J. 1490 dem Jareslaff oder Gerzlaff von Hertzberg, und im J. 1528 dem Claus von Hertzberg ertheilet sind, aus den Urschriften, die so wohl bey der Familie, als in dem Stettinschen Lehnsarchiv aufbewahret sind, mittheilen:

Wy Bugslaff van Gades Gnaden, tho Stettin, Pamern, Cassuben, der Wenden Hertzoge, vnd Förste tho Ruegen, bekennen vnd tugen vor als wehme, dat vor vns gewesen is de Erbare Vnse leue getruwen Jareslaff vam Hertzeberge, vnd heft vns flittigen angefallen vnd gebeden, wy em lieben möchten syn Erue vnd Lehn, Nemblicken dat Dorp Hertzeberge, vnd die wusten Heiden, Lottyn vnd Vietenberge, des wy seine Bede billigt vnd redelit erkant hebben, vnd hebben deme genanten Jareslaff vam Hertzeberge vnde

synen Eruen, vmme syner truewen dienste willen, gunt vnd gnedigliken gelegen dat genannte dorp Hertzeberge vnd die wusten Heiden Lottien vnd Vietenberge mit Acker, Wysen, Weyden, Holten, Moeren, Brueken, Sturuern, Watern, fletende vnd stande, fischerien, vnd allen andern fruchtbrukungen also die Gueder in eren mahlen vnde grentzen liggen vnd belegen sindt, vnd also se syn Vader vorhen gehat, gebrukett vnd besten, od vp vn gerruett hefft, günnen vnde lignen vnde sinen Eruen sodane Gueder, jegenwerdigen vnd vortkrit, in kraft vnd macht disses vnses breifes.

Des tho Tuechenisse is vnse Jnsegel henget redden an dissen brieff. Darum Rügen Stettin den Middeweken vor Oculi, na Christi vnses Herrn geburt Viertelnhundert im negentigsten Jahre. Hieran vnd euer sindt gewesen die Erbaren vnsere Räder vnde leuen getruwen Petter

Der Neu-Stettinsche Kreis.

den, vermuthlich zu der Zeit, als Gerhard von Hertzberg von 1250 bis 1254 Landmeister, oder Statthalter des teutschen Ordens in Preußen war, nach Preußen und Pommern gegangen und hat sich bey Neu-Stettin am Küddowflusse niedergelaßen, wo sie die vorhin genannten und von ihnen selbst angelegten Dörfer als Lehngüter bis jetzt besitzen und ehemals auch das nicht weit davon in Pomerellen, belegene Dorf Schönow besessen haben. (*) Jareslaff oder Gerzlaff von Hertzberg, der im Jahre 1490 mit diesen Gütern von dem Herzoge Bogislav X. belehnet wurde, ist in der 12ten Génération der Stammvater der Pommerschen Familie von Hertzberg. Dieselbe hat sich in zwo Linien dergestallt getheilet, daß die eine, wovon der Staatsminister von Hertzberg nebst einem jüngern Bruder jetzt allein vorhanden ist, die Hälfte aller von Hertzbergschen Lehne und eines jeden der obgedachten Dörfer ohne weitere Theilung besitzet, nachdem er und sein Vater Caspar Detlof von Hertzberg, die nach des Aeltervaters Caspar Rüdiger Tode an viele fremde versetzte Güter im Jahre 1725 größtentheils eingelöset und wieder zusammen gebracht hat. Die zwote Linie besitzet die andre Hälfte eines jeden Dorfs und hat sich wieder in verschiedene Nebenlinien getheilet, die aber jetzt sehr abnehmen, da fast alle von dieser Familie in königliche Kriegesdienste gegangen, und mehr als 30 derselben in den 4 großen Kriegen des jetzigen Königs geblieben sind. Die ganze Familie ist zu 3 Lehn- oder Ritterpferden verbunden, so daß die eine Linie anderthalb Lehnpferd, und die andere gleichfalls anderthalb Lehnpferd besitzet und die Dienste dafür zu leisten hat. Lottin (a), als die Hälfte dieses Dorfs, welche dem Staatsminister von Hertzberg gehöret, hat 2 Vorwerke, oder das so genannte große und kleine Gut, 13 Halbbauern, 4 Coßäthen, und die Krug- und Braugerechtigkeit mit dem Verlage über das ganze Dorf, welche denen von Hertzberg nach der Landesmatricul von 1628 in allen ihren Gütern mit 5 Krügen zustehet, und wobey sie durch einen Rechtsspruch der Königl. Regierung vom 24 October 1737 und viele nachher ergangene Rescripte gegen die Brauerzunft zu Neu-Stettin geschützet

---

Kleist, Jürgen Kleist, Joachim Ziltevitze, Henningk Strinner, Henricus Lenin vnd vele mer der vnsern die Ehren vnd Louen wol wirdig sindt.

Folgt der Lehnbrief von 1528.

Wy Jürge vnd Barnym gebrueder, van gades gnaden Hertogen tho Stettin pamern der Cassuben vnd Whende, Fürsten tho Rhugen vnd Grauen tho Gutzkow Bekennen vnd betugen vor alß weme dath wy dem Erbaren, vnsern leuen getruuen Clauws Hertzeberge tho Hertzeberge jn vnsern ampte Olgen Stettin gesehenen, tho rechtem Manlehne gantzlich vnd gelegen hebben syn Erue vnd Lehen nomlick den haluen Hertzeberg mith allen Guten so dartho gehörlich vnd belegen sindt De halue Bitemberge De halue lutke Heyde vnd halff Lottin mith holten Ackern Wesen Weyden Jacht Vischerigen Moren Broken vnd allen andern fruchtbrukingen Alse Jde syne Voroldeern Em dath allerqwidest vnd frigest gelaten, vnd he jdt ock gekofft hefft Gunnen vnd ligen em vnd synen menlifen lyueslebenseruen, dath alles so vorsteyt jegenwerdigen Jn Craft vnd macht disses brieues, vns vnd vnsern Eruen an vnsen, ock sus vormen jederm an synen gerechscheiden vnschedelick Tho Tuchnisse hebben wy vnse Jngesegle laten hengen an dissem breff, de geschreuen vnd gegeuen js tho Olden Stettin am Diurstedage na Fabiani vnd Sebastiani anno domini fin vefftigenhundertstern vnd barna jn deme acht vnd twintigsten Hirby an vnd auer synt geweseth de Erbarn vnse Redere vnd leuen getruwen Wuigentz van Eickstede, vnses Landes Stettin Ersflameerer Jacob Wobeser vnse Camfer vnd Hauptmann tho Lowenberg Anthonius Nasmer vnse Haupmarschald Zabel van dem Wolde vnse houptman tho Olgen Stettin Jurgen Kussow vnd Franz Ohene vnse Secretarius.

Die adelichen Güter des Neu-Stettinschen Kreises.

schützet worden sind. Nach dem in dem J. 1753 erfolgten Tode des in Sardinischen Diensten gestandenen Hauptmanns Caspar Detlof von Hertzberg, übernahm dessen ältester Sohn, der damalige geheime Legationsrath und jetzige geheimer Staats- und Cabinetsminister, Ewald Friedrich von Hertzberg, nach einem mit seinen beiden jüngern Brüdern den 23 May 1753 geschlossenen Vergleiche, die von seinem Vater besessene Hälfte der von Hertzbergschen Güter. Er verkaufte sie zwar durch einen Vergleich vom 12 December 1756 an einen Vetter von der andern Linie, George Caspar von Hertzberg, der sie unter seine 3 Söhne vertheilte; da sie aber die Güter nicht behaupten konnten,

(*) Ich glaube so wohl der uralten Familie von Hertzberg, als andern Liebhabern der Genealogie einen angenehmen Dienst zu leisten, wenn ich hier eine Nachricht von dieser Familie einrücke, welche schon in des von Krohn Adelslexicon stehet, von dem Herrn Staatsminister von Hertzberg selbst aus den darinn angeführten Büchern und Familienurkunden aufgesetzt, und nunmehro von demselben folgendermaßen noch mehr berichtiget worden ist:

Die uralte Familie der von Hertzberg ist in verschiedenen teutschen Ländern, besonders aber in Pommern angesessen. In den ältern Zeiten hat sie sich nach dem redenden Wappen von Hirschberg geschrieben, welches durch die platteutsche Sprache im Sitz und endlich in Hertzberg verwandelt worden ist. (S. Micrälii Pommerland 6tes Buch, S. 350.) Dieses Geschlecht blühete ehemals vornemlich in Franken, Sachsen, und in den Braunschweigischen Landen und kommt häufig in den Urkunden dieser Lande vor. Luitpold von Hertzberg war einer der ansehnlichsten Lehnsleute des Herzogs von Sachsen, Heinrich des Löwen, der in den Urkunden dieses Herzogs sowohl, als Kaisers Friederich I. sehr oft erscheinet und dem Herzoge lange beygestanden, nach dessen Aechtung aber, sein auf dem Harze belegenes Bergschloß Hertzberg dem Kaiser gesässet hat und auf dessen Seite getreten ist. (Chronicon Hermanni Corneri p. 60. Scheids orig. Guelph. T. III. p. 425. Maderus, Rexmeyer und andre Braunschweigische Geschichtschreiber.) Die Nachkommen dieses Luitpold haben das Schloß Hertzberg bis 1318 besessen, da Friederich Konrad von Hertzberg solches an seinen Tochtermann, einen von Liesperg überlassen hat. (S. Winkelmanns Beschreibung von Hessen. S. 247.) Ferner kommen vor, Hertwig von Hertzberg, in einer Urkunde der Grafen Wilhelm von Jülich, vom Jahre 1330. (Teschenmachers annales Clivis p. 250.) Gieseler von Hertzberg, im Jahre 1243. (Orig. Guelph. T. IV. p. 197.) Balduin in den Jahren 1247 und 1252. (Orig. Guelph. T. III. p. 706. T. IV. p. 212.) Ehrenbold im Jahre 1250 und 1268. (Ludewig reliqu. Mspt. T. I. p. 70.) Gebinus von Hertzberg, der im Jahre 1253 die Stadt Frankfurt an der Oder, zufolge der auf dem Rathhause dort noch befindlichen Urkunde, auf Befehl des damaligen Marggrafen Johann erweitert hat. (Beckmanns Beschreibung von Frankfurt. S. 28.) Gerhard von Hertzberg war im Jahre 1354 vierter Landmeister oder Statthalter des teutschen Ritterordens in Preußen, dessen Hochmeister damals noch zu Marpurg in Hessen residirte, welchem wichtigen Amte er, nach dem Zeugniße der Geschichtschreiber (v. P. de Duisburg Chronicon Prußiæ p. 181. Schützen und Henniberges Preußische Chroniken, imgleichen viele Urkunden in Dregers cod. Dipl. Pomer. T. I. p. 247. 401. 414. 417. 418.) zwey Jahre mit vielem Ruhm vorgestanden hat, nachdem aber nach Teutschland zurückgekehret ist, wo er in verschiedenen Urkunden als Hochmeister des Ordens zu Marpurg erscheinet. (Heineccii Antiq. Goslariæ p. 290. Ketner Antiq. Quedlinb. p. 344.) Ferner kamen in andern Theilen Teutschlands vor, Nicolaus von Hertzberg im Jahre 1259. (Ludewig reliq. T. I. p. 360.) Brunow im Jahre 1288. (Beckmanns Anhalt. Chronik T. 2. p. 167.) Diederich von Hertzberg im Jahre 1289. (Lenzen Brandenburgische Urkunden S. 903.) Matheus von Hertzberg zu Hertzberg in Sachsen, in den Jahren 1290 und 99. (Ludewig reliq. T. I. p. 155 und 219.) Hermann, Eberhard und Georg von Hertzberg waren im Jahre 1413 auf dem Concilium zu Costnitz. (Münsters Cosmographie. T. 3. p. 796.) Bruno von Hertzberg war im Jahre 1440 Großcopmtor, und Günther im Jahre 1453 Ritter des teutschen Ordens in Preußen. (Schützens Preußische Chronik S. 184.) Sigismund von Hertzberg war ein Mitglied des Kriegsraths, der dem Pfaltzgrafen Friederich zugeordnet war, da konnten, sondern sie sehr verschuldeten, so nahm sie der Staatsminister von Hertzberg gleich wieder zurück, erhielt sie den ganzen Rußischen Krieg über auf seine Kosten und ließ sie sich durch eine Sentenz des Cößlinschen Hofgerichts vom 1 Februar 1769 wieder zueignen, so daß alle darauf gehaftete Schulden einem jeden richtig bezahlet wurden. Seit der Zeit besitzet der Herr Staatsminister diese Hälfte der von Hertzbergschen Güter allein, und hat sie mit Häusern und Vorwerken sehr angebauet und in den besten Stand gesetzet. In der zwoten Hälfte des Dorfs Lottin, welche der andern Linie gehöret, ist ein Gut (b) bestehend aus einem adelichen

er im Jahre 1529 die von dem Türkischen Kaiser Solimann belagerte Stadt Wien entsetzte. (Hofmanns ungedruckte Nachrichten. T. II. p. 573.) Nach des bekannten Rüxners Turnierbuch, welches nach dem Urtheil der Geschichtkundigen, nach dem eilften Jahrhunderte allen Glauben verdienet, erscheinen die von Hirßberg und Hertzberg auf den meisten teutschen Turnieren, besonders denen, von den Jahren 1337. 1439. 1479. 1498. Unter dem Namen von Hirßberg ist dieses Geschlecht auch noch unter der Reichsritterschaft in Franken und Schwaben und am Rhein. (Burgermeisters Ritterssaal und Bibliotheca equestris T. 2. woselbst in dem Verzeichniße der gethurnirten Adels p. 2. alle die von Hirßberg stehen, die auf jedem Turnier gewesen). Ein Theil der Familie von Hertzberg ist mit dem teutschen Orden, vermuthlich im dreyzehnten Jahrhunderte, zu der Zeit, als Gerhard von Hertzberg, Oberhaupt des Ordens in Preussen war, aus dem Reiche nach Preussen und Pommern gegangen, und hat sich theils in Preussen und Ermeland, vornemlich aber in Pommern, an dem bey Schneidemühle in die Netze fallenden Lüddowflusse, bey Neu-Stettin, niedergelassen, wo die Hauptbranche desselben, seit vielen Jahrhunderten, den zusammenhangenden Distrikt der Dörfer Hertzberg, Lottin, Harmbusch, Barkenbrügge und Barken, als Lehngüter besitzet, und die Originallehnbriefe darüber, seit dem Jahre 1490 von Jedem Pommerschen Herzoge in Händen hat. Ja Teslaff von Hertzberg, der in besagtem Jahre 1490 die Lehn über diese Güter empfieng, ist in der zwölften Generation, der Stammvater der ganzen Pommerschen Familie von Hertzberg, und besonders der Linie des noch lebenden Königlichen Preußischen Staatsministers von Hertzberg, der die Hälfte aller obgedachten Lehngüter besitzet. Diese Familie hat sich vornemlich in den Brandenburgischen und Preußischen Kriegsdiensten hervorgethan und eine sehr grosse Anzahl von Officiers geliefert, so daß an dreyßig derselben, in den verschiedenen Feldschlachten, unter der Regierung des jetzigen Königes von Preussen geblieben sind. In den neuern Zeiten sind vornemlich bekannt geworden: 1) George von Hertzberg, der Generalmajor und Chef eines Infanterieregiments, wie auch Dompropst zu Cammin gewesen und in der Schlacht bey Kesselsdorf, im Jahre 1745, bey dem Angriff des Sächsischen Retranchements, wo er die Infanterie commandirte, geblieben ist; 2) Joachim Wilhelm von Hertzberg, der als Oberster des Finkschen Infanterieregiments, im Jahre 1760 in der Schlacht bey Kunnersdorf gegen die Rußen geblieben, nachdem er sich in den drey Kriegen des jetzigen Königes, in allen Feldzügen, auf eine besonders rühmliche Art hervorgethan und wegen seiner großen Kriegswißenschaft zu den wichtigsten Expeditionen gebraucht worden ist; 3) Dieses Obersten Brudersohn, der noch lebende Königliche Preußische geheime Staats- und Cabinetsminister, Ewald Friederich von Hertzberg, ist zu Lottin in Pommern den 2ten September 1725 gebohren. Da derselbe sich von seiner Jugend an den Wißenschaften gewidmet, so hat er im Jahre 1742 in dem Gymnasium zu Stettin eine von ihm selbst ausgearbeitete Dissertationem historico-genealogicam de Gestis Imperatorum Austriacorum öffentlich vertheidiget und drucken laßen, und im Jahre 1745 die Dissertation de Unionibus & comitiis Electoralibus auf der Universität zu Halle sine Præside defendiret, indem man ihm nicht erlaubet, ein von ihm entworfenes, aber sonst approbirtes Jus publicum Brandenburgicum öffentlich zu ventiliren. Die letztere Schrift gab indeßen Gelegenheit, daß er nach seiner Rückkunft von der Universität gleich in königliche Dienste genommen und im Jahre 1745 als Legationssecretaire auf den Kaiserlichen Wahltag nach Frankfurt am Mayn verschickt, hiernächst im Jahre 1747 zum Legationsrath ernennet und unter die von dem Könige damals gestiftete Pflanzschule von jungen Staatsmännern, die zu auswärtigen Geschäften zugezogen wer-

Die adelichen Güter des Neu-Stettinschen Kreises.

lichen Rittergute und 2 Halbbauern, welches laut Vergleichs vom 1 Februar 1754 Johann Philipp von Hertzberg besitzet. Ihm fiel auch nach dem am 5 Junius 1782 erfolgten Tode seines einzigen Bruders des Artillerie-Hauptmanns Caspar Friederich von Hertzberg dasjenige Vorwerk oder adeliche Rittergut zu, welches dieser nebst einem Coßäthen in Lottin und einem unbebaueten Coßäthenlande in Steinburg besessen hatte. Lottin (c) hat ein Vorwerk, welches nach dem Abgange des Joachim Daniel und hernach des Joachim Heinrich von Hertzberg laut Vergleichs vom 21 März 1780 nunmehro des Major Peter Rüdiger von Hertzberg Söhne besitzen.

[D d d d d]   Lottin

den sollten, gesetzet wurde. Im Jahre 1750 wurde ihm das geheime Staats- und Cabinetsarchiv, nach dem Tode des von Ilgen anvertraut. Im Jahre 1752 erhielt er von der Berlinischen Akademie der Wissenschaften den Preis der Aufgabe über die erste Bevölkerung der Mark Brandenburg und wurde darauf nicht allein zum Mitgliede besagter Akademie, sondern auch von Sr. Königl. Majestät zu Dero geheimen Legationsrath ernannet. Im Jahre 1757 bekam er nach dem Tode des geheimen Raths Wahrendorf die vornehmste Expedition des Departements der auswärtigen Angelegenheiten und hat damals das bekannte Memoire raisonné und die andern wichtigsten Staatsschriften des Königlichen Preußischen Hofes im letztern Kriege aufgesetzet. Im Anfange des Jahres 1763 wurde er als Königlicher Preußischer Bevollmächtigter auf den Friedenscongreß nach Hubertsburg geschickt und hat den Frieden daselbst mit den Bevollmächtigten der Höfe zu Wien und Dresden glücklich zu Stande gebracht und den 15ten Februar unterzeichnet. Gleich nach seiner Zurückkunft ernannten Se. Königl. Majestät ihn zum zweiten Staatsminister bey dem Departement der auswärtigen Geschäfte, welche Stelle er noch jetzt bekleidet und sich seit der Zeit vornemlich durch die bey Gelegenheit der Besitznehmung von Westpreußen und in der Bayerischen Successionssache im Namen des Hofes herausgegebene Staatsschriften und durch den vorzüglichen Antheil, den er an den zu Braunau und Teschen gepflogenen Friedensnegociationen gehabt, um den Preußischen Staat verdient gemacht hat. Folgende Stammtafel ist aus Urkunden gezogen und bewähret:

Joachim von Hertzberg.
|
Jaroslaff 1490.
|
George.
|
Claus 1518.
|
Henning.
|
Custoch.
|
Joachim 1575.
|
Eghdius 1601—1615.
|
Caspar Rüdiger.
|
Ewald Lorrenz geb. 1658 † 1713.
|
Caspar Detlof geb. 1684 † 1755.
|
Ewald Friederich von Hertzberg geb. 1725.

Die von Hertzberg in Pommern und Preußen führen im Wappen einen Hirsch mit rothem Geweihe im weißen Felde, aus einer blau und roth seidigten Schachtafel springend und drey Pfeile auf dem gekrönten Helm. Die von Hirschberg und Hirzberg im Reiche führen gleichfalls einen Hirsch, aber ohne Schachtafel. (S. Mikrällii Pommersche Chronik am angeführten Orte, und das große Wappenbuch. Lit. H.) Zu der Preußisch-Pommerschen Familie gehören nicht die im Würtembergischen und zu Gotha sich aufhaltende von Hertzberg, die ein anderes Wappen haben, und noch weniger die zu Augspurg neuerlich in den Adelstand erhobene Hertz von Hertzberg. Die Pommersche Familie von Hertzberg hat das Indigenat in Pohlen und wird hier Arzembirski genannt. Einer dieses Namens war Abt von Peltzrwin und wurde im Jahr 1714 Bischof von Klow. (S. die Europäische Fama. S. 161. S. 530.) Friederich Wilhelm, Freyherr von Hertzberg, war im Jahre 1734 Landvogt und Amtmann der Königlichen Dänischen Insul Femern. (S. den Geneal. Archivar. von 1734. S. 171.) Verschiedene von der Pommerschen Familie befinden sich jetzt in Rußischen Kriegesdiensten bey der See- und Landmacht.

Lottin (d) mit einem Vorwerke, 3 Halbbauern, 2 Coßäthen, 1 Büdner und einem Gute in Steinburg kam von Adrian Detlof von Hertzberg an seinen Sohn Tobias Sylvester, von diesem an seinen Sohn, den Hauptmann, George Friederich von Hertzberg, und nach deßen Tode an seine nächste Agnaten, Eustach Wilhelm und George Caspar, nach deren Tode es durch die Sentenz vom 28 December 1769 für das meiste Gebot dem Lieutenant Hans George von Hertzberg zuerkannt wurde, und nach deßen Tode nach dem Theilungsrecesse seiner 3 Söhne vom 26 Julius 1775 dem Major Woldeckschen Regiments, George Christoph von Hertzberg zufiel, der nachher noch 2 Höfe in Barken oder Barken (c) und 2 in Joduth dazu kaufte. Lottin (e) mit 2 Vorwerken, als dem Endegut oder Klein-Lottin und dem so genannten Christian Rüdiger Gut, 2 Halbbauern, 3 Coßäthen und 2 Büdnern, nebst den Buschgütern Hohenbüche und Steinburg, fiel nach dem Tode des Lieutenants Hans Jürgen von Hertzberg, nach dem Vergleiche seiner 3 Söhne vom 26 Julius 1775 dem Major bey der königlichen Garde, Erdmann Bogislav von Hertzberg zu. Lottin (f) mit einem Vorwerke, einem Coßäthen und einem Büdner kam nach dem Tode des Uleich von Hertzberg an seinen Sohn Joachim Christian, nach deßen Tode es von seinen Allodialerben der Major Peter Rüdiger von Hertzberg 1769 wieder einlösete, der es den 15 September 1780 dem Major George Christoph von Hertzberg erblich verkaufte. Lottin (g) ist ein Coßäthenhof, welchen ein Lieutenant von Nangerow pfandweise besitzet. Auf der Feldmark des Dorfs Lottin liegen noch folgende Vorwerke und Buschgüter, als: 1) Joduth, welches ein kleines nach der Seite von Neu-Stettin angelegtes Dorf oder Buschgut ist, so nur aus 4 Höfen bestehet, wovon der eine, als der halbe Theil dem Staatsminister von Hertzberg, die 3 andern aber der zwoten Linie zugehören. 2) Babylon, ein ansehnliches Vorwerk oder Buschgut, welches dem Staatsminister von Hertzberg zu Lottin (a) gehöret, deßen Aeltervater Caspar Rüdiger es unter dem Namen von Grünewald angeleget hat, nachher aber ist es gemeiniglich Babylon genannt worden. 3) die 4 Vorwerke Steinburg genannt. Steinburg (a) gehöret zur ersten Linie dem Staatsminister von Hertzberg, der es 1751 von den von Güntersberg und von Sriger einlösete, es aber nach einem Vergleich vom 21 May 1753 seinem Waterbruder, dem Obersten Joachim Wilhelm von Hertzberg überließ, deßen Wittwe es jetzt auf ihre Lebenszeit besitzet. Steinburg (b) gehöret zur zwoten Linie und war eine Zeitlang versetzt, ist aber nunmehro von dem Hauptmann Conrad Friederich von Hertzberg eingelöset. Steinburg (c), jetzt Friederichsburg genannt, gehöret dem Major George Christoph von Hertzberg zu Lottin (d), und Steinburg (e) dem Major Erdmann Bogislaus von Hertzberg zu Lottin (e). Eben dazu und demselben gehöret das gleichfalls auf der Lottinschen Feldmark befindliche an Babylon und Steinburg gränzende Vorwerk oder Buschgut Hohebüche.

41. **Lucknitz** ½ Meile von Bärwalde nordnordwestwärts und 1½ Meilen von Polzin ostsüdostwärts, nicht weit von einem Walde, auf der Straße von Bärwalde nach Polzin, hat 2 Vorwerke, 20 Bauern, 1 Coßäthen, 1 Schmiede, 1 Schulmeister, 25 Feuerstellen, fruchtbaren Acker, Holzung, aber keine Fischerey und ist ein zu Coprieben in der Neu-Stettinschen Synode eingepfarrtes Dorf, welches jetzt aus 4 Antheilen beste-

Die adelichen Güter des Neu-Stettinschen Kreises. 763

bestehet. Lucknitz (a) bestehet in einem Vorwerke, 10 Bauern und 1 Coßäthen und ist ein altes Glasenappsches Lehn, welches der Lieutenant bey dem Regimente des Prinzen von Nassau-Usingen, Johann Franz George von Glasenapp besitzet. Lucknitz (b) hat ein Vorwerk und 6 Bauern, die ehemals zu dem Gute Osterfelde gehörten, jetzt aber von Otto Heinrich von Glasenapp besessen werden. S. Balm. Lucknitz (c) hat 3 Bauern, welche dem Major Philipp Ferdinand von Wolde gehören. Lucknitz (d) bestehet in einem Bauerhofe, welcher von Marx Franz von Glasenapp besessen, von dem Cößlinschen Hofgerichte am 22 Januar 1728 aber der Maria Elisabeth von Glasenapp zuerkannt wurde. Von dieser wurde derselbe nach dem Testamente vom 15 Junius 1741 ihrem Bruder George Christian von Glasenapp und von diesem wieder in seinem Testamente vom 17 May 1752 den beiden Töchtern seiner Schwestertochter, als Johanna Friederica Louisa und Sophia Francisca Charlotta Bugen vermacht, deren Vater, der Inspector David Buge, als Vormund seines Tochtersohnes David Lehmann, und Sophia Francisca Charlota Bugen verehelichte Michaelis, diesen Bauerhof nach dem Vergleiche vom 20 Julius 1774 dem Eigenthümer Franz Bülow verkauften.

42. Lübgust ein adelicher Wohnsitz 1 Meile von Bärwalde nordostwärts und 2 Meilen, oder nach einer 1752 vorgenommenen Vermessung 5588 Ruthen von Neu-Stettin nordwestwärts, nicht weit von der Persante, hat 2 Vorwerke, 12 Bauern, 22 Coßäthen, 1 Krug, 1 Schmiede, 1 Schulmeister, ein Vorwerk in Wruckenhütten, 39 Feuerstellen, guten Acker, eine kleine Holzung, der Rosin genannt, Fischerey in der Persante und ist ein zu Gramenz in der Neu-Stettinschen Synode eingepfarrtes Allodialgut, welches die Gemahlinn des Hauptmanns Carl Friederich von Ingersleben Helena Amalia gebohrne von Glasenapp besitzet. Zu Lübgust ist ein runder Brunnen, etwa 8 Schritte im Durchmesser, der ein sehr klares und mineralisch schmeckendes Wasser hat und dasselbe beständig so stark treibt, daß er alles was man hinein wirft, wieder an das Ufer heraus wirft. S. Gramenz.

43. Lümzow ½ Meile von Ratzebuhr ostnordostwärts, nahe an der Glienke, hat 2 Vorwerke, 17 Bauern, 5 Coßäthen, 1 Küster, 1 Krug, 1 Schmiede, auf der Feldmark des Dorfs eine Wassermühle, die auf der Küddow liegt, 1 Ziegeley und einige neu angelegte Büdnerhäuser, 36 Feuerstellen, eine zu der Neu-Stettinschen Synode gehörige Kirche, die ein Filial von Ratzebuhr ist, fruchtbaren Acker, gute Büchenholzungen, eine beträchtliche Fichtenheide und Fischerey in der Küddow. Für die in dem Jahre 1774 für 1300 Rthlr. königl. Gnadengelder neu erbauete Büdnerhäuser, wovon die jährlichen Einkünfte nach dem Anschlage 60 Rthlr. betragen sollen, muß eine zur Besoldung einiger Landschulmeister bestimmte jährliche Abgabe von 26 Rthlr. von dem Besitzer dieses Guts bezahlet werden, welches ehemals ein altes Lehn der von Falken und von Münchow war. Nach dem Tode des Landraths Egidius Christoph von der Osten, der es als ein neues Ostensches Lehn besaß, fiel es nach dem Theilungsvergleiche vom 9 März 1742 seinen beiden jüngsten Söhnen Philipp Adrian und dem Lieutenant Friederich Wilhelm und 1746 dem letzten allein zu, von welchem es nach dem Vergleiche vom 20 December 1749 erblich seinem

Schwa-

Der Neu-Stettinsche Kreis.

Schwager, dem Rittmeister Lorenz Richard Moritz von Born und von diesem am 1 August 1777 dem Lieutenant bey dem Regimente des Prinzen Leopold von Braunschweig, Alexander Ludewig von Manteufel verkauft wurde.

44. Luzig ¼ Meile von Polzin westnordwestwärts, hat außer den zu dem Belgardschen Kreise gehörigen 2 Bauerhöfen und den auf der Feldmark dieses Dorfs gelegenen 4 Buschkathen (S. Luzig unter den adelichen Gütern des Belgardschen Kreises) 2 Vorwerke, das große und das kleine Gut genannt, 11 alte Bauerhöfe, wovon aber 2 zu dem Gute Retzin (b) gehören, S. Retzin (b), 2 neue Bauerhöfe, 1 Schulmeister, 16 Feuerstellen und eine zu der Belgardschen Synode gehörige Kirche, die ein Filial von Polzin ist. Für die bey dem Gute Luzig in dem Jahre 1773 für 1300 Rthlr. königliche Gnadengelder vorgenommene Verbeßerungen, wovon die jährlichen Einkünfte nach dem Anschlage 60 Rthlr. betragen sollen, muß eine jährliche Abgabe von 26 Rthlr. von dem Besitzer dieses Guts bezahlet werden. In dem Jahre 1776 sind abermals bey den Gütern Arnhausen und Luzig für königliche Gnadengelder beträchtliche Verbeßerungen gemacht worden, wovon aber in der Beschreibung des erstern Dorfs bereits das nöthige ist bemerket worden. Den zu dem Neu-Stettinschen Kreise gehörigen Theil des Dorfs Luzig besitzt George Heinrich von Zastrow, (S. Wusterhanse) dem auch das Patronatrecht über die hiesige Kirche allein zustehet, die hohe, mittlere und niedere Jagd aber und die zu diesem Dorfe gehörige Eichen, Büchen, und andre Holzungen, wie auch die Fischerey in dem mitten in dem Dorfe gelegenen See und in einem Bache, gehöret dem von Zastrow und den von Wachholz gemeinschaftlich.

45. Naseband ein Rittersitz und ansehnliches Dorf, 2 Meilen von Bublitz gegen Westen, eben so weit von Bärwalde nordnordostwärts, 2¼ Meilen von Polzin ostnordostwärts, 3 Meilen von Belgard südostwärts, eben so weit von Neu-Stettin nornordwestwärts und 4 Meilen von Cöslin gegen Süden, auf der Straße von Polzin nach Bublitz, in einer niedrigen Gegend, hat 1 Vorwerk, 1 Prediger, 1 Küster, 17 Bauern, 13 Coßäthen, 1 Krug, 1 Schmiede, 40 Feuerstellen, eine zu der Belgardschen Synode gehörige Mutterkirche, deren Filiale die Dörfer Kowalk und Schmenzin sind und zu welcher das Dorf Drenow eingepfarret ist, Mast- und Fischenholzungen und Fischerey in Teichen, 3 kleinen Seen und einem Bache. Zu dem Gute Naseband gehören noch 1) das Vorwerk Krämerwinkel, welches ⅜ Meile von Naseband gegen Süden an einem Bache liegt, der sich mit der Tribgust vereiniget und nicht weit von dem Vorwerke Schwartow in die Persante fällt, 2) die Pächterey Marienhof, ehemals Zitzen genannt, nicht weit von Krämerwinkel, an demselben Bache, 3) eine Ziegeley, 4) eine auf der Feldmark des Dorfs gelegene Wassermühle, 5) der Dirnkuhlsche Pachthof, so eine Kuchpächterey in der Holzung, Dimkuhl genannt ist, und 6) ein Holzwärterkathen, der ein Ackerwerk in der sogenannten Buschcavel ist und 1 Meile von Naseband gegen Osten nach Bublitz zu liegt. Naseband war ehemals ein altes Glasenappsches Lehn, ist aber jetzt ein Boninsches Lehn, welches Bernd Eccard von Bonin besaß. Er kaufte dazu nicht nur am 25 Januar 1697 etliche Kämpe in dem sogenannten Versenheege

von

Die adelichen Güter des Neu-Stettinschen Kreises.

von Martin Joachim von Kleist, sondern auch nach dem Vergleiche vom 27 Januar 1697 einen Theil von einer Cavel Holzes in Versenheege an dem Zeblinschen Freyenstein belegen, für 327 Gulden von Jürgen von Kleist und hinterließ dieses Gut seinem Sohne, dem Hauptmann Joachim Ernst von Bonin, welcher es nach dem brüderlichen Theilungsvergleiche vom 2 October 1731 bekam und das jetzt zu diesem Gute gehörige Vorwerk Krämerwinkel, das ehemals ein Lehn der von Schnell war und zu Wilnow gehörte, von der Wittwe und den Erben des Henning Webig von Schnell nach dem gerichtlichen Vergleiche vom 8 Jullus 1735 an sich brachte und nachher mit demselben belehnet wurde. Nach seinem Tode besitzet jetzt sein einziger Sohn und Erbe, der Hauptmann Bernd Ludewig von Bonin, dieses Gut.

46. Memmin 1¼ Meilen von Bärwald südsüdostwärts und 2 Meilen von Neu-Stettin westsüdwestwärts, an dem kleinen Memminschen See, hat 2 Vorwerke, 4 Cossäthen, mit Einschließung des zwischen dem Memminschen und Hohenhausenschen See gelegenen und zu dem Gute Memmin (b) gehörigen Vorwerks Hohenhausen 8 Feuerstellen, Buchenholzungen, Fischerey in Seen und ist zu Pieleborg in der Neu-Stettinschen Synode eingepfarrtes altes Zastrowsches Lehn, welches aus 2 Antheilen bestehet. Memmin (a), welches in einem Rittergute oder Vorwerke mit 2 Cossäthen bestehet, und die dazu gehörigen Güter Pieleborg (c) und Linde (c) fielen nach dem Tode des Hauptmanns von Zastrow seinem Sohne dem Hauptmann Friederich Ehrenreich zu, welcher diese Güter nach der dem Prediger zu Pieleborg ertheilten Vollmacht, nach dem Vergleiche vom 24 August 1764, mit einem Theile des Patronatrechts, an der Pieleborgschen Kirche und Pfarre und einem Drittel so wohl an der Pieleborgschen als an der Pielowschen Mühle der verwittweten Oberstin von Münchow, Agnesa Ulrica gebohrnen von Münchow verkaufte, deren nachgelaßene 4 Kinder, als Friederich Alexander Otto Richard, Sophia Dorothea, Friderica Maria Louisa und Johann August Ludewig sich wegen der mütterlichen auch ihrer 1777 gestorbenen Muhme, der Fräulein, Eva Elisabeth von Münchow Nachlaßenschaft am 14 April 1778 also auseinander setzten, daß diese Güter dem Lieutenant Friederich Alexander Otto Richard von Münchow durch das Loos zufielen. Dieser verkaufte sie am 20 December 1780 dem Hauptmann Alexander Zabel Ernst von Münchow zu Eichenberge. Memmin (b), wozu das Rittergut oder Vorwerk Hohenhausen und ein Vorwerk und 2 Cossäthen in Memmin gehören, besitzet Heinrich Henning Carl von Vangerow. S. Vangerow (a).

47. Oerden ¾ Meile von Bärwalde südsüdwestwärts, auf hohen Bergen, hat 1 Vorwerk, 4 Bauern, 7 Cossäthen, 1 Schmiede, auf der Feldmark des Dorfs das Vorwerk, Ziegelkamp genannt; 2 Wassermühlen, 1 Walkmühle, wovon aber die eine Wassermühle zu dem Gute Bärwalde (a) gehöret, 16 Feuerstellen, gute Holzungen und Fischerey und ist zu der Kapelle in Tarmen in der Neu-Stettinschen Synode eingepfarret. Das Dorf Oerden wurde von den von Glasenapp in dem Copribenschen Busche angeleget und ist nicht nur von der Contribution sondern auch von den Lehndiensten befreyet. Casimir von Glasenapp, ein Sohn des Gerd Wedig, trat es als ein Glasenappsches Lehn, nach dem Vergleiche vom 25 September 1680

1680 selbsten Schwager Dionysius von Blankenburg ab, deßen Kinder es dem Obersten von Borck und deßen Gemahlinn überließen, von welchen es aber der Oberste Dionysius George von Blankenburg am 14 Januar 1743 wieder an sich brachte. Durch das Rescript vom 14 September 1744 wurde dieses Gut allodificiret, welches nach dem 1745 erfolgten Tode des Obersten von Blankenburg deßen Brudersohne, dem Lieutenant Wilhelm von Blankenburg zufiel und von demselben nach dem Vergleiche vom 4 April 1746 dem Oberamtmann und jetzigen Cammerrathe Joachim Philipp Holz verkauft wurde.

48. Pazig ¾ Meile von Bärwalde nordwestwärts und 1 Meile von Polzin ostsüdostwärts, an einer kleinen Eichenholzung, auf der Straße von Bärwalde nach Polzin, hat 1 Vorwerk, 12 Bauern, 8 Cossäthen, 1 Krug, 1 Schmiede, 1 Schulmeister, 35 Feuerstellen, fruchtbaren Acker, wenige Holzung, keine Fischerey, gränzet an das Westpreußische Dorf Poppelow und ist ein zu Copriben in der NewStettinschen Synode eingepfarrtes Dorf, welches Otto Heinrich von Glasenapp theils als ein altes Glasenappsches, theils als ein altes Woldensches Lehn besitzet. S. Coprieben.

49. Pieleborg oder Pieleburg ein Cossäthendorf ohne Vorwerk, 2 Meilen von New-Stettin westsüdwestwärts, eben so weit von Tempelburg nordostwärts und eben so weit von Bärwalde gegen Süden, an dem großen See Pieleborg, in einer ziemlich ebenen und sandigen Gegend, hat 1 Wassermühle, 1 Prediger, 1 Küster, 19 Cossäthen, 1 Schmiede, 1 Predigerwittwenhaus, 1 Predigercolonenhaus, 23 Feuerstellen, eine zu der New-Stettinschen Synode gehörige Mutterkirche, zu welcher die Dörfer Dummersitz und Linde als Filiale gehören und die Dörfer Bärbaum und Nemmin eingepfarret sind, Holzungen, Fischerey in dem See Pieleborg und bestehet aus 3 Antheilen. Pieleborg (a) hat 10 Cossäthen, welche Heinrich Henning Carl von Wangerow besitzet. S. Wangerow (a). Pieleborg (b) gehöret zu dem Gute Bärbaum und bestehet in einem Theile der Pieleborgschen Mühle und in 7 Cossäthen, welche der Hauptmann Conrad Friederich von Hertzberg besitzet. S. Bärbaum. Pieleborg (c) hat 2 Cossäthen und ist ein zu dem Gute Nemmin (a) gehöriges altes Zastrowsches Lehn, welches der Hauptmann Alexander Zabel Ernst von Münchow zu Eichenberge besitzet. S. Nemmin (a).

50. Pinnow ein adelicher Wohnsitz, ½ Meile von Ratzebuhr südwestwärts, hat 2 Vorwerke, eine auf der Feldmark des Dorfs gelegene Wassermühle, 36 Bauern, 8 Cossäthen, 1 Krug, 1 Schmiede, 1 Schulmeister, 49 Feuerstellen, eine zu der New-Stettinschen Synode gehörige Kirche, die ein Filial von Hasenfier ist, fruchtbaren Acker, gute Weide, Büchen- und Fichtenholzungen, Fischerey in Seen und in einem in dem Dorfe gelegenen Karpenteiche und gränzet an die Westpreußische Stadt Jastrow. Dieses neue Ostensche Lehn, welches der Landrath Aegidius Christoph von der Osten besaß, fiel nach dem Theilungsvergleiche vom 9 März 1742 seinem Sohne, dem Major und nachmaligen Obersten Johann Otto Heinrich von der Osten und nach deßen Tode seinen Brüdern als den nächsten Lehnsfolgern, dem

Die adelichen Güter des Neu-Stettinschen Kreises. 767

dem Landrathe Gerhard Casimir und dem Lieutenant und jetzigen Hauptmann Friederich Wilhelm von der Osten zu. Nach dem Tode des ersten besaß es sein Sohn, Aegidius George Wilhelm von der Osten mit seinem Vaterbruder dem Hauptmann Friederich Wilhelm von der Osten, so lange gemeinschaftlich, bis sie sich am 9 October 1773 also auseinandersetzten, daß der letzte dieses Gut allein behielt.

51. Plietenitz 1½ Meilen von Ratzebuhr gegen Westen und 2 Meilen von Neu-Stettin südsüdwestwärts, an der Plietenitz, welche mitten durch das Dorf fließet, auf der Straße von Ratzebuhr nach Tempelburg, hat 2 Vorwerke, 1 Wassermühle, 1 Prediger, 1 Küster, 2 Bauern, 2 Coßäthen, 1 Krug, 1 Schmiede, 13 Feuerstellen, eine zu der Neu-Stettinschen Synode gehörige Mutterkirche, deren Filial das Dorf Groß-Born ist, außer welchem noch der hiesige Prediger mit dem Prediger zu Lotzin wechselsweise den Gottesdienst in dem Filialdorfe Barkenbrügge besorget, größtentheils leichten Acker, gute Weide, eine kleine Fichtenheide, Fischerey in Mühlenteichen und gränzet an das Westpreußische Dorf Zipnow. Plietenitz ist ein Boninsches Lehn, welches die Landräthin von Woldeck, Barbara Louisa gebohrne von Seiger besitzet. S. Barkenbrügge (f).

52. Priebkow ¼ Meile von Bärwalde gegen Westen und 1¼ Meilen von Polzin oftsüdostwärts, hat 2 Vorwerke, 14 Bauern, 4 Coßäthen, 1 Schmiede, 1 Schulmeister, 25 Feuerstellen und ist ein zu Coprieben in der Neu-Stettinschen Synode eingepfarrtes altes Glasnappsches Lehn. Nach dem Tode des Franz Eggerd von Glasenapp besaß es seine Wittwe, Erdmuth Hedwig gebohrne von Kleist mit ihren Töchtern, welchen es auch, nachdem Franz Lorenz von Glasenapp, ein Sohn des Franz Eggerd, sich am 31 Julius 1759 der Einlösung desselben begeben hatte, durch den Rechtsspruch vom 18 November 1765 zuerkannt wurde. Nach dem Tode der Wittwe von Glasenapp, Erdmuth Hedwig gebohrnen von Kleist, erhielten nach ihrem Testamente vom 25 Januar 1755 ihre 5 Töchter, als Eleonora Agnesa, Anna Hedwig verwittwete von Wulffschlager, Barbara Juliana vermählte von Reith, Abigail Ernestina und Maria Charlotta verwittwete von Borck dieses Gut, nachdem die sechste Schwester, Sophia Dorothea, bereits gestorben war. Durch den Rechtsspruch vom 15 October 1764 wurde dasselbe den Erben des Franz Lorenz von Glasenapp, dem Lieutenant Johann Franz George und Paul Ernst August Wilhelm von Glasenapp, als den nächsten Lehnsfolgern, und deren Geschwistern zuerkannt, von welchen, nach der am 27 und 28 Februar 1771 geschehenen Auseinandersetzung, der erste dieses Gut allein besitzet.

53. Raddatz ein adelicher Wohnsitz, 1 Meile von Neu-Stettin westnordwestwärts und eben so weit von Bärwalde ostsüdostwärts, auf der Straße von Neu-Stettin nach Bärwalde, hat 1 Vorwerk, 9 Vollbauern, 6 Halbbauern, 1 Krug, 1 Schmiede, 1 Schulmeister, auf der Feldmark des Dorfs das zu Juchow eingepfarrte Vorwerk Bramstädt, die an einem Bache, die Segnitz genannt, gelegenen und zu Versantzig eingepfarrten Vorwerke Neuendorf und Vor- und Hinter-Panlow und eine Wassermühle, die Bramstädtsche Mühle genannt, 27 Feuerstellen,

Der Neu-Stettinsche Kreis.

stellen, eine zu der Neu-Stettinschen Synode gehörige und von dem Generalfeldmarschall von Kleist 1746 neu erbauete Kirche, die ein Filial von Persanzig ist, Büchenholzungen und Fischerey in Seen. Für die bey dem Gute Rabbaß seit 1774 für 2600 Rthlr. königliche Gnadengelder vorgenommene Verbeßerungen, wovon die jährlichen Einkünfte nach dem Anschlage 252 Rthlr. betragen sollen, muß eine jährliche Abgabe von 52 Rthlr. von dem Besitzer dieses Guts bezahlet werden. Rabbaß, Schneidemühle und Kucherow sind alte Kleistsche Lehne. Nach dem Tode des Generalfeldmarschalls, Henning Alexander von Kleist, wurden das Gut Rabbaß, die Hälfte von Schneidemühle und die Hälfte von Kucherow, nach dem von seinen Söhnen, dem Hauptmann und nachmaligen Major Leopold und dem Lieutenant Christoph Wilhelm am 7 Märtz 1750 getroffenen Theilungsvergleiche, von dem letzten ohne Kavelung dem ersten überlaßen, welcher diese Güter am 20 Januar 1755 erblich seinem Vetter und nächsten Lehnsfolger, dem Lieutenant und jetzigen Hauptmann Bogislav Heinrich von Kleist verkaufte. Die andre Hälfte des Guts Schneidemühle und die andre Hälfte des Guts Kucherow hatte Alexander von Kleist seiner mit dem Rittmeister Gerhard Wedig von Münchow vermählten Tochter, Maria Margaretha von Kleist, nach der Ehestiftung vom 3 Märtz 1706, zum Brautschatze mitgegeben. Nachdem dieselbe mit ihrem Gemahl gestorben war und keine Erben hinterlaßen hatte, erbte ihr Brudersohn, der Hauptmann Bogislav Heinrich von Kleist, auch diese Güter als großvaterliche Lehnstücke.

54. Sanort mit dem dazu gehörigen Vorwerke und adelichen Wohnsitze Eulenburg liegt 2 Meilen von Bärwalde südsüdostwärts, an dem großen See Pielerborg und nahe an einem Walde, welcher der Sanortsche Busch genannt wird, hat 4 Cosäthen, auf der Feldmark des Dorfs in dem Sanortschen Busche die Vorwerke Neuhof und Jägerswald, wovon das letzte ehemals eine Mühle war, die den Namen der Buschmühle führte, 9 Feuerstellen, Büchenholzungen, Fischerey in Seen und ist zu Dummerfitz in der Neu-Stettinschen Synode eingepfarret. Die Güter Sanort oder Eulenburg und Dummerfitz waren ehemals Woldensche Lehne. Der Major Wilhelm Heinrich von Wolde verkaufte das erste am 15 Julius 1746 unwiderruflich dem Hofgerichtsdirector und nachmaligen geheimen Finanzrathe Friederich von Dreger, der hierauf daßelbe am 11 October 1746 von der Wittwe und den Erben des Kriegesraths Warnshagen einlösete und von eben demselben auch am 13 October 1746 das Gut Dummerfitz kaufte, nachdem ihm der Major Wilhelm Heinrich von Wolde sein Lehnrecht an demselben am 19 September 1746 abgetreten hatte. Nach dem Vergleiche vom 24 Februar 1749 verkaufte der geheime Finanzrath von Dreger wiederum diese Güter erblich dem Wilhelm Ehrenreich von Sydow, welcher nach vorhergegangener Präclusion derer von Wolde am 30 April 1751 mit denselben belehnet wurde. Nach seinem Tode besitzet seine Wittwe, Ernestina Henrietta von Sydow gebohrne Freyin von der Gölz, mit dem Sohne erster Ehe Adam Wilhelm und ihren Kindern zwoter Ehe, Otto Christoph August, Anton Friederich Bernd, Carl Balthasar Friederich, George Gottlob Leopold, Henrietta Catharina Louisa, Carolina Wilhelmina Leopoldina Concordia und Anna Johanna Ulrica Gottlieb von Sydow, wovon aber Anton Friederich Bernd,

Carl

Die adelichen Güter des Neu-Stettinschen Kreises.

Carl Balthasar Friederich und Henrietta Catharina Louisa bereits gestorben sind, diese Güter nach dem wechselseitigen Testamente vom 28 April 1753 noch ungetheilt.

55. Saßenburg hat 2 zu dem Neu-Stettinschen Kreise gehörige Coßäthenhöfe oder 2 Feuerstellen, welche Johann Joachim Carl von Wenden besitzet. Der übrige Theil des Dorfs Saßenburg liegt in dem Fürstenthum Cammin. S. Saßenburg unter den Dörfern des königl. Amts Bublitz, wie auch unter den adelichen Gütern des Fürstenthums Cammin.

56. Schneidemühle 1¼ Meilen von Neu-Stettin westnordwestwärts, in einer niedrigen mit vielen Bergen umgebenen Gegend, hat 1 Vorwerk, 2 Bauern, 1 Schäferhaus, 1 Hirtenhaus, 5 Feuerstellen, ein angelegtes Holzgehege, Fischerey in einem See und ist ein zu Juchow in der Neu-Stettinschen Synode eingepfarrtes altes Kleistsches Lehn, welches der Hauptmann Bogislav Heinrich von Kleist besitzet. S. Nadbath.

57. Soltenitz hat adelichen Antheils 4 Vorwerke, 11 Bauerhöfe mit dem Kruge, 10 Coßäthen, 1 Schmiede, die theils zu dem königlichen, theils zu dem adelichen Antheil gehöret, mit Einschließung des auf der Feldmark dieses Dorfs gelegenen und zu Soltenitz (b) gehörigen Vorwerks Hohenholz mit 4 Wohnungen, 25 Feuerstellen, Holzungen und Fischerey in der Küddow. Ehemals besaßen die von Hertzberg 4 Hufen in Soltenitz oder 2 Bauerhöfe als ein Lehn, die aber von Paul Hertzberg zu Lottin am 11 August 1634 erblich und unwiederruflich für 1000 Gulden Pommersch, mit der von dem Herzoge Bogislaus XIIII. am 28 August 1634 ertheilten Genehmigung, dem fürstlichen Hauptmann zu Neu-Stettin, Peter Somnitz zu Grumsdorf und Gönne verkauft wurden. Jetzt ist Soltenitz ein Lehn der von Lemke, welches folgenden Besitzern gehöret. Soltenitz (a) bestehet aus 2 Theilen. Ein Theil fiel nach dem Tode des Johann George von Lemke, seinen Brüdern, dem Major Tobias Otto und dem Obersten Aegidius Christoph Immanuel und nach dem Vergleiche vom 13 Julius 1747 nebst dem Rechte, das Vorwerk Hohenholz einzulösen, dem ersten, nach dessen in der Schlacht bey Zorndorf erfolgten Tode aber seinem Bruder, dem vorhin genannten Obersten zu. Nachdem dieser unverheirathet gestorben war, kam dieser Theil an seinen Vaterbrudersohn, den Major bey dem Vasoldschen Cuirassierregimente Anton Bernhard von Lemke, als den nächsten Lehnsfolger, welcher auch nach dem Tode seines Vaters des Fähnrichs Hans Christoph mit seinen Brüdern, Daniel Lorenz und Franz Christoph, den andern Theil dieses Guts erbte und nachdem er solchen nach dem Tode seiner Brüder allein erhalten hatte, das ganze Gut Soltenitz (a) seinen Erben hinterließ. Soltenitz (b) begreift das ritterfreye Vorwerk Hohenholz nebst einigen dazu gehörigen Bauer- und Coßäthenhöfen in Soltenitz und wurde von Christian Gerhard von Lemke, nach dem Vergleiche vom 22 Junius 1654 wiederkäuflich für 2971 Gulden Pommersch 12 Schillinge, seinem Schwager dem Kriegscommissarius Tobias Rothberger und von dessen 3 Söhnen am 10 December 1717 wiederkäuflich für 2600 Rthlr. ihrem Schwager dem Cornet Hans George von Banderer verkauft, nach dessen am 7 October

Der Neu-Stettinsche Kreis.

tober 1761 erfolgten Tode sich seine Söhne, der Oberstlieutenant Hans Wilhelm und der Major Ernst Bogislav, also verglichen, daß der erste dieses Gut nebst Barkenbrügge (c) erhielt, wovon er aber das letzte 1781 dem Staats- und Cabinetminister Ewald Friederich von Hertzberg abtrat. Der übrige Theil des Dorfs Soltenitz ist königlich. S. Soltenitz unter den Dörfern und Vorwerken des Amts Neu-Stettin.

58. **Sparsee** hat adelichen Antheils 4 Bauern, welche die Gebrüder, der Major bey dem Kowalskyschen Regimente, Friederich Rudolph und der Lieutenant Carl Gottfried von Somnitz als ein zu dem Gute Göhne gehöriges altes Somnitzsches Lehn besitzen. S. Grumsdorf unter den adelichen Gütern des Fürstenthums Cammin. Der übrige größte Theil des Dorfs Sparsee ist königlich. S. Sparsee unter den Dörfern des königlichen Amts Neu-Stettin.

59. **Steinfort** 1 Meile von Neu-Stettin südsüdwestwärts, an dem Prelangschen See, auf der Landstraße von Ratzebuhr nach Tempelburg, hat 1 Vorwerk, 13 Bauern, 1 Coßäthen, 1 Schmiede, auf der Feldmark des Dorfs das steuerfreye Vorwerk Prelang, die beiden Vorwerke Hammer, die in dem Land- und Hypothekenbuche mit (a) und (b) bezeichnet sind und eine Wassermühle, die Hammermühle genannt, die das Wasser aus dem See Nemerow erhält und ihrem Besitzer eigenthümlich gehöret, 18 Feuerstellen, eine zu der Neu-Stettinschen Synode gehörige Kirche, die ein Filial von Wulfflatzig ist, Fischerey in einem See und bestehet aus 3 Antheilen. Steinfort (a) begreift 7 Bauern, 1 Coßäthen, das Vorwerk Prelang und die ausschließungsweise zu demselben gehörige beträchtliche Fichtenheide, die Prelangsche Heide genannt, und ist ein altes Boninsches Lehn, welches der Lieutenant Johann Friederich von Bonin besitzet. S. Crangen. Steinfort (b), wozu das Vorwerk in dem Dorfe Steinfort, 4 Bauern und das Vorwerk Hammer (a) gehören, ist ein Allodialgut, welches der Rittmeister von Günther besitzet. S. Dieck (a). Steinfort (c) bestehet in 2 Bauern und dem Vorwerke Hammer (b) und ist ein altes Boninsches Lehn, welches die Landräthin von Woldeck, Barbara Louisa gebohrne von Seiger besitzet. S. Barkenbrügge (f).

60. **Das Neu-Stettinsche Vorwerk** ist ein adeliches Gut, vor der Stadt Neu-Stettin, zu welchem einige Aecker auf dem Neu-Stettinschen Stadtfelde, einige Holzungsgerechtigkeit, eine Schäferey und Hürtenlager auch Fischereygerechtigkeit gehören. Dieses Gut rühret von den ehemaligen castrensibus militibus her, aus dem Land- und Hypothekenbuche erhellet aber nicht, wessen Lehn es eigentlich noch sey. Gerd Wedig von Glasenapp verkaufte es, nach der lehnsherrlichen Einwilligung vom 22 September 1681, dem Lieutenant Hans Neumuth, von welchem es an Asmus Jürgen von Kleist und von diesem an Jacob Buge kam, dessen Erben es nach dem Vergleiche vom 30 März 1737 für 2900 Rthlr. mit lehnsherrlicher Einwilligung vom 21 April 1740 dem Otto Casimir Krüger verkauften.

61. Stotz

Die adlichen Güter des Neu-Stettinschen Kreises.

61. Storkow ¼ Meile. von Bärwalde ostnordostwärts und 1⅜ Meilen, oder nach einer 1752 vorgenommenen Vermeßung 5319 Ruthen von Neu-Stettin nordwestwärts, in einem Thale, an der Persante, hat 1 Vorwerk, eine auf der Feldmark des Dorfs gelegene Wassermühle, die Binningsche Mühle genannt, welche theils zu Kussow (b) theils zu Storkow (a) gehöret, ein zu Wurchow in der Bublitzschen Synode eingepfarrtes Ackerwerk Wruckenhütten genannt, 22 Bauern, 13 Cosäthen, 1 Krug, 1 Schmiede, 1 Schulmeister, 38 Feuerstellen, guten Acker, wenige Holzung, Fischerey in der Persante und ist ein zu Gramenz in der Neu-Stettinschen Synode eingepfarrtes altes Glasenappsches Lehn, welches aus 2 Antheilen bestehet. Storkow (a) hat das Vorwerk, 15 Bauern und 9 Cosäthen und kam von dem Generalfeldmarschall Caspar Otto von Glasenapp, nach dem Vergleiche vom 6 October 1747, an den Hauptmann Otto Casimir von Glasenapp, und nach deßen Tode an seine 3 Söhne Bogislav Heinrich, den Hauptmann Adam Wilhelm und Otto Leopold, unter welchen es nach dem brüderlichen Vergleiche vom 23 Julius 1774 dem Hauptmann Adam Wilhelm von Glasenapp allein zufiel. Storkow (b) bestehet in 7 Bauern, 4 Cosäthen und dem Kruge und gehöret den nachgelaßenen Kindern der Hauptmännin von Kleist zu Schmenzin, Sophia Louisa gebohrnen von Glasenapp. S. Gramenz.

62. Groß- und Klein-Tarmen ⅞ Meile von Bärwalde südostwärts, nahe an einem Walde, sind zwey nahe aneinander liegende Vorwerke, die mit Einschließung der dazu gehörigen Vorwerke Schnackenburg und Ziegelkamp und der sogenannten Haßelmühle in 9 Feuerstellen bestehen. Auch ist hier eine zu der Neu-Stettinschen Synode und insonderheit zu dem Copriebenschen Kirchspiele gehörige Kapelle vorhanden, zu welcher das Dorf Derden eingepfarret ist. Groß-Tarmen nebst der Haßelmühle und Klein-Tarmen sind alte Glasenappsche Lehne. Sie kamen von Heinrich Reinhold von Glasenapp an seinen ältesten Sohn, den Hofgerichtsrath Caspar Bogislav und nach deßen Tode an seinen einzigen Bruder, den Hauptmann Eggerd George von Glasenapp. Dieser verkaufte sie nach dem Vergleiche vom 27 October 1761 dem Heinrich Christoph von Glasenapp, nach deßen Tode sie seinen 3 Söhnen, Otto Heinrich, Bogislav Wedig und Gerhard Wedig von Glasenapp und nachher den nachgelaßenen Kindern des letzten zufielen. Durch den Rechtsspruch vom 15 October 1764 wurden diese Güter nebst dem Dorfe Priebkow den Erben des Franz Lorenz von Glasenapp, dem Lieutenant Johann Franz George und Paul Ernst August Wilhelm von Glasenapp, als den nächsten Lehnsfolgern und deren Geschwistern zuerkannt, von welchen, nach der am 27 und 28 Februar 1771 geschehenen Auseinandersetzung der erste dieses Gut allein besitzet.

63. Trabehn 1¼ Meile von Neu-Stettin südostwärts, an der Küddow, hat 4 kleine Vorwerke, 6 Bauern, 8 Cosäthen, 1 Schmiede, ein auf der Feldmark des Dorfs in einem Walde gelegenes Vorwerk, Grünebüche genannt, von 2 Wohnungen, 23 Feuerstellen, eine Kapelle, welche, nach bey zu Cölln an der Spree am 12 November 1693 ertheilten Churfürstlichen Genehmigung, aus einem Begräbnißzimmer zu einer Kapelle eingerichtet und mit 2 guten Morgen Landes in jedem Felde bewid-

772 Der Neu-Stettinsche Kreis.

bewidmet wurde, mittelmäßigen Acker, gute aber wenige Weide, einen Büchenwald, Fischerey in der Küddow und ist zu Soltenitz in der Neu-Stettinschen Synode eingepfarret. Für die bey dem Gute Trabehn seit 1774 für 2200 Rthlr. königliche Gnadengelder vorgenommene Verbesserungen muß eine zur Besoldung einiger Landschulmeister bestimmte jährliche Abgabe von 44 Rthlr. von den Besitzern dieses Guts bezahlet werden, welches ein altes Lemkensches Lehn ist. Der Lieutenant George Friederich von Lemke erbte es als der einzige Sohn von seinem Vater Anton und hinterließ es seinen Söhnen Johann Bogislav und Carl Adrian von Lemke, die sich am 1 März 1771 mit ihren 6 Schwestern auseinandersetzten und dieses Gut gemeinschaftlich behielten.

64. Valm das größte Dorf in dem Königl. Preußischen Herzogthum Pommern, ½ Meile von Bärwalde nordostwärts, und nach einer 1752 vorgenommenen Vermessung 5707 Ruthen von Neu-Stettin in einem Thale, nicht weit von der Persante, welche hier schon so stark ist, daß darauf Holz nach Colberg geflößet wird, hat 2 Vorwerke, 2 Vollbauern, 76 Halbbauern, 6 Viertelbauern, 1 Coßäthen, 2 Krüge, 1 Schmiede, 1 Schulmeister, 1 Kirchenkathen, auf der Feldmark des Dorfs eine Wassermühle, die zu Wurchow in der Bublitzschen Synode eingepfarrten Vorwerke Ludwigshütten und Briesen, 97 Feuerstellen, eine zu der Neu-Stettinschen Synode gehörige Kirche, die ein Filial von Bärwalde ist, fruchtbaren Acker, vortrefliche Weide und daher auch eine sehr ansehnliche Pferde- und Viehzucht, Buchenholzungen, Fischerey in der Persante und bestand ehemals aus mehrern Antheilen, die aber jetzt nur 2 Besitzern gehören. Der Generalfeldmarschall Caspar Otto von Glasenapp erbte die ehemaligen Glasenappschen Lehne Briesen oder Briesenburg und einen Theil des Guts Valm, wie auch einen Theil des alten Glasenappschen Lehns Gramenz als der nächste Lehnsfolger von dem. Amtshauptmann Gerd Wedig von Glasenapp und trat diese Güter bey seinem Leben am 7 Julius 1742 seinen 3 nächsten Lehnsfolgern, dem Hauptmann Otto Casimir, Heinrich Christoph und Paul Wedig von Glasenapp ab, von welchen sich die beiden letzten, nachdem der erste dem Paul Wedig von Glasenapp seine Cavel überlaßen hatte, am 14 August 1743 also auseinandersetzten, daß das Gut Briesen und der oben erwähnte Theil des Guts Valm dem Heinrich Christoph von Glasenapp, der Theil von Gramenz aber dem Paul Wedig und nach dessen Tode seinem Sohne dem Hauptmann Joachim Casimir von Glasenapp zufielen. Nachdem auch die alten Zastrowschen Lehne Osterfelde, Groß und Klein-Schmitz, Ziegelen und Luckniz (b), welche Balzer Christian von Zastrow nach dem brüderlichen Theilungsvergleiche vom 27 Februar 1704 nach dem Tode des Balzer von Zastrow bekommen und sie seinem Sohne, dem Lieutenant Christian Ludewig hinterlaßen hatte, und ein Theil des Guts Valm, so als ein altes Woldemsches Lehn von dem Hauptmann Carl Erdmann von Wolde für sich und seinen abwesenden Bruder, dem Lieutenant Philipp Ferdinand von Wolde nach dem Vergleiche vom 16 November 1745 auf 30 Jahr wiederkäuflich dem Lieutenant Christian Ludewig von Zastrow war verkauft worden, nach dessen Tode in Concurs geriethen: so wurden diese Güter von dem Cößlinschen Hofgerichte am 10 December 1753 dem Heinrich Christoph von Glasenapp zuerkannt, deßen nachgelaßene Söhne sich

Die adelichen Güter des Neu-Stettinschen Kreises.

am 21 Januar 1766 also auseinander setzten, daß die Güter Briesen, die beiden Theile des Guts Balm, Osterfelde, Groß- und Klein-Schmilz, Ziegeley und Lucknitz (b) dem Bogislav Wedig von Glasenapp zufielen. Dieser trat das Gut Briesen und die beiden Theile des Guts Balm am 28 Januar 1767 dem Otto Heinrich von Glasenapp ab und verkaufte Lucknitz (b) am 24 April 1767 wiederkäuflich seinem ältesten Bruder Otto Heinrich von Glasenapp, Osterfelde nebst Groß- und Klein-Schmilz wie auch Ziegeley aber nach dem Vergleiche vom 7 December 1767 erblich dem Cammerherren Andreas Wedig von Zastrow, welchem auch nicht nur Otto Heinrich von Glasenapp nach dem Vergleiche vom 27 October 1767 erblich das Gut Briesen und Ludwigshütten und die beiden Theile des Guts Balm, wovon derjenige Theil, so ehemals ein Glasenappsches Lehn war und das Gut Briesen durch das Rescript vom 31 December 1773 allodificiret wurden, sondern auch der Oberstlieutenant Bernhard Friederich von Münchow denjenigen Theil des Guts Balm, so ein altes Münchowsches Lehn ist, 1777 verkauften. S. Massow unter den adelichen Gütern des Fürstenthums Cammin. Zu diesen 3 Theilen des Guts Balm, welche jetzt der Cammerherr von Zastrow besitzet, gehören nun die beiden Vorwerke in Balm, die Wassermühle, 2 Vollbauern, 54 Halbbauern, 6 Viertelbauern, 1 Krug, 9 Kathen, und die Vorwerke Briesen und Ludwigshütten. Den übrigen Theil des Guts Balm besitzet Otto Rüdiger von Zastrow, außer einem halben Bauerhofe, so dem Adjutanten von Zastrow in Berlin gehöret. S. Wusterhause.

65. **Vangerow** ⅞ Meile von Ratzebuhr nordnordostwärts und 2¾ Meilen von Neu-Stettin südsüdostwärts, auf hohen Bergen, an deren Fuße nach Norden zu die Küddow fließet, hat 5 Vorwerke, 13 Bauern, 7 Coßäthen, 1 Schmiede, 1 Schulmeister, auf der Feldmark des Dorfs eine dem Müller eigenthümlich gehörige Wasser- und Schneidemühle auf der Küddow, über welche hier seit einigen Jahren eine fahrbare Brücke ist geschlagen worden, 25 Feuerstellen, eine zu der Neu-Stettinschen Synode gehörige Kirche, die ein Filial von Soltenitz ist und zu welcher das Dorf Trocken-Glienke eingepfarret ist, fruchtbaren Acker, Holzungen und Fischerey in der Küddow. Ehemals besaßen die von Büßow 2 Hufen in dem Dorfe Vangerow, mit welchen nach dem Tode des Reimer und Otto von Büßow als der letzten Nachkommen ihres Geschlechts der Herzog Bogislaus XIIII. am 3 Januar 1633 den fürstlichen Hofgerichtsrath und Director des Consistorium, Matthias von Kleist zu Damen belehnte, welcher aber diese 2 Hufen nach dem Kaufbriefe vom 5 December 1634 für 1200 Fl. erblich seinem Vetter Alexander von Hertzberg zu Zottin verkaufte. Jetzt bestehet das Gut Vangerow aus 2 Antheilen. Vangerow (a) begreift 2 Vorwerke, 7 Bauern und 3 Coßäthen. Der Major Hans George von Vangerow besaß die alten Vangerowschen Lehne Vangerow (a) mit Trocken-Glienke (a), die Lehne Pieleberg (a), Linde (a) und die alten Zastrowschen Lehne Hohenhausen und Remmin (b) und hinterließ sie seinen Söhnen, die sich am 12 Januar 1738 also auseinander setzten, daß dem Major Otto George von Vangerow, die Güter Pieleberg (a), Linde (a), Hohenhausen und Remmin (b), dem Johann Friederich von Vangerow aber die Güter Van-

gerow

gerow (a) und Trocken-Glinke (a) zufielen. Nachdem der letzte 1754 gestorben war, besaßen seine Söhne, George Henning und der Lieutenant Otto Heinrich von Bangerow, die von ihrem Vater geerbten Güter Bangerow (a) und Trocken-Glinke (a) eine Zeitlang ungetheilt, bis sie der letzte allein bekam, der auch nach dem 1758 erfolgten Tode seines Vaterbruders, des Major Otto George von Bangerow, als deßen einziger Brudersohn, die Güter Pleseborg (a), Linde (a), Hohenhausen und Remmin (b) erbte. Seine Wittwe gebohrne von Kameke und seine 3 Kinder setzten sich am 12 Julius 1769 also auseinander, daß seinem Sohne Heinrich Henning Carl von Bangerow diese sämtlichen Güter überlaßen wurden. Bangerow (b) ein adelicher Wohnsitz, bestehet in 3 Vorwerken, 6 Bauern und 4 Coßäthen. Wansgerow (b) und Trocken-Glienke (b) sind alte Bangerowsche Lehne, welche nach dem Tode des Christian von Bangerow seinem einzigen Sohne Joachim Christoph zufielen, deßen Wittwe gebohrne von Hertzberg diese Güter mit ihren 3 Söhnen Carl Gottlieb, Christian Wilhelm und Otto Heinrich Philipp von Bangerow eine Zeitlang ungetheilt besaß. Die letzten setzten sich mit ihren 2 Schwestern am 11 August 1769 also auseinander, daß der Lieutenant Carl Gottlieb von Bangerow diese Güter bekam.

66. **Vilnow** 3¾ Meilen von Neu-Stettin nordwestwärts, hat 1 Vorwerk, 3 Bauern, 1 Halbbauer, 1 Coßäthen, 4 Büdner, auf der Feldmark des Dorfs ein kleines Vorwerk Klewerhof genannt, 11 Feuerstellen, wenige Holzung und ist zu Groß-Crößin in der Neu-Stettinschen Synode eingepfarret. Das Schnellsche Lehn Vilnow fiel nach dem Tode des Henning Wedig von Schnell, nach dem brüderlichen Theilungsvergleiche vom 21 Januar 1739, seinem Sohne Conrad Lebrecht zu, der es mit Einstimmung seiner Brüder am 25 April 1747 auf 20 Jahre dem Martin Puttkammer verpfändete, nach deßen Tode Jacob Friederich Groß deßen einzige Tochter Barbara Hedwig Sophia heirathete und mit Conrad Lebrecht von Schnell und mit Einwilligung deßen 2 Brüder den Pfandvergleich noch auf 20 Jahre von 1767 an verlängerte.

67. **Wuckel** ehemals Wuckholz genannt, ein adelicher Wohnsitz, 1 Meile von Bärwalde gegen Süden, 1¾ Meilen von Tempelburg nordostwärts und 2¼ Meilen von Neu-Stettin gegen Westen, in einem Thale, hat 2 Vorwerke, 6 Bauern, 1 Schmiede, auf der Feldmark des Dorfs das für königliche Gnadengelder neu angelegte Vorwerk Friederichsberg, welches auf einem Berge nahe an dem Wuckelschen Walde liegt, 7 Feuerstellen, eine zu der Neu-Stettinschen Synode gehörige Kirche, die ein Filial von Cölpin ist, Büchen- Eichen- und Fichtenholzungen und Fischerey in 3 Seen. Für die bey dem Gute Wuckel seit 1772 für 1100 Rthlr. königliche Gnadengelder vorgenommene Verbeßerungen, wovon die jährlichen Einkünfte nach dem Anschlage 113 Rthlr. 2 Gr. 8 Pf. betragen sollen, muß eine zu Gnadengehalten für adeliche Wittwen und Waisen bestimmte jährliche Abgabe von 22 Rthlr. von dem Besitzer dieses Guts bezahlet werden, welches ein altes Münchowsches Lehn ist. Es kam von Henning Jürgen von Münchow an seinen Sohn Erasmus Heinrich, dem es seine Brüder am 7 Januar 1719 abtraten. Nach seinem Tode

Die adelichen Güter des Neu-Stettinschen Kreises.

Tode wurde es in der brüderlichen Theilung seinem jüngsten Sohne, dem Lieutenant George Friederich von Münchow von deßen beiden ältern Brüdern überlaßen.

68. **Wulflazig** oder **Wulflahke** ein adelicher Wohnsitz, 1 Meile von Neu-Stettin gegen Süden und eben so weit von Ratzebuhr nordwestwärts, hat 3 Vorwerke, 1 Prediger, 1 Küster, 16 Bauern, 11 Cosäthen, 1 Krug, 1 Schmiede, 40 Feuerstellen, eine zu der Neu-Stettinschen Synode gehörige Mutterkirche, zu welcher die Dörfer Steinfort und Dieck als Filiale gehören und das Vorwerk Grünhof eingepfarret ist, eine Fichtenholzung, welche, weil das Vorwerk Grünhof mitten darinn lieget, die Grünhoffsche Heide genannt wird und Fischerey in einem See. Die jetzige Kirche in Wulflazig wurde 1741 erbauet, nachdem das halbe Dorf nebst der Kirche, Schule und Pfarre 1738 am Sonntage Judica ein Raub der Flammen geworden war. Die Dörfer Wulflazig, Gellen, Dieck, Steinfort, Crangen, Plietenitz und Zemmin sind in der Mitte des 16ten Jahrhunderts von den von Bonin in einem großen Walde angeleget worden. Wulflazig ist ein altes Boninsches Lehn, welches ehemals aus 2 Antheilen bestand. Ein Theil wurde von den Lehnserben des Anshelm von Bonin, nach dem Vergleiche vom 15 December 1684 mit lehnsherrlicher Einwilligung vom 28 Januar 1690, wiederkäuflich des George Henning von Bonin Wittwe und Erben eingeräumet, von welchen ihn Anna Elisabeth von Seiger bekam. Von dieser wurde er in ihrem Testamente vom 13 May 1737 den beiden Schwestern Margaretha Sophia und Dorothea Hedwig von der Osten vermacht, von der letztern aber am 3 Februar 1738 der erstern überlaßen, die sich mit Ernst George von Günterberg zu Groß-Weeckow vermählte. Der Oberste Vernd Eccard von Bonin löfete hierauf diesen Theil von den Erben des von Günterberg ein und schenkte ihn, nach seinem Testamente und dem Schenkungsbriefe vom 16 November 1770, seinem Brudersohne, dem Lieutenant Ernst Henning von Bonin. Der andre Theil des Dorfs Wulflazig, welcher in dem so genannten großen und Mittelgute nebst den dazu gehörigen Bauern bestand, wurde von den Vormündern der Erben des Jacob von Bonin am 7 Januar 1641 dem Casimir von Glasenapp und von deßen nachgelaßenen Söhnen Gerd Wedig und Caspar Otto wiederum dem Major Christian von Zastrow verpfändet, von welchem ihn sein Schwager Hans George von Mositzky zum Brautschatze erhielt, deßen Tochter Dorothea Elisabeth diesen Theil am 22 October 1727 dem Hauptmann Michael von Streletzky und deßen Gemahlinn Eleonora Barbara gebohrnen von Besowka schenkte. Diese gaben diesen Theil nach dem Vergleiche vom 26 August 1755 dem Rittmeister Carl Dieterich von Frankenberg und deßen Gemahlinn Kunigunda Sophia Agnisa gebohrnen von Streletzky als ihrer leiblichen Bruder- und Pflegetochter zum Brautschatze mit und traten ihnen denselben am 14 October 1763 völlig ab. Die letzte vermählte sich nach dem Tode des Rittmeisters von Frankenberg mit dem Hauptmann Caspar Otto von Glasenapp zu Gramenz, nach deßen Tode sie diesen Theil 1778 dem Lieutenant Ernst Henning von Bonin erb- und eigenthümlich verkaufte, der daher jetzt der einzige Besitzer des ganzen Dorfs Wulflazig ist.

69. **Wurchow** ein adelicher Wohnsitz, 1 Meile von Bublitz südwestwärts, und

und nach einer 1752 vorgenommenen Vermeßung 4977 Ruthen von Neu-Stettin gegen Norden, auf einem Berge, an deßen Fuße westwärts ein fischreicher See liegt und nahe an dem ostwärts gelegenen großen See Virchow, auf der Landstraße von Publiß nach Neu-Stettin, hat außer 2 Vorwerken in dem Dorfe, auf der Feldmark deßelben ein Vorwerk Grünhof genannt und noch viele andre in dem Wutchowschen Walde angelegte Buschkathen, 1 Ziegeley, 1 Waßermühle, die Pirnitzsche Mühle genannt, 1 Küster, 21 Bauern, 20 Coßäthen und Büdner, 2 Krüge, 1 Schmiede, 52 Feuerstellen, eine zu der Bublitzschen Synode gehörige Mutterkirche, deren Filial das Dorf Saßenburg ist und zu welcher das Dorf Vernesdorf mit den dazu belegenen 8 Buschkathen, die Güter Alt-Hütten und Bruckenhütten, die zu dem Dorfe Valm gehörigen Vorwerke Ludewigshütten und Briefen und die sämtlichen zu Wurchow belegenen Buschkathen, deren jetzt 43 sind, eingepfarret sind, das Dorf Grumsdorf aber jetzt als ein Vagans gehöret, beträchtliche Eichen- Büchen- und Fichtenholzungen, Fischerey in Seen und ist ein altes Glasenappsches Lehn, welches ehemals aus 2 Antheilen bestand. Ein Theil fiel nach dem Tode des Generalfeldmarschalls Caspar Otto von Glasenapp, nach dem Vergleiche vom 6 October 1747, seinem Vetter, Heinrich Christoph von Glasenapp zu, deßen nachgelaßene 3 Söhne sich am 21 Junius 1766 also auseinandersetzten, daß Gerhard Wedig von Glasenapp diesen Theil bekam. Nach deßen Tode gerieth derselbe in Concurs, und wurde, nachdem das Geschlecht derer von Glasenapp mit ihrem Lehnrechte am 1 May und 24 Junius 1771 war präcludiret worden, durch den Rechtsspruch vom 17 October 1774 für das meiste Gebot dem Lieutenant Bogislav Heinrich von Glasenapp zuerkannt, der den andern Theil dieses Guts von seinem Vater, dem Hauptmann Otto Casimir von Glasenapp geerbet hatte und jetzt das ganze Gut Wurchow besitzet.

70. **Wusterhanse** ein adelicher Wohnsitz, ½ Meile von Bärwalde nordnordostwärts, 2 Meilen von Neu-Stettin nordwestwärts, 2 Meilen von Polzin gegen Osten, 2 Meilen von Tempelburg nordnordostwärts und 3 Meilen von Bublitz südwestwärts, an einem Bache, der mitten durch das Dorf fließet und nicht weit von der Wusterhanseschen Mühle in die Persante fällt, hat 2 Vorwerke, 1 Waßermühle, 1 Prediger, 1 Küster, 17 Bauern, 8 Coßäthen, 1 Krug, 1 Schmiede, die sogenannten Buschhöfe oder Ackerwerke Linde und Gönne, die zwar zu Wusterhanse gehören, zu Bärwalde aber eingepfarret sind, und den Holzwärterkathen, der Ort genannt, 39 Feuerstellen, eine zu der NewStettinschen Synode gehörige Mutterkirche, deren Filiale die Dörfer Zülkenhagen und Balsanz sind, fruchtbaren Acker, eine beträchtliche Eichenholzung bey dem Buschhofe Linde, wobey eine eigene Feldmark ist und Fischerey in der Persante. Der Landrath Otto Jürgen von Zastrow besaß die Güter Wusterhanse, Linde, Gönne, Bärwalde (c) und einen Theil des Guts Valm als alte Zastrowsche Lehne und hatte einen Theil des in dem Belgardschen Kreise gelegenen Guts Arnhausen, so in dem Schloßgute und in dem sogenannten kleinen Gute bestand und das Gut Luzig, in so fern es zu dem NeuStettinschen Kreise gehöret, von den von Manteufel und das Gut Boruttin nebst 4 Bauerhöfen in Walm theils von den von Kleist, theils von den von Glasenapp gekauft. Nach seinem Tode wurden diese Güter unter seine Söhne also getheilet, daß nach dem bru-

Die adelichen Güter des Neu-Stettinschen Kreises.

berlichen Theilungsvergleiche vom 19 Februar 1732, Wusterhanse, Linde, Bärwalde (c) und ein Theil von Balm dem Hauptmann Matthias Jürgen von Zastrow, Gönne aber, der angezeigte Theil des Guts Arnhausen, Luzig in so fern es zu dem Neu-Stettinschen Kreise gehöret und Bornin mit den 4 Bauern in Balm, dem Caspar Heinrich von Zastrow zufielen. Nachdem beide gestorben waren, kamen diese Güter an des Caspar Heinrich von Zastrow Söhne, Otto Rüdiger, George Heinrich, Friederich Wilhelm und Matthias Ludewig, welche solche eine Zeitlang gemeinschaftlich besaßen, bis nach dem brüderlichen Theilungsvergleiche vom 9 October 1749 ein Theil von Wusterhanse, oder das sogenannte große Gut und ein Theil von Balm, so in 7 Bauern bestand, dem ältesten Sohne Otto Rüdiger, ein Theil von Wusterhanse oder das sogenante kleine Gut, Linde und Bärwalde (c) dem zweyten Sohne George Heinrich, Bornin mit den 4 Bauern in Balm und Gönne dem dritten Sohne dem Fähnrich und nachmaligen Hauptmann Friederich Wilhelm, und der angezeigte Theil des Guts Arnhausen und Luzig in dem Neu-Stettinschen Kreise dem jüngsten Sohne Matthias Ludewig von Zastrow zufielen, nach deßen Tode seine Brüder Otto Rüdiger und der Hauptmann Friederich Wilhelm von Zastrow die bemerkten Theile von Arnhausen und Luzig, nach dem Vergleiche vom 2 März 1754, ihrem mittlern Bruder George Heinrich von Zastrow überließen. Dieser verkaufte hierauf nicht nur am 2 März 1754 den ihm zugefallenen Theil in Wusterhanse, Linde und Bärwalde (c) seinem ältesten Bruder Otto Rüdiger, sondern setzte sich auch mit demselben nach dem Tode des Hauptmans Friederich Wilhelm von Zastrow, der keine männliche Leibeslehnserben hinterlaßen hatte, am 16 December 1774 also auseinander, daß er selbst das Gut Bornin, Otto Rüdiger aber das Gut Gönne nebst den 4 Bauern in Balm, die bisher zu Bornin gehöret hatten, bekamen. Der letzte lösete auch einen andern Theil des Guts Balm, so in einem Vollbauer, einem Halbbauer, wie auch in einem wüsten Coßäthenlande bestand, und als ein altes Zastrowsches Lehn von Friederich Ehrenreich und dem Lieutenant Henning Moritz von Zastrow am 21 März 1743 erblich dem Paul Wedig von Glasenapp war verkauft worden, von deßen Wittwe und Kindern am 26 März 1777 ein.

71. Zacherin 1½ Meilen von Tempelburg gegen Osten, an der Pilow, welche hier die Gränze zwischen Pommern, der Neumark und Westpreußen macht, gehöret größtentheils zur Neumark, theils aber auch zu Pommern. Der Neumärksche Theil dieses Dorfs, der seine besondere Kirche und seinen besondern Prediger hat, wird Märkisch-Zacherin, der Pommersche aber, zu welchem 6 Coßäthenhöfe mit einem Kruge und einer zu der Neu-Stettinschen Synode belegenen Kirche, die ein Filial von Altenwalde und zu welcher die Pilowsche Mühle eingepfarret ist, gehören, Pommersch-Zacherin genannt und ist ein zu Altenwalde gehöriges Gut, welches die Wittwe des Hauptmanns von Kleist, Sophia Elisabeth gebohrne von Oesterling besitzet. Nach dem so genanten Zacherinschen Verttrage, welcher zwischen dem Marggrafen Johann zu Brandenburg und dem Herzoge von Pommern Johann Friederich, zu Falkenburg in der Adventswoche 1582, geschloßen wurde, ist die Gränze zwischen der Neumark und Pommern also bestimmt worden, daß das Zacherinsche Fließ von

der Brücke oder dem Heerwege an dem Flieſſe herunter bis an den Ort, wo der Zacherinſche Flieſſ und die Pilow zuſammen kommen, ganz und was dieſſeits deſſelben gelegen iſt, zu der Neumark bleiben, was aber über und jenſeit des Zacherinſchen Flieſſes liegt, zu Pommern gehören, ſoll. S. Altenwalde.

72. Zechendorf ein Bauerdorf, welches keine Contribution giebt, 1 Meile von Bubliz weſtſüdweſtwärts und nach einer 1752 vorgenommenen Vermeſſung 7180 Ruthen von Neu-Stettin nordnordweſtwärts, in einem Walde, auf der Landſtraße von Bärwalde nach Bubliz, hat 15 Bauern, 1 Schmiede, 1 Schulmeiſter, 37 Feuerſtellen und iſt ein zu Gramenz in der Neu-Stettinſchen Synode eingepfarrtes Dorf, welches aus 3 Antheilen beſtehet. Zechendorf (a), wozu einige Buſchkathen gehören, iſt ein altes Glaſenappſches Lehn, welches die nachgelaſſenen Kinder der Hauptmannian von Kleiſt zu Schmemin, Sophia Louiſa gebohrnen von Glaſenapp beſitzen. S. Gramenz. Zechendorf (b) beſtehet in 3 Bauern und iſt ein Allodialgut, welches eben denſelben Beſitzern gehöret. S. Gramenz. Zechendorf (c), wozu 12 Bauern und Alt-Hütten, ſo aus 6 Höfen oder eben ſo viel Feuerſtellen beſtehet, die zu Wurchow in der Bublitzſchen Synode eingepfarret ſind, gehören, iſt nebſt Alt-Hütten ein Glaſenappſches Lehn. Der Hauptmann Otto Caſimir von Glaſenapp bekam Zechendorf (c) und Alt-Hütten nach dem Tode des Generalfeldmarſchalls Caspar Otto von Glaſenapp und hinterließ dieſe Güter ſeinen Söhnen, dem Lieutenant Heinrich Bogislav, dem Hauptmann Adam Wilhelm, dem Lieutenant Otto Leopold und Siegmund Ludwig von Glaſenapp. Nach dem Vergleiche vom 23 Julius 1774 fielen ſie dem letzten allein und nach deſſen Tode ſeinem Bruder, dem Lieutenant Otto Leopold zu, welcher die Güter Zechendorf (c) und Althütten am 17 Auguſt 1779 dem Hauptmann Joachim Caſimir von Glaſenapp verkaufte, deſſen nachgelaſſne Söhne, George Wedig und Heinrich Friederich, ſie jetzt beſitzen.

73. Zemmin oder Groß-Zemmin ein Bauerdorf, 1¼ Meilen von Neu-Stettin ſüdweſtwärts, an einem See, hat 6 Bauern, die ihre Höfe erblich beſitzen, 1 Hirtenhaus, 7 Feuerſtellen, Fiſcherey in einem See und iſt ein zu Gellen in der Neu-Stettinſchen Synode eingepfarrtes altes Boninſches Lehn, welches der Lieutenant Johann Friederich von Bonin beſitzet. S. Crangen.

74. Klein-Zemmin auch Ellerkamp genannt, 1⅞ Meilen von Neu-Stettin weſtſüdweſtwärts, an dem See Zemmin, iſt ein aus einer Feuerſtelle beſtehendes Vorwerk, welches ſeine eigene Feldmark und Gränze hat, mit Holzung und Fiſcherey verſehen und zu Langen in der Neu-Stettinſchen Synode eingepfarret iſt. Der Generalfeldmarſchall Henning Alexander von Kleiſt erbte Klein-Zemmin als ein altes Kleiſtſches Lehn von ſeinem Vater, Joachim Daniel, und hinterließ es ſeinen Söhnen, von welchen es der jüngſte, der Lieutenant Chriſtoph Wilhelm nebſt den übrigen Gütern am 7 März 1750 ſeinem ältern Bruder, dem Major Leopold abtrat. Von dieſem wurde es nach dem Vergleiche vom 13 December 1752 erblich dem Hauptmann Joachim Ernſt von Bonin zu Naſeband und von deſſen einzigem Sohne und Erben, dem Hauptmann Bernd Ludewig am 14 April 1764 dem Freyhrrn Michael

Michael Rüdger verkauft, von welchem es der Hauptmann Bogislav Heinrich von Kleist nach dem Vergleiche vom 26 März 1781 für 566 Rthlr. 16 Gr. einlösete und es wieder zu der Familie der von Kleist brachte.

75. Zuchen ¼ Meile von Bärwalde nordnordostwärts und 2 Meilen von Neu-Stettin nordnordwestwärts, hat 3 Vorwerke, 9 Bauern, 6 Coßäthen, 1 Schulmeister, 1 Schmiede, das an der Persante auf der Poststraße von Cörlin nach Neu-Stettin gelegene und zu Groß-Crößin eingepfarrte ritterfreye Vorwerk Schwartow, welches eine eigene Feldmark hat, die Schäferey Janikow nahe an der Persante, 21 Feuerstellen, fruchtbaren Acker, wenige Holzung und ist ein zu Gramenz in der Neu-Stettinschen Synode eingepfarrtes Dorf, welches theils ein Allodialgut, theils ein altes Glasenappsches Lehn ist und der Wittwe von Glasenapp zu Manow, Margaretha Clara Wilhelmina gebohrnen von Glasenapp gehöret. S. Gramenz.

76. Zülkenhagen ½ Meile von Bärwalde gegen Norden, 2 Meilen von Neu-Stettin nordwestwärts, eben so weit von Polzin gegen Osten und 3 Meilen von Belgard südostwärts, an der Persante, hat 1 Vorwerk, 20 Bauern, 1 Krug, 1 Schmiede, 1 Schulmeister, 23 Feuerstellen, eine zu der Neu-Stettinschen Synode gehörige Kirche, die ein Filial von Wusterhanse ist, fruchtbaren Acker, Eichen- Büchen- und Fichtenholzungen, Fischerey in der Persante und ist ein altes Glasenappsches Lehn, welches die Gebrüder George Wedig und Heinrich Friederich von Glasenapp besitzen. S. Gramenz.

V. Der Rummelsburgsche Kreis

gränzet gegen Norden an den Schlaweschen Kreis, gegen Osten an den Stolpschen Kreis, gegen Süden an Westpreußen, gegen Westen an das Fürstenthum Cammin und begreift

I. Eine adeliche Mediatstadt, als:

Rummelsburg in den ältern Zeiten Rommelsburg genannt, eine Mediatstadt der von Massow aus dem Häusern Rohr, Bartin, Woblanse und Seliz und die Kreisstadt des nach ihr benannten Rummelsburgschen Kreises, lieget 2 Meilen von Pollnow, 3 von Rubitz, 4 von der Westpreußischen Stadt Hammerstein, 5 von Schlawe, Neu-Stettin, Bütow und Zanow und 6 von Stolpe und Cößlin, an der Stiednitz, die aus einem See gleiches Namens bey dem Dorfe Hammer ½ Meile von der Stadt entspringt, durch dieselbe fließet und hinter dem ½ Meile von hier gegen Westen gelegenen Dorfe Lobber schon so stark ist, daß darauf Klapp- und Stabholz in die Wipper, mit welcher sich die Stiednitz zwischen den Dörfern Techlip und Beswitz vereiniget, nach Rügenwalde geflößet werden kann. Die Stadt ist von allen Seiten mit Bergen umgeben, beynahe in der Gestalt eines Dreyecks erbauet, hat keine Mauern, aber 3 sogenannte Thore, als das Cößlinsche, Stolpsche und Bütowsche, die aber eigentlich nur mit Schlagbäumen versehene Thorbuden haben sind, 9 Straßen und Gassen, wovon die 3 Hauptstraßen ziemlich breit, bergigt und nicht völlig gerade sind, an der südlichen Seite einen viereckigten Markt, in dessen Mitte das Rathhaus nebst der an der Ostseite desselben angebaueten Hauptwache stehet, 184 Häuser, die größtentheils mit guten Obst- und Küchengärten versehen, und jetzt zu 21630 Rthlr. in der Feuersocietät versichert sind und mit Ausschließung einer hier in Garnison liegenden Eskadron des Hohnstockschen Husarenregiments 1264 Seelen. Die zu der Schlaweschen Synode gehörige Mutterkirche, deren Filial das Dorf Groß-Volz und zu welcher das Dorf Hammer eingepfarret ist, stehet an der Westseite des Markts und wurde in der großen Feuersbrunst, welche die ganze Stadt 1719 verzehrete, eingeäschert, 1730 aber wieder von Steinen erbauet, jedoch mit keinem Thurm versehen. Nach der Kirchenmatrical mußten die Einwohner derjenigen Dörfer, die jetzt zu Groß-Volz eingepfarret sind, sich zur Abwartung des Gottesdienstes in der Rummelsburgschen Kirche einfinden, 1613 aber erhielten die Herrschaften in Groß- und Klein-Volz, Camnitz und Lodder die landesherrliche Erlaubniß, sich in Groß-Volz eine Kirche zu erbauen, worinn jetzt der Gottesdienst alle Sonntage von dem hiesigen Pastor besorget wird. Dieser sowohl als der Diakonus werden von den Herren von Massow aus den oben erwähnten Häusern, als den Patronen der Kirche, erwählet und berufen, die auch einen Administrator aus dem Magistrat bestellen und ihm die Aufsicht über die Kirche und deren Grundstücke anvertrauen. Die von Massow sind ebenfalls Patronen der Schule; weil aber nach dem Brande von 1719 noch kein öffentliches Schulhaus wieder erbauet worden ist: so werden die Knaben von dem Rector, der zugleich Diakonus ist, und die Mädchen von dem Baccalaureus und zwar von einem jeden in seinem eigenen Hause unterrichtet. Armenhäuser und andre milde Stiftungen sind nicht vorhanden. Der Magistrat und die Bürgerschaft haben nach den unter dem 26 März 1716 und zu Cößlin den 30 November 1781 ergangenen Urtheln das Recht, die Magistratsglieder, mit Ausschließung des Richters, dessen Wahl und Bestallung von den adelichen Patronen abhängt, ohne Maaßgabe derselben zu wählen und die Bestätigung der gewählten Magistratsglieder bey den hohen Landeskollegien zu suchen. Der Magistrat bestehet aus einem Policeybürgermeister, einem Justizbürgermeister, der nach dem Rechtsspruche vom 30 November 1750 die Justiz erster Instanz verwaltet und nach der königlichen Verordnung Berlin den 2 Julius 1721 von den adelichen Patronen besoldet werden muß, aus 2 Senatoren, die auch Beysitzer des Gerichts sind und einem Cämmerer, der die wenigen Cämmereygefälle einnimt, und vor der Krieges- und Domainencammer berechnet. Nach dem oben angeführten Urthel vom 30 November 1781 stehet dem Magistrat frey, auch noch mehrere Mitglieder zu wählen. Der Policeybürgermeister, der zugleich Secretarius in Policeysachen ist, erhält ein jährliches Gehalt von 50 Rthlr., welches ihm, da die Stadt keine Cämmereygüter hat, von dem Könige Friederich Wilhelm vom 1 Januar 1723 an aus der Accise bewilliget worden ist. Der Gerichtsverwalter, der die gerichtlichen Sachen zwoter Instanz besorget, wird von den von Massow, als Patronen, erwählet und von ihnen, wenn er zuvor von dem Königl. Hofgerichte zu Cößlin gehörig geprüfet worden ist, in sein Amt eingeführet. Die obere und peinliche Gerichtsbarkeit stehet

den

Die Stadt Rummelsburg.

den von Maßow zu. Die niedere Gerichtsbarkeit des Magistrats in bürgerlichen Sachen erster Instanz ist durch die Receße und Urtheile von 1709, 1719 und 1750 festgesetzt. Er spricht vermöge einer beständigen Observanz nach dem lübischen Rechte, obgleich die Stadt nicht ausdrücklich damit bewidmet worden ist, und die Apellationen von den Erkenntnißen des Magistrats gehen an die von Maßow, die Revision aber an das Königl. Hofgericht zu Cößlin. Bey öffentlichen Stadtanlagen werden die bestellten 4 Stadtältesten und 4 Stadtgildemeister nebst den Zunft- und Gewerksältesten mit zugezogen. Die Einwohner werden in 3 Stände eingetheilet. Zu dem erstern gehören die obrigkeitlichen Personen, Prediger, Rector und alle Erimirte, wie auch die Brauer- und Krämerzunft; zu dem andern die Gewerke, als Tuchmacher, Rasch- und Zeugmacher, Bäcker, Schuster, Schneider, das vereinigte Tischler- und Böttichergewerk und Schmiede und zu dem dritten die Ackersleute, Fuhrleute und alles Gesinde. Die Brauerzunft hat insonderheit das Recht mit allem zu handeln oder Kaufmannschaft zu treiben, der Handel bedeutet aber wenig und wird nur im kleinen gerrieben. Die vorzüglichste Nahrung wird der Stadt von dem aus 96 Meistern bestehenden Tuchmachergewerke verschaft, welches insonderheit gute Friese, Boye und Pferdedecken (denn die Tücher kommen wegen der groben Wolle, die man in dieser Gegend antrift, nicht sonderlich in Betrachtung) verfertiget und seine Waaren größtentheils in Westpreußen absetzet. Das Stadtfeld erstrecket sich zwar an einigen Seiten beynahe auf eine halbe Meile, nach andern Orten aber und besonders nach der Abendseite zu beträgt die Entferrung keine Viertelmeile. Der Acker, welcher fast durchgehends bergigt jedoch ziemlich fruchtbar ist, wird zu 50 Hufen gerechnet, wovon die Stadt die Naturalfouragelieferung zur Verpflegung der Cavallerie geben muß. Bey den Streitigkeiten der Stadt mit den daran berechtigten von Maßow wegen der Gränzen, wurde ihr eine besondre Feldmark, nach dem Grämzvergleiche vom 12 November 1748, der doch von der Stadt noch angefochten wird, angewiesen, nach welchem ihr auch die Mastung in dem ihr zugemessenen Holze allein zustehet. Die Streitigkeiten wegen der Weidegerechtigkeit auf dem Rummelsburgschen Felde mit dem Krieges- und Domainenrathe von Maßow zu Rohr wurden durch das Erkenntniß des Cößlinschen Hofgerichts vom 6 Februar 1782 und das Urtheil der Königl. Regierung zu Stettin vom 30 October eben desselben Jahres und den 3. März 1783 zu Cößlin publicirte Tribunalssentenz entschieden, mit dem Major von Maßow zu Bartin aber ohnerachtet der Erkenntniße von 1752 und 1753 von neuen 1783 angefangen. Wiesen sind zwar in ziemlicher Anzahl fast rings um die Stadt herum vorhanden, die meisten aber sind tief und nicht sonderlich ergiebig; auch ist die Viehhütung nur mittelmäßig. Ehemals hatte die Stadt einen ansehnlichen Wald, der jetzt nur geringe ist. Sowohl die hohe als niedere Jagd auf der städtischen Feldmark, das Recht mit dem großen Garn auf den städtischen Seen, dem Eßbürschen See und dem Stiednitz zu fischen und die mitten in der Stadt auf der Stiednitz gelegene Mühle mit 2 Gängen, deren Zwangsmahlgäste die sämtlichen Einwohner der Stadt sind, gehören den von Maßow, als Patronen, die Lohmühle aber dem Schustergewerke und die beiden Walkmühlen, wovon die eine auf dem Wege nach Lobder und die andre auf dem Wege nach Hammer liegt, dem Tuchmachergewerke, welches solche

eigen-

eigenthümlich besitzet und von beiden nur eine jährliche Wasserpacht von 8 Rthlr. an die von Massow bezahlet. Der Zoll ist königlich und die Stadt ist weder mit einem Brückenzoll noch mit einer andern Zollgerechtigkeit belehnet; jedoch hat sie das Markt und Stätte: wie auch das Auftreibegeld von dem zu Markte kommenden Vieh zur Unterhaltung der Brücken, Dämme und zu andern städtischen Ausgaben einzuheben. Die Kram- und Viehmärkte werden jedesmahl zugleich und zwar 1) am Dienstage vor Ostern, 2) Dienstage vor Pfingsten, 3) Dienstage vor Michael, 4) Dienstage vor Martini und 5) Dienstage in der vollen Woche vor Weihnachten gehalten. Die Lasten, so auf der Bürgerschaft haften, bestehen 1) in der königlichen Accise, dem Zoll, Zettel und Plombengelde, der Nachschuß Accise und Fabrikensteuer, 2) in dem sogenannten Junkerthaler, der jährlich von einem jeden Hause mit 1 Rthlr. an die von Massow bezahlet werden muß und 3) in der Besoldung der Geistlichen, welche gleichfalls jährlich von einem jeden Hause 1 Rthlr. erhalten, wozu auch die Einlieger verhältnißmäßig mit beytragen müssen. Die Stadt hat keine Eigenthumsgüter, sondern nur eine Ziegeley, die ihr eigenthümlich zugehöret.

Es ist hier ein dem Postamte zu Schlawe untergeordnetes Postwärteramt, das die Briefe über Pollnow nach Schlawe durch einen königlichen Postboten befördert und von dort hieher schaft. Er geht Montags und Donnerstags Vormittags von hier ab und kommt jederzeit am folgenden Tage wiederum zurück.

Das Wappen der Stadt bestehet in einem Strom in einem flachen Felde mit der Umschrift: Sigillum Rommelsburgense.

Von dem Ursprunge der Stadt und ihrer ältern Geschichte sind keine Urkunden und Nachrichten vorhanden, als die in der unglücklichen Feuersbrunst, durch welche die ganze Stadt am 26 Junius 1719 eingeäschert wurde, ein Raub der Flammen geworden sind. Nachher ist sie zwar besser, jedoch nicht völlig regelmäßig wieder erbauet worden, indem sie zu der Zeit noch nicht in der Feuersocietät versichert war und ein jeder Einwohner sich genöthiget sahe, den Bau nach seinem Vermögen einzurichten.

II. Folgende adeliche Güter, als:

1. Barkotzen 2½ Meilen von Rummelsburg nordostwärts, in einer sandigen Gegend, hat außer einem Vorwerke in dem Dorfe noch ein auf der Feldmark desselben gelegenes neues Vorwerk, Sophienthal genannt, wo jetzt der Besitzer dieses Guts wohnet, 1 Ziegeley, 3 abwärts von dem Dorfe wohnende Halbbauern, die Recken genannt, 3 Coßäthen, 1 Schulmeister, 10 Feuerstellen, wenige Holzung, Fischerey in Seen und Teichen, das dem Besitzer dieses Guts zustehende Recht des Mitpatronats an der Alt-Kolziglowschen Mutter- und Lubbenschen Filialkirche und ist zu Lubben in der Stolpschen Synode eingepfarret. Für die bey dem Gute Barkotzen seit 1773 für 6500 Rthlr. königliche Gnadengelder urbar gemachte Ländereyen und Brücher und das neu angelegte Vorwerk Sophienthal, wovon die jährlichen reellen Einkünfte nach

nach dem Anschlage 350 Rthlr. 10 Gr. 10 Pf. betragen sollen, muß von dem Besitzer dieses Guts jährlich eine zu Gnadengehalten für adeliche Wittwen und Waisen bestimmte Abgabe von 130 Rthlr. bezahlet werden. Die alten Puttkammerschen Lehne Barkosen und Lasig (a) kamen von Rüdiger von Puttkammer 1728 an seinen Sohn Henning Rüdiger, dessen Sohn, der Hauptmann Ernst Ludwig von Puttkammer sie erbte, und sich nach dem Vergleiche vom 12 Junius 1762 mit seiner einzigen Schwester, Anna Eleonora vermählten von Wedelstedt auseinander setzte.

2. Barnow 3 Meilen von Stolpe südsüdostwärts, an dem Kamenzflusse, der dieses Dorf von dem Bütowschen Districte scheidet, hat 1 Vorwerk mit einem adelichen Hofe, 1 Wassermühle, einige Cossäthen, 14 Feuerstellen und ist zu Alt-Kolziglow in der Stolpschen Synode eingepfarret. Die an dem großen Puttkammerschen Walde belegene Holzcavel, die ehemals zu dem Gute Barnow gehöret hatte, wurde nach dem Vergleiche vom 7 April 1772 für 800 Rthlr. erblich dem Anton Ludwig von Puttkammer verkauft und dem Gute Lindenbusch beygeleget. Barnow und Alt-Kolziglow sind alte Puttkammersche Lehne. Sie fielen nach dem Tode des Hector von Puttkammer seinem nächsten Lehnsfolger Ludwig von Puttkammer zu, der 5 Söhne, als Rüdiger, Christian, Ludwig, George und Hans hinterließ. Der zweite Sohn, Christian, welchem seine Brüder diese Güter überlaßen hatten, trat sie nach dem Vergleiche vom 26 April 1690 dem Henning Brand von Puttkammer ab, von deßen Sohne, dem Lieutenant Martin Anton von Puttkammer aber der Hauptmann George von Puttkammer, als der vierte Sohn des Ludwig von Puttkammer, solche nach dem Vergleiche vom 1 Julius 1722 wieder einlösete und sie seinem ältesten Sohne, Ludwig Joachim, hinterließ, nach deßen 1743 erfolgten Tode sie nach dem Theilungsvergleiche vom 22 November 1743 an seinen zweiten Bruder, den Hauptmann Philipp Ernst von Puttkammer, und nach deßen Tode an die 3 Söhne seines dritten Bruders, des Obersten Leopold Wilhelm von Puttkammer, als George Adolph, Wilhelm Ludwig und Jacob Nikolaus, und nachdem sich dieselben am 20 Julius 1763 auseinandergesetzet hatten, an den ersten, als den Hauptmann George Adolph von Puttkammer kamen. Von diesem wurden diese Güter nach dem Vergleiche vom 26 Junius 1774 seinem Bruder, dem Hauptmann bey dem Königl. Artilleriecorps, Wilhelm Ludwig von Puttkammer und von diesem am 9 März 1781 erblich dem Jacob George Gottlieb von Puttkammer zu Reinwasser verkauft.

3. Bartin ein Rittersitz, 2 Meilen von Schlawe südostwärts, an einem kleinen Bache, die Wüstermitz genannt, so in die Wipper fällt, auf den Landstraßen von Schlawe nach Bütow und von Stolpe nach Rummelsburg, hat ein auf der Feldmark des Dorfs gelegenes Vorwerk, Kotelow oder Cotlow genannt, 1 Schäferey, 1 Wassermühle, 1 Prediger, 1 Küster, 10 Bauern, 2 Cossäthen, 1 Krug, bey deßen Verlage sowohl als auch bey dem Verlage des Kruges zu Treten, weil diese Krüge in der Landesmatricul von 1628 gegründet sind, der Besitzer dieser Güter, nach dem Bescheide der Königl. Regierung vom 10 August 1746, geschützet werden soll, 1 Schmiede, 36 Feuerstellen, eine zu der Schlaweschen Synode gehörige und

unter

Der Rummelsburgsche Kreis.

unter dem Patronate des Besitzers dieses Guts und der Besitzer der dazu eingepfarrten Dörfer stehende Mutterkirche, zu welcher die Dörfer, Barvin, Woblanse, Selitz, Wussecken und Brünnow eingepfarret sind, Holzungen und Fischerey in Seen, Teichen und Bächen. Mit den Gütern Bartin, Barvin, Treten, Rummelsburg, Lantow, Suckow, Quesdow, Quatzow, Runow, Reblin, Cunsow, Suchersin, Manewitz, Warbelow, Reinfeld und Falkenhagen wurden Henning Massow, deßen Bruder Mickes und deßen Vettern Ewald, Thomas und Claus zu Bartin, nach dem zu Garz am Sonnabende Quatuor Temporis vor Michaelis 1478 gegebenen Lehnbriefe, von dem Herzoge Bogislaus belehnet. Der Oberstlieutenant Ewald von Massow besaß die alten Massowschen Lehne Bartin, Barvin, den größten Theil in Treten, Gewiesen mit dem Vorwerke Grünhof und Rummelsburg (a) und hinterließ keine männliche Leibeserben. Sein Schwiegersohn, der Oberstlieutenant und nachmalige geheime Staatsminister, Joachim Ewald von Massow, bekam nicht nur diese Güter, nachdem er sich mit dem Lehnsfolger, dem Rittmeister, Hans Wedig von Massow, am 21 Junius 1742 verglichen und demselben einen Abstand von 7000 Rthlr. gegeben hatte, sondern hatte auch nach dem Theilungsvergleiche vom 14 December 1736 die in dem Stolpschen Kreise gelegenen Güter Zezenow und Dargorese von seinem Vater geerbet, der das erste als ein altes Massowsches Lehn besessen, das andre aber, welches ehemals ein Zastrowsches Lehn war, nachher aber von dem Könige allodificiret wurde, erblich von den von Zastrow gekauft hatte. Der geheime Staatsminister von Massow kaufte hierauf am 5 und 11 October 1748 einen Theil des Guts Treten, der Niederhof genannt, den Ernst Lorenz von Massow am 8ten Februar 1720 an Ernst Bogislav von Natzmer verkauft hatte, von deßen Schwestern Juliana von Froreich gebohrnen von Natzmer und Eva Elisabeth von Natzmer, und trat bey seinen Leben, mit seiner Gemahlinn Elisabeth Sophia gebohrnen von Massow am 22 November 1768 seine sämmtlichen Güter seinen beiden Söhnen ab, so daß nach der zwischen ihnen getroffenen Vereinigung, die Güter Bartin, Barvin, Treten, Gewiesen mit dem Vorwerke Grünhof und Rummelsburg (a) dem gewesenen Major bey dem Regimente des Prinzen Leopold von Braunschweig, Ewald von Massow, die Güter Zezenow und Dargorese aber dem Hauptmann und jetzigen Landrathe Carl von Massow zufielen, der sie nach dem Vergleiche vom 17 December 1777 dem Moritz Heinrich von Weyher verkaufte.

4. Barvin 1¾ Meilen von Schlawe südostwärts, auf der Landstraße von Schlawe nach Bütow, hat 1 Vorwerk, 11 Bauern, 1 Coßäthen, 1 Schulmeister, 22 Feuerstellen, hinreichende Holzungen, die größtentheils in Fichten bestehen, Fischerey in 3 Seen, wovon der eine nicht weit von dem Dorfe liegt und die andern der Krebs- und Leschingsee genannt werden, und ist ein zu Bartin in der Schlaweschen Synode eingepfarrtes altes Massowsches Lehn, welches der Major Ewald von Massow besitzet. S. Bartin. Für die neuerlich bey dem Gute Barvin für 5250 Rthlr. königliche Gnadengelder vorgenommene Verbeßerungen, die in einem neu angelegten Vorwerke, Namens Augusthof bestehen, wovon die jährlichen Einkünfte nach dem Anschlage 266 Rthlr. 10 Gr. betragen sollen, muß von dem Besitzer dieses Guts eine jährliche Abgabe von 52 Rthlr. 12 Gr. an die Kreiscasse bezahlet werden.

5. Bes-

Die adelichen Güter des Rummelsburgschen Kreises.

5. **Beswitz** 2¼ Meilen von Schlawe südsüdostwärts, auf der Straße von Schlawe nach Rummelsburg, hat außer einem Rittersitze oder Vorwerke in dem Dorfe, noch 2 auf der Feldmark desselben in dem Beswitzschen Walde gelegene Vorwerke Seehof und Johannis oder Lippingshof genannt, wovon das letztere von dem Generalmajor Grafen von Podewils angeleget wurde und aus 2 Feuerstellen bestehet, das erstere aber 4 Feuerstellen, nemlich das Verwalterhaus, 1 Halbbauer und 2 Käthner begreift, 1 Ziegeley, 1 Korn- und Schneidemühle, die nebst einer Schäferey etwa ¼ Meile von dem Dorfe liegt, 11 Bauern, 6 Halbbauern, 1 Krug, 1 Schmiede, 1 Schulmeister, 32 Feuerstellen, einen Wald von Büchen, Eichen und Fichten, durch welchen die hier mit 2 Brücken versehene Wipper fließet, Fischerey in der Wipper und den 2 bey dem Dorfe Techlip bemerkten Seen, zu welchen sie mit gehören, und ist ein zu Wussow in der Schlaweschen Synode eingepfarrtes altes Zitzewitzsches Lehn. Es kam von Claus Jürgen von Zitzewitz an seinen Sohn, den Hauptmann Caspar Otto und nach dessen Tode an den nächsten Agnaten, den Hauptmann George Casimir von Zitzewitz, der es am 20 November 1738 und 23 October 1739 an den Generalmajor, Adam Joachim Grafen von Podewils verpfändete. Nach dessen Tode fiel es seinem Brudersohne, dem Grafen Friederich Werner von Podewils zu, von welchem es der Hauptmann Caspar Friederich von Zitzewitz wieder einlösete, nachdem er durch den Rechtsspruch vom 8 October 1764 dazu war verstattet worden, und es hierauf den 2 nachgelaßenen Söhnen des Hauptmanns Martin Friederich von Zitzewitz, als Ernst Friederich Wilhelm und Franz Martin George überließ. Das Dorf Beswitz gehöret theils zu dem Rummelsburgschen, theils zu dem Schlaweschen Kreise. Zu dem erstern werden 6¼ steuerbare Landhufen gerechnet. S. Beswitz unter den adelichen Gütern des Schlaweschen Kreises.

6. **Bial oder Byall**, ein Rittersitz, eine starke Meile von Rummelsburg nordnordwestwärts und eine kleine Meile von Pollnow ostsüdostwärts, an einem kleinen Bache, der nicht weit von dem Dorfe aus einer Quelle entspringet und bey der hiesigen Mühle in die Striednitz fällt, hat 1 Vorwerk, 1 Schäferey, 1 Wassermühle, 4 Coßäthen, 1 Schulmeister, 8 Feuerstellen, Büchen- und Eichenholzungen, Fischerey in einigen Karauschenteichen und ist zu Groß-Schwirsen in der Schlaweschen Synode eingepfarret. Für die bey dem Gute Bial seit 1775 für 1000 Rthlr. königl. Gnadengelder vorgenommene Verbeßerungen, wovon die jährlichen Einkünfte nach dem Anschlage 122 Rthlr. 1 Gr. 6 Pf. betragen sollen, muß eine zur Besoldung einiger Landschulmeister bestimmte jährliche Abgabe von 20 Rthlr. von dem Besitzern dieses Guts bezahlet werden, welches ein altes Lettowsches Lehn ist. Es fiel nach dem Tode des George von Lettow seinen Söhnen Alexander Carl und dem Rittmeister Christoph George von Lettow und, nach dem brüderlichen Theilungsvergleiche vom 16 Februar 1725, dem ersten, nach dessen Tode aber wieder dem letzten zu. Dieser verkaufte es nach dem Vergleiche vom 17 April 1764 wiederkäuflich auf 30 Jahre dem Hauptmann George Wedig von Schmeling, dessen Erben, als der Rittmeister von Schmeling zu Landsberg, die verwittwete Majorin von Schmeling zu Cößlin, die 7 nachgelaßenen Kinder des Hauptmanns von Schmeling

ling zu Todenhagen, die 4 nachgelaßenen Kinder der Hauptmannin von Below zu Dünnow und der Lieutenant von Eichmann zu Cößlin es jetzt noch ungetheilt besitzen.

7. Billerbeck oder Friederichshuld 1½ Meilen von Rummelsburg nordoſtwärts, zwiſchen der Wipper und einem Bache, die Billerbeck genannt, der nicht weit von hier in die Wipper fällt, auf der kleinen Landſtraße von Pollnow nach Bütow, hatte ehemals 8 Bauerhöfe, beſtehet aber jetzt aus einem Vorwerke und denen Häuſern, die zu der ſeit 1754 hier angelegten Parchentfabrike, Friederichshuld genannt, gehören, worinn Parchent und allerley halbſeidene und leinene Waaren verfertiget werden. Die erſte Anlage zu dieſer Fabrike die jetzt königlich iſt, wurde ¼ Meile von Billerbeck auf dem Billerbeckſchen Felde gemacht, wo in 3 langen Häuſern in einem jeden 4 Familien wohnen. Nachher iſt dieſe Fabrike in dem Dorfe Billerbeck ſelbſt fortgeſetzet worden, worinn ſich jetzt die Hauptanlage, nemlich das Fabrikenlagerhaus oder die Wohnung des Inſpectors befindet. Auch werden noch mehrere Wohnungen zur Baumwollſpinnerey angeleget. Das Dorf Billerbeck oder Friederichshuld hat 30 Feuerſtellen, Fichtenholzungen, Fiſcherey in der Wipper und Billerbeck und iſt ein zu Treten in der Schlaweſchen Synode eingepfarrtes altes Maſſowſches Lehn, welches der Kriegsrath Valentin George Anton von Maſſow beſitzet. S. Rohr.

8. Börnen ein zu dem Gute Brotzen gehöriges Bauerdorf, 1½ Meilen von Rummelsburg nordweſtwärts an einem Bache, der nicht weit von dem Dorfe entſpringt, durch daſſelbe fließet und in die Griednitz fällt, auf der Straße von Rummelsburg nach Schlawe, hat 1 Kornmühle, 5 Bauern, 2 Coßäthen, 8 Feuerſtellen, Fiſcherey in einem nahe an dem Dorfe gelegenen See, und iſt ein zu Brotzen in der Schlaweſchen Synode eingepfarrtes altes Zitzewitzſches Lehn, welches die Lehnsfolger des Hauptmanns Friederich von Zitzewitz beſitzen. S. Brotzen und Turzig. Die Hälfte des Dorfs Börnen oder ⅘ ſteuerbare Landhufen gehören zu dem Rummelsburgſchen Kreiſe, die andre Hälfte aber mit ⅘ ſteuerbaren Landhufen zu dem Schlaweſchen. S. Börnen unter den adelichen Gütern des Schlaweſchen Kreiſes.

9. Brandenheide 1¼ Meilen von Rummelsburg nordnordweſtwärts, an der Wipper, auf der Landſtraße von Rummelsburg nach Stolpe und auf der kleinen Straße von Pollnow nach Bütow, hat 1 Vorwerk, 1 Schäferey, 1 auf der Feldmark des Dorfs gelegenes Vorwerk Boſſanke oder Buſanke genannt, 3 Halbbauern, 2 Coßäthen, 1 Krug, 10 Feuerſtellen, Holzungen, Fiſcherey in der Wipper und iſt ein zu Treten in der Schlaweſchen Synode eingepfarrtes altes Maſſowſches Lehn. Ein Theil dieſes Guts kam von Lorenz George von Maſſow an ſeinen Sohn, Joachim Heinrich, der denſelben nach dem Vergleiche vom 14 November 1706 dem Oberſtlieutenant Ewald von Maſſow verkaufte, von deſſen Schwiegerſohne, dem Oberſtlieutenant und nachmaligen geheimen Staatsminiſter Joachim Ewald von Maſſow, der Cammerpräſident und nachmalige geheime Staatsminiſter Valentin von Maſſow nach dem Vergleiche vom 2 November 1749 dieſen Theil kaufte und von der Brandenheideſchen Holzung 550 Rheinländiſche Morgen jeden zu 180 Quadratruthen dem Gute Treten abtrat, nachdem er ſchon vorher die übrigen 2 Hufen in

Bran

Die adelichen Güter des Rummelsburgschen Kreises.

Brandenheide, das Vorwerk Bossanke, einen Theil des Guts Rohr und einen Theil von Rummelsburg, welche Hans Christoph von Massow besessen und seinem Sohne, dem Obersten Ewald Wedig von Massow hinterlassen hatte, von dessen Wittwe, Louisa Christiana gebohrnen von Schierstedt, nach dem Vergleiche vom 18 September 1748 gekauft hatte. Nach seinem Tode besitzt sein Sohn, der Kriegesrath Valentin George Anton von Massow, das Gut Brandenheide mit dem dazu gehörigen Vorwerke Bossanke. S. Rohr.

10. Brotzen ein Rittersitz, 1½ Meilen von Rummelsburg gegen Norden, an einem Bache, der aus dem Rohrschen See entspringt, durch den See Milzow und das Dorf fließet und nahe bey demselben gegen Norden in die Wipper fällt, auf der Straße von Pollnow nach Bütow, hat 1 Vorwerk, 1 Ziegelei, 1 Kornmühle, 1 Schneidemühle, 2 Coßäthen, 1 Schmiede, 10 Feuerstellen, eine zu der Schlaweschen Synode gehörige Kirche, die ein Filial von Treten ist und zu welcher die adelichen Güter Turzig, Börnen, Vangerin, Pöppel und Gesiffze eingepfarret sind, beträchtliche Holzungen und Fischerey in der Wipper, Seen, Teichen und Bächen. Das Bauerdorf, Bauer-Brotzen genannt, welches ehemals aus einigen Bauerhöfen bestand, ist eingegangen, nachdem das dazu gehörige Land dem Rittersitze in Brotzen ist beygeleget worden. Es sind aber dagegen so viel Bauerhöfe bey dem Dorfe Vangerin wieder erbauet und diesen so viel Ländereyen von der Brotzenschen Feldmark zugeleget worden, als das ehemalige Bauer-Brotzen hatte. Das Dorf Brotzen, welches ehemals zu dem Dorf Treten eingepfarret war, und, nachdem es eine Kirche bekommen hatte, ein Filial desselben wurde, bekam 1698 einen eigenen Prediger, wurde aber 1747 wieder dem Prediger zu Treten beygeleget, der in der Brotzenschen Kirche alle 8 Wochen prediget. George Casimir von Zitzewitz besaß die alten Zitzewitzschen Lehne Brotzen, einen Theil in Börnen mit einem Theile in Turzig und das Dorf Vangerin, welche nachdem sie in Concurs gerathen waren, nach dem Vergleiche vom 5 August 1745 von dem Oberstlieutenant Ewald von Massow gekauft wurden, dessen Schwiegersohn, der geheime Staatsminister und Chefpräsident zu Breslau, Joachim Ewald von Massow, sie mit seiner Gemahlinn erbte und sie nach dem Vergleiche vom 19 Junius 1753 nach dem Tode des Ewald Ulrich von Zitzewitz, dessen nächsten Lehnsfolgern, dem Hauptmann Friederich und dem Lieutenant Michael Henning von Zitzewitz abtrat. Nachdem der erste diese Güter am 16 und 20 März 1754 dem letzten überlaßen, nach deßen in der Schlacht bey Collin erfolgten Tode aber solche wieder als der einzige Bruder und Lehnserbe in Besitz genommen hatte, fielen sie nach seinem Tode seinen Lehnsfolgern zu. Das Dorf Brotzen gehöret theils zu dem Rummelsburgschen, theils zu dem Schlaweschen Kreise. Zu dem ersten werden 1½ steuerbare Landhufen gerechnet. S. Brotzen unter den adelichen Gütern des Schlaweschen Kreises.

11. Brünnow ein Rittersitz, 2¼ Meilen von Schlawe südostwärts, an einem Bache, der hier nur der Mühlenbach genannt wird, bey Bartin aber den Namen der Büsternitz erhält und in die Wipper fällt, hat außer einem Vorwerke in dem Dorfe, auf der Feldmark desselben noch 2 Vorwerke, als die Brünnowsche Schäferey und

und ein Vorwerk in der Brünnowschen Heide, worinn auch noch verschiedene einzelne Kathen liegen, 1 Wassermühle, 8 Bauern, 7 Coßäthen, 1 Schulmeister, 1 Krug, 1 Schmiede, 28 Feuerstellen, hinreichende Holzungen und ist ein zu Bartin in der Schlaweschen Synode eingepfarrtes Dorf, welches in den ältern Zeiten ein Lehn der von Brünnow war, die es 1490 für das halbe Gut Quatzow an die von Massow vertauschten. Von dieser Zeit an ist es ein altes Massowsches Lehn, welches von dem Landrathe Joachim Rüdiger von Massow, nach dem brüderlichen Theilungsvergleiche vom 26 März 1757, an seinen ältesten Sohn, Bogislav George von Massow kam und nach dessen am 19 April 1780 erfolgten Tode seinen 3 Töchtern und seinem einzigen unmündigen Sohne, Johann Franz Gottlob von Massow, zufiel.

12. Camnitz ⅜ Meile von Rummelsburg nordwestwärts, hat 3 Vorwerke, 1 Wassermühle, die gemeinschaftlich zu den Gütern Camnitz und Gadjen gehöret, 8 Bauern, 6 Coßäthen, 1 Schulmeister, 1 Schmiede, 25 Feuerstellen, Holzungen, Fischerey in einigen kleinen Seen und der Wipper und ist ein zu Groß-Volz in der Schlaweschen Synode eingepfarrtes Dorf, welches aus 4 Antheilen bestehet. Otto Rüdiger von Massow besaß die alten Massowschen Lehne Camnitz (a), einen Theil in Lobder und einen Theil in Klein-Volz, und trat sie wegen seines hohen Alters bey seinem Leben, seinem Sohne Hector Christian von Massow ab. Dieser kaufte den übrigen Theil des Guts Klein-Volz mit dem dazu gehörigen Feldgute Gramhausen als ein altes lettowsches Lehn, nach dem Vergleiche vom 21 Februar 1747 mit dem Lehnrechte von Werner Ernst von Lettow, der dasselbe nach dem Tode des Hauptmanns Ernst Ludwig von Lettow, als der nächste Lehnsverwandte bekommen hatte, so daß auch durch den Rechtsspruch vom 10 Julius 1747 die Präclusion der Lehnsverwandten erfolgte. Nach dem Tode des Hector Christian von Massow fielen die Güter Camnitz (a), ein Theil in Lobder und das ganze Gut Klein-Volz seinem einzigen Sohne, dem Lieutenant bey dem Pomeißkeschen Dragonerregimente Caspar Otto von Massow zu, der den Theil in Lobder, nach dem Vergleiche vom 17 May 1773 erblich dem Hauptmann Joachim Christian Caspar von Reckow, als dem Besitzer des übrigen Theils des Guts Lobder verkaufte, welches jetzt dessen Kinder besitzen. Camnitz (b) ist ein altes lettowsches Lehn, welches nach dem Tode des Conrad Friederich von Lettow, seiner Witwe Barbara Elisabeth von Kleist und ihren Kindern von den Lehnsfolgern Christian Rüdiger und dem Lieutenant Peter Ernst von Lettow erb- und eigenthümlich, jedoch mit Vorbehalt des Näherrechts für einen Abstand von 150 Fl. überlaßen wurde. Hans Carl Friederich von Schmettau bekam hierauf dieses Gut zum Brautschatze, nachdem er von den Kindern des Conrad Friederich von Lettow 2 Töchter, nemlich Friederika Augusta und Anna Catharina von Lettow nach und nach geheirathet hatte und hinterließ es seinen 4 Kindern, Helena Friederika Wilhelmina, Carl Friederich, Louisa Amalia und Christoph Heinrich August von Schmettau, die es noch gemeinschaftlich besitzen. Camnitz (c) ist ein altes lettowsches Lehn, welches nach dem Tode des Lieutenant von Lettow zu Klein-Schwirsen von seiner Witwe Sophia Elisabeth, mit Einwilligung ihrer beyden Söhne am 10 Januar 1736 erb- und eigenthümlich dem Bernd Wilhelm von Gelsdorf, als dem Gemahl ihrer Tochter, Eleonora Sophia, als eine Mitgabe, überlaßen wurde und

Die adelichen Güter des Rummelsburgschen Kreises.

und nach deßen Tode nach dem Theilungsvergleiche vom 16 November 1766 seinem Sohne, dem Lieutenant und jetzigen Hauptmann bey dem Regimente des Prinzen Heinrich von Preußen, Johann George Wilhelm von Gelsdorf zufiel. Canmitz (d) gehört zu dem Gute Gadgen, welches der Krieges- und Domainenrath Werner Ernst von Lettow besitzet. S. Wocknin.

13. **Chorow** 2 Meilen von Schlawe gegen Süden, in einem sumpfigten Thale, hat 1 Vorwerk, 5 Bauern, 17 Feuerstellen, und ist zu Wussow in der Schlaweschen Synode eingepfarret. Chorow war ehemals ein altes Lettowsches Lehn. Werner Ernst von Lettow überließ einen Theil dieses Guts und das Gut Lobber nach dem Vergleiche vom 17 April 1717 dem Johann Ludwig von Liebermann, von deßen Erben, Hans Ewald von Puttkammer, nachdem ihm Werner Ernst von Lettow, sein Lehnrecht am 6 Februar 1727 für 200 Rthlr. abgetreten hatte, den Theil in Chorow nach dem Vergleiche vom 2 April 1727 kaufte und denselben am 14 Februar 1741 wieder dem Generalmajor, Adam Joachim Grafen von Podewils verkaufte, der einen andern Theil dieses Guts mit Lehnsherrlicher Einwilligung vom 14 May 1725 von der Witwe von Puttkammer, Margaretha Dorothea gebohrnen von Below gekauft hatte. Nach dem Tode des Generalmajors Grafen von Podewils besitzet jetzt sein Brudersohn, der Lieutenant bey dem dritten Bataillon der Garde, Adam Heinrich August Graf von Podewils, das ganze Gut Chorow. S. Wussow wie auch Crangen unter den adelichen Gütern des Schlaweschen Kreises. Chorow gehöret theils zu dem Rummelsburgschen, theils zu dem Schlaweschen Kreise. Zu dem ersten werden 4¼ steuerbare Landhusen gerechnet. S. Chorow unter den adelichen Gütern des Schlaweschen Kreises.

14. **Cremerbruch** in der Caßubischen Sprache Cramorsin genannt, ein adelicher Wohnsitz, 2 Meilen von Rummelsburg ostnordostwärts, auf der Landstraße von Rummelsburg nach Bütow, hat außer einem Vorwerke in dem Dorfe, noch verschiedene auf der Feldmark deßelben an dem Wippersksese, der gemeiniglich Gips genannt wird, erbauete kleine Vorwerke oder Colonien, 1 Korn- und Schneidemühle, 1 Ziegelen, 4 Bauern, 2 Coßäthen, 1 Krug, 1 Schmiede, 1 Schulmeister, 37 Feuerstellen, das Recht des Mitpatronats an der Lubbenschen Filialkirche, beträchtliche Holzungen, ergiebige Fischerey in Seen und Bächen, ist zu Lubben in der Stolpschen Synode eingepfarret und gränzet gegen Süden an die Westpreußischen Dörfer Lanken und Breesen und gegen Osten an den Bütowschen District. Die Grenzen zwischen den Dörfern Cremerbruch und Trzebiatkow wurden durch das an dem letzten Orte bekannt gemachte Urthel der verordneten Commißarien vom 10 May 1743 erneuert. Cremerbruch war ehemals eine zu den Puttkammerschen Lehngütern gehörige wüste Feldmark, die aber wegen eines Bruchs von der fürstlichen Landesobrigkeit eingezogen und unter der Regierung des Herzogs Barnim, nach einem zu Rügenwalde am 28 September 1596 ertheilten Gnadenbriefe, von einem Thomas Gast, dem darinn das Schulzengericht in diesem Dorfe verliehen wird, zuerst war gerodet, bebauet und bewohnet worden. Der Herzog Bogislaus XIII ertheilte es als ein Gnadenlehn dem fürstlichen Stettinschen Cämmerer und Hofjunker zu Cößlin, Levin Wedig

Wedig Petersdorf, der es nach dem von eben diesem Herzoge am 24 August 1625 bestätigten Vergleiche vom 17 September 1624, worinn die Gränzen dieses Dorfs bestimmet sind, für 2000 Rthlr. dem Carsten Puttkammer zu Barnow und Lubben verkaufte. Dieser wurde hierauf nebst dem ganzen Geschlechte der von Puttkammer, nach dem zu Rügenwalde am 3 Januar 1626 ausgefertigten Lehnbriefe von dem Herzoge Bogislaus XIIII mit diesem Dorfe von neuen belehnet. Hans von Puttkammer besaß die Puttkammerschen Lehne Cremerbruch, Zuckers, und Darsekow, wovon die beiden letztern nach seinem Tode, seinem Sohne, dem Obersten Adolph Ludewig von Puttkammer und das erstere, seinem jüngsten Sohne Jacob Caspar von Puttkammer zufielen, der auch die Güter Zuckers und Darsekow, nachdem solche in Concurs gerathen waren, als der Bruder und nächster Lehnsfolger des Obersten Adolph Ludwig von Puttkammer in Besitz nahm.

15. **Cunsow** ein Rittersitz, 1 Meile von Stolpe, südwestwärts, nahe an dem Dorfe Zirchow, auf der Landstraße von Stolpe nach Rummelsburg, hat 1 Vorwerk, 10 Bauern, 1 Halbbauer, 1 Schmiede, 1 Schulmeister, 22 Feuerstellen, wenige Holzung, keine Fischerey und ist ein zu Zirchow in der Stolpschen Synode eingepfarrtes altes Massowsches Lehn. Es wurde nach dem Tode des Hauptmanns Erdmann Caßmir von Massow, von dem Vormunde seiner Kinder eingelöset, unter welchen es Ewald Heinrich von Massow bekam und es nach dem Vergleiche vom 27 Januar 1748 erblich dem Besitzer des in dem Schlaweschen Kreise gelegenen alten Massowschen Lehns Wussecken, dem Rittmeister Hans Wedig von Massow verkaufte. Dieser überließ das Gut Cunsow, nach dem Vergleiche vom 30 October 1750, seinem Sohne, dem Hauptman und nachmaligen Obersten Friederich Eugen von Massow, der am 26 Junius 1752 mit demselben belehnet wurde und nach dem Tode seines Vaters und nach dem brüderlichen Theilungsvergleiche vom 10 November 1753 auch das Gut Wussecken bekam. Nach seinem Tode besitzet jetzt sein einziger Sohn, der Fähnrich bey dem Regimente des Prinzen Leopold von Braunschweig, Anton Wilhelm von Massow, die Güter Cunsow und Wussecken.

16. **Darsekow** 3 Meilen von Stolpe südsüdostwärts, hat 1 Vorwerk, 5 Bauern, 1 Schulmeister, 8 Feuerstellen, hinreichende Holzungen und ist ein zu Zettin in der Stolpschen Synode eingepfarrtes Puttkammersches Lehn, welches Jacob Caspar von Puttkammer besitzet. S. Cremerbruch.

17. **Falkenhagen** ½ Meile von Rummelsburg südsüdwestwärts, hat 2 Vorwerke, 2 auf der Feldmark des Dorfs gelegene Buschkathen oder Vorwerke, Ewaldshof und Ellerkathen genannt, 1 Prediger, 1 Küster, 4 Bauern, 7 Halbbauern, 1 Krug, 1 Schmiede, 26 Feuerstellen, eine nebst dem Pfarrhause in dem Jahre 1774 für die von dem Könige bewilligten Collectengelder erbauete und zu der Schlaweschen Synode gehörige Mutterkirche, zu welcher das Dorf Reinfeld als ein Filial gehöret und das Dorf Heinrichsdorf eingepfarret ist, Holzungen, Fischerey in einem See und 2 Teichen und gränzet an die Westpreußischen Dörfer Grabow und Schönenberg. Da die Dorfschaft Falkenhagen sich in dem Jahre 1781 freywillig der Aufhebung der

Die adelichen Güter des Rummelsburgschen Kreises.

der Gemeinheit so wohl in Ansehung der Aecker als der Wiesen unterzogen hatte, so erhielt sie zur Belohnung ein königliches Gnadengeld von 30 Rthlr. Der Lieutenant Peter Ewald von Reckow kaufte einen Theil des Guts Falkenhagen, der ein Massowsches Lehn ist, nach dem Vergleiche vom 13 September 1737, wiederkäuflich von Hans Valentin von Massow, dessen Wittwe Barbara Coronica gebohrne von Massow ihn 1763 wieder einlösete. Nach ihrem Tode kam derselbe, nach dem Vergleiche ihrer Kinder vom 20 Junius 1774, an ihren Sohn, den Lieutenant Casimir Wedig Gottlob von Massow. Ein anderer Theil dieses Guts, der in einem kleinen adelichen Hofe und einem Halbbauerhofe bestehet, war ehemals auch ein Massowsches Lehn, ist aber jetzt ein Lehn der von Seiger. Christoph von Massow zu Zezenow verkaufte ihn nach dem Vergleiche vom 19 April 1649 mit lehnsherrlicher Einwilligung vom 17 März 1690 an Caspar von Seiger, worauf sich die Gesamthänder am 12 November 1665 der Einlösung desselben entsagten. Er wurde hierauf von den Lieutenant Adolph Christian von Seiger, nach dem Vergleiche vom 11 September 1744, dem Hans Valentin von Massow verkauft und kam zugleich mit dem oben angeführten Massowschen Lehne an seinen Sohn, den Lieutenant Casimir Wedig Gottlob von Massow, der diese Theile nach dem Vergleiche vom 10 May 1780 dem Krieges- und Domainenrathe, Valentin George Anton von Massow, verkaufte. Einen dritten Theil dieses Guts, der ein altes Massowsches Lehn ist, überließ Valentin von Massow nach dem Vergleiche vom 24 Februar 1740 seinem Schwiegersohne, dem Lieutenant Claus von Blankenburg und lösete ihn am 29 März 1756 wieder ein, nachdem er ihn schon vorher nach dem Vergleiche vom 12 April 1755 auf 25 Jahre wiederkäuflich dem Lieutenant Peter Ewald von Reckow verkauft hatte, von dessen Erben ihn der Krieges- und Domainen- auch landschaftsrath Valentin George Anton von Massow 1781 wieder einlösete, der daher jetzt das ganze Gut Falkenhagen besitzet.

18. Gadsen oder Jagen $\frac{1}{4}$ Meile von Rummelsburg gegen Norden, hat 1 Vorwerk, einen Antheil an der Camnitzschen Mühle, auf der Feldmark des Dorfs die neu angelegten Colonien Wernerhof, Louisenhof, Agnesenthal und Seehof und die 2 Feldkathen, der Plaster und Daszgenkathen genannt, 1 Bauer, 4 Halbbauern, 2 Coßäthen, 1 Krug, 1 Schmiede, 1 Schulmeister, Holzungen, Fischeren in Teichen und ist ein zu Groß-Schwirsen in der Schlaweschen Synode eingepfarrtes Dorf, welches der Krieges- und Domainenrath Werner Ernst von Lettow besitzet. Für die bey den Gütern Gadjen und Wocknin seit 1773 für 5800 Rthlr königliche Gnadengelder vorgenommene Verbesserungen, wovon die jährlichen Einkünfte nach dem Anschlage 338 Rthlr. 19 Gr. 11 Pf. betragen sollen, muß eine zu Gnadengehalten für adeliche Wittwen und Waisen bestimmte jährliche Abgabe von 116 Rthlr. von dem Besitzer dieses Güter bezahlet werden. S. Wocknin.

19. Gesiffze oder Gesiffzig oder Gesiske ein Vorwerk mit 3 Feuerstellen $1\frac{1}{4}$ Meilen von Rummelsburg gegen Norden, an der Stiednitz, ist ein zu Brotzen in der Schlaweschen Synode eingepfarrtes altes Zitzewitzsches Lehn, welches die Lehnsfolger des Hauptmanns Friederich von Zitzewitz besitzen. S. Turzig.

20. Gewie

Der Rummelsburgsche Kreis.

20. Gewiesen ein Bauerdorf, 1⅞ Meilen von Rummelsburg nordostwärts, an der Wipper, hat ein auf der Feldmark des Dorfs gelegenes Vorwerk Grünhof genannt, 1 Korn- und Schneidemühle, 4 Bauern, 2 Halbbauern, 3 Cossäthen, 1 Schulmeister, 14 Feuerstellen, eine Holzung Piaceva genannt und ist ein zu Rohr in der Schlaweschen Synode eingepfarrtes altes Massowsches Lehn, welches der Major Ewald von Massow besitzet. S. Bartin.

21. Gloddow ein zu dem Gute Wustrow gehöriges Bauerdorf, 1⅞ Meilen von Rummelsburg gegen Osten, zwischen 3 Seen, als dem Wipperske, aus welchem die Wipper entspringt, Kalenz und Daluggen, auf der Landstraße von Rummelsburg nach Bütow, wie auch auf der Landstraße von Pollnow und Stolpe nach dem Westpreußischen Dorfe Breesen, hat 4 Bauern, 1 Cossäthen, mit Einschließung des Vorwerks Wustrow 14 Feuerstellen und ist ein zu Waldow in der Stolpschen Synode eingepfarrtes altes Puttkammersches Lehn, welches südwärts an das Westpreußische Dorf Breesen und den See Biala, der ebenfalls zu Westpreußen gehöret, gränzet und von August Carl Leberecht von Puttkammer besessen wird. S. Wustrow.

22. Grünenwalde 1⅞ Meilen von Rummelsburg nordostwärts und 4⅞ Meilen von Stolpe gegen Süden, hat außer einem Vorwerke in dem Dorfe, auf der Feldmark desselben noch 2 Vorwerke, wovon das eine Rolle genannt wird und das andre bey der Gewiesenschen Mühle liegt, verschiedene Buschkathen, 10 Feuerstellen, fruchtbare Aecker und Wiesen, beträchtliche Eichen- Büchen- und Fichtenholzungen, Fischerey in den Seen Lübgen, Schwarzensee, Donnersee u. s. w. und ist zu Waldow in der Stolpschen Synode eingepfarret. Die Güter Grünenwalde, Saben und Ponickel sind alte Puttkammersche Lehne. Die beiden erstern fielen nach dem Theilungsvergleiche der Gebrüder Nicolaus Wilhelm und Caspar Friederich von Puttkamer vom 5 May 1713 dem letztern zu, dessen Söhnen, Johann Woitzlaff und dem Landrathe George Christian nebst deren Mutter Ursula Anna gebohrnen von Wobeser auch das Gut Ponickel am 30 December 1733 von Valentin von Massow überlassen wurde, der dasselbe 1724 von Lorenz Wedig von Wranke an sich brachte, nachdem dieser es 1721 wiederkäuflich von Christoph Bogislav von Puttkammer gekauft hatte. Nach dem Vergleiche vom 24 Januar 1737 kamen die Güter Grünenwalde, Saben und Ponickel an den eben erwähnten Johann Woitzlaff von Puttkammer, dessen Wittwe Maria Sophia gebohrne von Puttkammer und nachmalige Gemahlinn des Claus Friederich von Zitzewitz, sie nach dem Vergleiche vom 29 October 1746 so lange besaß, bis sie ihr Schwager, der Landrath George Christian von Puttkammer, von ihr am 30 November 1750 wieder einlösete.

23. Gumenz ein Rittersitz, 3 Meilen von Stolpe gegen Süden und eben so weit von Schlawe südostwärts, von Rummelsburg nordnordostwärts und von Bütow westnordwestwärts, an der Bisternitz, welche die hiesige Mühle treibt, auf der Landstraße von Bütow nach Schlawe, hat 1 Vorwerk, 1 Schäferey, 1 Wassermühle, auf der Feldmark des Dorfs 2 Buschgüter oder Vorwerke, eine neue Colonie mit
8 Bü-

Die adelichen Güter des Rummelsburgschen Kreises.

3 Bäuern, Carlshof genannt, 6 Bauern, 3 Halbbauern, 1 Krug, 1 Schmiede, 1 Schulmeister, 36 Feuerstellen, das Recht, eine Kirche in Gumenz zu erbauen, das dem Dekanus von Bonin ehemals ertheilet worden ist und das Recht des Mitpatronats an der Zettinschen Kirche, hinreichende Holzungen, Fischerey in Seen, Teichen und Bächen und ist zu Zettin in der Stolpschen Synode eingepfarret. Für die bey dem Gute Gumenz seit 1773 für 3900 Rthlr. königliche Gnadengelder vorgenommene Verbeßerungen, wovon die jährlichen Einkünfte nach dem Anschlage 213 Rthlr. 10 Gr. 1 Pf. betragen sollen, muß eine zur Besoldung tüchtiger Landschulmeister bestimmte jährliche Abgabe von 78 Rthlr. von dem Besitzer dieses Guts bezahlet werden. Die Wittwe des Brand von Bonin und deßen Brüder traten dieses Boninsche Lehn dem Cammerrathe Christoph Ulrich von Bonin ab, von welchem es nach dem Vergleiche vom 22 September 1681 erblich und mit dem Lehnrechte, auch dem jure successionis an dem Antheil des Christian von Bonin auf deßen Todesfall, mit lehnsherrlicher Einwilligung vom 14 Januar 1684 dem Hauptmann Peter Eccard von Wöbike und von diesem am 17 October 1710 erblich mit Einwilligung seiner Gemahlin, Adelheit Erdmuth von Maßow, dem Carl Henning von Kameke verkauft wurde, nach deßen am 17 Junius 1740 erfolgten Tode sich seine Kinder, der Lieutenant George Ewald von Kameke und Maria Louisa gebohrne und vermählte von Kameke, am 18 April 1741 also verglichen, daß dieses Gut dem erstern überlaßen wurde.

24. Hammer ¼ Meile von Rummelsburg gegen Süden, hat 2 Vorwerke, 1 Waßermühle, 4 Coßäthen, 6 Feuerstellen, ist zu Rummelsburg in der Schlaweschen Synode eingepfarret und gränzet an das Westpreußische Dorf Darsen. Hammer ist ein altes Maßowsches Lehn und war ehemals ein Eisenhammer, welchem einige Aecker und Wiesen auf der Feldmark des Dorfs Reinfeld beygeleget wurden. Um diesen Hammer zu räumen und Eisen darauf zu machen, wurde er bereits vor dem Jahre 1623 von den von Maßow für 400 Fl. und für eine jährliche Abgabe von 40 Fl. und 80 Stäben Eisen dem Jürgen Rieck überlaßen, deßen Nachkommen den Eisenhammer eingehen ließen und ein Vorwerk daraus machten. Lorenz Friederich Rieck, der von dem Hammermeister Jürgen Rieck abstammte, erbte einen Theil dieses Guts oder Hammer (a) von seinem Vater und kaufte einen andern Theil deßelben oder Hammer (b) am 6 April 1742 von seinem Vetter, George Ernst Rieck, der aber solchen am 12 April 1762 wieder einlösete. Nach dem Tode des Lorenz Friederich Rieck verglichen sich seine Söhne, George Friederich und der Hauptmann Johann Ehrenreich Rieck, am 30 Junius 1764 also, daß Hammer (a) dem George Friederich Rieck zufiel.

25. Heinrichsdorf 1 Meile von Rummelsburg gegen Süden, an der Zahne, welche durch das Dorf fließet, hat 1 Vorwerk, 2 Halbbauern, 4 Coßäthen 1 Krug, 1 Schulmeister, 20 Feuerstellen, das Recht des Mitpatronats über die Kirche zu Reinfeld, Holzungen, Fischerey in Seen und in der Zahne und ist zu Reinfeld in der Schlaweschen Synode eingepfarret. Das Dorf Heinrichsdorf gränzet an die Westpreußischen Dörfer Darsen, Grabow und Lanken und war ehemals ein altes

Maßow-

Massowsches Lehn. Caspar Seiger kaufte es nebst ¼ von Reinfeld und Falkenhagen, nach dem Vergleiche vom 19 April 1649, von Christoph von Massow auf Ziezenow, so daß sich die Gesammthänder der Einlösung am 12 November 1665 entsagten, und gab es zum Brautschatze seiner Tochter, Anna Margaretha von Seiger mit, die mit Jacob von Massow dem jüngern zu Groß-Volz vermählet wurde, nach dessen Tode dieses Gut nach dem brüderlichen Vergleiche vom 7 May 1722 von seinen ältesten Söhnen, Jacob und Caspar, ihrem Bruder, dem Rittmeister, Jürgen Heinrich von Massow, überlaßen wurde. Nachdem dieser und dessen Wittwe Regina Hedwig gebohrne von Stolzenberg gestorben waren, besaß es ihre einzige Tochter und Erbin, Johanna Charlotta gebohrne von Massow, des Otto Adrian von Plöz Wittwe, die es nach dem Vergleiche vom 22 September 1751 erblich dem Major Ernst Christian von Zastrow verkaufte, worauf Jacob Reinhold von Massow mit seinem Einlösungsrechte durch den Rechtsspruch vom 28 December 1754 prächludirt wurde. Nach dem Tode des Majors von Zastrow verglichen sich seine Erben am 14 May 1779 also, daß dieses Gut durch das Loos seiner Tochter, der Fräulein Friederica Charlotta von Zastrow zufiel, die sich am 17 Junius 1783 mit dem Lieutenant von Lettow zu Mühlenkamp vermählte.

26. Jannewitz 1 Meile von Schlawe gegen Süden, hat 2 Vorwerke, eine Schäferey Uhlenberg genannt, die an dem Walde Gomitz liegt, 1 Wassermühle, 1 Ziegeley, 15 Bauern, 3 Coßäthen, 1 Schulmeister, 31 Feuerstellen, hinreichende Hoßungen, Fischerey in den Seen Gomitz und Gleive, wie auch in einem Bache, der Krebsbach genannt, der aus dem Gleive entspringt und in die Wipper fällt, und ist ein zu Sukow in der Schlaweschen Synode eingepfarrtes Podewilssches Lehn, welches der Königl. Cammerherr und Ritter des St. Johanniterordens, Friederich Werner Graf von Podewils, besitzet. S. Sukow unter den adelichen Gütern des Schlaweschen Kreises.

27. Jassonke ein nahe bey dem Dorfe Lubben gelegenes und zu demselben gehöriges Bauerdorf, hat ein kleines Ackerwerk, Anwarhof genannt, 6 Bauern, 9 Feuerstellen, und ist ein zu Lubben in der Stolpschen Synode eingepfarrtes altes Puttkammersches Lehn, welches der Landrath Balthasar Ludewig von Wobeser besitzet. S. lubben.

28. Kaßzig eine kleine Meile von Rummelsburg nordnordwestwärts und eine starke Meile von Pollnow südostwärts, an der Stiednitz, welche hier das Fließ genannt wird, hat 1 Vorwerk, 1 Wassermühle, 3 Bauern, 1 Coßäthen, 1 Schmiede, 7 Feuerstellen, Holzungen, Fischerey in einigen Seen und der Stiednitz und ist ein zu Groß Schwirsen in der Schlaweschen Synode eingepfarrtes altes Massowsches Lehn, welches von Rüdiger von Massow an seinem Sohn, den Landrath George Christian und nach deßen Tode an deßen mittelsten Sohn, den Major Claus George, und nachdem derselbe nebst seinem ältern Bruder, dem Oberstlieutenant Rüdiger, keine männliche Leibeserben hinterlaßen hatte, an deren jüngsten Bruder, den Hauptmann

Die adelichen Güter des Rummelsburgschen Kreises.

mann Ernst Bogislav von Massow kam. Nachdem dieser gestorben war, wurde dieses Gut von den Lehnsfolgern, dem Major George Nicolaus und Jacob Nathanael Gebrüdern von Massow, am 7 Januar 1758, für einen Theil des Guts Groß-Schwirsen, an ihren Miterben, den Hauptmann Christian Lüdeke von Massow vertauscht, dessen einziger nachgelaßener Sohn, Peter Friederich von Massow, jetzt das Gut Kasig besitzet.

29. **Alt-Kolziglow** 3 Meilen von Stolpe südsüdostwärts, auf dem Wege von Bütow nach Stolpe, hat 1 Prediger, 1 Küster, 6 Bauern, 2 Halbbauern, 2 Cossäthen, 1 Predigerwittwenhaus, 1 Krug, 1 Schmiede, 10 Feuerstellen, eine zu der Stolpschen Synode gehörige und unter dem Patronate der Besitzer der Güter Alt-Kolziglow, Barnow, Versin, Reddis, Lubben, Barkozen und Lindenbusch stehende Mutterkirche, zu welcher das Dorf Lubben als ein Filial gehöret und die Dörfer Barnow, Versin, Reddis, Reinfeld und Neu-Kolziglow eingepfarret sind, Holzungen und Fischerey und ist ein altes Puttkammersches Lehn, welches Jacob George Gottlieb von Puttkammer zu Reinwasser besitzet. S. Barnow.

30. **Neu-Kolziglow** 2¼ Meilen von Stolpe südsüdostwärts, auf der Straße von Bütow nach Schlawe, hat 1 Vorwerk, eine neu angelegte Schäferey, 6 Bauern, 2 Cossäthen, 11 Feuerstellen und ist zu Alt-Kolziglow in der Stolpschen Synode eingepfarret. Für die bey dem Gute Neu-Kolziglow seit 1773 für 2700 Rthlr. königliche Gnadengelder vorgenommene Verbesserungen, wovon die jährlichen Einkünfte nach dem Anschlage 188 Rthlr. 21 Gr. 1 Pf. betragen sollen, muß eine zur Besoldung einiger Landschulmeister bestimmte jährliche Abgabe von 54 Rthlr. von dem Besitzer dieses Guts bezahlet werden, welches ein altes Puttkammersches Lehn ist und von dem Hauptmann Jacob Reinhold von Massow, nach dem Vergleiche vom 18 September 1769, seinen 6 Kindern, als Jacob Ludwig, Carl Friederich, Philipp Gustav, Dorothea Charlotta, Christina Henrietta und Barbara von Massow, von diesen am 3 Januar 1772 der Dorothea Charlotta vermählten von Puttkammer und von dieser am 15 April 1772 dem Lieutenant George Adolph von Puttkammer überlaßen wurde.

31. **Lantow** gehöret größtentheils zu dem Schlaweschen Kreise, zu dem Rummelsburgschen aber werden 7 Feuerstellen und 4/12 steuerbare Landhufen gerechnet. S. Lantow unter den adelichen Gütern des Schlaweschen Kreises.

32. **Lazig** 2¼ Meilen von Rummelsburg nordostwärts, in einer sandigen Gegend, hat 1 Schäferey, 1 Wassermühle, 6 Bauern, eine auf der Feldmark des Dorfs angelegte und aus 4 Bauern bestehende Colonie, Neu-Lazig genannt, 20 Feuerstellen und ist ein zu Lubben in der Stolpschen Synode eingepfarrtes altes Puttkammersches Lehn, welches aus 2 Antheilen bestehet. Lazig (a) mit der Schäferey, Wassermühle, 4 Bauern, wovon der eine abwärts gelegene Bauerhof Piochen genannt wird, und Neu-Lazig besitzet der Hauptmann Ernst Ludewig von Puttkammer als ein zu dem Dorfe Barkozen gehöriges Gut. S. Bar-

Barkoßen. Lojig (b) hat 2 zu dem Gute Pottock gehörige Bauern, welche die nachgelaßenen Kinder des Matthias Friederich von Schmudde besitzen. S. Pottock.

33. **Lindenbusch** 2 Meilen von Rummelsburg ostnordostwärts und 4 Meilen von Stolpe südsüdostwärts, an dem Kamenzflusse, der die Gränze zwischen diesem Dorfe und dem Bütowschen District macht, hat 1 Wassermühle, 4 Bauern, auf der Feldmark des Dorfs das Vorwerk Neuenfeld und die Colonien Charlottenthal und Antonowalde genannt, 16 Feuerstellen, das Recht des Mitpatronats an der Alt-Kolziglowschen Kirche, Fichten- Büchen- und Eichenholzungen und ist zu Lubben in der Stolpschen Synode eingepfarret. Für die bey dem Gute Lindenbusch seit 1772 für 7147 Rthlr. königliche Gnadengelder vorgenommene Verbeßerungen, wovon die jährlichen Einkünfte nach dem Anschlage 314 Rthlr. 5 Gr. 9 Pf. betragen sollen, muß eine zu Gnadengehalten für adeliche Wittwen und Waisen bestimmte jährliche Abgabe von 143 Rthlr. von dem Besitzer dieses Guts bezahlet werden. Es ist dasselbe ein altes Puttkammersches Lehn, welches von Anton Casimir von Puttkammer 1735 dem Franz Jacob von Puttkammer verkauft, von diesem aber, als er Sellin und Starkow kaufte, am 6 November 1737 wieder dem ersten überlaßen wurde, der es nach dem Vergleiche vom 20 April 1742 auf 10 Jahre wiederkäuflich dem Heinrich Christoph von Below und deßen Gemahlinn, Anna Sophia Christina gebohrnen von Puttkammer, verkaufte, von deren Erbin Regina Margaretha von Puttkammer es Franz Joachim von Puttkammer in seinem, seiner Brüder und Agnaten Namen, als ein altväterliches Versinsches Lehngut, am 26 März 1746 einlösete, es aber am 22 März 1751 wieder auf 12 Jahre widerkäuflich dem Franz Jacob von Puttkammer überließ. Nach deßen Tode besaß es seine Wittwe, Mariana Margaretha, die es am 20 November 1756 auf die übrigen Wiederkaufsjahre zum Brautschatze ihrer Tochter, Dorothea Elisabeth von Puttkammer, und deren Gemahl Anton Ludewig von Puttkammer, mitgab. Nachdem die Wiederkaufsjahre geendiget waren, verglich sich der Major George Eccard von Puttkammer, der dieses Gut in Anspruch genommen hatte und zur Einlösung deßelben war verstattet worden, am 4 Februar 1767 mit dem jetzigen Besitzer deßelben, Anton Ludewig von Puttkammer, also, daß er daßelbe mit dem Antheil, den die Güter Sellin, Berg-Sellin und Starkow an dem gemeinschaftlichen Puttkammerschen Holze, dem sogenannten Neuenfeld hatten, erblich überließ. Auch der übrige Theil von dem Neuenfeld, der zu dem Gute Versin gehöret hatte, wurde nach dem Vergleiche vom 15 October 1770 von Franz Joachim und dem Generallieutenant Nicolaus Lorenz von Puttkammer, dem Anton Ludewig von Puttkammer verkauft, der nicht nur am 7 April 1772 die Holzcavel in dem Puttkammerschen Walde kaufte, sondern auch die Hofwiese an dem Bache Poleschnitz und alle übrigen nach der Lindenbuschschen und Neuenfeldschen Feldmark gelegenen Wiesenplätze, so bisher zu dem Gute Lubben gehöret hatten, ingleichen die Holzcavel, die zwischen Neuenfeld und der Baßrowschen Holzcavel liegt, durch Tausch und Kauf am 10 October 1772 von dem Landrathe, Balthasar Ludewig von Wobeser, an sich brachte,

dage-

Die adelichen Güter des Rummelsburgschen Kreises.

dagegen aber demselben den zu dem Gute Reinfeld bisher gehörig gewesenen Grundcamp, die Lubolffen genannt, so zwischen andern Lubbenschen Acker liegt und am 27 November 1772 von der Barnowschen Cavel an der Seite nach Lubben wärts, denjenigen Theil abtrat, so jetzt durch die gezogene gerade Linie von dem Eckschnittbrinck von der Reddischen Holzcavel her durch die ausgehauene Allee und gelegten Schutzbrincke nach dem Lubbenschen Wege hin abgeschnitten worden.

34. **Lodder** ein Rittersitz, ¼ Meile von Rummelsburg gegen Norden, hat 2 Vorwerk, 1 Wassermühle, 1 Bauer, 3 Coßäthen, 1 Krug, 7 Feuerstellen, Holzung, Fischerey und ist zu Groß-Volz in der Schlaweschen Synode eingepfarret. Für die bey dem Gute Lodder seit 1773 für 1100 Rthlr. königliche Gnadengelder vorgenommene Werbesserungen, wovon die jährlichen Einkünfte nach dem Anschlage 88 Rthlr. 13 Gr. 8 Pf. betragen sollen, muß eine zu Gnadengehalten für adeliche Wittwen und Waisen bestimmte Abgabe von 22 Rthlr. jährlich von dem Besitzer dieses Guts bezahlet werden, welches ehemals aus 2 Antheilen bestand. Werner Ernst von Lettow trat am 17 April 1717 einen Theil desselben seinem Stiefbruder Johann Ludewig von Liebermann ab, dessen Wittwe, Dorothea Maria gebohrne von Piscurski, ihn nach dem Vergleiche vom 27 September 1731 bekam und ihn am 25 Februar 1747 der Wittwe von Keith, Vigilanta Elisabeth gebohrnen von Wöbike, verkaufte. Nach ihrem Tode wurde dieser Theil von ihrer Tochter, Eleonora von Keith, und derselben Gemahl, Johann George von Wittke besessen, der ihn am 18 September 1763 dem Hauptmann Joachim Christian Caspar von Reckow verkaufte. Dieser, welcher den übrigen Theil des Guts Lodder als ein altes Massowsches Lehn erblich kaufte, besaß das ganze Gut Lodder, welches nach seinem Tode von seiner Wittwe, Charlotta Agnisa gebohrnen von Böhn, 1778 ihren Stiefkindern, als Johann Heinrich Carl Friederich, Eduard August Christian Leopold und Therese Ernestina Hedwig Friederica von Reckow überlaßen wurde.

35. **Lubben** ein Rittersitz und der Wohnort des jetzigen Landraths und Directors des Rummelsburgschen Kreises, 2½ Meilen von Rummelsburg nordostwärts, hat 1 Vorwerk, 1 Wassermühle, 1 Ziegeley, 2 Bauern, 1 Krug, 1 Schmiede, 1 Küster, auf der Feldmark des Dorfs ein Vorwerk oder eine Kuhpächterey Seehof genannt, mit 2 Bauern, 3 dabey angelegten neuen Ackerwerken und 6 Colonistenfamilien, 15 Feuerstellen, eine zu der Stolpschen Synode gehörige Kirche, die ein Filial von Alt-Kolziglow ist und zu welcher die Dörfer Jassonke, Barkotzen, Lazig, Lindenbusch und Cremerbruch eingepfarret sind, und beträchtliche Holzung und Fischerey. Die Kirche in Lubben, deren Patronen die Besitzer der Güter Lubben, Barkotzen und Cremerbruch sind, wurde nach der von dem Herzoge Bogislaus XIIII. am 8 November 1635 ertheilten Genehmigung, damals zuerst erbauet. George Ewald von Puttkammer erbte die alten Puttkammerschen Lehne Lubben, Jassonke und Seehof von seinem Vater Rüdiger und verkaufte sie am 1 December 1749 und nach dem gerichtlichen Vergleiche vom 23 Januar 1751 dem Christoph Albrecht von Erxleben, nach dessen Tode diese Güter in Concurs gerathen und von den

Gläubigern am 26 Junius 1758 erblich dem Rittmeister und jetzigen Landrathe, Balthasar Ludewig von Wobeser, verkauft wurden.

36. Missow oder Misdow 2¼ Meilen von Stolpe gegen Süden, in einer ebenen, fruchtbaren Gegend, nahe an dem Dorfe Gumenz, hat 4 Bauern, 2 Cossäthen, 4 Feuerstellen und ist ein zu Wobeser, in der Stolpschen Synode eingepfarrtes altes Lehn der von Wobeser, welches der Landrath Balthasar Ludewig von Wobeser besitzet. S. Wobeser.

37. Neuhof ein Rittersitz 2 Meilen von Rummelsburg nordostwärts, auf der Straße von Conitz nach Stolpe, hat 1 Wassermühle, 1 Krug, 1 Bauer, 2 Cossäthen, 6 Feuerstellen und ist ein zu Treblin in der Stolpschen Synode eingepfarrtes altes Puttkammersches Lehn. Der Landrath Bogislav Ulrich von Puttkammer lösete es, nachdem es von seinem Vater an einen von Blankenburg war verpfändet worden, von dessen Sohne, Claus von Blankenburg, nach dem Vergleiche vom 31 May 1738 wieder ein und überließ es am 5 September 1738 seinem Bruder, dem Hauptmann Anshelm Friederich von Puttkammer, dessen Wittwe, Dorothea Hedwig gebohrne von Lettow, es besaß und es ihren Kindern erster und zwoter Ehe hinterließ, die sich am 29 May und 8 Junius 1776 also auseinander setzten, daß ihr Sohn zwoter Ehe, Nicolaus Anshelm von Puttkammer, seinen Stiefbruder, den Obristlieutenant Ewald Heinrich von Massow, und die Kinder seiner verstorbenen Schwester abfand und dieses Gut allein behielt.

38. Papenzin ein adelicher Wohnsitz, 1 Meile von Rummelsburg westnordwestwärts, an einem großen See, der von dem Dorfe den Namen führet und sich bis an das Dorf Groß-Carzenburg erstrecket, hat 3 kleine Rittersitze oder adeliche Vorwerke, 6 Halbbauern, 1 Schmiede, 1 Schulmeister, einen Buschkathen, der Neuehof oder Peirzkenkathen genannt, 14 Feuerstellen, Holzungen, Fischerei in dem in dem Papenzinschen Walde gelegenen Peirzkensee und in dem mit den Gütern Groß-Carzenburg und Sydow gemeinschaftlichen See Papenzin und ist ein zu Groß-Schwirsen in der Schlaweschen Synode eingepfarrtes Dorf, welches theils ein Glasenappsches, theils ein Lettowsches, theils ein Massowsches Lehn ist. Das ganze Gut, welches ehemals aus 3 Antheilen bestand, wurde nach dem Tode des Majors Henning Bogislav von Plötz, nach dem Vergleiche vom 23 Junius 1736, seinem Lehnsfolger Otto Adrian von Plötz überlaßen, von welchem es Heinrich Gottlob von Plötz erbte, dessen Vormund, der Landrath von Puttkammer, es am 13 November 1743 auf 25 Jahre dem Hauptmann Heinrich Casimir von Froreich überließ. Dieser vermachte es, nach dem mit seiner Gemahlinn gebohrnen von Germer am 26 Julius 1770 errichteten Testamente, seinem ältesten Sohne, dem Hauptmann Paul Gustav Ernst von Froreich, der es am 10 April 1777 dem Peter Friederich von Massow abtrat. Das Dorf Papenzin gehöret theils zu dem Rummelsburgschen, theils zu dem Schlaweschen Kreise. Zu dem ersten werden 1¼¼ steuerbare Landhufen gerechnet. S. Papenzin unter den adelichen Gütern des Schlaweschen Kreises.

39. Plö=

Die adelichen Güter des Rummelsburgschen Kreises. 799

39. Plötzig oder Plötzke 1 Meile von Pollnow gegen Osten, an einem kleinen See, auf der Straße von Rummelsburg nach Schlawe, hat 1 Vorwerk, 4 Bauern, 7 Halbbauern, 1 Krug, 1 Schmiede, 1 Schulmeister, 16 Feuerstellen und eine zu der Schlawschen Synode gehörige Kirche, die ein Filial von Pritzig und zu welcher das Vorwerk Wanzog eingepfarret ist. Einen Theil des Guts Plötzig, welchen der Lieutenant Joachim Ewald von Kleist besaß, erbte seine Tochter, Sophia Dorothea Friderica von Kleist, deren Vormünder solchen am 12 November 1746 mit Einwilligung des Cößlinschen Hofgerichts vom 21 December 1746, dem Rittmeister Balthasar Friederich von Berg verkauften, nach deßen Tode derselbe an seine Wittwe Carolina Ernestina gebohrne von Neerhof kam, die denselben mit ihren zweiten Gemahl, dem Lieutenant Wilhelm Leopold von Mitzlaff, am 28 Februar 1752 dem Hauptmann Martin Friederich von Zitzewitz zu Techlip verkauften. Dieser, welcher von dem Lieutenant Hector George von Lettow und deßen Gemahlinn Barbara Charlotta Maria gebohrnen von Börk den übrigen Theil des Guts Plötzig und das Gut Püstow, die alte Lettowsche Lehne sind, nebst dem Rechte zur Einlösung der Vorwerke Wanzog und Pogasille und der Bauerhöfe in Püstow, die der Hofrath von Kameke zu Misdow pfandweise besaß, nach dem Vergleiche vom 12 Januar 1752 gekauft hatte, hinterließ das ganze Gut Plötzig und das Gut Püstow seinen beiden Söhnen, Ernst Friederich Wilhelm und Franz Martin George von Zitzewitz, welche diese Güter noch ungetheilt besitzen. Das Gut Plötzig gehöret theils zu dem Rummelsburgschen, theils zu dem Schlaweschen Kreise. Zu dem ersten werden 5¼ steuerbare Landhufen gerechnet. S. Plötzig unter den adelichen Gütern des Schlaweschen Kreises.

40. Poberow ein adelicher Wohnsitz, 3 Meilen von Rummelsburg nordnordostwärts, eben so weit von Bütow westnordwestwärts und etwa 1000 Schritte von dem Dorfe Zettin, hat 1 Vorwerk, 7 Bauern, 10 Coßäthen, 1 Schulmeister, 1 Schmiede, auf der Feldmark des Dorfs ein Vorwerk, die Schäferey genannt, das Vorwerk Sagemühle mit einer Wassermühle, einer neu angelegten Schäferey und einigen Büdnern, 31 Feuerstellen, Holzungen, Fischerey und ist zu Zettin in der Stolpschen Synode eingepfarret. Für die bey dem Gute Poberow seit 1776 für 1800 Rthlr. königliche Gnadengelder vorgenommene Verbeßerungen, wovon die jährlichen Einkünfte nach dem Anschlage 134 Rthlr. 1 Gr. 6 Pf. betragen sollen, muß eine zur Besoldung einiger Landschulmeister bestimmte jährliche Abgabe von 36 Rthlr. von dem Besitzer dieses Guts bezahlet werden. Die Wittwe von Keith, Vigilanta Elisabeth gebohrne von Wöbike, besaß pfandweise die Puttkammersche Lehne Poberow und einen Theil in Reinfeld bey Barnow, der in 2 wüsten Bauerhöfen mit 2 dazu gehörigen Hakenhufen bestand, zu deren Einlösung der Landcammerrath Joachim Heinrich von Puttkammer, als der nächste Lehnsfolger, durch den Rechtsspruch des Cößlinschen Hofgerichts vom 13 Januar 1728 war verstattet worden, aber noch ehe er den gewürdigten Werth bezahlet hatte, starb. Sein nächster Lehnsfolger, Hans Ewald von Puttkammer, verkaufte hierauf diese Güter, weil er solche selbst nicht einlösen wollte, nach dem Vergleiche vom 18 October 1746, dem Hauptmann George Matthias von Puttkammer, deßen nach-

Der Rummelsburgsche Kreis.

nachgelaßener einziger Sohn, August Carl Lebrecht von Puttkammer, solche zugleich mit dem Gute Zettin bekam, jedoch wurde der eben erwähnte Theil von Reinfeld am 30 April 1766 für 600 Rthlr. dem Anton Ludwig von Puttkammer verkauft.

41. Ponickel ein Vorwerk mit 2 Feuerstellen lieget 1½ Meilen von Rummelsburg nordostwärts, nahe an der Landstraße von Conitz, Schlochow und Steinfort nach Stolpe, und ist ein zu Waldow in der Stolpschen Synode eingepfarrtes altes Puttkammersches Lehn, welches der Landrath George Christian von Puttkammer besitzet. Etwa ⅛ Meile von dem Vorwerke Ponickel lieget das zu demselben gehörige Vorwerk Schonitz mit einer Holzwärterwohnung an dem Schenitzbache, der in die Wipper fällt. Dieses Vorwerk wird von Ponickel aus durch Gabensche Bauern bearbeitet. S. Grünenwalde.

42. Pottock oder Pottack 4½ Meilen von Stolpe gegen Süden, hat 1 Vorwerk, auf der Feldmark des Dorfs 2 Ackerwerke, Olsewie und Steinberg genannt, 1 Wassermühle, 1 Freybauer, 1 Holzwärter, 6 Feuerstellen, hinreichende Holzungen, wenige Fischerey und ist zu Zettin in der Stolpschen Synode eingepfarret. Nach dem Tode des Landcammerraths, Joachim Heinrich von Puttkammer, wurden die alten Puttkammerschen Lehne Pottock und Lazig (b) am 22 Februar 1748 seinen 3 Schwestern, Catharina Maria, Anna Margaretha und Agnesa Adelheid von Puttkammer, von dem nächsten Lehnsfolger, Hans Ewald von Puttkammer, überlaßen, von welchen sie aber der Hauptmann, George Matthias von Puttkammer, als der nächste Lehnsverwandte, am 14 October 1751 einlösete und sie am 7 October 1755 dem Matthias Friederich von Schmudde verkaufte, deßen nachgelaßene 5 Kinder, als Johann Christian Jacob, Matthias Friederich, Dorothea Jacobina, Barbara Charlotta Christiana und George Ludewig von Schmudde jetzt diese Güter besitzen.

43. Pritzig gehöret größtentheils zu dem Schlaweschen Kreise, zu dem Rummelsburgschen aber werden 3$\frac{117}{176}$ steuerbare Landhufen gerechnet. S. Pritzig unter den adelichen Gütern des Schlaweschen Kreises.

44. Wendisch- oder Hohen-Puddiger hat $\frac{218}{288}$ zu dem Rummelsburgschen Kreise gehörige steuerbare Landhufen, der gröste Theil dieses Dorfs aber gehöret zu dem Schlaweschen Kreise. S. Wendisch-Puddiger unter den adelichen Gütern des Schlaweschen Kreises.

45. Püstow gehöret größtentheils zu dem Schlaweschen Kreise, zu dem Rummelsburgschen aber werden 6 Feuerstellen und 3$\frac{77}{130}$ steuerbare Landhufen gerechnet. S. Püstow unter den adelichen Gütern des Schlaweschen Kreises.

46. Quackenburg 1½ Meile von Stolpe südsüdostwärts, an einem Bache, der die Mühle des Dorfs treibt und ½ Meile von demselben in die Stolpe fällt, hat 1 Vorwerk, 1 Wassermühle, 1 Prediger, 1 Küster, 8 Bauern, 1 Halbbauer,

3 Cosä-

Die adelichen Güter des Rummelsburgschen Kreises. 301

3 Coßäthen, 1 Krug, 1 Schmiede, auf der Feldmark des Dorfs einen Holzwärter: kathen und noch einen Kathen, der Birkenhof genannt, 24 Feuerstellen, eine zu der Stolpschen Synode gehörige Mutterkirche, deren Filial das Dorf Wobeser ist und zu welcher die Dörfer Groß- und Klein-Sillow, Wendisch-Plassow, Pülle- min und Crussen eingepfarret sind und fruchtbaren Acker. Dieses Gut, wovon ein Theil ein Lehn der von Wobeser war, welches Jacob Ecward von Wobeser, mit Einstimmung seiner Brüder, nach dem Vergleiche vom 4 December 1714, erblich dem Heinrich Albrecht von Blumenthal verkaufte, besitzet jetzt der Oberste und Commandeur des von Posadowskyschen Dragonerregiments, Werner Heinrich von Blumenthal.

47. Reddis 3 Meilen von Stolpe südsüdostwärts, an einem Büchenwalde, an dessen östlichen Seite ein kleiner Bach vorbeyfließet und die zu diesem Dorfe ge- hörige Mühle treibt, hat 1 Vorwerk, 8 Bauern, 1 Halbbauer, 1 Coßäthen, 1 Schmiede, 1 Schulmeister, auf der Feldmark des Dorfs ein Vorwerk mit einer Schäferey Carlshof genannt, 1 Wassermühle, ein Holzwärterhaus, 37 Feuerstellen, das Recht des Mitpatronats an der Alt-Kolziglowschen Kirche, wenige Holzung, Fischerey in dem Mühlenteiche und ist zu Alt-Kolziglow in der Stolpschen Synode eingepfarret. Nach der Kirchenmatrikul von 1590, dem Kirchenprotocoll von 1715 und dem Bescheide des Königl. Consistorium zu Cößlin vom 25 März 1775 lie- gen noch auf der Feldmark des Dorfs Reddis 3 Hufen Pfarracker, die der Pfarre zu Alt-Kolziglow gehören, eine Wurth von 4 Morgen, auf welcher die Wohnung des Predigercolonus nebst der Scheune und den Ställen stehet, das Pfaffenmohr, das große Torfmohr und der Priesterbusch, die ebenfalls der Pfarre zu Kolziglow gehören, und endlich eine Kirchenhufe, die 1715 dem Prediger beygeleget wurde. Reddis ist ein altes Puttkammersches Lehn. Gürgen von Puttkammer verkaufte einen Theil desselben nach dem Vergleiche vom 22 April 1698 dem Hauptmann Ludewig von Puttkammer, von welchem die Wittwe des Andreas Joachim von Puttkammer, Margaretha Dorothea gebohrne von Below, nicht nur diesen Theil für ihre Söhne, den Generallieutenant Nicolaus Ernst und Franz Joachim von Puttkammer zu Versin, als die nächsten Lehnsfolger, einlösete, sondern auch von demselben zugleich seinen eigenen Lehnsantheil an Reddis, der aus 4 Hackenhu- fen bestand, erblich kaufte, und hierauf mit ihren Söhnen das ganze Gut Reddis, nach dem Vergleiche vom 31 October 1733 auf 12 Jahre, ihrem Schwiegersohne Franz Jacob von Puttkammer, und am 3 April 1746 auf andre 4 Jahre dem Hauptmann Carl Gustav von Puttkammer überließ und zugleich festsetzte, daß wenn nach diesen 4 Jahren die Einlösung nicht erfolgen sollte, derselbe für sich und seine Nachkommen dieses Gut zu Lehn nehmen könne, welches nach seinem Tode seinen 3 Söhnen, dem Krieges- und Domainenrathe Carl Gustav, Otto Wilhelm und dem Lieutenant Franz Gottlieb von Puttkammer, und nachdem der mittelste gestor- ben war, nach den Erbtheilungsvergleichen vom 20 September 1781 und 23 Ju- lius 1782, dem letztern zufiel.

48. Groß-Retz ¼ Meile von Pollnow ostsüdostwärts, auf der Straße von
[Qiiii] Pollnow

Der Rummelsburgsche Kreis.

Pollnow nach Rummelsburg, hat 2 herrschaftliche Höfe oder Vorwerke, 1 Wassermühle, ein Feldgut Sedow oder Sdau oder Misdau genannt, 4 Bauern, 1 Halbbauer, 1 Schulmeister, Holzungen, wenige Fischereÿ und ist zu Pritzig in der Schlaweschen Synode eingepfarret. Groß-Reetz und das dazu gehörige und in dem Schlaweschen Kreise gelegene Bauerdorf Föhrde sind theils alte Glasenappsche theils Lettowsche Lehne. Sie wurden von der ehemaligen Wittwe des Majors Claus Albrecht von Lettow, Dorothea Lucia gebohrnen von Wangenheim und ihrem zweiten Gemahl, dem Hauptmann Ambrosius von Below, als den Vormündern ihrer Kinder erster Ehe, nach dem Vergleiche vom 2 December 1705 wiederkäuflich dem Commissarius Franz von Glasenapp verkauft und fielen nach dessen Tode 1738 seinem Sohne, Heinrich Andreas zu. Dieser verkaufte sie am 17 Januar 1747 wiederkäuflich auf 15 Jahre dem Major Martin Friederich von Below, dessen Wittwe jetzt diese Güter, nach dem mit ihren Kindern am. 14 September 1768 getroffenen Vergleiche, besitzet.

49. Klein-Reetz ein Vorwerk mit 2 Halbbauern und einem nicht weit davon befindlichen Vorwerke, der Lattenkathen genannt, lieget ¾ Meile von Pollnow ostsüdostwärts, auf der Straße von Pollnow nach Rummelsburg und ist ein zu Pritzig in der Schlaweschen Synode eingepfarrtes Dorf, welches der Hauptmann George Albrecht von Kamke besitzet. S. Pritzig unter den adelichen Gütern des Schlaweschen Kreises.

50. Reinfeld beÿ Barnow, ein adelicher Wohnsitz, 3 Meilen von Stolpe südostwärts, an dem Kamenzflusse, der zwischen diesem Dorfe und dem Bürowschen District die Gränze macht, auf der Straße von Bütow nach Schlawe; hat 1 Vorwerk, 8 Bauern, 1 Schmiede, 1 Holzwärterhaus, 1 Teerofen, 22 Feuerstellen; Fichten- und Eichenholzungen, Fischereÿ in Teichen und dem Kamenzflusse und ist zu Alt-Kolziglow, in der Stolpschen Synode eingepfarret. Für die beÿ dem Gute Reinfeld seit 1773 für 1653 Rthlr. königliche Gnadengelder vorgenommene Verbesserungen, wovon die jährlichen Einkünfte nach dem Anschlage 168 Rthlr. 16 Gr. 9 Pf. betragen sollen, muß jährlich eine zu Gnadengehalten für adeliche Wittwen und Waisen bestimmte Abgabe von 33 Rthlr. von dem Besitzer dieses Guts bezahlet werden, welches ein altes Puttkammersches Lehn ist. Ein Theil dieses Guts kam von Henning Brand von Puttkammer an seinen Sohn den Generalmajor, Martin Anton Freyherren von Puttkammer und wurde von demselben am 24 December 1751 seiner Schwester Catharina Sophia von Puttkammer, von dieser aber am 10 Januar 1757 ihrem Sohne, Anton Ludewig von Puttkammer überlassen, der einen kleinen Theil dieses Guts am 15 April 1757 von Jacob Reinhold von Massow, den sogenannten Freÿschulzenhof in Reinfeld am 18 März 1757 von Franz Joachim von Puttkammer und noch 2 wüste Bauerhöfe in Reinfeld mit den dazu gehörigen 2 Hackenhufen am 30 April 1766 von dem Hauptmann George Matthias von Puttkammer kaufte und dadurch das ganze Gut Reinfeld bekam.

51. Reinfeld beÿ Rummelsburg, ½ Meile von dieser Stadt gegen Süden, lit.

einem

Die adelichen Güter des Rummelsburgschen Kreises. 803

einem Thale und an 2 Seen, wovon der eine an die südliche und der andre an die nordliche Seite des Dorfs stoßet, hat 2 Rittersitze oder Vorwerke, 12 Halbbauern, 1 Coßäthen, 1 Krug, 1 Schulmeister, 20 Feuerstellen, eine zu der Schlawschen Synode gehörige und nebst dem Kirchhofe nahe bey dem Dorfe auf einem Berge gelegene Kirche, die ein Filial von Falkenhagen und zu welcher das Dorf Heinrichsdorf eingepfarret ist, Holzungen und Fischerey in Seen und Teichen. Das Dorf gränzet an die Westpreußischen Dörfer Darsen, Flötenstein und Lanken und bestehet aus 2 Antheilen. Reinfeld (a) ist ein Massowsches Lehn, welches von Jacob Reinhold von Massow für das Gut Neu-Kolziglow an den Major von Zastrow vertauscht wurde und nach deßen Tode seinen Kindern, als Ernst Wilhelm, August Joachim, Gustav Joachim, Friederica Charlotta, Carolina Ernestina, Anna Wilhelmina und deren Bruders des Rittmeisters von Zastrow nachgelaßenen Kindern, als Charlotta Christiana und Friederica Sophia Carolina zufiel, die sich am 11 May 1779 also auseinandersetzten, daß dieses Gut dem Ernst Wilhelm von Zastrow zufiel. Dieser trat es sogleich seiner Schwester, der Fräulein Carolina Ernestina von Zastrow ab, die sich am 18 Julius 1782 mit dem Hauptmann und Königl. Kriegescommißarius zu Pillau, Valentin Ludewig Liebermann von Sonneberg vermählte. Reinfeld (b) war ehemals auch ein Massowsches Lehn, ist aber jetzt ein neues Lehn der von Seiger. Christoph von Massow auf Zezenow verkaufte daßelbe nach dem Vergleiche vom 19 April 1649 mit lehnsherrlicher Einwilligung vom 17 März 1690 dem Caspar von Seiger, worauf sich die Gesamthänder am 12 November 1665 der Einlösung deßelben entsagten. Adolph Christian von Seiger hinterließ einen einzigen Sohn, Caspar George Gottlob, deßen Mutter, Erdmuth Elisabeth gebohrne von Lettow, jetzt dieses Gut besitzet.

52. Reinwasser ein adelicher Wohnsitz, 1¼ Meilen von Rummelsburg gegen Osten, auf der Landstraße von Conitz, Schlochow und Steinfort nach Stolpe, wie auch auf der Landstraße von Rummelsburg nach Bütow, hat 2 Vorwerke, auf der Feldmark des Dorfs die Vorwerke Dulzig und Salonke nebst noch einigen Wohnungen in dem Walde, 6 Bauern, 8 Halbbauern, 1 Krug, 1 Schmiede, 1 Schulmeister, 35 Feuerstellen, beträchtliche Holzungen, Fischerey in verschiedenen Seen und ist zu Waldow in der Stolpschen Synode eingepfarret. Das Dorf Reinwasser gränzet an die Westpreußischen Dörfer Peterkow und Bresen und ist ein altes Puttkammersches Lehn. Ein Theil dieses Guts fiel nach dem Tode des Joachim Wilhelm von Puttkammer, nach dem mit seinen Allodialerben, den Geschwistern Agnesa Catharina von Puttkammer, Sophia Elisabeth von Puttkammer vermählten von Petersdorf und Barbara Margaretha von Puttkammer vermählten von Braunschweig, am 24 Januar 1741 getroffenen Vergleiche, seinen nächsten Lehnsfolgern, den Gebrüdern Johann Woitzlaff und dem Landrathe George Christian von Puttkammer und nach dem Tode des ersten dem letzten allein zu, der diesen Theil am 15 November 1751 erblich seinem Vetter, Franz Joachim von Puttkammer, verkaufte. Der übrige Theil dieses Guts und das alte Puttkammersche Lehn Versin kamen von Claus Lorenz von Puttkammer an seinen Sohn Andreas Joachim, nach deßen Tode seine Wittwe, Margaretha Dorothea gebohrne

von Below, sich am 18 Februar 1739 mit ihren 3 Söhnen auseinandersetzte, von welchen der älteste, der nachmalige Generallieutenant und Commendant in Stettin, Nicolaus Ernst, am 6 August 1747, und der jüngste, der Major George Ludewig von Puttkammer, am 4 Februar 1754 diese Güter dem mittelsten Sohne, Franz Joachim von Puttkammer, überließen. Dieser trat bey seinem Leben das ganze Gut Reinwasser mit den dazu gehörigen Vorwerken Dulzig und Salonke am 22 August 1769 und 2 August 1772 seinem jüngsten Sohne, Jacob George Gottlieb von Puttkammer, und das Gut Versin mit den dazu gehörigen Vorwerken Grabow und Johannishof am 15 August 1776 seinem ältesten Sohne, dem Premierlieutenant bey dem von Winterfeldschen Infanterieregimente und Ritter des S. Johanniterordens, Franz Johann Ulrich von Puttkammer ab.

53. **Kochow** ein adelicher Wohnsitz, ½ Meile von Pollnow ostnordostwärts, an einem Walde, hat 1 Vorwerk, 8 Bauern, 8 Feuerstellen und ist ein zu Pollnow in der Schlawschen Synode eingepfarrtes altes Letowsches Lehn. Es wurde von der Wittwe des Claus von Letow, Benigna Hedwig gebohrnen von Below, am 27 April 1741 wiederkäuflich auf 28 Jahre dem Regierungsrathe Franz von Glasenapp verkauft, und nachdem es in Concurs gerathen war, von dem Obersten Friederich Ernst von Wrangel gekauft, von welchem es am 11 Julius 1774 dem Haus Caspar von Steinkeller und von diesem am 8 April 1777 dem August Wilhelm von Below verkauft wurde. Dieses Gut gehöret theils zu dem Rummelsburgschen, theils zu dem Schlawschen Kreise. Zu dem ersten werden 2$\frac{7}{10}$ steuerbare Landhufen und 6 Bauern gerechnet. S. Kochow unter den adelichen Gütern des Schlawschen Kreises.

54. **Rohr** ein adelicher Wohnsitz, 1 Meile von Rummelsburg nordostwärts, an einem fischreichen See, hat 1 Vorwerk, 14 Bauern, 2 Krüge, 1 Schmiede, 1 Schulmeister, der jährlich ein königliches Gnadengehalt von 40 Rthr. erhält, auf der Feldmark des Dorfs 3 Kolonien oder Colonien Friederikenfelde, Alewstein und Georgendorf genannt, 1 Wassermühle, 1 Ziegelei, 3 Fließhöfe oder Vorwerke, wovon zwey zu Treblin und einer zu Waldow eingepfarret sind, 2 Holzwärterwohnungen, 53 Feuerstellen, eine zur Schlawschen Synode gehörige Kirche, die ein Filial von Treten und zu welcher das Dorf Gewiesen eingepfarret ist, beträchtliche Holzungen und Fischerey in Seen, Teichen, Bächen und der Wipper. Für die bey diesem Gute seit 1775 für 12400 Rthr. königliche Gnadengelder vorgenommene ansehnliche Verbeßerungen, wovon die jährlichen Einkünfte nach dem Anschlage 539 Rthr. 16 Gr. 8 Pf. betragen sollen, muß eine zur Besoldung einiger Landschulmeister bestimmte jährliche Abgabe von 148 Rthr. von dem Besitzer dieses Guts bezahlet werden, welches ein altes Massowsches Lehn ist. Valentin von Massow besaß einen Theil dieses Guts, den ihm sein Bruder, George Christian, nach dem Tode seines Vaters, George von Massow, nach dem Erbvergleiche vom 9 November 1707, überlaßen hatte, und trat denselben nebst $\frac{7}{8}$ Theil in Rummelsburg am 30 October 1749 seinem Sohne, dem Cammerpräsidenten und nachmaligen geheimen Staatsminister, Valentin von Massow ab, der den andern

Theil

Die adelichen Güter des Rummelsburgschen Kreises.

Theil des Guts Rohr, einen Theil in Rummelsburg, das Vorwerk Bossanke und die dazu gehörigen 2 Hufen in Brandenheide am 18 September und 15 October 1748 von der Wittwe des Obersten Ewald Wedig von Massow, Louise Christiane gebohrnen von Schierstedt, den achten Theil von Rummelsburg und den achten Theil von der Mühle daselbst, am 2 November 1749 von dem geheimen Staatsminister Joachim Ewald von Massow, einen Fließhof an der Wipper am 9 October 1749 von dem Landrathe von Puttkammer, 2 Fließhöfe an der Wipper am 11 April 1758 von Claus Anshelm von Puttkammer und das alte Massowsche Lehn Villerbeck, jetzt Friederichshuld genannt, von dem Lieutenant Jacob Ewald von Massow, der solches von seinem Vaterbruder Anton Adrian von Massow geerbet hatte, am 27 Februar 1752 kaufte. Nach seinem Tode setzten sich seine 3 Söhne mit ihren Schwestern am 30 December 1775 also auseinander, daß dem Krieges- und Domainen- auch Landschaftsrathe, Valentin George Anton von Massow, das Gut Rohr mit seinem Vorwerken Friderikenfelde und Klewstein, Friederichshuld ehemals Villerbeck genant, Brandenheide nebst Bossanke und Rummelsburg (b), dem Krieges- und Domainenrathe Friederich Ewald Ernst von Massow aber die Güter Schwessin Scharniz und Waldow zufielen.

55. Gaben ein zu den Gütern Grünenwalde und Ponickel gehöriges Bauerdorf, 1¼ Meilen von Rummelsburg nordostwärts, auf der Landstraße von Conitz, Schlochow und Steinfort nach Stolpe, hat 1 Wassermühle, die auf der Wipper liegt, 11 Bauern, 1 Schmiede, 1 Schulmeister, 25 Feuerstellen und ist ein zu Waldow in der Stolpschen Synode eingepfarrtes altes Puttkammersches Lehn, welches der Landrath George Christian vom Puttkammer besitzet. S. Grünenwalde.

56. Scharniz 1¾ Meilen von Rummelsburg ostnordostwärts, an einem See, der mitten in dem Dorfe liegt, hat 1 Vorwerk, 5 Halbbauern, 1 Holzwärterkathen, 7 Feuerstellen, viele Holzungen und ist zu Waldow in der Stolpschen Synode eingepfarret. Für die bey dem Gute Scharniz seit 1773 für 1900 Rthlr. königliche Gnadengelder vorgenommene Verbesserungen, wovon die jährliche Einkünfte nach dem Anschlage 107 Rthlr. 21 Gr. 8 Pf. betragen sollen, muß eine zur Besoldung einiger Landschulmeister bestimmte jährliche Abgabe von 38 Rthlr. von dem Besitzer dieses Guts bezahlet werden. Es ist dasselbe ein altes Puttkammersches Lehn, welches der Landrath George Christian von Puttkammer am 27 Februar 1739 von dem Landcammerrathe Joachim Heinrich von Puttkammer erhielt, und nachdem er es seiner Schwester, die mit Hauptmann Joachim Ewald von Massow vermählet wurde, zum Brautschatze mitgegeben hatte, nach ihrem Tode am 10 November 1750 ihrem nachgelaßenen Ehemann überließ. Nachdem derselbe und sein Bruder der Generallieutenant von Massow unbeerbt gestorben waren und dieses Gut durch Erbschaft an die Kinder ihrer beiden Schwestern gekommen war, von welchen der geheime Staatsminister Valentin von Massow mit der einen und der Landrath George Christian von Puttkammer mit der andern vermählt gewesen war; so verglichen sich dieselben als Väter und natürliche Vormünder ihrer Kinder am 14 October 1764 also, daß die von Puttkammerschen Kinder mit Gelde abgefunden wurden,

den, und der geheime Staatsminister von Massow, nachdem er seinen Kindern eine Vergütigung an Gelde gegeben hatte, dieses Gut bekam, welches jetzt sein Sohn, der Krieges- und Domainenrath Friederich Ewald Ernst van Massow besitzt. S. Rohr.

57. Scharsow oder Scharschow ein adelicher Wohnsitz 1¼ Meilen von Stolpe südsüdostwärts, in einem mit Bergen und Wäldern umgebenen Thale, an der Schotow, welche durch das Dorf fliesset und nicht weit von demselben in die Stolpe fällt, hat 1 Vorwerk, 1 Wassermühle, 4 Bauern, 2 Coßäthen, 1 Schulmeister, 10 Feuerstellen, Holzungen und Fischerey und ist zu der zu der Stolpschen Synode gehörigen St. Peterskirche auf der Altstadt Stolpe eingepfarret. Dieses ehemalige Lehn der von Wobeser wurde am 27 November 1725 von Oswald von Wobeser den Erben des Felix Otto von Below zu Culsow verkauft und nachdem das Geschlecht der von Wobeser durch den Rechtsspruch des Cößlinschen Hofgerichts vom 29 April 1750 war präcludiret worden, denselben erblich zuerkannt, von welchen die Gebrüder, der Hauptmann Martin Friederich, der Hauptmann Nicolaus Ernst und der Lieutenant Franz Ludewig von Below, es am 20 April und 1 May 1750 wieder erblich dem Matthias Friederich von Böhn verkauften, nach dessen Tode es an seinen ältesten Sohn Carl Friederich Erdmann von Böhn kam, von welchem es sein Bruder, der Hauptmann Christian August von Böhn 1768 erbte.

58. Schwessin ½ Meile von Rummelsburg gegen Osten, hat 1 Vorwerk, auf der Feldmark des Dorfs die Vorwerke Kownburg und Jacobshausen, wovon das letzte ehemals eine Glashütte war, 1 Wassermühle, 1 Prediger, 1 Küster, 14 Bauern, 2 Halbbauern, 4 Coßäthen, 1 Krug, 1 Schmiede, 40 Feuerstellen, eine zu der Schlaweschen Synode gehörige Mutterkirche, zu welcher die Westpreußischen Dörfer Peterkow und Darsen als vaganted gehören, Holzungen, 7 fischreiche Seen, aus deren dreyen, Zoddel, Marl und Döpers genannt der bekannte Fluß Brahe entspringt, der durch Westpreußen fliesset und gränzet an die Westpreußischen Dörfer Engsee, Starsen und Klein-Peterkow. Auf die Bitte des Christoph Wedelstedt und Paul Gomberg wurde von dem Herzoge Philipp am 6 November 1617 bewilliget, daß der Prediger zu Schwessin den Gottesdienst zu Peterkow verrichten möge. Für die bey dem Gute Schwessin seit 1773 für 2700 Rthlr. königliche Gnadengelder vorgenommene Verbesserungen, wovon die jährlichen Einkünfte nach dem Anschlage 137 Rthlr. 1 Gr. 8 Pf. betragen sollen, muß eine zur Besoldung einiger Landschulmeister bestimmte jährliche Abgabe von 54 Rthlr. von dem Besitzer dieses Guts bezahlet werden. Dieses Massowsche Lehn, mit welchem die Geschlechter der von Virgin und von Roggenbuck, jedoch ohne Nachtheil der von Massow, belehnet wurden, bestand ehemals aus 3 Antheilen. Ein Theil wurde von Ewald von Manteufel am 13 Junius 1721 dem Paul Wedig von Kameke, von diesem am 23 October 1736 dem Hauptmann Philipp Ernst von Puttkammer und von diesem am 6 April 1747 dem Major Ernst Ludewig von Puttkammer verkauft, nach dessen Tode dieser Theil am 19 April 1751 an die Wittwe von Meserih, Dorothea Sophia von Puttkammer, kam, die ihn am 21 Septemper 1751 dem Jacob Caspar von Puttkammer schenkte. Der andere Theil kam von Hans Jacob von

Die adelichen Güter des Rummelsburgschen Kreises.

von Roggenbuck an selbe Söhne Peter August Leopold und Franz Jacob von Roggenbuck, und nach deren Tode an den nächsten Lehnsfolger Peter Ludewig von Roggenbuck, der sein Recht seinem Sohne, Peter Valentin von Roggenbuck abtrat. Der dritte Theil dieses Guts fiel nach dem Tode des Carl Gustav von Virgin seiner Wittwe, Esther Elisabeth gebohrnen von Massow und seinen 2 Söhnen, dem Lieutenant Carl Gustav und dem Hauptmann Ernst Joachim von Virgin zu, der es zuletzt allein bekam. Nachdem derselbe 1758 gestorben war, und keine Söhne, sondern nur eine Wittwe und 2 Töchter hinterlaßen hatte, wurde dieser Theil dem Peter Valentin von Roggenbuck am 11 November 1764 überlaßen. Nach dem Abgange der von Virgin und von Roggenbuck, lösete der wirkliche geheime Staats Krieges und dirigirende Minister, Valentin von Massow, das ganze Gut Schwesin ein, welches nach seinem Tode sein Sohn, der Krieges und Domainenrath, Friederich Ewald Ernst von Massow besitzet. S. Rohr.

59. Groß-Schwirsen in alten Urkunden Zwirsen genannt, ein adelicher Wohnsitz, 1 Meile von Rummelsburg nordwestwärts und eben so weit von Pollnow südostwärts, in einem Thale und an einem Bache, der aus dem kleinen See, der Schibbe genannt, entspringt, durch das Dorf fließet und bey Kaßig in die Stiednitz fällt, auf der Straße von der Westpreußischen Stadt Conitz nach Rügenwalde, Pollnow und Schlawe, hat 2 herrschaftliche Höfe oder Vorwerke, 1 Wassermühle, 1 Prediger, 1 Küster, 9 Bauern, 7 Coßäthen, 1 Schmiede, auf der Feldmark des Dorfs das Vorwerk Mallenzin, welches aus 2 Verwalterhöfen bestehet, 29 Feuerstellen, eine unter dem Patronate des Besitzers des Guts Groß Schwirsen und der Besitzer der dazu eingepfarrten Oerter stehende und zu der Schlaweschen Synode gehörige Mutterkirche, zu welcher die Dörfer Klein-Schwirsen, Bial, Kaßig, Gadjen, und Papenzin eingepfarret sind und nothdürftige Holzung. In Groß-Schwirsen, welches ehemals ein Filial von Pritzig war, am 28 October 1576 aber davon getrennet wurde, ist 1705 ein neuer Thurm und 1711 eine neue Kirche erbauet worden. Dieses Gut ist ein altes Massowsches Lehn. Ein Theil deßelben, oder der sogenannte große Hof, kam nach dem Tode des Landraths George Christian von Massow, an seinen ältesten Sohn, den Oberstlieutenant Rüdiger, hierauf an deßen Bruder, den Major Claus George und nachher an deßen Bruder, den Hauptmann Ernst Bogislav von Massow, nach deßen Tode nicht nur dieser Theil seinen nächsten Lehnsfolgern, den Gebrüdern, dem Oberstlieutenant Nicolaus George und Jacob Nathanael von Massow, am 7 Januar 1758 von ihrem Miterben, dem Hauptmann Christian Lüdeke von Massow überlaßen, sondern auch zugleich von eben demselben der andere Theil dieses Guts, oder der so genannte kleine Hof, den er von seinem Vater Werner Ludewig von Massow geerbet hatte, für das Gut Kaßig tauschweise abgetreten wurde. Nachdem der Oberstlieutenant Nicolaus George und sein Bruder Jacob Nathanael von Massow gestorben waren, und der erste weder eine Wittwe noch Kinder, der letzte aber einen Sohn, George Conrad von Massow und eine Tochter hinterlaßen hatten und der Oberstlieutenant von Massow in seinem Testamente vom 14 December 1773 seinen Brudersohn, George Conrad von Massow, zum Universalerben

seines

seines sämtlichen Vermögens eingesetzt hatte: so bekam derselbe, nachdem er sich am 1 März 1774 mit seiner einzigen Schwester, Henrietta Ludovica gebohrnen und vermählten von Massow auseinander gesetzet hatte, das Gut Groß-Schwirsen mit dem dazu gehörigen Vorwerke Mallenzin.

60. Klein-Schwirsen 1 Meile von Rummelsburg nordnordwestwärts und eben so weit von Pollnow ostsüdostwärts, etwa eine halbe Viertelmeile von der Glednitz, hat 2 herrschaftliche Höfe oder Vorwerke, ein auf der Feldmark des Dorfs gelegenes Vorwerk, Pogasille genannt, 6 Bauern, 4 Coßäthen, 20 Feuerstellen, Holzung und wenige Fischerey und ist ein zu Groß-Schwirsen in der Schlaweschen Synode eingepfarrtes altes Lettowsches Lehn, welches aus 2 Antheilen bestehet. Klein-Schwirsen (a) erbte Johann George von Lettow von seinem Vater Jacob und überließ es am 30 April 1683 für einen Theil des Guts Cammitz dem Christian von Lettow, dessen nachgelaßener Sohn, Caspar Ernst von Lettow es aber dem Johann George von Lettow wieder zurückgab, nach dessen Tode es seinem ältesten Sohne, Hans Albrecht, und nachdem derselbe unverheirathet in der Schlacht bey Leuthen 1758 geblieben war, seinem Bruder und einzigen Lehnsfolger, dem Hauptmann Christian George von Lettow zufiel, der wieder die Ansprüche seiner Vettern durch die Rechtssprüche vom 28 März und 10 Junius 1768 in dem Rechte des Besitzes dieses Guts geschützet wurde. Nach seinem Tode erbte es der Krieges- und Domainenrath Werner Ernst von Lettow. Klein-Schwirsen (b) fiel mit dem dazu gehörigen Vorwerke Pogasille, nach dem Tode des Oberstlieutenant George von Lettow, seinen Söhnen, dem Rittmeister Christoph George und Alexander Carl, und nach dem brüderlichen Theilungsvergleiche vom 16 Februar 1725 dem ersten zu, von welchem es sein nächster Lehnsfolger, der Lieutenant Ewald Christian von Lettow erbte.

61. Seelitz oder Derselitz 2½ Meilen von Schlawe südostwärts, hat 1 Vorwerk, 1 Wassermühle, 4 Bauern, 4 Coßäthen, auf der Feldmark des Dorfs das Vorwerk Nackel und den Prüllwitzerkathen, der eigentlich ein auf Geldpacht gesetzter Bauerhof ist und gemeiniglich das Seelitzer Gehege genannt wird, 10 Feuerstellen, Holzung und Fischerey und ist ein zu Bartin in der Schlaweschen Synode eingepfarrtes altes Massowsches Lehn, welches die Erben des Hauptmanns Carl August von Massow besitzen. S. Woblanse.

62. Sellin 3 Meilen von Stolpe gegen Süden, hat ein Vorwerk Berg-Sellin genannt, 1 Wassermühle, 4 Bauern, 5 Coßäthen, 1 Schmiede, 1 Schulmeister, 16 Feuerstellen, das Recht des Mitpatronats an der Zettinschen Kirche, Holzung, Fischerey und ist zu Zettin in der Stolpschen Synode eingepfarret. Die Güter Sellin und Starkow sind alte Puttkammersche Lehne, welche nach dem Tode des Andreas von Puttkammer, seinem Sohne Anton Casimir zufielen und von demselben am 6 November 1737 wiederkäuflich dem Franz Jacob von Puttkammer, von diesem aber am 12 März 1751 dem Grafen Wilhelm Gottfried von Werssow verkauft wurden, von welchem sie der Major George Eggerd von Puttkammer einlösete.

63. Groß-

Die adelichen Güter des Rummelsburgschen Kreises.

63. Groß-Silkow gehöret halb zu dem Rummelsburgschen und halb zu dem Stolpschen Kreise. Zu einem jeden Kreise werden 3 33/... steuerbare Landhufen gerechnet. S. Groß-Sillow unter den adelichen Gütern des Stolpschen Kreises.

64. Starkow 3 Meilen von Stolpe gegen Süden, auf der Straße von Bütow nach Schlawe, hat 1 Vorwerk, der Schwarze Kathen genannt, 10 Bauern, 9 Coßäthen, 1 Krug, 1 Schulmeister, 19 Feuerstellen und ist ein zu Zettin in der Stolpschen Synode eingepfarrtes altes Puttkammersches Lehn, welches der Major George Eggerd von Puttkammer besitzet. S. Sellin.

65. Suckow gehöret größtentheils zu dem Schlaweschen Kreise, zu dem Rummelsburgschen aber werden 3½ steuerbare Landhufen gerechnet. S. Suckow unter den adelichen Gütern des Schlaweschen Kreises.

66. Treblin ein adelicher Wohnsitz, 2¼ Meilen von Rummelsburg nordnordostwärts, 3 Meilen von Stolpe gegen Süden und eben so weit von Bütow westnordwestwärts, hat 2 Rittersitze oder adeliche Vorwerke, 1 Wassermühle, 1 Ziegelen, 12 Bauern, 16 Coßäthen, 1 Krug, 1 Schmiede, 1 Schulmeister, auf der Feldmark des Dorfs das 1765 neu angelegte Vorwerk Franzhof und die Vorwerke oder Schäfereyen Altschäferey, Vorforse, oder Brjosen und Zerzysen genannt, 48 Feuerstellen, eine zu der Stolpschen Synode gehörige Kirche, die ein Filial von Zettin ist und zu welcher die adelichen Güter Neuhof, Wussofske und Flieshof eingepfarret sind, Holzungen, Fischereyen und ist ein altes Puttkammersches Lehn, welches die Wittwe und Erben des Stenzel Christian von Puttkammer am 28 März 1714 dem Hauptmann Erdmann Casimir von Massow verkauften, dessen Wittwe Dorothea Hedwig gebohrne von Lettow sich mit dem Hauptmann Anshelm Friederich von Puttkammer, als dem nächsten Lehnsfolger, vermählte. Ihr wurde von den Vormündern ihrer Kinder erster Ehe, welche der Hauptmann Erdmann Casimir von Massow mit ihr erzeuget hatte, am 2 Februar 1735 dieses Gut überlaßen, welches sie am 27 März 1756 zugleich mit den Gütern Wussofske und Flieshof ihrem Sohne zwoter Ehe, Claus Anshelm von Puttkammer abtrat und sich nur allein das Gut Neuhof vorbehielt. Nach ihrem Tode fiel auch dieses dem Claus Anshelm von Puttkammer zu.

67. Treten 1 Meile von Rummelsburg nordnordostwärts, auf der Landstraße von Rummelsburg nach Stolpe, hat 3 Vorwerke, die um das Dorf herum liegen, 1 Wassermühle, 1 Ziegelen, 1 Prediger, 1 Küster, 21 Bauern, 9 Coßäthen, 1 Krug, 1 Schmiede, auf der Feldmark des Dorfs ein Vorwerk an der Rummelsburgschen Gränze, und 2 Buschkathen, worinn Holzwärter wohnen, 49 Feuerstellen, eine zu der Schlaweschen Synode gehörige Mutterkirche, deren Filiale die Dörfer Rohe und Brotzen sind und zu welcher die Dörfer Brandenheide, Billerbeck oder Friederichshuld und Wocknin und das Vorwerk und der Krug Pöpelshof eingepfarret sind, hinreichende Holzungen, Fischereyen in dem See Miltzow, der etwa ¼ Meile lang ist und ist ein altes Massowsches Lehn, welches der Major Ewald von Massow besitzet. S. Battin.

*Bueggr. Beschr. v. H. Pom. [Kkkk] 68. Turzig

Der Rummelsburgsche Kreis.

68. Turzig 1 Meile von Rummelsburg gegen Norden, an einem fischreichen See, auf der Straße von Rummelsburg nach Schlawe, hat 1 Vorwerk, 7 Bauern, 2 Coßäthen, 1 Schulmeister, 13 Feuerstellen, beträchtliche Holzungen und Fischerey und ist zu Broßen in der Schlaweschen Synode eingepfarret. Carl von Zitzewitz verkaufte die alten Zitzewitzschen Lehne, als einen Theil in Turzig, einen Theil in Börnen und das Gut Gesiffke am 16 Februar 1717 wiederkäuflich dem Ernst Lorenz von Massow, dessen Sohn, der Oberste Joachim Anton von Massow, sie erbte und sie am 7 April 1765 dem Geheimenrathe von Böhn überließ. Dieser trat sie am 5 Junius 1766 dem Hauptmann Friederich von Zitzewitz ab, der schon vorher die übrigen Theile von den Gütern Turzig und Börnen mit seinem Bruder, dem Lieutenant Michael Henning von Zitzewitz, von dem geheimen Staatsminister Joachim Ewald von Massow eingelöset hatte. Nach dem Tode des Hauptmanns von Zitzewitz besitzen jetzt seine Lehnsfolger diese Güter. S. Broßen. Das Gut Turzig gehöret theils zu dem Rummelsburgschen, theils zu dem Schlaweschen Kreise. Zu dem ersten werden 1½ steuerbare Landhufen gerechnet. S. Turzig unter den adelichen Gütern des Schlaweschen Kreises.

69. Vangerin oder Wangerin ein Bauerdorf, 1½ Meilen von Rummelsburg nordwestwärts, an einer Fichtenheide und an der Stiednitz, die gegen Westen vorbeyfließet, hat 4 Bauern, 1 Coßäthen, 5 Feuerstellen und ist ein zu Broßen in der Schlaweschen Synode eingepfarrtes altes Zitzewitzsches Lehn, welches die Lehnsfolger des Hauptmanns Friederich von Zitzewitz besitzen. S. Broßen.

70. Varzin gehöret theils zu dem Rummelsburgschen, theils zu dem Schlaweschen Kreise. Zu dem ersten werden 2⅝ steuerbare Landhufen gerechnet. S. Varzin unter den adelichen Gütern des Schlaweschen Kreises.

71. Versin 2¾ Meilen von Stolpe südsüdostwärts, in einer anmuthigen Gegend, hat 1 Vorwerk, 10 Bauern, 8 Coßäthen, 1 Schulmeister, der jährlich ein königliches Gnadengehalt von 80 Rthlr. erhält, 1 Schmiede, auf der Feldmark des Dorfs die Vorwerke Grabow und Johannishof, wovon das erste, ½ Meile von Versin an der Straße von Bütow nach Stolpe, das andre aber an dem Stolpeflusse liegt, 1 Schäferey, 1 Wassermühle, 42 Feuerstellen, das Recht des Mitpatronats an der Alt-Kolziglowschen Kirche, fruchtbaren Acker, gute Wiesen, Büchen und Eichenholzungen, Fischeren in Teichen und Bächen und ist ein zu Alt-Kolziglow in der Stolpschen Synode eingepfarrtes altes Lehn und Stammhaus einer Linie des alten und berühmten von Puttkammerschen Geschlechts, welches der Premierlieutenant bey dem von Winterfeldschen Infanterieregimente und Ritter des St. Johanniterordens, Franz Johann Ulrich von Puttkammer, besitzet. S. Reinwasser.

72. Vartlum ein adelicher Wohnsitz, 2 Meilen von Rummelsburg nordostwärts, 2½ Meilen von Bütow gegen Westen und 4 Meilen von Stolpe gegen Süden, nahe bey Pottock, hat 1 Vorwerk, 5 Bauern, 1 Schulmeister, 1 Schmiede, auf der Feldmark des Dorfs die Colonie Franzdorf, die aus 9 Halbbauern

Die adelichen Güter des Rummelsburgschen Kreises. 811

und 8 Büdnern bestehet, das Vorwerk Joachimsthal, 1 Wassermühle, 1 Teerofen, 1 Holzwärterhaus, 27 Feuerstellen, das Recht des Mitpatronats an der Zettinschen Kirche, beträchtliche Holzungen, die größtentheils in Fichten bestehen, Fischerey in Seen und Teichen und ist zu Zettin in der Stolpschen Synode eingepfarret. Für die bey dem Gute Wioettum seit 1773 für 7000 Rthlr. königliche Gnadengelder vorgenommene Verbeßerungen, wovon die jährlichen Einkünfte nach dem Anschlage 363 Rthlr. betragen sollen, muß jährlich eine zu Gnadengehalten für adeliche Wittwen und Waisen bestimmte Abgabe von 140 Rthlr. von dem Besitzer dieses Guts bezahlet werden, welches ein altes Puttkammersches Lehn ist. Andreas von Puttkammer trat es der Wittwe des Claus Lorenz von Puttkammer, die sich nachher mit dem Hauptmann Claus Jürgen von Zastrow vermählte, auf 24 Jahre ab, nach welcher Zeit es der Lieutenant Franz Joachim von Puttkammer, welchem der Major George Eccard von Puttkammer ein, Sohn des Andreas, sein Näherrecht am 14 October 1747 abtrat, am 14. Januar 1747 wieder einlösete. Er verkaufte es hierauf am 25 November 1749 wiederkäuflich dem Postcommissarius Paul Joachim Riß und lösete es am 30 April 1770 wieder von demselben ein.

73. Groß-Volz ½ Meile von Rummelsburg gegen Westen, an einem großen fischreichen See, der die Kirche gegen Morgen umgiebet, hat 1 Vorwerk, 5 Halbbauern, 10 Coßäthen, 1 Schulmeister, auf der Feldmark des Dorfs 3 kleine sogenannte Buschvorwerke, 24 Feuerstellen, eine unter dem Patronate des Besitzers dieses Dorfs und der Besitzer der dazu eingepfarrten Dörfer stehende und zu der Schlawschen Synode gehörige Kirche, die ein Filial von Rummelsburg ist und zu welcher die Dörfer Klein-Volz, Camnitz und Lobber eingepfarret sind, Holzungen, gute Fischerey und ist ein altes Maßowsches Lehn. Ein Theil deßelben, der in 4 Hackenhufen bestand, wurde von Otto Rüdiger von Maßow am 23 Junius 1696 erblich dem Christian Steffen von Grumbkow und von deßen Söhnen am 29 April 1746 erblich dem Christian Lorenz von Maßow verkauft, der diesen Theil am 19 März 1754 auf 25 Jahre an den Obersten Friederich Wilhelm von Essen verpfändete. Ein andrer Theil dieses Guts, den Matthäus Ludewig von Maßow zu Lobber und Camnitz am 16 December 1706 dem Caspar von Maßow zu Falkenhagen überlaßen hatte, wurde von demselben ebenfalls am 19 März 1754 auf 25 Jahre an den Obersten von Essen verpfändet, deßen Wittwe, Eva Sophia gebohrne von Puttkammer, diese beyden Theile am 20 November 1771 dem Hauptmann und jetzigen Major, George Caspar von Wedelstädt, überließ. Der dritte Theil dieses Guts kam von Jacob Christian von Maßow an seine Wittwe, Clara Hedwig gebohrne von Wobeser, und nach deren am 1 Junius 1765 erfolgten Tode an ihren Bruder, den Hauptmann Anton Ludewig von Wobeser und ihre Schwestertochter die Majorin Agnesa Clara von Lettow. Nachdem der Hauptmann von Wobeser 1767 gestorben war, und in seinem Testamente vom 21 August 1765 den Hauptmann Werner Ernst von Lettow zum Erben eingesetzet hatte, bekam derselbe diesen Theil, den er am 24 Februar 1771 dem Major bey dem Falkenhaynschen Regimente, George Caspar von Wedelstädt verkaufte, der also jetzt das ganze Gut Groß-Volz besitzet.

74. Klein-

Der Rummelsburgsche Kreis.

74. **Klein-Volz** ¼ Meile von Rummelsburg südwestwärts, an einem fischreichen See, hat 1 Vorwerk, ein Feldgut Grambhausen genannt, 2 Bauern, 6 Halbbauern, 1 Coßäthen, 1 Schulmeister, 12 Feuerstellen, Holzung, gute Fischerey und ist zu Groß-Volz in der Schlaweschen Synode eingepfarret. Klein-Volz ist theils ein altes Massowsches, theils ein altes Lettowsches Lehn, welches der Lieutenant Caspar Otto von Massow besitzet. S. Cammitz (a).

75. **Waldow** 1¼ Meilen von Rummelsburg ostnordostwärts, 3 Meilen von Bütow westsüdwestwärts, eben so weit von der Westpreußischen Stadt Baldenburg ostnordostwärts, 5 Meilen von Stolpe gegen Süden und eben soweit von Schlawe südsüdostwärts, in einem Thale, an einem See, durch welchen die Wipper fließet, auf der Landstraße von Conitz nach Stolpe, hat 3 Vorwerke, 1 Wassermühle, die etwa ¼ Meile von dem Dorfe auf der Wipper liegt, 1 Prediger, 1 Küster, 1 Predigerwittwenhaus, 6 Bauern, 3 Halbbauern, 1 Krug, 1 Schmiede, auf der Feldmark des Dorfs das Vorwerk Puppendorf nebst einigen Häusern, 31 Feuerstellen, eine unter dem Patronate der Besitzer der zu diesem Kirchspiele gehörigen Dörfer stehende, zu der Stolpschen Synode gehörige und 1716 erbauete Mutterkirche, zu welcher die Dörfer Reinwasser, Saben, Globbow, Scharnitz, Wustrow, Grünenwalde und Ponickel und das zu dem Gute Rohr gehörige Vorwerk Fließhof eingepfarret sind, beträchtliche Holzungen und Fischerey in verschiedenen Seen. Für die bey diesem Gute seit 1773 für 1700 Rthlr. königliche Gnadengelder vorgenommene Verbesserungen, wovon die jährlichen Einkünfte nach dem Anschlage 106 Rthlr. 10 Gr. betragen sollen, muß jährlich eine zur Besoldung einiger Landschulmeister bestimmte Abgabe von 34 Rthlr. von dem Besitzer dieses Guts bezahlet werden. Valentin von Massow, der einen Theil dieses alten Puttkammerschen Lehns am 15 December 1694 von Christian von Puttkammer und einen andern Theil desselben am 16 October 1718 auf 30 Jahre von Claus Lorenz von Puttkammer kaufte, hinterließ das ganze Gut Waldow seinem Sohne, dem Generallieutenant Hans George Detlof von Massow, der es am 12 December 1738 seinem Schwager, dem Landrathe George Christian von Puttkammer überließ und nachdem er es 1748 wieder an sich genommen hatte, eben demselben und dem geheimen Staatsminister Valentin von Massow, als seinen Schwägern, dasselbe in seinem Testamente vermachte. Beyde verglichen sich am 1 May 1765 also, daß der letzte dieses Gut annahm, welches jetzt sein Sohn, der Krieges- und Domainenrath, Friederich Ernst Ernst von Massow besitzet. S. Rohr.

76. **Warbelow** oder Barbelow ¼ Meile von Pollnow gegen Osten, auf einem Berge, hat 1 Vorwerk, 4 Bauern, 1 Schulmeister, eine nahe bey der Stadt Pollnow gelegene Holzwärterwohnung, der Gramkathen genannt, nebst einem Büdnerhause, welches der Ritter Carl Friederich von Natzmer von der Wittwe des Majors Martin Friederich von Below zu Groß-Reetz nebst einigem Lande endlich kaufte, 4 Feuerstellen, Eichen- und Fichtenholzungen, und ist zu Bellin in der Schlaweschen Synode eingepfarret. Das Gut Warbelow, welches größtentheils zu dem Rummelsburgschen, theils aber auch zu dem Schlaweschen Kreise gehöret, so

daß

Die adelichen Güter des Rummelsburgschen Kreises.

daß zu dem ersten 3 7/12 steuerbare Landhufen gerechnet werden, (S. Wärbelow unter den adelichen Gütern des Schlaweschen Kreises) ist theils ein altes Massowsches, theils ein Lettowsches Lehn, welches der Major Wolf Heinrich von Natzmer besitzet. S. Vellin unter den adelichen Gütern des Schlaweschen Kreises.

77. **Wobeser**, 2 Meilen von Stolpe gegen Süden, hat 1 Vorwerk, 1 Wassermühle, 8 Bauern, 6 Coßäthen, 1 Krug, 1 Schmiede, 1 Küster, 1 Holzwärtershaus, 30 Feuerstellen, eine zu der Stolpschen Synode gehörige Kirche, die ein Filial von Quackenburg ist und zu welcher die Dörfer Missow und Mellin eingepfarret sind und Holzungen, die größtentheils in Büchen bestehen. Wobeser und Missow sind alte Lehne der von Wobeser, welche die Söhne des Oswald von Wobeser, als der Hauptmann Claus Ewald, der Hauptmann Jacob Franz, der Major Michael Ernst und der Oberstlieutenant George Heinrich von Wobeser, theils von ihrem Vater, theils von ihres Vaterbrudersohne, Jacob Eggerd von Wobeser erbten. Sie fielen nach dem Tode der 3 ersten Brüder dem vierten, dem Oberstlieutenant von Wobeser allein zu, und wurden, nachdem derselbe keine Wittwe und Kinder hinterlaßen hatte, durch die Rechtssprüche vom 16 September und 11 December 1772 und 9 Junius 1773 dem Landrathe und Director des Rummelsburgschen Kreises, Balthasar Ludewig von Wobeser, als dem nächsten Lehnsverwandten, zuerkannt.

78. **Woblanse** ein Rittersitz 2 1/4 Meilen von Schlawe südostwärts, hat 1 Vorwerk, 9 Bauern, 2 Halbbauern, 10 Coßäthen, 1 Schmiede, 1 Schulmeister, 24 Feuerstellen, Holzungen, Fischerey und ist zu Bartin in der Schlaweschen Synode eingepfarret. Woblanse und Seelitz und die dazu gehörigen Antheile an der Stadt Rummelsburg, wovon der Landvogt zu Stolpe und Hauptmann zu Bütow, Ewald Massow, das Gut Woblanse, nach dem zu Schlawe 1515 am Donnerstage nach Martini des heil. Bischofs ausgefertigten Kaufbriefe, für 1600 Rheinsche Gulden von Mickes Massow zu Wussecken, das Gut Seelitz aber zu Stolpe 1517 am Freytage nach dem Tage der Wittwe Elisabeth erblich von seinem Vetter Heinrich Massow kaufte, sind alte Massowsche Lehne, die von dem Landrathe Caspar Ewald von Massow an seinen Sohn, den Rittmeister Hans Wedig kamen. Nach deßen Tode fiel, nach dem Theilungsvergleiche seiner Söhne vom 10 November 1753, Woblanse dem ältesten Sohne, dem Hauptmann Caspar Otto, und Seelitz dem jüngsten Sohne, dem Hauptmann Carl August von Massow zu,- der auch nach dem Tode seines Bruders, des Hauptmanns Caspar Otto, nach dem mit seinem Bruder, dem Obersten Friederich Eugen von Massow am 15 October 1759 und 15 May 1764 getroffenen Vergleiche, nicht nur das Gut Seelitz behielt, sondern auch das Gut Woblanse bekam und nach seinem am 10 März 1778 erfolgten Tode beide Güter seiner Wittwe und drey Söhnen, als Valentin Wedig Ewald, Carl Friederich Heinrich und Ernst August Wilhelm von Massow hinterließ.

79. **Wocknin** 1/2 Meile von Rummelsburg gegen Norden, an einem kleinen See, auf der Straße von Rummelsburg nach Schlawe, hat 1 Vorwerk, 1 Schäferey, 1 Waßer-

Der Rummelsburgsche Kreis.

1 Wassermühle, die auf der Stiebnitz liegt, 1 doppelten Bauerhof, 7 Bauern, 7 Cossäthen, 1 Schulmeister, 20 Feuerstellen, und ist ein zu Treten in der Schlaweschen Synode eingepfarrtes Massowsches Lehn. Ein Theil desselben fiel nach dem Tode des Landraths, George Christian von Massow, nach dem Theilungsvergleiche vom 4 August 1707, seinem jüngsten Sohne, dem Hauptmann Ernst Bogislav zu und wurde von demselben am 3 October 1746 dem Major Peter Ernst von Lettow verkauft, der nicht nur das Gut Gladien mit 2 dazu gehörigen Cossäthenhöfen in Caminitz oder Camnitz (d) von seinem Bruder George Friederich geerbet hatte, sondern auch einen andern Theil des Guts Wocknin, der von Bogislav Ernst von Steinkeller 1732 an seinen Sohn, Hans Caspar, gekommen war, von demselben am 11 November 1746 kaufte. Nach seinem 1757 erfolgten Tode, besaß seine Wittwe, Agnesa Clara gebohrne von Lettow, diese Güter so lange, bis sie solche bey ihrem Leben am 19 März 1765 ihrem Sohne, dem Hauptmann und jetzigen Krieges- und Domainenrathe bey der Marienwerderschen Cammer, Werner Ernst von Lettow abtrat, der einen dritten Theil des Guts Wocknin, der in 2 Bauerhöfen und einem Cossäthenhof bestand und ehemals zu dem Gute Massenzin gehöret hatte, am 1 May 1770 erb- und wiederruflich von dem Oberstlieutenant, Nicolaus George und dem Hauptmann Jacob Nathanael von Massow, mit Einwilligung des Conrad von Massow kaufte.

80. Wussoske oder Bussowske, wie es in den von der Pommerschen Landschaft ausgefertigten Pfandbriefen genannt wird, 2 Meilen von Rummelsburg nordostwärts, ist ein Vorwerk mit 5 Feuerstellen, einem Fichtenwalde und Aal- und Forellenfange und ein zu Treblin in der Stolpschen Synode eingepfarrtes altes Puttkammersches Lehn. Nach dem Tode des Landcammeraths, Joachim Heinrich von Puttkammer, besaßen es seine 3 Schwestern Catharina Maria, Anna Margaretha und Agnesa Adelheid, von welchen es am 1 März 1748 dem Ludewig Lorenz von Rieckow und von diesem am 23 November 1748 dem Hauptmann, Anshelm Friederich von Puttkammer, überlassen wurde, dessen Wittwe, Dorothea Hedwig gebohrne von Lettow, es am 1 August 1750 von dem Cammerpräsidenten und nachmaligen geheimen Staatsminister, Valentin von Massow, einlösete und es am 27 März 1756 zugleich mit den Gütern Treblin und Fließhof ihrem Sohne zwoter Ehe, Claus Anshelm von Puttkammer abtrat.

81. Wussow 2 Meilen von Schlawe südsüdostwärts, hat 1 Vorwerk, 1 Prediger, 1 Küster, 6 unterthänige Bauern und 2 Bauerhöfe, die mit Freyleuten besetzt sind, 1 Krug, 21 Feuerstellen, eine zu der Schlaweschen Synode gehörige, nebst dem Thurm von Steinen erbauete und unter dem Patronate der Besitzer der zu dieser Pfarre gehörigen Oerter stehende Mutterkirche, deren Filial das Kapellendorf Techlip ist und zu welcher die Dörfer Varzin, Hohen- oder Wendisch- Puddiger, Chorow, Beswitz und Pustow eingepfarret sind, und Holzungen, die in einigen jungen Fichten- und einer Eavel von Eichen und Büchen in dem Hohen Puddigerschen Walde bestehen. Der Generalmajor, Adam Joachim Graf von Podewils, besaß die neuen Podewilschen Lehne Wussow, Varzin mit dem dazu gehörigen Ackerwerke Chmitz, die Güter Wendisch-Puddiger, Chorow und das Vorwerk Mishow, welche nach sei-

nem

Die adelichen Güter des Rummelsburgschen Kreises. 815

dem Tode am 21 Julius 1764 und 10 December 1765, also unter seine Lehn und Allodialerben, die Grafen von Podewils aus den Häusern Suckow und Crangen getheilet werden, daß Wussow und Warzin mit dem Ackerwerke Chomitz dem Königl. Cammerherren, Friederich Werner Grafen von Podewils zu Suckow, Wendisch Puddiger, Chorow und Miedow aber den 3 Brüdern, Ernst Ludewig, Otto Friederich, und Adam Heinrich August, Grafen von Podewils aus dem Hause Crangen und am 2 November 1769 dem letzten allein zufielen. S. Crangen unter den adelichen Gütern des Schlaweschen Kreises. Das Gut Wussow gehöret theils zu dem Rummelsburgschen, theils zu dem Schlaweschen Kreise. Zu dem ersten werden 4⅞ steuerbare Landhufen gerechnet. S. Wussow unter den adelichen Gütern des Schlaweschen Kreises.

82. Wustrow 2½ Meilen von Rummelsburg gegen Osten, nahe an dem See Dalzggen, der sich von Wustrow bis an Gloddow erstrecket, hat einen adelichen Hof, ein Vorwerk, eine Wassermühle, die auf der Wipper liegt, einen Holzwärterkathen Vogelsang genannt, Holzungen, gute Fischereyen und ist ein zu Waldow in der Stolpschen Synode eingepfarrtes altes Puttkammersches Lehn. Henning von Puttkammer lösete es, nach dem Vergleiche vom 31 October 1710, van den Erben des George Ernst von Wohrmann ein und hinterließ es seinem Sohne, Hans Ewald von Puttkammer, der auch das Puttkammersche Lehn Gloddow, nach dem Tode des Landcammerraths Joachim Heinrich von Puttkammer, als der nächste Lehnsfolger bekam. Von seiner Wittwe, Agnesa Eleonora gebohrnen von Puttkammer, löste August Carl Leberecht von Puttkammer am 16 März 1782 die Güter Wustrow und Gloddow wieder ein.

83. Zettin 3¼ Meilen von Stolpe gegen Süden, hat 1 Vorwerk, 1 Wassermühle, 1 Prediger, 1 Küster, 1 Predigerwitwenhaus, 8 Bauern, 8 Cossäthen, 1 Krug, 1 Schmiede, auf der Feldmark des Dorfs die Vorwerke Carlsruhe, Augusthof und Wolfsberg genannt, an welchem letztern Orte ehemals eine Glashütte gestanden hat, 86 Feuerstellen, eine zu der Stolpschen Synode gehörige und unter dem Patronate der Besitzer der Güter Zettin, Sellin, Starkow, Zuckers, Darsekow, Gumenz und Viartlum stehende Mutterkirche, deren Filial das Dorf Treblin ist und zu welcher die Dörfer Pottock, Poberow, Sellin, Starkow, Zuckers, Darsekow, Gumenz, Viartlum und die Colonien Joachimsthal und Franzdorf eingepfarret sind, Holzungen und Fischereyen. Für die bey dem Gute Zettin seit 1776 für 7300 Rthlr. königliche Gnadengelder vorgenommene Verbesserungen, wovon die jährlichen Einkünfte nach dem Anschlage 567 Rthlr. 14 Gr. 6 Pf. betragen sollen, muß eine zur Besoldung einiger Landschulmeister bestimmte jährliche Abgabe von 146 Rthlr. von dem Besitzer dieses Guts bezahlet werden. Es ist dasselbe ein Puttkammersches Lehn, welches, nach dem Tode des Hauptmanns George Mathias von Puttkammer, zugleich mit dem Gute Poberow seinem einzigen Sohne, August Carl Leberecht von Puttkammer, zufiel.

84. Zuckers 3 Meilen von Stolpe gegen Süden, eben so weit von Rummelsburg nordnordostwärts und eben so weit von Bütow nordwestwärts, auf der Straße von Cößlitz nach Stolpe, hat 1 Vorwerk, 1 Wassermühle, die in der Holzung Mocigni liegt,

9 Halb

9 Halbbauern, 2 Coßäthen, 1 Krug, 1 Schmiede, 1 Schulmeister, 14 Feuerstellen, das Recht des Mitpatronats an der Zettinschen Kirche, Holzungen, Fischerey und ist ein zu Zettin in der Stolpschen Synode eingepfarrtes Puttkammersches Lehn, welches Jacob Caspar von Puttkammer besitzet. S. Cremerbruch.

VI. Der Schlawsche und Pollnowsche Kreis

gränzet gegen Norden an die Ostsee, gegen Osten an den Stolpschen Kreis, gegen Süden an den Rummelsburgschen Kreis, gegen Westen an das Fürstenthum Cammin und begreift

I. Drey Immediatstädte, als:

1. **Rügenwalde**, in alten Urkunden Rügenwold genannt, liegt 2 Meilen von Schlawe, 3 von Cößlin und 5 von Stolpe, in einer angenehmen und fruchtbaren Gegend, an der Ostseite der Wipper, welche nahe an den Mauern der Stadt vorbey fließt und sich eine kleine Viertelmeile von derselben in die Ostsee ergießet, nachdem sie kurz vorher an ihrer Abendseite die Grabow aufgenommen und bey ihrem Ausflusse einen durch hölzerne Bollwerke und Kasten eingeschränkten 58 Fuß breiten und 7 Fuß tiefen mittelmäßigen Hafen gemacht hat, worinn die Schiffe sicher liegen, kleine Fahrzeuge beffrachtet, größere Schiffe aber mit halber Last ein- und ausgehen können. Die Stadt ist abhängig angeleget, indem die Gegend nach der Wipper zu viel niedriger als die andre ist, so daß, wenn man von Cößlin kommt, man beynahe eine Meile von der Stadt dieselbe schon übersehen kann, da sie sich hingegen den Augen der von Stolpe kommenden, außer den Thurmspitzen der Stadt, beynahe gänzlich so lange entziehet, bis man ganz nahe an dieselbe gekommen ist. Die von Backsteinen erbauete Ringmauer ist zwar an verschiedenen Orten eingefallen, sie wird aber nach und nach wieder hergestellet. Ehemals war die Stadt an der Landseite außerhalb der Mauer auch mit einem Wall und Graben umgeben, wovon aber ein Theil zum Exercierplatze der Garnison planirt worden ist: der übrige Theil auf der einen Seite zu einer Maulbeerbaumplantage eingerichtet, auf der andern Seite aber der Wall mit großen Eschenbäumen besetzt ist, die zur Sommerzeit zu einem angenehmen Spaziergange dienen. Besagte Maulbeerbaumplantage zwischen dem Steinthor und Schloße ist nach einer Erbverschreibung vom 12 Jun. 1777 und Confirmation des königlichen Cammer-Deputations-Collegiums zu Cößlin vom 21 Jul. 1777 und hierauf erfolgten Bestätigungsrescript vom 2 Jan. 1782, dem Cämmerer Block in Rügenwalde dergestalt verschrieben, daß derselbe binnen 6 Jahren 288 Bäume und 400 Fuß Maulbeerbaumhecken halten, jährlich von Trinitatis 1784 an einen Erbzins von 3 Rthlr. zur Cämmerey bezahlen, dagegen auch eine Eiche zu Pfahlholz jährlich aus dem Stadtwalde unentgeltlich erhalten solle. Sie ist gegenwärtig nicht allein vorhanden, sondern auch im besten Zuwachs, mit einem guten Graben umzogen und seit 3 Jahren mit einer lebendigen Bewährung von Hagebüchen, Haselbusch und Dornen umgeben. Die Stadt hat 4 Thore, als das Wipper- Schloß- Stein- und Neuethor, außer welchen noch drey Pforten durch die Mauer nach der Wipper vorhanden sind, so

Die Stadt Rügenwalde.

zur Nachtzeit eben so wie die Thore verschloßen werden. Vor dem Wipperthore ist eine kleine Vorstadt, die aber größtentheils aus Scheunen und Gärten und außer dem Hospital zum heiligen Geist nur aus 14 Wohnungen bestehet. Die Häuser vor dem Schloßthore gehören zu dem königlichen Amte. Vor dem Steinthor sind außer den Scheunen und Gärten nur 2 Wohnungen, vor dem Neuenthore aber gar keine, jedoch trift man daselbst die Bleicherbude und verschiedene Baum- und Küchengärten an. Die Straßen der Stadt sind gerade und von ziemlicher Breite. Außer den fünf Hauptstraßen, als der Langen- Mühlen- Erb- Wenden- und Klapperstraße, sind 4 Quergaßen, welche jene gerade durchschneiden. In der Stadt und in den Vorstädten sind jetzt, mit Ausschließung 21 wüster Stellen, überhaupt 691 Häuser, die zu 67510 Rthlr. in der Feuersocietät versichert sind und außer den hier in Garnison liegenden 5 Compagnien des von Billerbeckschen Infanterieregiments, von 2001 Seelen bewohnet werden. Die Stadt ist in vier Quartiere eingetheilet, zu deren ersten die große und kleine Mühlen- die kleine Papen- und die Schloßstraße und 24 Häuser aus der Langenstraße, zu dem andern die Lange- und Schmiedestraße und die Vorstadt, zu dem dritten der Markt, die Erbstraße, der Caland, die große Papen- Kirchen- und Neuthorsche Straße, imgleichen 7 Häuser aus der Schmiede- und 8 Häuser aus der Wendenstraße und zu dem vierten die Wenden- und Klapperstraße gehören. Das Schloß, welches 4 Stockwerke hat und mit einem alten Wall umgeben ist, wird von der Stadt durch den Mühlengraben abgesondert und bestehet in 4 von Steinen aufgeführten und an einander gehängten Gebäuden, die ein Viereck ausmachen und einen geräumigen Hof einschließen, zu welchem 2 Thore führen. Es war bereits im 13ten Jahrhunderte vorhanden, indem es nebst der Stadt, wie Micrälius meldet, nach dem 1295 erfolgten Tode des Herzogs Mestewin von dem Herzoge Bogislaus III. in dem Kriege wider die Pohlen eingenommen und geplündert wurde. Nachdem der König Erich von Dännemark, Norwegen und Schweden und Herzog von Pommern sich der 3 Königreiche begeben hatte und entschloßen war, seine Zeit in Ruhe zuzubringen, residirte er auf diesem Schloße von 1439 an bis an seinen Tod, der 1459 erfolgte. Seine Vettern Erich II, Wartislav X und Otto III. geriethen über seine Nachlaßenschaft in Uneinigkeit, verglichen sich aber also, daß unter andern auch Rügenwalde Erich II. zufiel, deßen Gemahlinn, eine Tochter Bogislav IX. und Mutter Bogislav X oder des Großen, ihren Hof auf diesem Schloße hielt. Der Herzog Barnim XI., der hierauf an demselben bauen ließ, wie das an einem Thurm angeschlagene fürstliche Pommersche Wapen mit der Unterschrift der Jahrzahl von 1538 beweiset, überließ die Regierung seinen Vettern und Hinterpommern fiel dem Herzoge Johann Friederich zu, der seinem Bruder Barnim XII. 1569 das Schloß und Amt Rügenwalde abtrat. Als der Herzog Johann Friederich 1600 ohne männliche Leibeserben gestorben und sein Bruder Barnim XII. ihm in der Regierung gefolget war, kam das Schloß und Amt 1602 an deßen Bruder Casimir, nach deßen 1605 erfolgten Tode an die beyden Brüder, die Herzoge Bogislaus XIIII. und George, und nach dem Absterben des letzten 1617 an den ersten allein, der es bey dem Antritt seiner Regierung seinem Bruder Ulrich übergab. Nachdem auch dieser 1622 gestorben war, wurde es zu der fürstlichen Landcammer gelegt, bey welcher es auch bis zu dem Jahre 1637 blieb, in welchem der letzte Herzog Bogislaus XIIII. mit Tode abging. Dieser hatte es zum Leibgedinge seiner

Prüßg. Beschr. v. H. Pom.   [Llll]   Gemah-

Gemahlinn Elisabeth, einer gebohrnen Prinzeßinn von Schleswig-Holstein vermacht, die auch bis zu Ihrem am 21 December 1653 erfolgten Tode auf diesem Schloße residirte, das hierauf nebst dem Amte dem Churfürstlichen Hause Brandenburg zufiel. Die bey dem Schloße gelegene große Mühle und der dabey befindliche ansehnliche Sachsfang gehören zu dem königlichen Amte. Außer dem Amtshause, dem Schloßvorwerke und der königlichen Salzniederlage sind noch auf dem sogenannten Schloßgrunde eine Sägemühle und eine Walk- oder Lohmühle vorhanden, wovon die erstere zu dem königlichen Amte, die andre aber der Stadt gehöret. Fast mitten in der Stadt ist der freye viereckigte Markt, in deßen Mitte ehemals das Rathhaus stand, das aber, nachdem es in der großen Feuersbrunst von 1722 in die Asche geleget worden war, 1724 an der Abendseite des Marktes mit der Apotheke in einer Reihe massiv wieder erbauet und mit einer Schlaguhr versehen wurde. In dem untern Stockwerke des Rathhauses sind an einer Seite die Hauptwache, nebst den Brodt- und Fleischscharren, an der andern Seite aber die Stadtwage und neben derselben die Feuerspritzenremise. In der Ringmauer der Stadt ist nur eine Kirche, nemlich die Pfarrkirche zu St. Marien, die das Unglück gehabt hat, daß sie in den großen Feuersbrünsten, welche die Stadt in den Jahren 1589, 1624, 1679 und 1712 betroffen haben, jedesmahl ganz abgebrannt ist, so daß nur die Mauern stehen geblieben sind. Die Kirche ist ein länglichtes Gebäude mit einem hohen Gewölbe, welches auf 6 Pfeilern ruhet, woneben breite Gänge sind. Vor dem großen Altar, der in einem besonders gewölbten Chor stehet, ist das fürstliche Gewölbe, worinn die Gebeine des oben erwähnten Königs Erich in einem hölzernen Sarge, der Prinzeßinn Elisabeth, als der Wittwe des letzten Herzogs von Pommern und der Prinzeßinn Hedwig, des Herzogs Ulrich von Pommern Wittwe, die zu Neu-Stettin residirte, in 2 zinnernen wohl gearbeiteten Särgen ruhen. Weil, nach dem von dem Churfürsten Friederich Wilhelm zu Königsberg in Preußen am 8 März 1656 bestätigten letzten Willen der Fürstinn Hedwig, die Zinsen von einem Capital von 200 Fl. jährlich mit 12 Fl. Pommersch von dem Amte Neu-Stettin zur Unterhaltung dieses fürstlichen Gewölbes an die hiesige Pfarrkirche ausgezahlet werden: so ist dieselbe auch dazu, nach den Verhörsbescheiden der Königlichen Regierung vom 5 Januar und 16 Februar 1750, das hiesige Königliche Amt aber, nach dem Verhörsbescheide der Königlichen Regierung vom 17 April 1750, zur Unterhaltung der Kapelle nach dem Fürstenchor zu, schuldig erkannt worden. Das Patronatrecht über diese Kirche wurde von dem Bischofe, Conrad von Cammin, den Rittern Peter von Nuwenburg, seinem Bruder Jasco und den Söhnen des Ritters Laurenz, als den damaligen Besitzern der Stadt, 1321 verliehen, von diesen aber noch in demselben Jahre, nach einer zu Cößlin an dem Tage der Jungfrau und Märtyrerin Katharina ausgefertigten Urkunde, der Stadt verkauft und hiernächst von dem Bischofe von Cammin, Erasmus von Manteufel, am 8 Februar 1522 dem Magistrat bestätiget, der sich daher auch, sowohl nach der hiesigen Kirchenmatricul vom 12 October 1623, als auch nach dem Rescript des Churfürsten Friederich zu Cölln an der Spree vom 13 März 1694, nach deßen Vorschrift sich der Magistrat, nach der Verordnung der Churfürstlichen Regierung zu Stargard vom 28 März 1694, richten soll, und nach dem Rescript vom 29 August 1731, in der Ausübung des Patronatrechts jedoch mit der Einschränkung befindet, daß von ihm dem Pastor, weil derselbe zugleich und gemeiniglich Präpositus der Rügenwaldschen

Die Stadt Rügenwalde.

schen Synode ist, die Vocation nicht eher ertheilet wird, als bis vorher von der Person desselben zur Beurtheilung, ob er auch zu der Präpositur tüchtig sey, an die Königliche Regierung Bericht erstattet worden ist. Weil dies in den ehemaligen Zeiten einigemahl unterblieben war, so wurde die Präpositur dem hiesigen Schloßprediger und dem Prediger zu Buckow übertragen. Bey der Pfarrkirche, zu welcher die Münde, die Dörfer Gutow und Rußhagen, die in dem Stadtwalde gelegene sogenannte Waldmühle, die Ziegeley und ein Holzwärterkathen eingepfarret sind, stehen ein Pastor und ein Archidiakonus, die seit 1768 anstatt des ehemaligen Frühpredigers, den ordinirten Rector der Schule zum Hülfsprediger haben. Der Pastor ist jetzt zugleich Präpositus der Rügenwaldeschen Synode, zu welcher mit Einschließung desselben und des hiesigen Hülfspredigers 24 Prediger gehören. Nach der Verordnung des Königlichen Consistoriums zu Stargard vom 6 Junius 1730 haben die hiesigen Prediger in dem Chor, die Schulcollegen mit ihren Frauen und unverheyratheten Kindern in der Kirche ein freyes Grab, und sie alle ein freyes Geläute. Auch den beyden Bürgermeistern stehet ein freyes Begräbniß in dem Chor und ein freyes Geläute zu. Die Königliche Schloßkirche, zu St. Elisabeth genannt, die wegen ihrer innern Schönheiten vorzüglich sehenswerth ist, liegt in dem Schloße und war ehemals nur eine Kapelle. Der von dem Herzoge Bogislaus XIIII. angefangene Bau derselben wurde von seiner Wittwe, der Herzoginn Elisabeth geendiget, welche diese neue Hofkirche am 1 Januar 1639 einweihen und zugleich den ersten Hofprediger, Christian Vilang, einführen ließ. Der Altar in dieser Kirche ist mit seinen Säulen von schwarzem Ebenholz erbauet, inwendig aber mit ächten silbernen Platen von getriebener Arbeit und verschiedener Größe geziert. Die eben in der Spitze in der Länge und Breite eines halben Bogens angebrachte stellt David mit der Harfe dar. Die in der Mitte mit den heil. 3 Königen ist 1) mit einem silbernen aufwärts gehenden Rande, wobey einige ausgetriebene Bilder und 6 güldene Cherubim sind, 2) mit 12 Tafeln in der Größe eines Quartblatts umgeben, auf welchen die Geschichte Jesu von der Einsetzung des Abendmahls an bis zu seiner Auferstehung abgebildet ist. Unten ist gleichfalls in der Mitte eine Tafel mit der Vorstellung der Taufe Christi, die von 12 kleinern umgeben ist, auf welchen die 12 Apostel in getriebenen Silber vorkommen. Außer diesen sind viele kleine so wohl silberne als güldene Engelköpfe, Blätter, Rosen und anderes Blumenwerk. Der Künstler Johann Körver aus Braunschweig soll dies Werk in Stettin, nach den ihm von Herzoge Philipp II. vorgelegten Kupferstichen, verfertiget haben und 1607 über der Arbeit verstorben seyn. Die Kanzel fällt so wohl wegen der saubern Bildhauerarbeit, als auch der Materey und besonders der reichen Vergüldung gut in die Augen. Der Stuhl oder das sogenannte Chor der ehemaligen fürstlichen Hofbedienten ist mit gewürkten Tapeten beschlagen und die Wände sind mit einigen schönen Gemälden behangen, unter welchen die von Lukas Cranach verfertigten Gemälde Luthers und Melanchthons die vorzüglichsten sind. Die Decke ist schön auf Leinwand gemalet und der Fußboden mit viereckigten weißen und braunen in Form eines Brettspiels gelegten Quadersteinen bedecket. Nach dem Tode der Herzoginn Elisabeth hatte zwar der Churfürst Friedrich Wilhelm anfänglich verordnet; daß das Gehalt des Schloßpredigers dem Generalsuperintendenten beygeleget und der Gottesdienst in dieser Kirche eingestellet werden sollte; jedoch wurde endlich, nach dem Rescript vom 17 May 1667, auf die inständige Bitte

der

der Beamten und der ganzen Gemeine der Schloßkirche, die fernere Verrichtung des Gottesdienstes in derselben und die anderweitige Bestellung eines Schloßpredigers, welche jedesmahl von dem Landesherren, als dem Patron der Kirche abhängt, und zwar mit eben demselben Gehalte, das die vorigen Schloßprediger gehabt hatten, bewilliget. Zu der Schloßgemeine wurden vormahls nicht nur die auf dem Schloße wohnenden, sondern auch alle zum Hofstaat gehörige Personen in Ansehung der Communion, der Taufe und Trauungen gerechnet, ob sie gleich in Absicht der Beerdigung der Marienkirche eingepfarrt blieben. Zur Erleichterung der Deutschreformirten in den Städten Rügenwalde und Schlawe, die sonst, um ihren Gottesdienst zu verrichten, nach Stolpe reisen musten, verordnete der König Friederich I. zu Charlottenburg am 30 Junius 1707, daß der Reformirte Hofprediger zu Stolpe sich zu gewißen Zeiten nach Rügenwalde verfügen, den Gottesdienst mit den Reformirten in der Schloßkirche halten und ihnen das heilige Abendmahl austheilen solle. Die vor dem Wipperthore gelegene und zu dem Hospital zum heil. Geist gehörige St. Georgenkirche oder Kapelle, worin der Archidiaconus der Marienkirche alle 4 Wochen prediget und das heilige Abendmahl austheilet, stehet nach der Matricul und dem Visitationsbescheide vom 12 October 1623 unter dem Patronate des Magistrats und wurde von dem Bischofe Martin von Cammin 1502 an dem Tage aller Seelen eingeweihet, auch, nachdem sie schadhaft geworden war, etwa um das Jahr 1599 von gesammleten milden Beyträgen wieder hergestellet. Vor dem Steinthore ist die St. Gertrudkirche, worinn jetzt der Hülfsprediger der Marienkirche von Ostern bis Michael sonntäglich Vormitags um 11 Uhr nach Endigung des Gottesdienstes in der Pfarrkirche prediget, da ehemals nach dem Visitationsbescheide vom 12 October 1623 der Baccalaureus der Schule darinn alle Sontage zwischen 11 und 12 Uhr predigen muste. Die St. Marien, Georgen und Gertrudkirche, von welcher letzten der Magistrat ebenfalls Patron ist, haben jede ihr besonderes Vermögen und ihre angewiesenen Einkünfte und daher wird auch von einer jeden eine besondere Rechnung, wiewohl jetzt von einem und eben demselben Administrator geführet. Bey der St. Georgenkirche ist das unter dem Patronate des Magistrats stehende Hospital zum heil. Geist, deßen und der Kirche Vermögen verbunden und ehemals theils aus dem Vermögen des Armenkastens, theils aus dem Vermächtniße eines wohlhabenden Bürgers, Carsten Runge, entstanden ist. Das Hospital bestehet aus 31 Wohnbuden, die eben so viele Stuben nebst den nöthigen Kammern enthalten, worinn alte oder gebrechliche Personen beiderley Geschlechts auf ihre Lebenszeit für ein gewißes Einkaufsgeld, das für eine Person 8 bis 10 Rthlr. beträgt, aufgenommen werden und außer der freyen Wohnung und Accisefreyheit und der Befreyung von allen bürgerlichen Lasten, den Genuß eines kleinen Gartens und einige auch eine kleine Geldpröve erhalten. Der Vorsteher des Hospitals und die Administratoren der übrigen geistlichen Stiftungen werden von dem Magistrat bestellet. Aus der Armencasse, deren Einnahme vornehmlich in der monatlichen Hauscollecte, wodurch jährlich fast 300 Rthlr einkommen, hiernächst aber in dem Gelde, das in dem Klingelbeutel in der Pfarrkirche gesammlet wird und in einigen andern kleinen Zugängen bestehet, erhalten die Armen der Stadt monatlich ein gewißes an Gelde. Bey der großen oder Lateinischen Schule, die ein besonderes steinernes Gebäude hat, sind der Rector, der zugleich, wie bereits oben erwähnet, Hülfsprediger

Die Stadt Rügenwalde.

diger bey der Pfarrkirche ist, der Cantor und der Küster eben derselben Kirche als Lehrer bestellet, die von dem Magistrat, als dem Patron der Schule, berufen werden. Die Stipendien für die studirende Jugend sind: 1) das Stiegesche oder Drewekensche, welches von der Bürgermeisterinn, Veronica Dorothea Stiege, gebohrnen Dreweke, in ihrem Testamente vom 28 Junius 1734 gestiftet worden ist und in einem Capital von 600 Rthlr. bestehet, wovon die Zinsen einem Studirenden von den Huinboldschen Erben und dem Präpositus auf 2 Jahre ertheilet werden. 2) das Havemannsche, das aus dem Testamente der Jungfer Anna Havemann vom 10 September 1687 herrühret und in einem für Schulknaben bestimmten Capital von 200 Rthlr. bestehet, wovon die jährlichen Zinsen von den nächsten Anverwandten der Stifterinn ausgezahlet werden. 3) das Hofemannsche, das bey der hiesigen Pfarrkirche stehet und von dem Senator, Caspar Hofemann, am 12 März 1618 also gestiftet wurde, daß von einem Capital von 200 Fl. Pommersch, 8 Fl. Zinsen jährlich zum Besten armer Schüler und Studenten angewendet, 4 Fl. Zinsen aber den Provisoren der Kirche gereichet werden süen. 4) das Ludlofsche oder Havemannsche, ein von des Brauers Ludlof Wittwe, Dorothea Havemann, vermachtes und bey der hiesigen Cämmerey bestätigtes Capital von 140 Rthlr., wovon die jährlichen Zinsen von dem Pastor bey der Pfarrkirche und dem Rector der Schule ausgetheilet werden. 5) das Tottinsche Vermächtniß, welches von des Apothekers Johann Tottin Ehefrau, Elisabeth Maria gebohrnen Zwippel, in ihrem Testamente vom 14 März 1724 gestiftet wurde und ein Capital von 200 Rthlr. beträgt. Davon ist der jedesmalige Pastor bey der hiesigen Pfarrkirche Collator. Das Rathscollegium bestand zu den Zeiten der Pommerschen Herzoge aus 12 Mitgliedern, wurde aber bereits nach dem Bescheide der Churfürstlichen Regierung vom 6 Februar 1682 §. 8. auf 8 eingeschränkt. Jetzt bestehet der Magistrat, der die Stellen der abgehenden Glieder desselben durch eine freye Wahl, nach erfolgter Landesherrlichen Bestätigung, wieder besetzet und die obere und niedere Gerichtsbarkeit in der Stadt und deren Gütern hat, aus einem dirigirenden Bürgermeister, einem Justizbürgermeister, einem Cämmerer, 2 Senatoren, wovon der eine zugleich Stadtsecretarius ist und einem Gerichtssecretarius. Das diesem Collegium vorgeschriebene rathhäusliche Reglement ist vom 28 Februar 1720. Ehemals war noch ein besonderes Untergericht und bey demselben ein Gerichtsvoigt bestellet, von welchem die Apellationen an den Magistrat gingen. Die Stadt ist, nach dem unten angeführten Privilegium von 1312, mit dem Lübischen Rechte bewidmet, nach welchem sich alle Bürger und Einwohner, nach dem 6ten Artikel der hiesigen Stadtstatuten, richten müßen, die in 61 Artikeln nebst einigen Zusätzen abgefaßt und von dem Herzoge Philipp II. am 21 May 1609 bestätiget worden sind. Die Bürgerschaft wurde ehemals bey den gemeinen Berathschlagungen durch den sogenannten

ten Ausschuß oder die Achtmänner vorgestellet, die, nach der für sie von den Churfürstlichen Commissarien abgefaßten Instruction vom 23 Februar 1667, aus den 2 Zünften und 4 Hauptgewerken genommen wurden und das Recht hatten, wenn einer von ihnen abging, zwo Personen aus der Zunft oder dem Amte mit Einwilligung der Bürgerschaft dem Rathe vorzuschlagen, von welchen eine der beiden vorgeschlagenen erwählet, zum Achtmann bestellet und in Eidespflicht genommen wurde. Ohne ihre Erinnerungen konnten keine Statuten gemacht, verbessert oder aufgehoben, weder ein Syndicus oder Secretarius noch andre Stadtbediente bestellet oder abgeschaffet, auch ohne ihr Vorwißen keinem Unterthan die Leibeigenschaft erlaßen, keine Schulden gemacht und keine Gelder auf die Stadtgüter aufgenommen oder ausgezahlet werden. An die Stelle der Achtmannschaft sind die vier Stadtältesten oder Viertelsmänner eingeführet worden, die von dem Magistrat erwählet und vereidet werden. Ihre Pflicht ist, für das Beste der Bürgerschaft, allenfalls auch gegen den Magistrat, zu streiten und mit demselben in wichtigen Fällen, besonders bey der Herbeyschaffung und Eintheilung gemeiner Abgaben Berathschlagungen anzustellen. In der Stadt sind 15 Zünfte, als Kaufleute, Brauer, Ackersleute, Bäcker, Bötticher, Häcker, Leinweber, Maurer, Rademacher, Schlächter, Schneider, Schuster, Tischler, Töpfer und Zimmerleute, die ihre besondern Beysitzer, Älterleute und Zunftcaßen haben, dahingegen die andern hier wohnenden zünftigen Handwerker es mit auswärtigen Zünften halten. Die Zunftrolle und Artikel der Kaufleute, die nebst den Brauern zu dem Herrenstande gerechnet werden, wurden von der Churfürstlichen Regierung am 12 December 1660, die Artikel der Brauerzunft aber am 10 December 1660 bestätiget. Die Schützengilde, deren Ordnung oder Rolle die Churfürstliche Regierung zu Stargard am 27 April 1693 bestätigte, bestehet aus einer ungeschloßenen Gesellschaft einiger Bürger, die eine Zunft ausmachen, einen Beysitzer aus dem Rathe haben und jährlich in der Pfingstwoche in dem Stadtgraben linker Hand des Steinthors nach der Scheibe schießen. Der Schützenkönig genießet den Einschnitt von einer Wiese, deren Nutzung etwa 10 Rthlr. gerechnet werden kann, und ist ein Jahr von dem Servis befreyet. Die Stadt treibt Seehandel und ist ehemals in dem Hanseatischen Bunde gewesen. Einige Kaufleute und Schiffer haben eigene Schiffe. Auf den hiesigen Schiffswerften werden ansehnliche Schiffe von 60, 100, 200 auch 300 Lasten gebauet und in den Jahren 1781 und 1782 sind hier 12 große Seeschiffe vom Stapel abgelaßen worden. Die Ausfuhre bestehet in Leinen und Holz, auch einigen Victualien, dagegen Eisen, Wein, Gewürz und andre Materialien wieder eingebracht werden. Die beygefügten Summen von dem Werthe der in den letzten 10 Jahren Seewärts ein- und ausgegangenen Waaren und die Anzahl der ein- und ausgegangenen Schiffe sind aus den Verzeichnißen genommen, die jährlich von der hiesigen Accisecaße angefertiget und an die Königl. Krieges- und Domainencammer eingesandt werden.

Ver-

Die Stadt Rügenwalde.

Verzeichniß des Werths der in der Stadt Rügenwalde Seewärts ein- und ausgegangenen Waaren, und der Anzahl der ein- und ausgegangenen Schiffe in den Jahren

	1772		1773		1774		1775		1776		1777		1778		1779		1780		1781	
	Rthlr	gr	Rthlr	gr	Rthlr	gr	Rthlr	gr	Rthlr	gr	Rthlr	gr	Rthlr	gr	Rthlr	gr	Rthlr	gr	Rthlr	gr
Betrag des Werths der sämtlichen Seewärts eingegangenen Waaren.	6990	10	9927	16	11290	12	9075	14	11549	13	12651	18	11861	6	19965	22	16536	2	13907	18
Anzahl der eingekommenen beladenen Hauptschiffe.	9		11		9		10		7		7		10		17		14		18	
Anzahl der eingekommenen mit Ballast beladenen Hauptschiffe.	19		35		47		32		49		63		43		63		26		28	
Betrag des Werths der sämtlichen Seewärts ausgegangenen Waaren.	8772	19	10762	20	9731	20	24576	8	16936	20	32196	14	13256	8	24113	2	16773	5	27678	12
Anzahl der ausgegangenen beladenen Hauptschiffe.	49		44		53		70		54		64		54		71		42		40	
Anzahl der ausgegangenen mit Ballast beladenen Hauptschiffe.	5		3		6		5		6		18		4		5		5		9	

Ein besonderes Vorrecht dieser Stadt, welches sie mit den Städten Colberg und Cammin gemein hat, bestehet in der Zollfreiheit in dem Sunde. Der durch Stürme und Mangel der Unterhaltungsmittel zu Grunde gerichtete Seehafen wurde in dem Jahre 1772 für königliche Kosten wiederhergestellet, große Schiffe aber müssen ½ Meile in der See auf der Rhede vor Anker liegen bleiben. Die revidirten Statuten und Willkühr der Münde und Havenung wurden von dem Magistrat in 31 Artikeln am 12 März 1662 abgefaßt. In dem Jahre 1778 wurde hier eine Seegeltuch- und Leinenmanufactur von allerley modellirten Leinen und Leinendamast errichtet, wozu der König dem Kaufmann Friederich Gottlieb Keyling, der sie anlegte, 9433 Rthlr. 23 Gr. 2 Pf. schenkte. In dieser Anstalt werden bereits sehr gute Seegeltücher verfertiget, die den Rußischen in der Güte nichts nachgeben; auch finden die Leinenwaaren vielen Beyfall. Eine Lohgärberey ist hier gleichfalls seit dem Jahre 1780 von dem Lohgärber Abraham Rose angeleget worden, der dazu 500 Rthlr königlichen Vorschuß erhalten hat. Die Hauptnahrung der Stadt bestehet in dem Ackerbau und der Viehzucht. Ihre ansehnliche Feldmark, die lehmigt, feucht und fruchtbar, aber in nassen Jahren zum Theil der Ueberschwemmung unterworfen ist, träget Weizen, Gerste, Erbsen, Flachs, Bohnen und Hafer. Andre Arten von Getreide werden hier gewöhnlich nicht gesäet. Das Stadtfeld faßet an Aeckern in sich die Hufen, die Bandhufen, die Würdelander diesseits der Wipper, jenseits derselben aber die Reipe, Dorfstätten, Querstücke und Kießländer. An beiden Seiten dieses Flußes sind fruchtbare Wiesen, als die neue Wiese, die alte Wiesen und die Radewiesen, die besondre Eigenthümer haben. Das Mohr, die Steubbenwiese, der lange Haken und der kurze Haken sind Kaveln, so unter der Aufsicht des Magistrats zu gewißen Zeiten, für ein sogenanntes Einstandsgeld, welches

Der Schlawesche Kreis.

welches in der Casse der Ackerleute, die Feldlade genannt, berechnet wird, einigen Bürgern zur Nutzung verliehen werden. Die große und kleine Freiheit sind zur Weide für das Rindvieh bestimmt. Die nahe an der Wipper und Grabow liegenden Wiesen leiden bey häufigen Regen, auch bey dem starken Holzflößen der Kaufleute zuweilen Ueberschwemmung. Um solche zu verhüten, wurde die Kaufmannschaft, nach dem Rechtsspruche der Königl. Krieges- und Domainencammer vom 6 Junius 1772, schuldig erkannt, sich schlechterdings vom 11 Junius bis zum 11 September der Holzflößung auf der Wipper und Grabow zu enthalten, in einem außerordentlichen Fall aber sich desfalb mit dem königlichen Beamten, mit Zuziehung des Magistrats wegen des Stadteigenthums, zu vereinigen und alle Gefahr oder Schaden über sich zu nehmen. Wider diesen Rechtsspruch wurde, nach dem Rescript vom 30 December 1772, kein weiteres Rechtsmittel der Kaufmannschaft verstattet und solche auch, nach dem Rescript vom 7 November 1776, mit ihrem desfalb angebrachten Gesuch ein für allemahl abgewiesen. Die in die Feldwirthschaft einschlagende Streitigkeiten werden nach den Statuten und der gemeinen Willkühr der Zunft der Bauleute vom 3 May 1675 und nach der Feldordnung von einem besondern Feldgericht entschieden. Die Gränzen zwischen der Stadt und dem königlichen Amte Rügenwalde und namentlich den Dörfern Neuwasser, Böbbelin, Preetz, Damshagen, Jürshagen, Köpeniz und Kopahn wurden, nach dem revidirten Gränzreceße vom 26 Julius 1672, bezogen. Der Stadtwald besteht aus gutem Mastholze, wovon die Mast der Cämmerey berechnet wird, indem nur wenige, nicht aber die Bürgerschaft, das Recht der freyen Mast für einige Schweine haben. Mit Fischen wird die Stadt reichlich sowohl aus der Ostsee als dem Buckowschen und Kopahnschen See versorget. Die Jagdgerechtigkeit in dem Stadtwalde und auf den Feldern der Stadt wurde dem Magistrat, und die Erlaubniß klein Federwildpret zu schießen, der Bürgerschaft, durch die Privilegien des Churfürsten Friederich zu Cölln an der Spree vom 18 April und 12 December 1691, von der Königlichen Regierung zu Stargard am 20 May 1715 und durch den Cabinetsbefehl an den Cammerpräsidenten von Aschersleben vom 25 Februar 1756 verliehen und bestätiget. Weil aber der Genuß von der Jagd dem Magistrat wenig einbrachte, so wurde auf die Bitte deßelben, durch das Rescript vom 13 März 1766, festgesetzet, daß die Cämmerey einem jeden Mitgliede des Raths die in dem Cämmereyetat ausgesetzten 4 Rthlr. für die Jagd bezahlen, dagegen aber auch die Jagdpacht der Cämmerey beständig berechnet werden soll. Zu den dem Könige in dem Stadtwalde zustehenden Vorjagden mußte ehemals das Stadteigenthum die erforderlichen Leute hergeben. Um von dieser Beschwerde befreyet zu werden, erboten sich die Eigenthumsunterthanen, jährlich an die königliche Forstcaße zwey Thaler zu bezahlen, wenn die Vorjagden, die doch nichts einbrächten, ganz abgestellet würden. Durch das Rescript vom 13 December 1779 wurde dieser Vorschlag auf 6 Jahre genehmiget und den Eigenthumsunterthanen die Vorjagd von Trinitatis 17$\frac{80}{85}$ jedoch mit der Bedingung überlaßen, daß sie solche nicht ausüben dürfen. Der wüste Platz an dem sogenannten Gartgraben, wo ehemals ein Karthauskloster gestanden hat, wurde von dem Churfürsten Friederich Wihelm am 19 April 1654 dem Hauptmann und nachmaligen Oberstlieutenant, Caspar Siefert von Cronenfels, geschenket, der einige

Aecker

Die Stadt Rügenwalde.

Aecker und Wiesen dazu kaufte und ein Vorwerk daraus machte. Nach seinem Tode fiel dasselbe seiner Tochter Anna Sophia, des Accifeinspectors Johann Adam Bernhardi Ehefrau zu, die es mit allen Zubehörungen am 30 September 1687 für 900 Rthlr. dem Magistrat verkaufte. Ihr Bruder, der Cornet Jacob Valentin von Cronenfels wollte es 1715 wieder einlösen und gerieth darüber mit der Stadt in einen weitläuftigen Streit, der endlich am 8 Julius 1734 durch einen Vergleich geendiget wurde, nach welchem dem von Cronenfels 400 Rthlr. zum Abstande gegeben wurden. Die zum Klosterhofe belegenen Wiesen, der Platz des Karthäuserklosters nebst dem Rathen und einer Scheune, wurden hierauf von der Cämmerey, mit Ausschließung der Klosterhufen, die sie behielt, am 9 Junius 1755 für 436 Rthlr. auf 20 Jahre wiederkäuflich dem Kriegesrathe Sürzenbecher überlaßen, von deßen Erben aber 1775 von dem Magistrat wieder eingelöset, der von dieser Zeit an das Kloster zum Besten der Cämmerey verpachtet hat, die davon 30 Rthlr. 3 Gr. jährliche Pächte bekommt. Die Ziegeley, die nahe an der Stadt liegt, wurde von dem Magistrat 1765 für 500 Rthlr. dem Kaufmann Rosenberg verkauft, jedoch dabey zugleich eine jährliche Abgabe von 15 Rthlr. für die Cämmereyen bedungen. Die Bleiche, für welche der Magistrat am 7 April 1708 eine besondre sogenannte Ordnung abfaßte, ist 1779 für einen Erbzins dem Kaufmann Kenling überlaßen worden, der davon jährlich 55 Rthlr. an die Cämmerey bezahlet und den Bürgern gegen Erlegung des sonst gewöhnlichen Stätegeldes eine Stelle zum Bleichen ihrer Leinwand anweisen muß. Die Stadt hat auch eine neu revidirte Feuerordnung, die zu Rügenwalde am 28 Januar 1743 entworfen und auf 3 Bogen in Fol. gedruckt worden ist. Die Streitigkeiten zwischen dem Magistrat, den Achtmännern und der Bürgerschaft über verschiedene Gegenstände wurden von der Churfürstlichen Regierung durch den Behörscheid vom 12 Julius 1666, den Receß vom 29 Junius 1667 und deßen Declaration vom 9 December 1667, die Commissionsrecesse vom 3 Junius 1668 und 27 Januar 1670, die Bescheide vom 21 März 1672, 6 Februar und 28 Junius 1682, die Declarations-Bescheide vom 30 Junius und 1 Julius 1682 und den Vertrag vom 28 April 1684; die Streitigkeiten der Beamten zu Rügenwalde aber mit der Stadt, durch den von dem Churfürsten Friederich Wilhelm bestätigten Receß vom 6 Junius 1668, und die Bescheide der Churfürstlichen Regierung vom 5 Februar 1678 und 12 März 1681 theils verglichen, theils entschieden. Die Märkte werden gehalten 1) Mittwoch vor Invocavit, 2) Dienstag vor Johannis, oder wenn Johannis auf einen Dienstag fält, so ist der Markt den Mittwoch vorher, 3) den dritten Tag nach Kreuzerhöhung, wenn aber Kreuzerhöhung auf einen Sonntag fält, ist der Markt Mittwochs darnach, wenn Kreuzerhöhung auf einen Donnerstag fält, Dienstag vorher, und wenn Kreuzerhöhung auf einen Freytag oder Sonnabend fält, Mittwoch vorher, 4) Freytag zwischen Martin und Elisabeth, wenn aber Elisabeth auf einen Sonnabend fält, ist der Markt Mittwoch vorher. Außer den bereits angeführten Vorrechten sind der Stadt noch folgende Privilegien verliehen worden, als: 1) Das Privilegium der Söhne des Swenz, als Peters Grafen von Ruwenburg, Johann und Lorenz, Herren der Lande Schlawe und Rügenwalde, gegeben zu Slavina 1312 an dem Tage der heiligen Dreyeinigkeit, worinn dieselben dem Rudolph von Colmar, Johann Bredeland, seinem Sohne Heinrich und seinem Bruder Heinrich, wie auch dem Hermann Smoti von die Wiedererbauung der Stadt Rügenwold übertragen, ihnen eine gewiße Anzahl von Hufen und die Vogtey oder das Gericht in der Stadt, jedoch unter gewißen Einschränkungen beylegen, die Stadt mit dem Lübischen Rechte bewidmen, und den oben erwähnten Erbauern oder Oberauffehern der Stadt, und den sämtlichen Bürgern nicht nur die freye Wasserfahrt auf der Wipper auf und abwärts, sondern auch das Recht durch den Hafen der Stadt bis in die Saltzsee zollfrey hin und zurück zu fahren ertheilen. Nach eben diesem Privilegium sollen alle fremde Schiffahrende, die auf der Wipper die Niederlage halten, nach zweyen Tagen den Zoll bezahlen, wovon 2 Theile der Herrschaft zufallen, ein Theil aber zur Ausbesserung des Bollwerks angewendet werden sollen. Ferner soll die Stadt bey dem Heringsfange sechs freye Schiffe, Bördinge genannt, haben, wovon 3 der Stadt, 3 aber den Oberauffehern derselben gehören sollen, denen nicht nur das Recht beygeleget wird, eine neue Mühle auf der Wipper für eine gewiße jährliche Getreidepacht anzulegen, sondern auch an dem Ufer der See mit solchen Netzen, die man Strandgarne zu nennen pflegt, jedoch ohne Hinderniß der herrschaftlichen Fischerey auf der so genannten Hake zu fischen und auf der Wipper vier Fischer zu halten, die mit den kleinen Netzen, die den Namen der Stadtnetze führen, von dem Hafen der Stadt an bis an denjenigen Ort, wo sich das Eigenthum derselben und ihre Gränzen endigen, die Fischerey treiben sollen, so daß von den gefangenen Fischen die Oberauffeher der Stadt die eine Hälfte, die andre Hälfte aber die Bürger erhalten sollen. Auch sollen die von Adel, die in der Stadt einen Bürger mit Worten oder Thaten beleidigen, der Gerichtsbarkeit der Stadt unterworfen seyn u. s. w. 2) das zu Cößlin 1327 ertheilte Privilegium, worinn der Ritter Jasco, Herr des Landes Schlawe, für sich und als Vormund der Söhne seiner Brüder, der Ritter Peter und Laurenz von Rügenwalde, für eine gewiße Summe Geldes der Stadt folgende Freiheiten und Gerechtigkeiten verkauft und überläßt: (a) daß sie an einem jeden Zoll, der auf der Wipper schon vorhanden ist, oder noch künftig auf derselben so wohl ab- als aufwärts bis in die Saltzsee angeleget werden wird, überall mit den Herrschaften der Stadt zu allen Zeiten ein gleiches Recht und daher die Hälfte des Zolls haben, die andre Hälfte aber den Herrschaften verbleiben solle, (b) daß die nahe bey der Stadt gelegene Burg derselben zu einem beliebigen Gebrauche überlaßen werde, so daß wenn die Bürger dieselbe niederreißen und an deren Stelle oder in der Nähe einen Krug (tabernam) erbauen wollten, der Bewohner deßelben die Weidefreiheit für sein Vieh auf der Wiese und Flußweide, die Lürow genannt, genießen solle, (c) daß die Münde und die dabey gelegenen Wohnungen mit allen Einkünften und Nutzungen der Stadt eigenthümlich zu ewigen Zeiten gehören, sie auch das Recht, einen eigenen Gerichtsvogt auf der Münde zu halten, haben, jedoch ⅓ von den Strafgefällen der Herrschaft, ⅔ aber der Stadt zukommen sollen, (d) daß die Einwohner der Stadt, so weit sich der Seestrand in dem Gebiete der Herrschaft erstreckt, so viel Schuten und Strandgarne, als sie nur zu ihrer Fischerey gebrauchen werden, ohne alle Abgaben haben können, jedoch ohne in den so genannten beiden Haken, wo die Herrschaft vorzüglich ihre Fischerey treibe, derselben Hinderniß in den Weg zu legen, (e) daß, damit der Hafen der Stadt von allen und jeden

Kauf-

Die Stadt Rügenwalde.

Kauffeuten mit desto mehrerer Sicherheit besucht werden möge, diejenigen von allerley Volk und Religion, die mit ihren großen und kleinen Schiffen in dem Gebiete der Herrschaft landen oder Schiffbruch leiden werden, ihre geretteten Güter, an welchen die Herrschaft keinen Anspruch machen wolle, behalten und wohin sie wollen bringen mögen. 3) Das zu Rügenwalde 1333 an dem Tage des heil. Apostels Thomas ertheilte Privilegium, worinn Jase, ein Knecht und Herr des Landes zu Rügenwalde (und Sohn des Laurenz) nach erlangter Majorennität nicht nur die der Stadt nach dem vorhergehenden Privilegium verkauften Freiheiten und Gerechtigkeiten namentlich wiederholet und bestätiget, sondern auch verspricht, daß von ihm und der nachfolgenden Herrschaft weder auf dem Wall, oder der Münde, noch in der Stadt und in dem Eigenthum derselben keine Burg oder Festung erbauet werden solle, und dagegen der Stadt die Erlaubniß zur Anlegung eines Kruges und die Versicherung ertheilet, daß alle Krüge auf der Münde mit allen Nutzungen und Einkünften der Stadt Eigenthum ewig bleiben sollen. 4.) Das Privilegium des Herzogs Bogislaus zu Rügenwalde 1348 an dem Tage nach der Verkündigung der Jungfrau Maria, worinn der Stadt die Münzgerechtigkeit, ohne alle Landesherrliche Abgaben, Pfennige und Winkenangen, oder auch andere Münze schlagen zu lassen, verliehen wird. 5) Das Privilegium des Herzogs Barnim gegeben zu Rügenwalde Sonntags nach Valentin 1533, worinn die Zusammenkünfte, die unter dem Schein eines freyen Markts eine Zeitlang her in dem Dorfe Lanzig und vor dem Kloster Buckow gehalten worden, wie auch die Märkte, die in andern Dörfern des fürstlichen Amts Rügenwalde noch angestellet werden möchten, gänzlich bey Strafe verboten werden, der Stadt aber dagegen, vermöge der erlangten kaiserlichen und königlichen Begnadigung, jährlich ein offener freyer Markt, so an dem Tage Corporis Christi anfangen und die nächsten darauf folgenden beiden Tage stehen solle, verliehen wird. 6) Das Privilegium des Herzogs Barnim zu Rügenwalde am 15 Merz 1575, worinn dem Magistrat das Recht ertheilet wird, zu des Raths und der Stadt Siegel rothes Wachs zu gebrauchen und damit zu siegeln. 7) Das Privilegium der Herzoge Bogislav und George zu Rügenwalde am 9 October 1610, worinn die Stadt jährlich auf den Freytag vor Martini Bischof mit einem öffentlichen freyen Viehmarkte begnadiget wird. Die übrigen Privilegien, die der Stadt von den Herzogen von Pommern ertheilet worden sind, als von Casimir zu Treptow 1374 an dem Sonnabende in den acht Tagen des heiligen Leichnamstages, Bogislaus zu Stolpe 1441 an dem nächsten Freytage vor Invocavit, Erich zu Rügenwalde 1463 am Sonntage nach Bartholomäi, Bogislaus zu Rügenwalde an dem Tage des Papstes und Märtyrers Sixtus 1476, Jürgen und Barnim zu Rügenwalde am Montage nach den dreyen Königen 1524, Philipp zu Rügenwalde am Montage nach der Himmelfarth Mariä 1540, Barnim zu Rügenwalde am 25 Februar 1575, Casimir zu Rügenwalde am 22 November 1602, Bogislaus und George zu Rügenwalde am Tage Georgii oder am 23 April 1608, Ulrich am 12 Februar 1622, Bogislaus XIII. zu Rügenwalde am 14 October 1623, dem Churfürsten Friederich Wilhelm zu Colberg am 7 May 1668, dem Churfürsten Friederich III. zu Stargard am 19 November 1699 und dem Könige Friederich Wilhelm zu Stargard am 20 May 1715, enthalten Bestätigungen der vorhergehenden Privilegien, jedoch mit dem Zusatze, daß in den 8 letzten der Stadt ihre Landgüter, als die Dörfer Grupenhagen, Sellnow, Münde, Ziezow, Suckow und Rußhagen mit dem höchsten und niedrigsten Gerichte verliehen werden. Die Abgaben und Lasten, die auf der Bürgerschaft ruhen, sind theils königliche, als die Accise, Zettel- und Mombengelder, Vieh- Außsaat- Heu- und Fabrikensteuer und in Ansehung der den Seehandel treibenden die Licentgefälle, theils bürgerliche, als der Bürgerschoß, Servis, das Feuercassen- Nachtwächter- Brunnen- und Schornsteinfegergeld, wozu noch die Naturalscharwerke, die durch Hand- und Spanndienste bey den Kirchenbauten und der Ausbeßerung der zur Stadt belegenen Dämme und Wege von der Bürgerschaft geleistet werden müßen und der Hafenzoll kommen, so von den zur See ankommenden oder ausgehenden Waaren und Schiffen erhoben wird. Die Urbeedegelder bestehen in dem dritten Theile aller zur Cämmerey fließenden Geldstrafen und müßen von derselben jährlich an die königliche Domainencaße zu Stettin bezahlet werden. Bey dem hiesigen königlichen Postamte kommen die Posten an und gehen ab:

Sonntags Abends um 7 Uhr von Cößlin. Mittwochs früh um 6 Uhr nach Cößlin. Donnerstags Nachmittags um 3 Uhr von Cößlin. Sonnabends Vormittags um 10 Uhr nach Cößlin. Von Michael bis Ostern sind die beiden ankommenden und abgehenden Posten fahrende, von Ostern bis Michael aber gehet nur eine fahrende Post von hier ab und am Sonnabende die reitende. Am Donnerstage kommt alsdann die fahrende und am Sonntage die reitende zurück.

Das Wapen der Stadt ist ein silberner Greif mit einem Fischschwanze im rothen Felde. Auf dem Fuße des Schildes sind die beiden Ströme Wipper und Grabow angedeutet. Ueber dem Helm stehet ein Mühlenrad zum Zeichen der Mühlengerechtigkeit, womit die Stadt beliehen ist.

Die Stadt ist sehr alt und hat ihren Namen von den Rügianern und von einem großen Walde erhalten, der sich ehemals in dieser Gegend befand. Nach dem 1295 erfolgten Tode des Hinterpommerschen Herzogs Mestowin II. der keine Leibeserben hinterließ und Hinterpommern mit Vorbengehung seiner Vettern, der Vorpommerschen Herzoge Bogislaus IIII. und Otto I. dem Herzoge von Pohlen, Primislaus II. verschrieben hatte, wurde die Stadt von dem Herzoge Bogislaus IIII. in dem Kriege wider die Pohler zerstöret, hierauf aber von den Söhnen des Polnischen Statthalters in Pommern, Peter Schwenz (*) nemlich Peter, Grafen von Nuwenburg, oder Newenburg Johann und Lorenz, Herren der Lande Schlawe und Rügenwalde, wiederhergestellet und mit

---

(*) In dem ungedruckten zwoyten Bande des von Dregerschen Cod. diplom. Pom. ist aus Urkunden bewiesen worden, daß die Geschlechtsfolge der berühmten Familie der von Puttkammer nicht, wie Micrälius meinet, von Peter Schwenz, sondern von seinem Bruder Lorenz, der Castellan zu Stolpe und ein Sohn des Jasco Palatins zu Danzig war, abzuleiten sey. Der mittlere Sohn des Lorenz, Peter, war nemlich bey dem Könige von Böhmen, Wenzel, Unterkämmerer (Subcamerarius) so in der Polnischen Sprache Putkomorz heißen. Sein Sohn Bronysius oder Broenziges nannte sich daher Putkomorfiz, (Subcamerarii filium) deßen Geschlecht solchen Namen beybehielt, woraus nachher der Name Puttkammer entstanden ist.

Die Stadt Rügenwalde.

mit dem oben angeführten Privilegium von 1312 begnadiget. Damals wurde sie als eine Mediatstadt fünf Edelleuten, als dem Rudolph von Colmar, Johann Wredeland, seinem Sohne Heinrich und seinem Bruder Heinrich, wie auch dem Hermann Smotren übergeben, die sich aber 1327 und in den nächsten folgenden Jahren ihrer Rechte an der Stadt für ein gewisses von den Bürgern erhaltenes Loskaufsgeld begaben, so daß Jasco, Herr des Landes zu Rügenwalde, bereits in dem Privilegium von 1332 bezeuget, daß die angeführten adelichen Besitzer völlig abgefunden und alle ihnen verliehene Freiheiten und Rechte der Stadt selbst zugefallen sind. Nachdem sie noch vor der Mitte des 14ten Jahrhunderts wieder unter die Herrschaft der Herzoge von Pommern gekommen war, vereinigte sie sich, nach dem Vertrage von 1418 mit den Städten Stolpe und Schlawe zur gemeinschaftlichen Beschützung gegen alle Gewalt und erhielt, nach einer Urkunde von 1453 von der Stadt Lübeck das Zeugniß, daß sie eine Hanseestadt sey. Ihr Handel zur See war damals schon so ansehnlich, daß sie mit der Stadt Amsterdam in Uneinigkeit gerieth, die aber durch den mit derselben am 5 Julius 1464 geschloßenen Frieden also verglichen wurde, daß, wenn beide Städte sich künftig wieder entzweyen würden, der Friede ein Jahr vorher von der einen Stadt der andern aufgekündiget werden sollte. Bald darauf entstand mit der Stadt Helsingöer ein langwieriger Streit, wobey unter anderrn dem Bürgermeister Peter Hansen aus Helsingöer ein Schiff von den hiesigen Einwohnern weggenommen worden, wofür derselbe 1491 von der Stadt 350 Gulden erhielt und darauf Friede gemacht wurde. Das Landvoigteygericht über die Weel, mit welchem die von Glasenapp zu Pollnow 1474 von dem Herzoge Erich I waren belehnet worden, wurde von dessen Sohne, dem Herzoge Bogislaus X. 1489 nach Rügenwalde verlegt. In dem Jahre 1497 wurde der Stadt zu Kopenhagen an dem Sonnabende nach der Himmelfahrt Christi von dem Könige Johann von Dännemark und Schweden der Handel und die Fischerey in seinem Gebiete verliehen, in eben demselben Jahre aber erlitte sie nebst der benachbarten Gegend bey einem starken Sturm eine große Wasserfluth, so daß sie von der Ostsee überschwemmet, viele Gebäude beschädiget und verschiedene Schiffe auf das Stadtfeld getrieben wurden. Mit der Stadt Colberg schloß die Stadt 1527 einen Vertrag wegen der gegenseitigen Handlungs- und Zollfreiheit. 1535 wurde der evangelische Gottesdienst und die Verwaltung der Kirchengüter auf Befehl des Herzogs Barnim hier völlig eingerichtet. 1589 erlitte die Stadt eine große Feuersbrunst und am 31 November 1624 wurden abermals mehr als 3 Theile derselben in die Asche gelegt, worauf der Herzog Bogislaus XIII die Stadt von der Urbeede, den Reichs-Kreis- und Landsteuern, imgleichen von allen Paß- und Landfuhren auf 6 Jahre gänzlich befreyete und ihr außerdem noch eine Collecte bewilligte. In dem 30 jährigen Kriege und vornehmlich in den Jahren von 1628 bis 1630, da die Stadt mit Kömisch kaiserlichen Truppen belegt war, so insonderheit auch den Seehafen gänzlich verwüsteten, und durch die Feuersbrünste, wodurch in den Jahren 1648, 1675 und am 15 November 1679 jedesmahl der größte Theil der Stadt eingeäschert wurde, verlohr sie ihren ehemaligen Wohlstand. Am 2 Julius 1722 war die letzte große Feuersbrunst, da 94 Häuser abbrannten und auch die Pfarrkirche nebst dem Thurm und das Rathhaus in Flammen geriethen. In dem letzten 7 jährigen Kriege kamen durch die öftern Einquartierungen der Rußischen Truppen in den Jahren 1758 bis 1762 verschiedene Einwohner um den grösten Theil ihres Vermögens. In Folge musten die Bürger ehemals nach dem alten Anschlage 8 Pferde und 50 Mann Fußvolk aufbringen. Nahe bey der Stadt liegt der Darlowerberg, wo ehemals die ansehnliche Burg Dirlow oder Tirlow gestanden hat, von welcher in den ältesten Zeiten die ganze umliegende Gegend commandiret wurde. Außer der an der östlichen Seite des Stadtwaldes gelegenen und dem Müller eigenthümlich gehörigen oberschlägigten so genannten Waldmühle, deren Zwangsmahlgäste die Einwohner der Dörfer Sellen, Grupenhagen und Schöningswalde sind, nebst einer dazu gehörigen und in dem Jahre 1778 erbaueten Windmühle und einen Holzwärterkathen, der etwa 1000 Schritte von der Mühle liegt, gehören der Stadt folgende Dörfer, als:

1. **Grupenhagen** ¾ Meile von Rügenwalde ostsüdostwärts, hat 1 Prediger, 1 Küster, der zugleich Schulmeister ist, 34 Bauern, 2 Halbbauern, 13 Büdner, 54 Feuerstellen, eine zu der Rügenwaldeschen Synode gehörige Mutterkirche, zu welcher die Dörfer Sellen und Schöningswalde eingepfarret sind, fruchtbaren Acker, aber weder Holzung noch Fischerey und gränzet gegen Westen an das Rügenwaldesche Stadtfeld, gegen Norden an Sellen, gegen Osten an die Amtsdörfer Kugelwitz und Järshagen und gegen Süden an das neue Dorf Schöningswalde.

2. Die **Münde** liegt ¼ Meile von Rügenwalde gegen Norden, an den beiden Seiten des Ausflußes der Wipper in die Ostsee und bestehet aus 26 Feuerstellen, die mit Schiffern und Fischern besetzt sind, welchen ihre Wohnungen eigenthümlich gehören. Die Einwohner sind freye Leute und zu der St. Marienkirche in Rügenwalde eingepfarret.

3. **Rushagen** ¼ Meile von Rügenwalde gegen Süden, hat 11 Halbbauern, 1 Coßäthen, 1 Schulmeister, 5 Büdner, 20 Feuerstellen, weder Holzung noch Fischerey und ist zu der St. Marienkirche in Rügenwalde eingepfarret.

4. **Schöningswalde** ¾ Meile von Rügenwalde südostwärts, hat 12 Halbbauern, die freye Leute sind, 1 Hirtenkathen, 13 Feuerstellen, weder Holzung noch Fischerey, ist zu Grupenhagen in der Rügenwaldeschen Synode eingepfarret und gränzet gegen Westen an das Rügenwaldsche Stadtfeld, gegen Norden an das Grupenhagensche Feld und gegen Osten und Süden an den Rügenwaldschen Stadtwall. Das Dorf Schöningswalde wurde 1753 neu angeleget und dazu ein Theil des Stadtwaldes ausgerodet. Der erste Plan war auf 16 Familien eingerichtet; es sind aber nur 12 Wirthe oder Halbbauern vorhanden, die sämtlich aus Pohlen jetzt Westpreußen gebürtig sind.

5. **Sellen** ¾ Meile von Rügenwalde gegen Osten, an der Wipper, hat 7 Bauern, 7 Coßäthen, 5 Büdner, 1 Hirtenhaus, 20 Feuerstellen, weder Holzung noch Fischerey, ist zu Grupenhagen in der Rügenwaldeschen Synode eingepfarret und gränzet gegen Westen und Norden an die Wipper, gegen Osten an das Amtsdorf Kugelwitz und gegen Süden an Grupenhagen. Das Dorf Sellen wurde nach

Das Eigenthum der Stadt Rügenwalde.

einer von Peter von Nuwenburg und seinem Bruder Jasco zu Cöslin 1325 am Tage Simonis Judä ausgefertigten Urkunde, worinn es Zelne genannt wird, von den Bürgern der Stadt Rügenwalde für 24 Mark gekauft.

6. Suckow ¼ Meile von Rügenwalde nordwestwärts, an der Grabow, hat 6 Bauern, 2 Cossäthen, 1 Schulmeister, 8 Feuerstellen, weder Holzung noch Fischerey und ist zu der St. Marienkirche in Rügenwalde eingepfarret. Die Dörfer Suckow und Zorawe, wovon das letztere jetzt nicht mehr vorhanden ist und wahrscheinlich zwischen der Stadt und dem Dorfe Suckow gelegen hat, wo noch jetzt ein Theil des Stadtfeldes die Dorfstätte genannt wird, wurden nach einer Urkunde von 1205 von dem Herzoge Svantopolk von der Danziger Linie dem Bischofe Sigewin zu Cammin geschenket und von dem Bischofe Conrad von Cammin mit allen Zubehörungen und dem höchsten und niedrigsten Gerichte nebst dem Patronatrecht über die Kirche in Cyzow, (Zizow) nach einer zu Cammin 1321 ausgefertigten Urkunde, für 1000 Mark Denarien Slavischer Münze, den Rittern Peter von Nuwenburg, dessen Bruder Jasco und den Söhnen des Ritters Lorem, als den damaligen Besitzern der Stadt Rügenwalde, von diesen aber noch in demselben Jahre zu Cöslin an dem Tage der Jungfrau und Märtyrerin Katharina, nebst dem Heringsfange in der Lychowe und mit dem Patronatrechte über die Kirche in Zizow für 500 Mark der Stadt Rügenwalde verkauft.

7. Zizow in alten Urkunden Cizow oder Cyzow genannt, ½ Meile von Rügenwalde nordostwärts, auf einem Berge, hat 1 Prediger, 1 Küster, 16 Vollbauern, 3 Cossäthen, 1 Predigerwittwenhaus, 12 Büdner, 34 Feuerstellen, eine zu der Rügenwaldeschen Synode gehörige Mutterkirche, zu welcher die königlichen Amtsdörfer Köpenitz und Kopahn und das königliche Vorwerk Palzewitz eingepfarret sind und weder Holzung noch Fischerey. Das Dorf Zjow wurde nach einer noch vorhandenen und zu Rügenwalde am Mittwoche vor dem Thomastage 1378 ausgefertigten Urkunde, worinn es Cizow genannt wird, von Wedego und Vorante von Rügenwold nebst Heinrich Doring und dessen Ehefrau Margaretha für 1844 Mark Winkenpfenninge an die Stadt Rügenwalde verkauft.

Die Münde ist zu der Quartalcasse gezogen und die Abgaben der Einwohner daselbst fließen theils in die Cämmerey theils in die Hafencasse, die von den übrigen Gütern aber in die Cämmereycasse. Die Colonie Schöningswalde entrichtet keine königliche Gefälle, die übrigen 5 Dörfer aber bezahlen von 73 $\frac{3}{16}$ steuerbaren Landhusen die jährlichen Contributions- und Cavalleriegelder an die königliche Kriegescasse und stehen in Ansehung der Marsch- und Lieferungsangelegenheiten unter dem Schlaweschen Kreisdirectorium. Ehemals war in den Dörfern Zjow, Sellen und Grupenhagen in einem jeden ein Ackerwerk, es wurde aber das Land davon 1720 von der rathhäuslichen Commission unter die sämtlichen Bauern eines jeden Dorfs vertheilet, welche die Pacht davon an die Cämmerey bezahlen.

2. Schla-

Der Schlawesche Kreis.

2. **Schlawe** in alten Urkunden Slawina, Slawena, Slaw und Slawe genannt, lieget in einer ebenen und fruchtbaren Gegend, 2 Meilen von Rügenwalde, 3 von Stolpe und Pollnow, 4 von Zanow und 5 von Rummelsburg und ist an der Morgenseite von der Wipper, die an der so genannten Koppel ohngefähr 800 Schritte von der Stadt vorbeygehet und an der nördlichen Seite von der Moke umgeben, die aus Westen von dem adelichen Dorfe Rötzenhagen kommt, nahe an der Ringmauer vorbeyfließet und in das linke Ufer der Wipper fällt. Die Stadt hat 3 Thore, als das Cößlinsche, das Stolpsche, worauf sich eine Schlaguhr befindet und das Koppelthor, 19 zum Theil enge Straßen, einen großen und ansehnlichen viereckigten Marktplatz, ein gutes Rathhaus, welches anstatt des alten, das mitten auf dem Markte stand und theils wegen seines Alters eingefallen, theils in dem letzten 7 jährigen Kriege von den Rußischen Truppen verwüstet worden war, 1768 auf 3 Bürgerstellen an dem Markte in der Reihe der übrigen Häuser erbauet und 1775 mit einem kleinen Thurm gezieret wurde, worinn eine Schlaguhr die Stunden und Viertelstunden anzeiget, mit Einschließung einiger wüsten Stellen 315 Feuerstellen, deren Versicherungssumme in der Feuersocietät 41080 Rthlr. beträgt, und 1602 Seelen, ohne die Garnison, die aus einer Eskadron des von Hohnstockschen Husarenregiments bestehet. Die Pfarrkirche zu St. Marien, die mit Schindeln gedeckt ist, und einen Thurm mit 6 Glocken und einer Schlagegloke hat, die ein angenehmes Geläute machen, stehet unter dem Patronate des Magistrats, der nebst dem Präpositus die Kirchen- und Schuldiener wählet. Bey der Kirche, der die zu dem Eigenthum der Stadt gehörigen Oerter, als die Dörfer Warschow, Bewersdorf und Crecejendorf, das Ackerwerk, der Stadthof genannt, eine Walkmühle, eine Schneidemühle, das Försterhaus im Stadtwalde, der Waldhof und eine Ziegelen eingepfarret sind, stehen 2 Prediger, als ein Pastor und ein Diakonus, wovon der erste zugleich Präpositus der Schlaweschen Synode ist, zu welcher mit Einschließung desselben 21 Prediger gehören. Das Recht, den Pastor zu ernennen und zu präsentiren, wurde nach den Rescripten vom 9 September 1712, 15 May und 25 Junius 1729 dem Magistrat bestätiget, der nach den hiesigen Stadtstatuten zu der Pastoratwahl auch den hiesigen Diakonus und die Kirchenvorsteher, wie auch von Seiten der Bürgerschaft die Stadtfürsprache mit zuziehen und nach dem Rescript an die Pommersche Regierung vom 16 September 1773 denjenigen, den er zu dem Pastorat zu vociren gedenket, vor dessen wirklichen und eigentlichen Präsentation, der Landesherrschaft anzeigen und anfragen soll, ob derselbe als Präpositus genehmiget werden könne. Vor dem Cößlinschen Thore liegt die ebenfalls unter dem Patronate des Magistrats stehende Kirche und das Hospital zu St. Georg, worinn 21 Personen beiderley Geschlechts für ein billiges Einkaufsgeld aufgenommen und von den guten Einkünften des Hospitals unterhalten werden. Außer der Hauscollecte, die monatlich von den Einwohnern für die Armen gesammlet wird, sind hier zur Versorgung derselben noch zwo milde Stiftungen vorhanden, als: 1) die Schultzsche, die sich auf das Testament des hiesigen Bürgermeisters Georg Schultz vom 29 April 1550 gründet, worinn die jährlichen Zinsen von einem Capital von 1000 Gulden den Hausarmen, Studirenden und zur Aussteuer armer Jungfern, vornehmlich von der Blutsfreundschaft des Stifters, wie auch der Stadt

Die Stadt Schlawe.

zu ihrem Besten jährlich 3 Gulden Zinsen vermacht wurden, damit der Magistrat, als erbetener Mitpatron dieser Stiftung auf die Erhaltung derselben sehen möge. Das Capital der 1000 Gulden ist durch eine gute Verwaltung jetzt zu 2100 Rthlr. angewachsen, wozu auch noch einige Aecker, Wiesen und Gärten gekommen sind, die der ehemalige hiesige Organist Drobusch dieser Stiftung vermacht hat. Jetzt erhält aus derselben ein Studirender, der sich auf einer Universität befindet, nach der von dem Königl. Consistorium ertheilten Genehmigung, jährlich 30 Rthlr. auf 3 nach einander folgende Jahre, da ehemals nur 20 Rthlr. jährlich festgesetzet waren; die 3 Gulden Zinsen aber, die nach dem Inhalte des oben angeführten Testaments der Stadt zu ihrem Besten jährlich vermacht worden sind, hat weder die Stadt, noch der Magistrat jemals erhalten. 2) Das sogenannte novum beneficium, welches am 23 October 1590 durch die Beyträge des Magistrats, der Gilden und Gewerke und einiger Bürger also gestiftet wurde, daß die jährlichen Zinsen von dem zusammen gebrachten Capital, welches jetzt außer den dieser Stiftung gehörigen Aeckern 608 Rthlr. 16 Gr. beträgt, einem auf hohen Schulen studirenden armen Stadtkinde auf 3 Jahre von dem Magistrat und dem Präpositus, als den verordneten Patronen dieser Stiftung, angewiesen werden sollen. Die Rechnungen von der Kirche, dem Hospital, der Schulzschen Stiftung und dem novo beneficio werden, unter der Aufsicht des Magistrats, jetzt von einem Administrator geführet, der ein bestimmtes jährliches Gehalt von 66 Rthlr. 16 Gr. erhält. Die Schule hat 3 Classen und eben so viele Lehrer, als einen Rector, Cantor und Baccalaureus, wovon die beiden letztern, nach dem Tit. 4. §. 10 der hiesigen Statuten, von den Predigern, imgleichen dem Kirchenvorsteher und Rector der Schule erwählet und hienächst von dem Magistrat bestätiget werden. Nach einem von dem Apotheker zu Königsberg in Preußen, Zachäus Schweder, am 16 December 1751 gestifteten Vermächtnisse, sind dem Rector und Cantor und zwar einem jeden jährlich 20 Fl. Preuß. unter der Bedingung vermacht worden, daß sie bey dem jährlichen Examen von einem Schüler eine Rede halten lassen und darinn des Stifters dieses Vermächtnißes mit guten Wünschen für seine noch lebende Familie gedenken. Die Abschrift von einer solchen Rede wird an den Administrator dieser Stiftung eingesandt, worauf die den beiden ersten Schulherrn vermachte Gelder richtig einlaufen. Der Magistrat bestand ehemals aus mehrern Mitgliedern, als er jetzt hat, bey der Untersuchung des rathhäuslichen Wesens aber wurde von der Churfürstlichen Regierung zu Stargard am 4 Junius 1691 festgesetzet, daß in dem Rathe mehr nicht als 2 Bürgermeister, ein Cämmerer, ein Secretarius und 3 Rathsherren sitzen sollen. Jetzt bestehet der Magistrat aus einem dirigirenden Bürgermeister, der die Policeygeschäfte besorget, einem Justizbürgermeister, der zugleich Syndikus ist, einem Cämmerer, 2 Senatoren, wovon der eine zugleich Gerichtssecretarius und der andre zugleich Cämmereycontrolleur ist und einem besondern Stadtsecretarius. Wegen der Gerichtbarkeit wurde zwar, nach dem zu Rügenwalde am Dienstage nach Quasimodogeniti 1486 zwischen dem Herzoge Bogislaus und dem Magistrat errichteten Vergleiche, beliebet, daß der Herzog den Gerichtsvoigt, der Magistrat aber 2 Beysitzer desselben aus dem Rathe bestellen und ein Drittheil von den Strafgefällen dem Landesherren, einen Drittheil dem Magistrate zum Besten der Stadt und ein Drittheil dem Sachwalde nach dem Inhalte der Lübschen Rechte zufallen sollte, der Herzog Johann Friederich trat aber dem Magistrate, nach dem zu Alt-Stettin am Montage nach Oculi 1577 gestifteten Vertrage, das Recht, den Gerichtsvoigt entweder aus dem Rathe, oder der Bürgerschaft zu bestellen, unter der Bedingung ab, daß jährlich auf Ostern eine Summe von 25 Gulden an den fürstlichen Rentmeister für die dem Landesherren zustehende Hälfte des Gerichts bezahlet und dem letzten frey stehen solle, nach eigenen Gefallen diesen Vertrag, nach einer halbjährigen Auffkündigung, wieder aufzuheben. Ob nun gleich solches nachher wirklich geschahe, so wurde doch ein solcher Vertrag wieder von den folgenden Herzogen, als Philipp am 30 September 1608, Franz am 20 April 1619 und Bogislaus XIIII. am 19 December 1625, unter eben denselben Bedingungen, nur mit dem Unterschiede erneuert, daß der Magistrat jährlich auf Michael 40 Gulden Pommerscher Wehrung dem Landesherren bezahlen muste. Jetzt hat der Magistrat nicht nur die obere und niedere Gerichtbarkeit, sondern auch das Recht, seine Glieder selbst zu wählen. Außer dem lübischen Rechte, das, nach dem unten angeführten Privilegium von 1317, der Stadt verliehen wurde, hat sie noch besondere Statuten, (*) nach welchen in gewißen Fällen gesprochen wird. Die Bürgerschaft hat 4 Aeltesten, die Stadtfürsprache genannt, welche, wenn zum Besten der Stadt etwas

(*) Auf die in dem Jahre 1780 von dem Justizdepartement in Berlin erforderte Nachricht von den statutarischen Rechten der Pommerschen Städte, ist von dem Magistrat zu Schlawe folgender Auszug, aus denenjenigen Statuten der Stadt Schlawe, die noch jetzt in derselben Statt finden, übergeben worden:

"Tit. III. H. 6. Von Bestallung des Untergerichts."

"Alle Citationes, Verkündigungen und Executiones geschehen durch einen Rechtsgeschwornen und obersten Gerichtsdiener."

"§. 7. In bürgerlichen und andern Sachen, so nicht an Leib und Leben gehen, hat das Untergerichte seinem eigenen Gerichtsschreiber, welchem Inhalts der Fürstl. Pommerschen Hofgerichtsordnung das Schreibgebühr billig gereicht und über das in jedem ordinairen Gerichtstage 2 fl. für jede Sache zu protocolliren, und dabey für jede Protestation 4 fl. gegeben wird. In den ordinairen Tagen aber seyn es fürs Protocolli en 4 fl. auch wohl nach Weitläuftigkeit der Sache ein mehreres, welches jedoch ad judicis moderationem gestellet ist."

"Tit. V. Von Eines Rathsgerichte in Gemein und von Gebühr sowohl der Kläger als Beklagten."

"§. 3. Ein jeder Kläger soll den Grund seiner Klage wohl in acht nehmen, und wenn er klaget, also klagen, daß er feste klage, damit er nicht selbst bruchfällig werde."

"§. 4. In beyden Instantien, sowohl des Unter- als Obergerichtes, ist der Kläger schuldig dem Richter die Klage summarie zu erwehnen und um Citation wider das Gegentheil zu bitten, auch zur Wirtschop solcher Klage 2 fl. dem Richter zu entrichten."

"§. 5. Beklagter ist auch schuldig, auf ausgegangene und ad domum angekündigte Citation zu erscheinen, da es nicht geschiehet, soll er zum ersten auf 5 fl., zum andernmahl auf 10 fl. propter contumaciam gesträfet, und wieder ihn dabey peremptoria citatio angeordnet werden, sub poena confessi zu erscheinen. Erscheinet er alsdenn auch nicht, soll die Sache für bekannt angenommen, für beschloßen gehalten, und beyden Theilen Terminus ad audiendam sententiam angesetzet werden."

"§. 6. Erscheint der Kläger selbst nicht, soll er nicht allein gestrafet, sondern auch auf Ansuchen des Beklagten in expensis terminai vertheilet, und Inhalts der Fürstl. Hofgerichtsordnung verfahren werden."

"§. 8. Für Gericht ist von Alters gebräuchlich, daß die Parthen ihre Sachen mündlich doch förmlich und verständlich angebracht, dabey wird es auch gelaßen, doch soll auf Wichtigkeit der Sachen, und wo Weitläuftigkeit gespüret wird, auf Parten bittliches Ersuchen oder ex officio schriftlicher Proceß angeordnet, und nach Gelegenheit alsdenn auf der Parten Unkosten die Verschickung der Acten verstattet werden."

Die Stadt Schlawe.

etwas vorgenommen und insonderheit, wenn von derselben ein Beytrag gegeben werden soll, von dem Magistrat zu den Berathschlagungen mit zugezogen werden. Außer dem Handel, der mit Holz und Asche und von den Krämern getrieben wird, macht der beträchtliche Handel mit Leinwand den hiesigen Johannismarkt vorzüglich berühmt, der von vielen Kaufleuten von entfernten Orten besucht wird. Die übrige Nahrung der Einwohner bestehet größtentheils in der Viehzucht, die durch die vortreflichen Wiesen und Viehhütungen, womit die Stadt umgeben ist, sehr befördert wird. Ehemals wurden von ihr 3 Prahmen auf der Wipper gehalten, womit ihr Getreide und andre Güter nach Rügenwalde gebracht wurden, woselbst die Stadt die Hafenfreyheit hat. Auch hat sie noch jetzt die Stapelfreyheit, so daß das auf der Wipper geflößte Holz angehalten und hier erst zum Verkauf angetragen werden muß. Der Stadtacker ist in 4 Felder eingetheilet, wovon jährlich ein Feld brache liegt. Ein jedes Feld hat seine Unterabtheilungen mit besondern Namen, welches daher rühret, weil wegen des niedrigen Bodens kein Hufenschlag hat angeordnet werden können. Den meisten Häusern und so genannten Buden sind gewisse Aecker und Wiesen zugeleget, die niemals von den Feuerstellen können getrennet werden, so daß derjenige, der ein Haus kauft, solche Stücke nach der Taxe des Pertinentienbuchs, die immer fort zur Richtschnur bleibt, wieder an sich bringen kann, wenn

[Nnnn 2] sie

"§. 9. Wer einen für Gericht öffentlich lügen "strafet, oder mit Schmähworten angreift, der "soll als bald, ehe denn er weiter gehöret wird, "auf drey Pfund gestrafet, oder bis er solche "Strafe erleget, in bürgerlichem Gehorsam behalten werden. Ein Pfund ist 20 ß.

"§. 10. Wer in Zeit währenden Gerichts auf "dem Rathhause oder sonst in des Rathhauses "Gränzen und Mahlen jemand mit Schlägen "überführet oder auch sich in ander Wege wieder "ein oder andern vergreifet, soll er mit gefänglicher Haft büßen, und nach Wichtigkeit des excessus bestrafet werden.

"§. 11. Wer sonsten seine ordentliche Obrigkeit "geistlichen oder weltlichen Standes insgesamt, "oder Raths-Abgeordneten anderweit geführet, zu "Ehren angreifet, und also wieder geleisteten Bürgereyd handelt, soll als ein Meineidiger gestraft "werden.

"Tit. VI. Von Appellationssachen.

"Dieser Titel findet jetzt keine Anwendung mehr.

"Tit. VII. Von Exemtionibus.

"Dieser Titel wird auch nicht mehr beobachtet.

"Tit. VIII. Von Erbschichtungen.

"§. 1. Ein jeder Bürger, so zur andern Ehe "schreiten will und Kinder erster Ehe hat, soll für "denen dazu von Rechtswegen Deputirten denselben einen Ausspruch thun nach Lübschen Rechte, "und solches ehe dann er zur andern Ehe verstattet wird, wenn aber gütliche Handlungen Statt "finden, und dieselben der Billigkeit gemäß sind,

"werden solche Handlungen von den verordneten "Schlechterichtern bestätiget und demnach dem "Stadtbuche einverleibet.

"§. 2. Wer mit seinen unmündigen Kindern "oder andern Erben ohne dazu erbetene aus des "Raths-Mittel Theilung hält, soll 10 Mark verbrochen haben.

"§. 3. Wie in Ausgelübden, also wird auch in "andern Erbschlichtungen das Lübsche Recht gemeiniglich in acht genommen, und dem zu Folge "die Entscheidung angestellet.

"§. 4. Unmündigen Kindern werden von dem "Vater oder Freunden für dem Aussproche Vormünder ausgebeten und von Einem Rathe bestätiget aber da es fürm Rath nicht geschehen, werden ihnen von denen von Rechtswegen dazu verordneten Vormündern gesetzet.

"Tit. IX. Vom Kaufe oder Verkaufe, item "von Verpfändung der Erbe, liegenden "Gründen und deren Abnutzungen.

"§. 1. Wer allhier kein Bürger ist, hat nicht "Macht an liegenden Gründen, stehenden Stücken, "und andern unbeweglichen Gütern etwas zu "kaufen, bey Verlust des erst erlegten Termins "und anderer willkührlicher Strafe. Es soll auch "kein Bürger solchen Kauf mit seiner Gegenwart "oder sonsten befördern und fortsetzen bey 10 "Mark Strafe.

"§. 2. Es kann auch derselbe so kein Bürger "ist, seine unbewegliche Güter, welche verkauft "seyn, nicht beysprechen, sondern wird in solchem

Der Schlawesche Kreis.

sie gleich höher wären versetzt worden. Die sogenannten Schattenhufen innerhalb der Ringmauer betragen 109 Hufen. Die Gränzen zwischen der Stadt und dem Amte Rügenwalde und insonderheit den Amtsdörfern Järshagen, Krackow, Meltzow, Stemnitz und Altenschlage wurden durch den auf dem Rügenwaldeschen Schloße am 24 Julius 1672 errichteten und von dem Churfürsten Friederich Wilhelm zu Cölln an der Spree am 16 März 1674 bestätigten Gränzzug bestimmt, die Gränzen zwischen der Stadt und den adelichen Gütern Quatzow und Reddichow aber 1743 in Ordnung gebracht. Die Stadt hat die Fischerei in der Wipper und Motze, der Lachsfang bey der Schneidemühle aber stehet ausschließungsweise dem Magistrat zu, der auch die mittlere und niedere Jagtgerechtigkeit hat, und einen Stadtförster hält; die Vorjagd aber hat der König. Der Stadt gehöret ein großer Wald, der im Durchschnitt eine halbe Meile beträgt und aus Eichen und Büchen und besonders aus einem vortreflichen Aufschlage von dieser Art von Bäumen, imgleichen aus weichem Holze, als Elsen, Birken, Linden ꝛc bestehet. Die Zollgerechtigkeit über die Wipperbrücke gehöret dem Könige. allein, jedoch haben die Bürger, weil sie die Brükken unterhalten, die Zollfreyheit in den Jahrmärkten, wenn sie ihr Vieh zum Verkauf nach der Warschowschen Seite jenseits der Wipper treiben. Die Märkte werden gehalten 1) Freytag vor Invocavit Krammarkt, 2) Montag nach Palmarum

„kauft und kaufet ein Bürger dem Fremden vorgezogen."

„§. 3. Es wird imgleichen keinem Bürger gestattet, ohne Vorwißen und Einwilligung Eines Raths seine unbewegliche Güter, so dieser Stadt Bothmäßigkeit unterworfen seyn, einem Fremden, so lein Bürger ist zu hypotheciren, und wann schon solche Verpfändung durch Eines Raths Vergünstigung erhalten wäre, soll doch der Fremde immobilia zu nutzen und außerhalb der Stadt zu gebrauchen, nicht Macht haben, sondern dieselben hinwiederum einem Bürger um gebührliche Pension oder jure antichretico zum Gebrauch auszuthun schuldig seyn bey Verlust der Abnutzungen."

„§. 4. Wer Pfänder bey sich hat, so bey ihm verstanden wären, oder wann der Eigenthumsherr selbige einzulösen unvermögend ist, soll derselbe, welcher solche Pfänder bey sich hat, denjenigen, welchem sie zustehen, den Ueberwerth über den Pfandschilling herauszugeben schuldig seyn."

„§. 5. Imgleichen wird keinem Bürger, welcher außerhalb dieser Stadt wohnet, und mit Erlegung des Vorschußes ihme das Bürgerrecht vorbehalten thut, gut gethan, daß er allhie seine liegende Gründe an Acker und Wiesen also nutze, daß er dieselben selber bezahle, und die Frucht davon einwerben laße, vielweniger daß er solche Abnutzungen anderweit verführe und dieser Stadt entziehe, zumahl davon des fürstliche Schatz und andere Stadtbürden entrichtet werden müßen, und dieser an dessen Statt nur jährlichen Vorschuß einbringen läßet."

„§. 6. In deme wird auch denen Bürgern, welche gedachtermaßen außerhalb der Stadt wohnen, nicht nachgegeben, daß sie ihre Viehzucht allhie halten, vielweniger, daß sie dieselben ihres Gefallens abwechseln, zumahl dadurch nicht allein großer Unterschleif, sondern auch unwiederbringlicher Schaden verursacht werden kann."

„§. 7. Dahero verordnet wird, daß wer allhie erb und eigen an liegenden Gründen hat und in der Stadt nicht wohnet, solches sein Erbe mit allen Zubehörungen einem Bürger, welcher es bewohnen und davon allerhand Bürden ausstehen muß, um ein billiges austhun solle, damit dergleichen Unterschleif und Schaden so viel möglich verhütet bleiben möge."

„§. 8. Wer ein Haus oder Erbe verkaufen will, soll solches Erb- und Nagelfeste verkaufen, und dabey Kummer und Hochschlett zu laßen schuldig seyn."

„§. 9. Ganze und halbe Erbe sollen nicht ferner vertheilt noch dero Zubehörungen ohne Eines Raths Bewilligung verkauft, vertauschet oder sonsten verringert werden, bey Strafe 60 Mark."

„§. 10. Niemand soll einem andern in den Kauf fallen, bey Poen drey Pfund und Verlust der Waare."

Die Stadt Schlawe.

tum Saatmarkt, 3) Donnerstag nach Johannis Kram- und Tages vorher Woll-markt, 4) auf Kreuzerhöhung Kram- und Tages vorher Wollmarkt, und wenn Kreuzerhöhung auf einen Sonnabend fällt, so ist der Wollmarkt den Donnerstag und der Krammarkt den Freytag vorher, wenn aber Kreuzerhöhung auf einen Sonn-tag trift, ist den Montag darauf Kram- und Dienstags Wollmarkt, 5) auf Elisa-beth Krammarkt, und wenn dieser Tag auf einen Sonnabend fällt, so ist der Markt den Freytag vorher, wenn er aber auf den Sonntag trift, ist der Markt an dem fol-genden Montage. Außer diesen Märkten sind von Sr. Majestät dem Könige, nach der von der Königl. Krieges- und Domainencammer am 11 August 1782 bekannt gemachten Verordnung, dieser Stadt zugleich mit einigen andern Pommerschen Städ-ten, noch 2 Märkte, als auf den 25 May und 16 October zum Verkauf von aller-ley Arten von fetten Vieh verliehen und die Berlinschen und Potsdamschen Schläch-ter angewiesen worden, diese Märkte, welchen eine unbedingte dreyjährige Accise- und Zollfreyheit bewilliget worden ist, zu bereisen. Die der Stadt in den ältern Zei-ten ertheilte Privilegien sind: Das in Lateinischer Sprache abgefaßte Privilegium der Herren Jasco von Neu-Schlawe, Peter von Neuenburg und Loren; von Rü-genwalde von 1317 an dem Feste der Pfingsten, worinn sie der Stadt, die in dieser Urkunde Neu-Slawe genannt wird, das Lübische Recht und das Eigenthum von 200 Hufen zu ewigen Zeiten ertheilen, sie 8 Jahre von allen und jeden Abgaben befreyen und zugleich festsetzen, daß die Stadt nach dieser Zeit alle Jahre an dem heiligen Martinsfeste 50 Mark Slavischer Denarien dem Herrn Jasco und seinen rechtmäßigen Erben und Nachfolgern bezahlen, ihm auch die Hälfte aller Strafge-fälle, die auf die in der Stadt und deren Eigenthum begangene Verbrechen werden ge-setzt werden, so wie die andre der Stadt zufallen solle. Wenn in den Gränzen derselben Wasser- oder andre Mühlen erbauet würden, solle Herr Jasco die eine Hälfte der Kosten zur Erbauung derselben, die andre aber die Stadt tragen und beide Theile die Pächte oder Nutzungen von den erbaueten Mühlen, jeder zur Hälfte bekommen. Uebrigens soll die Stadt die gewöhnlichen Abgaben von den öffentlichen Gebäuden, als dem Hause der Tuchmacher, dem Fleischscharren, dem Schustermarkte, dem Baderhause u. s. w. nach Maaßgabe des Lübischen Rechts allein bekommen. In eben diesem Privilegium wurde der Stadt die Wasserfreiheit bis in die Saltsee und das Recht ertheilet, Prahmen auf der Wipper und zu ihrem Nutzen drey Schiffe, Schuten genannt, zu halten, um sich derselben sowohl in der Sahste als auch in dem See Glowentz, so lange der Heeringsfang dauret, frey zu bedienen. Endlich wurde der Stadt die freye Fischerey in ihren Gränzen, als in den Ge-wässern Mosnz (der Motze) und der Wipper geschenket und zugleich festgesetzet, daß, wenn etwa dereinst in den Gränzen der Stadt einiges Erz, als Gold, Silber oder ein anderes Metall entdeckt würde, die eine Hälfte davon dem Herren Jasco, die andre aber der Stadt gehören solle. Dieses Privilegium wurde von den Herzo-gen Bogislav, Barnim und Wartislav 1347 an dem Tage des heil. Aposteln Jakob, von dem Herzoge Casimir zu Schlawe 1374 am Dienstage vor Marien Magdalenen Tage, von dem Herzoge Bogislav zu Stolpe 1441 am Freytage vor Invocavit und von dem Herzoge Bogislav zu Schlawe 1476 am Mittwoche vor Petri Kettenfeyer bestätiget. In den übrigen Privilegien, die von einerley Inhalte sind, als der Herzoge Jürgen und Barnim zu Schlawe 1524 am Tage der heil. drey Könige, des Herzogs Johann Friederich zu Schlawe vom 27 Februar 1575, des Herzogs Barnim zu Alt-Stettin vom 18 Februar 1601, des Herzogs Bogislaus XIII. zu Schlawe am Mittwoche nach Jubilate vom 24 April 1605, des Herzogs Philipp II. zu Alt-Stettin vom 17 Januar 1618, des Herzogs Franz I. zu Alt-Stettin an Katharinentage vom 25 November 1618, des Herzogs Bogislaus XIIII. zu Alt-Stettin vom 1 October 1621, des Churfürsten Friederich Wilhelm zu Colberg vom 3 April 1668, des Churfürsten Friederich III. zu Stargard vom 5 December 1699 und des Königs Friederich Wilhelm zu Stargard vom 3 September 1722 sind der Stadt alle ihre Landgüter nebst ihrem Eigenthum an Hufen, Dörfern, Aeckern, Wiesen, Weiden, Holzungen, Mooren, Brüchen, Wassern, Fischereyen, höchsten und niedrigsten Gerichten an Hals und Hand und alle andre Begnadigungen, Gerechtigkeiten, Privilegien und gute Gewohnheiten, die sie von den vorhergehenden Landesherren ertheilet bekommen, von neuen verliehen und bestätiget worden. Die bürgerlichen Lasten bestehen außer der Accise, Fabrikensteuer, dem Servis, den Brunnengeldern und den Beyträgen für die Nachtwächter und Thurmbläser, in den Scharwerksdiensten, welche von den Bürgern zu Fuß und mit Gespann verrichtet werden müssen und sonst in den übrigen Immediatstädten größtentheils abgeschaft sind. Wegen der obern und niedern Gerichtbarkeit werden von der Stadt jährlich um Michael 30 Rthlr. unter dem Namen der Ohrbeergelder an die Königl. Domainencasse in Stettin eingesandt. Bey dem hiesigen königlichen Postamte kommen die Posten an und gehen ab:

Sonntags Abends die reitende Post von Berlin nach Preußen.
— Die fahrende Post von Berlin nach Preußen.
Montags früh die Botenpost nach Pollnow und Rummelsburg.
Mittwochs Nachmittags die reitende Post aus Preußen nach Berlin.
— Abends die fahrende Post aus Preußen nach Berlin.
— Die reitende Post von Berlin nach Preußen.
— Die fahrende Post von Berlin nach Preußen.
— Morgens die Botenpost von Rummelsburg und Pollnow.
Donnerstags früh die Botenpost nach Pollnow und Rummelsburg.
Sonnabends Nachmittags die reitende Post aus Preußen nach Berlin.
— Abends die fahrende Post aus Preußen nach Berlin.
— Morgens die Botenpost von Rummelsburg und Pollnow.

Das Wapen der Stadt ist ein Greiff im silbernen Felde, der aus dem Schach springt. Unten ist der Fluß Wipper gezeichnet.

Die

Die Stadt Schlawe.

Die Stadt hat ihren Namen von der in den ältern Zeiten dabey gelegenen Burg Slave erhalten, so in der Sclavonischen Sprache so viel als Ruhm und Ehre bedeutet. Diese Burg war der Hauptort der Castellaney Slawe, deren Umfang in den mittlern Zeiten von einer ansehnlichen Größe war. Denn sie begriff das gesammte Land zwischen der Wipper und Stolpe, indem sich ihre Gränzen gegen Norden bis an die Ostsee, gegen Osten an die Castellaney Stolpe, gegen Westen an die Castellaney Dirlow und gegen Süden wahrscheinlich noch über die jetzigen Hinterpommerschen Landgränzen bis in Pomerellen hinein erstreckten. Weil sie in alten Urkunden oft Slawena oder Slawina genannt wird, so soll sie von der Pommerschen Prinzeßinn dieses Namens, des Fürsten Svantibor I. Tochter, die im eilften Jahrhunderte, zuerst mit dem großen Rügianischen Monarchen Crito und hienächst 1105 mit dem Mecklenburgschen Fürsten Heinrich vermählet war, nach der Meynung einiger Pommerschen Geschichtschreiber, benannt und von dem Fürsten Crito etwa zu der Zeit, als die Pommern ihn aus Mißvergnügen wider den Fürsten Svantibor zu ihrem Regenten erwählet hatten, angeleget worden seyn. Ob die Stadt selbst damals zugleich mit erbauet worden, ist ungewiß, gewiß aber, daß sie bereits in der Mitte des dreyzehnten Jahrhunderts vorhanden gewesen, indem die Herzoge Bogislaus, Barnim und Wartislaus ihr, nach einer zu Stolpe 1250 am Tage des Papstes Gregorius ausgefertigten Urkunde, die Beede in der Abtey Bückow und die ihnen in der Stadt zustehende Urbeede für 150 Mark Pfennige verpfänden, sich aber und ihren Erben zu ewigen Zeiten ausdrücklich die Mühle in derselben vorbehalten, die auch noch jetzt dem Landesherren gehört. Als die Hinterpommerschen Lande nach dem 1295 erfolgten Tode des letzten Hinterpommerschen Herzogs Mestowin II., vermöge der demselben von seinen Landständen fast abgenöthigten Verfügung, dem Könige in Pohlen, Primislaus II. zugefallen waren, hatte nach dessen bald darauf erfolgten Tode, der Ertzcantzler, Pohlnische Statthalter in Pommern und Woywode der Schlößer Neuenburg und Tauchel, Peter Schwenz, ein Sohn des Jasco Schwenz, Palatins zu Danzig, die Landesherrschaft über den Strich Landes von der Weichsel bis an den Gollenberg wider den König in Pohlen, Uladislaus, behauptet und seinen 3 Söhnen, als Peter, Lorenz, und Jasco, von welchen die Stadt Schlawe das oben angeführte erste Privilegium von 1317 erhielt, die Districte Rügenwalde, Schlawe, Pollnow und Neuenburg eingeräumet, die sie als Castellane besaßen und den Titel ihres Stammhauses der Grafen von Neuenburg führeten. Weil aber Peter Schwenz der Macht der Pommerschen Herzoge und des Königs Uladislaus in Pohlen nicht zu widerstehen vermochte, rief er die Marggrafen von Brandenburg, Waldemar und Johann, zu Hülfe, von denen er jedoch nachher, bey ihrer damaligen Interimsregierung in Hinterpommern, seine große Ländereyen, wozu die Schlößer Dirlow oder Rügenwalde, Slawe, Pollnow, Tauchel und Neuenburg gehörten, in dem Jahre 1307 zu Lehn nehmen muste. Seine Söhne und Enkel, die sich in die Pollnowsche, Rügenwaldesche und Slawische Linien theileten, von welchen sich die letztern Domini castri & territorii Slawen schrieben und ihre Vögte daselbst hielten, besaßen diese Güter bis an die Mitte des vierzehnten Jahrhunderts, wo sie in der Geschichte ganz verschwinden und die Stadt und das Land Schlawe, das hierauf

unter

Der Schlawesche Kreis.

unter dem Namen einer Landvoigten bald mit der benachbarten Landvoigtey Stolpe, bald mit den Ländern Neu-Stettin und Belgard verbunden war, wieder der unmittelbaren Herrschaft der Herzoge von Pommern unterworfen wurde. Die Stadt, worinn sich in dem 13 und 14 Jahrhunderte ein Meisterthum und der Sitz einer Comthuren des Johanniterordens befand, hatte ehemals die Münzgerechtigkeit und war in einem blühenden Zustande, indem sie einen Kupferhammer vor dem Stolpschen Thore, die Kaufmannschaft aber ein ansehnliches Lagerhaus vor dem Cößlinschen und eine große Färberey vor dem Koppelthore hatte und mit den hier verfertigten Tüchern, die zu Schiffe nach Liefland und Rußland gesandt wurden, einen beträchtlichen Handel trieb. Für die vielen Fabricanten, die sich hier befanden, erbauete man auch eine Walkmühle, welcher zu ihrer Erhaltung gewiße Aecker und Wiesen beygeleget wurden. In dem 30 jährigen Kriege kam die Stadt, die nach dem alten Anschlage 6 Pferde und 45 Mann zu Fuß aufbringen muste, sehr in Abnahme, so daß damahls hier ohngefähr nur 40 Bürger gewesen seyn sollen, seit dem letzten siebenjährigen Kriege aber ist ihr Wohlstand, so wohl, was ihre Gebäude, als auch ihre Einwohner und deren Nahrung anbetrift, merklich verbeßert worden. Zu dem Eigenthum der Stadt gehören drey Dörfer, als:

1) Bewerodorf ½ Meile von Schlawe südwestwärts, auf der Land- und Poststraße von Berlin nach Preußen, hat ein Ackerwerk mit einer zu demselben gehörigen Schäferey, welches 1779 den Schulzen und 5 Bauern des Dorfs auf Erbpacht ist überlaßen worden, eine oberschlägige Wassermühle und einen Krug, die beide für einen gewißen Erbzins sind verkauft worden, 17 Vollbauern, 3 Halbbauern, 2 Coßäthen, 7 Büdner, 1 Schmiede, 1 Schulmeister, 28 Feuerstellen, wenige Fischerey, etwas Fichtenholzung, ist zu der Stadtkirche in Schlawe eingepfarret und wurde, nach der der Stadt von den Herzogen und Gebrüdern Boglslaus, Barnim und Wartislaus 1357 an dem Tage des heiligen Gregorius ertheilten Bestätigung und Belehnung, von Peter von Schlawe dem Magistrat zu Schlawe verkauft.

2) Coccejendorf ½ Meile von Schlawe gegen Norden, hat 12 Halbbauern, 1 Schulhaus, 14 Feuerstellen, weniges Mastholz und ist zu der Stadtkirche in Schlawe eingepfarret. Diese Colonie ist seit 1749 auf einer wüsten Feldmark Tzwenzenhagen genannt, welche die beiden Brüder Peter und Lorenz von Slawe, Jeske von Rügenwalde, Curt von Massow und die Ritter Abraham Palow und Henning Below, nach einer 1354 an dem Tage des heiligen Apostels Thomas ausgefertigten Urkunde, dem Magistrat zu Schlawe abtraten, auf Kosten der Schlaweschen Cämmerey angeleget und mit Pfälzern besetzt worden. Unter den Einwohnern dieser Colonie befinden sich jetzt 11 Deutschreformirte Familien. Nach dem Rescript an die Pommersche Regierung vom 9 Januar 1755 soll denselben so wohl als auch der Deutschreformirten Gemeine zu Wilhelminen die Haltung des heiligen Abendmahls in der Kirche zu Krakow, zu einer Zeit, da der lutherische Gottesdienst dadurch nicht gehindert wird, verstattet werden.

3) War-

Die Stadt Zanow.

3) **Warschow** in alten Urkunden Wascow oder Warskow genannt, ½ Meile von Schlawe ostnordostwärts, an der Wipper, welche die Gränze zwischen der Stadt Schlawe und diesem Dorfe macht und an den Wiesen und der Weide desselben vorbey fließet, auf der Land- und Poststraße von Berlin nach Preußen, hat ein Ackerwerk mit einer zu demselben gehörigen Schäferey, 1 Krug, zu welchem 2 steuerbare Bauerhufen gehören, eine unterschlägige auf der Warschowschen Feldmark nahe an der Stadt Schlawe gelegene Wassermühle, die Kukuksmühle genannt, die das Wasser aus der Wipper nahe an der Gränze des adelichen Dorfs Wendisch-Tychow durch einen dazu angefertigten Graben erhält und nebst dem vorhin genannten Kruge für eine gewiße Erbpacht ist verkauft worden, ein Vorwerk, welches wegen eines dabey befindlichen kleinen Fichtenwaldes der Fichtern oder Hesterkathen genannt wird und von dem jetzigen Pächter 1782 auf Erbpacht ist erstanden worden, 21 Vollbauern, 4 Coßäthen, 1 Büdner, 1 Schulmeister, 32 Feuerstellen, fruchtbaren Acker, wenige Fischerey, etwas Eichen- und Fichtenholzung, ist zu der Stadtkirche in Schlawe eingepfarret und wurde von Jasco, Herren der Stadt Schlawe, nach dem 1330 an dem Tage des Papstes Gregorius ausgefertigten Kaufbriefe und den beiden Bestätigungsurkunden desselben von 1335 an dem Sonnabende vor dem Sonntage Oculi und am Sonntage Quasimodogeniti, einigen von Adel verkauft, von diesen aber der Stadt Schlawe überlaßen.

Außer diesen 3 Dörfern hat die Stadt Schlawe noch ein Ackerwerk, welches der Stadthof genannt wird, eine Walkmühle, die der Magistrat nach einer Urkunde von 1379 den Tuchmachern anzulegen verstattete und einen Kamp dazu legte, eine auf der Wipper gelegene Schneidemühle, die seit 1754 einen Erbpächter hat, eine Ziegeley, eine Försterey in dem Stadtwalde und den Waldhof, deren Einwohner zu der Stadtkirche in Schlawe eingepfarret sind.

3. **Zanow** wird in ihren ältesten Privilegien Sanow auch Tzanow genannt und lieget 1 Meile von der Ostsee von der Stadt Cößlin, 2 Meilen von Rügenwalde, 3 von Pollnow und 4 von Schlawe und Bublitz, an 3 fischreichen Bächen, wovon der eine, die Pollnitz, oder der sogenannte Mühlenbach, ganz nahe an der Stadt die Korn- Schneide- und Walkmühle treibt, der andre, als der Nestbach, die Gränze an dem Gollenberge zwischen Cößlin und Zanow macht, und der dritte der Horstbach, in dem städtischen Gebiete entspringt und sich in den Nestbach ergießet. Noch ein Bach, der aus einer Quelle nahe bey der Stadt seinen Ursprung nimmt, wird mitten durch dieselbe vermittelst eines Canals geleitet, deßen Waßers sich die Einwohner mit großen Nutzen bedienen. Die Stadt hat weder Mauern, noch Vorstädte, aber doch 2 Thore, welche das Schlawesche und Cößlinsche genannt werden, 2 Hauptstraßen und 2 Nebengaßen, 102 Häuser, die jetzt zu 19015 Rthlr. in der Feuersocietät versichert sind, und mit Ausschließung der hier in Garnison liegenden Eskadron des von Hohnstockschen Husarenregiments, 585 Seelen. Die zu der Cößlinschen Synode gehörige Stadtkirche, die nach der Kirchenmatricul von 1618 nur ein Filial von der Mutterkirche in dem adelichen Dorfe Zuchen ist, so daß die Stadt gar keinen Antheil an dem Patronatrechte hat, stehet nach dem Inhalte dieser Matricul

der Schlawesche Kreis.

tricul und nach dem Visitationsabschiede vom 24 Februar 1618 unter dem Patronate der Herrschaft zu Zuchen, welche das Recht hat, den einzigen Prediger bey der hiesigen Kirche zu berufen. Zwar hatte sich der Magistrat dieses Recht angemaßet, es wurde aber den von Heydebreck, nachdem sie dasselbe als die ehemaligen Besitzer des Dorfs Zuchen bereits seit 1498 ausgeübet hatten, nicht nur, nach dem eingeholten Gutachten der Universität zu Rostock, durch das Urthel des Herzogs Bogislaus XIIII. vom 24 May 1634, sondern auch durch die Sentenz des Churfürstlichen Consistoriums vom 21 März 1673 bestätiget. Nachdem das Patronatrecht zu Zanow nachher zwischen dem Könige und dem Grafen Otto von Schwerin, als dem nachmaligen Besitzer des Dorfs Zuchen, streitig geworden war, wurden die Acten nach der Universität zu Rinteln, zu Abfaßung eines rechtlichen Urthels, verschicket, welches dahin ausfiel, daß der Graf von Schwerin bey dem Besitze des Patronatrechts über die Kirche zu Zanow zu schützen sey, und von der Königlichen Regierung zu Stargard am 11 März 1707 publiciret wurde. Der Schule ist ein Rector vorgesetzet, der von dem Magistrat berufen, von dem Hospital und der Bürgerschaft besoldet wird und an allen Sonn- und Festtagen eine Predigt in der Stadtkirche halten muß. Der Magistrat ist auch Patron des St. Georgshospitals, worinn 12 Personen wohnen und sämtlich jährlich nur 6 Rthlr. 8 Gr. bekommen, eine jede aber noch einen kleinen Rücken Land hat. Die Hospitaliten, wovon ein Bürger bey seiner Aufnahme an Einkaufsgelde 10 Rthlr., ein auswärtiger aber 15 Rthlr. bezahlen muß, sind von der Accise befreyet und tragen keine bürgerliche Lasten. So klein die Stadt ist, so ist sie dennoch immediat und daher steht die obere und niedere Gerichtsbarkeit so wohl in bürgerlichen, als peinlichen Sachen, dem Magistrat zu. Dieser, der seine Glieder selbst wählet, bestehet aus einem dirigirenden Bürgermeister, der nicht nur die Policey und Justitz, sondern auch das Secretariat verwaltet, und einem Senator, außer welchem noch 4 Stadtältesten von dem Magistrat gewählet werden. Nachdem die Bürgermeisterstelle wegen des damit verknüpften geringen Gehalts lange unbesetzt geblieben war, verordnete das Generaldirectorium in dem Rescript vom 11 Junius 1778, daß die dem Policey- und Justitzbürgermeister jährlich beyzulegenden 50 Rthlr. von einigen vermögenden Cämmereyen in der Provinz, als von der zu Stargard 5 Rthlr., Pyritz 4 Rthlr., Greiffenhagen 4 Rthlr., Greiffenberg 4 Rthlr., Treptow an der Rega 4 Rthlr., Cammin, 5 Rthlr., Unklam 5 Rthlr., Demmin 4 Rthlr., Garz 7 Rthlr., Damm 2 Rthlr., Treptow an der Tollense 3 Rthlr., Gollnow 3 Rthlr. und Ueckermünde 2 Rthlr. hergegeben werden sollen. Diese Gelder werden von den erwähnten Cämmereyen an die Königl. Domainencasse eingesandt und von dieser an den hiesigen Policey- und Justitzbürgermeister bezahlet. Wenn in städtischen Sachen etwas wichtiges vorgenommen wird, muß der Auszug von der Bürgerschaft, so aus 12 der angesehensten Bürger bestehet, mit zu Rathe gezogen werden. Die Stadt wurde mit dem Lübischen Rechte bereits in ihrem ersten unten anzuführenden Privilegium von 1343 bewidmet und hat die zugleich mit der Immediat wieder das Amt Rügenwalde sich erstrittene hohe und niedere Jagdgerechtigkeit, welche zum Besten der Cämmerey verpachtet wird, wie auch die Fischereygerechtigkeit in den oben erwähnten 3 Bächen bey der Stadt, die sie daher auch nebst einem Greiff in ihrem Wapen führet. Der See zwischen Zanow und Schübben, der

ehemals

Die Stadt Zanow.

ehemals zu dem Amte Rügenwalde gehörte, wurde zwar der Stadt auf ihre Bitte, nach dem von dem Herzoge Bogislaus XIIII. auf dem fürstlichen Hause Rügenwalde am 6 December 1625 ertheilten Bescheide, nicht eingeräumet, jedoch erhielt der Rath die Erlaubniß, für eine jährliche Recognition und Wasserpacht von 6 Gulden, die an die fürstliche Rentheÿ bezahlet werden mußte, sich der Fischeren an dem Ufer dieses Sees mit einer Wade zu seiner Nothdurft zu bedienen. Nachher wurde dieser See von dem Amte Rügenwalde an den Besitzer des adelichen Guts Schübben und von dem nachmaligen Besitzer deßelben, dem geheimen Staatsminister und Oberpräsidenten, Philipp Otto von Grumbkow, nach dem Vergleiche vom 25 Junius 1743 und mit lehnsherrlicher Einwilligung vom 31 Julius 1743, für 300 Rthlr. an den Magistrat und die Stadt verkauft. Obgleich keine Zünfte oder Gewerke vorhanden sind, sondern die Handwerker das Gewerk mit den benachbarten Städten halten; so haben doch die Bürger das Recht, daß sie handeln, Brauen, Brandweinbrennen und Häkereÿ treiben können; die meisten aber ernähren sich von dem Ackerbau. Der Acker ist von mittelmäßiger Güte, bergigt, etwas sandig und bestehet in 84 Hakenhufen. An der westlichen Seite der Stadt befinden sich zwar viele Wiesen, sie gehören ihr aber nur etwa zur Hälfte zu und die übrigen von alten Zeiten her den benachbarten Dörfern. Die der Stadt ertheilte Privilegien sind: 1) das Fundationsprivilegium von 1343 nach dem Sonntage der Himmelfarth Marlä, in welchem der Ritter Peter von Pollnow der Stadt das Dorf Neuendorf mit allen bisher von ihm besessenen Nützungen und Zubehörungen schenket, die Gränzen der Stadt beschreibt, ihr die in denselben belegenen Güter mit Aeckern, Wiesen, Holzungen, Fischereÿen, Jagden und zwar mit solcher Gerechtigkeit, als die Bürgermeister der Stadt Cößlin ihre Güter besitzen, ertheilet, die Stadt mit dem Lübischen Rechte, nach welchem in Rechtssachen gerichtet werden soll, bewidmet und verordnet, daß die Stadt ihm und seinen Erben jährlich an dem Tage des heiligen Martinus 60 Mark, die Bürgermeister aber 10 Mark erlegen sollen. Dieses Privilegium wurde von dem Bischofe Johann zu Cammin 1348 bestätiget. 2) Das Privilegium von 1526 an dem Freytage in dem Ostern, wodurch die Herzoge Jürgen und Barnim der Stadt alle ihre Privilegien, die sie bisher besessen und insonderheit diejenigen, die ihr von ihrem Vater, dem Herzoge Bogislaw in dem Privilegium von 1480 an dem Sonnabende nach dem Frohnleichnamsfeste ertheilet worden, erneuern und bestätigen. 3) Das Privilegium von 1546, worinn der Herzog Barnim nicht nur der Stadt die vorhergehenden Privilegien und das Lübische Recht, jedoch mit dem Vorbehalte, daß er auf seiner Burg nach Schwerinschen Rechte richten wolle, bestätiget, sondern auch dem Rathe von den vorigen Herzogen zugestandene Erlaubniß, die schriftlichen Ausfertigungen mit rothem Wachse zu besiegeln, ebenfalls und zwar also ertheilet, daß wenn der Rath nicht allezeit rothes Wachs haben könnte, er das Recht haben soll, mit gelben, so oft es nöthig seÿn würde, zu siegeln. 4) Das Privilegium vom 22 April 1575, worinn der Herzog Barnim die vorhergehenden Privilegien bestätiget und mit dem Rathe einen Tausch dahin trift, daß er ihm die beiden Schloßkämpe vor Zanow für 200 Morgen beÿ dem Vorwerke Zwölfhusen gelegene Heide das Nunnenfeier genannt, eigenthümlich einräumet, jedoch sich die zu den erwähnten Schloßkämpen gehörige Wiesen und den Wall, die zu ewigen Zeiten bey dem fürstlichen Schloße Janow bleiben sollen, vorbehält. Alle dieß Privilegien sind der Stadt, in so fern sie sich im ruhigen und unstreitigen Besitze derselben befindet, von den folgenden Landesherrn, als dem Herzoge Casimir am 22 November 1602, von den Herzogen Bogislav und George am 1 August 1608, von dem Herzoge Ulrich am 1 August 1621 von dem Herzog Bogislaus XIIII. am 14 October 1623, von dem Churfürsten Friederich Wilhelm am 7 May 1668, von dem Churfürsten Friederich III. am 7 December 1699 und von dem Könige Friederich Wilhelm am 17 Februar 1714 bestätiget worden. Nach dem bereits oben angeführten Bescheide des Herzogs Bogislaus XIIII. vom 6 December 1625 wurde der Stadt die Hälfte von einem kleinen Orte Holzes an der Zwölfhufenschen Gränze eingeräumet und ihr zugleich die Versicherung ertheilet, daß sie wegen ihres geringen Vermögens mit den ordentlichen und außerordentlichen Paß- und Landfuhren wider die alte Gewohnheit künftig nicht beschweret, auch mit den außerordentlichen Fuhren nach Colberg, so viel als möglich sey, verschonet werden und nur die Fuhren von Rügenwalde nach Belgard und Cörlin und von da wieder nach Rügenwalde, ingleichen die Fuhren bey fürstlichen Durchzügen oder in gemeinen Nothfällen nach Möglichkeit gleich andern Städten zu leisten schuldig seyn solle. Auf diese Begnadigung gründet sich die Vorspannfreiheit, so die Stadt noch jetzt genießet. Der Bescheid der Churfürstlichen Brandenburgschen geheimen Räthe und zum Landtage verordneten Commissarien zu Stargard vom 25 Julius 1653 und das zu Colberg am 5 Julius 1662 bekannt gemachte Urthel der juristischen Facultät auf der Universität zu Leipzig, erklärte zwar die Stadt für ein Rügenwaldesches Amtsstädtlein, sprach ihr Sitz und Stimme auf den Landtägen ab und dagegen den Beamten zu Rügenwalde die Gerichtbarkeit über die Stadt in peinlichen Fällen, imgleichen die Einbringung der Steuern und Contributionen zu. Der Magistrat ergrif dargegen das weitere Rechtsmittel, welches die Folge hatte, daß die Stadt, nach dem zu Colberg am 14 Märtz 1665 eröfneten Urthel der juristischen Facultät auf der Universität zu Wittenberg, bey dem Besitze der Immedietät, der Gerichtbarkeit in peinlichen Fällen, der Befreyung von den Paßfuhren und bey den Jagden und Fischereyen geschützet wurde. Dieses Urthel ist durch ein anderes von der juristischen Facultät der Universität zu Altdorf am 22 Junius 1694 abgefaßtes und zu Stargard am 28 August 1694 bekannt gemachtes, bestätiget und dahin näher bestimmt worden, daß zwar die Stadt, mit Vorbehalt der dem Amte Rügenwalde in derselben sonst zustehenden und hergebrachten Rechte, bey der Immedietät so wohl, als auch der Gerichtbarkeit in peinlichen Fällen, jedoch wegen dieser salvo jure prævenionis des Amts, imgleichen bey der Appellation an das landesherrliche Hofgericht geschützet werden, wegen der Paßfuhren und Fischereyen aber es, außer der von den Beamten dem Magistrat zugestandenen Fischerey in dem Neßbache bey der Cluß, bey dem von dem Herzoge Bogislaus auf dem fürstlichen Hause Rügenwalde am 6 December 1625 gegebenen Bescheide sein Bewenden haben, und die Beamten bey dem von ihnen nachgewiesenen Besitze der Jagden wider den Magistrat geschützet werden sollen. Ob nun gleich letzter seine Beschwerden aufs neue wider dieses Urthel angebracht hatte: so wurde doch daßelbe überall durch das von der juristischen Facultät der Universität zu Jena am 12 Junius 1696 abgefaßte und zu Stargard

Die Stadt Zanow.

am 12 September 1696 eröfnete Urthel bestätiget. Die 3 Märkte werden in der breitesten Hauptstraße gehalten, als 1) am Montage nach Sexagesima, 2) auf Bartholomäi, fällt aber dieser Tag auf einen Sonnabend oder Sonntag, so wird der Markt den Montag hernach gehalten, 3) an dem Mittwoche nach Michael. Die beiden letzten Krammärkte sind zugleich Viehmärkte. Außer der Accise, dem Zoll, der einträglich ist und dem Könige gehöret, und der Fabrikensteuer, muß die Stadt noch jährlich zur Recognition für die Gerichtbarkeit dem Könige 15 Rthlr. 22 Gr., zur städtischen Ausgabe 15 Rthlr., dem Justizbürgermeister 50 Rthlr. und den Kirchen und Schulbedienten an Opfer 80 Rthlr. 2 Gr. bezahlen. Die Kornmühle bey der Stadt mit 2 unterschlägigen Gängen gehöret nebst der Schneidemühle zu dem königlichen Amte Rügenwalde, die Einwohner der Stadt sind aber zu der ersten als Zwangsmahlgäste belegen. Auch ist seit 1780 eine Oel- oder Graupenmühle angeleget worden, die dem Müller, der sie aus seinen Mitteln erbauet hat, eigenthümlich zugehöret. Die Feuerordnung der Stadt ist den 12 August 1769 entworfen und auf 2 Bogen in Folio gedruckt worden.

Die Posten kommen hier an:

Sonntags früh die Preußische fahrende von Schlawe nach Berlin und die reitende einige Stunden eher.

Montags früh die Berlinsche fahrende Post von Cößlin nach Preußen und die reitende einige Stunden eher.

Mittwochs Vormittags um 10 Uhr die Rügenwaldische fahrende Post, so bis Cößlin gehet.

— Nachmittags um 4 Uhr die Berlinsche fahrende von Cößlin nach Preußen und die reitende einige Stunden eher.

Donnerstags Morgens um 4 Uhr die Preußische fahrende von Schlawe nach Berlin und die reitende einige Stunden eher. An demselben Tage kommt die Rügenwaldsche Post und zwar Vormittags um 10 Uhr von Cößlin wieder zurück und gehet so gleich nach Rügenwalde. Alle Posten gehen nach einer Viertelstunde wieder ab.

Die Stadt wurde, wie bereits angeführet worden ist, 1343 von dem Ritter, Peter von Vollnow gestiftet, der in dem Bestätigungsprivilegium des Camminschen Bischofs, Johann, von 1348 ausdrücklich Herr und Stifter der Stadt Sanow genannt wird. Vor derselben siehet man noch den Wall, worauf ehemals ein fürstliches Schloß gestanden hat, auf welchem der Herzog Bogislaus X. 1480 in einem erregten Tumult, von einigen Cößlinschen Einwohnern überfallen und gefangen nach Cößlin geführet wurde. Gegen das Ende des 15 Jahrhunderts war der Besitzer der Stadt Jürgen Kleist, wie aus einem Vergleiche von 1498 erhellet, worinn zwischen ihm und der Stadt Cößlin festgesetzet wird, daß kein Theil ein Wehr in dem Nestbache anlegen oder der andre Theil Macht haben soll, es so gleich auszureißen. Nach dem Tode des Herzogs und Bischofs von Cammin, Ulrich, fiel

Zanow seinem Bruder, dem Herzoge Bogislaus XIIII. zu und wurde der Stettinschen Landesfürstlichen Regierung einverleibet, wie aus dem der Stadt von dem letzten Herzoge am 14 October 1623 ertheilten Privilegium zu ersehen ist. Sie war die letzte Stadt Stettinschen Orts, die zu den Landtägen und Landesherrlichen Huldigungen gefördert wurde, und muste zur Folge 10 Mann aufbringen. Jetzt hat sie keine Eigenthumsdörfer, ob sie gleich ehemals nach dem Inhalte ihrer Privilegien das Dorf Neuendorf besaß, welches vormahls nahe an der Gränze des Rügenwaldschen Amtsdorfs Bauzerow gelegen gewesen, im 30 jährigen Kriege gänzlich verwüstet und nachher nie wieder aufgebauet worden ist; daher sich die Bürger in den Acker desselben getheilet haben. In dem letzten 7 jährigen Kriege waren die Bürger der Stadt bis auf 14 Wirthe ausgestorben, nachdem die Rußischen Truppen während der letzten Belagerung der Stadt Colberg hier ihr Laboratorium und Lazareth angeleget hatten. In dieser betrübten Zeit wurde die Stadt durch Schanzen befestiget, deren Abtragung den Einwohnern nach dem Abzuge der Feinde viele Arbeit gekostet hat.

II. Eine adeliche Mediatstadt.

Pollnow liegt in einem von allen Seiten mit Bergen umgebenen Thale, nach der Morgenseite zu an der Grabow, welche bey der Stadt vorbeyfließet und eine halbe Meile von derselben südostwärts in einem Walde entspringt, 2 Meilen von Bublitz und Rummelsburg, 3 von Schlawe und Zanow, 4 von Cößlin, 5 von Rügenwalde, Stolpe, Belgard und Neu-Stettin, 6 von Bärwalde und Bütow, 7 von Polzin und Tempelburg und gränzet an die adelichen Dörfer Crangen, Schwarzin, Jatzingen, Rozog, Zethun, Gutzmin, Wettrin, Sydow und Forth. Die Stadt hat als ein offener Ort keine Thore, sondern nur mit Schlagbäumen versehene Eingänge, außer 2 Straßen, welche die Länge der Stadt durchlaufen, noch einige kleine Straßen, einen viereckigten Markt, an welchem das Rathhaus stehet, mit Einschließung der öffentlichen Gebäude 111 jetzt zu 19550 Rthlr. in der Feuersocietät versicherte Häuser von 2 Stockwerken und 710 Seelen. Das herrschaftliche Schloß lieget in einer kleinen Entfernung von der Stadt und war ehemals der Sitz eines Landvoigteygerichts, welches die Gerichtbarkeit über die zu dem Lande Pollnow gehörigen von Adel ausübte, von dem Herzoge Bogislaus X. aber 1489 nach Rügenwalde verleget wurde. Zu diesem Schloße gehören die Kornmühle und die Schneidemühle nebst der Ziegeley, wie auch beträchtliche Holzungen, Fischerey und Jagden. Die zu der Schlawschen Synode gehörige Mutterkirche, deren Filial das Dorf Gerbin ist und zu welcher die Dörfer Jatzingen, Wettrin, Rozog, Schwarzin, Forth und Rochow und die Vorwerke Fichthof, Raberang und Selberg eingepfarret sind, wurde 1736 zugleich mit der ganzen Stadt eingeäschert, durch die von dem Könige bewilligten Collectengelder aber wieder erbauet und mit einem guten Thurm, einer Schlaguhr, einer Orgel und zierlichen Kanzel versehen. Seit der Religionsverbesserung sind in Pollnow 7 evangelischlutherische Prediger gewesen und der jetzige ist der achte. Erasmus Halvepape war der erste, der in dem Jahre 1550 hieher berufen wurde, nach dem in dem Filialdorfe Gerbin bereits vorher 2 evangelisch-lutherische Prediger gewesen waren. Das Patronatrecht über

die

Die Stadt Pollnow.

die Kirche stehet der adelichen Schloßherrschaft und den adelichen Besitzern der Güter Vettrin, Gerbin, Natzlaff und Zethun, wie auch dem hiesigen Magistrate zu, die sich über die Ernennung vereinigen, wenn Prediger zu berufen sind, obgleich die Ausstellung des schriftlichen Rufs von ersterer allein geschiehet. Es ist nur ein einziger Prediger bey der Kirche. Zu derselben waren ehemals auch die adelichen Dörfer Bellin und Warbelow eingepfarret, wovon nachher das erste, nachdem die von Natzmer die Erlaubniß zur Erbauung einer Kapelle in demselben erlangt hatten, von dem Pollnowschen Prediger als ein Filial curiret wurde. Weil aber diese Dörfer wegen der Weitläuftigkeit des Pollnowschen Kirchspiels, wozu damals auch das jetzt zu der Sydowschen Pfarre gehörige Filialdorf Gutzmin belegen war, nicht gehörig versehen werden konnten: so wurden solche 1696 von der Pollnowschen Kirche getrennt und erhielten von der Zeit an einen eigenen Prediger. Die beiden Lehrer der unter dem Patronat der Schloßherrschaft stehenden Schule sind der Rector, der auch die Nachmittagspredigten in der Stadtkirche hält, und der Küster. Milde Stiftungen sind in dieser Stadt nicht vorhanden, nachdem das Hospital zu St. Jürgen bereits seit langer Zeit eingegangen ist. Der Magistrat bestehet in einem Justitz und Polleeybürgermeister, der zugleich Secretarius ist, und 3 Rathsherren und spricht in bürgerlichen Sachen in der ersten Instanz, die Appellationen aber gehen an das adeliche Schloß und Burggericht, welches durch einen von der Herrschaft bestellten Burgrichter verwaltet wird, und auch die peinliche Gerichtsbarkeit ausübt. Außer dem Magistrat sind noch 4 Stadtviertelsmänner als die Vorspracht der Bürgerschaft vorhanden, die zugleich die Aufsicht über den Feld- und Ackerbau, wie auch über die Holzungen haben. Die langwierigen Streitigkeiten, die zwischen der adelichen Herrschaft und der Stadt wegen einiger Holzungen, Ländereyen und Wiesen, der Fischerey und jährlichen Dienste geführet und nicht nur vor das Fürstliche Stettinsche Hofgericht, sondern auch vor das Kaiserliche Cammergericht zu Speyer gezogen worden waren, wurden durch den zwischen Rüdiger Otto, Peter und Felix Gebrüdern von Glasenapp, als der damaligen Herrschaft und dem Magistrat und der Bürgerschaft zu Pollnow am 5 Junius 1613 geschlossenen und von der Churfürstlichen Regierung zu Stargard am 21 Junius 1682 bestätigten Vortrag also beygeleget, 1) daß die Herrschaft der Stadt die Hälfte der Pollnowschen Holzung, als welche Hälfte nach ihren Gränzen bezeichnet und zu mehrern Unterschiede das Stadtholz benannt wurde, mit der ungehinderten Nutzung der Mast, des Bau und Brennholzes, jedoch nach Vorschrift einer zu entwerfenden Holzordnung, abtrat und sich darinn weiter nichts, als die Regalien und die Weide für das Rindvieh, die Pferde und Schafe vorbehielt, die Stadt aber dagegen sich erklärte, wann durch unvermuthete Zufälle, als durch Feuersbrünste, an den herrschaftlichen Höfen, Vorwerken und Dörfern ein Schade entstünde, zur Erbauung derselben auf Ersuchen und nach der eigenen Ermäßigung des Raths einige Stücken Bauholz unweigerlich herzugeben und sich aller Ansprache an die sämtlichen übrigen Holzungen, ausgenommen die Weide, die der Herrschaft und der Stadt allenthalben gemein sey, gänzlich zu begeben, 2) daß die Herrschaft gewisse in dem Vergleiche benannte Ländereyen und Wiesen der Stadt zu ewigen Zeiten einräumete, auch ihren Einwohnern das Recht ertheilte, sich der freyen Fischerey mit der Staf-

wade

wade auf den Seen, Glamboc, Stöper und Drögsee genannt zu bedienen, 3) daß die jährlichen Dienste, so die Stadt der Herrschaft bisher hatte leisten müssen, auf gewisse Dienste eingeschränket wurden und anstatt der übrigen den Einwohnern erlaßenen Fuhren und Fußdienste, jährlich zur Anerkenntniß der Herrschaft von einem ganzen Erbe Zwey harte Rthlr., von einem halben Erbe ein Rthlr. und von einem jeden Büdner auch ein Rthlr. zu ewigen Zeiten und zwar in jedem Jahre auf Katharinen und Johannis der Herrschaft bezahlet werden sollen, 4) daß, da die Herrschaft bey Erbschichtungen bisher zehn Gulden von den Einwohnern genommen habe, künftig nur von denselben in solchen Fällen fünf Rthlr. bezahlet werden sollen und 5) daß von der Herrschaft der Stadt die ihr bisher streitig gemachte Stadtgerechtigkeit, die Erbauung eines Rathhauses auf dem Markte und das Recht außer dem verordneten herrschaftlichen Gerichtsvoigte, Bürgermeister und Rathsmänner jedesmahl zu erwählen, deren Bestätigung bey der Herrschaft gesucht, und wenn die erwählten Personen die zu ihren Aemtern erforderliche Geschicklichkeit besitzen, sogleich erfolgen solle, verstattet wurde. Auch wurde der Stadt das Recht ertheilet, einen Stadtschreiber zu haben, sich eines eigenen Siegels zu den nöthigen Ausfertigungen zu bedienen, in bürgerlichen Sachen völlig, und zwar nach dem Lübischen Rechte, in der ersten Instanz zu erkennen, die rechtskräftig ergangenen Urthel gehörig zu vollziehen und die schuldigen Personen in geringen und bürgerlichen Sachen mit Gefängnißstrafe zu belegen ꝛc. ꝛc. Durch den zwischen dem von Glasenapp, als der ehemaligen Herrschaft, und dem Magistrat und den Stadtältesten zu Pollnow am 14 November 1746 geschlossenen Vergleich, welchen die Königliche Regierung auf Ansuchen der jetzigen Herrschaft, des Obersten von Wrangel, am 11 April 1781 bestätigte, wurden den Einwohnern auch alle diejenigen Burgdienste und Scharwerke, die sie nach dem Vertrage von 1613 zu leisten schuldig waren, als eine Reise von 5 Meilen, das gewöhnliche Pflügen und Eggen auf den Achthufen, die 3 Holzfuhren, das Schafwaschen und Scheeren, und was sie sonst für Burgdienste mehr verrichtet hatten, gänzlich und zu ewigen Zeiten erlaßen, wofür die Stadt der Herrschaft 1200 Rthlr. bezahlte und ihr den Ort Fichten am Gruslichenberge, so an die sichtene Holzkavel der Herrschaft stößet, abtrat, sich auch zugleich verbindlich machte, die Mühle, derselben Dämme und Brücke, wie auch die übrigen Steindamme und Brücken in und außerhalb dem Städtlein, so wie die Bürgerschaft es nach dem Vertrage von 1613 zu thun schuldig sey und bisher unweigerlich gethan habe, in banferigen und vollkommenen Stande zu erhalten. In eben diesem Vergleiche wurde zugleich festgesetzet, daß der Vertrag von 1613 in allen seinen Punkten und Clauseln, außer was die Scharwerke betrift, in seiner Kraft verbleiben und keine Veränderung leiden, sondern demselben vielmehr jederzeit von der Herrschaft so wohl, als dem Städtlein nachgelebet werden solle und müsse, so daß insonderheit alle Geldabgaben, so wie solche in dem Vertrage von 1613 festgesetzet sind, nicht das geringste davon ausgenommen, und die übrigen Gelder, welche der Herrschaft bisher vermöge der ihr zustehenden Gerichtbarkeit und zur Recognition der Herrschaft bezahlet worden sind, noch ferner von derselben gehoben und eingefordert werden sollen. Der städtische Acker ist fruchtbar und in 3 Hauptfelder eingetheilet, die alle Jahre besäet werden. Ehemals muste das ganze Städtlein

Die Stadt Pollnow.

sein 150 Hackenhufen versteuern, nach der in dem Jahre 1670 durch die verordneten Commißarien vorgenommenen Vermeßung der Pollnowschen Feldmark aber ist der Hufenanschlag auf 75 Hackenhufen heruntergesetzet worden. Bereits seit verschiedenen Jahren ist eine Walkmühle für königliche Kosten für die hier angesetzten 18 Tuchmacherfamilien erbauet worden, die ihre Tücher in den nahe belegenen Städtern absetzen; von dem hiesigen Schustergewerke aber ist 1782 vor dem Unterthore ohnweit den dasigen Scheunen auf dem Mohrbache eine Lohnmühle angeleget worden. Auch wird einiges Verkehr mit Holz getrieben, welches auf der Grabow nach Rügenwalde geflößet wird. Die Jagd auf der städtischen Feldmark stehet der Herrschaft zu, der Fischerey in der Grabow aber können sich die Bürger nach ihrem Gefallen bedienen. Die Krammärkte fallen 1) auf den Mittwoch vor Ostern, 2) Mittwoch vor Pfingsten und 3) Freytag nach Michael, in dem Jahre 1782 aber wurde dieser Stadt zur Beförderung ihrer Nahrung jährlich noch ein Kram und ein Viehmarkt bewilliget, wovon der erstere am Montage in der vollen Woche vor Weihnachten, und der andre am Freytage nach Michael und zwar Vormittags gehalten wird, indem auf den Nachmittag, wie bisher, der Krammarkt fällt. Außer den Geldabgaben der Einwohner an die adeliche Herrschaft, nach den oben angeführten Verträgen, bestehen die bürgerlichen Lasten in der Accise, von welcher aber der zum Schloße gehörige Bezirk ausgenommen ist, in den Fouragelieferungen und den Postfuhren, so die Stadt gleich dem platten Lande zu leisten verpflichtet ist. Der Prediger erhält außer dem ihm beygelegten Acker auf dem Stadtfelde und den Accidentien an Michaelisopfer von einer jeden Person 8 Pf., der Rector vierteljährig 8 Pf. von einem jeden Hause und der Küster jährlich 4 Gr. von einem jeden Hause. Die Landstraßen von Bublitz nach Schlawe und von Bütow und Rummelsburg nach Cößlin gehen durch die Stadt, welche aber von keiner ordinairen Post berühret wird, daher die Briefe durch einen Postboten nach Schlawe gesandt und von da wieder abgeholet werden, wie denn auch wöchentlich zweymahl ein Postbothe zu Fuß von Rummelsburg ankommt und dahin zurück geht.

Das Wappen der Stadt stellet den Pommerschen Greiff vor, mit der Umschrift: Sigillum oppidi Pollnow.

Nach dem Berichte des Pommerschen Geschichtschreibers Micrälius gehörte dieser Ort in den ältern Zeiten dem deutschen Orden oder den sogenannten Creuzherren, die ein Schloß auf dem Walle nahe bey Pollnow hatten. Von diesen kam das Schloß und die Stadt Pollnow nebst dem dazu belegenen Lande und Adel nach dem 1295 erfolgten Tode des letzten Hinterpommerschen Herzogs Mestovin II. an den Grafen Peter Schwerin zu Neuenburg und Tanchel und deßen Nachkommen, hierauf aber an das Bisthum Camminn und wurde ein Tafelgut der Bischöfe, von welchen der Bischof Siegfried, nach dem zu Colberg 1436 an dem Tage der heiligen Apostel Philipp und Jakob geschloßenen Vergleiche, die Schlößer und Städte Massow, Arnhausen und Pollnow für 20000 Mark Finkenaugen auf 15 Jahre dem Herzoge von Pommern Bogislaus verpfändete. Nachdem aber die Einlösung nicht erfolgt war, wurde das Schloß, die Stadt und das Land Pollnow nebst

Der Schlawsche Kreis.

der Hälfte der Dörfer Jazing und Rojog, von dem Herzog Erich I. nach dem Vergleiche von 1474 an den fürstlichen Pommerschen Rath Peter Glasenapp zu Coeprlieben für 6 Dörfer, so dieser von dem St. Johanniterorden bekommen hatte, als Krakow, Schwolow, Meizow, Kusserow, Hausfelde, das jetzt eine wüste Feldmark nahe bey Krakow ist, und Camin vertauschet. Das Landvoigtengericht über die in dem Lande Pollnow belegenen von Adel, womit die von Glasenapp zugleich in dem angeführten Vergleiche von dem Herzoge Erich I. waren belehnet worden, wurde zwar von dessen Sohne, dem Herzoge Bogislaus X. 1489 nach Rügenwalde verlegt, jedoch erhielten die von Glasenapp nach einem fürstlichen Gnadenbriefe von eben demselben Jahre die Versicherung, daß sie durch die Abnahme der Landvoigten an ihren übrigen Regalien und Gerechtigkeiten, keinen Abbruch leiden sollten. Zu denselben gehörten vornemlich die Schloßgerechtigkeit, die Befreyung von den Landgerichten und der Vorzug, ihre Landsteuern nicht an die Districts- sondern an die Obersteuercasse abzugeben; und ob sie gleich solche bey dem Anfange der Churfürstlichen Regierung in Pommern, um der Nähe willen, nach Schlawe bringen musten, so wurde doch 1654 von der Churfürstlichen Hinterpommerschen Regierung festgesetzet, daß solches ohne Nachtheil ihrer Schloßgerechtigkeit geschehen solle. Nach dem Tode des Hauptmanns Joachim Ernst von Glasenapp fielen die alten Glasenappschen Lehne, als das Schloß und Vorwerk Pollnow mit den dazu gehörigen Feldgütern Sichthof und Raderang und dem Kathen zum Forde und der Gerichtbarkeit über die Stadt, wie auch das zu dem Schlosse Pollnow gehörige Bauerdorf Jatzingen, seines Bruders Franz von Glasenapp nachgelassenen 6 Söhnen, und unter denselben nach dem brüderlichen Vergleiche von 1738 dem Regierungsrathe Franz von Glasenapp zu und wurden ihm nach ihrem Ertrage zu 12867. Rthlr. 18 Gr. 4 Pf. nach Abzug der darauf haftenden Abgaben und Lasten, zu 6 pro Cent angeschlagen. Nachdem diese Güter nebst dem Gute Rochow hierauf in Concurs gerathen waren, wurden sie für das meiste Gebot am 22 October 1773 für 14700 Rthlr. dem Major und jetzigen Obersten bey dem von Winterfeldschen Infanterieregimente, Friederich Ernst von Wrangel zuerkannt und mit Ausschließung des von ihm wieder verkauften Guts Rochow, zugleich mit dem Feldgute Selberg am 18 Julius 1775 allodificiret. In dem Jahre 1609 an dem Tage Pauli Bekehrung brannte die Hälfte der Stadt ab. Ein noch größeres Unglück betraf sie am 26 October 1656, da sie bey den damaligen Kriegesunruhen von den Pohlen überfallen, ausgeplündert und endlich in Brand gesetzt wurde, so daß nur die Kirche, die Mühle, das Pfarrhaus und noch 5 andre Häuser, ungleichen der adeliche Wohnsitz gerettet wurden. Nach der großen Feuersbrunst vom 31 März 1736, wodurch die ganze Stadt nebst der Kirche eingeäschert wurde, hat sie eine regelmäßigere Gestalt als vorhin bekommen. Zur Zeit des Papsthums stand nicht weit von der Stadt an der südlichen Seite auf dem sogenannten heiligen Berge eine berühmte Kirche, wohin von den entferntesten Oertern so häufige Wallfahrten geschahen, daß daher das Sprüchwort entstanden: es stehet immer offen, wie die Pollnowsche Kirche.

III. Das

Das Amt Rügenwalde.

III. Das königliche Amt Rügenwalde, hat

1. 52 Dörfer, welche in die Dörfer in dem Amte Rügenwalde, und in die Dörfer in der Abtey eingetheilet werden.

1) Die Dörfer in dem Amte Rügenwalde sind:

(1) Altenschlawe oder Altenschlage, ¼ Meile von Schlawe gegen Norden, 2½ Meilen von Rügenwalde ostsüdostwärts, und eben so weit von Stolpe gegen Westen, an der Wipper, hat außer einem Vorwerke 1 Prediger, 1 Küster, 15 Bauern mit dem dienstfreyen Schulzen, 2 Freybauern, die keine Hofwehren haben, und ihre Steuern an die Schlawesche Kreiscasse entrichten, 5 Landcoßäthen, unter welchen sich ein Freymann befindet, der seinen Hof gekauft hat und keinen Naturaldienst leistet, 2 Straßencoßäthen, 6 Büdner, 1 Predigerwittwenhaus, welches der jetzige Prediger für seine eigene Kosten erbauet hat, 1 Schäfer, 1 Hirtenkaten, 38 Feuerstellen, eine zu der Rügenwaldeschen Synode gehörige Mutterkirche, deren Filiale die Dörfer Stemnitz und Freetz sind und gränzet an das Schlawesche Stadtfeld und jenseits der Wipper an das Dorf Warschow. Nahe bey dem Dorfe Altenschlawe an der Wipper lieget der sogenannte Schloßberg, der von dem gemeinen Mann der Worbel genannt wird, mit einem halben Walle und einem Wassergraben, auf welchem Berge ehemals ein Schloß gestanden haben soll.

(2) Barzwitz 1½ Meilen von Rügenwalde nordostwärts, 2 Meilen von Schlawe nordnordwestwärts und 4 Meilen von Stolpe gegen Westen, nicht weit von der Ostsee und dem Wittschen See, hat 1 Prediger, 1 Küster, mit Einschließung des dienstfreyen Schulzen 21 Bauern, unter welche 2 wüste Bauerhöfe vertheilet sind, wovon sie die Kriegesabgaben entrichten, 2 Landcoßäthen, 3 Straßencoßäthen, 2 Katen, die auf den wüsten Bauerhöfen stehen, 8 Büdner, 1 Schmied, 1 Predigerwittwenhaus, 1 Hirtenkaten, 44 Feuerstellen, und eine zu der Rügenwaldeschen Synode gehörige Mutterkirche, zu welcher die Dörfer Witte, Zitnitz, Dörsentin und Carzin und das Vorwerk Drosedow eingepfarret sind.

(3) Cannin 1¾ Meilen von Schlawe nordnordwestwärts, 1¾ Meilen von Rügenwalde gegen Osten und 3 Meilen von Stolpe gegen Westen, hat 1 Freyschulzen, 8 Bauern, 1 Landcoßäthen, 1 Schulhaus, 1 Schmiede, 1 Büdner und Hirtenkaten, 14 Feuerstellen und ist zu Krakow in der Rügenwaldeschen Synode eingepfarret.

(4) Carzin oder Karzin 1½ Meilen von Rügenwalde ostnordostwärts, hat 11 Bauern mit dem dienstfreyen Schulzen, 1 Landcoßäthen, und mit Einschließung der Waßermühle, des Schulkatens und des Hirtenkatens 5 Büdner, 17 Feuerstellen, und ist zu Barzwitz in der Rügenwaldeschen Synode eingepfarret. Auf der Feldmark des Dorfs befindet sich einige Holzung, die Carzinschen Helle oder heiligen Berge genannt.

(5) Cör-

Der Schlawesche Kreis.

(5) Cörlin 2 Meilen von Rügenwalde ostnordostwärts, hat 1 Freyschulzen, 11 Bauern, 2 Landcoßäthen, 1 Straßencoßäthen, der zugleich Schulmeister ist, 4 Büdner, 21 Feuerstellen, ist zu Lanzig in der Rügenwaldeschen Synode eingepfarret und gränzet an das adeliche Dorf Crolow.

(6) Dörsentin 1⅔ Meilen von Rügenwalde nordostwärts, hat 1 Freyschulzen, 7 Bauern, 2 Landcoßäthen, 5 Büdner mit Einschließung des Schulhauses und der Hirtenwohnungen, 15 Feuerstellen, eine kleine Büchenholzung, die Dörsentinschen Belle oder heiligen Berge genannt, und ist zu Barzwitz in der Rügenwaldeschen Synode eingepfarret.

(7) Freetz ⅞ Meile von Schlawe nordostwärts, 2 Meilen von Stolpe gegen Westen und 3 Meilen von Rügenwalde ostsüdostwärts, an der Wipper, hat 19 Bauern mit dem dienstfreyen Schulzen, 4 Landcoßäthen, unter welchen sich der Müller und der Schmied befinden, 3 Büdner, 1 Schulhaus, 1 Hirtenkaten, 32 Feuerstellen, eine zu der Rügenwaldeschen Synode gehörige Kirche, die ein Filial von Altenschlawe ist und gränzet an die Dörfer Warschow, Tichow, Sticklow, Jitzewitz, Palow und Mitzlin.

(8) Jakobshagen oder Jarßlaffshagen, wie es in der Generalvisitation, die zur Zeit der Herzoge von Pommern, Bogislav und George, am 30 Julius 1611 gehalten wurde, genannt wird, 1 Meile von Rügenwalde südsüdostwärts und eben so weit von Schlawe nordnordwestwärts, hat außer einem Vorwerke, 1 Prediger, der eine steuerbare Pfarrbauerhufe besitzet, 1 Küster, 19 Bauern mit dem Schulzen, 2 Halbbauern, 6 große und 9 kleine Coßäthen, wovon 2 der Pfarre zugehören, 13 Büdner, ein auf dem Pfarrgrunde erbauetes Haus, dessen Besitzer daher dem hiesigen Prediger einen jährlichen Grundzins geben muß, 1 Schmiede, 1 Hirtenkaten, 55 Feuerstellen und eine zu der Rügenwaldeschen Synode gehörige Mutterkirche, deren Filial das Dorf Kugelwitz ist. Der Acker und die Wiesen sind ziemlich gut, und das Dorf welches in den ältern Zeiten denen von Nahmer gehörte und an den Schlaweschen-Stadtwald gränzet, ist mit fruchttragenden Eichen und Büchen umgeben. Ehemals haben in dieser Gegend noch 3 Dörfer gelegen, welche die Namen Renkenhagen, Wulffshagen und Kropshagen geführet haben, wovon man aber jetzt kaum noch eine Spur finden kann.

(9) Jershöft oder Jarshöfde 2 Meilen von Rügenwalde nordnordostwärts, auf einem Berge, das Höft genannt, nahe an der Ostsee, hat 11 Bauern, 7 Straßencoßäthen, 3 Büdner, unter welchen sich der Schulmeister befindet, 24 Feuerstellen, und ist zu Rützenhagen in der Rügenwaldeschen Synode eingepfarret. Die Einwohner ernähren sich größtentheils von der Fischerey in der Ostsee. An der östlichen Seite des Dorfs fließet ein Bach, die Glawenitz genannt, aus dem Vietzker See in die Ostsee. Hier ist auch ein Börnsteinfang. Wegen der Gränze zwischen den Dörfern Jershöft und Rützenhagen wurde am 14 October 1775 ein Vergleich errichtet, der von der Königl. Krieges- und Domainencammer zu Stettin am 8 October 1775 bestätiget wurde.

(10) Köp-

Das Amt Rügenwalde.

(10) **Köpenitz** ½ Meile von Rügenwalde ostnordostwärts, hat 12 Bauern mit dem dienstfreyen Schulzen, 1 Landcoßäthen, 2 Büdner, 1 Hirtenkaten, 16 Feuerstellen, und ist zu Ziezow in der Rügenwaldeschen Synode eingepfarret.

(11) **Kopahn** ½ Meile von Rügenwalde nordostwärts, lieget gegen Norden ganz nahe an der Ostsee und an dem Wittschen See, hat 11 Bauern mit dem dienstfreyen Schulzen, 1 Landcoßäthen, 8 Straßencoßäthen, 2 Büdner, unter welchen sich der Schulmeister befindet, 23 Feuerstellen, ist zu Ziezow in der Rügenwaldeschen Synode eingepfarret und gränzet an das Dorf Ziezow und das Rügenwaldesche Stadtfeld.

(12) **Krakow** oder **Cracau** 1 Meile von Schlawe nordnordwestwärts, 2 Meilen von Rügenwalde ostsüdostwärts und 3 Meilen von Stolpe gegen Westen, nahe an der Wipper und der Landstraße von Rügenwalde nach Stolpe, hat 1 Prediger, 1 Küster, 32 Bauern mit dem dienstfreyen Schulzen, 5 Landcoßäthen, unter welchen sich der Schmied befindet, 2 Straßencoßäthen, 2 Müller, 1 Pfarrbauerhof, der in dem letzten 7 jährigen Kriege verwüstet und noch nicht wieder hergestellet worden ist, 1 Predigerwittwenhaus, 1 Hirtenhaus, eine Landjägerey, die nordwestwärts an der hier mit einer Brücke versehenen Wipper liegt, 26 Feuerstellen, eine zu der Rügenwaldeschen Synode gehörige Mutterkirche, zu welcher die Dörfer Cannin und Meizow eingepfarret sind und gränzet an den Schlaweschen Stadtwald und die wüste Feldmark Schwenzenhagen, auf welcher in neuen Zeiten die Colonie Cocceiendorf ist erbauet worden. Das Dorf Krakow gehörte ehemals nebst den Dörfern Schwolow, Meizow, Kufferow, Hansfelde, welche jetzt eine wüste Feldmark nahe bey Krakow ist, und Cannin dem St. Johanniterorden und kam nachher an den fürstlichen Pommerschen Rath Peter Glasenapp zu Coprieben, der diese Dörfer nach dem Vergleiche von 1474 für das Schloß, die Stadt und das Land Pollnow und die Hälfte der Dörfer Jazing und Rozog an den Herzog Erich I. vertauschte.

(13) **Ruddezow** 2 Meilen von Rügenwalde gegen Osten und 1½ Meilen von Schlawe gegen Norden, wenn man sich bey Neu-Ruddezow mit dem daselbst auf der Wipper befindlichen Kahn über dieselbe setzen läßt, 2 Meilen aber von dieser letzten Stadt, wenn man über die Wipperbrücke bey Krakow reiset, lieget niedrig und hat 1 Prediger, 1 Küster, 12 Bauern mit dem dienstfreyen Schulzen, 3 Landcoßäthen, unter welchen sich der Schmied befindet, 3 Straßencoßäthen, 4 Büdner, 1 Predigerwittwenhaus, 1 Hirtenhaus, 27 Feuerstellen, eine zu der Rügenwaldeschen Synode gehörige Mutterkirche, zu welcher die Dörfer Masselwitz und Neu-Ruddezow eingepfarret sind, und gränzet an die adelichen Dörfer Pennekow und Krolow.

(14) **Neu-Ruddezow** 1½ Meilen von Schlawe gegen Norden und 2 Meilen von Rügenwalde gegen Osten, an der Wipper, die an der südlichen Seite des Dorfs nahe an demselben vorbey fließet, ist in dem sogenannten Ruddezowschen Walde 1753 angeleget worden, und bestehet aus 16 einländischen Familien, unter

welchen

welchen sich der Schulze und der Schmied befinden, 1 Hirtenkaten und 19 Feuerstellen. Die Einwohner, die keine steuerbare Hufen haben, und ein bestimmtes jährliches Dienstgeld geben, sind zu Kuddezow in der Rügenwaldeschen Synode eingepfarret.

(15) **Kugelwiß**, 1 Meile von Rügenwalde gegen Osten und 1⅞ Meilen von Schlawe nordwestwärts, an der Wipper, die zwischen dem Dorfe und dem hiesigen Ackerwerke fließet, hat außer einem Vorwerke, 12 Bauern mit dem dienstfreyen Schulzen, 3 Landcoßäthen, 3 Büdner, 1 Unterförster, 1 Schulhaus, das dem Schulhalter eigenthümlich gehöret, 1 Hirtenkaten, 24 Feuerstellen, eine zu der Rügenwaldeschen Synode gehörige Kirche, die ein Filial von Jäershagen ist, und gränzet an die der Stadt Rügenwalde gehörigen Dörfer Grupenhagen und Sellen.

(16) **Lanzig** 2 Meilen von Rügenwalde nordostwärts, eben so weit von Schlawe gegen Norden, und 3 Meilen von Stolpe westnordwestwärts, liegt in einer ebenen Gegend, nicht weit von der Ostsee, jedoch so, daß zwischen derselben und dem Dorfe nicht nur der Vießker Strand, auf welchem 4 Fischerkaten liegen, sondern auch ein See sich befindet, der gemeiniglich der Vießker oder Neuenhagensche oder Krolowsche See genannt wird und vermittelst eines Bachs die Olawenitz genännt seinen Ausfluß in die Ostsee hat. In dem Dorfe sind 1 Prediger, 1 Küster, 1 Freyschulzenhof, 13 Bauerhöfe, 3 Landcoßäthen, 4 Straßencoßäthen, 3 Büdner, 1 Predigerwittwenhaus, 1 Schmiede, 1 Hirtenkaten, 29 Feuerstellen und eine zu der Rügenwaldeschen Synode gehörige Mutterkirche, deren Filial das adeliche Dorf Krolow ist, und zu welcher die königlichen Dörfer Nahmershagen, Cörlin, Schedlin, das Dorf und Ackerwerk Neuenhagen und das adeliche Dorf Vießke eingepfarret sind. In dem Dorfe Lanzig lieset man über der Hausthüre eines Bauerhofes folgende Innschrift: HANS LANG IN DIESEN HOFF HAT VORMALS AVFGENOMMEN DEN HERZOG BOGISLAF, DER SONST WAER VMBGEKOMMEN. VND IHN MIT SPEIS VND TRANCK VERSORGET BIS ZVR ZEIT, DA ER GELANGET IST ZVR CRON VND HERRLICHKEIT.

(17) **Masselwitz** 2 Meilen von Rügenwalde gegen Osten und eben so weit von Schlawe gegen Norden, auf einer Anhöhe hat 1 Freyschulzenhof, 8 Bauern, 1 Landcoßäthen, 1 Straßencoßäthen, 3 Büdner, 1 Unterförster, 1 Hirtenwohnung, 18 Feuerstellen und ist zu Kuddezow in der Rügenwaldeschen Synode eingepfarret.

(18) **Melzow** 1 Meile von Schlawe gegen Norden, 2⅞ Meilen von Rügenwalde gegen Osten und 2⅞ Meilen von Stolpe gegen Westen, nahe an der Wipper, die gegen Norden vorbeyfließet, hat 1 Freyschulzenhof, 5 Bauern, 4 Landcoßäthen, 1 Straßencoßäthen, 2 Büdner, 1 Schul- und Hirtenkaten, 15 Feuerstellen und ist zu Krakow in der Rügenwaldeschen Synode eingepfarret. Der Acker und insonderheit die Wiesen, die an der Wipper liegen, sind gut, und das Dorf ist rund umher mit einem angenehmen Walde umgeben und gränzet an die Colonie Coccejendorf.

(19) Naß-

Das Amt Rügenwalde.

(19) Natzmershagen 1¾ Meilen von Rügenwalde nordostwärts, hat 1 Gerichtsvoigt und Freyschulzen, 11 Bauern, 1 Straßencoßäthen, 2 Büdner, 1 Müller, 1 Schulkaten, 19 Feuerstellen und ist zu Lanzig in der Rügenwaldeschen Synode eingepfarret. In den ältern Zeiten war dieses Dorf ein Lehn derer von Natzmer.

(20) Neuenhagen 2 Meilen von Rügenwalde nordostwärts, zwischen den Dörfern Lanzig und Natzmershagen, hat außer einem Vorwerke 3 Landcoßäthen mit dem dienstfreyen Schulzen, 1 Verwalterkaten, 1 Büdner, 8 Feuerstellen und ist zu Lanzig in der Rügenwaldeschen Synode eingepfarret. Ein Vergleich zwischen den Beamten zu Rügenwalde und den von Puttkammer zu Vietzig wegen des Neuenhagenschen Sees wurde zu Vietzig am 14 Februar 1684 errichtet.

(21) Palzwitz ½ Meile von Rügenwalde nordostwärts, nahe an der Ostsee und dem Vitteschen See, hat außer einem Vorwerke 2 Landcoßäthen, 3 Feuerstellen und ist zu Ziezow in der Rügenwaldeschen Synode eingepfarret.

(22) Rützenhagen 1½ Meilen von Rügenwalde nordnordostwärts und etwa eine halbe Viertelmeile von der Ostsee, hat 1 Prediger, 1 Küster, 11 Bauern mit dem dienstfreyen Schulzen, 9 Halbbauern, 3 Landcoßäthen, 12 Büdner, 1 Schmiede, 40 Feuerstellen und eine zu der Rügenwaldeschen Synode gehörige Mutterkirche, zu welcher die Dörfer Jershöft und Schönenberg eingepfarret sind. Ein älterer Vertrag zwischen den Dorfschaften Rützenhagen und Jershöft, die Hütung betreffend, wurde zu Rügenwalde am 22 Junius 1682, ein neuer aber am 13 August 1775 errichtet und am 8 October 1775 bestätiget. Ein Gränzvertrag zwischen den Dörfern Rützenhagen und Vitte wurde ehemals am 15 Julius 1653, in den neuern Zeiten aber am 17 May 1774 errichtet und von der Königl. Krieges- und Domainencammer zu Stettin am 28 September 1775 bestätiget.

(23) Scheddin 1¼ Meilen von Schlawe gegen Norden, und eben so weit von Rügenwalde ostnordostwärts, hat 9 Bauern mit dem Schulzen, 3 Büdner, unter welchen sich der Schmied befindet, 16 Feuerstellen und ist zu Lanzig in der Rügenwaldeschen Synode eingepfarret.

(24) Schönenberg 2 Meilen von Rügenwalde ostnordostwärts, hat 5 Bauern mit dem dienstfreyen Schulzen, 2 Büdner, 1 Hirtenkaten, 10 Feuerstellen und ist zu Rützenhagen in der Rügenwaldeschen Synode eingepfarret. Die Bauern in dem Dorfe Schönenberg, zu welchem eine kleine zwischen demselben und Batzwitz belegene Holzung, das Schnittbruch genannt, gehöret, leisten keine Naturaldienste, sondern geben Dienstgeld. Ein Gränzvertrag zwischen den Dörfern Rützenhagen und Schönenberg wurde zu Rügenwalde am 22 Junius 1682 errichtet.

(25) Stemnitz 1 Meile von Schlawe gegen Norden, 2¼ Meilen von Rügenwalde gegen Osten und eben so weit von Stolpe gegen Westen, an der Wipper, hat 20 Bauern mit dem Schulzen, 7 Landcoßäthen, 5 Straßencoßäthen, 7 Büdner, unter

welchen

welchen sich der Schmied befindet, 1 Schulhaus, 1 Hirtenhaus, 53 Feuerstellen, eine in dem Jahre 1770 neu erbauete und zu der Rügenwaldeschen Synode gehörige Kirche, die ein Filial von Altenschlawe und zu welcher das Dorf Wilhelminen eingepfarret ist und gränzet an die Colonie Coccejendorf. Das Land von dem hiesigen Vorwerke, welches 1737 abbrannte, ist unter die Bauern vertheilet worden. Das Dorf Stemnitz, 10 Hufen zu Nutzlin, 5 Kathen und eine Mühle auf dem Nutzlinschen Felde waren ehemals Sanitzsche Lehne. Nach dem von den Herzogen George und Barnim 1523 an dem Montage nach Martini ertheilten und von dem Herzoge Philipp zu Stolpe am Donnerstage nach der Himmelfahrt Mariä 1540 bestätigten Lehnbriefe, wurde dem fürstlichen Rathe Jakob Wobeser, wenn Clawes Sanitz oder seine rechte Leibes-Lehnserben mit Tode abgehen sollten, die Anwartung auf diese Güter ertheilet, die aber der Herzog Johann Friederich, nach dem 1571 erfolgten Tode des Asmus Sanitz, in Besitz nahm.

(26) Vitte, ein Fischerdorf 1⅞ Meilen von Rügenwalde nordnordostwärts, lieget auf einer Erdzunge von einer Viertelmeile, zwischen der nahen Ostsee und dem Witteschen See, der etwa ⅓ Meile lang und ¼ Meile breit ist und durch das so genannte Tief in die Ostsee fließet. In dem Dorfe sind 12 Fischer, unter welchen sich der Schulze befindet, 1 Büdner, 1 Schulmeister und überhaupt 15 Feuerstellen, die zu Barzwitz in der Rügenwaldeschen Synode eingepfarret sind. Die Einwohner haben keine steuerbare Hufen, und nur wenige Ländereyen und ernähren sich von der Fischerey, die sie auf der Ostsee und dem Witteschen See treiben. Ein Vergleich zwischen den Dorfschaften Rützenhagen und Witte, die Hütung betreffend wurde zu Rügenwalde am 3 May 1683 errichtet.

(27) Wilhelminen 1 Meile von Schlawe gegen Norden, 3 Meilen von Rügenwalde gegen Osten und eben so weit von Stolpe gegen Westen, ist eine nicht weit von der Wipper 1749 in dem Stemnitzschen Walde nach einer vorgenommenen Rodung angelegte Colonie, die aus 16 Pfälzerfamilien mit dem Schulzen, 1 Schulhause, 1 Büdner und 19 Feuerstellen bestehet, und zu Stemnitz in der Rügenwaldeschen Synode eingepfarret ist. Unter den hiesigen Einwohnern befinden sich jetzt 8 deutschreformirte Familien.

(28) Zilmitz, 1 Meile von Rügenwalde ostnordostwärts, gränzet an die nach Rügenwalde westwärts fließende Wipper, und hat 12 Bauern, unter welchen sich der dienstfreye Schulze befindet, 1 Landcoßäthen, 2 Straßencoßäthen, von welchen einer zugleich Schulmeister ist, 2 Büdner, 1 Hirtenhaus, 18 Feuerstellen und ist zu Barzwitz in der Rügenwaldeschen Synode eingepfarret. Dieses Dorf und die zu eben demselben Kirchspiele gehörigen Dörfer Barzwitz und Vitte haben kein Brennholz, und müssen damit aus den Krakowschen, Kugelwitzschen und Masselwitzschen Wäldern versorget werden.

Das Amt Rügenwalde.

2) Die Dörfer in der Abtey sind:

(1) Abtshagen 1¼ Meilen von Rügenwalde südsüdwestwärts, eben so weit von Zanow nordostwärts und 2¼ Meilen von Schlawe gegen Westen, nicht weit von der Grabow, hat 1 Prediger, 1 Küster, 18 Bauern mit dem dienstfreyen Schulzen, 2 Halbbauern, 3 Landcoßäthen, 10 Straßencoßäthen oder Büdner, 1 Predigerwittwenhaus, 1 Pfarrcolonushof, 1 Unterförster, 1 Hirtenkaten, 39 Feuerstellen, eine zu der Rügenwaldeschen Synode gehörige Mutterkirche, zu welcher die Wiecke eingepfarret ist und deren Filial das Dorf Karnkewitz ist und ist ein so genanntes Hägerdorf, in welchem ein jeder auf seiner Hufe wohnet.

(2) Altenhagen ein Hägerdorf, ½ Meile von Rügenwalde südsüdwestwärts, wird durch den Petershagenschen Damm, der von dem Buckowschen Walde anfängt, die Wiesen quer durchschneidet, und mit einigen Brücken besonders über die Grabow und über den Mühlenbach versehen ist, von dem Vorwerke Petershagen abgesondert, und hat 13 Bauern, unter welchen sich der dienstfreye Schulze befindet, einen Gerichtsvoigt, der zugleich Landcoßäthe ist, 6 Coßäthen, 10 Büdner, 31 Feuerstellen und ist zu Petershagen in der Rügenwaldeschen Synode eingepfarret.

(3) Belkow ¾ Meile von Zanow nordnordostwärts, 1¼ Meilen von Rügenwalde südwestwärts und 1¼ Meilen von Cößlin nordostwärts, auf der Poststraße von Cößlin nach Rügenwalde, in einer ebenen, fruchtbaren Gegend, stößt nordwestwärts an den Buckowschen See, hat außer 1 Frey- und Lehnschulzenhofe, 14 Bauerhöfe, 2 Landcoßäthen, 2 Straßencoßäthen, 1 Büdner, 1 Hirtenkaten, 21 Feuerstellen, ist zu Ewentin in der Rügenwaldeschen Synode eingepfarret und wurde von dem Herzoge Svantopolk nach einer Urkunde von 1265 dem Kloster Buckow geschenket.

(4) Böbbelin ¼ Meile von Rügenwalde gegen Westen, nahe an der Ostsee, hat 1 Freyschulzenhof, 5 Bauern, 2 Landcoßäthen, 2 Büdner, 10 Feuerstellen, gute Aecker, Wiesen und Hütungen, die aber von der nahen Ostsee oft mit Sande überzogen werden, ist zu Buckow in der Rügenwaldeschen Synode eingepfarret und gränzet an das der Stadt Rügenwalde gehörige Dorf Suckow. Die Gränzstreitigkeiten zwischen den Dörfern Böbbelin und Suckow wurden durch ein Urthel der juristischen Facultät zu Tübingen vom 3 Junius 1689, das zu Stargard am 27 August 1689 eröfnet wurde, also entschieden, daß die Gränzen zwischen beiden Dörfern Strandwärts von den bey dem Böbbelinschen Graben gefundenen fünf Steinen an gerade hinaus bis zum Strande, dem alten dort gewesenen Graben nach, gehen und auf gemeine Kosten beider Partheyen entweder der alte ehemals dort gewesene Graben wieder geöfnet, oder andre kenntliche Gränzmahle und Zeichen aufgerichtet werden sollen.

(5) Buckow 1 Meile von Rügenwalde südwestwärts und 3 Meilen von Schlawe gegen Westen, an dem großen Buckowschen See, der etwa 1 Meile lang und eine halbe Meile breit ist, und ⅞ Meile von der Ostsee, in einer anmuthigen Gegend,

Gegend, auf der Land- und Poststraße von Rügenwalde nach Janow, hat außer einem Vorwerke, 1 Prediger, 1 Küster, 3 Landcoßäthen, wovon der eine zugleich Schulze und Krüger ist, 1 Predigerwittwenhaus, 6 Büdner, 1 Müller, 1 Fischer, 18 Feuerstellen, keine steuerbare Hufen und eine zu der Rügenwaldeschen Synode gehörige Mutterkirche, deren Filial das Dorf Pirpstow ist und zu welcher die Dörfer Neuwasser, Wöbbelin, Steinort und Büssow eingepfarret sind. In der Buckowschen Kirche findet man ein Originalgemälde des 1617 in Buckow gestorbenen Herzogs George III. wie auch ein Gemälde des letzten Pommerschen Herzogs Bogislaus XIIII. Buckow war ehemals der Sitz einer berühmten Abtey des Cistercienserordens, von welcher noch jetzt die diesseits der Stadt Rügenwalde belegenen Amtsdörfer, die Dörfer in der Abtey genannt werden, und wurde von dem Herzoge von Pommern, Svantopolk, gestiftet, der nach einer Urkunde von 1252 dem Kloster Dargun das Dorf Buckow gab, um daselbst ein Kloster zu bauen und demselben die Dörfer Bobolin, (Wöbbelin) Jesitz, Pirstowe, (Pirpstow) Bonsowe und Damerowe beylegte, wovon jetzt die Dörfer Jesitz und Bonsowe nicht mehr vorhanden sind. Die Einkünfte des Klosters wurden bald darauf durch ansehnliche Schenkungen nicht nur von dem Bischofe Hermann zu Cammin, der ihm nach einer Urkunde von 1253 den Bischofszehnten von 300 Hufen gab, sondern auch vornemlich von dem Herzoge Barnim I. und in den folgenden Zeiten von verschiedenen von Adel vermehret, nach der Kirchenverbeßerung aber von dem Herzoge Barnim, der sich mit dem letzten Abte zu Buckow, Heinrich Kressen, zu Alt Stettin 1536 verglich und ihm ein jährliches Gehalt bestimmte, zu den herzoglichen Domainen gezogen.

(6) Büssow 1 Meile von Rügenwalde südsüdwestwärts, ¼ Meile von der Ostsee und ¼ Meile von dem Buckowschen See, wird durch die Grabow von dem Dorfe Neuenhagen getrennet, ist ganz mit Brüchern und Holzungen umgeben, und hat außer einem Vorwerke, 4 Landcoßäthen, unter welchen der Schulze mit begriffen ist, 6 Straßencoßäthen, 1 Büdner, 12 Feuerstellen, keine steuerbare Hufen, und ist zu Buckow in der Rügenwaldeschen Synode eingepfarret.

(7) Damerow 1 Meile von Janow gegen Osten, an der Grabow, die an den Wiesen nordostwärts vorbey fließet, und die Gränze zwischen Pirpstow und Neuenhagen macht, an der Poststraße von Berlin nach Preussen, hat außer einem Vorwerke, 1 Prediger, 1 Küster, 12 Bauern mit dem dienstfreyen Schulzen, 2 Landcoßäthen, unter welchen sich der Schmied befindet, 5 Büdner, 1 Müller, 1 Predigerwittwenhaus, 1 Hirtenkaten, 25 Feuerstellen und eine zu der Rügenwaldeschen Synode gehörige Mutterkirche, deren Filial das Dorf Zitzmin ist und zu welcher die Dörfer Martenshagen und Panknin eingepfarret sind.

(8) Damshagen ½ Meile von Rügenwalde südsüdostwärts, in einer morastigen Gegend, hat 20 Bauern mit dem dienstfreyen Schulzen, von welchen ein jeder auf seinem Hufenschlage lieget, 11 Büdner, 1 Unterförster, 1 Schmied, 1 Predigerkaten, 2 Bauerkaten, 37 Feuerstellen, eine zu der Rügenwaldeschen Synode gehört

Das Amt Rügenwalde.

gehörige Kirche, die ein Filial von Schlawin ist und gränzet an den Rügenwaldeschen Stadtwald und an die Dörfer Rushagen und Grupenhagen.

(9) **Ewentin** ⅜ Meile von Zanow gegen Norden, 1½ Meilen von Rügenwalde südwestwärts, eben so weit von Cöslin nordostwärts, ⅞ Meile von dem Buckowschen See und etwa ¼ Meile von der Ostsee, in einer fruchtbaren, ebenen Gegend, hat 1 Prediger, 1 Küster, 16 Bauern mit dem dienstfreyen Schulzen, 1 Pfarrbauerhof, 2 Landcossäthen, 5 Büdner, 1 Predigerwittwenhaus, 1 Hirtenkaten, 29 Feuerstellen, eine zu der Rügenwaldeschen Synode gehörige Mutterkirche, zu welcher die Dörfer Belkow und Wandhagen eingepfarret sind, Eichen- Büchen- und Eisenholzungen und gränzet an das adeliche Dorf Repkow. Der von dem Landrathe Peter Glasenapp zu Pollnow und Manow und Caspar Below zu Peest, wegen der Gränzstreitigkeiten zwischen den Dörfern Ewentin und Repkow, am 11 Januar 1626 errichtete Vergleich und Gränzzug wurde von dem Herzoge Bogislaus XIIII. am 6 Februar 1626 und von dem Churfürsten Friederich Wilhelm am 27 April 1666 bestätiget.

(10) **Göriz** 1½ Meilen von Rügenwalde gegen Süden, an der Grabow, die an den Wiesen dieses Dorfs vorbey fließet, in einer niedrigen, fruchtbaren Gegend, bestehet außer 1 Freyschulzen aus 14 Bauerhöfen, 2 Landcossäthen, 3 Straßencossäthen, 4 Büdnern, 1 Unterförster, 1 Schulhause, 1 Kirchenkaten, 29 Feuerstellen, und ist zu Malchow in der Rügenwaldeschen Synode eingepfarret. Der Herzog Barnim I. schenkte das Dorf Göriz nach einer Urkunde von 1267, worinn es Guritza genannt wird, dem Kloster Buckow.

(11) **Karnkewiz** ⅝ Meile von Zanow ostnordostwärts und 2 Meilen von Rügenwalde südsüdwestwärts, an der Poststraße von Berlin nach Preußen, in einer sandigen, ebenen Gegend, an einem mittelmäßigen See, hat außer einem Vorwerke, 10 Bauern mit dem dienstfreyen Schulzen, 1 Küster, 1 Büdner, 1 Unterförster, 1 Schulzenkaten, 1 Hirtenkaten, 16 Feuerstellen, eine zu der Rügenwaldeschen Synode gehörige Kirche, die ein Filial von Abtshagen ist und gränzet an das adeliche Dorf Schübben und an die Stadt Zanow. Albernus Slecze verkaufte Karnkewiz nach einer Urkunde von 1372 dem Kloster Buckow für 200 Mark Münze.

(12) **Malchow** 1½ Meilen von Schlawe westsüdwestwärts und 2 Meilen von Rügenwalde gegen Süden, auf der Poststraße von Berlin nach Preußen, hat außer einem Vorwerke, 1 Prediger, 1 Freyschulzen, 1 Küster, 12 Bauern, 6 Landcossäthen, unter welchen sich der Schmied befindet, 3 Straßencossäthen, 7 Büdner, 1 Müller, 1 Predigerwittwenhaus, 38 Feuerstellen, eine zu der Rügenwaldeschen Synode gehörige Mutterkirche, zu welcher das adeliche Dorf Carwiz, als ein Vagans, gehöret und die Dörfer Parpart und Göriz eingepfarret sind, die Wiesen nordwestwärts an den Ufern der Grabow und gränzet an das adeliche Dorf Carwiz. Detlev von Sleten schenkte nach einer Urkunde von 1285 das halbe Dorf Malchow dem Kloster Buckow.

(13) **Martenshagen** 1¼ Meilen von Zanow ostnordostwärts, nahe an dem südlichen Ufer der Grabow und etwa 1000 Schritte von der großen Poststraße von Berlin nach Preußen, hat 8 Bauern, 3 Straßencoßäthen, 2 Büdner, 1 Hirtenkaten, 14 Feuerstellen, gute Viehzucht, 2 kleine Karpenteiche, ist zu Damerow in der Rügenwaldeschen Synode eingepfarret und gränzet an das adeliche Dorf Nemitz.

(14) **Neuenhagen** in der Abtei, ein Hägerdorf an der Grabow, ⅞ Meile von Rügenwalde gegen Süden, hat 1 Freyschulzen, 16 Bauern, 4 Straßencoßäthen, 8 Büdner, 1 Schulhaus, 31 Feuerstellen, und ist zu Petershagen in der Rügenwaldeschen Synode eingepfarret.

(15) **Neuwasser** mit dem sogenannten Damkeort oder Rügenwaldeschen Tief, ein Fischerlager, ⅞ Meile von Rügenwalde südwestwärts, zwischen dem Buckowschen See und der Ostsee, die beide nahe an das Dorf stoßen, bestehet aus 26 Fischern, unter welchen der Schulze mit begriffen ist, 8 Büdnern mit dem Schulmeister, 32 Feuerstellen, und ist zu Buckow in der Rügenwaldeschen Synode eingepfarret. Die Einwohner haben keinen Acker, sondern nur Wiesen, die sehr versandet sind. Die sämtlichen Fischer, außer dem Schulzen, treiben die Fischerey auf dem Buckowschen See, und geben dafür eine jährliche Pacht. Die Gränzstreitigkeiten der Dörfer Neuwasser und der Münde, Suckow und Böbbelin, zwischen dem Rügenwaldeschen Stadtfelde und dem Dorfe Preetz und den Dörfern Rußhagen und Damshagen, wurden durch einen gütlichen Vertrag beygeleget, den der Herzog Bogislaus zu Rügenwalde am Sonnabende vor Viti 1493 zwischen dem Abte zu Buckow, Theodorich, und dem Magistrat und der ganzen Gemeine der Stadt Rügenwalde stiftete.

(16) **Panknin** 1¼ Meilen von Zanow gegen Osten, in einer sandigen, ebenen Gegend, auf der Poststraße von Berlin nach Preußen, hat 1 Freyschulzen, 10 Bauern, 1 Halbbauer, 1 Straßencoßäthen, 4 Büdner, 1 Hirtenkaten, 18 Feuerstellen, und ist zu Damerow in der Rügenwaldeschen Synode eingepfarret. Das Dorf Panknin wurde, nach einer 1270 am Tage Antonii ausgefertigten Urkunde, worinn es Pankomin genannt wird, von dem Fürsten von Rügen, Witzlaus, dem Kloster Buckow geschenket und gränzet an die adelichen Dörfer Kuhz und Nemitz.

(17) **Parpart** 1 Meile von Schlawe südwestwärts, wird zu den so genannten Heidedörfern gerechnet, und hat seine Wiesen nordwestwärts an der Grabow. Es bestehet außer dem Freyschulzen, aus 11 Bauerhöfen, 3 Büdnern mit dem Schulmeister, 16 Feuerstellen, ist zu Malchow in der Rügenwaldeschen Synode eingepfarret, gränzet an die adelichen Dörfer Segenthin, Schmarsow und Carwitz und wurde nach einer Urkunde von 1271, worinn es in der Slavischen Sprache Parparhio genannt wird, von dem Fürsten von Rügen, Witzlaus, dem Kloster Buckow geschenket.

(18) **Pirpstow** 1 Meile von Rügenwalde gegen Süden, an der Grabow, hat

Das Amt Rügenwalde.

hat 14 Bauern mit dem dienstfreyen Schulzen, 2 Landcoßäthen, 5 Straßencoßäthen, unter welchen sich der Schulmeister und der Schmied befinden, 1 Büdner, 1 Hirtenkaten, 24 Feuerstellen, und war ehemals zu dem in der Rügenwaldeschen Synode gelegenen Dorfe Buckow eingepfarret, ist aber jetzt ein Filial desselben, nachdem die hiesige Kirche in dem Jahre 1780 ist erbauet worden.

(19) Preetz ein Hägerdorf, eine Viertelmeile von Rügenwalde südwestwärts, 2½ Meilen von Schlawe westnordwestwärts und 1¾ Meilen von Zanow nordostwärts, hat 12 Bauern mit dem dienstfreyen Schulzen, 4 Straßencoßäthen mit dem Schmiede, 5 Büdner, 1 Hirtenkaten, 22 Feuerstellen, gegen Osten und nordostwärts das Ackerfeld, gegen Norden die Hütung und ein Ellernbruch; gegen Westen gute Wiesen an der Grabow und ist zu Petershagen in der Rügenwaldeschen Synode eingepfarret. An dem Ende des Dorfs südwärts lieget das Vorwerk Petershagen, bey welchem die Post von Cößlin über Zanow wöchentlich 2 mahl längst des Dorfs vorbey nach Rügenwalde gehet. Das Dorf Preetz gränzet an das Rügenwaldesche Stadtfeld und an das Dorf Kußhagen und wurde nach einer Urkunde von 1268, worinn es Poretz genannt wird, mit den Fischwehren im neuen Wasser, von dem Herzoge Barnim I. dem Kloster Buckow beygeleget.

(20) Schlawin 1 Meile von Rügenwalde südsüdostwärts, ist größtentheils mit einem Walde von Eichen und Büchen umgeben, hat 1 Prediger, 1 Küster, 18 Bauern mit dem dienstfreyen Schulzen, 3 Halbbauern, 5 Landcoßäthen, 13 Büdner, unter welchen sich der Schmied befindet, 1 Predigerwittwenhaus, 43 Feuerstellen, eine zu der Rügenwaldeschen Synode gehörige Mutterkirche, deren Filial das Dorf Dambshagen ist, gränzet an die Dörfer Carwitz und Küßhagen und wurde nach einer Urkunde von 1270, worinn es Slovin genannt wird, von dem Fürsten von Rügen, Witzlaus, dem Kloster Buckow geschenket.

(21) Steinort 1½ Meilen von Rügenwalde südwestwärts, an dem Buckowschen See, hat mit Einschließung des dienstfreyen Schulzen 10 Bauern, die den Acker von 2 wüsten Bauerhöfen in Cultur haben, 4 Landcoßäthen, 1 Straßencoßäthen, 4 Büdner, 1 Hirtenkaten, 22 Feuerstellen, und ist zu Buckow in der Rügenwaldeschen Synode eingepfarret.

(22) Wandhagen ½ Meile von Zanow nordnordostwärts, 1¼ Meilen von Cößlin nordostwärts, und eben so weit von Rügenwalde südwestwärts, auf der Poststraße von Rügenwalde nach Zanow und Cößlin, hat 16 Bauern mit dem dienstfreyen Schulzen, 2 Landcoßäthen, 5 Büdner, 1 Schulmeister, 25 Feuerstellen, mittelmäßige Aecker und Wiesen, einen Eichen- und Büchenwald, ist zu Ewentin in der Rügenwaldeschen Synode eingepfarret und gränzet an die adelichen Dörfer Replow, Zuchen und Schübben.

(23) Die Wiecke ein Hägerdorf, 1⅞ Meilen von Rügenwalde südsüdwestwärts, nicht weit von der Grabow, ist mit dem Dorfe Abtshagen gleichsam nur ein Dorf,

indem

indem es mit demselben in einer fast ½ Meile langen Linie von Norden nach Süden unmittelbar an einander gebauet ist, so daß Abtshagen nordwärts, und Wiecke südwärts lieget, und hat 21 Bauern mit dem dienstfreyen Schulzen, 2 Landcoßäthen, 3 Straßencoßäthen, unter welchen sich der Schmied befindet, 1 Büdner, 1 Hirtenkaten, 35 Feuerstellen, und ist zu Abtshagen in der Rügenwaldeschen Synode eingepfarret.

(24) Zizmin 1 Meile von Zanow ostsüdostwärts, in einer sandigen, ebenen Gegend, auf der großen Frachtstraße von Berlin nach Preußen, hat 15 Bauern mit dem dienstfreyen Schulzen, 1 Landcoßäthen, 2 Büdner, 1 Hirtenkaten, 18 Feuerstellen, eine zu der Rügenwaldeschen Synode gehörige Kirche, die ein Filial von Damerow und zu welcher das Ackerwerk Zwölfhufen eingepfarret ist, und gränzet an die adelichen Dörfer Rattaick und Kuhz. Die Gränzstreitigkeiten zwischen den Dörfern Zizmin und Kuhz wurden durch den zu Zwölfhufen am 27 Junius 1685 errichteten Vergleich beygeleget.

a. Vierzehn Vorwerke, als:

(1) Altenschlawe ein ritterfreyes Vorwerk, hat 637 Morgen 178 Ruthen und gemeßene Dienste von 32 Bauern und 7 Coßäthen aus den Dörfern Altenschlawe und Freetz.

(2) Buckow ein ritterfreyes Vorwerk hat 1148 Morgen 54 Ruthen, mittelmäßigen Acker, vortrefliche Wiesen und gemeßene Dienste von 14 Bauern und 2 Coßäthen zu Belkow, 15 Bauern und 2 Coßäthen zu Ewenkin, 11 Halbbauern und 4 Coßäthen zu Steinort, 20 Bauern und 2 Coßäthen zu Wiecke, und also insgesamt von 49 Bauern, 11 Halbbauern und 10 Coßäthen. Der Acker ist in 4 Felder getheilet.

(3) Büssow ein ritterfreyes Vorwerk, hat 999 Morgen 20 Ruthen und gemeßene Dienste von 17 Bauern, 2 Halbbauern und 3 Coßäthen zu Abtshagen, 13 Bauern und 2 Coßäthen zu Pirpstow, 15 Bauern und 2 Coßäthen zu Wandhagen, 7 Coßäthen zu Büssow, und also insgesamt von 45 Bauern, 2 Halbbauern und 14 Coßäthen. Der Acker ist in 4 Felder von ungleicher Größe und Beschaffenheit eingetheilet.

(4) Damerow hat 344 Morgen 82 Ruthen und gemeßene Dienste von 4 Bauern und 1 Landcoßäthen in Damerow. Der Acker ist in 4 Felder eingetheilet und mit dem Acker der Bauern vermengt.

(5) Drosedow ein ritterfreyes Vorwerk, mit 1 Feuerstelle, 1 Meile von Rügenwalde ostnordostwärts, und ½ Meile von der Ostsee, hat 978 Ruthen 13 Ruthen, gemeßene Dienste von 10 Bauern und 1 Coßäthen zu Carzin, 7 Bauern und 2 Coßäthen zu Dörsentin, 8 Bauern zu Scheddin, 11 Bauern und 1 Coßäthen zu Zilmitz, und also insgesamt von 36 Bauern und 4 Coßäthen. Dieses Vorwerk, dessen

Das Amt Rügenwalde.

dessen Acker in 4 Feldern liegt, ist zu Barzwitz in der Rügenwaldeschen Synode eingepfarret und gränzet nordostwärts an Barzwitz, südostwärts an Ziltitz, gegen Süden an die Wipper, gegen Westen an Köpenitz und gegen Norden an Palzwitz.

(6) **Järshagen** ein ritterfreyes Vorwerk, hat 494 Morgen 22 Ruthen und gemessene Dienste von 18 Bauern, 2 Halbbauern, und 6 Coßäthen zu Järshagen, 11 Bauern und 4 Coßäthen zu Krakow, und also insgesamt von 29 Bauern, 2 Halbbauern und 10 Coßäthen. Der Acker ist in 4 Felder eingetheilet.

(7) **Karnkewitz** ist ein neues Vorwerk, welches 1779 erbauet wurde.

(8) **Kugelwitz** ein ritterfreyes Vorwerk, hat 669 Morgen 4 Ruthen und gemessene Dienste von 8 Bauern und 1 Coßäthen zu Masselwitz, 8 Bauern und 1 Coßäthen zu Cannin, 11 Bauern und 3 Coßäthen zu Kugelwitz, und folglich insgesamt von 27 Bauern und 5 Coßäthen. Der Acker ist in 4 Felder eingetheilet.

(9) **Malchow** ein ritterfreyes Vorwerk, hat 866 Morgen 6 Ruthen und gemessene Dienste von 14 Bauern zu Göritz, 12 Bauern und 6 Coßäthen zu Malchow, 7 Bauern zu Martenshagen, 11 Bauern zu Parpart, und also insgesamt von 44 Bauern und 6 Coßäthen.

(10) **Neuenhagen** ein ritterfreyes Vorwerk, hat 1070 Morgen 53 Ruthen, und gemessene Dienste von 45 Vollbauern, 1 Halbbauer und 10 Coßäthen aus den Dörfern Cörlin, Kuddezow, Lanzig, Nahmershagen und Neuenhagen. Der Pächter dieses Vorwerks, dessen Acker in 4 Felder getheilet ist, hat den Aalfang in der Glawenitz, und die Fischerey auf dem Neuenhagenschen See, jedoch sind die an dem letzten gelegenen adelichen Dörfer Görshagen, Viezig, Schlackow, Marsow und Krolow zur Winterfischerey auf demselben gleichfalls berechtiget.

(11) **Palzwitz** ein ritterfreyes Vorwerk, hat 1241 Morgen 49 Ruthen und gemessene Dienste von 51 Vollbauern, 9 Halbbauern und 8 Coßäthen aus den Dörfern Barzwitz, Kopahn, Köpenitz, Rützenhagen und Palzwitz. Der Acker ist in 4 Felder eingetheilet, außer welchen dieses Vorwerk noch 2 Hufen auf dem Rügenwaldeschen Stadtfelde besitzet.

(12) **Petershagen** ein ritterfreyes Vorwerk, ½ Meile von Rügenwalde südsüdwestwärts, an der Grabow, hat 1 Prediger, 1 Küster, eine zu der Rügenwaldeschen Synode gehörige Mutterkirche, zu welcher die Dörfer Preetz, Altenhagen und Neuenhagen eingepfarret sind, an Ländereyen 933 Morgen 94 Ruthen und die Dienste von 12 Bauern aus Altenhagen, 16 Bauern aus dem Abtendorfe Neuenhagen und 11 Bauern aus Preetz. Der Acker ist in 4 Felder eingetheilet.

(13) **Schloßhof** ein neben dem Schloße und den Amtsgebäuden belegenes Ackerwerk, hat 15 Feuerstellen, 489 Morgen 30 Ruthen und die gemesenen Dienste
von

Der Schlawesche Kreis.

von 19 Vollbauern aus Damshagen, 17 Vollbauern, 3 Halbbauern und 5 Coßäthen aus Schlawin, und also insgesamt von 36 Vollbauern, 3 Halbbauern und 5 Coßäthen. Der Acker liegt in 4 Schlägen auf dem Rügenwaldeschen Stadtfelde mit den Aeckern der Rügenwaldeschen Bürger durchgängig vermenget.

(14) Zwölfhufen ein ritterfreyes Vorwerk, 1 Meile von Zanow südostwärts, an dem südlichen Ufer eines nahe vorbeyfliessenden Baches, in einer sandigen Gegend, hat 3 Feuerstellen, 1546 Morgen 167 Ruthen, ist zu Zizmin in der Rügengenwaldeschen Synode eingepfarret und gränzet an die Dörfer Wangerow, Steglin und Rattaick. Die Dienste werden von 40 Bauern, 1 Halbbauer und 1 Coßäthen aus den Dörfern Pankuin, Damerow, Karnkewiz und Zizmin nach der Vorschrift des Dienstreglements verrichtet. Auf der Feldmark dieses Vorwerks befinden sich 4 Karpfenteiche an der Steglinschen Gränze.

3. Folgende Mühlen, als:

(1) Die Buckowsche Wassermühle, eine Erbmühle, lieget an dem Buckowschen See, empfängt das Wasser von einem aus der Grabow abgeleiteten Bache, und bestehet aus 2 unterschlägigen Gängen. Die zu dieser Mühle gelegten Mahlgäste sind die Einwohner der Dörfer Buckow, Steinort, Belckow, Ewentin, Abtshägen, Büssow, Pirpstow und Neuwasser. Diese Mühle hat einen guten Lachs- Neunaugen- und Aalfang.

(2) Die Carzinsche Wassermühle, eine Erbmühle, bestehet aus einem oberschlägigen Gange, und erhält ihr weniges Wasser aus einer kleinen Quelle in dem Bruche. Die Zwangsmahlgäste sind die Einwohner des einzigen Dorfs Carzin.

(3) Die Wassermühle zu Damerow, eine Erbmühle, hat einen oberschlägigen Gang, weniges Wasser, welches aus einer Quelle in dem Pankuin-Walde kommt und den Mühlenteich macht. Die Zwangsmahlgäste sind die Einwohner der Dörfer Damerow, Wiecke und Martenshagen.

(4) Die Wassermühle bey Freetz lieget ¼ Meile von dem Dorfe Freetz, und ist eine Erbmühle mit 2 oberschlägigen Gängen, welche von einem Bache getrieben wird, so von dem adelichen Gute Nozkow kommt. Die Zwangsmahlgäste sind die Einwohner der Dörfer Freetz, Altenschlawe, Stemniz und Wilhelminen.

(5) Die Krakowsche Hausmühle, eine Erbmühle, bestehet aus einem oberschlägigen Gange, und wird von einer kleinen Quelle gespeiset, deren Wasser in dem Mühlenteiche gesammlet wird. An Mahlgästen gehören zu derselben die Einwohner der Dörfer Krakow, Kuddezow, Neu-Kuddezow und Masselwitz.

(6) Die Krakowsche Waldmühle, eine Erbmühle, lieget von dem Dorfe Krakow südwestwärts in einem Walde, und hat einen oberschlägigen Gang. Sie

empfängt

empfängt das Mahlwasser aus einer aus einem Berge entspringenden Quelle, die im Sommer oft austrocknet und im Winter zufrieret. Die Zwangsmahlgäste sind die Einwohner der Dörfer Cammin und Kugelwitz.

(7) Die Malchowsche Wassermühle, eine Erbmühle mit einem oberschlägtgen Gange. Die Einwohner der Dörfer Malchow, Göritz und Patpart sind als Mahlgäste zu derselben geleget worden.

(8) Die Natzmershagensche Windmühle, eine Erbmühle, deren Zwangsmahlgäste die Einwohner der Dörfer Natzmershagen, Lanzig und Cörlin, imgleichen des Ackerwerks Neuenhagen und die bey demselben wohnende Coßäthen sind.

(9) Die Rügenwaldesche Schloßmühle, ist eine Erbmühle, die auf der Wipper lieget und aus 6 Gängen bestehet. Zu Mahlgästen sind derselben beygeleget worden: die Einwohner der Stadt Rügenwalde mit der ganzen Consumtion, die königlichen Amtsdörfer Altenhagen, Barzwitz, Böbbelin, Dörstentin, Damshagen, Jershöft, Kopahn, Köpnitz, Neuenhagen, Palzwitz, Rützenhagen, Scheddin, Schönenberg, Schlawin, Preetz, Witte und Zilmitz, die Vorwerke Drosedow und Petershagen, wie auch die Rügenwaldeschen Eigenthumsdörfer Rußhagen, Suckow und Ziezow. Die bey der Schloßmühle gelegene Schneidemühle gehöret nicht zu derselben, sondern wird von einem besondern Erbpächter bewohnet, der die Pacht davon an die Forstcasse giebt.

(10) Die Wassermühle zu Schlawe bestehet aus 3 unterschlägigen Gängen, und ist auf einem Canale, so aus der Wipper geleitet worden, angeleget. An Mahlgästen gehören zu derselben die Einwohner der Stadt Schlawe mit der ganzen Consumtion und der königlichen Amtsdörfer Meizow und Järshagen.

(11) Die Wassermühle zu Zanow, zu welcher auch eine Schneidemühle gehöret, hat 2 unterschlägige Gänge, und lieget auf dem Pollnitzbache. Zu dieser Mühle sind nur allein die Einwohner der Stadt Zanow mit der ganzen Consumtion gewiesen.

(12) Die Wassermühle zu Zwölfhufen, eine Erbmühle, bestehet aus einem oberschlägigen Gange, und wird von einem von dem adelichen Dorfe Natzlaff kommenden Bache, die Pollnitz genannt, getrieben. Die Zwangsmahlgäste sind die Einwohner der Dörfer Karnkewitz, Pankuin, Wandhagen und Zitzmin und des Ackerwerks Zwölfhufen.

IIII. Folgende adeliche Güter, als:

1. Balentin 1½ Meilen von Schlawe südsüdwestwärts, nahe an der Grabow, hat 1 Vorwerk, 9 Bauern, 3 Coßäthen, 1 Schulmeister, 1 Kalkofen, 13 Feuerstellen, gute Weide und Viehzucht, Fischerey in der Grabow, eine beträchtliche Mergelgrube,

Der Schlawesche Kreis.

se, aus welcher nicht nur die hiesigen Felder gedünget und verbeßert, sondern auch die ausgebrochenen Steine zu Kalk gebrannt werden und ist ein zu Wusterwitz in der Schlaweschen Synode eingepfarrtes altes Podewilsches Lehn, welches Friederich Heinrich Graf von Podewils besitzet. S. Wusterwitz.

2. Bartelin oder Bartholin ein adelicher Wohnsitz, 2 Meilen von Schlawe südwestwärts und eben so weit von Rügenwalde gegen Süden, hat 1 Vorwerk, 5 Bauern, 1 Coßäthen, 15 Feuerstellen, einen Antheil an dem Patronatrechte zu Nemitz, fruchtbaren Acker, Fichten- und Eichenholzungen, Fischerey in der Grabow und ist zu Nemitz in der Rügenwaldeschen Synode eingepfarret. Für die neuerlich bey dem Gute Bartelin für 3575 Rthlr. königliche Gnadengelder vorgenommene Verbeßerungen, wovon die jährlichen Einkünfte nach dem Anschlage 344 Rthlr. 2 Gr. 1 Pf. betragen sollen, muß eine jährliche Abgabe von 35 Rthlr. 18 Gr. an die Königl. Krieges- und Domainencammer zu Stettin von dem Besitzer dieses Guts bezahlet werden, welches ehemals ein altes Lehn der von Ramel war. George Friederich von Münchow verkaufte es am 22 Julius 1728 der Wittwe des Hauptmanns von Ratzner, Sophia Margaretha gebohrnen von Damitz, nach deren Tode es ihr Schwiegersohn, der Major Claus Jürgen von Zastrow am 17 Januar 1747 von den beiden unverheiratheten Schwestern seiner Gemahlinn für 5700 Rthlr. an nahm und es nach der erfolgten Präclusion der Lehnsverwandten am 8 September 1747 als ein neues Lehn erhielt. Er vertauschte hierauf am 29 Januar 1765 zwey Bauern und einen Coßäthenhof nebst der Lehmstraße und einer Wiese in Klein-Soldekow, die zu Bartelin gehörten, für einen Bauerhof in Groß-Soldekow, welchen Christian Heinrich von Schlieffen hatte, und vertauschte auch diesen wieder an den Major Hans Joachim Gneomar von Kleist zu Nemitz für 2 Bauerhöfe und 1 Coßäthenhof, welche dieser in Bartelin besaß. Nach dem am 18 März 1774 erfolgten Tode des Majors von Zastrow fiel das Gut Bartelin seinem einzigen Sohne und Erben, dem Lieutenant Friederich Ludewig von Zastrow zu.

3. Besow 1 Meile von Schlawe gegen Osten und 2 Meilen von Stolpe südwestwärts, hat 2 Vorwerke, eine unterschlägige Wassermühle, 4 Bauern, 3 Coßäthen, 1 Schulhaus, 3 Buschkathen, 21 Feuerstellen, Fischerey in einem großen See und verschiedenen Teichen und ist zu Schlönwitz in der Schlaweschen Synode eingepfarret. Außer den bey dem Gute Besow seit 1773 vorgenommenen und in der Beschreibung des Guts Zignitz angeführten Verbeßerungen, sind bey dem ersten Gute seit 1775 noch für 5300 Rthlr. königliche Gnadengelder beträchtliche Verbeßerungen gemacht worden, die in einer Colonie von 4 Halbbauern und einem Hause für 2 Büdnerfamilien, Planheide genannt, bestehen und die nach dem Anschlage jährlich an neuen Einkünften 501 Rthlr. 23 Gr. 9 Pf. betragen sollen, wofür aber eine zur Besoldung einiger Landschulmeister bestimmte Abgabe von 106 Rthlr. jährlich von dem Besitzer dieses Guts bezahlet werden muß. Es ist daßelbe ein altes Lehn der von Böhn, welches Ernst Ludewig von Böhn besitzet. S. Zignitz.

4. Beswitz gehöret größtentheils zu dem Rummelsburgschen Kreise, zu dem Schlawe

Die adelichen Güter des Schlaweschen Kreises.

Schlaweschen aber werden 15¾/20 steuerbare Landhufen gerechnet. S. Beswitz unter den adelichen Gütern des Rummelsburgschen Kreises.

5. Börnen gehört halb zu dem Rummelsburgschen und halb zu dem Schlaweschen Kreise. Zu einem jeden Kreise werden 7¾/20 steuerbare Landhufen gerechnet. S. Börnen unter den adelichen Gütern des Rummelsburgschen Kreises.

6. Borkow 2¼ Meilen von Schlawe südwestwärts und eben so weit von Rügenwalde gegen Süden, in einem Thale, an einem Bache, der Lächse und Forellen führet, hat 1 Vorwerk, 3 Bauern, 9 Feuerstellen, fruchtbaren Acker, gute Weide, wenige Eichen- Fichten- und Birkenholzungen und ist zu Klein-Soldekow in der Rügenwaldeschen Synode eingepfarret. Ottwig Adolph von Natzmer besaß dieses Natzmersche Lehn in dem Anfange dieses Jahrhunderts und hinterließ keine Söhne. Seine Tochter Barbara Eleonora von Natzmer, nachmalige vermählte von Stojentin, bekam dieses Gut, nach dem mit ihrer Stiefmutter, der Wittwe des Ottwig Adolph von Natzmer, am 20 Junius 1707 getroffenen Vergleiche, und hinterließ es nach ihrem Tode und nach dem Tode ihres Gemahls, ihrer einzigen Tochter und Erbin, Ellsabeth Hedwig von Stojentin, die sich mit dem Lieutenant Ewald Christian von Lettow zu Klein-Schwirsen vermählte.

7. Bosens oder Bosenz 1 Meile von Pollnow gegen Norden, 2 Meilen von Schlawe südsüdwestwärts und 3½ Meilen von Cößlin ostsüdostwärts, hat 1 Vorwerk, 2 Bauern, 1 Coßäthen, 1 Schulmeister, 6 Feuerstellen, wenige Fichten und ist ein zu Kummerow in der Schlaweschen Synode eingepfarrtes altes Podewilssches Lehn, welches Ernst Ludewig Graf von Podewils besitzet. S. Crangen.

8. Breitenberg ⅜ Meile von Bublitz ostnordostwärts, zwischen den Dörfern Sydow und Groß-Carzenburg, hat 1 Vorwerk, 5 Bauerhöfe, 1 Schmiede, 15 Feuerstellen, bergigten, steinigten, aber doch fruchtbaren Acker, vortrefliche Viehwelden und ist zu Sydow in der Bublitzschen Synode eingepfarret. George Friederich von Woedtke besaß dieses Woedtkensche Lehn, welches Ernst Alexander von Ramel, nachdem es in Concurs gerathen war, mit lehnsherrlicher Einwilligung vom 18 April 1730 kaufte. Nach seinem Tode fiel es, nach dem brüderlichen Theilungsvergleiche vom 7 November 1746, seinem Sohne Anton Ernst von Ramel zu, von welchem es der Hauptmann Andreas Wilhelm von Woedtke am 17 November 1755 einlösete und es seinen nächsten Lehnsfolgern, den Gebrüdern Franz Ludewig und Joachim Ewald von Woedtke hinterließ, die sich am 13 December 1765 mit der Wittwe des Hauptmanns von Woedtke, jetzt vermählten Rittmeisterin von Heydebreck, auseinander setzten und dieses Gut noch gemeinschaftlich besitzen.

9. Brotzen gehöret größtentheils zu dem Rummelsburgschen Kreise, zu dem Schlaweschen aber werden ⅜ steuerbarer Landhufen gerechnet. S. Brotzen unter den adelichen Gütern des Rummelsburgschen Kreises.

10. Bu

Der Schlawesche Kreis.

10. **Buckow** ein Vorwerk mit 10 Feuerstellen und einem Büchenwalde, lieget 1 Meile von Pollnow nordnordwestwärts, 2 Meilen von Schlawe südwestwärts, 3 von Cöslin ostsüdostwärts und eben soweit von Rügenwalde südsüdostwärts und ist ein zu Kummerow in der Schlaweschen Synode eingepfarrtes Podewilsches Lehn, worinn nach dem Abgange der männlichen Erben auch die Töchter succediren. Der jetzige Besitzer desselben ist der Lieutenant bey dem dritten Bataillon der königlichen Garde, Adam Heinrich August Graf von Podewils. S. Crangen.

11. **Bursin** ein zu den Gütern Crangen, Buckow, Bosens und Latzig gehöriges Bauerndorf, 1 Meile von Pollnow nordnordostwärts, an der Grabow, welche durch das Dorf fließet, hat 1 Wassermühle, 1 Ziegeley, 12 Bauern, 17 Feuerstellen, mittelmäßige Büchen- und Eichenholzungen, Fischerey in der Grabow und ist ein zu Crangen in der Schlaweschen Synode eingepfarrtes altes Podewilsches Lehn, welches Ernst Ludewig Graf von Podewils besitzet. S. Crangen.

12. **Carwitz** 1 Meile von Schlawe gegen Westen und 1½ Meilen von Rügenwalde südsüdostwärts, auf der Land- und Poststraße von Berlin nach Preußen, hat 2 Rittersitze, 1 Vorwerk, 9 Bauern, 1 Halbbauer, 8 Cosäthen, 1 Krug, 1 Schmiede, 1 Schulmeister, auf der Feldmark des Dorfs ein neues Vorwerk Siegmundsthal genannt, 27 Feuerstellen, eine Kirche, die als ein Vagans seit 1649 mit dem zu der Rügenwaldschen Synode gehörigen Kirchspiele Malchow verbunden ist, Eichen- Büchen- und Elsenholzungen, gute Wiesen an der Motze und Fischerey in einem See und 5 Teichen. Für die bey diesem Gute seit 1773 für 7000 Rthlr. königliche Gnadengelder vorgenommene Verbesserungen, wovon die jährlichen Einkünfte nach dem Anschlage 635 Rthlr. 2 Gr. 6 Pf. betragen sollen, muß eine zu Gnadenges halten für adeliche Wittwen und Waisen bestimmte Abgabe von 140 Rthlr. jährlich von dem Besitzer dieses Guts bezahlet werden, welches ein altes Lehn der von Grape ist. Es fiel nach dem Tode des Sigismund von Grape, nach dem brüderlichen Vergleiche vom 8 August 1739, seinem dritten Sohne, dem Hauptmann Gerhard Siegmund von Grape und nach dessen am 20 November 1777 erfolgten Tode seinem einzigen Sohne, Friederich Siegmund von Grape zu.

13. **Groß-Carzenburg** hat, in so fern es zu dem Schlaweschen Kreise gehöret, 27⅔ steuerbare Landhufen. S. Groß Carzenburg unter den adelichen Gütern des Fürstenthums Cammin.

14. **Chorow** gehöret theils zu dem Rummelsburgschen, theils zu dem Schlawschen Kreise. Zu dem letzten werden 2⅗ steuerbare Landhufen gerechnet. S. Chorow unter den adelichen Gütern des Rummelsburgschen Kreises.

15. **Crangen** ein Schloß und altes Stammhaus des von Podewilschen Geschlechts, 1 Meile von Pollnow gegen Norden, 2 Meilen von Schlawe gegen Süden, 4 von Stolpe südwestwärts und eben so weit von Cöslin gegen Osten, an einem See, in einer anmuthigen Gegend, hat 1 Vorwerk, 1 Prediger, 1 Küster, 1 Krug, 1 Schmie-

Die adelichen Güter des Schlawschen Kreises.

2 Schmiede, auf der Feldmark des Dorfs; die Vorwerke Clarenwerder und Vogelsang, wovon das erste von dem Churfürstlichen Brandenburgschen Schloßhauptmann Adam von Podewils an der Grabow angeleget und nach dem Namen seiner Gemahlinn benannt wurde, eine Schäferey Ristow genannt, 1 Teerofen, 26 Feuerstellen, eine zu der Schlawschen Synode gehörige Mutterkirche, deren Filiale die Dörfer Kummerow und Zirchow sind und zu welcher das Dorf Bursin eingepfarret ist, beträchtliche Holzungen, die in Eichen, Buchen, Fichten und Ellern bestehen und Fischerey in verschiedenen Seen, Teichen und in der Grabow, wie auch die Hälfte des Lachsfanges in Clarenwerder, die den Gütern Crangen, Suckow und Varzin zustehet. Bey der Crangenschen Kirche befindet sich in einer Kapelle ein Gewölbe, worinn der Generalfeldmarschall, Heinrich von Podewils, in einem metallenen und der Schloßhauptmann, Adam von Podewils, in einem marmornen Sarge liegen. Für die bey dem Gute Crangen seit 1773 für 1000 Rthlr. königliche Gnadengelder vorgenommene Verbeßerungen, wovon die jährlichen Einkünfte nach dem Anschlage 50 Rthlr. betragen sollen, muß eine zu Gnadengehalten für adeliche Wittwen und Waisen bestimmte Abgabe von 20 Rthlr. jährlich von dem Besitzer dieses Guts bezahlet werden. Die alten Podewilsschen Lehne Crangen, Bosens, Bursin, Kummerow, Drenzig und Buckow, ferner das Gut Lazig, an welchem die von Podewils die gesamte Hand erhalten hatten, nachdem sie es von den von Münchow und von den von Kleist, deren Lehn es war, gekauft hatten, das Gut Söllnitz, wovon ein Theil ein altes Lehn der von Podewils ist, die an einem andern Theile deßelben, so ehemals ein Kleistsches Lehn war, so wie an den ehemaligen Winterfeldschen Lehnen Wintershagen und Mesekow, 1679 die gesamte Hand erhielten, und der größte Theil von Schwarzin, der ein Podewilssches Lehn ist, fielen nach dem Tode des Obersten Ernst Bogislav von Podewils, nach der von seinen Söhnen am 10 October 1719 vorgenommenen Theilung, durch das Loos seinem Sohne, dem Grafen Otto Friederich von Podewils zu, welchem auch der Zastrowsche Lehnsantheil an Schwarzin, so ehemals zu dem Gute Dargoreße gehörte und in 12 Hackenhufen bestehet, von dem Stolpschen Kreise, nach dem Vergleiche vom 23 Januar 1740, um nur die öffentlichen Abgaben davon abzutragen, umsonst mit der von der Königl. Krieges- und Domainencammer am 11 März 1740 ertheilten Genehmigung überlaßen wurde. Nach dem Tode des Otto Friederich und des Generalmajors Adam Joachim Grafen von Podewils, besaßen des erstern nachgelaßene 3 Söhne, als Ernst Ludewig, Otto Friederich und Adam Heinrich August Grafen von Podewils diese Güter und die ihnen von ihrem Vaterbruder, dem Generalmajor Adam Joachim Grafen von Podewils zugefallenen Güter Wendisch-Puddiger, Chorow und Misdow, (S. Wussow) so lange gemeinschaftlich, bis die beyden ältesten von ihnen, nach erlangter Majorennität, sich mit ihren jüngsten noch unmündigen Bruder, dem Grafen Adam Heinrich August von Podewils, unter dem Beystande des gerichtlich bestellten Curators deßelben, des Hauptmanns Caspar Heinrich von Zitzewitz in Dumrese, mit Genehmigung des Cöslinschen Vormundschaftscollegium, am 2 November 1769 also auseinander setzten, daß dem Grafen Ernst Ludewig von Podewils die Güter Crangen, Bosens, Bursin, Kummerow, Drenzig, Lazig und Söllnitz, dem Lieutenant bey der königl. Garde, Otto Friederich Grafen von Podewils, die Güter Wintershagen

[Rrrr 3]

hagen und Nesekow und dem Lieutenant bey dem dritten Bataillon der königlichen Garde, Adam Heinrich August Grafen von Podewils die Güter Buckow, Wendisch-Puddiger, Chorow Wisbow und Schwarzin durch das Loos zufielen.

16. Drenzig ein zu dem Gute Crangen gehöriges Bauerndorf, 1½ Meilen von Schlawe südsüdwestwärts, in einem Thale, hat 1 Korn- und Schneidemühle, 12 Bauern, 1 Schulmeister, 15 Feuerstellen und ist ein zu Kummerow in der Schlaweschen Synode eingepfarrtes altes Podewilsches Lehn, welches Ernst Ludewig Graf von Podewils besitzet. S. Crangen.

17. Dubberzin 1 Meile von Stolpe westsüdwestwärts, 1⅖ Meilen von Schlawe gegen Osten und 2⅓ Meilen von der Ostsee, hat 1 Vorwerk, 1 Schäferey, 2 Bauern, 1 Cossäthen, 1 Schmiede, 1 Schulmeister, 2 Holzwärter, 18 Feuerstellen, eine kleine Fichtenheide und ist zu Schlönwitz in der Schlaweschen Synode eingepfarret. Für die bey dem Gute Dubberzin, seit 1773 für 7100 Rthlr. königliche Gnadengeld der vorgenommene Verbeßerungen, wovon die jährlichen Einkünfte nach dem Anschlage 471 Rthlr. 2 Gr. 8 Pf. betragen sollen, muß eine zur Besoldung einiger Landschulmeister bestimmte jährliche Abgabe von 142 Rthlr. von dem Besitzer dieses Guts bezahlet werden. Dubberzin ist ein Krockowsches Lehn, welches der Oberste und Commandeur bey dem von Ziethenschen Husarenregimente, Heinrich Joachim Reinhold von Krockow, mit einigen Theilen in Kummerzin und Schlönwitz von den Erben des Generalmajors Adam Joachim Grafen von Podewils am 25 Januar 1765 einlösete und noch 2 Bauern in Schlönwitz, 2 Bauern und 1 Cossäthen in Dubberzin nebst einigen Wiesen und Hütungen, die bisher zu dem Gute Eglow gehöret hatten, am 12 Januar 1773 für einige Höfe in Kummerzin, von dem Obersten Ewald George von Blumenthal eintauschte, so daß er durch diesen Tausch die Güter Dubberzin und Schlönwitz ganz bekam.

18. Dünnow 2 Meilen von Stolpe nordwestwärts, 2⅕ Meilen von Schlawe nordostwärts, 4 Meilen von Rügenwalde ostnordostwärts und etwa ¼ Meile von der Ostsee, an einem Bache, der mitten durch das Dorf fließet, die hiesige Mühle treibt und in den kleinen See bey Muddel fällt, hat 2 adeliche Höfe oder Vorwerke, 1 Wassermühle, 1 Windmühle, 1 Prediger, 1 Küster, 10 Bauern, 6 Cossäthen, 1 Krug, bey deßen Verlage, da derselbe bereits in der Landesmatrikul von 1628 angesetzet ist, die Herrschaft zu Dünnow, nach dem Bescheide der königlichen Regierung vom 21 November 1746, ferner geschützet werden soll, 1 Schmiede, 53 Feuerstellen, eine zu der Stolpschen Synode gehörige Mutterkirche, deren Filial das Dorf Sallesko ist und zu welcher die Dörfer Muddel, Lindow und Horst eingepfarret sind, eine kleine Fichtenheide an der Ostsee wie auch Ellernholzungen und Fischerey in der Ostsee und in einem Landsee. Die Güter Dünnow und Muddel waren ehemals Lehne der von Krummel, mit welchen die Gebrüder Christoph und Wulff von Krümmel von dem Herzoge Barnim 1544 an dem Sonntage Judica belehnet wurden. Nachdem das Geschlecht der von Krümmel erloschen war, fielen diese Güter

Die adelichen Güter des Schlaweschen Kreises.

Güter denen von Below zu, welche die gesamte Hand an den Krümmekschen Lehnen nach ihren Lehnbriefen erlangt hatten. Der Hauptmann Martin Heinrich von Below erbte das Gut Muddel von seinem Vater Caspar Dubislav, die alten Belowschen Lehne Dünnow und Symbow aber nebst den zu dem letzten Gute gehörigen 4 Bauerhöfen in Mützlin oder Müzlin (c) und 4 Bauerhöfen in Reddentin, die ihm, nach dem mit seiner Mutter am 22 November 1738 getroffenen Vergleiche, abgetreten wurden, von seinem Stiefvater Joachim Heinrich von Below und verkaufte Symbow mit den dazu gehörigen 4 Bauerhöfen in Mühlin oder Mützlin (c) und 4 Bauerhöfen in Reddentin, mit Einwilligung seiner Gemahlinn Ernestina Charlotta gebohrnen von Schmeling, am 3 Januar 1757 erblich dem Lieutenant Paul Bertram von Below, nach dessen Tode Symbow mit den erwähnten Zubehörungen seinem einzigen Sohne, dem gewesenen Präsidenten bey der Marienwerderschen Cammer, Claus Bertram von Below, nach dessen Tode aber dem Hauptmann Martin Ernst von Below zufiel. Nachdem der Hauptmann Martin Heinrich von Below gestorben war, erhielten seine Söhne, die Lieutenants Ernst Bogislav und Carl Wilhelm, nach dem mit ihren beiden Schwestern am 31 August 1782 errichteten Erbvergleiche, die Güter Dünnow und Muddel.

19. Egsow 1¼ Meilen von Schlawe gegen Osten und 2 Meilen von Stolpe südwestwärts, hat 1 Vorwerk, eine unterschlägige Wassermühle, 6 Bauern, 1 Schmiede, 1 Schulmeister, ein zwischen den Dörfern Egsow und Kummerzin neu angelegtes Vorwerk oder die so genannte Schäferey, 24 Feuerstellen, wenige Ellernholzungen, Fischerey in 2 Teichen und ist zu Schlönwitz in der Schlaweschen Synode eingepfarret. Egsow und 2 Bauern in Schlönwitz, 2 Bauern in Kummerzin und 2 Bauern und 1 Coßäthe in Dubberzin waren ehemals Kleistsche Lehne, welche der Hofrath Joachim Magnus von Kleist besaß. Nachdem sie in Concurs gerathen waren, kaufte sie Heinrich Albrecht von Blumenthal, am 30 April 1734 erblich und hinterließ sie seinen Kindern, die sich am 19 und 31 December 1767 also verglichen, daß solche dem Obersten und jetzigen Generalmajor und Chef eines Füselierregiments, Ewald George von Blumenthal, zugeschlagen wurden. Dieser trat am 12 Januar 1773 die oben angeführten 2 Bauern in Schlönwitz und 2 Bauern und 1 Coßäthen in Dubberzin dem Obersten Heinrich Joachim Reinhold von Krockow, für einige Höfe in Kummerzin ab und bekam also das ganze Gut Kummerzin.

20. Jöhrde oder Jöhrt ¾ Meile von Pollnow südostwärts, an einem Walde und an der Grabow, welche durch das Dorf fließet, hat 6 Bauern, 3 Coßäthen, 1 Schulmeister, 10 Feuerstellen, und ist ein zu Pollnow in der Schlaweschen Synode eingepfarrtes und zu dem Gute Groß-Reetz gehöriges Bauerdorf, welches die Wittwe des Majors Martin Friederich von Below gebohrne von Böhn besitzet. S. Groß-Reetz unter den adelichen Gütern des Rummelsburgschen Kreises.

21. Franzen 1¼ Meilen von Schlawe ostsüdostwärts und 2 Meilen von Stolpe südwestwärts, hat 1 Vorwerk, 11 Bauern, 2 Coßäthen, 1 Schulmeister, auf

der

der Feldmark des Dorfs das neue Vorwerk Reinholdsfelde und eine aus 4 Häusbauern bestehende Colonie Louisenthal oder Lowieschenhagen genannt, 22 Feuerstellen, Fischerey in 2 Teichen und ist zu Schlönwitz in der Schlaweschen Synode eingepfarret. Für die bey dem Gute Frantzen seit 1773 für 4400 Rthlr. königliche Gnadengelder vorgenommene Verbesserungen, wovon die jährlichen Einkünfte nach dem Anschlage 308 Rthlr. 13 Gr. 7½ Pf. betragen sollen, muß eine zu Ghaben gehalten für adeliche Wittwen und Waisen bestimmte jährliche Abgabe von 88 Rthlr. von dem Besitzer dieses Guts bezahlet werden. Ein Theil desselben, der kleine Hof genannt, mit 3 dazu gehörigen Bauern, war ehemals ein Kleistsches Lehn, welches von dem Hauptmann Peter Gebrge von Kleist am 18 May 1719 erbkäuflich dem Anton von Kleist, von dessen nachgelassenen Töchtern, Eleonora Sophia und Margaretha Elisabeth aber, unter dem Beystande ihrer Muttterbruder, als ihrer Vormünder und der Lehnsfolger, am 16 Februar 1742 erblich dem Johann Conrad Schirbel von Schiebelstein verkauft wurde. Diesem wurde es nebst seinem Bruder, Alexander Martin Schiebel von Schiebelstein, nachdem das Geschlecht der von Kleist am 8 September 1745 war präcludiret worden, mit der gesamten Hand zu einem Lehne gegeben und hierauf am 16 April 1768 dem letzten Überlassen, von diesem aber am 23 April 1771 erblich dem Oberstlieutenant und jetzigen Obersten und Commandeur bey dem von Ziethenschen Husarenregimente, Heinrich Joachim Reinhold von Krockow, verkauft, welchem auch die Brudersöhne des Alexander Martin Schiebel von Schiebelstein, als der Lieutenant Valentin George und der Rittmeister Alexander Friederich von Schiebelstein ihr Lehnrecht abtraten. Ein anderer Theil dieses Guts fiel nach dem Tode des Generalmajors, Hans Ernst von Krockow, seinen Söhnen, dem Lieutenant Caspar Wilhelm und dem Obersten Heinrich Joachim Reinhold, und nachdem sich beide am 6 September 1763 verglichen hatten, dem letzten zu, der jetzt das ganze Gut Frantzen besitzet, mit welchem er am 8 November 1773 belehnet wurde.

22. Gerbin ein Rittersitz, 1 Meile von Pollnow gegen Westen, an einem Walde, hat 1 Vorwerk, 6 Bauern, 2 Halbbauern, 1 Küster, 1 Schmiede, 17 Feuerstellen, eine zu der Schlaweschen Synode gehörige Kirche, die ein Filial von Pollnow ist und zu welcher die Dörfer Naßlaff und Zethun eingepfarret sind, Hotzlingen, ein Vorwerk und Fischerey in dem See Nißmin. Für die bey diesem Gute seit 1779 für 4000 Rthlr. königliche Gnadengelder vorgenommene Verbesserungen, wovon die jährlichen Einkünfte nach dem Anschlage 201 Rthlr. 19 Gr. 4½ Pf. betragen sollen, muß eine zu Gnadengehalten für adeliche Wittwen und Waisen bestimmte jährliche Abgabe von 40 Rthlr. von Trinitatis 1785 an von dem Besitzer dieses Guts bezahlet werden, welches ein altes Glasenappsches Lehn ist. George Caspar von Glasenapp verkaufte es am 25 September 1748 seinem Bruder, Joachim von Glasenapp, dessen einziger nachgelassener Sohn, Friederich Ewald von Glasenapp, es 1765 in Besitz nahm und es, nach dem Vergleiche vom 9 Januar 1778, dem Rittmeister bey dem von Mauschwitzschen Regimente, Johann Christian Julius von Aschenbach verkaufte.

23. Gus-

Die adelichen Güter des Schlaweschen Kreises.

23. **Gutzmin** ein Rittersitz, 1½ Meilen von Bublitz nordnordostwärts, an einem Bache, der aus dem Oberteiche entspringt, die hiesige Mühle treibt und durch das Dorf fließet, hat 1 Vorwerk, 1 Schäferey, die etwa 200 Schritte von dem Dorfe entfernt ist, 1 Wassermühle, 10 Vollbauern, 2 Halbbauern, 2 Coßäthen, 1 Schulmeister, 1 Schmiede, 22 Feuerstellen, eine zu der Bublitzschen Synode gehörige Kirche, die von dem Prediger zu Sydow curiret wird, gute Eichen- und Büchenholzungen, Fischerey in Seen und Teichen und war ehemals ein Lehn der von Knuth, welche es an die von Natzmer verkauften, deren Lehn es jetzt ist. Nach dem Tode des Generalfeldmarschalls Dubislav Gneomar von Natzmer fiel es seinem nächsten Lehnsfolger, dem Ritter des St. Johanniterordens, Carl Friederich von Natzmer zu.

24. **Jatzingen** ein zu dem Schloße Pollnow gehöriges Bauerdorf, ⅛ Meile von Pollnow gegen Westen, auf der Straße von Pollnow nach Cößlin, hat 13 Bauerhöfe, 2 Coßäthen, 1 Schmiede, 1 Schulmeister, 1 Holzwärter, 19 Feuerstellen, Eichen- Büchen- und Fichtenholzungen und ist ein zu Pollnow in der Schlaweschen Synode eingepfarrtes Allodialgut, welches der Oberste bey dem von Winterfeldschen Infanterieregimente, Friederich Ernst von Wrangel besitzet. S. die Beschreibung der Stadt Pollnow.

25. **Kösternitz** oder **Cösternitz** 1 Meile von Zanow südsüdostwärts, 2 Meilen von Cößlin ostsüdostwärts, eben so weit von Bublitz gegen Norden, eben so weit von Pollnow nordwestwärts, 3 Meilen von Rügenwalde gegen Süden und eben so weit von Schlawe südwestwärts, in einer sandigen Gegend, an einem Bache, der mitten durch das Dorf fließet, auf der Landstraße von Cößlin nach Pollnow und von Zanow und Rügenwalde nach Bublitz, hat 2 Rittersitze oder adeliche Vorwerke, 1 Korn- und Schneidemühle, die von einem kleinen Bache, die Pollnitz genannt, getrieben werden, 1 Ziegeley, 1 Prediger, 1 Küster, 1 Predigerwittwenhaus, 6 Bauern, 1 Krug, 1 Schmiede, auf der Feldmark des Dorfs die Vorwerke Grünhof, der Eichhof, Helenenhof, Groß- und Klein-Olverow und der Louisenhof genannt, 28 Feuerstellen, eine zu der Rügenwaldeschen Synode gehörige Mutterkirche, deren Filial das Dorf Zowen ist, und zu welcher das Dorf Rattaick eingepfarret ist, einen Wald, der aus Eichen und Büchen, größtentheils aber aus Fichten bestehet, Fischerey in 4 Seen, und bestand ehemals aus 2 Antheilen. Ein Theil, wozu ein Rittersitz oder Vorwerk, die Korn- und Schneidemühle, die Ziegeley, 4 Bauern, der Krug, die Schmiede, und die Vorwerke Grünhof, Eichhof und Helenenhof gehören, wurde als ein ehemaliges Lehn der von Ramel, nachdem es in Concurs gerathen war, am 21 April 1662 dem Schloßhauptmann Adam von Podewils zuerkannt, der es mit seinem Bruder, dem Landrathe Gerd, nach dem Vergleiche vom 13 Junius 1662, dem Bogislav von Below verkaufte, deßen Enkel, der Landrath Heinrich Balthasar von Below, es 1743 als ein neues Lehn erhielt. Es wurde hierauf, nachdem es in Concurs gerathen war, am 29 Januar 1751 bey der öffentlichen Feilbietung, dem Hauptmann und jetzigen Generallieutenant, Martin Ludewig von Eichmann, erb- und eigenthümlich zuerkannt und am 22 Junius 1751 allodificiret.

Ein

Ein andrer Theil dieses Guts, der ein altes Ramelsches Lehn ist, wurde mit seinen Zubehörungen von Louisa Elisabeth Carolina vermählten von Zastrow gebohrnen von Ramel, nach dem Vergleiche vom 3 May 1783, dem Generallieutenant von Eichmann verkauft, der also jetzt das ganze Dorf Kösternitz besitzet. S. Viverow (a) unter den adelichen Gütern des Fürstenthums Cammin.

26. **Krolow** oder **Crolow** 2 Meilen von Schlawe gegen Norden, 2¼ Meilen von Rügenwalde ostnordostwärts und 2⅜ Meilen von Stolpe westnordwestwärts, an der Ostsee, von welcher das Dorf durch den Vietzker oder Krolowschen See und den Krolowschen Strand, worauf einige Fischerkathen liegen, abgesondert wird, hat 2 Ritterfitze, oder Vorwerke, 1 Wassermühle, 8 ganze Bauern, 3 Halbbauern, ¼ Bauer, 1 Krug, 1 Schmiede, 1 Schulmeister, 30 Feuerstellen, eine zu der Rügenwaldeschen Synode gehörige Kirche oder Kapelle, die ein Filial von Lanzig ist, Eichen, Büchen, Fichten, und Ellernholzungen und Strand- und frische Fischerey in dem Vietzkersee. Für die bey dem Gute Krolow, in dem Jahre 1773 und abermals in dem Jahre 1776, für 5050 Rthlr. königliche Gnadengelder vorgenommene Verbesserungen, die nach den Anschlägen an neuen Einkünften jährlich überhaupt 386 Rthlr. 17 Gr. 5 Pf. betragen sollen, muß eine jährliche Abgabe von 96 Rthlr. 6 Gr. von dem Besitzer dieses Guts bezahlet werden, welches ein altes Kleistsches Lehn ist. Nach einer zu Rügenwalde am Sontage Judica 1490 ausgefertigten Urkunde wurde das halbe Dorf Krolow für 1100 gute alte vollwichtige Rheinsche Gulden dem Peter Joachim, Clawes und Caspar von Zitzewitz zu Nippoglense, Muttrin und Budow überlassen, von diesen aber für eben dieselbe Summe dem fürstlichen Rathe Jürgen Kleist zu Zanow und Dubberow verkauft, der mit demselben von dem Herzoge Bogislaus belehnet wurde. Die eine Hälfte dieses Guts wurde von Christian Heinrich von Kleist 1683 dem Rüdiger von Manteufel und die andere Hälfte von George von Kleist 1689 dem Ernst Bogislav von Budritzke verpfändet, worauf dieses Gut verschiedenen Besitzern zufiel, bis endlich Ernst Siegmund von Natzmer seinen Theil am 20 September 1719 und Ernst Bogislav von Natzmer an demselben Tage auch seinen Theil der Wittwe des Landraths Reymer von Manteufel, Barbara Catharina von Münchow abtraten. Nachdem dieses Gut in Concurs gerathen war, wurde es am 17 December 1770 für das meiste Gebot dem Hauptmann Carl Caspar von Kleist zu Segenthin zuerkannt.

27. **Kuhz** oder **Kuhts**, **Kutzow**, **Kutzig** und **Kutzke**, 2⅜ Meilen von Rügenwalde gegen Süden, hat 1 Vorwerk, 1 Wassermühle, 6 Bauern, 1 Schulmeister, 1 Holzwärter, 14 Feuerstellen, einen Fichten, Büchen und Eichenwald und ist ein zu Nemitz in der Rügenwaldeschen Synode eingepfarretes altes Natzmersches Lehn, welches von den Vormündern des Dubislav Richard von Natzmer, am 2 September 1716 pfandweise dem Lieutenant Peter Heinrich von Münchow verkauft wurde, dessen Erben es so lange besaßen, bis es Friederich Wilhelm Felix von Natzmer zu Ruven in der Neumark, ein Sohn des Dubislav Richard, am 18 April 1747 erb- und eigenthümlich dem Gustav Erdmann von Schlieffen und dessen Gemahlinn, Veronica Jacobina gebohrnen von Zitzewitz, verkaufte, die sich nach dem Tode ihres ersten Gemahls mit dem Lieutenant, Christian Heinrich von Schlieffen, vermählte.

28. Kum-

Die adelichen Güter des Schlaweschen Kreises.

28. **Kummerow** oder **Cummerow** ein zu dem Gute Crangen gehöriges Bauerndorf, 1 Meile von Pollnow gegen Norden, hat 4 Bauern, und nur 4 Feuerstellen, eine zu der Schlaweschen Synode gehörige Kirche, die ein Filial von Crangen ist und zu welcher die Dörfer Drenzig, Buckow und Bosens eingepfarret sind und ist ein altes Podewilsches Lehn, welches Ernst Ludewig Graf von Podewils besitzet. S. Crangen.

29. **Kummerzin** oder **Cummerzin**, ein zu dem Gute Egsow gehöriges Bauerndorf, 1¼ Meilen von Schlawe gegen Osten und 2 Meilen von Stolpe westsüdwestwärts, hat 9 Bauern, 1 Schulmeister, 17 Feuerstellen, und ist ein zu Schlönwitz in der Schlaweschen Synode eingepfarrtes Lehngut, welches der Generalmajor Ewald George von Blumenthal besitzet. S. Egsow.

30. **Kusserow** oder **Cusserow** ¾ Meile von Schlawe gegen Süden, in einer anmuthigen Gegend, hat 1 Vorwerk, 1 Wassermühle, 11 Bauern, 1 Schmiede, 1 Schulmeister, auf der Feldmark des Dorfs eine Schäferey, 19 Feuerstellen, eine zu der Schlaweschen Synode gehörige Kirche, die ein Filial von Quatzow ist, fruchtbaren Acker, einen beträchtlichen Eichen- und Büchenwald und Fischerey in 3 Teichen. Für die bey diesem Gute seit 1776 für 4200 Rthlr. königliche Gnadengelder vorgenommene Verbesserungen, wovon die jährlichen Einkünste nach dem Anschlage 45½ Rthlr. 11 Gr. 10 Pf. betragen sollen, muß eine jährliche Abgabe von 84 Rthlr. von dem Besitzer dieses Guts bezahlet werden. Es ist ein Natelsches Lehn, welches der Graf Wilhelm Gustav von Münchow besitzet. S. Weitenhagen unter den adelichen Gütern des Stolpschen Kreises.

31. **Lantow** 1 Meile von Schlawe südostwärts, nahe an einem großen See, auf der Straße von Stolpe nach Pollnow, hat 1 Vorwerk, 6 Bauern, 3 Coßäthen, 1 Schulmeister, 1 Holzwärter, 23 Feuerstellen, Eichen- Büchen- Elsen- und Fichtenholzungen, Fischerey in dem nahe bey dem Dorfe gelegnen See, welcher insonderheit große und wohlschmeckende Bleye führet und ist ein zu Suckow in der Schlaweschen Synode eingepfarrtes Podewilsches Lehn, welches der Königl. Cammerherr und Ritter des St. Johanniterordens Friederich Werner Graf von Podewils besitzet. S. Suckow. Das Dorf Lantow gehöret größtentheils zu dem Schlaweschen, theils aber auch zu dem Rummelsburgschen Kreise. Zu dem ersten werden 2½ steuerbare Landhusen gerechnet. S. Lantow unter den adelichen Gütern des Rummelsburgschen Kreises.

32. **Lazig** 1 Meile von Schlawe südwestwärts, eben so weit von Pollnow gegen Norden und 3 Meilen von Cößlin gegen Osten, hat 1 Vorwerk, 3 ganze Bauern, 2 Halbbauern, 6 Feuerstellen, wenige Eichen- Büchen- und Birkenholzungen und ist zu Zirchow in der Schlaweschen Synode eingepfarret. Für die bey dem Gute Lazig in dem Jahre 1773 für 1300 Rthlr. königliche Gnadengelder vorgenommene Verbesserungen, wovon die jährlichen Einkünste nach dem Anschlage 70 Rthlr. betragen sollen, muß eine zur Besoldung einiger Landschulmeister bestimmte Abgabe

von 26 Rthlr. von dem Besitzer dieses Guts bezahlet werden, welches Ernst Ludewig Graf von Podewils als ein Podewilsches Lehn besitzet. S. Crangen.

33. Leikow oder Leckow 2¼ Meilen von Schlawe südwestwärts und eben so weit von Rügenwalde südsüdostwärts, hat 1 Vorwerk, 1 Wassermühle, 1 Ziegelen, 6 Bauern, 1 Schulhaus, 13 Feuerstellen, fruchtbaren Acker, gute Wiesen, einige Mergelgruben, wenige Holzung, Fischerey in der Grabow und ist ein zu Klein-Soldekow in der Rügenwaldeschen Synode eingepfarrtes Schliessensches Lehn, welches der Lieutenant Christian Heinrich von Schlieffen besitzt. S. Klein-Soldekow.

34. Lindow 2⅞ Meilen von Stolpe nordnordwestwärts, an einem Bache, die Wobbi genannt, der von dem Dorfe Hohenstein herkommt, mitten durch das Dorf Lindow fliesset und zwischen Muddel und dem Muddelschen Strande in den Muddelschen See fällt, nahe an der Ostsee, hat 1 Vorwerk, 5 Bauern, einen Hof, der eine Bauerhufe hat und besonders verpachtet ist, 1 Cossäthen und einen Fischer in Muddel und 2 Cossäthen in Dünnow, 1 Schulmeister, 19 Feuerstellen und ist ein zu Dünnow in der Stolpschen Synode eingepfarrtes altes Belowsches Lehn. Ehemals war es ein Lehn der von Krummel, nach deren Abgange es denen von Below zufiel, die nach ihren alten Lehnbriefen die gesamte Hand an den Krummelschen Lehnen erlangt hatten. Nachdem es in Concurs gerathen war, besassen es Joachim Heinrich von Below und dessen Sohn, der Hauptmann Martin Heinrich pfandweise, von welchen und den übrigen Gläubigern es Michael Siegmund von Below, nach dem gerichtlichen Vergleiche vom 11 April 1738, kaufte. Nachdem es hierauf abermals in Concurs gerathen war, wurde es von dem Cösslinschen Hofgerichte am 8 Julius 1748 wiederum dem Hauptmann Martin Heinrich von Below zuerkannt, der es am 30 May 1766 auf 20 Jahre wiederkäuflich dem Lieutenant Lorenz Wilhelm von Gottberg verkaufte.

35. Lübzow gehöret theils zu dem Schlaweschen, theils zu dem Stolpschen Kreise. Zu dem ersten werden 3½ steuerbare Landhufen und derjenige Theil dieses Guts gerechnet, der als ein Lehn der von Reckow von Heinrich Lorenz von Reckow seinem Sohne Ludewig Lorenz überlassen und von diesem nach dem Vergleiche vom 24 Februar 1747 erb- und eigenthümlich dem Lieutenant Claus Siegmund von Letow verkauft wurde. Dieser trat solchen am 18 April 1755 seiner gewesenen Gemahlinn Hyppolita Elisabeth gebohrnen von Petersdorf ab, von welcher dieser Theil des Guts Lübzow am 9 Januar 1764 dem Postmeister Johann Christian Witte, von diesem am 26 August 1766 dem Lieutenant Wilhelm Leopold von Mitzlaff und von diesem am 1 December 1767 dem Major und jetzigen Oberstlieutenant Carl Siegmund von Pirch verkauft wurde. Eben derselbe besitzet auch den andern Theil dieses Guts, der zu dem Stolpschen Kreise gehöret. S. Lübzow unter den adelichen Gütern des Stolpschen Kreises.

36. M:denick ein Vorwerk mit einer Schäferey, 2 Bauerhöfen, die von königlichen Gnadengeldern sind erbauet worden und von Freyleuten bewohnet werten

Die adelichen Güter des Schlaweschen Kreises.

den und 5 Feuerstellen, lieget 1 Meile von Stolpe gegen Westen und ist zu Symbow in der Rügenwaldeschen Synode eingepfarret. Für die bey dem Gute Medenick seit 1773 für 1600 Rthlr. königliche Gnadengelder vorgenommenen Verbeßerungen, wovon die jährlichen Einkünfte nach dem Anschlage 64 Rthlr. 8 Gr. 5 Pf. betragen sollen, muß eine zu Gnadengehalten für adeliche Wittwen und Waisen bestimmte jährliche Abgabe von 32 Rthlr. von dem Besitzer dieses Guts bezahlet werden. Medenick ist ein altes Belowsches Lehn, welches der Hauptmann Martin Ernst von Below besitzet. S. Reddentin.

37. Misdow lieget 1 Meile von Pollnow gegen Osten und ist ein auf der Pritzigschen Feldmark gelegenes und zu Pritzig in der Schlaweschen Synode eingepfarrtes Vorwerk mit einer Schäferey und 4 neuen Bauerhöfen. Für die bey diesem Gute seit 1776 für 3200 Rthlr. königliche Gnadengelder vorgenommene Verbeßerungen, wovon die jährlichen Einkünfte nach dem Anschlage 160 Rthlr. betragen sollen, muß eine zur Besoldung einiger Landschulmeister bestimmte jährliche Abgabe von 64 Rthlr. von dem Besitzer dieses Guts bezahlet werden, welches ein Lettowsches Lehn ist. Es wurde von Anton Heinrich von Lettow auf gewiße Jahre dem Oberstlieutenant von Lonicer und von deßen Erben mit lehnsherrlicher Einwilligung vom 14 Julius 1736, dem Hofgerichtsrathe und nachmaligen Landrathe Felix Otto von Kameke verkauft, deßen nachgelaßene Söhne, als der Hauptmann Christian Henning, der Hauptmann Peter, der Lieutenant Wilhelm, der Hauptmann Carl Friederich und der Lieutenant Otto Maximilian von Kameke es jetzt besitzen.

38. Muddel 2 Meilen von Stolpe nordwestwärts, nahe bey dem Dorfe Dünnow und etwa ¼ Meile von der Ostsee, hat 1 Vorwerk, 5 Coßäthen, 1 Schulmeister, mit Einschließung des Muddelschen Strandes, der in einigen Fischerkathen bestehet, 20 Feuerstellen, wenige Eichen- Büchen- und Elsenholzungen, Fischerey in der Ostsee und in einem Landsee und ist ein zu Dünnow in der Stolpschen Synode eingepfarrtes altes Belowsches Lehn, welches die Gebrüder, die Lieutenants Ernst Bogislav und Carl Wilhelm von Below besitzen. S. Dünnow.

39. Natzlaff ein Rittersitz 1 Meile von Pollnow nordwestwärts, auf der Straße von Pollnow nach Cößlin, hat 1 Vorwerk, 1 Wassermühle, 8 Bauern, 1 Schmiede, auf der Feldmark des Dorfs das Vorwerk Dazow, 17 Feuerstellen, einen Antheil an dem Patronatrechte zu Gerbin, Holzungen, die in dem Büchenwalde zwischen Natzlaff und Zowen, den Kahlken Eichen, den Birken und Eichen bey Radebahr, dem Heege bey Dazow, dem halben Jatzingschen Walde, dem Raberangschen Holze und in der zu diesem Gute gehörigen Cavel in den Pollnowschen Fichten bestehen, Torf zur Feuerung, Fischerey und ist zu Gerbin in der Schlaweschen Synode eingepfarret. Joachim Ernst von Glasenapp erbte das ehemalige alte Glasenappsche Lehn Natzlaff mit den dazu gehörigen 4 Bauern in Rozog oder Rozog (b), wie auch das in dem Fürstenthum Cammin gelegene Ramelsche Lehn Radebahr, von seinem Vater, dem Commissarius Franz von Glasenapp, und das ehemalige alte Glasenappsche Lehn Dazow von seinem Vaterbruder, dem Haupt-

mann

mann Joachim Ernst von Glasenapp, und nachdem er 1759, ohne männliche Erben zu hinterlaßen, gestorben, auch seine einzige nachgelaßene Tochter, Dorothea Elisabeth, mit ihrer Mutter ihm bald darauf gefolgt war, verglichen sich seine Brüder, der Landesdirector Peter, der Regierungsrath Franz Felix zu Wemin und der Hauptmann Carl Friederich von Glasenapp am 16 Junius 1764 also, daß der Regierungsrath Franz von Glasenapp diese Güter erhielt, der solche am 20 Februar 1768 erblich mit der darauf am 3 Januar 1770 erfolgten Präclusion der Agnaten, dem Hauptmann und jetzigen Major bey dem von Billerbeckschen Infanterieregimente, Bogislav Lorenz von Lettow verkaufte.

40. Nemitz ein Rittersitz, 2 Meilen von Schlawe westsüdwestwärts und 3 Meilen von Cößlin ostnordostwärts, in einer anmuthigen Gegend, auf der Poststraße von Cößlin nach Schlawe, hat 1 Vorwerk, 1 Wassermühle, 1 Schneidemühle, 1 Schäferey, 1 Prediger, 1 Küster, 1 Predigerwittwenhaus, 5 Bauern, 3 große Coßäthen, 1 kleinen Coßäthen, 1 Krug, 1 Schmiede, 21 Feuerstellen, eine zu der Rügenwaldeschen Synode gehörige Mutterkirche, deren Filial das Dorf Klein-Soldekow ist und zu welcher die Dörfer Kuhz und Bartelin eingepfarret sind, mittelmäßigen Acker, vortrefliche Wiesen an der Grabow, einen Eichen- und Büchenwald wie auch Ellernholzungen und Fischerey in der Grabow und in dem Bache, der mitten durch das Dorf fließet und Lachse und Forellen führet. Die hiesige Pfarre wurde 1267 von dem Bischofe Hermann von Cammin gestiftet, der ihr 9 Dörfer nebst 4 Hufen beylegte. Das Gut Nemitz und das dazu gehörige Gut Groß-Soldekow (b) und 2 Bauern und 1 Coßäthe in Bartelin waren ehemals Lehne der von Ramel und wurden nach und nach Lehne der von Palbitzky und der von Below, sind aber jetzt neue Kleistische Lehne. Der Landrath von Below verkaufte sie erblich seinem Schwiegersohne, dem Hauptmann Jürgen Valentin von Kleist, der sie am 15 November 1713 als neue Lehne erhielt. Sie wurden hierauf von deßen Lehnsfolger, Christoph von Kleist, am 8 Januar 1737 erblich dem Major Jürgen Lorenz von Kleist verkauft und fielen nach deßen Tode seinen Söhnen, Ewald Friederich, Martin George, Hans Joachim Gneomar und Anton von Kleist und nach dem brüderlichen Theilungsvergleiche vom 2 Januar 1751, zugleich mit einem Theile in Ratraick dem dritten Sohne, dem jetzigen Major Hans Joachim Gneomar von Kleist zu, der 1767 seine 2 Bauerhöfe und 1 Coßäthenhof in Bartelin, an den Major Claus Jürgen von Zastrow für deßen einen Bauerhof in Groß-Soldekow vertauschte. S. Bartelin.

41. Noßkow 1 Meile von Schlawe gegen Osten, 2 Meilen von Stolpe westsüdwestwärts und eben so weit von der Ostsee, an der großen Land- und Poststraße von Berlin nach Preußen, in einer ebenen Gegend, hat ein Vorwerk Heinrichsthal genannt, 9 Bauern, 2 Halbbauern, 1 Schulmeister, 1 Schmiede, 21 Feuerstellen, fruchtbaren Acker, einige hundert Morgen Fichtenholzungen, Fischerey in 2 Teichen und ist zu Tychow in der Schlaweschen Synode eingepfarret. Das Dorf Noßkow, zwischen welchem und dem königlichen Dorfe Freest die Gemeinheit neuerlich gerichtlich aufgehoben worden ist, war ehemals ein Ramnersches Lehn. Die von Nat-

mer

Die adelichen Güter des Schlawschen Kreises.

mer verkauften einen Theil desselben am 7 September 1636 erblich den Vorfahren des Jürgen Siegmund von Zitzewitz, und einen andern Theil am 28 October 1729 erblich der Wittwe von Kleist, Anna Margaretha von Sonmitz, von welcher Jürgen Siegmund von Zitzewitz denselben am 31 October 1731 und den andern Theil, den großen Hof genannt mit den dazu gehörigen 2 Bauern und 2 Coßäthen, so bereits seine Vorfahren besessen hatten, am 22 April 1735 von Christian Heinrich von Kleist kaufte, so daß er am 24 Februar 1740 das ganze Gut Notzkow als ein neues Lehn bekam, welches nach seinem Tode 1765 allodificiret wurde und seinem Sohne, dem Rittmeister Friederich Wilhelm von Zitzewitz, nach dem mit seinem Bruder am 1 October 1764 getroffenen Vergleiche, zufiel.

42. Nützlin 1 Meile von Schlawe nordostwärts, an der Wipper, welche etwa 1000 Schritte von dem Dorfe an der westlichen Seite desselben vorbey fließet, hat 17 Bauern, 1 Schmiede, 1 Schulmeister, 34 Feuerstellen und ist ein zu Palow in der Schlawschen Synode eingepfarrtes Bauerdorf, welches aus 3 Antheilen bestehet. Nützlin (a) hat 7 zu dem Gute Palow (b) gehörige Bauern und ist ein neues Krockowsches Lehn, welches der Oberste Heinrich Joachim Reinhold von Krockow besitzet. S. Peest (a). Nützlin (b) hat 6 Bauern und ist ein altes Belowsches dem Major Gerd Bogislav von Below gehöriges Lehn. S. Peest (b). Nützlin (c) mit 4 Bauern ist ein altes Belowsches zu dem Gute Symbow gehöriges Lehn, welches der Hauptmann Martin Ernst von Below besitzet. S. Dünnow.

43. Palow 1 Meile von Schlawe nordostwärts, in einer ebenen Gegend, zwischen den Dörfern Symbow und Stemnitz, auf der Landstraße von Stolpe nach Rügenwalde, hat 2 Vorwerke, 8 Bauern, 1 Halbbauer, 2 Coßäthen, 1 Schulmeister, 1 Holzwärterkathen, 19 Feuerstellen, eine zu der Schlawschen Synode gehörige Kirche, die ein Filial von Peest und zu welcher das Dorf Nützlin eingepfarret ist, eine Fichtenholzung und bestehet aus 2 Antheilen. Palow (a) begreift $\frac{2}{3}$ des Dorfs, das eine Vorwerk, 5 Bauern, 1 Halbbauer und 1 Coßäthen und ist ein altes Belowsches Lehn, welches der Major Gerd Bogislav von Below besitzet. S. Peest (b). Palow (b), wozu $\frac{1}{3}$ des Dorfs, oder ein Vorwerk, 3 Bauern, 1 Coßäthe und der Holzwärterkathen gehören, ist ein neues Krockowsches Lehn, welches der Oberste Heinrich Joachim Reinhold von Krockow besitzet. S. Peest (a).

44. Papenzin gehöret theils zu dem Rummelsburgschen, theils zu dem Schlawschen Kreise. Zu dem letzten werden $\frac{157}{168}$ steuerbare Landhufen gerechnet. S. Papenzin unter den adelichen Gütern des Rumelsburgschen Kreises.

45. Peest das Stammhaus der von Below, welches Gerd von Below, als der gemeinschaftliche Stammvater aller von Below schon 1335 besaß, lieget 1 Meile von Schlawe nordnordostwärts, 2 Meilen von Stolpe gegen Westen, 3 von Rügenwalde gegen Osten und 1½ Meilen von der Ostsee, an der Motze, die das Dorf der Länge nach in 2 Theile oder Straßen theilet, in demselben mit 3 Brücken versehen

sehen ist, an dem Ende deßelben eine Korn- und Schneidemühle treibt, mitten in dem Dorfe einen großen Teich macht, etwa 1000 Schritte von demselben die Hammermühle treibt und ohngefehr 200 Schritte von derselben in die Wipper fällt. Das Dorf hat 2 Vorwerke, 1 Korn- und Schneidemühle und noch eine Kornmühle, die Hammermühle genannt, 1 Ziegelen, 1 Kalkofen, 1 Prediger, 1 Küster, 14 Bauern, 2 Halbbauern, 4 Cossäthen, 1 Predigercolonus, 1 Schmiede, auf der Feldmark des Dorfs ein kleines Ackerwerk, die Pretmin genannt, welches an dem Ende des Peestschen und Pustaminschen Waldes liegt und mit Wiesen umgeben ist und ein Holzwärterhaus an einem Fichtenwalde, 53 Feuerstellen, eine zu der Schlaweschen Synode gehörige Mutterkirche, deren Filial das Dorf Palow ist und zu welcher das Dorf Thienen und die zu dem Gute Gaatz gehörige so genannte Mückenkathen im Walde eingepfarret sind, fruchtbaren Acker, gute Wiesen, gegen Norden einen beträchtlichen Eichen- und Büchenwald und gegen Südwest einen kleinen Fichtenwald, Fischeren und bestehet aus 2 Antheilen. Peest (a) macht etwa ⅔ des Dorfs aus und begreift ein Vorwerk, die Korn- und Schneidemühle, die Ziegeley und den Kalkofen, 7 Bauern, 2 Halbbauern, 2 Cossäthen, und die Schmiede. Die Güter Peest (a), Thienen (a), Palow (b) und Mützlin (a) waren ehemals Belowsche Lehne, sind aber jetzt neue Krockowsche Lehne. Der Generalmajor Hans Caspar von Krockow erbte sie als der einzige Sohn von seinem Vater, dem Hauptmann Hans Caspar, und hinterließ sie mit der gesamten Hand an dem Erbschenkenamte seinen Söhnen, dem Lieutenant Caspar Wilhelm und dem Oberstlieutenant Heinrich Joachim Reinhold von Krockow, die sich am 6 September 1763 also verglichen, daß diese Güter dem ältesten Sohne, dem Lieutenant Caspar Wilhelm zufielen, nach dessen Tode sie aber wiederum nach den Rechtssprüchen vom 3 April, 19 Julius und 28 December 1775 seinem Bruder, dem Oberstlieutenant und jetzigen Obersten und Commandeur bey dem von Ziethenschen Regimente, Heinrich Joachim Reinhold von Krockow zuerkannt wurden. Peest (b) macht etwa ⅓ des Dorfs aus und begreift ein Vorwerk, die Hammermühle, wovon aber ⅓ zu dem Gute Pennekow gehöret, 6 Bauern, 2 Cossäthen und das kleine Ackerwerk, die Pretmin. Die alten Belowschen Lehne Peest (b) und Palow (a) fielen nach dem Tode des Landraths Heino Friederich von Below seinen Söhnen, dem Major Gerd Bogislav und dem Rittmeister Hans Ludewig von Below zu, die auch nach dem Vergleiche vom 6 Februar 1756 das alte Belowsche Lehn Mützlin (b) und die dazu gehörigen 3 Vollbauerhöfe nebst einem halben Bauerhofe in Palow von Paul Bertram von Below kauften und sich am 24 August 1763 also auseinander setzten, daß der Major bey dem von Billerbeckschen Infanterieregimente, Gerd Bogislav von Below die Güter Peest (b), Palow (a) und Mützlin (b) bekam. Ein Bauerhof in dem Dorfe Peest gehörte ehemals zu dem Gute Gaatz, jetzt aber gehöret derselbe zu Peest (a).

46. **Pennekow** 1½ Meilen von Schlawe gegen Norden, hat 2 Vorwerke, 11 Bauern, 6 Cossäthen, 1 Schulmeister, 1 Schmiede, auf der Feldmark des Dorfs den adelichen Hof und das Vorwerk Seehof, die Vorwerke Klein-Waldhof und Heinrichsfelde, die Colonie Klein-Pennekow, die aus 4 Halbbauern bestehet, 1 Schäferen, ⅓ von der Hammermühle, 36 Feuerstellen, eine zu der Stolpschen Synode gehörige

Die adelichen Güter des Schlaweschen Kreises.

hörige Kirche, die ein Filial von Puftamin und zu welcher das Vorwerk Groß Waldhof eingepfarret ist, fruchtbaren Acker, gute Wiesen, Eichen-Büchen- und Fichtenholzungen und Fischerey in der Wipper und in dem bey Seehof gelegenen und mit dem Gute Puftamin gemeinschaftlichen See. Für die bey den Gütern Pennekow, Groß- und Klein-Waldhof und Seehof für 6200 Rthlr königliche Gnadengelder seit den Jahren 1772 und 1775 vorgenommene Verbesserungen, wovon die jährlichen Einkünfte nach den Anschlägen überhaupt 439 Rthlr. 21 Gr. betragen sollen, müssen jährlich 124 Rthlr. als ein festgesetzter Kanon, von dem Besitzer dieser Güter bezahlet werden. Pennekow und die dazu gehörigen Güter Seehof und Klein-Waldhof sind alte Belowsche Lehne, welche theils von der Linie des Claus Ludewig von Below herrühreten, theils von ihm dazu waren gekauft worden. Er kaufte nemlich erblich einen Hof in Pennekow am 9 August 1737 und Klein-Waldhof am 22 Julius 1739 von Jacob Erdmann von Below, und Seehof anfänglich am 19 Julius 1714 wiederkäuflich von Joachim Felix von Below, am 26 October 1741 aber erblich von dessen Söhnen, dem Oberstlieutenant Lorenz und dem Lieutenant Felix Andreas von Below und trat denselben am 2 October 1748 seinem Sohne, dem Hauptmann Martin Ernst von Below ab, welchem auch nach dem Tode seines Vaters das Gut Pennekow nebst Klein-Waldhof, nach dem mit seiner Mutter Esther Louisa gebohrnen von Lettow am 9 Julius 1756 getroffenen Vergleiche, zufiel und von dem Hauptmann Jacob Erdmann von Below dessen an dem Gute Seehof gehabtes Lehnrecht erblich überlaßen wurde.

47. Plötzig gehört theils zu dem Rummelsburgschen, theils zu dem Schlaweschen Kreise. Zu dem letzten werden 4$\frac{7\cdot8}{128}$ steuerbare Landhufen gerechnet. Zu dem Gute Plötzig, welches 26 Feuerstellen hat, gehören auch die Vorwerke Venzog und Nährhofshof. S. Plötzig unter den adelichen Gütern des Rummelsburgschen Kreises.

48. Pöppeln 2½ Meilen von Rummelsburg nordnordostwärts, an einem Berge, an dessen Fuße die Wipper vorbeyfließet, auf welcher von hier Holz nach Schlawe und Rügenwalde geflößet wird, hat 2 Bauern, eine zu der Broßenschen Kirche gehörige Schul- und Küsterwohnung, 4 Feuerstellen und ist ein zu dem alten Itzerwitzschen Lehne Broßen gehöriges und eingepfarrtes Bauerdorf, welches die Lehnsfolger des Hauptmanns Friederich von Itzewitz besitzen. Nicht weit von diesen Bauerdorfe, welches gemeiniglich Bauer-Pöppeln genannt wird, lieget das zu Treten in der Schlaweschen Synode eingepfarrte Vorwerk, Pöppelhof genannt, wozu ein Krug an der Wipper auf der Landstraße von Rummelsburg nach Stolpe und eine große Fichtenheide gehören. Dieses Vorwerk war ehemals ein altes Brünnowsches Lehn. Es wurde von Frantz Bernd von Brünnow am 7 Junius 1706 erblich dem Obersten George von Kleist, von dessen Wittwe, Dorothea Esther gebohrnen von Glasenapp, am 25 September 1743 dem Hofgerichtsrathe Felix Otto van Kameke, von diesem, der nach dem Rescripte vom 8 Februar 1745 mit diesem Vorwerke beliehnet wurde, am 26 October 1769 seinem Bruder, dem Hauptmann George Albrecht von Kameke und von diesem am 5 April 1776 dem Hauptmann Carl Caspar von

Brügg. Beschr. v. H. Pom.   [Tttt]   Kleist

Der Schlawsche Kreis.

Kleist verkauft. Bey diesem Vorwerke sind seit 1777 für 3500 Rthlr. Königliche Gnadengelder wüste Ländereyen und Brücher urbar gemacht, ein Vorwerk angeleget und 2 Bauer und 2 Büdnerfamilien angesetzet worden. Für diese Verbesserungen, wovon die jährlichen Einkünfte nach dem Anschlage 180 Rthlr. 19 Gr. 3 Pf. betragen sollen, muß eine jährliche Abgabe von 70 Rthlr. von dem Besitzer dieses Guts bezahlet werden.

49. **Prizig** oder **Prizke** 1 Meile von Pollnow gegen Osten und ⅜ Meile von der Wipper, auf der Straße von Pollnow nach Stolpe, hat 1 Vorwerk, 1 Wassermühle, 1 Prediger, 1 Küster, 11 Bauern, 6 Coßäthen, 1 Schmiede, auf der Feldmark des Dorfs das Vorwerk Poggensill, 32 Feuerstellen, eine zu der Schlawschen Synode gehörige und unter dem Patronate der Besitzer der zu diesem Kirchspiel gehörigen Oerter stehende Mutterkirche, deren Filial das Dorf Plötzig ist und zu welcher die Dörfer Groß- und Klein-Retz und das Vorwerk Misdow eingepfarret sind, Eichen- und Büchenholzungen, Fischereyen in einem See und in einem Teiche und war ehemals ein altes Lettowsches Lehn, ist aber jetzt ein neues Kamekensches Lehn. Claus Lorentz von Lettow verkaufte einen Theil desselben dem Lieutenant Adam Henning von Kameke, der solchen am 23 März 1736 für einen Theil des Guts Bitzicker dem Hofgerichtsrathe Felix Otto von Kameke vertauschte. Dieser kaufte einen andern Theil am 14 März 1736 erblich von Claus Albrecht von Lettow und noch einen andern Theil am 26 März 1736 erblich von der Tochter des Christian Erdmann von Lettow, Hedwig Maria vermählten von Kleist, und nachdem er das ganze Gut Prizig 1743 als ein neues Lehn erhalten hatte, verkaufte er es mit dem Gute Klein-Retz am 13 April 1766 seinem Bruder, dem Hauptmann George Albrecht von Kameke. Von dem Dorfe Prizig gehören 7 5/16 steuerbare Landhufen zu dem Schlaweschen Kreise, 3 11/16 steuerbare Landhufen aber zu dem Rummelsburgschen. S. Prizig unter den adelichen Gütern des Rummelsburgschen Kreises.

50. **Deutsch-Puddiger** 1 Meile von Schlawe südwestwärts, an der Grabow, in einer anmuthigen Gegend, hat 1 Vorwerk, 9 Bauern, 1 Schulmeister, auf der Feldmark des Dorfs eine Schäferey, das Felix Vorwerk genannt, und 8 Colonistenfamilien, 16 Feuerstellen eine zu der Schlawschen Synode gehörige und unter dem Patronate der Besitzer der Güter Deutsch-Puddiger und Segenthin stehende Kirche, die ein Filial von Wusterwitz und zu welcher das Dorf Segenthin eingepfarret ist, fruchtbaren Acker, Eichen- Büchen- Fichten- Birken- und Ellernholzungen und Fischereyen in der Grabow. Für die bey diesem Gute seit 1772 für 4300 Rthlr. königliche Gnadengelder vorgenommene Verbesserungen, wovon die jährlichen Einkünfte nach dem Anschlage 452 Rthlr. 19 Gr. 2 Pf. betragen sollen, muß eine zu Gnadengehalten für adeliche Witwen und Waisen bestimmte jährliche Abgabe von 86 Rthlr. von dem Besitzer dieses Guts bezahlet werden. Es ist dasselbe außer einem wüsten Hofe, ein Podewilsches Lehndistrikt für Heydebreckschen Lehn, welches der Graf Friedrich Helmrich von Podewils besitzet. S. Wusterwitz.

51. **Wendisch**- oder **Johow-Puddiger** 1 Meile von Schlawe gegen Süden,

Die adelichen Güter des Schlawschen Kreises.

in einem Thale und an einem kleinen Bache, der durch das Dorf fließet und bey Clarenwerder in die Grabow fällt, hat 1 Vorwerk, 1 Wassermühle, 11 Bauern, 1 Schulmeister, 1 Schmiede, auf der Feldmark des Dorfs, das aus 7 Feuerstellen bestehende Vorwerk Misdow, und mit Einschließung desselben 34 Feuerstellen, einen Büchen- und Eichenwald und ist zu Wussow in der Schlaweschen Synode eingepfarret. Wendisch-Puddiger, wovon ein Theil zu dem Rummelsburgschen 5 7/20 steuerbare Landhusen aber zu dem Schlaweschen Kreise gehören, (S. Wendisch-Puddiger unter den adelichen Gütern des Rummelsburgschen Kreises) war ehemals ein Lehn der von Wojen, ist aber jetzt ein neues Podewilsches Lehn, welches der Lieutenant Adam Heinrich August Graf von Podewils besitzet. S. Crangen und Wussow.

52. Püstow 2 Meilen von Schlawe gegen Süden, hat 2 Vorwerke, die in Ansehung der Wirthschaft mit einander verbunden sind, 6 Bauern, 2 Halbbauern, 12 Feuerstellen und ist ein zu Wussow in der Schlaweschen Synode eingepfarrtes altes Lettowsches Lehn, welches die Gebrüder Ernst Friederich Wilhelm und Franz Martin George von Zitzewitz besitzen. S. Plötzig unter den adelichen Gütern des Rummelsburgschen Kreises. Püstow gehöret theils zu dem Schlaweschen, theils zu dem Rummelsburgschen Kreise. In dem ersten werden 4 71/120 steuerbare Landhusen gerechnet. S. Püstow unter den adelichen Gütern des Rummelsburgschen Kreises.

53. Pustamin 1½ Meilen von Schlawe nordnordostwärts, 2¼ Meilen von Stolpe gegen Westen und ¾ Meile von der Ostsee, hat 2 Vorwerke oder Herrenhöfe, der Oberhof und der Niederhof genannt, die aber jetzt in einem Hofe vereiniget sind, 1 Ziegeley, 1 Prediger, 1 Küster, 14 Bauern, 11 Cossäthen, zwo Krug-gerechtigkeiten, jedoch ist nur einen Krug, 1 Schmiede, auf der Feldmark des Dorfs, den adelichen Hof und das Vorwerk Grünhof, wo der Besitzer dieses Guts wohnet, ¾ von der Hammermühle, 39 Feuerstellen, eine zu der Stolpschen Synode gehörige und seit kurzer Zeit ganz neu erbauete Mutterkirche, deren Filial das Dorf Pennekow ist, fruchtbaren Acker, gute Wiesen, Eichen- Büchen- und Ellernholzungen, Fischerey in vielen Teichen und in dem mit dem Gute Pennekow gemeinschaftlichen See und hatte ehemals 2 Jahrmärkte. Für die bey diesem Gute seit 1776 für 4600 Rthlr. königliche Gnadengelder vorgenommene Verbesserungen, wovon die jährlichen Einkünfte nach dem Anschlage 355 Rthlr. 18 Gr. betragen sollen, muß eine zu Gnadengehalten für adeliche Wittwen und Waisen bestimmte jährliche Abgabe von 92 Rthlr. bezahlet werden. Der Landrath Heino Friederich von Below verkaufte dieses alte Belowsche Lehn am 18 April 1748 auf 24 Jahre wiederkäuflich dem Hauptmann Claus Jürgen von Zastrow, der es mit seinem Bruder, dem Major Gerson Ludewig von Zastrow, am 21 December 1751 den Gebrüdern, dem Generalmajor Lorenz und dem Hauptmann Felix Andreas von Below abtrat. Nach dessen Tode verkaufte sein Bruder, der Generalmajor Lorenz von Below, dieses Gut am 14 October 1755 seinem Vetter, dem Hauptmann Jacob Erdmann von Below, dessen nachgelassener Sohn, Paul Jacob von Below, es jetzt nach der mit seiner

Mutter

Mutter Christina gebohrnen von Below am 18 Julius und 18 November 1774 vorgenommenen Auseinandersetzung besitzet.

54. Quatzow ein Rittersitz, ½ Meile von Schlawe gegen Süden, in einer anmuthigen Gegend, hat 1 Vorwerk, 1 Prediger, 1 Küster, 12 Bauern, 1 Halbbauer, auf der Feldmark des Dorfs die Vorwerke Reddichow, Dibow und der Dammhof genannt, wovon das letztere anstatt der eingegangenen so genannten Dammmühle ist erbauet worden und auf der Landstraße von Schlawe nach Rummelsburg liegt, 30 Feuerstellen, eine zu der Schlaweschen Synode gehörige und mit gutem Zierrathen und einem Positiv versehene Mutterkirche, deren Filial das Dorf Kufferow ist und einen kleinen Büchenwald, der nahe bey dem Dorfe liegt, welches mit schönen Alleen von Kastanienbäumen gezieret ist. Der Werth der Güter Quatzow und Ristow hat seit dem Jahre 1773 einen beträchtlichen Zuwachs erhalten, indem für 11700 Rthlr. königliche Gnadengelder die 2 neuen Vorwerke, Dammhof und Dibow sind angeleget und 8 Büdnerfamilien angesetzet worden. Für diese Verbesserungen, wovon die jährlichen Einkünfte nach dem Anschlage 1338 Rthlr. betragen sollen, muß eine zu Gnadengehalten für adeliche Wittwen und Waisen bestimmte jährliche Abgabe von 234 Rthlr. von dem Besitzer dieser Güter bezahlet werden. Für die seit 1775 bey dem Vorwerke Reddichow abermals für 1700 Rthlr. königliche Gnadengelder vorgenommene Verbesserungen, die nach dem Anschlage jährlich an neuen Einkünften 100 Rthlr. einbringen sollen, muß von dem Besitzer dieses Vorwerks ein jährlicher Kanon von 34 Rthlr., der zur Besoldung einiger Landschulmeister bestimmt ist, gegeben werden. Quatzow war ehemals ein Lehn der von Quassow und wurde nachher ein Lehn der von Massow, die, nach dem von dem Herzoge Bogislaus ertheilten Bestätigungsbriefe von 1419, das halbe Dorf Quatzow an die von Brünnow für das ganze Gut Brünnow vertauschten. In den folgenden Zeiten kam Quatzow an die von Zitzewitz und fiel nach dem Tode des Hauptmanns Ludewig Friederich Marschall von Bieberstein, der es erblich gekauft und als ein Lehn erhalten hatte, zugleich mit den in dem Stolpschen Kreise gelegenen Gütern Rumböke, Rowe und Zedlin, seinem einzigen Sohne dem Hauptmann Christian Adam Marschall von Bieberstein zu, der das Gut Quatzow mit dem dazu gehörigen Feldgute oder Vorwerke Reddichow am 18 und 30 April 1769 erblich dem Friederich Siegmund von Grape verkaufte.

55. Groß-Quesdow 1 Meile von Schlawe südsüdostwärts, hat 1 Vorwerk, 5 Bauern, 1 Halbbauer, 1 Schulmeister, 12 Feuerstellen, und ist ein zu Suckow in der Schlaweschen Synode eingepfarrtes Podewilsches Lehn, welches der Königl. Cammerher, Friederich Werner Graf von Podewils besitzet. S. Suckow.

56. Klein-Quesdow 1 Meile von Schlawe südostwärts, hat 1 Vorwerk, 1 Cossäthen, 5 Feuerstellen und ist ein zu Suckow in der Schlaweschen Synode eingepfarrtes Podewilsches Lehn, welches der Königl. Cammerherr, Friederich Werner Graf von Podewils besitzet. S. Suckow.

57. Rat-

Die adelichen Güter des Schlaweschen Kreises.

57. **Rattaick** oder Ratteck und in der Kirchenmatricul Ratteicke genannt, 2 Meile von Zanow südostwärts, hat 1 Vorwerk, 1 Schäferey, 3 Bauern, auf der Feldmark des Dorfs ein kleines Vorwerk Heinrichshof genannt, 8 Feuerstellen, sandigen und steinigten Acker, ziemliche Holzungen und ist zu Kösternitz in der Rügenwaldeschen Synode eingepfarret. Die eine Hälfte des Guts Rattaick ist ein altes Ramelsches Lehn, die nach dem Tode des George Richard von Ramel, an seinen jüngsten Sohn, Ewald Richard, kam und von demselben am 21 Februar 1748 dem Major Gürgen Lorenz von Kleist verkauft wurde, nach dessen Tode aber seinen Söhnen und nach dem von ihnen am 2 Januar 1751 errichteten Vergleiche, mit dem Gute Memitz seinem dritten Sohne, dem Lieutenant und jetzigen Major Hans Joachim Gneomar von Kleist zufiel. Die andre Hälfte dieses Guts war ehemals auch ein Ramelsches Lehn, ist aber jetzt ein Belowsches Lehn. Claus von Below trat solche am 28 August 1699 erblich dem Tessen Christian von Kleist ab, dessen Schwiegersohn, Friederich Wilhelm von Kleist, sie zum Brautschatze bekam, nach dessen Tode sie, nach dem brüderlichen Theilungsvergleiche vom 3 Januar 1748, seinem ältesten Sohne, dem Lieutenant Jacob Heinrich von Kleist zufiel, der sie am 15 October 1752 erblich dem Lieutenant und jetzigen Major Hans Joachim Gneomar von Kleist, als dem Besitzer der andern Hälfte dieses Guts, verkaufte.

58. **Reblin** 1 Meile von Stolpe westsüdwestwärts und 2 Meilen von Schlawe ostnordostwärts, auf der großen Landstraße von Berlin nach Preußen, hat ein großes und ein kleines Vorwerk, 3 Bauern, 4 Cossäthen, 1 Krug, bey dessen Verlage der Besitzer dieses Guts wider dem Magistrat zu Schlawe, nach dem collegiatischen Bescheide der Königl. Regierung vom 7 Julius 1747, geschützet werden soll, auf der Feldmark des Dorfs die für königliche Gnadengelder 1773 erbauete Colonie Neu-Reblin, die aus einer Schäferey und 6 Büdnern bestehet und den sogenannten Dammkathen, so ehemals eine Schäferey war, jetzt aber nur aus einem Hause mit einem Garten und einigem Lande bestehet, mit Einschließung der Colonie Neu-Reblin überhaupt 21 Feuerstellen, Büchen- und Fichtenholzungen und ist zu Sombom in der Rügenwaldeschen Synode eingepfarret. Für die bey dem Gute Reblin in dem Jahre 1773 für 4500 Rthlr. königliche Gnadengelder vorgenommenen Verbesserungen, wovon die jährlichen Einkünfte nach dem Anschlage 247 Rthlr. 8 Gr. 11 Pf. betragen sollen, muß eine zu Gnadengehalten für adeliche Wittwen und Waisen bestimmte jährliche Abgabe von 90 Rthlr. von dem Besitzer dieses Guts bezahlet werden, welches ehemals größtentheils ein Lehn von Stücke war. Der Rittmeister Ludewig von Schachmann kaufte die Hälfte des ganzen Dorfs und ein Viertel von der andern Hälfte desselben nach dem Kaufbriefe vom 1652 für 5500 Gulden Pommersch von Henning von Stücke und hinterließ diese Theile, nachdem er mit denselben war belehnet worden, seinen Söhnen Jacob George und Carl Ludewig von Schachmann. Die nachgelaßenen Söhne des ersten, als Ludewig und Adolph Ernst, verglichen sich am 23 Februar 1729 also, daß Ludwig von Schachmann diese Theile behielt, die nach seinem Tode dem Major Adolph Ernst von Schachmann zufielen. Nachdem dieser am 19 August 1752 gestorben war und keine männliche Erben hinterlaßen hatte, wurden diese Theile, nach dem Rescript vom 15 November 1752,

zum neuen Lehne dem Lieutenant Paul Bertram von Below ertheilet, welcher, nachdem er damit am 11 December 1752 war belehnet worden und einen andern Theil dieses Guts, der nebst dem Kruge ⅛ des Dorfs ausmacht, und ein Belowsches Lehn ist, worüber Paul von Below bereits 1603 die Belehnung erhalten hatte, nach dem Vergleiche vom 15 October 1741 gekauft und am 1 März 1745 den Lehnbrief darüber erhalten hatte, das ganze Gut Reblin seinem einzigen Sohne, dem Cammerpräsidenten, Claus Bertram von Below, hinterließ, nach dessen Tode es dem Hauptmann Martin Ernst von Below zu Pennekow zufiel. Ehemals gehörten von dem Dorfe Reblin 5½ steuerbare Landhufen zu dem Stolpschen und eine steuerbare Landhufe zu dem Schlaweschen Kreise; seit einigen Jahren aber ist das ganze Dorf Reblin zu dem Schlaweschen Kreise geleget worden.

59. Reddentin 1 Meile von Stolpe gegen Westen und 2 Meilen von Schlawe nordostwärts, hat 1 Vorwerk, 1 Wassermühle, 6 Bauern, wovon aber 4 zu dem Gute Symbow gehören, 2 Cossäthen, 1 Hirten- und Schulhaus, mit Einschließung der zu diesem Gute gehörigen sogenannten Below, die aus 3 Feuerstellen bestehet, überhaupt 21 Feuerstellen, Fichtenholzungen, 4 Karpfenteiche und ist ein zu Symbow in der Rügenwaldeschen Synode eingepfarrtes altes Belowsches Lehn. Ein Theil desselben wurde von dem Hauptmann Ernst Ludewig von Below, am 3 April 1739 erblich dem Claus Ludewig von Below überlaßen und von diesem zugleich mit dem alten Belowschen Lehne Medenick am 28 April 1744 erblich dem Lieutenant Paul Bertram von Below verkauft, der 4 Bauerhöfe in Reddentin am 3 Januar 1757 erblich kaufte, (S. Symbow) und also das ganze Gut Reddentin bekam, welches mit dem Gute Medenick seinem nachgelaßenen einzigen Sohne, dem gewesenen Präsidenten bey der Marienwerderschen Cammer, Claus Bertram von Below, und nach dessen Tode dem Hauptmann Martin Ernst von Below zufiel.

60. Ristow ½ Meile von Schlawe gegen Westen, auf der Land- und Poststraße von Berlin nach Preußen, hat 3 Vorwerke, 1 Wassermühle, 1 Ziegeley, 2 Schäfereyen, 1 Prediger, 1 Küster, 9 Bauern, 3 Cossäthen, 1 Schmiede, auf der Feldmark des Dorfs ein neues Vorwerk und die Colonie Neu-Ristow, die seit einigen Jahren für königliche Gnadengelder sind angeleget worden, (S. Quatzow) 35 Feuerstellen, eine zu der Schlaweschen Synode gehörige Mutterkirche, deren Filial das Dorf Rötzenhagen ist und zu welcher das Dorf Schmarsow eingepfarret ist und ist ein altes Lehn und Stammgut der von Natzmer, von deren Schloße, die Natzmersburg genannt, hier nach einige Ueberbleibsel zu sehen sind. Carl Friederich von Natzmer, der einen Theil dieses Guts von seinem Vater Dubislav erbte, einen andern Theil am 7 December 1753 von der Wittwe des Oberstlieutenant von Lettow, Augusta gebohrnen von Kleist einlösete, und noch einen andern Theil am 12 November 1754 erblich von Hans Caspar von Steinkeller kaufte, verpfändete das ganze Gut nach dem Vergleiche vom 14 September 1763 auf 25 Jahre an den Hauptmann Gerhard Sigismund von Grape, der es am 25 September 1772 seinem Sohne Friederich Sigismund von Grape abtrat.

61. Ror

Die adelichen Güter des Schlaweschen Kreises.

61. **Kochow** gehöret größtentheils zu dem Rummelsburgschen Kreise, zu dem Schlaweschen aber werden 2 Bauerhöfe und $\frac{377}{144}$ steuerbare Landhufen gerechnet. S. Kochow unter den adelichen Gütern des Rummelsburgschen Kreises.

62. **Rötzenhagen** 1 Meile von Schlawe gegen Westen, in einem mit Eichen, Buchen und Wiesen umgebenen anmuthigen Thale, hat 3 Vorwerke, 6 Bauern, 1 Coßäthen, 30 Feuerstellen, eine zu der Schlaweschen Synode gehörige Kirche, die ein Filial von Ristow ist, wenige Buchen= Eichen= und Ellernholzungen und Fischerey in 2 Teichen. In diesem Dorfe, welches ½ Meile lang ist und aus 3 Antheilen bestehet, sind durch eine gänzliche Aufhebung der Gemeinheiten die Aecker, Wiesen und Holzungen eines jeden Bauern von einander abgesondert und mit Zäunen bewähret worden. Rötzenhagen (a) ist ein Rittersitz mit einigen dazu gehörigen Bauern und war ehemals ein Natzmersches und wurde nachher ein Steinkellersches Lehn, welches nach dem Tode des Bogislav Ernst von Steinkeller seinem Sohne, dem Rittmeister, Jacob Ewald von Steinkeller, nach dem brüderlichen Theilungsvergleiche vom 3 März 1732, zufiel und am 15 Februar 1751 allodificiret wurde. Nachdem es in Concurs gerathen war, wurde es gerichtlich verkauft und am 3 August 1764 der Wittwe des Rittmeisters von Steinkeller, Annisa Lucia Margaretha gebohrnen von Lettow, für das meiste Gebot zuerkannt. Rötzenhagen (b), welches in einem Vorwerke bestehet, und Rötzenhagen (c), so der Mittelhof genannt wird, zu welchem 3 Bauern gehören, sind alte Natzmersche Lehne. Bogislav Siegmund von Natzmer trat beide Güter bey seinem Leben seinem Sohne Ernst Bogislav ab, von welchem Rötzenhagen (c) am 22 October 1756 auf 25 Jahre wiederkäuflich seiner Tochter, Sophia Erdmuth von Natzmer, und von derselben mit ihrem Gemahl, dem Rittmeister von Zamorn, am 20 September 1768 ihrem Bruder, dem Hauptmann Johann Detlof von Natzmer verkauft wurde, der Rötzenhagen (c) nach dem Vergleiche vom 6 März 1780 dem Landrathe Otto Gabriel von Schmeling auf 25 Jahre wiederkäuflich überließ. Für die bey dem Gute Rötzenhagen (c) seit 1781 für 4400 Rthlr. königliche Gnadengelder vorgenommene Verbesserungen, wovon die jährlichen Einkünfte nach dem Anschlage 255 Rthlr. 16 Gr. 9 Pf. betragen sollen, muß eine zu Gnadengehalten für adeliche Wittwen und Waisen bestimmte jährliche Abgabe von 44 Rthlr. von Trinitatis 1785 an von dem Besitzer dieses Guts bezahlet werden. Rötzenhagen (b) fiel nach dem Tode des Ernst Bogislav von Natzmer seinen 3 Söhnen, dem Lauenburgschen Grod= und Landgerichtsrathe Ewald George, dem Hauptmann bey dem von Hackeschen Regimente, Johann Detlof und dem Hauptmann bey dem von Cjetteritzschen Regimente, Claus Ludewig von Natzmer, und nach der brüderlichen Auseinandersetzung dem letzten zu, der dasselbe 1766 seinem Bruder, dem Grod= und Landgerichtsdirector und nachmaligen Tribunalspräsidenten, Ewald George von Natzmer, verkaufte. Nach dessen Tode gerieth es in Concurs und wurde am 30 April 1779 dem Obersten von Bandemer zu Kunhof zuerkannt, der es im Namen seiner Gemahlinn, Dorothea Elisabeth Friderica gebohrnen van Stojentin, erstand.

63. **Kozog** ¼ Meile von Pollnow westsüdwestwärts, auf einem Berge, an welchen

Der Schlawesche Kreis.

welchen ein kleiner Wald stößet, hat 15 Bauerhöfe, 1 Schulmeister, und ist ein zu Pollnow in der Schlaweschen Synode eingepfarrtes Bauerdorf, welches aus 3 Antheilen bestehet. Rotzog (a) hat 8 zu dem Gute Wettrin gehörige Bauerhöfe, welche der Hauptmann August Wilhelm von Below besitzet. S. Wettrin. Rotzog (b) begreift 4 zu dem Gute Natzlaff gehörige Bauerhöfe, die jetzt von 2 Bauern, einem Verwalter und einem Schmiede bewohnet und von dem Major Bogislav Lorenz von Lettow besessen werden. S. Natzlaff. Rotzog (c) bestehet in 3 zu dem Gute Zethun gehörigen Bauerhöfen, welche Friederich Ewald von Glasenapp besitzet.

64. Runow oder Klein-Runow 1 Meile von Stolpe südwestwärts und 2 Meilen von Schlawe gegen Osten, hat 1 Vorwerk, 4 Bauern, 4 Coßäthen, 1 Schulmeister, auf der Feldmark des Dorfs ein Vorwerk oder eine Kuhpachterey, Annenburg oder der Waldhof genannt, wobey seit einigen Jahren 2 Halbbauern für königliche Gnadengelder sind angesetzet worden, 13 Feuerstellen, Fischerey in einigen Teichen und ist zu Schlönwitz in der Schlaweschen Synode eingepfarret. Für die bey dem Guthe Runow seit 1773 für 900 Rthlr königliche Gnadengelder vorgenommenen Verbesserungen, wovon die jährlichen Einkünfte nach dem Anschlage 85 Rthlr. 2 Gr. 4 Pf. betragen sollen, muß ein jährlicher Kanon von 18 Rthlr. von dem Besitzer dieses Guts bezahlet werden, welches ein Belowsches Lehn ist. Bertram von Below verkaufte es am 3 März 1699 wiederkäuflich seinem Schwiegersöhne, dem Rittmeister Johann Peter von Puttkammer, der auch am 26 Januar 1706 die auf dem Runowschen Felde gelegene Annenburg nebst einem Theile in Reblin und dem Kruge daselbst von Sophia von Below kaufte und Runow und Annenburg seinem Sohne Franz Jacob von Puttkammer hinterließ. Von diesem löseten die Söhne und Enkel des Paul von Below zu Gaatz, als der Hauptmann Ernst Ludewig von Below zu Reddentin, Franz Heinrich von Below, der Lieutenant Paul Bertram von Below zu Gaatz und Ernst Ferdinand von Below, diese Güter nach dem Vergleiche vom 10 April 1733 ein, und Runow und Annenburg fielen nach dem Tode des Lieutenant Paul Bertram von Below, seinem einzigen Sohne, dem gewesenen Präsidenten bey der Marienwerderschen Cammer, Claus Bertram von Below, nach dessen Tode aber dem Hauptmann Martin Ernst von Below zu. Von dem Gute Runow gehören 3 steuerbare Landhusen zu dem Schlaweschen, 1½ steuerbare Landhufen aber zu dem Stolpschen Kreise. S. Runow unter den adelichen Gütern des Stolpschen Kreises.

65. Salleske 2 Meilen von Stolpe nordwestwärts, eben so weit von Schlawe nordostwärts und 3½ Meilen von Rügenwalde ostnordostwärts, an der Ostsee, hat 2 Rittersitze oder Vorwerke, 1 Windmühle, 12 Bauern, 8 Coßäthen, 1 Schmiede, 1 Schulmeister, mit Einschließung des zu diesem Gute gehörigen Salleßker Strandes, so in 8 Fischerkathen bestehet, 73 Feuerstellen, eine zu der Stolpschen Synode gehörige Kirche, die ein Filial von Dünnow ist, wenige Büchen- Fichten- und Ellernholtzungen, ein gutes Torfmoor, so zwischen Salleske und dem Salleßker Strande liegt, Fischerey in der Ostsee und in einem Landsee und ist ein Belowsches Lehn. Franz Jacob von Below, der die eine Hälfte dieses Guts von seinem Vater und seinem

Die adelichen Güter des Schlaweschen Kreises.

nem Bruder geerbet hätte, und die andre Hälfte von den Erben des Richard von Below pfandweise besaß, hinterließ dieses Gut seinem Sohne, Geed Christoph, nach dessen Tode sich seine Wittwe mit ihren Kindern am 24 December 1763 also auseinander setzte, daß dasselbe ihrem Sohne, Fratz Lorenz von Below zufiel.

66. Schlackow gehöret größtentheils zu dem Stolpschen Kreise, zu dem Schlaweschen aber werden 3¼ steuerbare Landhufen gerechnet. S. Schlackow unter den adelichen Gütern des Stolpschen Kreises.

67. Schlönwitz oder Schlennewitz, ein Bauerdorf, 1 Meile von Stolpe südwestwärts, 1½ Meilen von Schlawe gegen Osten und 2½ Meilen von der Ostsee, hat 1 Prediger, 1 Küster, 5 Bauern, 1 Coßähten, auf der Feldmark des Dorfs eine Colonie, Neu-Schlönwitz genannt, die aus 4 Halbbauern bestehet, 20 Feuerstellen, eine zu der Schlaweschen Synode gehörige Mutterkirche, zu welcher die Dörfer Dubberzin, Franzen, Zignitz, Besow, Egsow, Kummerzin und Runow eingepfarret sind und ist ein Lehngut, welches der Oberste Heinrich Joachim Reinhold von Krockow besitzet. S. Dubberzin.

68. Schmarsow ¾ Meile von Schlawe südwestwärts, an einem See, hat 1 Vorwerk, 5 Bauern, 1 Schmiede, auf der Feldmark des Dorfs ein neu angelegtes Vorwerk oder eine Schäferey, 7 Feuerstellen, wenige Birken und Fichtenholzungen, ein großes Torfmoor, worinn Torf zur Feuerung gegraben wird, Fischerey in einem See und ist ein zu Ristow in der Schlaweschen Synode eingepfarrtes Dorf, welches ehemals zu dem Stolpschen Kreise gehörte, seit einigen Jahren aber zu dem Schlaweschen ist geleget worden. Für die bey diesem Gute seit dem Jahre 1772 für 2850 Rthlr. königliche Gnadengelder vorgenommene Verbesserungen, wovon die jährlichen Einkünfte nach dem Anschlage 253 Rthlr. 21 Gr. betragen sollen, muß eine zu Gnadengehalten für adeliche Wittwen und Waisen bestimmte jährliche Abgabe von 57 Rthlr. von dem Besitzer dieses Guts bezahlet werden, welches von Ernst Bogislav von Zitzewitz, am 9 März 1731 dem Hauptmann Ludewig Friederich Marschall von Bieberstein, und von diesem, nach dem Vergleich vom 25 Junius 1740, nebst der Wiese auf dem Schlaweschen Felde, der Vanselowen Ort genannt, dem wirklichen Geheimen Staatsminister Otto Christoph Grafen von Podewils verkauft wurde, dessen nachgelassener einziger Sohn, Friederich Graf von Podewils, es jetzt besitzet.

69. Schwarzin ¼ Meile von Pollnow nordwestwärts, auf der Straße von Pollnow nach Rügenwalde, hat 1 Vorwerk, 4 Bauern, 1 Schulhaus, 8 Feuerstellen, Fichtenholzung und ist ein zu Pollnow in der Schlaweschen Synode eingepfarrtes Dorf, welches der Lieutenant Adam Heinrich August Graf von Podewils besitzet. S. Crangen. Das Dorf Schwarzin gehöret theils zu dem Schlaweschen, theils zu dem Stolpschen Kreise. Zu dem ersten werden 2⅛ steuerbare Landhufen gerechnet. S. Schwarzin unter den adelichen Gütern des Stolpschen Kreises.

70. Segen-

70. Segenthin ein adelicher Wohnsitz, 1½ Meilen von Schlawe südwestwärts, an der Grabow, hat 1 Vorwerk, 1 Wassermühle, 1 Kalkbrennerey, 6 Bauern, 2 Halbbauern, 6 Cossäthen, 1 Schulmeister, 1 Schmiede, verschiedene Colonistenfamilien, 15 Feuerstellen, fruchtbaren Acker, der mit Mergel gedünget wird, wenige Holzungen, verschiedene Torf- und Mergelgruben, Fischerey in 4 Teichen und ist zu Deutsch-Puddiger in der Schlaweschen Synode eingepfarret. Für die bey dem Gute Segenthin seit 1772 für 5200 Rthlr. königliche Gnadengelder vorgenommene Verbeßerungen, wovon die jährliche Einkünfte nach dem Anschlage 377 Rthlr. betragen sollen, muß eine zu Gnadengehalten für adeliche Wittwen und Waisen bestimmte jährliche Abgabe von 104 Rthlr. von dem Besitzer dieses Guts bezahlet werden. Es ist dasselbe theils ein Kleistsches, theils ein Heydebrecksches und theils ein Puttkammersches Lehn, welches der Hauptmann Carl Caspar von Kleist besitzet. S. Wusterwitz.

71. Söllnitz, ein Bauerdorf, 2 Meilen von Schlawe, südsüdwestwärts, an einem Bache, worinn Lachse und Forellen gefangen werden, hat 1 Kalkofen, 6 Bauern, 10 Feuerstellen, fruchtbaren Acker, wenige Eichen- und Elsernholzungen, eine Mergelgrube und ist ein zu Klein-Soldekow in der Rügenwaldeschen Synode eingepfarrtes Podewilsches Lehn, welches Ernst Ludewig Graf von Podewils besitzet. S. Craugen.

72. Groß-Soldekow oder Soltikow 2½ Meilen von Schlawe südwestwärts und eben so weit von Rügenwalde gegen Süden, hat 11 Bauern, 2 Cossäthen, 1 Schulhaus, 17 Feuerstellen, fruchtbaren Acker, Birken- und Ellernholzungen, Fischerey in der Grabow und ist ein zu Klein-Soldekow in der Rügenwaldeschen Synode eingepfarrtes Bauerdorf, welches aus 2 Antheilen bestehet. Groß-Soldekow (a) mit 5 Bauern ist ein zu dem Gute Klein-Soldekow gehöriges Schliessensches Lehn, welches der Hauptmann Christian Heinrich von Schliessen besitzet. S. Klein-Soldekow. Groß-Soldekow (b) mit 6 Bauern ist ein zu dem Gute Nemitz gehöriges neues Kleistsches Lehn, welches der Major Hans Joachim Gneomar von Kleist besitzer. S. Nemitz.

73. Klein-Soldekow oder Soltikow ein Rittersitz, 2 Meilen von Schlawe südwestwärts und 2½ Meilen von Rügenwalde gegen Süden, hat 1 Vorwerk, 2 Bauern, 4 Cossäthen, 1 Krug, 1 Schmiede, auf der Feldmark des Dorfs ein Ackerwerk, 1 Kalkbrennerey, 14 Feuerstellen, eine zu der Rügenwaldeschen Synode gehörige Kirche, die ein Filial von Nemitz ist und zu welcher die Dörfer Groß-Soldekow, Söllnitz, Leikow und Vorkow eingepfarret sind, fruchtbaren Acker, gute Wiesen, wenige Eichen- und Büchenholzungen, beträchtliche Mergelgruben und Fischerey in der Grabow und in einigen Teichen. Die Güter Klein-Soldekow, Groß-Soldekow (a) und Leikow, von welchen die beiden ersten ehemals Ramelsche Lehne waren, sind jetzt Schliessensche Lehne. Sie wurden von den nachgelaßenen Söhnen des Ernst Detlof von Schliessen, nach dem von ihnen am 8 December 1742 getroffenen Theilungsvergleiche, dem ältesten Sohne Peter Gustav Erdmann von

Schließ-

Die adelichen Güter des Schlaweschen Kreises.

Schlieffen überlaßen und fielen nach deßen Tode seinen Brüdern, dem Hauptmann Christian Heinrich und Ernst Adolph von Schlieffen, und am 30 May 1748 dem ersten zu, der am 29 Januar 1765 zwey Bauerhöfe, einen Coßäthenhof, eine Leinstraße und eine Wiese in Klein-Soldekow für einen Bauerhof in Groß-Soldekow (a) von dem Major Claus Gürgen von Zastrow eintauschte.

74. Steglin hat adelichen Antheils und in so fern es zu dem Schlaweschen Kreise gehöret, 1 Ackerwerk, 4 Bauern, 1 Krug, 1 Holzwärter, 8 Feuerstellen, $1\frac{7\, 3\, 7}{7\, 7\, 7}$ steuerbare Landhufen, die Hälfte des Steglinschen Büchenwaldes und Straßen-Krug- und Jagdgerechtigkeit. Claus von Below trat dieses ehemalige alte Rasmelsche Lehn seinem Schwager Michael Siegmund von Somniz ab, von deßen Erben es der Landrath Heinrich Balthasar von Below wieder einlösete und es 1743 als ein neues Lehn erhielt, es aber bald darauf seiner Mutter wieder abtrat, welcher es auch, nachdem es in Concurs gerathen war, am 10 April 1750 zuerkannt wurde. Nach ihrem Tode wurde dieses Gut von ihren Töchtern, Dorothea Barbara, Martha Louisa Columbina, einer Gemahlinn des Ewald Joachim von Eichmann, Clara Sophia und Ursula Charlotta von Below, nach dem Vergleiche vom 20 October 1752, erblich dem Hauptmann und jetzigen Generalmajor Martin Ludewig von Eichmann verkauft und am 23 Januar 1753 allodificiret. Der übrige Theil dieses Dorfs gehöret der Stadt Cößlin. S. Steglin unter den Eigenthumsgütern der Stadt Cößlin.

75. Suckow ein ansehnlicher Rittersitz, mit einem schönen maßiven herrschaftlichen Wohnhause mit 2 Flügeln, nebst einem vortreflichen Garten mit Springquellen und Cascaden, 1 Meile von Schlawe südsüdostwärts, auf der Straße von Schlawe nach Rummelsburg, hat 1 Vorwerk, 1 Waßer- und Schneidemühle, 1 Prediger, 1 Organisten, 1 Küster, 10 Bauern, 1 Halbbauer, 6 Coßäthen, 1 Krug, 1 Schmiede, 33 Feuerstellen, eine ganz maßive in dem Jahre 1702 nebst der Orgel erbauete, mit schönen Verzierungen versehene und zu der Schlaweschen Synode gehörige Mutterkirche, zu welcher die Dörfer Jannewitz, Lantow, Groß- und Klein-Quesdow und das Vorwerk Uhlenberg eingepfarret sind, fruchtbaren Acker, Holzungen, Fischerey und schöne Gärten. Nach dem Tode des wirklichen ersten geheimen Staats- und Cabinetsministers, Heinrich Grafen von Podewils, wurden die von ihm beseßenen Allodialgüter in der Churmark, als Fredersdorf, Vollensdorf und Vogelsdorf, und die Podewilsschen Lehne Suckow, Lantow, Groß- und Klein-Quesdow in dem Schlaweschen Kreise, Jannewitz in dem Rummelsburgschen Kreise und Hasenfier in dem Neu-Stettinschen Kreise unter seine 3 Söhne also getheilet, daß nach dem Vergleiche vom 2 September 1762, die Churmärkschen Allodialgüter Fredersdorf, Vollensdorf und Vogelsdorf dem ältesten Sohne, dem Königl. Cammerherrn und bevollmächtigten Gesandten an dem Turiner Hofe, Carl Ernst George Grafen von Podewils, die Güter Suckow, Lantow, Groß- und Klein-Quesdow und Jannewitz dem zweiten Sohne, dem Prälaten und Thesaurarius, Wilhelm Adam Otto Grafen von Podewils und das Gut Hasenfier dem jüngsten Sohne, dem Königl. Cammerherren und Ritter des St. Johanniterordens, Friederich Werner Grafen von Podewils zufielen,

[Uuuuu 2]

Der Schlawsche Kreis.

zufielen, der auch nach dem Tode seines Bruders, des Prälaten und Thesaurarius, nach dem mit seinen Geschwistern am 9 Junius 1770 geschloßenen Vergleiche, die Güter Suckow, Lantow, Groß- und Klein-Quesdow und Jannewitz bekam. Das Dorf Suckow gehöret größtentheils zu dem Schlaweschen Kreise, theils aber auch zu dem Rummelsburgschen. Zu dem ersten werden 8 7/8 steuerbare Landhufen gerechnet. S. Suckow unter den adelichen Gütern des Rummelsburgschen Kreises.

76. Sydow lieget zwischen den Städten Pollnow und Bublitz, von der ersten 1 Meile gegen Süden und von der andern 1¼ Meilen nordostwärts, auf der Straße von Baldenburg, einer 2 Meilen von hier entlegenen Westpreußischen Stadt, nach Pollnow, und hat 2 Rittersitze oder adeliche Vorwerke, der Vorder- und Hinterhof genannt, zu deren jeden eine Glashütte gehöret, ein Buschgut oder Dorf Globnitz genannt, das Vorwerk Linde, 1 Wassermühle, die zwischen den Dörfern Sydow und Breitenberg liegt, die auf der Feldmark gelegenen Vorwerke oder Buschkathen, als den Radrang, Nisorkenkathen, die Vorhütte, den Lankenkathen, das Kleverhöfschen und den Zemkenkathen, 1 Prediger, 1 Küster, 10 Bauern, 4 Halbbauern, 1 Krug, 1 Schmiede, 65 Feuerstellen, eine ehemals zu der Rügenwaldeschen, seit 1713 aber zu der Bublitzschen Synode gelegte Mutterkirche, deren Filial das Dorf Gutzmin ist und zu welcher das Dorf Breitenberg eingepfarret ist, beträchtliche Holzungen, Fischerey in dem See Papenzin, der über eine Meile lang ist, in dem See Cammin, der vortrefliche Muränen hat, in dem fischreichen Niedersee, aus welchem die Radüe entspringt, und bestehet aus 2 Antheilen. Außer der Wassermühle und dem Zemkenkathen, die beiden Antheilen gemeinschaftlich sind, gehören zu dem Rittersitze Sydow (a) der Vorderhof mit einer Glashütte, die ¼ Meile von Sydow an dem Papenzin liegt, das ¼ Meile von Sydow gelegene Vorwerk Linde, welches ehemals von einer adelichen Herrschaft bewohnet wurde und die Dienste von den 3 Bauern in Globnitz hatte, die Buschkathen der Radrang und der Nisorkenkathen an dem See Nisorken. Bey diesem Antheile sind seit 1773 für 7200 Rthlr. königliche Gnadengelder Brücher und Ländereyen urbar gemacht, ein neues Vorwerk angeleget und 6 Bauern- und 4 Büdnerfamilien angesetzet worden. Für diese Verbeßerungen, wovon nach dem Anschlage diesem Gute jährlich 460 Rthlr. 11 Gr. 5 Pf. an neuen Einkünften zuwachsen sollen, muß von dem Besitzer deßelben jährlich ein Kanon von 144 Rthlr. bezahlet werden. Zu dem Rittersitze Sydow (b) gehören der Hinterhof, mit einer darinn von dem gegenwärtigen Besitzer deßelben angelegten Glashütte, die ¾ Meile von Sydow auf dem Arendsberge zwischen dem Dorfe Breitenberg und der zu dem Vorderhofe gehörigen Glashütte liegt, das ½ Meile von Sydow an dem See Papenzin gelegene und aus 3 Bauerhöfen bestehende Buschgut oder Dorf Globnitz, und die Vorwerke oder Buschkathen, als die Vorhütte am Papenzin, der Lankenkathen und das Kleverhöfschen. Auch bey diesem Antheile sind seit 1773 für 7300 Rthlr. königliche Gnadengelder Brücher und Ländereyen urbar gemacht, ein neues Vorwerk angeleget und 7 Bauer- und 6 Büdnerfamilien angesetzet worden. Diese Verbeßerungen sollen nach dem Anschlage jährlich an neuen Einkünften 429 Rthlr. 21 Gr. 1 Pf. dem Besitzer dieses Guts einbringen, der dagegen einen Kanon von 146 Rthlr.

jährlich

Die adelichen Güter des Schlaweschen Kreises.

jährlich bezahlen muß. Sydow gehörte ehemals dem Kloster Buckow, wurde aber nach der Reformation von den Pommerschen Herzogen dem Jacob von Münchow gegeben, von dessen Geschlechte es an die von Woedtke kam, deren Lehn es jetzt ist. Nach dem Tode des Capitain-Lieutenant Christian Ewald von Woedtke kam es an seine Söhne, Franz Ludewig und Joachim Ewald von Woedtke, die sich dasselbe am 19 May 1740 also theileten, daß die eine Hälfte dieses Guts mit dem, so genannten Vorderhofe oder Sydow (a) dem ältesten Bruder Franz Ludewig, die andre Hälfte aber mit dem sogenannten Hinterhofe oder Sydow (b) dem jüngsten Bruder Joachim Ewald von Woedtke zufielen.

77. Symbow oder Simbow 1 Meile von Stolpe gegen Westen, 2 Meilen von Schlawe ostnordostwärts und 4 Meilen von Rügenwalde gegen Osten, auf der Straße von Stolpe nach Rügenwalde, hat 1 Vorwerk, 1 Schäferey, 1 Prediger, 1 Küster, 1 Predigerwittwenhaus, 3 Büdnerhäuser, die seit 1773 für königliche Gnadengelder sind erbauet worden, 2 Coßäthen, 10 Feuerstellen, eine zu der Rügenwaldeschen Synode gehörige Mutterkirche, zu welcher die Dörfer Virkow, Gaatz, Reddentin, Reblin, Neu-Reblin und Zitkewitz und das Vorwerk Medewick eingepfarret sind und einen beträchtlichen Fichtenwald. Die Kirche wurde nebst der Pfarr und Küsterey am 7 Julius 1773 durch eine Feuersbrunst in die Asche geleget, jedoch sind diese Gebäude bald darauf wieder hergestellet worden. Für die bey diesem Gute seit 1773 für 2600 Rthlr. königliche Gnadengelder vorgenommene Verbesserungen, wovon die jährlichen Einkünfte nach dem Anschlage 219 Rthlr. 11 Gr. 11 Pf. betragen sollen, muß eine zu Gnadengehalten für adeliche Wittwen und Waisen bestimmte jährliche Abgabe von 52 Rthlr. vom dem Besitzer dieses Guts bezahlet werden, welches als ein altes Belowsches Lehn dem Hauptmann Martin Ernst von Below gehöret. S. Dünnow.

78. Techlip 2⅔ Meilen von Schlawe südsüdostwärts, hat 2 Vorwerk, 1 Kornmühle, die ⅛ Meile von dem Dorfe auf der Stirbnitz liegt, über welche hier die Straße von Rummelsburg nach Schlawe führet, 6 Bauern, 1 Schmiede, 1 Schulmeister, 18 Feuerstellen, eine in dem Jahre 1565 mit fürstlicher Genehmigung von Matthias von Zitkewitz erbauete und zu der Schlaweschen Synode gehörige Kirche oder Kapelle, die ein Filial von Wussow ist, fruchtbaren Acker, Eichen- Büchen- und Fichtenholzungen und Fischerey in 2 kleinen Seen. Techlip, die Hälfte des Guts Klein-Podel und die Hälfte des Guts Daber sind alte Zitkewitzsche Lehne. Der Rittmeister George Gneomar von Zitkewitz erbte solche von seinem Vater Martin und hinterließ sie seinem einzigen Sohne, dem Hauptmann Martin Friederich, der auch die andre Hälfte des Guts Klein-Podel und die dazu gehörige andre Hälfte des Guts Daber, die ehemals auch alte Zitkewitzsche Lehne waren, jetzt aber Militzsche Lehne sind, am 20 März 1766 von dem Major und Flügeladjutanten, George Lorenz von Pirch, kaufte. S. Klein-Podel unter den adelichen Gütern des Stolpschen Kreises. Nach dem Tode des Hauptmanns Martin Friederich von Zitkewitz besitzen jetzt seine beiden Söhne, Ernst Friederich Wilhelm und Franz Martin George, die Güter Techlip, Klein-Podel und Daber noch ungetheilt.

79. Thie-

79. **Thienen** oder **Thlne** 1¼ Meilen von Schlawe gegen Norden, an der Wipper, die nahe an der westlichen Seite des Dorfs vorbey fließet, hat 8 Bauern, 2 Coßäthen, 1 Schulmeister, 10 Feuerstellen, fruchtbaren Acker, gute Wiesen, Fischerey in der Wipper, und ist ein zu Peest in der Schlaweschen Synode eingepfarrtes Bauerdorf, welches aus 2 Antheilen bestehet. Thienen (a) hat 6 Bauern und 2 Coßäthen und ist ein zu dem Gute Peest (a) gehöriges neues Krockowsches Lehn, welches der Oberste Heinrich Joachim Reinhold von Krockow, besitzet. S. Peest (a). Thienen (b) mit 2 Bauern besitzet der Hauptmann Martin Ernst von Below als ein zu dem Vorwerke Groß-Waldhof gehöriges altes Belowsches Lehn. S. Groß-Waldhof.

80. **Turzig** gehöret theils zu dem Schlaweschen, theils zu dem Rummelsburgschen Kreise. Zu dem ersten werden 1 7/8 steuerbare Landhufen gerechnet. S. Turzig unter den adelichen Gütern des Rummelsburgschen Kreises.

81. **Wendisch-Tichow** oder **Tichow** ein adelicher Wohnsitz, ½ Meile von Schlawe südostwärts, 2½ Meilen von Stolpe südwestwärts, 3 Meilen von Rügenwalde südostwärts, 3½ Meilen von Pollnow nordnordostwärts, 4 Meilen von Bütow nordwestwärts und 5 Meilen von Rummelsburg gegen Norden, an der Wipper, die eine halbe Viertelmeile von dem Dorfe gegen Westen vorbeyfließet, auf der Landstraße von Schlawe nach Bütow, hat 2 Vorwerke, 2 Wassermühlen, wovon die eine, die Obermühle, ½ Meile von dem Dorfe, die andre aber, die Niedermühle, nahe an demselben liegt, 1 Prediger, 1 Küster, 16 Bauern, 1 Halbbauer, 6 Coßäthen, 1 Schmiede, auf der Feldmark des Dorfs das neue Vorwerk Seehof mit 2 Coßäthen und die aus 3 Halbbauern bestehende Colonie Heinrichsfelde, 60 Feuerstellen, eine zu der Schlaweschen Synode gehörige Mutterkirche, zu welcher das Dorf Notzkow eingepfarret ist, fruchtbaren Acker, vortrefliche Wiesen an der Wipper, wenige Fichten- und Ellernholzungen, ein großes Torfmoor, welches auch zur Weide dienet und Fischerey in 2 Seen, vielen Teichen und der Wipper. Für die bey diesem Gute seit 1772 für 6900 Rthlr. königl. Gnadengelder vorgenommene Verbesserungen, wovon die jährlichen Einkünfte nach dem Anschlage 554 Rthlr. 23 Gr. betragen sollen, muß eine zu Gnadengehalten für adeliche Wittwen und Waisen bestimmte jährliche Abgabe von 138 Rthlr. von dem Besitzer dieses Guts bezahlet werden, welches ein altes Lehn der von Kleist ist, die zu der Dubberowschen Linie gehören. Ein Theil desselben kam nach dem Tode des Obersten George von Kleist, an Martin Rüdiger von Kleist und wurde bey der öffentlichen Feilbietung am 22 October 1751 der Frau Theresia Margaretha gebohrnen von Kleist, einer Gemahlinn des Obersten und nachmaligen Generalmajors Ewald George von Kleist zuerkannt, der diesen Theil nach ihrem 1766° erfolgten Tode erbte und am 26 August 1766 seiner Stiefschwester Tochter, Barbara Sabina gebohrne von Bandemer, zur Universalerbin einsetzte und sich nachher mit ihr vermählte. Diese erbte von ihm 1768 diesen Theil, den sie nach dem Vergleiche vom 12 Januar 1770 dem nächsten Lehnsfolger und ihrem nachmaligen Gemahl, dem Hauptmann Ewald Heinrich von Kleist überließ. Der andre Theil dieses

Die adelichen Güter des Schlaweschen Kreises.

Guts kam von Philipp Hartwig von Kleist, an seinen Sohn, den Generalmajor Ewald George, und von diesem an dessen 9 gleich nahe Lehnsvettern, unter denselben aber, nach dem Vergleiche vom 22 März 1770, an den Hauptmann Ewald Heinrich von Kleist, der noch jetzt der Besitzer dieses ganzen Guts ist.

82. Varzin ein Rittersitz mit einem ansehnlichen herrschaftlichen Hofe und schönen Garten, 2 Meilen von Schlawe südsüdostwärts, auf der Straße von Schlawe nach Rummelsburg, hat 1 Vorwerk, 16 Bauern, unter welchen sich 4 Freybauern befinden, 1 Schulmeister, 1 Schmiede, auf der Feldmark des Dorfs das Vorwerk Chomitz, eine Kalkbrennerey, 28 Feuerstellen, einen kleinen Eichen- und Büchenwald, Fischerey in einem See und 4 Teichen, ein kleines Torfmoor zum Gebrauche der Herrschaft und ist zu Wussow in der Schlaweschen Synode eingepfarret. Das Gut Varzin, zu welchem nach dem Lehnbriefe von 1736 die halbe Pöppelsche Heide, 2½ Meilen das Recht Holz auf der Wipper zu flößen und ein Antheil an der Mühle zu Beswitz nebst andern Gerechtigkeiten gehören, wurde als ein ehemaliges Lehn der von Zitzewitz, dem Oberpräsidenten Caspar Otto von Massow und von diesem dem Generalmajor Adam Joachim Grafen von Podewils verkauft, der es mit seinen beiden Brüdern als ein neues Lehn erhielt. Nach seinem Tode besitzt es jetzt der Königl. Cammerherr Friederich Werner Graf von Podewils. S. Wussow. Ein Theil des Dorfs Varzin gehöret zu dem Rummelsburgschen Kreise, zu dem Schlaweschen aber werden 3$\tfrac{7}{12}$ steuerbare Landhufen gerechnet. S. Varzin unter den adelichen Gütern des Rummelsburgschen Kreises.

83. Vellin ein Rittersitz, ¾ Meile von Pollnow nordostwärts, 2 Meilen von Rummelsburg nordnordwestwärts, 2¼ Meilen von Schlawe gegen Süden und eben so weit von Bublitz nordnordostwärts, hat 2 Vorwerk, 1 Korn- und Schneidemühle, 1 Prediger, 1 Küster, 7 Bauern, 1 Schmiede, 25 Feuerstellen, eine zu der Schlaweschen Synode gehörige Mutterkirche, zu welcher das Dorf Warbelow eingepfarret ist, beträchtliche Holzungen, die in Eichen, Büchen, Fichten, Ellern und Birken bestehen, ergiebige Mergelgruben und Fischerey in 2 Seen und einigen Teichen. Vellin und Gutzmin sind alte Natzmersche Lehne. Das erste kam von Anton Christian von Natzmer an seinen Sohn Dubislav, der einen Theil des Guts Warbelow, so ein altes Massowsches Lehn ist, nach dem Vergleiche vom 21 May 1653, erblich von Rüdiger von Massow und einen andern Theil des Guts Warbelow, der ein Lettowsches Lehn ist, am 1 Februar 1724 erblich von Claus Albrecht von Lettow kaufte. Nach seinem Tode fielen die Güter Vellin und Warbelow seinem einzigen Sohne, dem Ritter des St. Johanniterordens, Carl Friederich von Natzmer zu, der auch das Gut Gutzmin nach dem Tode des Feldmarschalls Dubislav Gneomar von Natzmer als der nächste Lehnsfolger bekam und die Güter Vellin, Warbelow und Gutzmin seinem Schwiegersohne, dem Major Wolf Heinrich von Natzmer, abtrat.

84. Vettrin ¼ Meile von Pollnow gegen Süden, ist ein adelicher Hof und Vorwerk und zu Pollnow in der Schlaweschen Synode eingepfarret. Vettrin mit dem

dem dazu gehörigen Feldgute Selberg oder Selbur und Rozog (a) sind alles Glasenappsche Lehne, die von dem Commissarius Franz von Glasenapp 1738 an seinen Sohn Heinrich Andreas kamen. Nach dessen Tode wurden Wettrin und Rozog (a) nach dem Bescheide des Königl. Hofgerichts zu Cöslin vom 23 April 1772, seiner Wittwe Charlotta Amalia gebohrnen Zickelsheim, der nachmaligen Gemahlinn des Jürgen Philipp Ernst Freyherrn von Bodel, und nach dem solche in Concurs gerathen waren, am 26 November 1781 dem Hauptmann August Wilhelm von Below zuerkannt. Das Feldgut Selberg war bereits, am 18 Junius 1770 für das meiste Gebot von dem Königl. Hofgerichte zu Cöslin, dem Lieutenant Ewald Christian von Lettow zugeschlagen worden, der es wieder dem Obersten Friederich Ernst von Wrangel verkaufte.

85. Groß-Waldhof ein Vorwerk mit 2 Feuerstellen liegt 1¾ Meilen von Schlawe gegen Norden und ist zu Pennekow in der Stolpschen Synode eingepfarret. Dieses Vorwerk, welches mit dem Dorfe Pennekow das Patronatrecht gemein hat, ist mit den dazu gehörigen 2 Bauern in Thienen oder Thienen (b) und einem Bauer in Pennekow ein altes Belowsches Lehn. Es fiel nach dem Tode des Hauptmanns Caspar von Krockow seinem Sohne, dem Oberstlieutenant Hans Caspar von Krockow zu und wurde von demselben am 2 März 1745 dem Hauptmann Jacob Erdmann von Below, von diesem aber nach dem Vergleiche vom 25 October 1765 erblich dem Hauptmann Martin Ernst von Below verkauft.

86. Warbelow oder Varbelow gehöret größtentheils zu dem Rummelsburgschen Kreise, zu dem Schlaweschen aber werden $\frac{17}{32}$ steuerbare Landhufen gerechnet. S. Warbelow unter den adelichen Gütern des Rummelsburgschen Kreises.

87. Wussecken 2 Meilen von Schlawe südostwärts, an der Wipper, hat 1 Vorwerk, 6 Bauern, 1 Halbbauer, 4 Cossäthen, 1 Schulmeister, 1 Krug, 1 Schmiede, 19 Feuerstellen, wenige Fichten, Eichen und Ellernholzungen, Fischerey in einem See und in Teichen und ist zu Bartin in der Schlaweschen Synode eingepfarret. Das Gut Wussecken, zu welchem nach dem Theilungsvergleiche vom 10 November 1753 ein Antheil an der Rummelsburgschen Kornmühle, die Wiesen, Radecke genannt, so ehemals zu den Gütern Woblanse und Seelitz gehörten, ⅓ an der Seelitzschen und Woblanseschen Mühle und das mit den Gütern Woblanse und Seelitz gemeinschaftliche Patronatrecht über den Prediger und die Kirche zu Bartin gehören, ist ein altes Massowsches Lehn, welches der Fähnrich Anton Wilhelm von Massow besitzet. S. Cunsow unter den adelichen Gütern des Rummelsburgschen Kreises.

88. Wussow gehöret größtentheils zu dem Rummelsburgschen Kreise, zu dem Schlaweschen aber werden $2\frac{12}{32}$ steuerbare Landhufen gerechnet. S. Wussow unter den adelichen Gütern des Rummelsburgschen Kreises.

89. Wusterwitz ein Rittersitz 1 Meile von Schlawe südsüdwestwärts, an einem

Die adelichen Güter des Schlaweschen Kreises.

nem fischreichen See und nicht weit von der Grabow, in einer anmuthigen Gegend, die gegen Osten und Süden mit einem Walde umgeben ist, auf der Straße von Schlawe nach Pollnow, hat 1 Vorwerk in dem Dorfe, eine Korn- und eine Schneidemühle, 1 Ziegelen, 1 Prediger, 1 Küster, 1 Organisten, 13 Bauern, 2 Coßäthen, 16 Colonistenfamilien, 1 Krug, bey deßen Verlage die Herrschaft zu Wusterwitz, nach dem Bescheide der Königlichen Regierung vom 21 November 1746, wider den Magistrat zu Schlawe ferner geschützet werden soll, 1 Schmiede, auf der Feldmark des Dorfs 3 Vorwerke, Banow, das Mühlen- und Waldvorwerk genannt, 32 Feuerstellen, eine mit einer Orgel und guten Zierrathen versehene und zu der Schlaweschen Synode gehörige Mutterkirche, zu welcher das Dorf Deutsch-Puddiger als ein Filial gehöret und das Dorf Valentin eingepfarret ist, fruchtbaren Acker, gute Wiesen, die sämtlich gewäßert werden können, einen beträchtlichen Eichen- und Büchenwald, wie auch Fichten- Ellern- und Birkenholzungen, verschiedene Torfmoore zur Feuerung, Fischerey in Seen, Teichen und der Grabow, den Lachsfang in Clarenwerder zur Hälfte, da in die andere, nach dem Familienvertrage der Söhne des Schloßhauptmanns Adam von Podewils, die Güter Crangen, Sukow und Varzin sich theilen, und viele Baumalleen, durch welche nicht nur das Dorf selbst, sondern auch die Wege, die nach den umliegenden Oertern führen, ungemein verschönert werden. (*) Für die bey diesem Gute seit 1776 für 4850 Rthlr. königliche Gnadengelder vorgenommene Verbeßerungen, wovon die jährlichen Einkünfte nach dem Anschlage 437 Rthlr. 13 Gr. 4 Pf. betragen sollen, muß eine zu Gnadengehalten für adeliche Wittwen und Waisen bestimmte jährliche Abgabe von 97 Rthlr. von dem Besitzer dieses Guts bezahlet werden. Der Regierungsrath und Dekanus Adam von Podewils besaß die Güter Wusterwitz, Valentin und einen wüsten Hof in Deutsch-Puddiger als Podewilsche Lehne und hatte solche nebst den an seine Vorfahren pfandweise gekommenen übrigen Bauerhöfen in Deutsch-Puddiger, die Heydebrecksche Lehne sind, und einem Theil in Segenthin, der theils ein Heydebrecksches, theils ein Puttkammersches Lehn ist, von seinem Vater geerbet. Nach seinem Tode fielen diese Güter seinem Sohne, dem wirklichen geheimen Staatsminister Otto Christoph Grafen von Podewils zu, der sie, nach dem mit seiner Schwester, einer Gemahlin des Hauptmanns Marschall von Bieberstein am 22 September 1731 getroffenen Theilungsvergleiche, bekam, und das Heydebrecksche und Puttkammersche Lehn in Segenthin am 16 December 1751 dem Obersten und Amtshauptmann Carl Wilhelm von Kleist überließ. Dieser, welcher die übrigen Theile in Segenthin als Kleistsche Lehne von seinem Vater Hans Caspar und von seinem Großvater Friederich Wilhelm von Kleist geerbet hatte, verkaufte das ganze Gut Segenthin, nach dem Vergleiche vom 24 Junius 1763, dem Hauptmann Carl Caspar von Kleist. Nach dem Tode des geheimen Staatsministers Grafen von Podewils besitzet jetzt sein einziger Sohn, Friederich Heinrich Graf von Podewils die Güter Wusterwitz, Valentin und Deutsch-Puddiger.

(*) Eine ausführliche Nachricht von dem Gute Wusterwitz und insonderheit auch von dem vortrefflichen Altargemälde, welches sich ehemals in der Kirche daselbst befand, findet man in Johann Bernoulli's Reisen durch Brandenburg, Pommern, Preußen, Curland, Rußland und Pohlen rc. Leipzig 1779 in 8 im ersten Bande S. 99—121.

90. Zignitz ein adeliches Wohnsitz 1 Meile von Schlawe ostsüdostwärts und 2 Meilen von Stolpe südwestwärts, hat 1 Vorwerk, 1 unterschlägige Wassermühle, 7 Bauern, 3 Coßäthen, 1 Schulmeister, 1 Schmiede, auf der Feldmark des Dorfs ein neues Vorwerk, Birkenfelde genannt, und die Kathen, der Wipferkathen, Gänsekrug und Rullenburg genant, 23 Feuerstellen, Fischeren in einem See und 4 Teichen und ist ein zu Schlönwitz in der Schlaweschen Synode eingepfarrtes Dorf, welches durch die Wipper von den Dörfern Barvin und Suckow geschieden wird. Für die bey den Gütern Zignitz und Besow seit 1773 für 3600 Rthlr. königliche Gnadengelder vorgenommene Verbeßerungen, wovon die jährlichen Einkünfte nach dem Anschlage 479 Rthlr. 20 Gr. 9 Pf. betragen sollen, muß eine zu Gnadengehalten für adeliche Wittwen und Waisen bestimmte jährliche Abgabe von 72 Rthlr. von dem Besitzer dieser Güter bezahlet werden, welche alte Lehne der von Böhn sind. Ein Theil in Besow und 2 Bauern in Zignitz kamen von Matthias von Böhn, nach dem Theilungsvergleiche vom 22 September 1694, an seinen Sohn Jacob Paul, von diesem an seinen einzigen Sohn Matthias Friederich und nach deßen 1767 erfolgten Tode, nach dem Theilungsvergleiche vom 13 May 1768, an seinen einzigen Sohn Christian August von Böhn, der den Theil in Besow am 14 Januar 1773 dem Geheimen- und Landrathe Michael Ernst von Böhn verkaufte. Dieser, welcher einen andern Theil in Besow und den größten Theil des Guts Zignitz, den der Major Friederich von Böhn am 4 Julius 1709 dem Anton von Kleist auf 12 Jahre verkauft, George Christoph von Böhn aber, nach dem ihm von Anton Lorenz und George Friederich von Böhn abgetretenen Näherrechte, am 4 September 1716 wieder eingelöset hatte, von seinem Vater George Christoph von Böhn geerbet und die 2 Bauern in Zignitz am 19 May 1753 von Matthias Friederich von Böhn gekauft hatte, hinterließ die Güter Zignitz und Besow seinen beiden Söhnen, Ernst Ludewig und dem Lieutenant Adam Joachim Wilhelm Friederich von Böhn, die sich am 3 December 1773 also auseinander setzten, daß diese Güter dem Ernst Ludewig von Böhn zufielen.

91. Zirchow 1¼ Meilen von Pollnow nordnordwestwärts, 2 Meilen von Schlawe südwestwärts und 3 von Cößlin gegen Osten, an einem kleinen durch das Dorf fließenden Bache, worinn Forellen gefangen werden, hat 1 Vorwerk, 1 Korn- und Schneidemühle, 8 Bauerhöfe, 1 Küster, der zugleich Schulmeister ist, 1 Schmiede, 15 Feuerstellen, eine zu der Schlaweschen Synode gehörige Kirche, die ein Filial von Crangen und zu welcher das Dorf Latzig eingepfarret ist, Eichen- Büchen- und Fichtenholzungen und war ehemals ein Lehn der von Podewils zu Crangen. Der Hofrath Felix und Adam von Podewils verkauften es nebst dem Gute Zowen, nach dem Vergleiche vom 2 März 1692, zwar nur wiederkäuflich dem Joachim von Glasenapp, begaben sich aber am 9 Julius 1735 der Einlösung. Von Joachim von Glasenapp kam es an seinen Sohn Joachim und von diesem an seinen einzigen nachgelaßenen Sohn Friederich Ewald von Glasenapp, der das Patronatrecht über die Zirchowsche Kirche dem Grafen von Podewils zu Crangen abtrat und sich nur das Recht vorbehielt, den hiesigen Küster zu bestellen, das Gut Zirchow aber, nach dem Vergleiche vom 30 October 1769, wiederkäuflich auf 25 Jahre dem Major Claus Jürgen

Die adelichen Güter des Schlaweschen Kreises.

Jürgen von Zastrow verkaufte, dessen einziger nachgelaßener Sohn und Erbe, der Lieutenant Friederich Ludewig von Zastrow es jetzt besitzet.

92. Zowen 1½ Meilen von Pollnow nordnordwestwärts, eben so weit von Zanow südostwärts und 3 Meilen von Schlawe südsüdwestwärts, an einem Bache, der mitten durch das Dorf fließet, auf der Landstraße von Zanow nach Pollnow und Rummelsburg, hat 2 Vorwerke, 5 Bauerhöfe, 7 Feuerstellen, eine zu der Rügenwaldeschen Synode gehörige Kirche, die ein Filial von Kösternitz ist, Fichten- und Eichenholzungen und Fischerey. Ehemals lag nicht weit von diesem Dorfe ein Dorf, die Krütten genannt, so aus 8 Bauerhöfen bestand, wovon aber jetzt nichts mehr vorhanden ist. Das Dorf Zowen war ehemals ein Lehn der von Podewils zu Crangen. Es wurde von dem Hofrathe Felix und Adam von Podewils zugleich mit dem Gute Zirchow am 2 März 1692 auf 20 Jahre den Gebrüdern Joachim und Peter von Glasenapp verpfändet und von diesen am 31 März 1712 wiederkäuflich mit lehnsherrlicher Einwilliguug vom 19 März 1714 dem Hans Barthel von Walter verkauft. Nachdem die von Podewils sich am 9 Julius 1735 der Einlösung dieses Guts begeben hatten, fiel dasselbe nach dem Tode des Hans Barthel von Walter, nach dem Theilungsvergleiche seiner Kinder vom 11 März 1737, seinem Sohne, dem Fähnrich Heinrich Christian von Walter zu, der es nebst seiner Gemahlinn, Margaretha Elisabeth von Versen, am 23 October 1753 erblich dem Hauptmann Lorenz Weblig von Froreich verkaufte. Dieser vertauschte es, nach dem Vergleiche vom 9 April 1772, für das Gut Jüdenhagen (b) an seinen Bruder, den Major Richard Heinrich von Froreich, der es am 5 May 1772 seinem Sohne Ludewig Heinrich von Froreich abtrat.

VII. Der Stolpsche Kreis

gränzet gegen Norden an die Ostsee, gegen Osten an den Lauenburgschen, gegen Süden an den Bütowschen District, gegen Westen an den Rummelsburgschen und Schlaweschen Kreis und begreift

I. Eine Immediatstadt, nemlich:

Stolpe in alten Urkunden Ztulp, Slup und Stupz genannt, lieget nach der gemeinen Berechnung unter dem 54° 30′ der Breite und dem 34° 35′ der Länge, 3 Meilen von Schlawe, 5 von Rügenwalde, Bütow, Rummelsburg und Pollnow, 6 von Lauenburg, 7 von Zanow, 8 von Cößlin und 14 von Danzig, in einem von 3 Seiten mit ziemlich hohen Bergen umgebenen fruchtbaren und mit Wiesen angefüllten Thale, an dem Stolpflusse, der die Altstadt von der sogenannten Rechtstadt scheidet und mit einem geräumten Lauf, der auf 7 Meilen berechnet wird, zwo Meilen von der Stadt in die Ostsee fällt und bey Stolpmünde den Stolpschen Hafen macht. Der Umfang der Stadtmauer, welche ein irreguläres Dreyeck mit abgerundeten Winkeln bildet, beträgt 980 geometrische Schritte, jeden Schritt zu 5 Fuß Rheinl. gerechnet und die ganze innere Fläche 57950 dergleichen Quadrat-

Der Stolpsche Kreis.

Quadratschritte. In der Ringmauer befinden sich 4 Thore, als das Neuethor gegen Westen, 140 geom. Schritte davon das Holzen= oder Holstenthor gegen Norden und 205 geom. Schritte weiter das Schmiedethor gegen Morgen. Von hier zählet man 180 geom. Schritte bis zum Mühlenthor, das auf die Danziger Straße füh= ret und 355 geom. Schritte von dem oben erwähnten Neuenthore liegt. In den ältern Zeiten war die Stadt gegen die Einfälle der streifenden Pohlen gut befesti= get. Denn man siehet noch, an der von dem Flusse nicht umgebenen Seite, Wäl= le, Graben und vier Bastions und auch hinter dem Flusse noch einen Wall. Der Stadtwall ist mit einer Allee von Linden besetzt und das darauf erbauete Schützen= haus giebt demselben ein gutes Ansehen. Die Stadt wird in die Rechtstadt und in eine Vorstadt, welche die Altstadt genannt wird, eingetheilet. In jener befin= den sich sieben Hauptstraßen, als: die Lange= Mittel= Wollweber= Neuthorsche= Pa= radies= Hellen= und Holzenthorscher=Straße, und folgende Nebenstraßen, die Schmiede= Priester= Hinterstraße, die Buttergaße, die Petersilienstraße und einige andre Quer= gaßen, die keine besondre Namen haben. Obgleich diese Straßen zum Theil enge sind und sich krümmen; so sind doch darinn verschiedene recht gute und ansehnliche Häuser begriffen. In der Ringmauer zählet man 421 Häuser, auf der Altstadt und vor den Thoren aber 134 und also überhaupt 555 Häuser, die, mit Ausschließung der zur Altstadt königlichen Antheils gehörigen und besonders versicherten Häuser, jetzt in der Feuersocietät zu 153720 Rthlr. eingetragen sind. Die Anzahl der wirklichen Bürger beläuft sich jetzt auf 304, die Anzahl aller Seelen aber, wenn man die auf der Altstadt und vor den sämtlichen Thoren, ingleichen die zu dem Cadettenhause gehörige Personen mit dazu rechnet, die 3 Escadrons des Hohnstock= schen Husarenregiments aber, die nebst dem Stabe hier in Garnison liegen, davon ausschließet, auf 3686. Die Altstadt lieget an der Morgenseite der Rechtstadt und war vor der Anlage der Stadt die erste Burgwycke der Burg Stupz; daher sie mit Recht die Altstadt genannt wird. Der Umfang derselben ist größer als der Rechtstadt selbst; denn der Inhalt ihres Raums beträgt 79625 geom. Quadrat= schritte, worunter sich aber viele Gärten befinden, wovon sich die Einwohner großen Theils mit ernähren. Die Gerichtsbarkeit über die Altstadt stehet theils dem kö= niglichen Amte Stolpe, theils dem Magistrat zu. Derjenige Theil der Altstadt, der am nächsten bey der Stadt lieget, heißt die Töpferstadt und gehöret ganz so wohl zur Stadtgemeine, als zur Gerichtsbarkeit des Magistrats. Unter derselben stehen aber auch noch mehrere Häuser auf der Altstadt und mit Einschließung der Töpferstadt überhaupt 50, unter dem Amte aber 58, deren Versicherungssumme in der Feuersocietät jetzt 7565 Rthlr. beträgt, so daß also die ganze Anzahl der Häuser auf der Altstadt 108 ausmacht. Von der Stadt bis an das Ende der Töpferstadt werden 140 geom. Schritte und von da bis an den Radeberg, als das äußerste Ende der Altstadt, 300 derselben gezählet. Das Amt hat auf der Altstadt einen Schulzen bestellet, der denen, so zum Amte gehören, vorstehet, und des Magistrat unter seiner Gerichtbarkeit 2 Nachbaraltesten. In dem Jahre 1718 brannte die Altstadt ab und der König Friederich Wilhelm ließ sie wieder erbauen; weil man aber, um künftige Feuersgefahr zu verhüten, die Häuser nicht in einer Linie, sondern das eine hundert Schritte vor und das andre hundert Schritte zu=

Die Stadt Stolpe.

rück anlegte, so hat sie ein sehr unregelmäßiges Ansehen erhalten. In der Stadt mitten auf dem Markte stehet das Rathhaus, welches einen Thurm mit einer Schlageuhr hat. Es ist ein altes Gebäude und die darinn befindliche sehr geräumige Kaufmannsbörse dienet zu einem Denkmal von dem ehemaligen Flor des hiesigen Handels. Außer der Börse, den Rathsstuben und dem Archiv befinden sich in dem Rathhause noch die Königl. Accise, Hauptwache, Stadtwage, Rathsapotheke, des Oberdieners und des Gerichtsdieners Wohnung, das Feuersprützenbehältniß, die Gefängnisse und in einem Nebengebäude der Fleischscharren. Das ehemalige fürstliche Schloß ist in ein Kornmagazin verwandelt worden und dessen noch vorhandene Nebengebäude enthalten jetzt die Wohn- und Wirthschaftszimmer des königlichen Beamten.

Die große Pfarrkirche lieget beynahe in der Mitte der Stadt und wurde nebst 4 Hufen auf dem Stolpschen Stadtfelde 1311 von den Marggrafen von Brandenburg, Woldemar und Johann, dem hiesigen Jungfernkloster beygeleget. In den ältern Zeiten versahen daher die Prediger bey dieser Kirche zugleich den Gottesdienst in der ehemaligen Klosterkirche, jedoch so, daß darinn jährlich nur viermahl geprediget und das Abendmahl gehalten wurde. Bey der ersten großen Kirchenvisitation, die 1535 D. Johann Bugenhagen, Jakob Wobeser und Barthol. Suave hieselbst hielten, wurde verordnet, daß die Einkünfte der Klosterkirche mit den Einkünften der Pfarrkirche vereiniget und in dieser allein der Gottesdienst gehalten werden sollte. Weil aber solches dem Landesherren nicht anstand, wurde es in der nachher errichteten Matrikul ausgelassen, und die Klosterjungfern wählten sich, um die Einkünfte ihrer Kirche keiner andern zuzuwenden, eine Zeitlang einen eigenen Prediger, der den Gottesdienst in der Klosterkirche halten muste, bis endlich alle Klostereinkünfte Domainen wurden und die Stadtprediger nicht nur ihre Wohnungen, die sie in dem Probsthofe gehabt hatten, sondern auch die Einkünfte, so sie von der Klosterkirche genossen, verlohren. Die Länge der Pfarrkirche beträgt im Lichten 175 Fuß; das Schiff der Kirche ist 97 Fuß lang und das Gewölbe 56 Fuß hoch. Das Chor hinter dem Altar hat eine Länge von 47 und eine Höhe von 51 Fuß. Das übrige nimmt der Thurm ein, der von der Erde bis zur Spitze 184 Fuß hoch ist und eben so wie der Rathhausthurm eine Schlageuhr hat. In den gewölbten Seitengebäude des Thurms werden über der Sacristey das Archiv und die kleine Bibliothek der Kirche aufbehalten. Das Patronatrecht über diese Kirche, in welcher, nach dem von der Königl. Regierung am 11 May 1750 bestätigten Leichenreglement dieser Stadt, die Magistratspersonen mit den ihrigen, wie auch die Prediger und Schulcollegen mit deren Wittwen und Kindern ein freyes Begräbniß bekommen, kam von dem Abte zu Belbuck an den Landesherren, dem es nach der hiesigen Kirchenmatrikul vom 30 Junius 1590 zustehet; jetzt aber hat der Magistrat, nach dem mit dem Herzoge Bogislaus XIIII. zu Alt-Stettin am 20 December 1621 errichteten Vertrage, die Administration des Patronatrechts, so daß von ihm der Pastor nominiret, der Landesherrschaft zur Probepredigt vorgestellet und nach erfolgter Bestätigung vociret wird. Damit aber das Patronatrecht in der That dem Landesherren verbleibe: so soll in die schriftliche Vocation ausdrücklich mit eingerücket werden, daß der Magistrat den Pastor mit Einwilligung und Vorwißen und nach vorhergegangener Genehmigung und Bestätigung des Landesherren berufen habe. Nach eben diesem Vertrage stehet das Recht, die Kapelläne oder Diakonen bey dieser Kirche mit Zuziehung der Kirchenvorsteher und einiger aus der Gemeine zu wählen und zu berufen, ebenfalls den Bürgermeistern und dem Rathe zu, die sich aber weder in der Vocation des Pastors, noch in den Vocationen der Diakonen, Patronen nennen sollen. In den folgenden Zeiten wurde zwar das Recht des Magistrats, die Diakonen zu vociren, einigemahl in Zweifel gezogen, durch die Rescripte vom 18 Februar 1692, 19 Februar und 10 März 1742 aber bestätiget. Das zu dem königlichen Amte Stolpe gehörige Dorf Flinkow ist der Pfarrkirche eingepfarret, bey welcher ein Hauptpastor, der zugleich Präpositus der Stolpschen Synode ist, ein Archidiakonus und ein Diakonus bestellet sind. Nach der Kirchenbeßerung wurde der Pastor Jakob Hogensee, nach dem Vorschlage des D. Bugenhagen, zugleich zum Superintendenten mit einer Besoldung von 80 Gulden, die nunmehro auf 100 Gulden erhöhet sind und das fixirte Gehalt eines hiesigen Präpositus ausmachen, bestellet, und ihm das Recht verliehen, die Candidaten der Theologie in dem Stolpschen District zu examiniren und zu ordiniren. Ob nun gleich diese Superintendentur, nach Hogensees Tode, mit der Stettinschen verbunden wurde: so war doch das Recht, die Candidaten zu examiniren und zu ordiniren, bey der hiesigen Präpositur und dem Ministerium von der Zeit an bis zum Jahre 1691 unverrückt geblieben, in welchem daßelbe, nach dem Antrage des Generalsuperintendenten Heiler, durch das Rescript an die Hinterpommersche Regierung und das Consistorium vom 15 October 1691, dem hiesigen Präpositus abgenommen und dem Generalsuperintendenten beygeleget, auch demselben nochmals durch die Rescripte vom 17 November 1714 und 19 April 1717 bestätiget wurde. Die Stolpsche Synode ist die größte in Pommern und bestehet mit Einschließung des Präpositus aus 35 Predigern und 32 Kirchspielen, die in 3 Zirkel getheilet sind. Zu dem ersten gehören folgende Kirchspiele: die hiesige Pfarrkirche mit ihren Predigern, die Schloßkirche mit dem Filial Cublitz, die Petrikirche auf der Altestadt mit den daran stehenden 2 Predigern, Quackenburg mit dem Filial Wobeser, Zirchow mit dem Filial Culsow, Brüskow mit dem Filial Schwolow, Mützenow, Pustamin mit dem Filial Pennekow, Dünnow mit dem Filial Salleske, Arenshagen mit dem Filial Groß-Strellin, Wintershagen mit dem Filial Stolpmünde und Weitenhagen mit dem Filial Groß-Machmin; zu dem andern die Kirchspiele Veßin, Sageritz, Raths-Damnitz mit dem Filial Podewilshausen, Groß-Dübsow, Lupow, Mikrow mit dem Filial Cosemühle, Nossin, Budow, Alt-Kolziglow mit dem Filial Lubben, Zettin mit dem Filial Treblin und Waldow; und zu dem dritten die Kirchspiele Freist, Garde, Schmolsin, Rowe mit dem Filial Wobesde, Glowitz, Stojenthin, Zezenow, Schurow und Dammen. Die meisten Einwohner in den Kirchspielen Garde, Rowe, Schmolsin, Glowitz, Zezenow, Stojentin und Schurow reden die Cassubische Sprache, die auch noch von einigen in den Kirchspielen Dammen, Lupow, Mikrow, Nossin und Budow gesprochen wird. Die Prediger in diesen Kirchspielen müssen daher ihre Predigten und übrigen Religionsvorträge so wohl in der deutschen als cassubischen Sprache halten, so daß wenn der Gottesdienst in der einen Sprache geendiget ist, der in der andern sogleich

Die Stadt Stolpe.

gleich seinen Anfang nimmt. Da der Unterschied der reinen polnischen und cassubischen Sprache sich wie der hochdeutschen gegen die plattdeutsche verhält, und daher die Cassuben durchgehends die polnische Sprache verstehen, ob sie sie gleich nicht sprechen: so bedienet man sich zum Volksunterricht der Bibel und Lehrbücher in der polnischen Sprache. Die gegen Mittag an dem Ende der Stadt gelegene Schloßkirche war ehemals die Kirche des Mönchsklosters des Predigerordens, welches von dem Herzoge Mistiwin 1278 war gestiftet worden, bey der Kirchenverbeßerung aber bey einem Auflauf des Pöbels, wozu Joh. Amandus Gelegenheit gab, geplündert und gestöhret und mit allen seinen Gütern zu den landesherrlichen Einkünften eingezogen wurde. Der Ort, wo es gestanden hat, heißt noch der Münchhof, auf welchem das reformirte Predigerhaus, die reformirte Schule und ein Wittwenhaus für den lutherischen Schloßprediger befindlich sind, deren letzteres jetzt neu gebauet wird. Die Herzoginn Erdmuth ließ diese Kirche, die zwar stehen geblieben, aber wüste geworden war, für ihre Kosten wiederherstellen, am 24 Junius 1602 durch den Generalsuperintendenten D. Faber einweihen und um das Andenken ihres Gemahls, des Herzogs Johann Friederich, zu erhalten, die Johanniskirche nennen. Sie bestellte noch in demselben Jahre bey dieser Kirche einen Prediger, zu deßen Parochie die Herrschaft nebst ihren Bedienten und alle die auf der Burgfreiheit wohnten, gehörten, und bestimmte am 14 Junius 1612 mit Einwilligung der Herzoge Philipp, Franz, Bogislaus, George und Ulrich den jährlichen Unterhalt des Schloßpredigers, der ihm außer der freyen Wohnung auf dem Münchhofe in dem Hause, welches die Fürstinn hatte erbauen laßen, aus dem Amte Stolpe gereicht werden soll. Jetzt wird der luthersche Schloßprediger von dem Könige bestellet, dem das Patronatrecht über die Schloßkirche zustehet. Das Dorf Cubliz, das ehemals von dem Diakonis der Pfarrkirche als ein Filial derselben curiret wurde, 1612 aber einen eigenen Prediger erhielt, den die Fürstinn Erdmuth bestellte und am 29 September 1612 zum Unterhalte deßelben die Zinsen eines Capitals von 500 Fl. und einen Garten auf der Altstadt bestimmte, wurde zwar 1630 wieder als ein Filial der Pfarrkirche, 1676 aber als ein Filial der Schloßkirche, zu welcher es auch noch jetzt gehöret, beygeleget. Nachdem der Churfürst Friederich Wilhelm in dem Rescript an den Canzler von Krokow vom 20 May 1684 verordnet hatte, daß bey der hiesigen Deutschreformirten Gemeine, die bisher ihren Gottesdienst nur in einem Privathause gehabt hatte, Ditericus Farver zum Hofprediger bestellet und von den 200 Rthlr. die der Herzog von Croy dem lutherschen Schloßprediger vermacht hatte, 100 Rthlr. haben, die übrigen 100 Rthlr. aber der luthersche Prediger, so in der Schloßkirche prediget, genießen und beide Prediger in dieser Kirche mit den Predigten abwechseln solten: so wurde nach dem Protokoll vom 8 April 1685, das von dem Churfürsten Friederich zu Cölln an der Spree am 22 October 1693 bestätiget wurde, bey der feyerlichen Einführung des reformirten Gottesdienstes in der Schloßkirche, dieser Wechsel zwischen den Reformirten und Lutheranern in Ansehung der Vor- und Nachmittägigen Predigten vestgesetzet, jedoch so, daß demjenigen Theile, der communiciren wolle, allezeit die Frühpredigt, imgleichen den Reformirten an den ersten hohen Festtagen die erste Predigt gelaßen werden solle. Zugleich wurde auch ein reformirter Provisor bey der Schloß-

kirche

Der Stolpsche Kreis.

Kirche bestellet und durch das Rescript vom 11 Junius 1688 verordnet, einen von der reformirten Religion zum Vorsänger bey dieser Kirche anzunehmen, der auch das Vorsingen bey dem lutherschen Gottesdienste zugleich mit verrichten könne, und befohlen, solchen Vorsänger zu seinem Unterhalte jährlich 50 Rthlr. nebst demjenigen Gehalte, so bisher der luthersche Vorsänger gehabt hatte, aus den Amtseinkünften zu reichen. Außer der hiesigen reformirten Gemeine, die etwa aus 50 Familien bestehet, werden auch die reformirten Gemeinen in der Stadt Rügenwalde und den Colonistendörfern Coccejendorf und Wilhelminen zu gewißen Zeiten von dem hiesigen reformirten Prediger curiret, der nach dem Rescript vom 25 September 1697 allemahl den Character eines Hofpredigers führen soll und von dem Königlichen evangelischreformirten Kirchendirectorium in Berlin bestellet wird. Unter den 4 reformirten Kirchenvorstehern befindet sich der Rendant der Kirchencasse und Allmosenpfleger. Die Schloßkirche, in welcher auch die Garnison ihren Gottesdienst hält, ist ganz gewölbet, inwendig 93 Fuß lang, 28 breit und 50 Fuß hoch. Sie wurde von dem Herzoge von Cron mit einer schönen Orgel beschenket, 1779 mit einem neuen Dach versehen und inwendig so wohl als auswendig geweißet, wozu der König 1778 Rthlr. schenkte. Der sehr schmale aber ziemlich hohe Thurm, worinn 2 Glocken hängen, ist 1777 völlig ausgebeßert worden. An der Mittagsseite, der Kanzel gegen über, ist der mit Fenstern versehene Fürstenstuhl sehr erhaben gebauet, wohin man ehemals unmittelbar aus den fürstlichen Zimmern kommen konnte. An dem Altar befinden sich die schönen Gemählde des Herzogs Johann Friederich und seiner Gemahlinn Erdmuth, die kniend und betend unter dem Kreuze Christi vorgestellet werden. Vor dem Altar ist das fürstliche Begräbnißgewölbe, worin die Gebeine der Herzogin Anna und ihres Sohnes, des Herzogs Ernst Bogislav zu Cron ruhen. Der Eingang dazu ist mit einem Leichenstein bedecket, worauf jetzt der Communiontisch der Reformirten stehet. An der Mitternachtsseite nahe am Altar hängt an der Wand das kostbare marmorne Epitaphium der Herzoginn Anna, und an jeder Seite deßelben befindet sich eine genealogische Tafel. Das Denkmahl selbst ist eine schwarze marmorne Tafel zwischen zweyen sehr großen marmornen, künstlich gearbeiteten Säulen. Oben ist die Herzoginn auf einem Stuhl sitzend in weißen Marmor vorgestellet. In der linken Hand hält sie ein Buch, als ein Bild der Gottesfurcht, in der rechten aber Geld, als ein Zeichen der Mildthätigkeit gegen die Armen. Zur rechten sitzet ihr der Glaube und zur linken knäet die Hofnung. Unten auf der Tafel, die eine Innschrift mit goldenen Buchstaben enthält, liegt sie todt in Lebensgröße aus weißem Marmor gehauen. Das Denkmahl, welches der Herzog Ernst Bogislav von Cron sich selbst noch bey seinem Leben in dieser Kirche errichtet hat, befindet sich an der Mittagsseite nahe am Altar und bestehet aus einem zierlichen Bogengesimse von schwarzem Marmor, das von zween aus weißem Marmor gehauenen wilden Männern, der hölzerne Keulen in der Hand und einen weißen marmornen Wapenschild an das Knie gelehnet haben, getragen wird. Dieses Gesimse ist mit 2 weißen marmornen Wasen und in der Mitte mit dem Cronschen Wapen gezieret und bedecket eine Nische von 6 Fuß in der Tiefe, die vorn mit einem zierlichen 5 Fuß hohen eisernen Gitter verschloßen ist, deßen Laubspitzen vergoldet sind. An der Ruckwand dieses vertieften Monuments lieset man auf schwar-

zen

Die Stadt Stolpe.

jen Marmor, der eine große von weißem Marmor gemachte ovale Einfaßung hat, eine Innschrift mit goldenen Buchstaben. Hinter dem Gitter erblickt man den Herzog in Lebensgröße von weißem Marmor, wie er mit entblößtem Haupte, im Cuiras und Mantel sich auf das rechte Knie gesetzet hat und Augen und Hände betend gen Himmel erhebt. Das Gesicht wendet er gegen die Kirche und zu seiner rechten Hand stehet ein Pult von weißem Marmor, auf welchem ein aufgeschlagenes Buch liegt. Das ganze Denkmal ist ungemein sauber gearbeitet und nur zu bedauren, daß es durch die Länge der Zeit schon einige Beschädigung erlitten hat. Die St. Petrikirche liegt auf der Altstadt und hat nach der Matricul vom 7 Julius 1590 den Landesherren zum Patron, der den Pastor und Diakonus, als die beiden Prediger bey dieser Kirche bestellet, zu welcher die zu dem königl. Amte Stolpe gehörigen Dörfer Ritzow, Stantin und Labuhn, das Dorf Schmaatz, das theils adelich ist, theils der Stadt gehöret, und die adelichen Dörfer Nipnow, Jeseritz, Buckow, Granzin, Crampe, Plassow, Cussow, Gumbin, Criwan, Scharschow, Lübzow und Carzin und die der Stadt Stolpe gehörige Walkmühle eingepfarret sind. Davon gehören die Dörfer Scharschow, Lübzow, Carzin und Labuhn zur Gemeine des Diakonus, die übrigen aber sämtlich zu dem Pastorat. Nach der angeführten Kirchenmatricul waren auch die Dörfer Roggatz und Schwuchow zu dieser Kirche eingepfarret, es wurden aber solche nach der Verordnung des Herzogs Johann Friederich vom 10 October 1590 der Freistschen Kirche beygeleget. Ehemals war noch eine Katharinenkirche auf der Altstadt, die bey der Reformation für überflüßig befunden und abgebrochen wurde.

Die hiesige Cadettenschule ist eine vortrefliche Stiftung Sr. Königlichen Majestät. Sie war bald nach dem großen 7 jährigen Kriege von dem Monarchen beschloßen worden und kam im Jahre 1769 den 1ten Junius völlig zu Stande. Damals war sie nur auf 48 unbemittelte junge Pommersche Edelleute eingerichtet, die darinn völlig frey und unentgeldlich unterrichtet und unterhalten werden sollten. Doch schon im Jahre 1777 geruhete der König, diese Anstalt zu erweitern, um noch mehrere, bey der Weitläuftigkeit der Provinz, der Wohlthat der Aufnahme theilhaftig zu machen. Es wurden daher 2 nebenstehende Bürgerhäuser gekauft, niedergerißen und das auf diesen Stellen aufgeführte Gebäude, das an der Ecke der langen Straße nahe bey dem Schloße liegt, mit dem vorhin errichteten dergestalt verbunden, daß beide nun ein Ganzes ausmachen. Kaum war der neue Bau fertig: so wurden noch andre 48 junge Edelleute zu der ersten Anzahl hinzugethan, daß also von dieser Zeit an immer 96 adeliche Zöglinge in dieser Pflanzschule unterhalten worden sind. In dem Hause sind ein großer Speisesaal, 26 Stuben, 22 Kammern und 2 Küchen. Die Cadets und ihre Lehrer bewohnen davon 12 Stuben und 12 Kammern, die übrigen sind theils für den Director, theils für die Officianten und Bedienten des Hauses, theils zu Lehrstunden für die Tanzmeister und französischen Sprachmeister eingerichtet. Auf jeder Stube und Kammer wohnet ein Lehrer mit 8 Cadets, welche letztere in der Kammer, jeder in einem besondern Bette, schlafen. Außer diesem Hauptgebäude ist für königliche Kosten ein besonderes Haus mit 6 Stuben, 6 Kammern und einer Küche erbauet. Darinn wohnt der

der Oekonomus, und weil es zugleich für die Kranken bestimmt ist, auch der Chirurgus nebst den Krankenwärtern. In diesem Lazareth werden die kranken Cadets nicht allein mit Arzneymitteln versehen, sondern auch mit Krankenspeisen aufs beste versorgt und gepfleget. Die Erfordernisse zu der Aufnahme in diese Anstalt sind, daß einer ein unbemittelter Pommerscher Edelmann ist und schon sein achtes Jahr zurück geleget hat. Junge Edelleute aus andern Provinzen und Pensionairs werden nicht aufgenommen. Die Befehle zur Aufnahme ertheilt entweder der König selbst, oder der Chef des Berlinischen großen Cadettencorps, von welchem es die sechste Compagnie ausmacht und daher auch mit demselben einerley Uniform trägt, die in einem blauen Rocke mit rothen Rabatten, Kragen und Aufschlägen, einer Poillerweste und Beinkleidern bestehet. Weder bey ihrer Aufnahme, noch sonst darf das geringste an das Cadettenhaus bezahlet werden, sondern jedem wird alles, was er zu seiner Kleidung, Unterhalt und Unterricht nöthig hat, umsonst geliefert. Außer dem Director, der allemahl ein verdienstvoller Officier ist, befindet sich kein andrer Officier bey dieser Anstallt, weil die Cadets darinn noch nicht zu militairischen Uebungen, sondern bloß zur Erwerbung nützlicher Kenntnisse angehalten werden. Zu diesem Ende werden 12 Candidaten der Theologie, als ihre Hofmeister und Lehrer, gehalten, deren jeder 8 Cadets unter seiner besondern Aufsicht hat, und dafür nebst freyen Tische, Wäsche, Wohnung, Holz, Licht und Aufwartung, monatlich 8 Rthlr. an Gelde erhält. Außer diesen sind noch 3 Sprachmeister und 2 Tanzmeister, jeder mit einem monathlichen Gehalte von 12 Rthlr., angesetzet, sie haben aber keine Wohnung im Hause. Die Bestellung dieser Lehrer und der andern Officianten hängt von dem jedesmaligen Chef des Berlinschen Cadettencorps ab, bey dem sie von dem Director der hiesigen Anstallt in Vorschlag gebracht werden. Der Unterricht geschieht in verschiedenen Classen. In den untern werden sie im Lesen, Schreiben, Rechnen, in den Anfangsgründen der Historie und Geographie unterwiesen; in den übrigen aber zur genauern und weiteren Kenntniß der letzt erwähnten sowohl, als der Ortho- und Kalligraphie, der Arithmetik und Geometrie, zum Briefstyl und zur französischen, wie auch lateinischen Sprache angeführt. Der Unterricht in der Religion wird ihnen Mittwochs und Sonnabends Vormittags ertheilet: so wie des Nachmittags die Uebungen im Tanzen angestellet werden. Ueberhaupt werden die Zöglinge, da sie zu Militairdiensten bestimmet sind, auch dieser Absicht gemäß erzogen und daher zur genauesten Ordnung, Regelmäßigkeit und Unverdrossenheit, zum Fleiß und pünktlichen Gehorsam und zu solchen Uebungen angehalten, wodurch der Körper eine Art von Festigkeit erhält. Des Morgens stehen sie um 6 Uhr auf, ziehen sich reinlich und sauber an, versammlen sich darauf um 7 Uhr, da dann nachgesehen wird, ob sie sich rein gewaschen und wohl angezogen haben. Hierauf wird von einem der Hofmeister, an dem die Reihe ist, eine Betstunde gehalten und nach ihrer Endigung das in einem ganzen Zwieback bestehende Frühstück jedem ausgetheilet. Von 8 bis 11 Uhr währen die ordentlichen Lehrstunden. Mittags speisen sie mit ihren Lehrern im großen Speisesaal an gedeckten Tafeln und bekommen, so wie auch des Abends, 2 Gerichte, die nach den Jahreszeiten verändert und abgewechselt werden, wöchentlich aber zwey mahl Braten, und an diesen Tagen auch reine Tischtücher mit reinen Servietten. Um 2 Uhr Nachmittags nehmen

Die Stadt Stolpe.

nehmen die Lehrstunden wieder ihren Anfang und endigen sich um 5 Uhr. Wenn es irgends die Witterung erlaubt, werden sie darauf von 2 Hofmeistern, die auf ihr Betragen und auf gute Ordnung acht zu geben haben, spazieren geführet. Um 7 Uhr wird zu Abend gegessen und hernach von dem Hofmeister, den die Ordnung auf diesen Tag dazu bestimmt, ein Abendgebet verrichtet. Um 9 Uhr gehen die Cadets zu Bette, und eben derselbe Hofmeister, der gleichsam du jour ist und an diesem Tage die Oberaufsicht hat, muß in allen Kammern nachsehen, ob sie zu Bette sind, und ihre Lichter gehörig ausgelöschet haben. Im Sommer wohnen die Cadets in der Schloßkirche dem Gottesdienste bey, im Winter aber wird derselbe in dem Speisesaal gehalten, worinn ein Hofmeister nach der Reihe prediget. Nach dem Tischgebete wird jedesmahl ein Lied gesungen. Haben die Cadets das 13te oder 14te Jahr erreicht, so werden sie an das Berlinsche Cadettencorps, schlechterdings aber nicht an ein Regiment von hier abgegeben. Die Bestimmung der Zeit ihres hiesigen Auffenthalts hängt nicht von den Aeltern oder Vormündern, sondern von dem Chef des Berlinschen Cadettencorps und dem hiesigen Director ab. Das von Seiner Königlichen Majestät zur Unterhaltung dieser Anstalt angewiesene jährliche Capital, bestehet aus 11650 Rthlr. Die neben der Pfarrkirche gelegene große lateinische oder Rathsschule war schon zu den Zeiten des Papstthums berühmt und Siegfried Bock, Henning Iven und Bartholomäus Suave, die sämtlich Bischöfe zu Cammin waren und vorher die Canzlerwürde bekleidet hatten, haben den Grund ihrer Kenntniße in der Stolpschen Schule gelegt, welcher nach der hiesigen Kirchenmatricul vom 30 Junius 1590 der Caland zugeordnet wurde. Das jetzige mit einem kleinen Thurm versehene Schulgebäude wurde 1599 von Steinen erbauet und in 3 Stockwerke abgetheilet. In dem untersten ist ein großer gewölbter Hörsaal, in dem mittleren ein kleinerer und in dem obersten befanden sich ehedem Wohnungen für die Schullehrer. Die Schule ist in 4 Classen eingetheilet, worinn 4 Lehrer, als der Rector, Conrector, Cantor und Praeceptor in abwechselnden Stunden bald in dieser, bald in jener Classe die vorgeschriebenen Lectionen treiben. In den ältesten Zeiten waren nur 3 Schulcollegen, seit 1545 aber sind jederzeit vier und von 1552 bis 1561 so gar 5 gewesen. Die Besoldungen der Schullehrer waren den damaligen Zeiten gemäß; denn der Rector bekam 50 Fl., die 2 folgenden Collegen theilten sich 60 Fl. und der vierte erhielt 20 Fl. In nachmaligen Zeiten sind verschiedene Vermächtnisse, als das Hebronsche, Astmannsche, Langensche, Klempzensche, Gerdesche, Tessensche, Kleistsche, Güntersbergische, Scholastsche, Maesische, Schwallgsche, und ein Ackervermächtniß, dessen Stifter unbekannt ist, entstanden, wovon die jährlichen Zinsen, die zusammen zu 5 pro Cent gerechnet 76 Rthlr. 22 Gr. betragen, jetzt fast zu gleichen Theilen unter die Schullehrer vertheilet werden. Aus der Kirchencasse wird der Rector, der außerdem noch von der Cämmerey eine jährliche Zulage von 20 Rthlr. bekommt, mit 60 Rthlr., der Conrector mit 50 Rthlr., der Cantor mit 33 Rthlr. 8 Gr. und der Praeceptor mit 20 Rthlr. besoldet. Nach dem Rescript vom 12 May 1774 erhielten die Lehrer zur Aufmunterung ihres Fleißes noch aus königlichen Cassen eine jährliche Zulage von 150 Rthlr., wovon dem Rector 50, dem Conrector 40, dem Cantor 35 und dem Praeceptor 25 Rthlr. beygeleget wurden. Das Patronatrecht über die Schule

[Yyyyy 2] stehet

stehet dem Magistrat zu, der nach dem oben angeführten Vertrage mit dem Herzoge Bogislaus XIIII. vom 20 December 1621, mit Zuziehung des Pastors, als des Ephorus der Schule, die vorher von demselben geprüften Lehrer wählet und beruft, die hienächst von dem Stadtsyndikus zu ihren Aemtern eingeführet werden. Die Stipendien für die studirende Jugend sind: 1) Das von Hebronsche, welches von dem Kaiserlichen Obersten und Erbherrn der Güter Damnitz und Carstnitz, Daniel von Hebron oder Hepburn, herrühret und jetzt in einem Capital von 3180 Rthlr. bestehet. Dieses Stipendium wird 2 Studirenden, als einem von Adel und einem vom bürgerlichen Stande, der in der Stadt Stolpe gebohren ist, auf 4 Jahre von der königlichen Regierung ertheilet, nachdem die von Hebronsche Erben, die ehemals das Recht hatten, dasselbe zu vergeben, ausgestorben sind. Die Rechnung wird von einem bestellten Rendanten geführet und von dem königl. Consistorium in Stettin abgenommen. 2) Das von Massow-Güntersbergsche, welches von des Valentin von Güntersberg Wittwe, Barbara gebohrnen von Massow, in ihrem Testamente vom 4 März 1629 gestiftet wurde und jetzt ein Capital von 1113 Rthlr. 11 Gr. 9 Pf. beträgt, wovon die Zinsen von den Erben des Oberpräsidenten von Massow zu Woblanse, nach dem zwischen dem Magistrat zu Stolpe und den Söhnen des Landraths Caspar Ewald von Massow zu Stolpe am 24 November 1705 errichteten Vergleiche, den auf Universitäten studirenden Nachkommen des Jacob von Massow, und, wenn dergleichen nicht vorhanden sind, keinem andern, als der aus der Stadt Stolpe gebürtig ist, vorzüglich aber denenjenigen Stolpschen Stadtkindern, deren Väter den Erben der Stifterinn als Advocaten oder Consulenten gedienet haben, wenn sie sich auf Akademien oder einem akademischen Gymnasium befinden, auf 3 Jahre ertheilet werden sollen. Neuerlich ist das Capital dieser Stiftung von den Erben an den Magistrat bezahlet worden und wird daher auch von demselben administriret. 3) Das Spechtsche oder Zandersche, welches von der Ehegattinn des Präpositus Specht, Dorothea Maria gebohrnen Zander, in ihrem zu Cöslin am 21 October 1759 errichteten Testamente gestiftet wurde. Sie hatte darinn zu einem Stipendium 1000 Rthlr. vermacht, wovon aber, nachdem durch den Rechtsspruch vom 6 Julius 1763 die Bezahlung in schlechtem Brandenburgschen Gelde festgesetzet worden ist, nur 709 Rthlr. 4 Gr. an gutem Gelde übrig geblieben sind. Die Zinsen davon werden, nach dem Inhalte der Stiftung, 2 armen studirenden bürgerlichen Standes und lutherischer Religion, wenn sie sich auf Universitäten befinden, ohne Unterschied, sie mögen die Theologie oder die Rechtsgelahrtheit studiren, von dem Magistrat und dem Präpositus ertheilet. 4) Das Kamekensche oder Damitzsche, welches aus dem zu Stolpe am 18 Julius 1729 von des Amts-Hauptmanns Henning von Kameke Wittwe, Sophia Elisabeth von Damitz, errichteten Testamente herrühret. Das darinn für die studirende Jugend vermachte Capital von 1000 Rthlr. ist nach dem mit den Testamentserben errichteten und durch den Bescheid des königl. Consistorium vom 17 May 1735 genehmigten Vergleiche, auf 600 Rthlr. herunter gekommen. Die jährlichen Zinsen davon werden zu 6 pro Cent halb einem adelichen von der nächsten Verwandschaft der Stifterinn, und wenn ein solcher nicht vorhanden ist, einem andern von Adel, und halb einem bürgerlichen aus Stolpe auf 4 Jahre von dem Magistrat und dem Präpositus, als den

Curato-

Die Stadt Stolpe.

Curatoren dieser Stiftung, angewiesen. 5) Das Schwallysche, das von dem Kaufmann und Braueraltesten, Johann Jakob Schwally, den Namen führet und von ihm in seinem letzten Willen vom 8 May 1720 nebst einigen andern milden Stiftungen verordnet worden ist. Das Capital des Stipendium bestehet in 300 Rthlr., wovon die jährlichen Zinsen zu 6 pro Cent mit 18 Rthlr. einem Stolpischen Bürgerkinde lutherischer Religion, oder in Ermangelung desselben einem andern, so studiret und wirklich auf der Universität ist, auf 3 Jahre von dem Magistrat und dem Präpositus ertheilet werden. 6) Das Lehmannsche, das von dem Bürgermeister, George Lehmann und dessen Ehefrau Margaretha Wolffen, zu Stolpe am 14 Februar 1652 gestiftet worden ist und in einem Capital von 300 Fl. oder 200 Rthlr. bestehet. Davon werden jährlich 10 Rthlr. aus der Cämmerey einem auf der Universität studirenden aus der Stadt, vorzüglich aber einem von der Verwandschaft der Stifter, auf 3 Jahre von dem Magistrat gegeben. Die Armenschule wurde in dem Anfange dieses Jahrhunderts von dem Archidiakonus bey der hiesigen Pfarrkirche, M. Polycarpus Elias Husland gestiftet und ist von Zeit zu Zeit durch Geschenke und milde Beyträge in so gute Umstände versetzet worden, daß jetzt darinn alle Kinder, die nicht im Stande sind, das Schulgeld zu bezahlen, umsonst unterrichtet werden. Hiernächst finden einige Mädchen, deren Zahl 20 seyn kann, im Nähen, Stricken, Waschen ꝛc. ebenfalls bey einer dazu gesetzten Lehrerin freyen Unterricht. Außer demjenigen Gelde, das die Armenschule schon von vielen Jahren her durch eine Büchse, die man bey Hochzeiten herumgehen läßet, und durch eine andre 1765 mit Einwilligung der Kaufmannschaft auf der Münde angelegte, erhält, die bey jeder Abrechnung mit den Schiffern zum freywilligen Beytrage dargeboten wird, wurden auch 1770 sechs Knaben, die man mit Kleidung und Büchern unterhält, bestellet, daß sie nach Art der Currendeschüler, wöchentlich einen zweymaligen Umgang in der Stadt haben und für die Armenschule sammlen können. Die Lehrer derselben werden, nach dem Commissionsprotocoll vom 25 Junius 1742, von dem Magistrat, jedoch mit Zuziehung und Beystimmung des Präpositus berufen, der sowohl auf die Lehrer als die Armenkinder, so er annimmt, genau Acht geben, die Schule fleißig besuchen und bey den Rechnungen, die von einem besondern Provisor geführet und von dem Magistrat quitiret werden, die nöthigen Erinnerungen machen muß. Auf die Bitte des Magistrats ertheilten die Königl. Krieges und Domainencammer am 23 November 1770 und das geistliche Departement zu Berlin am 23 May 1771 ihre Einwilligung, daß die wüste Nikolai oder ehemalige Klosterkirche, deren bereits in einer Urkunde von 1276 gedacht wird, worinn der Herzog Mestwin den erblichen Besitz der Mühle bey dieser Kirche unter gewißen Bedingungen dem Heinrich von Werelberg ertheilet, für die Armenschule nutzbar gemacht und eingerichtet werden könne. Der König schenkte zu diesem Bau 500 Rthlr. und am 24 Julius 1771 wurde der erste Stein zu diesem Gebäude gelegt, welches in 3 Stockwerken bestehet, 100 Rheinländische Fuß in der Länge, 30 in der Breite und einen Thurn, dessen Höhe 90 Fuß beträgt, oben eine Gallerie am ein flaches Dach und an jeder Ecke eine gemauerte mit einer Vase gezierte Mauerspitze hat. In der deutschreformirten Schule wird der Unterricht der Jugend von dem Cantor besorget. Hiernächst ist noch eine lutherische deutsche Schule, worinn ein Schulmeister

meister Kinder beyderley Geschlechts im Lesen, Schreiben und Rechnen unterrichtet. Dieser Schule, über welche der Präpositus die Auffsicht führet, hat die D. Astmann ein Haus in der Butterstraße vermacht.

Das Jungfernkloster wurde, nach dem in der Matricul des Klosters zu Belbuck, dem das Patronatrecht darüber gehörte, aufbehaltenen und in dem Jahre 1288 an dem Tage des heiligen Apostels Bartholomäus ausgefertigten Stiftungsbriefe, mit Einstimmung des Herzogs von Polen Primislaus, von dem Pommerschen Herzoge Mistiwin gestiftet, der diesem Kloster des Prämonstratenserordens die St. Peterskirche in Stolpe, die St. Marienkapelle auf der hiesigen Burg und die St. Stanislauskirche zu Garde mit allen ihren Zehnten und Zubehörungen, die Dörfer in der Stolpschen Castellaney, als Biachou, Rithzou, (Rithow) Rezeou, Ridmon, Bibimon und Bidmo, Miueron, Galanzinon (Gallenzin) und Mislineuo mit der Befreyung von allen weltlichen Abgaben, drey freye Garnzüge, als einen in dem Gardeschen und 2 in dem Lebasee und die Mühle zwischen der St. Nikolaikirche und dem Dorfe Biachou beylegte. Diese Stiftung wurde 1298 von dem Könige von Polen und Herzoge von Pommern, Wladislaus, der dem Kloster das Dorf Flinkow tauschweise vor das Dorf Mixeron abtrat, und 1294 von dem Erzbischofe von Gnesen, Jakob II. bestätiget, indem der letztere nicht nur dem Kloster den Besitz der ihm beygelegten Kirchen nebst den zu denselben gehörigen Dörfern, als Charino, (Garrin) Lubun, (Labuhn) Stanthino, (Stantin) Wobasdo, (Wobesde) Bukowa, (Bukow) Seliso, (Silesen) Strelino (Strellin) und Wlinco (Flinkow) versicherte, sondern auch demselben die zu der erzbischöflichen Tafel gehörigen Zehnten von den Dörfern Sibzino, (Sebbin) Widmo, Glauzin und Mislineuo abtrat. Die Marggrafen von Brandenburg, Woldemar und Johann, schenkten nach einem zu Brünneken 1311 an dem nächsten Sonntage nach dem Feste des Erzengels Michael ertheilten und von dem Pommerschen Herzoge Wartislaus zu Anklam 1323 an dem Tage des Papstes und Märtyrers Urban bestätigten Gnadenbriefe, dem Kloster die Kirche in der neuen Stadt Stolpe mit 4 Hufen auf dem Stolpschen Stadtfelde und das Dorf Staneßin mit 16 dabey gelegenen Hufen, wiesen den Klosterjungfern einen Platz in der Stadt Stolpe zur Erbauung eines neuen Klostergebäudes an, legten dem Probste des Jungfernklosters die Präpositur in dem ganzen lande Stolpe bey und verordneten, daß wenn der Magistrat und die Bürgerschaft ein Haus zum heil. Geist in der Stadt zu erbauen beschließen sollten, der Abt und Convent zu Belbuck und der Probst und die Klosterjungfern zu Stolpe die Genehmigung dazu ertheilen und von diesen auch der Gottesdienst darinn verrichtet werden sollte; wofür das Kloster den Marggrafen alle Zehnten, die es bisher von dem Stolpschen Felde und den der Stadt beygelegten Dörfern erhalten hatte, und alle Mühlen auf dem Stolpefluß überließ. Die Einkünfte des Klosters wurden dadurch ansehnlich vermehret, daß nicht nur die Gebrüder Peter und Staße von Schmolsin demselben, nach der von dem Herzoge Wartislav dem jüngern auf dem fürstlichen Schloße zu Altschlage 1383 an dem Tage der heil. Märtyrer Fabian und Sebastian ertheilten Bestätigung, ihre Güter Kierske oder Kerskle, Stojentin, Schlochow, die Mühle zu Chmelenz und die Mühle zu Kierske und den halben Gardeschen See nebst einigen

Gerech

Die Stadt Stolpe.

Gerechtigkeiten an andern Seen verkaufen, sondern auch das in dem Dorfe Gallenzin befindliche Jungfernkloster, welches zur Zeit des Krieges, um mehrerer Sicherheit willen, auf dem sogenannten Ciegenhaghen nicht weit von der Stadt und bald nachher in dieselbe war verlegt worden, mit Einwilligung des Raths und der Gemeine mit dem hiesigen Jungfernkloster vereiniget wurde. Die Stadt gab diesem vereinigten Kloster 8 auf der Stadtfreiheit gelegene Hufen nebst einigen Wiesen und Kämpen in dem Ciegenhaghen und bey dem Schwarzensee, damit die 3 Priester an der Pfarrkirche, von welchen der oberste Pastor zugleich Probst des Klosters war, in dem Probsthofe des Klosters freye Wohnung, Kost, Feuerung und andre Hebungen genießen und alle Kirchendienste bey der Stadt und dem Kloster versehen sollten. Ob nun gleich auf dem Landtage zu Treptow 1534 war festgesetzet worden, daß das Stolpsche Jungfernkloster nebst den Jungfernklöstern zu Marienfließ, Bergen, Verchen und Colberg in wesentlichem Stande sollte erhalten werden und bey der 1535 von D. Johann Bugenhagen hieselbst gehaltenen Kirchenvisitation war beschloßen worden, daß alle dem Kloster zugehörige Kirchengüter, außer den Landgütern der Nonnen, als: Garde oder Kieröke nebst dem halben Garbeschen See und der Kapelle auf dem Revekol, die einige Jahre vorher war abgebrochen worden, Schlochow, Stojentin nebst der Chmelenzschen Mühle, Horst, Starkow, Mühenow, Gallenzin, Weddin, Stantin, Flinkow, Ritzow und Seddin, bey dem Kirchenamte bleiben sollten: so war doch in dem bald darauf erfolgten Visitationsbescheide oder der Marricul nichts davon erwähnet worden und die sämtlichen Klostergüter wurden 1569, so sehr sich die Stadt auch dawieder setzte, zu den landesherrlichen Domainen gezogen, wovon man den Klosterjungfern jährlich gewiße Einkünfte bestimmte. Seit der Reformation sind bis auf den heutigen Tag in diesem Kloster nur 9 Zellen gewesen, ohngeachtet in der alten Klosterordnung von 1569 war verordnet worden, in einem jeden der oben genannten 5 Klöster 10 Jungfern zu unterhalten. Die Landstände verlangten zwar daher, nach ihrer Vorstellung vom 26 September 1654, von der letzten Pommerschen Fürstinn Anna, noch 11 Klosterzellen in Stolpe zu erbauen und die Prabenden aus den Cammergütern zu reichen. Weil aber das Amt Stolpe dieser Prinzeßinn eben so wie vorher der Prinzeßinn Erdmuth zu ihrem Leibgedinge angewiesen und solches auch nach ihrem Tode ihrem Sohne, dem Herzoge von Croy, für das dem Churfürsten Friederich Wilhelm abgetretene Bißthum Cammin, zur Entschädigung war versprochen worden: so wollte sie durchaus ihre Einwilligung nicht dazu geben und bat, das Amt Stolpe mit dem Unterhalte von 20 Jungfern nicht zu belästigen. In der großen Feuersbrunst von 1665 wurde das Kloster in die Asche geleget, 1673 aber die Wiedererbauung desselben angefangen, wozu der Churfürst Friederich Wilhelm das Bauholz, der Herzog von Croy 1000 Rthlr., die Stolpsche Ritterschaft 1200 Rthlr. und die Landstände 200 Rthlr. schenkten. Aus dem Wollinschen Landtagsabschiede vom 23 May 1569 ist zu ersehen, daß dieses Kloster zwar eigentlich für Jungfern adelichen Standes bestimmt ist, jedoch die Städte davon nicht gänzlich ausgeschloßen seyn sollen. Es sind daher ehemals auch mehr, als eine Klosterstelle, zugleich mit bürgerlichen Jungfern besetzt gewesen; jetzt aber befinden sich in diesem Kloster mit Einschließung der Priorin

acht

acht adeliche Jungfern und nur eine vom bürgerlichen Stande. Nach der bisherigen Gewohnheit wird zu einer erledigten Klosterstelle diejenige, so die älteste Anwartung hat, von Sr. Majestät dem Könige oder dem Staatsrathe in Berlin durch ein Rescript an die königliche Regierung, der die Oberaufsicht über dieses Kloster zustehet, zu der erledigten Stelle einer Priorin aber, nach Maaßgabe der Rescripte vom 21 December 1757, 30 April 1761 und 29 December 1776, die älteste Conventualinn ernannt. Die Priorin erhält jährlich an baaren Gelde mit Einschließung desjenigen, so für die Butter bezahlt wird, 18 Rthlr. 6 Gr., 6 Scheffel 12 Metzen Roggen, 6 Scheffel 12 Metzen Gerste und 1⅜ Gränzen Holz, und eine jede der 8 Conventualinnen an baaren Gelde, mit Einschließung des Geldes für 1⅜ Achtel Butter, 13 Rthlr. 14 Gr., 6 Scheffel 12 Metzen Roggen, 6 Scheffel 12 Metzen Gerste und eine Gränze Holz. Außerdem haben die 9 Conventualinnen die Accisefreiheit und einen Garten. Das Holz, welches sie bekommen, wird in den königlichen Forsten des Amts Stolpe angewiesen und von den Amtsbauern geschlagen und gefahren, denen das Schlagerlohn aus der Amtscasse bezahlet wird. Ueberhaupt werden in dem Etat des Amts Stolpe für die 9 Klosterconventualinnen jährlich 202 Rthlr. 14 Gr. in Ausgabe gebracht, worunter aber das Korn, Holz, die Butter und der Garten mit begriffen sind, so daß, da nach dem Cammeranschlage der Scheffel Roggen zu 12 Gr., der Scheffel Gerste zu 10 Gr., die Gränze Holz zu 1 Rthlr. 16 Gr., das Achtel Butter zu 3 Rthlr., der Garten der Priorin zu 12 Gr. 10 Pf. und der Garten einer jeden Conventualinn zu 10 Gr. 10 Pf. gerechnet werden, die jährliche Hebung, wenn man solche nach diesem Anschlage, an Gelde bestimmen wollte, für die Priorin, außer der Accisefreiheit, 27 Rthlr. 11 Gr. 4 Pf. und für eine jede Conventualinn 21 Rthlr. 11 Gr. 4 Pf. betragen würde. Auf die Bitte der Priorin entschloßen sich Se. Majestät der König, nach dem Cabinetsbefehl vom 1 November 1774, die jährlichen Einkünfte der 8 adelichen Conventualinnen und zwar einer jeden derselben mit 40 Rthlr. zu vermehren. Die dazu jährlich ausgesetzten 320 Rthlr. sind auf einen Theil der Zinsen von denenjenigen Geldern angewiesen worden, die von verschiedenen Besitzern adelicher Güter in Pommern für die bey denselben für königliche Gnadengelder vorgenommene Verbesserungen bezahlet werden müssen, und werden nach dem Rescript vom 24 März 1777 von der Pommerschen Krieges- und Domainencammer vierteljährig mit 80 Rthlr. an das Consistorium in Stettin abgegeben, welches diese Gelder durch den zur Berechnung der königlichen Gnadengehalte der Landschulmeister bestellten Rendanten an die 8 adeliche Conventualinnen auszahlen und berechnen läßet. Von einem Vermächtnisse von 500 Rthlr. welche der in Dänischen Diensten gestandene Hauptmann von Mitzlaff in seinem Testamente für das Kloster bestimmt hatte, wurden demselben 1773 nach Abzug der gewöhnlichen Zehnten 90 Friedrichsd'or ausgezahlet. Die Klostergebäude werden für königliche Kosten durch die Königl. Krieges- und Domainencammer unterhalten und sind seit einigen Jahren in einen guten Stand gesetzt worden. Nach der durch das Rescript vom 2 September 1759 bestätigten Verordnung der Königlichen Regierung vom 15 August 1759 soll keine in Hebung stehende Conventualinn, dem §. 7. der Klosterordnung vom 9 April 1696 zuwieder, sich außer dem Kloster aufhalten

und

Die Stadt Stolpe.

und wenn sie eine Zeitlang abwesend zu seyn gegründete Ursachen haben möchte, solche der Priorin und dem Klostervater, auch bey einem längern Außenbleiben über 4 Wochen, der Königl. Regierung anzeigen. Die neueste Klosterordnung ist von dem Churfürsten Friederich zu Cölln an der Spree den 9 April 1696 bestätiget und den Jungfernklöstern zu Marienfließ, Colberg und Stolpe zur Richtschnur vorgeschrieben worden. Die beiden vor dem Neuenthore gelegenen Hospitäler stehen unter dem Patronate des Magistrats und werden das zum heiligen Geist und zu St. Georgs, oder der Gasthof genannt, bey deren jeden sich eine Kirche oder Kapelle befindet. Die Kirche zum heil. Geist gehört zum Archidiakonat, die andre zu St. Georgs zum Diakonat; in jeder wird monathlich einmal geprediget und alle Quartal Communion gehalten. In dem Hospital zum heiligen Geist erhalten 40 Personen männlichen und weiblichen Geschlechts auf ihre Lebenszeit, außer der freyen Wohnung und Feuerung, jährlich zusammen 151 Scheffel 14 Metzen Mehl von 3 Mühlen, 6 Scheffel Erbsen, 3 Tonnen Salz, 12 Achtel Butter, 6 Tonnen Bier, 10 Rthlr. Fleischgeld und 2 Vermächtnisse, wovon das eine 5 Rthlr. 20 Gr. und das andre 6 Rthlr. beträgt. Außerdem hat noch ein jeder Hospitalit 2 Rucken Gartenland hinter dem Hofe. In dem Hospital zu St. George werden 30 Personen beiderley Geschlechts aufgenommen, die nebst der freyen Wohnung und Feuerung jährlich zusammen 64 Scheffel Mehl von 2 Mühlen, 4 Scheffel Erbsen, 2 Tonnen Salz, 8 Achtel Butter, 5 Tonnen Bier, 3 Rthlr. Fleischgeld, 161 Pfund Speck, 36½ Pfund Schmeer, 24 Scheffel Gerste, 1 Scheffel Hafergrütze und ein Vermächtniß von 6 Rthlr. und noch ein anderes von 4 Rthlr. 4 Gr. erhalten. In dem Hospital zum heiligen Geiste müssen an Einkaufsgelde für eine Person 30 Rthlr., in dem zu St. George über 20 Rthlr. bezahlet werden. Hiernächst werden auch von der Hauscollecte, die monatlich gesammlet wird, den Durchreisenden und mehr als hundert Stadtarmen Almosen gereichet. Die am 26 November 1706 entworfene Armenordnung wurde von der Königlichen Regierung am 1 October 1714 bestätiget. Noch sind 2 fürstliche Croyasche Stiftungen bey der Stadt vorhanden, die eine von 666 Rthlr. 16 Gr. wovon die Zinsen halb an alte Bürger und halb an arme Landleute vertheilet werden, die andre von 333 Rthlr. 8 Gr., deren Zinsen 50 armen Frauenspersonen gereichet werden. Beide werden mit den übrigen milden Stiftungen zugleich administriret. Ein Zucht- und Spinnhaus wurde zur Beförderung der Wollmanufacturen und zur Einsperrung des liederlichen Gesindels in dem Jahre 1724 auf Anhalten des Magistrats auf dem Neuenthorschen Thurme angeleget. Außer den von einigen mildthätigen Herzen gesammleten Beyträgen, hatte der König Friederich Wilhelm nach dem Rescript vom 6 April 1724 zur Einrichtung desselben 7000 Mauersteine und 50 Tonnen Kalk geschenket. Ob nun gleich nach dem Rescript vom 6 Junius 1725 die Verfügung gemacht worden war, die jährlichen Beyträge von den Städten Stolpe, Cößlin, Rügenwalde, Belgard und Schlawe dem Stargardschen Zuchthause abzunehmen und mit 29 Rthlr. 12 Gr. dem Stolpschen beyzulegen und demselben nach den Rescripten vom 19 Junius 1725 und 12 Martz 1731 einige Gränzen Holz aus den Rügenwaldeschen Amtsforsten und 10 Rthlr. an Accisefreyheit aus der Obersteuercasse gereicht werden musten: so ist doch dieses Zucht- und Spinnhaus, weil die Mittel zur Unterhaltung desselben und

Der Stolpsche Kreis.

der Züchtlinge und zur Besoldung der Bedienten nicht hinreichend waren, in dem Jahre 1755 wieder eingegangen. Das sogenannte Collegium philadelphicum, das nach dem Beyspiel andrer Pommerschen Städte in Stolpe war errichtet worden, wurde wegen der bey demselben eingeschlichenen Unordnungen ebenfalls durch das Rescript vom 17 Januar 1754 aufgehoben.

Die Stadt war ehemals die zwote vorsitzende Stadt in Hinterpommern. Da aber das Stift Cammin dem Herzogthum Pommern und also auch die Städte Colberg und Cößlin dem städtischen Körper einverleibet wurden, kam die Stadt Colberg, nach dem 1653 zu Stargard gehaltenen Landtage, zwischen den Städten Stargard und Stolpe zu stehen. Jetzt hat daher die Stadt Stolpe unter den Hinterpommerschen Immediatstädten ihrem Range nach die dritte Stelle, aber mit Vorbehaltung ihres Rechts auf die zwote, wie ihre auf dem Landtage 1653 im August den versamleten Ständen eingerichtete Protestation besaget, und das Recht, in der sie treffenden Ordnung, die Landtäge durch ihren Landrath zu beschicken. Der Rath bestand ehemals in 12 Personen, als 3 Bürgermeistern, 2 Cämmerern, 2 Kirchenprovisoren, 2 Provisoren der Hospitäler, dem Gerichtsvoigte und dessen 2 Beysitzern, die sämtlich an dem Tage des Apostels Bartholomäus, als an dem ordentlichen Wahltage der Rathspersonen, gewählet wurden, und stellte das Obergericht vor, außer welchem noch ein Untergericht bestellet war. Dieses bestand, nach der demselben vorgeschriebenen sogenannten Ordnung vom 20 Februar 1671, aus 3 Personen, als dem Prätor oder Gerichtsvoigte, der die Direction führte, und zweyen aus dem Rathe gewählten Beysitzern, denen noch ein Untergerichtssecretarius und ein Diener, der Vorsprach genannt, zugeordnet waren. Außer den Rathspersonen und deren Frauen, Wittwen und Kindern, so lange die letztern noch bey ihren Aeltern und unverheirathet waren, standen alle Einwohner der Stadt und der Altstadt, in so fern diese der Gerichtsbarkeit der Stadt unterworfen ist, in allen bürgerlichen und Schuldsachen, so sich nicht an 20 Fl. Pommersch erstreckten, imgleichen in allen kleinen Gerichtshändeln in der ersten Instanz unter diesem Untergerichte, welches alle 14 Tage am Dienstage seine ordentlichen Rechtstage in der, dazu bestimmten Gerichtsstube hielt und die streitigen Sachen summarisch und ohne weitläuftigen Schriftwechsel entschied; wovon die Appellationen hernach unmittelbar an den Magistrat, als das Obergericht giengen. Die so genannten Ritus & consuetudines curiæ Stolpensis, welche von den Gerechtsamen, Vorrechten und der Gerichtsbarkeit des Magistrats, der Art und Weise der Wahl der Mitglieder desselben, der Direction der ihnen anvertraueten Aemter, den Versammlungen des Raths, und den Brüchen oder Strafgefällen und deren Eintheilung handeln, wurden in der Versammlung des Raths am 19 December 1654 als eine Willkühr oder gewisse Rathsstatuten in 2 gleichlautenden Exemplaren abgefaßt, wovon das eine ins Archiv bey den andern Stadturkunden geleget, das andre aber dem regierenden Bürgermeister übergeben wurde, der es jährlich am Tage des Apostels Bartholomäus nebst den Schlüsseln zum Privilegienkasten und dem Stadtsiegel zu Rathhause bringen und sonst in vorkommenden Fällen davon Gebrauch machen mußte. Nach der von dem Churfürsten Friederich Wilhelm veranlaßten Untersuchung des rathhäuslichen

Wesens

Die Stadt Stolpe.

Wesens, wurde von der Churfürstlichen Regierung zu Stargard am 11. May 1687 ein Abschied ertheilet, der in 38 Abschnitten gewiße Vorschriften enthält, die so wohl den gerichtlichen als politischen Zustand der Stadt betreffen und unter andern verordnet, daß künftig zu Gliedern des Raths nicht allein Gelehrte, sondern auch Kaufleute und Oekonomieverständige gewählet werden, die Bürgermeisterwahl nicht den Bürgermeistern allein, sondern, wie in andern Städten, dem ganzen Rathe zustehen und der Syndikus, der auf das Beste der gemeinen Stadt und Bürgerschaft zu sehen habe, mit Vorwißen der Gilden und Gewerke bestellet werden solle. Jetzt bestehet der Magistrat, dem das Wahlrecht seiner Glieder und die obere und niedere Gerichtbarkeit zustehet, aus einem dirigirenden Bürgermeister, der jederzeit zugleich Landrath ist, einem Justizbürgermeister, einem Syndikus, einem Cämmerer, 4 Senatoren, wovon der eine zugleich Gerichtssecretarius ist, und einem Policeysecretarius, der zuerst nach dem Rescript vom 29 Junius 1769 bestellet wurde. Die Unterbedienten des Magistrats sind der Oberdiener, der Untergerichtsdiener, der Marktmeister, der reitende Diener und der Stadtdiener. Die Sitzungen werden, was die Policey und gemeine Stadtsachen betrift, am Dienstage und Freytage von dem ganzen versammleten Magistrat, wegen gerichtlicher Sachen aber, am Montage und Donnerstage von dem Justizbürgermeister, seinen Beysitzern und dem Gerichtssecretarius gehalten. Mittwoch und Sonnabend sind Cämmereytage, an denen der Cämmerer die Cämmereyeinnahme und Ausgabe in sein Manual, der Cämmereycontrolleur aber in seine Controlle eintragen muß. Die Stadt hat eine besondere Vormundschaftsordnung vom 28 November 1681, die von der Churfürstlichen Regierung zu Stargard am 11 April 1682 bestätiget wurde. Zur Beschleunigung der Verwaltung der Gerechtigkeit und damit nicht nebst den Acten so viel Geld, als bisher geschehen wär, aus dem Lande unnöthiger weise getragen werden möchte, wurde von dem Churfürsten Friederich Wilhelm in dieser Stadt ein Schöppenstuhl errichtet, welcher nach der zu Cölln an der Spree am 2 Januar 1671 abgefaßten Verordnung, mit einem Senior oder Director, 8 Beysitzern und einem Secretarius besetzt wurde, wovon der Director über die Bürgermeister zu Stolpe, die Beysitzer aber als Churfürstliche Brandenburgsche Scabini oder Schöppen nach den Bürgermeistern über die Cämmerer und Rathsverwandten und der Secretarius nach diesen über den Stadtschreiber in Stolpe den Rang hatten. Dem Schöppenstuhl wurde der Titul: Director und andre Assessores des Churfürstlichen Brandenburgschen Hinterpommerschen Schöppenstuhls zu Stolpe, ein eigenes Scabinatsiegel mit der Innschrift: Deus judicat judices dum judices judicant alios, um damit die Verordnungen mit rothen Wachse zu siegeln, und das Recht beygeleget, in allen ihm so wohl von Einheimischen als Fremden zugefertigten bürgerlichen und peinlichen Sachen zu erkennen und auf Verlangen, gleich andern juristischen Collegien, Belehrungen, Urthel und rechtliche Gutachten zu ertheilen. Durch das Edict vom 3 May 1671 wurde den Gerichten, den von Adel und den Magistraten in Hinterpommern befohlen, daß die Partheyen sich in ihren Rechtsangelegenheiten an diesen Schöppenstuhl wenden und denselben ohne Noth und erhebliche Ursachen nicht vorbey gehen sollten, in dem Jahre 1680 aber wurde derselbe nach Stargard verleget und hiernächst 1733 mit dem Criminalcollegium verbunden. Die Stadt ist in ihren Privilegien ausdrücklich

drücklich mit dem Lübischen Rechte bewidmet worden, jedoch hat sie auch eine Willkühr oder gewiße Statuten, die eine Erläuterung, Zusätze oder nähere Anwendung des Lübischen Rechts auf besondre Fälle enthalten und von dem Herzoge Philipp den 18 May 1615 so wie von dem Herzoge Bogislaus XIIII. am 20 September 1623 bestätiget wurden. (*) Nach der von dem letzten Herzoge am 25 Februar 1625 bestätigten und in eben demselben Jahre in 4 gedruckten Policeyordnung der Stadt, ist solche in 4 Stände eingetheilet, so daß zu dem ersten die Bürgermeister und Rathspersonen, die Eingesessenen von Adel, Doctoren und Magistri, zu dem andern die Kaufleute, so Verwandte der Gewandschneider, Börnsteinhändler, Brauer und Kramerzunft sind, wie auch

---

(*) Diese auf Pergament sauber geschriebene Statuten sind auf eine Tafel mit Ringelschüren geleimet, die verschloßen werden können und werden auf dem Rathhause aufbehalten. Sie lauten von Wort zu Wort also:

"Folgende kundbahre neue Stolpesche Stadtbrüche, oder Wie man nennet, Lübesch Recht, sollen hiemit zu jhn bey vorige Stadtböde geschrieben und reserviret sein.

De successione viri & uxoris ab intestato.

§. I. Stirbet ein Ehemann ohne Leibes Erben, "derselben Wittwe soll In solcher Erbschichtung "vorauß nehmen, all Jhre gutt, darin dan gerechnet und gemeinet wird, uff die Heyrath Zeitt "oder hernach von Witwen eingebrachte Mitgiffte "oder Brautschatz, Kleider, geschmuck, Kisten "und Kisten gewandt, ihre Morgengabe, und die "halben Braungeschencke oder Hauin, und was zu "waß außerhalb vorgedachten Hauen, der Wittwen vor, In oder nach der hochzeit angejettet, "oder donieret würde, und ob was mehr der "Wittwen Insonderheit eigenthümblich zu quetne, "ohne Jennige beschwerung, und dan hiertzu bekompt und Erbet, die Wittwe den halben Theil "alle Jhres verstorbnen Ehemans Erbgerechtigkeit und güter, darin dan gerechnet und mit gemeinet wird, uf die Heyrath oder hochzeit, von "dem Ehemanne sein Jegenwärtigkt bracht gutt oder "Antipherna, seine Kleidungen den halben Theil "aller hochzeitsgeschencke oder Braubhauen, bücher, "rüstung, und hiertzu was dem Ehemanne außer "halb gedachter hauen, vor, In oder nach der "Hochzeit angeerbet, donieret, oder er sonsten "durch andere eigenthümliche titel oder ankunft "haben würde, Jedoch das zu voß sein Wittwen "debita, so vorhanden sein werden, von seinem "nachlaß oder Erbschaffte bezahlet werden.

"Im gleichem fall hergegen sol es mit dem "Wittwer gemeinet und gehalten werden, der Wittwer nimpt vorauß sein haab und gutt, welches "er zeit der heyrath oder hochzeit zu Jhr einge "bracht hatt, an Kleidung, halben Brauthauen "oder hochzeit geschencke, seine bücher, Rüstung, "und hierzu was er über dieß alles vor, In oder "nach der hochzeit auch In stehender Ehe ererbet, "Jhme donieret oder er selber erworben, oder "durch andern eigenthümblichen titel oder ankommen erlanget hatt, undt Erbet seiner verstorbnen hausfrawen güttere, undt Erbe vor den halben Theil, wie oben gesetzt, den andern halben "Theil Erbes, bekommen der verstorbenen frawen "Jhre Negste blut freunde.

Coniux secundo nubens liberis quid debeat.

§. II. Würden eheliche Kinder eins oder mehr bleiben, nach eines Jhrer Eltern tödtlichem Abscheide, sol nachbleibender Vater oder Mutter schul "dig seyn, wan sie sich anderweits befreien wollen, "seinen Kindern von stund an Vormünder außzubitten, die Ein Erbar Rath bestetigen oder auch "ex officio verordnen will, und den Kindern einen "Außspruch oder Erbschichtung (Wan erstlich die "Schulde, so vfgenommen sein möchte, bezahlet), "vor der vertrauung und Ehelichem Beylager dergestalt zu thun, das Er In der Erbschichtung "Nichts vorauß nehme, sondern der Erst verstorbnen und nachbleibenden Personen gutt, "so alstan sein wirt, nichts außgenommen, sollen "gewißlich die Kinder eins oder mehr Erben, die "andere halbe güter, behelt die Im leben übergeblibene Vater und Mutter.

"Wo solches nicht geschicht, sol dem Wieder freienden nicht gestatet werden, Mit seinem Ehe

Die Stadt Stolpe

auch alle Künstler, zu dem dritten die Handwerker, und zu dem vierten die Tagelöhner, Altstädter und Dienstboten gerechnet werden. Bey der Bürgerschaft sind 4 Zünfte, als die Gewandschneider, Börnsteinhändler, Brauer, und Krämerzunft, von welchen die letzte die kleinste ist, die drey ersten aber jede zwey Tribunen haben. Die Häckerinnung wird mit unter die Hauptgewerke gezählet. Die Gewerke werden in Haupt- und Nebengewerke eingetheilet, welche ihre Altermänner haben. Die 8 Hauptgewerke sind: Die Schuhmacher, die Zeug- und Raschmacher, Schneider, Bäcker, Häcker, Tuchmacher, Schmiede und Fleischer. Aus diesen Gewerken werden zween Stadtgildemeister erkoren, welche nebst den Tribunen bey allen Stadtsachen

„gaben In das Erbhauß, nach der vertrauung zu
„geben, Sondern von einem Erbahren Rathe
„verschlossen, und aller Erblichen güter so lange
„sich enthalten, bis das er sich mit dem Vormund
„und freunden, deß Außspruchs, undet Erbschich„tung, wie obgesezt, zu grunde verglichen.

„Würde aber der nachpleibenden Vater undet
„Mutter sich anderweits nicht befreien, undt seine
„güter wol verwalten, sol Er von Kindern keine
„vormünder außzubitten, oder auch Erbschichtung
„zu thun schuldig sein. Es were dan, das der Va„ter und Mutter die güter übel verwaltete und
„vorköupte, oder auch die Kinder erwachsen, und
„zu Ihren selbst besten das Erbe bedürfften, oder
„auch In den Ehestande sich begeben wolten, sol
„der Vater oder Mutter von seinen gütern, sei„nen Kindern Ihre gebührende Theil zu geben
„schuldigt sein.

„III. Würde gedachte Wittwer- oder Witwe,
„obgesetzter Maßen Ihrer Ersten Ehe Kindern
„gemeldten Außspruch oder Erbschichtung thun, ver„stürbe ohne Testament oder vermachung Ihres
„willens, und anderer Ehe Kinder nachließbeten,
„So sollen Erster Ehe Kinder ob specificierte Erb„schichtung oder Ihren Außspruch, an Staat Ve„terlichen und Mütterlichen Erbes haben, undt
„damit abgesetzet und begnüget sein.

„IIII. Stirbet ein Man in schulden verlassen,
„mit seiner frauen unbeerbet oder beerbet, so müssen
„so wol der frawen als des Mannes alle güter,
„zu bezahlung solcher schulde, welche In stehender
„Ehe gemachet, außerhalb die fidejussiones undt
„die Schulde, so ex delictis herfließen, angewen„det werden, außgenommen den dritten Theil der
„frawen eingebrachte Güter, welchen drittten Theil
„von allen Creditoren, sie vor sich und zu Ih„rem unterhalt frey behelt.

De Arrestis.

„V. Arreste, alß dieselben von Alters hero ge„breuchlich, sollen hiermit bestetiget und nicht uff„gehoben sein, Alß welche schuldigen ratione Con„tractus delicti vel quasi juris in Re Alhie sei„nen Rechtszwang hat, derselbe flüchtig, Im
„abzuge, ein prodigus oder solch tin böser bezah„ler were, das er wol habende bahre bezahlung
„nicht wolte abirgen, Sollen wieder solche und
„dergleichen Schuldiger, in quantum juris die
„Arreste und hemmung gestattet und vergöunet
„werden, und sollen nach den Eltern hypothe„carius creditoribus und den Ratsuerwandten,
„die ersten Arrestanten, von den ersten terminen
„und gelten Ihres Debitoris, qui tamen
„solvendo ist, in solidum bezahlet werden, Son„sten uf den fall cessionis bonorum vel sim„lis, werden Arrestanten die kein pignus haben,
„neben andern Chirographariis creditoribus, je„der pro rata sein bezahlung empfangen. Die
„auch Innerhalb Monatsfrist, a dato arrestes seine
„Hemmung nicht fortgesetzt und prosequiret, sol„len dieselben Arreste gantz desert und verloschen
„erklaret werden, Jedoch sol hierin den fremden
„das gastrecht vorbehalten sein.

De Jure retractus.

„VI. Verkauffte güter mügen von den Verkäu„fers freunden wiedergesprochen, und dem eigenthumb
„gegen erlegung des Kauffgeldes an sich gebracht,
„und des fremden Kauff wiederzogen werden,
„nach gebräuch der Stadt Stolp, außerhalb sol„chen Falls.

„1. Wan die retrahirenden oder Widersprecher
„des Verkauffers Kinder sein,

„2. Oder seine Erben geworden,

sachen die so genannten Ordnungen ausmachen und die Repräsentanten der gesamten Bürgerschaft sind. Das Hauptgewerbe der Stadt bestehet in dem Handel, der Brau und Brandweinbrennerey und zum Theil auch in dem Ackerbau. Der Handel würde sehr blühend seyn, wenn theils der der Stadt gehörige Stolpmündesche Hafen in guten Stande wäre, theils der freye Handel mit Danzig, womit ehemals die Stadt in grossem Verkehr gestanden hat, wiederhergestellet würde. Die gegenwärtige Beschaffenheit des Seehandels wird man am besten aus den beygefügten Verzeichnißen beurtheilen können. (*)

Vor-

„3. Wan jemands in cognatione neher, alß
„der beysprecher dem verkeufer verwandt ist
„4. Wen der Beysprecher nicht ein Bürger ist
„zur Stolpe
„5. Wan andre alß angeerbete
„6. Alß unbeweglich
„7. Alß verkaufte güter sein,
„8. Wans strittig und res litigiosa ist,
„9. Wan sie dem beysprecher citra lixiulatio-
„nem maioris pretii emptionis zu kauffe ange-
„boten, und er deß Kauffers sich verzeyhet,
„10. Wan præsens retrotrahens, Innerhalb
„Jahres frist nach gerichtlicher verlaßung unde
„nach verzeichnuß ins gerichtes protocoll oder
„Ins Stadtbuch, Solch jus retractus nicht bey-
„spruch erhoben were. Die abwesende ha-
„ben hierzu auch eines Jahres frist, nach Ihrer
„wieder anheimkunffte.
„11. Wan beygesprochenes vom beyspreecher uff
„gewin, maiori pretio weiter vermüßert, unde
„es Ihme selbst zum besten behalten, noch wei-
„ters von Ihme verrebst und legieret werdt.
„12. Wan der Beyspreecher alles Kauffgeld nachm
„Endtheil in einer Summa, uf einem termin
„nicht bahr erleget und bezahlet
„13. Nach des verkäufers cognaten, wen die-
„selben abstehen oder schweigen, ist dem negsten
„vicino oder benachbarten Stadt abgesagter magen, der
„Wiederkauff frey und unbenommen.
„VII. Alle andre felle, die In dieser kundba-
„ren ihr beschriebenen Stadt gewonheit oder
„Stadtböden nicht begriffen sein, sollen gerichtet
„werden nach Gerichts, Policey, Landtages Ab-
„scheiden und andern unsers guedigen Fürsten und
„Herren löblichen und heilsamen Verordnungen,
„und vor sich dieselben weiter aßiehen und refe-
„rieren, unß sonderlich sub dispositionē juris
„communis.
„VIII. Die Executiones zwischen den Burgern,
„sollen wie von Alters durch die Diener verrich-

„tet werden, und wan die Pfände in Sechs
„Wochen nicht gelöset, durch einen öffentlichen außru-
„fer feil geboten, und was sie gelten, und wie
„sie verkauffet werden können, distrahiret, und
„das gelbt den Creditoren durch den außrufer
„zugestellet werden, alles uff der Debitoren un-
„kosten rc.

„Anno 1615 am 19 Aprilis seyn uff unab-
„leßiges Instendiges anhalten, Gildemeister, Al-
„terleute und Gemeine der Stadt Stolpe, vor-
„geschriebener Statuten drey Articul, alß de suc-
„cessione ab intestato, Arrestis und jure retractus
„von E. E. Rhate zur Stolpe declariret, und
„solche declaration an gedachten 19Aprilis publi-
„ciret worden

„Auf Gildemeister, Alterleute undt Gemeinde
„zur Stolp erinnern, Justendig anhalten, Ihre
„besiegeln und belieben, Erkleret Ein Erbar Rath
„die Statuta der Stadt Stolpe, In folgenden
„dreien Articuln dahin.
„1. Wegen abnutzung, gewin, Erwerben unde
„jerliches erobern über die haußhaltung der Ehe-
„leute, weil ungewiß ist, was der Ehemann und
„Ehefraw jedes besonderst selbst von seiner arbeit
„und gütern, auch von sembtelichen gütern erworbeit
„und erobbert, Sol das erobbern undt gewin, dem
„Im leben nachpleibenden Manne oder Witwen
„aufm halben Theile pleiben, den andern halben
„Theil erben der abgeschiedenen Ehefrawen negste
„Verwandte ab intestato. Jngleichen wirts ge-
„haltern, Wan eine Wittwe Im leben nach-
„pleibett.
„2. Die Arresta wirken die Zahlungen von
„den ersten Terminen, wan jedes gleubiger In
„solidum und vollenkömlich gezahlet, auch plei-
„bet den hypothecariis Ihr beßer Recht durch
„die Arresta unbenommen.
„3. Das beysprechen pleibet den Kindern, wie
„auch des Alienanten negsten Verwandten, pu-
„plicatum Stolpe 19 Aprilis Anno &c. 1615.

In dem Jahre 1781

Benennung der Güter	Maaß Gewicht und deren Werth			Nach Holland, England und Carolina
		Rthlr.	Gr.	Pf.
Asche	Tonne	—	—	—
Börnstein	Pfund	—	1	—
Butter	Tonne	16	—	12
Cramin	Stück	—	—	—
Glaswaaren	Rthlr.	—	—	—
Glas in Kisten	Kiste	—	—	—
Holz Bauholz	Stück	1	16	—
— Brennholz	Faden	2	12	—
— Dielen	Stück	—	12	109
— Franzholz	Schock	3	—	—
— Klapholz	dito	2	—	—
— Oxhoft Bodenstäbe	dito	2	12	345½
— Oxhoftstäbe	dito	3	12	577½
— Piepenstäbe	dito	4	—	158½
— Planken	Stück	—	18	—
— Schiffsholz	dito	2	8	—
— Tonnenbodenstäbe	Schock	2	12	257
— Tonnenstäbe	dito	2	16	375½
Honig	Tonne	—	—	—
Kramwaaren	Rthlr.	—	—	—
Leinewand	Schock	—	—	1433½
Roggen	Winspel	24	—	—
Speck	Centner	5	—	2
Theer	Tonne	—	—	—
Victualien	Rthlr.	—	—	—
Wachs	Pfund	—	8	—
Hauptschiffe beladen	—	—	—	14
dito mit Ballast	—	—	—	—

B vom 24 März 1575

der Seewärts ein- und …

	1771	1772	
	Rthlr. gr.	Rthlr. gr.	Rthlr.
Betrag des Werths der sämmtlichen Seewärts eingegangenen Waaren	28913 16	18066 16	3027

Börnstein, der nach Holland, England … erhalten … in Preußen die Börnsteine, wovon werden, die nach ihrer … im Unterschiede ihrer … Die klaren Corallen … den Oertern, wohin … Je beträgt und diese … kommen gebunden und … diesem Nahrungsge-
… Die Börnstein-
Rescripten von 1534,
2, 17 Junius 1713,
Januar 1729, 19 Aus
Kaufleuten. Händel zu
Bernsteinwaaren allerley
bringen. Nach dem
7ten unter die Hand-
inschneidern gleichen
er Vortheile, welche
doch die Verwund-
st erlernen, von der
die Börnsteinbrecher
hier Zusammenkunft
sind von dem Herzog
von dem Churfürst,
Könige Friderich,
erbrauen und Brand-
Nahrung aus, indem
von besondrer Güte
Regieren ihres Hau-
ch dem Urtheil des
he Bogislaus XIII.
4 November 1655
Nothdurft erlaubt
fürstl. Regierung zu
bestätiget, daß das
stattete Brauen keinesweges auf das Maltzmachen und Darren, als welches den Brauern allein zustehet, ausgedehnet werden solle, und die Handwerker sich des starken Bierbrauens zu Hochzeiten, Kindtaufen und andern Ausrichtungen enthalten müssen. Ehemals wurde hier das so genannte Stolpsche Dick-

bier

er Stolpsche Kreis.
sind folgende Güter ausgeschiffet worden.

Sachen die so genannten Ehr- und Bürgerschaft sind. Das Brau- und Brandweinbeschen wurde sehr blühend hafen; in guten Stand mals die Stadt in gegenwärtige Beschaffenheiten Verzeichnißen beurtheilt.

	Nach Dünemark und Norwegen	Nach Schweden und Mecklenburg	Nach Stockholm und Riga und Danzig	Nach Hamburg, Lübeck und Bremen	Nach Italien und der Levante	Nach Preußen und Pommern	Nach Westphalen und dem Königl. London	Summa aller ausgegangenen Waaren	Betrag des Werths sämmtlicher Waaren Rthlr. Gr. Pf.
	—	—	—	—	800	—	800	166	16 —
	½	—	—	—	—	¼	3½	50	—
	—	—	—	—	—	—	—	—	
	1410	—	—	—	150	—	1560	2600	—
	396¼	—	99½	—	—	—	496	1240	—
	20	—	—	—	—	—	119	64	12
"3. Wan jemands in ea- "der besprecher dem verkauf	—	—	—	—	17½	—	17½	52	12
"4. Wen der Beyspreche "zur Stolpe 13	—	—	—	—	27	—	371½	931	6
"5. Wan andre als eig-	—	—	—	—	29¼	—	607	2124	12
"6. Als unbewegliche	—	—	—	—	129	—	1764	7056	—
"7. Als verkaufte güter	191	—	—	—	131	—	131	99	—
"8. Wans streitig und p	14	—	—	—	623	—	814	1299	8
"9. Wan sie dem beyspre- "nem maioris pretii empti- "boten, und er bey Kaufs	750½	—	—	—	8	—	189	43	12
"10. Wan presens rei	3½	—	—	—	280½	—	5503	9171	16
"Jahres frist nach gerichtli- "nach verzeichniß uns geric "Ina Stadtbuch, Solch ju- "spruch nicht erhoben were "hierzu auch eines Ja "wieder anheimfalle.	14	—	1	—	16½	—	1462½	7342	12
"11. Wan beigesprochen "oder maiori pretio ve "Ihme selbst zum bef "kers von Ihme vererbt	2½	—	—	—	—	—	4½	22	12
"12. Wan der Beispreche "Endurthel in einer Sum "nicht habe erleget und be "13. Nach des verkäufe "selben abstehen oder schw	452½	—	—	—	17	—	469½	469	12
"vicino oder benachbarten "Wiederkauff frey und und	15	—	1	—	5	—	36		
	—	3	—	—	2	—	4		

Summa 83723 19 —

Verzeichniß ausgegangenen Waaren in den Jahren

	1774	1775	1776	1777	1778	1779	1780	1781
	gr Rthlr	gr Rthlr	gr Rthlr	gr Rthlr	gr Rthlr	gr Rthlr	gr Rthlr	gr Rthlr
	20 14539	4 33134	20 34269	18 41070	2 37047	6 45088	12 39816	2 29507

"VII. Alle andere, selbe, "er itzo beschriebener O "Stadtböden nicht begriffe. "werden nach Gerichts Vollen, Landtages Abschieden, und andern unsers gnädigsten Fürsten und Herren löblichen und heilsamen Verordnungen, und vor sich dieselben weiter aufstehen und reserviren, und sonderlich sub dispositione juris communis.
"VIII. Die Executiones zwischen den Bürgern, sollen wie von Alters durch die Diener verricht

"den ersten Terminen, wan jedes glenbiger Ja "solidum und vollenkömlich gezahlet, auch ple "der den hypothecariis Ihr bester Recht durch "die Arresta unbenommen.
"3. Das beisprechen bleibet den Kindern, wie "auch des Alienanten negsten Verwandten, pu- "plicatum Stolpe 19 Aprilis Anno &c. 1615.

Die Stadt Stolpe.

Vorzüglich beträchtlich ist der Handel mit dem hier verarbeiteten Börnstein, der nicht nur auf den Messen in Deutschland verkauft, sondern auch nach Holland, England, die Türken u. s. w. verschickt wird. Die hiesigen Börnsteinfabrikanten erhalten von der Königl. Krieges- und Domainencammer zu Königsberg in Preußen die Hälfte des an den Küsten der Ostsee gefallenen oder gefangenen Börnsteins, wovon außer einigen Galanteriewaaren besonders Korallen verfertiget werden, die nach ihrer Hauptfarbe in klare und Bastert getheilet werden und nach dem Unterschiede ihrer Größe und Farbe von höhern oder geringern Werthe sind. Die klaren Korallen werden geschliffen und auf Schnüre gezogen, deren Länge nach den Oertern, wohin sie verkauft werden sollen, verschieden ist, gewöhnlich aber ⅔ Elle beträgt und diese Schnüre werden nach gleicher Größe und Farbe pfundweise zusammen gebunden und also verkauft. Es befinden sich hier an 70 Familien, die von diesem Nahrungsgewerbe und zugleich von lauter auswärts erworbenen Gelde leben. Die Börnsteindreherzunft hat nach ihren Privilegien und den Urtheln und Rescripten von 1534, 20 May 1574, 18 Januar 1654, 11 April 1678, 2 März 1692, 17 Junius 1713, 13 Julius und 15 December 1723, 13 November 1725, 28 Januar 1729, 19 August 1733 und 10 December 1740 das Recht, gleich andern Kaufleuten Handel zu treiben, Bier zu brauen und zu verschenken und für ihre Börnsteinwaaren allerley nicht verbotene Kaufmannswaaren zu Wasser und Lande einzubringen. Nach den angeführten Verordnungen sollen auch die Börnsteinhändler nicht unter die Handwerker gerechnet werden, sondern mit den Kaufleuten und Gewandschneidern gleichen Rang haben und der Brauergilde vorgehen. In Betracht der Vortheile, welche die Börnsteindreherzunft der Stadt bringt, sind außer dem noch die Verwandten derselben von Sr. Majestät dem Könige, wenn sie diese Kunst erlernen, von der Enrollirung befreyet worden. Die Innungsartikel, die durch die Börnsteindreher in den 4 Städten, Danzig, Elbing, Stolpe und Colberg in ihrer Zusammenkunft zu Danzig am 18 Januar 1584 willkührlich beliebet wurden, sind von dem Herzoge Johann Friederich zu Alt-Stettin den 12 December 1584, von dem Churfürsten Friederich III. zu Stargard am 2 März 1692 und von dem Könige Friederich Wilhelm zu Stargard den 17 Junius 1713 bestätiget. Das Bierbrauen und Brandweinbrennen macht auch einen großen Theil der bürgerlichen Nahrung aus, indem andre Städte von hier mit Brandwein verleget werden, weil er von besondrer Güte ist. Nach der Verordnung des Herzogs Johann Friederich vom 24 März 1575 wurde das Bierbrauen den Handwerkern bey Verlust der Privilegien ihres Handwerks und 500 Gulden Strafe gänzlich verboten, und ihnen nach dem Urthel des Herzogs Philipp vom 11 November 1611, das von dem Herzoge Bogislaus XIIII. am 1 October 1623 und dem Churfürsten Friederich Wilhelm am 4 November 1653 bestätiget wurde, nur das Bierbrauen für ihr Haus und zu ihrer Nothdurft erlaubt. Dieses Urthel ist zwar auch durch ein anderes Urthel der Churfürstl. Regierung zu Stargard vom 20 Januar 1683 jedoch mit der Einschränkung bestätiget, daß das den Handwerkern verstattete Brauen keinesweges auf das Malzmachen und Darren, als welches den Brauern allein zustehet, ausgedehnet werden solle und die Handwerker sich des starken Bierbrauens zu Hochzeiten, Kindtaufen und andern Ausrichtungen enthalten müßen. Ehemals wurde hier das so genannte Stolpsche Dickbier

Bier gebrauet, da man zu einer Tonne 4 Scheffel Malz nahm und es so lange kochte, daß es eher eine Medicin, als Getränke genannt werden konnte. Man verführte es häufig nach Danzig, so daß insonderheit in dem Jahre 1606, nach dem Stolpmündschen Bollwerksregister, 60½ Lasten 209 Tonnen, in dem Jahre 1607 aber 57 Lasten 502 Tonnen dahin geschiffet wurden; jetzt aber hat es gänzlich aufgehöret und die es zu brauen verstanden, sind schon ausgestorben. An deßen Stelle verführet man noch das Weißbier, das von ungedarrten Malz gebrauet und in Danzig unter dem Namen des Rügenwaldeschen Biers verschenket wird. Die Einwohner auf der Altstadt, ernähren sich, außer dem Gartenbau, theils als Handwerker, unter welchen sich insonderheit Töpfer, Rademacher und vornemlich Tuchmacher und viele Leinweber befinden, theils als Ackerleute, die kein Handwerk haben. Die zur Stadt gehörige Feldmark gränzet vor dem Neuen Thore an die Dörfer Cublitz, Reddentin, Symbow und Birkow, vor dem Holstenthore an die Dörfer Groß-Strellin und Flinkow, vor dem Schmiedethore an die Dörfer Ritzow und Jeseritz und vor dem Mühlenthore an die Dörfer Reitz, Gumbin, Cussow und Teutsch-Plaßow. Die Stadt hat die hohe und niedere Jagd, die den Mitgliedern des Magistrats als ein Theil ihres Gehalts in Anschlag gebracht wird. Da nach dem oben angeführten Privilegium der Marggrafen von Brandenburg Woldemar und Johann von 1313 die Waaren ehemals von der Stadt an, den Stolpefluß herauf getridtet worden, so besitzet sie denselben an beiden Ufern bis in die Ostsee; der einträgliche Lachsfang aber gehöret dem Könige, wofür das Amt Stolpe eine jährliche Pacht von 500 Rthlr. giebt. An Fischen ist hier kein Mangel und besonders ist der Stolpsche Lachs, weil er sieben Meilen im frischen Wasser gehet, ehe er sich fänget, von vorzüglicher Güte. Außer der Fischerey in dem Stolpefluße oberhalb der Lachsschleuse, stehet der Stadt noch die Fischerey in einem See bey der Colonie Poderwilshausen, in dem Mühlenteiche in Lüllemin und in den 2 neu angelegten Karpenteichen auf dem Crussenschen Felde zu. Vor dem Holstenthor waren ehemals auch 2 so genannte Bürgermeisterteiche, die aber gänzlich eingegangen und zugewachsen sind. Die 3 Wassermühlen in und bey der Stadt, sind nebst der Schneidemühle, königlich und stehen daher auch unter der Gerichtsbarkeit des Amts Stolpe, zur Stadt aber gehören 2 Lohmühlen, 2 Walkmühlen, eine Ziegeley und ein Kupferhammer, so als ein Erbzinsgut von der Cämmerey ausgethan ist. Nach dem von dem Generaldirectorium am 27. Januar 1781 bestätigten Cämmereyetat dieser Stadt von Trinitatis 1788 beträgt die Einnahme 3790 Rthlr. 13 Gr. 11½ Pf., die Ausgabe aber 3697 Rthlr. 14 Gr. 5½ Pf., worunter 431 Rthlr. 16 Gr. Salarien begriffen sind, welche die Cämmerey jährlich an auswärtige bezahlen muß. Die Jahrmärkte sind, 1) Dienst. nach Invocavit 2) Dienst. nach Petri Pauli 3) Dienst. vor Simon Judä Kram- und Viehmarkt 4) Dienst. vor Katharinen Vieh- und Krammarkt. Die Wollmärkte fallen 1) auf den Montag vor Petri Pauli 2) Montag vor Simon Judä und die Honigmärkte 1) Mittwoch nach dem 1sten Sonntag Epiphan. 2) Mittwoch nach Michaelis. Die der Stadt ertheilte Privilegien, welche nebst der güldenen Bulle Kaisers Carl V, wo an eine maßiv goldene Siegelkapsel, so über 40 Ducaten gekostet hat, hänget, und andern Kostbarkeiten, als besonders des Kaisers Carl V. Bildniß auf einer stark vergoldeten Tafel in der

Größe

Die Stadt Stolpe.

Größe eines Quartblattes, von sauber erhabener Arbeit, in der wohl erhaltenen und mit 7 Schlößern versehenen Pevilegienlade in der Pfarrkirche aufbewahrt werden, sind folgende: 1) das in lateinischer und plattdeutscher Sprache vorhandene Privilegium der Marggrafen Woldemar und Johann von Brandenburg, gegeben zu Cremzow 1310 an dem Tage nach der Geburt der heiligen Jungfrau Maria, worinn dieselben zur Erweiterung und bessern Aufnahme des Fleckens Stolp und damit er die Gestalt einer Stadt gewinne, ihr 20 Hufen beylegen, wovon 100 Hufen zu Aeckern, 50 zu solchen Aeckern, die man Wördeland nennet, und die andern 50 zur Weide, zu Wiesen und Holz zu ewigen Zeiten verbleiben sollen. Der Stadt selbst wird in diesem Privilegium die Versicherung ertheilet, daß, so bald sie mit Planken werde befestiget seyn, alle ihre Einwohner 10 ganze Jahre von allen Abgaben völlig befreyet seyn, nach dieser Zeit aber alles dasjenige, was eine Stadt sonst zu geben schuldig ist, entrichten, die Bürger auch beständig sich des Lübischen Rechts bedienen sollen. Die Voigtey oder das Gericht in dieser Stadt wurde dem Ditber und seinem Sohne Johann von Surekow und dem Johann von Darsow und deren Erben und Nachkommen zu ewigen Zeiten also aufgetragen, daß alle Einkünfte des Gerichts in 3 Theile getheilet und davon ein Theil den Landesherren, der andre den Richtern und der dritte der Stadt zufallen, die von Surekow und Darsow auch das Recht in der Stadt Mühlen zu bauen haben, jedoch davon eine gewiße Pacht an Roggen und Malz geben sollen. Ferner wurde in diesem Privilegium den sämtlichen Bürgern der Stadt das Recht der Schiffahrt ertheilet, so daß sie von der Stadt auf dem Stolpeflusse bis in das Salzmeer hin und zurück ohne einiges Hinderniß und mit der Befreyung von allem Zoll und aller Wasserpacht fahren, das Recht Heringe zu fangen haben und zu ihrem Nutzen und Gebrauch bey dem Heringsfange 6 Bördinge (merretas) Heringe ohne alle Abgaben zu ewigen Zeiten für sich frey behalten, und damit ihnen keine Hindernisse in den Weg geleget werden mögen, keine Schleusen oder Wehre in dem Stolpeflusse von der Stadt an bis in das Salzmeer erbauet werden sollen, 2) das Privilegium eben derselben Marggrafen, welches in lateinischer und plattdeutscher Sprache zu Spandow 1313 am Marien Lichtmeßentage gegeben und von dem Pommerschen Herzoge Wartislaus zu Belbuck 1317 bestätiget worden ist, worinn der Stadt außer den in dem ersten Privilegium angeführten Begnadigungen und den ihr darinn beygelegten 200 Hufen, insonderheit noch 100 Hufen geschenket werden, ihr an beiden Ufern des Stolpeflußes ein freyer Troßgang von 5 Ruthen breit von der Stadt an bis in die Salzsee gegeben und ihr die Erlaubniß ertheilet wird, sechs Schiffe in der Salzsee zur Fischerey und sonst zu allerley Nutzen und Gebrauch zu besitzen, 3) das Privilegium des Herzogs Bogislaus zu Stolpe 1441 am Donnerstage vor Invocavit, worinn die vorhergehenden Privilegien der Stadt bestätiget werden und ihr die Erlaubniß ertheilet wird, den so genannten Schmiedegraben durch die fürstlichen Wiesen zu ziehen und die Schleusen zur Befestigung der Stadt zu erbauen, 4) das von den Herzogen Jürgen und Barnim zu Stettin am Sonnabende in den Ostern 1530 gegebene und von dem Herzoge Johann Friederich zu Stettin am 22 Julius 1574 vidimirte Privilegium, nach welchem Niemanden als nur allein den Einwohnern und Bürgern der Stadt die Verschiffung und der Verkauf des Korns und andrer Waaren in der Landvoigtey Stolpe verstattet, den fürstlichen Unterthanen zu Rowe aber unbenommen seyn soll, ihre Güter und Waaren, die sie selbst erbauet und erworben haben, jedoch auch nicht mehr, ungehindert zu verschiffen, 5) das Privilegium des Kaisers Carl V. die güldene Bulle genannt, gegeben in der Reichsstadt Cremona am 18 Junius 1543, worinn alle Privilegien der Stadt bestätiget, dieselbe, nach der bey dem Kaiser angebrachten Klage, daß ihre Freiheiten und Gerechtigkeiten gekränkt würden, in kaiserlichen Schutz und Schirm genommen und allen geistlichen und weltlichen Fürsten und insonderheit allen Herzogen zu Stettin und Pommern befohlen wird, die Stadt bey ihren Rechten und Freiheiten zu laßen. Die übrigen Privilegien, die der Stadt von ihren Landesherren, als Bogislaus zu Stolpe am Tage der heiligen Märtyrer Abdon und Sennen 1476, Jürgen und Barnim zu Stolpe Sonnabends nach Trium Regum 1524, Philipp zu Stolpe am Donnerstage nach der Himmelfahrt Mariä den 19 August 1540, Johann Friederich zu Stolpe am 2 März 1575, Barnim zu Alt-Stettin am 18 Februar 1601, Bogislaus XIII. zu Stolpe am 26 April 1605, Philipp II. zu Stolpe am 11 May 1608, Franz I. zu Alt-Stettin am 25 November 1618, Bogislaus XIIII. zu Alt-Stettin am 22 October 1621, des Churfürsten Friederich Wilhelm zu Colberg am 3 April 1668, des Churfürsten Friederich III. zu Stargard am 19 November 1699 und des Königs Friederich Wilhelm zu Stargard den 18 Junius 1720 ertheilet worden sind, sind größtentheils von einerley Inhalte und enthalten allgemeine Bestätigungen der vorhergehenden Privilegien der Stadt, ihres Eigenthums und der Landgüter, die sie an Dörfern, Aeckern, Wiesen, Weiden, Holzungen, Jagden, Möhren, Brüchen, Wassern, Fischereyen, Pächten, Diensten, höchsten und niedrigsten Gerichten an Hand und Hals auch andern Herrlichkeiten und Gerechtigkeiten besitzet. Außer der Schützengilde der Gewandschneiderzunft, wurde von der hiesigen Brauerzunft und den Gewerken am 3 May 1684 eine neue Schützenordnung gestiftet, deren Articul von dem Churfürsten Friederich Wilhelm am 28 Junius 1684 und von dem Churfürsten Friederich III. am 14 März 1693 bestätiget wurden. Zugleich wurde festgesetzet, daß von dem von dem Churfürsten Friederich Wilhelm für die hiesige Schützenordnung festgesetzten Prämium der 50 Rthlr. die Schützengilde der Gewandschneiderzunft 25 Rthlr. und die Schützengilde der Brauerzunft und der Gewerke 25 Rthlr. erhalten solle, welche Vertheilung aber zugleich mit der Prämie aufgehöret hat. Die Lasten der Bürgerschaft bestehen außer der Accise, in dem Bürgerschoße, Nachtwächtergelde, Röhrengelde und Servis.

Die große Landstraße von Berlin nach Preußen gehet durch die Stadt und bey dem hiesigen königlichen Postamte kommen die Posten an und gehen ab:

Sonntags Abends die reitende Post von Berlin nach Lauenburg, Bütow und Preußen.
Montags früh die fahrende Post von Berlin nach Preußen.
Mittwochs Mittags die reitende Post aus Preußen nach Berlin.

— Nach

Die Stadt Stolpe. 925

— — Nachmittags die fahrende Post aus Lauenburg, Bütow und Preußen nach Berlin.

— — Abends die reitende Post von Berlin nach Preußen.

Donnerstags früh die fahrende Post von Berlin nach Preußen.

Sonnabends Mittags die reitende Post aus Preußen nach Berlin.

— — Nachmittags die fahrende Post aus Preußen nach Berlin.

Da der Stolpefluß sich nahe bey der Stadt in 3 Arme theilet, so führet sie daher in ihrem Wapen drey Ströme, aus welchen ein halber rother Greiff hervorspringt.

Schon im eilften Jahrhunderte war Stolpe unter dem Namen Ztulp, Slup und Slupz als ein Dorf oder Flecken bekannt. Denn als der Herzog Boleslaus von Pohlen, wie Micrälius in seiner Geschichte von Pommern B. II. S. 125 meldet, einen Einfall in die Hinterpommerschen Lande that, konnte er die Gränzen seines Gebiets nicht weiter als bis an das Dorf Slup ausdehnen. In dem Anfange des 13ten Jahrhunderts wurde dieser Ort von dem Herzoge Mestowin I. mit einer Burg befestiget, die bald zu einem so hohen Ansehen gelangte, daß sie eine Burg erster Ordnung, oder commandirende Vestung wurde, die eine ganze Landschaft, und in derselben noch andre Bürge mit ihren Provinzen und Grodden unter sich hatte und daher die Castellanatsgerechtigkeit und vermöge derselben die Obergewalt in Regiments- und gerichtlichen Sachen, durch ihre Commandanten und Vorsteher ausübte. Durch die Vergünstigung der Marggrafen von Brandenburg, Woldemar und Johann, wurde bey ihrer damaligen Interimsregierung der Hinterpommerschen Lande, der Flecken Stolpe, nach dem oben angeführten Privilegium von 1310, zu einer mit Stadtrecht bewidmeten Municipalstadt nach deutscher Verfaßung erhoben. Nachdem sie von dem Pommerschen Herzoge Wartislaus IIII. 1317 dem Marggrafen Woldemar wieder abgenommen und zu dem Herzogthum Pommern war gebracht worden, wurde sie nebst der dazu gehörigen Landvoigten von den Herzogen Bogislaus V. Bartuim IIII. und Wartislaus V. die wegen der häufigen Kriege, worinn sie verwickelt waren, Geld gebrauchten, 1340 für 2766 Mark Lübisch Gewichs dem deutschen Orden in Preußen verpfändet, der dabey die Bedingung machte, daß wenn dieses Geld zu einem Jahre nicht wieder bezahlet würde, der verpfändete Strich Landes ein ewiges Eigenthum des Ordens bleiben solle. Die Stolper, die sich scheueten, dem Orden unterthänig zu werden, bezahlten demselben 1341 bey dem eigenen Unvermögen der Pommerschen Herzoge diese Summe, zu welcher das hiesige Frauenzimmer selbst seinen Schmuck und seine Kostbarkeiten hergab. Die Pommerschen Herzoge und Gebrüder Bogislav, Barnim und Wartislav, bestätigten dagegen nicht nur nach einer zu Stolpe 1341 an dem Tage der heil. Märtyrer Johannis und Pauli ausgefertigten Urkunde, der Stadt alle ihre kirchlichen und bürgerlichen Rechte und Freyheiten und versprachen sie künftig an den Preußischen Orden weder zu verpfänden, noch zu verkaufen, sondern gaben ihr auch so gar und den Edelleuten und Vasallen in

Der Stolpsche Kreis.

dem Stolpschen District, nach einer andern Urkunde von 1348, die zu Rügenwalde an dem Tage der Jungfrau Christina gegeben und von dem Herzoge Casimir 1372 am Tage des heil. Apostels und Evangelisten Matthäus bestätiget wurde, das Recht, wenn ihnen von ihren jetzigen oder künftigen Landesherren Bedrükungen zugefüget werden sollten, sich denselben mit vereinigten Kräften zu widersetzen und wenn sie selbst dazu nicht vermögend seyn sollten, sich nach eigenem Gefallen einen Fürsten oder Herrn zu wählen, der sie nach ihren Rechten und Freiheiten regieren wolle, unter dessen Herrschaft sie auch, so lange bleiben sollten, bis sie sich durch gütliche Vergleiche und Verträge wieder den Herzogen von Pommern ergeben würden. Gleichwohl wurde die Stadt nachher noch zweymahl von den Herzogen von Pommern, nemlich 1388 zugleich mit den Städten Rügenwalde und Schlawe und 1392 dem Preußischen Orden verpfändet, aber auch jedesmahl von ihren Einwohnern wieder eingelöset. Der Herzog Bogislaus ertheilte der Stadt 1368 die Münzgerechtigkeit, die ihr von den Herzogen George I. und Barnim XI. 1524 aufs neue bestätiget wurde. In dem Jahre 1522 wurde hier die Kirchenverbesserung von dem Probste des Klosters, Thomas Heckel, und dessen Pleban, Christian Kettelhut, angefangen, bald darauf von Peter Suave und 1525 von dem Doctor der Theologie, Johann Amandus, fortgesetzet; der Pöbel aber beging dabey die Ausschweiffung, daß er nicht nur den hohen Altar in der Pfarrkirche zerbrach, die Bilder heraustrug und viel Muthwillen insonderheit gegen die Geistlichen ausübte, sondern auch den Magistrat absetzte und einen neuen wählte. Die Sache wurde von dem Herzoge George persönlich untersucht, der nach dem an dem Montage nach Martini 1525 errichteten Vertrage, die Stadt mit einer Strafe von 800 Fl. belegte, von ihr die Ersetzung des angerichteten Schadens forderte, die von dem Pöbel gewählten Rathsherren wieder absetze und den alten Rath wiederherstellte. In ein noch größeres Unglück gerieth die Stadt, nachdem der Herzog Barnim XI. die beiden hiesigen Klöster, welche die Stadt jederzeit als ihr Eigenthum angesehen und mit ansehnlichen Gütern vermehret hatte, nemlich das Mönchskloster ganz und die Einkünfte des Jungfernklosters größtentheils eingezogen hatte. Denn obgleich die Stadt nach den vergeblichen Versuchen, die sie gemacht hatte, den Herzog zur Wiederherstellung ihrer gekränkten Rechte zu bewegen, endlich auf ihre Bitte von dem Kaiser Carl V. eine Bestätigung ihrer Privilegien durch die oben angeführte sogenannte goldene Bulle vom 1543 erhalten und verschiedene kaiserliche Strafbefehle an den Herzog Barnim XI., die Einwohner der Stadt nicht zu bedrücken, ausgewirket hatte: so kehrte sich doch der Herzog daran so wenig, daß er dadurch noch mehr wider sie aufgebracht wurde. Er fand sich persönlich mit seinen Räthen und vielen von Adel hier ein, ließ am 24 März 1544 das Rathhaus, worinn der Magistrat und die Bürgerschaft versammlet waren, besetzen, die Thore sprengen, den ganzen Markt in Besitz nehmen und sieben Magistratspersonen nebst verschiedenen Älterleuten der Zünfte in gefängliche Haft ziehen, wovon nachher einige in peinlichen Gefängnißen unter Ketten und Banden ihr Leben beschließen, andere aber, die sich dem Willen des Herzogs nicht unterwerfen wollten, eine schwere Geldstrafe erlegen mußten. Thomas Wölder, der die Beschwerden der Stadt bey dem Kaiser Carl V. angebracht hatte, mußte ins Exilium nach Danzig flüchten, woselbst er auch gestorben und ihm in der Marienkirche, als seinem Begräbnißorte, ein Epitaphium

Die Stadt Stolpe

phium von seinem Bruder aufgerichtet worden ist. In diesem traurigen Zeitpunkte hatten die Hanseestädte Lübeck, Hamburg, Bremen und Lüneburg 1552 bey dem Herzoge eine vergebliche Fürbitte für die Stadt gethan, die wegen ihrer Armuth, in die sie damals gerathen war, aus dem Hanseatischen Bunde scheiden muste. Der am 28 April 1623 von der Bürgerschaft wider den Rath erregte Aufruhr wurde durch die Gegenwart des Herzogs Bogislaus XIIII. gestillet, der nach dem zu Rügenwalde am 2 October 1623 gegebenen Befehl, die Stadt zu einer fiskalischen Strafe von 2000 Rthlr. verurtheilte und außer dem noch die Aufrührer mit Gefängniß- und Geldstrafe belegte. Das hiesige fürstliche Schloß wurde nebst dem Amte Stolpe nach dem Tode des Herzogs Johann Friederich, dessen Wittwe, der Herzoginn Erdmuth, einer Tochter des Churfürsten Johann George von Brandenburg, zu ihrem Leibgedinge und Wittwensitze angewiesen und von ihr am 4 May 1600 bezogen, nach ihrem am 13 November 1623 erfolgten Tode aber von dem Herzoge Bogislaus XIIII. am 21 April 1625 seiner einzigen damals noch lebenden Schwester, Anna, als der letzten Pommerschen Fürstinn und Wittwe des Herzogs Ernst von Croy, verschrieben und am 18 October 1625 übergeben; jedoch blieb die Stadt selbst so wie vorhin, unmittelbar der Gerichtsbarkeit der Landesherren unterworfen. Noch bey Lebzeiten der Prinzeßinn Anna war die Anwartung auf das Schloß und Amt Stolpe ihrem einzigen Sohne, dem Herzoge Ernst Bogislav von Croy, ertheilet worden, der es auch nach dem Tode seiner Mutter in Besitz nahm und am 7 Februar 1684 zu Königsberg in Preußen starb, worauf das Amt Stolpe wieder dem Churhause Brandenburg zufiel. Die Stadt muste nach dem alten Anschlage von 1523 ehemals 25 Pferde und 100 Mann Fußvolk aufbringen und hat insonderheit 1395, am 16 April 1476 und am 19 May 1665 große Feuersbrünste erlitten. Am 19 November 1780 wurde ein Departement der in Pommern gestifteten landschaftlichen Creditcasse in dieser Stadt errichtet, zu deren Eigenthum folgende Dörfer gehören, als:

1. Arenshagen 1¼ Meilen von Stolpe nordnordwestwärts, an dem linken oder westlichen Ufer der Stolpe und ⅜ Meile von der Ostsee, hat 1 Prediger, 1 Schulmeister, 9 Bauern, die keine Naturaldienste leisten, sondern Dienstgeld geben, 1 Schmiede, 16 Feuerstellen und eine zu der Stolpschen Synode gehörige Mutterkirche, deren Filial das Dorf Groß-Strellin und zu welcher das Dorf Hohenstein eingepfarret ist. Das Dorf Arenshagen und der Hafen Stolpemünde wurden von den Rittern Jesko, Herren von Schlawe und Jesko von Rügenwalde, nach dem zu Stolpe 1337 an dem Tage der Reinigung der Jungfrau Maria in lateinischer Sprache ausgefertigten Kaufbriefe, worinn die Gränzen beider Oerter beschrieben werden, dem Magistrat zu Stolpe verkauft.

2. Crussen 1¼ Meilen von Stolpe gegen Süden, hat 8 Bauern, 1 Coßäthen, 1 Schmiede, 1 Schulmeister, 1 Holzwärter, 16 Feuerstellen, einen kleinen Eichen- und Büchenwald und ist zu Quackenburg in der Stolpschen Synode eingepfarret. Die Dörfer Crussen und Lüllemin wurden, nach dem zu Wolgast 1494 ausgefertigten Rechtsspruche des Herzogs Bogislaus, wider die Ansprüche des David Ewald Curt und Henning, Vaters und Sohnes de Wetzen genannt, der Stadt Stolpe zuerkannt, weil sie solche Güter damals schon über 30 Jahre ruhig besessen hatte.

3. Cub-

3. **Cubliz** oder **Kublitz** hat eine der Stadt Stolpe gehörige Wassermühle, die aus einer Feuerstelle bestehet. Das Dorf Cublitz selbst ist theils königlich, theils adelich. S. Cublitz unter den Dörfern des königlichen Amts Stolpe, wie auch unter den adelichen Gütern des Stolpschen Kreises.

4. **Damnitz**, oder auch Raths-Damnitz zum Unterschiede des in eben diesem Kreise gelegenen adelichen Dorfs Hebron-Damnitz genannt, 1¼ Meilen von Stolpe südsüdostwärts, zwischen Bergen und Wäldern, an dem sogenannten teutschen Bache, welcher durch das Dorf fließet, sich bey demselben mit der Schottow vereiniget, und mit dieser bey dem Dorf Scharsow in die Stolpe fällt, auf der Landstraße von Stolpe nach Bütow, hat 2 Vorwerke, eine zwischen dem Dorfe Damnitz und dem Loitzerwalde gelegene und für einen Erbzins verkaufte Papiermühle, die von der Schottow getrieben wird, 1 Wassermühle, die ebenfalls für einen Erbzins ist verkauft worden, 1 Schneidemühle, 1 Prediger, 1 Küster, 5 Bauern, 3 Coßäthen, 2 Büdner, 1 Predigercolonus, einen für einen Erbzins verkauften Krug, 1 Schmiede, 26 Feuerstellen, eine zu der Stolpschen Synode gehörige Mutterkirche, deren Filial das Dorf Podewilshausen und zu welcher der sogenannte Loitzerwald eingepfarret ist, und ein Torfmoor. Die Einwohner ernähren sich zum Theil von dem Holzschlagen in dem Loitzerwalde und dem Flößen des Holzes auf den benachbarten Flüßen. Der Magistrat zu Stolpe und die Vorsteher des Hauses des heil. Geistes daselbst kauften einen Theil des Dorfs Damnitz, nach dem zu Stolpe 1485 am Abende der heiligen Könige ausgefertigten Kaufbriefes, von Marten Wobeser, und einen andern Theil, nach der von dem Herzoge Bogislaus zu Rügenwalde 1493 an dem Tage Felicis Confessoris ertheilten Bestätigung, von den nachgelaßenen Kindern des Claus Puttkammer zu Zettin; zwey Bauern und 1 Coßäthen in dem Dorfe Damnitz aber, die der Herzog Bogislaus von Ewald Zitzewitz gekauft hatte, wurden von dem Herzoge nebst dem an sich gebrachten Rechte, deßen sich die Slebitzen an dem ganzen Dorfe Damnitz angemaßet hatten, nach einer zu Rügenwalde 1517 am Sonnabende nach dem Tage des heiligen Bischofs Lambertus ausgestellten Urkunde, für viertehalbhundert Rheinsche Gulden der gewöhnlichen Münze, dem Magistrat zu Stolpe überlaßen. In dem Dorfe Damnitz waren ehemals 18 Bauerhöfe, die größtentheils den beiden in diesem Dorfe befindlichen Vorwerken sind beygeleget worden.

5. **Hohenstein** 1½ Meilen von Stolpe nordnordwestwärts, an dem linken Ufer der Stolpe und ¼ Meile von der Ostsee, hat 11 Bauern und noch einen gekauften Bauerhof, die keine Naturaldienste leisten, sondern Dienstgeld geben, 1 Halbbauer 4 Büdner, 1 Schulmeister, 19 Feuerstellen und ist zu Arenshagen in der Stolpschen Synode eingepfarret. Das Dorf Hohenstein ist wahrscheinlich in dem 14ten Jahrhunderte von der Stadt Stolpe auf dem Grunde und Boden der beiden Stadtgüter Arenshagen und Stolpemünde erbauet worden, indem deßen Gränzmahle in dem zu der Beschreibung des Dorfs Arenshagen angeführten Kaufbriefe von 1337 beschrieben werden. Der Schulzenhof zu Hohenstein wurde nach dem Erbkaufvergleiche vom 27 September 1771, der von dem General-Directorium am 6 May 1772 bestätiget wurde, erblich verkauft.

6. Die

Das Eigenthum der Stadt Stolpe.

6. Die Loiz oder der Loizerwald ist ein der Stadt Stolpe gehöriger Wald, welcher derselben gegen Süden liegt und etwa eine Quadratmeile begreift. In demselben befinden sich 1 Vorwerk, 1 Coßäthe, 2 Büdner, 3 Holzwärter, und überhaupt 10 Feuerstellen, die zu Damniz in der Stolpschen Synode eingepfarret sind. Der sogenannte Steinbach, der Forellen führet und sich in die Stolpe ergießet, fließet durch den Loizerwald, welcher nebst dem sogenannten Preinzer: oder Loizerhoft, nach dem zu Stolpe 1370 ausgefertigten Kaufbriefe, worinn die Gränzen desselben beschrieben sind, von Clawes Tassize und deßen Sohn Teßleue oder Teßlaff der Stadt Stolpe verkauft wurde.

7. Lüllemin 1¼ Meilen von Stolpe südsüdwestwärts, in einem Thale, hat 1 Vorwerk, 1 Wassermühle, 7 Bauern, 2 Coßäthen, 1 Büdner, 1 Schmiede, 1 Schulmeister, 21 Feuerstellen, fruchtbaren Acker, Fischerey in dem Mühlenteiche, ein kleines Torfmoor und bey demselben einen Kathen, der Lülleminsche Feldkathen genannt und ist zu Quackenburg in der Stolpschen Synode eingepfarret.

8. Podewilshausen 2¼ Meilen von Stolpe südsüdostwärts, ist eine in dem Stolpschen Stadtwalde, die Loiz genannt, in dem Jahre 1752 angelegte Colonie, die aus 16 Bauern, die ihre Höfe eigenthümlich besitzen und jährlich einen gewißen Kanon zu 26 Rthlr. an die Stolpsche Cämmerey bezahlen, 1 Schulmeister, 18 Feuerstellen und einem Bethause bestehet, welches als ein Filial von Damniz in der Stolpschen Synode angesehen wird.

9. Schmaaz ½ Meile von Stolpe nordostwärts, in einer ebenen und fruchtbaren Gegend, hat, in sofern es der Stadt Stolpe gehöret, 1 Wassermühle, 5 Bauern, 1 Schulmeister, mit Einschließung der zu dem adelichen Dorfe Nipnow gehörigen 5 Bauerhöfe, 17 Feuerstellen und ist zu der auf der Altstadt Stolpe gelegenen St. Peterskirche in der Stolpschen Synode eingepfarret. S. Nipnow wie auch Schmaaz unter den adelichen Gütern des Stolpschen Kreises. Wie das Dorf Schmaaz an die Stadt Stolpe gekommen sey, ist nicht bekannt; jedoch wurde bereits, nach dem 1492 an dem Tage des heiligen Cosmus und Damianus ausgefertigten Gnadenbriefe, von dem Abte Stanislaus zu Belbuck, dem Magistrat zu Stolpe nachgegeben, daß die Czemarkere, das ist, die Schmaaz, die Weide auf der wüsten Feldmark Sebbin gebrauchen könne.

10. Stolpmünde ein Flecken, 2 Meilen von Stolpe gegen Norden, an dem östlichen Ufer der Stolpe, wo sich dieselbe in die Ostsee ergießet und einen wenig brauchbaren Hafen macht, hat anßer verschiedenen Kaufmannsspeichern 37 Feuerstellen, die mit Einschließung eines Holzwärterkathens, eines Schulhauses, worinn der Küster, der zugleich Organist ist, wohnet, und einiger Handwerker, von Schiffern und Seefahrenden bewohnet werden, die sich neben der Schiffahrt mit dem Lachsfange zu beschäftigen pflegen, eine zu der Stolpschen Synode gehörige und schön gezierte Kirche, die ein Filial von Wintershagen ist, und wenige Fichtenholzungen. Der Acker ist sandig und unfruchtbar, daher sich die Einwohner, die einen Voigt haben und ihre Häuser,

ser, wovon sie aber ein jährliches Grundgeld an die Cämmerey erlegen, eigenthümlich besitzen, größtentheils von der Fischerey und der Schiffahrt ernähren. In dem Jahre 1778 am 1ten August wurden hier durch eine Feuersbrunst 18 Häuser in die Asche geleget, die jetzt sämmtlich schon wieder erbauet sind.

11. **Klein-Strellin** 1 Meile von Stolpe nordnordwestwärts, hat 7 Bauern, die keine Naturaldienste leisten, sondern Dienstgeld geben, 1 Coßäthen, 1 Büdner, 1 Schulmeister, 1 Holzwärter, auf der Feldmark des Dorfs eine zu den Dörfern Klein-Strellin und Arenshagen gehörige Wassermühle, die Samerowermühle genannt, die der Müller auf Erbzins besitzt, 13 Feuerstellen, eine kleine Mastholzung und ist zu Groß-Strellin in der Stolpschen Synode eingepfarret.

12. **Strickershagen** 1¼ Meilen von Stolpe gegen Norden und ¼ Meile von dem Stolpeflusse, in einer ebenen und besonders an Weizen fruchtbaren Gegend, hat 1 Vorwerk, 5 Bauern, 2 Coßäthen, 3 Büdner, 1 Schulmeister, 1 Holzwärter 1 Schmiede, 15 Feuerstellen, Fichtenholzung und ist zu Wintershagen in der Stolpschen Synode eingepfarret. Das Dorf Strickershagen wurde, nach einer zu Stolpe 1426 an dem Tage der Wittwe Elisabeth ausgefertigten Urkunde, von Ulrich Drosebow dem Magistrat zu Stolpe verkauft, welchem das Lehn über dieses Dorf von den Aebten zu Belbuck nach den Lehnbriefen von den Jahren 1486, 1493, 1504 und 1518 ertheilet wurde. Wegen der Gränzen zwischen den Dörfern Weitenhagen und Strickershagen und des Wassergrabens, die Wrechow genannt, wurde zu Stolpe an dem Donnerstage nach Palmarum in der stillen Woche 1526 ein Vertrag zwischen den Gebrüdern Jürgen und Jacob von Ramel zu Weitenhagen und dem Magistrat zu Stolpe errichtet. Nach der Kirchenmatricul hatte das Dorf Strickershagen ehemals 11 Bauern, es ist aber ein großer Theil des Ackers, worauf nun Fichten stehen, von dem Seesande überzogen worden. Eben dadurch ist die oben gedachte Wrechow verstopft worden und davon ein See entstanden, der unter dem Namen Grasbruch bekannt ist und einen reichen Vorrath von allerley Fischen liefert.

II. **Zwey königliche Aemter**, als:

1. **Das Amt Stolpe.** Zu demselben gehören

1) Folgende Dörfer, als:

(1) **Birkow** ⅞ Meile von Stolpe nordwestwärts und 2½ Meilen von Schlawe nordostwärts, hat außer einem Vorwerke, 12 Bauern mit dem Schulzen, 2 Coßäthen, 4 Büdner, 1 Schulhaus, 1 Hirtenhaus, 21 Feuerstellen, ist zu Symbow in der Rügenwaldeschen Synode eingepfarret und gränzet an die Stadt Stolpe und an die Dörfer Strellin, Groß-Brüskow, Reddentin und Medenick.

(2) **Groß-Brüskow** 1 Meile von Stolpe nordwestwärts, hat außer einem Vorwerke, 1 Prediger, 7 Bauern mit dem Schulzen, 3 Coßäthen, 8 Büdner, unter

ter welchen sich der Schmied befindet, 1 Schulmeister, 21 Feuerstellen, eine zu der Stolpschen Synode gehörige Mutterkirche, deren Filial das Dorf Schwolow ist und zu welcher das Dorf Klein-Brüskow und die Ziegeley Dodow eingepfarret sind und gränzet an die Dörfer Horst, Klein-Brüskow, Arenshagen, Groß- und Klein-Strellin.

(3) **Klein-Brüskow** 2¼ Meilen von Stolpe nordwestwärts, an der Motze, hat 5 Bauern, 2 Coßäthen, 2 Büdner, 1 Schulmeister, 10 Feuerstellen, ist zu Groß-Brüskow in der Stolpschen Synode eingepfarret und gränzet an die königliche Dörfer Groß-Brüskow und Schwolow.

(4) **Cublitz** oder **Kublitz** eine kleine Viertelmeile von Stolpe westsüdwestwärts, nicht weit von dem Stolpeflusse, auf der Landstraße von Stolpe nach Rummelsburg, hat königlichen Antheils 13 Bauern, von welchen 4 auf dem seit einigen Jahren hier abgebauten Vorwerke sind angesetzet worden, 10 Büdner, 23 Feuerstellen, eine unter dem Patronate des Königs stehende und zu der Stolpschen Synode gehörige Kirche, die ein Filial von der Schloßkirche zu Stolpe ist und zu welcher das Dorf Weddin und die Schäferey Ulrichsfelde eingepfarret sind. Ein Bach fließet mitten durch das Dorf und treibt die hiesige Mühle, die aber der Stadt Stolpe gehöret. Der Antheil, den der König an diesem Dorfe hat, war ehemals ein Lehn der von Puttkammer, und wurde, nachdem dasselbe in Concurs gerathen war, in dem Jahre 1735 gekauft. S. Cublitz unter den adelichen Gütern des Stolpschen Kreises und die Cublitzsche Wassermühle unter den Eigenthumsgütern der Stadt Stolpe.

(5) **Damerow** 2 Meilen von Stolpe gegen Osten, an einem Walde, hat 10 Bauern, unter welchen sich der Schulze, der zugleich königlicher Holzwärter ist, und 4 neue auf dem hiesigen abgebauten Vorwerke, angesetzte Bauern befinden, 2 Büdner, 13 Feuerstellen, fruchtbaren Acker, ist zu Sageritz in der Stolpschen Synode eingepfarret und gränzet an die Dörfer Dumrese, Wendisch-Carstnitz, Rambow, Labehn, Hebron-Damnitz, Deutsch-Carstnitz und Sageritz.

(6) **Neu-Damerow** oder **Steifenphal**, eine seit 1764 auf dem wüsten zu dem Dorfe Damerow gehörigen Heidelande angelegte Colonie, 2¼ Meilen von Stolpe gegen Osten, auf der Poststraße von Berlin nach Preußen, hat 16 Büdner oder Wollspinnerfamilien, die einen gewißen Grundzins geben, 1 Krug, der eine Hufe versteuert, 17 Feuerstellen und ist zu Sageritz in der Stolpschen Synode eingepfarret.

(7) **Stinkow** ⅜ Meile von Stolpe gegen Norden, an dem Stolpeflusse und an der Straße von Stolpe nach Stolpmünde, die nahe an der westlichen Seite des Dorfs vorbey führet, hat 10 Bauern mit dem Schulzen, 1 Coßäthen, 7 Büdner, unter welchen sich der Schmied befindet, 1 Schulmeister, 19 Feuerstellen, ist

Der Stolpsche Kreis.

zu der Pfarrkirche zu Stolpe eingepfarret und gränzet an die Stadt Stolpe und an die adelichen Dörfer Bedlin und Groß-Strellin.

(8) Horst 1¾ Meilen von Stolpe nordwestwärts, hat mit Einschließung des Freyschulzen, 17 Bauern, die keine Naturaldienste leisten, sondern Dienstgeld geben, 2 Halbbauern, unter welchen sich der Schmied befindet, 2 Coßäthen, 10 Büdner, 1 Schulmeister, 33 Feuerstellen, ist zu Dünnow in der Stolpschen Synode eingepfarret und gränzet an die Dörfer Arenshagen, Dünnow und Hohenstein und an den zu dem Amte Stolpe gehörigen Wald. Mit den Dörfern Dünnow, Lindow, Starkow und Horst wurde Friederich Krummel von dem Herzoge Bogislaus nach dem Lehnbriefe von 1355 belehnet, nachdem er diese Dörfer von dem Herzoge durch einen Tausch für sein Dorf Sylckstorp (Silligsdorf) erhalten hatte.

(9) Labuhn 1 Meile von Stolpe südsüdostwärts, hat außer einem Vorwerke 12 Bauern mit dem Schulzen, 1 Halbbauer, 3 Coßäthen, unter welchen sich der Schmied befindet, 4 Büdner, 1 Schulhaus, 1 Hirtenkathen, 22 Feuerstellen, ist zu der St. Peterskirche auf der Altstadt Stolpe eingepfarret und gränzet an die Dörfer Scharsow, Crampe, Quackenburg und Silkow. Die Streitigkeiten zwischen dem Herzoge Bogislaus und den Vettern Laffrenz und Jürgen von Puttkammer zu Laßin wegen der Dörfer Labuhn und Crampe, welche die von Puttkammer ehemals von dem Preußischen Orden zu Lehn getragen und sich den erblichen Besitz derselben angemaßet hatten, wurden durch die von beiden Theilen erwählten Schiedsrichter, als den Dechanten zu Colberg, Doctor Martin Carith, Heinrich Natzmar zu Ristow, Döring Ramel zu Wintershagen und Peter Podewils auf dem Hause zu Demmin, am 8 Januar 1496 auf dem Rügenwaldeschen Schlosse also entschieden, daß die von Puttkammer dem Herzoge das Dorf Labuhn abtreten müsten, der Herzog aber jene dagegen mit dem Dorfe Crampe belehnte.

(10) Mellin 2 Meilen von Stolpe südsüdostwärts, in einem Walde, hat königlichen Antheils 7 Halbbauern, unter welchen sich der Freyschulze und der Müller befinden, 1 Holzwärter, 8 Feuerstellen und ist zu Wobeser in der Stolpschen Synode eingepfarret. Ehemals war in dem Dorfe Mellin ein rittersreyes königliches Vorwerk, welches aber abgebauet und mit den angezeigten 7 Halbbauern besetzet wurde. Außer denselben sind in diesem Dorfe noch ein adeliches Verwalters- und Erbküthenhof, so zu dem Dorfe Crampe und 1 Freybauerhof, so zu dem Dorfe Teintsch-Plassow gehöret. S. Mellin unter den adelichen Gütern dieses Kreises. Durch das Urtheil der Hinterpommerschen Regierung vom 16 November 1695 und das Urthel der juristischen Facultät zu Altdorf vom 29 März 1697 wurde erkannt, daß die Theilung der Holzung Mellin also vorzunehmen sey, daß davon den von Puttkammer zu Loßin, Cublitz, Crampe und Plassow ⅔, den Beamten zu Stolpe aber ⅓ zugeeignet werden sollte, die von Puttkammer auch bey der aus ihren Lehnbriefen erwiesenen Jagd in dem Mellin und der derselben anhängigen Mast geschützet werden sollen.

(11) Mütze

Das Amt Stolpe.

(11) Mützenow 2 Meilen von Stolpe westnordwestwärts und 1 Meile von der Ostsee, hat 1 Prediger, 1 Küster, mit Einschließung des Freyschulzen, 19 Bauern, unter welchen sich 2 Pfarrbauern befinden, die dem hiesigen Prediger dienen und weder Pacht- noch Dienstgeld an das Amt geben, 2 Halbbauern, 5 Coßäthen, unter welchen sich der Schmied befindet, 7 Büdner, 1 Predigerwittwenhaus, 33 Feuerstellen, eine zu der Stolpschen Synode gehörige Mutterkirche, zu welcher das Dorf Starkow, das Vorwerk Gallenzin und diejenigen Einwohner der Colonie Scharfenstein, die sich daselbst aus dem Mützenowschen Kirchspiele angesetzet haben, eingepfarret sind und gränzet an die Dörfer Galleske, Pustamin, Peest, Starkow und Schwolow. Die Einwohner des Dorfs Mützenow ernähren sich theils von dem Ackerbau, theils von der Schiffahrt. Die von den fürstlichen Commißarien, dem Cammerrathe Johann Hagemeister und dem Hofrathe Christoph Zastrow zu Stregow vorgenommene Untersuchung und Entscheidung der Gränzstreitigkeiten zwischen den Dörfern Mützenow und Peest, wurde von dem Herzoge Bogislaus XIIII. zu Rügenwalde am 14 October 1623 bestätiget. In dem Jahre 1782 wurde auf der Mützenowschen Feldmark auf dem sogenannten Steinbrink an dem Ende der Stolper Stege eine beträchtliche Menge von Börnstein entdeckt, so daß man an 12 Klaftern tief zwischen gestreckten Bäumen, deren Holz zwar schwarz aber noch ziemlich feste war, in der schwärzlichen und mit groben Seesande vermischten Erde, für 1800 Rthlr. Börnstein, zum Theil in großen Stücken und von der besten Güte fand.

(12) Ritzow eine kleine Viertelmeile von Stolpe gegen Norden, hat 10 Bauern mit dem Freyschulzen, 1 Coßäthen, 1 Schulmeister, 14 Feuerstellen, ist zu der St. Peterskirche auf der Altstadt Stolpe eingepfarret und gränzet an die Dörfer Schmaaß, Nipnow und die Stadt Stolpe. Die Bauern leisten keine Naturaldienste, sondern bezahlen Dienstgeld, verrichten aber doch die gewöhnlichen Burgfuhren. Nach einer Urkunde von 1240 wurde das Dorf Ritzow von dem Herzoge Suantipolk dem Kapellan des Jungfernklosters zu Stolpe, Herman, für 2 Pferde verkauft.

(13) Sageritz 1¼ Meilen von Stolpe gegen Osten, in einer ebenen Gegend, auf der großen Landstraße von Berlin nach Danzig, hat außer einem Vorwerke, 1 Prediger, 1 Küster, 7 Bauern, unter welchen sich der Schulze und der Krüger befinden, 2 Coßäthen, wovon einer zugleich Schmied ist, 1 Predigerwittwenhaus, 1 Predigercolonus, 17 Feuerstellen, eine zu der Stolpschen Synode gehörige Mutterkirche, zu welcher die Dörfer Manewitz, Damerow, Teutsch-Carstenitz, Steifenphal oder Neu-Damerow und die neu angelegte Schäferey Pappritzfelde eingepfarret sind und gränzet an die Dörfer Granzin, Teutsch-Carstenitz, Damerow, Dumrese, Wilgelow und Manewitz. Seit einigen Jahren ist die Gemeinschaft der Aecker zwischen der Dorfschaft Sageritz und dem hiesigen Vorwerke aufgehoben worden, so daß die Dorfschaft die beiden Felder nach Damerow hin und hinter der Kirche, das Vorwerk aber das Feld nach Manewitz erhalten haben. Nach der Verschreibung vom 22 Julius 1556 wurde das Dorf Sageritz von dem Herzoge Barnim

[Bbbbbb 2] dem

Der Stolpsche Kreis.

dem Bartholomäus Schwawe zu Damnitz und dessen männlichen Leibeslehnserben zur Belohnung seiner Dienste als ein Lehn ertheilet, gegen das Ende des 16ten Jahrhunderts aber wieder von den Herzogen von Pommern eingezogen.

(14) Scharfenstein ist eine Colonie, die $1\frac{7}{8}$ Meilen von Stolpe westnordwestwärts zwischen den Dörfern Mützenow und Schwolow an der Gränze derselben liegt und jetzt aus 12 Büdnern, die Grundgeld geben und sich von ihren Gärten, der Viehzucht und Tagelohn ernähren, und aus 14 Feuerstellen bestehet. Diejenigen Einwohner, so sich aus dem Mützenowschen Kirchspiele in dieser Colonie angesetzet haben, sind zu Mützenow, diejenigen aber, so sich aus Schwolow dahin begeben haben, am 18 August 1781 zu Schwolow eingepfarret worden.

(15) Schwolow $1\frac{1}{2}$ Meilen von Stolpe gegen Westen und eben so weit von Schlawe nordostwärts, hat 15 Bauern mit dem Freyschulzen, 3 Coßäthen, 3 Büdner, unter welchen sich der Schmied befindet, 1 Förster oder Hegemeister, 1 Schulmeister, 25 Feuerstellen, eine zu der Stolpschen Synode gehörige Kirche, die ein Filial von Groß-Brüstow ist und zu welcher diejenigen Einwohner der Colonie Scharfenstein, die sich aus Schwolow dahin begeben und angesetzet haben, eingepfarret sind und gränzet an die königlichen Dörfer Mützenow und Klein-Brüstow und an die adelichen Dörfer Veest, Gatz und Reddentin.

(16) Stantin $\frac{3}{4}$ Meile von Stolpe gegen Osten, in einer fruchtbaren, ebenen Gegend, hat 5 Bauern mit dem Freyschulzen, 1 Büdner, 7 Feuerstellen, ist zu der St. Peterskirche auf der Altstadt Stolpe eingepfarret und gränzet an die Dörfer Vetzin, Warbelow, Gumbin und an die Stadt Stolpe.

(17) Starkow 2 Meilen von Stolpe nordwestwärts und $\frac{1}{4}$ Meile von der Ostsee, hat 15 Bauern mit dem Freyschulzen, 6 Coßäthen, 10 Büdner, unter welchen sich der Schmied befindet, 1 Holzwärter, 1 Schulmeister, 32 Feuerstellen, ist zu Mützenow in der Stolpschen Synode eingepfarret und gränzet an die Dörfer Dünnow und Mützenow.

(18) Veddin eine kleine halbe Meile von Stolpe südwestwärts, in einer ebenen Gegend, hat außer einem Vorwerke, 10 Bauern mit dem Schulzen, 2 Coßäthen, 5 Büdner, unter welchen sich der Schmied befindet, 1 Schulmeister, 21 Feuerstellen, ist zu Cublitz in der Stolpschen Synode eingepfarret, gränzet an die Dörfer Cublitz, Zirchow und Reblin und wird von den Runowschen und Cunsowschen Feldern durch einen Bach geschieden.

2) Sieben ritterfreye Vorwerke, als:

(1) Birkow hat 752 Morgen 69 Ruthen und die Dienste von 12 Bauern und 2 Coßäthen aus Birkow und 2 Coßäthen aus Horst, wovon die Dienste der
Bauern

Das Amt Stolpe.

Bauern täglich mit Gespann, die Dienste der Coßäthen aber täglich mit der Hand geleistet werden.

(2) Groß-Brüskow hat 609 Morgen 119 Ruthen und die Dienste von 7 Bauern und 3 Coßäthen aus Groß-Brüskow und 2 Bauern und 3 Coßäthen aus Schwelow. Bey diesem Vorwerke sind seit einigen Jahren 207 Morgen 13 Ruthen Wiesen auf königliche Kosten uhrbar gemacht und demselben beygeleget worden.

(3) Gallenzin 2 Meilen von Stolpe nordwestwärts und ⅛ Meile von der Ostsee, hat 2 Feuerstellen, 574 Morgen 106 Ruthen, die Dienste von 7 Bauern und 4 Coßäthen aus Mützenow, 2 Bauern und 3 Coßäthen aus Starkow und ist zu Mützenow in der Stolpschen Synode eingepfarret.

(4) Labuhn hat die Dienste von 9 Bauern aus dem Dorfe Labuhn. Die 3 übrigen Bauern in Labuhn geben Dienstgeld.

(5) Neuhof oder Probsthof nahe bey der Stadt Stolpe, hat 1 Feuerstelle, 648 Morgen 20 Ruthen, fruchtbaren Acker, der sich mit dem Acker der Stolpschen Bürger in Gemeinschaft befindet, eine weitläuftige Weide auf den Feldern der Stadt Stolpe und die Dienste von 9 Bauern und 1 Coßäthen aus Finkow, 4 Bauern aus Weddin, 1 Coßäthen aus Ritzow, 2 Coßäthen aus Horst und 2 Coßäthen aus Starkow. Hiernächst muß die Dorfschaft Ritzow das Land jenseit des Stolpeflußes, der Zegenhagen genannt, und die Dorfschaft Klein-Brüstow ebenfalls ein gewisses am Acker bestellen. Dieses Vorwerk wird von dem Generalpächter des Amts Stolpe, der in der Stadt Stolpe auf dem alten Schloße wohnet, selbst administriret.

(6) Sageritz hat 452 Morgen 27 Ruthen und die Dienste von 6 Bauern und 2 Coßäthen aus Sageritz, wovon die ersten wöchentlich 4 Tage mit Gespann und 2 Tage mit der Hand, die letzten aber 5 Tage mit der Hand dienen.

(7) Veddin hat 394 Morgen 177 Ruthen und die Dienste von 6 Bauern und 2 Coßäthen aus Veddin.

8) Zwo Schäfereyen, die seit einigen Jahren für königliche Kosten sind angeleget worden, als:

(1) Papprizfelde ¼ Meile von dem Dorfe Sageritz, ist nach dem königlichen Geheimen- Oberfinanz- Krieges- und Domainenrathe Ludewig Friederich Papprih benannt worden und bestehet außer einer Schäferey, zu welcher 600 Morgen an Acker und 76 Morgen an Wiesen gehören, aus 8 Büdnern, die zusammen 16 Morgen an Acker und 24 Morgen an Wiesen besitzen, 9 Feuerstellen und ist zu Sageritz in der Stolpschen Synode eingepfarret.

(2) Ulrichs-

Der Stolpsche Kreis.

(2) Uleichofelde ist nach dem königlichen Krieges- und Domainenrathe George Philipp Ulrich benannt worden und liegt ⅜ Meile von Stolpe gegen Westen, an der Landstraße von Berlin nach Preußen. Dieser Ort bestehet außer einer Schäferey, bey welcher sich 500 Morgen an Acker und 87 Morgen an Wiesen befinden, aus 8 Büdnerfamilien, welchen 16 Morgen an Acker und 26 Morgen 109 Ruthen an Wiesen sind beygeleget worden, 9 Feuerstellen und ist zu Cublitz in der Stolpschen Synode eingepfarret.

4) Die Ziegeley zu Dodow, bey welcher sich 6 Feuerstellen befinden, liegt in einem Walde, nicht weit von dem Dorfe Groß-Brüskow, zu welchem dieselbe auch in der Stolpschen Synode eingepfarret ist.

5) Folgende Mühlen, als:

(1) Die Wassermühle in der Stadt Stolpe mit 5 unterschlägigen Mahlgängen, und die Wassermühle außer der Stadt mit 2 unterschlägigen Gängen, wozu auch die Schneidemühle und Tuchmacherwalkmühle, deren sich auch die Weißgärber bedienen, gehöret. Die Zwangsmahlgäste der beyden Kornmühlen sind die Einwohner der Stadt Stolpe mit den Vorstädten und der Altstadt und die Einwohner der Dörfer Birkow, Groß- und Klein-Brüskow, Flinkow, Horst, Labuhn, Ritzow, Sageritz, Stantin, Veddin, des Vorwerks Neuhof, der Dodowschen Ziegeley und der Stadtziegelen.

(2) Die Mellinsche Wassermühle bestehet aus einem oberschlägigen Gange und ist auf der Mellinschen Feldmark auf dem sogenannten wüsten Teiche erbauet worden. Die Zwangsmahlgäste sind die königlichen 6 Halbbauern in dem Dorfe Mellin.

(3) Die Lohgärbermühle gehöret den Stolpschen Schustern, die solche für ihre eigene Kosten unterhalten und die Wasserpacht an das Amt Stolpe geben müssen.

Die Dörfer Kierske oder Kerseke, Stojenthin, Schlochow, die Mühle zu Chmelenz, die Mühle zu Kierske und der halbe See Garde wurden nebst dem Rechte an einigen Seen von den Gebrüdern Peter und Staske von Schmolsin, nach der von dem Herzoge Wartislav dem jüngern auf dem fürstlichen Schloße zu Alt-Schlage 1383 an dem Tage der heil. Märtyrer Fabian und Sebastian ertheilten Bestätigung, dem Abte zu Belbuk und dem Probste der Jungfrauen zu St. Nikolai zu Stolpe und ihrem Convente verkauft und fielen nebst den jetzt zu dem Amte Stolpe gehörigen Dörfern, welche eben dieses Kloster besessen hatte, als Horst, Starkow, Mühenow, Gallenzin, Veddin, Stantin, Flinkow, Ritzow und Seddin, so jetzt ein zu dem adelichen Dorfe Schwuchow gehöriges Vorwerk ist, nach der Kirchenverbesserung den Herzogen von Pommern zu. Von diesen wurden die von Tessen mit dem Dorfe Jament, welches der Herzog Wartislav dem Ritter Schwantes Tessen verliehen hatte, und mit den so genannten Schmolsinschen Gütern, als den Dörfern Schmolsin, Virchenzin, Vietkow, Ziezen, Klein-Garde, Lupow, Rainbow, Poblotz, Vanskow, dem Gute Chust, so jetzt nicht mehr vorhanden ist und

nach

Das Amt Stolpe.

nach dem am 18 November 1607 aufgenommenen Inventarium dieser Dörfer schon damals fast ganz mit Sande bezogen war, und dem Dorfe Lübzow nach den Lehnbriefen von 1546, den 3 März 1575, 31 Julius 1601 und 26 April 1605 belehnet. Der Herzog Johann Friederich hatte mit Einstimmung seiner Brüder, der Herzoge Bogislav, Barnim und Casimir, nach einer zu Alt-Stettin am Tage Michaelis 1582 ausgefertigten Urkunde, seiner Gemahlinn der Herzogin Erdmuth, einer Tochter des Churfürsten Johann George von Brandenburg, die Anwartung auf die Schmolsinschen Güter ertheilet, welche ihr auf ihre Lebenszeit nach dem am 1 April 1608 erfolgten Tode des Schwantes von Tessen, als des letzten seines Geschlechts, von dem Herzoge Philipp II. übergeben wurden, nachdem ihr das fürstliche Schloß Stolpe nebst dem Amte Stolpe nach dem Tode ihres Gemahls, des Herzogs Johann Friederich, zu ihrem Leibgedinge und Wittwensitze angewiesen und von ihr am 4 May 1600 war bezogen werden. Noch bey ihrem Leben ertheilte der Herzog Bogislaus XIIII. am 19 October 1622 seiner einzigen damals noch lebenden Schwester, Anna, als der letzten Pommerschen Fürstinn und Wittwe des Herzogs Ernst von Croy und Arschott, die Anwartung auf die Dörfer Schmolsin und Virchenzin, die Schäferey Kambow und verschiedene in der Schmolsinschen Holzung gelegene Höfe mit der Versicherung, daß solche nach ihrem Tode ihrem einzigen Sohne, dem Herzoge Ernst Bogislav von Croy zufallen sollten. Als die Herzogin Erdmuth am 13 November 1623 gestorben war, trat die Herzoginn Anna, nach dem von dem Kaiser Ferdinand II. zu Prag am 12 May 1628 bestätigten Schenkungsbriefe des Herzogs Bogislaus XIIII. vom 20 May 1624, in den wirklichen Besitz der Schmolsinschen Güter, wovon jedoch einige vorher von dem Herzoge als Gnadenlehne verschiedenen von Adel, als das Dorf Banskow am 5 December 1623 dem Schloßhauptmann und Cammerrathe Hans von Zastrow zu Wusterhanse und Nemmin, das Dorf Poblotz am 26 Februar 1624 dem Oberhofmarschall Christoph von Hoym, das Dorf Lübzow den von Reckow und das Dorf Zietzen dem Hauptmann zu Colbatz, Nicolaus Below, waren geschenkt worden, der aber das letzte Dorf am 19 Merz 1624 erblich für 15000 Gulden der Herzogin Anna verkaufte. Ihr hatte auch nachher der Herzog Bogislav XIIII. nicht nur am 9 August 1624 das Viehhöfchen Bollenz, um einen Thiergarten daselbst anzulegen, und am 6 April 1625 die Holzung und den Berg Reverslist geschenkt, sondern auch am 21 April 1625 das ihm nach dem Tode der Herzoginn Erdmuth zugefallene Schloß und Amt Stolpe verschrieben, welches die Herzoginn Anna am 18 October 1625 von dem fürstlichen Hauptmann zu Lauenburg, Antonius Natzmer zu Gutzmin und Wobesde angewiesen wurde und nach dem damals aufgenommenen Inventarium aus folgenden Gütern, als dem fürstlichen Schloße und den dazu gehörigen Gebäuden und Gärten, den beiden Kornmühlen in und bey der Stadt Stolpe, der Schneidemühle daselbst nebst den Lachsschleusen, 43 besetzten Gärten auf der Altstadt Stolpe, dem Dorfe Ritzow, dem Ackerhofe Gallenzin und den dazu belegenen Dörfern Mützenow und Starkow, dem Probsthofe und den dazu belegenen Dörfern Weddin, Flinkow und Stantin, dem Ackerhofe Brüskow und den dazu belegenen Dörfern Schwolow, Klein- und Groß-Brüskow, dem Ackerhofe Damerow und den dazu belegenen Dörfern Sageritz, Labuhn, Stojentin und Schlochow, der Schäferey Birkow, mit den dazu belegenen Dörfern Birkow und Horst, dem Hofe Mellin, dem Städtlein Garde und dem Gardeschen See bestand.

Noch

Der Stolpsche Kreis.

Noch bey Lebzeiten der Herzoginn Anna war die Anwartung auf die Aemter Stolpe und Schmolsin ihrem einzigen Sohne, dem Herzoge Ernst Bogislav von Croy ertheilet worden, der solche nach dem Tode seiner Mutter in Besitz nahm, die Schmolsinschen Güter aber mit Genehmigung des Churfürsten Friederich Wilhelm am 15 April 1673 seinem natürlichen und legitimirten Sohne, Ernst von Croyengreiff, abtrat und am 7 Februar 1684 zu Königsberg in Preußen starb, worauf die Aemter Stolpe und Schmolsin dem Churhause Brandenburg zufielen und die Dörfer Stojenthin, Schlochow und Garde, die bisher zu dem Amte Stolpe gehöret hatten, dem Amte Schmolsin beygeleget wurden.

2. Das Amt Schmolsin. Zu demselben gehören

1) Folgende Dörfer, als:

(1) Groß-Garde 3 Meilen von Stolpe nordostwärts, nahe an dem fischreichen Gardeschen See, hat 1 Prediger, 1 Organisten, 36 Einwohner, die ihre Wohnungen erb- und eigenthümlich, aber nur wenige Aecker und Wiesen besitzen, und größtentheils aus Fischern, theils aber auch aus Handwerkern und Tagelöhnern bestehen, mit Einschließung des Dorfs Kierske 48 Feuerstellen und eine zu der Stolpschen Synode gehörige Mutterkirche, zu welcher die Dörfer Klein-Garde, Kierske, Stojentin, Schlochow, Selesen, Wendisch-Sossow, Banskow, Alt- und Neu-Gutzmerow, Schojow, Sorchow, Wittstock, Wittbeck, Rotten, Wendisch-Buckow, Lankwitz, Dominke, Gambin, Kunhof und Mussecken eingepfarret sind. Das Dorf oder der Flecken Groß-Garde wird in alten Urkunden ein Städtlein genannt und hatte ehemals jährlich 2 Märkte.

(2) Kierske oder Kerseke liegt nahe an dem Dorfe Groß-Garde nach Osten zu und hat 34 Einwohner, die ebenfalls größtentheils aus Fischern, theils aber auch aus Handwerkern und Tagelöhnern bestehen, und unter welchen sich der Strandvoigt, dem die Aufsicht über die hiesige Fischerey anvertrauet ist, und der Schulze befinden. Die Einwohner sind zu Groß-Garde in der Stolpschen Synode eingepfarret.

(3) Klein-Garde 3 Meilen von Stolpe nordostwärts, nahe an dem Dorf Groß-Garde und an dem Gardeschen See, hat außer einem Vorwerke 7 Bauern mit dem Schulzen, 8 Coßäthen, unter welchen sich der Schmied befindet, 2 Büdner, 18 Feuerstellen und ist zu Groß-Garde in der Stolpschen Synode eingepfarret.

(4) Rowe 3 Meilen von Stolpe nordnordostwärts, an der Lupow, welche durch das Dorf fließet und sich bey demselben in die Ostsee ergießet, hat 1 Prediger, 1 Küster, 24 Königliche Unterthanen, unter welchen sich der Strandvoigt befindet, der die Aufsicht über die hiesige Fischerey hat, 38 Feuerstellen und eine zu der Stolpschen Synode gehörige Mutterkirche, deren Filial das Dorf Wobesde ist und zu welcher das Dorf Schönwalde eingepfarret ist. Der König ist allein Patron

Das Amt Schmolsin.

der hiesigen Kirche. Die königlichen Unterthanen, die sich größtentheils von der Fischerey und insonderheit von dem Neunaugenfange ernähren, sind von dem Naturaldienste befreyet und bezahlen auch kein Dienstgeld. Das Dorf ist größtentheils eine Insel, indem es nur allein südwestwärts an dem festen Lande hängt. S. Rowe unter den adelichen Gütern dieses Kreises.

(5) **Schlochow** 3½ Meilen von Stolpe nordnordostwärts und etwa 1000 Schritte von dem Dorfe Schmolsin, an den großen Sanddünen, wo der Weinbruch um Johannis sehr häufig gegraben wird, hat 5 Bauern mit den Schulzen, 5 Feuerstellen und ist zu Groß-Garde in der Stolpschen Synode eingepfarret. Das Dorf liegt niedrig und ist fast jährlich der Ueberschwemmung unterworfen.

(6) **Schmolsin** 3 Meilen von Stolpe nordostwärts und ⅛ Meile von der Ostsee, an der Lupow, hat außer einem Vorwerke, 1 Prediger, 1 Förster, 1 Küster, mit Einschließung des Schulzen 22 Bauern, unter welchen sich 2 Freybauern befinden, wovon der eine den Acker des hiesigen Predigers bestellet und der andre zugleich Krüger ist, 4 wüste Bauerhöfe, welche das königliche Amt nutzet, 2 Coßäthen, 10 Büdner, 1 Predigerwittwenhaus, 1 Schmied, und noch 34 Büdner, die auf dem berühmten hohen Berge bey Schmolsin, dem sogenannten Revekohl wohnen, 71 Feuerstellen und eine zu der Stolpschen Synode gehörige Mutterkirche, zu welcher die Dörfer Zießen, Virchenzin, Vietkow oder Witkow und das Vorwerk Rambow eingepfarret sind und sich auch die Einwohner der Colonie Brenkenhofsthal halten. Das hiesige Schloß, welches ehemals den verwittweten Herzoginnen Erdmuth und Anna, denen das Amt Stolpe zu einem Wittwensitze war eingeräumet worden, zu ihrem Aufenthalte diente, jetzt aber von dem Generalpächter des Amts Schmolsin bewohnet wird, liegt nebst der Wasser- und Schneidemühle, der Predigerwohnung, den sämtlichen Bauerhäusern und einigen Büdnern niedrig an der Lupow; gegen über an der andern Seite derselben aber stehet die Kirche nebst den Wohnungen der Handwerker an der abhangenden Seite des Revekohls, von welchem die Aussicht nach der Ostsee und über die mit Wiesen und Kornfeldern bedeckte und durchwäßerte weite Ebene ausnehmend schön ist. Daß der Revekohl einer von den drey heiligen Bergen in Pommern gewesen ist, wohin viele Wallfahrten geschahen, ist aus den Geschichtbüchern des Micrälius und Cramer bekannt. An dem Ende des Schmolsinschen Feldes nach dem Dorfe Rowe hin, wird auf einem Sandberge der Weinbruch häufig gegraben. Ehemals stand auf dem höchsten Gipfel des Revekohls eine Kapelle, die von den Römischkatholischen dem heiligen Nikolaus gewidmet war, nach der Reformation aber zerstöret und an deren Stelle in dem Dorfe, wo noch jetzt die Predigerwohnung stehet, von den von Tessen eine kleine lutherische Kirche erbauet wurde, die ein Filial von Groß-Garde war. In dem Jahre 1610 wurde von der Herzoginn Erdmuth der erste Prediger in Schmolsin, Michael Bruggemann zu ihrem Hofcapellan bestellet und zugleich dessen jährlicher Unterhalt bestimmt, den der Herzog Bogislaus XIIII. am 27 Junius 1622 bestätigte. Die Herzoginn Anna sonderte Schmolsin nebst den Dorfschaften Virchenzin, Zießen und Vietkow ganz von dem Gardeschen Kirchspiele ab, ließ die kleine Kirche in Schmolsin abbrechen

Der Stolpsche Kreis.

und an deren Statt eine neue Pfarrkirche bauen, die am 28 October 1632 eingeweihet wurde und sich durch die schöne Malerey, womit sie gezieret ist, vor allen Landkirchen in Pommern unterscheidet. Am 20 März 1654 ließ auch die Herzogin Anna für dieses Kirchspiel eine eigene Matricul anfertigen.

(7) Stojentin 3 Meilen von Stolpe nordostwärts, in einem Thale, nahe an der Lupow, auf der Straße von Schmolsin nach Stolpe, hat 18 Bauern mit dem Schulzen, 3 Coßäthen, unter welchen sich der Schmied befindet, 1 Schulmeister, 22 Feuerstellen und ist zu Groß-Garde in der Stolpschen Synode eingepfarret.

(8) Vietkow oder Witkow 2½ Meilen von Stolpe nordostwärts, hat 7 Bauern mit dem Schulzen, 3 Coßäthen, 5 Büdner, 15 Feuerstellen und ist zu Schmolsin in der Stolpschen Synode eingepfarret.

(9) Virchenzin 3 Meilen von Stolpe nordostwärts, hat außer einem Vorwerke 8 Bauern mit dem Schulzen, 3 Coßäthen, 18 Büdner, unter welchen sich der Unterförster und der Schmied befinden, 25 Feuerstellen und ist zu Schmolsin in der Stolpschen Synode eingepfarret.

(10) Ziezen 2½ Meilen von Stolpe nordostwärts und eine halbe Viertelmeile von der Lupow, hat, außer einem Vorwerke, 12 Bauern mit dem Schulzen, 2 Coßäthen, 7 Büdner, 22 Feuerstellen und ist zu Schmolsin in der Stolpschen Synode eingepfarret.

2) Fünf Vorwerke, als:

(1) Klein-Garde hat 447 Morgen 52 Ruthen, leichten und sandigen Acker, die Wiesen theils an dem Gardeschen See, theils in dem Schmolsinschen Bruche und die Dienste von 7 Bauern und 6 Coßäthen in Klein-Garde, von welchen aber ein Coßäthe wechselsweise in der einen Woche bey diesem und in der andern Woche bey dem Vorwerke Schmolsin dienet. Hienächst aber müssen die sämtlichen Wirthe in Groß-Garde die Wiesen, welche die lange Cawel genannt werden, abmähen, wofür sie von dem Pächter gewiße Naturalien erhalten. Zu diesem Vorwerke gehöret auch der Viehhof Kotrownick, wo das Vieh im Sommer durch einen eigenen Hirten gehütet werden muß.

(2) Rambow ein rittersreyes Vorwerk, 3 Meilen von Stolpe nordostwärts, zwischen den Dörfern Virchenzin und Ziezen, hat 2 Feuerstellen, 431 Morgen 147 Ruthen, fruchtbaren Acker und ist zu Schmolsin in der Stolpschen Synode eingepfarret. Die Dienste werden von 5 Bauern aus Ziezen und 4 Bauern und 1 Coßäthen aus Vietkow und zwar also verrichtet, daß ein jeder Bauer wöchentlich 4 Tage mit Gespann und 2 Tage mit der Hand, der eine Coßäthe aber wöchentlich 6 Tage mit der Hand dienen. Bey diesem Vorwerke befindet sich die Schule für die Dörfer Ziezen, Vietkow und Virchenzin.

(3) Schmol-

Das Amt Schmolsin.

(3) Schmolsin der Sitz des königlichen Beamten und Generalpächters des Amts Schmolsin, hat 1513 Morgen 135 Ruthen, die Aecker und Wiesen mit der Dorfschaft Schmolsin in Gemeinschaft, Fischerey in dem auf dem Ziezenschen Felde gelegenen kleinen See, Cotwin genannt, und die Dienste von 20 Bauern und 2 Coßäthen aus Schmolsin, 5 Bauern aus Schlochow, 2 Coßäthen aus Klein-Garde und einem Coßäthen aus Virchenzin, außer welchem noch die Einwohner in Groß-Garde und 18 Bauern und 3 Coßäthen zu Stojentin gewiße Hülfsdienste leisten.

(4) Virchenzin hat 772 Morgen 19 Ruthen, fruchtbaren Acker, der seit einigen Jahren von dem Dorfs-Acker gänzlich abgesondert worden ist und die Dienste von 8 Bauern und 2 Coßäthen aus Virchenzin und 3 Bauern und 2 Coßäthen aus Wietkow.

(5) Ziezen hat 404 Morgen 21 Ruthen, guten Acker, die Abtriften für die Schafe auf die Feldmarken der Dörfer Ziezen und Wietkow und die Dienste von 7 Bauern und 2 Coßäthen aus Ziezen.

3) Folgende Viehhöfe und Buschkathen, die zusammen 44 Feuerstellen ausmachen, als der Viehhof Lochzen, der Viehhof Wottock oder bey den Klucken, außer welchem sich daselbst noch 6 Kathen befinden, auf der Lukowe 4 Kathen, bey den Klößen 3 Kathen, bey dem Pinzkenkamp 2 Kathen, bey dem Lochzenschen Bache und Laßen 2 Kathen, der zu dem Vorwerke Virchenzin gehörige Viehhof auf den Laßen, der Kathen in den Floßen, der zu dem Vorwerke Schmolsin gehörige Viehhof Villawe, der Kathen bey Lonzke, der Kathen bey der Dambe, der zu dem Vorwerke Ziezen gehörige Viehhof Scholpin und noch 2 Kathen, wovon der eine von einem Unterförster bewohnt wird, der Kathen bey dem Kreuze an dem Wittstockstrom, der Kathen auf der Glewitzer Horst, der Kathen am Kreuzdamm, die 4 Kathen bey dem Kummiblot, die Schule daselbst, der Fischerkathen bey dem Dolgensee oder die neue Chust genannt, der Viehhof Rottownick, der zu dem Vorwerke Klein-Garde gehöret, der Anmbker Viehhof nebst einem Kathen daselbst, den der Strandvoigt bewohnet, und die neue Holländerey Wiesenhof, die nach dem am 7 Julius 1779 mit dem Beamten zu Schmolsin geschloßenen Vergleiche, von demselben auf der zu den Vorwerken Virchenzin und Ziezen belegenen Hütung ist angeleget worden und 404 Morgen 126 Ruthen enthält. Auch sind bey dieser Holländerey 4 Familien angesetzet worden.

4) Die Schmolsinsche Wassermühle, eine Erbpachtsmühle, zu welcher auch eine Schneidemühle gehöret, hat 2 unterschlägige Mahlgänge und einen Lachsfang und lieget auf der Lupow. Die Zwangsmahlgäste sind die sämtlichen Einwohner des Amts Schmolsin.

Der Stolpsche Kreis.

III. Folgende adeliche Güter, als:

1. Banßkow oder Banßekow oder Bandsechow ein Rittersitz, 3 Meilen von Stolpe nordostwärts, hat 1 Vorwerk, eine auf der Feldmark des Dorfs gelegene Wassermühle, 7 Bauern, 8 Coßäthen, 1 Schmiede, 1 Schulmeister, 26 Feuerstellen, einen Lachs- und Aalfang in der Lupow und ist ein zu Groß-Garde in der Stolpschen Synode eingepfarrtes Dorf, welches ehemals ein Lehn der von Tessen war und zu den sogenannten Schmolsinschen Gütern gehörte, nach dem am 1 April 1608 erfolgten Tode des Schwantes von Tessen aber, der Herzoginn Erdmuth eingeräumet, und nachdem diese am 13 November 1623 gestorben war, von dem Herzoge Bogislaus XIIII. am 5 December 1623 dem Schloßhauptmann und Cammerrathe Hans von Zastrow zu Wusterhanse und Nemmin als ein Gnadenlehn ertheilet wurde. Der geheime Staatsminister Adam Ludewig von Blumenthal, welchem das ehemalige Zastrowsche und jetzige neue Wobeßersche Lehn Banskow und das ehemalige Janitzsche, nachmalige Zastrowsche und jetzige neue Wobeßersche Lehn Liepen, nachdem diese Güter in Concurs gerathen waren, am 26 October 1729 für 9000 Rthlr. zuerkannt wurden, so daß am 1 Junius 1731 die gerichtliche Præclusion der von Zastrow erfolgte, wurde 1743 mit diesen Gütern belehnet und kaufte auch das Wobeßersche Lehn Dresow am 10 Februar 1736 für 2050 Rthlr. von Margaretha Jacobina von Wobeßer. Nach dem Vergleiche vom 4 October 1743 trat er die Güter Banskow, Liepen und Dresow erblich für 13500 Rthlr. dem Maior Johann Jacob von Wobeßer ab, dessen nachgelassener einziger Sohn, Jacob Otto, mit denselben belehnet wurde. Nachdem auch dessen Vaterbruder, Peter Christian, und dessen Sohn, Ernst Weißlaff von Wobeßer, durch das Rescript vom 13 Januar 1747 die gesammte Hand daran erhalten hatten, verkaufte Jacob Otto von Wobeßer das Gut Dresow, nach dem Vergleiche vom 28 März 1765, dem Johann George von Wittke auf 18 Jahre, mit dem Rechte solches vor dem Ablaufe der ersten 4 Jahre wieder einlösen zu können, trat aber noch vor Endigung dieser Frist sein Einlösungsrecht am 7 Julius 1768 erblich dem Maior George Ulrich von Massow ab, welcher den Einlösungspreis mit 4450 Rthlr. bezahlte und auch die Güter Banskow und Liepen am 1 September 1767 für 14800 Rthlr. von Jacob Otto von Wobeßer gekauft hatte. Nach dem Tode des Maior von Massow besitzen jetzt seine Erben diese Güter.

2. Beckel ein zu dem Gute Kukow gehöriges Bauerdorf, 1¼ Meilen von Stolpe nordnordostwärts, auf einem Berge, hat 8 Bauern, 1 Coßäthen, 1 Schulmeister, eine auf der Feldmark des Dorfs gelegene Wassermühle, 18 Feuerstellen, gute Viehweide und ist ein zu Freist in der Stolpschen Synode eingepfarrtes altes Bandemersches Lehn, welches der Lieutenant Carl Friederich Bogislav von Bandemer besitzet. S. Kukow.

3. Bedlin ein adelicher Wohnsitz, 1 Meile von Stolpe gegen Norden, an dem linken Ufer der Stolpe, die nahe bey diesem Dorfe mit einer Brücke, die Bedlinsche Brücke genannt, und etwa 1000 Schritte weiter oberwärts noch mit einer andern Brücke, so die Jackerbrücke heißet, versehen ist, auf der Straße von Stolpe nach
Stolpe

Die adelichen Güter des Stolpschen Kreises.

Stolpemünde, hat 1 Vorwerk, eine auf der Feldmark des Dorfs Groß-Machmin gelegene Korn- und Schneidemühle, welche die Niedermühle zum Unterschiede von der Obermühle genannt wird, die in dem Dorfe Groß-Machmin selbst lieget, 3 Bauern, 3 Coßäthen, 1 Schulmeister, 11 Feuerstellen, Eichen- und Büchenholzung und ist zu Groß-Machmin in der Stolpschen Synode eingepfarret. Nach dem Vergleiche vom 5 Julius 1740 gehören zu dem Gute Bedlin die gemeinschaftliche Fischerey in dem Rühebruchsbache und in dem Groß-Machminschen Mühlenbache unter der neuen Mühle, imgleichen der Karpfenteich an der Strellinschen Gränze. Auch wurden nach dem Kavelungsinstrument vom 16 Julius 1774 von dem Groß-Machminschen Holze 20 an dem Stolpeflusse an einander liegende Magdeburgsche Morgen auf ewig dem Gute Bedlin überlaßen, welches ein Lettowsches Lehn ist. Es fiel nach dem Tode des Landraths Werner von Lettow, nach dem brüderlichen Theilungsvergleiche vom 8 Februar 1738 für 6400 Rthlr. durch das Loos seinem Sohne, dem Lieutenant Werner von Lettow zu, deßen Mutter, Sophia Elisabeth, es wegen ihrer daran habenden Forderungen in Besitz nahm, es aber am 30 September 1741 für 6400 Rthlr. ihrem Sohne, Joachim Christian überließ, nachdem deßen Bruder, der Lieutenant Werner, ihm sein Recht an diesem Gute, nach dem Vergleiche vom 5 Julius 1740, abgetreten hatte. Nach dem Tode des Joachim Christian von Lettow besaßen seine 4 Söhne als Werner Jacob, Gerhard Wilhelm Friederich, Joachim Ewald und Franz Lorenz dieses Gut so lange ungetheilt, bis sie mit Genehmigung des Königl. Vormundschaftscollegium zu Cöslin am 16 Julius 1774 über die väterlichen Güter kavelten, sich auch am 28 December 1775 völlig also auseinandersetzten, daß das Gut Bedlin für 6000 Rthlr dem Lieutenant Joachim Ewald, das Gut Groß-Machmin aber dem Lieutenant Franz Lorenz von Lettow zufielen.

4. Benzin 1½ Meilen von Stolpe ostnordostwärts, in einer ebenen Gegend, hat 1 Vorwerk, 4 Bauern, 2 Coßäthen, 9 Feuerstellen, etwas Fichtenholz und ist ein zu Dammen in der Stolpschen Synode eingepfarrtes neues Puttkammersches Lehn, welches der Major und Commandeur bey dem von Möllendorfschen Infanterieregimente, George Henning von Puttkammer, besitzet. S. Teutsch-Carstnitz.

5. Bewersdorf ein Rittersitz, 2 Meilen von Stolpe ostnordostwärts, an der Lupow, hat 1 Vorwerk, 5 Bauern, 1 Halbbauer, 4 Coßäthen, 1 Schmiede, 1 Schulmeister, mit Einschließung der zu diesem Gute gehörigen und für königliche Gnadengelder angelegten Colonie Neu-Bewersdorf, die aus einem Vorwerke und 6 Halbbauern bestehet, 28 Feuerstellen, ziemliche Holzungen, Fischerey und ist zu Dammen in der Stolpschen Synode eingepfarret. Für die beym Gute Bewersdorf seit 1772 für 5400 Rthlr. königliche Gnadengelder vorgenommene Verbeßerungen, wovon die jährlichen Einkünfte nach dem Anschlage 276 Rthlr. 14 Gr. 8 Pf. betragen sollen, muß eine zu Gnadengehalten für adeliche Wittwen und Waisen bestimmte jährliche Abgabe von 90 Rthlr. von dem Besitzer dieses Guts bezahlet werden. Caspar Otto von Sommitz erbte dieses alte Sommitzsche Lehn von seinem Vater, Peter Christoph, und verkaufte es nach dem Vergleiche vom 20 August 1740 für 8000 Rthlr. seinem Bruder Carl Ludewig, deßen Brudersöhnen, Friederich Wilhelm

Der Stolpsche Kreis.

Wilhelm und Ludwig Heinrich von Somnitz, als den Söhnen des Hauptmanns Heinrich Wilhelm, nach dem von ihnen erhobenen Successionsstreite, am 14 April und 1 September 1749 die Hälfte dieses Guts zuerkannt wurde; jedoch wurde solche durch ihren Vormund, Michael Siegmund von Stojentin, nach dem Vergleiche vom 30 October 1752 wieder für 4000 Rthlr. ihrem Vaterbruder, Carl Ludewig von Somnitz, verkauft, der bey seinem Leben das ganze Gut Bewersdorf 1780 für 12865 Rthlr. 2 Gr. 9 Pf. seinem Sohne, dem Hauptmann Lorenz Wilhelm von Somnitz abtrat.

6. Bochowke oder Bochow ein adelicher Wohnsitz, 5¼ Meilen von Stolpe südostwärts, hat 1 Vorwerk, 3 Cossäthen, auf der Feldmark des Dorfs 2 Halbbauern und 1 Büdner, die neuerlich für königliche Gnadengelder sind angesetzet worden, 7 Feuerstellen, Eichen- und Fichtenholzungen, ist zu Mikrow in der Stolpschen Synode eingepfarret und gränzet an den Lauenburgschen District. Für die bey diesem Gute seit 1772 für 1600 Rthlr. königliche Gnadengelder vorgenommene Verbeßerungen, wovon die jährlichen Einkünfte nach dem Anschlage 71 Rthlr. 18 Gr. 1 Pf. betragen sollen, muß eine zu Gnadengehalten für adeliche Wittwen und Waisen bestimmte jährliche Abgabe von 26 Rthlr. 16 Gr. von dem Besitzer dieses Guts bezahlet werden. Es war ehemals ein Lehn der von Ließen, von welchen es an Peter Jürgen von Puttkammer und von diesem an Claus Curt von Pirch kam. Dieser verkaufte es mit den von Ließen am 4 Februar 1704 für 1100 Rthlr. erblich und mit dem Lehnrechte dem Moritz Weißlaff von Schwichow, deßen 3 nachgelaßene Söhne mit diesem Gute belehnet wurden und sich am 31 Julius 1753 also auseinander setzten, daß sie dieses Gut für 2000 Rthlr. dem ältesten Sohne, dem Lieutenant Friederich Wilhelm von Schwichow überließen.

7. Bornzin ein Rittersitz, 1½ Meilen von Stolpe südostwärts, hat 1 Vorwerk, 5 Bauern, 2 Cossäthen, 1 Schmiede, auf der Feldmark des Dorfs eine für königliche Gnadengelder angelegte Colonie, Neu-Bornzin genannt, die aus 8 Bauern und 4 Büdnerfamilien bestehet, 20 Feuerstellen, mittelmäßigen Acker, gute Weide, etwas Fichtenholz, wenige Fischerey und ist zu Groß-Däbsow in der Stolpschen Synode eingepfarret. Für die bey dem Gute Bornzin seit 1772 für 6400 Rthlr. königliche Gnadengelder vorgenommene Verbeßerungen, wovon die jährlichen Einkünfte nach dem Anschlage 580 Rthlr. 11 Gr. 7.Pf. betragen sollen, muß eine zu Gnadengehalten für adeliche Wittwen und Waisen bestimmte jährliche Abgabe von 106 Rthlr. 16 Gr. von dem Besitzer dieses Guts bezahlet werden, welches ein altes Puttkammersches Lehn ist. Die Lehnsfolger des Hauptmanns Michael von Puttkammer, als Michael und Christian Ulrich von Puttkammer, überließen es, nach dem gerichtlichen Vergleiche vom 26 März 1734, für 5000 Rthlr. auf 24 Jahre wiederkäuflich der Gemahlinn des Johann Casimir von Bähr, Eva Euphrosina gebohrnen von Stojentin, welche 1741 starb. Ihr nachgelaßener Gemahl erbte dieses Gut, nach dem mit ihr am 21 Julius 1732 errichteten wechselseitigen Testamente, und trat es bey seinem Leben am 21 März 1774 seinem einzigen Sohne Otto Wilhelm Ludewig von Bähr ab.

8 und 9.

Die adelichen Güter des Stolpschen Kreises.

8 und 9. **Brenkenhofsthal** und **Papsteinthal** sind 2 Colonien, die von dem geheimen Oberfinanz- Krieges- und Domainenrathe, Franz Balthasar Schönberg von Brenkenhof, nach dem zwischen ihm und der Pommerschen Krieges- und Domainencammer am 17 May 1777 errichteten und von Sr. Majestät dem Könige am 11 Julius 1777 bestätigten Erbzinscontract angeleget wurden und 1664 Magdeb. Morgen in dem Schmolsinschen Bruche nebst 400 Morgen Hütung in dem Fichtmoor hinter dem Plowen, ingleichen die zwischen der Ostsee und dem Lebasee gelegenen wüsten Dünen begreifen, worauf 2 große Holländereyen angeleget und 16 Büdner und 4 Hirtenfamilien angesetzet wurden. Für die dazu von dem Könige geschenkten 20132 Rthlr. 13 Gr. 6 Pf muß von dem Besitzer dieser Colonien nicht nur eine zu Gnadengehalten für adeliche Wittwen und Waisen bestimmte jährliche Abgabe von 402 Rthlr. 15 Gr. 10 Pf., sondern auch an die Aemter Schmolsin und Lauenburg jährlich ein Erbzins von 373 Rthlr. 9 Gr. 5 Pf. welchen solche bisher von den bereits angesetzten Familien, der Fischerey und andern Nutzungen genoßen hatten, bezahlet werden. Dem Besitzer dieser beiden Colonien sind die dem Adel zustehenden Patronatrechte in ihrem ganzen Umfange, und also die Erlaubniß eine Kirche zu bauen und den Prediger selbst zu berufen, die hohe und niedere Gerichtsbarkeit über die Pächter und zu diesen Gütern gehörigen Leute, die Mühlengerechtigkeit und das Recht, Mühlen von allerley Art anzulegen, die hohe mittlere und kleine Jagd auf dem Vorderlande bey dem Lebasee und der Antheil an der Fischerey, den die Aemter Schmolsin und Lauenburg auf diesem See hatten, erb- und eigenthümlich beygeleget worden. Für die bey diesen Colonien und dem dazu von dem Amte Schmolsin gelegten sogenannten Kumsker Viehhofe in den Jahren 1778 und 1779 abermals für 12861 Rthlr. 20 Gr. 2 Pf. königliche Gnadengelder vorgenommene Verbeßerungen, muß jährlich ein Kanon von 257 Rthlr. 5 Gr. 3 Pf. von dem Besitzer dieser Güter bezahlet werden, welche von den Erben des geheimen Finanzraths von Brenkenhof, als deßen Wittwe Gottlieb Elisabeth gebohrnen von Papstein und deßen Kindern, dem Lieutenant Leopold Schönberg von Brenkenhof und Francisca Carolina Philippina Elisabeth und Leopoldina Friederica Eleonora Gottlieb von Brenkenhof, dem Rittmeister Johann Dieterich von Janitz zu Sorchow verkauft wurden.

10. **Teutsch-Buckow** 1 Meile von Stolpe ostnordostwärts, in einer niedrigen Gegend, hat ein großes und ein kleines Vorwerk, 2 Bauern, 2 Coßäthen, 8 Feuerstellen und ist ein zu der auf der Altstadt Stolpe gelegenen St. Peterskirche in der Stolpschen Synode eingepfarrtes altes Puttkammersches Lehn, wovon ⅞ nach dem Tode des George von Puttkammer, nach deßen Disposition vom 30 Julius 1731 und dem darauf erfolgten Vergleiche vom 11 October 1734, seinem Sohne Peter Lorenz von Puttkammer zufielen, welchem auch, nachdem er sich mit der Wittwe des Otto Bertram von Puttkammer vermählet hatte, die nächsten Lehnfolger ihr Lehnrecht an dem von den letzten beseßenen alten Puttkammerschen Lehne Jeseritz am 15 März 1746 für 200 Rthlr. abtraten. Den 8ten Theil des Dorfs Teutsch-Buckow, oder den sogenannten kleinen Hof nebst dem dazu gehörigen Kathen, verkaufte Hans Gustav von Puttkammer, nachdem er den ersten von Josua Franz von Puttkammer gekauft und den letzten von seinem Vater, Georgs von Puttkammer, nach dem brüderlichen Vergleiche vom 11

Der Stolpsche Kreis.

October 1734 erhalten hatte, am 14 November 1748 für 433 Rthlr. 8 Gr. seinem Bruder Peter Lorenz von Puttkammer, nach dessen Tode die Güter Teutsch-Buckow und Jeseritz am 10 April 1771 für 6000 Rthlr. dem Hauptmann Carl Gustav von Puttkammer, als dem einzigen Lehnsfolger, und nachdem derselbe noch in eben demselben Jahre gestorben war, seinen 3 Söhnen, dem Krieges- und Domainenrathe Carl Gustav, Otto Wilhelm und dem Lieutenant Franz Gottlieb von Puttkammer, nach den Erbtheilungsvergleichen vom 20 September 1781 und 23 Julius 1782 aber dem letzten allein für 6000 Rthlr. zufielen.

11. Wendisch-Buckow 2 Meilen von Stolpe nordnordostwärts, nahe an einem Büchenwalde, hat 2 Vorwerke, 1 Bauer, 2 Halbbauern, 8 Coßäthen, 1 Schulmeister, auf der Feldmark des Dorfs eine Wassermühle und eine Holzwärterwohnung, Zedlisch genannt, 21 Feuerstellen, Büchen- und Eichenholzung, Fischerey in Teichen und ist ein zu Groß-Garde in der Stolpschen Synode eingepfarrtes altes Bandemersches Lehn, welches von Werner Ernst von Bandemer am 3 April 1742 für 3000 Rthlr. erblich dem Obersten George Friederich von Bandemer und von diesem am 30 März 1758 für 7100 Rthlr. erblich dem Major George Werner von Bandemer verkauft wurde, dessen Erben sich am 2 December 1763 also verglichen, daß dieses Gut für 7100 Rthlr. dem Obersten, Ernst Ludwig von Bandemer, überlaßen wurde.

12. Budow 2 Meilen von Bütow gegen Norden und 3 von Stolpe südostwärts, nicht weit von der Schottow, die mehrentheils das Budowsche Kirchspiel ostwärts von dem Roßinschen, nordwärts von dem Lupowschen, nordwestwärts von dem Dübsowschen und westwärts von dem Raths-Damnitzschen Kirchspiele scheidet, hat 2 adeliche Höfe oder Vorwerke, 1 Prediger, 1 Küster, 10 Bauern, 1 Halbbauer, 2 Krüge, 1 Schmiede, die Colonie Mittelfelde, die aus 4 Wohnungen bestehet und nebst einem neu angelegten Ackerwerke in der zu diesem Dorfe gehörigen Holzung liegt, 1 Holzwärterwohnung, 50 Feuerstellen, eine zu der Stolpschen Synode gehörige und unter dem Patronate der Besitzer der Güter Budow, Gaffert, Wundichow, Nippoglense, Groß- und Klein-Gansen und Muttrin stehende Mutterkirche, zu welcher die Dörfer Gaffert, Wundichow, Nipplogense, Groß- und Klein-Gansen, Goschen, Muttrin, Gallensow und Kottow, die Vorwerke Jammerin und Schorawe und die Holzwärterey Marzkenkathen eingepfarret sind, Eichen- und Fichtenholzungen und ist ein altes Zitzewitzsches Lehn, welches aus 2 Antheilen bestehet. Budow (a) begreift einen Rittersitz oder ein Vorwerk, der alte Hof genannt, 5 Bauern, 1 Halbbauer, 1 Krug und die Colonie Mittelfelde und fiel mit 2 zu diesem Gute gehörigen Bauern in Kottow und einem Bauer in Muttrin, nach dem Tode des Landraths Johann Adolph von Zitzewitz, nach dem brüderlichen Theilungsvergleiche vom 5 October 1734, für 7083 Rthlr. 8 Gr. seinem Sohne Otto Henning zu, dessen Wittwe gebohrne von Zastrow es eine Zeitlang besaß und sich am 21 September 1775 mit ihren Söhnen also auseinander setzte, daß dieses Gut für 11000 Rthlr. an den Lieutenant Otto George Valentin von Zitzewitz kam, welcher die 2 Bauern in Kottow am 19 September 1777 für 1100 Rthlr. dem Rittmeister Ewald Friederich von Zitzewitz verkaufte und am 4 Februar 1779 für die Holzcavel in Redenick das zu Budow (b) belegene Land,

Die adelichen Güter des Stolpschen Kreises.

Land, die Wiesen und Teiche, so die Crempeniz genannt werden, mit einer Zugabe von 260 Rthlr. von Johann Adolph von Zizewiz eintauschte. Für die bey dem Gute Budow (a) in dem Jahre 1773 für 2300 Rthlr. königliche Gnadengelder vorgenommene Verbeßerungen, wovon die jährlichen Einkünfte nach dem Anschlage 101 Rthlr. 18 Gr. 9 Pf. betragen sollen, muß eine zur Besoldung einiger Landschuhmeister bestimmte jährliche Abgabe von 46 Rthlr. von dem Besitzer dieses Guts bezahlet werden. Budow (b) bestehet in einem Rittersize oder Vorwerke, der neue Hof genannt, 5 Bauern, der Schmiede und einem Kruge. Der Lieutenant, Gneomar George von Zizewiz, verkaufte dieses Gut mit 2 dazu gehörigen Vollbauern in Kottow und einem Vollbauer in Muttrin am 13 October 1732 für 6000 Rthlr. dem Landrathe Johann Adolph von Zizewiz, nach dessen Tode es, nach dem brüderlichen Vergleiche vom 5 October 1734, seinem Sohne Johann Adolph zufiel. Die nachgelassene Wittwe desselben, Elisabeth Sophia gebohrne von Pirch, vermählte sich mit dem Hauptmann Gneomar George von Zizewiz, welchem dieses Gut, nach dem Vergleiche vom 5 August 1755, für 9000 Rthlr. überlaßen wurde, nahm es aber nach deßen Tode, nach dem Auseinandersetzungsvergleiche vom 18 May 1773, für 9000 Rthlr. wieder in Besitz und trat daßelbe, nachdem sie die 2 Vollbauern in Kottow am 10 März 1774 für 1100 Rthlr. dem Rittmeister Ewald Friederich von Zizewiz verkauft hatte, am 6 Julius 1779 für 9000 Rthlr. ihrem ältesten Sohne, dem Lieutenant Johann Adolph von Zizewiz ab.

13. Bunkow oder Bonkow 1 Meile von Lauenburg südwestwärts, ist ein Vorwerk, welches mit Einschließung des Vorwerks Schmelz 3 Feuerstellen hat und zu Schurow in der Stolpschen Synode eingepfarret ist. Für die bey dem Gute Bunkow in dem Jahre 1778 für 2600 Rthlr. königliche Gnadengelder vorgenommene Verbeßerungen, wovon die jährlichen Einkünfte nach dem Anschlage 192 Rthlr. 2 Gr. 6 Pf. betragen sollen, muß eine jährliche Abgabe von 52 Rthlr. von dem Besitzer dieses Guts bezahlet werden. Es ist ein altes Stojentinsches Lehn, welches ehemals zu dem Gute Langböse gehörte und von Paul von Stojentin, nach dem Vergleiche vom 8 May 1664, eigenthümlich dem Jacob Tarmen verkauft wurde. Nach diesem besaß es eine Wittwe von Stojentin, von welcher es dem Rittmeister Carl Siegmund Erdmann von Reizenstein, von diesem 1771 dem Hofrathe von Koch, von diesem am 5 Februar 1773 für 1000 Rthlr. dem Landgerichtsadvocaten Samuel Friederich Nadewald und endlich von diesem, nach dem Vergleiche vom 13 Januar 1779, für 1800 Rthlr. dem Johann Heinrich von Lietzen verkauft wurde.

14. Teutsch-Carstniz 1¼ Meilen von Stolpe gegen Osten, hat 1 Vorwerk, 1 Kornmühle, 1 Schneidemühle, 4 Coßäthen, 1 Schulmeister, auf der Feldmark des Dorfs ein Vorwerk, Grünhof genannt, 18 Feuerstellen, beträchtliche Eichen- und Fichtenholzungen, Fischereyen in Teichen und Bächen nebst dem Forellenfange, so weit die Carstnizsche Gränze gehet und einen Kirchenstand in dem zu der Stolpschen Synode gehörigen Dorfe Sageriz, zu welchem das Dorf Teutsch-Carstniz eingepfarret ist. Zu den Zeiten der Herzoge von Pommern war es ein altes Lehn der von Schwaven. Thomas Bandemer trat es dem Hauptman zu Bütow, Bartholomäus Schwave

Der Stolpsche Kreis.

zu Damnitz ab, der von dem Herzoge Barnim am Dienstage nach Lucia 1546 mit demselben belehnet wurde und nebst seinem Bruder George Schwave und Peter und Hans, als den Söhnen des Greger Schwave, auch George Schwave zu Machmin, die gesamte Hand an demselben erhielt. Nachher wurden Teutsch-Carstnitz und Benzin Wobesersche, jetzt aber sind sie neue Puttkammersche Lehne. Daniel Dieterich von Hebron zu Damnitz erbte diese Güter von seinem Vaterbruder, Daniel von Hebron, und verkaufte sie, nach dem Vergleiche vom 29 Mårz 1686, erblich für 5950 Rthlr. dem George Lorenz von Puttkammer, welcher sie durch das Rescript vom 15 May 1686 als neue Lehne für seine Nachkommen empfing. Nach seinem Tode fielen sie seinen Söhnen, dem Landrathe Bogislav Ulrich und dem Hauptmann Anshelm Friederich von Puttkammer zu Treblin, nach dem brüderlichen Vergleiche vom 4 April 1714 aber, dem ersten zu, dessen Wittwe, Clara Constantia gebohrne von Wobeser, sich mit ihren beiden Söhnen am 27 October 1763 also verglich und auseinandersetzte, daß, obgleich diese Güter durch das Loos dem jüngern Bruder, Friederich Bogislav, zugefallen waren, derselbe dennoch solche für 11222 Rthlr. 8 Gr. seinem åltern Bruder, dem Hauptmann und jetzigen Major und Commandeur des von Möllendorfschen Infanterieregiments, George Henning, von Puttkammer, überließ.

15. Wendisch-Carstnitz ein adelicher Wohnsitz, 2½ Meilen von Stolpe ostsüdostwårts, an einem kleinen Bache, der in den Rambowschen Mühlenteich fließet, auf der kleinen Straße von Stolpe nach Lauenburg, hat 1 Vorwerk, 6 Bauern, 2 Coßåthen, 1 Schmiede, 1 Schulmeister, mit Einschließung des zu diesem Dorfe gehörigen Vorwerks Felsow oder Filsow oder Wilsow und des daben gelegenen Bauerhofes 15 Feuerstellen und ist zu Lupow in der Stolpschen Synode eingepfarret. Wendisch-Carstnitz und Rambow waren ehemals Lehne der von Chorken und wurden nachher Grumbkowsche Lehne. Joachim Ehrenreich von Kettelhack kaufte sie am 11 April 1733 von dem geheimen Staatsminister und Oberpräsidenten Philipp Otto von Grumbkow und verpfändete sie, nachdem er 1743 bey der Huldigung mit denselben war belehnet worden, nach dem Vergleiche vom 28 September 1745 auf 3 Jahre von Michael 1745 bis 1748 wiederkåuflich für 7514 Rthlr. dem Hauptmann Peter George von Kleist, welchem diese Güter erblich zuerkannt wurden, nachdem das Geschlecht der von Kettelhack, durch die Erkenntnisse des Königl. Hofgerichts zu Cöslin vom 20 Junius, 4 August und 8 October 1749, mit der Einlösung und dem etwanigen Lehnrechte an diesen Gütern war präcludiret worden. Nach dem Tode des Hauptmanns Peter George von Kleist setzten sich seine Kinder am 16 August 1766 also auseinander, daß diese Güter für 8000 Rthlr. dem Hauptmann Wilhelm Christian von Kleist zufielen.

16. Carwen 4 Meilen von Stolpe südostwårts, hat 2 Vorwerke, 8 Bauern, 4 Coßåthen, 1 Schulmeister, 1 Schmiede, auf der Feldmark des Dorfs 1 Wassermühle an der Lupow, das Vorwerk Neuhof, die Colonie Neu-Carwen, die aus 5 Bauerhöfen bestehet und auf der Poststraße von Berlin nach Preußen liegt, den sogenannten Schmiedehof und 2 Kathen in dem Carwenschen Holze, 44 Feuerstellen, beträchtliche

Die adelichen Güter des Stolpschen Kreises.

liche Eichen- Büchen- und Fichtenholzungen, Fischerey in Seen und der Lupow, welche gegen Süden und Westen die Gränze dieses Dorfs bestimmt und ist zu Mikrow in der Stolpschen Synode eingepfarret. Für die bey dem Gute Carwen seit 1772 für 5700 Rthlr. königliche Gnadengelder vorgenommene Verbeßerungen, wovon die jährlichen Einkünfte nach dem Anschlage 415 Rthlr. 15 Gr. 2 Pf. betragen sollen, muß eine zu Gnadengehalten für adeliche Wittwen und Waisen bestimmte jährliche Abgabe von 114 Rthlr. von dem Besitzer dieses Dorfs bezahlet werden, welches ehemals aus 2 Antheilen bestand. Ein Theil, der ein altes Pirchsches Lehn ist und aus 2 Rittersitzen in diesem Dorfe nebst 4 Bauern und 2 Coßäthenhöfen bestand, wurde von Peter Heinrich von Pirch am 27 August 1695 und von Martin von Pirch am 6 März 1696 dem Claus Curd von Pirch und von diesem am 3 August 1696 unwiederruflich für 4000 Rthlr. mit lehnsherrlicher Einwilligung vom 14 November 1701 dem Rittmeister George Wilhelm von Galbrecht verkauft, dessen Wittwe, gebohrne von Damitz, diesen Theil ihren Kindern Christoph, George Wilhelm, Elisabeth Sophia vermählten von Glasenapp und Veronica von Galbrecht abtrat. Diese vergleichen sich am 24 Junius 1733 also, daß dieser Theil für 4000 Rthlr. dem Hauptmann George Wilhelm von Galbrecht zufiel, der solchen nach dem Vergleiche vom 26 März 1772 mit demjenigen Rechte, mit welchem derselbe von seinem Vater 1696 von den von Pirch war gekauft worden, für 4000 Rthlr. dem Hauptmann Caspar Friederich von Massow verkaufte. Ein andrer Theil dieses Guts, zu welchem das Vorwerk Neuhof, der auf der Carwenschen Feldmark gelegene Schmiedehof, der Heidekrug, der jetzt der fünfte Bauerhof in Neu-Carwen ist, der Schmied und 1¼ steuerbare Landhufen gehören, wurde von dem Oberstlieutenant Hans von Wobeser, nach dem Vergleiche vom 21 December 1730, für 5666 Rthlr. 16 Gr. dem Lieutenant Lorenz Felix von Massow verkauft und fiel nach dessen 1736 erfolgten Tode und nachdem 3 von seinen Söhnen im Kriege geblieben waren, seinem vierten Sohne, dem Hauptmann Caspar Friederich von Massow zu, der diesen Theil mit seiner Mutter Maria Hedwig gebohrenen von Zitzwitz gemeinschaftlich besaß, nach ihrem am 24 September 1771 erfolgten Tode aber allein und jetzt das ganze Gut Carwen besitzet.

17. Carzin 1 Meile von Stolpe gegen Norden, in einer größtentheils mit Wäldern umgebenen Gegend, hat 3 Vorwerke, eine auf der Feldmark des Dorfs gelegene und für eine gewisse Erbpacht verkaufte Wassermühle, 5 Bauern, wovon 3 nebst der halben Mühle in Carzin ehemals zu dem Gute Schwuchow gehörten, 4 Coßäthen, 1 Schmiede, 1 Schulmeister, 25 Feuerstellen, beträchtliche Eichen- und Büchenholzung, Fischerey und ist zu der auf der Altstadt Stolpe gelegenen St. Peterskirche in der Stolpschen Synode eingepfarret. Für die bey dem Gute Carzin seit 1781 für 2000 Rthlr. königliche Gnadengelder vorgenommene Verbeßerungen, wovon die jährlichen Einkünfte nach dem Anschlage 100 Rthlr. betragen sollen, muß eine jährliche Abgabe von 20 Rthlr. an die Kreiscasse von dem Besitzer dieses Guts bezahlet werden, welches George Mitzlaff bereits 1389 besaß. Mit den Gütern Carzin und Schwuchow, 2 Kathen auf der Altstadt vor Stolpe unter dem Burgwall und mit dem Burgwall daselbst, mit den Wiesen,

die die Fischer zu haben pflegen, imgleichen mit 2 Höfen, die bey St. Jürgen zu Stolpe liegen, wurden Hans Mitzlaff und deßen unmündige Brüder Jürgen und Curt von dem Herzoge Bogislaus zu Stolpe am Dienstage nach Fastnachten 1490 und die Gebrüder Hans, Gregorius und Curt von Mitzlaff zu Stolpe, welchen diese Güter nach dem Tode ihres Vetters, Jürgen Mitzlaff, zugefallen waren, von dem Herzoge Bogislaus zu Stettin am Tage Galli und Julii 1504 belehnet. Carzin bestand ehemals aus 3 Antheilen. Ein Theil wurde als ein altes Mitzlaffsches Lehn zwar von dem Cößlinschen Hofgerichte am 19 Junius 1737 für 1233 Rthlr. der Wittwe des Majors von Mitzlaff, Sophia von Thiele, nach den Bescheiden von 22 und 24 May 1745, aber dem Lehnsfolger, dem Oberstlieutenant Ambrosius Ewald von Mitzlaff zuerkannt, nach deßen Tode sich Bartholomäus Lorenz von Mitzlaff diesen Theil angemaßet und solchen dem Hauptmann Wedig George von Woedtke überlaßen hatte. Nachdem dieser solchen, nach dem Vergleiche vom 22 Junius 1767, für 2000 Rthlr. dem Hauptmann Hans Bernd von Mitzlaff, als dem Sohne des Oberstlieutenant Ambrosius Ewald, eingeräumet hatte, gerieth dieser Theil in Concurs und kam an den Lieutenant Wilhelm Leopold von Mitzlaff, der als der nächste Lehnsfolger, nach dem Rechtsspruche vom 23 April 1770 zur Einlösung desselben, und nach den Rechtssprüchen vom 4 April und 2 September 1771, auch zur Einlösung des andern Theils dieses Guts war verstattet worden, so als ein altes Mitzlaffsches Lehn, nach dem Tode des Lorenz Rüdiger von Mitzlaff, seinem einzigen Sohne Bartholomäus Lorenz zugefallen war. Diese beiden Theile des Guts Carzin wurden hierauf von dem Lieutenant Wilhelm Leopold von Mitzlaff, nach dem Vergleiche vom 27 December 1774, mit Einwilligung der Agnaten für 13100 Rthlr. dem Major bey dem von Hohnstockschen Husarenregimente, Friederich Günther von Göckingk, verkauft und nach dem Rescript vom 25 September 1776 allodificiret. Der dritte Theil dieses Guts, der noch jetzt ein altes Mitzlaffsches Lehn ist und von George von Mitzlaff, nach dem commissarischen Vergleiche vom 27 Februar 1678, an Barthold von Mitzlaff, von diesem an seinen einzigen Sohn, George, und von diesem wiederum an seinen einzigen Sohn Franz Heinrich gekommen war, fiel nach deßen 1775 erfolgten Tode seiner Wittwe, Veronica Dorothea gebohrnen von Mitzlaff, und nachdem auch diese 1776 gestorben war, ihren beiden leiblichen Schwestern, als Christina und Sophia Adelheit von Mitzlaff zu, die ihre Rechte an diesem Theile am 9 December 1777 für 620 Rthlr. dem Major Friederich Günther von Göckingk, als dem Besitzer der beiden andern Theile dieses Guts, überließen. Dieser verkaufte das ganze Gut Carzin, mit Ausschließung der halben Wassermühle und der 3 Bauern, so zu dem Gute Schwuchow gehörten, nach dem Vergleiche vom 14 December 1781 für 14300 Rthlr. der Gemahlinn des Johann Ernst Friederich von Stojentin zu Giesebitz, Barbara Sophia Jacobina gebohrnen von Sydow, deren Gemahl nachher auch die andre Hälfte der Wassermühle nebst den 3 Bauern, die zu dem Gute Schwuchow gehörten, kaufte.

18. Cose oder Kose 2 Meilen von Lauenburg südwestwärts, 3 Meilen von Bütow nordnordostwärts und 4½ Meilen von Stolpe ostsüdostwärts, hat 1 Vorwerk, 7 Bauern, 4 Halbbauern, 13 Coßäthen, 1 Schulmeister, auf der Feldmark

Die adelichen Güter des Stolpschen Kreises.

des Dorfs ein Vorwerk, der Bratenkrug genannt, so auf der Poststraße von Stolpe nach Lauenburg zwischen dem Mikrowschen und dem Rothenkruge liegt, eine in der Cosenschen Holzung 1770 angelegte Glashütte nebst einem Vorwerke, bey welchem sich außer den Hütten der Glasmacher noch 6 Büdnerwohnungen befinden, eine Holzwärterwohnung, einen beträchtlichen Eichen- und Buchenwald, Fischerey in einem See und ist zu Mikrow in der Stolpschen Synode eingepfarret. Das Dorf Cose gränzet an den Lauenburgschen District und ist ein zu dem Vorwerke Cosemühle gehöriges Allodialgut, welches der Hauptmann Caspar Friederich von Massow besitzet. S. Cosemühle.

19. Cosemühle oder Kosemühle, ein Rittersitz, lieget eine halbe Viertelmeile von dem vorhergehenden Dorfe Cose gegen Süden, in einem Thale, an dem Buckowinflusse, der die hiesige Korn- und Schneidemühle treibt, nahe bey dem Schloße vorbeyfließet, daßelbe von dem Vorwerke scheidet und etwa 100 Schritte davon in die Lupow fält und hat 1 Vorwerk, 1 Kornmühle, 1 Schneidemühle, 1 Krug, 1 Schmiede, auf der Feldmark eine Hohwärterwohnung, mit Einschließung des zu diesem Gute gehörigen Dorfs Cose, 54 Feuerstellen, viele Holzungen, gute Fischerey in der Lupow und dem Buckowinflusse, wie auch in verschiedenen Seen, einen Aalkasten oder eine Aalschleuse und eine mit königlicher Einwilligung seit 1748 zum gottesdienstlichen Gebrauch für die hiesige adeliche Herrschaft erbauete und zu dem Mikrowschen Kirchspiele und der Stolpschen Synode gehörige Kapelle, in welcher sich vornehmlich die Einwohner der Dörfer Groß- und Klein-Rakitt, Wottnogge, Bochowke, Gliednitz und des größten Theils von Wutzkow halten, weil ihnen diese Kapelle näher als die Mikrowsche Kirche ist, zu der sie eigentlich eingepfarret sind. Für die bey den Gütern Cosemühle und Cose in dem Jahre 1778 für 12426 Rthlr. 18 Gr. 6 Pf. königliche Gnadengelder vorgenommene Verbesserungen, wovon die jährliche Einkünfte nach dem Anschlage 809 Rthlr. 21 Gr. 9 Pf. betragen sollen, muß mit zu Gnadengehalten für adeliche Wittwen und Waisen bestimmte jährliche Abgabe von 248 Rthlr. 12 Gr. 10 Pf. von dem Besitzer dieser Güter bezahlet werden. Der geheime Rath und Cammerpräsident Christian Ernst von Münchow, welcher nicht nur die ehemaligen Pirchschen und nachmaligen neuen Münchowschen Lehne Cosemühle, Cose und Klein-Rakitt, sondern auch die ehemaligen Pirchschen und jetzigen Münchowschen Lehne Wottnogge und Groß-Rakitt besaß, kaufte des alten Lietzenschen Lehns Wutzkow, so in dem ehemaligen königlichen Postgute und 2 kleinen Gütern, imgleichen einem Bauerhofe in Lessacken und einer Holzkavel zu Swante bestand, am 24 Januar 1710 für 700 Rthlr. von Bartel Reinhold von Lietzen, das alte Puttkammersche Lehn Swante am 12 April 1728 für 1566 Rthlr. 16 Gr. von dem Hauptmann Christian Ulrich von Puttkammer und deßen Gemahlin Adelheit Sophia von Laubach und das ehemalige Puttkammersche Lehn Mikrow am 13 und 14 Junius 1732 für 6933 Rthlr. 8 Gr. wiederkäuflich auf 30 Jahre von Christian Ulrich und Michael von Puttkammer. Noch bey seinem Leben traf der Präsident von Münchow nach den Dispositionen vom 5 November 1740, 7 Julius und 30 December 1741 die Güter Cosemühle, Cose, Klein Rakitt, Swante, Wottnogge, Groß-Rakitt, die oben erwähnten Theile von Wutzkow und Lessacken, und einen Theil von Gliednitz, welche Güter sämmtlich zu 32000

Nthlr. gesetzet waren, seinen beyden jüngsten Söhnen, Friederich Leopold und Alexander Christoph. Mikrow aber, welches mit den dazu gelegten Münchowschen Lehnen, nemlich den 2 Feldgütern Brügge und Philippsthal nachher durch das Rescript vom 14 April 1746 allodificiret wurde, für 8000 Rthlr. seinem dritten Sohne, dem Major und Ritter des St. Johanniterordens, Carl Gustav Grafen von Münchow ab, nach deßen und seiner Gemahlinn, Sophia Agnesa gebohrnen von Bork, Tode es nach der väterlichen Disposition vom 12 May 1771 für 14000 Rthlr. seinem ältesten Sohne, Wilhelm Gustav Grafen von Münchow zufiel. Nachdem die Gebrüder, Friederich Leopold und Alexander Christoph von Münchow, die alten Lietzenschen Lehne, als noch einen Theil in Wußkow und einen Theil in Leßacken am 27 Februar 1745 erblich für 4600 Rthlr. worunter ihr Antheil an Gliednitz für 500 Rthlr. mit angegeben war, von Christian Heinrich von Lietzen gekauft hatten, und Friederich Leopold von Münchow gestorben war, kamen die von ihnen beseßenen Güter an seinen Bruder, den Lieutenant Alexander Christoph allein, welcher sie mit seinen Brüdern am 19 März 1746 für 21600 Rthlr. seinem Bruder, dem Major Ernst Philipp Grafen von Münchow, verkaufte, dem auch Bartholomäus Reinhold von Lietzen und die Söhne seines Bruders, Peter Lorenz, am 28 September 1746 ihren Antheil an Wußkow nebst ihrem Lehnrecht an Wußkow und Swante für 2466 Rthlr. 16 Gr. erblich verkauften. Der Major Ernst Philipp Graf von Münchow verkaufte mit Einstimmung seiner Gemahlinn, Louisa Tugendreich gebohrnen von Sydow, das Gut Swante am 4 Februar 1754 erblich für 1566 Rthlr. 16 Gr. seinem Bruder dem Major Carl Gustav Grafen von Münchow und die Güter Wottnogge und Groß-Rakitt am 12 Februar 1752 erblich für 10666 Rthlr. 16 Gr. dem Martin Neufeld, von welchem solche bey seinem Leben am 16 Januar 1759 seinem Schwiegersohne, dem Amtsrathe Martin Gottfried Drawe zu Bütow, von diesem und seiner Ehefrau, Anna Dorothea gebohrnen Neufeld, am 14 März 1774 für 12000 Rthlr. dem Amtmann Carl Grundtis zu Stolpe und deßen Ehefrau, Maria Elisabeth gebohrnen Neufeld, und von diesen am 20 April 1781 für 14000 ihrem Schwiegersohne, dem Rittmeister bey dem von Hohenstockschen Husarenregimente, Siegmund Adam von Wildberg überlaßen wurden. Das Gut Swante wurde von dem Major Carl Gustav Grafen von Münchow am 18 Junius 1777 für 2900 Rthlr. durch den bevollmächtigten Mandatarius, den geheimen Kriegesrath Carl Balthasar von Gentzkow, dem Joachim Henning von Papstein und von diesem am 16 Februar 1779 für 2600 Rthlr. seiner Schwester, der Gemahlinn des geheimen Finanzraths von Brenkenhof, Gottlieb Elisabeth gebohrnen von Papstein verkaufet; die Güter Cosemühle, Cose, Klein-Rakitt, die eben erwähnten Theile von Wußkow mit den Zubehörungen in Leßacken aber geriethen in Concurs und wurden am 27 October 1766 für 24000 Rthlr. als für das meiste Gebot dem Hauptmann Friederich Wilhelm von Somnitz zuerkannt, welcher sein Eigenthumsrecht an diesen Gütern am 3 May 1774 seiner Mutter der verwittweten Majorin Gräfinn von Münchow, Louisa Tugendreich gebohrnen von Sydow, abtrat. Diese verkaufte die angezeigten Theile von Wußkow, mit Ausschließung des zu dem Gute Cosemühle gelegten Pesthofes mit allen seinen Zubehörungen und Regalien und dem Antheil an der Mühle, am 19 Julius 1775 für 2750 Rthlr. erblich dem Johann Heinrich von Lietzen, als dem Besitzer des andern Theils von Wußkow,

und

Die adelichen Güter des Stolpschen Kreises.

und die Güter Cosemühle, Cose, Klein-Rakitt und einen Theil des Guts Lessacken am 31 October 1776 für 23000 Rthlr. der Fräulein Carolina von Papstein, welche solche, nachdem sie durch das Rescript vom 4 September 1777 waren allodificiret worden, am 24 und 28 August 1779 für 23000 Rthlr. ihrer Schwester, der Gemahlinn des Geheimen Finanzraths von Brenkenhof, Gottlieb Elisabeth gebohrnen von Papstein abtrat. Nachdem diese denjenigen Theil des Dorfs Lessacken, welcher nicht mit allodificiret wurde, sondern noch jetzt ein Lehn der von Ließen ist und von Matthias von Ließen und seinem Sohne Hans am 23 April und 12 May 1686 für 1666 Rthlr. 16 Gr. dem Generalpostamte zu Berlin war verkauft worden, von demselben am 10 April 1780 für 1000 Rthlr. gekauft hatte, wurden von ihr die Güter Cosemühle, Cose, Lessacken, Klein-Rakitt und Swante, ungleichen die in dem Lauenburgschen Districte belegenen Güter Groß-Wunneschin, ein Theil von Klein-Wunneschin und ein Theil von Krampkewitz zusammen am 21 Junius und 1 Julius 1781 für 34000 Rthlr. dem Landrathe Johann Joachim von Brunn und von diesem, nach dem Vergleiche vom 20 Julius 1781, für 43000 Rthlr. dem Hauptmann Caspar Friederich von Massow verkauft.

20. Crampe ½ Meile von Stolpe südsüdostwärts, an der Glaskow, welche nahe bey dem hiesigen Vorwerke vorbeyfließet, in einer niedrigen und fruchtbaren Gegend, hat einen Rittersitz oder ein Vorwerk, 7 Bauern, 5 Coßäthen, 1 Schulmeister, auf der Feldmark des Dorfs den so genannten Hammerkathen, wobey sich eine Hufe Landes befindet, 2 Holzwärterkathen in dem Mellin und 1 Waßermühle, außer welcher noch die zu Zirchow eingepfarrte Loßinsche Mühle zu diesem Gute gehöret, 21 Feuerstellen, weniges Holzung auf der Feldmark, außer derselben aber noch eine Kavel Holz in dem Mellin und ist ein altes Puttkammersches Lehn, welches zu der auf der Altstadt Stolpe gelegenen St. Peterskirche in der Stolpschen Synode eingepfarret ist. Caspar Friederich von Puttkammer erbte es von seinem Vater George Ewald, nachdem es ihm in der brüderlichen Theilung vom 26 October 1705 war überlaßen worden und verkaufte es, nach dem Vergleiche vom 14 März 1747, auf 25 Jahre bis Ostern 1772 wiederkäuflich für 12650 Rthlr. dem Hofrathe David Friederich Gerner und dem Fabrikeninspector Christoph Haevelke. Nachdem die Lehnsfolger, Matthias Heinrich und der Hauptmann Nicolaus Heinrich von Puttkammer, diesen Verkauf am 5 März 1749 und 28 November 1750 genehmiget und zugleich die an dem Bisterbache gelegene so genannte Loßinsche Mühle, zu welcher die Loßinschen Einwohner als Mahlgäste geleget sind, jedoch so, daß der adeliche Hof zu Loßin das Getreide zu seinem Bedarf frey darauf mahlen läßet, dem Gute Crampe überlaßen hatten, besitzet jetzt die Wittwe des Hofraths Gerner, jetzt verehelichte Hofräthin André, die eine Hälfte dieses Guts, und der nachgelaßene Sohn des Fabrikeninspecors Haevelke, der Candidat der Rechtsgelahrheit, Alexander Friederich Haevelke, die andre Hälfte dieses Guts.

21. Groß-Crien oder Krien 2 Meilen von Stolpe südsüdostwärts, auf einem Berge, an dem linken Ufer der Stolpe, hat 2 Vorwerke, die aber jetzt ein Verwalter gepachtet hat, 6 Bauern, 2 Halbbauern, 1 Schmiede, 1 Schulmeister, auf der Feldmark

Der Stolpsche Kreis.

marf des Dorfs eine Wassermühle und ein Vorwerk nebst einer Jägerwohnung mit Acker und einem Büdnerhause, 22 Feuerstellen, fruchtbaren Acker, gute Wiesen an der Stolpe, beträchtliche Eichenholzungen und ist eine zu Groß-Dübsow in der Stolpschen Synode eingepfarrtes Zitzewitzsches Lehn. Einen Theil dieses Guts, der ein altes Zitzewitzsches Lehn ist, besaß Johann Ludewig von Liebermann, welchem sein Schwager, Henning von Puttkammer, mit seiner Gemahlinn, Christina Perpetua gebohrnen von Liebermann, und mit Einwilligung seines Sohnes Hans Ewald von Puttkammer sein Lehnrecht an einem andern Theile dieses Guts, der ein Puttkammersches Lehn war, für 2500 Rthlr. abtrat. Von Johann Ludewig von Liebermann kam dieses ganze Gut, nach dem brüderlichen Theilungsvergleiche vom 5 März 1719, für 7100 Rthlr. an seinen Sohn Ernst Ludewig, von dessen Wittwe, Barbara Sophia von Lockstedt, der Puttkammersche Theil am 4 September 1733 für 4130 Rthlr. dem Hauptmann Otto Bogislav von Schwerin verpfändet, von diesem aber am 13 September 1734 den Gebrüdern, dem Hauptmann Jacob George und dem Rittmeister und nachmaligen Major Heinrich Ernst von Zitzewitz überlaßen wurde, welchem auch Hans Ewald von Puttkammer sein Lehnrecht an diesem Theil am 23 Januar 1735 abtrat und die Brüder des Ernst Ludewig von Liebermann, als Carl Friederich und der Lieutenant George Matthias von Liebermann, das alte Zitzewitzsche Lehn in Groß-Crien überließen. Nach dem der Hauptmann Jacob George von Zitzewitz und sein Bruder, der Major Heinrich Ernst, gestorben waren und der letztere keine männliche Leibeserben hinterlaßen hatte, wurden die beiden ältesten Söhne des erstern, als der Fähnrich und nachmalige Hauptmann Jacob Ernst und der Lieutenant und jetzige Hauptmann Caspar Heinrich von Zitzewitz, am 5 März 1753 mit diesem ganzen Gute belehnet, welches nach dem brüderlichen Theilungsvergleiche vom 27 October 1752 für 8500 Rthlr. ihrem jüngern Bruder, dem Lieutenant George Ludewig und nach dessen Tode wieder seinen eben genannten Brüdern zufiel, die sich am 16 März 1763 also verglichen, daß der Hauptmann Caspar Heinrich von Zitzewitz dieses Gut für 8500 Rthlr. annahm.

22. Klein-Crien oder Krien an der rechten Seite der Stolpe, dem Dorfe Groß-Crien gegen über, hat 1 Vorwerk, 2 Halbbauern, 1 Coßäthen, auf der Feldmark des Dorfs ein neues Vorwerk, Charlottenhof genannt, nebst 1 Bauer, 3 Halbbauern und einigen Büdnerfamilien, 13 Feuerstellen, Eichen- und Fichtenholzung, Fischerey in einem See und ist zu Groß-Dübsow in der Stolpschen Synode eingepfarret. Für die bey dem Gute Klein-Crien in dem Jahre 1772 für 3000 Rthlr. königliche Gnadengelder vorgenommene Verbeßerungen, wovon die jährlichen Einkünfte nach dem Anschlage 243 Rthlr. 12 Gr. betragen sollen, muß eine zu Gnadengehalten für adeliche Wittwen und Waisen bestimmte jährliche Abgabe von 60 Rthlr. von dem Besitzer dieses Guts bezahlet werden, welches ein altes Zitzewitzsches Lehn ist. Nach dem Tode des Caspar von Zitzewitz verglichen sich seine 3 nachgelaßene Söhne, Ewald, Caspar Philipp und Claus, nachdem von ihrem abwesenden Bruder, George Gneomar, in vielen Jahren keine Nachricht von seinem Leben oder Tode zu erhalten gewesen, ihr Bruder Albrecht Friederich aber gestorben war, mit ihren Schwestern am 9 April 1713 also, daß dieses Gut für

Die adelichen Güter des Stolpschen Kreises.

für 1200 Rthlr. dem jüngsten Sohne, Claus von Zitzewitz, überlaßen wurde, welchem auch sein Schwiegervater, Otto Friederich von Zitzewitz, das alte Zitzewitzsche Lehn Jammerin am 2 November 1733 für 1033 Rthlr. 8 Gr. zum Brautschatze mitgab. Nachdem Claus von Zitzewitz mit seinen Söhnen gestorben war, kam das Vorwerk Jammerin, nach dem Vergleiche vom 8 September 1762, an seine Wittwe, Margaretha Gottlieb gebohrne von Zitzewitz, das Gut Klein-Crien aber, deßen Werth zu 6 pro Cent auf 2105 Rthlr. bestimmt war, an den nächsten Agnaten, George Christian von Zitzewitz, deßen nachgelaßene Söhne, der Hauptmann Joachim Friederich und der Lieutenant, Leopold Ludewig von Zitzewitz, sich mit ihrer Mutter und ihren beiden Schwestern, als der Fräulein Barbara Helena und der Frau Sophia Philippina vermählten von Malschitzky am 1 Februar 1766 auseinander setzten und sich mündlich mit einander also verglichen, daß das Gut Klein-Crien dem Hauptmann Joachim Friederich von Zitzewitz zufiel. Nachdem dieser es am 28 Junius 1766 erblich für 4100 Rthlr. dem Lieutenant Joachim Caspar von Glasenapp verkauft, es aber von demselben am 10 März 1768 für eben denselben Kaufpreis wieder zurück gekauft hatte, trat ihm auch die Wittwe von Zitzewitz, Margaretha Gottlieb gebohrne von Zitzewitz, nach dem Vergleiche vom 1 April 1772, das Vorwerk Jammerin für 1333 Rthlr. 8 Gr. ab.

23. Criwan 1 Meile von Stolpe südostwärts, in einer ebenen und fruchtbaren Gegend, hat 1 Vorwerk, 3 Bauern, 2 Coßäthen, 9 Feuerstellen, ein Torfmoor und ist zu der auf der Altstadt Stolpe gelegenen St. Peterskirche in der Stolpschen Synode eingepfarret. Auf der Feldmark des Dorfs war ehemals eine Wassermühle, die aber gänzlich eingegangen ist. Michael Lorenz von Vormann besaß dieses Vormannsche Lehn, welches, nachdem es in Concurs gerathen war, nach dem Vergleiche vom 28 November 1735, dem Claus Lorenz von Lettow wiederkäuflich, am 21 October 1746 aber demselben von des Michael Lorenz von Vormann Söhnen, dem Lieutenant Christoph Friederich erster, und den Lieutenants George Ludewig und Christian Heinrich von Vormann zwoter Ehe, mit Entsagung ihres Lehnrechts erblich überlaßen wurde. Nach dem Tode des Claus Lorenz von Lettow, fiel dieses Gut seinem jüngsten Sohne, dem Fähnrich Bogislav Lorenz zu, der es mit Einwilligung seiner Mutter, Anna Elisabeth gebohrnen von Wachholz und seines ältern Bruders, des Lieutenant Johann Ludewig von Lettow, am 20 October und 30 November 1752 erblich für 5100 Rthlr. dem Landrathe Joachim Rüdiger von Maßow verkaufte, deßen nachgelaßener jüngster Sohn, der Hauptmann Joachim Detloff von Maßow, es nach dem Theilungsvergleiche vom 26 März 1757 für 4500 Rthlr. erhielt und es am 25 Februar 1765, mit der von dem Könige am 13 März 1765 ertheilten Genehmigung, für 6000 Rthlr. dem Mühleninspector Caspar Freyschmidt zu Stolpe wiederkäuflich, am 17 Julius 1771 aber erblich der verwittweten Majorin du Fane, Helena Juliana gebohrnen von Wobeser, verkaufte.

24. Cublitz oder Kublitz hat adeliches Antheils 7 Bauern, 2 Coßäthen, 13 Feuerstellen, 14 4/7 steuerbare Landhufen, eine Cavel Holz in dem Mellin und ist ein altes Puttkammersches Lehn, welches der Hauptmann bey der königlichen

Der Stolpsche Kreis.

Garde, Otto Wilhelm von Puttkammer, besitzet. S. loftn. Der übrige Theil des Dorfs Cublitz ist königlich, die Wassermühle in demselben aber gehöret der Stadt Stolpe. S. Cublitz unter den Dörfern des königlichen Amts Stolpe wie auch unter den Eigenthumsgütern der Stadt Stolpe.

25. Culsow oder Kulsow, ein adelicher Wohnsitz, 1¼ Meilen von Stolpe süd-südwestwärts, auf der Landstraße von Stolpe nach Rummelsburg, hat 1 Vorwerk, 1 Wassermühle, die ¼ Meile von dem Dorfe zwischen Culsow und Bartin linker Hand der Straße von Stolpe nach Rummelsburg liegt, 9 Bauern, 2 Halbbauern, 4 Coßsäthen, 1 Schmiede, 1 Schulmeister, auf der Feldmark des Dorfs das Vorwerk Friederichshof nebst einem Coßäthen, auf der Wendisch-Plassowschen Feldmark aber das Vorwerk Mittelburg und mit Einschließung dieser Vorwerke 38 Feuerstellen, eine zu der Stolpschen Synode gehörige Kirche, die ein Filial von Zirchow und zu welcher das Dorf Sagerke eingepfarret ist. Für die bey dem Gute Culsow seit 1772 für 246 Rthlr. königliche Gnadengelder vorgenommene Verbeßerungen, wovon die jährlichen Einkünfte nach dem Anschlage 6 Rthlr. betragen sollen, muß eine zu Gnadengehalten für adeliche Wittwen und Waisen bestimmte jährliche Abgabe von 4 Rthlr. 23 Gr. von dem Besitzer dieses Guts bezahlet werden, welches ein Lehn der von Böhn ist. Gerson Christian von Böhn erbte einen Theil dieses Guts von seinem Vater Franz Felix und nachdem er einen andern Theil am 28 Februar 1724 für 7000 Gulden oder 4666 Rthlr. 16 Gr. von den Erben des Felix Otto von Below eingelöset hatte, hinterließ er das ganze Gut Culsow seinen Söhnen, Johann George und dem Lieutenant Otto Christian von Böhn, von welchem es der erste durch das Loos bekam. Dieser kaufte auch einen Theil des Lehngnts Sagerke am 17 December 1742 für 2625 Rthlr. 8 Gr. erblich von Felix Lorenz von Böhn und deßen Gemahlinn, Anna Margaretha von Puttkammer, welchen dieser Theil nach dem Erbvergleiche vom 17 December 1705 war zugeschlagen worden; ein andrer Theil des Guts Sagerke aber, welchen Joachim Felix von Below am 13 December 1659 pfandweise bekommen und nach dem commissorialischen Vergleiche vom 21 und 22 Jnuius 1680 beseßen hatte, wurde von deßen Söhnen, dem Generalmajor Lorenz und dem Hauptmann Felix Andreas von Below, am 24 September 1744 erblich eben demselben Johann George von Böhn überlaßen, nach deßen 1750 erfolgten Tode seine Wittwe, Dorothea Agnesa gebohrne von Böhn, die Güter Culsow und Sagerke, nach dem Vergleiche vom 10 September 1763, ihrem Sohne, dem Rittmeister Christian Wilhelm von Böhn, abtrat.

26. Cussow ¼ Meile von Stolpe südostwärts, nahe bey dem Dorfe Teutsch-Plassow, an der Glaskew, auf dem Wege von Stolpe nach Bütow, in einer fruchtbaren Gegend, hat 1 Vorwerk, 1 Kalkofen, 3 Bauern, 1 Coßäthen, 10 Feuerstellen und ist ein zu der auf der Altstadt Stolpe gelegenen St. Peterskirche in der Stolpschen Synode eingepfarrtes steuerfreyes Gut und altes Zitzewitzsches Lehn, so aber von den Fürstenthum Cammin zu Lehn gehet. Es wurde von Peter Friederich von Zitzewitz, als dem Lehnsträger, nach dem Vergleiche vom 7 December 1728, auf 30 Jahre wiederkäuflich für 9000 Fl. oder 6000 Rthlr. dem Major Franz Alexander de Rieutort verkauft,

Die adelichen Güter des Stolpschen Kreises.

verkauft, dessen Wittwe, Dorothea Sophia Amalia gebohrne von Zitzewitz, die eine Tochter des Hofgerichtsraths, Lorenz Ludewig von Zitzewitz, als eines Bruders des Peter Friederich war, dieses Gut wiederum am 20 November 1743 für 5900 Rthlr. dem Major Heinrich Ernst von Zitzewitz zu Duinrese abtrat. Als dieser gestorben war und keine männliche Leibeserben hinterlaßen hatte, fiel dieses Gut den nachgelasenen Söhnen seines Bruders, des Hauptmanns Jacob Jürgen von Zitzewitz zu, welche sich am 27 October 1752 also verglichen, daß der mittlere Sohn, der Hauptmann Caspar Heinrich von Zitzewitz, dasselbe für 5233 Rthlr. 16 Gr. annahm.

27. Daber 2½ Meilen von Stolpe südostwärts, hat 1 Vorwerk, 9 Bauern, 2 Coßäthen, 1 Schulmeister, 1 Büdner, 15 Feuerstellen, eine Cavel Fichtenholz auf dem Klein-Crienschen Felde und ist ein zu Groß-Dübsow in der Stolpschen Synode eingepfarrtes und zu Klein-Podel, wohin auch die Bauern ihre Scharwerksdienste leisten müßen, gehöriges Dorf, welches die Gebrüder, Ernst Friederich Wilhelm und Franz Martin George von Zitzewitz, theils als ein altes Zitzewitzsches, theils als ein Milritzsches Lehn besitzen. S. Klein-Podel.

28. Damerkow 4 Meilen von Stolpe südostwärts, hat 1 Vorwerk, 6 Bauern, 5 Coßäthen, 15 Feuerstellen, gute Weide, Fischerey in der Lupow, worin Forellen und Muränen gefangen werden und in einem kleinen See mitten in dem Dorfe, und ist ein zu Groß-Nossin in der Stolpschen Synode eingepfarrtes Dorf, welches aus 2 Antheilen bestehet. Damerkow (a) bestehet in dem Vorwerke, 2 Bauern und 4 Coßäthen und ist ein altes Puttkammersches Lehn, welches nach dem Tode des Majors, Claus Michael von Puttkammer, seinem einzigen Sohne, dem Hauptmann Jacob Wilhelm von Puttkammer zufiel, nachdem er sich mit seiner leiblichen Schwester, Maria Juliana vermählten von Lübtow, am 26 November und 1 December 1764 auseinander gesetzet hatte. Damerkow (b) oder 4 Bauern und 1 Coßäthe gehören zu dem Gute Niemitzke, welches der Lieutenant Johann Christian Ernst von Puttkammer besitzet. S. Niemitzke.

29. Dammen ein Rittersitz, 2 Meilen von Stolpe ostnordostwärts, in einem Thale, an der Lupow, hat 1 Vorwerk, 1 Prediger, 1 Küster, 7 Bauern, 5 Coßäthen, 1 Krug, bey dessen Verlage der Besitzer dieses Guts wider den Magistrat zu Stolpe, nach dem Bescheide der Königl. Regierung vom 6 October 1747, geschützet werden soll, 1 Schmiede, auf der Feldmark des Dorfs eine auf der Lupow gelegene Wassermühle mit einem Lachs- und Zalfange und eine Schäferey Globdow genannt, bey welcher sich 2 Coßäthen und 2 Büdner befinden, 29 Feuerstellen, eine zu der Stolpschen Synode gehörige und unter dem Patronate der Besitzer der Güter Dammen und Labehn stehende Mutterkirche, zu welcher die Dörfer Labehn, Bewersdorf, Lojow, Vieschen, Grapitz, Groß-Gluschen, das zu dem Gute Klein-Gluschen gehörige Vorwerk Stresow, die Dörfer Dämnitz oder Hebron-Damnitz, Benzin, Schwetzkow, Liepen, Dresow und Blatrow eingepfarret sind, beträchtliche Eichen-Büchen und junge Fichtenholzungen und war ehemals ein Lehn der von Schwaven, wurde aber nachher ein Lehn der von Weiher und endlich der von Below. Gerd von Below verkaufte es nach

Der Stolpſche Kreis.

dem Vergleiche vom 15 December 1696 mit lehnsherrlicher Einwilligung vom 27 Januar 1698 für 9000 Rthlr. auf 15 Jahre dem Landrathe Claus Heinrich von Lettow, nach deßen Tode ¾ dieſes Guts, nach dem Theilungsvergleiche vom 16 November 1742, ſeiner Enkelin Barbara Hedwig Corona von Lettow und ¼ ihrer Großmutter, der Wittwe des Landraths Werner von Lettow zufielen, deren Erben, Hedwig, der Hauptmanns Werner und Barbara Corona von Lettow dieſes ¼ am 8 May 1749 ihrem Miterben Lorenz von Lettow abtraten, welchen auch nachher Gerd Chriſtoph von Beſow mit ſeiner Gemahlinn, Barbara Hedwig Corona von Lettow, die übrigen ¾ in Dammen nebſt der Schäferey Globbow am 1 Junius 1750 überließ. Die Holzungsgerechtigkeit, welche der Ritterſitz in Lojow in der Dammenſchen Holzung gehabt hatte, nachdem der Landrath Claus Heinrich ſolche am 12 Julius 1706 für 700 Rthlr. dem Peter Friederich von Zitzewitz verkauft hatte, wurde dem Ritterſitze in Lojow, nach dem Urtheil des Königl. Hofgerichts vom 24 Auguſt 1774 und dem Vergleiche vom 17 April 1775, abgenommen und für 1800 Rthlr. wieder eingelöſet. Nach dem Tode des Lorenz von Lettow, welchem die lehnsherrliche Einwilligung über den Beſitz dieſes Guts auf anderweitige 25 Jahre vom 23 Julius 1780 an, am 2 Julius 1781 ertheilet wurde, verkauften es deßen Erben 1782 dem Hauptmann Nikolaus Heinrich von Lettow zu Klenzin.

30. Damnitz oder Hebrons-Damnitz, wie es zum Andenken ſeiner ehemaligen Beſitzer, der von Hebron, und um es von dem der Stadt Stolpe gehörigen Dorfe Damnitz oder Raths-Damnitz zu unterſcheiden, genannt wird, der Sitz des jetzigen Landraths und Directors des Stolpſchen Kreiſes, 2 Meilen von Stalpe oſtnordoſtwärts, nahe an einem kleinem Bache, hat einen Ritterſitz oder ein Vorwerk, 1 Waſſermühle, 6 Bauern, 4 Halbbauern, 3 Coßäthen, 1 Schmiede, 1 Schulmeiſter, 24 Feuerſtellen, beträchtliche Eichen- Büchen- und Fichtenholzungen, Fiſcherey und iſt zu Dammen in der Stolpſchen Synode eingepfarret. Die Güter Damnitz und Benzin fielen nach dem Tode der Gebrüder Valentin und Jürgen Stojentin, dem Herzoge Barnim zu, welcher mit denſelben den fürſtlichen Canzler und Rath Bartholomäus Schwave belehnte, auch deßen Brüder Peter und Jürgen und deren Vettern Peter, Hans und Paul Schwave, wie auch dem Jürgen Schwave zu Machmin, nach dem zu Wollin am Sonnabende nach Michaelis 1535 ausgefertigten Lehnbriefe, die geſamte Hand an dieſen Gütern ertheilte. Nachher wurde Damnitz ein Lehn der von Hebron oder Hepburn, die ſich in dem Anfange des vorigen Jahrhunderts aus Großbrittaunien nach Hinterpommern gewendet hatten. Alexander Ernſt von Hebron verkaufte es, nach dem Vergleiche vom 22 April 1717, für 8333 Rthlr. 8 Gr. dem Generallieutenant Johann von Hainsky, welcher es, nach dem Schenkungsbriefe vom 13 Junius 1721, dem Siegfried Hainsky abtrat, deßen Tochter, Henrietta Dorothea, ſich mit dem durch das Reſkript vom 14 December 1753 in den Adelſtand erhobenen Oberamtmann, Johann Chriſtoph von Thiele, nach deßen Tode aber mit dem Landrathe, Friederich Bogislav von Puttkammer, vermählte und ſich am 8 bis 16 December 1763 mit ihren Kindern erſter Ehe alſo auseinander ſetzte, daß ſie dieſes Gut für 10000 Rthlr. behielt. Nachdem ihre Kinder erſter Ehe, die Geſchwiſter von Thiele, nach dem Vergleiche vom 3 Julius 1776, waren abgefunden worden, trat nach ihrem Tode ihr Sohn, Bogislav

George

Die adelichen Güter des Stolpschen Kreises.

George Heinrich von Puttkammer, mit Genehmigung seines Vaters, des Landraths von Puttkammer, in den Besitz dieses Guts.

31. **Dargorese** 4 Meilen von Stolpe ostnordostwärts und eben so weit von Lauenburg westnordwestwärts, in einer ebenen Gegend, hat einen Rittersitz oder ein Vorwerk, 6 Bauern, 3 Coßäthen, 1 Schmiede, 1 Schulmeister, 13 Feuerstellen, Eichen= und Büchenholzungen und ist ein zu Stojentin in der Stolpschen Synode eingepfarrtes Allodialgut, welches Moritz Heinrich von Weyherr besitzet. S. Zezenow.

32. **Darsin** 3½ Meilen von Stolpe ostsüdostwärts, an einem fischreichen See und an einem großen Bruche, auf der kleinen Straße von Stolpe nach Lauenburg, hat 1 Vorwerk, 7 Bauern, 3 Coßäthen, 1 Krug, 1 Schulmeister, mit Einschließung des zu diesem Gute gehörigen und zu Schurow eingepfarrten Vorwerks Pottangow mit 2 Coßäthen und des Vorwerks Friederikenfelde 21 Feuerstellen und ist ein zu Lupow in der Stolpschen Synode eingepfarrtes Grumbkowsches Lehn, welches die Wittwe, Friederika von Podewils gebohrne von Grumbkow, besitzet. S. Lupow. Das Vorwerk Pottangow, welches aus Ritteracker bestehet, wird jetzt, nachdem die Landschaft darauf besondre Pfandbriefe bewilliget hat, als ein eigenes Gut angesehen.

33. **Darsow** 1¾ Meilen von Lauenburg westsüdwestwärts und 4¼ Meilen von Stolpe gegen Osten, auf der großen Frachtstraße von Stolpe nach Lauenburg, hat 1 Vorwerk, 3 Bauern, 2 Halbbauern, 6 Coßäthen, 1 Schulmeister, auf der Feldmark des Dorfs das Vorwerk Drzigowa mit 1 Coßäthen, 20 Feuerstellen, Eichen= und Fichtenholzungen und ist ein zu Schurow in der Stolpschen Synode eingepfarrtes Grumbkowsches Lehn, welches die Wittwe Friederika von Podewils gebohrne von Grumbkow besitzet. Eben derselben gehören auch die auf der Feldmark dieses Dorfs gelegenen Vorwerke Schiblitz und Heide, die aus 5 Feuerstellen bestehen und alte Stojentinsche Lehne sind, das Vorwerk Schmelz aber, welches ebenfalls ein altes Stojentinsches Lehn ist und ehemals zu dem Gute Schiblitz gehörte, wird jetzt von Johann Heinrich von Lietzen besessen. S. Lupow. Für die bey dem Gute Darsow in dem Jahre 1773 für 2900 Rthlr. königliche Gnadengelder vorgenommene Verbeßerungen, wovon die jährlichen Einkünfte nach dem Anschlage 234 Rthlr. 22 Gr. betragen sollen, muß eine zur Besoldung einiger Landschulmeister bestimmte jährliche Abgabe von 58 Rthlr. von dem Besitzer dieses Guts bezahlet werden.

34. **Dochow** 2¼ Meilen von Stolpe ostnordostwärts, auf einem Berge, bestehet in einem Vorwerke nebst 2 Coßäthen, einem neu angelegten Vorwerke nebst 3 Halbbauern und 4 Büdnern, 10 Feuerstellen und ist ein zu Glowitz in der Stolpschen Synode eingepfarrtes altes Stojentinsches Lehn, welches Friederich Heinrich Graf von Podewils besitzet. S. Zipkow. Für die bey dem Gute Dochow in dem Jahre 1773 für 3900 Rthlr. königliche Gnadengelder vorgenommene Verbeßerungen, wovon die jährlichen Einkünfte nach dem Anschlage 325 Rthlr. 4 Gr. 3 Pf.

Der Stolpsche Kreis.

3 Pf. betragen sollen, muß eine zu Gnadengehalten für adeliche Wittwen und Waisen bestimmte jährliche Abgabe von 78 Rthlr. von dem Besitzer dieses Guts bezahlet werden.

35. Dominke oder Denminke 2 Meilen von Stolpe nordnordostwärts, hat 1 Vorwerk, 3 Bauern, 2 ganze und 2 halbe Coßäthen, 1 Schmiede, welche der grüne Hof genannt wird und ¼ Meile von dem Dorfe liegt, 12 Feuerstellen, Eichen- und Buchenholzungen und ist zu Groß-Garde in der Stolpschen Synode eingepfarret. Nachdem Ernst Friederich von Bandemer keine männliche Leibeserben hinterlaßen hatte, besaß seine Wittwe, Eleonora Gottlieb gebohrne von Stojenthin, dieses alte Bandemersche Lehn so lange, bis sie es mit ihrem zweyten Gemahl, dem Lieutenant Claus Bogislav von Bandemer zu Wittbeck, am 6 October 1749 für 3800 Rthlr. dem Hauptmann Christian Ernst von Bandemer zu Wussecken abtrat, der als der nächste Lehnsfolger dieses Gut in Anspruch genommen hatte und in dem Jahre 1757 in einer Schlacht sein Leben einbüßte. Da er keine Leibeserben hinterlaßen hatte, erstritt der Oberste, Friederich Asmus von Bandemer, als der nächste Lehnsfolger, dieses Gut, verkaufte es aber am 27 März 1760 für 5000 Rthlr. dem Major George Werner von Bandemer, von welchem es, weil er ebenfalls keine Leibeserben hinterlaßen hatte, an seinen Bruder, den Obersten Ernst Ludewig von Bandemer kam.

36. Dresow 2¼ Meilen von Stolpe ostnordostwärts, in einem Thale, an der Lupow, hat 1 Vorwerk, 3 Bauern, 3 Coßäthen, 9 Feuerstellen, wenige Eichenholzung und ist ein zu Dammen in der Stolpschen Synode eingepfarrtes Wobeserisches Lehn, welches die Erben des Majors George Ulrich von Massow besitzen. S. Banskow.

37. Groß-Dübsow 2 Meilen von Stolpe südostwärts, an der Schottow, hat 1 Prediger, 1 Küster, 8 Bauern, 5 Coßäthen, 1 Schmiede, 22 Feuerstellen, eine zu der Stolpschen Synode gehörige und unter dem Patronate der Besitzer der Güter Dübsow, Sorkow, Podel und Dumrese stehende Mutterkirche, zu welcher die Dörfer Klein-Dübsow, Sorkow, Daber, Klein-Podel, Dumrese, Labussow, Groß- und Klein-Crien, Starnitz und Bornzin eingepfarret sind, fruchtbaren Acker, beträchtliche Eichen- Buchen- und Fichtenholzungen und ist ein neues Gottbergsches Lehn, welches der Lieutenant Peter Friederich von Gottberg besitzet. S. Klein-Dübsow.

38. Klein-Dübsow ein adelicher Wehnsitz, nahe bey dem vorhergehenden Dorfe Groß-Dübsow, an der Schottow, hat 1 Vorwerk, 4 Coßäthen, auf der Feldmark des Dorfs eine Schäferey mit 2 Wohnungen Petersberg genannt, 1 Korn- und Schneidemühle, 3 Holzwärterwohnungen, 18 Feuerstellen, Holzungen auf der Groß-Dübsowschen Feldmark, Fischerey in Teichen und in der Schottow und ist zu Groß-Dübsow in der Stolpschen Synode eingepfarret. Für die seit 1781 bey dem Gute Klein-Dübsow für 1750 Rthlr. königliche Gnadengelder vorgenommene Ver-

Die adelichen Güter des Stolpschen Kreises.

Verbesserungen, wovon die jährlichen Einkünfte nach dem Anschlage 87 Rthlr. 12 Gr. betragen sollen, muß eine jährliche Abgabe von 17 Rthlr. 12 Gr. von dem Besitzer dieses Guts an die Kreiscasse bezahlet werden. Die Güter Klein- und Groß-Dübsow waren ehemals alte Zitzewitzsche, sind aber jetzt neue Gottbergsche Lehne. Sie fielen nach dem Tode des Hauptmanns Franz Döring von Gottberg, nach dem Theilungsvergleiche vom 24 März 1735, für 7000 Rthlr. seinem mittlern Sohne gleiches Namens zu, dessen nachgelaßener einziger Sohn und Erbe, der Lieutenant Peter Friederich von Gottberg sie jetzt besitzet.

39. Dumrese ein adelicher Wohnsitz, 1½ Meilen von Stolpe ostsüdostwärts, auf der Post- und Landstraße von Stolpe nach Danzig, hat 1 Vorwerk, 5 Bauern, 1 Krug, bey dessen Verlagsgerechtigkeit der Besitzer dieses Guts, nach den Verhörsbescheiden der Königl. Regierung vom 28 Junius und 10 November 1747, wider den Magistrat zu Stolpe geschützet werden soll, 1 Schmiede, 1 Schulmeister, auf der Feldmark des Dorfs eine Ziegeley, 22 Feuerstellen, fruchtbaren Acker, gute Weide, Holzungen, Fischerey und ist ein zu Groß-Dübsow in der Stolpschen Synode eingepfarrtes altes Zitzewitzsches Lehn. Es wurde von Peter Friederich von Zitzewitz, welcher es von seinem Vater geerbet hatte, am 24 May 1728 erblich für 4200 Rthlr. seinem Schwiegersohne, dem Major Carl Ludewig von Sydow zu Zemmin, von diesem, nach dem Vergleiche vom 6 May 1730, für 4039 Rthlr. 12 Gr. erblich dem Lieutenant, Zabel Christoph von Zitzewitz, und von diesem am 10 November 1739 für 6000 Rthlr. unwiederruflich dem Major Heinrich Ernst von Zitzewitz verkauft, nach dessen Tode es seines Bruders des Hauptmanns Jacob Jürgen von Zitzewitz Söhnen, nach dem brüderlichen Vergleiche vom 27 October 1752 aber, dem mittlern Sohne, dem Hauptmann Caspar Heinrich von Zitzewitz für 5233 Rthlr. 16 Gr. zufiel.

40. Freist ein adelicher Wohnsitz, 1¼ Meilen von Stolpe nordnordostwärts und 2 Meilen von der Ostsee, auf der Landstraße von Stolpe nach Schmolsin, hat 1 Vorwerk, 1 Prediger, 1 Küster, 3 Bauern, 2 Halbbauern, 4 Coßäthen, 1 Schmiede, auf der Feldmark des Dorfs ein Vorwerk Kempen genannt und eine Wassermühle, 18 Feuerstellen, eine zu der Stölpschen Synode gehörige Mutterkirche, zu welcher die Dörfer Roggatz, Kukow, Beckel und Schwuchow eingepfarret sind, und Eichen- und Buchenholzungen. Ehemals waren die Dörfer Roggatz und Schwuchow zu der Altstädtschen Kirche in Stolpe, und das Dorf Beckel zu der Gardeschen Kirche eingepfarret; nach der Verordnung des Herzogs Johann Friederich vom 10 October 1590 aber, wurden diese Dörfer der Freistschen Kirche beygeleget. Das Dorf Freist war ehemals ein Gutzmerowsches Lehn, wurde aber nebst dem dazu gehörigen Vorwerke Kempen am 7 Julius 1755 allodificiret. Nach dem Tode des Adam Ewald George von Gutzmerow, wurde in dem Jahre 1754 dessen einziger Sohn, Lorenz Erdmann von Gutzmerow gebohren, welchem dieses Gut, nachdem er sich mit seiner Mutter, Dorothea Maria gebohrnen von Bandemer, und seinen 2 Schwestern am 11 November 1764 auseinander gesetzet hatte, für 5561 Rthlr. 2 Gr. 8 Pf. zufiel.

41. Gaatz ein adelicher Wohnsitz, 1½ Meilen von Stolpe gegen Westen und bene

Der Stolpsche Kreis.

eben so weit von Schlawe nordostwärts, an einem Bache, die Moße genannt, hat 1 Vorwerk, 1 Wassermühle, eine beträchtliche Kalkbrennerey und Ziegeley, 3 ganze Bauern, 2 Halbbauern, 3 Coßäthen, 1 Schmiede, 1 Schulhaus, auf der Feldmark des Dorfs ein Vorwerk, der Büchenhof genannt, mit 2 ganzen und 2 halben Bauerhöfen, die so genannte Gaaßer Ruhle, die eine halbe Viertelmeile von dem Dorfe liegt und aus einer Schäferei, einem Coßäthenhofe und der Wohnung des Kalkbrenners bestehet, einen nicht weit von dem Dorfe Müßenow gelegenen Holzwärterkathen, so der Mückenkathen heißt und zu Peest eingepfarret ist, 27 Feuerstellen, fruchtbaren Acker, der mit dem hiesigen Mergel vortheilhaft gedünget wird, gute Wiesen, Eichen- und Büchen- wie auch andre Holzungen, Fischerey in verschiedenen Teichen und ist zu Symbow in der Rügenwaldeschen Synode eingepfarret. Für die bey dem Gute Gaaß seit 1773 für 3000 Rthlr. königliche Gnadengelder vorgenommene Verbesserungen, wovon die jährlichen Einkünfte nach dem Anschlage 173 Rthlr. 16 Gr. 3 Pf. betragen sollen, muß eine zu Gnadengehalten für adeliche Wittwen und Waisen bestimmte jährliche Abgabe von 60 Rthlr. von dem Besitzer dieses Guts bezahlet werden, welches ein altes Belowsches Lehn ist. Ein Theil deßelben kam von Paul Caspar von Below 1713 an seinen Sohn, den Lieutenant Caspar, von diesem an seinen einzigen Sohn Caspar Friederich Bogislav und nach deßen Tode, nach dem Rescripte vom 12 December 1749, an seinen nächsten Lehnsvetter, den Hauptmann Eberhard Gustav von Below, der diesen Theil am 26 Junius 1750 dem Lieutenant Paul Bertram von Below verkaufte. Dieser, welcher den andern Theil dieses Guts als ein altes Belowsches Lehn geerbet hatte, hinterließ das ganze Gut Gaaß seinen Erben, die sich am 13 September 1765 auseinander setzten, so daß daßelbe zugleich mit den Gütern Medenick, Reddentin, Runow, Symbow, Reblin und Vilgelow, seinem einzigen Sohne, dem gewesenen Präsidenten bey der Marienwerderschen Cammer, Claus Bertram von Below, und nach deßen Tode dem Hauptmann Martin Ernst von Below zufiel. Das Dorf Gaaß gehörte ehemals zu dem Schlaweschen Kreise, ist aber neuerlich zu dem Stolpschen geleget worden.

42. Gaffert ein adelicher Wohnsitz, 2 Meilen von Bütow gegen Norden und 3¼ Meilen von Stolpe südostwärts, an der Schottow, welche die hiesige Mühle treibt und die Gränze zwischen Budow und Gaffert macht, hat 1 Vorwerk, 1 Wassermühle, 4 Bauern, 4 Coßäthen, 1 Schulmeister, auf der Feldmark des Dorfs ein Vorwerk, die Gaffertsche Schäferey, und 2 Holzwärterkathen, Zeglin und Sofad oder Rostocken genannt, 19 Feuerstellen, das Recht des Mitpatronats zu Budow, Eichen- und Fichtenholzungen, Fischerey in 3 Seen und vielen Teichen und ist ein zu Budow in der Stolpschen Synode eingepfarrtes altes Pirchsches Lehn, welches aus dem Unter- und Oberhofe und dem Gute, die Heide genannt, bestehet. Claus Curd von Pirch kaufte einen Theil deßelben anfänglich am 8 April 1696 auf 10 Jahre für 9000 Gulden Polnisch oder 3000 Rthlr., am 10 December 1696 aber erblich von Peter Jürgen von Pirch, Martins Sohne und Peters Enkel, einen andern Theil die Heide genannt am 23 April 1696 erblich für 5000 Fl. Polnisch oder 1666 Rthlr. 16 Gr. von seinem Vet-

Die adelichen Güter des Stolpschen Kreises.

der Ulrich Felix von Pirch, Michaels Sohne, Antons Enkel, einen andern Theil am 13 November 1696 für 2000 Fl. Polnisch oder 666 Rthlr. 16 Gr. von den Erben des Gürgen von Pirch zu Zewitz, einem Sohne des Claus und Enkel des Eggerd, und noch einen andern Theil am 17 Junius 1704 erblich für 800 Rthlr. von Claus Christoph von Pirch, einem Sohne des Anton Gneomar und Enkel des Crispin, und hinterließ dieses Gut seinem Sohn Gerd, von welchem es nach dem Theilungsvergleiche vom 3 December 1737 für 6000 Rthlr. an seinen ältesten Sohn, Claus Gürgen, und nach deßen Tode, nach der brüderlichen Theilung vom 16 April 1744, für eben diese Summe an den Lieutenant und jetzigen Hauptmann Lorenz Friederich von Pirch kam, der von dem Lieutenant George Siegmund und Anton Johann von Pirch, als den Söhnen des Anton Gneomar zu Buckowin und Enkeln des Joachim Felix, noch ein Drittel ihres Lehns in Gaffert am 3 October 1746 und 25 April 1747 erblich für 166 Rthlr. 16 Gr. kaufte.

43. Gallensow 1¼ Meilen von Bütow gegen Norden und 3⅓ Meilen von Stolpe südostwärts, an einem kleinen See und nahe an der großen Landstraße von Bütow nach Stolpe, hat 1 Vorwerk, 6 Bauern, 2 Halbbauern, 2 Coßäthen, 1 Krug, auf der Feldmark des Dorfs einen Holzwärterkathen Glambock genannt, der an einem See gleiches Namens und an der Stolpe liegt, die das Dorf Gallensow von dem Bütowschen District scheidet, 11 Feuerstellen, beträchtliche Fichtenholzungen, Fischerey in dem See Glambock, der beinahe ½ Meile lang ist, und in dem kleinen nahe bey dem Dorfe gelegenen See und ist nach dem zu Colberg am 28 December 1665 ausgefertigten Lehnbriefe ein altes Zitzewitzsches Lehn, welches zu Budow in der Stolpschen Synode eingepfarret ist und jetzt von Friederich Johann George Ernst von Zitzewitz beseßen wird. S. Nippoglense.

44. Gambin 2 Meilen von Stolpe nordnordostwärts, in einem Thale, hat 3 Vorwerke, 4 Bauern, 1 Halbbauer, 3 Coßäthen, 1 Schulmeister, auf der Feldmark des Dorfs eine Wassermühle und einen Coßäthen, 18 Feuerstellen, Eichen- und Büchenholzungen und ist ein zu Groß-Garde in der Stolpschen Synode eingepfarrtes Bandemersches Lehn, welches aus 2 Antheilen bestehet. Gambin (a), wozu ⅔ des Dorfs, nemlich 2 Vorwerke, die Wassermühle, 2 Bauern, 1 Halbbauer und 3 Coßäthen gehören, besitzen die nachgelaßenen beiden Söhne der Wittwe des Generalmajors von Bandemer, Charlotta Catharina gebohrnen Gräfin von Schlippenbach. S. Selesen. Gambin (b) bestehet in ⅓ des Dorfs, als in einem Vorwerke, 2 Bauern, und dem auf der Feldmark des Dorfs wohnenden Coßäthen und kam von Martin Otto von Bandemer an seinen einzigen Sohn, George Ernst, der es, nach dem Vergleiche vom 1 Julius 1756, für 4600 Rthlr. dem Obersten Ernst Ludewig von Bandemer verkaufte.

45. Groß-Gansen 3 Meilen von Stolpe südsüdostwärts, hat 2 Vorwerke, 10 Bauern, 6 Coßäthen, auf der Feldmark des Dorfs einen Holzwärterkathen, 26 Feuerstellen, das Recht des Mitpatronats zu Budow und ist ein zu Budow in der Stolpschen Synode eingepfarrtes Dorf, welches aus 2 Antheilen bestehet. Groß-Gansen (a) begreift

begreift 1 Vorwerk, 8 Bauern, 3 Coßäthen, und den Holzwärterkathen und ist ein altes Zitzewitzsches Lehn, welches Friederich Johann George Ernst von Zitzewitz besitzet. S. Klein-Gansen. Groß-Gansen (b) bestehet in einem Vorwerke, 2 Bauern, 3 Coßäthen und ist ein zu dem Gute Goschen gehöriges altes Zitzewitzsches Lehn, welches der Lieutenant Friederich Franz von Zitzewitz besitzet. S. Goschen.

46. **Klein-Gansen** ein adelicher Wohnsitz, 2½ Meilen von Bütow nordnordwestwärts und 3 Meilen von Stolpe südsüdostwärts, nahe bey dem vorhergehenden Dorfe Groß-Gansen, in einem Thale, an der Stolpe, die mitten durch das Dorf fließet und hier mit einer Brücke versehen ist, hat 1 Vorwerk, 1 Ziegelen, 1 Kalkofen, 6 Bauern, wovon aber der eine zu dem alten Zitzewitzschen Lehne Goschen gehöret, 1 Halbbauer, 3 Coßäthen, 1 Schmiede, 1 Schulmeister, auf der Feldmark des Dorfs ein neues Vorwerk Julianenhof genannt mit 1 Coßäthen und 2 Büdnern, eine neu angelegte Schäferen, die Krampnitzsche genannt, mit 2 Coßäthen und 2 Büdnern, die Colonie Friederichsthal, die in 8 Halbbauern bestehet, 1 Korn- und Schneidemühle, 7 Holzwärterwohnungen, als Schwarzer-Born, Kolowny, Krampnitz, Borowc, Kaliesch, Swiatken und Schorawe genannt, 48 Feuerstellen, das Recht des Mitpatronats in Budow, gute Wiesen, große Holzungen, die in Eichen, Buchen und Fichten bestehen, Fischeren in 4 Teichen und ist zu Budow in der Stolpschen Synode eingepfarret. Für die bey den Gütern Klein-Gansen und Groß-Gansen (a) seit 1772 für 11000 Rthlr. Königliche Gnaden-Gelder vorgenommene Verbeßerungen, wovon die jährlichen Einkünfte nach dem Anschlage 679 Rthlr. 16 Gr. 11 Pf. betragen sollen, muß eine zu Gnadengehalten für adeliche Wittwen und Waisen bestimmte jährliche Abgabe von 220 Rthlr. von dem Besitzer dieser Güter bezahlet werden, welche alte Zitzewitzsche Lehne sind. Sie kamen nach dem Tode des Amtshauptmanns zu Stolpe und Schmolsin, Gneomar von Zitzewitz, an seine Brüder Martin, Claus und Johann Adolph, wie auch an seinen Brudersohn, Michael Ernst von Zitzewitz und hierauf für 12000 Rthlr. an den letztern allein, der beide Güter seinem Vaterbruder, Claus von Zitzewitz abtrat, nach deßen Tode, nach dem Theilungsvergleiche vom 25 November 1724, seine Güter Klein-Gansen, Groß-Gansen (a) und Nippoglense seinem Sohne, Claus Friederich, Budow und Galtensow dem Lieutenant und nachmaligen Hauptmann, Gneomar George, und die Geldcaveln dem Major Franz Jacob und dem Hauptmann Martin Ernst zufielen. Nachdem Claus Friederich von Zitzewitz gestorben und keine männliche Leibeserben hinterlaßen hatte, erhielt sein Brudersohn, als des Hauptmanns Martin Ernst Sohn, Friederich Johann George Ernst von Zitzewitz, nach dem Theilungsvergleiche vom 22 Julius 1751, für 12000 Rthlr. die Güter Klein-Gansen und Groß-Gansen (a).

47. **Gesorke** 3 Meilen von Stolpe ostnordostwärts und 3½ Meilen von Lauenburg gegen Westen, nahe an einem kleinen See, bestehet in einem Vorwerke, 2 Coßäthen, 3 Feuerstellen und ist ein zu Stojentin in der Stolpschen Synode eingepfarrtes Gut, welches der Generalmajor, Peter Ehristoph von Zitzewitz besitzet. S. Graf.

48. **Giese**

Die adelichen Güter des Stolpschen Kreises.

48. **Glesebitz**, ein adelicher Wohnsitz, 3 Meilen von Stolpe nordostwärts, in einer ebenen Gegend, an einem großen Bache, Rojoki genannt, der sich nicht weit von diesem Dorfe in den Lebaschen See ergießet, hat 1 Vorwerk, eine neuerlich für königliche Gnadengelder erbauete Wassermühle, 9 Bauern, 1 Halbbauer, 10 Coßäthen, 1 Krug, 1 Schmiede, 1 Schulmeister, auf der Feldmark des Dorfs eine neu angelegte Kuhpächterey, 34 Feuerstellen, Fischerey in dem Lebaschen See und ist zu Glowitz in der Stolpschen Synode eingepfarret. Für die bey dem Gute Glesebitz seit 1778 für 7175 Rthlr. königliche Gnadengelder vorgenommene Verbeßerungen, wovon die jährlichen Einkünfte nach dem Anschlage 353 Rthlr. betragen sollen, muß eine jährliche Abgabe von 143 Rthlr. 12 Gr. von dem Besitzer dieses Guts bezahlet werden, welches ein altes Stojenthinsches Lehn ist und ehemals aus 4 Antheilen bestand. Ein Theil wurde von Daniel von Stojenthin mit lehnsherrlicher Einwilligung vom 2 October 1661 für 4433 Fl. 6 Schillinge auf 20 Jahre wiederkäuflich dem Greger von Büchow, am 10 Julius 1690 aber für 6498 Gulden Pommersch 15 Schillinge oder 4332 Rthlr. 10 Gr. erblich dem Martin Ernst von Büchow verkauft und fiel nach deßen Tode seinem Sohne, dem Hauptmann George Rüdiger von Büchow zu, von deßen Wittwe, Maria Jacobina gebohrnen von Maßow, Gneomar George von Zitzewitz, als Vormund des Johann Ernst Friederich von Stojenthin, diesen Theil am 6 März 1756 für 5600 Rthlr. einlösete. Ein andrer Theil kam von Greger von Stojenthin an seinen einzigen Sohn, Daniel, und wurde von demselben am 22 April 1761 für 3200 Rthlr. dem Paul Ernst von Rukowsky, von deßen nachgelaßenen Schwester, Clara Elisabeth verwittweten von Lübrow aber, am 23 Februar 1764 für 3400 Rthlr. dem Hauptmann Peter Friederich von Stojenthin verkauft, der den dritten bereits von seinem Großvater, Joachim Heinrich, beseßenen Theil dieses Guts, von seinem Vater Philipp geerbet hatte und diesen Theil zugleich mit dem andern, den er gekauft hatte, am 16 December 1771 für 6500 Rthlr. dem Johann Ernst Friederich von Stojenthin verkaufte. Der vierte Theil dieses Guts fiel nach dem Tode des Johann Peter von Stojenthin, seinem Sohne, dem Lieutenant Peter Friederich zu, deßen nachgelaßener einziger Sohn, Johann Ernst Friederich von Stojenthin, nach der am 16 Junius 1767 mit seiner einzigen Schwester, Susanna Maria vermählten Kriegesräthin von Bonin, vorgenommenen Auseinandersetzung, den ersten und vierten Theil dieses Guts bekam und jetzt daßelbe ganz besitzet.

49. **Gliesnitz** 5¼ Meilen von Stolpe südostwärts und ⅜ Meile von dem Dorfe Wutzkow, bestehet in 2 Vorwerken, 6 Feuerstellen und ist ein auf der Wutzkowschen Feldmark angelegtes und zu Mikrow in der Stolpschen Synode eingepfarrtes freyes Feldgut und Ließensches Lehn. Christian Heinrich von Ließen besaß einen Theil dieses Guts und nachdem er einen andern am 27 Februar 1745 für 500 Rthlr. von Alexander Christoph von Münchow gekauft hatte, hinterließ er das ganze Gut Gliesnitz seinen Kindern, die sich am 28 Februar 1770 also auseinandersetzten, daß es für 6000 Fl. Preuß. oder 2040 Rthlr. Brandenb. dem Hauptmann und Licentrendanten zu Königsberg, Carl Matthias von Ließen, und nach deßen Tode seinen beiden Söhnen, Carl Wilhelm Heinrich und Peter Friederich Ewald von Ließen zufiel.

50. Glod-

Der Stolpsche Kreis.

50. **Globbow** 4¼ Meilen von Stolpe ostsüdostwärts, an der Lupow, bestehet in einem Vorwerke, 2 Coßäthen, 1 Holzwärterkathen, 4 Feuerstellen, weniger Holzung und ist zu Groß-Roßin in der Stolpschen Synode eingepfarret. Globbow und ein Theil des Guts Jerskewitz oder Jerskewitz (c) sind alte Puttkammersche Lehne, die von Peter Jürgen von Puttkammer an seinen Sohn, Barthold Richard, und nach dem derselbe keine leibeserben hinterlaßen hatte, an die Söhne seines Bruders Zabel Christian, als Franz Jürgen und den nachmaligen Oberstlieutenant Christian Gneomar von Puttkammer, nach dem Tode ihres Vaters aber zugleich mit dem von demselben beseßenen Puttkammerschen Lehne Groß-Roßin (b), nach der mit deßen Wittwe Clara Anna gebohrnen von Pirch, und deren Kindern am 10 Januar 1731 vorgenommenen Auseinandersetzung, an den Oberstlieutenant Christian Gneomar von Puttkammer allein kamen, der das neue Stojenthinsche Lehn Saviat am 29 Julius 1743 erblich für 1833 Rthlr. 8 Gr. von Paul Ernst von Stojenthin und das von Caspar Otto von Maßow am 18 November 1734 erblich dem Major Johann German von Lüttich verkaufte Gut Groß-Roßin (a) von deßen Wittwe, Charlotta Eleonora, am 17 May 1746 für 2000 Rthlr. kaufte. Nach dem Tode des Oberstlieutenants von Puttkammer, fielen die Güter Globbow, Groß-Roßin (a) und (b), Jerskewitz (c) und Saviat, nach der Auseinandersetzung seiner Kinder vom 8 November 1774, seinem Sohne, dem Lieutenant August Christian Ludewig von Puttkammer zu und wurden von demselben durch seinen Gevollmächtigten, Friederich von Itzewitz, nach dem Vergleiche vom 1 April 1780, für 8800 Rthlr. dem Hauptmann Michael Stanislaus von Zeromsky verkauft. Das Gut Jerskewitz (a), so in 3 Bauerhöfen und der Feldmark Damerow, jetzt Neu-Jeromin genannt, bestehet, wurde von Christoph Gebhard von Heyn am 19 Julius 1702 für 2300 Gulden Polnisch oder 766 Gr. dem Hans von Puttkammer und von deßen Wittwe, Anna Hedwig gebohrnen von Woyen, nach dem Tode ihres Sohnes, Nicolaus Heinrich von Puttkammer, am 22 September 1761 für 766 Rthlr. 16 Gr. dem Sohne ihrer Tochter, dem Hauptmann Michael Stanislaus von Zeromsky verkauft, der am 20 November 1772 mit dem Gute Jerskewitz (a) belehnet wurde und auch das Puttkammersche Lehn Jerskewitz (d), so in 3 Bauerhöfen bestehet, die ehemals zu dem Gute Kleschinz (a) gehörten, am 17 April 1775 von Johann Wilhelm von Puttkammer kaufte.

51. **Glowitz** 3 Meilen von Stolpe ostnordostwärts, an einem Bache, der die Mühle treibt, hat 2 Vorwerke, der Ober- und der Niederhof genannt, die jetzt nur ein Vorwerk ausmachen, 1 Wassermühle, 1 Prediger, 1 Küster, 10 Bauern, 6 Halbbauern, 3 Krüge, wovon aber der eine zu dem Gute Rumske gehöret, 1 Schmiede, auf der Feldmark des Dorfs ein Vorwerk Schwetzen genannt und 2 Holzwärterwohnungen, 38 Feuerstellen, eine zu der Stolpschen Synode gehörige Mutterkirche, zu welcher die Dörfer Rumske, Zedlin, Rowen, Zipkow, Grossendorf, das Vorwerk Dochow, die Dörfer Warbelin, Kleyzin, Virow, Ruschitz, Zemmin, Giesebitz und Schorrin eingepfarret sind, weniges Holzungen und ist ein altes Puttkammersches Lehn, welches aus dem Oberhofe, dem Niederhofe und dem Vorwerke Schwetzen bestehet. Der Oberhof fiel nach dem Tode des Claus Jürgen von Puttkammer, seinen Söhnen, dem Lieutenant und nachmaligen Oberstlieutenant Joachim Heinrich, Peter George,

Christian

Die adelichen Güter des Stolpschen Kreises.

Christian Ernst, Johann Christoph und Franz Wilhelm, und nach der brüderlichen Theilung vom 2 Januar 1739 dem ersten zu, der auch am 14 März 1738 das Vorwerk Schwetzen von Bernd Ewald von Puttkammer erblich gekauft hatte und zwar daßelbe nebst 2 neu besetzten Cosäthen am 3 Januar 1739 seinem Bruder Peter George verkaufte, von demselben aber wieder am 5 April 1749 zurückkaufte. Der Niederhof wurde von Claus von Puttkammer am 12 October 1665 für 3333 Rthlr. 8 Gr. dem Gerson von Stojentzin verpfändet und kam nachher an deßen einzigen Sohn, Friederich Ernst, und von diesem an seinen einzigen Sohn gleiches Namens, von deßen Erben der Oberstlieutenant Joachim Heinrich von Puttkammer, nachdem ihm sein Vaterbruder, Lorenz Jürgen von Puttkammer, seine Rechte abgetreten hatte, den Niederhof am 14 Julius 1746 für 4600 Rthlr. wieder einlösete und das ganze Gut Glowitz seinen 6 Kindern hinterließ, die sich am 12 October 1779 also auseinander setzten, daß daßelbe dem jüngsten Sohne, Carl Wilhelm Leopold Joachim von Puttkammer für 13042 Rthlr. 10 Gr. durch das Loos zufiel.

52. Groß-Gluschen ein Rittersitz, 3 Meilen von Stolpe gegen Osten, an einem kleinen Bache, auf der Frachtstraße von Berlin nach Danzig, hat 1 Vorwerk, 5 Bauern, 2 Halbbauern, 5 Cosäthen, 1 Schmiede, 1 Schulmeister, auf der Feldmark des Dorfs ein neu angelegtes Vorwerk Marienhof genannt, 1 Wassermühle, 1 Bauerhof und eine Holzwärterwohnung, 21 Feuerstellen, Kruggerechtigkeit, wenige Holzung, auf der Rambowschen Feldmark aber eine Cavel Holz, Fischerei in einigen Seen und ist ein zu Dammen in der Stolpschen Synode eingepfarrtes Dorf, welches mit einem königlichen privilegirten Zoll versehen ist. Für die bey diesem Gute in dem Jahre 1773 für 3500 Rthlr. königliche Gnadengelder vorgenommene Verbeßerungen, wovon die jährlichen Einkünfte nach dem Anschlage 317 Rthlr. 12 Gr. 5 Pf. betragen sollen, muß eine jährliche Abgabe von 70 Rthlr. von dem Besitzer dieses Guts bezahlet werden, welches ehemals ein Rexinsches Lehn war, jetzt aber ein Grumbkowsches Lehn ist. Es wurde von Paul von Rexin, mit Einwilligung des George von Rexin des jüngern, am 17 Junius 1682 erblich für 4200 Rthlr. dem wirklichen geheimen Rathe, General Kriegescommissarius und Obersten, Joachim Ernst von Grumblow, verkauft und kam hierauf an deßen dritten Sohn, Carl Ernst, von diesem an den zweiten, Friederich Wilhelm und endlich an den jüngsten, den damaligen Hauptmann Philipp Otto, von welchem es am 18 September 1706 für 5333 Rthlr. 8 Gr. dem Peter Christoph von Somnitz, von deßen Erben am 5 April 1729 erblich für 5000 Rthlr. dem Generallieutenant George Diterich von Puttkammer, und von diesem am 10 September 1743 für 5600 Rthlr. der Wittwe des Oberstlieutenant von Kirchbach, Sophia Hedwig gebohrnen von Zahrt, verkauft wurde, deren einzige Tochter, des Obercammerherren Freyherrn von Frankenberg Wittwe, Clara Sophia von Kamele, es erbte und es am 20 November 1762 ihrer Mutterschwester, Clara Sophia von Pirch gebohrnen von Zahrt, schenkte, die es ihrem Sohne, Hans Felix von Pirch, überließ.

53. Klein-Gluschen 3 Meilen von Stolpe gegen Osten, auf der großen Frachtstraße von Stolpe nach Lauenburg, hat 1 Vorwerk, 1 Bauer, 8 Cosäthen, 1 Schulmeister, 18 Feuerstellen mit Einschließung des zu diesem Gute gehörigen und zu

Dammen in der Stolpschen Synode eingepfarrten **Vorwerk Stresow** und eines Kruges, bey welchem sich 1¼ Hufe Landes befindet und bey dessen Verlagsgerechtigkeit der Besitzer dieses Guts, nach den Bescheiden der Königl. Regierung vom 6 October 1747, 4 März und 6 September 1748, wider den Magistrat zu Stolpe geschützet werden soll, beträchtliche Eichen- und Büchenholzungen auf der Stresowschen Feldmark und ist ein zu Schurow in der Stolpschen Synode eingepfarrtes und nebst dem Vorwerke Stresow ein Grumbkowsches Lehn, welches jetzt der Generalmajor, Peter Christoph von Zitzewitz, nach der erfolgten gerichtlichen Präclusion der von Grumbkow, besitzet. S. Lupow.

54. **Görshagen** 1¼ Meilen von Schlawe gegen Norden, hat 1 Vorwerk, 9 Bauern, wovon aber einer zu dem Gute Schlackow (a) gehöret, 3 Coßäthen, 1 Schulmeister, auf der Feldmark des Dorfs 3 Fischerkathen, 2 Holzwärterwohnungen und eine Schäferey, 21 Feuerstellen, einen Antheil an dem Patronatrechte zu Marsow, die gemeinschaftliche Fischerey mit den Gütern Schlackow und Wietzke auf dem Wietzkersee und ⅓ von dem Zuge mit dem großen Garn auf demselben, die gemeinschaftliche Fischerey auf dem Marsowschen See und Mühlenteiche und ⅓ von dem Zuge mit dem großen Garn, ⅔ von dem auf den Marsowschen, Schlackowschen und Görshagenschen Feldern belegenen Holze, wie auch die gemeinschaftliche Jagdgerechtigkeit auf eben diesen Feldern und ist zu Marsow in der Rügenwaldeschen Synode eingepfarret. Görshagen und Schlackow (b) sind Puttkammersche Lehne, welche von Jacob Friederich von Puttkammer 1720 an seinen Sohn, Joachim, kamen, nach dessen Tode, nach dem brüderlichen Vergleiche vom 11 März 1748, das Gut Görshagen für 13000 Gulden oder 8666 Rthlr. 16 Gr. seinem jüngern Sohne, Joachim, Schlackow (b) aber für 6000 Gulden dem mittlern Sohne, dem Lieutenant und nachmaligen Oberstlieutenant, Franz Heinrich von Puttkammer, zufielen, der auch nach dem Tode seines Bruders, Joachim, das Gut Görshagen bekam und nach seinem am 3 Junius 1775 erfolgten Tode, beide Güter seinem Bruder, dem Obersten, Peter George von Puttkammer, hinterließ. Nachdem dieser bald darauf im August 1775 gestorben war, fielen solche dem Lieutenant, Franz Ludwig George von Puttkammer, als dem nächsten Lehnsfolger zu.

55. **Gohren** ein Rittersitz 2½ Meilen von Lauenburg westnordwestwärts und 3¼ Meilen von Stolpe ostnordostwärts, hat 1 Vorwerk, 1 Wassermühle, 10 Bauern, 7 Coßäthen, 1 Schmiede, 1 Schulmeister, auf der Feldmark des Dorfs ein Vorwerk, der Mohrhof oder das Gohrensche Vorwerk genannt, mit 6 neuerlich angesetzten Büdnerfamilien, die Holzwärterey Wusette, die zu Schurow eingepfarret ist, 32 Feuerstellen, fruchtbaren Acker, beträchtliche Holzungen, Fischerey und ist zu Stojenthin in der Stolpschen Synode eingepfarret. Für die bey dem Gute Gohren seit 1772 für 1700 Rthlr. königliche Gnadengelder vorgenommene Verbesserungen, wovon die jährlichen Einkünfte nach dem Anschlage 273 Rthlr. 5 Gr. 6 Pf. betragen sollen, muß eine zu Gnadengehalten für adeliche Wittwen und Waisen bestimmte jährliche Abgabe von 34 Rthlr. von dem Besitzer dieses Guts bezahlet werden, welches ehemals ein altes Stojentzinsches Lehn war, nachdem es aber am 19 September 1684 an den

Haupt-

Die adelichen Güter des Stolpschen Kreises.

Hauptmann, George Wobeser, für das Gut Gutzmerow war vertauscht worden, ein Lehn der von Wobeser wurde. Nach dem Tode des Cammerpräsidenten, Peter Heinrich von Wobeser, der es von seinen Vater geerbet hatte, wurde es seiner Wittwe Louisa Catharina gebohrnen von Weyher, von ihren Kindern, dem Lieutenant und jetzigen Hauptmann, George Heinrich, dem Fähnrich Johann Nicolaus, Clara Renata Philippina, dem Fähnrich Franz Dieterich, Johann August, Louisa Constantina Henrietta und Sophia Adelyunda Eleonora von Wobeser, auch ihren Enkeln, Carl, Ludewig und Esther Juliana von Hoyn, nach dem Vergleiche vom 20 Junius 1753, wiederkäuflich überlaßen und fiel, nach dem Tode der Cammerpräsidentin von Wobeser, für 15633 Rthlr. 8 Gr. ihrem Sohne, dem Hauptmann George Heinrich von Wobeser zu, als derselbe sich mit seinen 4 Brüdern und 3 Schwestern am 24 Julius 1762 auseinandersetzte.

56. Goschen oder Chozembel, Choszin und ehemals Gadzin genannt, 3 Meilen von Stolpe südsüdostwärts, nahe an einer Holzung auf einem Berge, an deßen Fuße ein See liegt, bestehet in einem zu Buderow in der Stolpschen Synode eingepfarrten adelichen Hofe oder Vorwerke, zu welchem ein Kathen Zweypott genamt, 2 an dem Stolpeflüße gelegene Holzwärterwohnungen Karsy-Strog und Kapustnick, 7 Feuerstellen und beträchtliche Eichen- Büchen- und Fichtenholzungen gehören. Goschen und das dazu gehörige Gut Groß-Gansen (b) nebst einem Bauer in Klein-Gansen sind alte Zitzewitzsche Lehne. Martin von Zitzewitz erbte diese Güter, als der nächste Lehnsfolger, von seinem Bruder, George, und gab sie, nach der Ehestiftung vom 8 May 1706, dem mit seiner ältesten Tochter, Barbara Esther, vermählten Major, Paul Anton von Massow zu Brünnow, zum Brautschatze mit, überließ aber, nach seiner väterlichen Disposition vom 27 Junius 1711, seinem jüngsten Sohne, dem Rittmeister George Gneomar von Zitzewitz, diese Güter wieder einzulösen. Dieser trat sie 1740 für 3200 Rthlr. seinem Vetter, dem Major Franz Jacob von Zitzewitz ab, nach deßen Tode sie seinem Sohne, dem Lieutenant Friederich Franz von Zitzewitz am 14 Julius 1766 für 5000 Rthlr. durch das Loos zufielen.

57. Granzin 1 Meile von Stolpe nordostwärts, in einer niedrigen Gegend, bestehet aus 2 Vorwerken, 1 Kruge, 1 Schmiede, 4 Feuerstellen und ist zu der auf der Altstadt Stolpe gelegenen St. Peterskirche in der Stolpschen Synode eingepfarret. Dieses Puttkammersche Lehn, welches nach der Matricul der Kirche auf der Altstadt Stolpe vom 7 Julius 1590 sechs Bauerhöfe, aus deren steuerbaren Hufen jetzt dieses Gut bestehet, und 2 wüste Kathen hatte, wurde bey der öffentlichen Feilbietung am 18 Februar 1732 für 300 Rthlr. dem Amtmann Gertner, am 17 August 1739 aber für 760 Rthlr. dem Landrathe Bogislav Ulrich von Puttkammer zuerkannt. Dieser nahm es zu einem neuen Lehne auf und verkaufte es, nach dem Vergleiche vom 17 November 1739, auf 30 Jahrs für 760 Rthlr. mit lehnsherrlicher Einwilligung vom 12 April 1741, dem Christian Thomas, nach deßen Tode es seinem Sohne, Martin Gottfried Thomas zufiel.

58. Gra-

Der Stolpsche Kreis.

58. Grapitz 3 Meilen von Stolpe gegen Osten, in einer ebenen Gegend, hat 1 Vorwerk, 4 Bauern, 4 Coßäthen, 1 Schulmeister, auf der Feldmark des Dorfs das neuangelegte Vorwerk Neu-Grapitz mit 3 Halbbauern und 4 Büdnern, 22 Feuerstellen und ist zu Dammen in der Stolpschen Synode eingepfarret. Für die bey dem Gute Grapitz in dem Jahre 1773 für 5300 Rthlr. königliche Gnadengelder vorgenommene Verbeßerungen, wovon die jährlichen Einkünfte nach dem Anschlage 368 Rthlr. 7 Pf. betragen sollen, muß eine zu Gnadengehalten für adeliche Wittwen und Waisen bestimmte jährliche Abgabe von 106 Rthlr. von dem Besitzer dieses Guts bezahlet werden, welches ein altes Lehn der von Rexin ist und einige Hufen auf dem Damerkowschen und Rexinschen Felde hat. Gneomar Reinhold von Hoym kaufte es nebst dem dazu gehörigen ⅛ des Guts Gesorke, nach dem Vergleiche vom 25 November 1700, auf 25 Jahre für 5000 Rthlr. von Felix Otto von Rexin und hinterließ es seiner Tochter, Barbara Cordula, die es, nach dem Theilungsvergleiche vom 25 Februar 1719, für 5313 Rthlr. annahm und es zum Brautschatze ihrem Gemahl, Peter Friederich von Zitzewitz, zubrachte, nach dessen Tode aber dieses Gut mit ihren Kindern am 5 April 1740 für 5000 Rthlr. erb und eigenthümlich dem Arnd Friederich von Zitzewitz verkaufte, jedoch sich das ⅛ des Guts Gesorke vorbehielt, welches, nach dem Vergleiche vom 2 August 1763, zugleich mit dem Gute Labehn dem Generalmajor Peter Christoph von Zitzewitz überlaßen wurde. Nach dem Tode des Arnd Friederich von Zitzewitz, fiel das Gut Grapitz seinem Sohne, dem Hauptmann Christoph Friederich von Zitzewitz, und nach dessen zu Insterburg am 21 Junius 1757 errichteten Testamente und in der Schlacht bey Kunnersdorf erfolgten Tode, seinen beyden unverheiratheten Schwestern, Catharina Augustina und Margaretha Dorothea von Zitzewitz zu, die es am 10 October 1772 eigenthümlich für 6000 Rthlr. dem Hauptmann Caspar Friederich von Massow verkauften.

59. Groffendorf oder Grotendorp und in der Cassubischen Sprache Zarrentin oder Sarrentin genannt, 2½ Meilen von Stolpe ostnordostwärts, in einem Thale, hat 1 Vorwerk, 16 Bauern, 3 Coßäthen, 1 Krug, 1 Schmiede, 1 Schulmeister, 23 Feuerstellen, etwas Büchenholz und ist ein zu Glowitz in der Stolpschen Synode eingepfarret altes Stojentinsches Lehn, welches Friederich Heinrich Graf von Podewils besitzet. S. Zipkow.

60. Grumbkow 3 Meilen von Stolpe südostwärts, in einer ebenen Gegend, nahe an einem Wiesenbruche und kleinen See, hat 1 Vorwerk, 10 Bauern, 4 Coßäthen, 1 Schmiede, 1 Schulmeister, auf der Feldmark des Dorfs eine Schäferey Damerow oder Tumbrowe genannt mit 4 Coßäthen und 8 Büdnern und die Colonie Schönfelde, die aus einem Vorwerke, 4 Bauern, und 4 Büdnern bestehet, 46 Feuerstellen, wenige Holzung und Fischerey und ist zu Lupow in der Stolpschen Synode eingepfarret. Für die bey dem Gute Grumbkow in dem Jahre 1773 für 9100 Rthlr. königliche Gnadengelder vorgenommene Verbeßerungen, wovon die jährlichen Einkünfte nach dem Anschlage 829 Rthlr. 15 Gr. 2 Pf. betragen sollen, muß eine zu Gnadengehalten für adeliche Wittwen und Waisen bestimmte jährliche Abgabe von 182 Rthlr. von dem Besitzer dieses Guts bezah-

Die adelichen Güter des Stolpschen Kreises.

bezahlet werden, welches ein altes Grumbkowsches Lehn ist. Das Geschlecht der von Grumbkow wurde zuerst von dem Könige von Dänemark, Schweden und Norwegen und Herzoge von Pommern, Erich, 1457 mit den Gütern Grumbkow, Runow, Zechelin und Poganitz belehnet. Nachher verkaufte zwar Claus Massow mit seinem Bruder, 1529 an dem Mittwoche nach Lucä Tage die Güter Grumbkow und Zechelin und den vierten Theil von der Feldmark Varzmin dem Michael von Böhn, welcher mit diesen und seinen andern Gütern, auch 4 Bauern zu Lablow in dem Lauenburgschen Districte, nach dem Lehnbriefe von 1529, belehnet wurde, jedoch wurde das Gut Grumbkow wieder von Hans Friederich von Böhn am 28 März 1679 erblich dem geheimen Rathe, Joachim Ernst von Grumbkow, verkauft und kam von diesem an seinen Sohn, Carl Ernst, von diesem an seinen Bruder, den Hauptmann Friederich Wilhelm und von diesem an seinen Bruder, den Obersten Philipp Otto von Grumbkow. Von diesem und seiner Gemahlinn, Scholastica Henrietta gebohrnen von Schlabbrendorf, wurde es am 2 April 1707 auf 15 Jahre für 10000 Rthlr. dem Hauptmann zu Stolpe, Gneomar von Zitzewitz, von dessen Erben, als Martin von Zitzewitz zu Techlip und den Erben des Jürgen von Zitzewitz zu Goschen, am 4 May 1713 für 8000 Rthle. dem Major, Paul Anton von Massow, und von dessen jüngsten Sohne, dem Hauptmann Ewald Valentin von Massow, am 27 April 1764 für 10500 Rthlr. dem geheimen Rathe Michael Ernst von Böhn verkauft, nach dessen Tode sich seine beiden Söhne, als Ernst Ludewig und der Lieutenant bey dem von Hohnstockschen Husarenregimente, Adam Joachim Wilhelm Friederich von Böhn, am 3 December 1773 und 2 März 1774 also auseinander setzten, daß dieses Gut dem letzten für den Werth von 15224 Rthlr. 17 Gr. zufiel.

61. Gumbin ½ Meile von Stolpe ostsüdostwärts, an der Glaskow, in einer niedrigen Gegend, hat ein großes und ein kleines Vorwerk, 3 Bauern, 3 Coßäthen, auf der Feldmark des Dorfs 1 Wassermühle, 14 Feuerstellen, ein gutes Torfmoor, etwas Fischerey und ist ein zu der auf der Altstadt Stolpe gelegenen St. Peterskirche in der Stolpschen Synode eingepfarrtes altes Lehn der von Wohrmann, welche die Güter Gumbin und Erlwan schon 1396 besessen haben. George von Wohrmann verkaufte das erste am 12 August 1713 und mit lehnsherrlicher Einwilligung vom 23 September 1713 für 3750 Rthlr auf 20 Jahre wiederkäuflich, dem Postmeister Andreas Erasmus Krüger, von dessen Wittwe, Anna Dorothea gebohrnen Wirbach, es der Lehnsfolger, der Hauptmann Christian Diterich von Wohrmann, nach dem Vergleiche vom 10 April 1742, für eben dieselbe Summe wieder einlösete, es aber am 23 Junius 1763, mit königlicher Einwilligung vom 4 October 1763, erblich für 7000 Rthlr. dem Verwalter, Jacob Grothe, verkaufte. Dieser setzte in seinem Testamente vom 12 März 1765 seine Ehefrau, Anna gebohrne Dussen, zur Universalerbin seines ganzen Vermögens auf ihre Lebenszeit ein, die daher, nach seinem in dem Jahre 1773 erfolgten Tode, in dem Besitze dieses Guts blieb; es wurde aber von ihr dem Friederich Meltzke und von diesem 1783 dem Lieutenant Philipp Heinrich von Somnitz verkauft.

62. Alt-Gutzmerow 3 Meilen von Stolpe nordostwärts, hat 1 Vorwerk 3 Bauern, 1 Coßäthen, 1 Schulmeister, 8 Feuerstellen, Büchen- und Eichenholzun-

gen und ist zu Groß-Garde in der Stolpschen Synode eingepfarret. Alt-Gutzmerow war ehemals, nach dem Lehnbriefe der von Wobeser von 1575, ein altes Wobesersches Lehn, wurde aber nachher ein neues Stojenthinsches Lehn. Der Lieutenant, Bogislav Heinrich von Stojenthin, erbte es von seinem Vater Franz Ernst und verkaufte es, nach dem Vergleiche vom 24 September 1764, erblich für 7000 Rthlr. dem Grafen Wilhelm Gottfried von Werssowitz. Nachdem die von Stojenthin durch den Rechtsspruch vom 2 December 1765 waren präcludiret worden, wurde dieses Gut allodificiret, welches nach dem Tode des Grafen von Werssowitz, seiner Wittwe, Johanna Juliana gebohrnen von Stojenthin, und nachdem diese am 3 November 1780 gestorben war, ihren Erben zufiel.

63. Neu-Gutzmerow ein Rittersitz nahe bey dem vorhergehenden Dorfe Alt-Gutzmerow gegen Osten, hat 1 Vorwerk, 3 Bauern, 2 Coßäthen, auf der Feldmark des Dorfs eine Holzwärterwohnung, 10 Feuerstellen, Büchen- und Eichenholzungen und ist zu Groß-Garde in der Stolpschen Synode eingepfarret. Für die bey dem Gute Neu-Gutzmerow in dem Jahre 1782 für 1800 Rthlr. königliche Gnadengelder vorgenommene Verbeßerungen, wovon die jährliche Einkünfte nach dem Anschlage 90 Rthlr. betragen sollen, muß eine jährliche Abgabe von 18 Rthlr. an die Kreiscasse von dem Besitzer dieses Guts bezahlet werden, welches ehemals, nach dem Lehnbriefe der von Wobeser von 1575, ein Wobesersches Lehn war, jetzt aber, nachdem es vertauscht worden, ein Lehn der von Stojenthin ist. Nach der Ehestiftung vom 2 May 1709 besaß es Johann George von Stojenthin, nach dessen Tode es, nach dem Theilungsvergleiche seiner Söhne vom 14 Februar 1743, für 4200 Rthlr. dem ältesten, dem Hauptmann und nachmaligen Generalmajor Peter Heinrich von Stojenthin zufiel. Dieser verkaufte es, nach dem Vergleiche vom 22 December 1774, erblich für 6500 Rthlr. dem Grafen Friederich von Werssowitz, der auch, nach dem, zwischen ihm und den Allodialerben des Generalmajors von Stojenthin wie auch den Lehnsfolgern entstandenen Rechtsstreite und darauf am 4 März 1778 geschloßenen und von dem Königl. Hofgerichte zu Cößlin am 22. April 1778 bestätigten Vergleiche, dieses Gut behielt.

64. Jammerin 2¼ Meilen von Stolpe südostwärts und eben so weit von Bütow nordnordwestwärts, an der Schottow, bestehet aus einem Vorwerke, einer Wassermühle, die von der Schottow getrieben wird, 2 Feuerstellen und ist ein zu Budow in der Stolpschen Synode eingepfarretes altes Zitzewitzsches Lehn, welches der Hauptmann Joachim Friederich von Zitzewitz besitzet. S. Klein-Exien.

65. Jerskewitz 4 Meilen von Stolpe südostwärts, hat 2 Vorwerke, 9 Bauern, 2 Coßäthen, 1 Schulmeister, mit Einschließung der Colonie Neu-Jeromin, die aus einem Vorwerke und 12 Büdnern bestehet und auf der zu diesem Gute gehörigen Feldmark Dämerow, an der Landstraße von Lauenburg nach Bütow, nahe an dem fischreichen See Lupowske ist angeleget worden, und der Holzwärterwohnung, die große Dumbrove genannt, 29 Feuerstellen, beträchtliche Eichen- und Fichtenholzungen und ist ein zu Groß-Roßin in der Stolpschen Synode eingepfarrtes

Die adelichen Güter des Stolpschen Kreises.

tes Dorf, welches jetzt aus 2 Antheilen bestehet. Der erste, welcher die in dem Land- und Hypothekenbuche mit Jerskewitz (a), (c) und (d) bezeichneten Theile, nemlich 1 Vorwerk, 8 Bauern, 1 Coßäthen und die Colonie Neu-Jeromin nebst der großen Dumbrove begreift, gehöret dem Hauptmann Michael Stanislaus von Zeromsky. S. Globbow. Für die bey dem Gute Jerskewitz (a) seit dem Jahre 1773 für 3100 und seit dem Jahre 1776 abermals für 900 Rthlr. königliche Gnadengelder vorgenommene Verbeßerungen, wovon die jährliche Einkünfte nach den Anschlägen überhaupt 322 Rthlr. 10 Gr. betragen sollen, muß eine jährliche Abgabe von 80 Rthlr. von dem Besitzer dieses Guts bezahlet werden. Jerskewitz (b) bestehet in einem Vorwerke, 1 Bauer und 1 Coßäthen und ist ein altes Zitzewitzsches Lehn, welches der Lieutenant Johann Christian Ernst von Puttkammer besitzet. S. Niemitzke.

66. Jeseritz ½ Meile von Stolpe ostnordostwärts, hat 1 Vorwerk, 6 Coßäthen, 9 Feuerstellen, ein gutes Torfmoor und ist, nebst der zu diesem Gute gehörigen Feldmark Sebbin, ein altes Puttkammersches Lehn, welches zu der auf der Altstadt Stolpe gelegenen St. Peterskirche in der Stolpschen Synode eingepfarret ist und jetzt von dem Lieutenant, Franz Gottlieb von Puttkammer, besetzen wird. S. Teutsch-Buckow.

67. Alt-Jugelow oder Gugelow, 3 Meilen von Stolpe ostsüdostwärts, hat 1 Vorwerk, 12 Bauern, 2 Coßäthen, 1 Schulmeister, 29 Feuerstellen und ist ein zu Lupow in der Stolpschen Synode eingepfarrtes altes Zitzewitzsches Lehn, welches aus 2 Antheilen bestehet. Alt-Jugelow (a) begreift 6 Bauern und gehöret dem Friederich August von Zitzewitz. S. Neu-Jugelow. (b) bestehet in einem Vorwerke, 6 Bauern und 2 Coßäthen nebst der Feldmark Gorske und wurde von Arnd Friederich von Zitzewitz, nach dem Vergleiche vom 11 April 1729, für einen Theil in Neu-Jugelow dem Hans Heinrich von Zitzewitz vertauscht, welcher es am 19 Januar 1766 seinem einzigen Sohne, dem Obersten Johann Bogislav von Zitzewitz abtrat.

68. Neu-Jugelow ein adelicher Wohnsitz, 3 Meilen von Stolpe südostwärts, in einem Thale, an einem großen Bruche, nahe an der Straße von Lupow nach Bütow, hat 2 Vorwerke, 5 Bauern, 6 Coßäthen, 1 Schmiede, 1 Schulmeister, auf der Feldmark des Dorfs das Vorwerk Malens nebst einigen Büdnern, die neu angelegte Schäferey Friederichsfelde, die aus einem Vorwerke, 4 Coßäthen und 4 Büdnern bestehet, eine Wassermühle, die gemeinschaftlich zu den Gütern Alt- und Neu-Jugelow gehöret, die Feldgüter oder kleinen Vorwerke Potocken, Ruheleben und Schorawe, wovon das letzte an der Stolpe liegt und zu Budow eingepfarret ist, 28 Feuerstellen, wenige Eichen aber beträchtliche Fichtenholzungen und ist zu Lupow in der Stolpschen Synode eingepfarret. Ehemals gehörte auch das Feldgut Samuske zu dem Gute Neu-Jugelow, es wurde aber am 5 October 1740 für 800 Rthlr. dem Franz George von Puttkammer verkauft und dem Gute Niemitzke beygeleget. Für die bey den Gütern Neu-Jugelow und Alt-Juge-

Der Stolpsche Kreis.

low (a) in dem Jahre 1772 für 3500 und in dem Jahre 1776 abermals bey dem Gute Neu-Jugelow für 1300 Rthlr. Königliche Gnadengelder vorgenommene Werbesserungen, wovon die jährlichen Einkünfte nach den Anschlägen überhaupt 270 Rthlr. 10 Gr. betragen sollen, muß eine jährliche Abgabe von 96 Rthlr. von dem Besitzer dieser Güter bezahlet werden. Neu- und Alt-Jugelow sind alte Zitzewitzsche Lehne. Nachdem der wirkliche geheime Staatsrath und Oberhofmarschall, Joachim Ernst von Grumbkow, nach dem Vergleiche vom 19 Januar 1687, die von ihren Besitzern verlaßenen 9 verwüsteten Hackenhufen in Alt-Jugelow von den Landräthen und Directoren des Stolpschen Districts gegen Bezahlung der darauf rückständigen Contributionsreste, und, nach dem Vergleiche vom 7 Februar 1690, von Martin Rüdiger von Zitzewitz noch 2 Bauerhöfe in Alt-Jugelow und dessen Antheil an der zwischen Lupow und Jugelow gelegenen Forste für 606 Rthlr. erblich gekauft und diesen in $11\frac{1}{2}$ Hufen bestehenden Theil von Jugelow seinem jüngsten Sohne, Philipp Otto von Grumbkow, hinterlaßen hatte, wurde solcher von diesem, nach dem Vergleiche vom 1 October 1706, für 900 Rthlr. dem Joachim Rüdiger von Zitzewitz, als dem Sohne des Martin Rüdiger verkauft, dessen zweiter Sohn, Arnd Friederich, die Hälfte von Neu-Jugelow und die Hälfte von Alt-Jugelow (a) besaß und solche am 20 Februar 1740 für 9500 Rthlr. dem Major Joachim Friederich von Zitzewitz verkaufte. Die andre Hälfte von Neu-Jugelow und die andre Hälfte von Alt-Jugelow (a) hatte des Majors Joachim Friederich von Zitzewitz Vater, Otto Friederich, am 2 November 1733 für 6000 Rthlr. seinem jüngsten Sohne, dem Hauptmann Zabel Gerd von Zitzewitz abgetreten, welchem auch die von seinem Bruder, dem Major Joachim Friederich, besessene und in Concurs gerathene Hälfte von Neu-Jugelow und die Hälfte von Alt-Jugelow (a), durch den Rechtsspruch vom 25 November 1754 für das meiste Gebot für 9350 Rthlr. zuerkannt wurden, so daß er der Besitzer des ganzen Guts Neu-Jugelow und des ganzen Guts Alt-Jugelow (a), oder von 6 Bauerhöfen in Alt-Jugelow wurde. Nachdem er am 6 October 1766 gestorben war und keine Leibeserben hinterlaßen hatte, kamen diese Güter an seines Bruders, des Majors Joachim Friederich einzigen Sohn, Friederich August von Zitzewitz, als an den nächsten Lehnsfolger und Erben.

69. Alenzin ein Rittersitz 3 Meilen von Stolpe nordostwärts, hat 1 Vorwerk, 8 Bauern, 3 Coßäthen, 1 Schulmeister, 21 Feuerstellen und ist ein zu Glowitz in der Stolpschen Synode eingepfarrtes lettowsches Lehn, welches nach dem Tode des Landraths, Claus Heinrich von Lettow, nach dem Theilungsvergleiche vom 16 November 1742, für 9000 Rthlr. seinem Sohne, dem Hauptmann und nachmaligen Obersten Ewald George, zufiel. Dieser trat es bey seinem Leben am 25 Februar 1773 seinem einzigen Sohne, dem Hauptmann Nicolaus Heinrich von Lettow ab.

70. Kleschinz oder Kleßinz, ein adelicher Wohnsitz, $3\frac{3}{4}$ Meilen von Stolpe südostwärts, auf einem Berge, hat 1 Vorwerk, 4 Bauern, 6 Coßäthen, 1 Schulmeister, 20 Feuerstellen, Mühlengerechtigkeit, Fischerey in dem großen See Schottofske und in dem See Dzieciny und ist ein zu Groß-Nossin in der Stolpschen Synode eingepfarrtes altes Puttkammersches Lehn, welches ehemals aus 2 Antheilen bestand.

Kleschinz

Die adelichen Güter des Stolpschen Kreises.

Kleschinz (a) kam mit einem dazu gehörigen Theile des Guts Damerkow von Paul Ludewig von Puttkammer, an seine Söhne Friederich Ludewig, George Diterich, Carl Wilhelm und Matthias Heinrich und hierauf an den letzten allein, nach dessen 1759 erfolgten Tode aber an den Lehnsfolger, den Fähnrich Friederich Leopold von Puttkammer zu Schottofske. Kleschinz (b), das Puttkammersche Lehn Schottofske und die dazu gehörige 3 Bauern in Jerskewitz fielen nach dem Tode des Claus von Puttkammer, 1698 seinen Söhnen, Barthold Nicolaus und Gottfried Heinrich zu, von welchen der letzte Kleschinz (b) bekam, Schottofske mit den 3 Bauern in Jerskowitz aber kam an den ersten, von diesem an seine Söhne, Ernst Friederich und den Lieutenant Claus Diterich und hierauf an Ernst Friederich allein, nach dessen Tode aber an seinen Sohn, den Fähnrich Friederich Leopold von Puttkammer. Nachdem dieser 1763 gestorben war und keine männliche Leibeserben hinterlassen hatte, wurden die Güter Kleschinz (a), Schottofske und die dazu gehörige 3 Bauern in Jerskewitz, durch die Rechtssprüche vom 15 April 1767 und 7 December 1768, den Lehnsfolgern Franz Ludewig und Franz George von Puttkammer zuerkannt, nach deren Tode sich die nächsten Lehnsagnaten wegen dieser Güter am 5 Februar 1775 also auseinander setzten, daß solche nebst dem Rechte den zu dem Gute Kleschinz (a) gehörigen Theil des Guts Damerkow einzulösen, dem Johann Wilhelm von Puttkammer, nach dem ihm sein Bruder, der Hauptmann Lorenz Friederich von Puttkammer sein Recht am 12 Junius 1775 abgetreten hatte, für 4387 Rthlr. 14 Gr. 7 Pf. zufielen. Die 3 Bauern in Jerskewitz verkaufte Johann Wilhelm von Puttkammer am 17 April 1775 dem Hauptmann Michael Stanislaus von Zeromsky, das Gut Schottofske aber hat er noch jetzt in Besitz. Kleschinz (b) wurde nach dem Tode des Gottfried Heinrich von Puttkammer von dem Cößlinschen Hofgerichte am 22 September 1729 seiner Wittwe, Apollonia von Puttkammer, zuerkannt und fiel, nachdem es ihr am 7 November 1730 von den Söhnen des Barthold Nicolaus von Puttkammer, als Ernst Friederich und Claus Diterich, war überlaßen worden, ihrer Tochter Margaretha Maria und deren Gemahl George Christian von Zitzewitz zu. Jetzt besitzet der Hauptmann Joachim Friederich von Zitzewitz Kleschinz (a) und (b) und also das ganze Gut Kleschinz.

71. **Rottow** 2½ Meilen von Stolpe südostwärts, hat 1 Vorwerk, 8 Bauern, 1 Halbbauer, auf der Feldmark des Dorfs ein Vorwerk Wochotz genannt mit 2 Büdnern, 2 Holzwärterwohnungen, wovon die eine Dambrow genannt wird, und 4 Coßäthen, 22 Feuerstellen, fruchtbaren Acker, gute Wiesen an der Schottow, Eichen-Büchen und Fichtenholzungen, Fischerey und ist ein zu Budow in der Stolpschen Synode eingepfarrtes altes Zitzewitzsches Lehn, welches der Lieutenant Otto George Valentin von Zitzewitz besitzer. S. Muttrin. Für die bey dem Gute Rottow in dem Jahre 1773 für 4100 Rthlr. königliche Gnadengelder vorgenommene Verbeßerungen, wovon die jährlichen Einkünfte nach dem Anschlage 189 Rthlr. 3 Gr. 3 Pf. betragen sollen, muß eine zur Besoldung einiger Landschulmeister bestimmte jährliche Abgabe von 82 Rthlr. von dem Besitzer dieses Guts bezahlet werden.

72. **Rukow** 1 Meile von Stolpe nordostwärts, hat 1 Vorwerk, 1 Halbbauer, 2 Coßäthen, 1 Schmiede, 4 Feuerstellen, gute Viehweide, aber keine Wiesen, etwas

Fichtenholz und ist zu Freist in der Stolpschen Synode eingepfarret. Die Güter Kussow und Beckel sind alte Bandemersche Lehne. Einige Theile derselben fielen nach dem Tode Friederich Wilhelm von Bandemer, seinem Sohne Christian zu und wurden von diesem am 24 April 1720 für 2666 Rthlr. 16 Gr. dem Christoph Heinrich von Bandemer, von diesem aber wiederum am 30 März 1751 für eben dieselbe Summe dem Major Peter Henning Erdmann von Bandemer verkauft, welcher den übrigen Theil von Kukow und einen Theil von Beckel besaß. Nach seinem Tode kamen diese Güter an seinen nächsten Lehnsfolger, den Major Peter Gerhard von Bandemer und fielen, nachdem dieser und dessen Brudersohn, Christoph von Bandemer, als die nächsten Lehnsfolger gestorben waren, dem Claus Bogislav von Bandemer zu, welcher, nachdem er als der einzige Sohn das Bandemersche Lehn Wittbeck (b) nebst dem dazu gehörigen Gute Wittstock (a), von seinem Vater Claus geerbet und einen Antheil an der Beckelschen Mühle 1777 für 400 Rthlr. von dem Hauptmann, Joachim Bogislav von Bandemer, gekauft hatte und dadurch der Besitzer des ganzen Dorfs Beckel geworden war, die Güter Kukow, Beckel, Wittbeck (b) und Wittstock (a), nach seinem 1775 erfolgten Tode, seiner Wittwe, Maria Charlotta gebohrnen von Bandemer und seinen beiden Kindern, dem Lieutenant Carl Friederich Bogislav und Charlotta Wilhelmina von Bandemer vermählten von Gutzmerow hinterließ, die sich am 26 Julius 1777 also auseinandersetzten, daß die Güter Kukow und Beckel für 5525 Rthlr. 21 Gr., Wittbeck (b) und Wittstock (a) aber für 3000 Rthlr. dem Lieutenant Carl Friederich Bogislav von Bandemer zufielen.

73. Kunhof oder Kundehof ein Rittersitz und Vorwerk, 2½ Meilen von Stolpe nordnordostwärts, mitten in einem Walde, zwischen den Dörfern Wittbeck und Gambin, hat mit Einschließung einer auf der Feldmark gelegenen Holzwärterwohnung 3 Feuerstellen, beträchtliche Büchen- und Eichenholzungen und ist zu Groß-Garde in der Stolpschen Synode eingepfarret. Das Gut Kunhof, womit Johann Colrep 1589 von dem Herzoge Johann Friederich belehnet wurde, ist jetzt ein altes Bandemersches Lehn, welches Anton von Bandemer pfandweise von dem Major Ernst Johann von Bandemer an sich gebracht hatte, dessen Sohn, der Hauptmann und jetzige Oberste, Ernst Ludewig von Bandemer, es, nach dem Vergleiche vom 22 August 1740, wieder einlösete.

74. Labehn 2 Meilen von Stolpe gegen Osten, in einem Thale, an der Lupow, auf der großen Frachtstraße von Berlin nach Danzig, hat 1 Vorwerk, 1 Korn- und 1 Schneidemühle auf der Lupow 3 Bauern, 3 Coßäthen, 1 Krug, 1 Schulmeister, auf der Feldmark des Dorfs ein neu angelegtes Vorwerk Friederichshof genannt, 24 Feuerstellen, einen Antheil an dem Patronatrechte über die Dammensche Kirche, beträchtliche Eichenholzungen, gute Fischerey nebst dem Lachs- und Halsfange in der Lupow und ist zu Dammen in der Stolpschen Synode eingepfarret. Das Dorf Labehn wird, nach einer in dem Land- und Hypothekenbuche befindlichen Anmerkung, auch zuweilen das rauschende Wasser genannt und wurde von der Wittwe des Peter von Weyherr 1670 dem George Anton von Kameke verpfändet, welcher mit diesem Gute, nachdem es ihm von Anton von Weyherr und dessen Bruder für 7370 Gulden oder 4913 Rthlr. 8 Gr. war überlaßen worden, belehnet wurde, es aber

Die adelichen Güter des Stolpschen Kreises.

aber am 3 März 1690 erblich mit lehnsherrlicher Einwilligung vom 3 August 1691 dem geheimen Staatsrathe und Oberhofmarschall, Joachim Ernst von Grumbkow, verkaufte, dessen Sohn, der Oberste Philipp Otto von Grumbkow, es am 1 October 1706 erblich für 5500 Rthlr. dem Peter Friederich von Zizewitz verkaufte und am 24 November 1709 diesen Verkauf bestätigte. Nach dem Tode des Peter Friederich von Zizewitz, fiel dieses Gut seiner Wittwe, Barbara Cordula gebohrnen von Hoym und, nach dem Vergleiche vom 2 August 1763, nebst dem Gute Gesorke, dem Major und jetzigen Generalmajor und Chef eines Füselierregiments in Brandenburg, Peter Christoph von Zizewitz zu.

75. **Labüssow** 1¾ Meilen von Stolpe südostwärts, in einer ebenen Gegend, hat 1 Vorwerk, 7 Bauern, auf der Feldmark des Dorfs ein Vorwerk Birkhof genannt mit einer Holzwärterwohnung, 14 Feuerstellen und ist zu Groß-Dübsow in der Stolpschen Synode eingepfarret. Labüssow war ehemals ein altes Zizewitzsches, ist aber jetzt ein Gottbergsches Lehn. Nach dem Tode des Hauptmanns, Franz Döring von Gottberg, kamen die von ihm besessenen Güter an seine Söhne, die sich am 24 März 1735 also verglichen, daß das Gut Przewos in Pohlen für 5333 Rthlr. 8 Gr. dem ältesten Sohne Johann Adolph, die Güter Groß- und Klein-Dübsow dem mittlern Sohne, Franz Döring, und das Gut Labüssow für 5000 Rthlr. seinen Söhnen, dem Hauptmann Christian Lorenz und Martin Heinrich zufielen, ihre andern Brüder aber, als Paul Diterich, Michael Ernst, Nicolaus Friederich und Gnesmar von Gottberg, mit Gelde abgefunden und 2 zu Dübsow gehörige Wiesen dem Gute Labüssow, dagegen aber die Einwohner desselben als Zwangsmahlgäste der Dübsowschen Mühle beygeleget wurden. Nachdem Martin Heinrich von Gottberg gestorben war, wurde das Gut Labüssow von seinem Bruder, dem Hauptmann Christian Lorenz, allein besessen, dessen Wittwe Anna, Charlotta gebohrne von Puttkammer, sich mit ihren Kindern am 10 May 1773 also auseinander setzte, daß die Güter Labüssow und Starnitz ihren beiden Söhnen, Carl Ludewig und Gustav Wilhelm von Gottberg zufielen, die mit ihrer Schwester durch ihren Vormund, Peter Friederich von Gottberg zu Dübsow, mit Einwilligung des königlichen Vormundschaftscollegium zu Cößlin und ihrer Mutter, das Gut Labüssow, nach dem Vergleiche vom 11 May 1773, für 5300 Rthlr. dem Hauptmann Caspar Heinrich von Zizewitz verkauften.

76. **Langböse** 1 Meile von Lauenburg westsüdwestwärts, 5 Meilen von Stolpe gegen Osten und ¼ Meile von dem Tischnitzerbache, welcher den Stolpschen Kreis von dem lauenburgschen Districte scheidet, auf der Frachtstraße von Stolpe nach Lauenburg, hat 1 Vorwerk, 8 Bauern, 2 Coßäthen, 1 Krug, bey dessen Verlagsgerechtigkeit der Besitzer dieses Guts, nach dem Verhörebescheide der Königl. Regierung vom 6 October 1747, wider den Magistrat zu Stolpe geschützet werden soll, 1 Schmiede, 1 Schulmeister, auf der Feldmark des Dorfs eine Wassermühle, 19 Feuerstellen, hinreichende Holzungen und ist zu Schurow in der Stolpschen Synode eingepfarret. Für die bey dem Gute Langböse neuerlich für 6550 Rthlr. königliche Gnadengelder vorgenommene Verbeßerungen, wovon die jährlichen Einkünfte nach dem Anschlage 327 Rthlr. 12 Gr. betragen sollen, muß eine jährliche Abgabe von

Der Stolpsche Kreis.

von 65 Rthlr. 12 Gr. an die Kreiscasse von dem Besitzer dieses Guts bezahlet werden, welches ein altes Lehn der von Stojenthin ist, die es, nach dem Vergleiche vom 1426 an dem Tage Vincentii Martini, von den von Grumbkow kauften. Der Oberpräsident, Philipp Otto von Grumbkow, erbte den Krug und 2 Bauern in Langböse von seinem Vater, der solche am 14 März 1688 für 666 Rthlr. 16 Gr. erblich von Paul von Stojenthin gekauft hatte, und nachdem er 3 Bauerhöfe am 1 Julius 1729 erblich für 100 Rthlr. von Peter Otto von Stojenthin und noch einen andern Theil dieses Guts am 3 Julius 1731 erblich für 640 Rthlr. von Lorenz Christoph von Stojenthin gekauft hatte, verkaufte er 5 Hufen am 3 December 1746 für 750 Rthlr. dem Michael Siegmund von Stojenthin und den Krug in Langböse, mit Ausschließung einiger Stücke, die er sich vorbehielt, am 22 Januar 1749 für 1100 Rthlr. dem Lieutenant Adam Wilhelm von Grell. Dieser hatte auch den übrigen größten Theil dieses Guts, der in einem Rittersitze mit einigen dazu gehörigen Bauerdiensten bestand und von Peter Otto von Stojenthin am 15 December 1738 seinen beiden Söhnen, Joachim Christoph und Michael Siegmund, von dem ersten aber dem letzten allein war überlaßen worden, von Michael Siegmund von Stojenthin, nebst den von demselben von dem Oberpräsidenten von Grumbkow gekauften 5 Hufen, am 20 Januar 1747 für 7333 Rthlr. 8 Gr. erblich gekauft und besaß daher das ganze Gut Langböse, welches von ihm am 7 Junius 1764 für 8500 Rthlr. dem Major, Nicolaus Friederich von Wussow, und von diesem am 16 Junius 1767 für 9500 Rthlr. der Gräfinn Do Rourky, gebohrnen Gräfinn von Gesler, verkauft wurde, deren nachgelaßene Tochter erster Ehe, die verehelicht gewesene von Stojenthin, Eleonora Albertina Agnesa gebohrne von Ratzmer, die jetzt mit dem Cammerreferendarius und Assessor zu Breslau, Glaubdyrist Benjamin Ratz verehelicht ist, es jetzt besitzet.

77. **Lankwitz** 1¼ Meilen von Stolpe nordnordostwärts, hat 1 Vorwerk, 1 Bauer, 1 Halbbauer, 2 Coßäthen, 6 Feuerstellen und ist ein zu Groß-Garde in der Stolpschen Synode eingepfarrtes altes Bandemersches Lehn. Es fiel, nach dem Tode des Christoph von Bandemer, nach dem brüderlichen Vergleiche vom 8 December 1732, seinem jüngsten Sohne Joachim Sigismund zu, wurde aber für eine Schuldforderung den 15 October 1740 für 800 Rthlr. dem Anton von Bandemer überlaßen, nach deßen Tode seine Söhne, als Joachim Heinrich und Jacob Ernst, dieses Gut am 10 October 1764 erblich ihrer Schwester, des Rüdiger Bogislav Wilhelm von Stojenthin Gemahlinn, Anna Catharina Charlotta abtraten, von welcher es am 25 März und 8 April 1766 erblich für 3000 Rthlr. dem Obersten Ernst Ludewig von Bandemer verkauft wurde.

78. **Lessacken** oder **Leshacken**, 5¼ Meilen von Stolpe ostsüdostwärts, in einer bergigten und sandigen Gegend, hat 2 Bauern, 2 Halbbauern, 4 Feuerstellen, beträchtliche Büchenholzungen und ist ein auf der Wutzkowschen Feldmark angelegtes Dorf, welches zu Mikrow in der Stolpschen Synode eingepfarret ist und an den Lauenburgschen District gränzet. Für die bey dem Gute Lessacken in dem Jahre 1778 für 12478 Rthlr. 5 Gr. 4 Pf. königliche Gnadengelder vorgenommene Verbeßerungen, wovon

Die adelichen Güter des Stolpschen Kreises.

wovon die jährlichen Einkünfte nach dem Anschlage 627 Rthlr. 9 Pf. betragen sollen, muß eine zu Gnadengehalten für adeliche Wittwen und Waisen bestimmte jährliche Abgabe von 249 Rthlr. 13 Gr. 6 Pf. von dem Besitzer dieses Guts bezahlet werden. Lessacken ist theils ein Allodialgut, theils ein Lehn der von Lietzen, welches der Hauptmann, Caspar Friederich von Massow besitzet. S. Cosemühle.

79. Liepen 2¼ Meilen von Stolpe ostnordostwärts, in einem fast ganz mit Holzungen umgebenen Thale, hat 1 Vorwerk, 2 Bauern, 3 Cossäthen, 11 Feuerstellen und ist ein zu Dammen in der Stolpschen Synode eingepfarrtes neues Mosevetsches Lehn, welches die Erben des Majors, George Ulrich von Massow, besitzen. S. Banskow.

80. Losow ein Rittersitz, 1½ Meilen von Stolpe ostnordostwärts, an der Lupow und an einer Buchenholzung, hat 1 Vorwerk, 7 Bauern, 4 Cossäthen, 1 Schulmeister, 1 Schmiede, auf der Feldmark des Dorfs eine Wassermühle, die Vikaffsche Mühle genannt, 19 Feuerstellen, Holzung, Fischerey und ist ein zu Dammen in der Stolpschen Synode eingepfarrtes Dorf, welches theils ein altes Stojentzinsches, theils ein Rerinsches Lehn ist. Das letzte wurde am 23 März 1666 erblich für 2750 Fl. Pommersch, und das erste, so in der Vikaffschen Mühle und 4 Bauern in Lojow bestehet, von dem Dekanus, Caspar Otto von Podewils, am 20 August 1690 für 1525 Gulden Pommersch, dem Ewald von Puttkammer verkauft, dessen Wittwe sich mit Peter Friederich von Zitzewitz vermählte, welcher dieses Gut am 14 Januar 1723 für 10000 Rthlr. seiner Tochter erster Ehe, Maria Veronica, abtrat. Diese brachte es ihrem Gemahl, dem Rittmeister, George Gneomar von Zitzewitz, zum Brautschatze mit, dessen nachgelassene Kinder, Martin Friederich und Veronica Jacobina Gottlieb von Zitzewitz, sich am 6 August 1746 also verglichen, daß es für 10000 Rthlr. der letzten zufiel, deren Gemahl, der Lieutenant und jetzige Hauptmann, Christian Heinrich von Schlieffen, es am 23 May 1750 auf 25 Jahre dem Inspector zu Rumske, Christian Guske, verpfändete und, nachdem er es von dessen Wittwe am 8 Junius 1774 wieder eingelöset hatte, es nach dem Vergleiche vom 23 May 1777, für 13400 Rthlr. dem Kriegesrathe, Otto Wilhelm Ernst von Bonin verkaufte.

81. Loßin ⅞ Meile von Stolpe gegen Süden, zwischen den Dörfern Cublitz und Sanskow, an der Stolpe, welche ganz nahe an dem adelichen Hofe vorbey fließet und nicht weit von dem Dorfe mit einer Brücke versehen ist, so die Loßinsche Brücke genannt wird, hat 1 Vorwerk, 9 Cossäthen, 1 Schulmeister, 20 Feuerstellen, wenige Holzung und Fischerey und ist nebst der zu dem Gute Crampe gehörigen so genannten Loßinschen Mühle zu Zirchow in der Stolpschen Synode eingepfarret. Loßin ist ein altes Puttkammersches Lehn, welches Werzaeus Janiz 1419 dem Lorenz Schwantes Puttkammer verkaufte. Der Oberstlieutenant, George Ewald von Puttkammer, erbte es nebst dem dazu gehörigen adelichen Theile des Guts Cublitz, nach dem brüderlichen Vergleiche vom 26 October 1705, von seinem Vater, George Ewald, und verpfändete diese beiden Güter am 8 März 1712 dem Oberst

Der Stolpsche Kreis.

Oberstlieutenant, Christian von Pettow, von deßen Erben solche zwar am 17. März 1727 für 10000 Rthlr. dem Heinrich Albrecht von Blumenthal, am 31 October 1727 aber, dem Caspar Friederich von Puttkammer überlaßen und nach deßen Tode, durch den Rechtsspruch vom 3 November 1749, dem Matthias Heinrich von Puttkammer, als dem nächsten Lehnsfolger, zuerkannt wurden. Nachdem dieser gestorben war, fielen diese und seine übrigen Güter, seinem nächsten Lehnsfolger, dem Fähnrich Friederich Leopold von Puttkammer und nach deßen bald darauf erfolgten Tode, nach dem Rechtsspruche vom 16 März 1772, den Hauptleuten, Franz George und Franz Ludewig von Puttkammer, als den nächsten Lehnsfolgern, zu, deren Erben sich am 5 Februar 1775 also auseinandersetzten, daß das Gut Loßin mit den Zubehörungen in Cublitz und Mellin an den Lieutenant und jetzigen Hauptmann bey der königlichen Garde, Otto Wilhelm von Puttkammer, und seinen Bruder, den Lieutenant, Johann Christian Ernst von Puttkammer und, nach dem zwischen beyden am 18 November 1775 geschloßenen Vergleiche, für 10695 Rthlr. 12 Gr. den ersten allein kam.

82. Lübzow 1 Meile von Stolpe nordnordostwärts, hat 1 Vorwerk, 1 Waßermühle, 5 Bauern, 1 Halbbauer, 3 Coßäthen, ein Bett oder auf der Feldmark des Dorfs einen Holzwärterkathen, 20 Feuerstellen, fruchtbare Aecker, gute Viehweiden, Eichen und Büchenholzungen, Fischerey in Teichen und ist in zu der auf der Altstadt Stolpe gelegenen St. Peterskirche in der Stolpschen Synode eingepfarrtes Dorf, welches theils zu dem Stolpschen, theils zu dem Schlaweschen Kreise gehöret. Zu dem ersten werden 37⅝ steuerbare Landhufen und derselbe Theil dieses Guts gerechnet, den Christian Friederich von Reckow, als ein Reckowsches Lehn besitzt. Dieser hinterließ einen Sohn, Namens Bernhard Friederich und eine Witwe, welche der Lieutenant, Claus von Pirch, heirathete und darauf, nach dem mit ihrem Stiefsohne Bernhard Friederich von Reckow am 1 April 1741 geschloßenen und von dem Königl. Hofgerichte am 2 August 1741 bestätigten Vergleiche, diesen Theil des Guts Lübzow erhielt, der nach seinem Tode und nach der zwischen seinen Kindern am 26 August 1764 vorgenommenen Auseinandersetzung, zugleich mit dem Gute Nipnow und deßen Zubehörungen in Schmaatz, seinem Sohne, dem Oberstlieutenant, Carl Siegmund von Pirch, überlaßen wurde. Eben derselbe besitzet auch den andern Theil dieses Guts, der zu dem Schlaweschen Kreise gehöret. S. Lübzow unter den adelichen Gütern des Schlaweschen Kreises.

83. Lupow, ein ansehnliches Dorf mit einem Schloße Canitz genannt, 3 Meilen von Stolpe ostsüdostwärts, eben soweit von Lauenburg westsüdwestwärts und eben so weit von Bütow gegen Norden, an der Lupow, in einer anmuthigen Gegend, auf der Poststraße von Berlin nach Preußen, hat 1 Vorwerk, 1 Korn, und Schneidemühle, 1 Prediger, 1 Küster, 7 Bauern, 4 Coßäthen, 1 Krug, 1 Schmiede, 1 Forsthaus, ein Posthaus, indem hier eine Poststation und ein Postwärteramt ist, verschiedene Handwerker, auf der Feldmark des Dorfs ein neu angelegtes Vorwerk Philippshof genannt nebst 4 Coßäthenhöfen und 2 Holzwärterwohnungen, 48 Feuerstellen, eine zu der Stolpschen Synode gehörige Mutterkirche, zu welcher die Dörfer Malzkow, Sochow, Darsin, Grumbkow, Poganitz, Rombow, Wendisch Carznitz,

Die adelichen Güter des Stolpschen Kreises.

niß, Neu- und Alt-Jugelow eingepfarret sind, fruchtbaren Acker, gute Weide, beträchtliche Holzungen von verschiedenen Arten, ergiebige Fischerey nebst dem Lachs- und Aalfange in der Lupow, einen schönen Garten und erhielt von dem Churfürsten Friederich III., nach dem zu Cölln an der Spree am 25 December 1689 ertheilten Privilegium, die Gerechtigkeit einer Mediatstadt in Hinterpommern, so daß sich hier nicht allein allerley Handwerker niederlaßen, Zünfte errichten, Werkstätte eröfnen und ihr Gewerbe treiben mögen, sondern auch diesem Orte und deßen Einwohnern alle diejenigen Rechte, Vorzüge und Privilegien zukommen sollen, die andre Mediatstädte in Hinterpommern haben. Für die bey den Gütern Lupow, Groß-Runow und Darsin seit einigen Jahren nach und nach für 12300 Rthlr. königliche Gnadengelder vorgenommene Verbeßerungen, wovon die jährlichen Einkünfte nach den Anschlägen überhaupt 821 Rthlr. 4 Gr. 9 Pf. betragen sollen, muß eine zu Gnadengehalten für adeliche Wittwen und Waisen bestimmte jährliche Abgabe von 246 Rthlr. von dem Beßtzer dieser Güter bezahlet werden. Der Churfürstliche Brandenburgsche wirkliche geheime Staats- und Krieges-rath, Generalkriegescommissarius, Oberhofmarschall und Schloßhauptmann zu Berlin, Joachim Ernst von Grumbkow, welcher die alten Grumbkowschen Lehne Groß-Runow, Zechlin und Grumbkow besaß und das ehemalige Rexinsche Lehn Groß-Gluschen am 17 Junius 1682 für 4200 Rthlr. von Paul von Rexin, das ehemalige Zitzewitzsche Lehn Lupow am 8 Februar 1683 erblich für 10000 Rthlr. von Ernst Friederich von Zitzewitz, die ehemaligen Puttkammerschen Lehne Darsin und Pottaugow am 11 Julius und 17 November 1684 erblich für 9000 Rthlr. von Peter George und Jacob Valentin von Puttkammer, einen Theil des alten Zitzewitzschen Lehns Alt-Jugelow am 19 Januar 1687 und 7 Februar 1690, das ehemalige Rixensche Lehn Klein-Gluschen, so nebst dem Höfchen in Stresow nachher ein Lehn der von Hoym, und hierauf ein Lehn der von Grumbkow wurde, am 14 März 1688 für 6000 Rthlr. erblich von Christoph Gebhard von Hoym, den Krug und 2 Bauern in Langböse am 14 März 1688 für 666 Rthlr. 16 Gr. erblich von Paul von Stojentin, das alte eröfnete Roggenpahnsche, nachmalige neue Belowsche und jetzige Grumbkowsche Lehn Sorkow am 1 May 1689 erblich für 2666 Rthlr. 16 Gr. von seinem Schwestersohne, dem Oberstlieutenant, Peter von Below, mit Abtretung deßen Lehnrechts, das ehemalige alte Grumbkowsche und jetzige Pirchsche Lehn Poganitz am 26 Februar 1690 erblich für das Gut Saviat und eine baare Zugabe von 3000 Rthlr. von Claus Curd von Pirch und deßen Gemahlinn, Juliana gebohrnen von Zitzewitz, das Gut Labehn am 3 März 1690 von George Anton von Kameke und das Gut Varzmin, so ehemals ein Lehn der von Plumpen war, nachher ein Lehn der von Pavelz wurde und jetzt ein Grumbkowsches Lehn ist, von verschiedenen Besitzern nach und nach kaufte, (S. Varzmin) das alte Zitzewitzsche und jetzige Grumbkowsche Lehn Vangerske aber von seinem Vater, dem Major, Christian Stephan von Grumbkow, der es, nach dem Vergleiche vom 4 Februar 1652 erblich, für 6300 Gulden von Peter von Zitzewitz zu Podel mit Einstimmung des nächsten Agnaten, Lorenz von Zitzewitz, und des Landraths, Johann Adolph von Zitzewitz zu Techlip und Budow, kaufte, geerbet hatte, hinterließ diese Güter seinen Söhnen, unter welche dieselben, nachdem er mit Lupow,

Darsin und Pottangow war belehnet worden, nach dem durch das Rescript vom 14 April 1693 bestätigten Theilungsvergleiche, also getheilet wurden, daß die Güter Groß-Runow, Zechlin, Varzmin (a) und Vangerske dem Otto Christian, die Güter Grumkow, Darsin, Pottangow, Groß- und Klein-Gluschen dem dritten Sohne Carl Ernst, und die Güter Lupow, Sorkow, Labehn, Poganitz, ein Theil von Alt-Jugelow und der Krug und 2 Bauern in Langböse dem wirklichen geheimen Staats- und Kriegesminister, Oberpräsidenten aller Königl. Collegien in Pommern und Canzler der Vor- und Hinterpommerschen Landesregierung, Ritter des schwarzen Adlerordens und Oberhauptmanns der Lande Lauenburg und Bütow, Philipp Otto von Grumbkow zufielen. Nachdem dieser einen Theil des ehemaligen Puttkammerschen Lehns Malzkow am 24 April 1718 erblich für 2000 Rthlr. von Martin Otto von Massow und den andern Theil dieses Guts am 3 April und 15 December 1752 erblich für 4250 Rthlr. von George Christian von Puttkammer, das ehemalige alte Puttkammersche Lehn Sochow am 8 und 23 October 1728 für 3473 Rthlr. 8 Gr. auf 30 Jahre wiederkäuflich von den Erben des Claus Curt von Pirch und Joachim Friederich von Puttkammer, den vierten Theil des Guts Schurow, als ein altes Stojenthinsches Lehn, am 14 September 1730 für 350 Rthlr. von Catharina Maria Tarmen, einige Theile des Guts Langböse am 1 Julius 1729 und 3 Julius 1731 erblich von den von Stojenthin, das alte Stojenthinsche Lehn Schidlitz mit dem dazu gehörigen Gute Schmelz am 3 Julius 1731 für 640 Rthlr. auf 15 Jahre wiederkäuflich von Lorenz Christoph von Stojenthin, einen Theil des ehemaligen alten Stojenthinschen Lehns Darsow am 26 April 1732 von George Ernst von Stojenthin und den andern Theil dieses Guts nebst Drzigowa am 28 September 1733 und zwar beide Theile erblich für 8200 Rthlr. von Lorenz Christoph von Stojenthin gekauft hatte, ihm auch nach dem Tode seines Bruders, Otto Christian, die Güter Groß-Runow, Zechlin, Varzmin (a) und Vangerske, wie auch die Güter Darsin, Pottangow, Groß- und Klein-Gluschen und Grumbkow, die nach dem Tode seines dritten Bruders, Carl Ernst, zuerst an dessen Bruder, den Hauptmann, Friederich Wilhelm, und hierauf an den geheimen Rath, David von Grumbkow, kamen, zugefallen waren, und die von Pavelz, als Johann Stephan, Johann für sich und seinen Bruder, Michael, und Stiefsohn, Immanuel, wie auch Michael Wenceslaus und Matthias für sich und seinen Bruder, Nicolaus, ihm am 13 October 1723 ihr Lehnrecht an dem Gute Varzmin (a) abgetreten hatten, wurden diese oben angeführten von dem Oberpräsidenten von Grumbkow theils geerbten, theils gekauften Güter, mit Ausschließung der Güter Groß-Gluschen, Labehn, Poganitz, Grumbkow, eines Theils in Alt-Jugelow und einiger Theile von Langböse, die er bereits wieder verkauft hatte, (S. die Beschreibung der eben jetzt genannten Güter) nach seinem Tode, nach seiner Disposition vom 3 August 1752 und dem brüderlichen Theilungsvergleiche vom 11 November 1752, also unter seine Söhne getheilet, daß dem ältesten, dem Generalmajor, Philipp Wilhelm von Grumbkow, das Gut Lupow für 12000 Rthlr., Sorkow für 2666 Rthlr. 16 Gr., Malzkow für 6250 Rthlr., Darsow für 8000 Rthlr., Schidlitz, Drzigowa, Heide und Schmelz für 2700 Rthlr. und Klein-Gluscher und Stresow für 4200 Rthlr., dem jüngsten Sohne, dem Lieutenant, Friederich August Otto von Grumbkow, aber die Güter Groß-Runow und

Zechlin

Die adelichen Güter des Stolpschen Kreises.

Zechlin für 13000 Rthlr., Wangeröse für 4000 Rthlr., Varzmin (a) für 3500 Rthlr., Sochow für 3506 Rthlr., Darsin und Pottangow für 5000 Rthlr. und der vierte Theil von Schurow für 800 Rthlr., wie auch die in dem Lauenburgschen Distrikt gelegenen Güter Stresow, Borkow und Komsow zufielen, die Güter Zuchen und Schübben aber gemeinschaftlich blieben. Nach dem Tode des Lieutenant, Friederich August Otto von Grumbkow, kamen auch die von ihm besessenen Güter an seinen einzigen damals noch lebenden Bruder, den Generalmajor Philipp Wilhelm von Grumbkow, welcher den vierten Theil von Schurow, nach dem von Sr. Majestät dem Könige durch das Rescript vom 29 Julius 1773 bestätigten Vergleiche vom 24 Junius 1763, erblich für 750 Rthlr. den Gebrüdern Joachim Ernst und George Gottlieb Riß, Klein-Gluschen nebst dem Höfchen in Stresow am 8 October 1766 für 8500 Rthlr. unwiederkäuflich dem Major und jetzigen Generalmajor, Peter Christoph von Zitzewitz, und ein Haus in Lupow nebst einem Stall und Garten auch freyen Brennholze und Torf am 28 August 1773 erblich für 280 Rthlr. dem Lieutenant, Michael Martin von Lipinsky, verkaufte, das Gut Sochow aber am 30 September 1777 für 4500 Rthlr. dem Anton Ludewig von Puttkammer zu Reinfeld, dem es durch die Rechtssprüche vom 2 August und 25 October 1769 als ein Puttkammersches Lehn war zuerkannt worden, wieder abtrat. Nach dem 1778 erfolgten Tode des Generalmajors von Grumbkow, erbte seine einzige Tochter und Universalerbin, die Wittwe von Podewils, die Güter Schiblitz und Schmelz, die ihr Vater jure allodii besessen hatte, verkaufte aber das Gut Schmelz am 27 Januar 1779 für 950 Rthlr. dem Johann Heinrich von Kiezen. Ihr wurden auch die Güter Lupow, Darsow, Malzkow, Schiblitz, Sorkow, Groß-Runow, Zechlin, Darsin und Pottangow, Varzmin (a) und Wangeröse zuerkannt, nachdem der Curator des Lieutenant, Friederich Wilhelm von Grumbkow, mit seiner Ansprache an diesen Gütern, durch den Rechtsspruch vom 29 December 1779, war abgewiesen worden.

84. Groß-Machmin ein adelicher Wohnsitz, 1 Meile von Stolpe gegen Norden und eben so weit von der Ostsee, in einer mit Holzungen umgebenen ebenen Gegend, an einem mitten durch das Dorf fließenden Bache, der die zu demselben gehörige Mühle treibt und eine Viertelmeile von demselben in das rechte Ufer der Stolpe fällt, hat 1 Vorwerk, 1 Wassermühle, die Obermühle genannt, 5 Bauern, 4 Coßäthen, 1 Krug, 1 Schmiede, 1 Schulmeister, 24 Feuerstellen, eine zu der Stolpschen Synode gehörige Kirche, die ein Filial von Weitenhagen und zu welcher das Dorf Bedlin eingepfarret ist, Eichen- Büchen- und Fichtenholzungen und war ehemals ein altes Lehn der von Schwave, ist aber jetzt ein neues Lettowsches Lehn. Nach dem Tode des Landrathes, Werner von Lettow, kam es, nach dem brüderlichen Theilungsvergleiche vom 8 Februar 1738, für 15000 Rthlr. durch das Loos an den Hauptmann, Ewald George von Lettow, welcher es am 9 Julius 1741 seinem Bruder, dem Oberstlieutenant Werner von Lettow, abtrat. Nachdem dieser gestorben war und keine Leibeserben hinterlaßen hatte, fiel dieses Gut, nach der zwischen seinen Brudersöhnen, den Lieutenants, Franz Lorenz, Werner Jacob und Ewald Joachim Gebrüdern von Lettow, am 22 August 1777 gehaltenen Erbtheilung, für 16000 Rthlr. durch das Loos dem Lieutenant Franz Lorenz von Lettow zu, welcher es für eben denselben

selben Preis am 7 Februar und 4 August 1780 wieder seinem Bruder dem Lieutenant, Werner Jacob von Lettow, überließ.

85. Klein-Machmin, ein adeliches Wohnsitz, 1¾ Meilen von Stolpe nordwärts ostwärts und ½ Meile von der Ostsee, hat 1 Vorwerk, 7 Bauern, 3 Coßäthen, 1 Schmiede, 1 Schulmeister, der jährlich ein königliches Gnadengehalt von 40 Rthlr. erhält, auf der Feldmark des Dorfs die neu angelegten Vorwerke Dorotheenthal und Charlottenhof, den so genannten alten und neuen Strand, wovon der erste aus 4 nahe an der Ostsee gelegenen Fischerkathen und der andre aus verschiedenen Colonistenwohnungen bestehet, 52 Feuerstellen, das Recht des Mitpatronats über die Weitenhagensche Kirche, Eichen- Büchen- und Fichtenholzungen und ist zu Weitenhagen in der Stolpschen Synode eingepfarret. Ehemals hatte das Dorf Klein-Machmin auch eine Wasser- und eine Windmühle, die aber beide eingegangen sind. Jetzt die bey diesem Gute, bey welchem durch die Aufhebung der Gemeinheit die herrschaftlichen und Baueräcker seit einigen Jahren von einander abgesöndert worden, sind, in dem Jahre 1772 für 12400 Rthlr. königliche Gnadengelder vorgenommene Verbesserungen, wovon die jährlichen neuen Einkünfte nach dem Anschlage 852 Rthlr. betragen sollen, muß eine zu Guadengehalten für adeliche Wittwen und Waisen bestimmte jährliche Abgabe von 248 Rthlr. von dem Besitzer dieses Guts bezahlet werden, welches ein altes Ramelsches Lehn ist und in dem vorigen Jahrhunderte von George Heinrich von Ramel besessen wurde. Nachdem es in Concurs gerathen war, wurde es dem Heinrich von Ramel zuerkannt, welcher den sogenannten großen Hof nebst 5 besetzten Bauern und 1 Coßäthen, nach der Ehestiftung vom 17 Julius 1677 für 5000 Fl. wiederkäuflich zum Brautschatze seiner Tochter, Catharina Anna von Ramel, und seinem Schwiegersohne, dem Lieutenant, Matthias von Zastrow zu Banskow, überließ. Dieser trat zwar solchen Antheil, nach dem Verträge vom 18 April 1678, für das ihm überlaßene Gut Banskow seinem Bruder, Franz von Zastrow ab, kaufte aber von demselben wieder, nach dem Tode seines Schwiegervaters und nachdem er sich mit seinem Schwager, Gneomar Reinhold von Hoym, auseinandergesetzt und ihm von demselben am 28 August 1698 in Klein-Machmin 6 Bauren, 2 Coßäthen und 3 Sträuder, die sogenannte Dobrowope und Pronick für 5425 Fl. waren überlaßen worden, nach dem Vergleiche vom 27 März 1699, für 5500 Fl. oder 3666⅔ Rthlr. das große Gut nebst 3 besetzten Bauern, 2 wüsten Höfen und 1 Coßäthen und hinterließ das ganze Gut Klein-Machmin seinem Sohne, dem Hauptmann Philipp Heinrich von Zastrow. Dieser verkaufte es am 4 October 1720 für 5100 Rthlr. dem Matthias Christian von Below, dessen nachgelaßene 6 Kinder von dem Cößlinschen Vormundschaftscollegium am 20 und 21 Julius 1764 also auseinander gesetzt wurden, daß die Güter Klein-Machmin und Groß-Strellin zusammen für 12000 Rthlr. durch das Loos, dem Lieutenant, Franz Jacob von Below, zufielen.

86. Malzkow 2¾ Meilen von Stolpe ostsüdostwärts, in einer ebenen Gegend, auf der Poststraße von Berlin nach Preußen, hat 1 Vorwerk, 1 Ziegeley, 6 Bauern, 5 Coßäthen, 1 Krug, 1 Schulmeister, auf der Feldmark des Dorfs ein neu angelegtes Vorwerk Wilhelmshof genannt, nebst 4 Coßäthenhöfen, 1 Holzwärterwohnung und noch einen Kathen in einem Walde, 20 Feuerstellen, wenige Eichen aber

Die adelichen Güter des Stolpschen Kreises.

ohne viele Fichtenholzungen, Fischerey und ist ein zu Lupow in der Stolpschen Synode eingepfarrtes Lehngut, welches die Wittwe von Podewils, Friederika gebohrne von Grumbkow, besitzet. S. Lupow. Für die bey dem Gute Malzkow in dem Jahre 1773 für 2500 Rthlr. königliche Gnadengelder vorgenommene Verbesserungen, wovon die jährlichen Einkünfte nach dem Anschlage 220 Rthlr. 18 Gr. 3 Pf. betragen sollen, muß eine zur Besoldung einiger Landschulmeister bestimmte jährliche Abgabe von 50 Rthlr. von dem Besitzer dieses Guts bezahlet werden.

87. Manewitz oder Mahnwitz 1¼ Meilen von Stolpe gegen Osten, in einer ebenen und fruchtbaren Gegend, auf der großen Poststraße von Berlin nach Preussen, hat 1 Vorwerk, 1 Wassermühle, 7 Bauern, 2 Coßäthen, 1 Krug, bey dessen Verlagsgerechtigkeit der Besitzer dieses Dorfs, nach dem Bescheide der Königl. Regierung vom 17 November 1747, wider den Magistrat zu Stolpe geschützet werden soll, 1 Schmiede, 1 Schulmeister, 23 Feuerstellen, gute Fichtenholzung und war ehemals ein Massowsches Lehn, welches zu Sageritz in der Stolpschen Synode eingepfarret ist. Es wurde von Caspar Otto von Massow am 2 November 1730 auf 8 Jahre für 10000 Fl. oder 6666 Rthlr. 16 Gr. der Wittwe, Barbara Elisabeth von Zitzewitz gebohrnen von Puttkammer, verpfändet, am 18 November 1738 aber erblich für 8000 Rthlr. ihrem Sohne, dem Major, Franz Jacob von Zitzewitz, verkauft. Nachdem dieser durch die Rechtssprüche vom 17 Februar und 19 April 1755 war schuldig erkannt worden, dieses Gut für 8000 Rthlr. den Söhnen des Lieutenants, Lorenz Felix von Massow, abzutreten, verglich sich der eine noch lebende Sohn desselben, der Hauptmann Caspar Friederich von Massow, nachdem die andern seines Geschlechts bereits durch den Rechtsspruch vom 18 Februar 1754 mit ihrem Lehnrechte waren präcludiret worden, am 10 Februar 1775 mit dem Hauptmann, Caspar Heinrich von Zitzewitz, also, daß dieser für 10155 Rthlr. erblich und mit dem Lehnrechte dieses Gut erhielt, mit welchem als mit einem neuen Lehne er so wohl als sein Bruder, der Hauptmann, Jacob Ernst, und seine Vettern, der Oberste und Commandeur des von Billerbeckschen Regiments, der jetzige Generalmajor Peter Christoph und der Major, Joachim Rüdiger von Zitzewitz, wegen der gesammten Hand an diesem neuen Lehne am 10 May 1776 belehnet wurden.

88. Marsow 2 Meilen von Schlawe gegen Norden, hat 2 Vorwerke, 1 Wassermühle und 1 Windmühle, die ehemals gemeinschaftlich zu den Gütern Marsow Vietzke, Schlackow und Görshagen gehörten, jetzt aber von dem Müller erb- und eigenthümlich besessen werden, 1 Prediger, 1 Küster, 13 Bauern, 1 Halbbauer, 2 Coßäthen, 1 Schmiede, 31 Feuerstellen, eine zu der Rügenwaldeschen Synode gehörige und unter dem Patronate der Besitzer der Güter Marsow, Görshagen und Schlakow stehende Mutterkirche, zu welcher die Dörfer Görshagen und Schlakow und die beiden adelichen Höfe zu Vietzke, nicht aber die Coßäthen daselbst eingepfarret sind, wenige Holzung, die mit den Gütern Görshagen und Schlackow, gemeinschaftliche Fischerey auf dem Marsowschen See und ist ein altes Puttkammersches Lehn, welches aus 3 Antheilen bestehet. Marsow (a) mit einem Vorwerke und einem Bauer besitzet der Hauptmann, Carl Friederich Wilhelm von Puttkammer. S. Vietzke. Marsow (b), wozu 1 Vorwerk oder ein Rittersitz mit 6 Bauern, 1 Coßäthen

then und 1 Schmiede gehöret, fiel nach dem Tode des Peter von Puttkammer, nach dem brüderlichen Theilungsvergleiche vom 19 Februar 1728 für 5783 Gulden durch das loos dem Franz Friederich von Puttkammer zu, der es aber am 2 März 1728 seinem Bruder, Peter, überließ, nach dessen Tode es, nach dem Vergleiche vom 17 September 1745, für 4000 Rthlr. an seinem Bruder, den Lieutenant Joachim Ernst von Puttkammer kam. Dieser verkaufte dieses Gut am 25 März 1766 wiederkäuflich dem Friederich Franz von Zitzewitz, der, nach dem brüderlichen Auseinandersetzungsvergleiche vom 14 Julius 1766, sein Recht für 7300 Rthlr. seinem Bruder, dem Lieutenant bey dem von Lottumschen Dragonerregimente, Gerd Christian von Zitzewitz abtrat. Marsow (c) bestehet in 6 Bauern, 1 Halbbauer und 1 Cossäthen und gehöret zu dem Gute Schlackow (a), welches der Fähnrich Gerd Begislav von Puttkammer besitzet. S. Schlackow (a).

89. **Mellin** hat adelichen Antheil ein Vorwerk und einen Cossäthen, die zu dem Gute Crampe gehören und einen Freybauerhof, der zu dem Gute Carwitz Blasow belegen ist. Der übrige Theil des Dorfs Mellin ist königlich, S. Berlin unter den Dörfern des königlichen Amts Stolpe.

90. **Mikrow** 2 Meilen von Lauenburg südwestwärts, 3 von Bütow ostwärts und 4¾ Meilen von Stolpe ostsüdostwärts, in einem Thale, an der Poststraße von Berlin nach Preußen, hat 1 Vorwerk, 1 Prediger, 1 Küster, 8 Bauern, 6 Halbbauern, 1 Krug, 1 Schmiede, auf der Feldmark des Dorfs das Vorwerk Brügge an der Lupow und nicht weit davon einen Kathen, die Vorwerke Philippsthal, Sophienhof und Wilhelmsberg, 1 Wassermühle mit einem Kruge, der an einem See und an der Landstraße liegt, und zum Unterschiede von dem Dorfskruge der Unterkrug genannt wird, 30 Feuerstellen, eine zu der Stolpschen Synode gehörige Mutterkirche, zu welcher die Cosemühlesche Kapelle gehöret und die Dörfer Cose, Carwen, Varzmin, Vargow, Groß- und Klein-Rakitt, Wottnogge, Muhlow, Gliesnitz, Bochowke, Lessacken und Swante eingepfarret sind, die Kruggerechtigkeit, bey welcher der Besitzer dieses Guts, nach dem Bescheide der Königl. Regierung vom 15 September 1747, wider den Magistrat zu Stolpe geschützet werden soll, beträchtliche Eichen- und Büchenholzungen, Fischerey in einem See und ist ein Allodialgut, welches Wilhelm Gustav Graf von Münchow besitzet. S. Cosemühle. Für die bey den Gütern Mikrow, Zierwenz und Reitzkow in dem Jahre 1772 für 3200 Rthlr. königliche Gnadengelder vorgenommene Verbeßerungen, wovon die jährlichen Einkünfte nach den Anschlägen 160 Rthlr. betragen sollen, muß eine zu Gnadengehalten für adeliche Wittwen und Waisen bestimmte jährliche Abgabe von 64 Rthlr. von dem Besitzer dieser Güter bezahlet werden.

91. **Muttrin** ein Rittersitz, 2¼ Meilen von Bütow nordnordwestwärts und 2¼ Meilen von Stolpe südostwärts, auf der Landstraße von Stolpe nach Bütow, hat 1 Vorwerk, 11 Bauern, 2 Halbbauern, 1 Krug, 1 Schmiede, 1 Schulmeister, auf der Feldmark des Dorfs das Vorwerk Nimzeff oder Nimzewe mit dem dazu gehörigen Ackerhofe Wochotz und nahe dabey einen Holzwärterkathen, der Locken-

Die adelichen Güter des Stolpschen Kreises.

Leckenkathen genannt, die Holzwärterey Ricken, 26 Feuerstellen, das Recht des Mit‍patronats zu Budow, Holzungen, gute Wiesen an der Stolpe und ist zu Budow in der Stolpschen Synode eingepfarret. Die Güter Muttrin und Kottow sind alte Zitze‍witzsche Lehne, welche der Landrath Johann Adolph von Zitzewitz besaß. Nach sei‍nem Tode fielen, nach dem Theilungsvergleiche vom 5 October 1734, das Gut Mut‍trin nebst dem dazu gehörigen Feldgute Nimzeff für 4000 Rthlr. und der Ackerhof Wochoß für 2800 Rthlr., das Gut Kottow aber für 2000 Rthlr. seinem ältesten Sohne, Friederich Wilhelm von Zitzewitz, und nach dessen Tode, die beiden Güter Muttrin und Kottow, nach der Auseinandersetzung vom 4 November 1767, für 18000 Rthlr. durch das Loos dem Anton Adolph von Zitzewitz zu, dessen nachge‍lassene Wittwe, Margaretha Agnesa gebohrne von Massow, sich mit ihren Söhnen am 26 November 1770 also verglich, daß ihr das Gut Muttrin nebst Nimjeff für 14553 Rthlr. 10 Gr. 4 Pf., das Gut Kottow aber mit dem Ackerwerke Wochoß für 5095 Rthlr. 19 Gr. ihrem ältesten Sohne, dem Rittmeister, Ewald Friederich von Zitzewitz, überlaßen wurde. Nachdem dieser die 2 Bauern in Kottow, die bis‍her zu dem Gute Budow (b) gehöret hatten, am 10 März 1774 für 1100 Rthlr. von der verwittweten Hauptmannin von Zitzewitz, Elisabeth Sophia gebohrnen von Pirch, und die bisher zu dem Gute Budow (a) gehörig gewesene 2 Bauern in Kottow am 19 September 1777 für 1100 Rthlr. von dem Lieutenant, Otto George Valentin von Zitzewitz, gekauft hatte, verkaufte er dem letzten das ganze Gut Kottow am 17 Junius 1780 erblich für 10200 Rthlr.; das Gut Muttrin aber fiel nebst dem Feldgute Nimjeff, nach dem Tode der Wittwe von Zitzewitz, Marga‍retha Agnesa gebohrnen von Massow, nach ihrem Testamente vom 29 September 1779, dem Lieutenant Joachim Wilhelm von Zitzewitz, und zwar, nach dem mit seinem einzigen Bruder, Nicolaus Otto Dettloff von Zitzewitz, am 27 September 1782 geschloßenen Vergleiche, für 14500 Rthlr. zu.

92. Neigkow 2 Meilen von Lauenburg westnordwestwärts, in einer sandigen Ge‍gend, hat 1 Vorwerk, 4 Bauern, 5 Feuerstellen und ist ein zu Stojentzin in der Stolpschen Synode eingepfarrtes Allodialgut, welches der Lieutenant, Carl Alexander Graf von Münchow, besitzet. S. Zierwenz.

93. Nesekow 1¼ Meilen von Stolpe gegen Norden, an dem östlichen Ufer der Stolpe und ⅝ Meile von der Ostsee, in einer etwas niedrigen, aber anmuthigen mit Wäldern und Wiesen umgebenen Gegend, hat 1 Vorwerk, 5 Bauern, 8 Feu‍erstellen, Eichen- und Buchenholzung, Fischerey in der Stolpe und ist ein zu Win‍tershagen in der Stolpschen Synode eingepfarrtes Podewilsches Lehn, welches der Lieutenant, Otto Friederich Graf von Podewils, besitzet. S. Crangen unter den ade‍lichen Gütern des Schlaweschen Kreises.

94. Niemitzke ein adelicher Wohnsitz und steuerfreyes Gut, 3¼ Meilen von Stolpe südostwärts, nahe an einem kleinen Walde, hat 1 Vorwerk, 3 Cossäthen, auf der Feldmark des Dorfs eine Wassermühle, die, nebst 2 an der Lupow gelegenen Kathen, Santvoke genannt wird, das kleine Vorwerk Brzezinke, das an dem Lu‍powsker

poweskeschen See liegt und an das Bütowsche Amtsdorf Lupowske gränzet, 8 Feuerstellen und ist zu Groß-Noßin in der Stolpschen Synode eingepfarret. Nachdem Franz George von Puttkammer das alte Zitzewitzsche Lehn Zerskewitz (b), nach dem Vergleiche vom 1 October 1733, für 1200 Rthlr. von des Hofraths von Zitzewitz Wittwe und deren Tochter und der Majorin de Riemort, und das freye Feldgut Samuske mit dem dazu gehörigen Coßäthen, welches ehemals ein Zitzewitzsches Lehn war und zu dem Gute Neu-Jugelow gehörte, am 5 October 1740 erblich für 800 Rthlr. von dem Hauptmann, Joachim Friederich von Zitzewitz, gekauft und zu dem Gute Niemitzke, wozu auch Damerkow (b) oder 4 Bauern und 1 Coßäthe in Damerkow gehören, gelegt hatte: so trat er bey seinem Leben am 11 September 1766 das Gut Niemitzke mit seinen Zubehörungen in Damerkow und Samuske für 4133 Rthlr. 8 Gr. seinem ältesten Sohne, dem Hauptmann Carl Leopold von Puttkammer, Zerskewitz (b) aber seinem mittlern Sohne, dem Lieutenant Otto Wilhelm von Puttkammer ab. Nachdem der erste gestorben war und keine männliche Leibeserben hinterlaßen hatte, nahm sein Vater, Franz George von Puttkammer, das Gut Niemitzke mit seinen Zubehörungen wieder an sich; nach seinem Tode aber setzten sich seine beiden Söhne, die Lieutenants, Johann Christian Ernst, und Otto Wilhelm von Puttkamer, am 18 November 1775 auseinander, da denn dem ersten Niemitzke mit seinen Zubehörungen für 5000 Rthlr. und Zerskewitz (b) für 2285 Rthlr. zufielen.

95. Nipnow ein Bauerdorf, ¼ Meile von Stolpe gegen Norden, in einem Thale, hat 5 Bauern, von welchen ein jeder jährlich 1 Rthlr. an das Stolpsche Armenhaus geben muß, 9 Feuerstellen und ist zu der auf der Altstadt Stolpe gelegenen St. Peterskirche in der Stolpschen Synode eingepfarret. Das Dorf Nipnow und 5 Bauerhöfe in Schmaatz gehörten ehemals der Stadt Stolpe, wurden aber, nach dem von der Königl. Regierung am 4 April 1690 bestätigten Vergleiche vom 19 November 1689, für 4333 Rthlr. unwiederruflich den Erben des George von Pirch zuerkannt, deßen Sohn, der Lieutenant Claus von Pirch, diese Güter bekam und solche, nachdem sie durch das Rescript vom 27 Februar 1759 waren allodificiret worden, seinen Söhnen, dem Major und jetzigen Oberstlieutenant, Carl Siegmund, und dem Meier, Gerhard, und deren Schwestern hinterließ, die sich am 26 August 1764 also auseinandersetzten, daß die Güter Lützow und Nipnow mit den Zubehörungen in Schmaatz dem ersten, dem Oberstlieutenant Carl Siegmund von Pirch zufielen. Die Contribution von den Dörfern Nipnow und Schmaatz wird nicht von dem adelichen Kreise, sondern nach, wie vor, bey der Receptur des Stolpschen Stadteigenthums berechnet. So ist es auch mit der Fouragelieferung.

96. Nippoglense oder Nippoglenz, 2 Meilen von Bütow nordnordwestwärts und 3 von Stolpe südsüdostwärts, auf der Landstraße von Bütow nach Stolpe, hat 1 Vorwerk, 1 Kalkbrennerey, 5 Bauern, 6 Halbbauern, 1 Schmiede, 1 Schulmeister, auf der Feldmark des Dorfs eine Wassermühle, die Vorwerke Plansin und Grünhof und die Holzwärtereyen Zandrock, Sotocken und Mikutten genannt, 26 Feuerstellen, das Recht des Mitpatronats zu Budow, beträchtliche Eichen-Büchen-
und

Die adelichen Güter des Stolpschen Kreises.

und Fichtenholzungen, Fischereyen in 2 Seen und ist ein zu Budow in der Stolpschen Synode eingepfarrtes Dorf, welches durch den Stolpefluß von dem Bütowschen District geschieden wird. Nippoglense und Gallensow sind alte Zitzewitzsche Lehne. Der Hauptmann Gneomar George von Zitzewitz, der das letzte von seinem Vater, Claus, geerbet und das erste, nach dem Vergleiche vom 16 May 1733, von der Tochter des Gneomar von Pirch wieder an sich gebracht hatte, verkaufte beide Güter am 1 April 1772 erb- und eigenthümlich für 16500 Rthlr. seinem Bruderssohne, Friederich Johann George Ernst von Zitzewitz.

97. **Groß-Nossin** 3½ Meilen von Stolpe südostwärts, an einem See Trzebisch genannt, aus welchem ein kleiner Bach fließet, der sich mit der Schottow vereiniget, hat 2 Vorwerke, 1 Prediger, 1 Küster, 1 Predigerwittwenhaus, 1 Predigercolonum, 8 Bauern, 2 Coßäthen, 1 Schmiede, auf der Feldmark des Dorfs, das Vorwerk Sluppe, 3 Coßäthen nebst einigen Büdnern Schidlitz genannt, 2 Holzkathen in der Nackel und einen Holzkathen in der Mallinz, 1 Wassermühle, 1 Holzkathen, 38 Feuerstellen, eine zu der Stolpschen Synode gehörige Mutterkirche, zu welcher die Dörfer Schottoseke, Klein-Nossin, Kleschnz, Damerkow, Jerskewitz, Niemitzke, Gloddow und Saviat eingepfarret sind, Holzung und Fischereyen und besteher jetzt aus 2 Antheilen. Der erste, welcher die in dem Land- und Hypothekenbuche mit Groß-Nossin (a) und (b) bezeichneten Theile begreift, gehöret dem Hauptmann Michael Stanislaus von Zeromsky. S. Gloddow. Für die bey Groß-Nossin (a) und (b), Jerskewitz (a), (c) und (d), Neu-Zeromin und Saviat neuerlich für 186 Rthlr. 14 Gr. 2 Pf. königliche Gnadengelder vorgenommene Verbeßerungen, wovon die jährlichen Einkünfte nach dem Anschlage 5 Rthlr. 20 Gr. 3½ Pf. betragen sollen, muß eine jährliche Abgabe von 3 Rthlr. 17 Gr. 7 Pf. von dem Besitzer dieser Güter an die Kreiscasse bezahlet werden. Groß-Nossin (c) ein adelicher Wohnsitz, wurde von Peter George von Puttkammer am 27 August 1689 für 5000 Fl. Polnisch dem Franz von Puttkammer verkauft und fiel nach deßen Tode, seinem Sohne, Franz Ludewig zu, welcher sich am 19 August 1737 mit seiner Schwester, Maria Margaretha von Puttkammer von Diezelsky, auseinandersetzte und Groß-Nossin (c) nebst Schidlitz und 2 Bauern in Kleschinz am 25 August 1766 für 4000 Rthlr. seinem ältesten Sohne, Johann Wilhelm von Puttkammer, abtrat.

98. **Klein-Nossin** oder Nossinke 3½ Meilen von Stolpe südostwärts, an der Schottow, welche die hiesige Mühle treibt, hat 1 Vorwerk, 1 Wassermühle, 5 Bauern, 3 Coßäthen, 1 Schulmeister, auf der Feldmark des Dorfs ein Vorwerk Malens genannt, 26 Feuerstellen, gute Holzung und Fischereyen und ist zu Groß-Nossin in der Stolpschen Synode eingepfarret. Für die bey dem Gute Klein-Nossin neuerlich für 3700 Rthlr. königliche Gnadengelder vorgenommene Verbeßerungen, wovon die jährlichen Einkünfte nach dem Anschlage 189 Rthlr. betragen sollen, muß eine jährliche Abgabe von 37 Rthlr. von Trinitatis 1788 an, an die Königl. Krieges- und Domainencammer von dem Besitzer dieses Guts bezahlet werden, welches ein altes Pirchsches Lehn ist, indem Jasbo Pircha bereits, nach dem von dem Herzoge Casimir zu Dobrin an dem Tage des heiligen Gregorius 1376 in lateinischer Sprache ausge-

Der Stolpsche Kreis.

ausgefertigten Lehnbriefe, mit den Gütern Noßino, (Noßin) Chawarthi, (Gaffert) und Wuneßewo (Wundichow) belehnet wurde. Klein-Noßin fiel, nach dem Tode des Ulrich Felix von Pirch, seinem Sohne, dem Hauptmann George Ernst zu, welchem es seine Geschwister, der Königl. Polnische Chursächsische Generallieutenant der Infanterie, Michael Lorenz, Caspar Franz, der Königl. Polnische Chursächsische Generallieutenant, Dubislav Nicolaus, Friederich Ulrich, Andreas Joachim, Barbara Maria und Elagina Ursula von Pirch, nach dem Theilungsvergleiche vom 24. Januar 1729, für 5000 Rthlr. überließen. Nachdem der Hauptmann, George Ernst von Pirch, gestorben war, vereinigten sich seine 4 Söhne, als der Major und Flügeladjutant, George Lorenz, der Hauptmann Franz Otto, der Lieutenant Nicolaus Heinrich und Johann Ernst von Pirch am 12 Junius 1765 also, daß der älteste, als der Major und jetziger Oberster und Chef eines Garnisonregiments in Schidliß, George Lorenz von Pirch, dieses Gut nebst den übrigen von seinem Vater besessenen Gütern erhielt.

99. Teutsch-Plassow ein Rittersitz, ½ Meile von Stolpe südostwärts, an der Glaskow, in einer niedrigen und fruchtbaren Gegend, hat 1 Vorwerk, 1 Wassermühle, 4 Bauern, 3 Coßäthen, 14 Feuerstellen, Holzung auf der Mellinschen Feldmark nebst einer Holzwärterwohnung und ist ein altes Puttkammersches Lehn, welches zu der auf der Altstadt Stolpe gelegenen St. Peterskirche in der Stolpschen Synode eingepfarret ist. Der Hauptmann, Christian Ulrich von Puttkammer, erbte es als der nächste Lehnsfolger, nach dem Vergleiche vom 8 Junius 1737, von Michael von Puttkammer, und trat es am 8 April 1739 für 7330 Rthlr. zum Braunschweig seinem Schwiegersohne, Heinrich Christoph von Below ab, der es mit seiner Gemahlin, nach dem Vergleiche vom 19 April 1742, für 6700 Rthlr., mit Einwilligung der Lehnsfolger, auf 25 Jahre wiederkäuflich dem Domainenrathe Siegmund Hainsky verkaufte. Nachdem hierauf dieses Gut in Concurs gerathen war, wurde es zwar anfänglich bey der öffentlichen Feilbietung für das meiste Gebot dem Senator Niemer zu Stolpe, hernach aber dem Major Gerson Ludewig von Zastrow, welcher nach der königlichen Entscheidung vom 13 Februar 1753 den Vorzug vor jenem erhalten hatte, auf die noch übrige von 1742 an gehende Wiederkaufsfrist, nach dem Rechtsspruche vom 24 October 1753, für 8200 Rthlr. zuerkannt. Nach dem in dem Jahre 1762 erfolgten Tode des Majors von Zastrow, fiel dieses Gut seinem Bruder, dem Königl. Preuß. Artilleriemajor, Bogislav Friederich von Zastrow zu.

100. Wendisch-Plassow 1¼ Meilen von Stolpe südsüdwestwärts, in Thale und an einem Bache, welcher mitten durch das Dorf fließet und die hießige Mühle treibt, hat 1 Vorwerk, 1 Wassermühle, 8 Bauern, 4 Coßäthen, 1 Schmiede, 1 Schulmeister, 20 Feuerstellen, Eichen- Büchen- und Fichtenholzungen, ein Torfmoor und ist zu Quackenburg in der Stolpschen Synode eingepfarret. Für die bey dem Gute Wendisch-Plassow in dem Jahre 1772 für 2460 Rthlr. königliche Gnadengelder vorgenommene Verbesserungen, wovon die jährlichen Einkünfte, nach dem Anschlage 295 Rthlr. 3 Gr. 1 Pf. betragen sollen, muß eine zu Gnaden gehaltene, für adeliche Wittwen und Waisen bestimmte jährliche Abgabe von 49 Rthlr. 3 Gr.

Die adelichen Güter des Stolpschen Kreises.

3 Gr. von dem Besitzer dieses Guts bezahlet werden. Ein Theil desselben, welcher ein Lehn der von Böhn ist und in einem kleinen Rittersitze nebst einigen Bauern bestehet, wurde von Franz Felix von Böhn am 2 Februar 1690 erblich dem George von Wobeser überlaßen, deßen Sohn, der Oberste Ewald Reimar von Wobeser, nicht nur diesen Theil am 6 Februar 1732 für 3333 Rthlr. 8 Gr. von der Wittwe seines Bruders an sich brachte, sondern auch den andern Theil dieses Guts als ein neues Wobesersches Lehn, so in einem Rittersitze und einigen Bauern bestehet, am 28 May 1737 für 5650 Gulden von Elisabeth Juliana von Selger kaufte. Nachdem Felix Lorenz und Hans George von Böhn den Böhnschen Lehnsantheil, nach dem Vergleiche vom 19 Januar 1738 bis 1762, dem Obersten Ewald Reimer von Wobeser, überlaßen hatten, fiel nach deßen Tode das ganze Gut Wendisch-Plassow seinem Bruder, dem Landeshauptmann Jacob Eccard von Wobeser zu. Dieser verkaufte es am 7 April 1742 für 8000 Rthlr. und zwar das Böhnsche Lehn auf die übrigen Wiederkaufsjahre, das neue Wobesersche Lehn aber erblich dem Regierungs- und Landrathe, Alexander Dieterich von Puttkammer, welcher den Wobeserschen Theil bey der Huldigung zu Stolpe am 30 September 1743 als ein neues Lehn empfing. Der Rittmeister, Christian Wilhelm von Böhn, lösete hierauf das Böhnsche Lehn, nach dem rechtskräftigen Urthel vom 8 Januar 1766, für 3666 Rthlr. 16 Gr. ein und bekam auch das neue Puttkammersche Lehn, nachdem es in Concurs gerathen und ihm am 16 August 1769 für das meiste Gebot rechtskräftig war zuerkannt worden.

101. Poblotz, in den ältern Lehnbriefen Poblitz genannt, 3¼ Meilen von Stolpe nordostwärts und ⅞ Meile von dem Dorfe Jezenow, an dem großen Grähzmoor, welches den Stolpschen Kreis von dem Lauenburgschen District scheidet, hat einen Rittersitz oder ein Vorwerk, 1 Wassermühle, 10 Bauern, 3 Coßähten, 1 Schmiede, 1 Schulmeister, auf der Feldmark des Dorfs ein Vorwerk Parschen genannt, eine Schäferey und eine neuerlich für königliche Gnadengelder angelegte Kuhmelkerey nebst verschiedenen Büdnerfamilien, 42 Feuerstellen, Eichen- Büchen- und Fichtenholzungen, nach den Lehnbriefen der von Hoym vom 26 Februar 1624, 12 October 1699 und 29 November 1714 den Lebaßluß mit beyden Ufern und die Fischerey darinn mit allerley Fischerzeuge, wie auch in einem kleinen auf der Feldmark des Dorfs gelegenen See, und ist zu Jezenow in der Stolpschen Synode eingepfarret. Ehemals gehörte auch zu dem Gute Poblotz, nach dem Gnadenbriefe, welchen der Herzog Bogislaus XIIII. auf dem fürstlichen Hause Colbatz am 26 Januar 1625 dem Oberhofmarschall, Christoph von Hoym, ertheilte, das ihm zur Belohnung seiner treuen Dienste und seinen Erben nebst den Unterthanen zu Poblotz verliehene Recht der freyen und unentgeldlichen Fischerey auf dem Lebaschen See mit einem Herbst- und Wintergarn oder großen Cotlisch, auch andern großen und kleinen Fischerzeuge, welches Recht jedoch, nach dem von der Churfürstlichen Regierung abgestatteten Berichte, daß die Fischerey auf dem Lebaschen See zu dem Amte Stolpe gehöre, durch das zu Potsdam am 19 Januar 1688 gegebene Rescript, den von Hoym wieder abgenommen wurde. In dem Jahre 1778 erhielt der Werth des Guts Poblotz einen ansehnlichen Zuwachs, indem für 12500 Rthlr. königliche Gnadengelder das große

Schmolsinsche oder Lauenburgsche Bruch, in so fern es zu diesem Gute gehöret, trocken und urbar gemacht, eine Kuhmelkerey von 100 Kühen angeleget und 8 Büdnerfamilien angesetzet wurden. Für diese Verbeßerungen, wovon die jährlichen Einkünfte nach dem Anschlage 649 Rthlr. 3 Gr. betragen sollen, muß eine zu Gnadengehalten für adeliche Wittwen und Waisen bestimmte jährliche Abgabe von 250 Rthlr. von dem Besitzer dieses Guts bezahlet werden, welches, nach dem in dem Jahre 1634 aufgenommenen Inventarium, aus 12 besetzten Bauerhöfen, 3 Cossäthen und 2 wüsten Hufen nebst 2 Wassermühlen, wovon aber die eine schon damals verfallen war, bestand und ehemals als ein Lehn der von Teßen zu den sogenannten Schmolsinschen Gütern gehörte. Diese bestanden aus den Dörfern Schmolsin, Virchenzin, Vietkow, Zitzen, Klein-Garde, Lupow, Rambow, Poblotz, Banskow und Lübzow, mit welchen die von Teßen von den Pommerschen Herzogen Barnim, Johann Friederich, Barnim XI. und Bogislaus XIII. nach den Lehnbriefen von 1546, 3 Märtz 1575, 31 Julius 1601 und 26 April 1605 waren belehnet worden. Nachdem der Herzog Johann Friederich, mit Einstimmung seiner Brüder, der Hetzoge Bogislav, Barnim und Casimir, seiner Gemahlinn, der Fürstinn Erdmuth, gebohrnen Marggräfinn zu Brandenburg, nach einer zu Alt-Stettin am Tage Michaelis 1582 ausgefertigten Urkunde, die Anwartung auf diese Güter ertheilet hatte, wurden ihr solche auf ihre Lebenszeit, nach dem am 1 April 1608 erfolgten Tode des Schwantes von Teßen, mit welchem die von Teßensche Familie erlosch, von dem damaligen regierenden Fürsten Philipp II. übergeben. Christoph von Hoym, der bey dem letzten Pommerschen Hetzoge Bogislaus XIIII. als Oberhofmarschall in Diensten stand, und von seinem Vater, dem Fürstl. Braunschweig-Lüneburgschen geheimen Rathe und Hofrichter, Otto von Hoym, die in dem Fürstenthum Halberstadt gelegene Güter Walberg, Uslar und Schöningen geerbet hatte, die aber von seinen Nachkommen verkauft worden sind, erhielt bereits bey den Lebzeiten der Fürstinn Erdmuth, am 24 Februar 1621 die Anwartung auf das Gut Poblotz, mit welchem er nebst seinen männlichen Erben, nach dem am 13 November 1623 erfolgten Tode dieser Fürstinn, von dem Herzoge Bogislaus XIIII. am 26 Februar 1624 wirklich belehnet wurde und so nach der Stifter der Pommerschen oder so genannten blauen Linie der von Hoym geworden ist. Nach seinem Tode, kam das Gut Poblotz an seinen Sohn, Claus Rüdiger, von diesem an seine Söhne, Gneomar Reinhold, den Landrath Christoph George und Bogislav Rüdiger, hierauf aber an den mittlern allein, von diesem, nach dem brüderlichen Vergleiche von 1737, an seinen Sohn, Hans Bogislav und nach deßen am 22 April 1741 erfolgten Tode an seine Söhne, den jetzigen wirklichen geheimen Staats- Krieges- und dirigirenden Minister in Schlesien und Herrn der Güter Dyhrfurth, Wahren, Glositken, Cranz und Ganschern in Schlesien, George Carl Heinrich, und Ludewig Bogislav Gneomar. Nachdem der letzte am 27 May 1761 gestorben war, fiel das Gut Poblotz seinem ältern Bruder, dem geheimen Staatsminister von Hoym allein zu, der sich am 11 Julius 1764 mit seiner einzigen Schwester, Esther Wilhelmina von Hoym, als der jetzigen Gemahlinn des Königl. Landraths, Carl von Maßow zu Hohenselchow, auseinandersetzte.

102. Groß-Podel 2¾ Meilen von Lauenburg westnordwestwärts und 3¾ Meilen

Die adelichen Güter des Stolpschen Kreises.

len von Stolpe ostnordostwärts, hat 1 Vorwerk, 8 Bauern, 1 Coßäthen, 1 Schmiede 1 Schulmeister, auf der Feldmark des Dorfs die Vorwerke Mukry und Ulrichsfelde, eine Schäferey, verschiedene Büdner und 1 Wassermühle, 45 Feuerstellen, fruchtbaren Acker, Eichen- und Büchenholzungen und ist ein zu Stojenthin in der Stolpschen Synode eingepfarrtes Stojenthinsches Lehn, welches George Diterich Freyherr von Puttkammer besitzet. S. Wollin.

103. Klein-Podel 2 Meilen von Stolpe südostwärts, hat 2 Vorwerke, 3 Coßäthen, 3 Büdner, 1 Schmiede, 1 Schulmeister, auf der Feldmark des Dorfs 3 Kathen, wovon der eine, der Matzkenkathen genannt, zu Budow eingepfarret ist, 14 Feuerstellen, gute Weide, Fichtenholzung und ist zu Groß-Dübsow in der Stolpschen Synode eingepfarret. Die eine Hälfte des Guts Klein-Podel und die dazu gehörige eine Hälfte des Guts Daber waren ehemals alte Zitzewitzsche Lehne, sind aber jetzt Lehne der von Militz. Martin von Zitzewitz hatte, nach den Vergleichen vom 10 August 1632 und 22 Februar 1635 und nach der lehnsherrlichen Einwilligung vom 7 October 1659, in den Jahren 1626 und 1627 fünf tausend Gulden zur Einlösung dieser Güter von Oswald von Militz geliehen, welchem solche von dem Sohne des erstern, Lorenz von Zitzewitz zu Techlip, für 7699 Fl. oder 5132$\frac{1}{2}$ Rthlr. erblich verkauft wurden. Nach dem Tode des Oswald von Militz, kamen solche an seinen Sohn, Johann, und hierauf an deßen Sohn, Claus Siegmund, deßen Söhne, der Major Hans Siegmund und die Lieutenants, August Lebrecht und Wilhelm Gottfried von Militz, diese Güter als neue Lehne erbten und sie, nach dem Vergleiche vom 17 Februar 1756, erblich dem Hauptmann, George Ernst von Pirch, verkauften. Nach deßen Tode, verglichen sich seine 4 Söhne, als der Major und Flügeladjutant George Lorenz, der Hauptmann Franz Otto, der Lieutenant Nicolaus Heinrich und Johann Ernst von Pirch, am 12 Junius 1765 also, daß die oben angezeigte Hälfte des Guts Klein-Podel und die dazu gehörige Hälfte des Guts Daber, zugleich mit dem Gute Klein-Nossin, dem ältesten, dem Major und Flügeladjutanten zufielen, der die beyden ersten Güter am 20 März 1766 dem Hauptmann, Martin Friederich von Zitzewitz, verkaufte. Dieser, welcher die andre Hälfte des Guts Klein-Podel und die andre Hälfte des Guts Daber nebst dem Gute Techlip, als alte Zitzewitzsche Lehne von seinem Vater, dem Rittmeister George Gneomar, geerbet hatte, (S. Techlip unter den adelichen Gütern des Schlaweschen Kreises) hinterließ die Güter Techlip, Klein-Podel und Daber seinen beiden Söhnen, Ernst Friederich Wilhelm und Franz Martin George von Zitzewitz, die solche noch ungetheilt besitzen.

104. Poganitz 3 Meilen von Stolpe ostsüdostwärts, an dem rechten Ufer der Lupow, auf der kleinen Straße von Stolpe nach Lauenburg, hat 1 Vorwerk, 4 Bauern, 4 Coßäthen, 1 Schulmeister, auf der Feldmark des Dorfs eine Wassermühle, 15 Feuerstellen, Holzung, Fischerey in der Lupow und ist zu Lupow in der Stolpschen Synode eingepfarret. Der Vertrag, welcher vom Martin Zitzewitz zu Muttrin und Jacob Kruse zu Stolpe, als den verordneten Commissarien und Hans Zastrow zu Dargoreße und Blasius Chorke zu Vietzke, als den erbetenen Schiedsrichtern, wegen der Gränzen zwischen den Dörfern Poganitz und Gluschen, auf der Gränze zwischen Poganitz und Gluschen, 1546 am Dienstage nach Trinitatis war errichtet worden, wurde

wurde durch den Receß vom 27 August 1590 der von dem Herzoge Johann Friederich verordneten Commißarien, als des fürstll. hen Landvoigts zu Stolpe und Schlawe, Wilhelm Kleist zu Viezow, und des fürstlichen Hauptmanns zu Bütow, Lorenz Somnitz, bestätiget. Poganitz war ehemals, nach den Lehnbriefen der von Grumbkow von 1451, 1554, 1575, 1608, 1618 und 1621, ein altes Grumbkowsches, ist aber jetzt ein altes Pirchsches Lehn. Es wurde von Claus Curt von Pirch und deßen Gemahlinn, Juliana gebohrnen von Zitzewitz, am 26 Februar 1690 erblich für das Gut Saviat und eine baare Zugabe von 3000 Rthlr. dem geheimen Staatsrathe und Oberhofmarschall, Joachim Ernst von Grumkow, verkauft, und fiel nach deßen Tode, nach dem Rescript vom 14 April 1693, seinem Sohne, dem Obersten Philipp Otto von Grumbkow zu, von welchem es am 3 October 1706 wieder für 3000 Rthlr. dem oben erwähnten Claus Curt von Pirch verkauft wurde, deßen einziger Sohn, der Hauptmann Ernst Friederich, es erbte und es bey seinem Leben seinen Söhnen, Hans Felix und dem Preußischen Justizdirector zu Liebstadt und jetzigen Präsidenten des Hofgerichts zu Cößlin, Ewald George von Pirch, die am 16 März 1764 mit diesem Gute belehnet wurden, abtrat, da es denn durch das Loos für 5000 Rthlr. dem ersten zufiel. Diesem wurde von dem Hauptmann, Wilhelm Christian von Kleist, die in dem Rambowschen Walde belegene Holzcavel, nach dem Vergleiche vom 30 Junius 1772, für 2500 Rthlr. auf ewige Zeiten verkauft und am 13 Januar 1779 und 28 April 1781 für einen Nachschuß von 250 Rthlr. mit dem völligen Eigenthum derselben überlaßen.

105. Prebentow gemeiniglich Pürmdow genannt, ein adelicher Wohnsitz, 4 Meilen von Stolpe nordostwärts und 4½ Meilen von Lauenburg nordwestwärts, hat jetzt 2 Vorwerke, 4 Coßäthen, 1 Schulmeister, 18 Feuerstellen, fruchtbaren Acker, Holzung und ist zu Stojenthin in der Stolpschen Synode eingepfarret. Prebentow war ehemals ein altes Lehn der von Prebentow, welches aus 3 Antheilen bestand, die in dem Land- und Hypothekenbuche mit (a), (b) und (c) bezeichnet, jetzt aber mit einander vereiniget sind und einem Besitzer gehören. Prebentow (a) kam von den von Prebentow an die von Stojenthin, deren Lehn es jetzt ist. Es wurde von Claus Friederich von Stojenthin, dem Landrathe von Hoym, von diesem dem Generallieutenant, George Diterich von Puttkammer, verkauft und von diesem am 7 November 1727 für 1333 Rthlr. 8 Gr. tauschweise für einen Theil von Groß-Podel, der Wittwe des Bogislav Rüdiger von Hoym, Gertrud Sophia von Puttkammer, und deren Kindern überlaßen, worauf es der Hauptmann, Joachim Christoph von Stojenthin von Lorenz Heinrich von Puttkammer, als dem gerichtlich bestellten Vormunde der Fräulein von Hoym, für 2150 Rthlr. einlösete. Ein Theil von Prebentow (b) wurde von den 3 Söhnen des Christoph Martin von Prebentow, am 11 August 1690 erblich dem Martin Döring von Goddentow verkauft und fiel nach deßen Tode, seinem Sohne, Jacob Döring, und Schwiegersohne, Ernst Ludewig von Goddentow, nach dem Theilungsvergleiche vom 26 April 1719 aber, dem ersten allein zu, welcher diesen Theil zwar nur, nach dem Vergleiche vom 13 Julius 1739 für 2200 Fl. Pommersch auf 30 Jahre dem Jacob Ludewig von Bandemer verpfändete, weil er aber solchen nicht zu Lehn genommen hatte, durch den Rechtsspruch vom 24 März 1743 seines Einlö-

Die adelichen Güter des Stolpschen Kreises.

Einlösungsrechtes für verlustig erkläret wurde. Ein andrer Theil von Prebentow (b), welcher von Paul Ernst von Puttkammer, am 16 October 1717 für 800 Fl. Polnisch oder 266 Rthlr. 16 Gr. dem George Ernst von Stojenthin überlaßen wurde und nach deßen Tode, seinem Sohne, dem Lieutenant Lorenz George zugefallen war, wurde zugleich mit einem noch andern Theile von Prebentow (b), welchen Ernst Asmus von Stojenthin zu Virow am 22 April 1727 für 800 Fl. Polnisch oder 266 Rthlr. 16 Gr. seinem Vetter, dem Lieutenant Lorenz George von Stojenthin, verkauft hatte, von diesem am 11 April 1733 wiederkäuflich auf 30 Jahre für 633 Rthlr. 8 Gr. dem Jacob Ludewig von Bandemer verkauft, deßen nachgelaßene Söhne, der Lieutenant, George Ludewig, und der Fähnrich Ernst Friederich, mit dem Gute Prebentow (b) am 11 Februar 1752, als mit einem neuen Lehne belehnet wurden, welches von ihnen am 5 September 1765 für 2200 Rthlr. unwiederruflich dem Hauptmann, Joachim Christoph von Stojenthin, und von diesem zugleich mit Prebentow (a) am 28 October 1773 für 4450 Rthlr. dem Otto Christoph von Stojenthin verkauft wurde. Prebentow (c) wurde von den von Prebentow erblich dem Martin Döring von Goddentow verkauft und kam nach deßen Tode, an seinen Schwiegersohn, Ernst Ludewig von Goddentow, welcher es, nach dem Vergleiche vom 20 May 1735, für 1333 Rthlr. 8 Gr. auf 25 Jahre dem Adrian Rüdiger von Maßow verpfändete. Weil aber die von Goddentow es nicht zu Lehn genommen hatten und außer Landes gegangen waren, so wurden sie durch den Rechtsspruch vom 24 März 1742 ihres Wiedereinlösungsrechts für verlustig erkläret. Nach dem Tode des Adrian Rüdiger von Maßow, kam Prebentow (c) an seine Wittwe, eine geborne von Zastrow und nach deren 1756 erfolgten Tode, an den Major Hans Rüdiger von Maßow, hierauf aber an den Hauptmann bey dem von Düringshofenschen Regimente, George Ulrich von Maßow, welcher das durch das Rescript vom 19 Januar 1769 allodificirte Gut Prebentow (c) am 8 März 1769 für 3000 Rthlr. dem Hauptmann bey dem von Döringshofenschen Regimente, George Friederich Peter von Greiffenberg, verkaufte. Dieser verkaufte das in Prebentow belegene sogenannte kleine Höfchen am 30 März 1769 für 200 Rthlr. und den sogenannten Maßowschen Antheil nebst dem dabey befindlichen sogenannten von Stojenthinschen Hofe in Prebentow, am 17 May 1777 unwiederruflich für 2000 Rthlr. dem Otto Christoph von Stojenthin, welcher jetzt das ganze Gut Prebentow besitzet.

106. Groß-Rakitt 5½ Meilen von Stolpe südostwärts, an 2 kleinen Seen, hat 1 Vorwerk, 5 Bauern, 2 Halbbauern, 4 Coßäthen, 1 Schulmeister, auf der Feldmark des Dorfs das Vorwerk Philippsruhe, welches mit einem dabey gelegenen Kathen an das Westpreußische Amt Mirchow gränzet, und mit Einschließung einer Schmiede noch 6 andre Kathen, 38 Feuerstellen, das Recht des Mitpatronats über die Mikrowsche Kirche, Eichen- Büchen- und Fichtenholzungen, Fischerey und ist ein zu Mikrow in der Stolpschen Synode eingepfarrtes Münchowsches Lehn, welches der Rittmeister, Siegmund Adam von Wildberg, besitzet. S. Coseymühle. Für die bey dem Gute Groß-Rakitt und dem dazu gehörigen Vorwerke Philippsruhe imgleichen dem Gute Wottnogge, neuerlich für 5800 Rthlr. königliche Gnadengelder vorgenommene

Der Stolpsche Kreis.

kommene Verbesserungen, wovon die jährlichen Einkünfte nach dem Anschlage überhaupt 290 Rthlr. betragen sollen, muß eine jährliche Abgabe von 58 Rthlr. von dem Besitzer dieser Güter an die Kreiscasse bezahlet werden.

107. **Klein-Rakitt** 2¼ Meilen von Lauenburg südsüdwestwärts, eben soweit von Bütow nordnordostwärts und 5 Meilen von Stolpe südostwärts, in einem Thale, an der Straße von Lauenburg nach Bütow, hat 4 Bauern, 1 Halbbauer, auf der Feldmark des Dorfs einen an der Straße von Lauenburg und Bütow gelegenen Krug, der Paschen- oder Paßlerkrug genannt, 6 Feuerstellen und ist ein zu Mikrow in der Stolpschen Synode eingepfartes Allodialgut, welches der Hauptmann Caspar Friederich von Massow besitzet. S. Cosemühle.

108. **Rambow** 2⅜ Meilen von Stolpe ostsüdostwärts, hat 1 Vorwerk, 1 Wassermühle, 6 Bauern, 3 Coßäthen, 14 Feuerstellen, Büchen- und Fichtenholzungen und war ehemals ein Kettelhackisches Lehn, welches zu Lupow in der Stolpschen Synode eingepfärret ist und jetzt von dem Hauptmann, Wilhelm Christian von Kleist, besessen wird. S. Wendisch-Carstnitz.

109. **Reitz** ein Rittersitz, ⅝ Meile von Stolpe gegen Osten, in einer ebenen, fruchtbaren Gegend, auf der Post- und großen Landstraße von Berlin nach Preußen, welche bey dem hiesigen Kruge vorbey gehet und sich hier theilet, so daß der Postweg nach Manzwitz, die Frachtstraße aber nach Sageritz führet, hat 1 Vorwerk, 1 Bauer, 1 Krug, auf der Feldmark des Dorfs das Vorwerk Neidetzin, die Colonie Neu-Reitz, die aus 3 Bauerhöfen und 6 Büdnerwohnungen bestehet, und eine Wassermühle, 16 Feuerstellen, Fichtenholzung und ist zu Weßin in der Stolpschen Synode eingepfarret. Für die bey dem Gute Reitz in dem Jahre 1773 für 2100 Rthlr. königl. Gnadengelder und bey eben demselben Gute und dem Dorfe Weßin in dem Jahre 1776 abermals für 1350 Rthlr. königliche Gnadengelder vorgenommene Verbesserungen, wovon die jährlichen Einkünfte nach den Anschlägen überhaupt 170 Rthlr. betragen sollen, muß eine jährliche Abgabe von 69 Rthlr. von dem Besitzer dieser Güter bezahlet werden. Die Güter Reitz und Weßin waren ehemals Lehne der von Wopten, nach deren Abgange die von Somnitz und von Krockow mit denselben belehnet wurden. Von diesen kaufte sie der Oberste, Friederich Asmus von Baudemer, welcher ihnen dagegen das Gut Bilgelow überließ und mit den Gütern Reitz und Weßin belehnet wurde. Sie fielen nach seinem Tode seinem einzigen Sohne und Erben, Carl Ludewig von Bandemer zu, welcher sie, nach dem Vergleiche vom 6 May 1781, für 18300 Rthlr. dem Major George Ludewig von Katzler verkaufte.

110. **Rexin** 2¼ Meilen von Lauenburg gegen Westen und 3¾ Meilen von Stolpe gegen Osten, auf dem Wege von Schmolsin nach Lauenburg und Danzig, hat 3 Vorwerke, 5 Bauern, 2 Halbbauern, 5 Coßäthen, 1 Schulmeister, auf der Feldmark des Dorfs eine Wassermühle, 22 Feuerstellen, fruchtbaren Acker, wenige Holzung und ist ein zu Stojentzin in der Stolpschen Synode eingepfarretes altes Lehn der von Rexin, welches ehemals aus 3 in dem Land- und Hypothekenbuch

mit (a)

Die adelichen Güter des Stolpschen Kreises.

mit (a) (b) und (c) bezeichneten Antheilen bestand, wovon aber die beiden ersten jetzt mit einander vereiniget sind und einem Besitzer gehören. Rexin (a), wozu ein Rittersitz oder Vorwerk, 2 Bauern, 2 Halbbauern, 3 Coßäthen und 2 Büdner gehören, fiel nach dem Tode des Claus Heinrich von Rexin seinem Sohne, Franz Friederich zu, mit dessen Wittwe, Margaretha Judith gebohrnen von Lietzen, sich der nächste Lehnsfolger, Franz George von Rexin, am 2 und 3 September 1775 auseinander setzte und Rexin (a) für den gerichtlichen Werth zu 2106 Rthlr. 17 Gr. 10⅔ Pf. annahm, es aber am 31 October 1776 erblich für 4400 Rthlr. dem Hauptmann Carl Friederich von Wohrmann verkaufte, worauf sich der Königl. Polnische Artilleriecapitain, Friederich von Rexin, am 21 Februar 1780 seines Lehnrechts entsagte und die übrigen Agnaten am 8 März 1780 von dem Königl. Hofgerichte zu Cößlin präcludiret wurden. Nach dem ohne männliche Erben erfolgten Tode des Hauptmanns von Wohrmann, fiel Rexin (a) seiner einzigen Schwester, der vermählten Hauptmannin von Bonin, Charlotta Friederika gebohrnen von Wohrmann zu, die es am 30 October 1779 wieder erblich für 4400 Rthlr. dem Lieutenant Johann Bogislav von Rexin verkaufte. Rexin (b) bestehet in einem Rittersitze oder Vorwerke, oder in dem so genannten großen Hofe nebst 2 Bauern, 2 Coßäthen und dem Hirtenkathen und kam zugleich mit Rexin (c), welches ein Vorwerk oder den so genannten kleinen Hof mit einem ganzen und einem halben Bauerhofe begreift, von Barthel oder Barthold von Rexin, an seinen Sohn, Barthold Friederich, nach dessen am 13 Februar 1760 erfolgten Tode, sich seine Kinder am 13 Julius 1768 also auseinander setzten, daß Rexin (b) für 2444 Rthlr. 10 Gr. 8 Pf. dem Lieutenant, Johann Bogislav von Rexin, Rexin (c) aber für 1222 Rthlr. 5 Gr. 4 Pf. dem Hauptmann, Franz Ernst von Rexin, zufielen.

111. Roggatz oder Rogatsch 1 Meile von Stolpe ostnordostwärts, hat 1 Vorwerk, 3 Bauern, 1 Coßäthen, 1 Schulmeister, 10 Feuerstellen, fruchtbaren Acker, wenige Holzung und ist ein zu Freist in der Stolpschen Synode eingepfarrtes altes Bandemersches Lehn. Asmus von Bandemer, welcher ⅞ dieses Guts, nachdem ihm solche von dem Cößlinschen Hofgerichte am 14 November 1744 waren zuerkannt worden, für 533 Rthlr. 8 Gr. von den Erben des Christoph von Bandemer eingelöset und von eben denselben ⅛ dieses Guts, am 19 Februar 1749 für 400 Rthlr. gekauft hatte, überließ dieses ganze Gut seinem Sohne, George Christian von Bandemer. Nachdem dieser gestorben war und keine Leibeserben hinterlaßen hatte, fiel dasselbe seinem Brudersohne, Gerhard Friederich von Bandemer, nach der von demselben am 25 November 1765 mit des verstorbenen Wittwe, Christiana Catharina gebohrnen von Pirch, und seiner Schwester, Anna Louisa von Bandemer, vorgenommenen Auseinandersetzung zu und wurde von ihm am 15 October 1774 für 4000 Rthlr., mit Einstimmung einiger Geschlechtsvettern von Bandemer, dem Lorenz Friederich von Pirch, von diesem aber, nach dem Vergleiche vom 9 October 1781, für 5000 Rthlr. dem Nikolaus Christoph von Somnitz verkauft.

112. Rotten 2¾ Meilen von Stolpe nordnordostwärts, auf einem Berge, an dem Gardeschen See, hat 2 Vorwerke, 4 Bauern, 1 Coßäthen, auf der Feldmark

des Dorfs, die an dem Ufer des Gardeschen Sees gelegenen Fischerwohnungen Blotky, Dryon und op de Landen genannt, 13 Feuerstellen, Eichen= und Büchen= holzungen, beträchtliche Fischerey auf dem Gardeschen See und ist ein zu Groß= Garde in der Stolpschen Synode eingepfarrtes Dorf, welches aus 3 Antheilen be= stehet. Rotten (a), ein adelicher Wohnsitz nebst einem dazu gehörigen Bauer oder Fischer in Witrstock oder Wittstock (c), bestehet in einem Vorwerke und einem Bauer in Rotten und war ehemals ein altes Bandemersches Lehn. Es fiel nach dem Tode des Christoph von Bandemer, nach dem brüderlichen Theilungsvergleiche vom 8 December 1732, seinem Sohne, dem Hauptmann Peter Gerd von Bandemer zu, von welchem es an eben demselben Tage auf 6 Jahre seinem Schwager, Johann George von Stojenthin zu Guhmerow, von diesem am 31 May 1739 der Wittwe des Joachim Siegfried von Bandemer und nachmaligen Gemahlinn des Carl Eberhard von Sto= jenthin, Barbara Hedwig gebohrnen von Kleist, von dieser dem Johann Victor von Wesenbeck und von diesem am 25 April 1749 eben derselben Wittwe von Stojenthin wieder verkauft wurde, bis es endlich derselben, nachdem die Lehnsfolger durch den Verhörsbescheid vom 25 Junius 1749 mit ihrem Einlösungsrechte waren präclubi= ret worden, für 2000 Rthlr. erb= und eigenthümlich zuerkannt wurde. Ihre nach= gelaßenen 3 Töchter, als die jetzt vermählte Hauptmannin von Puttkammer, Anna Hedwig gebohrne von Bandemer, die verwittwete Hauptmannin von Stojenthin zu Prebentow, Margaretha Sophia gebohrne von Bandemer und die Hauptmanninn, Barbara Sabina von Kleist, gebohrne von Bandemer, setzten sich am 12 October 1777 also auseinander, daß die Hauptmannin von Puttkammer, Anna Hedwig ge= bohrne von Bandemer, dieses Gut erhielt. Rotten (b) bestehet in einem Vorwerke, 2 Bauern, 1 Coßäthen und ist ein altes Bandemersches Lehn, welches der Haupt= mann Joachim Bogislav von Bandemer besitzet. S. Wittbeck (a). Rotten (c) bestehet in einem Bauerhofe, welchen der Lieutenant Carl Friederich Bogislav von Bandemer besitzet.

113. Rowe hat adelichen Antheils 18 Fischerkathen, wovon 12 dem Gerhard Friederich von Bandemer zu Schönenwalde und 6 zu dem Gute Selesen gehören. Der übrige Theil des Dorfs Rowe ist königlich. S. Rowe unter den Dörfern des königlichen Amts Schmolsin.

114. Rowen 2⅞ Meilen von Stolpe nordostwärts, in einem Thale und an ei= nem kleinen Bache, der mitten durch das Dorf fließet, hat 1 Vorwerk, 5 Bauern, 4 Halbbauern, 2 Coßäthen, 23 Feuerstellen, Holzung und ist ein zu Glowitz in der Stolpschen Synode eingepfarrtes altes Stojenthinsches Lehn, welches der Hauptmann Christian Adam Marschall von Bieberstein besitzet. S. Rumske.

115. Rumske oder Rumbske 2½ Meilen von Stolpe nordostwärts, auf einem Berge, an einem Büchenwalde, hat 1 Vorwerk, 8 Bauern, 2 Coßäthen, 1 Krug in dem Dorfe Glowitz, 1 Schmiede, 1 Schulmeister, 16 Feuerstellen, Eichen= und Büchenholzung und ist zu Glowitz in der Stolpschen Synode eingepfarret. Die Gü= ter Rumske, Rowen und Zeblin sind alte Stojenthinsche Lehne, welche der Deca=

aus

Die adelichen Güter des Stolpschen Kreises.

nus von Podewils pfandweise besaß. Nach dem Theilungsvergleiche seiner Tochter mit ihrem Bruder, Otto Christoph von Podewils, vom 22 September 1731 fielen das Gut Rumske nebst dem dazu gehörigen Kruge in Glowitz für 8000 Rthlr., das Gut Rowen für 7400 Rthlr. und das Gut Zeblin für 4800 Rthlr. der erstern zu, welche diese Güter ihrem Gemahl, dem Hauptmann Ludewig Friederich Marschall von Bieberstein, zum Brautschatze zubrachte, nach dessen Tode solche an seinen einzigen Sohn, den Hauptmann bey dem von Pfuhlschen Regimente und Prälaten, Christian Adam Marschall von Bieberstein, kamen.

116. **Groß-Runow** 2 Meilen von Lauenburg westsüdwestwärts und 4 Meilen von Stolpe ostsüdostwärts, hat 1 Vorwerk, 6 Bauern, 6 Coßäthen, 1 Schmiede, 1 Schulmeister, eine Kapelle, die ehemals ein Filial von Schurow war, jetzt aber nicht mehr gebraucht wird, auf der Feldmark des Dorfs eine Wassermühle und eine Holzwärterey, Nowienne genannt, 26 Feuerstellen, beträchtliche Eichen- Büchen- und Fichtenholzungen und ist ein zu Schurow in der Stolpschen Synode eingepfarrtes altes Grumbkowsches Lehn, welches die Wittwe von Podewils, Friederika gebohrne von Grumbkow, besitzet. S. Lupow. Von dem wirklichen geheimen Staats- und Kriegesrathe, Oberhofmarschall, Generalkriegescommissarius und Schloßhauptmann zu Berlin, Joachim Ernst von Grumbkow, wurde in dem Dorfe Groß-Runow, mit Genehmigung des Churfürsten Friederich III., nach dem zu Lupow am 3 März 1690 ausgefertigten Stiftungsbriefe, ein Kloster für 12 arme Jungfern, wovon 4 vom adelichen und 8 vom bürgerlichen Stande seyn sollen, gestiftet, die von dem Stifter und seinen Erben in dieses Kloster aufgenommen und jährlich, außer der freyen Wohnung, für ein gewißes Einkaufsgeld, und zwar eine jede adeliche Jungfer 30 Rthlr. und eine jede bürgerliche 15 Rthlr. bekommen, auch die adelichen zusammen einen Garten und die bürgerlichen 2 Garten haben, allen überhaupt aber 20 Fuder Holz geliefert werden sollen. Jetzt bekömmt noch eine jede von den 4 adelichen Jungfern jährlich 30 Rthlr. und eine jede von den 8 bürgerlichen 15 Rthlr., die ihnen von der Besitzerinn dieses Guts ausgezahlet werden. Wohnung, Garten und Holz erhalten sie nicht mehr und bezahlen auch kein Einkaufsgeld.

117. **Klein-Runow** gehöret größtentheils zu dem Schlaweschen Kreise, zu dem Stolpschen aber werden 1½ steuerbare Landhufen gerechnet. S. Runow unter den adelichen Gütern des Schlaweschen Kreises.

118. **Ruschitz** oder Rusche 3 Meilen von Stolpe ostnordostwärts, in einem Thale, hat 1 Vorwerk, 8 Bauern, 3 Coßäthen, 1 Schmiede, 1 Schulmeister, 31 Feuerstellen, Eichen- und Büchenholzung und ist ein zu Glowitz in der Stolpschen Synode eingepfarrtes Kleistsches Lehn. Nach dem Tode des Joachim Ewald von Kleist, verglichen sich seine Söhne am 16 April 1740 also, daß es dem ältesten Sohne, dem Lieutenant, Franz Casimir von Kleist, für 12000 Rthlr. überlaßen wurde.

119. **Sagerke** 1½ Meilen von Stolpe südsüdwestwärts, hat 1 Vorwerk, 5 Bauern,

Der Stolpsche Kreis.

ern, 2 Coßäthen, 1 Schulmeister, mit Einschließung eines auf der Feldmark des Dorfs gelegenen Kathen, der Sagerker Fichtenkathen genannt, 17 Feuerstellen, Fichtenholzung, Fischerey und ist ein zu Culsow in der Stolpschen Synode eingepfarrtes Lehngut, welches der Rittmeister Christian Wilhelm von Böhn besitzet. S. Culsow. Für die bey dem Gute Sagerke in dem Jahre 1772 für 493 Rthlr. 8 Gr. königliche Gnadengelder vorgenommene Verbesserungen, wovon die jährlichen Einkünfte nach dem Anschlage 12 Rthlr. betragen sollen, muß eine zu Gnadens gehaltene für adeliche Wittwen und Waisen bestimmte jährliche Abgabe von 9 Rthlr. 22 Gr. von dem Besitzer dieses Guts bezahlet werden.

120. Sanskow 1 Meile von Stolpe gegen Süden, zwischen den Dörfern Loßin und Quackenburg, an der Stolpe, welche nicht weit von dem Dorfe nordwärts vorbeyfließet, hat 1 Vorwerk, 4 Bauern, 2 Coßäthen, 1 Schulmeister, 17 Feuerstellen und ist zu Zirchow in der Stolpschen Synode eingepfarret. Der Herzog Bogislaus bestätigte, nach einer zu Rügenwalde am Donnerstage vor Invocavit 1507 ausgefertigten Urkunde, den Vergleich, nach welchem Thomas Massow sein halbes Dorf Reblin dem Jürgen Stucke zu Sanskow und dieser dagegen dem ersten sein Dorf Sanskow vertauscht und verkauft hatte, und ertheilte dem Thomas Massow und dessen männlichen Lehnserben, wie auch dessen Brüdern und Vettern das Gut Sanskow als ein Massowsches Lehn, welches nach dem Tode des Hauptmanns, Erdmann Casimir von Massow, nach dem Theilungsvergleiche vom 17 November 1747 für 4500 Rthlr. seinem Sohne, dem Major Ewald Heinrich zufiel. Dieser verkaufte es am 27 März 1773 erblich für 7300 Rthlr. dem Hauptmann, Friederich von Zitzewitz zu Brotzen, worauf das Geschlecht der von Massow durch den Rechtsspruch vom 1 October 1773 mit dem Rechte, dieses Gut, welches jetzt die Erben des Hauptmanns von Zitzewitz besitzen, wieder einzulösen, præcludiret wurde.

121. Saviat ein freyes Rittergut, 4¼ Meilen von Stolpe südostwärts, an dem großen See Lupowske, auf der Post- und Landstraße von Lauenburg nach Bütow, hat 1 Vorwerk, 2 Coßäthen, 5 Feuerstellen, gute Fichtenholzungen und ist ein zu Groß-Nossin in der Stolpschen Synode eingepfarrtes neues Stojenthinsches Lehn, welches der Hauptmann Michael Stanislaus von Zerowsky besitzet. S. Globbow.

122. Schlackow 1½ Meilen von Schlawe nordnordostwärts, hat 3 Vorwerke, 4 Bauern, 3 Coßäthen, 1 Schulmeister, auf der Feldmark des Dorfs 3 Fischerkathen, 17 Feuerstellen, einen Antheil an dem Patronatrechte zu Marsow, die gemeinschaftliche Fischerey mit den Gütern Görshagen und Wetzke auf dem Wetzker und Marsowschen See mit kleinen und großen Netzen, einen Antheil an dem auf den Marsowschen, Schlackowschen und Görshagenschen Feldern belegenen Holze, wie auch die gemeinschaftliche Jagdgerechtigkeit auf eben diesen Feldern und ist ein zu Marsow in der Rügenwaldeschen Synode eingepfarrtes Puttkammersches Lehn, welches aus 2 Antheilen bestehet. Schlackow (a), mit dem dazu gehörigen Gute Marsow (c) und einem Bauer in Görshagen, bestehet in 2 Vorwerken, oder dem sogenannten großen und Mittelhofe, 2 Bauern, 3 Coßäthen, 2 Fischerkathen und fiel nach dem

Tode

Die adelichen Güter des Stolpschen Kreises. 1001

Tode des Lieutenant, Joachim Ernst von Puttkammer, nach der am 19 bis 21 März 1773 vorgenommenen Auseinandersetzung seiner Kinder für 8187 Rthlr. 20 Gr. 4 Pf. seinem Sohne, dem Fähnrich Gerd Bogislav von Puttkammer zu. Schlackow (b) bestehet in einem Vorwerke, oder dem sogenannten Niederhofe nebst 2 Bauern und einem Fischerkathen und gehöret dem Lieutenant Franz Ludewig George von Puttkammer zu Pansin. S. Görshagen. Das Dorf Schlackow gehöret theils zu dem Stolpschen, theils zu dem Schlaweschen Kreise. Zu dem ersten werden 5 $\tfrac{7}{16}$ steuerbare Landhufen gerechnet. S. Schlackow unter den adelichen Gütern des Schlaweschen Kreises.

123. Schmaatz hat 5 zu dem Dorfe Nipnow gehörige Bauerhöfe und ist ein Allodialgut, welches der Oberstlieutenant Carl Siegmund von Pirch besitzet. S. Nipnow. Der übrige Theil des Dorfs Schmaatz gehöret der Stadt Stolpe. S. Schmaatz unter den Eigenthumsgütern der Stadt Stolpe.

124. Schönenwalde ein adelicher Wohnsitz, 2 $\tfrac{1}{4}$ Meilen von Stolpe nordnordostwärts, hat 2 Vorwerke, 2 Bauern, 4 Halbbauern, 3 Coßäthen, 1 Schmiede, 1 Schulmeister, auf der Feldmark des Dorfs 2 Holzkathen, Eudry, Rovk und Poromb genannt, 17 Feuerstellen, Holzung, Fischerey und ist zu Rowe in der Stolpschen Synode eingepfarret. Für die neuerlich bey dem Gute Schönenwalde für 1200 Rthlr. königliche Gnadengelder vorgenommene Verbesserungen, wovon die jährlichen Einkünfte nach dem Anschlage 212 Rthlr. 8 Gr. betragen sollen, muß eine jährliche Abgabe von 12 Rthlr. an die Kreiscasse von dem Besitzer dieses Guts bezahlet werden, welches ein altes Bandemersches Lehn ist, wovon ein Theil nach dem Tode des Asmus von Bandemer, seinem ältesten Sohne, George Christian, zufiel und von diesem am 4 December 1725 und 8 September 1728 für 3000 Rthlr. seinem Bruder, Gneomar, überlaßen wurde. Der andre Theil dieses Guts wurde von der Wittwe und den Erben des Rittmeisters, George von Bandemer, am 15 April 1668 für 5600 Gulden Pommersch dem Ernst Bogislav von Frost verpfändet, von diesem am 2 December 1675 für 3733 Rthlr. 8 Gr. dem George Anton von Kameke, von diesem am 1 Julius 1690 für 4000 Rthlr. dem Peter Christoph von Sonnitz und von dessen Sohne, Carl Ludewig, am 14 August 1741 für 4700 Rthlr. der verwittweten Landräthin von Lettow, Sophia Elisabeth gebohrnen von Lettow, überlaßen, nach deren Tode dieser Theil an ihre Enkelin, Barbara Corona von Lettow verwittwete von Below kam, von welcher Gneomar von Bandemer solchen wieder einlösete. Sein nachgelaßener Sohn, Gerhard Friederich von Bandemer, erbte das ganze Gut Schönenwalde und lösete die Hälfte des bey Weitenhagen belegenen großen Roffs als ein Bandemersches Lehn am 22 Julius 1774 für 350 Rthlr. von Carl Ludewig Bogislav von Ramel ein.

125. Schojow oder Sgojow 2 Meilen von Stolpe nordostwärts, in einem Thale, an dem linken Ufer der Lupow, hat 1 Vorwerk, 1 Wassermühle, 6 Bauern, 1 Schmiede, 1 Schulmeister, auf der Feldmark des Dorfs eine Schäferey, 19 Feuerstellen und ist zu Groß Garde in der Stolpschen Synode eingepfarret. Für die bey dem Gute

Der Stolpsche Kreis.

Gute Schojow in dem Jahre 1776 für 1300 Rthlr. königliche Gnadengelder vorgenommene Verbeßerungen, wovon die jährlichen Einkünfte nach dem Anschlage 56 Rthlr. betragen sollen, muß eine zu Gnadengehalten für adeliche Wittwen und Waisen bestimmte jährliche Abgabe von 26 Rthlr. von dem Besitzer dieses Guts bezahlet werden, welches ehemals ein Lehn der von Rexin war. Nach dem Tode des Franz George von Rexin, verglich sich seine Wittwe, Ingeburg Sophia von Kettwig, mit ihren Kindern am 7 Februar 1738 also, daß dieses Gut für 5333 Rthlr. 8 Gr. ihrem einzigen Sohne, dem Lieutenant Franz George von Rexin, überlaßen wurde; welcher es am 21 September 1763 erblich für 11000 Rthlr. dem Generalmajor und nachmaligen Generallieutenant, Wilhelm Sebastian von Belling, verkaufte, deßen Erben es jetzt besitzen. Nachdem die Agnaten durch den Rechtsspruch vom 27 Junius 1764 waren prädludiret worden, wurde dieses Gut von Sr. Majestät dem Könige am 25 May 1765 allodificiret.

126. Schottrin in dem Land- und Hypothekenbuche Schrin genannt, 2¼ Meilen von Stolpe nordostwärts, in einem Thale und an einem Bache, der mitten durch das Dorf fließet und in den Lebaschen See fällt, hat 2 Vorwerke, 4 Bauern, 5 Coßäthen, 1 Schulmeister, 16 Feuerstellen und ist ein zu Glowitz in der Stolpschen Synode eingepfarrtes altes Stojenthinsches Lehn, welches aus 2 Antheilen bestehet. Schottrin (a) ein adelicher Wohnsitz, als die eine Hälfte des Dorfs, fiel nach dem 1744 erfolgten Tode des Claus Jacob von Stojenthin, seinem einzigen Sohne, Franz Gustav und nachdem derselbe nebst seiner Mutter gestorben war, deßen beiden Schwestern zu, von welchen es die jüngste am 16 April 1764 für 5500 Rthlr. dem Gemahl ihrer ältesten Schwester, dem Hauptmann Peter Friederich von Stojenthin überließ. Schottrin (b) oder die andre Hälfte des Dorfs, kam von Johann Friederich von Stojenthin, an seinen Sohn, Adrian Heinrich, der es wegen seines hohen Alters am 1 October 1766 für 4026 Rthlr. seinem Sohne, August Ferdinand, abtrat, deßen Wittwe, Gottlieb Wilhelmina Hedwig gebohrne von Zitzewitz, sich mit ihren Kindern am 9 December 1775 und 14 October 1777 also auseinandersetzte, daß dieses Gut für 4216 Rthlr. 18 Gr. ihren beiden Stiefsöhnen, als Heinrich August Friederich Wilhelm und Philipp Adrian Heinrich Tetzlaff von Stojenthin, überlaßen wurde.

127. Schottofske ein steuerfreyes Gut, 3¼ Meilen von Stolpe südostwärts, zwischen 2 Seen, Groß- und Klein-Schottofske genannt, aus deren erstern die Schottow entspringt, die nahe bey dem Dorfe eine Schneide- und Kornmühle treibt und hierauf in den See Klein-Schottofske fällt, hat 1 Vorwerk, 1 Korn- und Schneidemühle, 4 Coßäthen, auf der Feldmark des Dorfs einen Holzkathen Nackel und einen Kathen Zemne genannt, 10 Feuerstellen, gute Holzungen, beträchtliche Fischerey in den obengenannten 2 Seen und ist ein zu Groß-Nossin in der Stolpschen Synode eingepfarrtes Puttkammersches Lehn, welches Johann Wilhelm von Puttkammer besitzet. S. Kleschinz.

128. Schurow ein adelicher Wohnsitz, 1¼ Meilen von Lauenburg gegen Westen und 4⅔ Meilen von Stolpe gegen Osten, hat 1 Vorwerk, 1 Prediger, 1 Küster, 5 Bauern,

Die adelichen Güter des Stolpschen Kreises.

5 Bauern, 2 Halbbauern, 1 Schmiede, 1 Holzwärterwohnung, die an der Schurowschen Holzkavel bey Dryngowe liegt, 21 Feuerstellen, eine zu der Stolpschen Synode gehörige und unter dem Patronate der Besitzer der Güter Schurow und Langböse stehende Mutterkirche, zu welcher die Dörfer Wangerske, Darsow, Groß-Rnuow, Zechlin, das Ackerwerk Pottangow, die Dörfer Klein-Gluschen, Langböse und Bunkow und die zu dem Gute Gohren gehörige Holzwärterey Wusette eingepfarret sind, und eine Kavel Holz auf der Langbösefchen Feldmark. Ein Theil dieses Guts, welcher ehemals theils ein altes Stojenthüsches, theils ein Lehn der von Wobeser war und von Martin von Wobeser besessen wurde, gerieth in Concurs und wurde verschiedenen Gläubigern zuerkannt, die ihre Rechte dem Hauptmann Heinrich Wilhelm von Somnitz abtraten, deßen nachgelaßene Kinder, als der Lieutenant Friederich Wilhelm, der Fähnrich Heinrich August, die Fräulein Johanna Maria und Charlotta Friederika von Somnitz, sich am 11 und 12 August 1755 also auseinander setzten, daß dieser Theil durch das Loos dem Lieutenant Friederich Wilhelm von Somnitz zufiel. Dieser verkaufte solchen am 26 April 1763 unwiederruflich für 4500 Rthlr. den Gebrüdern Joachim Ernst und George Gottlieb Riß, welche, nachdem sie auch den vierten Theil dieses Guts am 24 Junius 1763 für 750 Rthlr. von den Generalmajor Philipp Wilhelm von Grumbkow gekauft hatten, (S. Lupow) und die von Wobeser und von Stojenthin, so an diesem Gute ein Lehnrecht gehabt hatten, durch die Rechtssprüche vom 2 März 1767 und 18. April 1768 waren präcludiret worden, das ganze Gut Schurow am 2 May 1781 für 9000 Rthlr. dem Hauptmann Carl Friederich Wilhelm von Puttkammer verkauften.

129. **Schwarzin** gehöret größtentheils zu dem Schlaweschen Kreise, zu dem Stolpschen aber werden $1\tfrac{7}{8}$ steuerbare Landhufen gerechnet. S. Schwarzin unter den adelichen Gütern des Schlaweschen Kreises.

130. **Schwetzkow** 2 Meilen von Stolpe ostnordostwärts, hat 1 Vorwerk, 6 Bauern, 1 Schulmeister, der jährlich ein königliches Gnadengehalt von 40 Rthlr. erhält, 27 Feuerstellen, Eichen- und Büchenholzungen und ist zu Dammen in der Stolpschen Synode eingepfarret. Für die bey dem Gute Schwetzkow in dem Jahre 1774 für 4800 Rthlr. königliche Gnadengelder vorgenommene Verbeßerungen, wovon die jährlichen Einkünfte nach dem Anschlage 220 Rthlr. betragen sollen, muß eine zur Besoldung einiger Landschulmeister bestimmte jährliche Abgabe von 96 Rthlr. von dem Besitzer dieses Guts bezahlet werden, welches ein Lehn der von Schwetzkow oder der von Stojenthin ist, die ein Geschlecht ausmachen. Es wurde von den Erben des Anton von Stojenthin, zuerst wiederkäuflich am 20 März 1713, hernach aber von Johann Albrecht von Stojenthin am 3 März 1731 erblich, dem Hauptmann Peter George von Kleist, von diesem am 1 Junius 1737 für 6666 Rthlr. 16 Gr. dem Erdmann Joachim von Puttkammer, von deßen Wittwe, Catharina Ingeburg Charlotta gebohrnen von Rexin, dem Lorenz Wilhelm von Gottberg, hierauf aber dem Lieutenant Richard Bogislav Wilhelm von Stojenthin, nachdem ihm durch den Rechtsspruch vom 7 März 1766 das Verkaufsrecht war zuerkannt worden, von deßen Wittwe, am 4 May 1770 für 6168 Rthlr. dem Lorenz von Lettow zu Dammen und von diesem

diesem am 24 April 1772 für 6666 Rthlr. 16 Gr. dem geheimen Rathe, Michael Ernst von Böhn, für den Generalmajor und nachmaligen Generallieutenant, Wilhelm Sebastian von Belling, verkauft, deßen Erben jetzt dieses Gut besitzen.

131. Schwuchow ⅞ Meile von Stolpe nordnordostwärts, in einer fruchtbaren Gegend, hat ein großes und ein kleines Vorwerk, 1 Coßäthen, 1 Schulmeister, auf der Feldmark des Dorfs das Vorwerk Seddin, bey welchem sich 2 Coßäthen und 1 Büdner befinden, und einen Krug, der Uhlenkrug genannt, 20 Feuerstellen, gute Weide, eine Kavel Holz auf der Carzinschen Feldmark, Fischerey in Teichen und ist zu Freist in der Stolpschen Synode eingepfarret. Das Gut Schwuchow, zu welchem auch 3 Bauern in Carzin und die Hälfte der Carzinschen Wassermühle gehören, ist ein altes Mitzlaffsches Lehn, wovon ein Theil, der in ⅔ des Dorfs bestehet, nach dem Tode des Hauptmanns Carl Gustav von Mitzlaff, nach der brüderlichen Theilung vom 22 September 1763, seinem Sohne dem Major und nachmaligen Generalmajor, Franz Gustav, zufiel. Der andre Theil dieses Guts, der ⅓ deßelben ausmacht, kam von dem Major, Rüdiger Woitzlaff von Mitzlaff an seinen Sohn, den Lieutenant, Lorenz Rüdiger, nach deßen Tode aber an seinen einzigen Sohn, Barthold Lorenz und wurde, nachdem er in Concurs gerathen war, am 15 Januar 1773 für 850 Rthlr. 2 Gr. als für das meiste Gebot, dem Generalmajor Franz Gustav von Mitzlaff, zuerkannt, von welchem das ganze Gut Schwuchow am 20 Januar und 19 Februar 1778 für 7300 Rthlr. seinem Bruder, Leopold Wilhelm von Mitzlaff, und von diesem am 1 December 1780 für 9550 Rthlr. erblich dem Major und jetzigen Oberstlieutenant, Carl Sigismund von Pirch, verkauft wurde.

132. Selesen oder Sülesen 3¼ Meilen von Stolpe nordostwärts, hat 2 Vorwerke, 8 Bauern, 4 Coßäthen, 1 Schmiede, 1 Schulmeister, auf der Feldmark des Dorfs eine Wassermühle, 1 Büdner und 2 Fischerkathen, die Klucken genannt, 27 Feuerstellen, eine herrschaftliche Begräbnißkapelle, Eichen- Büchen- und Fichtenholzungen, einen Antheil an der Rowesschen und Lebaschen Fischerey und ist zu Groß Garde in der Stolpschen Synode eingepfarret. Selesen, Wendisch-Silkow und ein Theil des Guts Gambin (a) sind Bandemersche Lehne. Nach dem Tode des Stallmeisters, Dieterich von Bandemer, verglichen sich seine nachgelaßene 3 Söhne, als Dieterich, Peter Otto und Joachim Christian, am 19 December 1731 also, daß Selesen für 14901 Rthlr. dem Rittmeister Dieterich, Wendisch-Silkow aber nebst dem Theile des Guts Gambin (a) für 8661 Rthlr. 13 Gr. 9 Pf. dem Lieutenant und nachmaligen Generalmajor Joachim Christian von Bandemer zufielen. Dieser kaufte am 11 Februar 1733 von der Wittwe des Melchior Jarislav von Bandemer für 1500 Rthlr. den andern Theil des Guts Gambin (a), der nach dem Rescript vom 2 Februar 1744 auch als ein altes Lehn der von Bandemer, woran sie alle die gesamte Hand haben, angesehen werden soll und bekam nach, nach dem mit der Wittwe seines Bruders, des Rittmeisters Dieterich, Ernestina gebohren von Jatzkow, am 29 April 1754 geschloßene Vergleiche, das Gut Selesen gemeinschaftlich mit seinem Bruder, dem Hauptmann Peter Otto, nach deßen Tode aber allein. Die Wittwe des Generalmajors von Bandemer, Charlotta Catharina gebohrne Gräfin von Schlippenbach

Die adelichen Güter des Stolpschen Kreises.

bach, besaß hierauf die Güter Selesen, Wendisch-Silkow und Gambin (a), die nach ihren 1782 erfolgten Tode ihren beiden Söhnen zufielen.

133. Groß-Silkow 1½ Meilen von Stolpe südsüdostwärts, nicht weit von dem Stolpeflusse, in einer mit Bergen umgebenen sandigen Gegend, hat 1 Vorwerk, 7 Bauern, 2 Coßäthen, 1 Schulmeister, 18 Feuerstellen und das Patronatrecht über die zu der Stolpschen Synode gehörige Quackenburgsche Kirche, zu welcher das Dorf Groß-Silkow eingepfarret ist. Die Fräulein Margaretha von Wobeser besaß in dem vorigen Jahrhunderte die eine Hälfte des Guts Groß-Silkow, die ein altes Wobesersches Lehn ist und vermachte solche, in ihrem Testamente vom 4 März 1691, dem Hofgerichtspräsidenten Jacob Caspar von Wobeser. Nachdem dieser die andre Hälfte dieses Guts, welche die Gebrüder, Michael und Hans Friederich von Zizewitz, am 17 Februar 1687 mit lehnsherrlicher Einwilligung vom 2 October 1688, dem George von Wobeser verkauft hatten, von demselben am 27 August 1692 gekauft und das Wobesersche Lehn Klein-Silkow von seinem Vater geerbet hatte, hinterließ er die Güter Groß- und Klein-Silkow seiner Wittwe und seinen Kindern, die sich am 30 October 1734 also verglichen, daß Groß-Silkow für 3150 Rthlr., Klein-Silkow aber für 6000 Rthlr. seinem einzigen Sohne, Erdmann Bogislav von Wobeser, zufielen, dessen Wittwe gebohrne von Blumenthal, jetzt beide Güter, nach dem Auseinandersetzungsvergleiche mit ihren Kindern, und zwar das Gut Groß-Silkow für 3783 Rthlr. 8 Gr. und das Gut Klein-Silkow für 8244 Rthlr. besitzet. Die eine Hälfte des Dorfs Groß-Silkow gehöret zu dem Stolpschen, die andre aber zu dem Rummelsburgschen Kreise. Zu einem jeden Kreise werden 3$\frac{33}{44}$ steuerbare Landhufen gerechnet. S. Groß-Silkow unter den adelichen Gütern des Rummelsburgschen Kreises.

134. Klein-Silkow nahe bey dem Dorfe Groß-Silkow, in einer mit Holzungen und Bergen fast ganz umgebenen Gegend, nicht weit von dem Stolpefluß, und von der Labuhnschen Brücke, woran der zu diesem Dorfe gehörige Brückenkathen liegt, auf der Straße von den Westpreußischen Städten Konitz und Steinfurt über die Labuhnsche Brücke nach Stolpe, hat 1 Vorwerk, 1 Wassermühle, 1 Ziegeley, 5 Bauern, 1 Halbbauer, 3 Coßäthen, 1 Krug, 1 Schmiede, 1 Schulmeister, auf der Feldmark des Dorfs eine Schäferey und eine Schneidemühle mit 2 Kathen, 29 Feuerstellen, beträchtliche Eichen- Büchen- und Fichtenholzungen, gute Fischerey und ist ein zu Quackenburg in der Stolpschen Synode eingepfarrtes Wobesersches Lehn, welches die Wittwe des Erdmann Bogislav von Wobeser, gebohrne von Blumenthal, besitzet. S. Groß-Silkow.

135. Wendisch-Silkow oder Selchow 2½ Meilen von Stolpe nordostwärts, an dem rechten Ufer der Lupow, hat 1 Vorwerk, 8 Bauern, 1 Coßäthen, auf der Feldmark des Dorfs eine Wassermühle, die Schwarzmühle genannt, 15 Feuerstellen und ist ein zu Groß-Garde in der Stolpschen Synode eingepfarrtes Bandemersches Lehn, welches die nachgelaßenen beiden Söhne der Wittwe des Generalmajors von Bandemer, Charlotta Catharina gebohrnen Gräfin von Schlippenbach besitzen. S. Selesen.

[Llllll 2] 136. Sochow

Der Stolpsche Kreis.

136. Sochow 3 Meilen von Stolpe ostsüdostwärts, an dem linken Ufer der Lupow, hat 1 Vorwerk, 3 Bauern, 2 Coßäthen, auf der Feldmark des Dorfs eine Holzwärterwohnung, 8 Feuerstellen, Eichen- und Büchenholzungen und ist ein zu Lupow in der Stolpschen Synode eingepfarrtes Dorf, welches ehemals ein altes Puttkammersches Lehn war. Anton Ludewig von Puttkammer lösete es am 30 September 1777 von dem Generalmajor von Grumbkow wieder ein und verkaufte es am 2 October 1777 für 4900 Rthlr. dem Hans Felix von Pirch, der es erblich besitzet, nachdem das Geschlecht der von Puttkammer mit seiner Ansprache an diesem Gute, durch den Rechtsspruch des Cößlinschen Hofgerichts vom 9 August 1780, ist präcludiret worden. S. Lupow.

137. Sorchow ein adelicher Wohnsitz, 2 Meilen von Stolpe nordnordostwärts, auf der Straße von Schmolsin nach Stolpe, hat 3 Vorwerke, 5 Bauern, 7 Coßäthen, 21 Feuerstellen, Holzung, Fischerey und ist zu Groß-Garde in der Stolpschen Synode eingepfarret. Für die bey dem Gute Sorchow neuerlich für 3250 Rthlr. königliche Gnadengelder vorgenommene Verbesserungen, wovon die jährlichen Einkünfte nach dem Anschlage 162 Rthlr. 18 Gr. betragen sollen, muß eine jährliche Abgabe von 32 Rthlr. 12 Gr. an die Kreiscasse von dem Besitzer dieses Guts bezahlet werden, welches ehemals aus 3 Antheilen bestand. Ein Theil dieses Guts, der ein neues Janitzsches Lehn ist und in einem Rittergute mit einigen dazu gehörigen Bauern bestehet, wurde von dem Schloßhauptmann, Adam von Podewils, und dem Landrathe, Ernst Bogislav von Zitzewitz, für 1000 Rthlr. der Wittwe des Nicolaus von Winterfeld und nachmaligen Gemahlin des Joachim von Puttkammer verpfändet, von derselben aber am 12 Januar 1687 für 1333 Rthlr. 8 Gr. mit lehnsherrlicher Einwilligung vom 24 März 1688, dem Peter Jarislav von Janitz verkauft und fiel nach dessen Tode, seinen Söhnen, dem Major Peter George und Friederich Wilhelm und, nach der brüderlichen Theilung vom 8 May 1726, für 2500 Rthlr. dem ersten zu, dessen nachgelassener einziger Sohn, der Rittmeister Johann Diterich von Janitz, diesen Theil erbte. Der andre Theil dieses Guts, der ein altes Bandemersches Lehn ist, wurde von den Gebrüdern, Caspar Moritz und Asmus Jürgen von Bandemer, am 4 May 1685 für 850 Rthlr. dem Joachim Jürgen von Janitz, von diesem am 12 Februar 1715 für 1100 Rthlr. dem Franz Ludewig von Nerin, von diesem am 29 August 1733 für 600 Rthlr. erblich dem Lieutenant, Lorenz George von Bandemer, verkauft und von dessen Wittwe, Maria Hedwig gebohrnen von Natzmer, am 2 October 1764 ihrem Schwestersohne, dem Oberstlieutenant und jetzigen Generalmajor, Christian Friederich Bogislav von Bandemer, überlaßen. Der dritte Theil dieses Guts, der ebenfals ein Bandemersches Lehn ist, wurde von Caspar Moritz von Bandemer, nach dem Vergleiche vom 27 April 1709, seinem Sohne, dem Hauptmann und nachmaligen Obersten, Friederich Asmus von Bandemer, überlaßen, von diesem am 7 Januar 1722 erblich für 8500 Fl. Polnisch oder 2833 Rthlr. 8 Gr. dem Ernst Friederich von Bandemer und seiner Gemahlinn, Juliana Adelheit von Wobeser, verkauft und von jenem und seiner zwoten Gemahlinn, Ursula Anna von Puttkammer, ihrer mit dem Johann Weißlaff von Puttkammer vermählten einzigen Tochter, Maria Louisa Agnesa, zum Brautschatze

mitge-

Die adelichen Güter des Stolpschen Kreises. 1007

mitgegeben. Nachdem diese beiden mit ihrer einzigen aus der ersten Ehe des Johann Woitzlaff von Puttkammer gebohrnen einzigen Tochter, Juliana Ursula Anna, gestorben waren, fiel dieser Theil wieder an deren Großvater, Ernst Friederich von Bandemer, zurück und wurde von deßen Erben am 12 May 1749 für 2500 Rthlr. erblich dem Johann Victor von Wesenbeck, von deßen Erben aber, als Christiana Maria von Bandemer gebohrnen von Wesenbeck, und Rahel Gottlieb Richardi gebohrnen von Wesenbeck, mit Einstimmung ihrer Ehemänner, als des Carl Ludewig von Bandemer und des Predigers zu Weßin, Christian Friederich Richardi, am 5 October 1764 für 2500 Rthlr. dem Generalmajor, Christian Friederich Bogislav von Bandemer, und von diesem, zugleich mit dem andern Theil des Guts Sorchow und mit dem Gute Wussecken, am 1 Februar 1780 für 14000 Rthlr. dem Lieutenant Carl Friederich Bogislav von Bandemer verkauft. Dieser verkaufte die beiden letzten Theile des Guts Sorchow oder die Bandemerschen Lehne in demselben, am 6 December 1780 für 4000 Rthlr., dem Rittmeister Johann Diterich von Janitz, welcher jetzt das ganze Gut Sorchow besitzet.

138. Sorkow, ein ritterfreyes Gut, 2¼ Meilen von Stolpe südostwärts, hat 6 Halbbauern, und mit Einschließung eines auf der Feldmark gelegenen Holzwärterkathens 8 Feuerstellen, einen Antheil an dem Patronatrechte über die Groß-Dübsowsche Kirche, fruchtbaren Acker, gute Weide, Eichen- Büchen- und Fichtenholzungen, Fischerey in der Schottow und ist ein zu Groß-Dübsow in der Stolpschen Synode eingepfartes Grumbkowsches Lehn, welches die Wittwe von Podewils, Friederika gebohrne von Grumbkow besitzet. S. Lupow.

139. Starnitz, ein Rittersitz, 1½ Meilen von Stolpe südostwärts, an der Schottow, hat 1 Vorwerk, 8 Bauern, 4 Halbbauern, 1 Schmiede, 1 Schulmeister, auf der Feldmark des Dorfs eine Wassermühle, einen Kathen und eine Holzwärterwohnung, 22 Feuerstellen, fruchtbaren Acker, gute Wiesen, Holzung, Fischerey und ist zu Groß-Dübsow in der Stolpschen Synode eingepfarret. Starnitz war ehemals ein Bandemersches Lehn, welches an die von Below und endlich an den Hauptmann Otto Bogislav von Schwerin kam. Von diesem wurde es am 12 October 1732 für 9000 Rthlr. erblich dem Hauptmann, Peter Otto von Bandemer, und von diesem, nachdem er am 4 May 1746 mit diesem Gute war belehnet worden, mit Einstimmung seines einzigen noch lebenden Bruders, des Oberstlieutenant Joachim Christian von Bandemer, am 3 May 1753 für 7000 Rthlr. erblich den Gebrüdern, dem Hauptmann Christian Lorenz und Franz Döring von Gottberg zu Labüssow und Dübsow verkauft, von welchen es der letzte am 13 May 1754 dem ersten allein überließ. Nachdem beide am 6 Februar 1764 und der nachgelaßene Sohn des Franz Döring von Gottberg, der Lieutenant Peter Friederich, wegen der gesammten Hand an diesem Gütte, am 16 Julius 1764 mit demselben waren belehnet worden, fiel es nach dem Tode des Hauptmanns Christian Lorenz von Gottberg, seiner Wittwe, Anna Charlotta gebohrnen von Puttkammer, und ihren Kindern zu, die sich am 10 May 1773 also auseinandersetzten, daß die Güter Starnitz und Labüssow für 10000 Rthlr. ihren Söhnen, dem Fähnrich Gustav Wilhelm und Carl Ludewig von Gottberg, gemein

gemeinschaftlich blieben, bis das Gut Scurnitz am 9 Julius 1776 dem ersten allein durch das Loos zufiel.

140. Stojentihn 2¾ Meilen von Lauenburg westnordwestwärts und 3¼ Meilen von Stolpe ostnordostwärts, nahe bey dem Dorfe Gohren, hat 2 Vorwerk, 1 Prediger, 1 Küster, 6 Bauern, 3 Coßäthen, 18 Feuerstellen, eine unter dem Patronate der Besitzer der Güter Stojentihn, Gohren, Zierwenz und Reitzkow stehende und zu der Stolpschen Synode gehörige Mutterkirche, zu welcher die Dörfer Gohten, Zierwenz, Reitzkow, Groß-Podel, Wollin, Dargorese, Prebentow, Rexin und Gesorke eingepfarret sind, gute Holzungen und war ehemals ein Lehn der von Stojentihn. Der Lieutenant, Ernst Bogislav von Zitzewitz, kaufte es, mit lehnsherrlicher Einwilligung vom 26 Januar 1732, für 6000 Rthlr. von des Jürgen Ludewig von Wobeser Wittwe, gebohrnen von Seiger, und hinterließ es, nachdem einer von seinen 3 Söhnen, Namens Joachim, in dem Feldzuge von 1744 unbeerbt geblieben war, den beiden übrigen Söhnen, dem Fähnrich Henning und dem Lieutenant und nachmaligen Hauptmann Caspar Friederich von Zitzewitz, von welchen der erste dieses Gut am 19 August 1747 dem letzten überließ. Dieser verkaufte es, nachdem auch sein Bruder, der Fähnrich Henning, 1757 in der Schlacht bey Collin unverheirathet und unbeerbt geblieben war, nach dem Vergleiche vom 28 Julius 1762, für 8000 Rthlr. dem Hauptmann George Heinrich von Wobeser.

141. Groß-Strellin ⅞ Meile von Stolpe nordnordwestwärts, in einem Thale, an einem Torfmoor, hat 1 Vorwerk, 6 Bauern, 1 Coßäthen, 1 Schulmeister, auf der Feldmark des Dorfs eine Wassermühle, die Neue-Mühle genannt, die der Müller eigenthümlich besitzet, eine neu angelegte Schäferey nebst 6 Colonistenfamilien, unter welchen sich 4 Halbbauern befinden, 21 Feuerstellen, eine zu der Stolpschen Synode gehörige Kirche, die ein Filial von Arenshagen und zu welcher das Dorf Klein-Strellin eingepfarret ist, und ein Torfmoor. Für die bey diesem Gute in dem Jahre 1772 für 5500 Rthlr. königliche Gnadengelder vorgenommene Werbeputzungen, wovon die jährlichen Einkünfte nach dem Anschlage 385 Rthlr. 15 Gr. 5 Pf. betragen sollen, muß eine zu Gnadengehalten für adeliche Wittwen und Waisen bestimmte jährliche Abgabe von 110 Rthlr. von dem Besitzer dieses Guts bezahlet werden. Nach dem Schenkungsbriefe von 1277 am Tage der heiligen Dreyeinigkeit, wurde das Dorf Strellin von dem Pommerschen Herzoge, Mestewin, dem Ritter Miroslav von Suarowitz ertheilet, die zu diesem Dorfe gehörige Mühle aber mit ihren Zubehörungen verkaufte Heinrich Puttkammer, nach dem zu Stolpe 1366 an dem nächsten Tage nach der Empfängniß unsrer lieben Frauen ausgefertigten Kaufbriefe, für 120 Mark einem Bürger zu Stolpe, Namens Herder Tramm, und dem Johann Darfow von Starkow. In dem vorigen Jahrhunderte gehörte das Dorf Groß-Strellin der Stadt Stolpe. Da aber die Erben des Peter von Colrep an dieselbe eine ansehnliche Forderung hatten: so wurde solche, nach dem Vergleiche vom 14 Julius 1687, auf 5000 Rthlr. bestimmt, auch darinn festgesetzet, daß dieses Gut taxiret und den von Colrepschen Erben zu ihrer Befriedigung zugeschlagen werden sollte. Nachdem hierauf der gewürdigte Werth dieses Guts, durch den Rechtsspruch vom 13 November 1688, auf 5500 Rthlr.

Die adelichen Güter des Stolpschen Kreises. 1009

5500 Rthlr., durch die nachher ergangene Sentenz vom 19 Junius 1689 aber, nur auf 5300 Rthlr. war festgesetzet worden, wurde daßelbe den von Colrepschen Erben zuerkannt und übergeben, so daß der Magistrat und die Bürgerschaft zu Stolpe sich des Rechts, das Gut wieder einzulösen, begaben, der geschloßene Vergleich durch das Rescript vom 18 Junius 1690 bestätiget und die noch übrigen streitigen Puncte, durch den Rechtsspruch vom 23 May 1691 und die Resolution vom 11 Julius desselben Jahres, völlig entschieden wurden. Die von Colrepschen Erben verkauften hierauf dieses Gut dem Regierungsrathe und Landvoigte, Gerd von Below, von welchem es 1706 an seine Wittwe und von derselben an seinen Sohn, den Hofrath Christoph Otto von Below kam. Dieser verkaufte es am 20 September 1717 für 5500 Rthlr. seinem Bruder, Matthias Christian von Below, deßen nachgelaßene 6 Kinder von dem Cößlinschen Vormundschaftscollegium am 20 und 21 Julius 1764 also auseinander gesetzet wurden, daß die Güter Groß-Strellin und Klein-Machmin für 12000 Rthlr. durch das Loos, dem Lieutenant Franz Jacob von Below zufielen, welcher mit seinem Gesuche, daß ihm die Genehmigung zum unwiederruflichen Besitze des Guts Groß-Strellin ertheilet werden möchte, durch die Rechtssprüche vom 27 März und 21 Junius 1775 und 17 März 1776 abgewiesen wurde. Die Contribution von dem Dorfe Groß-Strellin wird nicht von dem adelichen Kreise, sondern nach, wie vor, bey der Receptur des Stolpschen Stadteigenthums berechnet. Eben so verhält es sich auch mit der Fouragelieferung.

142. **Swante** ein Vorwerk mit einem auf der Feldmark deßelben gelegenen Kruge, welcher gemeiniglich der Roßekrug genannt wird, 5 Meilen von Stolpe ostsüdostwärts und ¼ Meile von dem Dorfe Wutzkow, auf einem Berge, hat 2 Feuerstellen, Eichen und Fichtenholzungen und ist ein zu Mikrow in der Stolpschen Synode eingpfarrtes altes Puttkamersches Lehn, welches der Hauptmann Caspar Friederich von Massow besitzet. S. Cosemühle.

143. **Dangeroke** 1¼ Meilen von Lauenburg westsüdwestwärts und 4¼ Meilen von Stolpe gegen Osten, nahe bey dem Dorfe Schurow, auf der großen Frachtstraße von Stolpe nach Lauenburg, hat 1 Vorwerk, 1 Wassermühle, 4 Bauern, 2 Coßäthen, 1 Krug, bey deßen Verlagsgerechtigkeit der Besitzer dieses Guts, nach dem Verhörsbescheide der Königl. Regierung vom 6 October 1747, wider den Magistrat zu Stolpe geschützet werden soll, 10 Feuerstellen und ist ein zu Schurow in der Stolpschen Synode eingepfarrtes Grumblowsches Lehn, welches die Wittwe von Podewils, Friederika gebohrne von Grumblow besitzet. S. Lupow.

144. **Vargow** 4¼ Meilen von Stolpe ostsüdostwärts, in einem Thale, an einem Bache, hat 6 kleine Vorwerke oder Höfe, 6 Feuerstellen, wenige Holzung und ist ein zu Mikrow in der Stolpschen Synode eingepfarrtes Gut, welches aus 4 Antheilen bestehet. Vargow (a) ist ein Lehn der von Lostin, die ehemals auch von Loske genannt wurden, und bestehet in 2 Höfen oder kleinen Vorwerken. Das eine besaßen die Erben des Predigers Gorke und das andre George Ewald von Lostin, von welchem beide am 20 März 1743 für 850 Rthlr. der Wittwe von Massow, Maria Hedwig

Hedwig gebohrnen von Zitzewitz verpfändet, nach dem Vergleiche vom 30 September 1743 aber, von dem Lieutenant Ernst Friederich von Lostin wieder eingelöset wurden. Nachdem dieser nebst seinem Vater, Jacob von Lostin, der in diese Einlösung am 19 Februar 1744 gewilliget hatte, gestorben war, wurde Vargow (a) dem Christian Gneomar von Lostin, als dem Bruder des Lieutenants Ernst Friederich, nach der brüderlichen Theilung vom 22 April 1751, für 850 Rthlr. überlaßen. Vargow (b) bestehet in einem Hofe oder kleinen Vorwerks, und ist ein Lehn der von Lostin, welches nach dem 1744 erfolgten Tode des Franz Jacob von Lostin, seinem Sohne, Franz Jacob, nach dem brüderlichen Vergleiche vom 22 April 1751, für 800 Rthlr. zufiel. Vargow (c) begreift ein kleines Vorwerk, und ist ein Lehn der von Malschitzky, welches der Hauptmann Caspar Friederich von Massow zu Cosemühle besitzet. Vargow (d) ist ein Lehn der von Malschitzky, die auch von Kokoske genannt werden, und bestehet aus 2 kleinen Vorwerken, so 4 Höfe ausmachen. Franz Matthias von Malschitzky kaufte einen Hof am 9 October 1749 für 550 Rthlr. von der Fräulein von Lojow, als einer Erbin der Wittwe Sophia Elisabeth von Malschitzky gebohrnen von Bandemer, ein Höfchen am 7 April 1753 für 200 Rthlr., nach dem Tode des Jacob von Malschitzky, von deßen Wittwe, Anna Maria gebohrnen von Parwalske, und den übrigen Lehnsfolgern, einen Hof nach der Quitung vom 6 December 1764 für 333 Rthlr. 8 Gr. von des Andreas von Malschitzky Wittwe, gebohrnen von Puttkammer, und erbte ein Höfchen, nach dem brüderlichen Vergleiche vom 19 December 1764 für 333 Rthlr. 8 Gr. von seinem Vater Ernst von Malschitzky. Nach dem Tode des Franz Matthias von Malschitzky, wurde Vargow (d) seinem Sohne, dem Königl. Leibpagen und jetzigen Lieutenant bey dem von Bornstädtischen Infanterieregimente, Christian Ernst von Malschitzky, von seiner Stiefmutter, Sophia Philippina gebohrnen von Zitzewitz, und dem Vormunde seines Halbbruders, dem Joachim Friederich von Zitzewitz, nach dem Vergleiche vom 7 und 8 August 1772, für 1716 Rthlr. 16 Gr. überlaßen.

145. **Varzmin** oder Jarzmin 4 Meilen von Stolpe ostsüdostwärts, hat ein großes und ein kleines Vorwerk, 2 Bauern, 2 Coßäthen, 2 Büdner, auf der Feldmark des Dorfs eine Waßermühle und einen Kathen, 13 Feuerstellen, gute Holzung und ist ein zu Mikrow in der Stolpschen Synode eingepfarrtes Dorf, welches aus 2 Antheilen bestehet. Varzmin (a) begreift das große Vorwerk, 2 Bauern, 2 Coßäthen und die Waßermühle und war ehemals ein Lehn der von Plumpen und wurde nachher ein Lehn der von Pavelz, ist aber jetzt ein Grumbkowsches Lehn. Peter von Plumpen verkaufte seinen Antheil an Varzmin, nach dem Protokoll vom 10 März 1648 und den Vergleichen vom 26 August 1650 und 17 April 1652 erblich für 1117 Gulden Pommersch dem Fürstlichen Croyschen Hofmeister, Marcus von Böhn, nachdem dieser einen Theil dieses Guts dem Matthias von Pavelz und Valentin von Stojenthin überlaßen hatte. Der geheime Staats- und Kriegesrath, Joachim Ernst von Grumbkow, kaufte von Franz Felix, Michael Bernd und Claus Dieterich von Böhn, Hans Siegmund von Hagen und Paul Daniel von Woyen, als den Schwiegersöhnen des fürstlichen Hofmeisters Marcus von Böhn, einen Theil dieses Guts am 22 Januar 1687, für 7000 Gulden, einen andern Theil am 16 Julius 1680, für 1100 Rthlr. von der Wittwe des Lucas von Pavelz, Anna Maria von Ließen,

Die adelichen Güter des Stolpschen Kreises.

ließen, einen andern Theil am 2 October 1680 erblich für 1400 Gulden Polnisch von Matthias von Pavelz, als dem ältesten Sohne des Michael von Pavelz, und noch einen andern Theil am 5 Junius 1684 erblich für 6450 Gulden Polnisch von Michael Stojenthin, den dieser von seinem Vater, Valentin, und von seinem Vetter, Matthias von Stojenthin, geerbet hatte. Nach dem Tode des geheimen Staats- und Kriegesraths, Joachim Ernst von Grumbkow, kam dieses Gut endlich, auf die in der Beschreibung des Dorfs Lupow angezeigte Art, an die Wittwe von Podewils, Friederika gebohrne von Grumbkow. Varzmin (b)besteht in dem kleinen Vorwerke, 2 Büdnern und dem auf der Feldmark des Dorfs gelegenen Kathen und gehöret der Wittwe von Pavelz.

146. Deßin ⅞ Meile von Stolpe ostsüdostwärts, hat 2 Vorwerke, 1 Prediger, 1 Küster, 2 Bauern, 1 Halbbauer, 4 Coßäthen, auf der Feldmark des Dorfs das auf einem Berge an einem kleinen Eichenwalde zwischen fruchtbaren Aeckern, Wiesen und Holzungen gelegene Vorwerk Miß oder Müsse genannt, und eine Waßermühle, 22 Feuerstellen, eine zu der Stolpschen Synode gehörige Mutterkirche, zu welcher die Dörfer Reitz, Warbelow und Vilgelow eingepfarret sind, fruchtbaren Acker, welcher mit Mergel gedünget wird und ist ein Bandemersches Lehn, welches der Major George Ludewig von Katzler besitzet. S. Reitz.

147. Viatrow 2 Meilen von Stolpe ostnordostwärts, in einem Thale, an der Lupow, hat 1 Vorwerk, 4 Bauern, 3 Coßäthen, 1 Schulmeister, 11 Feuerstellen, keine Holzung, Fischerey in der Lupow, ist zu Dammen in der Stolpschen Synode eingepfarret und war ehemals ein Stojenthinsches Lehn, welches von George von Stojenthin an seine Tochter, Barbara Maria, und deren Gemahl, den Decanus Caspar Otto von Podewils kam und von diesem nebst 4 Bauern in Lojow am 20 August 1690 für 5400 Fl. Pommersch, mit lehnsherrlicher Einwilligung vom 2 März 1691, dem Ewald von Puttkammer, von diesem, jedoch ohne die 4 Bauern in Lojow, am 4 April 1695 für 3000 Rthlr. dem Rittmeister, George Wilhelm von Galbrecht, verkauft wurde, dessen Wittwe, gebohrne von Damitz, dieses Gut am 20 December 1719 ihrem Sohne, dem Hauptmann Franz George von Galbrecht abtrat. Nachdem dieser 1756 und seine Gemahlinn, eine gebohrne von Hoym, 1760 gestorben waren, verglichen sich deren Kinder am 22 Junius 1765 also, daß das Gut Viatrow und ein Theil des Guts Weitenhagen für 3500 Rthlr. dem Churfächsischen Hauptmann, George Reinhold von Galbrecht, zufielen, dessen 3 Schwesterkinder, als seine nächste Erben, nemlich Franz George Christoph von Pirch, die Fräulein Charlotta Franziska von Pirch und die Fräulein Esther Elisabeth von Pirch, sich am 1 October 1774 auseinandersetzten, so daß das Gut Viatrow für 3300 Rthlr. dem Franz George Christoph von Pirch überlaßen wurde. Dieser verkaufte es am 25 September 1775 für 3400 Rthlr. dem Wilhelm Leopold von Mitzlaff, nach dessen Tode es, nach dem Theilungsvergleiche seiner Kinder vom 12 October 1781, für 5000 Rthlr. seinem Sohne, dem Fahnjunker Gotthilf Christian Daniel von Mitzlaff zufiel.

148. Vieschen 2½ Meilen von Stolpe gegen Osten, auf einem Berge, an der Lupow,

Der Stolpsche Kreis.

Lupow, hat 1 Vorwerk, 4 Bauern, 4 Coßäthen, die Feldmark Damerkow, auf welcher 7 Bauern wohnen, eine Schäferey und eine Wassermühle, die Weißmühle genannt, 22 Feuerstellen, Holzung, Fischerey und ist zu Dammen in der Stolpschen Synode eingepfarret. Für die bey dem Gute Vieschen in dem Jahre 1773 für 3400 Rthlr. königliche Gnadengelder vorgenommene Verbeßerungen, wovon die jährlichen Einkünfte nach dem Anschlage 248 Rthlr. 22 Gr. 5 Pf. betragen sollen, muß eine zur Besoldung einiger Landschulmeister bestimmte jährliche Abgabe von 68 Rthlr. von dem Besitzer dieses Guts bezahlet werden, welches ehemals ein Woboserisches Lehn war. Es wurde von den Erben des geheimen Raths, Johann von Wobeser, mit lehnsherrlicher Einwilligung vom 10 May 1735, für 5699 Rthlr. erblich dem Hauptmann, Otto Bogislav von Schwerin, verkauft, deßen Wittwe, Anna Sophia gebohrne von Schwerin, mit Einstimmung ihrer 3 Söhne, die mit diesem Gute waren belehnet worden, daßelbe am 5 October 1752 für 7000 Rthlr. und 100 Rthlr. Schlüßelgelder erblich dem Franz Christian von Schmudde verkaufte, jedoch sich und ihren Nachkommen das Vieschensche Gewölbe in der Dammenschen Kirche auf ewige Zeiten vorbehielt. Nach dem Tode des Franz Christian von Schmudde, besaßen seine 4 Kinder, als Anna Dorothea, Christian Friederich, der Lieutenant Johann Gottlieb und Franz Christian dieses Gut so lange ungetheilt, bis nach dem Tode des Lieutenant, Johann Gottlieb von Schmudde, sich die 3 übrigen Geschwister am 8 December 1779 auseinandersetzten, da denn die beiden Brüder, der Lieutenant bey dem von Anspach-Bayreuthschen Dragonerregimente, Christian Friederich, und der Lieutenant bey dem von Uesedomschen Husarenregimente, Franz Christian von Schmudde, dieses Gut gemeinschaftlich für 8000 Rthlr. annahmen.

149. Vietzke oder Vietzig 2 Meilen von Rügenwalde nordostwärts, eben so weit von Schlawe gegen Norden und 2¼ Meilen von Stolpe westnordwestwärts, an dem seit einigen Jahren zum Theil abgelaßenen Vietzkersee, der dieses Dorf von der Ostsee scheidet, hat 2 Vorwerke, 1 Windmühle, 6 Coßäthen, 7 Feuerstellen, einen Antheil an dem Schlackowschen Walde, gute Fischerey in dem Vietzkersee und war ehemals ein Lehn der von Chorke oder Gorke. Die beiden adelichen Höfe oder Vorwerke in Vietzke sind zu Marsow, die Coßäthen aber zu Lanzig in der Rügenwaldeschen Synode eingepfarret. Für die bey dem Gute Vietzke seit 1776 für 1450 Rthlr. königliche Gnadengelder vorgenommene Verbeßerungen, wovon die jährlichen Einkünfte nach dem Anschlage 215 Rthlr. 4 Gr. betragen sollen, muß ein jährlicher Kanon von 19 Rthlr. von dem Besitzer dieses Guts bezahlet werden. Peter von Puttkammer besaß die Puttkammerschen Lehne, als einen Theil von Vietzke und Marsow (a) und hinterließ solche seinen Kindern, die sich am 10 November 1736 also auseinandersetzten, daß Marsow (a) dem Werner Christian und seiner Schwester, der Fräulein Erdmuth Tugendreich von Puttkammer, der Theil von Vietzke aber dem George Bernhard von Puttkammer zufielen, der auch Marsow (a) bekam, nachdem sein Bruder, Werner Christian, 1739 unverheirathet gestorben war und seine Schwester, die Fräulein Erdmuth Tugendreich von Puttkammer, ihm am 3 Julius 1765 ihren an Marsow (a) gehabten Antheil für 500 Rthlr. abgetreten hatte. Nach dem Tode des George Bernhard von Puttkammer, setzten sich seine Wittwe und Kinder

Die adelichen Güter des Stolpschen Kreises.

am 6 September 1768 also auseinander, daß der erwähnte Theil von Vietzke und Marsow (a) für 1200 Rthlr. dem Hauptmann, Carl Friederich Wilhelm von Puttkammer, zufielen. Rüdiger Erdmann von Zitzewitz hatte am 21 März 1720 den andern Theil des Guts Vietzke, so wie derselbe dem Landrathe, Rüdiger Otto von Zitzewitz, von den Gebrüdern Joachim und Jacob Friederich von Puttkammer, am 21 März 1693 war verkauft worden, wiederum für 2200 Fl. Pommersch des Jacob Friederich von Puttkammer Sohne, Joachim, verkauft, nach dessen Tode dieser Theil von Vietzke, nach dem brüderlichen Vergleiche vom 11 März 1748, für 2000 Fl. seinem mittlern Sohne, dem Oberstlieutenant, Franz Heinrich von Puttkammer, zugefallen war, der solchen, nach dem Vergleiche vom 4 April 1770 für 2325 Rthlr., dem Hauptmann Carl Friederich Wilhelm von Puttkammer verkaufte. Dieser besitzet also jetzt das ganze Gut Vietzke.

150. Vilgelow ½ Meile von Stolpe gegen Osten, hat 1 Vorwerk, 1 Bauer, auf der Feldmark des Dorfs ein neu angelegtes Vorwerk nebst 2 Bauern, 5 Feuerstellen und ist zu Beßin in der Stolpschen Synode eingepfarret. Für die bey dem Gute Vilgelow in dem Jahre 1774 für 2900 Rthlr. königliche Gnadengelder vorgenommene Verbesserungen, wovon die jährlichen Einkünfte nach dem Anschlage 233 Rthlr. 2 Gr. 6 Pf. betragen sollen, muß eine zur Besoldung einiger Landschulmeister bestimmte jährliche Abgabe von 58 Rthlr. von dem Besitzer dieses Guts bezahlet werden, welches ehemals ein Lehn der von Wopten war, und nach deren Abgange an die Lehnsanwarter, die von Somnitz und von Krokow, kam. Diese verkauften es am 25 November 1730, 20 Januar 1731 und 7 Februar 1734, mit lehnsherrlicher Einwilligung vom 7 August 1737, dem Hauptmann Ernst Ludewig von Below, welcher dieses Gut zu Lehn nahm. Seine Wittwe, Charlotta Louisa gebohrne von Puttkammer, und nachmalige Gemahlinn des Hauptmanns, Carl Gustav von Puttkammer zu Reddis, trat es, nach dem Vergleiche vom 18 Julius 1749, dem Lieutenant Paul Bertram von Below ab, welcher als ein Brudersohn des Hauptmanns, Ernst Ludewig von Below, die gesamte Hand an diesem Gute erhalten hatte und es nebst seinen übrigen Gütern, seinem einzigen Sohne, dem Cammerpräsidenten, Claus Bertram von Below, hinterließ, nach dessen Tode das Gut Vilgelow dem Hauptmann Martin Ernst von Below zu Gaatz zufiel.

151 Vixow ein adelicher Wohnsitz, 3 Meilen von Stolpe nordostwärts, auf einem Berge, hat ein großes und ein kleines Vorwerk, 7 Bauern, 5 Coßathen, 5 halbe Coßathen, 1 Schmiede, 1 Schulmeister, auf der Feldmark des Dorfs eine Wassermühle, 24 Feuerstellen, wenige Holzung, und ist ein zu Glowitz in der Stolpschen Synode eingepfarrtes altes Stojenthinsches Lehn, welches ehemals aus 4 Antheilen bestand. Ein Theil dieses Guts, wurde von Caspar von Stojenthin, dem Obersten George von Kleist verpfändet, von diesem am 24 October 1702 für 7900 Fl. Polnisch oder 1633 Rthlr. 8 Gr. der Wittwe von Puttkammer, Margaretha gebohrnen von Stojenthin, von dieser am 12 May 1724 für 2783 Rthlr. 8 Gr. ihrem Sohne, dem Hauptmann Stephan Ludewig von Puttkammer, und von diesem am 20 April 1747 für 7500 Fl. Preußisch oder 2500 Rthlr. und 60 Preußische

Fl. oder

Der Stolpsche Kreis.

Fl. oder 20 Rthlr. Schlüsselgeld, dem Michael Siegmund von Stojenthin zu Langeböse überlaßen, welchem nicht nur Peter Friederich von Stojenthin zu Prebentow, als der nächste Lehnsfolger, sein Lehnrecht an diesem Theile des Guts Wirow, am 18 Julius 1747 für 100 Fl. Preußisch oder 33 Rthlr. 8 Gr. abtrat, sondern auch der Lieutenant, Jürgen Ernst von Stojenthin, einen andern Theil dieses Guts erblich nebst dem Lehnrechte, mit seiner Schwester, der Wittwe Anna Emerentia von Bandemer, am 2 August 1747 für 8400 Preuß. Polnische Gulden oder 2800 Rthlr. verkaufte. Der dritte Theil dieses Guts wurde, nach dem Tode des Peter Jürgen von Stojenthin, von deßen Wittwe und nächsten Lehnsfolger, Gottfried von Stojenthin, am 24 September 1717 für 2000 Rthlr. dem Ernst Asmus von Stojenthin und deßen nachgelaßenen 3 Söhnen, dem Lieutenant Ernst Friederich, dem Lieutenant Franz George und Joachim Heinrich von Stojenthin, am 31 October 1742 für 2433 Rthlr. 8 Gr. erblich dem Michael Siegmund von Stojenthin verkauft. Der vierte Theil dieses Guts wurde von George Ernst von Stojenthin, am 26 October 1700 auf 15 Jahre für 8300 Polnische Gulden oder 2766 Rthlr. 16 Gr. dem Joachim Ewald von Zitzewitz verkauft, von deßen Erben, als dem Hauptmann Joachim Rüdiger, dem Lieutenant Caspar Ewald, dem Lieutenant Peter George, und deren Schwestern Maria Sophia und Clara Gottlieb von Zitzewitz, Michael Siegmund von Stojenthin am 2 September 1748 diesen Theil des Guts Wirow für 7300 Preuß. Polnische Gulden oder 2433 Rthlr. 8 Gr. wieder einlösete und also das ganze Gut Wirow besaß, welches nach seinem Tode, von seiner Wittwe gebohrnen von Grisheimb, nach dem mit ihren Kindern am 2 Junius 1768 geschloßenen Vergleiche, für 15600 Rthlr. ihrem Sohne, Otto Christoph von Stojenthin, überlaßen, und nachdem es in Concurs gerathen war, am 22 November 1771 für 10768 Rthlr. dem Hauptmann Joachim Christoph von Stojenthin zuerkannt wurde, deßen Wittwe, Sophia Margaretha gebohrne von Bandemer, sich am 29 Julius 1777 mit ihrem einzigen Sohne, Ewald Friederich Heinrich von Stojenthin, also auseinandersetzte, daß dieser das Gut bekam.

152. Warbesin 3 Meilen von Stolpe ostnordostwärts, in einem Thale, an einem kleinen Bache, der die hiesige Mühle treibt, hat 1 Vorwerk, 5 Bauern, 2 Coßäthen, eine Korn- und Schneidemühle, die in einiger Entfernung von dem Dorfe in einem Thale liegt, 14 Feuerstellen, Büchenholzung und ist ein zu Glowitz in der Stolpschen Synode eingepfarrtes altes Stojenthinsches Lehn, welches Friederich Heinrich Graf von Podewils besitzet. S. Zipkow.

153. Warbelow 1 Meile von Stolpe südostwärts, hat 1 Vorwerk, 1 Waßermühle, 4 Bauern, 3 Coßäthen, 1 Schmiede, 1 Schulmeister, auf der Feldmark des Dorfs die Colonie Neu Warbelow, die aus einem Vorwerke und 3 Bauerhöfen bestehet, 22 Feuerstellen, gute Fichtenholzungen, Fischerey und ist zu Beßin in der Stolpschen Synode eingepfarret. Für die bey dem Gute Warbelow in dem Jahre 1772 für 3200 Rthlr. königliche Gnadengelder vorgenommene Verbeßerungen, wovon die jährlichen Einkünfte nach dem Anschlage 241 Rthlr. 10 Gr. 10 Pf. betragen sollen, muß eine zu Gnadengehalten für adeliche Wittwen und Waisen bestimmte

Die adelichen Güter des Stolpschen Kreises.

stimmte jährliche Abgabe von 64 Rthlr. von dem Besitzer dieses Guts bezahlet werden, welches ehemals ein altes Massowsches Lehn war, und von der Wittwe und den Erben des Rüdiger von Massow zu Lantow, am 7 Januar 1619 auf 12 Jahre für 5000 Gulden, dem George von Nettelhorst aus Curland verkauft wurde, dessen Sohn, George, es erbte, und am 9 März 1687 damit belehnet wurde. Nachher wurde es von Catharina Constantia von Nettelhorst und dem einzigen nachgelaßenen Sohne ihres Bruders, Dionysius Ernst von Nettelhorst, dem Obersten, George Ernst von Nettelhorst, gemeinschaftlich besessen, die sich aber am 7 Februar 1752 also verglichen, daß dieses Gut dem letzten zufiel, dessen Wittwe, Charlotta Helena gebohrne Freyin von Trach und Edle von Bürkau, sich mit dem Grafen Heinrich Leopold von Reichenbach zu Goschütz vermählte und dieses Gut ihrer Tochter aus der zwoten Ehe, Helena Charlotta Amalia Gräfin von Reichenbach, hinterließ, nach deren Tode es an ihren Vater, den Grafen von Reichenbach kam. Von diesem wurde es zwar am 15 Junius 1762 dem Inspector Johann Schröder verkauft, nachdem aber dieser Verkauf von dem Hofe war aufgehoben worden, 1762 dem Hauptmann Caspar Friederich von Massow, für 4500 Rthlr. und von diesem am 11 März 1775 für 7000 Rthlr. dem Lieutenant bey dem von Hohenstockschen Husarenregimente, Johann Benjamin Planitzer verkauft. Nachdem das Geschlecht der von Massow mit dem an diesem Gute gehabten Lehnrechte, durch den Rechtsspruch vom 24 Julius 1776 war präcludiret worden, wurde es nach dem Allodialbriefe vom 8 December 1777 allodificiret.

154. Weitenhagen ein adeliches Wohnsitz, 1¾ Meilen von Stolpe gegen Norden und ¼ Meile von der Ostsee, hat 2 Vorwerke, 1 Prediger, 1 Küster, 1 Predigerwittwenhaus, 10 Bauern, 5 Coßäthen, 1 Krug 1 Schmiede, bey welcher sich, so wie bey dem Kruge, ebenfalls eine Coßäthenpaße befindet, eine freye Wohnung, zu welches so viel Land gehöret als ein Coßäthe hat, auf der Feldmark eine Wassermühle, die ½ Meile von dem Dorfe nordwestwärts an dem Ausflaße des Grabens, die Breichow genannt, in die Ostsee liegt und nicht weit davon ostwärts 3 Fischerkathen, oder Stränder, der Weitenhagensche Strand genannt, 38 Feuerstellen, eine zu der Stolpschen Synode gehörige Mutterkirche, deren Filial das Dorf Groß-Machmin und zu welcher das Dorf Klein-Machmin, dessen Besitzer Mitpatron der hiesigen Kirche ist, eingepfarret ist, zum Theil niedrigen und lehmigten Acker, worauf Weitzen gebauet werden kann, gute Wiesen, einen Fichtenwald längst der Ostsee, südwärts bey dem Dorfe aber einen Eichen- und Büchenwald, gute Fischerey, wozu der zwischen Weitenhagen und Strickershagen gelegene See, das Gegsbruch genannt, gehöret, und hat durch die in dem Jahre 1773 aufgehobene Gemeinheit und Absonderung des herrschaftlichen Ackers von dem Baueracker beträchtliche Vortheile erlangt. Weitenhagen und das in dem Schlaweschen Kreise gelegene Gut Kusserow sind Lehne der von Ramel. Nach dem Tode des Joachim Döring von Ramel, fiel ein Theil des Guts Weitenhagen, seinem ältesten Sohne, Gerhard George, das Gut Kusserow aber seinem jüngsten Sohne, dem Major Christian Bogislav von Ramel zu. Dieser erbte auch nach dem Tode seines Bruders, der keine Leibeserben hinterlaßen hatte, den Theil des Guts Weitenhagen und trat dem-

selben und das Gut Kufferow bey seinem Leben, am 26. December 1772 seinem Sohne, dem Hauptmann Carl Ludewig Bogislav von Ramel ab. Der andre Theil des Guts Weitenhagen, der alte Hof genannt, wurde mit den daselbst belegenen Stränkern von des Joachim von Ramel Sohne, Heinrich, zum Brautschaße seinem Schwiegersohne, Gneomar Reinhold von Honm, überlaßen, deßen nachgelaßener Sohn gleiches Namens, sich am 25 Februar 1719 mit seinen Schwestern, Barbara Corbula und Esther Lucretia von Honm, also auseinandersetzte, daß dieser Theil des Guts Weitenhagen der letzten zufiel, die ihn nachher ihrem Gemahl, dem Hauptmann Franz George von Galbrecht, zum Brautschaße zubrachte. Nachdem derselbe nebst seiner Gemahlinn gestorben war, und dieser Theil von Weitenhagen und das Gut Wiatrow, nach dem Vergleiche seiner Kinder vom 22 Junius 1765, seinem Sohne, dem Hauptmann George Reinhold von Galbrecht zugefallen war, verkaufte derselbe diesen Theil von Weitenhagen am 16 December 1772 dem Major Christian Bogislav von Ramel, der sein Recht am 26 May 1773 seinem Sohne, dem Hauptmann Carl Ludewig Bogislav von Ramel, als dem jetzigen Besitzer des ganzen Guts Weitenhagen abtrat. Dieser verkaufte das Gut Kufferow nach dem Vergleiche vom 9 November 1781 für 15300 Rthlr. dem Grafen Wilhelm Gustav von Münchow.

155. Wintershagen 1¾ Meilen von Stolpe gegen Norden an dem östlichen Ufer der Stolpe, eine kleine halbe Meile von der Ostsee, in einer ebenen, lehmigten und mit verschiedenen Holzungen, als Büchen, Eichen, Fichten ꝛc. umgebenen Gegend auf der Straße von Stolpe nach Stolpemünde, hat 1 Vorwerk, 1 Prediger, 1 Schulmeister, 9 Bauern, 1 Förster oder Jäger, 1 Coßäthen, 1 Krug, 1 Schmiede, 22 Feuerstellen, eine zu der Stolpschen Synode gehörige Mutterkirche, deren Filial der Flecken Stolpemünde ist und zu welcher die Dörfer Meselow und Strickershagen eingepfarret sind, beträchtliche Eichen= Büchen= und Fichtenholzungen und ist nebst der zu diesem Gute gehörigen Feldmark Winterfeld ein Podewilsches Lehn, welches der Lieutenant bey der königlichen Garde, Otto Friederich Graf von Podewils besitzet. S. Crangen unter den adelichen Gütern des Schlaweschen Kreises. Die Kirchen zu Wintershagen und Stolpemünde wurden zur Ehre des heiligen Täufers Johannes und Nikolaus nach einer Urkunde von 1356 erbauet, in welcher zugleich allen denjenigen Ablaß auf 40 Tage verheißen wird, welche diesen Kirchen etwas schenken oder Uebungen der Andacht in denselben vornehmen würden. In der Kirche zu Wintershagen ist noch ein steinernes Denkmal von ihrer Einweihung mit folgender Inschrift vorhanden: Hec fabrica ecclesie matricis Wintershagen et eius filie Stolpmunde Caminensis Diœcesis in honorem Sancti Johannis baptiste et Nicolai constructa a Duodecim episcopis sub Pontifice Innocenti sexto et domino Johanne Episcopo caminensi veluti confirmatore consecrata est Anno Domini MCCCLVI.

156. Wittbeck 2¼ Meilen von Stolpe nordnordostwärts, in einem Thale, hat 2 Vorwerke, 5 Coßäthen, 12 Feuerstellen, Eichen= und Büchenholzungen und ist ein zu Groß=Garde in der Stolpschen Synode eingepfarretes altes Bandemersches Lehn, welches ehemals eine Wassermühle hatte und aus 2 Antheilen bestehet. Wittbeck (a) begreift ein Vorwerk und 2 Coßäthen und fiel nebst den dazu gehörigen alten Bandemer-

Die adelichen Güter des Stolpschen Kreises.

demerschen Lehnen Wittstock (b) und Rotten (b) nach dem Tode des Friederich Wilhelm von Bandemer, seinem ältesten Sohne Valentin zu, welcher Wittbeck (a) und Wittstock (b) 1723 dem Werner Ernst von Lettow verpfändete. Es wurden aber diese Güter am 7 October 1738 für 3560 Rthlr. wieder von der Wittwe des Valentin von Bandemer eingelöset, deren einziger Sohn, der Hauptmann Joachim Bogislav von Bandemer, jetzt die Güter Wittbeck (a), Wittstock (b) und Rotten (b) besitzet. Wittbeck (b) ein adelicher Wohnsitz bestehet in einem Vorwerke und 3 Cossäthen und gehört dem Lieutenant Carl Friederich Bogislav von Bandemer. S. Kukow.

157. Wittstock 2¾ Meilen von Stolpe nordnordostwärts, an dem Gardeschen See, bestehet in 5 Fischern oder sogenannten Halbbauern, die sich grösstentheils von der Fischerey in dem Gardeschen See ernähren, 11 Feuerstellen und ist ein zu Gross-Garde in der Stolpschen Synode eingepfarrtes Fischerdorf, welches aus 3 Antheilen bestehet. Wittstock (a) hat 2 Fischer und ist ein zu Wittbeck (b) gehöriges Bandemersches Lehn, welches der Lieutenant Carl Friederich Bogislav von Bandemer besitzet. S. Kukow. Wittstock (b) begreift 2 Fischer und ist ein zu Wittbeck (a) gehöriges altes Bandemersches Lehn, welches der Hauptmann Joachim Bogislav von Bandemer besitzet. S. Wittbeck (a). Wittstock (c), oder ein Fischer in Wittstock, ist ein zu dem Gute Rotten (a) gehöriges ehemaliges altes Bandemersches Lehn, welches die Hauptmannin von Puttkammer, Anna Hedwig gebohrne von Baudemer, besitzet. S. Rotten (a).

158. Wobesde ein Rittersitz, 2 Meilen von Stolpe nordnordostwärts, hat 1 Vorwerk, 7 Bauern, 6 Halbbauern, 1 Schulmeister, auf der Feldmark des Dorfs eine Wassermühle, 25 Feuerstellen, eine zu der Stolpschen Synode gehörige Kirche, die ein Filial von Rowe ist, Eichen- Büchen- und Fichtenholzungen, Fischerey und war ehemals ein Zarnowsches Lehn, worauf der Herzog Bogislav bereits, nach einer zu Treptow am Mittwoche vor Simonis und Judä 1488 ausgefertigten Urkunde, dem Heinrich Natzmer die Anwartung ertheilet hatte, die von dem Herzoge Philipp am 18 December 1611 und von dem Herzoge Franz am 27 September 1618 dem Antonius von Natzmer erneuert wurde. Dieser wurde auch, nachdem das Geschlecht der von Zarnow erloschen war, mit dem Gute Wobesde belehnet, welches am 1 Februar 1723 für allodial erkläret wurde. Nach dem Tode des Generalfeldmarschalls Dubislav Gneomar von Natzmer, fiel es, nach seinem Testamente vom 29 August 1738, und dem Vergleiche mit den Allodialerben vom 23 September 1739, für 8000 Rthlr. seinem Sohne, Dubislav von Natzmer zu, von dessen nachgelassenen einzigen Sohne, dem Ritter des St. Johanniterordens, Carl Friederich von Natzmer, es hierauf besessen und am 24 Junius 1771 für 18000 Rthlr. seinem Schwiegersohne, dem Hauptmann von der Garde und jetzigen Major, Wulf Heinrich von Natzmer, von diesem aber, nach dem Vergleiche vom 8 August 1780, für 29000 Rthlr. und 100 Stück Ducaten dem Major des von Billerbeckschen Regiments, Jacob George von Bandemer, verkauft wurde.

159. Wollin ein ansehnlicher Rittersitz, 4 Meilen von Lauenburg nordnordwestwärts

Der Stolpsche Kreis.

wärts und 4½ Meilen von Stolpe nordostwärts, in einer mit Holzungen umgebenen Gegend, an einem kleinem Bache, worauf eine Mahl- und Hexelmühle liegt, hat 1 Vorwerk, 1 Mahl- und Hexelmühle, 8 Bauern, 6 Halbbauern, 6 Coßäthen, 1 Krug, 1 Schmiede, 1 Schulmeister, auf der Feldmark des Dorfs das Vorwerk Morhof nebst vielen Colonistenhäusern, 1 Ziegelen, 1 Kalkofen, 82 Feuerstellen, fruchtbaren Acker, beträchtliche Eichen- und Büchenholzungen, Fischerey in Teichen und ist zu Stojenthin in der Stolpschen Synode eingepfarret. Für die bey den Gütern Wollin und Groß-Podel seit einigen Jahren nach und nach für 25700 Rthlr. königliche Gnadengelder vorgenommene beträchtliche Verbeßerungen, wovon die jährlichen Einkünfte nach den Anschlägen überhaupt 2117 Rthlr. 7 Gr. 3½ Pf. von beiden Gütern betragen sollen, haftet auf denselben eine jährliche Abgabe von 436 Rthlr., wovon aber 40 Rthlr. nur erst von Trinitatis 1788 an bezahlet werden. Das Gut Wollin ist ein altes Puttkammersches Lehn, welches Albrecht Puttkammer in dem Anfange des vorigen Jahrhunderts besaß. Dieser wurde nebst seinen männlichen Leibeslehnserben von dem Herzoge Bogislaus XIIII., nach dem zu Groß-Stepenitz am 13 October 1621 ausgefertigten Gnadenbriefe, auf den beiden Feldmarken Wollin und Zezenow mit der freyen Fischerey in dem Flusse Leba mit allerley Garnen von den Podelschen Gränzen an bis an die Poblotzsche Gränze, jedoch mit Ausschließung des Lachsfanges, den der Herzog sich und seinen Erben ausdrücklich vorbehielt, begnadiget. Nach dem Tode des Generallieutenant, George Diterich Freyherrn von Puttkammer, welcher einen Theil des Stojenthinschen Lehns Groß-Podel am 16 Julius 1727 erblich für 6500 Rthlr. von Matthias Friederich von Puttkammer und den andern Theil des Guts Groß-Podel, am 7 November 1727 erblich für 4000 Rthlr. von der Wittwe und den Vormündern der Kinder des Bogislav Rüdiger von Hoym gekauft hatte, fielen, nach seiner Disposition vom 5 April 1752 und durch das Loos, das Gut Groß-Podel für 14000 Rthlr. seinem ersten Sohne zwoter Ehe, Lorenz Heinrich, das Gut Wollin aber für 16000 Rthlr. seinem zweyten Sohne zwoter Ehe, George Diterich Freyherrn von Puttkammer zu, der nicht nur die jenseit des Sebaßlußes gelegenen Wiesen, so bisher zu dem Gute Jannewitz und zum Theil auch zu dem Gute Rosgars gehöret hatten, am 26 May 1762 für 2000 Rthlr. von dem Castellanitz, Johann George von Czapsky zu Groß- und Klein-Jannewitz kaufte und dem Gute Wollin beylegte, sondern auch das Stojenthinsche Lehn Groß-Podel, nach dem Vergleiche vom 29 December 1772, erblich für 20000 Rthlr. von seinem Bruder, Lorenz Heinrich Freyherrn von Puttkammer kaufte. Der Werth des Guts Wollin beträgt nach der in dem Jahre 1773 angefertigten Taxe 41753 Rthlr. und ist nachher noch durch die hinzugekommene Verbeßerungen erhöhet worden.

160. **Wottnogge** 2 Meilen von Bütow nordnordostwärts, 3 von Lauenburg südsüdwestwärts und 5 von Stolpe südostwärts, in einem sandigen Thale, an der Lupow, die nicht weit von hier bey Saviat aus dem Lupowskeschen See entspringt auf der Straße von Lauenburg nach Bütow, hat 1 Vorwerk, 1 Wassermühle, 1 Schneidemühle, 1 Ziegelen, 2 Coßsäthen, auf der Feldmark des Dorfs eine Schäferey, 10 Feuerstellen, Büchen- und Fichtenholzungen und ist ein zu Mikrow in der Stolpschen Synode eingepfarrtes Manchowsches Lehn, welches der Rittmeister Siegmund Adam von Wildberg besitzet. S.

Cose-

Die adelichen Güter des Stolpschen Kreises.

Cosemühle. Außer den in der Beschreibung des Dorfs Groß-Rakitt bereits angeführten Verbeßerungen, die bey dem Gute Wottnogge für königliche Gnadengelder sind vorgenommen worden, wurden zur Verbeßerung deßelben abermals in dem Jahre 1780 von dem Könige 46 Rthlr. 12 Gr. 8 Pf. geschenkt, wofür eine jährliche Abgabe von 22 Gr. 4 Pf. von dem Besitzer dieses Guts bezahlet werden muß.

161. **Wundichow** 1¼ Meilen von Bütow gegen Norden und 3⅞ Meilen von Stolpe südostwärts, an einem großen fischreichen See, hat 1 Vorwerk, 4 Bauern, 2 Halbbauern, 3 Coßäthen, 1 Schmiede, 1 Schulmeister, auf der Feldmark des Dorfs das Vorwerk Kartke oder Cartchen nebst 2 Büdnern und eine Holzwärterey, der Silkenkathen genannt, 13 Feuerstellen, das Recht des Mitpatronats zu Budow, Eichen- Büchen- und Fichtenholzungen, Fischerey in Seen und ist ein zu Budow in der Stolpschen Synode eingepfarrtes altes Pirchsches Lehn. Es kam von Anton Gneomar von Pirch, nach dem Theilungsvergleiche vom 26 Julius 1736, für 4000 Rthlr. an seinen Sohn, Christian Ernst, und fiel nach deßen Tode, seinen Brüdern, den Hauptleuten George Siegmund und Anton Johann von Pirch, nach dem Theilungsvergleiche vom 19 Junius 1753 aber, dem letzten allein zu, welcher das zu diesem Gute gehörige und verpfändete Vorwerk Kartke am 13 März 1755 für 1000 Rthlr. von den Töchtern des Claus Christoph von Pirch, als Christiana Catharina vermählten von Bandemer, und Anna Juliana von Pirch, wieder einlösete, und die Güter Wundichow und Kartke seiner Wittwe, gebohrnen von Zitzewitz, und seinen Söhnen, als Ernst Heinrich, Anton Friederich und Nicolaus Ludewig von Pirch hinterließ, die sich mit ihrer Mutter am 10 Julius 1775 also verglichen, daß ihnen zwar diese Güter gemeinschaftlich zufielen, ihre Mutter aber den Genießbrauch derselben auf ihre Lebenszeit behält.

162. **Wußecken** 2 Meilen von Stolpe nordnordostwärts, hat 2 Vorwerke, 2 Bauern, 2 Coßäthen, 11 Feuerstellen, gute Wiesen, Eichen- und Büchenholzungen und ist ein zu Groß-Garde in der Stolpschen Synode eingepfarrtes altes Bandemersches Lehn, wovon ein Theil, welcher ⅔ des ganzen Dorfs ausmacht, von Asmus George von Bandemer, nach dem Vergleiche vom 20 October 1712, für 2000 Rthlr. an seinen Brudersohn, Matthias Moritz von Bandemer, kam und nach deßen Tode, nach der brüderlichen Auseinandersetzung, für 4500 Rthlr. seinem Sohne, dem Major und nachmaligen Generalmajor und Chef eines Infanterieregiments, Christian Friederich von Bandemer, zufiel. Der andre Theil dieses Guts kam von Daniel von Bandemer, nach dem Theilungsvergleiche seiner Söhne vom 8 August 1698, an seinen Sohn Joachim Henning, von diesem an seinen einzigen Sohn, den Staabscapitain, Christian Ernst von Bandemer, und nachdem derselbe in der Schlacht bey Jägerndorf geblieben war, an Matthias Moritz von Bandemer, als den nächsten Lehnsfolger, nach deßen 1759 erfolgten Tode aber, an seinen Sohn, den Generalmajor Christian Friederich von Bandemer, welcher das ganze Gut Wußecken nebst einem Theile des Guts Sorchow am 1 Februar 1780 für 14000 Rthlr. mit Einstimmung der nächsten Lehnsfolger, dem Lieutenant Carl Friederich Bogislav von Bandemr zu Wittbeck verkaufte.

Brügg. Beschr. v. H. Pom. [Nnnnnh] 163. Wuß-

Der Stolpsche Kreis.

163. **Wußkow** ein adelicher Wohnsitz und die letzte Pommersche Poststation nach Westpreußen, 2 Meilen von Lauenburg südsüdwestwärts, 3 von Bütow nordnordostwärts und 5¼ Meilen von Stolpe ostsüdostwärts, an dem Buckowinflusse, der nahe an dem Dorfe vorbeyfließet und bey Cosemühle in die Lupow fällt, auf der Poststraße von Berlin nach Preußen, wie auch auf der Poststraße von Lauenburg nach Bütow, hat 1 Vorwerk, 1 Wassermühle, 3 Bauern, 3 Coßäthen, 1 Krug, bey dessen Verlagsgerechtigkeit der Besitzer dieses Guts, nach dem Bescheiden der Königl. Regierung vom 4 Januar und 8 März 1748, wider den Magistrat zu Stolpe geschützet werden soll, 1 Schmiede, 1 Schulmeister, ein königliches Posthaus, welches von dem Erbpächter des hier gelegenen sogenannten Postguts, dem jedesmaligen Besitzer der Cosemühleschen Güter unterhalten wird, und noch ein Haus, welches das königliche Haus genannt wird, weil es der König Friederich Wilhelm zu seinem eigenen Gebrauche bey seinen Reisen nach Ostpreußen hat erbauen lassen, seit einigen Jahren aber dem hiesigen Posthalter ist verkauft worden, ein auf der Feldmark dieses Dorfs an der Gliesnitzschen Gränze neu angelegtes Vorwerk Friederichswalde genannt, 22 Feuerstellen, gute Büchenholzungen und ist ein zu Mikrow in der Stolpschen Synode eingepfarrtes altes Lietzensches Lehn, welches Johann Heinrich von Lietzen besitzet. S. Cosemühle.

164. **Zechlin**, ein zu dem Gute Groß-Runow gehöriges Bauerdorf, 3¾ Meilen von Stolpe ostsüdostwärts, auf der kleinen Straße von Stolpe nach Lauenburg, hat 8 Bauern, 8 Coßäthen, 1 Schulmeister, 18 Feuerstellen, und ist ein zu Schurow in der Stolpschen Synode eingepfarrtes altes Grumbkowsches Lehn, welches ehemals ein Vorwerk hatte, nachher aber ganz zu einem Bauerdorfe gemacht wurde, und jetzt von der Wittwe von Podewils, Friederika gebohrnen von Grumbkow, besessen wird. Die Bauern und Coßäthen in diesem Dorfe wurden von dem Generalmajor von Grumbkow nach dem Gute Groß-Runow verleget, so daß jetzt Zechlin von lauter Freyleuten bewohnet wird. S. Lupow.

165. **Zedlin** 2½ Meilen von Stolpe ostnordostwärts, auf einem Berge, hat 1 Vorwerk, 11 Bauern, 2 Coßäthen, 1 Schulmeister, 16 Feuerstellen, und ist ein zu Glowitz in der Stolpschen Synode eingepfarrtes altes Stojenthinsches Lehn, welches der Hauptmann Christian Adam Marschall von Bieberstein besitzet. S. Rumske.

166. **Zemmin** ein Rittersitz, 3 Meilen von Stolpe nordostwärts, in einer ebenen Gegend, hat 1 Vorwerk, 6 Bauern, 2 Coßäthen, 1 Schmiede, 1 Schulmeister, ein neu angelegtes Vorwerk Neuhof genannt, mit einem Hirtenkathen, 22 Feuerstellen, wenige Büchen- und Fichtenholzungen und ist zu Glowitz in der Stolpschen Synode eingepfarret. Für die bey dem Gute Zemmin neuerlich für 5800 Rthlr. königliche Gnadengelder vorgenommene Verbesserungen, wovon die jährlichen Einkünfte nach dem Anschlage 290 Rthlr. betragen sollen, muß eine jährliche Abgabe von 58 Rthlr. an die Kreiscasse von dem Besitzer dieses Guts bezahlet werden, welches ehemals ein altes Stojenthinsches Lehn war. Es wurde von Martin von Stojenthin

1634

Die adelichen Güter des Stolpschen Kreises.

1634 erblich dem Albrecht von Puttkammer überlaßen und kam hierauf an Ewald von Puttkammer, und nachher an deßen Wittwe, und deren Tochter zwoter Ehe, Euphrosina Gottlieb von Zitzewitz, die es, nachdem es ihr von ihrem Vater, Peter Friederich von Zitzewitz, am 14 Januar 1723 für 8000 Rthl. war überlaßen worden, in ihrem Testamente ihrem Gemahl, dem Major Carl Ludewig von Sydow vermachte, deßen einziger Sohn und Erbe, Carl Bogislav Gottlieb August von Sydow, jetzt dieses Gut besitzet und mit demselben am 9 März 1763 belehnet wurde.

167. Zezenow 3 Meilen von Lauenburg nordnordwestwärts, 4 Meilen von Stolpe ostnordostwärts und etwa 2000 Schritte von dem Lebaflusse, hat 1 Vorwerk, 1 Schäferey, 1 Prediger, 1 Küster, 15 Bauern, 3 Coßäthen, 1 Schmiede, auf der Feldmark des Dorfs verschiedene vornehmlich auf dem so genannten Vor für königliche Gnadengelder angesetzte Büdnerfamilien, 34 Feuerstellen, eine zu der Stolpschen Synode gehörige Mutterkirche, zu welcher das Dorf Poblotz eingepfarret ist, und Eichen- und Büchenholzungen. Für die bey diesem Gute in dem Jahre 1776 für 5100 Rthlr. königliche Gnadengelder vorgenommene Werbeßerungen, wovon die jährlichen Einkünfte nach dem Anschlage 310 Rthlr. 14 Gr. 3 Pf. betragen sollen, muß eine zu Gnadengehalten für adeliche Wittwen und Waisen bestimmte jährliche Abgabe von 102 Rthlr. von dem Besitzer dieses Dorfs bezahlet werden, welches nebst dem Wehr in dem Lebaflusse von dem Lebaschen See an bis an den Ausfluß der Leba in die Ostsee, nach einer zu Königsberg 1313 an dem Tage aller Heiligen in lateinischer Sprache ausgefertigten Urkunde, von dem Marggrafen Woldemar zu Brandenburg, der um diese Zeit die Hinterpommerschen Lande besaß, der St. Marienkirche des in Pomerellen gelegenen Jungfernklosters des Prämonstratenserordens zu Suckow geschenkt, und nebst dem Lachsfange an beiden Ufern der Leba, von der Priorin, Unterpriorin und dem Probste deßelben Klosters 1510 zu Suckow am Mittwoche nach der Empfängniß der Jungfrau Maria, erblich für 2000 Mark Preußischer Münze dem fürstlichen Hofmarschall und Hauptmann zu Lauenburg, Ewald Maßow, und seinen Erben; jedoch also verkauft wurde, daß nach dem etwanigen Abgange der männlichen Erben der von Maßow, dieses Dorf wieder an das Kloster Suckow zurückfallen, ohne Vorwißen und Genehmigung deßelben von den von Maßow weder verpfändet noch verkauft und von ihnen künftig jederzeit von dem Kloster zu Lehn genommen werden solle. Dieser Verkauf wurde von dem Abte und dem Convent des Klosters des Prämonstraterserordens zu St. Vincenz vor Breslau, als welchem das Kloster Suckow untergeordnet war, 1511 an dem nächsten Montage nach Lätare bestätiget. Von dieser Zeit an ist das Dorf Zezenow, zu welchem auch ein Antheil an dem Städtlein Rummelsburg gehöret, ein altes Maßowsches Lehn. Nach dem Tode des geheimen Staatsministers und Oberpräsidenten in Pommern, Caspar Otto von Maßow, fiel es nebst dem ehemaligen Zastrowschen Lehn Dargorese, welches ihm von den von Zastrow erblich verkauft und hierauf, nach dem Allodialbriefe vom 28 Januar 1724, war allodificiret worden, nach dem Theilungsvergleiche vom 14 December 1736, seinem Sohne, dem geheimen Staats- und dirigirenden Minister in Schlesien, Joachim Ewald von Maßow zu, welcher noch bey seinem Leben nebst seiner Gemahlinn, Elisabeth Sophia von Maßow, seine sämtlichen Güter am 22 November 1768 seinen

beiden

Der Stolpsche Kreis.

beiden Söhnen abtrat, da denn Zezenow für 12079 Rthlr. 13 Gr. und Dargoreše für 6137 Rthlr. 4 Gr. dem Hauptmann und jetzigen Landrathe Carl von Maßow zufielen. Dieser verkaufte, nach dem Vergleiche vom 17 December 1777, Zezenow für 22000 Rthlr. und Dargorese für 8000 Rthlr. dem Moritz Heinrich von Weyherr zu Jannewitz.

168. Zierwentz oder Zierwienz, Czierwiem, Zirsewenske, Czyrneny, Czerwenske und in den Lehnbriefen Zirkoske genannt, 1½ Meilen von Lauenburg gegen Westen und 4 Meilen von Stolpe gegen Osten, an dem großen Moor, welches sich zwischen dem Lauenburgschen Districte und dem Stolpschen Kreise befindet, und an einem Bache, der mitten durch das Dorf fließet, die hiesige Mühle treibt und hierauf in den Lebafluß fällt, hat 1 Vorwerk, 1 Wassermühle, 7 Bauern, 2 Halbbauern, 3 Coßäthen, 1 Krug, 1 Schmiede, 1 Schulmeister, auf der Feldmark des Dorfs ein Vorwerk nebst einem Büdner, 24 Feuerstellen, das Recht des Mitpatronats an der Stojenthinschen Kirche, Holzungen auf der langböfeschen Feldmark, Fischerey in Seen und Teichen und ist zu Stojenthin in der Stolpschen Synode eingepfarret. Die Güter Zierwenz und Neitzkow waren ehemals alte Stojenthinsche Lehne. Zierwenz und ein Theil von Neitzkow wurden von der Wittwe des Peter Otto von Stojenthin, auf ihr daran habendes Pfandrecht, am 22 Junius 1683 dem Gneomar Reinhold von Hoym verkauft und fielen, nach dem brüderlichen Theilungsvergleiche vom 25 Februar 1719, für 22750 Polnische Gulden oder 7583⅓ Rthlr. dessen Sohne gleiches Namens zu, welcher diese Güter am 28 October 1727 dem Hauptmann Heinrich Wilhelm von Sommitz abtrat. Dieser kaufte auch den andern Theil des Guts Neitzkow, nach dem Vergleiche vom 15 October 1736, erblich für 1166 Rthlr. 16 Gr. von Martin und Ernst Bogislav von Wobeser und hinterließ Zierwenz und das ganze Gut Neitzkow seiner Wittwe, Louisa Tugendreich gebohrnen von Sydow, und nachmaligen Gräfin von Münchow, von welcher, nachdem Peter Otto von Stojenthin der jüngere, als der Lehnsfolger des Peter Otto von Stojenthin des ältern, ihr am 6 August 1738 für sich, seinen Bruder Johann George und Brudersohn, Bogislav Heinrich von Stojenthin, diese Güter erblich und mit allem Rechte abgetreten hatte, solche, nach dem Vergleiche vom 17 October 1747, erblich für 14000 Rthlr. dem Oberstlieutenant, Wulf Christian Heinrich von Natzmer, und von dessen Wittwe, Sophia Charlotta gebohrnen Gräfin von Geßler und nachher vermählt gewesenen Gräfin Do Rourcky, als Vormünderinn ihrer Kinder, nach dem Vergleiche vom 12 Februar 1767, mit Einwilligung des Cößlinschen Vormundschaftscollegium erblich für 17000 Rthlr. und 50 Ducaten Schlüßelgeld, dem Major und Ritter des St. Johanniterordens, Carl Gustav Grafen von Münchow, verkauft wurden. Nachdem diese beiden Güter durch das Rescript vom 12 März 1768 waren allodificiret worden, fielen solche nach dem Tode des Majors, Grafen von Münchow, und seiner Gemahlinn, Sophia Agnesa gebohrnen von Bork, nach der Disposition des ersten vom 12 May 1771, für 18000 Rthlr. seinem jüngsten Sohne, dem Lieutenant bey dem von Hohenstockschen Husarenregimente, Carl Alexander Grafen von Münchow zu.

169. Zipkow oder Zepkewitz 3 Meilen von Stolpe ostnordostwärts, auf einem Berge, hat 1 Vorwerk, 10 Bauern, 6 Coßäthen, 1 Schmiede, 1 Schulmeister, auf der Feldmark des Dorfs ein neu angelegtes Vorwerk mit einer Schäferey,

Die adelichen Güter des Stolpschen Kreises. 1023

25 Feuerstellen, beträchtliche Eichen- und Büchenholzungen und ist zu Glowitz in der Stolpschen Synode eingepfarret. Für die bey dem Gute Zipkow in dem Jahre 1773 für 3300 Rthlr. königliche Gnadengelder vorgenommene Verbeßerungen, wovon die jährlichen Einkünfte nach dem Anschlage 228 Rthlr. 20 Gr. 6 Pf. betragen sollen, muß ein zu Gnadengehalten für adeliche Wittwen und Waisen bestimmte jährliche Abgabe von 66 Rthlr. von dem Besitzer dieses Guts bezahlet werden. Die Güter Zipkow, Dochow, Droßendorf und Warbelin sind alte Stojenthinsche Lehne, welche von den Gläubigern der von Stojenthin, theils dem Großvater, theils dem Vater des geheimen Staatsministers, Otto Christoph Grafen von Podewils, verkauft wurden und diesem, nach dem zwischen ihm und seiner Schwester und deren Gemahl, dem Hauptmann Ludewig Friederich Marschall von Bieberstein, am 22 September 1731 geschloßenen Theilungsvergleiche, zufielen, so daß er Zipkow für 8000 Rthlr., Dochow für 3773 Rthlr., Großendorf für 4600 Rthlr. und Warbelin für 5200 Rthlr. annahm. Nach dem Tode des geheimen Staatsministers, Grafen von Podewils, besitzet jetzt sein einziger Sohn, Friederich Heinrich Graf von Podewils, diese Güter.

170. Zirchow 1 Meile von Stolpe südsüdwestwärts und 2 Meilen von Schlawe gegen Osten, an einem Bache, der nahe bey dem Dorfe westwärts vorbeyfließet und der Cunsowsche oder Weddinsche Rohrbach genannt wird, auf der Landstraße von Stolpe nach Rummelsburg, hat 1 Vorwerk, 1 Prediger, 1 Küster, 4 Bauern, 2 Coßäthen, unter welchen sich der Schmied befindet, 21 Feuerstellen, eine zu der Stolpschen Synode gehörige Mutterkirche, deren Filial das Dorf Culsow ist und zu welcher die Dörfer Cunsow, Sauskow und Loßin und die der Herrschaft zu Crampe gehörige Loßinsche Mühle eingepfarret sind, eine Holzcavel auf dem Wobeserschen Felde und war ehemals ein altes Wobeserfches Lehn. Es wurde von den von Wobeser, erblich dem Lieutenant Heinrich Albrecht von Blumenthal und von diesem am 12 Junius 1739 erblich dem Alexander Schiebel von Schiebelstein verkauft, deßen nachgelaßene Söhne, der Lieutenant Johann Conrad und der Rittmeister Alexander Martin Schiebel von Schiebelstein, nachdem das Geschlecht der von Wobeser mit seinem lehnrechte war präcludiret worden, am 10 Februar 1747 mit diesem Gute belehnet wurden, welches nach ihrem Tode, nach dem Vergleiche vom 19 September 1751 und 30 April 1760, dem Alexander Martin Schiebel von Schiebelstein, nach deßen Tode aber seinem einzigen Lehnsfolger, dem Rittmeister bey dem von Rohrschen Cüraßierregimente, Alexander Friederich Schiebel von Schiebelstein zufiel. Von diesem wurde Zirchow, nachdem es durch das Rescript vom 14 März 1778 war allodificiret worden, am 15 August 1782 für 6000 Rthlr., seiner Schwester, der verwittweten Hauptmannin von Wobeser, Christina Louisa gebohrnen von Schiebelstein verkauft.

171. Jtzewitz ein adelicher Wohnsitz, 1½ Meilen von Stolpe gegen Westen und eben so weit von Schlawe nordostwärts, auf der großen Land- und Poststraße von Berlin nach Preußen, hat 2 Vorwerke, 9 Bauerhöfe, wovon ein Bauerhof der Schmiede und ein Bauerhof dem Kruge beygeleget worden, bey deßen Verlage der Besitzer dieses Guts, nach dem Bescheide der Königl. Regierung vom 10 November

vember 1747 wider den Magistrat zu Stolpe geschützet werden soll, 1 Schulhaus, auf der Feldmark des Dorfs 3 Coßäthen, 25 Feuerstellen, mittelmäßige Büchen= Eichen= und Fichtenholzungen, aber überflüßigen Grundtorf und ist ein zu Symbow in der Rügenwaldeschen Synode eingepfarrtes altes Zitzewitzsches Lehn, welches von George Ernst von Zitzewitz, an seinen Sohn, den Hauptmann Jacob George kam und nach dessen Tode, nach dem Theilungsvergleiche vom 27 October 1752, seinem ältesten Sohne, dem Fähnrich und jetzigen Hauptmann, Jacob Ernst von Zitzewitz, durch das Loos zufiel.

VIII. Der Lauenburg= und Bütowsche Kreis.

Die Lande Lauenburg und Bütow sind von je her vielen Veränderungen und in den ältesten Zeiten bald den Königen von Polen, bald den Herzogen von Pom= mern unterwürfig gewesen. Durch die Eroberungen, welche die Kreuzherren in dem 14ten Jahrhunderte machten, wurden diese Veränderungen noch häufiger und in ge= wisser Absicht merkwürdiger. Denn da diese sich Preußen unterwürfig machten, und den Polen auch so gar Pomerellen abnahmen: so kamen die Herrschaften Lauenburg und Bütow, als ein Theil von Pomerellen, ebenfalls unter die Bothmäßigkeit der Kreuz= herren; jedoch erkannten diese Lande solche Oberherrschaft nicht lange. Denn in dem Jahre 1445 fiel ein Theil von Preußen von dem deutschen Orden ab und ergab sich mit besondern Vorrechten in Polnischen Schutz. Nach vielen Kriegen kam es endlich dahin, daß der König von Polen das nachherige Königreich Preußen dem Orden zu Lehn gab; der übrige Theil von Preußen aber, nemlich das Bisthum Ermeland, die Woywodschaften Culm, Marienburg und Pomerellen mit Einschlies= sung des Lauenburgschen und Bütowschen Districts, bey der Krone Pohlen verblei= ben sollte. Indeßen musten die Städte Marienburg, Lauenburg und Bütow von Polnischer Seite besonders eingelöset werden, da solche von dem Orden den so ge= nannten Böhmischen Gästen, welche jener während des Krieges zur Hülfe gerufen hatte, wegen des rückständigen Soldes waren verpfändet worden. Bey dieser Ge= legenheit kamen die Lande Lauenburg und Bütow wieder an die Herzoge von Pom= mern. Denn als die erwähnten Hülfsvölker des Ordens ihren Abmarsch verzö= gerten und in den benachbarten Gegenden von Pommern herumstreiften und vielen Schaden anrichteten, wurden sie von dem Herzoge von Pommern, Erich, bey der Stadt Stolpe dergestalt geschlagen, daß er ihnen selbst die alten Standquartiere Lauen= burg und Bütow abnahm, die ihm daher, wegen seines geleisteten Beystandes, 1455 von dem Magistrat der Stadt Danzig, auf Befehl des Königs Casimir, unter der Bedingung übergeben wurden, daß er solche auf Verlangen wieder abtreten sollte. Ob nun gleich die Herrschaften Lauenburg und Bütow von den nachfolgenden Kö= nigen von Polen, von Zeit zu Zeit von dem Herzoge von Pommern, Bogislaus, als dem Sohne und Nachfolger des Herzogs Erich, waren zurückgefordert worden: so wurden sie ihm dennoch, während seiner Regierung, wegen seiner nahen Verwandschaft mit den Königen von Polen, überlaßen und kamen mit Einwilligung derselben, an sei= ne nachgelaßene Söhne, die Herzoge von Pommern, George und Barnim. Bey dem Auffenthalte des Königs Sigismund zu Danzig, reisete der Herzog George selbst da=

hin

Der Lauenburg= und Bütowsche Kreis.

hin und verglich sich daselbst, mit Einwilligung seines Bruders Barnim, mit dem Könige, als ihrem Mutterbruder, 1526 dergestalt, daß sie ihm von dem Brautschatze, den ihre Mutter, die Herzoginn Anna, von demselben zu fordern hatte, 14000 Gulden Ungarisch an Golde erließen, dagegen aber nebst ihren männlichen Leibeslehnserben von dem Könige und der Krone Polen, mit den Herrschaften Lauenburg und Bütow nebst allen ihren Zubehörungen, Nutzungen und Herrlichkeiten, so wie sie solche bisher besessen hatten, und zwar mit der Befreyung von der Lehnpflicht und von allen Diensten und Abgaben, zu ewigen Zeiten, jedoch also belehnet wurden, daß sie sich für sich und ihre männliche Leibeslehnserben verpflichteten, bey einer jeden Krönung eines neuen Königs von Polen entweder selbst zu kommen, oder ihre Räthe oder Amtleute zu schicken, die dieses Lehn anerkennen und die Lehnsempfängniß suchen, solche aber schriftlich und jederzeit frey und unentgeldlich von den neuen Königen erhalten sollten, welches auch bis zur Zeit des letzten Herzogs, Bogislav XIIII. getreulich beobachtet worden ist. Zugleich wurde festgesetzet, daß, wenn der männliche Stamm der Herzoge von Pommern mit Tode abgehen sollte, alsdann die Schlößer und Städte Lauenburg und Bütow mit allen ihren Zubehörungen, wieder an die regierenden Könige und die Krone Polen zurückfallen, auch alle Gerechtigkeiten, Nutzungen und Zehenden, die dem Bischofe von Cujavien und seiner Kirche in diesen Districten zuständig gewesen sind, so wie er solche bisher genutzet und besessen habe, ihm verbleiben sollten. Als man in Ansehung der rechtlichen Händel dieser Lande eine dritte Instanz verlangte, wurde 1579 durch einen Lauenburgschen Landtagsreceß beschloßen, daß diese dritte Instanz unmittelbar an die Herzoge von Pommern gerichtet und die gerichtlichen Streitigkeiten durch Commissarien abgemacht werden sollten. Nach dem 1637 erfolgten Tode des letzten Pommerschen Herzogs, Bogislaus XIIII, wurden die Lande Lauenburg und Bütow, als ein eröfnetes Lehn, von dem Könige von Polen, Uladislaus IIII. eingezogen und der Woywodschaft Pomerellen einverleibet. Eben dieser König ertheilte den Lauenburgschen und Bütowschen Ständen, durch einen allgemeinen Reichsschluß, überall gleiche Vorrechte und Privilegien mit den übrigen Polnisch= Preußischen Ständen und ließ auch hiernächst die Huldigung durch den damaligen Culmischen Woywoden, Melchior von Weyherr, einnehmen. Nach den zu Bydgost oder Bromberg den 6 November 1657 geschloßenen Verträgen, wurde der Churfürst von Brandenburg, Friederich Wilhelm, und dessen männliche Descendenten, von dem Könige von Polen, Johann Casimir, mit Einstimmung der Reichsstände, mit den beiden Herrschaften Lauenburg und Bütow, und zwar mit der gänzlichen Befreyung von der Eidesleistung und von allen Abgaben und Diensten, auf eben die Art, wie die Herzoge von Pommern ehemals diese Lande besessen hatten, jedoch also belehnet, daß der Churfürst und seine Nachfolger verpflichtet seyn sollten, zu einer jeden Krönung der nachfolgenden Könige von Polen, ihre Räthe oder Amtleute zu schicken, die das dem Königreiche Polen über diese Lande zustehende Lehnrecht anerkennen und die Recognitions= und Erneuerungsbriefe über dieses Lehn unentgeldlich von den neuen Königen erhalten sollten. Wenn sie aber aus irgend einer erheblichen Ursache verhindert werden sollten, bey der Krönung der künftigen Könige von Polen diese Schuldigkeit zu beobachten, so solle ihnen die Unterlaßung derselben zu keinem Nachtheil gereichen, dafern sie nur zu einer andern Zeit bald nach der Krönung

nůtig diese Pflicht leisten würden. In eben diesen Verträgen wurde festgesetzet, daß nach der Erlöschung des männlichen Stamms der Churfürsten von Brandenburg, die Herrschaften Lauenburg und Bütow wieder an die Könige von Polen zurück fallen sollten. Ferner wurde beschloßen, daß der Bischof von Cujavien, der seinen Sitz zu Wladislaw hat, die Gerichtsbarkeit über die römischkatholischen Kirchen und Priester unverletzt behalten, die Einkünfte, Zehenden und Abgaben den Pfarrherren und ihren Kirchen gereichet und diejenigen, die ihnen solche entziehen würden, von den Churfürstlichen Beamten dazu angehalten werden, die Ehesachen der Adelichen so wohl als Bürgerlichen vor das geistliche Gericht gehören, der Adel seine Rechte, Privilegien und Güter, auf eben dieselbe Art, wie er solche unter der unmittelbaren Regierung der Könige von Polen genoßen habe, ferner behalten, die unter eben derselben Regierung rechtskräftig gesprochenen Urthel in ihrer Kraft verbleiben, mit der Regierung und den Appellationen es eben so, wie unter den Herzogen von Pommern, ohne Verletzung der Privilegien, gehalten werden und endlich die königlichen Patronatrechte dem Churfürsten, und diejenigen, welche die Adelichen haben, denselben nach ihren Privilegien und dem bisherigen Gebrauche, zustehen sollen; jedoch so, daß der Churfürst, nach der von ihm bey diesem Vergleiche gegebenen Erklärung, zu den römischkatholischen Pfarrkirchen die katholischen Priester auf Empfehlung der Bischöfe von Cujavien, denen auch die Einführung derselben zustehe, präsentiren solle, damit kein Kirchspiel über zwey Monate erlediget bleiben könne. Nachdem die wirkliche Uebergabe der Lande Lauenburg und Bütow den $\frac{2\frac{1}{7}}{1}$ April 1658 an den Churfürsten Friederich Wilhelm geschehen war, wurde von demselben der Lauenburgschen und Bütowschen Ritterschaft, auf ihre übergebene Bittschrift, zu Cölln an der Spree den 27 Julius 1658 unter andern die Versicherung ertheilet, daß diejenigen von Adel, die unter der Königlichen Polnischen Regierung, ihre Güter als Allodial- und Erbgüter beseßen haben, solche auch noch ferner eben also, wie ehemals unter dem Reiche geschehen sey, nach dem Inhalte der oben angeführten zu Bromberg 1657 errichteten Verträge, besitzen und die Districte Lauenburg und Bütow zu keiner Anlage für die Kaiserliche Cammer und überhaupt zu keinen andern Contributionen, als zu solchen, wozu sie von Rechtswegen verbunden sind, gezogen werden sollten. In dem Jahre 1658 wurden zwar, nach der zu Warschau gemachten Constitution, den Lauenburgschen und Bütowschen Ständen, von Polnischer Seite alle Freiheiten, die sie ehemals gehabt hatten, für die folgenden Zeiten versichert und ihnen bey widrigen Vorfällen der Recurs an die Republik Polen offen gelaßen, auch zugleich den Lauenburgschen und Bütowschen Edelleuten die ehemals gehabten Vorrechte, in Polen vorbehalten. Weil aber die Ritterschaft versprochen hatte, sich niemals diese Constitution wider den Churfürsten Friederich Wilhelm anzumaßen, so hatte es auch hiebey, da solche nach der Uebergabe dieser Herrschaften an das Churhaus Brandenburg gemacht worden ist, und folglich keine verbindliche Kraft haben kann, nach der zu Königsberg in Preußen den 26 October 1662 entworfene Land- und Appellationsgerichtsordnung für die Herrschaften Lauenburg und Bütow, sein Verbleiben. Nach eben dieser Gerichtsordnung hatte die Ritterschaft die erste Instanz vor dem Landgerichte, gleichwie sie auch zu Polnischen Zeiten vor dem iudicio terrestri oder Landgerichte war belanget worden. Das Landgerichte sollte in dem Landrichter, vier

Beysitzern

Der Lauenburg- und Bütowsche Kreis.

Beysitzern und einem Notarius bestehen, die alle von adelichen Stande und in diesen beiden Herrschaften angesessen seyn musten, und wurde in dem Namen des Churfürsten geführet. Die Citationen und Verordnungen, die ehemals in dem Namen der Könige von Polen waren ausgegeben worden, wurden daher nunmehro in dem Namen des Landesherrn ausgefertiget und dabey das von demselben dazu verordnete Siegel gebraucht. Eben derselbe erwählte auch den Landrichter aus 4 von der Ritterschaft ihm vorgeschlagenen und zu solchem Amte tüchtigen Personen und gab ihm, wie bey Polnischen Zeiten gebräuchlich gewesen war, ein Patent oder einen Bestallungsbrief. Die Schöppen oder Beysitzer, wie auch der Notarius sollten von der Ritterschaft auf eben dieselbe Art, wie bey Polnischen Zeiten war verfahren worden, erwählet und nach der erwähnten Gerichtsordnung, von dem Landesherrn bestätiget werden, wenn sie demselben zuvor nebst dem Landrichter die Eidespflicht geleistet hätten. Vor diesem Landgerichte wurden die bürgerlichen Sachen, so zur Polnischen Zeit dahin gehöret hatten, erörtert; was aber in derselben Zeit zu dem Amte des Woywoden, (Palatini) Vicewoywoden, (Vice-Palatini) Unterkämmerers, (Subcamerarii) oder auch des Landhauptmanns (Capitanei) gehöret hatte, sollte von dem Hauptmann beider Herrschaften, oder nach Gelegenheit von einem an seiner Stelle verordneten, der jedoch von adelichen Stande seyn müste, verrichtet werden. Diejenigen Sachen, die ehemals an die Könige von Polen gebracht werden musten, wurden nunmehro dem Landesherrn vorgetragen und von demselben entschieden. In dem Landgerichte, welches jährlich dreymahl, wie ehemals, gehalten werden sollte, muste nach dem Jure terrestri, oder Landrechte des Preussischen Adels, den Polnischen Constitutionen und andern bisher in Preussen üblichen und bis zu der Zeit, da diese Herrschaften dem Churhause Brandenburg waren übergeben worden, eingeführten Rechten gesprochen werden, und die Partheyen oder ihre Advocaten konnten sich bey dem Landgerichte der lateinischen, deutschen oder polnischen Sprache bedienen. Die Appellationen von diesem Gerichte gingen an das zu eben derselben Zeit von dem Churfürsten Friederich Wilhelm verordnete Tribunal, welches, nach dem Inhalte der oben angeführten Gerichtsordnung, in einem Präsidenten oder Director, 6 andern adelichen Personen aus diesen beiden Herrschaften und einem Notarius bestehen sollte. Der Präsident wurde aus 3 von der Ritterschaft jährlich vorgeschlagenen Personen, unter welchen auch wohl der Hauptmann, wie auch der Landrichter seyn konnten, von dem Landesherrn gewählet, der auch die andern von der Ritterschaft erwählten Beysitzer bestätigen sollte, wenn sie nebst dem Präsidenten ihm zuvor, wie bey dem Landgerichte geschahe, die Eidespflicht geleistet hatten; welche Bestätigung jedoch, nach der nach einigen Jahren erfolgten Erklärung des Churfürsten, nicht für nöthig gehalten wurde. Von den Aussprüchen des Tribunals, das, nach der Gerichtsordnung, jährlich in Lauenburg auf Francisci gehalten werden sollte, fand kein weiteres Rechtsmittel Statt, wobey sich jedoch der Churfürst Friederich Wilhelm vorbehielt, wenn er eine General-Oberinstanz in seiner Residenz errichten werde, diejenigen Sachen, worin appelliret würde, auch alsdann dahin zu ziehen. Nach der von diesem Churfürsten zu Cleve den $\frac{3\text{ April}}{14\text{ Mai}}$ 1666 gegebenen Erklärung, wurden die indicia Capitanealia, oder Landhauptmannsgerichte, die zu Polnischen Zeiten von den Palatinen und Vice-Palatinen waren gehalten worden, dem geheimen Rathe;

Lorenz

Der Lauenburg- und Bütowsche Kreis.

Lorenz Christoph von Somnitz, als dem ersten Oberhauptmann der Herrschaften Lauenburg und Bütow, aufgetragen, welcher solche jährlich 2 mahl, als den 18 Junius und 18 October auf dem Schloße zu Lauenburg halten sollte. Zugleich wurde von dem Churfürsten bewilliget, daß das Tribunal oder Appellationsgericht jährlich 2 mahl als den 21 Junius und 21 October zu Lauenburg gehalten und daselbst so lange bleiben sollte, bis er an einem gewißen Orte ein allgemeines Tribunal von allen seinen Landen anordnen werde, welchem alsdann zwey aus der Ritterschaft der Lauenburgschen und Bütowschen Herrschaften, von der erwähnten Ritterschaft erwählte und von dem Churfürsten besoldete Beysitzer beywohnen sollten. In dem Jahre 1717 wurde in den Städten Lauenburg, Bütow und Leba an Statt der Contribution die Accise, und in dem Jahre 1746 das einländische Salz in diesen beiden Districten eingeführet. Die Accise- Zoll- Städte- Policey- Contributions- und Aemtersachen, die ehemals von dem Oberhauptmann waren versehen worden, wurden nach dem Rescript vom 10 November 1742 der Pommerschen Krieges- und Domainencammer beygeleget, die auch nach dem Rescript vom 23 Junius 1743 die Bekanntmachung der Edicte in den Städten und Aemtern dieser Districte, nicht aber bey der Ritterschaft, bey welcher solche von dem Oberhauptmann geschehen sollte, verfügen und diesem, nach der Verordnung vom 15 May 1745, die Justizsachen ferner überlaßen muste. In dem Jahre 1749 wurden eben diejenigen Geschäfte, welche die Landräthe in Pommern und in den andern königlichen Provinzen verrichten müßen, dem jedesmaligen Oberhauptmann aufgetragen, der nach der Verordnung vom 17 April 1750 angewiesen wurde, in allen Sachen, so eigentlich zur Besorgung der Pommerschen Cammer gehören, unter derselben zu stehen und die von den Ständen zu wiederholten mahlen gesuchte Unabhängigkeit von ihr, wurde ihnen durch die Cabinetsbefehle vom 28 März 1752, 6 May 1763 und die Rescripte vom 10 October und 24 December 1771 und 23 Januar und 16 Julius 1772 abgeschlagen. In dem Jahre 1751 erfolgte auch hier eine Justizverbeßerung, wovon die gedruckte Instruction vom 30 August 1751 nähere Nachricht giebt. Nach dem Tode des Oberhauptmanns von Weyherr, blieb die Oberhauptmannsstelle lange unbesetzt und nachdem die mit ihr bisher verknüpfte Besoldung von 800 Rthlr. dem Director des Königl. Krieges- und Domainencammer Deputationscollegium zu Cößlin war beygeleget worden, wurden die einem Oberhauptmann obliegende Verrichtungen dem Tribunalspräsidenten von Somnitz übertragen, welcher die Landeshoheits- Kirchen- Schutz- und Consistorialsachen besorgte und die Oberaufsicht über die gerichtlichen und peinlichen Sachen in den Städten und Aemtern hatte, bis nach dem an die Lauenburgschen und Bütowschen Landesjustizcollegien ergangenen Rescript vom 17 April 1771, der Posten eines Oberhauptmanns und Präsidenten des vereinigten Grod- und Landgerichts nach der oben angeführten Instruction vom 30 August 1751, wiederhergestellet wurde. Nach dem 4 Art. des in der französischen Sprache im Druck herausgegebenen Tractats, welcher zwischen Seiner Majestät, dem Könige von Preußen, und Seiner Majestät dem Könige von Polen und der Republik Polen den 18 September 1773 zu Warschau geschloßen wurde, entsagten Seine Majestät, der König, und die Stände von Polen und Litthauen auf die bündigste Weise allem Lehnrechte, dem Rückfallsrechte, und überhaupt allen und jeden andern Rechten oder Ansprüchen, so sie jetzt

oder

Der Lauenburg= und Bütowsche Kreis.

oder künftig auf die Districte von Lauenburg und Bütow machen könnten, und traten alle ihre Rechte auf diese Landschaften Sr. Majestät, dem Könige von Preußen ab, so daß Se. Majestät, Dero Erben und Nachfolger beiderley Geschlechts, eben diese Districte auf ewig, ohne irgend einen Rückfall oder eine Lehnsverbindlichkeit, mit aller Souverainetät und Unabhängigkeit, besitzen können; und um allen Streitigkeiten dieserhalb vorzubeugen: so wurde von beiden hohen Theilen der Vertrag von Bydgost vom 6 November 1657 dergestalt vernichtet, daß solcher nicht weiter, als nur in Ansehung der Zusage, die den Besitz der Districte von Lauenburg und Bütow dem Hause Brandenburg versichert, bestehen, und dasselbe den übrigen in besagtem Bydgoster Tractat festgesetzten Verbindlichkeiten und Einschränkungen nicht mehr unterworfen seyn soll. Die Römischkatholischen sollen, nach dem 8 Art. eben dieses Tractats in den dadurch abgetretenen Provinzen, eben so, wie in dem Königreiche Preußen und in den Districten Lauenburg, Bütow und Draheim, alle ihre Besitzungen und ihr Eigenthum, in Ansehung des Weltlichen behalten und in Ansehung der Religion völlig in statu quo, das heißt: bey eben derselben freyen Ausübung ihres Gottesdienstes und der Kirchenzucht, mit allen und eben denselben Kirchen und geistlichen Gütern erhalten werden, welche sie zur Zeit ihres Uebergangs unter die Herrschaft Sr. Preußischen Majestät im Monate September 1772 besessen haben, und Se. Majestät und Dero Nachfolger wollen sich ihrer Souverainitätsrechte zum Nachtheil des damaligen Zustandes der römischkatholischen Religion in den oberwähnten Ländern nicht bedienen. Durch die zu Berlin den 14 October 1773 gegebene Verordnung, wurde die bisherige Justizverfassung in den Lauenburg= und Bütowschen Districten aufgehoben und eine den Preußischen Gesetzen und Verfassungen gemäßere Einrichtung darinn festgesetzet. Es wurden daher nicht allein die bisher in diesen beiden Districten noch von den Zeiten, da sie unter der Krone Polen gestanden hatten, beybehaltenen Polnischen Gesetze, Rechte und Justizverfassungen und die oben angeführte Instruction vom 30 August 1751 mit allen nachher gegebenen und sich darinn gründenden Verordnungen, insonderheit vom 15 und 26 April 1765 und 17 April 1771, sondern auch die beiden theils in diesen Districten unter den Namen eines Grod= und Landgerichts und Tribunals bestellt gewesenen Justizcollegien nebst der Oberhauptmannsstelle, in so weit öffentliche Angelegenheiten, Landeshoheitssachen, Gränzstreitigkeiten mit benachbarten Staaten, Vasallen= Kirchen= Schul= und Consistorialsachen, nicht weniger die Justizsachen in den Aemtern und Städten damit verbunden waren, aufgehoben und dagegen die beiden Districte Lauenburg und Bütow in Ansehung der Justizverfassung und alles desjenigen, was nicht vor das Finanzdepartement gehöret, mit der Provinz Westpreußen also vereiniget, daß in denselben künftig allein die neue Westpreußische Justizeinrichtung, Gesetze und Verfahrungsart die Richtschnur seyn sollen. Die Westpreußische Regierung in Marienwerder ist daher jetzt in diesen Districten das Ober Landesjustizcollegium, und ihren Verordnungen und Befehlen muß in allen ihr in dem Notificationspatent vom 28 September 1772 und in der Westpreußischen Regierungsinstruction vom 21 September 1773 anvertraueten Geschäften überall gehörige Folge geleistet werden. Anstatt der bisherigen zwey Justizcollegien in Lauenburg, nemlich des Grod= und Landgerichts und des Tribunals, wurde ein für diese beiden Districte und die darinn vorfallende Justizgeschäfte vollkommen hinreichendes Landvoigteygericht in Lauenburg, auf eben dem Fuße, wie die

Der Lauenburg- und Bütowsche Kreis.

in Westpreußen errichteten, bestellet, welches jederzeit, wie diese, mit einem Landvoigteygerichtsdirector, einem Landvoigteygerichtsrath und einem Landvoigteygerichtsassessor und Secretarius, der ebenfalls Sitz und Stimme in dem Collegium haben, nicht weniger mit den nöthigen Unterbedienten von dem Landesherrn besetzet werden solle, ohne daß den Ständen ferner ein Einfluß in diese Besetzung eingeräumet werden könne. Zur Besoldung des Landvoigteygerichts, dem so wohl wegen der ihm in diesen Districten obliegenden Geschäfte, als der dabey zu beobachtenden Verfahrungsart und Gesetze, die den Westpreußischen Landvoigteygerichten am 21 September 1773 ertheilte ausführliche Instruction, jedoch mit den in der oben angeführten Verordnung vom 14 October 1773 enthaltenen Maaßgebungen, überall zur Richtschnur dienet, sind alle diejenigen Mittel angewiesen worden, die bisher zur Besoldung des Grob- und Landgerichts und Tribunals bestimmt gewesen waren, und das Landvoigteygericht hat auch eine eigene Sportulcasse behalten, worinn, wie bisher, alle diese Einnahmen fließen. Die Städte Lauenburg, Bütow und Leba haben zwar ihre bisherige innerliche Einrichtung behalten, in allen zu der Krieges- und Domainencammer und dem Finanzdepartement nicht gehörigen Sachen aber, wurden diese Städte und deren Magisträte, von dem Tage der Bekanntmachung dieser Verordnung an, von der Aufsicht des bisher damit beladen gewesenen Oberhauptmanns entbunden und dagegen der Westpreußischen Regierung unterworfen. An diese müßen daher auch die Appellationen aus diesen Städten gerichtet werden, die sich nachdem für die übrigen Westpreußischen Städte von Sr. Majestät dem Könige am 13 September 1773 vollzogenen Reglement zu achten haben. Die Domainenämter Lauenburg und Bütow sind in Ansehung der zu der Aufsicht der Cammer und zu dem ökonomischen Zustande gehörigen Justizadministration, nach dem Rescript an die Pommersche Cammer vom 8 März 1774, nicht zu der Rechtspflege der Westpreußischen Cammer geschlagen, sondern bey ihrer bisherigen Verfaßung gelaßen worden. Nachdem die Einführung des Stempel- und Chartenedicts vom 13 May 1766, wovon, nach den darinn enthaltenen Bestimmungen, diese beyden Districte waren ausgenommen worden, nach dem Rescript vom 25 Februar 1774 geschehen war, wurden auch in denselben, nach der zu Berlin den 3 März 1774 gegebenen Verordnung, die übrigen Theile der Finanz- und Cammereinrichtungen, als des Salz- Post- und Manufacturwesens, gleichfalls eingeführet. In dem Jahre 1777 wurden die Lande Lauenburg und Bütow mit Hinterpommern vereiniget und der deshalb zwischen den Hinterpommerschen Landständen und den Deputirten der adelichen Stände der Herrschaften Lauenburg und Bütow zu Lauenburg den 2 April 1777 errichtete Vereinigungsrecess enthält folgende Puncte: 1) Die Herrschaften Lauenburg und Bütow treten von nun an in allen öffentlichen Landes- Oekonomie- und Policensachen mit der Provinz Hinterpommern in einen Körper zusammen, so wie solches bereits zu den Zeiten der Herzoge von Pommern gewesen ist. 2) Die ganze Ritterschaft und die Eigenthümer des platten Landes dieser Herrschaften genießen alle Freyheiten, Herrlich- und Gerechtigkeiten, Privilegien, Gerechtsame, Gebräuche und Gewohnheiten, auch Vorzüge, so der Adel von Hinterpommern von uralten Zeiten genoßen hat und ihm durch die Regimentsverfaßung und den Landtagsabschied von 1654 von dem Churfürsten Friederich Wilhelm und den nachfolgenden Landesherren bestätiget worden sind

und

Der Lauenburg- und Bütowsche Kreis.

und bey welchem er noch bisjetzt von Sr. Majestät dem Könige beschützet und erhalten worden ist. 3) Zur Erhaltung dieser Gerechtsame werden die beiden Herrschaften Lauenburg und Bütow, nach der geschehenen Vereinigung, einen eigenen Kreis ausmachen und beständig, gleich den andern Kreisen in Hinterpommern, ihren eigenen Landrath präsentiren oder erwählen und halten, dessen Gehalt, als Kreisdirector, von dem Kreise selbst ausgemittelt wird, so wie sie auch den Kreiseinnehmer selbst erwählen und setzen und dessen Gehalt selbst aufbringen. Weil aber die königlichen Aemter ihre monatlichen Contributionsbeyträge an die Hauptcasse des von der Ritterschaft erwählten Einnehmers abführen sollen und dem Landrathe die Disposition über die ganze Kreiscasse verbleibet: so werden auch die Gehalte des Kreislandraths und Einnehmers, von der Ritterschaft gemeinschaftlich mit den Aemtern aufgebracht. Was hiennächst der jedesmalige Landrath des Kreises an Marschcommissariatsgehalt bekommen soll, wird ihm aus der Hinterpommerschen Marsch- und Molestiencasse, so wie den übrigen Hinterpommerschen Landräthen, bezahlet, mit welchen er auch alle übrige Prärogativen und Emolumente gemein hat. 4) In Absicht der Art und Weise, die ordentlichen und außerordentlichen Landesabgaben aufzubringen, ist festgesetzet und von dem Hofe genehmiget, daß zwar der Hufenstand, wie solcher bereits zu den Zeiten der Herzoge von Pommern im Jahr 1627 classificiret und bisjetzt beybehalten worden, zum Fundament zu nehmen sey, damit selbiger aber mit den in Pommern reducirten Landhufen in Gleichheit gesetzt werden könne, und dennoch die bisherige von den Herrschaften Lauenburg und Bütow aufgebrachte ordentliche Steuer-Summe nicht erhöhet werden, oder sonst eine Ueberlast entstehen möge: so hat man nach der ordentlichen Steuersumme, so beiderseitige sich nun in einen Körper zusammenfügende Stände vierteljährig abtragen, die Vergleichung gemacht, und da in Hinterpommern vierteljährig die ordentliche Steuer von 45600 Rthlr. auf 17350 Landhufen vertheilet wird: so wird nach gleicher Vertheilung das ordentliche Quantum, welches in den Lauenburgschen und Bütowschen Landen, mit Einschließung der darinn befindlichen königlichen Aemter, so vierteljährig 889 Rthlr. beträget, nach der Reduction einen Hufenstand von 338$\frac{158}{445}$ Landhufen ausmachen, welcher Hufenstand alsdann mit den Hinterpommerschen Landhufen gleich ist und bey jedesmaligen Anlagen, wozu nemlich die Lande Lauenburg und Bütow beyzutragen haben, zur Richtschnur genommen wird. 5) Da die beiden königlichen Aemter zu Lauenburg und Bütow mit der Ritterschaft bey Landesabgaben einen Körper ausgemacht haben: so bleibet solches, nach wie vor, und müßen also diese Aemter, nach dem Verhältniße ihres Hufenstandes, so wohl zu den ordentlichen als außerordentlichen Lasten jedesmal das ihrige beytragen. 6) Außer dem obigen ordentlichen Quantum, müßen die Lande Lauenburg und Bütow, nach ihrem jetzt festgesetzten Hufenstande, nach geschehener Vereinigung, mit zu den Hinterpommerschen Anlagen ad communia und zwar verhältnißmäßig beytragen. Da aber unter diesen Anlagen auch die dem Oberappellationsgerichte, Reichshofrathe und zu dem Wetzlarschen Cammerzieler vierteljährig zu entrichtende 396 Rthlr. 22 Gr. mit angeleget werden, so die Lauenburgschen und Bütowschen Lande nichts angehen: so ist, um besagte Stände schadlos zu halten, festgesetzet worden, daß die Lauenburgsche Justizbesoldungen, so jährlich 366 Rthlr. 16 Gr. und vierteljährig 91 Rthlr. 12 Gr.

ausmachen,

ausmachen, von den Hinterpommerschen Landständen ad communia angeleget und die Lauenburgschen und Bütowschen Lande dadurch mit übertragen und also völlig schadlos gehalten werden. Hieben ist noch zu bemerken, daß, da in Hinterpommern zu den Anlagen ad communia die Städte ihren Antheil mit beytragen, welches aus den königlichen Accisen hergegeben wird, dieses in den Landen Lauenburg und Bütow auf gleichen Fuß gehalten werden müße, also und dergestallt, daß nach dem Verhältniße des Hufenstandes der Städte Lauenburg, Bütow und Leba, der Beytrag zu diesen Anlagen ebenfalls aus der Accisecasse geschiehet. 7) Zu allen übrigen bey den Hinterpommerschen Quartal-Vertheilungen für besondre Fälle aufgeführten Anlagen tragen die Lande Lauenburg und Bütow ganz und gar nichts bey, so wie selbige auch zu den etwa bisher gemachten Landesschulden, ganz und gar keinen Beytrag thun. Sollte aber in der Folge, nach Beschaffenheit der Umstände, vom ganzen Lande nöthig gefunden werden, Schulden zu machen: so nehmen besagte Lande daran nach dem Verhältniße ihres Hufenstandes Antheil. 8) Die in den Kreisen gewöhnliche Anlagen zu außerordentlichen Ausgaben, worunter die Gehalte des Landraths, Einnehmers, Schreibmaterialien, Postporto, Botenlohn ec. begriffen sind, werden besonders in einem jeden Kreise aufgebracht und berechnet, so wie selbige auch bey Hagelschaden oder Mißwachs ec. nach der in Hinterpommern üblichen Weise behandelt werden. 9) Da auch auf königlichen Befehl von dem platten Lande die Fourage an die Cavallerie, jedoch für baare Bezahlung, nach den feststehenden Preisen geliefert werden muß: so tragen die Lande Lauenburg und Bütow dazu nicht anders, als nach obigen festgesetzten Hufenstande bey, und so lange Cavallerie in den Städten Lauenburg und Bütow stehet, wird die Fouragelieferung, zu ihrer Erleichterung, an die Garnisons zu Lauenburg und Bütow, nach obigen Verhältniße geliefert. Sollten aber diese Städte in der Folge nicht mit Cavallerie belegt werden, so liefern die Lande Lauenburg und Bütow das ihnen nach dem Hufenstande daran zukommende, zu den ihnen zunächst belegenen mit Cavallerie bequartirten Besatzungsplätzen. Dieser Beytrag zur Naturallieferung fängt nicht eher als im Herbst 1777 an, alsdann aber damit der Anfang gemacht wird, wobey es sich von selbst versteht, daß nicht einer für den andern oder für alle, in Ansehung dieser Lieferung haften dürfe, sondern nur eine jede Grundherrschaft nach ihrem steuerbaren Hufenstande, für die auf ihre Hufen treffende Lieferung einzustehen habe; auch soll diese Fouragelieferung bey der Ritterschaft dieser Lande, keine Anforderung oder Abgabe von Cavalleriegeldern, wovon selbige bisher verschonet gewesen, nach sich ziehen. 10) Die Städte Lauenburg und Bütow sind als Immediatstädte zu dieser Lieferung nichts beyzutragen schuldig, wohl aber die Stadteigenthumsdörfer, in so fern solche steuerbare Hufen besitzen. 11) Da in den Lauenburgsch und Bütowschen Landen nunmehro so wohl der Hufenstand, als auch die Abgabe davon festgesetzt ist: so bleiben solche ins künftige auch von aller Classification oder anderweitigen Hufeneinrichtung so wohl im ganzen als insbesondre gänzlich befreyer. Es stehet auch den Ständen dieser Lande unbenommen, den bisherigen Fuß, ihre ordentlichen Abgaben zusammen zu bringen, ferner beyzubehalten und solche nach ihrem alten Hufenstande unter sich zu vertheilen, wenn selbige nur bey ihrem Beytrage zu gemeinschaftlichen Lasten oder Anlagen ad communia, das Verhältniß gegen Hinterpommern, so wie

solches

Der Lauenburg- und Bütowsche Kreis.

solches in §. 4. dieses Recesses festgesetzet ist, jederzeit beobachten. Dieser Receß wurde in zweyen gleichlautenden von allen 14 Hinterpommerschen Landräthen und den Deputirten der Lauenburgschen und Bütowschen Stände unterschriebenen Exemplaren gegeneinander ausgewechselt und von Sr. Majestät dem Könige höchsteigenhändig zu Berlin den 15 May 1777 bestätiget.

Die sämtlichen in dem Lauenburgschen und Bütowschen Kreise belegene adeliche Güter sind freye Allodial Rittergüter und in beiden Districten sind keine Lehngüter vorhanden. Die Regalien, Privilegien und Gerechtsame der adelichen Güter bestehen vornemlich in der hohen und niedern Gerichtsbarkeit, der Brau- und Brandweinbrennereygerechtigkeit, der Mühlengerechtigkeit, die sämtliche adeliche Güter haben, worinn Mühlen angeleget sind, der Jagdgerechtigkeit, dem Patronatrechte über die in den adelichen Dörfern belegene Kirchen, und in dem Strandrechte derjenigen adelichen Güter des Lauenburgschen Districts, die an dem Strande der Ostsee liegen. Der Lauenburgsche und Bütowsche Kreis gränzet gegen Norden an die Ostsee, gegen Osten und Süden an Westpreußen und gegen Westen theils an dem Rummelsburgschen theils an den Stolpschen Kreis und begreift:

I. Drey Städte, nemlich:

1. **Lauenburg** in alten Urkunden Lewenburg oder Leuenburg und lat. Leoburgum genannt, eine Immediatstadt, liegt 3 Meilen von Leba und der Ostsee, 4 von Neustadt, 5 von Bütow, 6 von Stolpe und 8 von Danzig, in einem Thale, an dem Flusse Leba, der in der Stadt bey dem Schloße eine Mühle mit 2 Gängen treibt, sich um die Stadt krümmer und durch das so genannte Moor in den Lebasee, aus demselben aber in die Ostsee ergießet. Die Stadt, die einen ebenen Boden hat und ein Viereck vorstellet, war in den ältern Zeiten eine gute Festung, wovon noch jetzt ihre hohe und starke Ringmauer zeuget, worauf sich, außer einem achteckigten Thurme und zween über den Stadthoren erbauten, noch 24 viereckigte aus dem Grunde gemauerte Thürme befinden, die der Stadt zur Zierde gereichen. Sie hat 2 Thore, das Danziger und Stolperthor und außer denselben noch 2 Pforten, wovon die eine die Koppel und die andre die Schloßpforte genannt wird, eine kleine Vorstadt von 27 Feuerstellen, einige breite und regelmäßige Straßen, deren mit Einschließung der Gaßen überhaupt 10 sind, und nebst der kleinen Vorstadt und 10 großen Malzhäusern 238 Feuerstellen. Die mehresten Häuser sind nach der alten, einige derselben aber nach der neuesten Bauart gut eingerichtet und zum Theil von Steinen aufgeführet. Die Versicherungssumme der Stadt in der Feuersocietät beträget jetzt 56121 Rthlr. und die Anzahl ihrer Seelen 1480, unter welchen 26 Juden, nicht aber die Garnison begriffen sind, die aus einer Eskadron des von Hohnstockschen Husarenregiments bestehet. Zu den vorzüglichsten öffentlichen Gebäuden gehöret das Schloß, das in der Stadt liegt und ein altes und festes Gebäude ist. Es war ehemals der Sitz des Oberhauptmanns der Lande Lauenburg und Bütow und des Amts Lauenburg, welches nachhero nach dem Dorfe Neuendorf verleget wurde. Jetzt werden in dem Schloße die Sitzungen des hiesigen Königl. Land-

voigtey-

voigteygerichts gehalten, dessen Director auch auf demselben wohnet. In der Stadt sind 3 Kirchen. Fast in der Mitte des viereckigten Markts stehet die evangelisch-lutherische zu St. Salvator, unter welcher das Rathhaus, die Stadtschule und die Stadtwage angebracht sind. Neben der Kirche stehen die Wohnungen der beiden lutherischen Prediger, nebst der Hauptwache und den Fleischbänken. Die größte Kirche ist die römischkatholische zu St. Jakob, deren Gemeine bey der Reformation lutherisch wurde und die vorhin gehabten 3 Geistlichen, einen Probst und 2 Diakonen auch nachher und so lange beybehielt, bis die Lande Lauenburg und Bütow dem Churfürsten Friederich Wilhelm abgetreten wurden. Damals bat der Bischof von Cujavien, dem dieser District gehörte, daß weil die Kirche zu Lauenburg samt ihren Filialen ihrer Stiftung noch katholisch sey, solche Kirchen an die Katholiken wieder abgetreten werden möchten. Die evangelische Ritterschaft auf dem Lande behauptete ihre Rechte; was aber die Stadt und das Amt Lauenburg anbetrift, so mußten die Lutheraner die große Kirche zu St. Jakob räumen. Der lutherische Probst verlohr so wohl das Land und den Acker, den er bey der Stadt hatte, als auch die Meßalien, die er aus dem Amte zog. Weil er also nicht bestehen konnte, verließ er sein Amt und die beiden lutherischen Diakonen blieben allein in der Stadt bey der Gemeine. Die Katholiken nahmen die große Kirche ein und den Lutheranern wurde die Marktkirche zu St. Salvator eingeräumet. Dabey ist es bis auf die gegenwärtige Zeit geblieben; und obgleich die Römischkatholischen nur eine kleine Gemeine ausmachen, so wird doch hier die römischkatholische Religion für die herrschende angesehen, wie sie den Namen von alten Zeiten her führet. An der St. Jakobskirche stehet der katholische Probst, der aber alles durch seine Diakonen so wohl in der Stadt als auf dem Lande verrichten läßet. Auf dem Lande in dem ganzen Amte müßen die Lutheraner sich der Glocken und der Kirchhöfe der Katholischen bedienen. Auch muß das ganze Amt an den Probst so wohl Meßkorn, als auch die Calende entrichten. Ehemals bekam der Probst auch von den Bürgern in der Stadt sowohl, als von den Bauern auf dem Lande alle Stolgebühren; er hat sich aber seit einigen Jahren gefallen lassen müßen, darauf Verzicht zu thun und mit den Meßalien und Calenden sich zu begnügen. Der König ist Patron der römischkatholischen Kirche. Die Lutheraner behielten nur 2 Prediger oder die beiden Diakonen, die jetzt bey der St. Salvatorskirche stehen. Der älteste wurde im Anfange von der Kirche besoldet und für den andern mit der Büchse von Haus zu Haus sein Quartal gesammlet, nach Einführung der Accise aber wurde solches also abgeändert, daß jetzt der älteste aus der Accisecasse sein Gehalt bekommt, da hingegen der andre von der Kirche besoldet wird, ein jeder aber auch noch jährlich 16 Rthlr. 8 Gr. aus der Cämmereycasse erhält. Durch das Rescript vom 27 Julius 1695 wurde ihnen von dem Churfürsten Friederich das bisher von den Bütowschen Stadtpredigern ausgeübte Recht, die Prediger in dem Lauenburgschen und Bütowschen District mit Zuziehung der Amtsprediger zu ordiniren, beygeleget; wie denn auch viele lutherische Prediger aus Polen sich bey ihnen ordiniren ließen. So blieb es bis zu dem zwischen Seiner Majestät, dem Könige von Preußen und Sr. Majestät dem Könige von Polen und der Republik den 18 September 1773 zu Warschau geschloßenen Tractat, nach welchem die Lande Lauenburg und Bütow erblich dem Könige abgetreten wurden. Auf Vorstellung

Die Stadt Lauenburg.

stellung der Marienwerderschen Regierung, wurde nach dem Rescript vom 26 Januar 1775, dem ersten Prediger zu Lauenburg, die Inspection über die lutherschen Stadt- und Amtskirchen des Lauenburgschen Kreises anvertrauet und den 25 May 1775 geschahe in Lauenburg von dem Königl. Landvoigteygerichte auf dem hiesigen Schloße die Einführung deßelben. Der jetzige erste Prediger ist also der erste evangelischlutherische Inspector in Lauenburg, der die St. Salvatorkirche in der Stadt und die 3 Landkirchen zu Bresen, Garzigar und Neuendorf (die nur Bethäuser genannt werden, weil die eigentlichen Kirchen zu Bresen, Garzigar und Neuendorf den Römischkatholschen gehören und unter dem hiesigen römischkatholischen Probste stehen) unter seiner Aufsicht hat und deßen Inspection außer dem zweiten Lauenburgschen Stadtprediger, noch 2 Landprediger, nemlich zu Bresen und Garzigar begreift. Von dieser Zeit an stehet die hiesige Geistlichkeit vermittelst des hiesigen Landvoigteygerichts unter der Königl. Regierung zu Marienwerder, die Inspectoren aber unmittelbar unter der Regierung. Von der evangelischlutherschen Kirche, zu welcher ehemals das Dorf Malschitz eingepfarret war, das sich aber von der Zeit an, da es von der Stadt verkauft worden ist, zu Labuhn hält, ist der Magistrat Patron, der bey Erledigung einer Predigerstelle, 3 Subjecte der Bürgerschaft präsentiret und demjenigen, der die mehresten Stimmen hat, die Vocation ertheilet. Die Predigten geschehen von den beiden lutherschen Predigern wechselweise, das Taufen von dem, welchen die Woche trift und die Trauungen wechselsweise. Die Accidentien werden durchaus getheilet. Reformirte kamen erst gegen das Ende des vorigen Jahrhunderts hieher. Sie hatten damals hier keinen Prediger und Taufen und Trauungen geschahen durch die lutherschen Geistlichen, wenn sie aber sich des heiligen Abendmahls bedienen wollten, so reiseten sie nach dem 2 Meilen von hier gelegenen Dorfe Schwartow, woselbst damals ein reformirter Prediger wohnte. Weil aber der ehemalige Oberpräsident und Oberhauptmann von Grumbkow, der das Schloß inne hatte, von diesem Bekenntniße war, so wurde der Prediger zu Schwartow überredet, in die Stadt zu ziehen. Zur Verrichtung des Gottesdienstes gab man ihm einen Saal in dem Schloße ein, der darauf zu einer Kirche eingerichtet und den Reformirten eingeräumet wurde. Die reformirte Gemeine bekam daher einen eigenen Prediger mit dem Titel eines Schloßpredigers. Der letzte erhielt von dem Hofe Baugelder zu einem Predigerhause, da er nebst seinen Vorfahren so lange zur Miethe hatte wohnen müßen. Es sind sehr wenige Reformirte in der Stadt; wenn aber Communion gehalten wurde, so vierteljährig einmahl geschahe, so fanden sich die vom Lande, darunter auch verschiedene adeliche Häuser gehören, auch mit ein. Vierteljährig einmahl reisete auch der reformirte Prediger um derer willen, die zu weit entfernt sind, nach dem Dorfe Schwartow, zur Haltung des Gottesdienstes und Austheilung des Abendmahls. Nachdem seit einigen Jahren die reformirte Predigerstelle in dieser Stadt nicht wieder besetzet worden ist, hat der reformirte Prediger zu Krockow, einem 5 Meilen von hier entlegenen Westpreußischen Dorfe, den Auftrag erhalten, sich vierteljährig 2 mahl hier einzufinden und in der reformirten Kirche zu predigen und das Abendmahl auszutheilen; wofür er 50 Rthlr. an Gehalt und zu Bestreitung der Fuhren von Krockow bis Lauenburg, auch noch die Zinsen von einem der reformirten Kirche gehörigen Capital von 513 Rthlr. 16 Gr. erhält. Das resor-

Prüss. Beschr. v. H. Dom.   [Pppppp]

reformirte Predigerhaus wird jetzt zum Besten der Kirche, die es unterhält, vermiethet; jedoch ist dem Krockowschen Prediger eine Stube darinn vorbehalten worden. Die hiesige deutschreformirte Gemeine gehörte ehemals zur Pommerschen Inspection, ist aber, da die Districte Lauenburg und Bütow in Kirchensachen der Westpreußischen Regierung zu Marienwerder unterworfen worden, nach dem Rescript Berlin den 3 May 1774 zu Westpreußen geschlagen. Die lateinische Stadtschule hat einen Rector und Cantor, die studirt haben und von dem Magistrat, als dem Patron der Schule, mit Genehmigung der Königl. Westpreußischen Regierung bestellet werden. Außer derselben sind noch 2 deutsche Schulen vorhanden. Die Deutschreformirten und Römischkatholischen haben keine Schulen weder in der Stadt, noch auf dem Lande und müßen daher ihre Kinder in den lutherschen Schulen unterrichten laßen. Es ist allhier ein Hospital zu St. George und ein Armenhaus. In dem erstern, das außerhalb der Stadt liegt, werden für ein Einkaufsgeld von 16 Rthlr. 16 Gr., so ein jeder bey seinem Eintritt in das Hospital bezahlen muß, 7 alte und unvermögende Personen beiderley Geschlechts aufgenommen, die zu ihrem Unterhalt so wohl einiges baares Geld, als Naturalien zu genießen haben. In dem Armenhause, das in der Stadt lieget, ist ebenfalls eine Anzahl von 7 Personen beiderley Geschlechts, welche von den Einkünften dieser Stiftung, Wohnung und kümmerlichen Unterhalt genießen, auch wird wöchentlich 2 mal, Sonntags und Donnerstags für die Armen mit der Büchse gesammlet. Das Hospital und das Armenhaus stehen unter dem Patronate des Magistrats, der zur Berechnung ihrer Einkünfte und Ausgaben einen Provisor aus der Bürgerschaft bestellet. Auch wird durch 2 Bürger monathlich von einem jeden Brauhause 1 Gr. und von den kleinen Häusern 6 Pf. zu einer besondern Armencaße eingesammlet, die zur Hülfe einiger Hausarmen, armer Reisenden und zur Erziehung armer Kinder errichtet ist, und wozu ebenfalls ein besondrer Provisor vom Magistrat bestellet wird. Die Stadt stehet in allen Justiz= Kirchen= und Schulsachen unter der Königl. Westpreußischen Regierung zu Marienwerder, wohin auch die Appellationen gehen. In Ansehung der Cammer= Finanz= und Policensachen, so wie auch in Accise= und Zollsachen gehöret die Stadt zu Pommern und stehet unter der Königl. Pommerschen Krieges= und Domainencammer und der Accise= und Zolldirection in Stettin. Der Magistrat, dem das Wahlrecht seiner Glieder und die obere und niedere Gerichtsbarkeit zustehet, hat einen dirigirenden Bürgermeister, einen Justizbürgermeister, die beide seit der neuen Justizverbeßerung zugleich königliche Justizcommissarien sind, einem Cämmerer, der zugleich erster Senator ist, und außer demselben noch 2 Senatoren und einen Secretarius, der so wohl die Polizey= als Justizsachen expediret und hält wöchentlich 2 mahl, nemlich Montags und Donnerstags, seine Sitzungen in dem Rathhause. Außer dem Magistrat ist noch ein besondres Stadtgericht, das aus einem Stadtrichter und 4 Gerichtsschöppen bestehet und außergerichtliche Handlungen, als die Aufnahme der Testamente, Jnventarien, die Auctionen ꝛc. verstehet und dessen Glieder gleichfalls von dem Magistrat gewählet und von der Königl. Regierung bestätiget werden. Hienächst werden auch von dem Magistrat 19 Bürger ernannt, welche die Stadtordnung vorstellen und in öffentlichen städtischen Angelegenheiten von dem Magistrat zugezogen werden. Ehemals hat die Stadt und die Districte Lauenburg und Bütow das

Die Stadt Lauenburg.

Culmsche Recht gehabt, das aber nach der Vereinigung von Ost- und Westpreußen abgeschaft und dagegen das Preußische Landrecht von 1721 eingeführet worden ist. Die Einwohner der Stadt werden in 4 Stände eingetheilet, zu deren erstern einige adeliche Familien, so ihre Häuser in der Stadt haben, nebst den obrigkeitlichen Personen, Predigern und Schullehrern, zu dem andern die Kaufleute und Großbrauer, zu dem dritten die Handwerker und zu dem vierten die Tagelöhner und gemeine Leute gerechnet werden. Der zur Stadt gehörige Acker ist ziemlich einträglich, aber nicht von großen Umfange. Er ist zwar in 3 Felder eingetheilet, es wird aber keine Brache gehalten, weil des Ackers so wenig ist, indem er nur 50 Pommersche Hufen in sich faßet. Das große Mohr, so weit es zur Stadt gehöret, nebst dem ansehnlichen Stadtwalde, reichen die hauptsächlichste Hütung dar, und an Wiesen hat die Stadt keinen Mangel und sind besonders diejenigen einträglich, die der Lebafluß bewässert, daher auch die Anzahl des bey der Stadt gehaltenen Rindviehes ansehnlich ist. Von dem Handel dieser Stadt ist wenig zu sagen, weil selbige nahe an Danzig und Stolpe belegen und also nur in sich selbst und mit dem platten Lande einigen Handel treibt. Der ehemalige wichtige Malzhandel hat jetzt sehr abgenommen. Die Brandweinbrennerey und Brauerey war sonst verhältnißmäßig ziemlich starck, ist aber auch seit einigen Jahren viel geringer geworden. Die Märkte werden gehalten: 1) Donnerstag nach Invocavit Kram- und Viehmarkt, und 4 Wochen darauf Saamen- oder sogenannter Babbenmarkt, 2) Donnerstag nach Jakobi Kram- und Viehmarkt und 3) Donnerstag nach Hedwig Kram- und Viehmarkt. Die Honig- und Wollmärkte, die noch jetzt in dem Calender stehen, sind seit vielen Jahren nicht mehr gehalten worden. Außer der königlichen zu dem Amte Lauenburg gehörigen Schloßmühle mit 2 unterschlägigen Gängen und einem Schrootgange, deren Zwangsmahlgäste die Einwohner der Stadt und des Dorfs Neuendorf nebst der daselbst befindlichen Amtsbrau- und Brandweinbrennerey sind, hat die Stadt noch eine Walk- und eine Lohmühle, wovon die erstere dem Gewerke der Tuchmacher und die andre den Schustern zugehörig ist, die für diese Mühlen jährlich einen Wasserzins an die Cämmerey bezahlen. Die hohe und niedere Jagd auf dem Stadtfelde und in dem Stadtwalde stehet dem Magistrat als ein Theil seines Gehalts zu. Außer der Stadt, nach dem ihr von den Kreuzherren zu Marienburg am 1 Januar 1341 ertheilten Privilegium, zustehenden Gerechtigkeit der freyen Fischerey in dem Lebaflusse mit kleinem Zeuge bis an den Lebasee, hat der Magistrat den Lachsfang auf der vorgedachten Loh- und Walkmühle, desgleichen die Fischerey in einem See bey dem Vorwerke Dzechen und dem Wussowschen See, zur Hälfte mit dem Besitzer des Guts Wussow, gleichfals als einen Theil seiner Besoldung zu genießen. Der Zoll gehöret dem Landesherrn und wird von dem Einnehmer bey der Accisecasse zugleich eingehoben. Die Lasten, so auf der Bürgerschaft haften, sind die königliche Accise, das Zettel- und Plombagegeld, Nachschuß- und Fabrikensteuer nebst Servis und die übrigen gewöhnlichen.

Die Posten kommen hier an und gehen ab:

Sonntags um 4 Uhr Nachmittags die reitende Post nach Preußen.

Der Lauenburg- und Bütowsche Kreis.

Montags früh die reitende Post nach Berlin.
— Nachmittags die fahrende Post nach Berlin.
Dienstags um 4 Uhr Nachmittags die fahrende Post nach Berlin.
Donnerstags gegen Abend die fahrende Post nach Berlin.
Freytags um 4 Uhr Nachmittags die fahrende sowohl als reitende Post nach Berlin.
Sonnabends die reitende Post aus Preußen.

Nach der Stadt Leba gehet Montags und Donnerstags ein Fußbote ab, der in Lauenburg Dienstags und Freytags Abends wieder zurückkommt.

Das Wapen der Stadt stellet drey Thürme und einen aufgerichteten Löwen vor, der sich mit der Klaue an einen Thurm lehnet.

Die Stadt gehörte ehemals zu Pomerellen und stand mit diesem District in den ältesten Zeiten wechselsweise unter der Herrschaft der Könige von Polen und der Herzoge von Pommern. Durch die Eroberungen der Kreuzherren in dem 14ten Jahrhunderte kam Pomerellen und also auch diese Stadt unter ihre Herrschaft und erhielt von ihnen zu Marienburg am 1 Januar 1341 das Privilegium der freyen Schiffahrt auf dem Lebaflusse in die Ostsee und aus derselben wieder in die Stadt, nebst der freyen Fischerey in dem Lebaflusse mit kleinen Zeugen bis an den Lebaschen See. Nachdem die Lande Lauenburg und Bütow sich in dem Jahre 1454 von der Herrschaft der Kreuzherren wieder losgerißen und in Polnischen Schutz ergeben hatten, wurden solche zugleich mit dieser Stadt von dem Könige von Polen, Casimir, 1455 dem Herzoge von Pommern, Erich, wegen des von ihm der Krone Polen in damaligen Kriegen geleisteten Beystandes, als eine willkührlich wieder zurück zunehmende Abtretung, in dem Jahre 1526 aber von dem Könige Sigismund, dem Herzoge von Pommern, George I. und seinen männlichen Descendenten als ein Lehn ohne Dienstleistung überlaßen und nach dem 1637 erfolgten Tode des letzten Herzogs von Pommern, Bogislaus XIIII. als ein eröfnetes Lehn, von dem Könige von Polen, Uladislaus IIII. eingezogen, der Woywodschaft Pommerellen einverleibet und der Ritterschaft und den Städten in allen Stücken gleiche Prärogativen und Privilegien mit den übrigen Polnisch-Preußischen Ständen ertheilet. Nach dem zu Bydgost am 6 November 1657 geschloßenen Verträgen wurde die Stadt mit den Landen Lauenburg und Bütow von dem Könige von Polen, Johann Casimir, dem Churfürsten zu Brandenburg, Friederich Wilhelm und seinen männlichen Descendenten ohne Dienstleistung zu Lehn gegeben, worauf im Jahre 1662 in dieser Stadt für den Lauenburgschen und Bütowschen District ein Landgericht, welches in einem Landrichter 4 Assessoren und einem Notarius bestand, imgleichen ein Tribunal, so einen Präsidenten oder Director, 6 andre adeliche Personen und einen Notarius hatte, errichtet und jährlich auf Francisci gehalten wurde. Anstatt der Accise und sonstigen Abgaben muste die Stadt damals dem Churfürsten von Brandenburg eine Contribution von 600 Rthlr. geben, wogegen sie aber die Mühleneinnahme mit zu genießen hatte, und also mit Einschließung dieser Mühleneinkünfte

Die Stadt Lauenburg.

einkünfte nichts mehr abgab. Wie diese Mühle 1718 zu dem königlichen Amte geschlagen wurde und an der Stelle der Contribution die Accise zu stehen kam: so wurde dabey für die Lande Lauenburg und Bütow anfänglich ein besonderer niedriger Tarif, hernach der alte Pommersche bis 1774, seit diesem Jahre endlich der jetzige Pommersche eingeführet. Es sind hierauf die merklichen Veränderungen mit diesem Orte ersichtlich und es ist abzunehmen, daß er unter der Brandenburgschen Regierung in einem viel blühendern Zustande sich befinden müße, da diese Mühle, welche, wie oben erwähnet, nur einen Theil der zu 600 Rthlr. Erbpachtscapital, an 600 Rthlr. angeschlagenen Contribution ausmachte, gegenwärtig allein außer 800 Rthlr. Erbpachtscapital, an 600 Rthlr. jährlicher Erbpacht giebet und also schon dadurch die ehemalige Contribution ersetzet ist. Dagegen haben die königliche Accise in dem Jahre 1776 getragen 7381 Rthlr. die Zollgefälle 244 Rthlr. und also überhaupt 7625 Rthlr. Wenn man hiezu nun noch die Einkünfte vom Stempelpapier, Karten und die Paraphengelder zu 483 Rthlr. rechnet; so träget die Stadt 8108 Rthlr. welche Summe sie also jetzt der Landesherrschaft, außer den schon durch die Mühle ersetzten 600 Rthlr. und den Einkünften vom Salz, Taback und dergleichen einbringt, wovon sie vorher gänzlich befreyet gewesen. In dem Jahre 1658 ist in Lauenburg eine große Feuersbrunst entstanden, so daß an 70 Wohnungen und die römisch-katholische Kirche samt dem Rathhause eingeäschert wurden; worauf der Churfürst, Friederich Wilhelm, nach der Verordnung zu Cölln an der Spree vom 28 May 1658 diejenigen, so dieses Unglück betreffen, zu bequemerer Wiederaufbauung ihrer Häuser und damit sie sich desto beßer erholen und einrichten möchten, von allen Abgaben und Lasten auf 5 Jahre befreyete. In dem Jahre 1682 brannte die Stadt abermals ab, es wurde aber gleich in dem darauf folgenden Jahre der Anfang mit der Wiedererbauung derselben gemacht. Ehemals mußte sie zur Folge nach dem alten Anschlage 4 Mann zu Roß und 30 zu Fuß hergeben. Nach dem zwischen Sr. Majestät dem Könige von Preußen und Sr. Majestät dem Könige und der Republik Polen am 18 September 1773 geschloßenen Tractat wurden die Districte Lauenburg und Bütow und also auch diese Stadt dem erstern erblich abgetreten. Hierauf wurden 1773 das Grodund Landgericht, wie auch das Tribunal aufgehoben und anstatt des erstern ein Landvoigteygericht für die Ritterschaft in dieser Stadt bestellet, die gegenwärtig volkreicher ist, als sie je gewesen. Außer einer Ziegeley und einem Kalkofen besitzet sie noch folgende Güter, als:

1) Das Dorf Camelow ¼ Meile von Lauenburg nordnordostwärts, in einem Thale, an einem Bache, der durch einen Theil des Dorfs fließet, hat 1 Schulzen, 4 Bauern, 3 Bildner, 9 Feuerstellen, einige Eichen- Fichten- und Ellernholzungen, und ist zu Garziger eingepfarret.

2) Das Vorwerk Dzechen ⅜ Meile von Lauenburg südostwärts, an dem Ende des Stadtwaldes und an einem kleinen See, hat 3 Feuerstellen und ist zu Dzincelitz eingepfarret.

3) Das Vorwerk Falken mit 2 Feuerstellen lieget ⅞ Meile von Lauenburg gegen

Der Lauenburg- und Bütowsche Kreis.

gegen Süden, in dem Lauenburgschen Eichen- und Büchenwalde und ist zu Dzincelitz eingepfarret.

4) Das Vorwerk Röpke mit 3 Feuerstellen, lieget ⅜ Meile von Lauenburg gegen Süden und ist zu Labuhn eingepfarret.

5) Der Kathen Elendshof ⅜ Meile von Lauenburg gegen Süden, in dem
Stadtwalde, bestehet aus einer Feuerstelle, die von einem Pächter bewohnet wird,
der zugleich die Aufsicht auf einen Theil des Stadtwaldes hat und ist zu Dzincelitz eingepfarret.

6) Der Waldwächter- oder Holzkathen, oder die der Stadt Lauenburg gehörige Holzwärterwohnung, lieget ⅞ Meile von Lauenburg, im Walde und ist zu Lauenburg eingepfarret.

Ehemals besaß die Stadt auch das Dorf Malschitz, welches damals aus 9 Bauern und 2 Käthnern bestand und von der Stadt am 28 März 1673 für 8500 Fl.
Polnisch an die von Flotow, von diesen 1680 für 18000 Fl. an den von Böhn,
von diesem 1711 für 28000 Fl. an den Obersten von Weiher verkauft wurde und
in seinem Kaufpreise bis jetzt schon auf 77700 Fl. gestiegen ist.

2. Bütow, eine Immediatstadt, lieget beynahe in der Mitte desjenigen Districts,
der von ihr den Namen des Bütowschen führet, 4 Meilen von Rummelsburg und
der Westpreußischen Stadt Berendt, 5 von Stolpe und Lauenburg, 6 von Schlawe, Pollnow und der Westpreußischen Stadt Conitz, 8 von Bublitz, 9 von Neu-Stettin und 10 von
Cößlin und Danzig, in einem fast von allen Seiten mit ziemlich hohen Bergen umgebenen Thale und an einem Berge, dessen abhangende Seite sich nach dem kleinen Flusse, die Bütow genannt, neiget, die der Stadt den Namen gegeben hat und
nahe bey derselben südostwärts aus einem bey dem königlichen Amtsdorfe Mankwitz
gelegenen See, der Lewen genannt, entspringt, bey der Stadt eine auf der Schloßfreyheit gelegne Loh- und Walk- wie auch eine Kornmühle treibt, durch den äusser-
sten westlichen Theil der Stadt fließet und 1½ Meilen von derselben gegen Norden
bey der Kroßnowschen Brücke in die Stolpe fällt. Die Stadt ist durchgehends
bebauet und hat als ein offener Ort weder Mauern noch Thore, sondern nur 3
Schlagbäume, die aber doch das Stolper, Danziger und Schloßthor genannt werden, zwo bequeme und breite Hauptstraßen, die von einigen Quergassen durchschnitten sind, mit Einschließung der sogenannten Vorstadt 146 Häuser, wovon einige
ganz von Steinen erbauet sind und ein gutes Ansehen haben, 126 Bürger, unter
welchen sich jetzt nur 2 Römischkatholische befinden, und mit Ausschließung einer hier
in Garnison liegenden Escadron des von Höhnstockschen Husarenregiments 994
Seelen. Die Versicherungssumme der Stadt in der Feuersocietät beträget jetzt 47860
Rthlr. Das nahe bey der Stadt ostsüdostwärts auf einem hohen Berge gelegene
und mit einem Wall und Mauern umgebene alte Schloß, auf welchem zu den Zeiten der Kreuzherren die Pfleger oder Comthure, zu den Zeiten der Herzoge von
Pom-

Die Stadt Bütow.

Pommern aber die Landeshauptleute residirten, war in den ältern Zeiten eine starke Festung und ist jetzt der Sitz des Beamten und Generalpächters des königlichen Amts Bütow. Die Schloßfreiheit, die bey dem Schloße, auf welchem sich auch die Amtsbrau- und Brandweinbrennerey befindet, theils ostwärts auf Bergen, theils zwischen Osten und Süden in einem Thale liegt, gehöret zu dem königlichen Amte und bestehet aus einem Kruge, einer Schmiede, 2 Landreutern, 5 Büdnern und einer Thorschreiberwohnung und überhaupt aus 14 Feuerstellen. Mitten auf dem Marktplatze befindet sich ein mit einem kleinen Thurm geziertes und ganz von Steinen aufgeführtes Gebäude, dessen unterster Theil ostwärts das Rathhaus und westwärts die Stadtschule nebst der Wohnung des Rectors, der obere Theil aber die evangelischlutherische Kirche oder das sogenannte Oratorium enthält. Die mit einem guten Thurm versehene Römischkatholische Pfarrkirche zu St. Katharinen, deren Filial das Königliche Amtsdorf Damerkow ist und zu welcher das Stadtdorf Hygendorf, das Stadtvorwerk Neuhof, die Jungfernmühle, die königlichen Dörfer Dampen, Gramenz, Meddersin, Wussecken und Mankwitz, die Colonie Lybienz, die Hälfte der Colonie Lonken und die adelichen Dörfer Gersdorf, Petersdorf, Groß- und Klein-Gustkow eingepfarret sind, gehörte zu den Zeiten der Herzoge von Pommern bis zu dem 1637 erfolgten Tode des letzten Herzogs Bogislaus XIIII. den Evangelischlutherschen. Damals aber wurden sie aus dem Besitze dieser Kirche nicht nur, sondern auch der übrigen in den Dörfern durch die Polen mit Gewalt verdrungen, ihre Prediger vertrieben und die Kirchen der römischkatholischen Geistlichkeit eingeräumet, die sie noch jetzt inne hat, obgleich die Dörfer insgesamt, bis auf Stübnitz, lauter evangelische Einwohner haben. An der Stadtkirche kam ein katholischer Probst, der nun vom Könige bestellet wird, weil die Kirche unter dem königlichen Patronate stehet. Von dieser Zeit an, haben die Katholischen überhaupt in dem Bütowschen Distrikt, 2 Parachos und 7 Landkirchen, von welchen der Probst in Bütow als Parochus nebst einem Vicarius die Kirchen in den zu dem königlichen Amte Bütow gehörigen Dörfern Damesdorf, Damerkow und Groß-Tuchen, und der andre Parochus, der unter der Aufsicht des Probsts zu Bütow stehet und in dem Dorfe Bernsdorf wohnet, mit einem Vicarius die Kirchen in den zu demselben Amte gehörigen Dörfern Bernsdorf, Borntuchen und Katkow und in dem adelichen Dorfe Stübnitz versehen. Die evangelischlutherschen Einwohner in dem ganzen Bütowschen District müssen daher, außer denen Meßalien, die sie ihren Predigern entrichten, auch den Römischkatholischen Priestern Meßalien und Calende geben, welche noch ein mahl so viel betragen, als diejenigen, die den evangelischen Predigern gereichet werden. Die evangelischlutherische Kirche in der Stadt oder das Oratorium ließ der Magistrat 1668 auf dem Rathhause erbauen, nachdem die Evangelischen, da sie 1637 aus der Pfarrkirche von der Polnischen Geistlichkeit mit Gewalt waren vertrieben worden, sich genöthiget gesehen hatten, bis dahin ihren Gottesdienst auf einem kleinen Saal über einen Thore gegen Westen, welches 1700 nebst der ganzen Stadt abbrannte, zu halten. An dieser Kirche stehen 2 Prediger, die in dem vorigen Jahrhunderte in dem Lauenburgschen und Bütowschen Districte die Ordinationen der evangelischlutherschen Prediger so lange verrichteten, bis ihnen solche, nach dem zu Cölln an der Spree am 27 Julius 1695 ausgefertigten Rescript, abgenommen und den beiden evangelischlutherschen

therschen Predigern in der Stadt Lauenburg aufgetragen wurden. Der erste von den beiden lutherschen Predigern in Bütow wurde, nach dem Rescript an die Westpreußische Regierung vom 26 Januar 1775, zum Inspector über die sämtlichen lutherschen Stadt= Amts= und adelichen Kirchen in dem Bütowschen District ernannt. Zu seiner Inspection gehören nebst dem zweiten Prediger in der Stadt, die 3 Landprediger zu Borntuchen, Groß=Tuchen und Groß=Pomeiske und überhaupt 7 Kirchen, als die beiden lutherschen Kirchen in Bütow, die Filialkirche in dem 2 Meilen von der Stadt gelegenen königlichen Amtsdorfe Sommin, die Kirche in dem königlichen Amtsdorfe Borntuchen, die Kirche in dem königlichen Amtsdorfe Groß=Tuchen, die adeliche Kirche zu Groß=Pomeiske und die adeliche Filialkirche zu Jassen, die der Prediger zu Groß=Pomeiske versiehet. Das Dorf Sommin, worinn die beiden Stadtprediger wechselsweise den Gottesdienst besorgen, ist mit Ausschließung der darinn wohnenden römischkatholischen Einwohner, die zu Studnitz eingepfarret sind, ein Filial von der evangelischlutherschen Stadtkirche, zu welcher sich die lutherschen Einwohner der oben genannten zu der hiesigen römischkatholischen Kirche und zu den gleichfalls katholischen Kirchspielen Damesdorf und Bernsdorf gehörigen Oerter halten. Außer der Stadt lieget südwestwärts auf einem Berge, die mit einer Kuppel, aber mit keinen Glocken versehene Polnische evangelischlutherche Kirche, die zu den Zeiten der Herzoge von Pommern eine kleine hölzerne Kapelle war, 1673 aber umgeworfen und bis 1675 von Steinen wieder erbauet und in eine ziemlich geräumige Kirche verwandelt wurde, worinn jetzt die 2 Stadtprediger einen Sonntag um den andern mit der Verrichtung des Gottesdienstes in der Polnischen Sprache für die Landgemeinen abwechseln. Diese Kirche wird gemeiniglich die Begräbnißkirche genannt, weil sie nicht nur Gewölbe für einige Familien enthält, sondern auch mit einem Kirchhofe umgeben ist, auf welchem die evangelischlutherschen Einwohner aus der Stadt und aus den eingepfarrten Dörfern ihre Todten begraben. So wohl von dieser Kirche, als auch von dem Oratorium ist der Magistrat Patron, der 3 Candidaten der Gemeine vorstellet, die einen davon nach der Mehrheit der Stimmen erwählet. Außer der ebenfalls unter dem Patronat des Magistrats stehenden Stadtschule, bey welcher ein Rector bestellet ist, der einen Präceptor zum Gehülfen hat, werden die kleinen Kinder noch von einem Schulmeister in dessen Hause unterrichtet. Es ist ein Armenhaus in der Stadt, welches aus 4 Stuben bestehet und von dem Kirchendirectorium administriret wird. Hienächst werden die Armen aus der Armenbüchse, zu welcher die Beyträge monatlich von den Einwohnern gesammlet werden, nothdürftig verpfleget. Der Magistrat, der das Wahlrecht seiner Glieder und die obere und niedere Gerichtsbarkeit hat, bestehet in einem dirigirenden Bürgermeister, der die Polizeygeschäfte besorget und jetzt zugleich Kirchendirector ist, einem Proconsul, der jetzt zugleich Policeysecretarius ist, einem Richter, der auch das Justizsecretariat verwaltet, einem Cämmerer und 2 Senatoren. An die Stelle des Culmschen Rechts, nach welchem die Stadt seit undenklichen Jahren war gerichtet worden, ist von der Zeit an, da der König die Provinz Westpreußen in Besitz genommen hat, das Preußische Landrecht eingeführet worden. In allen Cammeral= Finanz= und Policeysachen stehet die Stadt unter der Pommerschen Krieges= und Domainencammer, in allen nicht dahin gehörigen Sachen aber ist sie nebst den

Subalt=

Die Stadt Bütow.

Städten Lauenburg und Leba, nach der königlichen Verordnung vom 14 October 1773, von der Aufsicht des bisherigen Oberhauptmanns entbunden und solche der Königl. Westpreußischen Regierung zu Marienwerder, als dem jetzigen Oberlandesjustizcollegium in dem Lauenburgschen und Bütowschen Distrikt, aufgetragen worden. An diese müßen daher auch die Appellationen von den erwähnten Städten und deren Magisträten gerichtet werden, die sich nach dem für die Westpreußischen Städte am 13 September 1773 vollzogenen Reglement zu achten haben. Die 8 Stadtältesten, wovon 4 aus der Kaufmanns- und Brauerzunft und 4 aus den übrigen Gewerkszünften gewählet werden, stellen die Bürgerschaft vor und müßen in öffentlichen Stadtsachen mit zugezogen werden. Die Einwohner theilen sich in 3 Stände. Zu dem ersten gehören, außer den obrigkeitlichen Personen, Predigern, Schullehrern und Exemirten, die Kaufleute, Brauer und Krämer, zum andern die Gewerke, die zusammen 12 Aemter ausmachen, und zu dem dritten die Ackersleute, Fuhrleute, Tagelöhner und alles Gesinde. Mit den hier verfertigten Tüchern und Raschen, die in Danzig abgesetzet werden, wie auch mit Malz und Brandwein wird einiger Handel getrieben, der jedoch in der ersten Hälfte dieses Jahrhunderts blühender war und sich seit verschiedenen Jahren besonders nach der Westpreußischen Stadt Conitz gezogen hat. Die Kram- und Viehmärkte werden gehalten 1) Mittwoch nach Reminiscere, 2) Mittwoch nach Georgi, 3) Mittwoch nach Johannis, 4) Mittwoch nach Mariä Geburt Freynesse, Kram- und Viehmarkt, 5) Mittwoch nach Johannis Empfängniß Honigmarkt, 6) Mittwoch nach Allerheiligen Honig- und Viehmarkt und 7) Mittwoch nach Katharinen Kram- und Viehmarkt. Die Wollmärkte fallen 1) Mittwoch nach Medardi und 2) Mittwoch nach Michael. Der Acker, der 80 Hufen enthält und in 4 Feldern bestehet, nemlich in den Vor- und Hinterhufen, den Caveln und Wörde-Ländern, ist zwar nur von mittelmäßiger Fruchtbarkeit, die zweyschnittige Wiesen und Viehhütungen aber, die an beiden Seiten des Bütowflußes liegen, sind desto beßer. Die Stadt hat einen guten nußtragenden Eichen- und Büchenwald, der aber auf keine andre Art, als wenn Mast vorhanden ist, von der Bürgerschaft genutzet wird. Fischerey hat die Stadt nicht und die Jagdgerechtigkeit ist ihr seit einigen Jahren genommen worden, und wird die Jagd jetzt von der Königl. Pommerschen Krieges- und Domainencammer verpachtet. Die Lasten, die auf der Bürgerschaft haften, sind die königliche Accise, das Zettel- und Plombengeld, Nachschußaccise und Fabrikensteuer, imgleichen Servis, Grundzinsen und Brunnengelder. Die Post von Wußkow kömmt hier Montags und Donnerstags an und gehet dahin Dienstags und Freytags wieder zurück.

Das Wapen der Stadt stellet drey Thürme vor, über deren mittelsten eine Laterne stehet.

Von der ersten Erbauung der Stadt und ihrer ältern Geschichte sind keine Nachrichten vorhanden, jedoch wurden ihr bereits 1346, nach einer noch vorhandenen Urkunde von diesem Jahre, von Tesmer, Hochmeister des Ordens der Brüder des deutschen Hauses, 100 Hufen verliehen. In dem Jahre 1629 brannte die Stadt bis auf 3 Häuser ab und am 1 November 1656 wurde sie von den Polen überfallen und geplündert. Nach dem Abzuge der Polen wurde sie noch an demselben Tage von den Schweden in Brand gesetzet, so daß 32 Häuser und 30 Scheunen eingeäschert wurden und sich um diese Zeit nur 11 gemeine Bürger in der Stadt befanden; worauf der Churfürst Friederich Wilhelm, nach einem zu Cölln an der Spree am 28 May 1658 ausgefertigten Gnadenbriefe, denenjenigen, so die abgebrannten Häuser wieder aufbauen oder sich zu dem Ende wohnhaft hier niederlaßen wollten, eine Befreyung von allen Abgaben auf 5 Jahre ertheilte. Sowohl in den erwähnten Feuersbrünsten als auch vornehmlich in derjenigen, welche die Stadt in dem Jahre 1700 betraf, sind ihre alten Urkunden und Nachrichten verlohren gegangen. In dem Jahre 1709 wurde sie mit der Pest, die damals in Danzig stark wühtete und von daher durch Flachs und Hanf hieher verschleppet wurde, heimgesucht und obgleich die mehresten Familien die Stadt verließen und sich theils nach dem Eigenthumsdorfe Hygendorf und dem Vorwerke Neuhof, theils nach andern benachbarten Dörfern begaben; so starben doch an dieser epidemischen Krankheit, die über ein halbes Jahr anhielt, mehr als 100 Menschen. Die Stadt hat theils in den Thälern auf den Wiesen, theils auch auf einigen Anhöhen und Bergen viele Quellen des reinsten und gesundesten Wassers, unter welchen insonderheit aus der in dem so genannten Vogelgesang auf einem Berge nicht weit von dem Vorwerke Neuhof befindlichen Quelle, oder dem sogenannten Jakobsbrunnen, ein mineralisches Wasser quillet. Zu dem Eigenthum der Stadt gehören:

1) Das Dorf Hygendorf ½ Meile von Bütow gegen Süden, hat 1 Vorwerk, 9 Halbbauern, 1 Coßäthen, 1 Schulmeister, 17 Feuerstellen, weder Holzung noch Fischerey und ist zu Bütow eingepfarret.

2) Das Vorwerk Neuhof mit 2 Feuerstellen lieget eine kleine Viertelmeile von Bütow westnordwestwärts, nahe an dem Bütowschen Stadtwalde und ist zu Bütow eingepfarret.

3) Die Stadt-Ziegeley bestehet in einer Feuerstelle und ist zu Bütow eingepfarret.

3. L e b a lieget 3 Meilen von Lauenburg, 6 von Stolpe und Neustadt, 8 von Bütow und 12 von Danzig, an der Ostsee, zwischen dem großen Lebaschen und dem Garbekersee, aus welchem nach Westen zu ein Bach fließet, der die hiesige Mühle treibt und nachdem er einen 600 Ruthen langen und nicht breiten Canal aufgenommen hat, der nach Norden zu die in die Länge gebauete Stadt durchschneidet und ihr das nöthige Wasser zu ihrem Gebrauche liefert, in den Lebafluß fällt. Die Stadt ist als ein offener Ort mit keinen Thoren versehen und hat 94 jetzt in der Feuersocietät zu 15090 Rthlr. versicherte Häuser, wovon nur 6 mit Ziegeln, die übrigen aber mit Stroh gedecket sind, 497 Seelen und eine jetzt zu der Charbrowschen Inspection gehörige Mutterkirche, deren Filial das Dorf Sarbske ist und zu welcher die Dörfer Neuhof, Ulingen, Bergensin und Schöneyr und dazu dem königlichen Amte Schmolsin gehörige, zwischen dem Lebaschen See und der Ostsee gelegene 2 Fischerkathen, imgleichen die Kathen Wuicke und Danibe eingepfarret sind. Nach dem hiesigen von den fürstlichen Stettinschen

Die Stadt Leba.

schen Commißarien ausgefertigten Kirchenvisitationsreceße von 1590, war zwar die vor der Kirchenverbeßerung in dem ehemaligen Lebamünde erbauete Kirche, die damals zu der Stolpschen Synode gehörte, noch vorhanden, aber doch bereits sehr baufällig, daher man schon zu der Zeit in dem neuen Leba eine Kirche zu erbauen anfing und die Baumaterialien von jener alten und unbrauchbaren Kirche dabey zu Hülfe nahm. Diese neu erbauete Kirche brannte am 20 Julius 1682 ab, der damalige Patron aber, der geheime Rath, Nicolaus Ernst von Natzmer, ließ als Herrschaft zu Neuhof, sie nach dem hiesigen Kirchenbuche, 1683 für seine Kosten von Steinen also wieder erbauen, daß sie zwar die Länge der vorigen Kirche behielt, in der Breite aber 6 Schuh und in der Höhe 8 Schuh mehr bekam. Der gemauerte Thurm stürzte 1761 an dem in dem März einfallenden Bußtage bis auf den Grund ein, in dem Jahre 1765 aber erhielt die Kirche wieder einen neuen Thurm. Das Patronatrecht, welches nach der hiesigen Kirchenmatricul vom 27 März 1590 dem Landesherrn zustand, kam bereits in dem vorigen Jahrhunderte an die adeliche Herrschaft zu Neuhof, die auch noch jetzt allein den hiesigen einzigen Prediger beruft, der sonntäglich nicht nur in der deutschen, sondern auch in der polnischen Sprache predigen muß. Der Küster wird ebenfalls von dem Patron der Kirche allein, als einziger Lehrer der Schule aber von jenem, weil ihm das Schulhaus gehöret, und von dem Magistrat gemeinschaftlich bestellet. Hospitäler oder Armenhäuser sind hier nicht vorhanden; jedoch wurde ein beträchtliches Vermächtniß von dem ehemaligen Starosten zu Hammerstein und Baldenburg, wie auch Erbherrn von Neuhof, Franciscus von Weiher, in seinem Testamente vom 15 August 1676 gestiftet, nach deßen Inhalte jährlich an dem Francisci tage in der Lebaschen Kirche 710 Fl. oder 240 Rthlr. nemlich für zwey adeliche Studirende für einen jeden 30 Rthlr. auf 6 nach einander folgende Jahre, für zwey bürgerliche die Theologie Studirende für einen jeden 30 Rthlr. auf eben so viele Jahre, für zwo adeliche Fräulein, für ein jedes 30 Rthlr. auf ihre Lebenszeit, für Hausarme 30 Rthlr. für andre Arme 10 Rthlr. und das übrige auf die in dem Testamente benannte Art ausgetheilet werden sollen. Seit einiger Zeit werden diese Gelder, deren Auszahlung seit vielen Jahren her nicht erfolgt war, auf Veranlaßung der Westpreußischen Regierung, der Stiftung gemäß, wieder ausgetheilet. Die Stadt stehet in allen Justiz- Kirchen- und Schulsachen unter der Königlichen Westpreußischen Regierung zu Marienwerder, an welche auch die Appellationen gehen. In Ansehung der Cammer- Finanz- und Policeysachen gehöret die Stadt, so wie auch in Accise- und Zollsachen zu Pommern und stehet unter der Königlichen Pommerschen Krieges- und Domainencammer und der Accise- und Zolldirection in Stettin. Der Magistrat, welcher das Wahlrecht seiner Glieder und die obere und niedere Gerichtbarkeit hat, bestand ehemals aus 2 Bürgermeistern und 4 Rathmännern. Seit dem aber der Lauenburgsche und Bütowsche District in Justitzsachen mit der Provinz Westpreußen vereiniget worden ist, wird die Justiz von einem Bürgermeister aus Lauenburg verwaltet und der Magistrat bestehet daher jetzt nur aus einem Policeybürgermeister, 2 Rathsherren und 5 Fünfmännern. Obgleich die Stadt nach ihrem ältesten Privilegium von 1357 ausdrücklich mit dem lübischen Rechte bewidmet worden ist: so wurde doch nachher das Culmsche Recht und an deßen Stelle, nachdem der König Westpreußen

[Qqqqqq 2]

Der Lauenburg- und Bütowsche Kreis.

in Besitz genommen, das Preußische Landrecht von 1721 eingeführet. Der Handel wird jetzt, außer 2 Gewürzkrämern, vornemlich von 2 Kaufleuten getrieben, die nicht nur selbst mit Holz handeln, sondern auch für andre Kaufleute aus Danzig und aus dern Städten Holz für eine gewiße Fracht laden und zur See an bestimmte Oerter fahren. Ehemals wurden hier jährlich 25 bis 30 Fahrzeuge, unter welchen sich oft auch einige große Schiffe befanden, mit Holz befrachtet, seit einiger Zeit aber, da die Holzungen abnehmen, werden nur wenige Holzschuten beladen. Brodtbänke und Fleischscharren sind jetzt hier gar nicht, wie auch keine Zünfte und Innungen vorhanden und nur allein die Schuster haben ein Gewerk. Die Sommer- und Winterfischerey in der Ostsee und in dem Lebaschen und Garbskersee wurde ehemals von den Einwohnern sehr stark getrieben, so daß zuweilen zur Frühlingszeit von 12 Lachsböten in der Ostsee gefischet wurde, da seit einigen Jahren kaum 2 oder 3 dergleichen ausgerüstet werden und oft jährlich nicht einmahl ein Wintergarn aufgebracht werden kann, welches vornemlich von dem Unvermögen der Einwohner, neue Böte zu bauen und von dem im Preise sehr hoch gestiegenen Hanf herrühret. Der Ackerbau ist fast gar nicht zu rechnen, indem wegen des niedrigen Bodens, der zur Frühlings- und Herbstzeit der Ueberschwemmung unterworfen ist, kein Wintergetreide gesäet werden kann, und das Sommergetreide nur alsdann geräth, wenn das Wetter gut und die Sturmwinde besonders im Augustmonate nicht zu stark sind. Auch der Wiesewachs, der hier ehemals sehr beträchtlich war, hat seit einiger Zeit abgenommen, so daß sich die Einwohner jetzt vornemlich von der Verschiffung des Holzes und des Salzes ernähren, welches hier jährlich ein oder zwey auch wohl zuweilen dreymahl in einem königlichen Salzschiffe ankomt. Die Jahrmärkte werden 1) auf Johann und 2) auf Michael gehalten. Wenn Johann oder Michael auf einen Sonntag fällt, so ist der Markt an dem darauf folgenden Montage. Nach dem ältesten noch vorhandenen Privilegium, das von den Kreuzherren zu Lauenburg 1357 an dem nächsten Sonnabende vor St. Margarethentage ertheilet und von dem Herzoge von Pommern, Johann Friederich, zu Leba am 17 März 1575 bestätiget worden ist, wurde dem Weichbilde Lebemünde, außer einigen andern Begnadigungen, das Lübische Recht und den Einwohnern die Erlaubniß, allerley Kaufmannschaft zu treiben und die freye Fischerey mit kleinen Zeugen auf dem Lebaschen See verliehen, auch auf die in dem Weichbilde vorhandene Badstuben, Fleisch-, Brodt- und Schuhbänke und Kaufbuden ein gewißer Zins geleget. Die Fischerordnung oder der Vertrag, den der Herzog Bogislaus zu Stettin am Elisabethtage 1499 mit den Einwohnern der Stadt errichtete, bestimmt die Art und Weise, wie von ihnen damals die Fischerey auf dem Lebaschen See getrieben werden konnte und die Abgaben, die sie dafür entrichten musten. Die von Welherr, welche als die ehemaligen Besitzer des Guts Neuhof, ein Vorwerk in der Stadt nebst dem Patronatrechte über die hiesige Kirche besaßen, hatten ehemals noch mehrere Gerechtsame in dieser Stadt, nach den ihnen von den Kreuzherren, zu Lauenburg 1373 an dem Donnerstage vor dem Tage des heil. Märtyrers Vitus und zu Danzig 1421 an dem Tage des heil. Märtyrers Jürgen ertheilten und von den Pommerschen Herzogen, als Bogislaus zu Stettin 1514 Mittwochs am Tage der heil. Jungfrau Prisca, Jürgen und Barnim zu Stettin am Tage der Enthauptung Johannis 1528 und Johann Friederich

Die Stadt Leba.

Friederich zu Lauenburg den 7 März 1575 bestätigten Lehnbriefen an sich gebracht, nach welchen die von Weiherr mit der Erbvoigtey (Gerichte) zu Lebemünde, dem dritten Pfennige von dem Gerichte, mit dem Rechte, daß sie und ihre Erben die Obersten im Rathe seyn und ohne ihren Willen nichts darinn verhandelt und beschloßen werden soll, mit der Wassermühle zu Lebemünde, der freyen Fischerey auf dem Lebaschen und Sarbskersee mit kleinen Garnen, Klippen, Stacknetzen und Reusen, der freyen Fischerey in der Ostsee, dem dritten Theil der Güter, so zu Lebemünde stranden, mit dem Melenschen See nebst dem Bache, der in dem Lebaschen See fließet, einem freyen Garn auf dem Hacken an beiden Ufern, vier freyen Hufen zu Lebemünde und allen denen Wiesen, so die von Weiherr von alten Zeiten her daselbst gehabt haben, mit einigen Zinsen, so sie von verschiedenen Häusern und Gärten daselbst zu heben haben, mit der Fleischbank daselbst, mit dem Rechte, daß wenn die von Weiherr einen Bullen und Beeren zu Lebemünde halten, sie für alle ihre Schweine und ihr Rindvieh kein Hirtenlohn geben sollen und noch einigen andern Gerechtsamen belehnet wurden. Verschiedene Streitigkeiten, die zwischen den von Weiherr und der Stadt entstanden waren, wurden durch die gütlichen Vereinigungen des Hauptmanns zu Lauenburg, Jürgen Böhn, zu Leba am Montage nach dem Neujahrstage 1519 und des Hauptmanns zu Lauenburg, Jakob Wobeser, zu Leba am Montage nach Oculi 1530 beygeleget und entschieden. Die hiesige Wassermühle mit einem Gange, deren Zwangsmahlgäste die Einwohner der Stadt sind, gehöret zu dem königlichen Amte Lauenburg. Die Stadt hat 40 steuerbare Hufen, wovon die Contribution vor der eingeführten Accise entrichtet werden mußte. Die Abgaben der Bürgerschaft bestehen jetzt außer der königlichen Accise, in der Fischpacht, die mit 66 Rthlr. 16 Gr. an das königliche Amt Lauenburg bezahlet wird, in dem Comthurzins zu 4 Rthlr. 18 Gr. 4½ Pf. und in der Pacht von dem Aal- und Neunaugenfange, die jährlich mit 66 Rthlr. 16 Gr. an das Amt Lauenburg und mit 82 Rthlr. 8 Gr. an das Amt Schmolsin entrichtet wird. Außer dem erhält der Prediger jährlich von der Stadt 8 Scheffel Roggen und 6 Scheffel Häfer und von einem jeden Hause 8 Gr., der Schulhalter aber auf Weihnachten von einem jeden Hause 1 Gr. 6 Pf.

Fahrende und reitende Posten gehen nicht durch diese Stadt, jedoch werden die Briefe von Lauenburg Dienstags und Freytags durch einen Fußboten hieher gebracht, der an denselben Tagen wieder nach Lauenburg zurück gehet.

Das Wapen der Stadt bestehet in einem Greiff, über welchem sich ein Kreuz befindet.

Leba hatte unter dem Namen Lebemünde, nach dem oben angeführten ältesten Privilegium von 1357, bereits damals städtische Freiheiten und Gerechtigkeiten erlangt und war von demjenigen Orte, wo jetzt die Stadt liegt, ohngefähr 400 Ruthen näher nach der Ostsee zu belegen. Es ist aber dieses Lebemünde, nach einer davon in dem hiesigen Stadtbuche, bey der Gelegenheit, als das hiesige Schustergewerk am 2 März 1642 bat, ihre Privilegien in das Stadtbuch eintragen zu laßen, aufgezeichneten Nachricht, damals vor 70 Jahren und folglich etwa um das Jahr 1572, gänzlich

Der Lauenburg- und Bütowsche Kreis.

gänzlich vom Sande und Waßer zerstöhret worden, so daß jetzt nur noch einige Ueberbleibsel von der gemauerten Kirche zu sehen sind. Nach der gemeinen Sage soll es noch eine Meile von der Ostsee entfernt gewesen seyn, so daß zwischen derselben und der Stadt ein großer Wald gestanden hat. So viel ist gewiß, daß in derjenigen Gegend, wo jetzt schon das Meer ist, viele Ueberbleibsel von abgehauenen starken Bäumen, für welche sich, da sie nicht mit vielem Waßer bedeckt sind, die Schiffer und Fischer zu hüten haben, ingleichen viele Stubben von Eichenbäumen so wohl in als an dem Strande dieser Gegend angetroffen werden. Die jetzige Stadt Leba hat insonderheit am 20 Julius 1682, 4 November 1688, am 4 Advent 1717 und 14 November 1774 Feuersbrünste erlitten, so daß das erste mahl 30 Häuser nebst der Kirche, das andre mahl 28 Häuser und in den beiden letzten Feuersbrünsten jedesmahl 10 Häuser in die Asche geleget wurden. Um das große Moor, wodurch der Lebafluß von Lauenburg an bis Leba fließet, urbar zu machen, wurde in dem Jahre 1777 nicht weit von dieser Stadt, unter der Anleitung des geheimen Oberfinanz-Krieges- und Domainenraths von Brenkenhof, aus dem Lebasee in die Ostsee ein neuer Canal gegraben, der aber die erwünschte Absicht nicht erreichet hat, und daher in dem Jahre 1783 wieder zugemacht werden muste. In dem Jahre 1782 verkauften die von Weiherr das Gut Neuhof nebst dem dazu gehörigen Vorwerke in der Stadt, an Carl Heinrich von Somnitz zu Charbrow, der daher jetzt der Patron der Lebaschen Kirche ist.

II. Zwey königliche Aemter, als:

1. Das Amt Lauenburg, zu welchem gehören

19) Dörfer, als:

(1) Belgard 1¼ Meilen von Lauenburg nordnordwestwärts, auf einem Berge, an dessen Fuße ein Bach, welcher die hiesige Mühle treibt und Forellen führet, vorbeyfließet, auf der Land- und Poststraße von Lauenburg nach Leba, hat 1 Freyschulzen, 6 Bauern, 1 Krüger, der ein Freymann ist, 1 Coßäthen, 1 Büdner, 1 Holzwärter, ein in dem Jahre 1782 erbauetes lutherisches Schulhaus 14 Feuerstellen, eine römischkatholische Kirche, in welcher jedesmahl in der sechsten Woche Gottesdienst gehalten wird, 1 Plebanen, oder ein dem römischkatholischen Probste zu Lauenburg gehöriges Ackerwerk, gute Aecker und Wiesen, und ist zu Gorzigar eingepfarret. Zu der römischkatholischen Kirche in Belgard sind das königliche Dorf Freist und die adelichen Dörfer Ganß, Landechow, Scharschow, Viezig, Freist, Ober-Comsow, Nieder-Comsow, Roppenow, Zdrowen, Klein-Maßow, Mehnachow, Roschitz, und Stresow eingepfarret. Die lutherschen Einwohner dieser Dörfer geben noch jetzt die Meßalien dem römischkatholischen Probste zu Lauenburg und laßen ihre Todten zu Belgard begraben, haben sich aber nach und nach theils zu dem Charbrowschen, theils zu dem Groß-Jannewitzschen, theils zu dem Saulinschen Kirchspiele gewandt.

(2) Die

Das Amt Lauenburg.

(2) Bismark 2 Meilen von Lauenburg ostnordostwärts, an der Westpreußischen Gränze, ist eine seit 1750 angelegte Colonie, die aus 20 Familien und 2 Büdnern bestehet, deren Höfe in dem Schwetzinschen Walde zerstreuet liegen. Die Abgaben der Einwohner, die sich zu dem Bresenschen Kirchspiele halten, bestehen darinn, daß sie, nach dem Verhältniße ihrer Aecker und Wiesen, Acker- und Wiesenpacht, für die Freiheit, welche sie haben, ihr Getreide auf einer jeden beliebigen Mühle mahlen zu laßen, ein gewißes Meßkorngeld ingleichen eine bestimmte Braujinse entrichten.

(3) Bresen 1 Meile von Lauenburg nordostwärts, in einer ebenen Gegend, hat 1 lutherschen Prediger, 1 Freyschulzen, 12 Bauern, unter welchen sich ein Freymann befindet, 3 Coßäthen, 1 Küster, 1 Büdner, 1 Plebaney, oder ein dem römischkatholischen Probste zu Lauenburg gehöriges Ackerwerk, 1 zur Plebaney gehörigen Kathen, 1 Kirchenkathen, 1 Predigerwittwenhaus, 23 Feuerstellen, eine römisch katholische Kirche, und ein zu der Lauenburgschen Inspection gehöriges luthersches Bethaus, zu welchem die königlichen Dörfer Lanz, Schweßlin, Katschow, Pusitz, Bismark, 3 Bauerhöfe, 1 Coßäthenhof und noch ein Hof in Reckow, die adelichen Oerter Strellentin, Küssow, Bankow und Meggow, die königlichen Oerter Hoheufelde, Krahnsfelde und Söllnitz, die Medderßinsche oder Gunderßinsche Wassermühle und das adeliche Dorf Chmelenz eingepfarret sind.

(4) Crampe 1¼ Meilen von Lauenburg nordnordwestwärts, auf einem Berge, an einem großen Bruche, und an dem Lebaflusse, an welchem die Wiesen des Dorfs liegen, hat außer einem Vorwerke, 1 Freyschulzen, 5 Coßäthen, unter welchen sich ein Freymann befindet, 1 Holzwärter, 9 Feuerstellen und ist zu Garzigar eingepfarret. Die Streitigkeiten wegen der Hütung und einiger Wiesen zwischen dem Dorfe Crampe und dem adelichen Dorfe Jezenow, wurden durch die Urthel der juristischen Facultät zu Erfurt vom 9 September 1745 und der Königl. Regierung vom 8 März 1747, 23 Julius 1749, 3 Julius 1750, 17 Julius 1750 und 25 November 1750 entschieden.

(5) Freist 2 Meilen von Lauenburg nordnordwestwärts, und ¾ Meile von dem Dorfe Charbrow, in einem niedrigen Thale, an einem Bache, der aus dem Roschitzschen See entspringt und die hiesige Mühle treibt, auf der Landstraße von Lauenburg nach Leba, hat 1 Freyschulzen, 9 Bauern, 2 Coßäthen, 1 Büdnerhaus, ein in dem Jahre 1782 für königliche Kosten erbauetes lutherschens Schulhaus, einem nicht weit von dem Dorfe in einem kleinen Fichtenwalde gelegenen Holzwärterkathen, 18 Feuerstellen, fruchtbaren Acker, und ist zu der römischkatholischen Kirche zu Belgard eingepfarret, hält sich aber als ein Gastdorf zu der Charbrowschen Kirche.

(6) Garzigar ¾ Meile von Lauenburg gegen Norden, hat 1 lutherschen Prediger, 1 Freyschulzen, 1 Küster, 11 Bauern, unter welchen sich 2 Freyleute befinden, die keine Dienste leisten, 1 Coßäthen, 2 Büdner, eine Plebaney, oder ein dem römischkatholischen Probste zu Lauenburg gehöriges Ackerwerk, 19 Feuerstellen, und ein zu der Lauenburgschen Inspection gehöriges Bethaus, dessen Filial das Dorf Neuendorf ist und zu welchem die königlichen Dörfer Belgard, Crampe, Labbehn und Wittow,

kow, das königliche Vorwerk Obliwitz, der größte Theil des königlichen Dorfs Nekow, und das der Stadt Lauenburg gehörige Dorf Camelow eingepfarret sind. In dem Jahre 1780 wurde in dem Dorfe Garzigar eine neue römischkatholische Kirche auf eben der Stelle, auf welcher bereits ehemals eine gestanden hatte, von dem römischkatholischen Probste zu Lauenburg erbauet und eingeweihet. In dieser Kirche welche den Namen Magdalena erhalten hat, wird jährlich einmal, und zwar wenn Maria Magdalena auf einen Sonntag fällt, an demselben Tage, sonst aber an dem Sonntage nach Magdalena, von einem der Vicarien des Probstes zu Lauenburg geprediget. Die lutherschen Einwohner hielten ehemals ihren Gottesdienst in dem Hause des Freyschulzen, bis 1737 für dieselben ein Bethaus errichtet wurde.

(7) Hohenfelde 1¼ Meilen von Lauenburg nordostwärts, hat 12 Bauern, die freye Leute sind und seit 1773 auf dem hiesigen abgebauten Vorwerke sind angesetzet worden, 13 Feuerstellen und ist zu Bresen eingepfarret.

(8) Ratschow 1¼ Meilen von Lauenburg ostnordostwärts, an dem Lebaflusse, an welchem die Wiesen des Dorfs liegen, hat 1 Freyschulzen, 9 Bauern, unter welchen sich 3 Freyleute befinden, 1 Schulzenkathen, 12 Feuerstellen und ist zu Bresen eingepfarret.

(9) Krahnsfelde 1½ Meilen von Lauenburg nordostwärts, an einem großen Bruche, bey welchem sich ein grosser See, der Schwarzesee genannt, befindet, ist eine Colonie, welche aus 7 Familien bestehet. Außer derselben hat der Lieutenant von Krahn hier 4 Hufen 15 Morgen 10 Ruthen ausroden lassen, welche derselbe nach der ihm 1766 ertheilten Erbverschreibung auf ewige Zeiten frey und ohne alle Abgaben besitzet. Die Einwohner dieser Colonie sind zu Bresen eingepfarret.

(10) Labbehn 1 Meile von Lauenburg gegen Norden, hat 1 Freyschulzen, 9 Bauern, 3 Büdner, 16 Feuerstellen, eine römischkatholische Kirche, in welcher nur einmahl jährlich, nemlich an dem Michaelstage Gottesdienst gehalten wird, eine Plebaney, oder ein dem römischkatholischen Probste zu Lauenburg gehöriges Ackerwerk, 2 Seen, und ist zu Garzigar eingepfarret.

(11) Lanz 1 Meile von Lauenburg ostnordostwärts, an dem Lebaflusse, welcher mitten durch dieses Dorf fließet, auf der grossen Landstraße von Berlin nach Danzig und Königsberg, in einer bergigten Gegend, hat 1 Freyschulzen, der das Recht hat, eine Lachswehre oder Schleuse in dem Lebaflusse zu halten, 2 Freykrüger, 8 Bauern, 2 Büdner, 1 Schulmeister, 16 Feuerstellen, fruchtbaren Acker, viele an dem Lebaflusse gelegene Wiesen und ist zu Bresen eingepfarret.

(12) Luggewiese ¾ Meile von Lauenburg ostsüdostwärts, an 2 fischreichen Seen, und an dem Lebaflusse, der in einiger Entfernung von diesem Dorfe vorbey fließet, ist auf der östlichen und südlichen Seite mit hohen Bergen und Wäldern umgeben, hat 1 Freyschulzen, 8 Bauern, 2 Büdner, 1 Schulzenkathen, 15 Feuerstellen und ist

Das Amt Lauenburg.

zu Dzincelik eingepfarret. Die Einwohner sind zu keiner besondern Mühle als Zwangsmahlgäste geleget worden, und bezahlen keine Cavalleriegelder. In dem Jahre 1779 wurden in dem Luggewieseschen Bruche 170 Morgen Wiesen und Aecker gerodet, wovon nach dem Anschlage 48 Morgen Wiesen dem Vorwerke Neuendorf und 48 Morgen Wiesen dem Vorwerke Roslasin, die übrigen Morgen an Acker und Wiesen aber einer daselbst angesetzten Familie beygeleget wurden.

(13) Neuendorf eine halbe Viertelmeile von Lauenburg gegen Norden, in einem Thale, an einem Bache, welcher von dem Dorfe Camelow kommt, durch Neuendorf fließet und sich in den Lebafluß ergießet, auf der Land- und Poststraße von Lauenburg nach Leba, ist unter den Dörfern des Amts Lauenburg das größte, und hat außer einem Vorwerke, 2 Freyschulzen, 19 Bauern, von welchen einer ein Freymann ist, 3 Büdner, ein Schulhaus, das in dem Jahre 1781 erbauet wurde, ein in dem Jahre 1783 auf der Feldmark des Dorfs erbauetes doppeltes Familienhaus, worinn ein Holzwärter wohnet, der über die auf den Hufen der Einwohner angelegten Fichtenkämpe und Schonungen die Aufsicht hat, 38 Feuerstellen, eine römischkatholische Kirche, in welcher jährlich dreymal geprediget wird, ein zu der Lauenburgschen Inspection gehöriges und 1737 erbauetes lutherisches Bethaus, welches ein Filial von Garzigar ist, und worinn sonntäglich geprediget wird, lehmigten Acker und gute Wiesen.

(14) Pusitz 2 Meilen von Lauenburg nordnostwärts, hat 1 Freyschulzen, 4 Bauern, 2 Coßäthen, 1 Büdner, 9 Feuerstellen und ist zu Bresen eingepfarret.

(15) Reckow 1 Meile von Lauenburg nordnordostwärts, an einem kleinen See, hat 1 Freyschulzen, 4 Freybauern, 4 Dienstbauern, 1 Coßäthen, 3 Büdner 14 Feuerstellen und guten Acker. Drey Bauerhöfe in diesem Dorfe, ein Coßäthenhof und noch ein andrer Hof sind zu Bresen, die übrigen Einwohner aber zu Garzigar eingepfarret.

(16) Roslasin 1½ Meilen von Lauenburg gegen Osten, in einer bergigten Gegend, hat außer einem Vorwerke 8 Bauern, 1 Freykrüger, 2 Coßäthen, 2 Büdner in königlichen Häusern, eine römischkatholische Kirche, an welcher ein Vicarius des Probstes zu Lauenburg stehet, 1 Küster, 22 Feuerstellen und ist zu Dzincelik eingepfarret.

(17) Schwetzlin 1½ Meilen von Lauenburg ostnordostwärts, an dem Lebaflusse, an welchem die Wiesen des Dorfs liegen, und an einem grossen gegen Osten gelegenen königlichen Walde, dessen Umfang über eine Meile beträgt, stößet an das Westpreußische Dorf Strebbelin, hat 1 Oberförster, der einen Bauerhof besitzet, 1 Freyschulzen, 10 Bauern, 1 Freybauer, 1 Büdner, welcher Schulmeister ist, 1 Schulzenkathen, 17 Feuerstellen, und ist zu Bresen eingepfarret.

(18) Sellnow 3 Meilen von Lauenburg gegen Osten, an der Westpreußischen Gränze, hat außer einer kleinen Pächterey 6 Colonisten mit dem Schulzen, die freye Leute

Der Lauenburg- und Bütowsche Kreis.

leute sind, 1 Büdner, 1 Schmied, 2 Verwalterkathen, 1 Schulzenkathen, 12 Feuerstellen, und ist zu Saulin eingepfarret. Die Einwohner dieses Dorfs, welches 1715 von 6 Colonisten nach einer vorgenommenen Rodung angeleget wurde, und an die Westpreußischen Dörfer Strebbelin und Selow gränzet, sind Polnische Familien, welche nach dem Verhältniße der Aecker und Wiesen, die sie besitzen, Acker- und Wiesenpacht, Contribution und Cavallieriegeld geben, und zu keiner besondern Mühle als Zwangsmahlgäste geleget sind.

(19) Vilkow ½ Meile von Lauenburg gegen Norden, nahe an einem Bache, hat 1 Freyschulzen, der außer seinem Freyschulzenhofe einen halben Bauerhof nutzet, und daher die Hälfte der Abgaben eines Bauern entrichtet, 9 Bauern, unter welchen sich ein Freymann befindet, so nicht dienet, ein in dem Jahr 1783 für königliche Kosten erbautes Schulhaus, 12 Feuerstellen, gute Aecker und Wiesen und ist zu Garzigar eingepfarret.

2) Vier ritterfreye Vorwerke, als:

(1) Crampe hat 1527 Morgen 177 Ruthen, kaltgründigen Acker, gute an dem Lebastrome gelegene Wiesen, und die Dienste von 20 Bauern aus den Dörfern Velgard, Freist, Garzigar und Labbehn, und von den Coßäthen aus dem Dorfe Crampe.

(2) Neuendorf der Sitz des königlichen Beamten und Generalpächters des Amts Lauenburg, hat 475 Morgen 140 Ruthen, lehmigten und fruchtbaren Acker, größtentheils gute Wiesen, und die Dienste von 8 Bauern aus dem Dorfe Neuendorf, außer welchen noch 8 Bauern aus dem Dorfe Luggewiese gewiße Hülfsdienste leisten. Fischerey wird in dem kleinen so genannten rothen See getrieben, und in dem hiesigen Bache ist eine Lachswehre. Auch ist hier die Amts Brau- und Brandweinbrennerey.

(3) Obliwitz ein Vorwerk, zu welchem eine nicht weit davon gelegene Schäferey gehöret, ⅜ Meile von Lauenburg gegen Norden, hat 1152 Morgen 73 Ruthen, die Dienste von 7 Bauern aus Vilkow, 3 Bauern und 1 Coßäthen aus Reckow, 2 Bauern und 1 Coßäthen aus Garzigar, außer welchen noch 4 Freybauern aus Reckow, 2 aus Vilkow, 2 aus Garzigar und die 8 Bauern aus Lanz gewiße Hülfsdienste leisten, die Abtriften für die Schafe auf die Feldmarken der Dörfer Vilkow, Reckow und Labbehn, und ist zu Garzigar eingepfarret.

(4) Roslasin hat 536 Morgen 43 Ruthen, und die Dienste von 8 Bauern und 1 Coßäthen zu Roslasin, von welchen die ersten nur gewiße Hülfsdienste leisten, der letzte aber wöchentlich 5 Tage das ganze Jahr hindurch dienet.

3). Zwey kleine Pächtereyen, als:

(1) Sellnow hat 246 Morgen 59 Ruthen.

(2) Söllnitz

Das Amt Lauenburg.

(3) Söllnitz 1¼ Meilen von Lauenburg nordostwärts, hat 133 Morgen 141 Ruthen, ist auf Erbpacht ausgethan, und zu Bresen eingepfarret.

4) Die Amtsziegeley mit einem Wohnhause für den Ziegler, einer Streichscheune und einem Brennofen, lieget bey der Stadt Lauenburg.

5) Zehn Erbwassermühlen, als:

(1) Die Belgardsche Mühle mit einem oberschlägigen Gange, hat die Einwohner der Dörfer Belgard und Crampe zu Zwangsmahlgästen.

(2) Die Bresensche Mühle mit einem unterschlägigen Gange, hat die Einwohner der Dörfer Bresen, Katschow, Lanz und Reckow zu Zwangsmahlgästen.

(3) Die Freistsche Mühle mit 2 oberschlägigen Mahlgängen, hat die Einwohner des Dorfs Freist zu Zwangsmahlgästen.

(4) Die Labbehnsche Mühle mit einem oberschlägigen Gange, hat die Einwohner des Dorfs Labbehn zu Zwangsmahlgästen.

(5) Die Schloßmühle zu Lauenburg mit 2 unterschlägigen Mahlgängen und einem Schrootgange, lieget auf dem Lebaflusse, und hat die Einwohner der Stadt Lauenburg und des Dorfs Neuendorf mit der dabey befindlichen Amts Brau- und Brandweinbrennerey zu Zwangsmahlgästen.

(6) Die Lebasche Mühle mit einem unterschlägigen Mahlgange, lieget auf einem Bache, welcher aus dem Sarbskeschen See kommt, und nicht weit von der Ostsee in den Lebafluß fällt und hat die Einwohner der Stadt Leba zu Zwangsmahlgästen.

(7) Die Meddersinsche Mühle mit einem oberschlägigen Gange, lieget 1¼ Meilen von Lauenburg gegen Osten, etwa 300 Schritte von der großen Landstraße von Berlin nach Danzig und Königsberg, und ist zu Bresen eingepfarret. Die Zwangsmahlgäste sind die Einwohner des Dorfs Schweßlin.

(8) Die Pusitzsche Mühle mit einem oberschlägigen Gange, hat die Einwohner des Dorfs Pusitz zu Zwangsmahlgästen.

(9) Die Roslasinsche Mühle hat die Einwohner des Dorfs Roslasin zu Zwangsmahlgästen.

(10) Die Vilkowsche Mühle mit einem oberschlägigen Mahlgange, hat die Einwohner der Dörfer Vilkow und Garzigar und des Vorwerks Obliwitz zu Zwangsmahlgästen.

2. Das

Der Lauenburg- und Bütowsche Kreis.

2. Das Amt Bütow, zu welchem gehören

3). Folgende Dörfer, als:

(1) Bernsdorf ¼ Meile von Bütow südostwärts, auf der Landstraße von Bütow nach Danzig, hat 2 Freyschulzen, 18 Bauern, unter welchen sich die beiden Dorfschulzen und der Krüger befinden, 1 römischkatholischen Parochus, 2 Familien, welche auf dem Lande des katholischen Parochus wohnen, einen katholischen Organisten, 1 lutherschen Schulmeister, 1 Unterförster, 1 Schmied, 36 Feuerstellen, eine römischkatholische Mutterkirche, deren Filial das Dorf Stübnitz ist und zu welcher die Dörfer Gröbenzin, Oslaw-Damerow, Czarn-Damerow, Sonnenwalde und Poljen, und der Holzkathen Grünhof eingepfarret sind und gränzet an die Dörfer Hygendorf, Gröbenzin, Zerrin und Stübnitz. Das Dorf hat zwar eine römischkatholische Kirche, es bestehet aber aus lauter protestantischen Einwohnern.

(2) Borntuchen 1 Meile von Bütow nordwestwärts und ⅞ Meile von dem Bütowschen Stadtwalde, auf der Landstraße von Bütow nach Schlawe, hat 1 lutherschen Prediger, 1 Freyschulzen, 2 Halbschulzen, 7 Bauern, und 2 Bauern, die auf dem kleinen abgebaueten Vorwerke, so aus 2 steuerbaren Bauerhöfen bestand, sind angesetzet worden, 5 Coßäthen, 2 Büdner, 1 Oberförster, 1 lutherschen Küster, 1 römischkatholischen Küster, 1 Krüger, 1 Schmied, 3 katholische Priestercolonen, 1 Hof, welcher der Jannewitzsche Hof heißet und von allen Abgaben gänzlich befreyet ist, 3 Schmienkathen, 36 Feuerstellen, eine römischkatholische Mutterkirche, deren Parochus in Bernsdorf wohnet, und deren Filial die römischkatholische Kirche zu Katkow ist, und 1 luthersches Bethaus. Drey kleine Seen liegen auf der Feldmark dieses Dorfs, zu welchem die königlichen Dörfer Strussow, Morgenstern, Krosnow, die beiden neuen Kathen an dem Kamenzflusse und die Unterförsterey an dem Stolpeflusse bey der Wundichowschen Brücke eingepfarret sind.

(3) Czarndamerow hat einen zu dem königlichen Amte Bütow gehörigen Krug. S. Czarndamerow unter den adelichen Gütern des Bütowschen Distrikts.

(4) Damerkow ½ Meile von Bütow gegen Westen, an einem See, in einer bergigten Gegend, hat außer einem Vorwerke 1 Freyschulzen, 10 Bauern, 3 Coßäthen, 1 Bauer, der nebst einem Coßäthen dem römischkatholischen Probste zu Bütow gehöret, 1 lutherschen Schulmeister, 1 Schmied, 5 dem Freyschulzen gehörigen Kathen, 22 Feuerstellen, eine römischkatholische Kirche, die ein Filial von der römischkatholischen Kirche in der Stadt Bütow ist und von dem römischkatholischen Probste zu Bütow als Parochus und von dem Vicarius desselben versehen wird, und gränzet an die königlichen Dörfer Strussow, Borntuchen, Gramenz, Damesdorf, Tangen und das Bütowsche Stadtfeld. Die Einwohner sind sämtlich Lutheraner.

(5) Damesdorf ½ Meile von Bütow südwestwärts, an einem See, auf der Landstraße von Bütow nach Rummelsburg, hat 1 Freyschulzen, 10 Bauern, 11 Coß-

Das Amt Bütow.

11 Coßäthen, unter welchen sich der Schmied befindet, 5 Colonisten, die auf dem bloßen abgebaueten Vorwerke sind angesetzet worden, 1 römischkatholischen Küster, 1 lutherschen Schulmeister, 1 römischkatholischen Priesterbauer, 1 Priesterkathen, 1 Krüger, 1 Schulzenkathen, 1 Teerbrenner, der in der Zerrinschen Heide wohnet, 40 Feuerstellen, eine römischkatholische Mutterkirche, die der römischkatholische Probst zu Bütow als Parochus mit einem Vicarius versiehet, und zu welcher die Dörfer Groß- und Klein-Platenheim, Zerrin, Reckow, die Damesdorfsche Wassermühle, Vorwinkel genannt, die Damesdorfsche Ziegelei, die königliche Unterförsterey in der Zerrinschen Heide und der Hopfenkrug eingepfarret sind, und gränzet an die Amts-dörfer Zerrin, Klein-Tuchen, Tangen, Damerkow, die Stadt Bütow und das adeliche Dorf Reckow. Die Einwohner sind sämtlich lutherscher Confeßion.

(6) Dampen ½ Meile von Bütow nordostwärts, an 2 kleinen Seen, auf der Landstraße von Bütow nach Stolpe, die sowohl durch dieses Dorf, als neben demselben über die Gustkowsche Mühle führet, hat 1 Freyschulzen, 7 Bauern, 1 Schulzenkathen 1 lutherschen Schulmeister, 18 Feuerstellen und ist zu Bütow eingepfarret.

(7) Gramenz ½ Meile von Bütow nordwestwärts, in einer bergigten Gegend, hat 1 Freyschulzen, 5 Bauern, 2 Coßäthen, 1 lutherschen Schulmeister, 10 Feuerstellen, einen See an dem Bruche, die Selkow genannt, und ist zu Bütow eingepfarret.

(8) Gröbenzin ½ Meile von Bütow ostsüdostwärts, ist eine 1752 in der Bernsdorfschen Heide angelegte Colonie, die aus 12 Familien nebst einem Schäfer und Hirtenkathen und 18 Feuerstellen bestehet und zu Bernsdorf eingepfarret ist. Die Einwohner, welche für die ihnen bewilligten 8 Freyjahre, ihre Häuser und Scheunen erbauet und ihre Aecker und Wiesen urbar gemacht haben, besitzen zusammen an Lande 907 Morgen 53 Ruthen und entrichten davon einen jährlichen Zins, leisten aber außer den Post- und Marschfuhren keine Naturaldienste.

(9) Klein-Gustkow. In diesem adelichen Dorfe hat das königliche Amt Bütow nur allein den Krug, welchen der jetzige Besitzer desselben, ein Freymann, mit dem dazu gehörigen Acker und Wiesen 1769 erblich gekauft hat. S. Klein-Gustkow unter den adelichen Gütern des Bütowschen Districts.

(10) Neu-Hütten 1¼ Meilen von Bütow gegen Westen, in einem Walde, hat 4 Wirthe, welche sich nach und nach einiges Land ausgerodet haben und ihre Höfe eigenthümlich besitzen, 1 Unterförster, der einen Hof ebenfalls eigenthümlich hat, 9 Feuerstellen, und ist zu Groß-Tuchen eingepfarret. Ehemals hat hier eine Glashütte gestanden. Nicht weit von hier haben sich seit einigen Jahren noch 2 Familien angesetzet, deren Wohnort Parambie genannt wird.

(11) Rackow 1¼ Meilen von Bütow gegen Westen, an einem See, der an die hiesige Mühle stößt, auf der Landstraße von Bütow nach Pollnow, hat 1 Freyschulzen, 12 Bau-

Der Lauenburg- und Bütowsche Kreis.

12 Bauern, 1 Coßäthen, der zugleich Schmied ist, 1 Schulmeister, 1 Krüger, 1 Freyschulzenkathen, 18 Feuerstellen, eine römischkatholische Kirche, die von dem in Bernsdorf wohnenden Parochus nebst einem Vicarius versehen wird und ein Filial von der römischkatholischen Kirche in Borntuchen ist und gränzet an die königlichen Dörfer Strussow und Tangen und das adeliche Dorf Moddrow.

(12) Klonzen oder Klontschen hat königlichen Antheils, 1 Freyschulzen, 4 Freyleute, 6 Feuerstellen, und gränzet an die königlichen Dörfer Proudsonke, Prynwod, Zerrin und Bernsdorf. S. Klonzen unter den adelichen Gütern des Bütowschen Districts.

(13) Krosnow 1½ Meilen von Bütow in einem Thale, an dem Stolpeflusse, und an einem kleinen nahe bey dem Schulzenhofe gelegenen See, hat 1 Freyschulzen, 10 Bauern, 1 Coßäthen, 1 Schulmeister, 1 Schmied, 1 Freyschulzenkathen, 20 Feuerstellen, und ist zu Borntuchen eingepfarret.

(14) Lonken 1 Meile von Bütow südostwärts, an dem See Lonken, von welchem dieses kleine Dorf den Namen hat, in einer steinigten und bergigten Gegend, ist eine in der Mankwitzschen Heide angelegte und theils zu Bütow, theils zu Groß-Pomeiske eingepfarrte Colonie, die aus 3 Polnischen Familien, unter welchen sich ein Schmied befindet, und 4 Feuerstellen bestehet und an die adelichen Dörfer Groß-Pomeiske und Polzen, an das Westpreußische Dorf Nackel und die Westpreußische Aschbude Wygodde gränzet. Eine jede von den 3 Polnischen Familien hat 117 Morgen und 151 Ruthen an Acker erhalten und entrichtet dafür einen jährlichen Ackerzins.

(15) Lybienz ¾ Meile von Bütow, ostsüdostwärts, ist eine Colonie, welche ebenfalls in der Mankwitzschen Heide angeleget worden und zu Bütow eingepfarret ist. Sie bestehet aus 2 Polnischen Familien, von welchen eine jede 101 Morgen 39 Ruthen Acker besitzet und dafür einen jährlichen Ackerzins giebet.

(16) Lupowske 1½ Meilen von Bütow nordostwärts, an dem See Lupowske, der eine Meile lang ist, in einem Thale, nahe an der Lupowskeschen Heide, auf der Post- und Landstraße von Bütow nach Lauenburg, hat 1 Freyschulzen, 4 Bauern, 1 Krüger, 6 Feuerstellen und ist zu Jassen eingepfarret. Die Einwohner ernähren sich von der Fischerey in dem See Lupowske, wofür ein jeder der 4 Bauern jährlich 24 Rthlr. an das Amt Bütow bezahlen muß.

(17) Mankwitz ¾ Meile von Bütow ostsüdostwärts, auf einem hohen Berge, an dessen Fuße Gärten und Wiesen, und hinter denselben ein See, der Lewen genannt, liegen, aus welchem der Fluß Bütow entspringt, hat 1 Lehnschulzen, 8 Bauern, 2 Coßäthen, 1 lutherschen Schulmeister, 14 Feuerstellen, ist zu Bütow eingepfarret und gränzet an das Amtsvorwerk Bütow, das königliche Dorf Bernsdorf und das adeliche Dorf Gersdorf.

(18) Groß-

Das Amt Bütow.

(18) **Groß-Massowitz** 2 Meilen von Bütow gegen Westen, nahe an dem Dorfe Neu-Hütten, ist eine Colonie, welche seit 1752 in der so genannten Groß-Tuchenschen Heide angeleget worden und zu Groß-Tuchen eingepfarret ist. Sie bestehet mit Einschließung des zu derselben gehörigen Kathens Kummerthal, aus 12 Polnischen Familien, die in der Groß-Tuchenschen Heide zerstreuet wohnen, und sich außer aller Gemeinschaft befinden, indem einer jeden Familie ihre Aecker, Wiesen und Weide besonders angewiesen worden sind und hat überhaupt 13 Feuerstellen. Die Einwohner in Groß- und Klein-Massowitz haben zusammen 1747 Morgen 162 Ruthen und leisten, außer den Paß- und Marschfuhren, keine Naturaldienste.

(19) **Klein-Massowitz** ist ebenfalls eine seit 1752 in der Groß-Tuchenschen Heide angelegte und zu Groß-Tuchen eingepfarrte Colonie, die mit Einschließung eines Krügers und Schmieds aus 7 Polnischen Familien und den Kathen Malette, Czarnee oder Krummensee und Alt-Hütten bestehet, die bereits vor der Erbauung dieser Colonie vorhanden waren, deren Höfe, so wie die zu Groß-Massowitz, in der Groß-Tuchenschen Heide nicht beysammen liegen.

(20) **Medderfin** ¾ Meile von Bütow gegen Norden, hat 1 Freyschulzen, 9 Bauern, 1 Halbbauer, 3 Coßäthen, 1 Schmied, 1 lutherschen Schulmeister, 11 Feuerstellen, verschiedene kleine Seen und ist zu Bütow eingepfarret.

(21) **Morgenstern** 1½ Meilen von Bütow nordwestwärts, nahe an dem Borntuchschenschen See und ¼ Meile von der königlichen Heide und von dem an derselben fließenden Kamenzflusse, auf der Landstraße von Bütow nach Schlawe, hat 1 Freyschulzen, 11 Bauern, 1 Krüger, welcher zugleich Coßäthe und Schmied ist, 1 Freyschulzenkathen, 1 Schulmeister, 17 Feuerstellen, und ist zu Borntuchen eingepfarret.

(22) **Oslaw-Damerow** 1 Meile von Bütow südostwärts, in einer sandigen, ebenen Gegend, an der Westpreußischen Gränze, auf der Landstraße von Rummelsburg, Neu-Stettin über den Hopfenkrug nach Danzig, hat königlichen Antheils 1 Freyschulzenhof, 3 Freyleute, unter welchen sich der Schmied befindet, 1 Krüger, 2 Käthner, welche einiges Land haben, 1 Freyhaus, das an dem Ende des Dorfs besonders lieget, 8 Feuerstellen, und ist zu Bernsdorf eingepfarret. Der übrige Theil des Dorfs Oslaw-Damerow ist adelich. S. Oslaw-Damerow unter den adelichen Gütern des Bütowschen Districts.

(23) **Piaßen** oder **Pyaschen** 1 Meile von Bütow westsüdwestwärts, an der Westpreußischen Gränze, hat einen ziemlichen See mitten in dem Dorfe, und nahe an demselben den Groß-Tuchenschen Wald, 3 Halbbauern, 4 Polnische Colonisten, die auf dem seit 1764 hier abgebaueten Vorwerke als Vollbauern sind angesetzet worden, 3 Polnische Colonisten, welchen ein Strich Landes jenseit des Piaßenschen Sees bis an den Kamenzfluß und die Gliesensche Gränze zur Rodung eingegeben worden ist, und von welchen ein jeder 74 Morgen 118 Ruthen besitzer, 1 Büdner
10 Feuer-

10 Feuerstellen, ist zu Groß-Tuchen eingepfarret und gränzet an das Westpreußische Dorf Gliesen und an die Pommerschen Dörfer Reckow und Groß-Tuchen. Die 3 Halbbauern in Plaßen leisten Naturaldienste, die oben angeführten 7 Polnische Colonisten aber sind freye Leute und geben einen gewißen Zins an das Amt.

(24) **Groß-Platenheim** ¾ Meilen von Bütow südwestwärts, an einem See in einer bergigten Gegend, ist eine in der Damesdorffschen Heide 1752 angelegte und zu Damesdorf eingepfarrte Colonie von 6 Polnischen Familien, welche nicht, wie die zu Maßowitz in der Heide zerstreuet wohnen, sondern sich in einer ordentlichen Dorfslage befinden. Die Einwohner in Groß- und Klein-Platenheim, welche zusammen 914 Morgen 88 Ruthen haben, leisten, außer den Paß- und Marschfuhren, keine Naturaldienste, geben aber an das Amt einen gewißen Ackerzins.

(25) **Klein-Platenheim** ist ebenfals eine in der Damesdorffschen Heide 1752 angelegte und zu Damesdorf eingepfarrte Colonie, die aus 6 Polnischen Familien bestehet.

(26) **Klein-Pomeiske** ½ Meile von Bütow ostnordostwärts, nicht weit von dem Stolpeflusse, auf einem Berge, auf der Land- und Poststraße von Bütow nach Lauenburg, nahe bey dem adelichen Dorfe Groß-Pomeiske, hat außer einem Vorwerke, 1 Schulzen, 6 Bauern, 1 Coßäthen, 1 Schmied, 1 Schulmeister, 9 Feuerstellen, ist zu Groß-Pomeiske eingepfarret, und gränzet an die Pommerschen Dörfer Klein- und Groß-Gustkow, Groß-Pomeiske und Lupowske und an die Westpreußischen Dörfer Sukowke und Mülchen.

(27) **Prondsonke** 2 Meilen von Bütow gegen Süden, an einem Bache, der aus einem See entspringet und nach der Skoßewschen Mühle fließet, bey welcher er sich in den Somminschen großen See ergießet, hat 2 Höfe, welche von Teerbrennern bewohnet werden, 3 Feuerstellen, ist zu der römischkatholischen Kirche in Stüdnitz eingepfarret und gränzet an das Westpreußische Amt Tuchel.

(28) **Przywos** 1¼ Meilen von Bütow südsüdostwärts, an einem See, an deßen andern Seite das adeliche Dorf Klonzen gegen über liegt, hat 1 Lehnschulzen, 2 Lehnleute, welchen ihre Gebäude eigenthümlich gehören, 6 Feuerstellen, ist zu der römischkatholischen Kirche in Stüdnitz eingepfarret und gränzet an die Dörfer Stüdnitz und Prondsonke.

(29) **Sommin** 2 Meilen von Bütow südsüdostwärts, in einer niedrigen Gegend, an einem großen See, hat 1 Frenschulzen, 10 Bauern, die freye Leute sind und einen gewißen Zins an das Amt geben, 1 Halbbauer, 4 Coßäthen, von welchen 2 zugleich Fischer sind und die Sommerfischerey auf dem hiesigen See gepachtet haben, 1 lutherschen Küster, 1 Schmied, 23 Feuerstellen, 1 evangelischlutherische Kirche, die ein Filial von der evangelischlutherschen Kirche in der Stadt Bütow ist, und zu welcher die königliche Unterförsterey, der Moscowiterkathen genannt,

Das Amt Bütow.

nannt, eingepfarret ist und gränzet an die Westpreußischen Dörfer Parchow, Tuchel, Pelke, Trzebon und Jabluschek und an die Pommerschen Dörfer Prondsonke und Stüdnitz. Die hiesigen römischkatholischen Einwohner sind zu Stüdnitz eingepfarret.

(30) Sonnenwalde 1½ Meilen von Bütow südostwärts, in einer sandigen Gegend, an einer großen Heide, die an Westpreußen gränzet, war ehemals ein ritterfreyes Vorwerk, welches aber abgebauet, und mit 8 Bauern, unter welchen sich der Krüger befindet, besetzet worden ist. Die Einwohner sind zu der römischkatholischen Kirche in Bernsdorf eingepfarret.

(31) Strussow 1 Meile von Bütow westnordwestwärts und ⅞ Meile von der königlichen Heide, hat 2 Lehnschulzen, 10 Bauern, 1 Schulmeister, 1 Schmied, 15 Feuerstellen, ist zu Borntuchen eingepfarret und gränzet an die Amtsdörfer Tangen, Katkow, Borntuchen und Damerkow.

(32) Stüdnitz 1 Meile von Bütow südostwärts, an einem großen See, in einer bergigten Gegend, auf der Landstraße von Rummelsburg nach Danzig, hat königlichen Antheils, 1 Freyschulzen, 3 Bauern, 1 Schmied, 1 Krüger, 1 Lehnmann, welcher die Sommerfischerey auf dem hiesigen See gepachtet hat, 9 Feuerstellen, eine römischkatholische Kirche, die ein Filial von Bernsdorf ist und zu welcher die Dörfer Klonzen, Prondsonke und Prywos und die römischkatholischen Einwohner in dem Dorfe Sommin eingepfarret sind, und gränzet an die Dörfer Bernsdorf, Dolaw, Damerow und Sommin. Der übrige Theil des Dorfs Stüdnitz ist adelich. S. Stüdnitz unter den adelichen Gütern des Bütowschen Districts.

(33) Tangen 1 Meile von Bütow gegen Westen, nicht weit von einem See, hat 2 Freyschulzen, 13 Bauern, unter welchen sich 2 Bauern befinden, die seit 1765 auf den 4 wüsten Hufen, so ehemals zu dem Vorwerke Damerkow gehörten, angesetzet worden sind und als freye Wirthe keine Naturaldienste leisten, sondern einen gewissen Zins an das Amt geben, 2 Coßäthen, 1 Schmied, 1 Schulmeister, 19 Feuerstellen, ist zu Groß-Tuchen eingepfarret, und gränzet an die Dörfer Damesdorf, Klein-Tuchen, Katkow, Strussow und Damerkow.

(34) Groß-Tuchen 1 Meile von Bütow westsüdwestwärts, nahe an 3 Seen und einem Walde, in einem Thale, auf der Landstraße von Bütow nach Rummelsburg, hat außer einem Vorwerke, 1 lutherschen Prediger, 1 lutherschen und 1 katholischen Küster, 1 Freyschulzen, 7 Bauern, 3 Coßäthen, 1 Predigerwittwenhaus, 1 Krüger, 1 Schmied, 2 Freyschulzenkathen, 2 Vorwerkskathen, 1 katholischen Colonus, 27 Feuerstellen, eine römischkatholische Mutterkirche, welche der römischkatholische Probst zu Bütow, als Parochus nebst einem Vicarius versiehet, und ein zu der Bütowschen Inspection gehöriges luthersches Bethaus. Dieses Dorf, zu welchem die königlichen Dörfer Klein-Tuchen, Tangen, Plotzen, Meuchätten, Groß- und Klein-Massowitz, die adelichen Dörfer Moddrow, Zemmen, Trzebiatow, der zu dem adelichen Gute Cremerbruch jetzt gehörige Hof Barkenhof, die 2 Amts-Colonistenhöfe,

Der Lauenburg- und Bütowsche Kreis.

Benhöfe, Paramble genannt, und die königliche Unterförsterey Borce eingepfarret sind, gränzet an die Pommerschen Dörfer Piaßen, Klein-Tuchen, Zemmen und Moddrow und an das Westpreußische Dorf Gliesen.

(35) Klein-Tuchen 1 Meile von Bütow gegen Westen, an einem kleinen Walde, hat 2 Freyschulzen, 8 alte Bauern, 3 neue Bauern oder Colonisten, die auf den 6 wüsten Hufen, so sich ehemals bey dem Vorwerke Groß-Tuchen befanden, angesetzet worden sind, 15 Feuerstellen, ist zu Groß-Tuchen eingepfarret und gränzet an die Dörfer Tangen, Damesdorf, Groß-Tuchen, Piaßen und Moddrow.

(36) Wussecken 1 Meile von Bütow nordnordwestwärts, auf einem hohen Berge, an dessen Fuße ein See lieget, hat außer einem Vorwerke 1 Freyschulzen, 6 Bauern, 2 Coßäthen, 1 lutherschen Schulmeister, 2 Vorwerkskathen, 1 Freyschulzenkathen, 19 Feuerstellen, ist zu Bütow eingepfarret, und gränzet an die Dörfer Medderßin, Borntuchen und Krosnow.

(37) Zerrin ¾ Meile von Bütow südsüdwestwärts, in einer bergigten Gegend, auf der Landstraße von Bütow nach der Westpreußischen Stadt Conitz, hat außer einem Vorwerke, 1 Freyschulzen, 9 Bauern, 2 Coßäthen, 1 lutherschen Schulmeister, 1 Schmied, 1 Krüger, 1 Freyschulzenkathen, 19 Feuerstellen, ist zu der römisch-katholischen Kirche in Damesdorf eingepfarret und gränzet an die Dörfer Damesdorf, Bernsdorf, Hygendorf und Reckow.

2) Sechs Vorwerke, als:

(1) Bütow hat mit der dazu gehörigen Schäferey, die Szrepnitz genannt, 180 Morgen 16 Ruthen, die Abtriften für die Schafe theils auf die Zechlinen, theils auf die Grandkämpe, theils auf einen kleinen District des Bütowschen Stadtfeldes bis an die Dampensche Gränze, Fischerey in einem See bey der Schäferey Szrepnitz und die Dienste von 7 Bauern aus Dampen, 5 Bauern aus Gramenz, 8 Bauern aus Medderßin, 8 Bauern aus Mankwitz, 10 Bauern aus Strüssow, 5 Bauern aus Borntuchen und 6 Coßäthen aus Medderßin, Gramenz und Mankwitz. Das mit einem Wall und Mauern umgebene alte Schloß zu Bütow, auf welchem sich die Amtsbrau und Brandweinbrennerey befindet, ist der Sitz des Beamten und Generalpächters des königlichen Amts Bütow, zu welchem nicht nur das Schloß, sondern auch die bey demselben gelegene Schloßfreyheit gehöret, die aus einem Kruge, einer Schmiede, 2 Landreutern, 5 Büdnern und einer Thorschreiberwohnung und überhaupt aus 14 Feuerstellen bestehet.

(2) Damerkow hat 925 Morgen 39 Ruthen, Fischerey in dem Damerkowschen See und die Dienste von 10 Bauern, 3 Coßäthen aus Damerkow, 11 Bauern aus Tangen und 4 Bauern aus Katkow.

(3) Klein-Pomeiske hat 1064 Morgen 127 Ruthen und die Dienste von 7 Bauern und 1 Coßäthen aus Klein-Pomeiske.

(4) Groß-

Das Amt Bütow.

(4) Groß-Tuchen hat 1044 Morgen 171 Ruthen, Fischerey in den bey dem Dorfe gelegenen Seen und die Dienste von 7 Bauern und 2 Coßäthen aus Groß-Tuchen, 8 Bauern aus Klein-Tuchen, 11 Bauern aus Tangen und 2 Halbbauern aus Piaßen.

(5) Wussecken hat 1145 Morgen 161 Ruthen und die Dienste von 6 Bauern und 2 Coßäthen aus Wussecken, 10 Bauern aus Krosnow und 4 Bauern aus Morgenstern.

(6) Zettin hat 457 Morgen 30 Ruthen und die Dienste von 7 Bauern und 2 Coßäthen aus Zettin.

Durch den Abbau der Vorwerke Sonnenwalde und Piaßen sind die sämtlichen zu diesem Amte gehörigen Vorwerke ritterfrey gemacht worden, daher die Pächter derselben weder Contribution noch Cavalleriegelder geben.

3) Folgende Kathen, außer denenjenigen, die in der Beschreibung der Colonien Groß- und Klein-Maßowitz bereits oben angeführet worden sind:

(1) Der Holzkathen Grünhof ⅛ Meile von Bütow südostwärts, in der Städtischen Heide, in einer bergigten Gegend, ist zu Bernsdorf eingepfarret.

(2) Der Hopfenkrug 2 Meilen von Bütow gegen Süden, an der Landstraße von Rummelsburg nach Danzig, ist zu Damesdorf eingepfarret und gränzet an das Westpreußische Amt Tuchel.

(3) Der Kathen am See Jablons, bey welchem sich eine Polnische Familie 1757 angebauet hat, die zu Groß-Pomeiske eingepfarret ist.

(4) Die 2 Kathen an dem Kantenzflusse, weselbst sich 2 Polnische Familien angesetzet haben, die zu Borntuchen eingepfarret sind.

(5) Der Kathen Liepienz 1½ Meilen von Bütow an dem See Liepienz, in der Luporoskeschen Heide, versteuert eine Hackenhufe und ist zu Jaßen eingepfarret.

(6) Der Kathen am See Mally an der Westpreußischen Gränze.

(7) Der Kathen zu Schluppe 1½ Meilen von Bütow, an dem Stolpeflusse.

(8) Die 2 Kathen zu Vezle 2 Meilen von Bütow, an der Somminschen Heide und an dem See Vezle, werden von 2 kleinen Pächtern bewohnet und sind zu Sommin eingepfarret.

(9) Ein Krug und ein Kathen zu Wubberow liegen an einem See gleiches Namens,

Mamens, 1¾ von Bütow gegen Norden, an der Westpreußischen Gränze und sind zu Jassen eingepfarret.

4) Die Damesdorfsche Ziegeley ¼ Meile von Bütow südwestwärts, auf dem Damesdorfschen Felde, hat ein Wohnhaus für den Ziegler, eine Streichscheune mit einem Brennofen und ist zu Damesdorf eingepfarret.

5) Folgende Förstereyen. Außer der Försterey zu Borntuchen und den Unterförstereyen zu Bernsdorf und Neu-Hütten, die bereits bey den Dörfern, in welchen sie liegen, angeführet sind, befinden sich in diesem Amte noch 7 Unterförstereyen als:

(1) Die Unterförsterey Boree 2 Meile von Bütow südsüdwestwärts, nahe an dem See Boree und der königlichen Heide, ist zu Groß-Tuchen eingepfarret.

(2) Die Unterförsterey Jablonz, ¾ Meile von Bütow nordostwärts, an dem See Jablonz, in der Mankwitzschen Heide, die Zechinen genannt, hat 3 Feuerstellen und ist zu Groß-Pomeiske eingepfarret.

(3) Die Unterförsterey Jasewy oder Jasow, 1 Meile von Bütow nordostwärts, an dem Stolpeflusse, mitten in der Klein-Pomeiskeschen Heide, ist zu Groß-Pomeiske eingepfarret und hat eine Aal- und Lachsschleuse, wofür der Unterförster eine gewisse Abgabe an das Amt Bütow entrichtet.

(4) Die Unterförsterey, der Moskowiterkathen genannt, 2 Meilen von Bütow gegen Süden, an einem großen See, nahe bey dem Dorfe Sommin, zu welchem dieselbe eingepfarret ist.

(5) Die Unterförsterey in der Zerrinschen Heide, 1 Meile von Bütow gegen Süden, an einem See, ist zu Damesdorf eingepfarret.

(6) Die Unterförsterey an dem Stolpeflusse bey der Wundichowschen Brücke, 2 Meile von Bütow nordwestwärts, auf der Landstraße von Bütow nach Stolpe, ist zu Barntuchen eingepfarret.

(7) Die Unterförsterey bey dem Fall des Kamenzflußes in dem Stolpefluß, ist zu Borntuchen eingepfarret.

6) Folgende Erdmühlen, als:

(1) Die Schloßmühle zu Bütow und

(2) Die Jungfernmühle. Diese lieget von Bütow 2 bis 3000 Schritte südwestwärts, in einem Thale, an einem Bache, der aus dem Damesdorfschen See entspringt, bey der Stadtschneidemühle vorbeyfließet und sich bey der Stadt mit dem

Das Amt Bütow.

dem Flusse Bütow vereiniget. Zu der Schloß- und Jungfernmühle, welche beide 2 oberschlägige Gänge haben und zu Bütow eingepfarret sind, sind die Einwohner der Stadt Bütow und der Dörfer Mankwitz, Bernsdorf, Hygendorf und Lonken als Zwangsmahlgäste geleget worden.

(3) Die Walk- und Lohmühle, die bey der Stadt auf der Bütow liegt.

(4) Die Wassermühle zu Damesdorf, der Borwinkel genannt, mit 2 oberschlägigen Mahlgängen, ½ Meile von Bütow südwestwärts, an einem Bache, der aus dem Damesdorfschen See entspringet, hat die Einwohner der Dörfer Damesdorf, Damerkow, Zerrin, Gröbenzin, Groß- und Klein-Platenheim zu Zwangsmahlgästen.

(5) Die Wassermühle zu Dampen hat einen oberschlägigen Gang. Die Mahlgäste sind die Einwohner der Dörfer Dampen, Gramenz, Klein-Pomeiske, Lupowske, des städtischen Vorwerks Neuhof, der Holzkathen zu Lpienz, Schluppe, des Wubberowschen Kruges, des Kruges zu Klein-Gußtow und der Unterförsterey Jasewy.

(6) Die Wassermühle zu Katkow hat einen unterschlägigen Gang, und erhält das Mahlwasser aus dem Katkowschen See. Die Mahlgäste sind die Einwohner des Dorfs Katkow und die beiden Colonisten, welche sich an dem Kamenzflusse angebauet haben.

(7) Die Wassermühle zu Krosnow mit einem oberschlägigen Gange, hat die Einwohner des Dorfs Krosnow, und 3 Bauern aus dem Dorfe Wussecken zu Zwangsmahlgästen.

(8) Die Wassermühle zu Medderfir mit einem oberschlägigen Gange. Die Mahlgäste sind die Einwohner des Dorfs Medderfir, die Hälfte der Einwohner des Dorfs Wussecken, und der Unterförster an dem Stölpeflusse bey der Wundichowschen Brücke.

(9) Die Wassermühle zu Morgenstern hat einen unterschlägigen Gang und erhält das Mahlwasser aus dem Borntuchenschen See. Die Mahlgäste sind die Einwohner der Dörfer Morgenstern, Strussow und Borntuchen. Auch befindet sich bey dem Dorfe Morgenstern eine Schneidemühle.

(10) Die Somminsche Wassermühle, oder so genannte Skoßewsche Mühle mit 2 oberschlägigen Gängen. Die Mahlgäste sind die Einwohner der Dörfer Sommin, Oslaw-Damerow königlichen Antheils, Sonnenwalde, Klonzer, Prywos, Prondsonke, der 2 Kathen zu Wetzke und der nicht weit davon gelegenen Unterförsteren, des Kruges in Czarndamerow, des Hopfenkruges und des Kathens bey dem See Mally.

(11) Die

(11) Die Wassermühle zu Stübnitz lieget nahe an dem Dorfe Stübnitz und hat einen oberschlägigen Gang. Die Mahlgäste sind die Einwohner des Dorfs Stübnitz königlichen Antheils und des Holzkathens Grünhof.

(12) Die Papiermühle zu Groß-Tuchen hat 2 oberschlägige Gänge.

(13) Die Wassermühle zu Groß-Tuchen hat 2 unterschlägige Mahlgänge. Die Mahlgäste sind die Einwohner der Dörfer Groß-Tuchen, Klein-Tuchen, Tangen, Piaßen, Neu-Hütten, Groß- und Klein-Massowitz, und der Kathen Alt-Hütten oder Kremerbruch, Kummerthal, Nalette und Krummensee.

III. Folgende adeliche Güter und zwar

1. Die adelichen Güter in dem Lauenburgschen District, als:

(1) **Aalbeck** ein adelicher Wohnsitz, ½ Meile von Lauenburg ostnordostwärts, in einem Thale, an der Aalbecke, die durch das Dorf fließet und in den Lebafluß fällt, hat 1 Vorwerk, 2 Coßäthen, auf der Feldmark des Dorfs 2 an der Landstraße von Lauenburg nach Danzig gelegene Kathen Meggow und Barenhof genannt, 2 Feuerstellen, sehr viele Wiesen, gute Weide, etwas Ellern- und Fichtenholz und ist ein zu Dzincelly eingepfarrtes Dorf, welches der Major Joachim Ernst von Woedtke besitzet.

(2) **Bebbrow** ein adelicher Wohnsitz, 3 Meilen von Lauenburg nordnordostwärts, an einem See und an der Ostsee, hat 1 Vorwerk, 5 Coßäthen, 10 Feuerstellen, etwas Fichtenholz, Fischerey in dem bey dem Dorfe gelegenen See, und ist ein zu Osseken eingepfarrtes Dorf, welches der Königl. Polnische Oberstlieutenant und Königl. Preußischer Erbcämmerer von Hinterpommern und Cammin, Franz Christoph von Somniz, besitzet.

(3) **Bergensin** oder **Bergendzin** 1 Meile von Leba ostsüdostwärts, 2¼ Meilen von Lauenburg gegen Norden und 1 Meile von der Ostsee, auf einem Berge, hat 1 Vorwerk, 5 Coßäthen, ein Schenkhaus, auf der Feldmark des Dorfs eine Wassermühle, Smedlee genannt, deren Bewohner sich zu der Charbrowschen Kirche halten, 9 Feuerstellen, hinlänglichen Wiesewachs, der aus 3 auf dem Lebaschen Stadtgrunde belegenen Wiesen bestehet, einen großen Eichen- Büchen- Fichten- und Ellernwald, und ist ein zu der Lebaschen Kirche eingepfarrtes Dorf, welches der Königl. Polnische Generalmajor, Otto Carl von Krockow, besitzet.

(4) **Bichow** oder **Bychow** ein adelicher Wohnsitz, 3 Meilen von Lauenburg nordostwärts, an der Westpreußischen Gränze, hat 2 Vorwerke, 2 Wassermühlen, 4 Coßäthen, 11 Feuerstellen, etwas Ellernholz, gewiße an Piaschnitz belegene Wiesen und ist ein zu Osseken eingepfarrtes Dorf, welches der Major Michael Gottlieb von Zitzow besitzet.

Die adelichen Güter des Lauenburgschen Districts.

(5) Bochow 2 Meilen von Lauenburg südsüdwestwärts, an der Westpreußischen Gränze, hat 3 Vorwerke, 6 Büdner, 9 Feuerstellen, wenige junge Eichen- und Fichtenholzungen, einen See, welcher gemeinschaftlich von den Besitzern dieses Guts, als George Friederich von Bichowski, den Gebrüdern und Lieutenants von der Infanterie, Carl Bogislav, Gneomar Alexander und Matthias Heinrich von Grell und dem Oberstlieutenant George Friederich von Dzicelsky besessen wird, und ist theils zu Labuhn, theils zu Buckowin eingepfarret.

(6) Bonswitz ein adelicher Wohnsitz, 1½ Meilen von Lauenburg gegen Norden, hat 1 Vorwerk, eine bey diesem Dorfe nach der Verschreibung vom 16 März 1776 für 1800 Rthlr. königliche Gnadengelder neu angelegte Colonie von 3 Coßäthen und 2 Büdnern, wofür und für die dazu ausgerodeten 137 Morgen und 175 Ruthen Heideland von Trinitatis 1779 an, ein jährlicher Kanon von 36 Rthlr. von dem Besitzer dieses Guts bezahlet werden muß, 7 Feuerstellen, einen Eichenwald und ist ein zu Saulin eingepfarrtes Dorf, welches der Hauptmann Philipp Bogislav von Bonin besitzet.

(7) Groß-Borkow 2¼ Meilen von Lauenburg gegen Norden, hat 2 Vorwerke, 2 Bauern, 2 Coßäthen, 8 Feuerstellen, wenige Büchen- und Fichtenholzungen und ist ein zu Saulin eingepfarrtes Dorf, wovon der Hauptmann Johann Wilhelm von Tesmar, der hier wohnet, ⅞ und die Gebrüder Heinrich Ferdinand und Leonhard Ferdinand von Tesmar ⅛ besitzen.

(8) Klein-Borkow 2⅜ Meilen von Lauenburg gegen Norden, hat ein Vorwerk, 2 Bauern, 2 Coßäthen, 1 Schenkhaus, 5 Feuerstellen, wenige Holzung und ist zu Saulin eingepfarret. Der Besitzer ist der Hauptmann Philipp George von Weiher.

(9) Groß-Bozepol oder Boschpoll ein adelicher Wohnsitz, 1½ Meilen von Lauenburg gegen Osten, in einem Thale, an dem Lebaflusse, der mitten durch das Dorf fließet, hat ein Vorwerk, eine oberschlägige Wassermühle mit einem Gange, 3 Bauern, 3 Coßäthen, 1 Schmiede, 1 Küster, auf der Feldmark des Dorfs das Vorwerk Golecza oder Golitz und einen an der Landstraße von Lauenburg nach Danzig gelegenen Krug, Groß-Ankerholz genannt, 16 Feuerstellen, eine zu der Charbrowschen Inspection gehörige Kirche, die ein Filial von Dzincelitz ist, einen Eichen- Büchen- und Fichtenwald, eine Lachs- und Aalschleuse in dem Lebaflusse und war in dem vorigen Jahrhunderte zu Dzincelitz eingepfarret; der ehemalige Besitzer dieses Guts, Barthold von Lantosch, aber ließ hier eine Kirche erbauen, die einen eigenen Prediger hatte, jedoch nach dem Vergleiche von 1693 mit dem Dzincelitzschen Kirchspiele also verbunden wurde, daß der Dzincelitzsche Prediger jedesmahl an dem dritten Sonntage den Gottesdienst in dem Dorfe Groß-Bozepol verrichtet, welches die Gemahlinn des Königl. Polnischen Generalmajors, Heinrich Freyherren von der Goltz, Henrietta Sophia Louisa gebohrne von Krockow, besitzet.

(10) Klein-

(10) Klein-Bozepól oder Boschpoll ein adelicher Wohnsitz, 1¼ Meilen von Lauenburg gegen Osten, in einem Thale, an dem Lebaflusse, der mitten durch das Dorf fließet, an der Westpreußischen Gränze, hat 1 Vorwerk, 3 Coßäthen, auf der Feldmark des Dorfs einen an der Landstraße von Lauenburg nach Danzig gelegenen Krug, Klein-Unckerholz genannt, 21 Feuerstellen, einen Büchen- und Eichenwald und ist ein zu Dzincelitz eingepfarrtes Dorf, welches durch königliche Gnadengelder neuerlich verbessert worden ist und dem Lieutenant Friederich August von Platen gehöret.

(11) Buckowin 1¾ Meilen von Lauenburg südsüdostwärts, auf der Poststraße von Stolpe nach Danzig, hat 1 Vorwerk, 1 Wassermühle mit 2 Gängen nebst einer Aalschense, 1 Prediger, 1 Küster, 2 Bauern, 4 Coßäthen, 1 Krug, 1 Schmiede, 16 Feuerstellen, eine zu der Charbrowschen Inspection gehörige Mutterkirche, zu welcher ein Theil von Schimnerwitz, ein Theil von Bochow und ein Theil des in Westpreußen in dem Stargardschen Kreise gelegenen Dorfs Niepoczlowic, dessen Einwohner die Meßalien theils nach Buckowin, theils nach Strzepe in Westpreußen entrichten, eingepfarret sind, etwas Fichtenholz, einen See und 2 Teiche und gränzet an das Westpreußische Domainenamt Mirchow. Der jetzige Besitzer dieses Dorfs ist der Fähnrich bey dem von Posadowskyschen Dragonerregimente, Franz Adolph von Weiher.

(12) Charbrow in alten Urkunden Gerberow genannt, ein adelicher Wohnsitz, 1 Meile von Leba gegen Süden und 2 Meilen von Lauenburg nordnordwestwärts, nahe an dem großen Lauenburgschen Moor, auf der Poststraße von Lauenburg nach Leba, hat ein herrschaftliches maßives Wohnhaus, 1 Vorwerk, eine Wassermühle mit einem Gange, 1 Prediger, 1 Küster, 11 Bauern, 5 Halbbauern, 5 Coßäthen, 1 Krug, 1 Schmiede, auf der Feldmark des Dorfs das Vorwerk Heyde und 3 Kathen, Ziegeley oder Vor-Charbrow genannt, mit 4 Kathen, 43 Feuerstellen, die Mutterkirche, zu welcher die Dörfer Speck und Labcn eingepfarret sind, das königliche Dorf Freist aber und die adelichen Dörfer Freist, Nieder-Comsow, Ober-Comsow, Neynachow, Roschitz, Stresow, Klein-Massow, Itrewen, Koppenow, Scharschow und Bitzig, das zu dem adelichen Dorfe Saffin gehörige Vorwerk Grünhof und die Bergenfinsche Mühle, Smedles genannt, die zu der römischkatholischen Kirche in dem Amtsdorfe Belgard eingepfarret sind, sich als Gäste halten, einen großen Fichtenwald und Fischerey in dem Lebasee und in 3 Teichen. Das Dorf Charbrow war ehemals zu der Kirche in dem Amtsdorfe Belgard eingepfarret, erhielt aber zur Zeit der Reformation eine eigene Kirche, worauf ein jeder Bauer von seinem Acker etwas abtrat, so daß nach den Acten der Kirchenvisitation, die hier auf Befehl des Herzogs von Pommern, Johann Friederich, am 29 May 1571 gehalten wurde, die zum Unterhalte der Kirchendiener ausgesetzten 4 Hufen, nemlich 3 dem Pfarrherrn und eine dem Küster bestätiget wurden. Von dieser Zeit an sind bis zu dem Jahre 1671 bey dieser Kirche acht evangelischlutherische Prediger nach einander bestellet worden. Nachdem aber der Churfürstliche Brandenburgsche geheime Staatsminister, Canzler und Erbcämmerer, Lorenz Christoph von Somnitz,

welcher

Die adelichen Güter des Lauenburgschen Districts.

welcher der evangelischreformirten Confeßion zugethan war, zum Besten der Reformirten mit Ausschließung der lutherschen, anstatt der hiesigen baufälligen Kirche, für 4004 Fl. 25¼ Gr. Preuß. eine neue hatte erbauen laßen, deren Bau 1669 geendiget wurde; so berief er 1671 bey dieser Kirche einen reformirten Prediger, versetzte den damaligen hiesigen lutherschen Prediger nach dem königlichen Amtsdorfe Bresen, stiftete für ihn daselbst in dem Schulzenamte eine lutherische Kirche und gab ihm zugleich die Erlaubniß, den sechsten Sonntag in Charbrow zu predigen und das Abendmahl auszutheilen, welches auch von den nachfolgenden Bresenschen Predigern geschehen ist. Ob nun gleich auf die dawider von der Ritterschaft und den Ständen angebrachte Beschwerden, am 31 Januar 1686 die Churfürstliche Verordnung erfolgte, daß das Pfarrhaus zu Charbrow nebst allen und jeden Zubehörungen wie auch die Kirche mit den ihr beygelegten Gütern, in dem Stande, worinn sie zu der Zeit war, den lutherschen wieder eingeräumet werden sollte.; so wurden doch nach dem 1671 zuerst berufenen reformirten Prediger noch 2 andre bestellet, von welchen der letzte 1736 starb. Noch in demselben Jahre wurde von den Erben des Landrichters Christoph von Somnitz, als den damaligen Patronen der Charbrowschen Kirche, wieder ein lutherscher Prediger berufen. Der jetzige, der nach ihm der dritte von den lutherschen Glaubensbekenntniße ist, wurde von der Königl. Westpreußischen Regierung zu Marienwerder zum Inspector der Lauenburgschen adelichen Kirchen und Schulen berufen und von dem Königl. Landvoigteygerichte zu Lauenburg am 25 May 1775 öffentlich zu seinem Amte eingeführet. Zu seiner Inspection gehören die Kirchen zu Charbrow, Roschitz, Leba nebst der Filialkirche zu Sarbske, Ossecken, Gnewin, Saulin nebst der Filialkirche zu Schwartow, Dzincelitz nebst der Filialkirche zu Groß-Bojepol Buckowin, Labuhn, und Groß-Jannewitz und mit Einschließung des Inspectors überhaupt 9 Prediger. In dem Dorfe Charbrow, welches Carl Heinrich von Somnitz besitzet, werden jährlich 2 Märkte, nemlich am Montage nach Lätare und am Montage nach Kreuzerhöhung gehalten.

(13) **Chinow** 3 Meilen von Lauenburg ostnordostwärts, an der Westpreußischen Gränze, hat 1 Vorwerk, 3 Bauern, 1 Halbbauer, 8 Coßäthen, 1 Krug, 1 Schmiede, 1 Schulmeister, auf der Feldmark des Dorfs ein Vorwerk Brandwerder genannt, 23 Feuerstellen, einen Eichen= Büchen= und Fichtenwald, Fischerey in 3 Teichen und ist ein zu Saulin eingepfarrtes Dorf, welches die nachgelaßenen Töchter des Königl. Polnischen Oberstlieutenant Carl Ludewig von Rexin, als Sophia Louisa, Francisca Albertina und Augusta Nicolaina von Rexin besitzen.

(14) **Chmelenz** ein adelicher Wohnsitz, 1½ Meilen von Lauenburg ostnordostwärts, an einem Bache, der die zu diesem Dorfe gehörige Mühle treibt und sich nicht weit von hier in die Leba ergießet, hat 1 Vorwerk, 1 Wassermühle, 4 Halbbauern, 6 Coßäthen, 1 Krug, 1 Schmiede, auf der Feldmark des Dorfs 6 Vorwerke, als Philippinenbruch, Leopoldshof, Peterhof, Charlottenhof, Antonshof und Langenstück, eine Ziegeley und eine Töpferey, 18 Feuerstellen, beträchtliche Eichen,

Eichenholzungen, wenige Fichten und gränzet gegen Osten an das Westpreußische Dorf Strzebielino. Das Dorf Chmelenz, welches der Hauptmann Wedig Gesege von Woedtke besitzet, hält sich jetzt zu der Dzintelitzschen Kirche, war aber ehemals zu Bresen eingepfarret.

(15) Chottschow oder Chociau, 3 Meilen von Lauenburg nordnordostwärts, nahe an einem See, der von dem Dorfe den Namen führet, hat 1 Vorwerk, 3 Bauern, 6 Coßäthen, 1 Schmiede, 1 Schenkhaus, 1 Schulmeister, 21 Feuerstellen, außer den zu dem Dorfe gehörigen Wiesen noch gewisse Wiesen in Stalschow und gewisse besondere Wiesen in dem Wobben, etwas Heideland auf der Wittenbergschen Feldmark, einen Birchen- Eichen- und Fichtenwald, die Hälfte des Chottschowschen Sees und ist ein zu Ossecken eingepfarrtes Dorf, welches der Oberstlieutenant Adam Wilhelm von Dzizelsky besitzet.

(16) Chottschewke oder Chociewke ein adeliches Wohnsitz, 2¼ Meilen von Lauenburg nordnordostwärts, an einem Bache, hat 1 Vorwerk, 1 Wassermühle, 2 Bauern, 4 Coßäthen, 11 Feuerstellen, Büchen- und Ellernholzungen und ist ein zu Ossecken eingepfarrtes Dorf, welches die Wittwe des Hauptmanns, Jacob Ernst von Warczewski, besitzet.

(17) Choßlow 1 Meile von Lauenburg gegen Westen, an dem Lebaflusse, hat 2 Vorwerk, 4 Bauern, 5 Coßäthen, 1 Schulmeister, 12 Feuerstellen, eine nicht weit von dem Dorfe gelegene und den von Pirch gehörige Begräbnißkapelle mit einem Kirchhofe, auf welchem die hiesigen und die Witterseschen Einwohner ihre Todten begraben, wenige Holzung und ist ein zu Groß-Jannewitz eingepfarrtes Dorf, welches Franz George Christoph von Pirch, der hier wohnet, und der Hauptmann, Bogislav Friederich von Breitenbach, besitzen. Bey demjenigen Theile dieses Guts, welcher dem ersten Besitzer gehöret, sind nach der Verschreibung vom 14ten April 1778 zur Anlegung einer Molkerey von 40 Kühen und zur völligen Urbarmachung des zu diesem Antheile gehörigen Theils in dem so genannten großen Schmolsinschen oder Lauenburgschen Moor oder Bruche 1364 Rthlr. 1 Gr. 11 Pf. Königliche Gnadengelder angewandt worden, wovon seit Trinitatis 1780 ein jährlicher Kanon von 22 Rthlr. 6 Gr. 8 Pf. fällig ist. Bey dem andern Theile dieses Guts, welchen der Hauptmann von Breitenbach besitzet, sind ebenfals nach der Verschreibung vom 15 April 1778 zu einer in dem Schmolsinschen oder Lauenburgschen Bruche neu angelegten Molkerey von 70 Kühen und zur Ausrodung von 70 Morgen 129 Ruthen zu neuen Lande und Wiesen, 1146 Rthlr. 3 Gr. 8 Pf. Königliche Gnadengelder geschenkt worden, wovon seit Trinitatis 1780 ein jährlicher Kanon von 22 Rthlr. 22 Gr. 6 Pf. bezahlet werden muß.

(18) Ober-Comsow oder Comasowo, 1¼ Meilen von Lauenburg gegen Norden, auf einem Berge, hat 1 Vorwerk, 3 Coßäthen, 6 Feuerstellen, keine Holzung, 4 Fischteiche und ist zu der römischkatholischen Kirche in dem Amtsdorfe Belgard eingepfarret, hält sich aber als ein Gastdorf zu der Charbrowschen Kirche. Die

Besitzer

Die adelichen Güter des Lauenburgschen Districts.

Besitzer sind die Gebrüder George Ludewig und Johann Leopold von Goßkowski.

(19) Nieder- oder Unter-Comsow nahe bey dem vorhergehenden Dorfe, in einem Thale, hat ein Vorwerk mit einem adelichen Hofe, 3 Büdner, 1 Schmiede, 5 Feuerstellen, etwas Büchen- und Eichenholz, 2 Fischteiche und ist zu der römisch-katholischen Kirche in dem Amtsdorfe Belgard eingepfarret, hält sich aber als ein Gastdorf zu der Charbrowschen Kirche. Die Besitzer sind die oben genannten Besitzer des Guts Ober-Comsow.

(20) Groß-Damerkow ¼ Meile von Lauenburg gegen Osten, hat 6 Vorwerke, verschiedene Büdnerhäuser, auf der Feldmark des Dorfs die Vorwerke, Budowanic, Poggenspiel und Klein-Damerkow genannt, 18 Feuerstellen, einen Büchen- und Eichenwald, einen kleinen See und ist ein zu Dzincelitz eingepfarrtes Dorf, welches 5 Besitzer hat, als: den Major Joachim Ernst von Woedtke, die Geschwister Charlotta Louisa und Wilhelmina Henrietta von Reck, Eleonora Hedwig verehelichte Kormann gebohrne Langusch, die verehelichte von Roß gebohrne Prisca Adelheit von Puttkammer und Michael Benjamin von Reck.

(21) Klein-Damerkow 2¼ Meilen von Lauenburg gegen Osten, an einem See, hat 1 Vorwerk, 6 Coßäthen, auf der Feldmark des Dorfs das Vorwerk Michelshof, 10 Feuerstellen, einen Büchen- und Eichenwald und ist ein zu Saulin eingepfarrtes Majoratsgut, welches der Hauptmann Michael Ernst von Regin besitzet.

(22) Dzechlin oder Dziechlin ¼ Meile von Lauenburg südwestwärts, auf einem Berge, hat 1 Vorwerk, 4 Coßäthen, 1 Schenkhaus, 9 Feuerstellen, wenige Fichten- Büchen- und Eichenholzungen und ist ein zu Labuhn eingepfarrtes Dorf, welches Ernst Ludewig von Weyherr besitzet. Nach der Verschreibung vom 15 April 1778 sind zur Verbesserung dieses Guts 10292 Rthlr. 21 Gr. 8 Pf. königliche Gnadengelder angewandt worden, um eine Molkerey von 160 Kühen anzulegen und 1080 Morgen 25 Ruthen in dem großen Lauenburgschen Moor oder Bruche urbar zu machen. Für diese Verbesserungen muß ein jährliches Kanon von 205 Rthlr. 20 Gr. 6 Pf. seit Trinitatis 1780. von dem Besitzer dieses Guts bezahlet werden.

(23) Dzincelitz oder Dzizelitz 1½ Meilen von Lauenburg ostsüdostwärts, auf der so genannten kleinen Straße von Lauenburg nach Danzig, hat 5 Vorwerke, 1 Prediger, 1 Küster, verschiedene Büdnerhäuser, 2 Kriege, 1 Schenkhaus, 16 Feuerstellen, eine zu der Charbrowschen Inspection gehörige Mutterkirche, deren Filial das Dorf Groß-Bozepol ist und zu welcher die adelichen Dörfer Nawitz, Osseck, Ober- Mittel- und Nieder-Lowitz, Jezow, Paraschin, Klein-Bozepol, Chmeleny, Felstow, Goddentow, Aalbeck, Groß-Damerkow und Reddestow, die königlichen Amtsdörfer Roslasin und Luggewiese, die der Stadt Lauenburg gehörige Vorwerke Falken und Dzechen und der Elendshof und die in Westpreußen in dem Amte Mirchow gelegene Dörfer

Der Lauenburg- und Bütowsche Kreis.

Dörfer Cantrzin, Dargelow, Börk und Schopp eingepfarret sind, wenige Holzung, und gränzet gegen Süden an das Westpreußische Amt Mirchow. Die Besitzer dieses Dorfs sind: Melchior von Poblocki, Johann Ludewig von Wnuk, Jacob Ludewig von Dargolewski Maria, Margaretha von Puttkammer verwittwete von Thadden und Paul Friederich von Djizelsky.

(24) Enzow ein adelicher Wohnsitz, 3 Meilen von Lauenburg nordostwärts, hat 1 Vorwerk, 6 Coßäthen, 1 Krug, auf der Feldmark des Dorfs eine Meyerey Platschow oder Platzow genannt, woben sich zugleich eine Schäferey befindet, 10 Feuerstellen, wenige Ellern- Büchen- und Eichenholzungen, 2 Karpfenteiche, einen Forellenteich und ist ein zu Saulin eingepfarrtes Dorf, welches Johann George Bernhard Freyherr von Weydenberg besitzet.

(25) Jelstow 1 Meile von Lauenburg ostnordostwärts, in einem Thale, hat 2 Vorwerke, 1 Wassermühle, 5 Coßäthen, 1 Krug, 1 Schmiede, 17 Feuerstellen, gute Wiesen an dem Lebaflusse, Büchen- Eichen- und Fichtenholzungen und ist ein zu Djincelitz eingepfarrtes Dorf, welches der Oberste Philipp Jacob von Jelstow und die Wittwe des Martin George von Pirch, Hedwig Sophia gebohrne von Below, die hier wohnet, besitzen.

(26) Freist oder Freeft 2 Meilen von Lauenburg gegen Norden, an einem Bache, der die Mühlen dieses Dorfs treibt, in einer ebenen und fruchtbaren Gegend, nahe bey dem königlichen Dorfe Freist, hat 1 Vorwerk, 1 Korn- und Schneidemühle, 3 Bauern, 5 Coßäthen, 1 Schulmeister, 17 Feuerstellen, einen ansehnlichen Eichen- und Büchenwald, 3 Fischteiche und einen Bach und ist zu der römischkatholischen Kirche in dem Amtsdorfe Belgard eingepfarret, hält sich aber als ein Gastdorf zu der Charbrowschen Kirche. Der Besitzer ist Carl Heinrich von Somnitz zu Charbrow.

(27) Ganz 1¼ Meilen von Lauenburg nordnordwestwärts, an dem Lauenburgschen Moor oder Bruche, nicht weit von dem Lebaflusse, dem Dorfe Jezenow gegen über, welches an der andern Seite dieses Flußes liegt, hat 1 Vorwerk, 6 Bauern, 3 Coßäthen, 1 Krug, 1 Schmiede, 1 Schulmeister, 17 Feuerstellen, wenige Holzung und ist zu der römischkatholischen Kirche in dem Amtsdorfe Belgard eingepfarret, hält sich aber als ein Gastdorf zu der Groß-Jannewitzschen Kirche. Der Besitzer ist der Königl. Polnische Cammerherr und Oberstlieutenant Nicolaus Heinrich von Weiher.

(28) Gartkewitz 2¼ Meilen von Lauenburg nordnordostwärts, hat 2 Vorwerke, 1 Wassermühle, 1 Kalkofen, auf der Feldmark des Dorfs einen Kathen, das Creutz, und einen Krug Rarczemke genannt, 14 Feuerstellen, Büchen- Eichen- und Birkenholzungen und ist ein zu Saulin eingepfarrtes Dorf, welches Adolph von Mach, Johann Ernst von Balge, der Hauptmann Wilhelm Albrecht von Krockow und der Lieutenant Ernst von Chmielinski besitzen.

(29) Gne-

Die adelichen Güter des Lauenburgschen Districts. 1071

(29) Gnewin 3 Meilen von Lauenburg nordnordostwärts, an der Westpreußischen Gränze, hat 1 Vorwerk, 1 Prediger, 1 Küster, 7 Bauern, unter welchen der Müller mit begriffen ist, 4 Coßäthen, 1 Krug, 1 Schmiede, auf der Feldmark des Dorfs eine unterschlägige Wassermühle mit einem Aal- und Lachsforellenfange, einen ziemlich großen Bach, der die Gränze zwischen Gnewin und den Dörfern Groß-Perlin und Bichow scheidet, 23 Feuerstellen, eine zu der Charbrowschen Inspection gehörige Mutterkirche, zu welcher die Dörfer Thadden und Lissow, ein Theil von Hanimer, ein Theil von Merzin und das in Westpreußen gelegene und zum Stargardschen Kreise gehörige adeliche Dorf Strzebelinke eingepfarret sind, auch die Westpreußischen in dem Stargardschen Kreise gelegenen Dörfer Kolkow, Opalin und Rieben sich als so genannte Gastdörfer halten, ziemliche Birkenholzungen, 3 Jahrmärkte, die am Himmelfahrtstage, am 24 August als an dem Bartholomäustage und an dem Barbaratage gehalten werden, und war ehemals, nach einem von dem Rathe zu Lauenburg ausgefertigten Zeugniße von 1477, ein den von Pirch gehöriges Gut, welches auf Befehl der Herzogin Sophia dem Jungfernkloster zu Sarnowitz eingeräumet wurde, jetzt aber dem Hauptmann Michael Ernst von Rexin als ein Majoratsgut gehöret.

(30) Gnewinke 3 Meilen von Lauenburg nordostwärts, hat 1 Vorwerk, 3 Coßäthen, 6 Feuerstellen und ist ein zu Ossecken eingepfarrtes Dorf, welches der Hauptmann Michael Ernst von Rexin als ein Majoratsgut besitzer.

(31) Goddentow ein adelicher Wohnsitz, ¾ Meile von Lauenburg ostnordostwärts, an einem Bache, der durch das Dorf fließet und in den Lebafluß fällt, hat ein herrschaftliches maßives Wohnhaus, 1 Vorwerk, eine auf der Feldmark des Dorfs gelegene Wassermühle, 1 Krug, 1 Schmiede, 13 Feuerstellen, viele Wiesen, einen guten Fichten- Büchen- und Eichenwald und ist ein zu Dzincetitz eingepfarrtes Dorf, welches durch königliche Quadengelder neuerlich verbeßert worden ist und dem Hauptmann Phillip George von Weiherr gehöret.

(32) Hammer 3 Meilen von Lauenburg nordostwärts, hat 1 Vorwerk, 1 Wassermühle, 4 Coßäthen, auf der Feldmark des Dorfs einen an der Landstraße gelegenen Krug Holze genannt, 10 Feuerstellen, einen beträchtlichen Fichten- und Büchenwald, Fischerey in einem Bache und Teiche und ist größtentheils zu Gnewin, theils aber zu Saulin eingepfarret. Die Besitzer sind die nachgelaßenen Töchter des Polnischen Oberstlieutenant, Carl Ludwig von Rexin, als Sophia Louisa, Francisca Albertina und Augusta Nicolaina von Rexin.

(33) Groß-Jannewitz ein adelicher Wohnsitz, 1 Meile von Lauenburg nordwestwärts, an dem Lauenburgschen Moor oder Bruche, nicht weit von dem Lebafluße, dem Dorfe Wollin gegen über, welches an der andern Seite dieses Flußes liegt, hat ein herrschaftliches maßives Wohnhaus, 1 Vorwerk, 1 Wassermühle, 1 Ziegeley, 1 Prediger, 1 Küster, 10 Coßäthen, 1 Krug, 1 Schmiede, auf der Feldmark des Dorfs einen ansehnlichen Ackerhof mit einer beträchtlichen Schäferey, 33 Feuerstellen,

[Tttttt 3] eine

Der Lauenburg- und Bütowsche Kreis.

eine von den Römischkatholischen vor der Reformation erbauete Kirche, die ehemals ein Filial von der Garzigarschen Kirche war, jetzt aber eine zu der Charbrowschen Inspection gehörige Mutterkirche ist, zu welcher die Dörfer Klein-Jannewitz, Rosgarz, Puggerschow, Niebendzin, Rettkewitz, Chotzlow und Viterese eingepfarret sind und die zu der römischkatholischen Kirche in dem Amtsdorfe Belgard eingepfarrten Dörfer Gans und Landechow sich als Gastdörfer halten, lehmigten und fruchtbaren Acker, viele Wiesen, gute Weide, wenige Holzung, Fischerey in 6 Teichen, schöne Gärten und war ehemals ein der Familie von Jannewitz gehöriges Dorf, welches neuerlich durch königliche Gnadengelder ist verbessert worden und jetzt von den nachgelassenen Söhnen des Theodor Heinrich George von Czapski, als Martin August und Heinrich Alexander von Czapski, besessen wird.

(34) **Klein-Jannewitz**, ein nahe bey dem vorhergehenden Dorst Groß-Jannewitz belegenes Bauerdorf, hat 13 Bauern, 1 Schulmeister, 1 Krug, 17 Feuerstellen, viele Wiesen, einen kleinen Wald, die Malchow genannt, und ist zu Groß-Jannewitz eingepfarret. Die oben genannten Besitzer des Dorfs Groß-Jannewitz besitzen auch das Dorf Klein-Jannewitz.

(35) **Janzow** 3 Meilen von Lauenburg nordnordostwärts, nicht weit von der Ostsee, hat 1 Vorwerk, 1 Wassermühle von einem Gange, 7 Bauern, 4 Coßäthen, 1 Schmiede, 1 Schenkhaus, 1 Schulmeister, auf der Feldmark des Dorfs ein Vorwerk Kosciersynke genannt, 19 Feuerstellen, wenige Fichtenholzungen und ist ein zu Offecken eingepfarrtes Dorf, welches der Königl. Polnische Oberstlieutenant und Erbcämmerer von Hinterpommern und Cammin, Franz Christoph von Somnitz, besitzet.

(36) **Jezow** 1¼ Meilen von Lauenburg gegen Osten, in einer bergigten Gegend, hat 5 Vorwerke oder adeliche Höfe, verschiedene Büdnerwohnungen, 14 Feuerstellen, wenige Fichten- und Büchenholzungen und ist ein zu Dzincelitz eingepfarrtes Dorf, welches Michael Ernst von Wittke, Hedwig Elisabeth gebohrne von Mach, als die Gemahlinn des Franz Matthias von Wittke, Christian Ernst von Wittke, Paul Albrecht von Wittke und die Gebrüder Michael Albrecht, Martin Friederich, Christian und Franz Matthias von Wittke besitzen.

(37) **Kerschkow** oder Kerskow 3½ Meilen von Lauenburg nordnordostwärts, hat 1 Vorwerk, 2 Bauern, 3 Coßäthen, auf der Feldmark des Dorfs einen Krug und eine Wassermühle, 11 Feuerstellen, etwas Büchen und Ellernholz, 2 Teiche und ist ein zu Offecken eingepfarrtes Dorf, welches Michael Christian von Lübtaw besitzet.

(38) **Koppenow** oder Coppenow 1¼ Meilen von Lauenburg gegen Norden, an einem kleinen See, welcher dieses Dorf von dem Dorfe Zdrewen scheidet, hat 1 Vorwerk, 1 Coßäthen, 1 Schulhaus, auf der Feldmark des Dorfs das Ackerwerk Sprinow genannt, 9 Feuerstellen, fruchtbaren Acker, gute Wiesen und Weide, etwas Ellernholz und ist zu der römischkatholischen Kirche in dem Amtsdorfe Belgard eingepfarret,

Die adelichen Güter des Lauenburgschen Districts. 1073

gepfarret, hält sich aber als ein Gastdorf zu der Charbrowschen Kirche. Die Besitzerinn dieses Dorfs ist die Gemahlinn des Hauptmanns Michael Ernst von Nexin, Charlotta Ludovica gebohrne von Nexin.

(39) Krampkewitz 1 Meile von Lauenburg südsüdwestwärts, in einer bergigten Gegend, hat 5 Vorwerke, 1 Wassermühle, 1 Krug, 1 Schmiede, 20 Feuerstellen, einen beträchtlichen Eichen- Büchen- und Fichtenwald, Fischerey in 2 Seen und ist ein zu Labuhn eingepfarrtes Dorf, welches die Gebrüder Martin August und Heinrich Alexander von Czapski, George Lorenz von Wussow, Michael Ludewig von Grubbe, der Hauptmann Caspar Friederich von Massow zu Cosemühle und Johann George von Grubbe besitzen.

(40) Küssow 1 Meile von Lauenburg nordostwärts, hat 1 Vorwerk, 1 Korn- und Schneidemühle, 9 Coßäthen, 1 Krug, 1 Schmiede, 1 Schulmeister, 22 Feuerstellen, fruchtbaren Acker, hinlängliche Wiesen an dem Lebaflusse, Eichen- und Birkenholzungen und ist ein zu Bresen eingepfarrtes Dorf, welches der Königl. Oberhauptmann und Director des Landvoigteygerichts zu Lauenburg, Heinrich Eggard von Woedtke, besitzet.

(41) Kurow ein Vorwerk mit 3 Feuerstellen, 2½ Meilen von Lauenburg gegen Norden, hat viele Wiesen, einen großen Eichen- und Büchenwald, die Strandgerechtigkeit, und ist ein zu Ossecken eingepfarrtes Gut, welches der Major Ernst Matthias von Krockow besitzet.

(42) Labenz 2⅛ Meilen von Lauenburg nordnordwestwärts, hat 6 Bauern, 2 Halbbauern, 1 Schulhaus, 10 Feuerstellen, und ist ein zu Charbrow eingepfarrtes Bauerdorf, welches Carl Heinrich von Somnitz besitzet.

(43) Labuhn 1½ Meilen von Lauenburg gegen Süden, hat 1 Vorwerk, 1 Prediger, 1 Küster, 10 Coßäthen, 1 Krug, 1 Schmiede, auf der Feldmark des Dorfs ein Vorwerk, der Labuhnsche Bohr genannt, das an dem Buckowinflusse liegt, 1 Ziegelofen, 28 Feuerstellen, eine Kirche, die ehemals ein Filial von Buckowin war, jetzt aber eine zu der Charbrowschen Inspection gehörige Mutterkirche ist, zu welcher die adelichen Dörfer Zewitz, Poppow, Wussow, Malschitz, Dzechlin, Lischnitz, Wunneschin, Wunneschinke, Krampkewitz, Groß-Massow, ein Theil von Schimmerwitz, ein Theil von Bochow, das der Stadt Lauenburg gehörige Vorwerk Köpke und die in Westpreußen gelegenen adelichen Dörfer Occalitz und Sackrzau eingepfarret sind, fruchtbaren Acker, hinlängliche Wiesen, Birken- und Ellernholzungen, 3 Fischteiche und gränzet gegen Osten an das Westpreußische Amt Mirchow. Die Besitzerinn dieses Dorfs ist Charlotta Friederica von Wobeser gebohrne von Grell.

(44) Landechow 1⅛ Meilen von Lauenburg gegen Norden, in einem Thale, an einem Bache, der in den Lebafluß fällt, hat 1 Vorwerk, 1 Wassermühle, 3 Bauern,

ern, 3 Coßäthen, 8 Feuerstellen, sehr gute Wiesen, die das Dorf von allen Seiten umgeben, wenige Holzungen und ist zu der römischkatholischen Kirche in dem Amtsdorfe Belgard eingepfarret, hält sich aber als ein Gastdorf zu der Groß-Jannewitzschen Kirche. Der Besitzer dieses Dorfs ist der Königl. Landrath des vereinigten Lauenburgschen und Bütowschen Kreises, George Christoph von Wussow.

(45) **Lantow** ein adelicher Wohnsitz, 2½ Meilen von Lauenburg nordnordostwärts, an einem Bache, welcher durch das Dorf fließet, hat 1 Vorwerk, 4 Bauern, 1 Halbbauer, 3 Coßäthen, 1 Krug, 14 Feuerstellen, einen Eichen- und Büchenwald, 4 Teiche und ist ein zu Saulin eingepfarretes Dorf, welches die Gemahlinn des Hauptmanns Wilhelm Albrecht von Krokow, Augusta Ernestina gebohrne von Nerin, besitzet.

(46) **Lischnitz** ein Vorwerk mit 4 Feuerstellen, ¾ Meile von Lauenburg westsüdwestwärts, ist zu Labuhn eingepfarret und neuerlich durch königliche Gnadengelder verbeßert worden. Der Besitzer ist Ernst Ludewig von Weiherr.

(47) **Lissow** 3 Meilen von Lauenburg nordostwärts, auf einem Berge, an der Westpreußischen Gränze, hat 1 Vorwerk, 2 Coßäthen, auf der Feldmark des Dorfs ein Ackerwerk mit 2 Kathen Kostkow genannt, 7 Feuerstellen, einen Wald von jungen Bau- und Brennholz, einen Karpfen- und Karauschenteich und ist ein zu Gnewin eingepfarretes Dorf, welches Johann George Bernhard Freyherr von Weydenberg besitzet.

(48) **Ober-Lowitz** ein adelicher Wohnsitz und Vorwerk mit 1 Feuerstelle und weniger Holzung, 2 Meilen von Lauenburg ostsüdostwärts, ist zu Djincelitz eingepfarret und gehöret dem Lieutenant Michael Ernst von Warszewski.

(49) **Mittel-Lowitz** nahe bey dem vorhergehenden Vorwerke Ober-Lowitz, hat 4 Vorwerke, 2 Feuerstellen, wenige Holzung und ist ein zu Djincelitz eingepfarretes Gut, welches Johann Jacob von Choshnicki, die Gebrüder von Thadden zu Reddestow, die nachgelaßenen Töchter des Johann von Bichowski, als Elisabeth Apollina und Barbara Justina von Bichowski und Carl von Wysiecki besitzen.

(50) **Nieder-Lowitz** 2½ Meilen von Lauenburg ostsüdostwärts, in einem Thale, an dem Lebaflusse, bestehet in einem adelichen Hofe und Vorwerke, einer Wassermühle, 3 Feuerstellen, weniger Holzung, und ist ein zu Djincelitz eingepfarrtes Gut, welches gegen Osten an Westpreußen gränzet und der Gemahlinn des Albrecht von Poblocki, Philippina Charlotta gebohrnen von Kowalick Dombrowska, gehöret.

(51) **Groß-Lüblow** 3½ Meilen von Lauenburg nordnordostwärts, an der Westpreußischen Gränze, hat 5 Vorwerke, 2 Coßäthen, 12 Feuerstellen, wenige Holzung, einige Fischteiche und ist ein zu Osseken eingepfarretes Dorf, welches Johann Gneomar von Lübtow, Johann Joseph von Mach, Franz Matthias von Lübtow und Constantin von Mach besitzen.

(52) Klein

Die adelichen Güter des Lauenburgschen Districts. 1075

(52) **Klein-Lüblow** ein Dorf mit 2 adelichen Wohnsitzen, 3 Meilen von Lauenburg nordnordostwärts, hat 2 Vorwerke, 6 Cossäthen, 1 Schmiede, 11 Feuerstellen, wenige Fichten- und Eichenholzungen und ist ein zu Ossecken eingepfarrtes Dorf, welches Carl Ludewig von Dargolewski und Johann Gneomar von Lübtow besitzen.

(53) **Lübtow** ein Dorf mit 3 adelichen Wohnsitzen, 3 Meilen von Lauenburg nordnordostwärts, an einem See und nahe an der Ostsee, hat 4 Vorwerke, auf der Feldmark des Dorfs 6 Höfe und Kathen, Koppalin genannt, 18 Feuerstellen, einen Büchen- und Fichtenwald und ist zu Ossecken eingepfarret. Die Besitzer sind Franz Ludewig von Lübtow, Michael Christian von Lübtow und Johann Jacob von Lübtow.

(54) **Malschitz** ein adelicher Wohnsitz, ¼ Meile von Lauenburg südsüdwestwärts, auf einem Berge und auf der Poststraße von Stolpe nach Lauenburg, hat 1 Vorwerk, 5 Bauern, 3 Cossäthen, 1 Krug, 1 Schmiede, ein neu angelegtes Vorwerk von ohngefähr 400 Morgen Land, Henriettenthal genannt, 19 Feuerstellen, fruchtbaren Acker, gute Weide, einen beträchtlichen Fichten- und Büchenwald, 5 Fischteiche und ist ein zu Labuhn eingepfarrtes und neuerlich durch königliche Gnadengelder verbessertes Dorf, welches der Lieutenant Johann Ludewig von Fölkersamb besitzet.

(55) **Groß-Massow** ¾ Meile von Lauenburg südsüdwestwärts, in einer sandigen und bergigten Gegend, hat 1 Vorwerk, 1 Wassermühle von einem Gange, 2 Bauern, 4 Cossäthen, 18 Feuerstellen, einen Büchen- und Eichenwald, 4 Fischteiche und ist zu Labuhn eingepfarret. Der Besitzer ist Adolph Gottfried Graf von Wersowitz, der in diesem Dorfe wohnet und neuerlich zur Verbeßerung deßelben königliche Gnadengelder erhalten hat.

(56) **Klein-Massow** ein adelicher Wohnsitz, 1⅔ Meilen von Lauenburg gegen Norden, nahe an einem Walde, hat 1 Vorwerk, eine oberschlägige Wassermühle mit einem Gange, 4 Bauern, 1 Cossäthen, 1 Krug, 1 Schulmeister, auf der Feldmark des Dorfs einen abgebaueten Bauerhof Ritt und ein Vorwerk Ganske genannt, wozu nach dem Nutzungsanschlage vom 4 May 1774 142 Morgen urbar gemachtes Land geschlagen worden und wobey eine Schäferey, auch 4 Cossäthen und 2 Büdnerfamilien angesetzet worden sind, 19 Feuerstellen, 5 Hufen 4 Morgen steuerbares Land, 75 Morgen Wiesen, einen Fichten- und Büchenwald von 30 Morgen, 2 Karauschenteiche und ist zu der römischkatholischen Kirche in dem Amtsdorfe Belgard eingepfarret, hält sich aber als ein Gastdorf zu der Charbrowschen Kirche. Nach der Verschreibung vom 3 September 1774 sind zur Verbeßerung dieses Guts, welches jetzt der Königl. Polnische Oberstlieutenant, Ernst Christoph von Krockow, besitzet, 4100 Rthlr. königliche Gnadengelder angewandt worden, um 407 Morgen 56 Ruthen Land zu roden und 1 Bauerhof, 4 Cossäthenhöfe und 6 Büdnerwohnungen anzulegen, wovon der jährlich zu bezahlende Kanon 82 Rthlr. seit Trinitatis 1777 beträgt.

Brügg. Beschr. v. H. Pom. [Uuuuuu] (57) Met-

(57) **Merzin** 3 Meilen von Lauenburg nordnordostwärts, hat 2 Vorwerke, 1 Wassermühle, 1 Bauer, 7 Coßäthen, 19 Feuerstellen, Büchen- und Ellernholzungen und einen Karauschenteich. Die Besitzer dieses Dorfs sind die Gemahlinn des Jacob Ernst von Dzizelski, Sophia Gottlieb gebohrne von Tauenzin, und Michael Ernst von Tauenzin. Der der erstern Besitzerin gehörige Antheil an diesem Dorfe ist zu Guewin, der andre Antheil aber zu Saulin eingepfarret.

(58) **Merzinke** ein adelicher Wohnsitz, 2 Meilen von Lauenburg nordostwärts, an einem See, hat 1 Vorwerk, 1 Bauer, 2 Coßäthen, 7 Feuerstellen, einen Büchen- und Eichenwald und ist ein zu Saulin eingepfarrtes Dorf, welches der Hauptmann Johann Leopold von Mach besitzet.

(59) **Narwiz** 1¾ Meilen von Lauenburg ostsüdostwärts, hat 5 Vorwerke, 9 Feuerstellen, wenige Holzung, gränzet gegen Süden an Westpreußen und ist ein zu Dzizeliz eingepfarrtes Dorf, welches George Friederich von Grumbkow, die Wittwe des Carl von Dzizelski, Mariane gebohrne von Bronck, Johann von Wyszecki und die nachgelaßenen Töchter des Johann von Bichowski, als Elisabeth Apollina und Barbara Justina von Bichowski besitzen.

(60) **Neuhof** eine kleine Viertelmeile von Leba ostsüdostwärts und 3 Meilen von Lauenburg nordnordwestwärts, an dem Sarbsker See, der diesem Dorfe gegen Norden liegt, auf der Straße von Leba nach Danzig, hat ein herrschaftliches maßives Wohnhaus, 1 Vorwerk, 6 Coßäthen, 1 Schmiede, 1 Schulmeister, einen Ackerhof bey der Stadt Leba, 19 Feuerstellen, viele Wiesen, einen großen Eichen- Büchen- und Fichtenwald, Fischerey in dem Sarbsker See und ist ein zu Leba eingepfarrtes Dorf, welches Carl Heinrich von Somnitz besitzet.

(61) **Neznachow** oder **Nesnachow** 2 Meilen von Lauenburg nordnordwestwärts, in einem mit Wäldern und Bergen umgebenen sumpfigten Thale, an einem Bache, der aus dem nahe gelegenen Roschitzschen See entspringt und durch das Dorf fließet, hat 1 Vorwerk, 2 Bauern, 12 Feuerstellen, einen Birkenwald und ist zu der römischkatholischen Kirche in dem Amtsdorfe Belgard eingepfarret, hält sich aber als ein Gastdorf zu der Charbrowschen Kirche. Der Besitzer dieses Dorfs ist der Königl. Polnische Generalmajor, Otto Carl von Krockow.

(62) **Niebendzin** auch **Wobendzyn** genannt, ein adelicher Wohnsitz, 1 Meile von Lauenburg westnordwestwärts, an einem kleinen Walde und an dem Lauenburgschen Moor oder Bruche, nicht weit von dem Lebaflusse, dem Dorfe Groß-Podel gegen über, welches an der andern Seite dieses Flußes liegt, hat 1 Vorwerk, 5 Bauern, 1 Coßäthen, 1 Schulmeister, 13 Feuerstellen, wenige Holzung und ist ein zu Groß-Jannewitz eingepfarrtes Dorf, welches neuerlich durch königliche Gnadengelder ist verbeßert worden und jetzt von dem Königl. Polnischen Generalmajor, Carl Caspar von Pirch, beseßen wird.

(63) **Ossek** ein adelicher Wohnsitz, 2 Meilen von Lauenburg ostsüdostwärts, hat

Die adelichen Güter des Lauenburgschen Districts.

hat 1 Vorwerk, 1 Wassermühle, 1 Coßäthen, 1 Schmiede, auf der Feldmark des Dorfs einen Holzwärterkathen, 12 Feuerstellen, Eichen- und Buchenholzungen, gränzet vermittelst des Lebaflußes an Westpreußen und ist ein zu Dzincelitz eingepfarrtes Dorf, welches der Lieutenant Franz von Kleist besitzet.

(64) Ossecken ein Dorf mit einem herrschaftlichen Schloße nebst ansehnlichen Wirthschaftsgebäuden, 3 Meilen von Lauenburg nordnordostwärts, hat 1 Vorwerk, 1 Ziegelen, 1 Prediger, 1 Küster, 5 Bauern, 5 Coßäthen, 1 Krug, 1 Schmiede, 34 Feuerstellen, eine zu der Charbrowschen Inspection gehörige Mutterkirche, zu welcher die adelichen Dörfer Zakenzin, Kurow, Wirtenberg, Groß- und Klein-Lüblow, Sterbenin, Groß- und Klein-Perlin, Gnewinke, Schlodzow, Chottschow, Chottschewke, Prebendow, Zelasen, Sazin, Slaischow, Jazkow, Bebbrow, Kerschkow, Lübtow und Bichow und die Westpreußischen Dörfer Prüssow und Bzin eingepfarret sind und ehemals auch das Dorf Wierzchuzin eingepfarret war, einen großen Wald von Fichten und einigen Buchen und gehöret dem Major Ernst Matthias von Krockow.

(65) Paraschin 2 Meilen von Lauenburg gegen Osten, an dem Lebaflusse, hat 3 Vorwerke in dem Dorfe und auf der Feldmark deßelben die Vorwerke Strasznic und Porzecz oder Porsez genannt, 15 Feuerstellen, Fichten- Buchen- und Eichenholzungen und ist ein zu Dzincelitz eingepfarrtes Dorf, welches gegen Osten an Westpreußen gränzet. Die Besitzer deßelben sind der Justitzbürgermeister zu Putzig in Westpreußen, Franz Ludewig von Paraski, der Hauptmann bey dem von Woldeckschen Infanterieregimente, Johann Christoph von Bochen und Johann von Chmielinski.

(66) Groß-Perlin 3 Meilen von Lauenburg nordostwärts, hat 2 Vorwerke, 2 Coßäthen, 7 Feuerstellen und ist ein zu Ossecken eingepfarrtes Dorf, welches die Wittwe von Wittke, Dorothea Elisabeth gebohrne von Tauenzin und die Gebrüder und Lieutenants Johann Christian und Michael Bogislav von Wittke besitzen.

(67) Klein-Perlin nahe bey dem vorhergehenden Dorfe Groß-Perlin, an dem Chottschowschen See, hat 2 Vorwerke, 3 Coßäthen, 1 Schmiede, 10 Feuerstellen, Birkenholzungen, Fischerey in dem Chottschowschen See und ist ein zu Ossecken eingepfarrtes Dorf, welches der Hauptmann Wilhelm Albrecht von Krockow und der Hauptmann Ernst von Chmielinski besitzen.

(68) Poppow 1 Meile von Lauenburg südostwärts, in einer bergigten Gegend, hat 2 Vorwerke, 8 Halbbauern, 9 Feuerstellen, keine Holzung, gränzet an Westpreußen und ist ein zu Labuhn eingepfarrtes Dorf, welches die Labuhnsche Kirche, außer einem kleinen dem Königl. Polnischen Cammerherrn und Oberstlieutenant, Nicolaus Heinrich von Weiher, gehörigen Vorwerke, besitzet. Ehemals wohnte der Labuhnsche Prediger in Poppow.

(69) Prebendow 2½ Meilen von Lauenburg nordnordostwärts, auf einem Berge,

Berge, hat 1 Vorwerk, 3 Bauern, 3 Coßäthen, 1 Schmiede, 1 Schulmeister, 10 Feuerstellen, einen Büchen- und Eichenwald, 3 Teiche und ist ein zu Ossecken eingepfarrtes Dorf, welches die Wittwe des Anton von Stojenthin, Wilhelmina Gottlieb gebohrne von Zitzewitz, besitzet.

(70) Puggerschow ½ Meile von Lauenburg nordwestwärts, nicht weit von Neuendorfschen Berge, hat 2 Vorwerke, 2 Bauern, 6 Coßäthen, 1 Schenkhaus, auf der Feldmark des Dorfs das Vorwerk Darschkow, 15 Feuerstellen, Eichen- Büchen- und Fichtenholzungen, ein Torfmoor, einige Fischteiche und ist ein zu Groß-Jannewitz eingepfarrtes Dorf, welches die mit dem Lieutenant George Wilhelm von Sarbski vermählte Sophia Henrietta von Sarbski und die Gebrüder Martin August und Heinrich Alexander von Czapski besitzet.

(71) Roddestow 1¼ Meilen von Lauenburg ostsüdostwärts, an einem Bache, worin Schmerlen und Forellen gefangen werden, hat 1 Vorwerk, 1 Wassermühle, 1 Krug, auf der Feldmark des Dorfs die Vorwerke Grünhof und Rambitz genannt, 10 Feuerstellen, einen Eichen- und Büchenwald und ist ein zu Dzincelitz eingepfarrtes Dorf, welches die nachgelaßenen Söhne des Hauptmanns Franz Ludwig von Thadden, als der Major bey dem von Thünaschen Infanterieregimente, Franz Heinrich, der Oberste bey dem Regimente des Prinzen von Anhalt-Bernburg, Johann Leopold, der Lieutenant Christian Ludewig, der Hauptmann bey dem Regimente des Prinzen Ferdinand von Preußen, Carl Friederich und der Hauptmann in der Königl. Suite zu Potsdam, Ernst Diterich von Thadden, besitzen.

(72) Rettkewitz ein adeliches Wohnsitz, 1 Meile von Lauenburg westnordwestwärts, hat 2 Vorwerke, 4 Bauern, 10 Coßäthen, 1 Krug, 1 Schulhaus, 1 Schmiede, 26 Feuerstellen, fruchtbaren Acker, viele Wiesen, wovon jedoch auf einigen dem Gute Viterese und auf einigen dem Gute Niebendzin das Recht des ersten Schnitts zustehet, wenige Holzung, Fischerey in einem See und in einem Teiche und ist ein zu Groß-Jannewitz eingepfarrtes Dorf, welches nebst den Gütern Choslow, Viterese und Niebendzin dem Ritter aus Böhmen, Jasbon Pirch oder Pyrsja, als dem ersten, der sich in Pommern niedergelaßen und das Geschlecht der von Pirch fortgepflanzet hat, von den Kreuzherren, über deren Armee er Feldherr war, 1299 geschenket wurde und jetzt dem Lieutenant Johann Alexander Hartwig von Natzmer gehöret. Nach der Verschreibung vom 26 August 1778 sind für 5000 Rthlr. königliche Gnadengelder in dem zu diesem Gute gehörigen Theil des Schmolsinschen oder Lauenburgschen Moores oder Bruches, eine Milcherey von 30 Kühen nebst den dazu gehörigen Gebäuden und eine Schäferey von 300 Schafen auch von 300 Morgen an Acker und Wiesen urbar gemacht worden, wofür ein jährlicher Kanon von 100 Rthlr., von Trinitatis 1782 an, von dem Besitzer dieses Guts bezahlet werden muß.

(73) Ribienke oder Rybienke 3¼ Meilen von Lauenburg nordostwärts, an der Westpreußischen Gränze, hat 2 Vorwerke, auf der Feldmark des Dorfs 2 Käthen, Hammer genannt, 10 Feuerstellen, etwas Holzung, einen Antheil an dem angränzenden, größten

Die adelichen Güter des Lauenburgschen Districts. 1079

gröstentheils zu dem Westpreußischen Dorfe Riegen gehörigen See und ist ein zu Saulin eingepfarrtes Dorf, welches Johann Friederich von Tsadden und Michael Ernst von Tauenzin besitzen.

(74) Roschitz ein Dorf mit einem herrschaftlichen maßiven Schloße und gemauerten Wirthschaftsgebäuden, 2 Meilen von Lauenburg gegen Norden, an einem See, der den Namen von dem Dorfe führet, hat 1 Vorwerk, 1 Wassermühle, 6 Bauern, 3 Coßäthen, eine sogenannte Plebanen, 1 Krug, 1 Schulhaus, 1 Schmiede, auf der Feldmark des Dorfs ein Vorwerk Achtersee genannt, 22 Feuerstellen, eine kleine Kirche oder Begräbnißkapelle, worinn von dem Charbrowschen Prediger gemeiniglich vierteljährig 2 mal geprediget wird, Eichen= Büchen= und Fichtenholzungen, Fischerey in dem bey dem Dorfe gelegenen See und ist zu der römischkatholischen Kirche in dem Amtsdorfe Belgard eingepfarret, hält sich aber als ein Gastdorf zu der Charbrowschen Kirche. Der Besitzer ist der Königl. Polnische Generalmajor, Otto Carl von Krockow.

(75) Rosgars oder Rosgord 1 Meile von Lauenburg nordnordwestwärts, auf einem Berge, an dem Lauenburgschen Moor oder Bruche, nicht weit von dem Lebaflußse, dem Dorfe Zezenow gegen über, welches an der andern Seite dieses Flußes liegt, hat 1 Vorwerk, 4 Bauern, 5 Coßäthen, 1 Krug, 1 Schäferey, eine Kuhmilcherey, 1 Schulhaus, 13 Feuerstellen, fruchtbaren Acker, außer vielen auf der Feldmark dieses Guts belegenen Wiesen, noch 2 besondre Wiesen, die auf dem Zeznowschen Felde liegen, Eichen= und Büchenholzungen und ist ein zu Groß-Jannewitz eingepfarrtes Dorf, welches die Gebrüder Martin August und Heinrich Alexander von Cjapski besitzen.

(76) Sarboke eine kleine Meile von Leba ostsüdostwärts und 3 Meilen von Lauenburg gegen Norden, an dem Sarbskersee, auf der Straße von Leba nach Danzig, hat 4 Vorwerke, 3 Coßäthen, 1 Küster, 1 Krug, 20 Feuerstellen, eine zu der Charbrowschen Inspection gehörige Kirche, die ein Filial von Leba ist, Eichen= Büchen= und Fichtenholzungen und Fischerey in dem Sarbskersee und einigen Teichen. Die Besitzer sind: 1) die Gebrüder, der Lieutenant George Wilhelm, der Lieutenant bey dem von Gaudischen Regimente, Franz Thomas und der Lieutenant bey dem von Buddenbrockschen Regimente, Johann Ferdinand von Sarbski, 2) die Erben der Hauptmannin von Sarbski, Anna Florentina gebohren von Schwichow, 3) die Gemahlinn des Hauptmanns Johann Ernst von Bartsch, Christiana Eleonora gebohrne von Sarbski und 4) die Erben der Landräthin Köhn genannt von Jaski, gebohrnen von Dargolewski.

(77) Saßin 3 Meilen von Lauenburg gegen Norden, hat 1 Wassermühle, 8 Bauern, 3 Coßäthen, 1 Krug, 1 Schulmeister, ein auf der Feldmark des Dorfs gelegenes und von dem Landrichter von Krockow erbauetes Vorwerk Grünhof genannt, welches sich als ein Gastort zu der Charbrowschen Kirche hält, 19 Feuerstellen, einen Büchen= Eichen= und Fichtenwald und ist ein zu Ossecken eingepfarrtes Dorf, welches der Königl. Polnische Generalmajor, Otto Carl von Krockow, besitzet. [Uuuuuu 3] (78) Saulin

(78) **Saulin** 2 Meilen von Lauenburg nordnordoſtwärts, an einem See, der 2 mit Eichen bewachſene Inſeln einſchließet, hat einen herrſchaftlichen Hof oder ein Vorwerk, 1 Waſſermühle, 1 Prediger, 1 Küſter, 1 Bauer, 7 Coßäthen, 1 Krug, 1 Schmiede, 15 Feuerſtellen, eine zu der Charbrowſchen Inſpection gehörige Mutterkirche, zu welcher die adelichen Dörfer Woedtke, Klein-Damerkow, Saulinke, Groß- und Klein-Schwichow, Schwartow mit einer Kapelle, Schwartowke, Chinow; Schluſchow, Ribienke, Enzow, ein Theil des Dorfs Hammer, ein Theil des Dorfs Merzin, Merzinke, Gartkewitz, Lantow, Slaikow, Groß- und Klein-Borkow, Bonewitz und Tauenzin und das zu dem königlichen Amte Lauenburg gehörige Dorf Sellnow eingepfarret ſind, auch die Polniſchen Einwohner des adelichen Dorfs Streſow ſich halten. Die Saulinſche Kirche iſt von den Römiſchkatholiſchen erbauet worden und gehörte ehemals zu dem großen Eliſabethshoſpital in Danzig und zur Cujaviſchen Dioeces; ſeit der Regierung des Pommerſchen Herzogs Johann Friederich aber, iſt ſie beſtändig in den Händen der Evangeliſchlutheriſchen geblieben. Das Dorf Saulin hat einen Eichenwald, Fiſcherey in dem bey dieſem Gute belegenen See und iſt ein Majoratsgut, welches der Hauptmann Michael Ernſt von Rexin beſitzet.

(79) **Saulinke** 2½ Meilen von Lauenburg nordoſtwärts, an einem Bache, welcher durch das Dorf fließet, und nicht weit von einem See, hat 1 Vorwerk, 1 Waſſermühle, 2 Bauern, 5 Coßäthen, 12 Feuerſtellen, einen Büchen- und Eichenwald, und iſt ein zu Saulin eingepfartes Majoratsgut, welches der Hauptmann Michael Ernſt von Rexin beſitzet.

(80) **Scharſchow** 1¾ Meilen von Lauenburg nordnordweſtwärts, in einem Thale, auf der Landſtraße von Lauenburg nach Leba, hat 1 Vorwerk, 6 Coßäthen, 1 Schulhaus, 10 Feuerſtellen, einen Fichtenwald und iſt zu der römiſchkatholiſchen Kirche in dem Amtsdorfe Belgard eingepfarret, hält ſich aber als ein Gaſtdorf zu der Charbrowſchen Kirche. Der Beſitzer iſt der Königl. Polniſche Cammerherr und Oberſtlieutenant, Nicolaus Heinrich von Weiherr.

(81) **Schimmerwitz** 1½ Meilen von Lauenburg gegen Süden, an dem Butowinfluße, hat 7 Vorwerke, 1 Waſſermühle, 14 Büdner, 23 Feuerſtellen und einen Büchen- und Fichtenwald. Das Dorf, wovon ein Theil zu Buckowin, ein andrer Theil aber zu Labuhn eingepfarret iſt, gränzet an Weſtpreußen und hat 7 Beſitzer als: 1) den Fähnrich bey dem von Poſadowskyſchen Dragonerregimente, Franz Adolph von Weiherr, 2) die 4 Gebrüder von Koß, als den Lieutenant bey dem Infanterieregimente von Pelkowsky, Carl Friederich, Franz Gneomar, Chriſtian Ernſt und George Jacob, 3) Ernſt Gneomar von Goſtkowsky, 4) die Gebrüder Chriſtian Ernſt und Johann Matthias von Dzizelsky, 5) die Gebrüder Paul Ernſt und Michael Friederich von Selaſinsky, 6) Chriſtlieb von Koß verehelichte Reiske und 7) Anton von Uſtarbowski.

(82) **Schlochow** 4 Meilen von Lauenburg nordnordoſtwärts, nicht weit von dem

Die adelichen Güter des Lauenburgschen Districts. 1081

dem Zarnowitzersee und der Ostsee, an der Westpreußischen Gränze, hat 1 Vorwerk, 5 Coßäthen, auf der Feldmark des Dorfs ein Ackerwerk, 13 Feuerstellen, einen kleinen Fichtenwald und ist ein zu Ossecken eingepfarrtes Dorf, welches der Justitzdirector zu Saalfeld in Ostpreußen, Johann Peter Sulicki, besitzet.

(83) Schluschow oder Slusżow 3¼ Meilen von Lauenburg nordostwärts, an einem Bache, welcher durch das Dorf fließet, in einem mit großen Bergen umgebenen Thale, hat 7 Vorwerke, 20 Feuerstellen, wenige Büchenholzung und ist ein zu Saulin eingepfarrtes Dorf, welches an Westpreußen gränzet und 7 Besitzer hat, als: den Lieutenant bey dem von Wunschschen Infanterieregimente Adam Friederich von Wysiecki, Anton von Kowalick Dombrowski, Jacob von Pasżk Sluszwesski, die Gebrüder Jacob Thomas und Michael von Pasżk, Michael Thomas von Sluszewski, Johann Ludewig von Mach und Franz Michael von Mach.

(84) Schöneht oder Schönör ½ Meile von Leba südostwärts und 2¼ Meilen von Lauenburg nordnordwestwärts, an einem Berge, hat 1 Wassermühle, 8 Bauern, 4 Coßäthen, 1 Krug, 1 Schmiede, 1 Schulmeister, 30 Feuerstellen, etwas Eichen- und Büchenholz, und ist ein zu Leba eingepfarrtes Bauerdorf, welches neuerlich durch königliche Gnadengelder verbessert worden ist und von Carl Heinrich von Sommnitz zu Charbrow besessen wird.

(85) Schwartow ein adelicher Wohnsitz, 2 Meilen von Lauenburg nordnordostwärts, an einem Bache, welcher durch das Dorf fließet, hat 1 Vorwerk, 1 Wassermühle, 8 Bauern, 7 Coßäthen, 1 Krug, 1 Schmiede, 1 Schulmeister, auf der Feldmark des Dorfs ein Vorwerk die Brille genannt und eine Schäferey, 27 Feuerstellen, eine Kirche, die ein Filial von Saulin ist, und einen Eichen- und Büchenwald. Der Besitzer dieses Dorfs ist Johann Friederich von Sommnitz.

(86) Schwartowke nahe bey dem vorhergehenden Dorfe Schwartow, hat 1 Vorwerk, 3 Bauern, 3 Coßäthen, 9 Feuerstellen und ist ein zu Saulin eingepfarrtes Dorf, welches Johann Friederich von Sommnitz besitzet.

(87) Groß-Schwichow 1¼ Meilen von Lauenburg nordnordostwärts, hat 2 Vorwerke, 1 Bauer, 4 Coßäthen, 11 Feuerstellen, wenige Eichen- und Birkenholzungen und ist ein zu Saulin eingepfarrtes Majoratsgut, welches der Hauptmann Michael Ernst von Rexin besitzet.

(88) Klein-Schwichow nahe bey dem vorhergehenden Dorfe, hat 1 Vorwerk, 1 Bauer, 3 Coßäthen, 6 Feuerstellen, wenige Eichen- und Birkenholzungen und ist ein zu Saulin eingepfarrtes Majoratsgut, welches ebenfalls der Hauptmann Michael Ernst von Rexin besitzet.

(89) Slaikow oder Schlaickow ein adelicher Wohnsitz, 2¼ Meilen von Lauenburg nordnordostwärts, hat 1 Vorwerk, 2 Coßäthen, 7 Feuerstellen, Eichen- und
Büchen-

Büchenholzungen und ist ein zu Saulin eingepfarrtes Dorf, welches Adam Wilhelm von Dzicelsky besitzet.

(90) Slaischow oder Schlaischow 3 Meilen von Lauenburg gegen Norden, an einem See und an der Ostsee, hat 2 Vorwerke, 10 Coßäthen, 15 Feuerstellen, wenige Holzung, einen Theil von dem Bebbrowschen See und ist ein zu Osseken eingepfarrtes Dorf, welches der ehemalige Grod- und Landgerichtsassessor zu Lauenburg, Christian Ernst von Rekowski und der Landrath des Morungschen Kreises in Ostpreußen, Alexander Leonhard Köhn genannt von Jaski besitzen.

(91) Speck 3 Meilen von Lauenburg nordnordwestwärts, an dem Lebaflusse, in einem sumpfigten Thale, hat 1 Vorwerk, 5 Käthner, 1 Schulhaus, auf der Feldmark des Dorfs, 5 Fischerkathen an dem Lebaschen See, Babidol und Dambien genannt, 12 Feuerstellen und ist ein zu Charbrow eingepfarrtes Dorf, welches Carl Heinrich von Somnitz zu Charbrow besitzet.

(92) Sterbenin ein adelicher Wohnsitz 3¼ Meilen von Lauenburg nordnordostwärts, auf einem Berge, hat 1 Vorwerk, 3 Coßäthen, 9 Feuerstellen, gute Wiesen, zu welchen auch die an dem Strande der Ostsee gelegene Wiese Wobben genannt, gehöret, wenige Holzung und ist ein zu Osseken eingepfarrtes Dorf, welches die Wittwe des Kriegesraths Ernst Lorenz von Grumbkow, Anna Welgunda gebohrne von Tiedemann besitzet.

(93) Strellentin ein Vorwerk und adelicher Wohnsitz mit 2 Feuerstellen, 1 Meile von Lauenburg nordnordostwärts, hat fruchtbaren Acker, viele Wiesen, Eichen- Büchen- Birken- und Ellernholzungen, einige Teiche und ist ein zu Bresen eingepfarrtes Gut, welches der Königl. Oberhauptmann und Director des Landvoigteygerichts zu Lauenburg, Heinrich Eggard von Woedtke besitzet.

(94) Stresow 2 Meilen von Lauenburg gegen Norden, hat 1 Vorwerk, 2 Bauern, 4 Coßäthen, 1 Schenkhaus, 11 Feuerstellen, einen Büchen- Eichen- und Ellernwald und ist zu der römischkatholischen Kirche in dem Amtsdorfe Belgard eingepfarret, jedoch halten sich die deutschen Einwohner zu der Charbrowschen, die polnischen aber zu der Saulinschen Kirche. Der Besitzer dieses Dorfs, bey welchem neuerlich für königliche Gnadengelder verschiedene Verbeßerungen sind vorgenommen worden, ist der Hauptmann Philipp George von Weiherr.

(95) Tauenzin 1⅞ Meilen von Lauenburg gegen Norden, hat 1 Vorwerk, 1 Wassermühle, 2 Bauern, 6 Coßäthen, 1 Krug, 1 Schmiede, 1 Schulmeister, auf der Feldmark des Dorfs ein Vorwerk Carlkow und einen Kathen Gostentin genannt, 19 Feuerstellen, einen kleinen Birken- und Fichtenwald, 2 Teiche und ist ein zu Saulin eingepfarrtes Dorf, welches die Erben des Polnischen Generalmajors Franz Ludewig von Rexin besitzen.

(96) Thad-

Die adelichen Güter des Lauenburgschen Districts.

(96) **Thadden** oder **Tadden** 3 Meilen von Lauenburg nordostwärts, hat 4 Bauern, 1 Coßäthen, 5 Feuerstellen, einen kleinen Wald von Bau- und Brennholz, einige Teiche zur Fischerey und ist ein zu den Gütern Enzow und Lissow gehöriges und zu Gnewin eingepfarrtes Bauerdorf, welches Johann George Bernhard Freyherr von Weydenberg besitzet.

(97) **Uhlingen** 1 Meile von Leba ostsüdostwärts, 3 Meilen von Lauenburg gegen Norden und etwa 1000 Ruthen von der Ostsee, hat 1 Vorwerk, 1 Wassermühle von einem Gange, 3 Bauern, 1 Krug, 1 Schulmeister, 15 Feuerstellen, einen Eichen- Büchen- und Fichtenwald und ist ein zu Leba eingepfarrtes Dorf, welches der Königl. Polnische Oberstlieutenant, Ernst Christoph von Krockow, besitzet.

(98) **Viezig** ein adelicher Wohnsitz, 2 Meilen von Lauenburg nordnordwestwärts, nahe an dem Dorfe Charbrow und dem großen Lauenburgschen Moor, auf der Poststraße von Lauenburg nach Leba, hat 1 Vorwerk, 7 Bauern, 6 Coßäthen, 1 Krug, 1 Schmiede, 1 Schulmeister, auf der Feldmark des Dorfs das Vorwerk Gorke mit einer Kuhpächterey, wie auch 2 Kathen nebst den dazu gehörigen Scheunen Klein-Viezig oder Wussowke genannt, 30 Feuerstellen, fruchtbaren Acker, viele Wiesen, gute Weide, Holzungen, einen kleinen See, 5 Teiche und ist zu der römisch-katholischen Kirche in dem Amtsdorfe Belgard eingepfarret, hält sich aber als ein Gastdorf zu der Charbrowschen Kirche. Der Besitzer des Dorfs ist George Lorenz von Wussow.

(99) **Viterese** oder **Witorese** ¾ Meile von Lauenburg gegen Westen, auf einem Berge, an dessen Fuße sich das Lauenburgsche Moor und der Lebafluß befinden, hat 1 Vorwerk, eine neu angelegte holländische Windmühle von 2 Gängen, 1 Bauer, 3 Coßäthen, 1 Schenkhaus, auf der Feldmark des Dorfs ein Vorwerk Grünhof oder Lanczke genannt, 9 Feuerstellen, wenige Eichen- und Büchenholzungen, einen Fischteich von ohngefähr 10 Morgen und ist ein zu Groß-Jannewitz eingepfarrtes Dorf, welches der Hauptmann Bogislav Friederich von Breitenbach besitzet. Nach der Verschreibung vom 15 April 1778 sind zur Verbesserung dieses Guts 6613 Rthlr. 17 Gr. 3 Pf. königl. Gnadengelder angewandt worden, um eine Milcherey von 70 Kühen anzulegen, eine holländische Windmühle von 2 Gängen zu erbauen und 701 Morgen 119 Ruthen zu Wiesen urbar zu machen, wofür seit Trinitatis 1780 ein jährlicher Kanon von 132 Rthlr. 7 Gr. 4 Pf. von dem Besitzer dieses Guts bezahlet werden muß.

(100) **Wierszcuzin** 3½ Meilen von Lauenburg nordnordostwärts, an der Westpreußischen Gränze, hat 1 Vorwerk, 1 Wassermühle, 12 Bauern, 4 Coßäthen, 1 Krug, 31 Feuerstellen, 12 Hufen Land, Eichen- Fichten- und Ellernholzungen und ist ein dem Nonnenkloster des Cistercienser Ordens zu Zarnowitz in Westpreußen gehöriges Dorf, dessen Einwohner sämtlich der römischkatholischen Religion zugethan sind.

(101) **Wittenberg** 4 Meilen von Lauenburg nordnordostwärts, an der Ostsee,

1084   Der Lauenburg- und Bütowsche Kreis.

in einer sandigen Gegend, hat 1 Vorwerk, 1 Wassermühle, 7 Bauern, 6 Coßäthen, 1 Krug, 1 Schmiede, 1 Schulmeister, 21 Feuerstellen, einen Wald Piasnicz genannt, die Strandgerechtigkeit und ist ein zu Osseken eingepfarrtes Dorf, welches der Major Ernst Matthias von Krockow besitzet.

(102) Woedtke ein adelicher Wohnsitz, 2 Meilen von Lauenburg nordnordostwärts, mitten in einem Eichenwalde und in einem Thale, nicht weit von dem so genannten Schwarzensee, hat 1 Vorwerk, 1 Krug, 1 Schmiede, auf der Feldmark das Vorwerk Rexinhof genannt, 5 Feuerstellen, Eichen- und Büchenholzungen und ist ein zu Saulin eingepfarrtes Dorf, welches der Königl. Polnische Hauptmann und Majoratsherr der Woedtkenschen und Gnewinschen Majoratsgüter, Michael Ernst von Rexin, besitzet.

(103) Groß-Wunneschin oder Wonschin 2 Meilen von Lauenburg südwestwärts, hat 1 Vorwerk, 1 oberschlägige Wassermühle, 3 Bauern, 4 Coßäthen, 1 Schmiede, auf der Feldmark des Dorfs ein Vorwerk Przerette genannt, 17 Feuerstellen, 1256 Morgen 108 Ruthen urbares Ackerland, 199 Morgen 9 Ruthen Wiesen, 2453 Morgen 20 Ruthen Eichen- und Büchenwald, 196 Morgen Fichtenheide mit einigen Birken, 186 Morgen 117 Ruthen Ellern- Birken- und Fichtenbrücher, 32 Morgen 129 Ruthen Garten und Wurthen, zwey Seen, als Przerette und der Schwarzesee genannt und ist ein zu Labuhn eingepfarrtes Dorf, welches der Hauptmann Caspar Friederich von Massow besitzet. Bey diesem Gute und bey denenjenigen Antheilen an den Gütern Krampkewitz und Klein-Wunneschin, so der Hauptmann von Massow besitzet, sind noch nach der Verschreibung vom 20 März 1778 für 23800 Rthlr. königl. Gnadengelder ein neues Vorwerk Brenkenhofsberg genannt, eine Ockeraschefabrike, eine Ziegeley und Kalkbrennerey angeleget und eine Loh- und Oelmühle erbauet worden; jedoch hat der gegenwärtige Besitzer dieses Guts das Vorwerk Brenkenhofsberg abgebauet und in 9 kleine Ackerhöfe verwandelt. Für diese Verbeßerungen muß von Trinitatis 1782 an ein jährlicher Kanon von 476 Rthlr. von dem Besitzer dieser Güter bezahlet werden.

(104) Klein-Wunneschin oder Wunneschinke 1½ Meilen von Lauenburg südwestwärts, hat 4 Vorwerke, 1 Wassermühle, 11 Feuerstellen, beträchtliche Eichen- Büchen- Ellern, Birken- und Fichtenholzungen, einige Fischteiche und ist ein zu Labuhn eingepfarrtes Dorf, welches die Gebrüder Martin August und Heinrich Alexander von Cjapski, George Lorenz von Wussow, Michael Ludewig von Grubbe und der Hauptmann Caspar Friederich von Massow besitzen.

(105) Wussow ein adelicher Wohnsitz, 1 Meile von Lauenburg gegen Süden, in einer bergigten Gegend, an der Westpreußischen Gränze, hat 1 Vorwerk, 1 Kornmühle, 1 Schneidemühle, 1 Papiermühle, 1 Kalkbrennerey, 1 Ziegelbrennerey, 5 Bauern, 5 Coßäthen, 1 Krug, 1 Schmiede, 1 Schulmeister, auf der Feldmark des Dorfs ein Vorwerk der Holzkathen genannt, 28 Feuerstellen, einen beträchtlichen Fichten- Eichen- und Büchenwald, einen Theil von dem See, der Wussowsche

See

Die adelichen Güter des Lauenburgschen Districts.

See genannt, 6 Teiche und ist ein zu Labuhn eingepfarrtes Dorf, welches die Frau Dorothea Henrietta Elisabeth Baronesse von der Golz, gebohrne von Belling besitzet.

(106) Zakenzin 2¼ Meilen von Lauenburg gegen Norden, an einem Bache, hat 1 Vorwerk, 1 Wassermühle mit einem Gange, 5 Bauern, 2 Coßäthen, 1 Krug, 1 Schmiede, 1 Schulmeister, 18 Feuerstellen, einen Büchen- und Eichenwald und ist ein zu Ossecken eingepfarrtes Dorf, welches der Major Ernst Matthias von Krockow besitzet.

(107) Jorewen 1½ Meilen von Lauenburg gegen Norden, an dem kleinen Koppenowschen See, hat 2 Vorwerke, 8 Bauern, 2 Coßäthen, 11 Feuerstellen, wenige Holzung und ist zu der römischkatholischen Kirche in dem Amtsdorfe Belgard eingepfarret, hält sich aber als ein Gastdorf zu der Charbrowschen Kirche. Die Besitzer sind die Gemahlinn des Hauptmanns Michael Ernst von Nerin, Charlotta Ludovica gebohrne von Nerin und der gewesene Tribunalsrath und Justitzdirector zu Neidenburg in Ostpreußen, Johann Ernst Friederich von Goddentow.

(108) Zelasen 2¼ Meilen von Lauenburg nordnordostwärts, auf einem Berge, hat 6 adeliche Höfe oder Vorwerke, auf der Feldmark des Dorfs eine Wassermühle, 14 Feuerstellen, einen Büchen- und Eichenwald und ist ein zu Ossecken eingepfarrtes Dorf, welches 1) die Wittwe des August von Stojentzin, Wilhemina Gottlieb gebohrnt von Zitzewitz, 2) die Gebrüder, der Lieutenant bey dem von Thaddenschen Infanterieregimente Paul Reinhold, der Lieutenant bey dem von Woldeckschen Infanterieregimente Michael Gneomar und Matthias Ernst von Zelasinski, 3) die Gemahlinn des Christian von Zelasinski des ältern, Anna Gottlieb gebohrne von Zelasinski, 4) die Gebrüder Christian und Franz von Zelasinski, 5) ein von Brunke und 6) der Lieutenant Johann Wihelm von Lübtow besitzen.

(109) Zewitz 1½ Meilen von Lauenburg südsüdwestwärts, in einer bergigten Gegend, auf der Poststraße von Stolpe nach Lauenburg, hat 2 Vorwerke, 7 Bauern, 7 Coßäthen, 2 Krüge, wovon der eine Heidekrug genannt, an der Poststraße liegt, 1 Schulmeister, auf der Feldmark des Dorfs das Vorwerk Bohr genannt, das an dem Buckowinflusse lieget, 27 Feuerstellen, einen Eichen- Büchen- und Birkenwald und ist ein zu Labuhn eingepfarrtes Dorf, welches die Gemahlinn des Cammerherrn, Joachim August von Wobeser, Maria Henrietta gebohrne von Weiherr und die Wittwe des Johann von Deminski, Carolina Ludovica gebohrne von Schadmann, besitzen.

2. Die adelichen Güter in dem Bütowschen District:

(1) Buchwalde 2¼ Meilen von Bütow nordostwärts, hat 1 Vorwerk, 1 Wassermühle, 2 Bauern, 3 Coßäthen, 1 Krug, auf der Feldmark des Dorfs eine Ziegelen, ein Vorwerk, welches nebst einigen Büdnern in einem Walde, worinn ehemals eine Glashütte gestanden hat, ist angeleget worden, die Güter Wussowke,

Klössen und Neuendorf, von welchem letztern die eine Hälfte zu Buchwalde und die andre zu dem Gute Jassen gehöret, 25 Feuerstellen, einen Fichtenwald, Fischerey in einigen Seen und ist ein zu Jassen eingepfarrtes Dorf, welches an Westpreußen gränzet und jetzt von den Erben des Lieutenant, Lorenz Heinrich Freyherren von Puttkammer besessen wird.

(2) Czarndamerow 1 Meile von Bütow südostwärts, in einer sandigen und bergigten Gegend, auf der Landstraße von Bütow nach Danzig, hat 9 Vorwerke, wovon ein jedes etwa so viel als einen Bauerhof beträgt, 12 Feuerstellen, etwas Fichtenholz und Fischerey in einem an die Gröbenzinsche Feldmark stoßenden See und in einigen Teichen. Die Besitzer dieses Dorfs, welches zu Bernsdorf eingepfarret ist und an Westpreußen gränzet, sind: 1) Michael von Stryp Rekowski, 2) Albrecht von Klopotek Dombrowski, 3) Mariana von Mundry Dombrowski verehelichte von Trzebiatowski, 4) Albrecht von Mundry Dombrowski, 5) die verehelichte von Wantoch Rekowska gebohrne Mariana von Wnuck Dombrowska, 6) Michael und Joseph Gebrüder von Mundry Dombrowski, 7) Johann von Czarnowski, 8) Jacob von Wrycza Rekowski und 9) die verehelichte von Schmudde Trzebiatowska gebohrne Mariana von Mundry Dombrowska, von welchen ein jeder ein Vorwerk in diesem Dorfe besitzet. Der Krug in demselben ist königlich. S. Czarudamerow, unter den Dörfern des königlichen Amts Bütow.

(3) Gersdorf ein adelicher Wohnsitz, 1 Meile von Bütow ostsüdostwärts, nicht weit von dem zu diesem Dorfe gehörigen See, der Piaschen genannt, hat 1 Vorwerk, 4 Bauern, 2 Coßäthen, 1 Krug, 1 Schmiede, 1 lutherschen Schulmeister, 13 Feuerstellen, einen Wald von verschiedenen Arten von Holz und ist ein zu Bütow eingepfarrtes Dorf, welches Peter George von Puttkammer besitzet.

(4) Groß Gustkow oder Gostkow ¾ Meile von Bütow gegen Norden, auf der Landstraße von Bütow nach Stolpe, hat 10 Vorwerke, wovon ein jedes etwa so viel als einen Bauerhof beträgt, 1 Schmiede, 1 lutherschen Schulmeister, auf der Feldmark des Dorfs eine Wassermühle, 31 Feuerstellen, Fichten- Eichen- und Büchenholzungen und ist ein zu Bütow eingepfarrtes Dorf, dessen Besitzer sind: 1) der Lieutenant Caspar Matthias von Malotke, 2) die Gebrüder Johann Friederich und Franz Christian von Gostkowski, 3) Johann von Jutrzenka, 4) Christian Ernst von Schmudde, 5) Ernst Ludewig von Schmudde, 6) die verehelichte, von Grabowski, Maria Elisabeth gebohrne von Jark, 7) Franz Matthias von Gostkowski, 8) Jacob Gneomar von Gostkowski, 9) Andreas von Chamier Gliszinski, und 10) Paul von Jutrzenka. Nach der Verschreibung vom 3 Februar 1778 sind bey demjenigen Theile dieses Guts, welchen der Lieutenant Caspar Matthias von Malotke besitzet, für 1125 Rthlr. königliche Gnadengelder ein neuer Coßäthenhof und 6 Büdnerwohnungen erbauet worden, wofür seit Trinitatis 1780 ein jährlicher Kanon von 22 Rthlr. 12 Gr. bezahlet werden muß.

(5) Klein-Gustkow oder Gostkow nahe bey dem vorhergehenden Dorfe Groß-Gustkow,

Die adelichen Güter des Bütowschen Districts. 1087

Gustkow, hat 3 Vorwerke, 3 Coßäthen, 18 Feuerstellen, Fichten- Eichen- und Büchen-holzungen und ist ein zu Bütow eingepfarrtes Dorf, welches der Hauptmann Lorenz Friederich von Pirch, der Lieutenant Paul Ludewig von Marck und die Erben des Franz Christian von Schmudde besitzen. Der Krug in dem Dorfe Klein-Gustkow ist königlich. S. Klein-Gustkow unter den Dörfern des königlichen Amts Bütow.

(6) Jassen 2 Meilen von Bütow nordostwärts, auf einem Berge, nicht weit von dem See Lupowske, hat 1 Vorwerk, 3 Bauern, 3 Coßäthen, 1 Küster, 1 Schmiede, auf der Feldmark des Dorfs die Vorwerke und Colonien Krügke, Teerofen, Brand-städte, Babylonke, Busch-Schuliz, Barenbruch und Neuendorf genannt, von welchem letztern die eine Hälfte zu Jassern die andre Hälfte aber zu dem Gute Buchwalde gehöret, 1 Krug, 20 Feuerstellen, eine zu der Bütowschen Inspection gehörige Kirche, die ein Filial von Groß-Pomeiske ist und zu welcher das königliche Dorf Lupowske, das adeliche Dorf Buchwalde, der Kathen Liepienz und ein Krug nebst einem Kathen zu Wuß-berow eingepfarret sind, einen Fichten- und Eichenwald und gränzet an die West-preußischen Dörfer Goschnitz und Mölchen. Nach der Verschreibung vom 28 Februar 1780 sind bey dem Gute Jassen, welches die Erben des Lorenz Heinrich Freyherrn von Puttkammer besitzen, 682 Rthlr. 2 Gr. 8 Pf. königliche Gnadengel-der zur Ablaßung des dabey belegenen Sees und zur Anlegung einer Molkerey bey Buchwalde angewandt worden, wofür seit Trinitatis 1780 ein jährlicher Kanon von 13 Rthlr. 15 Gr. 5 Pf bezahlet werden muß.

(7) Jellentsch ein adelicher Wohnsitz, 1¼ Meilen von Bütow gegen Osten, in einem Thale, zwischen den beiden Seen Stroppnow und Linnow, von deren ersten ⅓ zu dem Westpreußischen Domaineamte Parchow und ⅔ zu dem Gute Jellentsch gehören, hat 1 Vorwerk, 9 Feuerstellen einen Eichen- und Büchenwald und ist ein zu Groß-Pomeiske eingepfarrtes Dorf, welches an die Westpreußischen Amts-dörfer Golzow und Nackel gränzet und dem Lieutenant Ernst Ludewig von Rüb-gisch gehöret.

(8) Klonzen oder Klonischen, 1 Meile von Bütow südsüdostwärts, an einem großen See, hat 3 Vorwerke, wovon zu dem einen eine Hufe, und zu einem jeden der beiden andern ½ Hufe am Acker gehören, 6 Feuerstellen und ist zu Grudnitz ein-gepfarret. Die adelichen Besitzer sind: Michael von Sikorski, Matthias von Mezyck Sikorski auch Kloschinski genannt und Christoph von Sikorski. Der übrige Theil des Dorfs Klonzen ist königlich. S. Klonzen unter den Dörfern des königlichen Amts Bütow.

(9) Moddrow 1 Meile von Bütow gegen Westen, an dem Kamenzflusse, hat 7 Vorwerke oder Höfe, 1 Wassermühle, 1 Krug, 1 Schmiede, 1 Schulmeister, 33 Feuerstellen, Eichen- Fichten- und Büchenholzungen, 2 Seen und ist ein zu Groß-Tuchen eingepfarrtes Dorf, welches Thomas Ludewig von Stendeck, der Lieu-

[Xxxxx 3] tenant

tenant Friederich Wilhelm von Wedelstädt, Ludewig Wilhelm von Mark und der Lieutenant Michael Martin von Lipinski besitzen.

(10) Oslaw-Damerow hat adelichen Antheils 5 Vorwerke, deren jedes etwa so viel als einen Bauerhof beträgt, 12 Feuerstellen, und einen beträchtlichen Wald von verschiedenen Arten von Holz. Die adelichen Besitzer sind: Johann von Sikorski, Adam von Palubicki, Matthias von Klopotek, Paul von Klopotek und Paul von Czirson Studzinski. Der übrige Theil des Dorfs Oslaw-Damerow ist königlich. S. Oslaw-Damerow unter den Dörfern des königlichen Amts Bütow.

(11) Petersdorf ¾ Meile von Bütow ostsüdostwärts, hat 1 Vorwerk, 1 Wassermühle, 4 Bauern, 3 Coßäthen, auf der Feldmark die Vorwerke, Teichhof, Mühlenhöfchen und Alte-Mühle genannt und 1 Holzwärteren, 11 Feuerstellen, einen Büchen- und Fichtenwald und ist eine, nach der Verschreibung vom 22 November 1774, für 1937 Rthlr. 15 Gr. königliche Gnadengelder in dem Gersdorfschen Walde neu angelegte und zu Bütow eingepfarrte Colonie, wovon der Besitzer derselben, Peter George von Puttkammer, seit Trinitatis 1777 einen jährlichen Kanon von 38 Rthlr. 18 Gr. 2 Pf. bezahlen muß.

(12) Polzen oder Polschen 1 Meile von Bütow ostsüdostwärts, in einer bergigten und größtentheils sandigen Gegend, an der Westpreußischen Gränze, hat 10 Vorwerke, wovon ein jedes etwan so viel als einen Bauerhof beträgt, 21 Feuerstellen, Eichen-Büchen-Fichten- und Ellernholzungen, Fischerey in 3 Seen und ist zu Bernsdorf eingepfarret, die lutherschen Einwohner halten sich aber als Gäste zu der Groß-Pomeiskeschen Kirche. Die Besitzer des Dorfs Polzen sind: 1) Michael von Glyszinski, 2) die Gebrüder Michael Thomas und Adam von Pirch, 3) Stanislaus von Redrowski, 4) die Gebrüder Johann Anton, Caspar Melchior und Joachim Balzer von Kukowski, 5) die Gebrüder Johann Christoph, Martin, Jacob Wilhelm und Adam von Czarnowski, 6) Jacob von Pirch, 7) Michael von Tempski, 8) die verehlichte von Sikorska gebohrne Catharina von Czarnowska, 9) die verehlichte von Schmudde Trzebiatowska gebohrne Mariana von Wriez Rekowska und 10) Michael von Zuchta Palubicki.

(13) Groß-Pomeiske ¼ Meile von Bütow ostnordostwärts, in einem Thale, an einem Bache, welcher durch das Dorf fließet, hat 1 Vorwerk, 1 Wassermühle, 1 Prediger, 1 Küster, 9 Bauern, 8 Coßäthen, 1 Krug, 1 Schmiede, 1 Predigercolonus, auf der Feldmark des Dorfs das an dem See Pipiu gelegene Vorwerk Helenenhof mit 2 Coßäthenhöfen, das Vorwerk Studzonken an dem See Jarmenz, die aus 3 Bauerhöfen bestehende Colonie Redliz, die nebst der Colonie Schulzke an dem See Redliz liegt, und die beiden Bauerhöfe Stangooren und Below genannt, 39 Feuerstellen, eine zu der Bütowschen Inspection gehörige Mutterkirche, deren Filial das adeliche Dorf Jassen ist und zu welcher das königliche
Dorf

Die adelichen Güter des Bütowschen Districts.

Dorf Klein-Pomeiske, die Hälfte der königlichen Colonie Lonken, die königliche Unterförsterey Jablonz, der Kathen an dem See Jablonz und die königliche Unterförsterey Jasewy eingepfarret sind, einen Eichen- und Büchenwald und Fischerey in einigen Seen. Der Generallieutenant und Chef eines Dragonerregiments, Nicolaus Alexander von Pomeiske, ist der Besitzer dieses Dorfs, welches an Westpreußen gränzet.

(14) Reckow 1 Meile von Bütow südsüdwestwärts, in einer bergigten Gegend, auf der Landstraße von Bütow nach der Westpreußischen Stadt Conitz, hat 15 kleine Vorwerke, wovon ein jedes etwa so viel als einen Bauerhof beträgt, 27 Feuerstellen, etwas Büchen- Eichen- Ellern- und Fichtenholz, einen See und ist ein zu Damesdorf eingepfartetes Dorf, welches an das Westpreußische Amt Tuchel gränzet und folgende Besitzer hat, als: 1) Constantia von Stypp Rekowski verehelichte von Czirson, 2) Joseph von Borzykowski, 3) Johann und Michael Gebrüder von Marck, 4) die verehelichte von Wricz Rekowska gebohrne Anna von Trzebiatowska, 5) Joseph und Martin Gebrüder von Wricz Rekowski, 6) Christoph von Wricz Rekowski, 7) Lorenz Andreas von Trzebiatowski, 8) Andreas von Gliszinski, 9) Martin von Wricz Rekowski, 10) Johann Martin und Lorenz Gebrüder von Trzebiatowski, 11) Johann von Wantoch Rekowski, 12) Joseph von Wricz Rekowski, 13) Jacob von Wantoch Rekowski, 14) Casimir und Lorenz Gebrüder von Wricz Rekowski, 15) Michael von Borzynchowski und 16) Jacob von Kedrowski, der nur eine einzige in dem Dorfe belegene Wohnung besitzet, wobey sich ohngefähr ein Morgen Land befindet.

(15) Stüdnitz hat adelichen Antheils 6 kleine Vorwerke, wovon ein jedes etwa so viel als einen Bauerhof beträgt, 11 Feuerstellen, nothdürftiges Brennholz und folgende Besitzer, als: 1) Ignatius von Czirson Stüdzinski, 2) Johann von Czirson Stüdzinski, 3) Matthias von Kunck Stüdzinski, 4) die verehelichte von Kostka, Eva gebohrne Schipper, 5) Michael von Kunck Stüdzinski und 6) Juliana und Mariana Geschwister von Rekowski. Der übrige Theil des Dorfs Stüdnitz ist königlich. S. Stüdnitz unter den Dörfern des königlichen Amts Bütow.

(16) Trzebiatkow 2 Meilen von Bütow südwestwärts, hat 14 kleine Vorwerke, 1 Schmiede, eine Wohnung die Puskowe Daleke genannt, 30 Feuerstellen, einen ziemlichen Wald und ist ein zu Groß-Tuchen eingepfartetes Dorf, welches an Westpreußen gränzet und folgende Besitzer hat, als: 1) Paul Ernst von Bricht, 2) Johann Friederich von Jutrzenka, 3) die Wittwe des George Albrecht von Bredzedzinski jetzt verehelichte von Malotke, 4) Ludwig von Chamier Ceminski, 5) Andreas von Lipinski, 6) Paul Johann und Michael Gebrüder von Wnuck, 7) Franz Christian, Casimir Matthias und Jacob Gebrüder von Malotke, 8) die Erben der Eleonora von Kloschinska, 9) Paul Ernst von Schmudde, 10) Ludwig von Bricht, 11) Barbara Louisa von Borczykowski und Anna Maria von Chamier Geschwister von Gustkowski, 12) Ludwig von Malotke, 13) Jacob Friederich von Fischer und 14) Ludwig Sille.

(17) Zemmen

(17) Zemmen 1⅞ Meilen von Bütow südwestwärts, hat 7 kleine Vorwerke, 1 Wassermühle, 26 Feuerstellen, einen Wald, Fischerey in einigen Seen und ist ein zu Groß-Tuchen eingepfarrtes Dorf, welches an die Westpreußischen adelichen Dörfer Glissen und Lanken gränzet und folgende Besitzer hat, als: 1) Johann Christoph von Schmudde, 2) die verehelichte von Wantoch Rekowska gebohrne Hedwig von Schmudde, 3) Matthias von Wnuck, 4) Ludwig von Chamier, 5) Johann Christian von Chamier, 6) Albrecht von Jant Lipinski und 7) die Wittwe von Schmudde, Dorothea Sophia gebohrne Scheer.

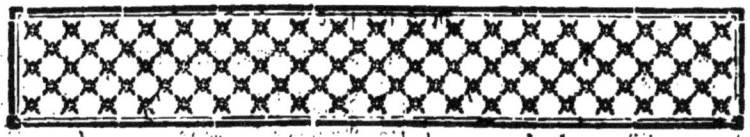

Register.

A.

Aaue	1064
Nieder-Tallist, Vorwerk. S. Woltin.	
Ober-Tallist, Vorwerk. S. Rosenow.	
Abtshagen	857
Achtersee, Vorwerk. S. Roschitz.	
Agnesenthal, Vorwerk. S. Gahra.	
Alanschenkathen, Vorwerk. S. Dorfhagen.	
Altemühle, Vorwerk. S. Petersdorf.	
Altendorf, Vorwerk. S. Darginow.	
Altenfließ	857
Altenhagen, adel. Vorwerk	864
Altenhagen, Rügenwaldesches Amtsdorf	857
Altenhagen, Vorwerk. S. Corbeshagen.	
Altenhagen. S. Kaltenhagen.	
Altenschlawe oder Altenschage, Dorf	851
Altenschlawe, Vorwerk	862
Altenwalde oder Altenwall	737
Altenwedel	246
Altenwedelsche Wassermühle	252
Altgrape. S. Grape.	
Althof	413
Altmühle	218
Altschäferey, Vorwerk. S. Treblin.	
Altschlage. S. Schlage-Alt.	
Amalienburg, Vorwerk. S. Justemin.	
Amalienhof, königl. Dorf	37
Amalienhof, adel. Vorwerk. S. Hohenfelde.	
Amalienhof, adel. Vorwerk. S. Lübzin.	
Amalienhof, königl. Vorwerk	21
Groß-Ankerholz, Krug. S. Groß-Bozepol.	
Klein-Ankerholz, Krug. S. Klein-Bozepol.	
Ammenburg, Vorwerk. S. Klein-Kussow.	
Antonshof, Vorwerk. S. Chmelenz.	
Antonswalde, Colonie. S. Lindenbusch.	
Arensberg	403
Arenshagen	937
Arnhausen	436
Augusthof, Vorwerk. S. Bardin.	
Augusthof, Vorwerk. S. Litzow.	
Augusthof, Vorwerk. S. Zitta.	
Augustin	334
Augustwalde	334

B.

Babbin	101
Babidol, Kathen. S. Speck.	
Babylon, Vorwerk. S. Pettin.	
Babylonke, Vorwerk. S. Zaisen.	
Barbaum	739
Bärwalde, Stadt	711
Bärwalde oder Bärwaldesche Vorwerke	739
Baggen oder Byschkathen. S. Juchow.	
Bahn	63
Balbzow. S. Vorwerk Gülzow.	
Baldebus	412
Baldekow	412
Balentin	865
Balfanz	740
Ball	237
Ballenberg	638
Bamyth, Vorwerk. S. Groß-Tychow.	
Bandelow	364
Bandesow	413
Banow, Vorwerk. S. Wusterwitz.	
Banslow oder Bansekow oder Bandeschorp	942
Alt-Banzin	537
Neu-Banzin	537
Barenberg	716
Barenbruch, Dorf	234
Barenbruch, Vorwerk. S. Zaisen.	
Barenbusch	740
Barenhof, Kathen. S. Aalbeck.	

Barken

Register.

Barken	741
Barkenbrügge	741
Barkotzen	782
Barkow	413
Barnimscunow	130
Barning. S. Neu-Banzin.	
Barning, adel. Vorwerk. S. Klein-Möllen.	
Barning, adel. Vorwerk. S. Neuenhagen.	
Barnow	783
Barsewitz oder Barskewitz	258
Bartelin oder Bartholin	866
Bartikow	104
Bartin, dem Domcapitul Colberg gehörig	613
Bartin, adel. Dorf in dem Rummelsb. Kr.	783
Barvin	784
Baryelia	547
Barzwitz	851
Basenthin	29
Basenthinsche Wassermühle	302
Bast	537
Bastsche Wassermühle	539
Battin	638
Batzlaff	30
Batzwitz, adel. Antheils	413
Batzwitz, der Greiffenb. Marienkirche Antheil	402
Bauerhufen	537
Baumgarten	31
Bebbrow	1064
Beckel	942
Beblin	942
Belbuck. S. Neuhof.	
Belgard, Amt	632
Belgard, königl. Dorf	1048
Belgard, Stadt	615
Belgardsche hinterste Holzkathen	625
Belgardsche vorderste Holzkathen	624
Belgardsche Sand- Loh- Walk- und Oelmühle	624
Belgardsche Schloßmühle	636
Belgardsche Amtsmühle	1053
Belgardsche Ziegelery	624
Belitz	105
Belkow, Colbatzsches Amtsdorf	105
Belkow, Rügenwaldsches Amtsdorf	857
Belkow, Stolpsches Amtsdorf	409
Belkowsche Wassermühle	410
Belkowsche 2 Windmühlen	111
Below. S. Nebbentin.	
Below, Bauerhof. S. Groß Pomeiske.	
Alt-Belz	534
Neu-Belz	547
Benz, oder Faulen-Benz, adel. Dorf im Saziger Kreise	258
Benz, adeliches Dorf im Flemmingschen Kr.	31
Groß-Benz	364
Klein-Benz Borcksschen Kreises	331

Klein-Benz Daberschen Kreises	305
Benzin	243
Berfelde, Dorf	127
Berfelde, Vorwerk	128
Berfeldesche Windmühle	129
Bergen	638
Bergemin oder Bergeboin	1064
Berggut, Vorwerk. S. Groß-Tychow.	
Bergmühle	123
Bergschäferey	497
Berkenbrodsche Paßmühle	122
Berkenhof, Vorwerk. S. Storkow.	
Bernhagen	305
Bernsdorf, adel. Dorf im Borksschen Kr.	931
Bernsdorf, adel. Dorf im Neu-Stettinschen Kreise	743
Bernsdorf königl. Dorf im Amte Bütow	1054
Bernstein, Amt	117
Bernstein, Stadt	119
Bernstein, Vorwerk	128
Bernsteinsche kleine und Sackmühle	129
Besow	866
Beswitz Rummelsb. Kreises Antheil	785
Beswitz Schlawschen Kreises Antheil	866
Beuthof, Feldgut. S. Damen.	
Bevenhusensche Wassermühle	544
Beverdieck, adel. Dorf	414
Beverdieck, königl. Dorf	719
Beverdiecksche Wassermühle	716
Beveringen	859
Bewersdorf, adel. Dorf	943
Bewersdorf Schlawsches Cämmereydorf	840
Neu-Bewersdorf. S. Bewersdorf adel. Dorf.	
Beyersdorf, Dorf	100
Beyersdorf, Vorwerk	103
Beyersdorfsche Windmühle	104
Bial oder Byal	785
Billaw	941
Billerbeck, adel. Dorf im Pyritschen Kreise	131
Billerbeck (oder Friederichshuld, adel. Dorf im Rummelsburgschen Kreise	786
Binningsche Mühle. S. Storkow.	
Binow	105
Birkenfelde, Vorwerk. S. Zignitz.	
Birkhelde, Vorwerk. S. Steinwehr.	
Birkhof, Vorwerk. S. Labüssow.	
Birkholz, Vorwerk. S. Alt-Damerow.	
Birkow, Dorf	930
Birkow, Vorwerk	934
Bischofthum	940
Bismark	1049
Bitziker	1548
Blankensee	132
Blumberg	132

Bochow

Register.

Bochow	1065
Bochowke oder Bochow	944
Bodenhagen	492
Döbbelin	857
Boeck	32
Boeckscher Krug. S. Boeck.	
Böhnen Rummelsburgschen Kreises Antheil	786
Börnen Schlaweschen Kreises Antheil	867
Bogenthin	612
Bogenthinsche Wassermühle	533
Bohr, Vorwerk. S. Zerolz.	
Bolßin adel. Antheils	639
Bolßin königl. Antheils	632
Bolßinsche Wassermühle	636
Bolkow	639
Bolzenhagen, Holzkathen. S. Henkenhagen.	
Bonin, adel. Dorf im Borckschen Kreise	331
Bonin, adel. Dorf im Fürstenthum Cammin	549
Bonkow. S. Bantow.	
Bonswitz	1065
Borre, Unterförsterey	1063
Alt-Dorf	492
Neu-Dorf oder Borksche Spinnkathen	492
Borkenhagen	549
Groß-Borkenhagen	332
Klein-Borkenhagen	332
Borkow	867
Groß-Borkow	1065
Klein-Borkow	1065
Groß-Born	743
Bornhagen, königl. Dorf	537
Bornhagen, Vorwerk. S. Funkenhagen.	
Bornin, adel. Dorf im Neu-Stettinschen Kr.	744
Borntin, Treptowsches Cämmereydorf	387
Borntuchen	1054
Bornzin	944
Neu-Bornzin. S. Bornin.	
Borowc. S. Klein-Gansen.	
Borrin	106
Borrinsche Wasser- und Schneidemühle	122
Borsorse oder Bezosen, Vorwerk. S. Treblin.	
Borvinkel. S. Damesdorfsche Mühle.	
Bosens oder Bosen	867
Bossanke oder Busanke, Vorw. S. Brandenheide.	
Groß-Bojepol oder Boschpoll	1065
Klein-Bojepol oder Boschpoll	1066
Braulentin	133
Bramstädt, Dorf	639
Bramstädt, Vorwerk. S. Rabbatz.	
Bramstädtsche Mühle. S. Rabbatz.	
Brandenheide	786
Brandschäferey	714
Brandsorge, Vorwerk. S. Glützen.	
Braudstäbt, Vorwerk. S. Alt-Duckow.	

Brandstäbte, Vorwerk. S. Jassen.	
Brandswerder, Vorwerk. S. Chinow.	
Bratenkrug. S. Cose.	
Braunsberg, Daberschen Kreises Antheil	305
Braunsberg, Saziger Kreises Antheil	259
Braunsforth Daberschen Kreises Antheil	306
Braunsforth, Saziger Kreises Antheil	260
Brederlow	96
Breitenberg	867
Breitenfelde	306
Breitenmühle	414
Brenkenhofsberg, Vorwerk. S. Groß-Wunneschin.	
Brenkenhofsthal	945
Brenkenhofswalde	106
Bresen	1049
Bresensche Mühle	1053
Bresow Flemmingschen Kreises Antheil	33
Bresow Greiffenbergschen Kreises Antheil	415
Briesen	101
Briesen, Vorwerk. S. Balm.	
Briezig	134
Brille. S. Schwartow.	
Brille, Vorwerk. S. Schwellin.	
Broiz	415
Brozen Rummelsburgschen Kreises Antheil	787
Brozen Schlaweschen Kreises Antheil	867
Bruch, Vorwerk. S. Podewils.	
Bruchhausen	101
Bruchhausen, Vorwerk	306
Brückenkathen, Vorwerk. S. Muttrin.	
Brückenkrug. S. Cölpin.	
Brückenkrüge, Vorwerk. S. Dargen.	
Brückenkrüge. S. Seidel.	
Brügge, Vorwerk. S. Mikrow.	
Brünken	106
Brünnow	787
Brüsewitz adel. Antheils	261
Brüsewitz königl. Antheils	237
Brüsewitzsche Windmühle	245
Groß-Brüstow	930
Groß-Brüstow, Vorwerk	935
Klein-Brüstow	931
Bruhnkathen. S. Petershagen.	
Brusenfelde	80
Brzezinke. S. Niemitzke.	
Bublitz, Amt	540
Bublitz, Stadt	525
Bublitz, Vorwerk	543
Bublitzsche Mieder- und Klinkmühle	544
Bublitzsche Ziegeley, ein Vorwerk	544
Buchholz adel. Dorf	261
Buchholz, königl. Dorf	107
Buchholz, Försterey	129
Buchhorst, Kuhpächterey S. Köstrnitz.	

[Y yyyyy 2] Buche

Register.

Bucht Neuhof	745
Buchwalde	1085
Buckow, adel. Vorwerk	168
Buckow, königl. Dorf	857
Buckow, königl. Vorwerk	862
Buckow adel. Schäferey. S. Wusterbaart.	
Buckowsche Wassermühle	864
Alt Buckow	550
Neu Buckow	550
Teutsch Buckow	945
Wendisch Buckow	946
Buckowin	1066
Buddenbrock	59
Büddendorf	262
Bübow	948
Bubownitz, Vorwerk. S. Groß Damerkow.	
Büchi	237
Büchenhof, Vorwerk. S. Saak.	
Büchhof. S. Liepow.	
Bülnewolz	231
Büssentin	54
Büssow, Cösslinsches Cämmereydorf	493
Büssow, Rügenwaldesches Amtsdorf	858
Büssow, Rügenwaldsches Amtsvorwerk	862
Büssow, adel. Vorwerk. S. Grabow.	
Bütow, Amt	1014
Bütow, Stadt	1040
Bütow, Vorwerk	1060
Bütowsche Schloß und Jungfernmühle	1062
Bütowsche Stadtziegeley	1044
Bütowscher Walk und Lohmühle	1063
Bülgrin, adel. Dorf	640
Bulgrin, königl. Dorf	733
Bullenwinkel	493
Bunkow	947
Burgwall. S. Petershagen.	
Burgwald. S. Damen.	
Burow, Flemmingschen Kreises Antheil	33
Burow, Saziger Kreises Antheil	262
Bursin	868
Burzen	744
Buslaff	640
Busch-Schulz, Vorwerk. S. Jassen.	
Buslah, adel. Dorf im Belgardschen Kreise	641
Buslar, adel. Dorf im Pyritzschen Kreise	134
Bussowke. S. Bussfitz.	
Buthe, Vorwerk. S. Bätwaldesche Vorwerke.	
Buthe	642
Byhall. S. Bial.	

C.

Calenberg	729
Camby	416
Camlow	1059
Camisson	643
Cammin	
Camminsche Roßmühle	
Camminsche 2 Windmühlen	
Camnitz	768
Camp	49
Camphof, Vorwerk. S. Tannenhagen.	
Camplintrug. S. Springtrug.	
Camsow. S. Camissow.	
Cannin	851
Cantreck	415
Cantreckshagen. S. Skrzellow.	
Cappinkenkrug. S. Spevingkrug.	
Cardemin Greiffenbergschen Kreises Antheil	417
Cardemin Ostenschen Kreises Antheil	365
Carlkow, Vorwerk. S. Tauenzin.	
Carlsbach	324
Carlshof, Colonie. S. Simmatz.	
Carlshof, Vorwerk. S. Reddel.	
Carlsruhe, Vorwerk. S. Bethin.	
Carnitz, adel. Dorf im Borkschen Kreise	338
Carnitz, adel. Dorf im Greiffenbergschen Kreise	413
Carolinenhof, Vorwerk. S. Glöbin.	
Carolinenhof, Colonie. S. Molstow.	
Carolinenhorst	107
Carow	333
Teutsch Carstnitz	947
Wendisch Carstnitz	948
Cartchen, Vorwerk. S. Bundichen.	
Cartlow. S. Kartlow.	
Carwin	952
Carwen	948
Neu Carwen. S. Carwen.	
Carwitz	868
Groß Carzenburg Fürstenthums Camin Amts	552
Groß Carzenburg Schiaweschen Kreises Antheil	162
Klein Carzenburg	552
Carzig	295
Carzin, adel. Dorf im Fürstenthum Cammin	553
Carzin, adel. Dorf im Stolpschen Kreise	949
Carzin, oder Karzin, Rügenwaldesches Amts	851
Carzinsche Wassermühle	864
Cashagen, Dorf	246
Cashagen, Vorwerk	251
Casimirsburg, Amt	536
Casimirsburg, Vorwerk	539
Casimirshof, königl. Dorf	540
Casimirhof, königl. Vorwerk	543
Casimirshof, adel. Ackerhof. S. Reinfeld.	
Casimirhof, adel. Vorwerk. S. Balfanz.	
Casimirshoff, adel. Vorwerk. S. Liepow.	
Chanz. S. Ganz.	
Charbrow	1066

Charlow

Register.

Charlottenau, Kuhpächterey. S. Groß Tychow.	Colbaß, Amt ... 104
Charlottenhof, Vorwerk. S. Chmelenz.	Colbaß, Vorwerk ... 119
Charlottenhof, Vorwerk. S. Klein-Erlen.	Colberg, Amt ... 530
Charlottenhof, Vorwerk. S. Drenow.	Colberg, Stadt ... 461
Charlottenhof, Vorwerk. S. Klein-Machmin.	Colbergsche Altstadt, Dorf ... 538
Charlottenthal, Colonie. S. Lindenbusch.	Colbergsche Altstadt, Vorwerk ... 533
Chinow ... 1067	Colbergsche 2 Fährkrüge ... 533
Chmelenz ... 1067	Colbergsche Mühlen ... 497
Chomitz. Vorwerk. S. Varzin.	Colbergsche Ziegeley ... 497
Chorow Rummelsburgschen Kreises Antheil 789	Colbiß, Vorwerk. S. Selchow.
Chorow Schlaweschen Kreises Antheil 868	Coldemanz ... 35
Choszin. S. Goschen.	Collaß Belgardschen Kreises Antheil ... 643
Chottschewke oder Chockewke ... 1068	Collaß Neu-Stettinschen Kreises Antheil ... 745
Chottschow oder Choczan ... 1068	Collin ... 135
Chozemvel. S. Goschen.	Colow ... 108
Choßlow ... 1068	Nieder- oder Unter-Comsow ... 1069
Groß-Christinenberg ... 225	Ober-Comsow oder Comasoma ... 1068
Klein-Christinenberg ... 225	Conow. A. Cunow.
Christinenhof. Vorwerk. S. Grabow.	Constantinopel ... 246
Chust, die neue ... 941	Coppenow oder Koppenow ... 1075
Claborn ... 60	Coprieben ... 746
Clanin ... 554	Cordeshagen ... 555
Claptow ... 555	Cose ... 950
Clarenwerder, Vorwerk. S. Erangen.	Cosger ... 556
Clausdammsche Oberförsterey ... 724	Cosemühle ... 952
Claushagen, adel. Gut im Borkschen Kreise 333	Coßin ... 136
Claushagen, adel. Gut im Flemmingschen Kreise 331	Cotlow oder Kotelow, Vorwerk. S. Vartin.
Claushagen, königl. Dorf im Amte Draheim 729	Cowanz ... 545
Clebow, Dorf ... 107	Cracow. S. Krakow.
Clebow, Vorwerk ... 119	Cramonsdorf ... 307
Clebowsche Obermühle ... 122	Crampe, adel. Gut im Belgardschen Kreise 643
Clebowsche Untermühle ... 122	Crampe, adel. Gut im Fürstenthum Cammin 556
Clemmen ... 135	Crampe, adel. Gut im Stolpschen Kreise 953
Clemplin ... 202	Crampe, königl. Dorf im Amte Lauenburg 1049
Clemplin. S. Klemplin.	Crampe, königl. Vorwerk im Amte Lauenburg 1052
Cluß oder Groß-Cluß ... 513	Crampe, Unterförsterey ... 34
Klein-Cluß ... 516	Crangen, adel. Dorf im Neu-Stettinsch. Kreise 747
Cocceiendorf ... 840	Crangen, adel. Dorf im Schlaweschen Kreise 868
Cölpin, adel. Dorf im Greiffenbergschen Kreise 418	Craßig adel. Dorf im Borkschen Kreise ... 334
Cölpin, adel. Dorf im Neu-Stettinschen Kreise 745	Craßig, adel. Dorf im Fürstenthum Cammin 556
Cörlin, Amt ... 545	Creinerbruch ... 789
Cörlin, Dorf ... 552	Cremmin ... 146
Cörlin, Stadt ... 538	Cremzow ... 137
Cörlin, Vorwerk ... 546	Cretmin ... 534
Cörlinsche Mühlen ... 546	Cretlow ... 34
Coeselitz ... 52	Creuz, Kathen. S. Gärtkewitz.
Coeselitz. S. Köselitz.	Groß-Crien ... 955
Cößlin, Amt ... 534	Klein-Crien ... 954
Cößlin, Stadt ... 497	Criwan ... 955
Cößlin, Vorwerk ... 536	Crivitz ... 176
Cößlinsche Mühlen ... 517	Cröslin ... 334
Cößlinsche Loh- Papier- und Walkmühle 518	Groß-Cröslin, Dorf ... 716
Cößlinsche Stadtkathen und Ziegeley ... 517	Groß-Cröslin, Vorwerk ... 724
Cösternitz. S. Kösternitz.	Cröslinsche Ober- und Sandmühle ... 727

Klein-

Register.

Klein-Cröslin	643
Crolow. S. Krolow.	
Crüssow	138
Crussen	927
Cublitz adel. Antheils	955
Cublitz königl. Antheils	931
Cublitzsche Wassermühle	928
Culsow	956
Cummerow	365
Cummerow. S. Kummerow.	
Cummerzin. S. Kummerzin.	
Cummin	410
Cunow	17
Cunow bey Bahn	138
Cunow an der Straße der Stadt Stargard Ant.	101
Cunow an der Straße adel. Pyritzschen Kreises A.	139
Cunow an der Straße adel. Saziger Kreis. Ant.	262
Cunsow	790
Curdshagen. S. Cordeshagen.	
Curdshof, Holzwärterey. S. Alt-Schlage.	
Curow, königl. Dorf	540
Cirow, adel. Feldgut. S. Damen.	
Cursewanz	556
Cussow. S. Kusserow.	
Cussow	956
Czarnbamerow adel. Antheils	1086
Czarnbamerow königl. Antheils	1054
Czarnize, Kathen. S. Klein-Massowitz.	
Czerweny, oder Czierwienz oder Czerwenske. S. Zierwenz.	

D.

Daber, Stadt	291
Daber, Dorf	957
Dabersche Güter	307
Daberkow	307
Dabow	398
Dallentin	747
Neu-Dallentin oder Henningsthal, Colonie S. Dallentin.	
Dalow adel. Antheils	261
Dalow königl. Antheils	238
Dalowsche Wassermühle	245
Dambe	941
Dambien, Kathen. S. Spee.	
Damen	644
Damerfitz, Dorf	231
Damerfitz, Vorwerk	235
Damerfitzsche Windmühle	236
Damerkow, adel. Dorf im Stolpsch. Kr.	957
Damerkow, adel. Feldmark im Stolpschen Kreise. S. Vieschen.	
Damerkow königl. Dorf im Amte Bütow	1054
Damerkow königl. Vorwerk im Amte Bütow	1060

Groß-Damerkow	1069
Klein-Damerkow, Dorf	1069
Klein-Damerkow, Vorwerk. S. Groß-Damerkow.	
Damerow, adel. Gut im Belgardsch. Kr.	646
Damerow, adel. Schäferey. S. Grambkow.	
Damerow, Naugardsches Amtsdorf	296
Damerow, Rügenwaldesches Amtsdorf	858
Damerow, Rügenwaldesches Amtsvorwerk	862
Damerow, Stolpesches Amtsdorf	937
Damerow, der Stadt Greiffenh. Erbzinsgut	61
Alt-Damerow	262
Neu-Damerow, adel. Dorf	262
Neu-Damerow, königl. Dorf	931
Damerowsche Mühle, bey der Stdt. Greiffenh.	62
Damerowsche Wasserm. im Amte Naugard	302
Damerowsche Wasserm. im Amte Rügenw.	
Damesdorf	1054
Damesdorfsche Wassermühle	1063
Damesdorfsche Ziegeley	1062
Damgard	613
Damhof, Schäferey. S. Dorfhagen.	
Damitz	556
Damterort. S. Neuwasser.	
Dammen	957
Dammhof, Vorwerk. S. Quatzow.	
Dammkathen. S. Reblin.	
Dammkathen. S. Stölitz.	
Dammkathen, Feldgut. S. Schmenzin.	
Damnitz, oder Hebron-Damnitz	958
Damnitz, oder Raths-Damnitz	928
Daruitz in dem Pyritzschen Kreise	139
Dampen	1055
Dampensche Wassermühle	1063
Damshagen	858
Dankelmannshof	401
Dannhof, Schäferey. S. Gelglitz.	
Dauzkrug. S. Parsow.	
Dargen	557
Dargislaff	410
Dargorese	959
Dargsow	411
Darkow, Dorf	632
Darkow, Vorwerk	655
Darschkow, Vorwerk. S. Puggerschow.	
Darselow	790
Darsin	959
Darsow adel. Dorf	959
Darsow, königl. Dorf	409
Darz, Dorf	231
Darz, Vorwerk	235
Darzsche Windmühle	246
Darzow, Vorwerk. S. Dargen.	
Neu-Dasow, Vorwerk. S. Dargen.	
Dassow	545

Datzow

Register.

Datzow	557	Drammin	34
Dazow, Vorwerk. S. Natzlaff.		Drawehn	557
Deep, Cöslinsches Cämmereydorf	513	Dregershof, Vorwerk. S. Lanzen.	
Deep, Colbergisches Cämmereydorf	493	Drenow, adel. Dorf im Belgardschen. Kr.	648
Deep, königl. Dorf	403	Drenow, adel. Dorf im Fürstenth. Camin	558
Degow	613	Drensch	541
Demminke. S. Domhnke.		Drenschsche Wassermühle	545
Denzin adel. Antheils	646	Drenzig	870
Denzin königl. Antheils	632	Dresow, adel. Dorf im Greiffenb. Kreise	423
Derseltz. S. Seelitz.		Dresow, adel. Dorf im Stolpschen Kreise	960
Deuthin	421	Drewitz	26
Dewsberg Groß Mittel und Klein	646	Drietgut, Vorwerk. S. Petershagen.	
Dibo, Vorwerk. S. Quatzow.		Drosedow, adel. Dorf	414
Dieck, Dorf	748	Drosedow, königl. Dorf	404
Dieck, Vorwerk. S. Wutzow.		Drosedow, königl. Vorwerk	862
Dieckborn. S. Negryp.		Drzigowa, Vorwerk. S. Darsow.	
Dieckmühle	206	Groß-Dubberow	648
Dieschenhagen	421	Klein-Dubberow	649
Dieterichsdorf	203	Dubberteck	559
Dimkuhlen	647	Dubberzin	870
Dimkuhlsche Pachthof. S. Naseband.		Dübsow	335
Divenow kleine, S. Fritzow.		Groß-Dübsow	960
Divenows Ost.	11	Klein-Dübsow	960
Divenows West.	11	Dümkür. S. Dimkuhlen.	
Dobberphul, adel. Dorf im Greiffenb. Kr.	422	Dännow	870
Dobberphul, adel. Dorf im Pyritzschen Kreise	139	Dünow	425
Dobberphul, königl. Dorf	108	Düsterbeck	308
Dochow	959	Dulzig, Vorwerk. S. Reinwasser.	
Dodow, Ziegeley	936	Dumbrowe, Schäferey. S. Grumbkow.	
Döbel	647	Die große Dumbrowe. S. Jerskewitz.	
Döberitz	730	Dummabel	425
Alt-Döberitz	334	Dummerfitz	749
Neu-Döberitz. S. Alt-Döberitz.		Dumrese	961
Dölitz, Amt	253	Dumzin	559
Dölitz, Dorf	253	Duzzin	35
Dölitz, Vorwerk	255	Dzechen	1039
Dölitzsche Wassermühle	257	Dzechlin oder Dziechlin	1069
Döringshagen adel. Antheils	307	Dzincelitz oder Dzizelitz	1069
Döringshagen königl. Antheils	296		
Döringshagensche Wassermühle	302	**E.**	
Dörsentin, Cöslinsches Amtsdorf	534		
Dörsentin, Rügenwaldesches Amtsdorf	852	Eckershausen, Unterförsterey	409
Dolgen	749	Egsow	871
Dolgenkatzen. S. Matzdorf.		Ehrenberg	140
Dolgenkrug. S. Matzdorf.		Ehrenberg-Klein. S. Ehrenberg.	
Dominke	960	Eichelhagen	94
Dorfhagen	423	Eichen	725
Dorfstätte, Buschkathen. S. Pribbargen.		Eichenberge	749
Dornkathen, Kuhpächterey. S. Uezow.		Eichenbergsche Kathen, Feldgüter. S. Eichenberge.	
Dorotheenthal, Vorwerk. S. Klein-Machmin.		Der Eichhof, Vorwerk. S. Köslernitz.	
Dorow	335	Eichwerder, Vorwerk. S. Ferdinandstein.	
Draheim, Amt	729	Elendshof	1040
Draheim, Dorf	730	Ellerberg, Ackerhof. S. Reinfeld.	
Draheim, Vorwerk	735		Ellerkamp

Register

Ellerkamp	778
Ellerkathen, Vorwerk. S. Falkenhagen.	
Elvershagen	336
Endehof. S. Cordeshagen.	
Enzow	1070
Eschenriege	717
Eschenriegesche Wassermühle	717
Eulenburg, Vorwerk. S. Dubberted.	
Eulenburg, Vorwerk. S. Sanock.	
Ewaldshof, Vorwerk. S. Falkenhagen.	
Ewentin	859
Eyersberg	410

F.

Falken	1039
Falkenberg, adel. Dorf	141
Falkenberg, königl. Dorf	232
Alt-Falkenberg	208
Neu-Falkenberg	209
Falkenbergsche 2 Windmühlen	223
Falkenhagen	790
Falkenwalde	263
Fanger adel. Antheils	308
Fanger königl. Antheils	296
Farbezin	309
Farzmin. S. Barzmin.	
Faulen-Benz. S. Benz.	
Fehlingsdorf. S. Sehlingsdorf.	
Felitz Vorwerk. S. Deutsch-Puddiger.	
Felstow, Vorwerk. Neudisch-Carstnitz.	
Felstow	1070
Ferdinandstein	124
Fichtberg, Colonie. S. Klein-Volkskow.	
Fichthof, Feldgut. S. Poßnow.	
Fichthof, Vorwerk. S. Crampe.	
Fichthof, Vorwerk. S. Wogenthin.	
Fiddichow	68
Fieckshof	229
Das Fier, Schäferey. S. Cardemin.	
Flade	18
Flackenhagen	337
Flackenheide	750
Flackensee	730
Flederborn	718
Flederbornsche Wassermühle	727
Flintow	931
Flussey	491
Föhrde oder Fohrt	871
Frankenmühle. S. Schwanteshagen.	
Franzdorf, Colonie. S. Blartium.	
Franzen	171
Franzhausen	226
Franzhof, Vorwerk. S. Tröblin.	

Fredehelbe. S. Freyheite.	
Fredehof oder Friedehof, Vorwerk. S. Klohen.	
Freetz	852
Freetzsche Wassermühle	864
Freist, adel. Dorf im Lauenb. District	1670
Freist, adel. Dorf im Stolpschen Kreise	980
Freist, königl. Dorf im Amte Lauenburg	1649
Freistsche Mühle	1059
Freuchen oder Alte Mühle	902
Frepenstein, Feldgut. S. Schmenzin.	
Frepenwalde	120
Frepenwaldscher Stadthof	122
Freyheite	211
Die Freyheit, Vorwerk. S. Bärwald. Vorwerk.	
Friedehof oder Fredehof, Vorwerk. S. Klohen.	
Friederichsberg, königl. Dorf	296
Friederichsberg, königl. Vorwerk.	301
Friederichsberg, adel. Vorwerk. S. Wuckel.	
Friederichsbergsche Wassermühle	303
Friederichsburg, Vorwerk. S. Arnhausen.	
Friederichsburg, Vorwerk. S. Lottin.	
Friederichsfeld, Vorwerk. S. Wogenthin.	
Friederichsfelde, Schäferey. S. Neu-Jugelow.	
Friederichsgnade, Colonie. S. Radem.	
Friederichshof, Holzwärterwohnung. S. Ganzkow.	
Friederichshof, Vorwerk. S. Klein-Tarzenburg.	
Friederichshof, Vorwerk. S. Luksow.	
Friederichshof, Vorwerk. S. Fürstensee.	
Friederichshof, Vorwerk. S. Labehn.	
Friederichshof, Vorwerk. S. Schmenzin.	
Friederichshuld, Colonie. S. Wogenthin.	
Friederichshuld oder Billerbeck	786
Friederichsthal, adel. Colonie. S. Klein-Gansen.	
Friederichsthal, königl. Colonie	109
Friederichswalde, Amt	223
Friederichswalde, königl. Vorwerk	227
Friederichswalde, adel. Vorwerk. S. Wuhlow.	
Friederichswaldsche Teerofen	230
Friederichswerk, Vorwerk. S. Karsin.	
Friederikenfelde, Vorwerk. S. Darsin.	
Friederikenfelde, Vorwerk. S. Rohr.	
Friederikenhof, Vorwerk. S. Karkuhagen.	
Fritzow, adel. Dorf im Flemmingschen &c.	95
Fritzow, adel. Dorf im Fürstenthum Cammin	559
Frosch-Neglin, Vorwerk. S. Darugrow.	
Fürstenflag	85
Fürstensee	141
Fundel, Vorwerk. S. Klein-Dubberow.	
Funkenhagen	760

G.

Gaatz	961
	Gaatzer

Register.

Saatzer Kuhle. S. Stak.		
Gadsen oder Jagen		791
Gäderodorf oder Gäbelsdorf		77
Gaffert		962
Gaffertsche Schäferey. S. Gaffert.		
Gallensow		963
Gallentzin		938
Galow		735
Gambin		963
Gandelin		760
Gans		1070
Groß-Gansen		963
Klein-Gansen		964
Ganserin		18
Ganserinsche Windmühle		23
Ganske, Vorwerk. S. Klein-Massow.		
Ganz		426
Ganzkow, adel. Gut im Belgard. Kr.		649
Ganzkow, adel. Gut im Fürstenthum Camin		760
Garchen		545
Garchensche Papiermühle		546
Groß-Garde		938
Klein-Garde, Dorf		938
Klein-Garde, Vorwerk		940
Garden, Dorf		109
Garden, Vorwerk		120
Gardin		337
Garrin		613
Gartkewitz		1070
Gary, adel. Dorf im Greiffenbergschen Kr.		427
Gary, adel. Dorf im Pyritzschen Kreise		141
Garzigar		1049
Gauith		36
Gebbe, Schäferey. S. Muddelmow.
Neu-Gebbe, Schäferey. S. Moltzow.
Gehege, Vorwerk. S. Gerzhagen
Gehrz. S. Geritz.
Geibelshof		126
Geiglitz		366
Gellen		750
Gellin		711
Georgendorf, Vorwerk. S. Rohr.
Gerbin		872
Gerodorf		1016
Gerith		561
Gervin, adel. Dorf im Fürstenth. Camin		561
Gervin, adel. Dorf im Greiffenb. Kreise		427
Gerzhagen		337
Gerzlow		141
Gesiffke oder Gesifzig oder Gesiske		791
Gesorke		964
Gerviesen		792
Giesebitz		965
Giesenthal		109

Gieskow adel. Gut im Fürstenthum Camin		
Gieskow, adel. Gut im Greiffenbergschen Kr.		
Gippe, Vorwerk. S. Naffin.		
Giffolt, Dorf		740
Giffolt, Vorwerk. S. Klein-Volkekow.		
Glambok, Holzvorwerk. S. Gallensow.		
Glanfee		404
Glewitz		297
Glewitzer Horst		941
Glien		320
Glienische Schäferey. S. Glien.		
Glienke, Dorf		141
Glienke, Vorwerk		143
Naß-Glienke		750
Trocken-Glienke		750
Glienker Wasser oder Malz und Grützmühle		23
Gliesnitz		965
Glietzig, adel. Dorf im Dorfschen Kreise		337
Gletzig adel. Antheile im Daberschen Kreise		309
Gletzig königl. Antheile		297
Globnitz, Dorf. S. Sydow.		
Gloddow, adel. Dorf im Rummelsb. Kreise		792
Gloddow, adel. Dorf im Stolpschen Kreise		966
Gloddow, Schäferey. S. Dammen.		
Glockzin		649
Glowitz		966
Glorin. S. Klepin.		
Groß-Glusken		967
Klein-Glusken		967
Gnageland		23
Gnewitz		1071
Gnewinke		1071
Goddentow		1071
Goehl, ein Feldgut. S. Sternin.		
Göhne, adel. Dorf		751
Göhne königl. Dorf		730
Göhne, Achtwerk. S. Wusterhanse.		
Görz		859
Görke, adel. Dorf		428
Görke, Greiffenbergsches Cämmereydorf		399
Görke, Greiffenbergsches Cämmereyvorwerk		402
Görzhagen		968
Gohrband, Dorf		713
Gohrband, Vorwerk		716
Gohren		968
Goldbeck, adel. Dorf		561
Goldbeck, königl. Dorf		238
Goldbecksche Wassermühle		245
Golerzia oder Golit, Vorwerk. S. Groß-Bojepol.		
Gollin		264
Gorke, Vorwerk. S. Vietzig.		
Gornow		76
Goschen		969
Gosterrin, Kathen. S. Tawenzke.		

Register

Gottberg	142
Graben	719
Grabow, adel. Dorf	338
Grabow, Dorf dem Domcapitul Cammin gehörig	50
Grabow, Vorwerk. S. Versin.	
Groß und Klein-Grabunz, Feldgüter. S. Bärwaldesche Vorwerke.	
Grabenitzfelde	247
Grabenmohr. S. Klein-Soldekow.	
Gracevendruck	297
Gracevenhagen	297
Grambow, adel. Antheils	428
Grambow, der Stadt Cammin Antheil	11
Gramenz, adel. Dorf	751
Gramenz, Bütowsches Amtsdorf	1055
Gramhausen, Vorwerk. S. Vattin.	
Gramhausen, Vorwerk. S. Klein-Wolz.	
Gramhausen, Vorwerk. S. Witznitz.	
Gramhusen, Viehhof	402
Gramkathen oder Gramhof, Vorwerk. S. Stadt Regenwalde.	
Gramkathen, Holzwärterwohnung. S. Barkelow.	
Grambeshagen	388
Grandhof, Vorwerk S. Cölpin.	
Grandhof, Vorwerk. S. Podanz.	
Granzin, Dorf	969
Granzin, Vorwerk. S. Rehiz.	
Granzow	50
Alt-Grape	343
Grapitz	270
Neu-Grapitz. S. Grapitz.	
Graseberg, Oberförsterey	34
Graunkensche Erbzinsgut	229
Greiffenberg	390
Greiffenbergsche Mahl- und Schneidemühle	402
Greiffenbergsche Stadtziegeley	401
Greiffenhagen	55
Greiffenhagensche Neue Mühle	62
Greiffenhagensche Stadtförskerey	63
Greiffenhagensche Stadthof	61
Greiffenhagensche Viehhof	61
Greiffenhagensche Waltmühle	63
Greiffenhagensche Zielgeley	62
Greiffnhagensche Zindelmühle	62
Greiffenhagensche Zollhaus	63
Griebutz	562
Grifftow	53
Gröbenzin	1055
Grossendorf oder Grotendorp	970
Grossenhagen	264
Gruchow Greiffenbergschen Kreises Antheil	429
Gruchow Ostinschen Kreises Antheil	366
Grünebüche, Vorwerk. S. Trabehn.	
Grünehaus. S. Clanin.	
Grünenhöfe. S. Doppenthal.	
Grünewalde, adel. Dorf in dem Rum-Demminschen Kreise	793
Grünenwalde, adel. Dorf in dem Rummelsburgschen Kreise	793
Grünhausen, Holzwärterwohnung. S. Neu-Werben	
Grünhausen, Oberförsterey	409
Grünhäschen, Vorwerk. S. Podanz.	
Grünhof, adel. Gut im Bortschen Kreise	338
Grünhof, adel. Vorwerk. S. Barkenhägge.	
Grünhof, adel. Vorwerk. S. Bergen.	
Grünhof, adel. Vorwerk. S. Trutsch-Carsnitz.	
Grünhof, adel. Vorwerk. S. Coprielen.	
Grünhof, adel. Vorwerk. S. Dorfhagen.	
Grünhof, adel. Vorwerk. S. Gewiesen.	
Grünhof, adel. Vorwerk. S. Köslowiz.	
Grünhof, adel. Vorwerk. S. Nippoglense.	
Grünhof, adel. Vorwerk. S. Pustamin.	
Grünhof, adel. Vorwerk. S. Raddestow.	
Grünhof, adel. Vorwerk. S. Roenow.	
Grünhof, adel. Vorwerk. S. Satzin.	
Grünhof, adel. Vorwerk. S. Gletkow.	
Grünhof, oder Lancke, adel. Vorwer. S. Vierraden	
Grünhof, adel. Vorwerk. S. Warchow.	
Grünhof, Holzkathen	1068
Grünwiese, Ackerwerk. S. Viezna.	
Grüssow	650
Grumkow	270
Grumsdorf	563
Grupenhagen	330
Sülz	563
Gülzow, Amt	34
Gülzow, Stadt	15
Gülzow, Vorwerk	28
Gülzowsche Walz und Neue Mühle	4
Günnicht, Schäferey. S. Dünow.	
Güntersberg	247
Güntersbergsche Wassermühle	252
Güntzlow	412
Güßlaffshagen	404
Alt und Neu-Gugelow. S. Ingelow.	
Gumbin	978
Gumenz	791
Gummin, Dorf	409
Gummin, oder Gumminshof, Vorwerk	406
Guntow, Dorf	388
Guntow, Vorwerk	382
Gurkow	650
Gust, Dorf	541
Gust, Vorwerk	543
Groß-Gustkow, oder Gostkow	1036
Klein-Gustkow adel. Antheils	1086
Klein-Gustkow königl. Antheils	1055
Alt-Gutzmerow	973

Register.

Neu-Suhmerow	871
Gutzmin	873

H.

Habacht, Vorwerk. S. Alt-Damerow	
Hagen	21
Hagensche Windmühle	23
Hagenow	404
Hammelschäferey, Feldgut. S. Schmelzin.	
Hammer, adel. Dorf im Greiffenbergschen Kr.	419
Hammer, adel. Dorf im Lauenburgl. District	2071
Hammer, adel. Dorf im Rummelsburgl. Kr.	791
Hammer, königl. Dorf im Amte Draheim	730
Hammer, 2 adel. Vorwerke. S. Steinfort.	
Hammer, Kathen. S. Ribtenke	
Hammerbach	650
Klein-Hammerbach. S. Hammerbach.	
Hammermühle. S. Steinfort.	
Hanselfelde, Dorf	203
Hanselfelde, Feldmark. S. Kowalk.	
Hanselfeldesches grosses Vorwerk	206
Hanselfeldesches neues Vorwerk	206
Harmelsdorf	164
Harmsdorf	36
Haseleu Dorfschen Kreises Antheil	339
Haseleu-Daberschen Kreises Antheil	309
Hasenfier	753
Hasselbusch	145
Hasselmühle. S. Gross und Klein-Tarmen.	
Hasselmühle. S. Warnin.	
Hebron-Damnitz. S. Damnitz.	
Hechthausen, Vorwerk. S. Zarnefanz.	
Heergsche Wassermühle. S. Bärwaldesche Vorwerk.	
Heidchen	221
Heide, Vorwerk. S. Darsow.	
Heidebrink	12
Heidekathen. S. Collatz.	
Heidekrug	635
Heidekerer, Vorwerk. S. Clanin.	
Heidehof, Vorwerk. S. Zirkwitz.	
Heideschäferey, Vorwerk. S. Braunesforth.	
Heideschäferey, Schäferey. S. Claptow.	
Heinrichsdorf oder Heinersdorf, adel. Dorf im Greiffenhagenschen Kreise	85
Heinrichsdorf, adel. Dorf im Rummelsb. Kr.	793
Heinrichsdorf, königl. Dorf im Amte Draheim	731
Heinrichsfelde, Vorwerk. S. Dumzin.	
Heinrichsfelde, Vorwerk. S. Pennekow.	
Heinrichsfelde, Vorwerk. S. Wendisch Tychow.	
Heinrichshof, Vorwerk. S. Lübzin.	
Heinrichshof, Vorwerk. S. Rattaick.	
Heinrichshof, Vorwerk. S. Klein-Rachlin.	
Heinrichsthal, Vorwerk. S. Notzkow.	

Helenenhof, Vorwerk S. Klösternitz.	
Helenenhof, Ackerhof. S. Reinfeld.	
Helenenhof, Vorwerk. S. Gross-Poinelose.	
Henkenhagen, adel. Gut im Doolischen Kreise	339
Henkenhagen, adel. Vorwerk im Flemmingl. Kr.	46
Henkenhagen, adel. Antheil im Fürstenth. Camin	562
Henkenhagen, der Stadt Colberg Antheil	424
Henkenhagen, königl. Dorf im Amte Gülzow	26
Henkenhagensche Fischerlage	424
Henkenhagensche Windmühle	29
Henningsthal, Colonie. S. Dallentin.	
Henriettenthal, Vorwerk. S. Wakschitz.	
Hermannsdorf. S. Harmsdorf.	
Hermelsdorf. S. Harmelsdorf.	
Gross-Herzberg	753
Klein-Herzberg, Feldgüter. S. Gross-Herzberg.	
Heyde, Feldgut. S. Arnhausen.	
Heyde, Feldgut. S. Volzow.	
Heyde, Vorwerk. S. Charbrow.	
Heydebreck	967
Heydenhof	406
Hindenburg, adel. Antheils	310
Hindenburg, königl. Antheils	297
Hindenburg, königl. Vorwerk	301
Hinzendorf	226
Höckenberg	310
Höckendorf	116
Höckenhorfsche 2 Wassermühlen	119
Höfchen, Vorwerk. S. Labbuhn.	
Höfchen, Kuhpächterey. S. Malnow.	
Hölkwiese	164
Hoidarum	221
Hoff	36
Hoffelde	310
Hobeberg, Feldgut. S. Schmenzin.	
Hobebüche, Vorwerk. S. Kottin.	
Hohenborn	165
Hohenbrücksche Mühle. S. Garbersdorf.	
Hohenbrückscher Terrofen	34
Hohenbrücksche Wassermühle, Schneidemühle, Oberförsterey, und Krug	29
Hohen-Drosedow. S. Drosedow.	
Hohenfelde, adel. Vorwerk	165
Hohenfelde, königl. Dorf	1050
Hohenfier, Ackerwerk. S. Reselkow.	
Hohengrape	244
Hohenhausen, Vorwerk. S. Neumün.	
Hohenholz, Vorwerk. S. Soltenitz.	
Hohenholz, Unterförsterey	409
Hohenhorst. S. Vorwerk Amalienhof.	
Hohenkrugsche Oberförsterey	130
Hohenkrugsche Papier- und Schneidemühle	125
Hohenstein	928
Hohenwalde	146
Holm	

Register

Holm	404
Holzhagen	37
Holzmühle, Försterey	147
Honigkathen, Unterförsterey	94
Hopfenkrug	1061
Horst, adel. Dorf im Saziger Kreise	265
Horst, königl. Dorf im Amte Colbatz	150
Horst, königl. Dorf im Amte Stolpe	932
Groß-Horst	52
Klein-Horst	52
Hünerheide	546
Hütten, königl. Dorf im Amte Draheim	734
Hütten, königl. Dorf im Amte Neu-Stettin	789
Alt-Hütten	652
Alt-Hütten, S. Zechendorf.	
Alt-Hütten, Kathen, S. Klein-Massowitz.	
Neu-Hütten	1055
Hygendorf	1044

J.

Jablotz, Unterförsterey	1063
Jacobsdorf, S. Jakobsdorf.	
Jacobshagen, S. Jakobshagen.	
Jakobshausen, Vorwerk, S. Schwessin.	
Jägerdorf oder Jädersdorf	78
Jägersfelde, S. Selchow.	
Jägerswald, Vorwerk, S. Sawert.	
Järshagen oder Jarffslassshagen, Dorf	852
Järshagen, Vorwerk	863
Jagen, S. Gadjen.	
Jagertow Belgardschen Kreises Antheil	651
Jagertow Neu-Stettinschen Kreises Antheil	754
Jagow	148
Jakobsdorf, adel. Dorf	265
Jakobsdorf, adel. Vorwerk, S. Schönenwalde.	
Jakobsdorf, königl. Dorf	247
Jakobsdorf, königl. Vorwerk	258
Jakobshagen	212
Jakobshagensche Mühlen	257
Jammerin	973
Jamund	514
Janikow, Schäferey, S. Zachen.	
Jannewitz	794
Groß-Jannewitz	1071
Klein-Jannewitz	1071
Jatchelin	312
Groß-Jarchow	430
Klein-Jarchow	430
Jarchölde, S. Jerehöft.	
Jasde	531
Jaskow oder Jasem	1063

Jassen	1087
Jassonke	794
Jassow, Dorf im Flemmingschen Kreise	37
Jassow, Dorf im Domcapitul Cammin	52
Jatzel	430
Jahgen	873
Jahlow	1072
Jaznow, Schäferey, S. Carnitz.	
Jahthim	565
Jaunkenkathen, Vorwerk, S. Dubberteck.	
Jbenhof, Vorwerk, S. Clauhagen.	
Jegelin	432
Jellentsch	1087
Jakobsft oder Jarohölde	852
Jerstemnitz	973
Jferitz, adel. Dorf im Stolpschen Kreise	973
Jseritz, adel. Vorwerk im Belgardschen Kreise	652
Jseritz, königl. Dorf im Amte Colbatz	150
Groß-Jestin, Dorf	494
Groß-Jestin, Vorwerk	497
Groß-Jestinsche Wassermühle	497
Klein-Jestin	566
Jezow	1072
Jbnazoll und Krug	229
Jmbos, Ackerwerk, S. Reselkow.	
Jmmenhof, S. Honigkathen.	
Joachimshof Feldkathen, S. Woldisch-Tychow.	
Joachimsthal, Vorwerk, S. Coprieben.	
Joachimsthal, Vorwerk, S. Biartum.	
Joduth, Vorwerk, S. Lottin.	
Johannsberg Colonie, S. Groß-Tychow.	
Johannshof, Vorwerk, S. Klein-Carzenburg.	
Johannshof, Vorwerk, S. Berlin.	
Johannis oder Lippingshof, Vorwerk, S. Beewib.	
Johannsthal, Vorwerk, S. Kerstin.	
Johannsthal, Vorwerk, S. Petershagen.	
Jünger, Bürgl. Antheils	157
Jünger, der Stadt Pyritz Antheil	94
Juchow	754
Judegrund, Holzwärterwohnung, S. Ganzkow.	
Jüdenhagen	566
Jüssoll, Holzkathen, S. Jaztham.	
Alt-Jngelow	973
Neu-Jngelow	973
Julianenhof, Vorwerk, S. Klein-Ganzen.	
Juliansdof, Vorwerk, S. Görke.	
Jungfernbrack, Unterförsterey	390
Jungfernhof, Vorwerk, S. Borntin.	
Jungfernwerder, S. Kalkwerder.	
Junkerhof, Vorwerk, S. Dubberteck.	
Justemin	313
Justin	367
Groß-Justin	431
Klein-Justin	433

Kasdig

Register.

K.

Kasitz	794
Kahlberg, Vorwerk. S. Griebnitz.	
Kahlen	92
Kaliesch, Holzwärterey. S. Klein-Gansen.	
Kalkberg, Feldgut. S. Schmenzin.	
Kalkscheune, Kuhpächterey. S. Klein-Voldekow.	
Kalkwerder	735
Kaltenhagen	566
Kankelvitz	339
Kannenberg	266
Kappe, Feldmark. S. Groß-Herzberg.	
Kappe, Vorwerk. S. Klotzen.	
Karczemke, Krug. S. Bartkewitz.	
Karkow, adel. Dorf im Fürstenthum Cammin	567
Karkow, adel. Dorf im Saziger Kreise	266
Karnkewitz, Dorf.	859
Karnkewitz, Vorwerk	863
Kartke, Vorwerk. S. Wundichow.	
Kartlow	340
Karzin. S. Carzin.	
Katharinenhof, Schäferey. S. Brotz.	
Katkow	1055
Katkowsche Wassermühle	1063
Katschow	1050
Kehrberg	82
Kellerbachsmühle	113
Kempen, Vorwerk. S. Kreiß.	
Kempendorf	248
Kerschlow oder Kerskow	1072
Kersete. S. Kieroke.	
Kerstenswalde	339
Kerstin	567
Kicker	312
Kickersche Wassermühle	303
Kiefheide, Feldgut. S. Mandelatz.	
Kiefholz, Vorwerk. S. Siltigsdorf.	
Kieckow	658
Kienbruch, Schäferey. S. Stramehl.	
Kiepersdorf	568
Kieroke	938
Kietz bey Naugard	297
Kizig	205
Kirchhagen. S. Wachholzhagen.	
Kiketow	267
Kleist	568
Kleistenhof, Ackerhof. S. Reinfeld.	
Klemmen	26
Klemmensche Wassermühle	29
Klemohn, der Stadt Belgard Antheil	623
Klempin königl. Antheils	633
Klempskathen. S. Bulgrin.	
Klenzin	974
Kleschinz	974

Klewerhof, Buschkathen. S. Jaztthum.	
Klewerhof, Vorwerk. S. Blinow.	
Klewerhöfchen, Vorwerk. S. Sydow.	
Klewstein, Vorwerk. S. Rohr.	
Klingbeck	755
Klockow	652
Klöpperfier	734
Klössen. S. Buchwalde.	
Klötikow	388
Klötzen	942
Klötzin	37
Klonzen oder Klontschen adel. Antheils	1087
Klonzen oder Klontschen königl. Antheils	1056
Klotzen	755
Klopin	147
Klücken	147
Klüh	111
Klüshow	148
Knackier	719
Knackseesche Wassermühle	727
Knick, Feldgut. S. Cölpin.	
Kniephof, adel. Vorwerk	318
Kniephof, königl. Vorwerk	335
Knurbusch, Feldmark. S. Groß-Justin.	
Köterzsche Papiermühle	25
Köpenitz	853
Köpitz	18
Köpitzsche Windmühle	24
Röselitz, königl. Amts Pyritz Antheil	101
Röselitz, königl. Vorwerk im Amte Pyritz	104
Röselitz der Stadt Pyritz Antheil	94
Röselitz der Herrsch. Wildenbruch Antheil	77
Röselitzsche Windmühle	104
Rösternitz, Belgardsches Cämmereydorf	633
Kohn, Vorwerk. S. Reckow.	
Kolownp, Holzwärterwohnung. S. Klein-Gansen.	
Alt-Kolzigow	795
Neu Kalzigow	795
Konikow, Dorf	534
Konikow, Schäferey	536
Kopahn	853
Koppalin, Kathen. S. Lübzow.	
Koppenow oder Coppenow	1072
Kopplin	433
Korkenhagen	267
Kornburg, Vorwerk. S. Schwessin.	
Kortenhagen	132
Kortshof, Vorwerk. S. Alt-Döberitz.	
Koscierzonke, Vorwerk. S. Jaztkow.	
Kose. S. Cose.	
Kosemühle. S. Cosemühle.	
Kostkow, Kathen. S. Lissow.	
Kotelow oder Cotlow, Vorwerk. S. Bartin.	
Kotlow	568

Register.

Kotten	975
Kottownick	941
Kotzen	301
Kowalk	653
Krähenkrug. S. Bulgrin.	
Kalmerwinkel, Vorwerk. S. Naseband.	
Krahnsfelde	1050
Krakow oder Cracau	853
Krakowsche Haus und Waldmühle	864
Krampkewitz	1073
Krampnitz, Holzwärterey. S. Klein-Gansen.	
Krampnitzsche Schäferey. S. Klein-Gansen.	
Kreutz. S. Schwetzin.	
Groß-Krien. S. Groß-Krien.	
Klein-Krien. S. Klein-Krien.	
Krewingsaue oder Königshof	125
Krolow oder Crolow	874
Krosnow	1056
Krosnowsche Wassermühle	1063
Krurgte, Vorwerk. S. Jassen.	
Krühne	569
Krüssow. S. Crüssow.	
Krusenbeck	569
Krummensee, Kathen. S. Klein-Massowitz.	
Kublitz. S. Cublitz.	
Kucherow	756
Kuckelow, Dompropstey	54
Kuckelow, Dorf	37
Kuddezow	853
Neu-Kuddezow	853
Groß-Küdde	720
Klein-Küdde	720
Lübbesche Wasser- und Schneidemühle	727
Külz	313
Kühsin, Dorf	404
Kühsin, Vorwerk	406
Küssow	1073
Groß-Küssow	148
Klein-Küssow	148
Kugelwitz, Dorf	854
Kugelwitz, Vorwerk	863
Kuhblank	111
Kuhdamm, Kuhpächterey. S. Neuenhagen.	
Kuhhagen, Vorwerk. S. Martin.	
Kuhlbarsmühle	736
Kutz oder Kutzs, Kutzow, Kutzig und Kutzle	874
Kukahn, Dorf	399
Kukahn, Vorwerk. S. Alt-Buckow.	
Kulsow	978
Kulsow. S. Culsow.	
Kummerthal, Kathen. S. Groß-Massowitz.	
Kummerow oder Cummerow	875
Kummerzin oder Cummerzin	875
Kunhof oder Kunzehof	976

Kupferhammermühle	106
Kurow	1073
Kusserow oder Cusserow	875
Kussow	776
Kuser	101
Kuthow. S. Kutz.	
Kuwerhof, Ackerwerk. S. Jassnitz.	

L.

Labbuhn	940
Labehn, adel. Dorf	975
Labbehn, königl. Dorf	1050
Labbehnsche Mühle	1053
Labenz, adel. Dorf	1073
Labenz, königl. Dorf	710
Labenzsche Wassermühle	717
Labes, Stadt	316
Labes, adel. Gut	365
Labissow	977
Labuhn, adel. Dorf	1073
Labuhn, königl. Dorf	933
Labuhn, Vorwerk	935
Labuhnsche Bude, Vorwerk. S. Labuhn.	
Labus	115
Lanczke oder Grünhof, Vorwerk. S. Vietzig.	
Landechow	1073
Landecksche Kruge	726
Langbök	977
Langen	653
Laugendorf	33
Langenhagen, adel. Dorf	14
Langenhagen, königl. Dorf	405
Langenhagensche Wassermühle	408
Langenstück, Vorwerk. S. Chwiring.	
Langkavel, Dorf	298
Langkavel, Vorwerk	301
Lanke	33
Lankenkathen, Vorwerk. S. Syben.	
Lankow	654
Lankwitz	978
Lantow, adel. Dorf im Lauenb. District	1074
Lantow Rummelsb. Kreises Antheil	795
Lantow Schlaveschen Kreises Antheil	875
Lanz	1050
Lanzen	756
Lanzig	854
Lappenhagen	569
Lasbeck, adel. Dorf im Daberschen Kreise	314
Lasbeck, adel. Dorf im Belgardschen Kreise	654
Lase	569
Laschnie	569
Lassen	941

Latten

Register.

Lattenkathen, Vorwerk. S. Klein-Roch.
Groß-Lakkow 149
Lauenburg, Amt 1048
Lauenburg, Stadt 1033
Lauenburgsche Amtsjegerey . . 1053
Lauenburgsche Schloßmühle . . 1053
Lauenburgsche Waldwächtern oder Holzsachsen 1040
Lazen, Ackerwerk. S. Bierow.
Lazenzerkrug. S. Bierow.
Lasig, adel. Dorf im Belgard. Kreise . 654
Lasig, adel. Dorf im Fürstenth. Cammin . 570
Lasig, adel. Dorf im Rummelsb. Kreise . 795
Lasig, adel. Dorf im Schlawschen Kr. 875
Lasig, königl. Dorf im Amte Stepenitz . 29
Neu-Lasig, Colonie. S. Lasig im Rummelsb. Kr.
Lasiger Windmühle . . . 24
Leba 1044
Lebasche Mühle 1053
Lebbehn. S. Libbehn.
Lebbin 409
Leckow. S. Leikow.
Lehmanningen 734
Leikow 571
Leilow oder Leckaw . . . 876
Leine 350
Groß-Leistikow 298
Klein-Leistikow 314
Lensin 51
Lenz, Dorf adel. Antheils . . 268
Lenz, Dorf königl. Antheils . . 232
Lenz, königl. Vorwerk . . . 235
Lenzen, Dorf 633
Lenzen, Vorwerk 639
Leopoldshof, Vorwerk. S. Chmielenz.
Leppin 971
Lessacken oder Leshacken . . 978
Lessentin 341
Lestin 971
Lettnin 190
Lewejow 410
Libbehn 350
Lichtentin 51
Liebenow 79
Groß- und Klein-Liebenthal, Vorw. S. Elvershagen.
Liepen 929
Liepenberge, Schäferey. S. Lasig.
Alt-Liepenfier 734
Neu-Liepenfier 734
Liepienz, Kathen . . . 1064
Liqow 368
Lilienhof, Vorwerk. S. Dubbertech.
Linde, Dorf in der Herrschaft Wildenbruch 76
Linde, adel. Dorf im Neu-Stettinsch. Kr. 716
Linde, adel. Dorf im Saziger Kreise . 268

Linde, adel. Vorwerk. S. Sydow.
Linde, adel. Vorwerk. S. Wusterhanse.
Lindenbusch 795
Groß-Lindenbusch, Vorwerk. S. Prillwitz.
Lindenhof, Feldgut. S. Schmenzin.
Lindow, Dorf in der Herrschaft Wildenbruch 80
Lindow, adel. Dorf im Schlawschen Kreise 876
Linow. S. Dorf Ulrichschäfferey.
Linow. S. Vorwerk Ulrichschäfferey.
Linz, Vorwerk. S. Klozen.
Lippinge oder Johannishof, Vorwerk. S. Boewitz.
Lischnitz 1074
Lissow 1074
Lochzen, Wirthhof . . . 945
Lodder 392
Löshöfel 303
Lojow 979
Loist 151
Loitz oder Loitzerwald . . . 929
Lanken 1056
Lonske 945
Loppenow 433
Loßin 979
Lottin 757
Louisenhof, Vorwerk. S. Sabien.
Louisenhof, Vorwerk. S. Hoffelde.
Louisenhof, Vorwerk. S. Kösternitz.
Louisenhof, Vorwerk. S. Prillwitz.
Louisenhof, Vorwerk. S. Raksitt.
Louisenthal oder Louieschenhagen, Colon. S. Franzen.
Lowin 342
Mittel-Lowitz 1074
Nieder-Lowitz 1074
Ober-Lowitz 1074
Lubben 797
Lubow, adel. Dorf . . . 572
Lubow, königl. Dorf . . . 732
Lucknitz 762
Luckowe 945
Ludwigsfrey, Vorwerk. S. Parlin.
Ludwigshütten, Vorwerk. S. Daim.
Lübchow 772
Lübgust 763
Groß-Lüblow 1074
Klein-Lüblow 1075
Lübow 205
Lübowsche Lohmühle . . . 20
Lübowsche Wassermühle . . 20
Lübsow 400
Lübtow, adel. Dorf im Lauenb. District 1075
Lübtow, adel. Dorf im Pyritzschen Kreise 188
Lübzin 269
Lübzow Schlawschen Kreises Antheil . 877
Lübzow Stolpschen Kreises Antheil . 980

Register.

Lüchentin. S. Lichentin
Lüllemin — 929
Lüsitz — 623
Lümzow — 763
Lüptow — 535
Lürtemanshagen — 435
Lütkenhagen, adel. Dorf im Greiffenb. Kr. — 434
Lütkenhagen, adel. Dorf im Saziger Kreise — 269
Lüttmershagen. S. Lüttemanshagen.
Luggewiese — 1050
Luggewin. S. Lowin.
Lupow — 980
Lupowske — 1056
Lustebuhr — 571
Lusitz Belgardschen Kreises Antheil — 655
Lusitz Neu-Stettinschen Kreises Antheil — 764
Lyblenz — 1056

M.

Groß-Machmin — 983
Klein-Machmin — 984
Klein-Machminsche alter und neuer Stand. S. Klein-Machmin.
Mackvitz — 368
Mahnwitz. S. Marienwitz.
Malchow, Dorf — 859
Malchow, Vorwerk — 863
Malchowsche Wassermühle — 865
Maldewin — 314
Malent, Vorwerk. S. Neu-Jugelow.
Malent, Vorwerk. S. Klein-Nossin.
Mallentin, Vorwerk. S. Groß-Schwirsen.
Mallin, Holzkathen. S. Groß-Nossin.
Malnow — 773
Molschke — 1075
Malzkow — 984
Mandelatz — 655
Mandelkow — 152
Manewitz — 985
Mankwitz — 1056
Manow — 573
Marienfließ, Amt — 237
Marienfließ, Dorf — 238
Marienfließ, Vorwerk — 244
Marienfließsche Wassermühle — 245
Martenhagen, Daberschen Kreises Antheil — 315
Marienhagen, Saziger Kreises Antheil — 270
Marienböschen, Vorwerk. S. Groß-Tychow.
Marienhof, Vorwerk. S. Groß-Glutschen.
Marienhof, Pächterey. S. Naseband.
Marienthal — 75
Marienthron — 715

Marienwerder —
Marquartsmühle adel. Antheils — 459
Marquartsmühle, der Stadt Camin Antheil — 18
Marrin — 574
Marow —
Martenshagen —
Martentzin —
Maskow, adel. Dorf im Daberschen Kreise —
Maskow, Cößlinsches Cämmereydorf —
Maskow, Cößlinsches Cämmereyvorwerk —
Masselwitz —
Massow, Amt —
Massow, Stadt —
Massow, Vorwerk — 671
Massowsche Wind- und Wassermühle — 226
Groß-Massow — 1071
Klein-Massow — 1075
Neu-Massow — 232
Groß-Massowitz — 1057
Klein-Massowitz — 1057
Mäsdorf Flemmingschen Kreises Antheil — 59
Mäsdorf Saziger Kreises Antheil — 270
Mechentin adel. Antheils — 579
Mechentin Domcapituls Colberg Antheil — 614
Medewitz — 576
Medderstin — 1057
Werderschnische Mühle — 1053
Werderschmische Mühle — 1063
Medewitz, adel. Dorf — 437
Medewitz, königl. Dorf — 37
Meggow, Kathen. S. Antloch.
Megow — 252
Mellow — 854
Mellen — 270
Klein-Mellen — 811
Mellin adel. Antheils — 986
Mellin königl. Antheils — 932
Mellinsche Wassermühle — 936
Merfin — 576
Merzin — 1076
Merzinke — 1076
Mesow — 315
Meyerey große u. kleine, Vorwerke. S. Roggow.
Meyeringen — 515
Michelshof, Vorwerk. S. Klein-Damerkow.
Mickrow — 986
Milchow — 40
Mönten, Dorf — 398
Misdow — 877
Misdow, Vorwerk. S. Wendisch-Puddiger.
Miß, Vorwerk. S. Vessin.
Missow oder Misdow — 793
Mittelberg, Vorwerk. S. Cussow.
Mittelfelde, Colonie. S. Budow.

Mittel-

Register.

Mirtelhagen	415
Mocker	517
Mockersche Ziegeley	517
Mocraz	435
Moddrow	1037
Moderow	248
Groß-Möllen adel. Antheils	576
Groß-Möllen königl. Antheils	538
Groß-Möllen Greiffenbergschen Kreises Antheil	84
Groß-Möllen Pyritzschen Kreises Antheil	153
Klein-Möllen adel. Antheils	977
Klein-Möllen königl. Antheils	538
Möllendorf	101
Möhsin	244
Mohrhof, Vorwerk. S. Söhren.	
Mohtow, Holzwärterwohnung. S. Wussow.	
Molzelin	577
Molzelvitz	578
Molzow	436
Molstow, adel. Gut in dem Borfschen Kreise	542
Molstow, adel. Gut in dem Greiffenb. Kreise	436
Molstow	578
Morak	437
Morgenstern	1057
Morgensternsche Korn- und Schneidemühle	1063
Morgow	437
Morhof, adel. Vorwerk. S. Wolkin.	
Moritzfelde	113
Moscowiterkathen, Unterförsterey	1063
Moßin	710
Muddel	877
Muddelscher Strand. S. Muddel.	
Muddelmow, adel. Dorf im Ostenschen Kreise	368
Muddelmow, Treptowsches Cämmereydorf	388
Muddelmow, Treptowsches Cämmereyvorw.	389
Mudenkathen. S. Stolitz.	
Müggenhahl	370
Mühlenbeck	113
Mühlenbruch	438
Mühlendorf	342
Mühlenhöfchen, Vorwerk. S. Petersdorf.	
Mühlenkamp	579
Mühlenvorwerk. S. Wusterwitz.	
Münchgrund, Rittersch. S. Schwedt.	
Münchkappe, Vorwerk. S. Winterfelde.	
Münde	830
Münsterberg	228
Münsterbergsche Windmühle	231
Müsse, Vorwerk. S. Besin.	
Mühlburg. S. Lobin.	
Mühenow	933
Mukry, Vorwerk. S. Groß-Podel.	
Mulkenthin	171
Muschgrin	254

Muttrin, adel. Dorf im Belgardschen Kreise	656
Muttrin, adel. Dorf im Stolpschen Kreise	986

N.

Nackel, Vorwerk. S. Seelig.	
Nackel, Holzkathen. S. Groß-Nossin.	
Nackel, Holzkathen. S. Schottofske.	
Nadebahr	579
Naffin	656
Nalette, Kathen. S. Klein-Massowitz.	
Namen, Vorwerk. S. Alt-Damerow.	
Naschband	764
Nassow	579
Natelvitz	368
Natstow. S. Natzow.	
Nahlaff	877
Nahmersdorf	343
Nahmershagen	355
Nahmershagensche Windmühle	365
Natzow	656
Naugard, Amt	295
Naugard, Dorf	580
Naugard, Stadt	287
Naugardsche Amtskrug	304
Naugardsche Walk- und Windmühle	305
Naugardsche Schwingmühle	305
Naulin	154
Naroth	1076
Neblin	711
Nechsin	495
Neblin	580
Negrey	343
Nehmer	495
Neiderzin, Vorwerk. S. Reitz.	
Neides	438
Neidhof, Vorwerk. S. Schönenwalde.	
Neidhof, Schäferey. S. Witzmitz.	
Neilokathen. S. Collatz.	
Neitztow	987
Neklah	52
Neklen. S. Neuklem.	
Nemitz, adel. Dorf	878
Nemitz, königl. Dorf	27
Nemitz, königl. Vorwerk	28
Nemmin	765
Nemmrin, Vorwerk. S. Muskerbartz.	
Groß-Nemmrin, Vorwerk. S. Cornin.	
Groß-Nemmrin, Vorwerk. S. Collatz.	
Klein-Nemmrin, Feldgut. S. Datnen.	
Nesekow	987
Nessin	581
Nest	515

Register

Neubolde oder Neuball 541
Neubrück, Unterförsterey 409
Neue Höfe. S. Cummin.
Neue Krug. S. Schwanteshagen.
Neuendorf, adel. Gut im Borkschen Kreise 344
Neuendorf, adel. Antheils im Saziger Kreise 271
Neuendorf, adel. Vorwerk. S. Rabbah.
Neuendorf, Dublitzsches Cämmereydorf 530
Neuendorf, königl. Dorf im Amte Draheim 731
Neuendorf, königl. Dorf im Amte Lauenburg 1051
Neuendorf, königl. Antheils im Amte Massow 232
Neuendorf, königl. Vorw. im Amte Lauenb. 1052
Neuendorf, königl. Vorw. im Amte Massow 235
Neuendorf, königl Vorw. im Amte Naugard 302
Neuendorf, Dorf in der Herrsch. Wildenbr. 75
Neuendorf. S. Buchwalde und Jassen.
Neuendorfsche Wassermühle 736
Neuendorfsche Wassermühle 236
Neuensfeld, Vorwerk. S. Lindenbusch.
Neuensfelde, Vorwerk 556
Neuengrape, adel. Pyritzschen Kr. Antheil 144
Neuengrape, der Stadt Pyritz Antheil 95
Neuengrape, der Herrsch. Wildenkr. Anth. 77
Neuenhagen, adel. Gut im Fürstenth. Camin 581
Neuenhagen, adel. Gut im Ostenschen Kr. 369
Neuenhagen, Rügenwaldesches Amtsdorf 855
Neuenhagen, Rügenw. Amtsd. in der Abtey 860
Neuenhagen, Rügenwaldesches Amtsvorwerk 863
Neuenkirchen 344
Neuesorge, Colonie. S. Reckow.
Neue Welt, Ackerhof. S. Grumsdorf.
Neue Zimmer. S. Barkow.
Neuhaus, Försterey im Amte Gülzow 29
Neuhaus, Oberförst. im Amte Friederichsw. 319
Neuhaus, Oberförsterey im Amte Naugard 304
Neuhof, adel. Dorf im Belgardschen Kreise 617
Neuhof, adel. Dorf im Lauenb. District 1076
Neuhof, adel. Dorf im Rummelsb. Kreise 798
Neuhof, adel. Vorwerk. S. Duchholz.
Neuhof, adel. Vorwerk. S. Klein-Carzenburg.
Neuhof, adel. Vorwerk. S. Cölpin.
Neuhof, adel. Vorwerk. S. Klohen.
Neuhof, adel. Vorwerk. S. Sanort.
Neuhof, adel. Vorwerk. S. Schönenwalde.
Neuhof, adel. Vorwerk. S. Seeger.
Neuhof, adel. Vorwerk. S. Viezow.
Neuhof, adel. Vorwerk. S. Zeinrum.
Neuhof, Bütowsches Cämmereyvorwerk 1044
Neuhof, königl. Dorf im Amte Draheim 731
Neuhof, oder Bucht Neuhof, Dublitzsches Amtsvorwerk 543
Neuhof, Naugardsches Amtsvorwerk 302
Neuhof, Neu-Stettinsches Amtsvorwerk 716
Neuhof, oder Probsthof, Stolpsch. Amtsvorw. 935

Neuhof, Treptowsches Amtsvorwerk 449
Neuhofsche Windmühle 336
Neuklenz 819
Neumark, Dorf 118
Neumark, Vorwerk 125
Neumarksche Windmühle 109
Neureese 582
Neu-Stettin, Amt 716
Neu-Stettin, Stadt 482
Neu-Stettinsche Amtsziegerey 726
Neu-Stettinsche Malz- und Schrootmühle 728
Neu-Stettinsche Vorwerk 770
Neuwasser 860
Neynachow oder Nienachow 1076
Michelsmühle. S. Stramehl.
Niebendzin oder Wobendzin 1076
Niederhof, Vorwerk. S. Corveshagen.
Niedernhagen 247
Niemitzke 987
Nieveken, Hohlkathen. S. Lübs adel. Gut.
Nievelengut. S. Donin.
Nimgeff oder Nimzewe, Vorwerk. S. Muttrin.
Ninkow 91
Nipnow 988
Nipperwiese 81
Nippoglense oder Nippoglenz 988
Nisforkenkathen, Vorwerk. S. Sydow.
Nitekenhagen, Vorwerk. S. Timmenhagen.
Nitznow 438
Gross Nossin 989
Klein Nossin 989
Nossow 878
Nözlin 879

O.

Oberste, Försterey 145
Obernhagen 345
Oberschäferey 543
Oblitz 1072
Oerden 765
Olsewie, Ackerwerk. S. Pottal.
Ornshagen 346
Ostaro-Damerow adel. Antheils 1088
Ostaro-Damerow königl. Antheils 1057
Osseck 1076
Ossecken 1077
Ost-Derp. S. Derp.
Ost-Divenow. S. Divenow.
Ostrfelde. S. Bärwaldesche Vorwerks.

P.

Pagenkopf, Dorf 231

Register.

Pagenkopf, Vorwerk	235
Pakulent	60
Pakulentsche Mühle	61
Palow	879
Palzwitz, Dorf	855
Palzwitz, Vorwerk	863
Panknin	860
Groß-Panknin	615
Klein-Panknin	615
Vor- und Hinter-Pankow, Vorwerke. S. Rabbah.	
Pansin	272
Papenhagen, Ackerhof. S. Reinfeld.	432
Papenhof, Ackerhof. S. Reinfeld.	
Papenwiesen, Feldgut. S. Groß Tychow.	
Papenzin Rumelsburgschen Kreises Antheil	793
Papenzin Schlawschen Kreises Antheil	879
Pappilhfelde	935
Papsteinthal	945
Parambie. S. Neu-Hütten.	
Paraschin	1077
Parchlin, Vorwerk. S. Coprieben.	
Parlin	272
Parlow	439
Parnow	583
Parpart, adel. Dorf im Fürstenth. Caßin	524
Parpart, adel. Dorf im Greiffenb. Kr.	439
Parpart, königl. Dorf	860
Parschen, Vorwerk. S. Poblot.	
Parsow	584
Paschen, oder Paskerkrug. S. Klein-Raßet.	
Paulsdorf	40
Pazig, adel. Gut im Borkschen Kreise	346
Pazig, adel. Gut im Flemmingschen Kr.	40
Pazig, adel. Gut im Neu-Stettinschen Kr.	766
Peest	879
Pegelow adel. Antheile	273
Pegelow königl. Antheile	242
Pempelow	41
Pennekow	880
Klein-Pennekow, Colonie. S. Pennekow.	
Groß-Perlin	1077
Klein-Perlin	1077
Persanzig	720
Neu-Persanzig	721
Persanziger Ober- und Untermühle	727
Peterhof, Vorwerk. S. Chmelenz.	
Petersberg, Schäferey. S. Klein-Däbsow.	
Petersdorf	1088
Petersfelde, Schäferey. S. Petershagen.	
Petershagen, adel. Dorf	835
Petershagen, königl. Vorwerk	863
Petershege, Schäferey. S. Dersdorf.	
Petersmark, Vorwerk. S. Altenwalde.	
Peterwitz	586

Petzenick, Dorf	854
Petzenick, Vorwerk	256
Petzenickische Wassermühle	257
Pflugrade, Dorf	233
Pflugrade, Vorwerk	235
Philippinenbruch, Vorwerk. S. Chmelenz.	
Philippshof, Vorwerk. S. Luptow.	
Philippsruhe, Vorwerk. S. Groß-Raßet.	
Philippsthal, Vorwerk. S. Mitrow.	
Piaßen oder Pyaschen	1087
Pieleberg oder Pieleburg	766
Piepenhagen	346
Pilowsche Mühle. S. Linde.	
Pinnow Greiffenbergschen Kreises Antheil	440
Pinnow Ostenschen Kreises Antheil	370
Pinnow, adel. Dorf im Neu-Stettinschen Kr.	766
Pinzkenkamp, 2 Kathen	941
Pipenburg	371
Pirnitzsche Mühle. S. Warchow.	
Pirpstow	860
Planheide, Colonie. S. Bosow.	
Plansen, Vorwerk. S. Klippoglense.	
Plantikow	316
Teutsch-Plaßow	990
Wendisch-Plaßow	990
Plaschkow, Flemmingschen Kreises Antheil	41
Plaschkow, Greiffenbergschen Kreises Antheil	440
Plate, Stadt	361
Plate, Vorwerk	371
Groß-Platenheim	1058
Klein-Platenheim	1058
Platschow oder Plakow, Meyerey. S. Erxow.	
Plauentin	586
Pleushagen	587
Plletenitz	767
Plönzig	115
Plötzig oder Plötzke Rumelsburgs. Kreises Ant.	799
Plötzig Schlawschen Kreises Antheil	881
Plümenhagen	587
Pobanz	588
Poberow adel. Dorf im Greiffenbergschen Kreise	440
Poberow adel. Dorf im Rumelsburgschen Kreise	799
Groß-Pobloth	588
Klein-Pobloth	589
Poblot	991
Pobejuchsche Kalkbrennerey	114
Groß-Pobel	992
Klein-Pobel	993
Poderolls	618
Poderollshausen	929
Pöhlen	711
Pöppeln	881
Pöppelhof, Vorwerk. S. Pöppeln.	
Pogarth	993

[Aaaaaa 2] Pogasille

Register

Pogesille, Vorwerk. S. Klein-Schwirsen.	
Poggenstall, Vorwerk. S. Pritzig.	
Poggenspiel, Vorwerk. S. Groß-Damerkow.	
Polchow, adel. Dorf im Borkschen Kreise	246
Palchow, Dorf in dem Domcapitel Cammin	53
Poldemin	531
Pollnow	846
Polzen oder Polschen	1088
Polzin, Stadt	625
Polzin, Vorwerk	658
Polzinsche Brunnen	628
Groß-Pomeiske	1085
Klein-Pomeiske, Dorf	1058
Klein-Pomeiske, Vorwerk	1060
Pommersche Höfe, Vorwerk. S. Petershagen.	
Pommershof. S. Altenwalde.	
Ponickel	800
Ponicken, Dorf	548
Ponicken, Vorwerk	544
Klein-Popperow, Vorwerk. S. Jagertow.	
Poppenhagen	538
Poppow	1077
Porst	542
Porstsche Wassermühle	545
Porzerz oder Porsez, Vorwerk. S. Paraschin.	
Postbauer	230
Postgasthof. S. Roggow.	
Potocken, Vorwerk. S. Neu-Jugelow.	
Pottock oder Pottack	800
Pottangow, Vorwerk. S. Darsin.	
Prebendow, adel. Dorf im Lauenburgschen Dist.	1077
Prebentow, adel. Dorf im Stolpschen Kreise	994
Preek	862
Prelang. S. Kopplin.	
Prelaug, Vorwerk. S. Steinfort.	
Prembow. S. Drebentow.	
Premslaff	347
Pretmin, Dorf	614
Die Pretmin, Vorwerk. S. Preest.	
Pribbernow, Dorf	27
Pribbernow, Vorwerk	28
Pribbernowsche Mühlen	29
Ganzen- oder Teutsch-Pribbernow	441
Wendisch-Pribbernow	441
Pribbarzig	589
Prielchow	767
Priemhausen, königl. Antheils	233
Priemhausen der Stadt Stargart Antheil	204
Priemhausensche Ober- und Untermühle	207
Prilup	114
Pritzig Rummelsburgschen Kreises Antheil	800
Pritzig Schlaweschen Kreises Antheil	882
Probsthof. S. Neuhof.	
Prössin	732

Brandsonke	1058
Prillwitz	155
Prillwitzerkathen, Vorwerk. S. Seelitz.	
Prützenow	349
Prust, adel. Dorf	442
Prustscher Schulzenhof	404
Pzerette, Vorwerk. S. Groß-Wurmschin.	
Prymas	1058
Puddemsdorf	717
Puddenzig	274
Deutsch-Puddiger	807
Wendisch- oder Hohen-Puddiger Rummelsburgschen Kreises Antheil	807
Wendisch- oder Hohen-Puddiger Schlaweschen Kreises Antheil	867
Püstow Rummelsburgschen Kreises Antheil	807
Püstow Schlaweschen Kreises Antheil	889
Pütt, Oberförsterey und Krug	229
Pützerlin	206
Pützerlinsche Wassermühle	207
Puggerschow	1073
Paulow adel. Antheils	640
Paulow königl. Antheils	633
Pumptow	156
Puppendorf, Vorwerk. S. Waldow.	
Pusig	1053
Pusigsche Mühle	1053
Pustamin	283
Pustar	429
Pustchow, adel. Dorf	442
Pustchow, königl. Dorf	633
Puzerlin	590
Pyritz, Amt	100
Pyritz, Stadt	86
Pyritzsche Altstadt, Dorf	100
Pyritzsche Altstadt, Vorwerk	101
Pyritzsche Stadtracht	96
Pyritzsche Altstädtsche Wassermühle auch Springmühle	104

Q.

Quackenburg	800
Quatzow	884
Groß-Quesdow	884
Klein-Quesdow	884
Quetzin	592
Quilsbergen	660

R.

Rabuhn	590
	Rackow

Register.

Rackow	792
Rackowsche Wassermühle	736
Raddack	41
Raddatz	767
Raddatzer Krug, Vorwerk. S. Barkenbrügge.	
Groß-Raddow	347
Klein-Raddow	348
Radduhn	371
Radesfeld, Vorwerk. S. Gliezig adel. Antheils.	
Radern	326
Raderang, Feldgut. S. Polnow.	
Radrang, Vorwerk. S. Sydow.	
Rätzenhagen. S. Hagen.	
Rakitt, adel. Dorf im Greiffenbergschen Kreise	442
Rakitt, adel. Pyritzschen Kreises Antheil	156
Rakitt, königl. Antheils	102
Rakitt der Stadt Pyritz Antheil	95
Groß-Rakitt	995
Klein-Rakitt	996
Groß-Rambin	668
Klein-Rambin	662
Rambitza, Vorwerk. S. Reddestow.	
Ramborw, adel. Dorf	996
Rambow, königl. Vorwerk	940
Ramelow	591
Ramsberg	51
Rarfin, adel. Dorf im Belgardschen Kreise	661
Rarvin, adel. Dorf im Greiffenbergschen Kreise	443
Raths-Damnitz. S. Damnitz.	
Rattaick oder Ratteck	885
Ratzebuhr	707
Ratzebuhrsche Ober- und Niedermühle	727
Raubern, Feldgut. S. Damen.	
Raunnersaue	114
Rauschmühle	329
Ravenhorst	443
Ravensberg	550
Ravenstein, Dorf	248
Ravenstein, Vorwerk	251
Ravenstemsche Wassermühle	252
Reblin	185
Neu-Reblin, Colonie. S. Reblin.	
Die Recken. S. Parkotzen.	
Reckow, adel. Dorf im Borkschen Kreise	348
Reckow, adel. Dorf im Bütowschen Distrikt	1089
Reckow, adel. Dorf im Fürstenthum Cammin	591
Reckow, adel. Dorf im Greiffenbergschen Kreise	444
Reckow, königl. Dorf im Amte Colbatz	114
Reckow, königl. Dorf im Amte Lauenburg	1055
Reddentius	886
Redleslow	1073
Redlichow, Vorwerk. S. Quatzow.	
Reddis	501
Rebel	662

Reblin	581
Reblitz, Colonie. S. Groß-Darnalz.	
Groß-Reetz	808
Klein-Reetz	802
Regenwalde, Stadt	704
Regenwalde, adel. Gut	705
Regenwaldscher Stadthof. S. Stadt Regenwalde.	
Rehbock, Tretofen	18
Rehfelde	157
Rehsehl, Dorf adel. Antheils	174
Rehsehl, Dorf Knigl. Antheils	178
Rehsehl, königl. Vorwerk	235
Reinickel	141
Reinwinkelsche Wasser- und Windmühle	148
Reichenbach	874
Groß-Reichow	662
Klein-Reichow	662
Reinfeld, adel. Dorf im Belgardschen Kreise	665
Reinfeld bey Darrow, adel. Dorf im Rummelsburgschen Kreise	808
Reinfeld bey Rummelsburg, adel. Dorf im Rummelsburgschen Kreise	802
Reinholdsfelde, Vorwerk. S. Franzen.	
Reinwasser	803
Reitz	996
Neu-Reitz, Colonie. S. Reitz.	
Renfelow, Dorf	400
Renfelow, Vorwerk	402
Rensin	41
Repenow	157
Replow	592
Reppelin	157
Resekow Greiffenbergschen Kreises Antheil	444
Reselkow Ostenschen Kreises Antheil	372
Rettelwitz	1078
Retzin	664
Retzowesfelde	125
Retztow	598
Rewahl	71
Revenow	72
Rexin	996
Rexinghof, Vorwerk. S. Wordike.	
Ribbekart	445
Ribbertow	40
Riblenke oder Reblenke	1078
Riebitz	445
Rheggeir, Feldgut. S. Boltow.	
Rienow	549
Groß-Rischow	124
Klein-Rischow	162
Riknow	40
Ristow, adel. Dorf im Belgardschen Kreise	665
Ristow, adel. Dorf im Schlawischen Kreise	886
Neu-Ristow, Colonie. S. Ristow.	

[Aaaaaa 3]

Ristow

Register

Ristow, Schäferey. S. Crangen.
Ritterland. S. Lassehrt.
Ritherow 666
Ritzow 933
Rivoldsdorf, Vorwerk. S. Marrin.
Robe 405
Rochow Rummelsburgschen Kreises Antheil 804
Rochow Schlaweschen Kreises Antheil 887
Roderbeck 79
Röber. S. Groß-Möllen.
Rönz 42
Roepke 1040
Rörchen, königl. Vorwerk im Amte Friederichow. 228
Rörchen, Dorf in der Herrschaft Wildenbruch 78
Rörchensche Winds und Wassermühle 231
Röhrenhagen 337
Roggatz oder Rogalsch . . . 997
Roggelin, Vorwerk. S. Alt-Schlage.
Roggow, adel Dorf im Borfschen Kreise 350
Roggow, adel. Dorf Borfschen Kreises Antheil 350
Roggow, adel. Dorf Daberschen Kreises Antheil 317
Roggow, adel. Dorf im Saziger Kreise 275
Roggow, königl. Dorf im Amte Belgard 614
Roggow, königl. Vorwerk im Amte Belgard 635
Roggowsche Wasser- und Schneidemühle 636
Rogzow, adel. Dorf . . . 593
Rogzow, königl. Dorf . . 735
Rogzow, königl. Vorwerk . . 736
Rogzowsche Oberwassermühle . 736
Rohr 804
Rohrberg, Feldgut. S. Bramstädt.
Rohrsdorf der St. Marienstiftskirche in Stettin Antheil 158
Rohrsdorf der Herrschaft Wildenbruch Antheil 76
Rolle, Vorwerk. S. Grünewalde.
Romahn 446
Roschitz 1079
Rosenfelde, adel. Dorf im Borfschen Kreise 350
Rosenfelde, adel. Dorf im Greiffenbergschen Kr. 34
Rosenfelde, adel. Dorf im Pyritzschen Kreise 158
Rosenow, adel. Dorf . . . 351
Rosenow, königl. Dorf . . 213
Rosgard oder Rosgord . . 1079
Roslasin, königl Dorf . . 1051
Roslasin, königl. Vorwerk . . 1051
Roslasinsche Mühle . . 1051
Rosnow 593
Rossenthin, Antheil des Domcapituls Colberg 614
Rossenthin, Antheil der Stadt Colberg 495
Rosso 275
Rostin 614
Rothekrug 517
Rothernsier . . . 392
Rothentlies, Feldgut. S. Bärwaldsche Vorwerke.

Rother-Riege, Feldgut. S. Reinfeld.
Rotten 997
Rottenow 446
Rottow 666
Rojog 837
Rozogsche Mühle. S. Stöhla.
Rowe, adel. Antheils . . . 998
Rowe, königl. Antheils . . 938
Rowen 998
Groß- u. Klein-Rübenhagen, Vorm. S. Cumerow.
Rübenland, Feldgut. S. Reinfeld.
Rückwerder, Vorwerk. S. Uehlingsdorf.
Rügenwalde, Amt . . . 851
Rügenwalde, Stadt . . . 816
Rügenwaldesche Schloß- und Schneidemühle 865
Rügenwaldsche Tief. S. Neuwasser.
Rütschenhagen. S. Rützenhagen.
Rützenhagen 855
Rützenow 446
Rühow 893
Ruheleben, Vorwerk. S. Neu-Jugelow.
Rumbler Viehhof . . . 941
Rummelsburg . . . 779
Rummisblott 941
Rumske oder Rumbske . . 998
Runow 376
Groß-Runow . . . 999
Klein-Runow Schlaweschen Kreises Antheil 888
Klein-Runow Stolpschen Kreises Antheil 999
Ruschitz oder Rusche . . 999
Rushagen 830

S.

Saben 305
Sabes 115
Sabesow 38
Sabinenhof, Vorwerk. S. Sassen.
Sabow 158
Groß-Sabow . . . 198
Klein-Sabow . . . 317
Sachsenhof, Ackerwerk. S. Biezow.
Sägemühle, Vorwerk. S. Poberow.
Sagen 352
Sager, adel. Dorf im Belgard. Kr. 666
Sager adel. Dorf im Flemingschen Kreise 43
Sagerke 999
Sageritz, Dorf . . . 933
Sageritz, Vorwerk . . . 935
Sagersberg, Oberförsterey . . 304
Sallentin 158
Salleske 888
Salleoker Strand. S. Salleske.
Salmow Daberschen Kreises Antheil 318
Salmow Borfschen Kreises Antheil 352

Salonke,

Register.

Salonke, Vorwerk. S. Reinwasser.
Samuske, Wassermühle und Kath. S. Niemitzke.
Sand, Feldgüter. S. Damen.
Sandhof, königl. Holländerey   32
Sandhof, adel. Vorwerk. S. Dünkuhlen.
Sandhof, adel. Vorwerk. S. Zarkow.
Sandhof, Kathen. S. Collatz.
Sandow   159
Sand-Schöneu. S. Schönen.
Sanort   768
Sanstow   1000
Alt-Sanzkow   666
Neu-Sanzkow   667
Sarbske   1079
Sarnow, adel. Antheil   43
Sarnow, königl. Antheils   19
Sarnow, königl. Vorwerk   21
Neu-Sarnow   22
Sarow   204
Sassenburg, adel. Dorf im Saziger Kreise   277
Sassenburg, adel. Anth. im Fürstenth. Camin   194
Sassenburg, adel. Anth. im Neu-Settin. Kr.   769
Sassenburg königl. Anth. im Amte Bublitz   542
Sassenhagen   278
Satin   1079
Groß-Satspe   594
Klein-Satspe   595
Saulin   1080
Saulinke   1080
Savlat   1000
Sazig, Amt   246
Sazig, Dorf   249
Sazig, Vorwerk   251
Schafsbrück, Untersösterey   304
Scharchow   52
Scharfenstein   934
Scharnitz   805
Scharpenort   732
Scharschow, adel. Dorf im Lauenburgs. Distr.   1080
Scharsow oder Scharschow, adel. Dorf im Rummelsburgschen Kreise   860
Scheddin   855
Schellin, adel. Dorf im Pyritschen Kreise   160
Schellin, Greiffenbergsches Cämmereydorf   400
Schellin, Greiffenbergsches Cämmereyvorwerk   402
Schenkengut, Buschkathen. S. Redel.
Schiblitz, Vorwerk. S. Darsow.
Schiblitz. S. Groß-Nossin.
Schimmerwitz   1080
Schinchow   43
Schinz   667
Schlackow, Schlaweschen Kreises Antheil   889
Schlackow, Stolpischen Kreises Anthel   1000
Alt-Schlage   668
Schlaickow. S. Claickow.

Schlaischow. S. Claischow.
Groß-Schlatikow   243
Klein-Schlatikow   243
Schlawe   832
Schlawesche Stadthof, Walk und Schneidemühle, Ziegeley, Försterey und Waldhof   842
Schlawesche Mühle   865
Schlawin   861
Schieffin   71
Schlennewitz. S. Schlönwitz.
Schlennin   668
Schleps, Vorwerk. S. Roggow.
Schlochow, adel. Dorf   1080
Schlochow, königl. Dorf   929
Schlönwitz oder Schlennewitz   889
Neu-Schlönwitz, Colonie. S. Schlönwitz.
Schlötenitz   160
Schloißin   518
Schloß   863
Schloßkämpen, Dorf   542
Schloßkämpen, Vorwerk   544
Schluppe, Kathen   1062
Schluschow oder Slußow   1032
Schmaatz adel. Antheils   1002
Schmaatz der Stadt Stolpe Antheil   923
Schmalenthin   402
Schmaltzenthin   734
Schmarsow   182
Schmechelshof, Vorwerk. S. Alt-Döberitz.
Schmelz, Vorwerk. S. Darsow.
Schmelzdorf   518
Schmelzerforth   24
Schmenzin   669
Schmidteuthin   735
Groß und Klein-Schmilz. S. Bärwaldesche Vorw.
Schminz   30
Schmitzkenberg, Ackerhof. S. Reinfeld.
Schmollenhagen. S. Cordeshagen.
Schmolsin, Amt   938
Schmolsin, Dorf   939
Schmolsin, Vorwerk   941
Schmolsinsche Mühlen   941
Schmorow   352
Schmuckenthin. S. Cölpin.
Schnackenburg, adel. Gut   185
Schnackenburg, Vorwerk S. Groß u. Klein-Tarnow.
Schnatow   447
Schneidemühle, adel. Dorf   732
Schneidemühl, königl. Dorf   732
Schneidemühlsche Wassermühle   736
Schnittriege   299
Schönau   334
Schönausche Windmühle   436
Schönehr oder Schönehr   1081

Schönem

Register

Schönenbeck	278
Schönenberg, adel. Dorf	161
Schönenberg, königl. Dorf	255
Schönenwalde, adel. Dorf im Borkschen Kreise	352
Schönenwalde, adel. Dorf im Daberschen Kreise	322
Schönenwalde, adel. Dorf im Stolpschen Kreise	1001
Schönenwerder	161
Schöuen	318
Groß-Schönfeld, adel. Dorf	82
Groß-Schönfeld, königl. Dorf	115
Klein-Schönfeld	115
Schönfelde, Colonie. S. Grambzow.	
Schönhagen Flemmingschen Kreises Antheil	44
Schönhagen Satzger Kreises Antheil	279
Schöningen	116
Schöningswalde	330
Schönkr. S. Schönkr.	
Schönow	161
Schözlo	598
Schofhütten. S. Grünenwalde.	
Schojow	1001
Schölpin	941
Schöniz, Vorwerk. S. Ponickel.	
Schorawe) Holzwärterey. S. Klein Gansen.	
Schorawe, Vorwerk. S. Neu-Jugelow.	
Schorin	1008
Schorrostole	1002
Schoworz	353
Schrottacken	538
Schrin. S. Schörrin.	
Schruptow	447
Schübben	596
Schüttenmühle. S. Morah.	
Schülzenhau	116
Schulzenhagen	596
Schulzke, Colonie. S. Groß-Pomeiske.	
Schurow	1001
Schwanenbeck	255
Schwantzhagen	448
Schwarzewitz	20
Schwartow, adel. Dorf im Fürstenthum Camin	597
Schwartow, adel. Dorf im Lauenburgs. Distr.	1081
Schwatcow, adel. Vorwerk. S. Zuchen.	
Schwarzewke	1081
Schwarzer Born, Holzwärterey. S. Klein Gansen.	
Schwarzin, Schlawschen Kreises Antheil	889
Schwarzin, Stolpschen Kreises Antheil	1003
Schwarzmühle. S. Wendisch-Silkow.	
Schwarzow	299
Groß-Schwarzsee	712
Klein-Schwarzsee	713
Schwedt	449
Schwellin	598
Schwemmin	599
Schwentz	105

Schwendische	207
Schwetzig	245
Schwerin	
Schwerinsthal	
Schwessin, adel. Dorf	
Schwessin, königl. Dorf	755
Schwessin, königl. Vorwerk	755
Schwesslin	1075
Schwessow	
Schwetzen. Vorwerk. S. Glowiz.	
Schwetzkow	1080
Groß-Schreichow	1082
Klein-Schreichow	1083
Schwirsen	
Groß-Schwirsen	
Klein-Schwirsen	
Schwochow	
Schwolow	925
Schwuchow	
Schwurl, Feldgut. S. Schwarze Vorwerk.	
Sechshufen, Vorwerk. S. Zarlow.	
Seddin, Vorwerk. S. Schwarze.	
Seckowber Oder oder Mühdau, Feldgut. S. Groß Reetz.	
Seefeld, Feldgut. S. Sternin.	
Seefeld, dem Domcapitul Colberg gehörig	614
Seefeld, Dorf der Stadt Stargard gehörig	105
Seefeld, Vorwerk der Stadt Stargard gehörig	106
Seefeldshof, Vorwerk. S. Alt-Döbern.	
Seeger	599
Seehof, Colonie. S. Gabjen.	
Seehof, Vorwerk. S. Brewiz.	
Seehof, Vorwerk. S. Lubben.	
Seehof, Vorwerk. S. Peuneckow.	
Seehof, Vorwerk. S. Stadt Regenwalde.	
Seehof, Vorwerk. S. Wendisch Tychow.	
Seekrug. S. Klein-Dubbrow.	
Seelitz oder Derselff	808
Segenthin	890
Seibel	600
Selberg oder Selbur, Vorwerk. S. Berrin.	
Seichord	82
Seichorn. S. Wendisch-Silkow.	
Seiersen	1004
Sellen	330
Sellin, adel. Dorf im Greiffenbergschen Kreise	451
Sellin, adel. Dorf im Rummelsburgschen Kreise	808
Berg-Sellin, Vorwerk. S. Sellin.	
Sellnow, Colbergsches Cämmereydorf	495
Sellnow, königl. Dorf	1051
Sellnow, königl. Pächterey	1052
Sellnow, adel. Vorwerk. S. Zarnefanz.	
Selow	116
Semmerow	496

Register.

Sgojow, S. Schojow.
Siehe ... 118
Siegelkow ... 451
Siegmundsthal, Vorwerk. S. Carwitz.
Sietkow ... 670
Sikeen, adel. Antheils ... 670
Silesen, königl. Antheils ... 634
Silesen. S. Seiesen.
Silesensche Wassermühle ... 636
Groß-Silkow Rummelsburgschen Kreises Antheil ... 809
Groß-Silkow Stolpschen Kreises Antheil ... 1005
Klein-Silkow ... 1005
Wendisch-Silkow ... 1005
Silligsdorf Dorfschen Kreises Antheil ... 358
Silligsdorf Saziger Kreises Antheil ... 230
Simbow. S. Symbow.
Simböckel, Dorf ... 496
Simböckel, Vorwerk ... 497
Simböckelsche Wassermühle ... 497
Simzow ... 117
Simzowsche Wassermühle ... 114
Slozerosche Mühle. S. Sommainsche Wassermühle.
Slaickow oder Schlaickow ... 1081
Slalschow oder Schlaischow ... 1082
Sluppe, Vorwerk. S. Groß-Moslin.
Smeddes, Mühle. S. Bergensin.
Sochow ... 1006
Söllnitz, adel. Dorf ... 890
Söllnitz, königl. Pächterey ... 1053
Groß-Soldekow oder Soltikow ... 890
Klein-Soldekow ... 890
Soltenitz adel. Antheils ... 769
Soltenitz königl. Antheils ... 721
Soltenitzsche Schäferey ... 716
Soltenitzsche Wasser-Schneide-und Walkmühle ... 728
Solthof, Vorwerk. S. Neu-Duckow.
Soltin ... 70
Sommin ... 1058
Somminsche Mühle ... 1063
Sonnenwalde ... 1059
Sonntag, Ackerwerk. S. Cöslin.
Sophienhof, Vorwerk. S. Alt-Döberitz.
Sophienhof, Vorwerk. S. Waldewin.
Sophienhof, Vorwerk. S. Milkow.
Sophienthal, Vorwerk. S. Barkotzen.
Groß-Sophienthal ... 227
Klein-Sophienthal ... 227
Sorchow ... 1006
Sorenbohm, adel. Dorf ... 538
Sorenbohmsche Windmühle ... 539
Sorenhof, Feldgut. S. Bärwaldsche Vorwerke.
Sorenkrug, Vorwerk. S. Geiglitz.
Spaldingsfelde ... 117
Sparsee adel. Antheils ... 770
Sparsee königl. Antheils ... 712

Sparksche Wassermühle ... 718
Speck, adel. Dorf im Lauenburgschen District ... 1082
Speck, adel. Saziger Kreises Antheil ... 230
Speck, adel. Flemmingschen Kreises Antheil ... 45
Spie ... 496
Spiesche Wassermühle ... 428
Spring, Vorwerk. S. Roggow.
Springkrug ... 635
Sprinzow, Ackerwerk. S. Koppenow.
Staarz ... 452
Staeven ... 54
Standemin ... 671
Stangsooren, Bauerhof. S. Groß-Pomeiske.
Stanzin ... 934
Stargard ... 170
Stargardsche Ziegeley ... 207
Stargord ... 358
Starkow, adel. Dorf ... 809
Starkow, königl. Dorf ... 934
Staroitz ... 1007
Starsberg, Vorwerk. S. Romahn.
Stavenow-Groß. S. Ehrenberg.
Stecklin ... 85
Steglin adel. Antheils ... 891
Steglin der Stadt Cößlin Antheil ... 916
Streifenthal. S. Neu-Damerow.
Steinburg, Ackerwerk. S. Pottrack.
Steinburg, Vorwerk. S. Grünewalde.
Steinburg, vier Vorwerke. S. Lotzin.
Steinfort ... 770
Steinort ... 861
Steinwehr ... 84
Stemnitz ... 855
Stepen ... 600
Stepenitz, Amt ... 17
Stepenitzsche neue Schneidemühle ... 23
Groß-Stepenitz, Stadt ... 1
Groß-Stepenitz, Vorwerk ... 26
Klein-Stepenitz ... 20
Sterbenin ... 1082
Sternin ... 452
Stettin-Neu. S. Neu-Stettin.
Steven. S. Staven.
Stevenhagen ... 205
Stevenhagensche Wassermühle ... 207
Stibbeborn, Vorwerk. S. Crangen.
Stölitz ... 373
Stölitzhof oder Stölitzhöschen, Vorwerk. S. Geiglitz.
Stojentzin, adel. Dorf ... 1008
Stojenthin, königl. Dorf ... 940
Stoikow, Dorf ... 532
Stoikow, Vorwerk ... 533
Stoikowsche Windmühle ... 534
Stolpe, Amt ... 930
[Bbbbbb]
Stolpe,

Register.

Stolpe, Stadt	899
Stolpsche Mühlen	936
Stolpmünde	929
Stoltenberg	600
Stolzenhagen	250
Storkow, adel. Dorf im Neu-Stettinschen Kr.	771
Storkow, adel. Dorf im Saziger Kreise	230
Strachmin	600
Stramehl	354
Straßnic, Vorwerk. S. Paraschin.	
Strebelow oder Strevelow, Dorf	164
Strebelow. adel. Schäferey. S. Sternin.	
Strektenthin, adel. Dorf im Greiffenbergschen Kreise	453
Streckenthin, adel. Vorwerk im Fürstenthum Cammin	601
Stregow	453
Stresow. S. Stresow.	
Groß-Streitz	601
Klein-Streitz	139
Strelzig, Dorf	723
Strelzig oder Eichen, Vorwerk. S. Eichen.	
Strelziger Windmühle	728
Strellentin	1082
Groß-Strellin	1008
Klein-Strellin	930
Strelowenhagen	300
Strelowenhagensche Wasser- und Windmühle	303
Stresen	164
Stresow, Dorf dem Domcapitul Camin gehörig	51
Stresow, adel. Dorf im Lauenburgs. District	1082
Stresow, Dorf in der Herrschaft Wildenbruch	77
Stresow, adel. Vorwerk. S. Klein-Gluschen.	
Strickershagen	930
Strithmin, Feldgut. S. Volkow.	
Strippow	601
Ströpsack, Krug. S. Zernin.	
Strohdorf	102
Strohwisp, Feldgut. S. Bärwaldeschen Vorwerke.	
Strummelkamy, Vorwerk. S. Barenbusch.	
Strussow	1059
Stuchow	453
Strüdnitz adel. Antheils	1089
Strüdnitz königl. Antheils	1059
Strüdnitzsche Wassermühle	1064
Stüldzonken, Vorwerk. S. Groß-Pomeiske.	
Stuthof	402
Suckow, königl. Amt	409
Suckow, königl. Vorwerk	410
Suckow, Rügenwaldesches Cämmereydorf	891
Suckow, Rummelsburgschen Kreises Antheil	809
Suckow, Schlawschen Kreises Antheil	891
Suckow an der Ihna adel. Antheils im Pyritzschen Kreise	165
Suckow an der Ihna adel. Antheils im Saziger Kreise	248
Suckow an der Ihna königl. Antheils im Amte Sazig	240
Suckow an der Plöne, adel. Dorf im Pyritzschen Kreise	165
Sülzhorst, Amt	410
Sülzhorst, Vorwerk	418
Swiatken, Holzwärterey. S. Klein-Gansen.	
Sydow	895
Sydowsane	135
Symbow oder Simbow	891
Symoltzel. S. Simötzel.	
Swante	1209
Szrepnitz, Schäferey. S. Vorwerk Bütow.	

T.

Tabden. S. Thadden.	
Tangen	1059
Tangerhof, Vorwerk. S. Sabow.	
Groß- und Klein-Tarmen	771
Tarnow	355
Tarpenow, Vorwerk. S. Maffin.	
Tauenzin	1082
Techlip	891
Teerofen, Vorwerk. S. Jassen.	
Teerofen an dem Berliner Loch	230
Teerofen am großen Gläch	230
Teerofen an der Ihna	230
Teichhof, Vorwerk. S. Petersdorf.	
Teipelkrug. S. Zarnefanz.	
Temnick adel. Antheils	280
Temnick königl. Antheils	230
Temnicksche Wassermühle	630
Tempelburg	182
Teschendorf	182
Teonardsberg, Holzwärterey. S. Ziegenow.	
Teschin, adel. Dorf im Fürstenthum Cammin	601
Teschin, adel. Dorf im Greiffenbergschen Kreise	453
Teschlosshagen	454
Thadden oder Tabden	1089
Thirsen oder Thine	891
Thoensdorf	78
Thunow	601
Thurow	728
Thurowsche Wasser-Schneide- und Walkmühle	728
Tichow. S. Ipchow.	
Tiezow	672
Timmenhagen	603
Todenhagen, adel. Dorf	603
Todenhagen, königl. Vorwerk	539
Tolz	182

Tommbuhr

Register.

Topnenbuhr	28
Totnow	251
Trabehn	771
Tramm	615
Trampke oder Trampe	281
Trebenow	455
Treblin	809
Drechel	300
Treptow, Amt	403
Treptow, Dorf	244
Treptow, Stadt	376
Treptow, Vorwerk	244
Treptowsche Mühlen	403
Treptowsche Ziegeley	390
Treßin	339
Treten	809
Tribsow. S. Tripsow.	
Tribus oder Triebs	405
Trienke	604
Triglaff	455
Tripsow adel. Antheils	456
Tripsow, der Stadt Cammin Antheil	32
Trochentin, Schäferey. S. Vorwerk Friederichsberg.	
Truhlaß	300
Truhlaßche Wassermühle	303
Tzezablatkow	1019
Groß-Tuchen, Dorf	1059
Groß-Tuchen, Vorwerk	1061
Groß-Tuchensche Papier- und Kornmühle	1064
Klein-Tuchen	1060
Tünkenwerder, Vorwerk. S. Claushagen.	
Turzig Rummelsburgschen Kreises Antheil	810
Turzig Schlaweschen Kreises Antheil	894
Groß-Tychow	672
Wendisch-Tychow	894
Woldisch-Tychow	673

U.

Uebedel	542
Uchdorf	79
Uchtenhagen	283
Ueberschlag, Vorwerk. S. Alt-Döberitz.	
Ueckerhof	165
Uhlenberg, Schäferey. S. Jannewitz.	
Uhlenburg	614
Uhlenkrug. S. Schrouchow.	
Uhlingen	1083
Ullrichsfelde, königl. Schäferey	936
Ullrichsfelde, adel. Vorwerk. S. Groß-Podel.	
Ullrichshof	496
Ullrichsschäferey, Dorf	542
Ullrichsschäferey, Vorwerk	544

Unheim	365

V.

Valm	779
Vanerow	457
Vangerin oder Vangerin	810
Vangerow, adel. Dorf	773
Vangerow, königl. Dorf	535
Vangeroke	1009
Varbezin. S. Farbezin.	
Varchentin, Schäferey. S. Vorwerk Friederichsberg.	
Varchmin	604
Varchminshagen	605
Vargow	1009
Varzin Rummelsburgschen Kreises Antheil	810
Varzin Schlaweschen Kreises Antheil	895
Varzmin	1010
Veddin, Dorf	934
Veddin, Vorwerk	935
Veblingsdorf	234
Vellin	895
Verchland	166
Versin	810
Veßin	1011
Vettrin	895
Vierhof, Vorwerk. S. Klein-Carzenburg.	
Vetzke, Kathen	1061
Viartlum	810
Vlatrow	1011
Vierhof, adel. Feldgut. S. Schmenzin.	
Vierhof, königl. Vorwerk	302
Vierschäferey, Vorwerk. S. Voigtshagen.	
Vieschen	1011
Vietkow	940
Viezow	674
Vietzig, adel. Dorf im Lauenburgschen District	1083
Vietzke oder Vietzig, adel. Dorf im Stolpschen Kreise	1012
Klein-Vietzig oder Wussowke. S. Vietzig.	
Vikafsche Mühle. S. Lojow.	
Vilgelow	1013
Vilkow	1052
Vilkowsche Mühle	1053
Vilnow	774
Virchenzin, Dorf	940
Virchenzin, Vorwerk	941
Vitorese oder Witorese	1083
Vitte	856
Viverow	606
Groß- und Klein-Viveram, Vorwerk. S. Kösternitz.	
Virow	1013
Vockenhagen	411

Völschen-

Register.

Welschenhagen	401
Wölzin	457
Vogelsang, adel. Dorf im Bookschen Kreise	357
Vogelsang, adel. Schäferey. S. Cölpin.	
Vogelsang, adel. Vorwerk. S. Crangen.	
Vogelsang, adel. Vorwerk. S. Groß-Tychow.	
Vogelsang, Holzwärterkathen. S. Wustrow.	
Vogelsangsche Wassermühle	124
Voigtshagen, adel. Dorf	319
Voigtshagen, königl. Dorf	411
Groß-Voldekow	675
Klein-Voldekow	679
Groß-Volz	813
Klein-Volz	813
Groß-Vorbeck	606
Klein-Vorbeck, Vorwerk. S. Wartelow.	
Vorhütte, Vorwerk. S. Sydow.	
Vorwerk, Dorf	634
Vorwerk, Ackerhof	639
Vosberg	284

W.

Wachholzhagen	414
Groß-Wachlin	349
Klein-Wachlin, adel. Antheil	397
Klein-Wachlin, königl. Antheil	330
Waldhof, Vorwerk. S. Klein Ranow.	
Groß-Waldhof	696
Klein-Waldhof, Vorwerk. S. Dennekow.	
Waldow	813
Waldvorwerk. S. Wusterwitz.	
Wallachsee	725
Walsleben, Dorf	234
Walsleben, Vorwerk	236
Wandhagen	361
Wangerin, Stadt	328
Wangerin, adel. Gut	377
Wangerin, adel. Bauerdorf. S. Wangerin.	
Wangerin, Treptowsches Cämmereydorf	389
Wangerin Treptowsches Cämmereyvorwerk	389
Wangeritz	285
Warbelin	1014
Warbelow oder Warbelow Rummelsburgschen Kreises Antheil	813
Warbelow Schlaweschen Kreises Antheil	896
Warbelow adel. Dorf im Stolpschen Kreise	1014
Neu-Warbelow, Colonie. S. Warbelow.	
Groß-Wardin	676
Hohen-Wardin	676
Klein-Wardin, Vorwerk. S. Groß-Wardin.	
Warnin, adel. Dorf im Belgardschen Kreise	677
Warnin, adel. Dorf im Fürstenthum Cammin	606
Warnitz	166

Warschow	841
Warsin	161
Wartelow	606
Wartenberg	112
Wedage, Vorwerk. S. Jachow.	
Wederow, Vorwerk. S. Stramehl.	
Groß-Werekow	45
Klein-Werekow	44
Werlow	389
Werkmühle	47
Weißmühle. S. Pleschen.	
Weitenhagen, adel. Dorf im Daberschen Kreise	318
Weitenhagen, adel. Dorf im Stolpschen Kreise	1012
Weitenhagenscher Strand. S. Weitenhagen.	
Weitenburgsche Wassermühle. S. Bärwoldische Vorwerke.	
Wendhagen	607
Werben	97
Werder, Colbergsches Cämmereydorf	496
Werder, königl. Vorwerk	302
Neu-Werder	493
Wemerhof, Vorwerk. S. Sabien.	
West-Deep. S. Deep.	
West-Divenow. S. Divenow.	
Die Wicke	861
Wierow	117
Wierowsche Mühlen	124
Wierzchucin	1023
Wiesenhof	942
Wietstock, adel. Dorf	47
Wietstock, königl. Vorwerk	121
Wildenbruch, Dorf	75
Wildenbruch, Herrschaft	74
Wildenhagen	457
Wilhelminen	856
Wilhelmsberg, Vorwerk. S. Viktow.	
Wilhelmshof, Vorwerk. S. Malchow.	
Wilhelmshof, Schäferey. S. Groß-Tychow.	
Wilhelmswalde, Vorwerk. S. Groß-Schönfeld.	
Winterfelde	61
Wintershagen	1016
Wisbow oder Wisbu	371
Wisbuhr	607
Wischow. S. Belkow.	
Wismar, Dorf	234
Wismar, Vorwerk	236
Wismarsche Wasser- und Windmühle	236
Witkow. S. Vietkow.	
Vitorese. S. Viterese.	
Wittbeck	1016
Wittenberg	1083
Wittenbergscher Krug, Vorwerk. S. Parkenbrügge.	
Wittenfelde, adel. Dorf im Greiffenbergschen Kreise	458
Wittenfelde,	

Register

Wittenfelde, adel. Antheile in dem Saazer Kreise	285	Wuhrchow	1019
Wittenfelde, königl. Antheil in dem Amte Massow	834	Groß Wunneschin oder Wonschin	1084
Witzchow	168	Klein Wunneschin oder Wunneschinke	1084
Wittstock	1017	Wutchow	778
Witzmitz	374	Wurow	319
Wobermin	103	Wusseken, adel. Dorf im Fürstenth. Camin	609
Woberde	1017	Wusseken, adel. Dorf im Schlawschen Kr.	896
Wobeser	813	Wusseken, adel. Dorf im Stolpschen Kr.	1019
Woblanse	813	Wusseken, königl. Dorf	1060
Wobrodt oder Wobrow	532	Wussecken, königl. Vorwerk	1061
Bochow, Vorwerk. S. Kottow.		Wussowken oder Wussowke	814
Bochow, Ackerhof. S. Muttrin.		Wussow, adel. Gut im Daberschen Kreise	320
Bocknin	813	Wussow, adel. Dorf im Lauenb. District	1084
Woedtke, adel. Dorf im Greiffenbergschen Kreise	458	Wussow Rummelsb. Kreises Antheil	814
Woedtke, adel. Dorf im Lauenburgschen District	1084	Wussow Schlaweschen Kreises Antheil	896
Woedkenhof, Vorwerk. S. Groß Carzenburg.		Wussowke. S. Suchwalde.	
Wogenthin	608	Wussowke. S. Vietzig.	
Wohlfuhl, Unterförsterey	252	Wusterbart	672
Wolstenthin in der Dompropstey Kacelow	54	Wusterhanse	776
Wolstenthin Flemmingschen Kreises Antheil	48	Wustermitz	48
Woltfich	169	Wusterwitz	896
Woikel	318	Wustrow adel. Dorf	815
Wolchow	300	Wustrow königl. Dorf	405
Woldkochen. S. Groß Ramblin.		Wutkow	1020
Wolfsberg, Vorwerk. S. Zerrin.		Wuzow	678
Wolfshagen	939		
Wolfskrug. S. Grüssow.		**Z.**	
Wolkow Bordtschen Kreises Antheil	359	Zabelsberg, Vorwerk. S. Neu-Buckow.	
Wolkow Daberschen Kreises Antheil	320	Zabelsberg, Vorwerk. S. Zerrhne.	
Wollenburg	375	Klein Zabelsberg, Vorwerk. S. Seegen	
Wollin	1017	Zabelshof, Vorwerk. S. Wusterbart.	
Woltersdorf, adel. Dorf	286	Zachan, Stadt	216
Woltersdorf, königl. Dorf	118	Zachan, Vorwerk	256
Woltin	118	Zachansche Jahre	256
Wolzin, Feldgut. S. Groß-Ramblin.		Zachansche Wassermühlen	257
Wonneburg	459	Zacherin	777
Wonschin. S. Wunneschin.		Zacherinsche Wassermühle	737
Wottonagge	1018	Zachow	319
Worow, Viehhof	941	Zabelow	215
Wrackenhütten, Vorwerk. S. Lübguft.		Zafrzin	1085
Wrackenhütten, Vorwerk. S. Storkow.		Zamdorst, Dorf	724
Wubberow, Krug und Kathen	1061	Zambork, Vorwerk	726
Wuckel	774	Zameig, Vorwerk. S. Juchow.	
Wudarge	255	Zamow	406
Wudargsche Wassermühle	255	Zampelhagen	303
Neu Rührow, Dorf	733	Zampelmühle	304
Neu Rubrow, Vorwerk	736	Alte Zampelmühle. S. Schmelzdorf.	
Neu Rubrowsche Wassermühle	736	Zanow	841
Wulkatzig oder Wulstatze	775	Zanowsche Wasser- und Schneidemühle	865
Wultow	286	Groß Zapplin Greiffenbergschen Kreises Antheil	459
		Groß Zapplin Ostenschen Kreises Antheil	375
		Klein	

[Bbbbbb 3]

Register

Heim Zapplin	459
Zachs	406
Zarbenische Wassermühle	408
Zarnefanz	678
Zarnekow, adel. Dorf	679
Zarnekow, königl. Dorf	244
Zarnglaff	48
Groß-Zarnow	95
Klein-Zarnow	85
Zartenthin, Unterförsterey	24
Zarzig, Dorf	105
Zarzig, Vorwerk	106
Zatkow	679
Zauchram, Vorwerk. S. Irlenke.	
Zdrewen	1035
Zebbin	49
Zeblin oder Zebbelin, adel. Dorf	609
Zeblin, adel. Vorwerk. S. Klotzen.	
Zeblinsche Buschgüter. S. Schmenzin.	
Zechendorf	778
Zechlin	1010
Zedlin, adel. Dorf	1020
Zedlin, königl. Dorf	406
Zedlikhof	736
Zeititz	359
Zelasen	1085
Zemtenkathen, Vorwerk. S. Sydow.	
Zemin	49
Zemmen	1090
Zemmenz, Vorwerk. S. Juchow.	
Zemmin oder Groß-Zemmin, adel. Dorf im Neu-Stettinschen Kreise	778
Zemmin, adel. Dorf im Stolpschen Kreise	1010
Zemmin, königl. Dorf	735
Klein-Zemmin oder Ellerkamp	778
Zemine, Kathen. S. Schottofske.	
Zepkewith. S. Zipkow.	
Zernin	615
Neu-Zeromin, Colonie. S. Jerskewitz.	
Zerrehne	610
Zerrin, Dorf	1060
Zerrin, Vorwerk	1061
Zerpesen, Vorwerk. S. Treblin.	
Zethun	611
Zettin	815
Zewelin	611
Zewitz	1085
Zezenow	1021
Zicker, Dorf dem Domcapitul Cammin gehörig	52
Zicker, königl. Dorf im Amte Draheim	748
Zicker oder Zickerke, königl. Dorf im Amte Maszard	104
Ziegelen, Dorf vor Tharbrow. S. Tharbrow.	
Ziegeley, Buschgut. S. Bärwaldesche Hammer.	
Ziegelkamp, Vorwerk. S. Oerden.	
Ziegelkamp, Vorwerk. S. Groß und Klein Tarnow.	
Ziegelscheune, Ackerhof. S. Reinfeld.	
Ziegelscheune, Buschkathen. S. Rebel.	
Ziegelwiese	680
Ziegenberg, Holzkathen. S. Hexlenhagen.	
Ziegenborn, Vorwerk. S. Collatz.	
Ziegenhagen	197
Zierweny oder Zierwiens	1034
Zietlow	680
Ziezen, Dorf	940
Ziezen, Vorwerk	941
Ziezenow oder Ziezeneff	680
Zigulz	898
Zilmitz	256
Zimbarse	410
Zimmerhausen	375
Zipkow	1022
Zips, Schäferey. S. Blezow.	
Zirchow, adel. Dorf im Schlawschen Kr.	898
Zirchow, adel. Dorf im Stolpschen Kreise	1022
Zirkwitz	460
Zirkowenske. S. Zierwen.	
Zitkewitz	3023
Zitzmar	319
Zitzmin	843
Ziuow	831
Zoldekow	460
Zolnow, Feldgut. S. Altmühle.	
Zowen, adel. Dorf im Osteuschen Kreise	176
Zowen, adel. Dorf im Schlawschen Kreise	360
Zozenow	36
Zuchen, adel. Dorf im Belgardschen Kreise	689
Zuchen, adel. Dorf im Fürstenth. Camin	611
Zuchen, adel. Dorf im Neu Stettins. Kr.	779
Zuchen, adel. Feldgut. S. Bukow.	
Zuders	815
Zülkenhagen	779
Zülzevitz oder Zülfitz	360
Zürkow	611
Zwielipp	535
Zwirnitz	482
Zwölfhusen	864
Zwölfhusensche Wassermühle	865